Panificação & Confeitaria
PROFISSIONAIS

Fotografias de J. GERARD SMITH

Receitas de

Le Cordon Bleu

L'Art Culinaire

Paris—1895

com apresentação de

ANDRÉ J. COINTREAU

Presidente da Le Cordon Bleu

Panificação & Confeitaria
PROFISSIONAIS

quinta edição

Wayne Gisslen

Manole

Título do original em inglês: *Professional Baking*, 5th edition
Copyright © 2009 John Wiley & Sons, Inc. Todos os direitos reservados.
Publicado mediante acordo com John Wiley & Sons, Inc., Hoboken, New Jersey.

Este livro contempla as regras do Acordo Ortográfico da Língua Portuguesa de 1990, que entrou em vigor no Brasil.

Tradução: Elisa Duarte Teixeira
   Linguista e Especialista em Tradução pela Universidade de São Paulo
   Mestre e Doutora em Estudos Linguísticos e Literários em Inglês pela Universidade de São Paulo
   Graduanda do programa de Culinary Arts do El Centro College, Dallas, TX, EUA
   Pesquisadora nas áreas de Tradução Culinária, Linguística de Corpus e Terminologia
Revisão: Depto. editorial da Editora Manole
Diagramação: Luargraf Serviços Gráficos Ltda. – ME
Capa: Depto. de arte da Editora Manole

As fotografias das páginas 40, 120 e 128 foram tiradas na Turtle Bread Company, Mineápolis, Minessota – EUA.
Design gráfico de Mauna Eichner e Lee Fukui.

Dados Internacionais de Catalogação na Publicação (CIP)
(Câmara Brasileira do Livro, SP, Brasil)

Gisslen, Wayne
 Panificação e confeitaria profissionais / Wayne
Gisslen ; com prefácio de André J. Cointreau ;
fotografias de J. Gerard Smith ; [tradução
Elisa Duarte Teixeira]. -- 1. ed. -- Barueri,
SP : Manole, 2011.

 Título original: Professional baking.
 5. ed. norte-americana.
 Bibliografia.
 ISBN 978-85-204-2850-4

 1. Confeitaria 2. Confeiteiros - Formação
profissional 3. Culinária 4. Gastronomia 5.
Padeiros - Formação profissional 6. Panificação 7.
Receitas I. Cointreau, André J.. II. Smith, J.
Gerard. III. Título.

11-05523   CDD-641.815

   Índices para catálogo sistemático:
   1. Panificação e confeitaria como profissão :
   Culinária : Receitas : Gastronomia 641.815

Edição brasileira – 2011

Direitos em língua portuguesa adquiridos pela:
Editora Manole Ltda.
Av. Ceci, 672 – Tamboré
06460-120 – Barueri – SP – Brasil
Tel.: (11) 4196-6000 – Fax: (11) 4196-6021
www.manole.com.br
info@manole.com.br

Impresso no Brasil
Printed in Brazil

Dedico este livro a
Anne e Jim Smith e à família deles.

Sumário

Capítulo 1

A profissão de padeiro e confeiteiro   2

Capítulo 2

Noções básicas da profissão: matemática e higiene na cozinha   14

Capítulo 3

Equipamentos de panificação e de confeitaria   40

Capítulo

4 Ingredientes 54

Capítulo

5 Princípios básicos de panificação 98

Capítulo

6 Massas levedadas 110

Capítulo

7 Pães artesanais 128

Sumário de receitas

Capítulo 13
Tortas doces

Capítulo 14
Noções básicas sobre massas doces

Capítulo 15
Tartes e outras sobremesas especiais

Capítulo 16
Bolos e seu preparo

Capítulo 17
Montagem e decoração de bolos

Capítulo 18
Bolos especiais, *gâteaux* e tortas-musse

Capítulo 19
Biscoitos e *cookies*

Capítulo 20
Cremes, pudins, musses e suflês

Capítulo 21
Sorvetes e outras sobremesas congeladas

Capítulo 22
Sobremesas à base de frutas frescas

Capítulo 23
Empratamento de sobremesas

Capítulo 24
Chocolate

Capítulo 25
Marzipã, pastilhagem e *nougatine*

Capítulo 26
Trabalhos com açúcar

Capítulo 27
Panificação e confeitaria para dietas especiais

Sobre a Le Cordon Bleu

Com mais de 30 escolas em cinco continentes e um corpo discente formado por alunos de mais de 70 nacionalidades, a Le Cordon Bleu é muito conhecida e prestigiada no mundo da gastronomia. A Le Cordon Bleu e seu corpo docente são reconhecidos por sua tradição de excelência na arte culinária e na gestão hoteleira e se dedicam a fomentar a valorização da apre-ciação de uma boa mesa e de um estilo de vida diferenciado. Envolvida atualmente na prestação de consultoria e na promoção de uma série de produtos culinários, a Le Cordon Bleu tem estabelecido parcerias de sucesso em todo o mundo com os maiores centros de formação profissional em gastronomia e hotelaria, organizações profissionais, assim como com a indústria de cruzeiros.

Endereços da Le Cordon Bleu*

Le Cordon Bleu Paris
8, rue Léon Delhomme
75015 Paris
France
Tel: 33 1 5368-2250
Fax: 33 1 4856-0396
E-mail: paris@cordonbleu.edu

Le Cordon Bleu Ottawa
453 Laurier Avenue East
Ottawa, Ontario
K1N 6R4 Canada
Tel: 1 613 236 2433
Fax: 1 613 236 2460
E-mail: ottawa@cordonbleu.edu

Le Cordon Bleu Tailândia
Dusit Thani Building
946 Rama IV Road
Bangkok 10500
Thailand
Tel: 66 2 237 8877
Fax: 66 2 237 8878
E-mail: thailand@cordonbleu.edu

Le Cordon Bleu Estados Unidos
Escritório central
40 Enterprise Ave
Secaucus, New Jersey 07094
USA
Tel: 1 201 617 5221
Fax: 1 201 617 1914
E-mail: info@cordonbleu.edu

Le Cordon Bleu Londres
114 Marylebone Lane
London, W1U 2HH
United Kingdon
Tel: 44 20 7935 3503
Fax: 44 20 7935 7621
E-mail: london@cordonbleu.edu

Le Cordon Bleu Tóquio
Roob-1, 28-13 Sarugaku-Cho
Daikanyama, Shibuya-Ku
Tokyo 150-0033
Japan
Tel: 81 3 5489 0141
Fax: 81 3 5489 0145
E-mail: tokyo@cordonbleu.edu

Le Cordon Bleu Kobe
The 45th 6F, 45 Harima-cho
Chuo-Ku, Kobe-shi
Hyogo 650-0036
Japan
Tel: 81 78 393 8221
Fax: 81 78 393 8222
E-mail: kobe@cordonbleu.edu

Le Cordon Bleu Austrália
Days Road, Regency Park
South Australia 5010
Australia
Tel: 61 8 8346 3700
Fax: 61 8 8346 3755
E-mail: australia@cordonbleu.edu

Le Cordon Bleu Peru
Av. Nunez de Balboa, 530
Miraflores, Lima 18
Peru
Tel: 51 1 242-8222
Fax: 51 1 242-9209
E-mail: info@cordonbleu.edu

Le Cordon Bleu Líbano
Rectorat B.P. 446
USEK University – Kaslik
Jounieh
Lebanon
Tel: 961 9640 664/665
Fax: 961 9642 333
E-mail: liban@cordonbleu.edu

Le Cordon Bleu México
Universidad Anahuac del Sur
Avenida de las Torres #131, Col.
Olivar de los Padres
C.P. 01780
Del Alvaro Obregon, Mexico D.F.
Tel: 52 55 5628 8800
Fax: 52 55 5628 8837
E-mail: mexico@cordonbleu.edu

http://www.cordonbleu.edu
info@cordonbleu.edu

*N.E.: Até o fechamento desta edição, o endereço da nova filial no Rio de Janeiro não tinha sido divulgado.

Escolas nos Estados Unidos

Arizona
Scottsdale Culinary Institute
8100 E. Camelback Road
Scottsdale, Arizona 85251
Tel: 1 480 990 3773

Califórnia
California Culinary Academy
625 Polk Street
San Francisco, California 94102
Tel: 1 415 771 3500

California School of Culinary Arts
521 East Green Street
Pasadena, California 91101
Tel: 1 626 403 8490

Flórida
Le Cordon Bleu College of
Culinary Arts – Miami
3221 Enterprise Way
Miramar, FL 33025
Tel: 1 954 438 8882

Orlando Culinary Academy
8511 Commodity Circle
Orlando, Florida 32819
Tel: 1 407 888 4000

Geórgia
Le Cordon Bleu College of
Culinary Arts – Atlanta
1957 Lakeside Parkway, Suite 515
Tucker, Georgia 30084
Tel: 1 770 938 4711

Ilinóis
Culinary & Hospitality Institute of
Chicago
361 West Chestnut
Chicago, Illinois 60610
Tel: 1 312 944 0882

Minessota
Le Cordon Bleu College of
Culinary Arts – Minneapolis/St. Paul
1440 Northland Drive
Mendota Heights, Minnesota 55120
Tel: 1 651 905 3400

Nevada
Le Cordon Bleu College of
Culinary Arts – Las Vegas
1451 Center Crossing Road
Las Vegas, Nevada 89144
Tel: 702 365 7690

New Hampshire
Atlantic Culinary Academy
23 Cataract Avenue
Dover, New Hampshire 03820
Tel: 1 603 742 1234

Óregon
Western Culinary Institute
921 SW Morrison Street, Suite 400
Portland, Oregon 97205
Tel: 1 800 848 3202

Pensilvânia
Pennsylvania Culinary Institute
71 Liberty Avenue
Pittsburgh, Pennsylvania 15222
Tel: 1 412 566 2433

Texas
Le Cordon Bleu College of
Culinary Arts – Dallas
11830 Webb Chapel Road,
Suite 1200
Dallas, Texas 75234
Tel: 1 214 647 8500

Texas Culinary Academy
11400 Burnet Road Suite 2100
Austin, Texas 78758
Tel: 1 512 837 2665

www.lecordonbleuschoolsusa.com

Apresentação

A Le Cordon Bleu teve um enorme prazer em trabalhar novamente com o autor Wayne Gisslen nesta quinta edição do *Panificação e confeitaria profissionais*. Essa parceria de longa data reforça a importância da confeitaria clássica e das técnicas de panificação na gastronomia mundial. Sempre foi parte da filosofia da Le Cordon Bleu a crença de que, ao dominar essas técnicas, processos e metodologias e ao compreender sua importância, os alunos desenvolvem habilidades e ganham a confiança necessária para se tornarem não apenas excelentes profissionais, mas também criadores de suas próprias obras de arte. A Le Cordon Bleu vê a quinta edição desta obra como uma ferramenta importante para alcançar esse ideal.

Fundada em Paris em 1895, a Le Cordon Bleu é, atualmente, uma rede de mais de trinta escolas e centros distribuídos pelos cinco continentes, com mais alunos pelo mundo que qualquer outra escola de gastronomia. A Le Cordon Bleu mantém estreita relação com a indústria culinária e se beneficia de seu reconhecimento internacional, ditando padrões de excelência. Conhecida por sua cozinha francesa clássica, a Le Cordon Bleu continua a ensinar as célebres tradições culinárias, ao mesmo tempo em que inova com seu repertório balanceado, harmonioso e saboroso, que inclui as cozinhas internacionais e contemporâneas.

A autoridade da Le Cordon Bleu no ensino e aprimoramento das técnicas culinárias é reconhecida e sustentada por importantes instituições, como o Ministério do Turismo de Shangai, na China, e o governo da Austrália. Além disso, a Le Cordon Bleu também oferece treinamento em culinária francesa para *chefs* de muitas organizações, como o Club Managers Association of America e o Regent Seven Seas Cruises.

A cada ano, os *chefs* da Le Cordon Bleu transmitem seu conhecimento e experiência para grupos de alunos de mais de setenta nacionalidades, compartilhando sua expertise e sua arte em vários festivais anuais e eventos culinários em todo o mundo. Selecionados por sua excelência e experiência profissional, nossos *chefs* vêm de restaurantes estrelados do Guia Michelin e de restaurantes dos melhores hotéis, e são vencedores de várias competições internacionais.

Com sua expansão global, a Le Cordon Bleu tem provado que as técnicas da culinária francesa podem ser usadas em várias cozinhas do mundo. Cada campus reflete as influências da comunidade em que está inserido. Alunos e professores são encorajados a explorar e fazer experiências com os ingredientes disponíveis para fazer adaptações e criar novos sabores e novas tendências gastronômicas.

Esta obra tem sido um livro indispensável nas universidades e escolas profissionalizantes de gastronomia dos Estados Unidos. Vem sendo usado para treinar centenas de milhares de *chefs* confeiteiros e *chefs* padeiros, muitos dos quais continuam usando o livro em sua cozinha. Criado pelo talentoso Wayne Gisslen, o texto ensina, com seu estilo claro, fotos e receitas precisas, que é preciso primeiro compreender para depois executar – uma visão sensata do trabalho em culinária profissional.

Wayne Gisslen balanceou seu conhecimento prático com uma abordagem direta, pedagógica e consistente, fazendo deste livro uma referência atemporal. A flexibilidade desta obra é a razão pela qual a consideramos o melhor livro-texto para promover a teoria e a boa prática na área, e sua adaptabilidade possibilita seu uso no mundo inteiro. Para a Le Cordon Bleu, este livro é uma ferramenta necessária em qualquer cozinha, seja no trabalho, seja em casa. Nesta quinta edição do *Panificação e confeitaria profissionais*, os *chefs* da Le Cordon Bleu e Wayne Gisslen se uniram novamente para combinar seu conhecimento e experiência, criando um texto que é referência definitiva sobre o assunto. Nossa colaboração com Wayne Gisslen é o resultado de uma parceria e de uma amizade que têm crescido com o passar dos anos. Nós agradecemos a ele sua generosidade e apoio.

ANDRÉ J. COINTREAU
Presidente e CEO
Le Cordon Bleu International

Prefácio

Cada nova edição desta obra é lançada em meio ao interesse crescente pela panificação e confeitaria profissionais. O renascimento da panificação artesanal estava em seus primórdios quando a quarta edição foi lançada, mas o interesse foi aumentando desde então. Profissionais e amadores dedicados, e até mesmo alguns consumidores, estão em busca de informações mais detalhadas sobre os aspectos técnicos da panificação e da confeitaria. Ao mesmo tempo, assuntos relacionados – como a preocupação com alergias alimentares, dietas e saúde – têm tido um impacto considerável sobre a arte e a ciência da panificação e da confeitaria.

O *Panificação e confeitaria profissionais*, que tem sido amplamente usado como fonte de consulta e como material didático por mais de 20 anos, foi adaptando-se às necessidades do mercado. Esta quinta edição apresenta uma série de novos conteúdos organizados de modo que auxilie padeiros e confeiteiros tanto iniciantes quanto experientes a atender às demandas desse mercado em constante atualização. Mesmo com essas mudanças, o foco do livro continua sendo, como sempre foi, fornecer em linguagem clara e simples os subsídios básicos necessários para uma sólida formação na área.

O que há de novo

Assim como foi feito anteriormente, esta quinta edição do *Panificação e confeitaria profissionais* contou com a colaboração de professores representantes de diversos cursos de gastronomia. O processo de revisão começou logo depois da publicação da edição anterior, conforme eu recolhia sugestões e opiniões das mais variadas fontes. Instrutores que enfrentam diariamente a dificuldade de ensinar seu ofício em um setor em constante mudança foram fonte de muita inspiração, e sou muito grato por suas contribuições. Estes são alguns dos acréscimos importantes à quinta edição resultantes desse diálogo:

- Um novo capítulo sobre o preparo de receitas para dietas especiais, como as de baixa caloria, baixo teor de açúcar, sem glúten e sem derivados do leite (Cap. 27).
- Um capítulo revisado e aumentado sobre ingredientes, incluindo informações mais detalhadas sobre todas as categorias de alimentos, além de características adicionais das frutas, seu amadurecimento e aproveitamento total (Cap. 4).
- Uma seção expandida sobre como trabalhar com fórmulas e receitas, incluindo os cálculos matemáticos.

- Uma nova seção sobre higiene no local de trabalho.
- Mais informações sobre utensílios e equipamentos.
- Um capítulo expandido sobre a história da panificação.
- Novos quadros explicativos sobre a história e os aspectos culturais de diversas receitas tradicionais, bem como detalhes sobre equipamentos especiais, ingredientes, fatores nutricionais e outros tópicos de interesse.
- Informações mais detalhadas sobre o controle do desenvolvimento do glúten e sobre as etapas da panificação.
- Informações mais detalhadas sobre técnicas básicas de massas fermentadas.
- Novo material sobre bolos de massa úmida, incluindo fórmulas.
- Uma nova seção sobre confeitos à base de açúcar.
- Uma discussão revisada sobre conceitos e técnicas de apresentação de sobremesas.
- Novas fórmulas, além de dezenas de receitas revisadas e aperfeiçoadas.

O objetivo deste livro

O objetivo do *Panificação e confeitaria profissionais* é oferecer aos estudantes da área uma sólida formação teórica e prática sobre o ofício de padeiro e confeiteiro, incluindo seleção de ingredientes, técnicas de preparo e cozimento das misturas, montagem, apresentação e decoração artísticas do produto final. Ele foi projetado como material didático para ser usado em escolas de culinária e faculdades de gastronomia, em cursos de todos os níveis de formação na área de panificação e confeitaria. É também um valioso material de apoio para cozinheiros, padeiros e confeiteiros profissionais ou amadores.

Os métodos e procedimentos apresentados neste livro focam principalmente estabelecimentos de pequeno porte. Enfatizou-se a fabricação de produtos artesanais de alta qualidade, reforçando-se o desenvolvimento de técnicas não automatizadas. O domínio dessas técnicas tem alto valor, mesmo que o aluno venha a trabalhar na indústria alimentícia automatizada, típica dos estabelecimentos de médio e grande porte.

O texto reforça tanto a teoria quanto a prática. A parte prática é reforçada pela apresentação sistemática dos fundamentos teóricos e das informações sobre ingredientes, de modo que o aluno aprende não apenas a práxis, mas também a teoria que a sustenta. Os procedimentos para o preparo de receitas básicas de pães, bolos, cremes e coberturas formam o núcleo do material. Muito dos capítulos é dedicado à instrução passo a passo dos procedimentos e técnicas de preparo. A discussão das técnicas é enriquecida com a apresentação de fórmulas fáceis de seguir, que permitem ao aluno desenvolver suas habilidades, ao mesmo tempo em que trabalha com quantidades grandes ou pequenas.

Assim que o aluno compreende e domina as técnicas básicas, ele rapidamente quer avançar para as técnicas mais refinadas de panificação e confeitaria. As técnicas e fórmulas básicas que formam o núcleo do livro são suplementadas com explicações sobre técnicas e fórmulas avançadas, permitindo que o aluno aprenda e pratique uma larga gama de habilidades usadas na elaboração de tortas, bolos e sobremesas finas. Nessa parte do livro, enfatiza-se o desenvolvimento de habilidades manuais e artísticas para um trabalho cuidadoso e detalhado, e não a produção em larga escala. Aqueles cuja carreira ou interesses os conduza a trabalhar em restaurantes e não padarias e confeitarias encontrarão informações minuciosas sobre os fundamentos da criação e apresentação de sobremesas convidativas.

A organização do texto

Dois fatores influenciaram a distribuição do conteúdo no **Panificação e confeitaria profissionais**. O primeiro está relacionado com a dupla ênfase na teoria e na prática, mencionada anteriormente. Não basta apresentar uma coleção de fórmulas para o aluno, assim como não é suficiente apenas apresentar os fundamentos e princípios teóricos. Ambos devem ser apresentados juntos, assim como as relações entre eles devem ser claras. Desse modo, ao preparar um item específico, o aluno compreenderá o que está fazendo, por que está fazendo daquela maneira e o que fazer para obter melhores resultados. Ao mesmo tempo, a cada fórmula preparada, seu conhecimento em relação aos princípios básicos é reforçado. O conhecimento se reconstrói a partir do novo conhecimento.

O segundo fator considera o fato de que as atividades do padeiro e do confeiteiro podem ser classificadas em duas categorias: (1) preparar ou assar massas de pães e bolos, cremes, recheios e coberturas e (2) combinar esses elementos na montagem e finalização de produtos (por exemplo, camadas de bolo, recheios e coberturas). As tarefas da primeira categoria exigem uma seleção criteriosa de ingredientes, medição precisa e máxima atenção às técnicas de preparo. Naturalmente, a maioria das instruções detalhadas deste livro dedica-se a esse tipo de tarefa. As tarefas da segunda categoria (a montagem de produtos finais) estão menos relacionadas com a precisão científica, pois exigem habilidades manuais e dom artístico.

Essa divisão de tarefas é tão conhecida pelo profissional da área que ela raramente é mencionada. Como consequência, os materiais escritos não a abordam. Na medida do possível, a distribuição do conteúdo no livro procura refletir o funcionamento dos estabelecimentos comerciais.

Em um estabelecimento típico, tarefas como preparar uma massa ou recheio de torta, ou as camadas e a cobertura de um bolo, são feitas separadamente e com antecedência. Em seguida, dependendo da demanda, os produtos finais são montados rapidamente, pouco antes de serem oferecidos. Neste livro, os procedimentos necessários para o preparo e cozimento de massas de bolo, por exemplo, são discutidos separadamente das etapas de montagem e decoração. São técnicas muito diferentes, e os alunos são beneficiados por essa abordagem realista. Da mesma forma, cremes e coberturas básicas são elementos fundamentais para a elaboração de uma série de pães doces, bolos e outras sobremesas – por isso são abordados logo de início.

Embora a organização dos capítulos represente um agrupamento lógico de produtos e procedimentos, a obra não visa impor a ordem em que o professor deve apresentar as unidades. Cada conteúdo programático tem necessidades e limitações próprias, assim, a sequência didática adotada irá variar de acordo com o professor e com o curso. O material foi organizado de modo que estimule a flexibilização. Os professores devem usar o livro na sequência que for mais adequada a suas necessidades. É claro que as técnicas de panificação e confeitaria são interdependentes; as referências cruzadas, frequentes no livro, auxiliam o aluno a compreender essas ligações.

A participação do professor, cujas ideias e experiência profissional são inestimáveis, é um elemento complementar importante para o texto. Nada substitui a demonstração presencial e a prática sob a tutela de um instrutor experiente. Panificação e confeitaria são tanto arte quanto prática, e os profissionais e *chefs* diferem quanto a suas predileções. O texto procura explicar possíveis variações na teoria e na prática, e os alunos são incentivados a consultar seus professores quanto às suas técnicas preferidas. Em vários momentos do livro, é sugerida a participação do instrutor. O contato com uma série de fórmulas e técnicas enriquece a formação dos alunos e amplia suas habilidades.

O livro foi criado levando em conta a clareza e a praticidade. As discussões sobre a teoria são apresentadas em uma linguagem simples, explicadas detalhadamente. O passo a passo das técnicas e métodos de preparo é apresentado de maneira concisa, porém completa. Os pontos-chave são destacados em negrito, itálico ou sequências numeradas, de modo que a informação possa ser localizada e revisada rapidamente.

As fórmulas

Cerca de 900 fórmulas e receitas dos mais conhecidos pães, bolos, tortas e sobremesas foram incluídas. Essas fórmulas não foram escolhidas a esmo, simplesmente para constarem na obra. Foram escolhidas criteriosamente e reformuladas para que transmitissem as técnicas que os estudantes estão aprendendo, reforçando o conhecimento dos princípios básicos. O objetivo é que os alunos sejam capazes de compreender e usar não apenas as fórmulas do livro, mas quaisquer outras com as quais se depararem.

As fórmulas deste livro têm um propósito didático, ou seja, não visam apenas dar instruções para a elaboração de receitas, mas também dar aos alunos a chance de testar os princípios gerais aprendidos, com ingredientes específicos. As instruções contidas nas fórmulas geralmente são sucintas. Por exemplo, em vez de explicar em detalhe o método direto para o preparo de pães a cada vez que ele é usado em uma receita, o livro remete o aluno à discussão prévia de tal procedimento. Ao refletir e revisar, o aluno aprende por meio da experiência, amparada na prática de laboratório.

Muitas fórmulas são seguidas de variações – na verdade, fórmulas completas apresentadas de modo abreviado. Isso faz com que os alunos percebam as similaridades e diferenças entre as preparações. Por exemplo, faria pouco sentido apresentar a receita do recheio cremoso para torta no capítulo dedicado às tortas, a receita do creme para rechear bombas e sonhos no capítulo de massas doces e fórmulas distintas para cada sabor de pudim no capítulo de pudins sem mencionar o fato de que todos eles seguem basicamente a mesma preparação. O bom profissional da área é aquele capaz de exercer um bom julgamento e não apenas seguir receitas à risca. A propósito, o bom julgamento é essencial em todos os setores da gastronomia, mas ainda mais em panificação e confeitaria, pois a mais tênue variação pode causar mudanças significativas no produto final. As fórmulas deste livro ajudarão os alunos a desenvolver a capacidade de julgamento ao exigir que pensem sobre as relações entre os procedimentos gerais e produtos específicos.

Sugerimos que os alunos estudem o Capítulo 2 antes de pôr em prática qualquer uma das fórmulas. A segunda parte desse capítulo explica os princípios de medição, os vários formatos usados nas fórmulas e receitas do livro e técnicas para fazer conversões de medida e para calcular as porcentagens das fórmulas.

Agradecimentos

Na edição anterior deste livro, comecei esta seção com os mais sinceros agradecimentos a todos os *chefs* e professores que haviam feito críticas e sugestões ao longo dos anos. Não há como não repetir esses agradecimentos. Um livro desta natureza e abrangência só pode ser realizado por mais de uma pessoa. Gostaria de agradecer a um grupo numeroso de pessoas, que são, de certa forma, os heróis não laureados do *Panificação e confeitaria profissionais*, isto é, instrutores e tantos outros leitores que se corresponderam comigo e com meu editor ao longo dos anos e que responderam cuidadosamente aos nossos questionamentos. Esses professores enfrentam vários desafios no dia a dia de seu trabalho ao tentar transmitir para os alunos, nos mais diversos ambientes educacionais, os conhecimentos dessa profissão. Foram eles que me fizeram compreender, de seu ponto de vista, essas dificuldades, e isso me ajudou a trabalhar o texto, a cada edição, para que se tornasse uma ferramenta didática mais abrangente e flexível. Esses revisores têm participação substancial no desenvolvimento do *Panificação e confeitaria profissionais* a partir de sua primeira edição, e lhes serei eternamente grato. Muitas das mudanças e acréscimos desta quinta edição são respostas aos seus comentários. Para lhes dar o reconhecimento devido, seus nomes são mencionados ao final desses agradecimentos. É provável que, inadvertidamente, tenha me esquecido de mencionar algumas pessoas, por isso agradeço a todos os professores que contatei e que me deram ideias e sugestões para melhorar este livro.

Também gostaria de expressar minha gratidão à equipe da Le Cordon Bleu, cuja participação em tanto contribuiu para a melhoria das edições anteriores e, em grande medida, também desta edição. Agradeço especialmente a André Cointreau, presidente da Le Cordon Bleu, que tornou possível esta colaboração. Julie Walsh e Laurent Duchêne são os dois *chefs pâtissier* que desenvolveram e testaram muitas das fórmulas presentes neste livro. Agradeço-lhes imensamente. E também a vários alunos que trabalharam com os *chefs* Walsh e Duchêne durante a nossa sessão de fotos em Londres: Saori Matsunuma, Yuka Eguchi, Kaori Tsuboi, Erika Kahn, Michele Perle, Townley Morrison, James Rizzo, Daniel Schumer e Benjamin Coffin.

A *chef* Lou Sackett tem sido uma fonte inesgotável em meus esforços para aprimorar e adequar o conteúdo do *Panificação e confeitaria profissionais* e passou muitas horas revisando o manuscrito. Sou-lhe muito grato por suas contribuições.

O fotógrafo Jim Smith tem trabalhado comigo em todos os meus projetos, por mais de 25 anos, e seu trabalho é uma parte tão importante desta obra que o considero, de fato, um parceiro neste empreendimento. Repito: seu trabalho contribuiu imensamente para esta nova edição. Gostaria de agradecer não apenas ao Jim, mas a seu excelente time, entre eles: Anne Smith, Jason Torres, Justin Allen e Judy Lieberman, pelo excelente ambiente de trabalho e pela amizade que cultivamos. Minha gratidão vai também para a notável equipe que ajudou com o preparo dos alimentos para nossa sessão de fotos mais recente: instrutores *chef* Rick Forpahl e David Eisenreich, do Hennepin Technical College, e seus alunos Eric Aho, Vince Jones, Derek Evancevich, Rachel Adams, Melanie Plifka, Keith Soltesz, Megan Flannery, Luz Maria Pereira, John Alrick e Bradley Buth.

Testar as receitas novas e novamente as antigas é uma etapa importante de um trabalho de reedição, e gostaria de agradecer à Jennifer Peck sua ajuda qualificada e confiável tanto na testagem quanto na preparação de receitas para as sessões de fotografia. Sou grato também a J. Marshall, da loja Pastry Chef Central, pela doação de importantes ferramentas de panificação e confeitaria.

Gostaria de estender meu reconhecimento e gratidão ao grande confeiteiro e professor Leo "Sonny" Silverman, minha primeira inspiração e mentor no trabalho com a confeitaria fina e decoração artística. Enfim, gostaria de agradecer a todos da editora John Wiley and Sons que trabalharam com afinco neste projeto: Kerstin Nasdeo, Julie Kerr, Christopher Guiang, Jeff Faust, Tom Hyland, Lynne Marsala, Michael Mukhoyan, Alexey Zhukov, Vladimir Karphkhin, Andrey Grigoryev, Maxim Mukhoyan, Oleg Solovyov, Olga Braslavets, Sergey Semin e, especialmente, minha editora e amiga, Melissa Oliver.

Revisores da edição original

Robert L. Anderson, Des Moines Area Community College, Ankeny, Iowa

Anne Baldzikowski, Cabrillo College, Aptos, California

Thomas Beckman, The Cooking and Hospitality Institute of Chicago, Chicago, Illinois

Karla V. Boetel, Des Moines Area Community College, Ankeny, Iowa

Eric Breckoff, J. Sargeant Reynolds Community College, Richmond, Virginia

Mark S. Cole, Del Mar College, Corpus Christi, Texas

Martha Crawford, Johnson & Wales University, Providence, Rhode Island

Chris Crosthwaite, Lane Community College, Eugene, Oregon

John R. Farris, Lansing Community College, Lansing, Michigan

Joseph D. Ford, New York Food and Hotel Management, New York, New York

Carrie Franzen, Le Cordon Bleu – Minneapolis, Minneapolis, Minnesota

Robert J. Galloway, Dunwoody Industrial Institute, Minneapolis, Minnesota

David Gibson, Niagara College of Applied Arts and Technology, Niagara Falls, Ontario, Canada

Kathryn Gordon, Art Institute of New York City, New York, New York

Jean Hassell, Youngstown State University, Youngstown, Ohio

Iris A. Helveston, State Department of Education, Tallahassee, Florida

Nancy A. Higgins, Art Institute of Atlanta, Atlanta, Georgia

Roger Holden, Oakland Community College, Bloomfield Hills, Michigan

George Jack, The Cooking and Hospitality Institute of Chicago, Chicago, Illinois

Mike Jung, Hennepin Technical College, Brooklyn Park, Minnesota

Frederick Glen Knight, The Southeast Institute of Culinary Arts, St. Augustine, Florida

Paul Krebs, Schenectady County Community College, Schenectady, New York

Jeffrey C. LaBarge, Central Piedmont Community College, Charlotte, North Carolina

Fred LeMeisz, St. Petersburg Vocational Technical Institute, St. Petersburg, Florida

Laurel Leslie, Kapiolani Community College, Honolulu, Hawaii

Janet Lightizer, Newbury College, Brookline, Massachusetts

Valeria S. Mason, State Department of Education, Gainesville, Florida

Elizabeth McGeehan, Central New Mexico Community College, Albuquerque, New Mexico

John Oechsner, Art Institute of Atlanta, Atlanta, Georgia

Philip Panzarino, New York City Technical College, Brooklyn, New York

Jayne Pearson, Manchester Community College, Manchester, Connecticut

Kenneth Perry, Le Cordon Bleu, Minneapolis, Minnesota

Richard Petrello, Withlacoochee Vocational-Technical Center, Inverness, Florida

Willaim H. Pifer, Bellingham Technical College, Bellingham, Washington

Gunter Rehm, Orange Coast College, Costa Mesa, California

Kent R. Rigby, Baltimore International College, Baltimore, Maryland

Lou Sackett, Yorktowne Business Institute School of Culinary Arts, Lancaster, Pennsylvania

Kimberly Schenk, Diablo Valley College, Pleasant Hill, California

Peter Scholtes, George Brown College, Toronto, Ontario, Canada

George L. Southwick, Ozarks Technical Community College, Springfield, Missouri

Simon Stevenson, Connecticut Culinary Institute, Suffield, Connecticut

Patrick Sweeney, Johnson County Community College, Overland Park, Kansas

Chris Thielman, College of DuPage, Glen Ellyn, Illinois

Andrea Tutunjian, Institute of Culinary Education, New York, New York

F. H. Waskey, University of Houston, Houston, Texas

J. William White, Pinellas County School System, St. Petersburg, Florida

Ronald Zabkiewicz, South Technical Education Center, Boynton Beach, Florida

Panificação & Confeitaria
PROFISSIONAIS

A profissão de padeiro e confeiteiro

O ofício de padeiro é uma das ocupações mais antigas da humanidade. Desde que o homem, na pré-história, passou de nômade caçador a coletor e cultivador, os grãos têm sido o alimento mais importante para o sustento da vida e, muitas vezes, o único disponível. A profissão que hoje envolve o fabrico de pães artesanais, doces e sobremesas elaborados começou há milhares de anos, com a coleta de sementes de gramíneas e sua moagem pela fricção entre duas pedras.

Atualmente, observa-se a rápida expansão das profissões de *chef* padeiro e *chef* confeiteiro. Milhares de pessoas qualificadas são procuradas a cada ano. A área de panificação e confeitaria oferece a profissionais dedicados a chance de encontrar satisfação em uma indústria desafiadora e que está em constante atualização.

Antes de iniciar os estudos teórico-práticos, abordados ao longo dos demais capítulos deste livro, é importante conhecer um pouco dessa área. Este capítulo oferece um breve panorama das profissões do setor de panificação e confeitaria, explicando como se chegou ao que é hoje.

Após ler este capítulo, você deverá ser capaz de:

1. Descrever os principais eventos na história da panificação, da pré-história ao presente.

2. Nomear as principais profissões do moderno setor de serviços de alimentação e estabelecimentos comerciais.

3. Nomear e discutir quatro características pessoais dos padeiros e confeiteiros bem-sucedidos.

PANIFICAÇÃO E CONFEITARIA – BREVE HISTÓRICO

Os grãos têm sido o alimento mais importante da dieta humana desde os tempos da pré-história, então não seria grande exagero dizer que a panificação é quase tão antiga quanto os seres humanos.

Os primeiros alimentos feitos a partir de grãos

Antes de aprender a plantar, o homem coletava alimentos na natureza. As sementes de várias gramíneas selvagens, os ancestrais dos cereais atuais, eram ricas em nutrientes e consideradas importantes para a alimentação. Essas sementes, ao contrário das atuais, possuíam uma película protetora que se aderia firmemente ao grão. As pessoas aprenderam que, ao torrar essas sementes, provavelmente sobre rochas aquecidas, sua película soltava-se mais facilmente quando golpeadas com utensílios de madeira.

Os primeiros alimentos feitos com grãos surgiram principalmente na porção leste da região mediterrânea, já que, aparentemente, esta era uma área em que os grãos selvagens eram abundantes.

Por causa da escassez de utensílios, é provável que as primeiras preparações com grãos tenham sido feitas por meio da torra do grão seco, que era então moído entre duas pedras e misturado com água para se obter uma pasta. Como os grãos já haviam sido cozidos no processo de torra para a remoção da película, a pasta não necessitava de cozimento adicional. Mais tarde, descobriu-se que essa pasta, ao ser estendida sobre uma pedra quente próxima do fogo, transformava-se em um produto mais interessante que a pasta crua. Pães chatos não levedados, como o pão sírio, ainda são alimentos importantes em muitas culturas.

Esses pães feitos a partir dessa pasta foram o primeiro passo no desenvolvimento dos pães como são conhecidos hoje.

Para compreender como os pães evoluíram, é preciso entender um pouco como os grãos evoluíram. Como será explicado em um capítulo posterior, os pães atuais dependem da combinação de certas proteínas para adquirir sua estrutura. De modo geral, apenas o trigo e outros grãos da mesma família contêm uma quantidade suficiente dessas proteínas, que formam uma substância elástica chamada *glúten*. Outros poucos grãos contêm as proteínas do glúten, mas não possuem uma estrutura tão boa quanto a do trigo.

Além disso, as proteínas devem estar cruas para que o glúten seja formado. Como os primeiros grãos selvagens tinham de ser aquecidos para que liberassem suas películas protetoras, o produto resultante só podia ser usado para pastas e mingaus, mas não para pães. Com o tempo, o homem pré-histórico aprendeu a cultivar e, como resultado, passou a plantar apenas os grãos cujo beneficiamento era mais fácil. Consequentemente, desenvolveram-se variedades híbridas cuja película poderia ser removida sem a torra. Sem esse passo, os pães modernos não teriam surgido.

Os primeiros pães fermentados

Uma pasta de grãos, se deixada em repouso por algum tempo, atrai leveduras (organismos microscópicos que produzem dióxido de carbono) do ar e começa a fermentar. Foi assim, certamente, que surgiram os primeiros pães levedados, embora, por um longo período da história, a presença do fermento tenha sido meramente acidental. Por fim, o homem aprendeu que podia guardar uma parte da massa levedada para fermentar a massa do dia seguinte.

Pequenos pães chatos ou ligeiramente cônicos feitos de uma pasta de grãos, fermentados ou não, eram cozidos sobre uma pedra quente, ou outra superfície plana, ou cobertos e deixados perto do fogo, ou sobre as brasas. Os egípcios da Antiguidade desenvolveram a arte de assar pães em moldes – os primeiros pães de forma. Esses moldes eram aquecidos para que recebessem a massa; então eram cobertos e empilhados dentro de uma câmara aquecida. Esses foram, talvez, os primeiros pães produzidos em série. Os pães feitos de farinha de trigo eram caros e apenas os mais ricos tinham acesso a eles. A maioria das pessoas comia pães de cevada e outros grãos.

Na Grécia Antiga, cerca de cinco ou seis séculos antes de Cristo, já eram usados fornos fechados. Para aquecê-los, acendia-se uma fogueira em seu interior. Possuíam uma porta frontal que podia ser fechada, de modo que era possível colocar e retirar alimentos sem perder muito calor.

Os pães assados nesses fornos eram, em sua maior parte, uma espécie de bolo feito a partir de uma pasta de grãos, que era misturada com a massa levedada do dia anterior para fermentar. Esses pães chatos ou ligeiramente cônicos eram chamados de **maza**. Esse tipo de pão, em especial os feitos de cevada, era a base da alimentação na época. A propósito, na Grécia Antiga, todos os alimentos eram divididos em duas categorias: *maza* e **opson** (o que se comia com os *maza*). A categoria *opson* incluía legumes, queijos, peixes, carnes ou qualquer outro alimento que não fosse pão. Era comum espalhar os *opson* sobre os pães chatos, resultando em uma espécie de ancestral da pizza moderna.

Escritos da Grécia Antiga descrevem nada menos que oitenta tipos de pães e outros produtos de panificação desenvolvidos pelos padeiros profissionais da época. Alguns desses poderiam ser chamados de "pães verdadeiros" em vez de *maza* ou pão chato, pois eram feitos com massas sovadas com farinha de trigo, que fornecia as proteínas do glúten.

Muitos séculos depois, Roma não havia feito grandes progressos com seus pães. Foi com a chegada dos padeiros vindos da Grécia que os alimentos feitos com grãos começaram a ir muito além dos mingaus e pães chatos. No final do Império Romano, a panificação já era uma indústria importante. As padarias, em geral, eram administradas por imigrantes gregos.

Uma importante inovação da panificação romana foi introduzida pelos gauleses, um povo europeu conquistado pelos romanos. Os gauleses, ancestrais da França moderna, haviam desenvolvido o fabrico da cerveja. Descobriram que, ao acrescentar a espuma da cerveja à massa do pão, ele ficava mais leve e crescido. A espuma continha leveduras da fermentação da cerveja. Esse processo foi o começo do uso controlado de uma fonte de leveduras para a feitura de pães.

Muitos dos produtos feitos pelos padeiros romanos continham bastante mel e óleo, de modo que poderiam ser chamados mais apropriadamente de pães doces, e não de pães. O fato de a principal gordura disponível ser o óleo impunha limitações aos tipos de preparações que podiam ser produzidas. Somente uma gordura sólida como a manteiga permite ao confeiteiro produzir massas duras como aquelas a que estamos mais acostumados: de torta e biscoito, por exemplo.

Panificação e confeitaria na Idade Média

Após a queda do Império Romano, a profissão de padeiro praticamente desapareceu. Somente no final da Idade Média começou a ressurgir como uma profissão importante entre aqueles que trabalhavam para a nobreza. Os pães continuaram a ser produzidos por padeiros profissionais, e não domesticamente, pois eram necessários fornos que demandavam muitos cuidados. Em razão do risco de incêndio, os fornos em geral eram separados das demais construções e, muitas vezes, do lado de fora dos muros da cidade.

Em muitas partes da Europa, cuidar dos fornos e preparar a massa do pão eram funções distintas. O forneiro mantinha o forno, aquecia-o à temperatura ideal e supervisionava o cozimento dos pães que lhe eram confiados. No início, os fornos nem sempre ficavam perto do local onde a massa era produzida, e um forno servia a vários padeiros. É interessante notar que em muitas padarias atualmente, em especial nas maiores, essa divisão de trabalho se mantém. O *chef* responsável pelo forno assa os pães e outros produtos que lhe são entregues e nem sempre participa do processo de elaboração da massa e modelagem dos produtos.

Ao longo da Idade Média, parte do trabalho do padeiro era peneirar a farinha integral que os clientes lhe traziam. Passar a farinha na peneira grossa apenas removia parte do farelo, ao passo que as peneiras mais finas removiam quase todo o farelo, resultando em uma farinha mais branca. Já que muito do grão era removido durante a obtenção da farinha branca, o rendimento era baixo, tornando o pão branco mais caro; portanto, a maioria das pessoas não podia comprar esse tipo de pão. Somente por volta de 1650 os padeiros começaram a comprar farinha de moinhos.

Como o pão era o alimento mais importante da época, muitas leis versavam sobre fatores como o nível de aproveitamento do trigo, os ingredientes obrigatórios do pão e o seu tamanho.

Foi também durante a Idade Média que os padeiros e confeiteiros profissionais da França associaram-se para proteger e desenvolver sua arte. Leis proibiam quaisquer pessoas que não os padeiros de comercializar pão, e as confrarias tinham poder suficiente para limitar a certificação somente a seus associados. Essas confrarias, bem como o sistema de aprendizado, que já estava bem desenvolvido no século XVI, também eram um meio de transmitir o conhecimento sobre panificação de geração para geração.

Para se tornarem mestres-padeiros, os trabalhadores tinham de fazer um curso para aprendizes e obter um certificado que atestava que eles tinham obtido as habilidades necessárias para a função. Esses padeiros certificados podiam ter seus próprios estabelecimentos. Eles eram ajudados por aprendizes, que não eram remunerados e estavam aprendendo o ofício, e operários, empregados pagos que haviam completado o aprendizado mas não tinham o certificado de mestre-padeiro.

Confeitaria

Os padeiros também faziam bolos de massas contendo mel e outros ingredientes doces, como frutas secas. Muitas dessas preparações possuíam um significado religioso e eram feitas apenas em ocasiões especiais, como os *Twelfth Night cakes* (bolos do décimo segundo dia), assados após o Natal. Esses produtos quase sempre tinham uma textura densa, diferente da dos bolos que comemos hoje. Massas não levedadas eram feitas também para a confecção de tortas salgadas. No século XV, os confeiteiros da França formaram suas próprias confrarias e se desvincularam dos padeiros. A partir daí, a profissão de confeiteiro desenvolveu-se rapidamente, e muitos novos tipos de produtos foram criados.

O mel era o adoçante mais importante. A cana-de-açúcar, fonte do açúcar refinado, era nativa da Índia e cultivada no sul da Ásia. Para ser trazido à Europa, o açúcar tinha de passar por muitos países, e a cada porto de passagem incidiam novas taxas e impostos sobre o já elevado preço. Para os europeus, o açúcar era um ingrediente raro, caro e luxuoso.

A chegada dos europeus às Américas, em 1492, deu início à revolução na confeitaria. As Ilhas do Caribe eram propícias para o cultivo do açúcar, então aumentou a demanda e os preços caíram. O cacau e o chocolate, nativos do Novo Mundo, foram levados para o Velho Mundo pela primeira vez. Assim que os novos ingredientes tornaram-se mais comuns, a confeitaria foi ficando cada vez mais sofisticada, e muitas receitas novas foram criadas. Nos séculos XVII e XVIII, muitos dos doces e sobremesas que conhecemos hoje, como as massas laminadas ou folhadas – o folhado "simples" e o *danish*, por exemplo –, já estavam sendo feitas. Também no século XVIII, desenvolveram-se os métodos de refino do açúcar da beterraba. Enfim, os europeus puderam produzir seu próprio açúcar.

Dos primeiros restaurantes a Carême

Diz-se que o serviço de alimentação moderno inaugurou-se na virada da segunda metade do século XVIII. Assim como os padeiros e confeiteiros, os banqueteiros, açougueiros e outros profissionais do setor também precisavam ser licenciados por confrarias, que controlavam a produção. Aqueles que possuíam hospedarias tinham que comprar os vários itens do cardápio de fornecedores licenciados para servir refeições a seus hóspedes. Os hóspedes tinham pouca ou nenhuma opção de escolha e comiam o que era oferecido.

Em 1765, um parisiense chamado **Boulanger** (cujo nome, por acaso, significa "padeiro") começou a anunciar que servia sopas em seu estabelecimento, que ele chamava de "restaurantes" ou "restaurativas". De acordo com o que se conta, um dos pratos que ele servia era pata de carneiro ao molho cremoso. A confraria dos *traiteurs* (que produzia, entre outras coisas, sopas) o processou, mas Boulanger ganhou a causa alegando que não se tratava de uma "sopa" de pata de carneiro, mas sim de uma pata de carneiro "ensopada". Ao desafiar as regras das confrarias, Boulanger mudou o curso da história dos serviços de alimentação.

Para a panificação, dois eventos importantes durante esse período foram a publicação dos dois primeiros grandes livros sobre panificação: *L'art du meunier, du boulanger et du vermicellier* (A arte de quem faz farinhas, pães e massas), de Malouin, em 1775, e *Le parfait boulanger* (O padeiro perfeito), de Parmentier, em 1778.

O século XIX assistiu não só à evolução do setor de serviços de alimentação, mas também ao desenvolvimento da panificação como a conhecemos hoje. Depois da Revolução Francesa de 1789, muitos padeiros e confeiteiros que haviam trabalhado nas casas da nobreza abriram seus próprios estabelecimentos. Artesãos disputavam os clientes com a qualidade de seus produtos. As pessoas em geral – não apenas aristocratas e abastados – conseguiam comprar produtos finos. Algumas das padarias e confeitarias fundadas em Paris nessa época ainda estão funcionando.

Uma nova invenção no século XVIII mudou a organização da cozinha comercial, que se centrava até então no fogão a lenha. Essa invenção era um fogão que fornecia uma fonte de calor mais controlável. As cozinhas comerciais foram divididas em três setores: o fogão, comandado pelo *chef* de cozinha ou **cuisinier**; a rotisseria, comandada pelo cozinheiro de assados e grelhados ou **rôtisseur**; e o forno, comandado pelo *chef* confeiteiro ou **pâtissier**. O *chef* confeiteiro e o cozinheiro de assados e grelhados reportavam-se ao *cuisinier*, que também era conhecido como **chef de cuisine**, que significa "chefe da cozinha". Ainda que o fogão fosse o elemento novo dessa cozinha reorganizada, o forno do padeiro continuava sendo o forno a lenha, há tanto tempo em uso.

O *chef* mais famoso do começo do século XIX foi Marie-Antoine **Carême**, também conhecido como Antonin Carême, que viveu de 1784 a 1833. Suas esculturas espetaculares de açúcar e confeitos trouxeram-lhe muita fama. Ele fez com que as profissões de *chef* e de confeiteiro se tornassem respeitadas. O livro de Carême, *Le pâtissier royal* (O confeiteiro real), foi um dos primeiros a explicar sistematicamente a arte da confeitaria.

Ironicamente, Carême passou a maior parte de sua carreira servindo à nobreza e à realeza, em uma época em que os suprimentos necessários à arte da panificação e da confeitaria difundiam-se entre os cidadãos comuns. Carême teve pouco contato com os aspectos comerciais da profissão.

Apesar de suas conquistas e fama como confeiteiro, Carême não era padeiro de formação, mas *chef de cuisine*. Quando jovem, aprendeu com rapidez todos os ramos da gastronomia e dedicou sua carreira ao aperfeiçoamento e à sistematização das técnicas culinárias. Seus muitos livros são a primeira descrição metódica dos princípios culinários, das receitas e da elaboração de menus.

Retrato de Marie-Antoine Carême, em M.A. Carême. *L'art de la cuisine française au dix-neuvième siècle. Traité élémentaire et pratique*, 1833. Seção de Coleções e Manuscritos Raros, Biblioteca da Universidade de Cornell.

Panificação moderna e tecnologia

O século XIX foi uma época de grandes progressos tecnológicos. Processos automatizados permitiam aos padeiros mecanizar várias tarefas que antes requeriam um grande esforço físico. O mais importante desses avanços tecnológicos foi a criação do **moinho de rolo**. Antes de sua invenção, a farinha era moída entre duas pedras, por fricção e então peneirada, em geral muitas vezes, para se separar o farelo. O processo era lento. O moinho de rolo, descrito no Capítulo 4 (ver p. 57), é muito mais rápido e eficiente. Isso representou um enorme avanço para a indústria da panificação.

Outro avanço importante do período foi a disponibilidade de novas farinhas provenientes das plantações de trigo dos Estados Unidos. O nível de proteínas dessas variedades de trigo era mais alto do que o dos cultivados no norte da Europa, e a exportação desse grão promoveu a produção de pão branco em larga escala.

No século XX, outros avanços da tecnologia – da refrigeração e dos fornos sofisticados ao transporte aéreo, distribuindo ingredientes frescos por todo o mundo – em muito contribuíram para os setores de panificação e confeitaria.

Técnicas de conservação ajudaram a disponibilizar e a baratear alguns ingredientes antes caros e difíceis de encontrar. Também em virtude da tecnologia moderna de conservação, agora é possível fazer parte ou quase todo o processo de preparo dos alimentos antes do transporte, em vez de realizar esse preparo na loja ou no restaurante em si. Assim, tornou-se possível a abertura de lojas de conveniência. Hoje muitos processos trabalhosos podem ser evitados, como o preparo da massa folhada – basta comprá-la pronta nos mercados.

Os equipamentos modernos ajudaram a mudar as técnicas e os tempos de produção. Por exemplo, os cilindros agilizam a produção de massas laminadas, como a massa para *danish*, ao mesmo tempo em que rendem um produto mais uniforme. As câmaras de crescimento conservam as massas cruas levedadas de um dia para o outro para que estejam prontas para assar na manhã seguinte. É possível preparar alguns alimentos com muito mais antecedência e em grandes quantidades, conservando-os em condições adequadas até serem finalizados e servidos.

> ## ⁂❧ ESCOFFIER ❧⁂
>
> Georges-August Escoffier (1847–1935), o grande *chef* de seu tempo, ainda é reverenciado por *chefs* e *gourmets* como o pai da gastronomia do século XX. Seus principais feitos foram (1) a simplificação do menu clássico, (2) a sistematização dos métodos de cocção e (3) a reorganização da cozinha.
>
> Os livros e receitas de Escoffier ainda são uma importante fonte de referência para *chefs* profissionais. Os métodos básicos de cocção e preparo que aprendemos ainda hoje se fundamentam em seu trabalho. Seu livro *Le guide culinaire*, ainda muito usado, organiza as receitas em um esquema simples, baseado nos ingredientes principais e no método de cozimento, simplificando bastante os esquemas anteriores de Carême. Para aprender a cozinha clássica, de acordo com Escoffier, é preciso começar pelo conhecimento de um número relativamente pequeno de procedimentos e ingredientes básicos.
>
> Ainda que Escoffier não tenha trabalhado como padeiro, aplicou o mesmo esquema de elaboração de pratos salgados às sobremesas. Muitas das sobremesas que inventou, como os Pêssegos Melba, são ainda hoje servidas.

Estilos modernos

Todos esses avanços ajudaram a mudar os estilos e hábitos alimentares. A evolução que vem ocorrendo há centenas de anos na panificação e na confeitaria continua. Vale a pena explorar um pouco mais as mudanças ocorridas na gastronomia no setor de restaurantes, pois as mudanças no âmbito da panificação e da confeitaria tiveram um curso semelhante.

Uma geração após **Escoffier**, o *chef* mais influente da metade do século XX foi Fernand Point (1897 a 1955). Trabalhando de forma tranquila e sistemática em seu restaurante La Pyramide, em Vienne, França, ele tornou a cozinha clássica mais simples e leve. A influência de Point pode ser observada muito além de seu tempo.

Muitos de seus aprendizes, como Paul Bocuse, Jean e Pierre Troisgros e Alain Chapel, acabaram por se tornar alguns dos *chefs* mais famosos da gastronomia moderna. Juntamente com outros *chefs* de sua geração, tornaram-se conhecidos na década de 1960 e começo da de 1970, por um estilo que ficou conhecido como **nouvelle cuisine**. Eles adotaram a abordagem leve de Point e levaram-na adiante ao propor sabores e preparações mais simples e naturais, com molhos e temperos mais suaves e tempo de cozimento reduzido. Na cozinha tradicional clássica, muitos pratos eram montados no salão do restaurante pelos garçons. A *nouvelle cuisine*, no entanto, enfatizava a finalização artística dos pratos feita pelo *chef*, na cozinha. No departamento de confeitaria, essa técnica foi o início da prática atual de servir as sobremesas empratadas.

Um importante evento na história da gastronomia moderna norte-americana foi a inauguração, em 1971, do restaurante de Alice Waters, Chez Panisse, em Berkeley, Califórnia. A filosofia de Waters é a de que a boa comida depende de bons ingredientes, por isso ela localizou fornecedores de legumes, verduras, frutas e carnes de alta qualidade – que ela preparava da maneira mais simples possível. Nas décadas seguintes, muitos *chefs* e *restaurateurs* seguiram seu estilo, buscando os melhores produtos da estação, cultivados organicamente na região.

No final do século XX, à medida que o turismo tornou-se mais fácil e imigrantes chegaram à Europa e aos Estados Unidos vindos de várias partes do mundo, cresceu o interesse pelo sabor das cozinhas regionais. *Chefs* tornaram-se mais informados não apenas sobre as cozinhas tradicionais de outras partes da Europa, mas também da Ásia, da América Latina e de outros lugares. Muitos dos *chefs* mais criativos inspiram-se nessas cozinhas e usam algumas de suas técnicas e ingredientes. Grandes *chefs* confeiteiros, como Gaston Lenôtre, revitalizaram a arte da confeitaria fina e inspiraram e ensinaram gerações de profissionais.

O uso de ingredientes e técnicas de mais de uma cozinha regional em um único prato passou a ser conhecido como **fusion cuisine**. A *fusion cuisine* nem sempre rende bons resultados; por não ser fiel a nenhuma cultura, pode tornar-se uma grande mistura. Esse foi precisamente o caso na década de 1980, quando a ideia ainda era nova. *Chefs* combinavam uma série de ingredientes e técnicas sem prestar muita atenção ao efeito final dessas combinações. O resultado, muitas vezes, era uma grande bagunça. Mas aqueles *chefs* que se deram ao trabalho de estudar a fundo as cozinhas e culturas em que se inspiravam causaram uma nova sensação na gastronomia e nos menus dos restaurantes. No setor da confeitaria, ingredientes como o maracujá, a manga e o capim-limão, antes estranhos e exóticos no hemisfério Norte, agora são facilmente encontrados.

Padeiros, *chefs* e consumidores muitas vezes reagiram contra a tecnologia na produção de alimentos, por meio da redescoberta de preparações e técnicas esquecidas. Os padeiros, especialmente, estão procurando reaver os sabores tradicionais dos pães, perdidos no processo de industrialização dos produtos da panificação, que se tornaram mais refinados, padronizados e – como muitos dizem – insípidos. Inspirado no exemplo de Lionel Poilâne (p. 131), padeiros estão buscando métodos para a produção artesanal de pães tradicionais, feitos com fermentos naturais, e experimentando farinhas especiais, em busca do sabor. No cardápio de sobremesas dos restaurantes, essa tendência pode ser vista na apresentação de sobremesas tradicionais que combinam muito bem com os confeitos e ornamentos ultramodernos.

AS CARREIRAS DE PADEIRO E CONFEITEIRO

No início do século XXI, a popularidade dos pães e sobremesas finas tem crescido em um ritmo mais acelerado do que a formação de profissionais do setor. Aqueles que entrarem na carreira de padeiro e confeiteiro atualmente encontrarão muitas oportunidades de trabalho, desde padarias de bairro e de grande porte aos restaurantes de grandes hotéis.

Serviço de alimentação em restaurantes e em hotelaria

Como já visto anteriormente neste capítulo, uma das contribuições importantes de Escoffier foi a reorganização da cozinha. Ele dividiu a cozinha em setores, ou praças, com base no tipo de comida produzido. Um "chefe de partida" foi colocado para comandar cada setor. Esse sistema, com muitas variações, é usado ainda hoje, especialmente em grandes hotéis com modelo de serviço tradicional. Em um estabelecimento pequeno, o chefe de partida pode ser o único funcionário do setor. Mas em cozinhas grandes, cada chefe de partida pode ter vários assistentes.

Chefes de partida de grandes cozinhas incluem o *chef saucier*, responsável pela preparação de molhos, salteados e braseados; o *chef poissonnier*, que prepara peixes; o *chef rôtisseur*, que prepara assados; e o *chef garde manger*, responsável pela cozinha fria. Sobremesas e massas são preparadas pelo *chef* confeiteiro (*pâtissier*). Chefes de partida reportam-se ao *chef* executivo, ou *chef* de *cuisine*, que se encarrega da produção dos alimentos. Nas cozinhas maiores, o cargo de *chef* executivo é basicamente administrativo. Pode acontecer de um *chef* executivo cozinhar um pouco ou não cozinhar. O *sous chef* auxilia o *chef* executivo e encarrega-se diretamente da cozinha durante a produção.

O setor de confeitaria em geral é separado fisicamente da cozinha quente, por várias razões. Muitas sobremesas e doces devem ser preparados em um ambiente fresco. Além disso, a separação evita que cremes, sorvetes e massas absorvam o aroma de assados, grelhados e refogados.

Em um restaurante de pequeno ou médio porte, o *chef* confeiteiro pode trabalhar sozinho, preparando todos os itens das sobremesas. É comum o *chef* confeiteiro iniciar seu trabalho no início da manhã e terminá-lo antes que o restaurante abra para o jantar. Outro cozinheiro ou um assistente de cozinha monta e emprata as sobremesas durante o atendimento.

Nos restaurantes e hotéis grandes, o *chef* responsável pelos pães e sobremesas é o *chef* confeiteiro executivo. Este é um cargo administrativo comparável ao do *chef* executivo na cozinha quente. O *chef* confeiteiro executivo supervisiona os funcionários de seu setor, incluindo profissionais como o padeiro ou masseiro (*boulanger*), que prepara as massas fermentadas e itens de café da manhã, como brioches, *croissants* e folhados; o sorveteiro (*glacier*), que prepara sobremesas geladas; o confeiteiro (*confiseur*); e o decorador (*décorateur*), que prepara peças para a exposição, esculturas de açúcar e bolos decorados.

Nos hotéis, o trabalho da padaria e confeitaria pode ser intenso, incluindo o preparo não só de sobremesas e pães para todos os restaurantes, cafés e serviços de quarto do complexo, mas também pães e iguarias para o café da manhã e para as demais refeições, incluindo bolos decorados e trabalhos artísticos para banquetes e bufês. Esse leque de atividades fornece muitas oportunidades ao profissional que deseja adquirir uma experiência variada.

Bufês, cozinhas industriais institucionais (escolas, hospitais, refeitórios), restaurantes executivos e clubes privativos podem ser locais de trabalho para os *chefs* padeiros e *chefs* confeiteiros. As qualificações necessárias variam de um estabelecimento a outro. Alguns preparam todos os seus artigos de padaria e confeitaria no próprio estabelecimento, outros se apoiam na conveniência de adquirir esses produtos já prontos.

Padarias

As padarias podem ser estabelecimentos independentes ou fazer parte de supermercados e mercearias, por exemplo. Supermercados finos, em especial, têm oferecido ótimas oportunidades para os *chefs* padeiros e *chefs* confeiteiros mais criativos. Alguns estabelecimentos chegaram a instalar fornos a lenha para assar pães artesanais especiais.

O *chef padeiro* é o profissional responsável pela produção de uma padaria. Ele pode chefiar desde uma equipe de poucos funcionários, que divide a maioria das tarefas, a uma equipe de especialistas, em uma padaria grande, que trabalham em diferentes departamentos, como o de pães e afins, bolos e confeitos. Até mesmo a tarefa de confecção de pães pode ser dividida entre vários profissionais, de modo que alguns cuidam do preparo da massa e outros se responsabilizam por enrolar e assar os pães.

Padarias atacadistas executam as mesmas tarefas de uma padaria varejista, mas sua produção é mais automatizada e industrializada. Equipamentos como amassadeiras e fornos industriais têm capacidade para processar grandes quantidades. Além dos produtos finais, padarias atacadistas podem produzir alimentos pré-prontos, como camadas de bolo, massa de biscoito e massa folhada para vender para restaurantes, hotéis, bufês, supermercados e outros estabelecimentos.

Qualificações profissionais

O que é necessário para tornar-se um bom *chef* padeiro ou *chef* confeiteiro?

A ênfase dada na formação de *chefs*, seja de panificação e confeitaria, seja de cozinha quente, é no aprendizado de uma série de técnicas. Porém, de modo geral, as *atitudes* são mais importantes que as habilidades, pois uma atitude adequada ajuda não somente a desenvolver novas habilidades, mas também a superar as dificuldades que você poderá ter de enfrentar na sua carreira.

Dominar a técnica, obviamente, é essencial para o sucesso. No entanto, para avançar na profissão, há outras qualidades também importantes ao novo *chef* confeiteiro ou padeiro recém-formado. A seguir, são apresentadas algumas delas.

Vontade de trabalhar

A profissão exige grande esforço físico e mental. Ao graduar-se, os aprendizes sabem que os colegas que trabalharam mais duro, especialmente aqueles que fizeram horas extras no trabalho e buscaram por mais oportunidades de aprender, são os mais bem-sucedidos. Uma vez formados, os padeiros e *chefs* que mais se esforçam são os que avançam mais rapidamente na carreira.

Uma das descobertas mais penosas dos novos cozinheiros é a natureza repetitiva do trabalho – fazer as mesmas tarefas várias vezes, como enrolar centenas de pãezinhos em um único dia ou preparar milhares de panetones para as festas de Natal. Os padeiros e *chefs* bem-sucedidos encaram a repetição como uma oportunidade de aperfeiçoamento. Apenas executando uma tarefa culinária inúmeras vezes é possível dominá-la bem e entender cada uma de suas nuanças e variações.

Para que o estresse gerado pelo trabalho árduo seja superado, é necessário um senso de responsabilidade e dedicação à profissão, aos colegas de trabalho e aos clientes. Dedicação significa também permanecer no emprego e não pular de cozinha em cozinha a cada dois ou três meses. Permanecer em um emprego por pelo menos um ou dois anos é uma forma de mostrar aos futuros empregadores que você é um trabalhador sério e confiável.

Vontade de aprender

Nunca pare de aprender. Leia. Estude. Experimente. Faça cursos de atualização profissional. Mantenha contato com outros *chefs*. Troque informações. Associe-se a entidades profissionais de sua área, como associações de padeiros e confeiteiros de sua região ou nacionais. Junte-se às organizações de alunos e ex-alunos de sua escola e mantenha contato com seus colegas. Participe de competições para refinar suas habilidades e para aprender com os concorrentes. Desenvolva a capacidade de administrar e gerenciar. Mantenha-se informado sobre os últimos avanços tecnológicos, técnicas e tendências do setor, ao mesmo tempo em que renova seus conhecimentos básicos. Lembre-se de que aprender a cozinhar e a administrar uma cozinha é um processo para a vida toda.

Em retribuição, ajude outros a aprender. Divida o conhecimento. Oriente um aluno. Dê uma aula. Ajude um colega. Seja juiz de uma competição. Contribua em eventos profissionais e seminários. Faça o que puder para elevar seus conhecimentos e o *status* de sua profissão.

Vontade de servir

O serviço de alimentação, como o próprio nome indica, envolve servir os outros. Ser um padeiro ou confeiteiro profissional implica dar contentamento e alegria para seus clientes. Para servir bem, é preciso usar ingredientes de qualidade e manuseá-los com cuidado e respeito, preservando a saúde dos clientes e dos colegas de trabalho por meio da observação das regras de higiene e segurança; tratar a todos com respeito; fazer com que clientes e colegas de trabalho sintam-se valorizados; e manter o ambiente de trabalho limpo e convidativo. Cuide bem dos outros e seu sucesso virá naturalmente.

Orgulhar-se da profissão

Profissionais orgulham-se de seu trabalho e querem certificar-se de que seja uma atividade digna. Um cozinheiro profissional mantém uma atitude positiva, trabalha com eficiência, higiene e segurança e sempre almeja a melhor qualidade. Embora pareça contraditório, o orgulho pela profissão exige uma boa dose de humildade, já que a humildade faz com que *chefs* dediquem-se arduamente ao trabalho, ao aprendizado contínuo e ao comprometimento em servir. Um profissional que se orgulha do que faz é capaz de reconhecer o talento de outros colegas – suas conquistas o inspiram e estimulam. O bom *chef* padeiro ou confeiteiro demonstra seu orgulho profissional ao servir de exemplo para outros.

TERMOS PARA REVISÃO

glúten

maza

opson

Boulanger

cuisinier

rôtisseur

pâtissier

chef de cuisine

Carême

moinho de rolo

Escoffier

nouvelle cuisine

fusion cuisine

saucier

poissonnier

garde manger

sous chef

boulanger

glacier

confiseur

décorateur

chef padeiro

QUESTÕES PARA DISCUSSÃO

1. Que característica das farinhas de trigo modernas torna possível elaborar uma massa fermentada elástica? Por que o homem pré-histórico não era capaz de produzir essas massas a partir dos grãos selvagens de sua época?

2. Qual foi o evento histórico que mais contribuiu para a popularização do açúcar? De que maneira?

3. Qual foi a contribuição do fabrico da cerveja para o processo de elaboração de pães?

4. Descreva brevemente como as cozinhas comerciais passaram a se organizar depois da invenção do fogão no século XVIII.

5. O que é a *nouvelle cuisine*? Como a *nouvelle cuisine* afetou o estilo das sobremesas servidas nos restaurantes?

6. Descreva a organização de uma cozinha de hotel moderna de grande porte. Cite e descreva as funções especializadas que podem ser encontradas em padarias de grande porte.

Capítulo

2

Noções básicas da profissão: matemática e higiene na cozinha

Receitas e fórmulas são ferramentas fundamentais na cozinha e na padaria. Indicam os ingredientes a serem comprados e estocados e fornecem as medidas e as instruções de preparo dos itens a serem produzidos. Além disso, são o foco de outras técnicas e ferramentas de gestão, como a modificação das quantidades e o cálculo dos custos.

Neste capítulo, será feita uma introdução à produção no âmbito da panificação e da confeitaria por meio de uma discussão dos tipos de medidas e cálculos matemáticos necessários e dos processos comuns à produção de praticamente todos os itens comercializados.

Na parte final do capítulo, será apresentada uma breve descrição de um assunto de grande importância: higiene no local de trabalho.

Após ler este capítulo, você deverá ser capaz de:

1. Descrever os problemas e limitações das fórmulas escritas.

2. Descrever as duas funções básicas das fórmulas-padrão.

3. Explicar a importância de se pesar os ingredientes em panificação e confeitaria.

4. Determinar a tara de uma balança.

5. Calcular o fator de rendimento de frutas com base nas perdas do pré-preparo.

6. Usar fórmulas baseadas no método de porcentagens.

7. Ajustar fórmulas para obter rendimentos diferentes.

8. Calcular o custo de itens individuais.

9. Calcular o custo de fórmulas.

10. Descrever os procedimentos para a prevenção de contaminação dos alimentos nas áreas de higiene pessoal e de técnicas de manipulação de alimentos.

FÓRMULAS E MEDIDAS

A *receita* se refere a um conjunto de instruções para o preparo de um determinado alimento. Para reproduzir uma determinada preparação, é necessário ter um registro preciso dos ingredientes, suas proporções e a maneira como devem ser combinados e cozidos. Esse é o propósito da receita.

Em panificação, fala-se geralmente em *fórmulas*, em vez de receitas. Não é por acaso que essa palavra lembra mais um laboratório de química do que um estabelecimento do setor de alimentos. Uma padaria tem muitas semelhanças com um laboratório de química, seja na precisão científica dos procedimentos, seja na complexidade das reações que ocorrem durante o preparo dos alimentos.

Não há regras precisas sobre o uso da palavra "fórmula" (ver quadro ao lado, no entanto). Alguns profissionais usam esse termo apenas para os produtos de panificação, ao passo que a palavra "receita" é usada para cremes, recheios de frutas, musses etc. Outros preferem chamar todas as receitas de "fórmula". Há, ainda, os que usam apenas a palavra "receita". Neste livro, usaremos a palavra "fórmula" para a maioria das preparações, embora a palavra "receita" também seja usada ocasionalmente.

A principal função de uma fórmula, obviamente, é fornecer uma lista de ingredientes e quantidades para preparar um produto. Mas uma fórmula tem também outras funções. Uma fórmula escrita permite que sejam calculados os custos e alteradas as quantidades e o rendimento. Para tanto, é preciso realizar alguns cálculos matemáticos. Os procedimentos para realizar esses cálculos a partir das fórmulas são o foco principal deste capítulo.

> ### ❊ FÓRMULAS E MÉTODOS DE PREPARO ❊
>
> Em seu sentido estrito, o termo "fórmula" refere-se apenas à lista de ingredientes e suas respectivas quantidades. As instruções sobre o uso desses ingredientes, que estamos chamando de "modo de fazer", podem também ser chamadas de "método de preparo", ou simplesmente "preparo". Há relativamente poucos modos de fazer, ou procedimentos básicos, e esses são aplicados a praticamente todos os produtos de panificação e confeitaria. Para o profissional experiente, esses procedimentos já são tão conhecidos que não é necessário repeti-los a cada fórmula, como explicamos no texto abaixo.
>
> Um dos principais objetivos deste livro é fazer com que você se familiarize com os principais procedimentos usados em panificação e confeitaria, para que seja capaz de usar quaisquer fórmulas profissionais.

Usos e limitações das fórmulas e receitas

Apesar de sua importância, as fórmulas e receitas escritas têm muitas limitações. Não importa o quão detalhadas sejam, sempre partem do pressuposto de que o usuário possui algum conhecimento, isto é, compreende a terminologia empregada e sabe como medir os ingredientes, por exemplo.

Antes de abordarmos as fórmulas da panificação, falaremos um pouco das receitas em geral. Muitos acreditam que aprender a cozinhar consiste meramente em aprender uma série de receitas. O cozinheiro profissional, no entanto, aprende seu ofício ao dominar uma série de procedimentos básicos. Uma receita é uma forma de aplicar esses procedimentos a ingredientes específicos.

O principal objetivo de quem aprende um princípio culinário básico não é ser capaz de cozinhar sem seguir uma receita, mas compreender as receitas que usa. Como dito anteriormente, as receitas assumem que o usuário tem um certo conhecimento para compreender as instruções e segui-las corretamente.

Quem folhear este livro verá que ele não consiste apenas em uma coleção de fórmulas e receitas. Ainda que haja centenas delas na obra, são apenas uma parte do conteúdo total. A principal preocupação do aprendiz deve ser compreender as técnicas e procedimentos para que possa aplicá-los a qualquer fórmula.

Padeiros e confeiteiros usam um número relativamente pequeno de técnicas básicas de mistura no preparo de massas. Por essa razão, a fórmula pode consistir apenas em uma lista de ingredientes e quantidades, acompanhada do nome do método de mistura. Um padeiro bem treinado pode preparar um produto apenas com essas informações. Na verdade, muitas vezes nem é necessário mencionar o método de mistura, pois ele é capaz de deduzir, pelos ingredientes e suas proporções, qual método seria o mais adequado. Para que você se acostume com esse método de trabalho e para enfatizar a importância de se compreender bem os métodos básicos de mistura, a maioria das fórmulas deste livro apenas indica o nome do método a ser empregado, sem repetir os passos a cada fórmula. Cabe a você rever esses procedimentos básicos, quando necessário, antes de usar a fórmula.

Algumas receitas fornecem pouquíssimas informações, outras são bem mais extensas. Independentemente do nível de detalhamento, uma receita escrita nunca fornece todas as informações necessárias. O conhecimento daquele que irá usá-la será sempre requerido, especialmente na cozinha quente, em que os cozinheiros sempre têm de fazer ajustes para compensar as variações nos ingredientes – algumas cenouras são mais doces que outras, certas ostras são mais salgadas e assim por diante.

Na panificação e na confeitaria, há menos variação. Por exemplo, a farinha, o fermento, o açúcar, a manteiga e outros ingredientes básicos apresentam mais uniformidade, principalmente se forem adquiridos do mesmo fornecedor. Ainda assim, muitos outros fatores não podem ser previstos ao se escrever uma receita. São exemplos:

◆ Os equipamentos variam de padaria para padaria. Batedeiras de diferentes marcas e tamanhos, por exemplo, batem a massa de maneira diferente, e cada tipo de forno possui propriedades distintas.

◆ É impossível fornecer instruções exatas para muitos processos. Por exemplo, uma fórmula de pão pode indicar um tempo de sova, mas o tempo exato necessário irá variar. O padeiro deve ser capaz de julgar, pela consistência e textura da massa, quando o ponto ideal foi atingido.

Receitas e fórmulas-padrão

Uma *receita ou fórmula-padrão* é um conjunto de instruções que descrevem os procedimentos usados por um estabelecimento para o preparo de um determinado produto. Em outras palavras, é uma receita customizada, desenvolvida para ser utilizada pelos cozinheiros, *chefs* confeiteiros e padeiros de um determinado estabelecimento, com os próprios equipamentos, para ser servida ou vendida para seus clientes.

A apresentação de uma fórmula difere de um estabelecimento para outro, mas a maioria inclui informações o mais precisas possível. Os seguintes detalhes podem ser incluídos:

◆ Nome da receita.

◆ Rendimento, como o rendimento total, o número de porções e o tamanho exato de cada uma.

◆ Ingredientes e medidas exatas, relacionados na ordem em que serão usados.

◆ Equipamentos necessários, como medidores, cortadores, formas e seus respectivos tamanhos etc.

◆ Instruções para o preparo do prato. As instruções devem ser o mais simples possível.

◆ Tempos de preparo e cozimento.

◆ Instruções sobre a conservação do alimento após o preparo até o momento de servir.

◆ Instruções sobre a divisão, empratamento e decoração.

◆ Instruções sobre o armazenamento das sobras.

Como é possível observar, alguns desses quesitos se aplicam mais ao setor de confeitaria e sobremesas de um restaurante que às padarias. Receitas de pão não necessitam conter instruções sobre empratamento ou decoração, por exemplo. No entanto, os princípios básicos aplicam-se tanto às padarias quanto às cozinhas de restaurantes.

Funções básicas das fórmulas-padrão

As receitas de um estabelecimento são usadas para controlar sua produção. Isso é feito de duas formas:

- ◆ Controle da qualidade. Fórmulas e receitas-padrão fornecem informações detalhadas e específicas para garantir um resultado igual sempre que um produto é produzido e servido, independentemente de quem o preparou.

- ◆ Controle da quantidade. Primeiro, as receitas indicam quantidades precisas para cada ingrediente e o modo de medir essas quantidades. Segundo, indicam o rendimento preciso e o tamanho de cada porção, assim como o modo de medir e servir essas porções.

Limitações das fórmulas-padrão

Fórmulas-padrão têm o mesmo problema de todas as receitas – os problemas discutidos anteriormente no que diz respeito à variação dos ingredientes, aos equipamentos e à falta de clareza das instruções. Esses problemas podem ser minimizados por meio da redação cuidadosa da receita, mas não podem ser eliminados. Mesmo que um estabelecimento use boas receitas-padrão, um funcionário novo, que esteja preparando o produto pela primeira vez, em geral requer supervisão para se assegurar de que interpretará as instruções da mesma maneira que o restante da equipe. Essas limitações não invalidam as receitas-padrão. Pelo contrário, tornam a precisão das instruções ainda mais relevante. Mas ressaltam, igualmente, a importância do conhecimento e da experiência.

Fórmulas e receitas instrucionais

As fórmulas deste livro *não* são padronizadas. Lembre-se de que uma fórmula-padrão é aquela customizada para um determinado estabelecimento. As fórmulas deste livro, obviamente, não são.

O propósito de uma fórmula-padrão é direcionar e controlar a produção de um determinado produto alimentício. As instruções devem ser o mais completas e exatas possível.

O propósito das fórmulas instrucionais deste livro é ensinar as técnicas básicas de panificação e confeitaria. São uma oportunidade para o aprendiz praticar, com ingredientes específicos, os procedimentos gerais aprendidos.

Ao examinar rapidamente as fórmulas do livro, é possível observar que as instruções não contêm todas as características desejáveis de uma fórmula-padrão, conforme mencionado na seção anterior. Eis algumas das diferenças que podem ser notadas:

1. Instruções de preparo

Na maioria dos casos, as fórmulas são apresentadas após uma discussão de um procedimento básico. As fórmulas são exemplos do procedimento geral e permitem vivenciar a aplicação prática do conteúdo aprendido. As informações fornecidas nas instruções da fórmula visam principalmente a encorajá-lo a pensar e aprender a técnica e não apenas a produzir um item específico. O professor deve ser consultado quando surgirem dúvidas em relação ao procedimento.

2. Variações e ingredientes opcionais

Muitas fórmulas são seguidas de variações – na verdade, fórmulas completas apresentadas de forma abreviada. É possível escrevê-las separadamente como uma fórmula completa (sugerimos que você faça isso antes de preparar uma variação, como uma experiência de aprendizado).

Algumas fórmulas são sugeridas como variações e não como fórmulas completas, para demonstrar as semelhanças que as unem. Repetindo, você está aprendendo as técnicas e não apenas as fórmulas. A compreensão do que está sendo feito será maior se você for capaz de perceber que uma torta cremosa de coco e um pudim de chocolate são variações de uma mesma técnica básica e não fórmulas distintas sem qualquer relação entre si.

Os seus instrutores podem ter variações próprias ou fazer alterações nas fórmulas básicas a fim de realçar algum ponto específico a ser ensinado. Diferentemente das fórmulas-padrão, as fórmulas instrucionais não são leis imutáveis.

Como ler fórmulas e receitas

Antes de começar uma produção, é preciso ler a receita, cuidadosamente, do início ao fim. A seguir, são apresentadas algumas das tarefas que devem ser realizadas enquanto se lê uma receita e se prepara para uma produção. Os *chefs* chamam essa preparação inicial de *mise en place* (do francês, "colocar no lugar"). Um bom *mise en place* é essencial para o funcionamento eficiente de uma padaria ou cozinha.

Modificações da fórmula

◆ Observe o rendimento da receita impressa e decida se haverá necessidade de modificá-la. Se for preciso convertê-la para um rendimento diferente (o que será discutido mais adiante neste capítulo), faça todos os cálculos com antecedência.

◆ Decida se quaisquer outras alterações são necessárias, como a substituição de ingredientes, para se chegar ao resultado desejado. Tome nota de tudo.

Ingredientes

◆ Separe, pese e meça todos os ingredientes antecipadamente. Isso permite que a produção seja feita com rapidez e sem interrupções. Além disso, possibilita que você descubra com antecedência que a quantidade de determinado ingrediente é insuficiente, de forma que você possa providenciar a quantidade adequada antes de começar a produção.

◆ Prepare todos os ingredientes antecipadamente; por exemplo, peneire a farinha, separe os ovos e espere a manteiga atingir a temperatura ambiente. Muitos desses passos são indicados na receita, mas alguns podem não estar. As fórmulas profissionais normalmente assumem que o cozinheiro experiente sabe, por exemplo, que a manteiga deve ser retirada da geladeira com antecedência, de modo que esteja cremosa o suficiente para ser usada em uma massa de bolo.

Modo de fazer

◆ Leia todo o procedimento de preparação atenciosamente e certifique-se de que o compreendeu.

◆ Se a receita apenas mencionar o método de mistura (p. ex., "método cremoso"), localize e reveja o procedimento para refrescar a memória, se necessário. É preciso compreender todos os passos e sua aplicação na fórmula específica com a qual você irá trabalhar.

◆ Pesquise os termos ou palavras-chave desconhecidos.

Utensílios e equipamentos

◆ Verifique quais equipamentos serão necessários. Geralmente eles são listados apenas nas receitas-padrão. Leia cada passo do modo de fazer e tome nota dos equipamentos e apetrechos necessários em cada passo.

◆ Separe e monte todos os apetrechos e equipamentos.

◆ Deixe-os prontos para o uso. Por exemplo, forre assadeiras com papel-manteiga, unte formas e preaqueça o forno.

Equivalências do sistema de medidas norte-americano

Peso

1 lb (454 g)	=	16 oz

Volume

1 gal (3,875 L)	=	4 qt
1 qt (946 mL)	=	2 pt
		ou
		4 xícaras
		ou
		32 (fl) oz
1 pt (473 mL)	=	2 xícaras
		ou
		16 (fl) oz
1 xícara	=	8 (fl) oz
1 (fl) oz (29,57 mL)	=	2 colheres de sopa
1 colher (sopa)	=	3 colheres de chá

Extensão

1 ft (30,48 cm)	=	12 in.

Nota: Uma onça líquida (*fl oz*) pesa 1 onça (cerca de 30g). Um *pint* de água pesa aproximadamente uma libra (*lb*) (450 g).

Abreviações do sistema de medidas norte-americano e equivalências

lb = *pound* (libra)	1 lb = 454 g
oz = *ounce* (onça)	1 oz = 28,35 g
gal = *gallon* (galão)	1 gal = 3,875 L
qt = *quart* (quarto de galão)	1 qt = 946 mL
pt = *pint*	1 pt = 473 mL
fl oz = *fluid ounce* (onça líquida)	1 fl oz = 29,57 mL
tbsp = *tablespoon* (colher de sopa)	1 tbsp = 15 mL
tsp = *teaspoon* (colher de chá)	1 tsp = 5 mL
in. = *inch* (polegada)	1 in. = 2,54 cm
ft = *foot* (pés)	1 ft = 30,48 cm

Como medir os ingredientes

Uma das principais funções de uma fórmula é indicar quais ingredientes serão usados em uma preparação e sua quantidade exata.

Na maior parte das vezes, os ingredientes usados em panificação e em confeitaria são pesados, em vez de serem medidos pelo volume, pois a medida em peso é mais precisa. A exatidão ao medir, como já foi dito, é essencial em panificação e confeitaria. Diferentemente das receitas caseiras, as fórmulas não indicarão a quantidade de farinha de trigo, por exemplo, em xícaras.

Para se convencer da importância do uso da balança em vez do volume, meça 1 xícara de farinha de duas maneiras diferentes: (a) peneire um pouco de farinha e, com o auxílio de uma colher, polvilhe-a dentro de uma xícara-medida. Nivele, retirando o excesso, e pese. (b) Despeje um pouco de farinha não peneirada na mesma xícara-medida, pressionando levemente, até enchê-la. Nivele, retirando o excesso, e pese. Observe a diferença. Não é de se estranhar que as receitas caseiras, que geralmente usam essas medidas para indicar a quantidade de ingredientes secos, possam ser tão inconsistentes.

Assim, a palavra mais usada para descrever a quantificação de um ingrediente em panificação e confeitaria é **pesagem**.

A seguir, são apresentados os *únicos* ingredientes que podem ser, em determinadas circunstâncias, medidos por volume, na proporção de 1 litro por quilo:

- Água
- Leite
- Ovos

A medida em volume é usada, com frequência, para determinar a quantidade de água em receitas menores de pão. Os resultados em geral são bons. No entanto, sempre que a precisão for essencial, é melhor pesar. Isso porque 1 litro de água, na verdade, pesa pouco mais de 1 quilo (e a temperatura da água também influencia o peso).

Por conveniência, as medidas em volume para líquidos são usadas com frequência em produtos que não levam farinha – como coberturas, caldas e pudins.

Unidades de medida

O sistema de medidas usado nos Estados Unidos, por exemplo, é complicado. Até mesmo pessoas que o usaram a vida toda, às vezes têm dificuldade para lembrar, por exemplo, quantas onças líquidas há em um quarto de galão ou quantos pés tem uma milha.

O primeiro quadro acima lista algumas equivalências entre as unidades do sistema de medidas norte-americano. É útil memorizar essas equivalências para não perder tempo fazendo cálculos simples quando a receita estiver nesse sistema. O segundo quadro apresenta as abreviações do sistema de medidas norte-americano e as equivalências entre esse sistema e o Sistema Internacional de Unidades.

Sistema Internacional de Unidades

Os Estados Unidos é o único país de grande porte que usa esse sistema de medidas diferenciado. No mundo todo, o sistema de medidas mais usado é o **Sistema Internacional de Unidades**, que é muito mais simples.

Unidades básicas

No Sistema Internacional de Unidades, há apenas uma unidade básica para cada tipo de medida:

O **grama** é a unidade básica para medir o peso.

O **litro** é a unidade básica para medir o volume.

O **metro** é a unidade básica para medir a extensão.

Os **graus Celsius** são usados para medir a temperatura.

Quantidades maiores ou menores são obtidas por meio da multiplicação ou divisão por 10, 100, 1.000 e assim por diante. Essas subdivisões são expressas por meio de prefixos. Os mais usados são:

quilo- = 1.000

deci- = 1/10 ou 0,1

centi- = 1/100 ou 0,01

mili- = 1/1.000 ou 0,001

Conhecendo as unidades básicas, você não precisará de tabelas complicadas como a primeira da página 20. A tabela abaixo resume as unidades métricas necessárias para panificação e confeitaria.

Conversão para o Sistema Internacional de Unidades

A maioria dos norte-americanos acham o Sistema Internacional de Unidades (SI) muito mais difícil de aprender do que ele realmente é. Isso acontece porque a pessoa pensa as unidades americanas em unidades métricas; por exemplo, uma onça é o equivalente a 28,35 gramas, e, dessa forma, se convence de que jamais será capaz de aprendê-las.

Na maioria das vezes, você não precisa se preocupar em ser capaz de converter as unidades de medida usadas pelos norte-americanos para as do SI e vice e versa. Esse é um ponto importante a ser lembrado, especialmente se você usa um dos sistemas e considera o outro difícil de aprender.

A razão é simples. Você geralmente trabalhará em apenas um sistema e raramente precisará fazer as conversões. Muitas pessoas hoje possuem carros importados e os reparam usando ferramentas que seguem o padrão do SI, sem se preocupar em quantos milímetros são uma polegada. Se você se deparar com uma fórmula em SI em uma cozinha que só possua materiais no sistema usado nos EUA, você poderá usar balanças modernas, como as digitais, que permitem pesar o ingrediente em ambos os sistemas, dispensando a conversão. Mas, quando for necessário converter, você poderá usar a tabela do Apêndice 2, assim não será preciso memorizar todos os fatores exatos de conversão. Na maioria das vezes, tudo que você precisará saber é as informações da tabela desta página.

Para compreender um pouco melhor os sistemas, pode ser útil ter uma noção da dimensão dessas unidades. Os equivalentes aproximados descritos abaixo ajudam na visualização dessas dimensões. Não são conversões precisas (quando necessitar de conversões precisas, consulte o Apêndice 2).

Unidades do Sistema Internacional

Unidades básicas

Grandeza	Unidade	Abreviação
Peso	grama	g
Volume	litro	L
Extensão	metro	m
Temperatura	graus Celsius	°C

Divisões e multiplicações

Prefixo/Exemplo	Significado	Abreviação
kilo-	1.000	k
Quilograma	1.000 gramas	kg
deci-	$\frac{1}{10}$	d
Decilitro	0,1 litro	dL
centi-	$\frac{1}{100}$	c
Centímetro	0,01 metro	cm
mili-	$\frac{1}{1.000}$	m
Milímetro	0,001 metro	mm

1 libra (*pound*) é pouco menos que ½ kg.

1 onça (*ounce*) é pouco menos que 30 g. ½ colher de chá de farinha pesa pouco menos de 1 g.

1 quarto de galão (*quart*) é pouco menos que 1 litro.

½ xícara tem pouco mais que 100 mL (ou 1 decilitro).

2 colheres de chá têm cerca de 10 mL (ou 1 centilitro).

1 pé (*feet*) é pouco mais que ⅓ de metro.

1 polegada (*inch*) é pouco mais que 2,5 cm.

32°F é a temperatura de congelamento da água (= 0°C).

212°F é a temperatura em que a água entra em ebulição (= 100°C).

Cada dois graus Fahrenheit representa cerca de 1 grau Celsius.

Receitas e fórmulas no Sistema Internacional de Unidades

É provável que os norte-americanos adotem, algum dia, o Sistema Internacional de Unidades. Muitos livros de receitas publicados nos Estados Unidos já têm adotado esse sistema. Em consequência disso, é possível encontrar receitas que pedem 454 g de farinha, 28,35 g de manteiga ou uma temperatura de forno a 191°C. Não é de se estranhar que as pessoas, acostumadas com o sistema americano, se assustem com o SI.

O fato é que os países que usam o SI não utilizam números tão impraticáveis como esses, da mesma forma que os norte-americanos também não escrevem nem usam receitas com 1 libra e 1¼ onça de farinha, 2,19 onças de manteiga e uma temperatura de forno de 348°F. Essas conversões exatas invalidam o propósito de se apresentar as medidas nos dois sistemas para tornar a vida do usuário mais fácil. Ao folhear um livro escrito apenas em um sistema de medida, é possível observar medidas redondas, como 1 kg, 200 g, 1 libra, 2 onças etc.

Em geral, as unidades do sistema de medidas norte-americano presentes nas fórmulas de muitos livros de culinária escritos em língua inglesa não são equivalentes às unidades do Sistema Internacional. Nos casos em que as fórmulas são apresentadas nos dois sistemas, é preciso considerá-las como fórmulas distintas, com resultados que serão muito próximos, mas não exatamente os mesmos. Para descrever as equivalências exatas, seria necessário utilizar quantidades impraticáveis, expressas em medidas estranhas. Se você estiver utilizando equipamentos que usam o sistema de medidas norte-americano, use as unidades desse sistema; do mesmo modo, se seu equipamento utiliza o sistema internacional, use sempre as unidades desse sistema. Raramente você terá que se preocupar em fazer conversões entre os dois sistemas.

Na maior parte dos casos, desde que as proporções entre os ingredientes seja mantida, o rendimento total e o resultado serão muito semelhantes, independentemente do sistema de medidas adotado. Por outro lado, infelizmente, nem sempre é possível manter as proporções exatamente as mesmas, uma vez que o sistema norte-americano, diferentemente do sistema internacional, não baseia-se em decimais.

Em alguns casos, quantidades expressas no sistema norte-americano produzem resultados um pouco diferentes, em razão das proporções variáveis, mas essas diferenças costumam ser extremamente sutis.

Balança digital profissional.
Cortesia da Cardinal Detecto

Como usar a balança

Uma boa balança deve ser precisa e ter como unidade mínima pelo menos 5 g. Para se obter menos de 5 g de um ingrediente seco, pode-se medir essa quantidade e subdividi-la em porções menores idênticas. Por exemplo, para pesar 3 g, pese primeiramente 5 g e, então, divida em 5 partes iguais com uma faca, e use 3 partes.

Para trabalhos delicados de confeitaria, uma balança eletrônica de alta precisão pode ser mais útil que uma de grande porte. Uma boa balança digital é relativamente barata. Com ela, é possível pesar ingredientes instantaneamente, com uma precisão de até 2 g. A maioria das balanças digitais possui um botão para fazer a tara da balança, isto é, retornar para o peso inicial de 0. Por exemplo, você pode colocar um recipiente sobre a balança, zerar o peso e adicionar a quantidade desejada do primeiro ingrediente; em seguida, zerar o peso novamente, adicionar o segundo, e assim por diante com todos eles. Isso acelera o processo de pesagem dos ingredientes secos a serem peneirados juntos, por exemplo.

Quando as fórmulas deste livro utilizam quantidades muito pequenas de ingredientes, como para as especiarias, um volume aproximado equivalente (geralmente em frações de colher de chá) é também incluído. No entanto, lembre-se de que a pesagem cuidadosa em uma balança de precisão é o mais indicado. O volume equivalente aproximado de alguns ingredientes pode ser encontrado no Apêndice 4.

Para facilitar a conversão e o cálculo de fórmulas, as frações das receitas deste livro são dadas em decimais. Assim, em vez de 1 ½ kg, é escrito 1,5 kg; em vez de ¼ L, é escrito 250 mL. Uma tabela com os equivalentes decimais das frações mais usadas pode ser encontrada no Apêndice 3.

⚜ Scone flour ⚜

Os padeiros britânicos têm uma maneira conveniente de pesar o fermento em pó químico quando pequenas quantidades são necessárias. Eles preparam uma mistura chamada **scone flour**. Para preparar uma libra de *scone flour* (16 onças – cerca de meio quilo), eles misturam 15 onças de farinha de trigo (425 g) com 1 onça de fermento (28 g) e peneiram a mistura três vezes. Cada onça de *scone flour* contém, portanto, ¹⁄₁₆ de fermento em pó (cerca de 2 g). Assim, para cada onça de fermento em pó requerida em uma receita, substitui-se por uma onça da *scone flour*.

Como determinar a tara de uma balança

O princípio para determinar a tara de uma balança é simples: isso deve ser feito antes da pesagem de cada ingrediente. A tara é feita conforme o tipo de balança, mas os passos a seguir descrevem um procedimento que pode ser usado em praticamente todas elas.

1. Posicione sobre a balança o recipiente que será usado para pesar os ingredientes; no caso da balança de dois pratos, posicione-o sobre o prato esquerdo.

2. Aperte o botão da tara para zerar o peso ou, no caso da balança de dois pratos, faça os ajustes colocando os pesos no prato direito e/ou ajustando o peso da barra horizontal.

3. Coloque o primeiro ingrediente a ser medido, até atingir o peso desejado.

4. Repita toda operação para cada ingrediente acrescentado.

Peso bruto e peso líquido

Na cozinha quente, os cozinheiros estão constantemente preocupados com o "fator de rendimento" de legumes, frutas, carnes e outros ingredientes. Por exemplo, 1 kg de nabos crus e inteiros rende muito menos que 1 kg de nabos cortados e descascados. Em panificação e confeitaria, não é necessário se preocupar com o fator de rendimento da maioria dos ingredientes básicos: farinha, açúcar, gorduras etc. No entanto, é importante saber calcular esse fator quando se trabalha com frutas frescas. Quantos quilos de maçã é preciso comprar para se obter, por exemplo, 2 kg de maçãs sem casca e sem semente fatiadas?

O fator de rendimento de uma fruta ou legume indica, em média, quanto do **peso bruto** (peso inicial da matéria-prima comprada) resta após os procedimentos de limpeza no pré-preparo do alimento, isto é, seu **peso líquido** (a parte de fato aproveitável ou consumível).

Para se chegar ao fator de rendimento de uma fruta, siga estes passos:

1. Pese a fruta antes de seu pré-preparo, para determinar seu peso bruto.

2. Faça a limpeza e o pré-preparo, a fim de obter apenas a porção comestível.

3. Pese a fruta novamente, para determinar seu peso líquido.

4. Divida o peso líquido pelo peso bruto. Por exemplo, 5 kg de peso líquido dividido por 10 kg de peso bruto é igual a 0,5.

5. Multiplique esse número por 100 para obter a porcentagem:
   $0,5 \times 100 = 50\%$

Os fatores de rendimento mais precisos são aqueles que você mesmo calcula, pois se baseiam nos ingredientes que você de fato usa em sua cozinha. Para conhecer o fator de rendimento aproximado de algumas das frutas mais conhecidas, consulte a seção sobre as frutas, que começa na página 580.

Uma vez calculado o fator de rendimento de um item, anote esse número para consultas futuras. Ele será útil para fazer dois cálculos básicos.

1. Cálculo do rendimento

Exemplo: Você tem 5 kg de maçã (peso bruto). O fator de rendimento é 75%. Qual será o peso líquido?

Primeiramente, mude o percentual para um número decimal – para isso, desloque a vírgula duas casas à esquerda do número.

$$75\% = 0,75$$

Multiplique o número decimal pelo peso bruto para obter o peso líquido.

$$5 \text{ kg} \times 0,75 = 3\ ¾ \text{ kg, ou 3 kg e 750 g}$$

2. Cálculo da quantidade necessária

Exemplo: Você precisa de 5 kg de maçã fatiada. Que peso bruto da fruta é necessário para obter esse peso líquido?

Mude o percentual para um número decimal.

$$75\% = 0,75$$

Divida o peso líquido necessário por esse número para obter o peso bruto.

$$\frac{5 \text{ kg}}{0,75} = 6\ ⅔ \text{ kg, ou 6 kg e 670 g}$$

Método de porcentagens

A informação mais importante contida em uma fórmula de panificação é a *proporção* relativa dos ingredientes. Por exemplo, se você sabe que a quantidade de água usada em uma determinada massa de pão corresponde exatamente a dois terços da quantidade de farinha usada, então você sabe qual é a quantidade exata de água a ser acrescentada, independetemente da quantidade de massa que estiver fazendo. *As porcentagens são a forma mais descomplicada e básica de representar uma fórmula.*

Padeiros usam um sistema simples de porcentagens para expressar fórmulas. O **método de porcentagens** indica a quantidade de cada ingrediente usado na forma de porcentagem relativa à quantidade de farinha da receita.

Em outras palavras, a porcentagem de cada ingrediente é o seu peso total dividido pelo peso da farinha e multiplicado por 100%, ou:

$$\frac{\text{peso total do ingrediente}}{\text{peso total da farinha}} \times 100\% = \% \text{ do ingrediente}$$

Assim, a farinha será sempre 100%. Se dois tipos de farinha forem usados, seu total deve ser 100%. Qualquer ingrediente que seja usado na mesma quantidade que a farinha será também 100%. A fórmula de bolo da página 26 ilustra como essas porcentagens são calculadas. Compare os valores transcritos com a fórmula acima e certifique-se de que compreendeu os resultados.

Atenção, lembre-se de que esses números não se referem à porcentagem do rendimento total. Eles são simplesmente uma forma de expressar a *proporção dos ingredientes*. Assim, o rendimento resultante da soma dessas porcentagens será sempre um número maior que 100%.

O método de porcentagens facilita a visualização rápida das proporções dos ingredientes e, portanto, da estrutura básica e composição da massa. Além disso, facilita a adaptação de uma fórmula a qualquer rendimento, como será visto mais adiante nesta seção. Uma terceira vantagem é que se podem substituir ingredientes, ou acrescentar outros, sem que seja necessário mudar toda a fórmula. Por exemplo, você pode acrescentar uvas-passas a uma massa de *muffin* sem alterar nenhuma medida da fórmula.

O método de porcentagens é o método mais básico de representar uma fórmula, de modo que pode ser útil também para desenvolver novas fórmulas. Ao criar uma nova fórmula, um padeiro sempre tenta descobrir a melhor maneira de balancear os ingredientes, como indicado pelas porcentagens. Uma vez estabelecidas as porcentagens apropriadas, ele pode então transformá-las em medidas para que a fórmula seja testada. A maioria das fórmulas deste livro foi concebida dessa maneira.

É claro que um sistema de porcentagens baseado no peso da farinha só pode ser usado se esse for o principal ingrediente – como nos pães, bolos e biscoitos. No entanto, o mesmo princípio pode ser usado em outras fórmulas: basta escolher o ingrediente principal e usá-lo para representar os 100%. Muitos padeiros e confeiteiros usam o método de porcentagens apenas para os alimentos à base de farinha (massas em geral), mas também é útil usar esse sistema em outros produtos. Neste livro, *quando um ingrediente que não a farinha for usado para representar a base de 100%, esse detalhe será indicado no início da fórmula, acima da coluna das porcentagens*. Veja, por exemplo, as fórmulas para *frangipane* da página 201. As receitas indicam "pasta de amêndoa a 100%", e os pesos do açúcar, dos ovos e dos outros ingredientes são expressos na forma de porcentagens do peso da pasta de amêndoa. (Em algumas fórmulas deste livro, especialmente aquelas em que não há um ingrediente predominante, as porcentagens são omitidas.)

Rendimento das fórmulas

O rendimento das fórmulas deste livro pode ser indicado de duas maneiras diferentes. Na maioria dos casos, o rendimento corresponde à soma total dos ingredientes usados. Por exemplo, na fórmula ilustrativa da página 26, o rendimento indica a quantidade de massa de bolo que a fórmula rende. Esse é o valor necessário para pesar a massa e dividi-la entre as assadeiras. O peso final do bolo assado depende do tamanho e do formato da assadeira, da temperatura do forno etc.

Outras fórmulas desse tipo, em que o rendimento corresponde ao peso total dos ingredientes, incluem as fórmulas para pães, recheios de bolos, cremes e massas de biscoitos.

Em algumas fórmulas, no entanto, o rendimento não corresponde a esse total. Como exemplo, veja a receita de Creme de manteiga francês, na página 425. Ao ferver o açúcar e a água para fazer a calda, cerca de metade da água evapora. Desse modo, o rendimento é, na verdade, menor que o peso total dos ingredientes.

Neste livro, quando o rendimento não corresponder ao peso total dos ingredientes usados, ele será indicado logo acima da lista de ingredientes.

Além disso, atente-se para o fato de que todos os rendimentos, bem como as porcentagens totais, são arredondadas para baixo. Isso elimina frações insignificantes e facilita a leitura.

Conversão de receitas e de fórmulas básicas

A menos que você trabalhe em um estabelecimento que usa apenas suas fórmulas-padrão, você muitas vezes terá de converter fórmulas para produzir quantidades diferentes. Por exemplo, pode ser que você tenha uma fórmula que rende 10 kg de massa, mas precisa apenas de 4 kg.

Converter fórmulas e receitas é uma técnica importante. É uma habilidade que você provavelmente irá usar muitas vezes ao longo deste livro e de sua carreira. Não existe um rendimento "ideal" em que as receitas devam ser escritas, já que cada estabelecimento e cada indivíduo tem necessidades distintas.

Qualquer pessoa pode dobrar uma receita ou dividi-la ao meio. É mais complicado, no entanto, mudar uma fórmula que rende 10 kg para que renda, digamos, 18 kg. Na verdade, o princípio é exatamente o mesmo: multiplicar cada ingrediente por um número chamado de *fator de conversão*, como no caso do fator de rendimento.

Os dois procedimentos apresentados a seguir são de uso geral. São empregados também em receitas da cozinha quente. O segundo, que muda o tamanho das porções, pode ser usado em algumas das receitas de sobremesa deste livro, mas não se aplica, obviamente, às receitas em que o tamanho das porções não é fornecido, como nas fórmulas de massa de pão. Vejamos, portanto, na seção seguinte, os procedimentos para realizar cálculos usando o método de porcentagens.

Como calcular conversões usando as porcentagens

O uso do método de porcentagens simplifica a fórmula e o cálculo de ingredientes. Os dois procedimentos descritos abaixo são usados regularmente em padarias e confeitarias:

Como calcular o peso de um ingrediente quando o peso da farinha é conhecido

1. Mude o percentual de farinha para um número decimal – desloque a vírgula duas casas à esquerda do número.

2. Multiplique o peso da farinha por esse número decimal para obter o peso do ingrediente.

   Exemplo: uma fórmula pede 20% de açúcar e você está usando 10 kg de farinha. Qual a quantidade necessária de açúcar?

   $$20\% = 0,20$$
   $$10 \text{ kg} \times 0,20 = 2 \text{ kg}$$

   Nota: nas receitas que utilizam o sistema usado pelos norte-americanos, o peso deverá ser expresso em uma única unidade, onças ou libras,

para que o cálculo dê certo. Desde que a quantidade não seja muito grande, é mais fácil expressar o peso em onças.

Exemplo: determine 50% de 1 lb 8 oz (1 libra e 8 onças).

$$1 \text{ lb} = 16 \text{ oz}$$
$$1 \text{ lb } 8 \text{ oz} = 24 \text{ oz}$$
$$0,50 \times 24 \text{ oz} = 12 \text{ oz } (340 \text{ g})$$

Exemplo (no SI): uma fórmula pede 20% de açúcar e você está usando 5.000 g (5 kg) de farinha. Qual a quantidade necessária de açúcar?

$$20\% = 0,20$$
$$5.000 \text{ g} \times 0,20 = 1.000 \text{ g}$$

Como converter uma fórmula para um rendimento diferente

1. Mude o percentual total para um número decimal, deslocando a vírgula duas casas à esquerda do número.

2. Divida o rendimento pretendido por esse percentual para chegar à quantidade necessária de farinha.

3. Se for preciso, arredonde esse número para cima. Assim, as perdas durante a mistura, modelagem etc. estarão previstas e os cálculos se tornarão mais fáceis.

4. A partir do peso da farinha, calcule os demais ingredientes multiplicando esse peso por seus res-

pectivos percentuais, como explicado anteriormente.

Exemplo: no caso da receita da tabela abaixo, qual a quantidade de farinha necessária para obter 6 lb (ou 3.000 g) de massa de bolo?

$$377,5\% = 3,775$$
$$6 \text{ lb} = 96 \text{ oz}$$

96 oz/3,775 = 794,7 g ou, arredondando para cima, 26 oz (1 lb 10 oz)

3.000 g/3,775 = 794,7 g ou, arredondando para cima, 800 g

Ingredientes	Sistema norte-americano	Sistema internacional	%
Farinha especial para bolo	5 lb	2.500 g	100
Açúcar	5 lb	2.500 g	100
Fermento em pó químico	14 oz	125 g	5
Sal	12 oz	63 g	2,5
Gordura emulsificada	2 lb 18 oz	1.250 g	50
Leite desnatado	3 lb	1.500 g	60
Claras	3 lb	1.500 g	60
Peso total:	18 lb 14 oz	9.438 g	377,5%

Problemas na conversão das fórmulas

Na maioria das vezes, a conversão de fórmulas da panificação é eficiente. Contanto que a proporção dos ingredientes mantenha-se a mesma, você está produzindo a mesma massa. Mas, ao fazer conversões para medidas muito grandes – digamos, de 1 kg para 50 kg –, é possível que ocorram problemas. No geral, as maiores armadilhas podem ser agrupadas sob as categorias que se seguem.

Superfície e volume

Se você já estudou geometria, deve se lembrar de que a área de uma das faces de um cubo com um volume de 1 metro cúbico tem 1 metro quadrado. Mas, se você dobrar o volume do cubo, o tamanho da área da face não dobra – na verdade, é apenas cerca de 1,5 vez maior.

Mas o que isso tem a ver, afinal de contas, com a culinária? Considere o seguinte exemplo:

Suponha que você tem uma receita ótima que rende 2 L de calda, que geralmente pode ser preparada em uma panela média. Você decide fazer 60 L dessa calda, então multiplica todos os ingredientes pelo fator de conversão 30 e decide prepará-la em um caldeirão a vapor. Para a sua surpresa, a calda não somente rende muito mais do que o esperado, mas também sua consistência torna-se mais rala e aquosa. O que aconteceu?

Sua receita convertida contém 30 vezes mais o volume inicial, mas a área de contato da panela não aumentou na mesma proporção. Como a proporção de área por volume é menor, a evaporação é menor. Isso significa que há menos redução, a calda engrossa menos e os sabores não ficam tão concentrados. Para corrigir esse problema, você deve cozinhar a calda por mais tempo ou usar menos líquido.

É possível ver esse problema da superfície/volume na diferença entre preparar um pão em casa e preparar uma enorme quantidade de pães na padaria. A massa de pães feitos em casa leva água morna; além disso, é necessário encontrar uma maneira de manter a massa aquecida o suficiente para que fermente de forma adequada. A razão entre a área da superfície e o volume em uma quantidade pequena de massa é tão alta que a massa esfria rapidamente. O padeiro profissional, ao contrário, com frequência usa água gelada ao preparar a massa do pão, para certificar-se de que ela não aqueça em demasia (ver p. 123). A razão superfície/volume é baixa, e a massa retém o calor gerado pelo ato de misturar.

Assim, ao se fazer ajustes de grandes proporções no rendimento de fórmulas, é preciso decidir, também, se há necessidade de fazer ajustes nos procedimentos e na porcentagem dos ingredientes.

Equipamentos

Ao alterar o rendimento de uma fórmula, em geral deve-se também mudar os equipamentos utilizados. Essa mudança normalmente significa que a receita não funciona da mesma forma. Profissionais da culinária devem ser capazes de usar seu julgamento para antecipar esses problemas e alterar os procedimentos para evitá-los. O exemplo que acabamos de dar, da calda em grande quantidade que foi cozida em um caldeirão a vapor, ilustra o tipo de problema que pode surgir quando um utensílio é mudado.

Outros problemas podem ser ocasionados por batedeiras ou outros tipos de processadores de alimentos. Por exemplo, ao alterar uma receita para fazer apenas uma pequena porção, pode ser que a quantidade de massa na batedeira industrial seja tão pequena que as pás não consigam misturar os ingredientes direito.

Em um outro exemplo, você tem uma receita de *muffin* que sempre bate a massa à mão, já que faz apenas pequenas quantidades. Ao aumentar a receita, você percebe que a massa fica muito pesada para ser batida manualmente. Assim, você decide usar a batedeira, mas esquece de diminuir o tempo de processamento. Como a batedeira é muito rápida e eficiente, a massa é batida em excesso e o *muffin* perde sua qualidade.

Muitas misturas e massas só podem ser batidas à mão. É fácil fazer isso quando se trabalha com quantidades pequenas, mas não com quantidades maiores. O resultado é sempre um produto inferior. Por outro lado, alguns produtos artesanais ficam melhores quando produzidos em grandes quantidades. Por exemplo, é difícil abrir e dobrar uma quantidade pequena de massa folhada.

Escolha dos ingredientes

Além da medição, há outra regra básica de precisão na panificação e na confeitaria: usar exatamente os ingredientes especificados.

Como será visto no Capítulo 4, diferentes farinhas, gorduras e outros ingredientes não funcionam da mesma forma. As fórmulas da panificação são balanceadas para ingredientes específicos. Por exemplo, não substitua farinha especial por farinha comum, ou banha por gordura vegetal hidrogenada. Eles não se comportarão da mesma maneira.

Em alguns casos, certas substituições podem ser feitas, como a troca do fermento seco pelo fresco (ver p. 84), mas não sem fazer ajustes nas quantidades e na fórmula como um todo.

Cálculo dos custos

Estabelecimentos do setor alimentício são empresas. Os *chefs* têm de se familiarizar com os cálculos básicos de custo dos alimentos, mesmo que não sejam responsáveis pela administração do orçamento, das notas fiscais ou das compras. Esta seção discute os cálculos mais básicos.

Custo unitário de ingredientes

O primeiro cálculo a ser aprendido, que é a base para todos os outros cálculos, é o de *custo unitário* de ingredientes. Geralmente, a nota fiscal do fornecedor indica o custo unitário: 5 kg de pêssego, por exemplo, a R$ 3,00 o quilo, totalizando R$ 15,00 (5 X R$ 3,00 = R$ 15,00). Em outros casos, é preciso calcular esse valor usando a seguinte fórmula:

custo total ÷ número de unidades = custo da unidade

Exemplo 1. Uma caixa com 4 mangas e um peso total de 1,8 kg custa R$ 12,00. Qual é o custo por quilo? Qual o custo por unidade?

R$ 12,00 ÷ 1,8 = R$ 6,66 o quilo
R$ 12,00 ÷ 4 = R$ 3 a unidade

Exemplo 2. Uma saca de 25 kg de farinha de trigo custa R$ 32,00. Qual é o custo por quilo?

R$ 32,00 ÷ 25 = R$ 1,28 o quilo

Custo e fator de rendimento

O cálculo do peso líquido e do peso bruto, conforme discutido nas páginas 23 e 24, é necessário não somente para determinar as quantidades necessárias para o preparo das fórmulas, mas também para determinar seu custo. Afinal, ao comprar frutas frescas pelo peso, por exemplo, se paga pela fruta inteira, ainda que as cascas, sementes e miolos sejam descartados.

No primeiro exemplo acima, calculamos o preço de R$ 6,66 pelo quilo da manga com base em seu peso bruto. Porém, a casca e o caroço da fruta são descartados, aumentando o custo por peso líquido. A seguinte fórmula é usada para calcular o custo de acordo com o rendimento, ou peso líquido:

custo do peso bruto ÷ fator de rendimento = custo do peso líquido

Se usarmos o fator de rendimento (ver p. 23) de 75% para a manga, é possível calcular o custo da fruta descascada e sem caroço usando essa fórmula. Primeiramente, converta a porcentagem em um número decimal dividindo-a por 100:

75% ÷ 100 = 0,75
R$ 6,66 ÷ 0,75 = R$ 8,88 o quilo

Custo da fórmula

Para determinar o custo de uma fórmula ou receita, é preciso, primeiro, determinar o custo de cada ingrediente. Em seguida, soma-se o custo de todos os ingredientes para se obter o custo total da fórmula.

Após calcular o custo total da fórmula é possível determinar o custo por unidade do produto finalizado. A medida utilizada para a unidade é indiferente: quilo, unidade, porção.

Para calcular o custo com exatidão, é preciso considerar o número de unidades de fato vendidas, e não o número de unidades que a fórmula rendeu. Lembre-se de que os ingredientes ou produtos perdidos, seja por estragarem ou por outros problemas, também serão contabilizados e terão seu custo. Ao considerar o número de unidades vendidas ou servidas, cobrem-se esses custos.

Os passos a seguir explicam os procedimentos gerais utilizados para calcular o custo de uma fórmula.

Como calcular o custo de uma fórmula

1. Liste todos os ingredientes e as quantidades da fórmula a ser usada.

2. Determine o peso líquido de cada ingrediente (ver página ao lado).

3. Converta as quantidades das fórmulas para a mesma unidade usada para determinar o custo do peso líquido (p. ex., converta gramas para quilos).

4. Calcule o custo total de cada ingrediente multiplicando o custo unitário por peso líquido pelo número de unidades necessárias. Arredonde os centavos para cima.

5. Some o custo dos ingredientes para obter o custo total da fórmula.

6. Para obter o custo dos produtos individuais, divida o custo total da fórmula pelo número de unidades do rendimento (ou, para ser mais preciso, pelo número de unidades de fato vendidas). Arredonde os centavos para cima.

Exemplo: cálculo do custo de uma fórmula
Item: massa de *biscuit*

Ingredientes	Quantidade	Quantidade em kg	Custo da unidade por peso líquido	Total
Farinha de trigo especial para pães	600 g	0,6 kg	R$ 1,00/kg	R$ 0,60
Farinha de trigo especial para biscoito	600 g	0,6 kg	R$ 1,04/kg	R$ 0,62
Sal	24 g	0,024 kg	R$ 1,50/kg	R$ 0,03
Açúcar	60 g	0,06 kg	R$ 2,20/kg	R$ 1,32
Fermento em pó químico	72 g	0,072 kg	R$ 11,50/kg	R$ 0,82
Manteiga	420 g	0,42 kg	R$ 12,50/kg	R$ 5,25
Leite integral	800 g	0,8 kg	R$ 1,60/kg	R$ 1,28
			Custo total	R$ 9,92
			Rendimento	2,5 kg
			Custo por unidade	R$ 3,97 por kg ou R$ 0,39 por cada 100 g

HIGIENE E SEGURANÇA ALIMENTAR

No Capítulo 1, discorremos sobre alguns dos requisitos para o sucesso no setor de alimentos, como o orgulho pela profissão. Uma das maneiras mais importantes de se demonstrar orgulho pela profissão está relacionada ao setor de higiene e segurança alimentar. O orgulho pela qualidade reflete-se na aparência do profissional e em sua rotina de trabalho. Falta de higiene, falta de cuidado com a aparência e higiene pessoais e hábitos repreensíveis na execução dos procedimentos não são fatores dos quais podemos nos orgulhar.

Além disso, a falta de higiene pode custar muito caro. Manipulação incorreta de alimentos e cozinhas sujas podem causar doenças, insatisfação dos clientes e até mesmo multas, interdições e processos. A perda do alimento aumenta seu custo. Por fim, falta de higiene e hábitos inadequados demonstram falta de respeito com os clientes, com os colegas de trabalho e consigo mesmo.

Esta seção apresenta rapidamente as premissas básicas de segurança alimentar em padarias, com informações suficientes para que você tome conhecimento do assunto. Mas saiba que há livros e cursos inteiros dedicados ao tema da higiene e segurança alimentar. Consulte outros livros ou órgãos regulamentadores para obter mais informações sobre esse assunto.

Contaminação alimentar

Prevenir doenças por contaminação alimentar é um dos desafios mais importantes a ser enfrentado por quem trabalha no setor. Para prevenir essas doenças, o profissional tem de compreender as fontes da contaminação alimentar.

A maioria das doenças alimentares resulta da ingestão de alimentos **contaminados**. Dizer que um alimento está contaminado significa dizer que ele contém substâncias nocivas que não estavam ali presentes originalmente. Em outras palavras, alimento contaminado é alimento impuro. Nesta seção, discutiremos primeiramente as substâncias que podem contaminar o alimento e causar doenças. Em seguida, discorreremos sobre como essas substâncias contaminam os alimentos e como os profissionais do setor podem prevenir essa contaminação e evitar que alimentos contaminados sejam servidos.

Qualquer substância presente em um alimento que possa causar doenças ou danos representa um **perigo**. Os perigos alimentares podem ser de três tipos:

Perigos biológicos.

Perigos químicos.

Perigos físicos.

Perigos biológicos

Os tipos mais importantes de perigo biológico a ser considerado são os micro-organismos. Um **micro-organismo** é um organismo minúsculo, em geral unicelular, que pode ser visto apenas ao microscópio. Um micro-organismo capaz de causar uma doença é chamado de **patógeno**. Embora esses organismos às vezes ocorram em colônias grandes o bastante para serem vistas a olho nu, são normalmente invisíveis. Essa é uma das razões que os tornam tão perigosos. O fato de um alimento ter uma boa aparência não significa que ele é seguro.

Há quatro tipos de micro-organismos que podem contaminar alimentos e causar doenças: bactérias, vírus, fungos e parasitas. A maioria das doenças por contaminação alimentar é causada pelas bactérias, e esses são os patógenos que focaremos aqui. Muitas das medidas tomadas para proteger os alimentos das bactérias também ajudam a prevenir a contaminação pelos outros três tipos de micro-organismos.

Proliferação de bactérias

As bactérias multiplicam-se por bipartição. Em condições ideais de crescimento, elas dobram em número a cada 15 a 30 minutos. Isso significa que uma única bactéria pode transformar-se em um milhão em menos de seis horas! Seguem as condições necessárias para a proliferação de bactérias:

1. Alimento

As bactérias precisam de alimento para proliferar. Elas gostam de muitas das comidas que nós fazemos. Alimentos com quantidades razoáveis de proteínas são os mais propícios para a proliferação das bactérias. Isso inclui as carnes, aves, peixes, derivados do leite e ovos, bem como alguns grãos e legumes.

2. Umidade

As bactérias precisam de água para absorver alimentos. Alimentos secos não são propícios ao crescimento das bactérias. Aqueles que contêm altas concentrações de sal ou açúcar também são relativamente seguros, pois esses ingredientes impossibilitam que a bactéria utilize a umidade ali presente.

3. Temperatura

As bactérias desenvolvem-se melhor em ambientes mornos. Temperaturas entre 5°C e 57°C promovem o crescimento de bactérias causadoras de doenças. Essa faixa de temperatura é chamada de **zona de perigo**.

Nota: no passado, 7°C e 60°C eram consideradas as temperaturas limítrofes para a zona de perigo. Mas, especialistas em saúde alimentar agora recomendam temperaturas um pouco mais dilatadas, como uma medida extra de segurança.

4. Acidez ou alcalinidade

Em geral, as bactérias causadoras de doenças gostam de ambientes neutros, nem muito ácidos nem muito alcalinos. A acidez ou alcalinidade de uma substância é indicada por uma medida chamada *pH*. A escala vai de 0 (muito ácido) a 14 (muito alcalino). Um pH igual a 7 é neutro. A água pura tem pH 7.

5. Oxigênio

Algumas bactérias necessitam de oxigênio para crescer. São chamadas de **aeróbicas**. Outras são **anaeróbicas**, isto é, crescem apenas na ausência de ar, como dentro de um enlatado. O botulismo, uma das formas mais perigosas de intoxicação alimentar, é causado por uma bactéria anaeróbica. Uma terceira categoria de bactérias pode crescer com ou sem a presença de oxigênio, elas são chamadas de **facultativas**. A maioria das bactérias que causam doenças alimentares é facultativa.

6. Tempo

Ao se introduzir em um novo meio, a bactéria precisa de tempo para se adaptar antes de começar a crescer. Esse tempo é chamado de **período de latência**. Se todas as outras condições forem favoráveis, o período de latência dura cerca de 1 hora ou um pouco mais.

Se não fosse pelo período de latência, as doenças causadas por contaminação alimentar seriam muito mais comuns. Esse espaço de tempo permite manter alimentos em temperatura ambiente por curtos períodos para que se possa trabalhar com eles.

Como se proteger das bactérias

Já que sabemos como e por que as bactérias proliferam-se, deveríamos ser capazes de prevenir seu crescimento. Já que sabemos como as bactérias mudam de um lugar para outro, deveríamos ser capazes de impedir a contaminação dos nossos alimentos.

Há três princípios básicos para proteger os alimentos das bactérias. São esses princípios que justificam praticamente todas as técnicas de segurança alimentar discutidas até o final deste capítulo.

1. Não deixe que as bactérias se espalhem

Não deixe o alimento entrar em contato com nada que possa conter bactérias nocivas, e proteja-o das bactérias presentes no ar.

2. Contenha o crescimento das bactérias

Elimine as condições que propiciam o crescimento de bactérias. Na cozinha, a melhor arma é a temperatura. *A maneira mais eficiente de prevenir a proliferação bacteriana é manter os alimentos abaixo de 5°C ou acima de 57°C.* Essas temperaturas não irão necessariamente eliminar as bactérias, mas diminuirão seu crescimento de forma considerável.

3. Elimine as bactérias

A maioria das bactérias causadoras de doenças é eliminada quando submetida a uma temperatura de 77°C por 30 segundos, ou a temperaturas mais altas por menos tempo. Assim, é possível tornar os alimentos seguros ao cozinhá-los e ao esterilizar utensílios e equipamentos com o calor. O termo *esterilizar* significa eliminar bactérias causadoras de doenças.

Certos produtos químicos também eliminam as bactérias. Eles também podem ser usados para esterilizar equipamentos.

Outros perigos biológicos

Os **vírus** são ainda menores que as bactérias. Consistem em material genético cercado por uma camada de proteína. Os vírus causam doenças quando se multiplicam no corpo humano. Eles não se proliferam nos alimentos, como as bactérias. Portanto, doenças virais de origem alimentar são geralmente causadas pelo contato direto com pessoas, superfícies de trabalho ou água contaminadas.

Parasitas são organismos que dependem de outros organismos para sobreviver. Alimentam-se do organismo hospedeiro. Parasitas do organismo humano costumam ser muito pequenos, mas maiores que as bactérias. A maioria dos alimentos que pode conter parasitas é usada na cozinha quente e não na padaria, embora frutos crus e leite também possam ser contaminados.

Mofos e leveduras são exemplos de **fungos**. Esses organismos são geralmente associados a comidas velhas e não tanto a intoxicações alimentares. Alguns fungos, como os usados em panificação, são muito úteis. Alguns mofos, no entanto, produzem toxinas que podem causar doenças. Amendoim, oleaginosas, milho e leite podem conter toxinas produzidas por mofos muito perigosas e até mesmo letais.

Algumas plantas são naturalmente venenosas por conterem **toxinas vegetais**. As toxinas vegetais mais conhecidas são aquelas encontradas em certos cogumelos silvestres. A única maneira de evitar a ingestão de toxinas vegetais é evitar o uso das plantas em que podem ocorrer, bem como os produtos que contêm essas plantas. Em alguns casos, as toxinas podem ser transportadas pelo leite de vacas que consumiram plantas como a erva-do-diabo, ou pelo mel de abelhas que colheram néctar de plantas como o louro-americano. Outras plantas tóxicas a se evitar são: folhas de ruibarbo, cicuta, sementes de damasco e beladona.

Alérgenos são substâncias que disparam uma reação alérgica. Afetam apenas algumas pessoas – diz-se que são *alérgicas* àquela substância específica. Nem todos os alérgenos são perigos biológicos, mas os mais importantes são, portanto, vamos discuti-los nesta seção.

Alimentos que podem causar alergia em algumas pessoas incluem: derivados do trigo e da soja, oleaginosas, ovos, leite e seus derivados, peixes e frutos do mar. Alérgenos de origem não biológica incluem aditivos como nitrito de sódio, usado para conservar carnes, e glutamato monossódico, usado com frequência em comidas orientais.

Como esses produtos são comuns e perfeitamente seguros para a maioria das pessoas, é difícil optar por não servi-los. No entanto, em consideração às pessoas que são sensíveis a esses alimentos, toda a equipe do estabelecimento, especialmente os garçons, deve estar bem informada sobre os ingredientes presentes em todas as preparações servidas para que informe ao cliente quando necessário.

Perigos químicos e físicos

Alguns tipos de envenenamento químico são causados pelo uso de equipamento avariado ou impróprio ou por seu mau uso. As seguintes toxinas (com exceção do chumbo) ocasionam sintomas que se manifestam rapidamente, em geral cerca de 30 minutos após a ingestão do alimento contaminado. Por outro lado, os sintomas do envenenamento por chumbo podem levar anos para se manifestar. Para prevenir essas doenças, não use materiais que possam causá-las.

1. **Antimônio**
   Causa: armazenamento ou preparo de alimentos ácidos em panelas esmaltadas que estejam com o esmalte quebrado ou rachado.

2. **Cádmio**
   Causa: uso de formas de gelo ou recipientes com banho de cádmio.

3. **Cianureto**
   Causa: uso de pasta para polimento de prataria que contém cianureto.

4. **Chumbo**
   Causa: encanamento ou solda de chumbo, uso de utensílios que contêm chumbo.

5. **Cobre**
   Causa: uso de utensílios de cobre mal limpos ou corroídos, preparo de alimentos ácidos em utensílio de cobre não forrados ou contato de bebidas gaseificadas com tubos de cobre.

6. **Zinco**
   Causa: cozimento de alimentos em utensílios banhados a zinco (galvanizados).

Outras contaminações por agentes químicos podem resultar da exposição dos alimentos aos químicos usados nos estabelecimentos do setor de alimentos, como produtos de limpeza, de polimento e inseticidas. Para prevenir a contaminação, mantenha esses itens fisicamente separados dos alimentos; não use esses produtos perto dos alimentos; identifique todos os frascos apropriadamente; enxague os utensílios que foram limpos com produtos em bastante água.

Contaminação física é a contaminação com corpos estranhos que, embora possam não ser tóxicos, causam dano ou desconforto. Exemplos incluem pedaços de vidro de recipientes lascados, lascas de metal de latas abertas descuidadamente, pedras provenientes de grãos mal escolhidos, terra em verduras e frutas mal lavadas, insetos ou partes de insetos e fios de cabelo. Uma manipulação adequada dos alimentos é necessária para evitar a contaminação física.

Higiene pessoal e boas práticas na manipulação de alimentos

Já dissemos nesta seção que a maioria das doenças alimentares é causada por bactérias. Vamos agora mudar um pouco essa afirmação e dizer que *a maioria das doenças alimentares é causada por bactérias disseminadas pelos profissionais do setor de alimentos*.

Contaminação cruzada

No início desta seção, definimos *contaminação* como a presença de substâncias nocivas ausentes no alimento original. Algumas contaminações ocorrem antes de termos acesso ao alimento, o que significa que procedimentos adequados de compra e recebimento de produtos são uma parte importante da manipulação adequada. Mas a maioria dos casos de contaminação ocorre em função da **contaminação cruzada**, que pode ser definida como a transferência de substâncias nocivas, especialmente micro-organismos, de um alimento a outro ou a outra superfície, como equipamentos, utensílios e mãos.

Higiene pessoal

Para o profissional do setor de alimentos, o primeiro passo para prevenir doenças alimentares é a boa higiene pessoal. Mesmo quando saudáveis, temos bactérias por toda a pele, em nosso nariz e na boca. Algumas dessas bactérias, caso tenham a chance de se proliferar em um alimento, podem causar doenças nas pessoas.

1. Não manipule alimentos se você estiver com qualquer doença ou infecção contagiosa.

2. Tome banho diariamente.

3. Use uniformes e aventais limpos.

4. Mantenha o cabelo limpo e preso. Use sempre uma touca ou rede para cabelo.

5. Mantenha bigode e barba aparados e limpos. Melhor ainda: não use barba nem bigode.

6. Lave bem as mãos e as partes expostas dos braços antes de começar a trabalhar e quantas vezes for necessário durante o trabalho, inclusive:

   ◆ Depois de comer, beber ou fumar.

   ◆ Depois de usar o banheiro.

   ◆ Depois de tocar ou manusear qualquer coisa que possa estar contaminada com bactérias.

7. Cubra a boca para tossir ou espirrar e lave as mãos em seguida.

8. Mantenha as mãos longes do rosto, olhos, cabelo e braços.

9. Mantenha as unhas curtas e limpas. Não use esmalte.

10. Não fume ou masque chiclete enquanto estiver trabalhando.

11. Cubra ferimentos com curativos limpos.

12. Não sente nas bancadas de trabalho.

Como lavar as mãos adequadamente

1. Molhe as mãos em água corrente quente. Deixe a temperatura da água o mais quente que você possa suportar confortavelmente (mas, pelo menos a 38°C).

2. Aplique sabonete suficiente para produzir uma boa quantidade de espuma.

3. Esfregue as mãos em toda a sua superfície por pelo menos 20 segundos, esfregando também os punhos e parte do antebraço.

4. Usando uma escova de cerdas apropriada, esfregue sob as unhas e entre os dedos.

5. Enxágue bem em água corrente quente. Se possível, use uma toalha de papel limpa para fechar a torneira para evitar que a mão seja contaminada novamente.

6. Seque as mãos com papel descartável ou no secador a ar quente.

Uso de luvas

Se usadas corretamente, as luvas podem proteger os alimentos da contaminação cruzada. Se usadas de maneira incorreta, no entanto, podem disseminar a contaminação tão facilmente quanto as mãos sem luvas. As agências de vigilância sanitária de algumas regiões podem exigir o uso de algum tipo de barreira entre as mãos e os alimentos prestes a serem servidos, isto é, alimentos que não passarão mais por nenhum cozimento. Luvas, pegadores e outros utensílios para servir, bem como embalagens plásticas ou de papel, servem de barreiras. Para assegurar-se de que as luvas estão sendo usadas corretamente, observe as seguintes regras.

Como usar luvas descartáveis

1. Lave as mãos antes de colocar as luvas ou ao trocá-las por um par novo. As luvas não substituem a lavagem adequada das mãos.

2. Descarte as luvas, lave as mãos e coloque um novo par de luvas ao trabalhar com um novo alimento, isso é imprescindível após o manuseio de carnes, aves, peixes ou frutos do mar crus. Luvas foram feitas para serem usadas apenas uma vez. Lembre-se de que o uso de luvas tem por objetivo evitar a contaminação cruzada.

3. Use um novo par quando as luvas estiverem rasgadas, sujas ou contaminadas pelo contato com uma superfície não esterilizada.

Manipulação e preparo de alimentos

Ao manipular e preparar alimentos, deparamo-nos com dois problemas principais. O primeiro deles é a *contaminação cruzada*, discutida acima.

O segundo é que, ao trabalharmos com alimentos, eles geralmente estão em uma temperatura entre 5 e 57°C – ou seja, na zona de perigo. A fase de latência de proliferação de bactérias (p. 31) ajuda um pouco, mas, para maior segurança, é preciso manter os alimentos fora da zona de perigo sempre que possível.

1. Trabalhe com alimentos limpos e de fornecedores confiáveis. Quando possível, compre alimentos derivados do leite e ovos de empresas inspecionadas por órgãos públicos.

2. Manuseie o alimento o mínimo possível. Use pegadores, espátulas ou outros apetrechos em vez de usar as mãos, quando possível.

3. Use equipamentos e superfícies limpas e esterilizadas.

4. Limpe e esterilize tábuas de corte e equipamentos após a manipulação de ingredientes crus e antes de trabalhar com outros alimentos.

5. Vá limpando ao mesmo tempo em que trabalha. Não espere até o final da jornada de trabalho.

6. Lave bem as frutas frescas.

7. Quando retirar alimentos do refrigerador, pegue apenas aqueles que utilizará no período de 1 hora.

8. Mantenha os alimentos cobertos até o momento de usar.

9. Limite o tempo que os alimentos são mantidos na zona de perigo.

10. Experimente os alimentos de maneira apropriada. Com uma concha ou outro utensílio, transfira uma pequena quantidade do alimento para um recipiente pequeno. Experimente dessa amostra, usando uma colher limpa. Depois de provar, não use o mesmo recipiente e colher novamente. Envie-os para a copa suja ou, se estiver usando material descartável, jogue fora.

11. Não misture restos de alimentos com alimentos recém-preparados.

12. Espere esfriar e resfrie os alimentos rápida e corretamente, conforme explicado mais adiante. Resfrie pudins, recheios cremosos e outros alimentos perigosos o mais rápido possível – despeje-os em recipientes rasos esterilizados, cubra e refrigere. Não empilhe os recipientes.

Como resfriar os alimentos

1. Nunca coloque alimentos quentes diretamente no refrigerador. Além de demorarem mais para esfriar, aumentarão a temperatura de todos os outros alimentos lá armazenados.

2. Se possível, use resfriadores rápidos antes de armazenar os alimentos na câmara fria.

3. Use a imersão em banho-maria de gelo para baixar a temperatura dos alimentos rapidamente.

4. Mexa os alimentos enquanto estiverem esfriando para redistribuir o calor e acelerar o processo.

5. Divida grandes quantidades em porções menores. Isso aumenta a área de superfície por volume do alimento, fazendo com que ele esfrie mais rapidamente. Formas grandes e rasas são as mais adequadas para esse fim.

O sistema APPCC

Uma vez aprendidas as boas práticas na manipulação de alimentos, é preciso empregá-las efetivamente no trabalho. Muitos estabelecimentos do setor de alimentos têm sistemas de segurança que permitem aos profissionais controlarem de perto todos os itens sujeitos à contaminação ou à proliferação de patógenos. Um sistema eficiente de controle é chamado de *Análise de Perigos e Pontos Críticos de Controle* (**APPCC**). Diferentes versões desse sistema têm sido adotadas em vários setores da indústria de alimentos.

O item a seguir apresenta brevemente os conceitos básicos do APPCC. Para uma descrição mais detalhada, consulte uma bibliografia específica. As informações a seguir baseiam-se nos dados contidos nas obras em língua inglesa mencionadas na Bibliografia (p. 757).

Etapas do sistema APPCC

O propósito do sistema APPCC é identificar, monitorar e controlar os perigos da contaminação de alimentos. É um sistema de sete etapas:

1. Identificar os perigos.

2. Determinar os pontos críticos de controle (PCCs).

3. Estabelecer padrões e limites para os PCCs.

4. Estabelecer procedimentos para monitorar os PCCs.

5. Instituir ações corretivas.

6. Estabelecer um sistema de registro de informações.

7. Verificar se o sistema está funcionando.

Essas etapas são a base para a discussão que se segue.

Fluxo de alimentos

A APPCC parte de um conceito denominado *fluxo de alimentos*. Esse termo refere-se à circulação do alimento no interior de um estabelecimento do setor de alimentação, desde o recebimento, passando pelos estágios de estocagem, pré-preparo e preparo, até ser servido ao cliente.

O fluxo de alimentos é diferente para cada item preparado. Alguns itens do menu compreendem muitas etapas, como o recebimento dos ingredientes, sua estocagem, pré-preparo (p. ex., deixar uma fruta pronta para ser usada), cozimento, conservação, resfriamento, empratamento, guardar as sobras, reaquecê-las etc. Até mesmo os itens mais simples compreendem várias etapas. Por exemplo, um bolo comprado pronto e servido como sobremesa passa, pelo menos, por estas etapas até chegar ao cliente:

Recebimento.

Estocagem.

Empratamento.

Perigos e pontos críticos de controle

Em cada uma dessas etapas, à medida que o alimento circula pelo estabelecimento, há operações que podem levar a condições de risco ou *perigos*. Esses perigos podem ser subdivididos em três categorias:

1. *Contaminação*, como a contaminação cruzada advinda de uma superfície mal limpa; embalagens violadas, que permitem a entrada de insetos; manipulação do alimento com as mãos sujas; contaminação por respingos de produtos de limpeza.

2. *Proliferação de bactérias e outros patógenos* como resultado de condições inadequadas como as relacionadas ao resfriamento ou armazenamento, e a manutenção de alimentos quentes a temperaturas inferiores a 57°C.

3. *Ineficiência na eliminação dos patógenos e toxinas*, geralmente como consequência do cozimento ou aquecimento inadequados dos alimentos ou esterilização imprópria de equipamentos e superfícies de trabalho.

Observe que esses perigos correspondem às práticas de manipulação dos alimentos discutidas nas páginas 31 a 32 (impedir o crescimento das bactérias, conter a proliferação e eliminá-las). Uma importante diferença é que os perigos abordados pelo APPCC incluem os riscos químicos e outros riscos além daqueles ocasionados por organismos causadores de doenças.

A cada etapa, é possível tomar uma ação preventiva para eliminar tais perigos ou reduzi-los ao mínimo. Essas etapas são chamadas de ***pontos críticos de controle***, ou PCCs. Em outras palavras, a implementação de um sistema de APPCC começa com a revisão do fluxo de alimentos para verificar em que ponto algo pode dar errado; em seguida, decide-se o que pode ser feito para eliminar essa possibilidade. Na terminologia da APPCC, "identificar os perigos" e "apontar os pontos críticos de controle" são as etapas que compreendem esses estágios iniciais.

Como estabelecer padrões e implementá-los

O próximo passo previsto por um sistema de segurança alimentar via APPCC é estabelecer padrões para os pontos críticos de controle. A cada PCC, os profissionais precisam conhecer os padrões almejados, os procedimentos a serem seguidos para se alcançar esses padrões e o que fazer caso isso não seja possível. Para reduzir as chances de erros, esses padrões e procedimentos são registrados por escrito. Quando possível, devem ser incluídos nas fórmulas-padrão do estabelecimento.

Alguns procedimentos são mais gerais e incluem as regras de higiene discutidas anteriormente neste capítulo. *Por exemplo*, lavar as mãos antes de manipular alimentos e após manusear alimentos crus, e manter os alimentos a uma temperatura inferior a 5° ou superior a 57°C. Outros dizem respeito a itens específicos. *Por exemplo*, cozinhar peças de carne vermelha até que a temperatura interna atinja pelo menos 63°C e certificar-se de que a temperatura se mantém por pelo menos 3 minutos.

Uma observação cuidadosa é essencial para averiguar se os padrões foram alcançados. Isso muitas vezes envolve medições. A única maneira de saber, por exemplo, se uma carne assada atingiu uma determinada temperatura interna é por meio da medição, usando um termômetro limpo e esterilizado.

Administradores devem se assegurar de que todos os profissionais sejam treinados para seguir os procedimentos e possuam os equipamentos necessários para fazê-lo.

Uma vez estabelecidos esses procedimentos, as demais etapas do sistema APPCC são importantes para garantir sua efetividade: monitoramento dos PCCs, atuação na correção, caso os procedimentos não sejam seguidos, registro de todos os aspectos do sistema e verificação de seu funcionamento.

Como pode ser percebido nesta breve introdução ao APPCC, a implantação de um sistema como esse para controlar todos os aspectos da produção de alimentos requer mais informações do que este capítulo tem espaço para fornecer. Consulte a bibliografia ou órgãos públicos e privados para adquirir informações mais aprofundadas sobre o assunto.

Como aprender mais sobre higiene e segurança alimentar

É importante compreender que o tema da higiene e segurança alimentar é abrangente e complexo. O material contido neste capítulo oferece apenas uma aproximação inicial ao assunto. Para avançar nas carreiras do setor de alimentos, é necessário demonstrar um conhecimento detalhado do assunto, que vai muito além daquilo que pôde ser apresentado aqui, em função das limitações de espaço. Há livros inteiros dedicados ao tópico da higiene e segurança alimentar. Muitas organizações, públicas e privadas, nacionais e regionais, patrocinam treinamentos e oferecem certificações.* Em alguns casos, pode ser obrigatório que o *chef* que ocupa um cargo administrativo possua uma certificação como essa. No Canadá, por exemplo, muitos estados possuem leis sanitárias próprias, e os estabelecimentos têm de estar cientes dessas leis, bem como das leis federais. A saúde e a segurança de sua clientela depende de seu estudo diligente.

* N.T.: No Brasil, procure o PAS – Programa de Alimentos Seguros.

TERMOS PARA REVISÃO

receita
fórmula
receita ou fórmula-padrão
pesagem
Sistema Internacional de
    Unidades
grama
litro
metro
graus Celsius

quilo-
deci-
centi-
mili-
scone flour
peso bruto
peso líquido
método de porcentagens
contaminados

perigo
micro-organismo
patógeno
zona de perigo
aeróbicas
anaeróbicas
facultativas
período de latência
vírus

parasitas
fungos
toxinas vegetais
alérgenos
contaminação cruzada
APPCC
fluxo de alimentos
pontos críticos de controle

QUESTÕES PARA DISCUSSÃO

1. Abaixo estão listados os ingredientes para um bolo branco. O peso da farinha foi fornecido, e as proporções dos demais ingredientes estão indicadas em porcentagens. Calcule o peso requerido para cada um.

Farinha de trigo especial	3 kg (100%)
Fermento em pó químico	4%
Gordura hidrogenada	50%
Açúcar	100%
Sal	1%
Leite	75%
Claras	33%
Baunilha	2%

2. Na fórmula da questão 1, que quantidade de cada ingrediente é necessária para um rendimento de 4½ kg de massa?

3. Por que os ingredientes em panificação e confeitaria são em geral pesados, em vez de medidos por volume?

4. Faça as seguintes conversões do sistema usado pelos norte-americanos:

    3½ lb = ___ oz

    6 xícaras = ___ pt

    8½ qt = ___ fl oz

    ¾ de xícara = ___ tbsp (colheres de sopa)

    46 oz = ___ lb

    2½ gal = ___ fl oz

    5 lb 5 oz dividido por 2 = ___

    10 tsp (colheres de chá) = ____ fl oz

5. Faça as seguintes conversões do Sistema Internacional de Unidades:

    1¼ kg = _____ g

    53 dL = _____ L

    15 cm = _____ mm

    2.590 g = _____ kg

    4,6 L = _____ dL

    220 cL = _____ dL

6. Quais dos seguintes alimentos podem ser contaminados por organismos causadores de doenças?

    bomba de chocolate

    pão francês

    pudim de leite

    biscotti

    suspiro

    torradas

    chocolate em barra

7. Com que frequência é preciso lavar as mãos quando se manipula alimentos?

8. Por que o controle da temperatura é uma arma importante para combater a proliferação de bactérias? O que é zona de perigo?

Equipamentos de panificação e de confeitaria

Muito da arte e do ofício do padeiro e do confeiteiro envolve ferramentas de trabalho simples. Para ser um profissional capacitado, é preciso desenvolver uma exímia destreza no uso dessas ferramentas. Um saco de confeitar, por exemplo, nada mais é que um pedaço cônico de lona ou plástico aberto dos dois lados. Apesar de ser simples e dispensar o manual de instruções, são necessárias horas de prática para se dominar a técnica de uso do saco de confeitar em trabalhos decorativos.

No outro extremo, estão os equipamentos de grande porte, como batedeiras industriais, fornos dos mais variados tipos e equipamentos para trabalhar massas (p. ex., modeladoras, divisoras e laminadoras). De todos eles, talvez apenas o forno seja imprescindível para o padeiro. Os outros itens são dispositivos importantes para a mecanização das tarefas, permitindo a produção de grandes quantidades em tempo reduzido. Sem eles, muito da produção de uma padaria deixaria de ser economicamente viável.

Este capítulo é um resumo das ferramentas mais importantes usadas por padeiros e confeiteiros, desde os equipamentos de grande porte às formas e apetrechos manuais. Além das ferramentas de trabalho discutidas neste capítulo, muitas padarias possuem uma variedade de utensílios também usados na maioria das cozinhas, como panelas, colheres, conchas, espátulas, facas etc. Aprender a usar essas ferramentas é o tema de grande parte deste livro.

Após ler este capítulo, você deverá ser capaz de:

1. Identificar os principais tipos de equipamentos usados em panificação e confeitaria e indicar seus usos.

41

HIGIENE E SEGURANÇA DOS EQUIPAMENTOS

Antes de analisar os itens específicos, é preciso considerar os pontos comuns ao uso de quaisquer equipamentos.

Segurança

Equipamentos de panificação e confeitaria podem ser perigosos. Das batedeiras industriais a apetrechos manuais, como as facas, os equipamentos podem causar sérios ferimentos se não forem usados corretamente.

Nunca use um equipamento se não conhecer bem seu modo de funcionamento. É preciso aprender também a identificar quando o equipamento não está funcionando de modo adequado, a fim de interromper seu funcionamento imediatamente e solicitar o reparo.

Lembre-se de que os modelos são diferentes. Cada fabricante introduz pequenas variações aos equipamentos básicos. Por exemplo, mesmo que todos os fornos de lastro ou todas as batedeiras industriais tenham os mesmos princípios básicos de funcionamento, cada modelo tem suas particularidades, ainda que seja apenas em relação à localização dos botões. É importante estudar o manual de instruções fornecido por cada fabricante ou receber instruções de alguém que conheça bem o funcionamento do aparelho.

Higiene

A limpeza completa e rotineira de todos os equipamentos é essencial. A maioria dos equipamentos de grande porte pode ser parcialmente desmontada para a limpeza. Leia o manual, que deve descrever esse processo em detalhe, ou se informe com alguém que saiba fazer a limpeza.

Ao comprar um equipamento, procure modelos pré-testados e certificados por agências de certificação reconhecidas pelos setores de alimentação, tratamento de água, ar condicionado etc. Três agências internacionais de destaque são o NSF International (www.nsf.org, originalmente National Sanitation Foundation – Fundação Sanitária Nacional), a CSA International (www.csa-international.org) e a Underwriters Laboratory (www.ul.com). Elas são certificadas pelo ANSI (American National Standards Institute – Instituto de Padrões Nacionais Norte-americano) como SOOs (Standards Developing Organizations – Organizações de Desenvolvimento de Padrões). Também são credenciadas pela ANSI para certificar outros equipamentos relacionados à produção comercial de alimentos. Os padrões e normas técnicas e as certificações fornecidas por essas agências são reconhecidos internacionalmente. Os produtos que satisfazem os requisitos dos testes recebem selos que identificam essas certificações (ver as ilustrações ao lado). Os critérios usados para a avaliação incluem fatores como o desenho e a construção (p. ex, juntas e encaixes vedados e facilidade de desmontagem para limpeza), os materiais usados (p. ex. materiais atóxicos e fáceis de limpar) e o desempenho.

Selo de certificação de NSF International.
Cortesia de NSF International

Selo de inspeção de CSA.
Cortesia de Canadian Standard Association

Logomarca de Underwriters Laboratory.
Reproduzido com a permissão de Underwriters Laboratory, Inc.

EQUIPAMENTOS DE GRANDE PORTE

Batedeiras industriais, fornos e equipamentos para trabalhar massas são os maiores representantes desta categoria.

Batedeiras

Batedeiras, dos mais variados tipos, são equipamentos essenciais em uma padaria e/ou confeitaria. Ainda que uma quantidade pequena de massa possa ser batida à mão, a produção em escala comercial seria praticamente impossível sem o uso de batedeiras potentes. Dois tipos principais de batedeiras são usados em padarias e confeitarias de pequeno e médio porte. Outros tipos de equipamento especializado são usados em empresas de grande porte.

Batedeira industrial de mesa.
Cortesia de Hobart Corporation

Batedeira planetária

A batedeira planetária é o tipo de batedeira mais usado em padarias, confeitarias e culinária em geral. O adjetivo *planetária* descreve o movimento feito pelas pás. Assim como um planeta gira sobre seu próprio eixo e ao redor do sol simultaneamente, a pá da batedeira gira sobre seu eixo ao mesmo tempo em que traça uma órbita circular, alcançando todas as partes da tigela estática. A capacidade das batedeiras industriais de pequeno porte varia de 5 a 20 litros aproximadamente. Já nos modelos de médio e grande porte, pode chegar a 140 litros.

As batedeiras planetárias têm três tipos principais de batedor ou pá:

1. A raquete ou leque é um batedor plano usado para misturas em geral.
2. O globo é o batedor usado para tarefas como bater claras em neve ou creme de leite.
3. Gancho e espiral são os batedores usados para misturar e amassar massas fermentadas e pesadas. Esse tipo de batedor, como seu nome indica, deve ter um formato padrão, que pode ser de gancho ou de espiral.

Certifique-se de que os tamanhos do batedor e da tigela são compatíveis. Usar um batedor para batedeira de 50 litros com uma tigela para 40 litros pode causar danos graves. Certifique-se também de que tanto a tigela quanto o batedor estejam firmemente fixados antes de ligar o equipamento.

Há também outros batedores e apetrechos adicionais, como:

◆ Batedor para massas doces, que combina as funcionalidades do gancho e da raquete.
◆ Um tipo de batedor semelhante ao globo, usado para bater massas pesadas demais para o globo padrão.
◆ Batedor para massas de torta ou biscoito, o mais indicado para combinar farinha e gordura.

Batedeira industrial de grande porte.
Cortesia de Hobart Corporation

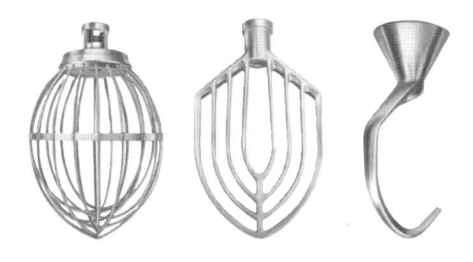

Batedores: globo (à esquerda), raquete (no centro), gancho (à direita). Cortesia de Hobart Corporation

A disponibilidade desses acessórios ressalta uma das principais vantagens da batedeira planetária: sua versatilidade. Com um único equipamento, o profissional pode produzir uma grande variedade de massas, misturas, cremes e outros produtos. Além disso, algumas batedeiras planetárias permitem acoplar outros tipos de acessórios, como moedores e fatiadores. Isso torna as batedeiras planetárias úteis não apenas para a panificação e confeitaria, mas também para todos os tipos de cozinha.

Amassadeira espiral

A amassadeira espiral foi projetada para massas pesadas e é usada basicamente para a produção de grandes quantidades de massa fermentada. Ao contrário das batedeiras planetárias, a amassadeira espiral não possui diversas tigelas e batedores para troca. O batedor é em forma de uma espiral, e tanto essa peça quanto a tigela giram em seu próprio eixo para misturar a massa com rapidez e eficiência. Na maioria dos modelos, é possível escolher para que lado a tigela deve

Amassadeira espiral.
Cortesia de TMB Baking, Inc.

❧ CONTINUOUS MIXER ☙

Outro tipo de batedeira usada para a produção de pães em escala industrial nos EUA é a *continuous mixer*. Pequenas quantidades de ingredientes previamente pesados vão entrando, aos poucos, por um dos lados da máquina. Lá dentro, são misturados e se transformam numa massa conforme atravessam o equipamento. A massa sai pronta do outro lado da máquina. Esse tipo de equipamento é eficiente porque, em vez de ter que sovar, por exemplo, uma massa com 100 kg de farinha de uma vez, pode fazê-lo aos poucos, com incrementos de 3 ou 5 kg, o que torna o processo muito mais fácil.

rodar. A capacidade varia de 2,5 a 14 kg de farinha nos modelos de pequeno e médio porte, mas pode ultrapassar os 200 kg na de grande porte.

Por ser destinada exclusivamente à mistura de massas, não tem a versatilidade da batedeira planetária, descrita anteriormente. No entanto, possui uma série de características e vantagens que a tornam o equipamento mais indicado para a mistura de massas de pão e pizza:

◆ A amassadeira espiral mistura e sova a massa com mais eficiência que a batedeira planetária. Em razão de seu desenho, sova a massa com maior intensidade e em menor tempo, resultando em uma menor fricção e aquecimento da massa (ver p. 123).

◆ O desenho da cuba e do batedor permitem a produção de uma quantidade muito maior de massa. Por exemplo, uma amassadeira de médio porte pode ser usada para produzir desde 5 a 90 kg de massa. A batedeira planetária, por outro lado, permite o processamento de uma faixa bastante estreita de peso – se a quantidade for pequena ou grande demais, a massa não será bem misturada.

◆ A amassadeira espiral é mais resistente e robusta que a batedeira planetária. Produz mais massa e dura mais, exigindo menos reparos.

Há três tipos principais de amassadeira espiral:

1. **Amassadeiras de cuba fixa.** Sua cuba não pode ser removida do equipamento. A massa deve ser retirada manualmente depois de pronta.

2. **Amassadeiras de cuba removível.** A cuba dessas amassadeiras pode ser removida e transportada, em geral, sobre um carrinho. São muito úteis para estabelecimentos com um volume maior de produção, pois uma outra cuba com ingredientes pode ser acoplada à amassadeira assim que a outra for retirada.

3. **Amassadeiras de cuba reclinável.** Nesse equipamento, um mecanismo torna possível reclinar a cuba para que a massa pronta seja transferida para formas ou outros recipientes.

A maioria das amassadeiras espirais tem duas velocidades, embora algumas, voltadas para o fabrico de massas menos elásticas, possam conter apenas uma. Em um procedimento típico de mistura, o padeiro usa a primeira velocidade para a primeira fase de mistura, quando os ingredientes são combinados, e muda para a segunda velocidade na fase final de desenvolvimento da massa. Máquinas com controles automáticos possuem *timers* para controlar cada fase da mistura.

Semelhantes às amassadeiras espirais são as amassadeiras de garfo. Em vez de um agitador espiral, essas máquinas possuem um batedor semelhante a um garfo com dois dentes retorcidos, que se posiciona a um ângulo de cerca de 45° dentro da cuba. Assim como as amassadeiras espirais, elas são específicas para a produção de massas fermentadas.

Amassadeira rápida.
Cortesia de The Peerless Group

Amassadeiras rápidas e semirrápidas

Amassadeiras rápidas e semirrápidas, de médio ou grande porte, podem produzir até milhares de quilos de massa de uma só vez. Cada modelo é planejado de modo que facilite o trabalho na produção de um tipo de produto, como massas de pão, de torta, doces e semilíquidas. O desenho dos batedores e agitadores varia conforme esses modelos.

Alguns desses equipamentos possuem uma câmara de água que circunda a cuba misturadora. A temperatura da água que envolve essas cubas pode ser regulada, permitindo o controle preciso da temperatura da massa.

Divisora.
Cortesia de American Baking
Systems and S.A. Jac NV

Equipamentos para trabalhar a massa

Carro cuba

Este item é usado para armazenar massas levedadas durante a fermentação. Estabelecimentos menores podem fazer a fermentação em tigelas grandes dispostas sobre um balcão.

Divisoras

Divisoras cortam porções previamente pesadas de massa em porções iguais, usando um cortador fixado a um mecanismo hidráulico ou mecânico de elevação. Por exemplo, uma divisora pode cortar um pedaço de massa de 1,5 kg em 30 pedaços de 50 g cada para fazer pão de minuto. Depois de divididos, os pedaços de massa são boleados manualmente (ver p. 118).

Divisoras boleadoras

Esta máquina divide a massa assim como a divisora comum, mas em seguida faz o boleamento automático das porções de massa, acelerando a velocidade do processo.

Cilindros sovadores e laminadores

Os cilindros abrem porções de massa em uma lâmina de espessura uniforme. Há vários modelos, mas todos possuem dois cilindros paralelos ajustáveis. Para obter uma lâmina fina de massa, é preciso passá-la várias vezes pela máquina. A cada passagem, o operador diminui o espaço entre os cilindros até atingir a espessura desejada.

Modeladoras

Modeladoras enrolam pães – como pão francês, bisnaga e baguete – automaticamente, eliminando o trabalho manual.

Estufas de crescimento

Estufas de crescimento, também chamadas de câmara ou armário de crescimento, propiciam as condições ideais de fermentação para a massa. O compartimento mantém a temperatura e a umidade apropriadas para cada tipo de massa.

Câmaras frias

Resfriar ou congelar as massas levedadas retarda seu processo de fermentação, permitindo o seu armazenamento para que sejam assadas mais tarde. A câmara fria é uma espécie de refrigerador que mantém um alto nível de umidade, para prevenir o ressecamento da massa e a formação de casca.

Câmaras climáticas

As câmaras climáticas são uma combinação das qualidades de uma estufa e de uma câmara fria. A fermentação de uma massa pode ser retardada por um período preestabelecido; em seguida, o equipamento muda automaticamente para o modo estufa, com temperatura e umidade controlados. Por exemplo, a primeira fornada de pães da manhã pode ser preparada no dia anterior e colocada na câmara climática; assim, quando a padaria abre no dia seguinte, a massa está pronta para ser levada ao forno.

Divisora boleadora.
Cortesia de TMB Baking, Inc.

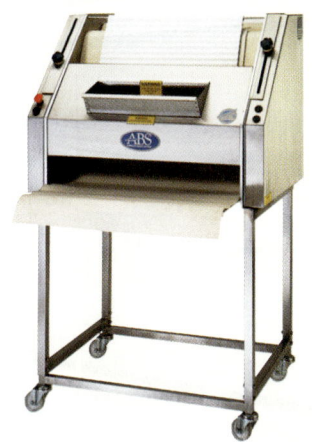

Modeladora. Cortesia de American Baking Systems and S.A. Jac NV

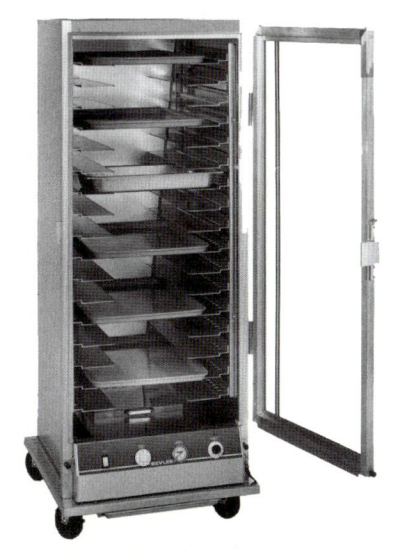

Estufa de crescimento.
Cortesia de Bevles

Câmara climática.
Cortesia de TMB Baking, Inc.

Cilindro laminador. Cortesia de American Baking Systems and S.A. Jac NV

Fornos

Os fornos são, certamente, o coração das padarias e confeitarias, já que são essenciais para a produção de pães, bolos, biscoitos, tortas e muitos outros produtos. Fornos são compartimentos fechados em que a comida é aquecida geralmente pela ação do ar quente (exceto no caso dos fornos micro-ondas, que não têm grande utilidade na panificação). São muitos os tipos de forno usados em padarias e confeitarias.

O vapor é um item importante para muitas qualidades do pão, como será visto no Capítulo 6. A grande maioria dos fornos usados em padarias possui um dispositivo para a liberação de vapor durante parte do ciclo de assamento.

Forno de lastro.
Cortesia de Macadams Baking Systems (Pty) Ltd.

Forno de lastro

Os fornos de lastro são assim chamados porque os itens a serem assados são colocados diretamente sobre o "chão" do forno, ou lastro. Não há prateleiras para segurar as formas. Os fornos de lastro podem ser modulares, permitindo o empilhamento. É o tipo de forno mais indicado para assar pães rústicos, como o italiano e a baguete. Os fornos de lastro usados para assar pães são equipados com injetores de vapor.

Forno rotativo

Um forno rotativo é grande o bastante para abrigar um carrinho de assadeiras de pão com rodízios em seu interior. Os carrinhos comuns têm capacidade para 8 a 24 assadeiras, mas os específicos para esse tipo de forno costumam comportar 15 a 20 assadeiras. Os fornos podem abrigar 1 a 4 desses carrinhos. Também são equipados com injetores de vapor.

Nos Estados Unidos, esse forno é chamado de *rack oven*. Embora não seja estritamente correto, esse termo é utilizado com frequência para referir-se aos fornos convencionais, como os utilizados em restaurantes, nos quais as formas são colocadas sobre a grade (*rack*), e não diretamente no lastro.

Forno rotativo.
Cortesia de Lang Manufacturing Company

Forno de esteira

Em um forno de esteira, o alimento está sempre em movimento enquanto assa. Nos Estados Unidos, onde é mais comum, o tipo mais conhecido possui um mecanismo que se assemelha a uma roda gigante. A movimentação elimina o problema do assamento desigual em razão dos pontos de maior calor, pois o alimento circula por todo o forno. Por conta do seu tamanho, é mais indicado para estabelecimentos grandes. Pode ser equipado com injetores de vapor.

A figura abaixo mostra um forno de esteira típico. Neste modelo, cada uma das múltiplas esteiras comporta uma ou mais assadeiras. O operador insere as assadeiras uma a uma pela pequena abertura frontal.

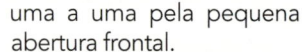

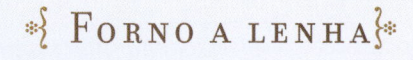

❧ FORNO A LENHA ☙

Fornos a lenha tradicionais, feitos de tijolo, operam de modo similar ao forno de lastro, pois os alimentos são assados diretamente no lastro. São usados em algumas padarias para assar pães rústicos e artesanais, bem como em alguns restaurantes que servem pizzas e similares. O calor é gerado por uma fogueira dentro do forno. As chamas aquecem o lastro e as paredes grossas do forno, que retêm calor suficiente para assar os alimentos. Os fornos de tijolo aquecidos a gás são semelhantes, mas o calor é controlado mais facilmente.

Forno de esteira.
Cortesia de Baxter/ITW Food Equipment Group, LLC

Forno de convecção

O forno de convecção, também chamado de forno turbo, contém ventiladores que fazem o ar circular no interior do equipamento, distribuindo o calor rápida e uniformemente. Isso faz com que os alimentos cozinhem mais rápido a uma temperatura mais baixa. Já que as fortes correntes de ar podem deformar alimentos feitos de massas mais líquidas e delicadas, bem como deslocar o papel-manteiga usado para forrar assadeiras, este tipo de forno não é tão versátil para a confeitaria como os outros apresentados anteriormente.

Caldeirão industrial a vapor

Caldeirões industriais a vapor são recipientes com duas paredes paralelas entre as quais circula vapor. Aquecem líquidos de maneira rápida e eficiente. Embora os caldeirões de grande porte sejam bastante usados em restaurantes para preparar caldos e molhos, há versões compactas, que podem ser usadas sobre a bancada – ideais para o preparo de cremes, coberturas e recheios. Alguns caldeirões possuem um mecanismo para entornar o alimento. Esses modelos menores têm capacidade para até cerca de 40 litros.

Forno de convecção.
Cortesia de Vulcan-Hart Company

Caldeirão industrial a vapor.
Cortesia de Vulcan-Hart Company

Fritadeiras

As fritadeiras são necessárias na padaria e na confeitaria para o preparo de *doughnuts* e outras frituras. Estabelecimentos menores usam fritadeiras pequenas ou até mesmo de uso doméstico, enquanto estabelecimentos de médio e grande porte necessitam de uma fritadeira industrial. As fritadeiras em geral possuem cestos para mergulhar o alimento na gordura e retirá-los, depois de prontos, com segurança. Na fritadeira mostrada na foto ao lado, o alimento a ser frito é disposto na bandeja do lado direito do equipamento. O operador então mergulha a bandeja no óleo quente, segurando-a pelas alças. Esse modelo possui também uma tigela de massa acoplada, própria para a produção de *doughnuts*.

Fritadeira para *doughnuts*.
Cortesia de Belshaw, Bros., Inc.

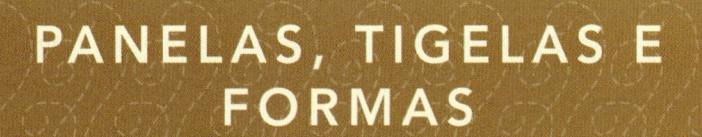

PANELAS, TIGELAS E FORMAS

Muitos dos utensílios utilizados na cozinha quente são usados também na panificação e confeitaria. Por exemplo, panelas são usadas no preparo de caldas, cremes e recheios. Nesta seção, no entanto, nos concentraremos nas assadeiras, formas e moldes específicos para panificação e confeitaria. No que se segue, serão apresentados alguns dos utensílios mais importantes dessa categoria. Eles podem ser divididos em dois tipos: os que podem ser levados ao forno e os que servem apenas para dar forma a alimentos frios e congelados. Outros utensílios, como as tigelas, também foram incluídos na lista.

1. Forma de bombocado
Forma pequena, em formato de dedal, é usada para fazer bombocados e *babas* (p. 191).

Forma de bombocado

Banneton

Barquete

Forma para *charlotte*

Cubas de inox para *self-service*

Forma de bolo inglês

Forma para pão
de forma

2. *Banneton*
Cesto de fibra natural, disponível em vários formatos, é usado para dar forma a certos pães rústicos durante o crescimento da massa. Há também versões forradas com lona.

3. Barquete
Em formato de canoa, as barquetes são muito usadas para *petits fours* e canapés.

4. Forma para *bombes*
Em formato de semiesfera, é muito usada para moldar sobremesas congeladas (p. 566).

5. Forma de brioche
Possui laterais caneladas para fazer Brioches (p. 193).

6. Forma de bolo
Ainda que a maioria das formas de bolo seja redonda, há também outros formatos disponíveis, como de coração, para bolos especiais. As formas de bolo estão disponíveis em diversos tamanhos.

7. Aro para bolo
Ver *Aro Modelador*.

8. Forma para *charlotte*
A forma tradicional para *charlotte* é redonda, funda, cônica e possui duas alças. Exceto pela *Charlotte* de maçã (p. 592), assada nesta forma, as receitas clássicas de *charlotte* são recheadas com *bavaroise* e levadas à geladeira até firmarem – não vão a forno.

9. Aro modelador
Feitos de aço inoxidável e disponíveis em vários diâmetros e alturas, os aros modeladores são usados para dar forma a sobremesas à base de camadas de bolo, suspiro ou outra massa com recheios cremosos. O aro é retirado depois que o recheio fica firme e antes de servir ou expor a sobremesa (ver Capítulo 18; a página 454 apresenta um aro modelador em uso).

10. Forma para chocolate
São usadas para moldar o chocolate em qualquer tipo de formato, desde peças grandes para a vitrine a minitrufas (ver Capítulo 24).

11. *Cornstick pan*
Assadeira especial com cavidades em formato de espigas de milho. Geralmente utilizada para assar *corn breads*.

12. Formas e moldes de silicone
Esse tipo forma, é flexível e antiaderente – o que facilita na hora de desenformar. Estão disponíveis em uma variedade de formatos e tamanhos, podendo ser usadas em uma grande variedade de produtos, desde *muffins* a *petits fours*.

13. Cuba de inox para *self-service*
Forma retangular, de laterais altas, feita de aço inoxidável. Ela foi projetada para manter a comida no balcão de *self-service*. Mas pode ser usada também para assar, cozinhar no vapor e em banho-maria. Possui vários tamanhos e profundidades.

14. Forma de bolo inglês
Forma retangular com laterais ligeiramente inclinadas, é usada para assar pães e bolos. Também pode ser usada para moldar sobremesas frias e congeladas. Uma versão especial, com tampa e laterais em ângulo reto, é usada para fazer pães de forma quadrados (p. 180).

15. Forma para *madeleines*
Forma especial em formato de concha usada para assar *madeleines* (p. 417).

16. Tigelas

As tigelas mais úteis são feitas de aço inoxidável e têm o fundo arredondado. São usadas para misturar e bater quaisquer tipos de ingredientes. O seu formato arredondado permite que o batedor alcance todas as áreas do utensílio, tornando o processo mais eficiente.

17. Forma para *muffin*

Formas de metal com cavidades próprias para assar *muffins* (ver Cap. 10). Estão disponíveis em vários tamanhos de *muffin*.

18. Forma para *petit four*

Pequenas formas metálicas em diversos formatos usadas para assar *petits fours*, como os *Financiers au café* (p. 373).

19. Forma para torta

Forma rasa com a lateral ligeiramente inclinada usada para assar tortas. Em geral, a versão descartável de alumínio é usada para a confecção de tortas em padarias e confeitarias.

20. Forma de *savarin*

Forma de buraco mais rasa e com orifício largo, é usada para *savarins* (p. 191), musses, pudins etc.

21. Assadeira rasa

Também chamada de *tabuleiro*, é uma forma retangular rasa usada principalmente para assar biscoitos, *cookies*, *petits fours* etc. Está disponível em vários tamanhos. A versão perfurada tem pequenos furos que permitem que o alimento asse e doure uniformemente, pois facilitam a circulação do ar quente entre os itens durante o assamento.

Nos Estados Unidos, há quem use molduras de fibra de vidro ou metal (*pan extenders*) encaixadas dentro de assadeiras para tornar as laterais da forma retas e mais altas. Em geral esse apetrecho tem 5 cm de altura.

22. Forma de aro removível

É usada principalmente para tortas e outros alimentos delicados que poderiam se quebrar ao serem removidos de formas convencionais.

23. Forma de fundo falso

Forma rasa de metal, geralmente com as laterais caneladas, é usada para tortas abertas. O formato padrão é o redondo, embora também existam formatos quadrados e retangulares.

Estão disponíveis em diversos tamanhos, inclusive para a fabricação de tortas individuais – ainda que, neste caso, as formas mais comuns não possuam fundo removível.

24. Forma de buraco no meio

Também chamada de forma de pudim, é uma forma funda com um tubo no centro. Esse tubo central propicia um assamento mais uniforme.

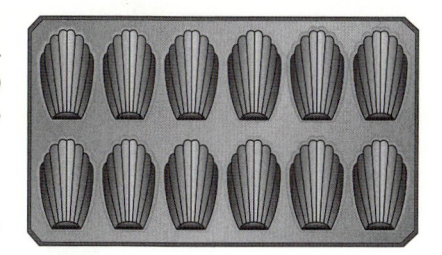
Forma para *madeleines*

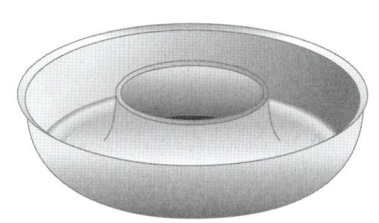
Forma de *savarin*

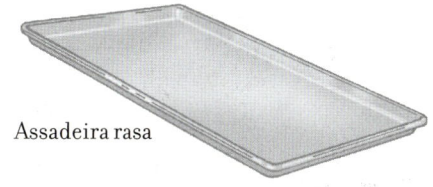
Assadeira rasa

Forma de aro removível

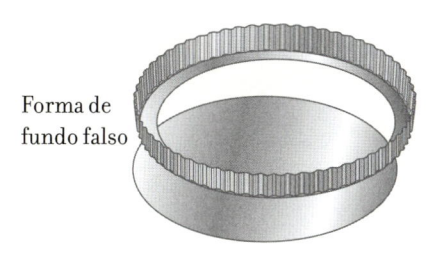
Forma de fundo falso

Forma de buraco no meio

Maçarico culinário

Espátula para bolo

Espanadeira

Chinois

China cap

Pente para decoração

Cortadores

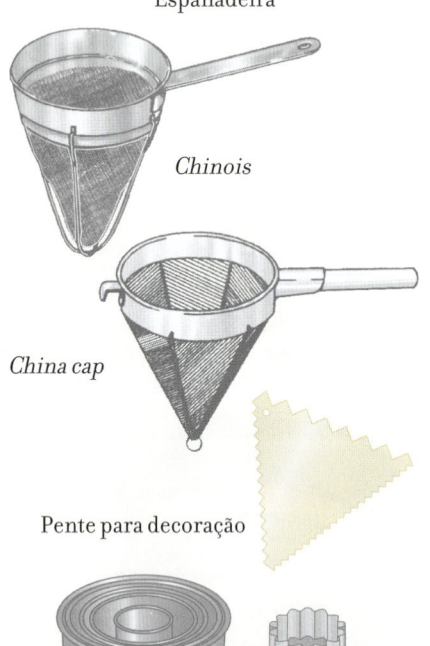

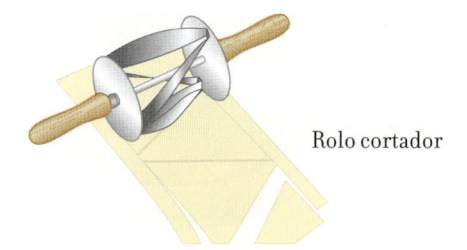

Rolo cortador

UTENSÍLIOS MANUAIS

1. Maçarico culinário
É usado para chamuscar, flambar ou caramelizar vários alimentos, como o *crème brûlée*. Os diferentes modelos usam butano ou propano como combustível.

2. Espátula para bolo
Também chamada de *alisador*, é uma espátula com uma lâmina longa e flexível, de ponta arredondada. É usada principalmente para espalhar recheios e coberturas em bolos e raspar utensílios. Um modelo semelhante, mas com um pequeno "degrau" próximo ao cabo, é conhecido como *espátula para confeiteiro*. Ele permite que recheios, coberturas e superfícies sejam alisados dentro de formas.

3. Pincéis
São usados para pincelar ovos, glacês etc. na superfície de alimentos. Modelos maiores, também chamados de *espanadeira*, são usados para remover o excesso de farinha da superfície das massas e para limpar bancadas e o lastro de fornos.

4. *Chinois* e *china cap*
Coador em formato cônico, com uma malha muito fina, usado principalmente para coar molhos. O *china cap* tem uma tela de aço perfurada que serve de malha, mas a textura obtida é mais grossa. Por isso, costuma-se forrá-lo com várias camadas de gaze quando a intenção é filtrar bem um líquido.

5. Pente para decoração
Pequeno utensílio de plástico, geralmente triangular, com as bordas serrilhadas em diversos tamanhos, é usado para decorar as laterais de bolos e outros confeitos.

6. Cortadores
Em uma confeitaria, são usados muitos tipos de cortadores. Cortadores de biscoito, disponíveis em vários formatos decorativos, são usados para cortar massas secas cruas. Há um modelo que possui um rolo cortante preso a um cabo; ao girá-lo sobre a massa já aberta, corta formatos idênticos com rapidez e eficiência, evitando também o desperdício de massa; esse modelo é muitas vezes usado em *croissants* (p. 205).

7. Saco de confeitar
É um saco de formato cônico aberto dos dois lados, feito de lona ou plástico, em cuja extremidade mais estreita pode-se acoplar bicos de plástico ou metal de vários formatos. É usado para dar forma decorativa a coberturas, para rechear alguns produtos, como a *éclair*, e para dividir cremes, recheios e massas em porções. O uso do saco de confeitar e dos bicos no trabalho decorativo será discutido e ilustrado no Capítulo 17.

8. Pá para pizza
Tipo de pá delgada e de cabo longo, feita de madeira ou de aço. É usada para colocar e retirar produtos de fornos de lastro. Por serem mais finas que as de madeira, as pás de inox são mais fáceis de inserir sob os produtos já assados.

Pá para pizza

9. Rolo furador de massa

Utensílio usado para fazer furos na massa crua de tortas para evitar que forme bolhas ao assar. Consiste em um rolo com várias extremidades pontiagudas preso a um cabo.

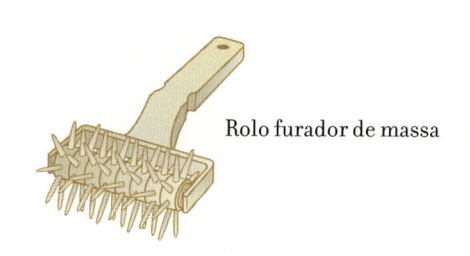

Rolo furador de massa

10. Rolos para abrir massa

Vários tipos de rolos são usados para abrir massas em panificação e confeitaria. Talvez o mais versátil e simples, adequado para a maioria das tarefas, seja o rolo maciço de madeira com cerca de 5 cm de espessura e 50 cm de comprimento. O modelo francês, que tem cerca de 5 cm de diâmetro no centro, é ligeiramente afinado nas pontas. É útil para abrir massas de torta e outras massas em formato circular. Para quantidades maiores ou massas mais rijas, no entanto, o melhor mesmo é usar o rolo com hastes laterais. Com 8 a 10 cm de espessura, esse tipo de rolo gira em torno de uma haste sobre a qual se apoiam as mãos, uma de cada lado. Já os rolos texturizados são usados tanto para decorar as massas e para cortar treliças.

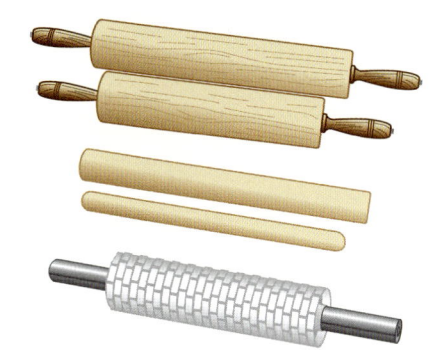

11. Raspadores

O raspador reto, também chamado de rapa, é um retângulo de metal com uma proteção em um dos lados. É usado para cortar massas e para raspar superfícies lisas. A espátula meia-lua é de plástico, não têm cabo e possui um dos lados curvo – é usada para raspar tigelas.

Rolos para abrir massa lisos e com textura

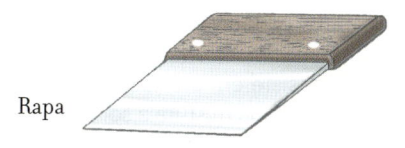

Rapa

Espátula
meia-lua

12. Peneiras

Consistem em uma tela de metal presa a um suporte de aço inoxidável. São usadas para peneirar farinha e outros ingredientes secos.

Peneira

13. Coadores

Têm fundo arredondado, feito de malha ou tela de aço inoxidável, e um cabo. São usados para separar sólidos de líquidos, como, por exemplo, separar as sementes do suco. Coadores de malha mais fina também podem ser usados para coar ingredientes secos.

14. Bailarina

Base redonda plana e giratória apoiada sobre um pedestal. É usada como apoio na decoração de bolos.

15. Tela

Grade sobre a qual os alimentos são apoiados enquanto esfriam ou para apoiar produtos, como bolos, enquanto se aplica coberturas líquidas (p. ex., *fondant*).

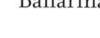

Bailarina

16. Batedor de arame

Apetrecho que possui uma série de alças de arame em formato ovalado presas a um cabo. Batedores com arames mais rígidos e com uma menor quantidade de fios são mais usados para misturar, ao passo que os que têm fios mais flexíveis e numerosos são indicados para bater claras em neve e outras misturas aeradas. É também chamado de *fouet*, seu nome em francês.

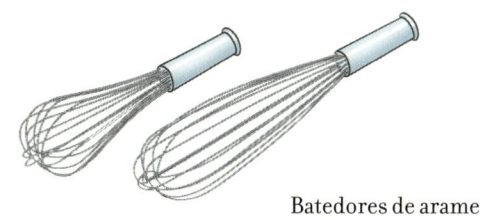

Batedores de arame

UTENSÍLIOS E EQUIPAMENTOS VARIADOS

1. Acetato

Tipo de plástico flexível e transparente. Tiras de acetato são usadas para forrar formas para *charlotte* e para dar sustentação a tortas e bolos cremosos, musses e outras sobremesas geladas. O acetato pode substituir o aro modelador quando a sobremesa for exposta, permitindo que suas camadas sejam vistas sem que a sobremesa perca seu formato. Folhas de acetato também são usadas para o trabalho decorativo com chocolate, como mostrado no Capítulo 24.

2. Lona de sustentação (*couche*)

Lona ou pedaço de linho grosso (*couche*, em inglês) usado para sustentar certos pães, como baguetes, durante a fermentação. O tecido é colocado em uma forma rasa e dobrado para formar cavidades que sustentam os pães, de modo que a massa possa fermentar sem espalhar.

3. Sacarímetro

Também chamado de *sacarímetro de Brix*, é usado para medir a concentração de açúcar em caldas. (Algumas vezes é chamado de termômetro, o que é errado, pois ele não mede temperatura.) Consiste em um tubo de vidro com uma ponta mais pesada. Deve ser mergulhado na mistura a ser testada – conforme sua densidade, o sacarímetro flutua a uma profundidade diferente, expondo parte da haste graduada para fora do líquido, permitindo assim a leitura dos graus.

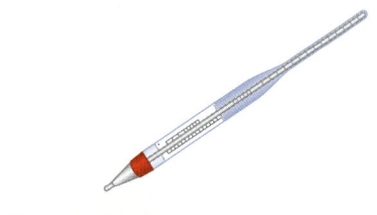

Sacarímetro

4. Sorveteira

Equipamento usado para bater e gelar sorvetes e *sorbets*. Consiste em uma cuba refrigerada com uma pá giratória. A massa do sorvete congela ao entrar em contato com as paredes da cuba, mas é constantemente raspada e incorporada ao restante da mistura para evitar a formação de cristais de gelo. Ao contrário dos modelos caseiros, que usam água salgada para atingir altas temperaturas, alguns modelos comerciais – como o da figura ao lado – possuem um refrigerador elétrico embutido para cumprir essa função.

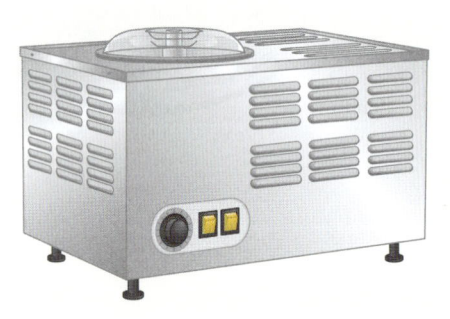

Sorveteira

5. Mármore

Tipo de pedra usada para a construção de balcões e bancadas em padarias e confeitarias. A superfície fria e resistente do mármore é ideal para trabalhar massas não fermentadas, assim como para a temperagem de chocolate e alguns trabalhos decorativos, como a pastilhagem. Placas de mármore podem ser instaladas sobre refrigeradores horizontais. Isso fará com que a pedra se mantenha fria mesmo durante os dias mais quentes.

6. Papel-manteiga

É um tipo de papel antiaderente usado para forrar formas, eliminando assim a necessidade de untá-las. Também serve para fazer cones descartáveis, usados para confeitar (ver Capítulo 17).

7. Grade de metal

Grade com pés usada para apoiar formas e alimentos até esfriarem. Essa elevação possibilita que o ar circule livremente sob o alimento ou utensílio.

8. Tapete de silicone

Lâmina flexível de fibra de vidro coberta com silicone antiaderente, usada para forrar formas. Possui dois tamanhos. O tapete de silicone também é usado para trabalhar com açúcar (ver Capítulo 26). Suporta temperaturas de até 250°C (480°F) e pode ser reutilizado indefinidamente, desde que seja bem cuidado e não seja dobrado. Há muitos fabricantes de tapetes de silicone, mas a marca Silpat é uma das mais conhecidas.

9. Termômetros

Os termômetros têm muitos usos na panificação e na confeitaria, e são muitos os tipos especializados. O termômetro para caldas, também chamado de *caramelômetro*, é um dos mais importantes. É usado para medir a temperatura e, por conseguinte, a concentração de caldas de açúcar e xaropes (p. 261). O termômetro para chocolate é usado na temperagem do chocolate (p. 639). Outros termômetros de uso culinário podem ser usados para medir a temperatura interna de massas, óleo de fritura, fornos, refrigeradores e *freezers* (para testar a precisão dos termostatos internos).

Além do que foi apresentado aqui, equipamentos usados em trabalhos decorativos serão apresentados em outros capítulos. Confira nas seguintes páginas:

Chocolate, p. 639   Açúcar, p. 673

Pastilhagem, p. 662   Marzipã, p. 659

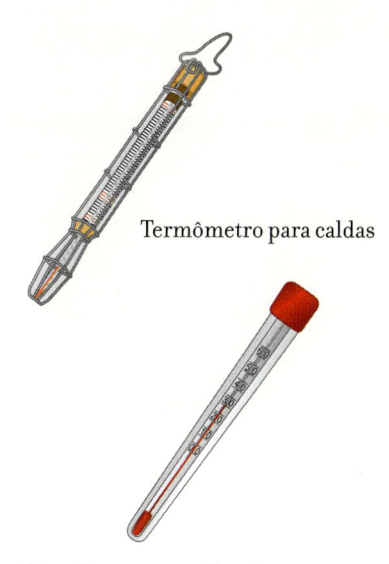

Termômetro para caldas

Termômetro para chocolate

Capítulo 4

Ingredientes

Esta introdução aos ingredientes usados na panificação foi necessariamente simplificada. Centenas de páginas poderiam ser escritas – e de fato já foram – somente sobre a farinha de trigo. Grande parte da informação disponível, no entanto, é técnica e dirige-se principalmente às indústrias de panificação. Neste capítulo, serão dadas as informações necessárias para a produção de uma gama variada de produtos, seja em uma pequena padaria, seja em uma cozinha de hotel ou restaurante.

Após ler este capítulo, você deverá ser capaz de:

1. Compreender as características e funções dos principais ingredientes usados na panificação.

2. Fazer os ajustes necessários em fórmulas quando houver substituição de ingredientes, como leite em pó por líquido ou fermento seco por fresco.

3. Identificar, visualmente e pelo tato, os principais tipos de farinha de trigo.

FARINHA DE TRIGO

A farinha de trigo é o ingrediente mais importante na panificação. Dá corpo e estrutura à maioria dos produtos de uma padaria, incluindo pães, bolos, biscoitos e tortas. Enquanto a culinária doméstica vale-se praticamente de um único tipo de farinha de trigo disponível nos supermercados, a panificação profissional tem à sua disposição uma ampla variedade de produtos, cada qual com suas especificidades. Para selecionar a farinha mais indicada para cada tipo de produto e manipulá-la corretamente, é preciso conhecer suas características e entender como é produzida.

Variedades de trigo

As características de uma farinha dependem do tipo de trigo com o qual ela é feita, onde ele foi plantado e quais foram suas condições de crescimento. A coisa mais importante que um padeiro deve saber é que alguns trigos são *duros* e alguns são *moles*. Os **trigos duros** contêm uma maior quantidade das proteínas *glutenina* e *gliadina* que, juntas, formam o glúten quando a farinha é umedecida e trabalhada. O glúten será abordado com mais detalhes adiante neste capítulo e também no Capítulo 5.

O desenvolvimento do glúten, como será visto, é umas das maiores preocupações do padeiro durante o preparo das massas. **Farinhas fortes** – isto é, farinhas de trigos duros, com alto teor de proteína – são usadas primordialmente para fazer pães e outras massas levedadas. **Farinhas fracas** – farinhas feitas de **trigos moles**, com baixo teor de proteínas – são importantes para a produção de bolos, biscoitos e tortas.

Na América do Norte, são seis os principais tipos de trigo cultivados:

1. *Hard red winter.* Este trigo é cultivado em grandes quantidades. Tem um teor de proteínas moderadamente alto e é usado sobretudo para produzir farinhas especiais para pães. O termo *red* (vermelho) em seu nome refere-se à coloração escura de seu farelo e das camadas da casca e não à cor do interior do grão, que é branco.

2. *Hard red spring.* Este trigo tem o teor mais alto de proteínas entre os trigos da América do Norte e é um componente importante nas farinhas fortes especiais para pães.

3. *Hard white.* Este trigo, também com alto teor de proteína, é cultivado em pequenas quantidades para a produção de farinhas especiais para pães. Um uso interessante deste trigo consiste na fabricação de farinhas de trigo integrais de coloração mais clara e com sabor mais suave que as feitas a partir das variedades "vermelhas" (*red*).

4. *Soft white.* Este trigo de baixo teor de proteínas é útil para a produção de tortas, bolos, biscoitos e outros produtos que requerem uma farinha mais fraca.

5. *Soft red winter.* Este é outro trigo com baixo teor de proteína cuja farinha é usada em bolos e tortas.

6. *Durum.* É a variedade mais dura de trigo entre as seis. É usado principalmente em pastifícios para produzir massa seca de macarrão.

Variedades diferentes são cultivadas na Europa. Por exemplo, os quatro principais tipos de trigo cultivados na França (Recital, Scipion, Soissons e Textel) são mais moles – isto é, possuem menor teor de proteínas – do que a maioria das variedades norte-americanas.*

Constituição do grão de trigo

O grão de trigo consiste em três partes principais:

1. O **pericarpo**, ou *farelo*, é a camada externa que recobre o grão. É de coloração mais escura que sua parte interna. Está presente na farinha de trigo

*N.T.: O mesmo pode ser dito do Brasil. De acordo com a Anvisa, os trigos usados para produzir farinhas de trigo no país podem ser classificados em cinco tipos: trigo pão, trigo brando, trigo melhorador, trigo *durum* (usado na fabricação de macarrão) e trigo para outros usos.

integral na forma de minúsculos flocos marrons, mas é eliminado na moagem para produção da farinha branca (na farinha de trigo integral feita do trigo branco, as partículas de farelo têm uma coloração muito mais clara, bege).

É rico em fibras e também contém vitaminas do complexo B, gordura, proteínas e minerais.

2. O *germe* é a parte do grão que se transforma em nova planta quando o grão brota. É rico em gordura e, por isso, pode tornar-se rançoso rapidamente. Portanto, a farinha de trigo integral, que contém o germe, não pode ser armazenada por muito tempo.

O germe de trigo possui muitos nutrientes: proteínas, vitaminas, minerais e gorduras.

3. O *endosperma* é a parte branca do trigo rica em amido que resta após a remoção do pericarpo e do germe. Esta é a porção do grão que é transformada na farinha de trigo branca. Dependendo do tipo de trigo, o endosperma contém 68 a 76% de amido e 6 a 18% de proteína. Ele também contém pequenas quantidades de umidade, gordura, açúcar, minerais e outros componentes. Esse assunto será tratado detalhadamente mais adiante, na discussão sobre a composição da farinha.

A moagem do trigo

Os propósitos da moagem do trigo são dois:

1. Separar o endosperma do farelo e do germe.

2. Moer o endosperma para a obtenção de um pó fino.

Moinhos de pedra

Até a invenção dos moinhos de rolo (descritos a seguir), o trigo era transformado em farinha por meio de sua trituração entre duas pedras, chamadas mós. Uma vez moído, separava-se o trigo para remover parte do farelo. Esse processo era chamado de *peneiração*. A farinha resultante era mais clara e de textura mais fina que a farinha integral, mas com isso, certamente, uma parte de seu sabor e de seus nutrientes era removida junto com o farelo e o germe. Ainda é possível encontrar em lojas especializadas farinhas moídas em moinho de pedra, especialmente a farinha de trigo integral não peneirado, mas também farinhas obtidas de outros grãos, como o milho.

A moagem nesse tipo de moinho é trabalhosa e demorada, e o produto obtido não pode ser separado com facilidade nos tipos de farinha exigidos pelas atuais demandas da panificação moderna. Foi apenas no século XIX, quando um novo sistema de trituração foi inventado, que as qualidades de farinha que conhecemos atualmente passaram a ser produzidas.

Moinhos de rolo e sistema de trituração

Na indústria moageira moderna, a transformação do trigo em farinha se dá por meio de um sistema altamente especializado que usa cilindros de aço corrugados. O *sistema de trituração* compreende várias etapas de moagem e peneiramento; nele, a distância entre os rolos, que giram em velocidades diferentes, varia conforme a etapa do processo. Quando o trigo passa pelos cilindros, a casca e o germe são separados do grão, e o endosperma é quebrado em partículas grosseiras. No peneiramento, essas partes são separadas. Aproximadamente 72% do grão de trigo podem ser separados como endosperma e transformados em farinha. Os 28% restantes consistem em farelo (cerca de 14%), germe (cerca de 3%) e outras partes externas do trigo (cerca de 11%).

Para melhor compreender como a moagem funciona, é preciso saber que a parte externa do endosperma – isto é, as porções mais próximas à casca – contém mais proteínas que a parte interna. Quando o grão é triturado no moinho, as partes externas são quebradas em partículas maiores que as partes internas. Além disso, as partes mais próximas ao farelo são mais escuras que a parte interna do endosperma.

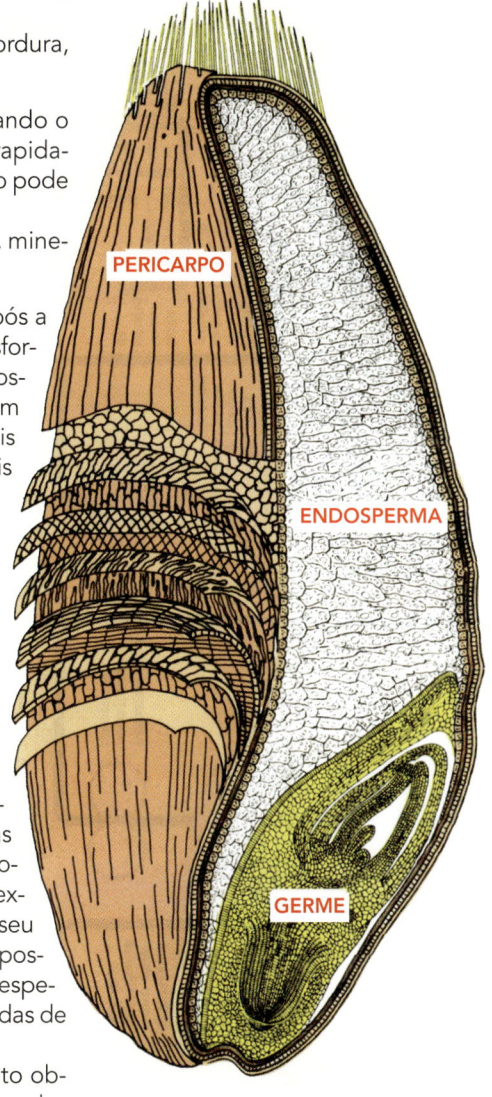

PERICARPO

ENDOSPERMA

GERME

Grão de trigo.
Cedido por Wheat Foods Council

O peneiramento separa a farinha em **subprodutos**. O processo é repetido várias vezes, com os rolos cada vez mais próximos um do outro. A cada vez que o produto passa pelos rolos, parte do endosperma é transformada em um pó fino o bastante para passar na peneira que separa a farinha. A farinha resultante das primeiras etapas vem da parte mais interna do endosperma. A farinha das etapas seguintes provém de camadas cada vez mais próximas ao farelo. Dessa forma, diferentes qualidades de farinha podem ser obtidas da moagem do mesmo tipo de trigo. Na próxima seção, será descrita cada uma dessas qualidades de farinha.

Classificação das farinhas

Como explicado anteriormente, tipos diferentes de farinha provêm de partes diferentes do endosperma. Os processos de moagem modernos foram desenvolvidos para separar esses subprodutos.

Farinha feita do miolo do endosperma

A farinha obtida da parte mais central do endosperma, extraída nas primeiras etapas da moagem, é considerada a farinha de maior pureza e qualidade – daí seu nome, **farinha de trigo especial ou de primeira** (*patent flour* em inglês). Sua textura é fina porque os grânulos do interior do grão são os menores. É a mais branca das farinhas e possui as proteínas de melhor qualidade. Praticamente não contém traços de farelo ou germe.

Em países como os EUA, essa farinha ainda pode ser dividida em subtipos, de acordo com a quantidade de endosperma extraída. O tipo de farinha *fancy patent*, também chamado de *extra short*, é feito com apenas 40 a 60% da parte mais central do endosperma. A *short patent*, por sua vez, pode conter até 80% do endosperma, ao passo que a *long patent* pode alcançar 95%.

Em inglês, o termo *patent flour* é usado para referir-se a uma qualidade de farinha conhecida também como *strong patent flour*, própria para o fabrico de pães. No entanto, quaisquer farinhas obtidas da parte interna do endosperma são consideradas *patent flour*, mesmo quando feitas de trigo mole. A farinha de trigo especial para bolos (*cake flour* em inglês) e, nos EUA, uma farinha especial para confeitaria (*pastry flour*) também são subtipos de farinha de trigo especial ou de primeira (*patent flour*). Essa informação pode ser útil para evitar confusão ao consultar receitas e livros escritos em língua inglesa.

Farinha feita das camadas externas do endosperma

As porções mais externas do endosperma que sobram após as primeiras etapas de moagem são usadas para fazer a **farinha de trigo comum ou tradicional**. Essa farinha é mais escura e tem uma concentração maior de proteínas. Nos EUA, onde é chamada de *clear flour*, é separada ainda em vários subtipos. *First clear* é uma farinha escura usada com frequência na fabricação de pães de centeio, nos quais sua cor não é percebida e seu alto teor de proteínas contribui para a tão necessária formação do glúten. Apesar de escura, é mais clara que o tipo *second clear*, raramente usada na produção de alimentos para o consumo humano.

Como já dito, as partes mais externas do endosperma são mais ricas em proteínas que seu interior. Assim, independentemente do tipo de trigo, a farinha feita das camadas mais externas do endosperma terá mais proteínas que a farinha feita de seu miolo. No entanto, a qualidade da proteína presente na farinha feita do miolo é superior. Isso significa que o glúten que se forma a partir dessas proteínas produz um filme mais forte e elástico. A farinha feita das camadas mais externas tem alto teor de proteína, porém de qualidade inferior.

Farinha feita do endosperma inteiro

A farinha resultante da combinação dos subprodutos de todas as etapas da moagem tem o nome de **straight flour** em inglês. Ela contém partículas provenientes de todas as partes do endosperma. Por conter as partes mais escuras do grão, assim como seu interior mais branco, esse tipo de farinha é mais escuro que a farinha de trigo especial (*patent flour*). Além disso, contém pequenas quantidades de farelo e germe que não foram separados durante a moagem.

Nos EUA, esse tipo de farinha não costuma ser usado em panificação. Mas na Europa seu uso é relativamente comum.

Grau de extração

O *grau de extração* é a quantidade de farinha que resulta da moagem de uma dada quantidade de grãos. É expresso na forma de uma porcentagem do peso dos grãos. Por exemplo, a farinha de trigo integral tem um grau de extração de 100% pois, se a extração da farinha for feita a partir de 100 kg de grão, renderá 100 kg de farinha integral. Outro exemplo: se uma qualidade de farinha tem um grau de extração de 60%, isso significa que seriam necessários 100 kg de grãos para produzir 60 kg dessa farinha. Os 40% restantes seriam o farelo, o germe e as farinhas mais escuras, obtidas das camadas mais externas do grão. A farinha de trigo especial ou de primeira tem um baixo grau de extração, ao passo que a farinha de trigo integral tem um grau mais alto.

Constituição da farinha de trigo

A farinha branca constitui-se basicamente de amido. Esse amido dá estrutura aos produtos de panificação, como o pão. No entanto, outros componentes da farinha, especialmente a proteína, são mais importantes para o padeiro por causa da maneira como afetam o processo de preparo e assamento das massas. Esta seção descreve cada um dos principais componentes da farinha de trigo branca.

Amido

A farinha branca constitui-se de 68 a 76% de amido. Amidos são carboidratos complexos cujas moléculas consistem em agrupamentos de longas cadeias de açúcares simples. Os amidos estão presentes na farinha em forma de grânulos. Muitos desses grânulos mantêm-se intactos até entrarem em contato com a água durante o processo de mistura, momento em que absorvem a umidade e incham-se. O amido pode absorver de um quarto a metade de seu peso em água.

Uma quantidade muito pequena do amido é quebrada em açúcares durante a moagem ou o armazenamento. Esse açúcar serve de alimento para as leveduras.

Proteína

Cerca de 6 a 18% da farinha branca é proteína, dependendo da variedade do trigo. As proteínas agem como agentes aglutinantes para manter os grânulos de amido unidos dentro do endosperma.

Aproximadamente 80% das proteínas presentes na farinha são *gluteninas* e *gliadinas*. Essas duas proteínas, quando combinadas com a água e transformadas em massa, formam uma substância elástica chamada **glúten**. Controlar o desenvolvimento do glúten, como será visto no próximo capítulo, é uma das principais preocupações na panificação. Sem o glúten, seria impossível fazer os pães com fermento biológico que conhecemos, pois é o glúten que lhes dá estrutura.

As proteínas do glúten podem absorver de 1 a 2 vezes seu peso em água.

Outras proteínas presentes na farinha branca são as enzimas, especialmente a **amilase**, também chamada de **diástase**. Essa enzima quebra o amido em açúcares simples, que são importantes para a fermentação das leveduras. As leveduras podem fermentar açúcares, mas não amido; a amilase permite que a fermentação ocorra mesmo em massas de pão que não levam açúcar.

Umidade

O teor de umidade de uma farinha em boas condições de armazenamento varia de 11 a 14%. Se for mais alta que isso, a farinha pode estragar. Por isso, deve ser guardada sempre coberta e em local seco.

Hemiceluloses

Assim como os amidos, as hemiceluloses são formas de carboidratos. Representam cerca de 2 a 3% da farinha branca. A hemicelulose mais importante é a **pentosana**. Isso se deve à sua capacidade muito maior de absorver água se comparada aos amidos e proteínas. As pentosanas absorvem de 10 a 15 vezes seu peso em água, de modo que, mesmo estando presentes em pequena quantidade, exercem efeitos consideráveis na formação da massa.

Elas também servem como fonte de fibras.

Lipídios

Gorduras e emulsificantes compreendem apenas cerca de 1% da farinha de trigo branca, mas é preciso ter consciência quanto a sua presença. Em primeiro lugar, são importantes para o desenvolvimento do glúten. Segundo, estragam com facilidade, dando um sabor rançoso à farinha. Por isso, a farinha tem um tempo limitado de estocagem e deve ser usada o mais rápido possível.

Cinzas

Cinza é outro nome usado para referir-se ao conteúdo de sais minerais da farinha. Ao comprar farinha, os padeiros observam dois números utilizados em sua descrição: a concentração de proteínas e de cinzas. A concentração de cinzas é determinada pela incineração ou calcinação da farinha em ambiente controlado. O amido e a proteína, quando queimados completamente, transformam-se em dióxido de carbono, vapores de água e outros gases, mas os minerais não queimam – transformam-se em cinzas. Em geral, quanto maior o teor de cinzas, mais escura a farinha. Isso porque o farelo e as partes mais externas do endosperma contêm mais minerais do que sua parte interna, que é mais branca. Da mesma forma, a farinha de trigo integral possui um teor de cinzas mais alto que o da farinha branca. Na panificação convencional, costuma-se dar preferência às farinhas com teores mais baixos de cinzas, pois produzem pães mais brancos. Atualmente, com a valorização dos pães artesanais e rústicos, há uma procura maior por farinhas com altos teores de cinzas, que produzem pães com um sabor de trigo mais pronunciado.

O teor de cinzas nas farinhas de trigo varia de cerca de 0,3% (farinha branca para bolo) a 1,5% (farinha de trigo integral).*

*N.T.: O teor de cinzas nas farinhas de trigo brancas brasileiras é de no máximo 0,65% na farinha de trigo especial e 1,35% na farinha de trigo comum.

Pigmentos

Pigmentos amarelo-alaranjados chamados **carotenoides** estão presentes na farinha em quantidades muito reduzidas. Por causa desses pigmentos, a farinha não branqueada tem uma cor creme e não branco puro. À medida que a farinha é maturada após a moagem, o oxigênio do ar descora alguns desses pigmentos, tornando a farinha um pouco mais clara.

Absorção

Absorção é a quantidade de água que uma farinha pode absorver e reter durante sua transformação em massa simples, com base em uma escala padronizada de consistência ou rigidez. Essa quantidade é expressa na forma de porcentagem do peso da farinha. Assim, se o grau de absorção de um certo tipo de farinha é descrito como 60%, isso significa que 60 kg de água combinados com 100 kg dessa farinha resultam em uma massa de consistência-padrão.

O que faz com que farinhas diferentes tenham graus de absorção variados? Como visto anteriormente, o amido, a proteína e as pentosanas da farinha absorvem água (p. 59). Considere estes dados:

◆ Como o amido é o componente principal da farinha, absorve a maior parte de água. No entanto, pode absorver apenas de um quarto a metade de seu peso em água, de modo que uma pequena variação na quantidade de amido resulta em uma variação também pequena na capacidade de absorção.

◆ As pentosanas absorvem de 10 a 15 vezes seu peso em água, mas como estão presentes em quantidades ínfimas, também não influenciam muito na variação dos graus de absorção.

◆ As proteínas, por sua vez, têm uma presença significativa na farinha e absorvem 2 vezes seu peso em água. Assim, as variações no grau de absorção de diferentes tipos de farinha são causadas principalmente por variações na quantidade de proteína.

Para todos os efeitos, o grau de absorção de água de uma farinha é uma função da quantidade de proteína que contém. *Quanto mais proteína, mais água a farinha pode absorver.* Obviamente, para o padeiro, isso é algo importante a se considerar. O nível de água de uma fórmula de pão terá de ser ajustado caso ele comece a usar uma farinha com um teor mais alto de proteína.

Melhoradores e aditivos da farinha

Os moinhos podem acrescentar pequenas quantidades de vários compostos para melhorar as qualidades de uma farinha para a panificação. Todos os aditivos devem ser indicados no rótulo do produto. Esses aditivos também podem ser comprados separadamente e acrescentados à farinha conforme a necessidade.

Enzimas

Como descrito anteriormente, as enzimas do grupo amilase, também conhecidas como diástase, são um componente natural da farinha, mas em quantidade pequena demais para exercer efeito sobre o fermento. Farinhas enriquecidas com malte (descritas na p. 70) têm alta concentração de diástase. O malte pode ser acrescentado pelo moinho ou na própria padaria.

Maturação e branqueamento

A farinha recém-moída, ou *farinha verde*, não é boa para fazer pães. O glúten ainda está fraco e pouco elástico, e a cor é amarelada. Quando a farinha passa por um processo de maturação de vários meses, o oxigênio do ar torna as proteínas mais fortes e elásticas, e a cor da farinha fica mais clara.

Visto que a maturação é um processo oneroso e imprevisível, os moinhos podem acrescentar pequenas quantidades de certas substâncias químicas para obter os mesmos resultados em um tempo mais curto. Bromatos, especialmente o bromato de potássio, quando acrescentados à farinha, promovem a maturação do glúten, mas não agem satisfatoriamente no branqueamento da farinha. Nos EUA, o uso do bromato vem diminuindo por conta das preocupações quanto à sua segurança, e já é proibido no Canadá e na Europa.* Outros aditivos, como o ácido ascórbico (vitamina C), são usados para substituí-lo.

Nos EUA, o cloro é usado na farinha de trigo especial para bolo não apenas para promover a maturação, mas também o branqueamento.

*N.T.: Possivelmente cancerígeno, segundo a OMS, o bromato é proibido no Brasil desde 1970.

Nutrientes

Farinha enriquecida é a farinha à qual foram acrescentadas vitaminas e sais minerais (especialmente ferro e vitaminas do complexo B) para compensar a perda de nutrientes decorrente da remoção do germe e do farelo. A maioria das farinhas brancas usadas na América do Norte é enriquecida.**

**N.T.: No Brasil, a adição de ferro e ácido fólico é obrigatória desde 2004.

Condicionadores de massa

Também chamados de *reforçadores*, os **condicionadores de massa** podem ser acrescentados pelo padeiro às massas fermentadas. Contêm uma variedade de ingredientes que melhoram o desenvolvimento do glúten, auxiliam no controle da fermentação e retardam o envelhecimento do produto final. O uso de condicionadores é regulado por lei no Canadá e nos EUA┤, por isso é importante seguir as normas quanto às quantidades permitidas. Além disso, acrescentá-los em excesso às massas fermentadas diminui a qualidade do pão.

┤N.T.: No Brasil, é regulado pela Anvisa.

Farinha de glúten

A **farinha de glúten**, também chamada de vital glúten e glúten de trigo vital, é uma farinha com alta concentração de glúten – cerca de 75%. É adicionada à farinha de trigo para melhorar a qualidade de produtos feitos com massas levedadas, podendo aumentar seu volume e auxiliar no desenvolvimento do glúten durante o amassamento.

Farinhas de trigo especiais

Nos EUA, utiliza-se geralmente em panificação o termo *patent flour* (farinha de trigo especial ou de primeira) para referir-se a *patent bread flour* (farinha especial para pães). Tecnicamente, toda farinha branca, exceto as chamadas *clear flour* (farinha de trigo comum ou tradicional) e *straight flour* (farinha feita do endosperma inteiro), são consideradas farinhas de trigo especiais, incluindo as farinhas próprias para bolos e tortas.┤┤

Farinha de trigo especial para pães

Farinha de trigo especial para pães

Farinha feita de variedades mais duras de trigo com uma quantidade alta de glúten de boa qualidade, que a torna adequada para ser usada em massas levedadas. Nos EUA, as concentrações de proteína nesse tipo de farinha (*bread flour* em inglês) variam de 11 a 13,5%, e o teor de cinzas de 0,35 a 0,55%. Podem ser encontradas nas versões branqueada (*bleached*) e não branqueada (*unbleached*). Também é possível encontrar esse tipo de farinha acrescido de farinha de malte, que fornece uma dose extra de diastase.

┤┤N.T.: No Brasil, há basicamente dois tipos de farinha de trigo branca à disposição no varejo: a farinha de trigo comum (ou tradicional) e a farinha de trigo especial (ou de primeira).

Farinha de trigo especial para pizza

Farinha de trigo com alto teor de proteínas (*high gluten flour*, em inglês), usada para fazer pizzas e pães rústicos de casca mais grossa. Também é usada para fortalecer massas feitas com farinhas fracas, que contêm pouco ou nenhum glúten. Ver, por exemplo, a fórmula do Pão de castanha-portuguesa, na página 168. (O nome em inglês dessa farinha é ligeiramente equivocado; a farinha não possui alto teor de glúten, mas sim de proteínas que formam o glúten. Não há glúten na farinha até que certas proteínas absorvam água e a massa seja misturada.)

Esse tipo de farinha tem um teor médio de 14% de proteína e 0,5% de cinzas.

Farinha de trigo especial para bolo

Farinha feita de trigos moles, com baixo teor de glúten ou com glúten de baixa qualidade. Totalmente branca, tem uma textura macia e sedosa. É usada para fazer bolos e outros itens delicados de confeitaria, que requerem baixo teor de glúten.

Nos EUA, o teor de proteína desse tipo de farinha (*cake flour*) é de cerca de 8%, e o de cinzas em torno de 0,3%.

Farinha de trigo especial para biscoito

Este tipo de farinha (*pastry flour* em inglês) também possui baixo teor de glúten ou glúten de baixa qualidade, mas é um pouco mais forte que a farinha especial para bolo. Tem uma coloração creme, mais parecida com a farinha de trigo especial ou de primeira do que com a farinha especial para bolo, que é totalmente branca. É usada para fazer massas de tortas, *cookies*, biscoitos doces e *muffins*.

Seu teor de proteínas é de cerca de 9%, e o de cinzas encontra-se entre 0,4 e 0,45%.

Farinhas de trigo europeias

A maior parte da Europa emprega um sistema de classificação de farinhas baseado no teor de cinzas. Por exemplo, os tipos T45 e T55 são farinhas de trigo brancas com um baixo teor de cinzas, usadas para pães e bolos. O tipo T65 compreende as farinhas com alto teor de glúten, e os tipos T80, T110 e T150, as farinhas integrais, em uma escala que vai da mais clara à mais escura. Outras farinhas estão incluídas nesse sistema. A farinha de centeio, por exemplo, é do tipo T170.

As farinhas especiais para pão provenientes da Europa têm um teor mais baixo de proteína que aquelas da América do Norte. A porcentagem típica de proteínas é de 11,5%. Alguns moinhos da América do Norte começaram a fornecer uma farinha similar aos produtores de pães artesanais que procuram reproduzir os pães clássicos europeus.

Teste manual da força da farinha

Uma padaria pequena típica geralmente tem três tipos de farinha de trigo branca em seu estoque: uma especial para pães, outra especial para bolo e outra especial para biscoito. Deve-se ser capaz de identificar esses três tipos de farinha pelo toque e visualmente, porque, cedo ou tarde, alguém irá armazenar a farinha no lugar errado, ou o rótulo estará trocado, e você precisará saber distingui-las.

Farinha de trigo especial para bolo

Farinha de trigo especial para biscoito

Teste manual da força da farinha (da esquerda para a direita): farinha de trigo especial para pães, farinha de trigo especial para biscoito e farinha de trigo especial para bolo

A farinha especial para pães tem uma granulação mais grossa, que pode ser sentida entre os dedos. Se um punhado dessa farinha for espremido na palma da mão, perde a forma assim que a mão é aberta. Sua cor é mais amarelada.

Já a farinha especial para bolo é bem leve e mais fina. Quando espremida na palma da mão, mantém a forma. Sua cor é branca.

Assim como a farinha especial para bolo, a farinha especial para biscoito é leve e fina e também mantém a forma quando espremida na mão. No entanto, possui uma coloração mais amarelada, semelhante à da farinha especial para pães.

Tipos de farinha norte-americanos

Farinha	Proteína	Cinzas
Straight flour (farinha feita do endosperma inteiro)	3–15%	0,4–0,45%
Patent bread flour (farinha de trigo especial para pães)	1–13,5%	0,35–0,55%
Clear flour (farinha de trigo comum ou tradicional)	17%	0,7–0,8%
High-gluten flour (farinha de trigo especial para pizza)	4%	0,5%
Cake flour (farinha de trigo especial para bolo)	8%	0,3%
Pastry flour (farinha de trigo especial para biscoito)	9%	0,4–0,45%
All-purpose flour (farinha de trigo convencional)	11–11,5%	0,39–4,4%

Outros tipos de farinha de trigo

As **farinhas de trigo convencionais** vendidas em supermercados não são, em geral, as mesmas usadas em padarias, embora seja frequente seu uso em restaurantes e hotéis. A farinha de trigo do tipo 1 é um pouco mais fraca que a farinha especial para pães, de modo que pode ser usada também para massas de torta. Em panificação profissional, no entanto, a preferência é por farinhas formuladas especificamente para cada tipo de massa, pois elas rendem os melhores resultados. A farinha de trigo do tipo 1 – equivalente à *all-purpose flour* norte-americana – tem um teor de proteína entre 11 e 11,5%.

A **farinha de semolina** é feita do trigo tipo *durum* – uma espécie diferente de trigo com teor de glúten mais alto que as demais farinhas. É usada principalmente em pastifícios para produzir massa seca de macarrão. Em panificação, pode ser usada em produtos especiais, como o pão de semolina. Seu teor de proteína está entre 12 e 15%.

A **farinha de trigo com fermento** é uma mistura de farinha branca, fermento em pó químico e, algumas vezes, sal. Sua vantagem é a homogeneidade da mistura. No entanto, seu uso é limitado por dois fatores. Primeiro porque diferentes fórmulas requerem proporções distintas de fermento. Nenhuma mistura serve a todos os propósitos. Segundo porque o fermento em pó químico perde seu poder de crescimento com o tempo, fazendo com que a qualidade dos produtos varie.

A **farinha de trigo integral** é feita a partir da moagem do grão inteiro do trigo, inclusive o farelo e o germe. O germe, como já comentado, tem alto teor de lipídios, podendo ficar rançoso – por isso, a farinha integral tem uma validade mais curta que a da farinha branca.

Por ser feita do trigo integral, essa farinha contém proteínas formadoras de glúten, de modo que pode ser usada pura para o fabrico de pães (o teor típico é de 12 a 13%). No entanto, pães feitos com farinha de trigo 100% integral são mais pesados que o pão branco, porque as redes de glúten são cortadas pelas arestas afiadas do farelo de trigo. Além disso, os lipídios presentes no germe de trigo podem diminuir essas redes de glúten. Por essa razão, a massa da maioria dos pães integrais é fortificada com a adição de farinha branca. Outra razão para isso é o fato de que o sabor da farinha 100% integral é mais forte do que o sabor que a maioria das pessoas aprecia, e a mistura de farinhas produz um sabor mais suave, mais popular entre os clientes.

Farinha com farelo – *bran flour* em inglês – é uma farinha à qual foi acrescentado farelo. O farelo pode ser fino ou grosso, dependendo das especificações.

O **trigo para quibe** não é considerado um tipo de farinha, mas é feito a partir de grãos de trigo grosseiramente moídos. Pode ser usado em pequenas quantidades para dar textura e sabor a pães rústicos.

Farinha de trigo integral

OUTRAS FARINHAS, FARELOS E AMIDOS

A farinha de trigo é a única cuja qualidade e quantidade de glúten é suficiente para fazer massas de pão levedadas. Alguns outros grãos, especialmente o centeio e o trigo espelta, também contêm proteínas formadoras de glúten – informação importante para quem tem sensibilidade ao glúten ou doença celíaca. Entretanto, as proteínas não formam um glúten bom, elástico, adequado para fazer pães. Com exceção de alguns produtos da panificação, essas outras farinhas e amidos são misturados à farinha de trigo na elaboração das massas.

Centeio

A farinha de centeio, assim como a farinha de trigo, sempre foi muito usada em panificação. Embora a **farinha de centeio** contenha algumas proteínas, estas não formam um glúten de boa qualidade. Isso se deve ao fato de que, embora contenha gliadina em quantidades suficientes, a farinha de centeio não contém glutenina suficiente. Dessa forma, os pães feitos com 100% de farinha de centeio são pesados e densos. Para produzir um pão de centeio mais leve, é preciso combinar farinha de centeio e farinha de trigo duro. As fórmulas típicas sugerem uma proporção de 25 a 40% de farinha de centeio e 60 a 75% de farinha de trigo duro.

A farinha de centeio também tem um alto teor de pentosanas – cerca de 4 vezes mais que a farinha de trigo. Elas dão um pouco de estrutura ao pão de centeio, mas também interferem no desenvolvimento do glúten, tornando a massa desses pães mais pegajosa que a massa à base de trigo.

A moagem da farinha de centeio é semelhante à da farinha de trigo. As farinhas de centeio mais claras, provenientes da parte mais interna do grão, possuem um teor mais baixo de farelo, correspondente ao da farinha de trigo especial (ou de primeira).

Nos EUA, onde essa farinha é muito usada, os seguintes tipos podem ser geralmente encontrados:

Farinha de centeio clara (*light rye*). É a variedade mais clara, praticamente branca. Tem uma textura muito fina, uma alta porcentagem de amido e pouca proteína.

Farinha de centeio média (*medium rye*). É feita do grão inteiro do centeio, após a remoção de sua casca (farelo). É, portanto, mais escura que a farinha de centeio clara e possui um teor mais alto de proteína.

Farinha de centeio escura (*dark rye*). É feita da parte do grão que fica mais próxima à casca. Assim, é a que tem a coloração mais escura entre as farinhas de centeio não integrais, além de ter a porcentagem mais baixa de grânulos de amido.

Farinha de centeio integral (*whole rye flour*). Este produto é feito a partir da moagem do grão inteiro de centeio, inclusive do farelo e do germe.

Farinha de centeio integral grossa (*rye meal* ou *pumpernickel flour*). É uma farinha de centeio escura e grossa feita do grão inteiro, inclusive do farelo e do germe. Alguns produtos com o rótulo de *pumpernickel* podem, na verdade, apresentar-se na forma de flocos, em vez de grânulos. Um pão típico feito com essa farinha é o *pumpernickel bread*.

Mix de farinhas de centeio e trigo (*rye blend*). É uma mistura de farinha de centeio (geralmente 25 a 40%) e farinha de trigo forte, como a tradicional.

Milho

O trigo e o centeio respondem pela maioria das farinhas e farelos de grãos usados na panificação. Outros grãos são usados principalmente para conferir variedade às receitas; entre eles, o milho é talvez o mais importante.

Farinha de centeio escura

O milho não possui proteínas formadoras de glúten, embora contenha quantidades consideráveis de outras proteínas, razão pela qual é importante nas dietas vegetarianas.

A forma do milho mais usada em panificação é o fubá. Em alguns países, é possível adquirir fubá feito de variedades brancas e roxas de milho (*blue corn* em inglês). A maioria dos fubás é feita apenas com o endosperma, pois o óleo contido no germe fica rançoso rapidamente. No entanto, pode-se adquirir fubá feito do grão inteiro. É possível encontrar fubás finos e grossos. A variedade grossa produz pães de milho com textura granulosa e que se esfarelam facilmente, características desejáveis em alguns produtos.*

Outros produtos importantes derivados do milho serão discutidos mais adiante, na seção sobre amidos.

Fubá

Trigo espelta

O trigo espelta, por vezes chamado de trigo vermelho, é considerado o ancestral do trigo moderno. Assim como o trigo, possui proteínas do glúten, mas estas formam uma estrutura relativamente fraca, que não resiste bem ao amassamento. Seu nível de absorção também é menor que o do trigo.

Pouco se havia falado do trigo espelta até recentemente. No entanto, sua popularidade tem crescido nos últimos tempos, em parte por causa do interesse pelas dietas vegetarianas e por fontes variadas de proteína. Nos EUA, tem sido usado cada vez mais no fabrico de pães especiais.

*N.T.: No Brasil, o fubá pode ser encontrado em pelo menos três variedades. A sêmola ou semolina de milho tem uma textura grossa e granulada, ideal para o preparo de broas. O fubá mimoso é um pó bem fino, ao passo que o fubá comum tem uma textura de granulação intermediária.

Aveia

Famosa como ingrediente de mingaus, a aveia, em suas várias formas, também é usada na panificação. Embora rica em proteínas, incluindo as proteínas formadoras do glúten (ao ponto de não ser tolerada por pessoas alérgicas ao glúten), a aveia não forma redes de glúten quando incorporada a uma massa. É rica em hemiceluloses, que fornecem as fibras solúveis. São essas fibras que dão ao mingau de aveia uma textura pegajosa.

Para se obter a **aveia em flocos finos**, muito usada em mingaus, os grãos são cozidos no vapor até amolecerem e, em seguida, prensados entre cilindros. A aveia é usada para dar textura ou para decorar pães integrais; também entra na composição de alguns tipos de *cookies*.

A **sêmola de aveia** consiste em grãos integrais do cereal cortados em pedaços bem pequenos. Pode ser usada, em pequenas quantidades, em pães especiais. Tem uma textura borrachuda e seu tempo de cozimento é muito longo.

A **farinha de aveia** consiste em grãos integrais transformados em pó fino, que pode ser misturado à farinha de trigo em pequenas quantidades para o fabrico de pães especiais.

O **farelo de aveia** é uma boa fonte de fibras e é usado com frequência na massa de *muffins*.

Trigo-sarraceno

O trigo-sarraceno, tecnicamente, não é um cereal, pois não é semente de uma gramínea, mas de uma planta com caule, galhos e folhas largas sagitadas. Os grãos inteiros do trigo-sarraceno são geralmente moídos, resultando em uma farinha escura e de sabor acentuado, ao passo que o endosperma apenas é transformado em uma farinha mais clara e de sabor mais suave. Quando os grãos são triturados em pequenos grânulos, eles podem ser preparados como o arroz.

A farinha de trigo-sarraceno é mais usada para panquecas e crepes, mas também pode ser adicionada, em pequenas quantidades, a pães integrais e especiais.

Soja

A soja também não é considerada um cereal, mas um feijão ou legume. Porém, pode ser transformada em farinha, assim como os cereais. No entanto, diferentemente dos grãos, tem baixo teor de amido. Por outro lado, é rica em lipídios e proteínas, ainda que não sejam as proteínas formadoras de glúten. Esse teor elevado de proteínas torna a soja um alimento valioso para as dietas vegetarianas.

A farinha de soja usada na panificação, em geral, tem parte de seus lipídios removida. A farinha de soja crua contém enzimas que a tornam útil na panificação. Essas enzimas auxiliam na fermentação e branqueiam os pigmentos da farinha de trigo. As farinhas de soja crua ou não torrada devem ser usadas em pequenas quantidades em pães fermentados – cerca de 0,5%. Quantidades maiores dão um sabor desagradável aos pães e produzem uma textura pobre.

Quando a farinha de soja é torrada, as enzimas são destruídas, melhorando seu sabor. Esse tipo de farinha pode ser usado para dar sabor e valor nutricional aos produtos de panificação.

Arroz

A farinha de arroz é uma farinha macia e branca obtida da moagem do arroz. Tem teores mais baixos de proteínas, mas é isenta de glúten e, portanto, usada com frequência nos produtos sem glúten.

Outros grãos e farinhas

Muitos outros grãos e farinhas, como amaranto, painço, tef e cevada, têm aplicação limitada nos produtos de panificação, seja na forma de farinha ou de grãos. Outros alimentos ricos em amido e que não são grãos, como a batata e a castanha-portuguesa, podem ser transformados em farinha e usados em produtos especiais. Ver, por exemplo, a fórmula do Pão de castanha-portuguesa, na página 168. Pode-se acrescentar fécula de batata cozida às massas fermentadas, pois seu amido pode ser facilmente transformado em açúcares pelas enzimas diastásicas, servindo de alimento para o fermento.

Amidos

Além das farinhas, outros produtos que contêm amido são usados em padarias e confeitarias. Diferentemente da farinha, são usados mais para engrossar cremes, recheios de tortas e outros produtos semelhantes. Eis alguns dos amidos mais usados em confeitaria:

1. O *amido de milho* tem uma propriedade que o torna muito útil para certas finalidades. Os produtos engrossados com amido de milho se transformam em uma espécie de gelatina depois de frios. Por essa razão, é usado para engrossar tortas cremosas e outros produtos que precisam manter um determinado formato.

2. O *amido de milho modificado* é feito de um tipo de milho diferente – o milho ceroso. Amidos modificados, de milho ou outros, têm propriedades valiosas. Como se mantêm intactos quando congelados, são usados em produtos submetidos a temperaturas mais baixas. Além disso, ficam transparentes depois de cozidos, dando uma aparência brilhante e vitrificada a recheios de frutas usados em tortas, por exemplo.

   Esse tipo de amido não fica firme como o amido de milho depois de frio – transforma-se em uma pasta macia que tem a mesma consistência estando quente ou fria. Portanto, não é adequado para fazer recheios cremosos de torta.

3. O *amido pré-gelatinizado* é pré-cozido ou previamente gelatinizado, de modo que engrossa líquidos frios sem a necessidade de ser cozido. É útil quando o calor pode danificar o sabor do produto, como no caso de frutas frescas como o morango.

✻❧ AMILOSE E ❧✻ AMILOPECTINA

As moléculas de amido podem ser divididas em duas categorias. As moléculas de amilose são cadeias longilíneas, ao passo que as amilopectinas têm várias ramificações. A maioria dos amidos provenientes de grãos é rica em amilose, já os provenientes de raízes e tubérculos, como as batatas e a araruta, são ricos em amilopectinas. As diferenças entre os dois tipos de amido podem ser resumidas assim:

A amilose, depois de cozida, torna-se cada vez mais espessa e turva ao esfriar. Forma um gel consistente quando levada à geladeira. Tende a quebrar-se e liberar líquidos depois de algum tempo de armazenamento ou depois de ser congelada.

A amilopectina não fica mais espessa ao esfriar e mantém-se relativamente cristalina. Não sofre alterações ao ser congelada e não solta líquido depois de algum tempo de armazenamento.

AÇÚCARES

Os açúcares ou agentes adoçantes têm as seguintes funções em panificação:

- ◆ Adoçam e dão sabor ao alimento.

- ◆ Proporcionam maciez e textura fina, em parte porque enfraquecem as estruturas de glúten.

- ◆ Dão cor à casca dos produtos.

- ◆ Aumentam a validade do produto, por conservarem a umidade.

- ◆ Auxiliam na formação do creme, no método cremoso, e da espuma, no método espumoso.

- ◆ Servem de alimento para o fermento biológico.

Com frequência, usa-se o termo *açúcar* para referir-se aos tipos mais comuns de açúcar refinado derivados da cana-de-açúcar ou da beterraba. O nome químico desses açúcares é **sacarose**. No entanto, outros açúcares de estrutura química diferente também são usados em panificação.

Os açúcares pertencem a um grupo de substâncias chamadas **carboidratos**, que inclui também os amidos. Há basicamente dois grupos de açúcares: **açúcares simples** (ou *monossacarídeos*) e **complexos** (ou *dissacarídeos*). Os amidos, ou *polissacarídeos*, têm estrutura química mais complexa que a dos açúcares. A sacarose é um dissacarídeo, assim como a maltose (açúcar do malte) e a lactose (açúcar do leite). Exemplos de monossacarídeos são a glucose e a frutose.

Cada açúcar tem um poder adoçante diferente. A lactose, por exemplo, é muito menos doce que o açúcar comum (sacarose), ao passo que a frutose (um dos açúcares presentes no mel) é bem mais doce.

Os açúcares têm uma característica em comum, que deve ser compreendida por padeiros e confeiteiros: são *higroscópicos*. Isso significa que atraem e retêm água. Alguns açúcares são mais higroscópicos que outros. A frutose, por exemplo, é muito mais higroscópica que a sacarose (açúcar comum).

Em alguns casos, essa característica é desejável. Por exemplo, produtos que contêm açúcar permanecem úmidos por mais tempo que aqueles que não contêm ou contêm pouco açúcar. Há casos, porém, que isso é indesejável. Os fios de açúcar (p. 673), por exemplo, tem uma validade curta, pois atrai umidade do ar e torna-se viscoso. O açúcar usado para polvilhar pode atrair umidade e dissolver-se.

Açúcar invertido

Quando uma solução de sacarose é aquecida com um ácido, parte da sacarose quebra-se em dois açúcares simples, em partes iguais: dextrose e levulose. Uma mistura em partes iguais de dextrose e levulose é chamada de **açúcar invertido**. Esse tipo de açúcar é cerca de 30% mais doce que o comum.

O açúcar invertido possui duas propriedades que o tornam interessante para a panificação. Primeiro, retém a umidade muito bem – isto é, é muito higroscópico – e, portanto, ajuda a manter bolos frescos e úmidos. Segundo, resiste à cristalização. Com isso, balas, coberturas e caldas ficam mais homogêneas. Isso explica porque um ácido, como o cremor tártaro, costuma ser acrescentado às caldas de açúcar. Esse ácido inverte parte do açúcar quando a calda ferve, evitando a formação de cristais no produto final.

O açúcar invertido é produzido comercialmente e vendido em forma de xarope. Também está presente no mel.

❧ DEXTROSE E ❧ LEVULOSE

Os nomes dos dois açúcares que compõem o açúcar invertido significam, literalmente, "açúcar direito" e "açúcar esquerdo". Simplificando, isso se deve ao fato de que suas moléculas contêm o mesmo número de átomos e têm a mesma estrutura básica, mas são imagens espelhadas uma da outra. Se uma é torcida para a direita, por assim dizer, a outra é torcida para a esquerda.

A dextrose também é conhecida como glucose, ou *glicose*. Este é o nome pelo qual é normalmente conhecida em panificação, a não ser quando é adquirida na forma de pó.

Açúcar comum ou sacarose

O açúcar comum é classificado de acordo com o tamanho de seus cristais. No entanto, não existe uma norma que determine o tamanho preciso dos grânulos – ele pode variar conforme o produtor e o país.

Açúcar cristal

O **açúcar cristal** é um açúcar granulado fino, de largo uso. [N.T.: Nos EUA, o açúcar denominado *granulated sugar*, cujo tamanho do grão está entre os do açúcar cristal e do refinado brasileiros, é o tipo mais usado – daí sua outra denominação corrente, *table sugar* (açúcar de mesa).]

O **açúcar refinado** (*caster* ou *superfine sugar* em inglês) possui grãos menores. É o mais indicado para fazer bolos e biscoitos, pois rende uma massa mais uniforme, que pode conter quantidades maiores de gordura.

O **açúcar granulado** é o que possui os maiores grãos. É usado para decorar biscoitos, bolos e outros produtos, podendo ser encontrado em várias cores.

Nos EUA, há um açúcar chamado ***pearl sugar*** (açúcar pérola). Consiste em bolinhas opacas de açúcar que não se dissolvem com facilidade na água. Essa característica, bem como sua aparência, torna-o adequado para a decoração de doces. Também é conhecido por *sugar nibs*.

Tipos de açúcar em pó (sentido horário, a partir do canto superior esquerdo): açúcar de confeiteiro, açúcar mascavo, açúcar cristal e açúcar refinado

Em geral, açúcares de granulação mais fina são mais adequados para massa, pois se dissolvem relativamente mais rápido. Os açúcares mais grossos podem não se dissolver, mesmo depois de um longo período de mistura, aparecendo no produto final na forma de pontos escuros nas superfícies, textura irregular ou pontos viscosos. Além disso, os açúcares mais finos são melhores para o método cremoso, pois criam uma estrutura de células de ar menor e mais uniforme, bem como um volume melhor.

Os açúcares mais grossos, por sua vez, podem ser usados em caldas, em que a propriedade de mistura não é um fator importante. Até mesmo os açúcares de grânulos maiores se dissolvem de forma rápida em água fervente. De fato, os açúcares de grãos maiores e cristalinos são mais puros que os açúcares refinados e rendem uma calda mais translúcida.

Açúcar de confeiteiro e açúcar impalpável

O *açúcar de confeiteiro* é um açúcar transformado em pó bem fino e misturado com um pouco de amido de milho (cerca de 3%) para evitar o empedramento. O açúcar impalpável é ainda mais fino e pode conter quantidades maiores de amido de milho. Nos EUA, há vários tipos de açúcar de confeiteiro, dependendo da granularidade do pó.

O chamado *10X sugar* é o mais fino de todos. Dá uma textura aveludada às coberturas.

O *6X sugar* é um pouco mais grosso. Por isso, tem uma tendência menor a formar grumos ou se dissolver com a umidade. É usado principalmente para polvilhar sobremesas.

Os tipos de açúcar de textura mais grossa (conhecidos como *XXX* e *XX*) também são usados para polvilhar e para casos em que os tipos *6X* e *10X* são finos demais.

O açúcar de confeiteiro também é conhecido como *açúcar glacê*, por sua importância no fabrico de glacês, suspiros, chantilly e coberturas em geral.

Fondant

O *fondant* é uma cobertura à base de açúcar que pode ser comprada semipronta em lojas especializadas. Nos EUA, está disponível também na forma de pó. Esse pó é muito mais fino que o açúcar impalpável, além de não conter amido em sua composição.

Durante a fabricação do *fondant*, parte da sacarose é transformada em açúcar invertido. Isso faz com que os cristais de açúcar mantenham-se pequenos, contribuindo para uma textura cremosa e aveludada, com bom brilho.

O *fondant* será abordado novamente com as outras coberturas no Capítulo 17.

Açúcar mascavo

O **açúcar mascavo** consiste basicamente em sacarose (de 85 a 92%), mas também contém quantidades variáveis de caramelo, melado e outras impurezas que lhe conferem seu sabor característico. As qualidades mais escuras contêm mais dessas impurezas. Basicamente, o açúcar mascavo é o açúcar de cana que não foi completamente refinado. No entanto, pode ser produzido também pela adição dessas impurezas ao açúcar já refinado.

Nos EUA, houve um tempo em que era possível encontrar 15 tipos de açúcar mascavo, do mais escuro ao mais claro. Atualmente, apenas quatro tipos são mais comuns.

Por conter uma pequena quantidade de ácido, o açúcar mascavo pode ser usado com o bicarbonato de sódio para ajudar no crescimento de massas (ver p. 84). É usado para substituir o açúcar refinado quando seu sabor é desejado e sua cor não interfere negativamente no produto final. Por razões óbvias, não pode ser usado em bolos brancos.

O açúcar mascavo deve ser conservado em recipientes hermeticamente fechados para prevenir que resseque e endureça.

O açúcar demerara é um tipo de açúcar mascavo de grãos cristalinos. Não possui a umidade do açúcar mascavo. Por vezes, é usado em confeitaria e panificação, mas nos EUA é mais usado para adoçar cafés e chás.

Adoçantes não calóricos

Também conhecidos como adoçantes dietéticos, serão discutidos com outros produtos dietéticos no Capítulo 27.

Xaropes e caldas

Tanto os **xaropes** quanto as caldas são misturas cozidas de água e um ou mais tipos de açúcar, com ou sem a adição de aromatizantes e outros aditivos que lhe dão sabor, aroma e/ou cor. O tipo mais básico de xarope usado em confeitaria é chamado de **calda simples** – açúcar comum dissolvido em água. **Caldas** usadas em sobremesas podem ser acrescidas de aromatizantes e saborizantes. Esse tipo de calda será discutido com mais detalhes no Capítulo 12.

Melaço e melado

O **melaço** é um subproduto do refino do açúcar; consiste no resíduo que resta depois que a maior parte do açúcar é extraída da garapa. Já o **melado**, assim como outros xaropes derivados da sacarose, não é um subproduto do refino do açúcar, mas um produto especialmente formulado. Tem um sabor menos amargo.

Os melados contêm grandes quantidades de sacarose e outros açúcares, inclusive açúcar invertido. Também contêm ácidos, umidade e outros constituintes que lhe dão sabor e cor. Quanto mais escuro o melado, mais forte o sabor e menor a concentração de açúcar.

O melado retém umidade nos produtos de panificação, prolongando seu frescor. Biscoitos crocantes feitos com melado, por outro lado, podem ficar murchos rapidamente, pois o açúcar invertido absorve umidade do ar.

Tipos de xarope (sentido horário, a partir do canto superior esquerdo): melado, mel, xarope de glucose parcialmente invertido e xarope de glucose de milho

Glucose e xarope de glucose de milho

A **glucose**, ou glicose, é o tipo mais comum de açúcar simples (monossacarídeo). Na forma de xarope, é um ingrediente importante na panificação e na confeitaria. A glucose é geralmente fabricada a partir do amido de milho. Os amidos, como explicado na página 66, consistem em longas cadeias de açúcares simples dispostos em longas moléculas. Essas moléculas do amido são quebradas em moléculas de glucose durante a fabricação dos xaropes de glucose.

Mas nem todo o amido é quebrado em açúcares simples durante o processo. Nos xaropes parcialmente invertidos, cerca de um terço a um quarto do amido, apenas, é convertido em glucose. Em razão disso, esses xaropes são pouco doces. Também são muito densos, pois há muitas moléculas maiores na solução. Esse tipo de xarope está menos sujeito a queimar ou caramelizar. É útil no fabrico de coberturas e balas e no trabalho artístico com açúcar – como o açúcar puxado.

Os *xaropes de glucose de milho* comuns são parcialmente invertidos, isto é, quase metade do amido é convertida em glucose. Eles deixam os produtos de panificação úmidos e macios.

O xarope de glucose de milho de cor mais escura é, na verdade, o xarope comum acrescido de saborizantes e corantes. Em panificação e confeitaria, é considerado como uma versão mais suave do melado.

Mel

O mel é um xarope natural de açúcar que consiste basicamente em açúcares simples (glucose e frutose) e outros componentes que lhe dão o sabor característico. Dependendo da origem do mel, seu sabor e sua cor podem variar muito. O sabor é a maior razão para se usar mel, principalmente porque seu custo pode ser alto.

Pelo fato de conter açúcar invertido, ajuda a manter a umidade dos produtos de panificação. Assim como o melado, o mel contém acidez, o que significa que, combinado com bicarbonato de sódio, pode ser usado como fermento.

Extrato de malte

O *extrato de malte*, também conhecido como *xarope de malte*, é mais usado na fabricação de pães fermentados. Serve de alimento para as leveduras e dá sabor e cor à casca dos pães. O malte é extraído da cevada germinada (maltada) que foi seca e depois moída.

Há basicamente dois tipos de extrato de malte: *diastático* e *não diastático*. O malte diastático contém um grupo de enzimas chamadas *diástases*, ou alfa-amilases, que quebram o amido em açúcares que podem ser aproveitados pelo fermento. Assim, o malte diastático, quando acrescentado a uma massa de pão, é um alimento rico para as leveduras. É usado quando o tempo de fermentação é curto. Não deve ser usado nos casos em que a massa fermenta por muito tempo, pois uma parte muito grande do amido será quebrada pela enzima. Isso resultaria em um pão com miolo pegajoso.

O extrato de malte diastático é produzido em três versões: com baixo, médio e alto teor de diástases.

O extrato de malte não diastático é processado em altas temperaturas, o que destrói as enzimas e confere ao xarope uma cor mais escura e um sabor mais acentuado. É usado por conter açúcares fermentáveis e por contribuir para o sabor, para a cor da casca e para a conservação dos pães.

Quando as fórmulas deste livro solicitarem o extrato de malte, deve ser usado o malte não diastático. Somente uma receita requer o malte diastático. Se não encontrar extrato de malte, pode-se usar açúcar cristal comum.

O malte pode ser adquirido em duas outras formas. O *extrato de malte seco* é simplesmente a forma seca do extrato de malte. Deve ser conservado em um recipiente hermeticamente fechado para evitar que absorva umidade do ar. A *farinha de malte* é feita de grãos de cevada secos e moídos, dos quais o malte não foi extraído. É, obviamente, uma forma muito menos concentrada de malte. Quando usada no fabrico de pão, é combinada à farinha de trigo.

GORDURAS

As principais funções da gordura na panificação e na confeitaria são:

- ♦ Conferir umidade e untuosidade.

- ♦ Melhorar a conservação.

- ♦ Dar sabor.

- ♦ Auxiliar na fermentação, quando usada no método cremoso, ou conferir textura quebradiça a massas folhadas, massas de torta e produtos semelhantes.

Há muitos tipos de gordura. Cada uma tem características distintivas que a torna mais adequada a uma aplicação específica. Entre as propriedades a serem consideradas ao se escolher uma gordura para determinada aplicação estão seu ponto de derretimento, sua maciez ou dureza em diferentes temperaturas, seu sabor e sua capacidade de formar emulsões.

Gorduras saturadas e insaturadas

Algumas gorduras são sólidas à temperatura ambiente, ao passo que outras são líquidas. Consideram-se **gorduras líquidas** os óleos e azeites. O fato de uma gordura ser sólida ou líquida depende dos ácidos graxos que conformam suas moléculas de gordura (ver quadro ao lado).

Os ácidos graxos consistem primordialmente em longas cadeias de átomos de carbono às quais se ligam átomos de hidrogênio. Quando uma cadeia de ácidos graxos contém a capacidade máxima de átomos de hidrogênio, diz-se que está **saturada**. Quando a cadeia ainda possui espaços para abrigar novos átomos de hidrogênio, é chamada de **insaturada** (um ou mais espaços podem estar vazios ao longo da cadeia de carbono). As gorduras saturadas são sólidas à temperatura ambiente, ao passo que as insaturadas são líquidas.

As gorduras naturais consistem em uma mistura de vários componentes. Quanto mais gorduras saturadas houver na composição, mais sólida a gordura será. Quanto mais gorduras insaturadas houver na composição, mais macia a gordura será.

Para produzir gorduras sólidas que sejam macias para a panificação, os fabricantes submetem óleos a um processo chamado **hidrogenação**. Esse processo liga átomos de hidrogênio aos espaços vazios das cadeias de ácidos graxos, transformando-os de insaturados em saturados. Ao ter controle sobre esse processo, o fabricante pode produzir uma gordura hidrogenada com uma quantidade exata de gorduras saturadas e insaturadas, conferindo-lhe as características desejadas, como maciez, plasticidade e ponto de derretimento.

Emulsões

A maioria dos ingredientes de panificação e confeitaria mistura-se facilmente com água ou outros líquidos e, na verdade, passa por uma transformação. Por exemplo, o sal e o açúcar dissolvem-se na água; a farinha e o amido absorvem água, que se liga às suas moléculas de amido e de proteína. A gordura, por seu turno, não muda sua forma quando misturada aos líquidos ou outros ingredientes de panificação e confeitaria. Ao contrário, ela é apenas quebrada em partículas cada vez menores durante o processo de mistura. Essas partículas menores de gordura acabam por se distribuir de forma quase homogênea na mistura.

Uma mistura uniforme de duas substâncias imiscíveis, como água e gordura, é chamada de **emulsão**. A maionese, embora não seja do universo da panificação, é um bom exemplo de emulsão – neste caso, uma emulsão de óleo e vinagre. Há também emulsões de gorduras e ar, como as que se formam quando uma gordura hidrogenada é misturada com açúcar até formar um creme – método usado na fabricação de bolos e outros produtos (ver p. 86).

As gorduras têm habilidades distintas para formar emulsões. Por exemplo, se uma gordura hidrogenada inadequada for usada em certos bolos, a emulsão pode não se formar porque a massa contém mais água do que a gordura consegue incorporar. Nesses casos, diz-se que a massa talhou, ou se separou.

Gorduras hidrogenadas

Qualquer gordura usada em panificação encurta as redes de glúten, amaciando o produto. Em língua inglesa, aliás, dá-se o nome de *shortening* (*short* = curto) às gorduras sólidas, em geral brancas e insípidas, formuladas especialmente para panificação e confeitaria. Esses produtos, em geral, consistem em praticamente 100% de gordura.

❈{ LIPÍDIOS }❈

As gorduras são membros de um grupo maior de compostos chamados *lipídios*. Lipídios são compostos orgânicos insolúveis em água. Outros lipídios incluem o colesterol e emulsificantes, como a lecitina.

Tecnicamente, as gorduras são *triglicérides*, moléculas feitas de cadeias de três ácidos graxos unidas aos três átomos de carbono de uma molécula de glicerol. As características físicas das gorduras são determinadas pelos tipos de cadeias de ácidos graxos que as compõem.

❈{ HIDROGENAÇÃO E }❈ ESTABILIDADE DAS GORDURAS

Conforme explicado no corpo do texto, um dos propósitos da hidrogenação é produzir gorduras com determinadas características físicas. Uma segunda razão é diminuir a tendência que as gorduras têm de tornarem-se *rançosas* pela interação com o oxigênio presente no ar. Quanto mais insaturada uma gordura, maior a tendência a tornar-se rançosa. Gorduras saturadas são mais estáveis, pois todas as posições ao longo da cadeia de carbono estão preenchidas por átomos de hidrogênio, o que diminui as chances de o oxigênio reagir com a gordura.

Gorduras hidrogenadas podem ser feitas com óleos vegetais e/ou gorduras animais. Durante a fabricação, as gorduras são hidrogenadas. Esse processo transforma gorduras líquidas em sólidas. Como as gorduras hidrogenadas têm muitas aplicações, os fabricantes formularam vários tipos, com diferentes propriedades. Nos EUA, há três tipos principais: gordura hidrogenada comum, gordura hidrogenada de alta plasticidade e gordura líquida parcialmente hidrogenada.

Gordura hidrogenada comum

A *gordura hidrogenada comum* possui uma consistência bastante firme e uma textura cerosa; suas pequenas partículas de gordura tendem a manter a forma na massa. São gorduras *plásticas*, isto é, podem ser moldadas quando estão em temperatura ambiente. O mercado oferece gorduras hidrogenadas de várias consistências. Sua capacidade de transformar-se em creme é boa. Isso significa que uma boa quantidade de ar pode ser incorporada para conferir leveza e volume à massa (ver p. 86). Além disso, esse tipo de gordura derrete apenas em altas temperaturas.

Por conta de sua textura, a gordura hidrogenada comum é usada para produzir produtos quebradiços, como massas de tortas e biscoitos. Também é usada em várias outras massas doces, pães e produtos que usam o método cremoso de mistura, como o bolo inglês, os *cookies* e os pães de minuto.

A menos que outra gordura hidrogenada seja indicada na receita, o tipo comum deve ser o escolhido.

Gorduras (a partir da esquerda): banha, manteiga, margarina e gordura hidrogenada

Gordura hidrogenada de alta plasticidade

Este tipo de gordura parcialmente hidrogenada mistura-se facilmente à massa, envolvendo rapidamente as partículas de açúcar e farinha. Diz-se que é de *alta plasticidade* porque foi formulada para ser usada em massas de bolo com alto teor de açúcar e líquido. Por conter agentes emulsificantes artificiais, consegue emulsionar uma quantidade maior de açúcar e líquido do que a gordura hidrogenada comum. Com isso, proporciona uma textura mais fina e macia a bolos, tornando-os mais úmidos. É conhecida também como *gordura emulsificada*, em decorrência da adição desses emulsificantes à sua fórmula.

Por outro lado, esse tipo de gordura não funciona bem para os métodos cremosos. Quando uma receita solicitar esse tipo de método, a gordura hidrogenada comum deve ser usada.

Quando a gordura emulsificada é usada para fazer bolos úmidos – bolos com alto teor de açúcar e líquido – um método mais simples de mistura pode ser empregado, pois essa gordura incorpora-se bem à massa (ver Cap. 16).

Além disso, esse tipo de gordura é usado com frequência em coberturas, pois pode incorporar mais açúcar e líquido sem talhar.

O termo *gordura emulsificada*, estritamente falando, não é correto. A gordura pura não pode formar uma emulsão, já que para isso é preciso pelo menos duas substâncias. Seria mais correto, talvez, chamá-la de *gordura emulsificante* ou *gordura emulsificadora*. No entanto, o termo *gordura emulsificada* é o mais consagrado e amplamente utilizado.

Gordura líquida parcialmente hidrogenada

Este tipo de gordura é menos hidrogenado que a gordura hidrogenada de alta plasticidade, por isso é líquido, embora tenha uma consistência espessa e uma aparência opaca ou turva. Também contém mais emulsificantes. É muito eficiente na produção de bolos úmidos. Os emulsificantes produzem bolos úmidos e de textura fina. Pelo fato de incorporarem ar com muita eficiência durante o processo de mistura, aumentam o volume e a maciez dos bolos.

Essas gorduras simplificam o processo de mistura porque se espalham facilmente na massa de maneira uniforme. Além disso, por serem tão eficientes, permitem que a quantidade de gordura de uma massa seja reduzida. Por exemplo, na fórmula de Bolo amarelo (massa úmida) da página 405, a quantidade de gordura pode ser reduzida em 50% com uma alteração muito pequena da qualidade – o bolo ficará ligeiramente mais seco e firme.

Manteiga

Nos EUA, a manteiga fresca consiste em cerca de 80% de gordura, 15% de água e 5% de sólidos lácteos. A maior parte das manteigas norte-americanas [assim como as brasileiras] é feita de creme de leite pasteurizado. As manteigas europeias contêm mais gordura – no mínimo, 80% – e menos umidade. Na Europa também é comum a manteiga maturada – feita a partir de cremes de leite com culturas lácteas (o *crème fraîche*, p. 76, e o creme de leite azedo são exemplos desse tipo de produto), o que lhes dá um sabor mais acentuado.

As manteigas são classificadas de acordo com a legislação de cada país – nos EUA, por exemplo, isso é feito pelo USDA, que as classifica em tipos AA, A, B e C. A maioria das padarias e confeitarias usa as manteigas dos tipos AA e A, pois o sabor das demais qualidades pode não ser característico. No Canadá, são classificadas nos tipos Canadá 1, Canadá 2 e Canadá 3.*

A manteiga pode ser adquirida nas versões com e sem sal. A manteiga sem sal é mais perecível, mas tem um sabor mais fresco e adocicado, sendo assim a preferida em panificação e confeitaria. Visto que o sal também mascara sabores estranhos muitas vezes absorvidos durante a estocagem, é difícil determinar se a manteiga com sal apresenta sabores estranhos que podem diminuir a qualidade do produto final. Se for usada manteiga com sal, pode ser necessário reduzir o sal da fórmula. No entanto, é difícil saber exatamente quanto se deve reduzir, já que a quantidade de sal das manteigas varia.

As gorduras hidrogenadas são fabricadas de modo que apresentem certas texturas e consistências, sendo mais indicadas para certas preparações. A manteiga, por outro lado, é um produto natural que não possui essa vantagem. É dura e quebradiça, quando gelada, muito macia quando atinge a temperatura ambiente, e derrete com facilidade. Consequentemente, as massas feitas com manteiga são muito mais difíceis de se trabalhar. Ademais, a manteiga é mais cara que a gordura hidrogenada.

Mas a manteiga tem duas grandes vantagens:

1. **Sabor.** As gorduras hidrogenadas são propositadamente insípidas, ao passo que a manteiga tem um sabor muito agradável.

2. **Derretimento.** A manteiga derrete na boca. A gordura hidrogenada não. Após comer tortas e doces feitos com essa gordura, pode acontecer de a boca ficar coberta com um filme gorduroso desagradável.

Por essas razões, muitos padeiros e confeiteiros acreditam que as vantagens da manteiga superam seus pontos fracos para a maioria das aplicações. Na confeitaria tradicional francesa, por exemplo, praticamente não se usa gordura hidrogenada. Em geral, pode-se misturar 50% de manteiga e 50% de gordura vegetal para obter tanto o sabor da manteiga quanto as propriedades plásticas da gordura hidrogenada.

*N.T.: No Brasil, as manteigas são classificadas nos seguintes tipos: manteigas de mesa (subdivididas em "extra", "de primeira qualidade" e "comum") e manteigas de cozinha. A classificação depende de características como o teor de gordura, sal e acidez e a presença de corantes em sua composição.

Margarina

A **margarina** é produzida a partir de várias gorduras animais e vegetais hidrogenadas, acrescidas de saborizantes, emulsificantes, corantes e outros ingredientes. Contém 80 a 85% de gordura, 10 a 15% de umidade e cerca de 5% de sal, sólidos lácteos e outros componentes. De certa forma, pode ser considerada um tipo de imitação da manteiga, pois contém gordura, água e saborizantes.

Ao contrário das vendidas para o consumidor comum, as margarinas empregadas em panificação e confeitaria são formuladas de maneira diferente e voltadas para usos distintos. Elas podem ser divididas em dois tipos principais, comentados a seguir.

Margarina para bolo

As margarinas desse tipo são cremosas e tem uma boa capacidade de formar cremes. São usadas não somente para fazer bolos, mas também muitos outros produtos.

Margarinas para folhados e croissants

Estas margarinas são mais firmes e elásticas que as margarinas para bolo e têm uma textura mais cerosa. São especialmente formuladas para massas que formam camadas, como a massa folhada e a massa de *danish*.

A *margarina para folhados* é a mais resistente delas. As massas folhadas feitas com essa margarina geralmente crescem mais que as feitas com manteiga. No entanto, como a gordura não derrete na boca como a manteiga, muitas pessoas não gostam de comer a massa feita com essa margarina.

A *margarina para croissants* tem uma textura um pouco mais macia que a margarina para folhar e um ponto mais baixo de derretimento. Pode ser usada em croissants, *danishes* e massas folhadas.

Óleos e azeites

Os óleos e azeites são gorduras líquidas. Não são muito usados em panificação e confeitaria porque se misturam completamente às massas, deixando-as muito líquidas. Alguns pães e bolos usam óleo como gordura, mas são poucos. O óleo é mais usado na panificação para untar formas, fritar alimentos e pincelar alguns tipos de pães antes de assá-los.

Banha

Banha é a gordura do porco. Em razão de suas qualidades plásticas, foi sempre muito valorizada para a confecção de massas de tortas, empadinhas e biscoitos. Desde a popularização das gorduras hidrogenadas, no entanto, não tem sido muito usada em panificação.

Armazenamento de gorduras

Todas as gorduras tornam-se rançosas se expostas ao ar por muito tempo. Também têm a tendência de absorver odores e sabores de outros alimentos. Gorduras muito perecíveis, como a manteiga, devem ser armazenadas bem embaladas no refrigerador. Outras gorduras e óleos devem ser mantidos em recipientes bem fechados em local fresco, seco e escuro.

LEITE E DERIVADOS

Ao lado da água, o leite é o líquido mais importante em panificação. Como será visto no Capítulo 5, a água é essencial para o desenvolvimento do glúten. O leite fresco, que contém 88 a 91% de água, pode cumprir essa função. Além disso, o leite contribui para a textura, o sabor, a cor da casca, a conservação e o valor nutricional dos produtos de panificação.

Nesta seção, o leite e seus derivados serão apresentados em duas etapas: primeiramente, serão apresentados e definidos os produtos disponíveis; em seguida, serão dadas orientações de como usá-los em panificação.

A tabela da página 75 apresenta o conteúdo de água, gordura e sólidos lácteos de vários tipos de leite. Os sólidos lácteos incluem proteínas, lactose (açúcar do leite) e minerais.

Categorias e definições

Quando se fala de leite e creme de leite usados na indústria de alimentos, basicamente se está falando de leite de vaca. O leite de outros animais, como cabras, ovelhas e búfalas, é usado para fazer alguns tipos de queijo, mas o leite mais comercializado, com exceção de uma pequena quantidade de leite de cabra, provém de gado bovino.

O leite é consumido como bebida e também usado na culinária. Da mesma forma, outros produtos lácteos, incluindo o creme de leite, a manteiga e o queijo, são consumidos na forma final comercializada e também usados em receitas.

Pasteurização

O leite, na forma como é obtido da vaca, ou seja, antes de passar por qualquer processo, é chamado de *leite cru*. Como o leite cru pode conter bactérias causadoras de doenças ou outros organismos, quase sempre é **pasteurizado** antes de ser vendido ou transformado em outros produtos. O leite pasteurizado é aquecido a 72°C e mantido nessa temperatura por 15 segundos, para eliminar os organismos causadores de doenças, e depois resfriado rapidamente. Por lei, todo leite tipo A e todo creme de leite devem ser pasteurizados. Nos Estados Unidos, os leites do tipo B e C são usados apenas na indústria de alimentos e raramente vistos em padarias, em restaurantes ou no mercado varejista.

Mesmo após o processo de pasteurização, o leite e o creme de leite são muito perecíveis. Alguns derivados do creme de leite são **ultrapasteurizados** para aumentar sua validade. Aquecer o produto a uma temperatura de cerca de 135°C por 4 segundos extermina não somente as bactérias causadoras de doença, mas praticamente todos os organismos que poderiam estragá-lo. Os produtos ultrapasteurizados também devem ser refrigerados antes e depois de abertos.

O processo de **pasteurização UHT** (*ultra high temperature* – temperatura ultra-alta) envolve temperaturas ainda mais elevadas. O produto resultante, também chamado de longa vida, é acondicionado em embalagens estéreis. Se não forem abertas, o leite se conserva à temperatura ambiente por até 10 meses. Uma vez abertas, devem ser conservadas na geladeira, como é feito com o leite pasteurizado. O leite e, especialmente, o creme de leite que passam por esse processo têm um leve sabor de cozidos, sendo mais indicados para usos culinários.

Produtos à base de leite fresco

Leite integral é o leite fresco obtido da vaca sem qualquer alteração (exceto a adição de vitamina D, nos EUA). Contém cerca de 3,5% de gordura (conhecida como **nata**), 8,5% de sólidos não gordurosos e 88% de água.

A classificação dos tipos de leite varia conforme o país. O **desnatado** tem toda ou quase toda a sua gordura removida. Seu teor de gordura, dependendo da legislação, pode chegar a 0,5%.

O **semidesnatado** tem entre 0,5 e 2% de gordura. Nos EUA, o teor de gordura do semidesnatado é indicado na embalagem – há leites com 1 e 2% de gordura.

Os leites desnatado e semidesnatado podem ser fortificados com substâncias que aumentam seu valor nutricional, geralmente vitaminas A e D e sólidos lácteos extras sem gordura.

Com exceção do leite desnatado, todo leite contém gordura que, por ser mais leve que a água, se separa gradualmente do líquido e boia na superfície, em forma de creme. O **leite homogeneizado** passa por um processo que impede essa separação. Isso é feito por meio de um processo de filtragem por alta pressão em que os glóbulos de gordura são quebrados em partículas tão pequenas que ficam dispersas no líquido. Praticamente todos os leites disponíveis no mercado são homogeneizados.

Composição de diversos tipos de leite

	Água (%)	Gordura (%)	Sólidos lácteos (%)
Leite fresco integral	88	3,5	8,5
Leite fresco desnatado	91	traços	9
Leite evaporado integral	72	8	20
Leite evaporado desnatado	72	traços	28
Leite condensado*	31	8	20
Leite em pó integral	1,5	27,5	71
Leite em pó desnatado	2,5	traços	97,5

*O leite condensado contém também 41% de açúcar.

Produtos à base de creme de leite fresco

Nos EUA, o **creme de leite fresco** (*whipping cream*) pode ter um teor de gordura entre 30 e 40%. Dentro dessa categoria, é possível encontrar cremes de leite mais magros – com 30 a 35% de gordura [os mais comuns no Brasil] – e mais gordos (*heavy whipping cream*), com um teor de 36% de gordura ou mais. Uma versão bastante espessa, chamada de *extra-heavy* ou *manufacturer's cream*, com teor de gordura de 38 a 40% ou mais, também à venda nos EUA, mas apenas para estabelecimentos comerciais. Os cremes de leite *ultrapasteurizados* têm uma validade maior que os pasteurizados. Como esse tipo de creme de leite não é bom para bater chantilly, são acrescentados aditivos à sua composição, como espessantes, para que possam ser batidos.

O **creme de leite light** tem um teor mais baixo de gordura – geralmente 18%, mas pode chegar até 30%.

O chamado **half-and-half** tem um teor de gordura entre 10 e 18% – muito baixo para ser denominado *creme de leite*.

Produtos fermentados à base de leite

O **creme de leite azedo** é um creme de leite fermentado pela adição de bactérias do ácido lático, que o tornam mais espesso e ligeiramente ácido. Seu teor de gordura é de cerca de 18%.*

O **crème fraîche** é um tipo de creme de leite gordo fermentado e ligeiramente maturado. É muito usado na Europa para fazer molhos, por causa de seu sabor agradável, levemente ácido, e por sua habilidade de se misturar com facilidade. Ao contrário dos cremes de leite mais gordos, como o de lata, pode ser adicionado diretamente aos molhos quentes. É relativamente caro. Um produto de sabor aproximado pode ser obtido misturando-se 4 partes de creme de leite fresco para cada parte de iogurte natural, mexendo bem, amornando (38°C) e deixando repousar em ambiente com calor até engrossar (de 6 a 24 horas).

O **leitelho**** (*buttermilk* em inglês) é um leite fresco, geralmente magro, acrescido de bactérias láticas. Originalmente – e daí seu nome em inglês – consistia no soro liberado pelo creme de leite ao ser batido e transformado em manteiga. É utilizado em receitas que requerem leite azedo.

O **iogurte** consiste em leite (integral ou semidesnatado) e uma cultura de bactérias especiais. Tem uma consistência cremosa. À maioria dos iogurtes são acrescidos sólidos lácteos adicionais, e alguns contêm adoçantes e saborizantes.

Produtos à base de leite desidratado

O **leite evaporado** é um leite, integral ou desnatado, que teve 60% de sua água removida. Em seguida, é esterilizado e enlatado. Tem um leve sabor de leite cozido.

Leite condensado é um leite integral que teve 60% de sua água removida e ao qual foi acrescentado muito açúcar. Pode ser encontrado em latas e em embalagens longa vida.

O **leite em pó** é um leite integral que foi seco e transformado em pó. O **leite em pó desnatado** é um leite desnatado que foi submetido ao mesmo processo. Ambos estão disponíveis também na forma instantânea, que se dissolve mais facilmente na água.

Queijos

Os queijos são usados em panificação basicamente para a produção de recheios e de sobremesas à base de queijos.

Nos EUA, um dos queijos mais usados na panificação é o **baker's cheese** (queijo do padeiro) – um tipo de queijo branco fresco com um teor muito baixo de gordura. É relativamente seco e macio e pode ser amassado como uma massa de pão. Outra vantagem é que esse queijo pode ser congelado.

O **cream cheese** é também um queijo fresco, com um teor de gordura de cerca de 35%. É usado nos tradicionais *cheesecakes* norte-americanos e em outros produtos doces e salgados.

Outros dois queijos também costumam ser usados em panificação e confeitaria. O *mascarpone* é um queijo pastoso italiano com sabor um pouco mais ácido que o *cream cheese*. É o ingrediente usado no recheio do *Tiramisù* (p. 474). Outro

*N.T.: Como não é facilmente encontrado no Brasil, pode ser substituído por uma mistura de 1 colher de suco de limão para cada xícara de creme de leite fresco, misturando bem e deixando repousar por 30 minutos em temperatura ambiente.

**N.T.: O leitelho, assim como o *crème fraîche*, ainda não está disponível no Brasil em escala comercial. Uma mistura de sabor semelhante ao leitelho pode ser obtida combinando-se 1 colher de sopa de vinagre ou suco de limão para cada xícara de leite, deixando repousar por pelo menos 10 minutos.

Baker's cheese

Cream cheese

Mascarpone

Ricota cremosa

Ricota

queijo de origem italiana, a ricota, era feito originalmente do soro que se soltava durante a fabricação de queijos de vaca e ovelha, embora atualmente seja mais fabricado a partir do leite integral. Possui muitas aplicações na cozinha e na panificação. A ricota fresca (chamada de *ricotta impastato*, nos EUA) é usada, por exemplo, no recheio dos *cannoli* (p. 246); a ricota de consistência mais cremosa (ver foto) não é adequada para esta finalidade por ser mais úmida.

Produtos lácteos artificiais

Há uma enorme variedade de produtos que imitam o leite e seus derivados, feitos a partir de diferentes tipos de gorduras e aditivos químicos (listados nos rótulos). São usados em alguns estabelecimentos por terem uma validade maior e por serem geralmente mais baratos que os produtos originais. Algumas pessoas acham que seu uso é aceitável, mas a maioria considera seu sabor desagradável.

Como usar leite e seus derivados em panificação

Leite

O leite integral contém gordura, que deve ser calculada como parte da gordura usada em uma massa. Por isso, não se pode substituir leite integral por desnatado em uma fórmula, a menos que sejam feitos ajustes. A tabela da página 75 apresenta o teor de gordura do leite e seus derivados.

Em geral, ingredientes ácidos, como suco de limão, cremor tártaro e fermento em pó químico, não devem ser acrescentados diretamente ao leite, para não talhá-lo.

Como substituir leite *in natura* por leite em pó

Para substituir	Use
1 kg de leite desnatado	910 g de água + 90 g de leite em pó desnatado
1 kg de leite integral	880 g de água + 120 g de leite em pó integral
1 kg de leite integral	880 g de água + 90 g de leite em pó desnatado + 30 g de gordura hidrogenada ou 40 g de manteiga

Leitelho

Durante a produção do leitelho, a lactose do leite é convertida em ácido lático. Quando o leitelho é usado no lugar do leite comum em panificação – em massas de bolos e *muffins*, por exemplo – essa acidez deve, na maioria dos casos, ser neutralizada pela adição de bicarbonato de sódio à fórmula. Como o bicarbonato e o ácido liberam gás carbônico quando combinados, esse efeito extra de crescimento deve ser compensado pela redução da quantidade de fermento, seguindo a seguinte proporção:

Para cada litro (1 kg) de leitelho:

1. Adicione 15 g de bicarbonato de sódio.

2. Subtraia 30 g de fermento em pó químico.

Para substituir o leitelho por leite puro, é preciso fazer um outro cálculo. Se a fórmula incluir leitelho e bicarbonato de sódio, é necessário acrescentar outro ácido para reagir com o bicarbonato. A maneira mais simples é adicionar cremor tártaro. Para cada colher de chá (5 mL) de bicarbonato de sódio, adicione 2 colheres de chá (10 mL) de cremor tártaro para compensar a acidez do leitelho.

Creme de leite

O creme de leite, em geral, não é usado como líquido para a elaboração de massas, com exceção de alguns produtos especiais. Nesses casos, por causa de seu teor de gordura, ele age como gordura e como líquido ao mesmo tempo.

O creme de leite é mais importante na produção de recheios, coberturas, cremes e sobremesas frias, como musses e *bavaroises*. Para instruções detalhadas sobre como bater chantilly com o creme de leite fresco com alto teor de gordura, ver Capítulo 12, página 264.

Leite em pó

1. O leite em pó, em geral, é usado por sua conveniência e baixo custo. Em muitas fórmulas, não é necessário reconstituí-lo. O leite em pó é acrescentado aos ingredientes secos, e a água é usada como líquido. Essa técnica é muito usada em panificação e em nada diminui a qualidade dos produtos. Ao contrário do leite fresco, que deve ser aquecido para destruir as enzimas prejudiciais à massa do pão, o leite em pó não contém enzimas ativas e pode ser usado sem preparo prévio.

2. As proporções para a reconstituição do leite em pó podem ser calculadas com base na tabela da página 77.

3. É importante que o leite em pó utilizado em panificação tenha sido formulado em altas temperaturas. Caso contrário, as enzimas que quebram as redes de glúten não são destruídas, prejudicando a massa.

Armazenamento do leite e seus derivados

Leite e creme de leite frescos, leitelho e outros tipos de leite fermentados, além de queijos, devem ser mantidos sob refrigeração o tempo todo.

O leite evaporado, fechado na lata, pode ser guardado em local fresco. Depois de aberto, deve ser mantido sob refrigeração.

O leite condensado, em embalagens industriais, conserva-se por uma semana ou mais após aberto se for guardado coberto em local fresco. O açúcar age como conservante. É necessário mexê-lo antes de usá-lo, pois o açúcar pode acumular-se nas laterais e no fundo do recipiente.

O leite em pó deve ser guardado em local fresco e ao abrigo da luz. Não necessita de refrigeração, embora deva ser guardado longe do forno e de outras fontes de calor. A embalagem deve ser bem vedada para evitar que o leite absorva umidade do ar.

OVOS

É importante conhecer bem os ovos na panificação, uma vez que são usados em grande quantidade e custam mais caro que a maioria dos ingredientes usados em larga escala na padaria, como a farinha e o açúcar. Por exemplo, metade ou mais do custo de uma massa de bolo comum advém dos ovos.

Composição

O ovo consiste basicamente em gema, clara e casca. Além disso, contém uma membrana, que recobre o interior da casca e forma uma câmara de ar na parte de baixo, e dois filamentos brancos, chamados *calaza*, que mantêm a gema centralizada.

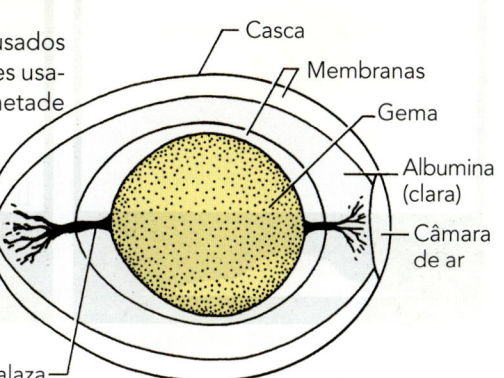

As partes de um ovo. O diagrama mostra, de forma simplificada, a organização interna de um ovo antes de ser quebrado.

- A gema é rica em gordura e proteínas e contém ferro e diversas vitaminas. Sua cor varia do amarelo pálido ao alaranjado, dependendo da raça e da dieta da galinha.

- A clara consiste basicamente em albumina, que é transparente e solúvel quando crua, mas branca e firme depois da coagulação. A clara também contém enxofre.

- A casca *não* oferece uma proteção ideal ao conteúdo do ovo. Não é apenas frágil, mas também porosa, o que permite que odores e sabores sejam absorvidos e que a umidade se dissipe, mesmo que a casca esteja intacta.

A tabela abaixo apresenta a concentração média de água, proteína e gordura do ovo inteiro, da clara e da gema.

Composição média dos ovos

	Ovos inteiros (%)	Claras (%)	Gemas (%)
Água	73	86	49
Proteína	13	12	17
Gordura	12	–	32
Minerais e outros componentes	2	2	2

Classificação dos ovos

Qualidade

Nos EUA, os ovos são classificados conforme sua qualidade pelo USDA, o Ministério da Agricultura norte-americano. Essa classificação é baseada em três tipos: AA, A, e B.* O ovo de melhor qualidade (AA) tem uma clara firme e uma gema que se eleva acima do nível da clara quando o ovo é quebrado sobre uma superfície plana, não se espalhando por uma área grande. Com o passar dos dias, os ovos se tornam menos consistentes e são classificados como A ou B. As fotos na página 80 mostram o efeito do passar do tempo sobre a consistência dos ovos crus.

No Canadá, há quatro tipos de ovos: A, B, C e *Canada Nest Run*.

Em panificação, não importa tanto se a gema e a clara são mais ou menos firmes. Deve-se observar se os ovos estão limpos e frescos, livres de mau cheiro e gosto causados pela deterioração ou pela absorção de odores estranhos. Um ovo com mau cheiro pode arruinar uma fornada inteira de bolos.

*N.T.: No Brasil, não se usa esse critério para classificar os ovos. A legislação prevê quatro qualidades: branco, vermelho, caipira e orgânico.

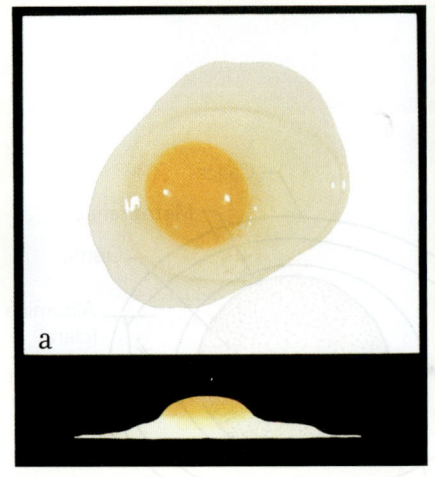 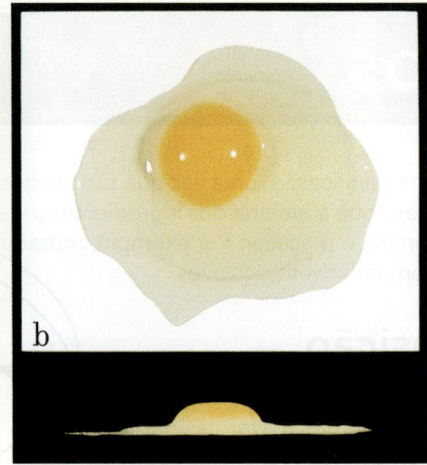 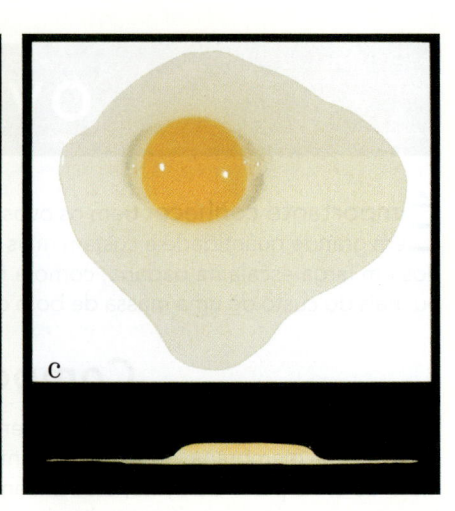

Qualidade dos ovos com o passar dos dias (da esquerda para a direita): (a) Tipo AA, (b) Tipo A e (c) Tipo B. Observe como a clara e a gema perdem consistência e se espalham mais com o passar do tempo.
Foto cedida pelo USDA

Como manter a qualidade

O armazenamento adequado é essencial para manter a qualidade dos ovos. Conservam-se por semanas à temperatura de 2ºC, mas perdem a qualidade rapidamente na temperatura ambiente. Na verdade, no ambiente quente da padaria, um dia é suficiente para que os ovos percam consideravelmente sua qualidade. Não vale a pena comprar ovos frescos de um bom fornecedor se, quando vai usá-los, estão velhos e liquefeitos. Os ovos devem ser armazenados longe de outros alimentos de odor e sabor fortes.

Tamanho

Os ovos também são classificados pelo tamanho. A tabela abaixo mostra o peso mínimo por dúzia de ovos com casca de acordo com a classificação norte-americana. Observe que cada tamanho difere do seguinte em cerca de 80 g. A Europa também classifica os ovos por peso, usando uma escala semelhante – o tamanho 1 é o maior (70 g), e o tamanho 7 (45 g) o menor. O peso inclui a casca.

Os ovos grandes são o tamanho padrão usado no serviço de alimentação em geral. Veja, a seguir, o peso aproximado de ovos grandes inteiros sem a casca, de gemas e de claras.

Ovo grande padrão, peso aproximado sem a casca

Um ovo inteiro	47 g
Uma clara	28 g
Uma gema	19 g
21 ovos inteiros	1 kg
36 claras	1 kg
53 gemas	1 kg

Classificação dos ovos por tamanho

Tamanho	Peso mínimo por dúzia (com casca)
Jumbo	850 g
Extragrande	765 g
Grande	680 g
Médio	595 g
Pequeno	510 g
Fabrico	425 g

Para medir quantidades menores ou fracionadas de ovos inteiros, como 15 g, bata o ovo ou ovos inteiros e pese a quantidade desejada.

Formas comercializadas

1. Ovos frescos.

2. Ovo integral pasteurizado congelado. Em geral obtido de ovos frescos da melhor qualidade, é excelente para o uso em panificação. É pasteurizado e vendido em embalagens de diversos tamanhos.

Para descongelar, coloque a embalagem fechada no refrigerador por dois dias ou em uma cuba de descongelamento com água corrente entre 10 e 15°C por aproximadamente 6 horas. Não descongele em temperatura ambiente ou em água morna. Mexa bem antes de usar.

Ovos inteiros

Ovos inteiros com gemas extras

Claras

Gemas

Gemas congeladas geralmente contêm uma pequena quantidade de açúcar (por volta de 10% – ver rótulo) para impedir que os componentes se separem ao congelar. Quando essas gemas são usadas em produtos como bolos, deve-se considerar a quantidade de açúcar que contêm e deduzir esse valor do açúcar usado na fórmula. Por exemplo, se estiver usando ½ kg de gemas com 10% de açúcar, subtraia 50 g do açúcar usado na fórmula.

3. Ovo em pó.

Inteiro

Gemas

Claras

O ovo em pó pode ser usado em algumas receitas da panificação, embora seja menos comum que o congelado. As claras são usadas para fazer preparados para merengues, por exemplo. O ovo em pó também é usado na fabricação de misturas para bolo.

O ovo em pó pode ser incorporado ao alimento de duas maneiras: fazendo-se primeiramente sua reconstituição com água ou misturando-o diretamente com os ingredientes secos e adicionando água extra aos líquidos da fórmula.

É importante seguir as recomendações do fabricante para estabelecer a proporção de água, pois há variações. Depois de combinar a água e o ovo, deixe descansar para que a água seja absorvida. Isso levará cerca de 1 hora para os ovos inteiros e as gemas, e por volta de 3 horas para as claras. Mexa novamente antes de usar. As proporções a seguir são um exemplo de como essa reconstituição pode ser feita:

Produto	Proporção ovo/água por peso
Ovos inteiros	1:2,5
Gemas	1:1 a 1:1,5
Claras	1:5,5 a 1:6

Ao contrário da maioria dos produtos em pó, os ovos não se conservam bem. Mantenha-os refrigerados ou congelados, hermeticamente fechados.

Ovos pasteurizados e saúde alimentar

Nos últimos anos, houve vários casos de contaminação alimentar por salmonela decorrentes do uso de ovos crus ou malcozidos. Com isso, os cozinheiros e *chefs* tornaram-se mais conscientes dos problemas de saúde que os ovos podem provocar. Os ovos pasteurizados passaram a ser mais usados em restaurantes e padarias. Para uma discussão mais aprofundada sobre ovos e segurança alimentar, ver o Apêndice 6, à página 748.

Funções

Os ovos desempenham as seguintes funções em panificação:

1. **Estruturação.** Assim como acontece com o glúten, as proteínas do ovo coagulam-se e dão estrutura aos produtos de panificação. Desempenham um papel importante especialmente nos bolos úmidos, em que o alto teor de açúcar e gordura enfraquece o glúten.

   Se usados em grande quantidade, os ovos podem deixar o produto duro e borrachudo, a menos que sejam balanceados com açúcar e gordura, que são amaciantes.

2. **Emulsificação de gorduras e líquidos.** As gemas contêm emulsificantes naturais que ajudam a produzir massas lisas. Essa ação contribui para o volume e para a textura.

3. **Crescimento.** Ovos batidos incorporam minúsculas bolhas de ar. Em uma massa, esse ar aprisionado se expande quando aquecido, auxiliando no crescimento.

4. **Amaciamento.** A gordura contida na gema do ovo age como amaciante, encurtando as redes de glúten. Essa é uma função importante em produtos com baixo teor de outras gorduras.

5. **Umidificação.** Os ovos são constituídos basicamente de água (ver tabela à p. 79). Essa umidade deve ser calculada como parte do líquido total da fórmula. Se gemas forem substituídas por ovos inteiros, por exemplo, ou se ovos em pó forem usados, ajuste a quantidade de líquido da fórmula de acordo com a umidade relativa do tipo de produto empregado.

6. **Adição de sabor.**

7. **Melhora do valor nutricional.**

8. **Adição de cor.** As gemas dão cor às massas de pães e bolos. Além disso, o ovo carameliza com facilidade, contribuindo para a cor da casca.

AGENTES DE FERMENTAÇÃO

Ao contrário de líquidos e sólidos, os gases se expandem muito quando aquecidos. *Fermentação* é o processo de produção ou incorporação de gases em produtos de panificação, para aumentar o volume da massa e dar-lhe forma e textura. Esses gases devem ser retidos no interior do produto até que a estrutura esteja firme o bastante para manter sua forma (o que ocorre com a coagulação das proteínas do glúten ou do ovo ou a gelatinização dos amidos).

Os três gases mais importantes para o crescimento de massas são o dióxido de carbono, o vapor e o ar. Dois deles, vapor e ar, estão presentes em todos os produtos de panificação.

Uma parte importante do processo de crescimento é a formação de bolhas de ar durante a mistura. Mesmo que uma massa homogênea tenha uma aparência densa e compacta, na verdade, contém milhões de pequenas bolhas de ar. Gases fermentadores são aprisionados nessas bolhas, que se expandem com o aquecimento desses gases. As películas das bolhas são geralmente formadas por proteínas do glúten, mas podem também ser formadas pelas do ovo. Elas prendem os gases e dão estrutura ao produto assado. O processo de fermentação será discutido com mais detalhes no Capítulo 5. Nesta seção, abordaremos os ingredientes ou agentes mais importantes na formação dos gases que promovem o crescimento.

A medição precisa dos agentes de fermentação é importante, pois pequenas mudanças podem causar grandes defeitos nos produtos finais.

Fermento biológico

O fermento biológico é o agente fermentativo da maioria dos pães doces e salgados, roscas, pizzas e similares. Esta seção discute suas características. O modo de manuseá-lo e seu uso nas massas fermentadas serão discutidos no Capítulo 6.

Fermentação biológica

Fermentação é o processo pelo qual uma levedura age sobre os açúcares transformando-os em dióxido de carbono e álcool. Essa liberação de gases produz uma ação de crescimento nos produtos fermentados. A evaporação completa do álcool se dá durante e imediatamente após o assamento.

O açúcar fermentável presente na massa de pão pode ter duas procedências:

1. O que o padeiro adiciona à massa.

2. O que é produzido pelas enzimas, que transformam os amidos do trigo em açúcares. Essas enzimas estão presentes na farinha e/ou são acrescentadas a ela na forma do malte diastático (ver p. 70).

As leveduras são fungos microscópicos que realizam o processo de fermentação por meio da produção de enzimas. Algumas dessas enzimas transformam açúcares complexos (sacarose e maltose) em açúcares simples. Outras transformam açúcares simples em dióxido de carbono e álcool. A seguinte fórmula descreve essa reação química:

$$C_6H_{12}O_6 \quad \rightarrow \quad 2CO_2 \quad + \quad 2C_2H_5OH$$

açúcar simples   dióxido de carbono   álcool

Como a levedura é um organismo vivo, é sensível à temperatura.

1°C	Inativo (temperatura de armazenamento)
15 a 20°C	Ação lenta
20 a 32°C	Temperatura ideal de crescimento (fermentação de massas de pão)
Acima de 38°C	Diminuição da atividade
60°C	Morte da levedura

Além dos gases fermentativos, o fermento também dá sabor à massa do pão. As moléculas de sabor são produzidas pelo fermento durante o crescimento. Por isso, os pães com longos períodos de fermentação, em geral, têm um sabor mais acentuado que os de fermentação curta.

Tipos de fermento biológico

O fermento acrescentado à massa de pão pode ser o comercialmente produzido ou uma cultura de pré-fermentos naturais. O preparo e o uso das culturas de fermentos naturais serão discutidos no Capítulo 7.

O fermento biológico comprado pronto está disponível em três tipos:

1. O **fermento fresco**, também chamado de **fermento de padaria**, é úmido e perecível – é o preferido pelos padeiros profissionais. É comprado em pacotes de 500 g. Sob refrigeração e cuidadosamente embrulhado para evitar o ressecamento, pode durar até 2 semanas. Para armazená-lo por mais tempo

Fermento fresco

Fermento biológico seco; fermento
biológico seco instantâneo

(até 4 meses), deve ser mantido congelado. Deve-se evitar o uso de fermento fresco que esteja descorado ou embolorado.

Alguns padeiros esfarelam o fermento fresco e o adicionam diretamente à massa, usando o método direto. No entanto, o fermento tem uma melhor distribuição se for primeiramente amolecido em água morna (38°C), na proporção do dobro de seu peso. Ver Capítulo 6 para mais informações sobre esse procedimento.

2. O *fermento biológico seco* consiste em grânulos secos de fermento. Deve ser reidratado em água morna (41°C), na proporção de 4 vezes o seu peso, antes de ser usado. Ao empregar o fermento biológico seco em uma fórmula de pão, deve-se usar parte da água mencionada na fórmula para dissolver o fermento. Não se deve acrescentar água extra.

Cerca de 25% das células de fermento no fermento biológico seco são mortas durante o procedimento agressivo de secagem. A presença dessas células mortas pode ter um efeito negativo sobre a qualidade da massa. Por isso, o fermento biológico seco nunca foi muito popular em panificação profissional.

3. O *fermento biológico seco instantâneo* é um produto relativamente novo (inventado na década de 1970). Também se apresenta na forma de grânulos secos, mas não precisa ser dissolvido em água antes do uso. Pode ser acrescentado diretamente à massa, uma vez que absorve a água muito mais rapidamente que o fermento seco comum. Na verdade, a melhor forma de incorporá-lo à massa de pão é misturando-o à farinha seca.

Diferentemente do fermento biológico seco, contém pouquíssimas células mortas, por isso a quantidade usada é menor. Em geral, é necessário usar apenas 25 a 50% da quantidade que se usaria de fermento biológico fresco – 35% em média.

O fermento instantâneo também produz mais gás, e o produz mais rapidamente que o fermento seco comum. Essa característica o torna apropriado para as massas de fermentação curta ou sem período de fermentação (explicadas na p. 121). Para as fermentações longas e pré-fermentos (ver p. 131), o fermento fresco pode ser a melhor opção. Os tempos de crescimento para o fermento instantâneo devem ser cuidadosamente monitorados para que não haja uma hiperfermentação ou *overproofing*. O fermento instantâneo é de crescimento rápido.

Como pode ser visto pela foto, os fermentos seco e instantâneo são praticamente idênticos em relação à aparência. Mantê-los na embalagem original facilita a identificação.

Na maioria das fórmulas deste livro, o fermento biológico usado é o fresco. Para substituí-lo por fermento biológico seco ou instantâneo, use as seguintes equivalências:

◆ Para converter a quantidade de fermento fresco em fermento seco comum, multiplique por 0,5. Por exemplo, se a fórmula requer 50 g de fermento fresco, multiplique por 0,5 para chegar a 25 g de fermento seco.

◆ Para converter a quantidade de fermento fresco em fermento instantâneo, multiplique por 0,35. Por exemplo, se a fórmula requer 40 g de fermento fresco, multiplique por 0,35 para chegar a 14 g de fermento instantâneo.

Além de propiciar o crescimento, o fermento também fornece sabor.

Fermentos químicos

Fermentos químicos são aqueles que liberam gases produzidos por reações químicas.

Bicarbonato de sódio

O *bicarbonato de sódio* é uma mistura cristalina e de sabor alcalino solúvel em água. Quando um *líquido* e um *ácido* estão presentes, o sódio libera gás carbônico, que faz com que o alimento cresça.

Não é necessário calor para que essa reação ocorra, embora o gás seja liberado mais rapidamente em temperaturas altas. Por isso, produtos que levam bicarbonato devem ser assados imediatamente, senão os gases escaparão e o poder de crescimento se perderá.

Os ácidos presentes em uma massa que reagem com o bicarbonato incluem mel, melado, açúcar mascavo, leitelho, creme de leite azedo, iogurte, sucos e purês de frutas e chocolate (com exceção do chocolate em pó solúvel). O cremor tártaro também pode ser usado como ácido. A quantidade de bicarbonato usada em uma fórmula, em geral, é a necessária para balancear o ácido. Se for necessário um agente de crescimento mais forte, usa-se o fermento em pó químico e não uma quantidade extra de bicarbonato.

Fermento em pó químico

O fermento em pó químico é uma mistura de bicarbonato de sódio e um ou mais ácidos que reagem com ele. Também contém amido, que evita o empedramento da mistura e diminui o poder de crescimento para um nível padrão. Como o poder de crescimento do fermento em pó químico não depende dos ingredientes ácidos da receita, é um produto mais versátil.

O **fermento em pó químico comum** requer apenas a presença de umidade para liberar gás. Assim como o bicarbonato de sódio, só pode ser usado em massas que serão assadas imediatamente após o preparo. Nos EUA, praticamente não se encontra mais para comprar o fermento em pó químico comum (para fazê-lo, veja a receita no quadro ao lado). Esse tipo de fermento libera o gás muito rapidamente, tornando-o inadequado para alguns produtos.

O **double-acting baking powder** (fermento de ação dupla) libera um pouco do gás quando frio, mas precisa de calor para liberar o restante (ver o quadro "Sais ácidos" ao lado). Assim, o fermento pode ser acrescentado à massa no começo do processo de mistura, e pode haver um intervalo entre a finalização da mistura e o assamento.

Nunca se deve colocar mais fermento do que o requerido pela fórmula, pois o produto pode ficar com um sabor indesejável. Além disso, o excesso de fermento pode criar uma textura excessivamente leve e quebradiça. Bolos podem crescer muito antes de se firmar e acabar derramando.

Sal amoníaco

O **sal amoníaco** é uma mistura de carbonato, bicarbonato e carbamato de amônia. Decompõe-se rapidamente durante o assamento para formar dióxido de carbono, gás amoníaco e água. Necessita apenas de calor e umidade para realizar sua função. Não precisa de ácidos.

Como sua decomposição é completa, não deixa resíduos que poderiam afetar o sabor, se usado corretamente. No entanto, pode ser acrescentado apenas às massas de produtos menores que assam até ficarem secas – como as de biscoitos. Somente assim o gás amoníaco se dispersa por completo.

Como esse gás é liberado muito rapidamente, é às vezes usado em produtos que necessitam de um crescimento rápido, como as carolinas. O uso do sal amoníaco permite uma redução do custo de produtos como esse, já que a quantidade de ovos requerida é menor. No entanto, a qualidade resultante também é reduzida.

Armazenamento de fermentos químicos

Bicarbonato de sódio, fermento em pó químico e sal amoníaco devem ser mantidos hermeticamente fechados quando não estiverem sendo usados. Se ficarem abertos, podem absorver umidade do ar e perder parte de seu poder de crescimento. Devem ser mantidos em local fresco, pois o calor também provoca sua deterioração.

❊{ COMO FAZER }❊ FERMENTO EM PÓ QUÍMICO COMUM

Pode-se fazer fermento em pó químico simples (sem ação dupla) misturando-se os seguintes ingredientes nas proporções indicadas (usar volume e não peso):

Bicarbonato de sódio	1 colher (sopa)	15 mL
Amido de milho	1 colher (sopa)	15 mL
Cremor tártaro	2 colheres (sopa)	30 mL
Rendimento:	4 colheres (sopa)	60 mL

❊{ SAIS ÁCIDOS }❊

Tecnicamente, os ingredientes do fermento químico não são ácidos, mas sais ácidos. Isso significa que eles não liberam ácido ou agem como ácidos até que sejam dissolvidos em água. Para simplificar, no entanto, chamamos esses compostos de ácidos.

Cada fermento em pó é constituído de uma combinação diferente de sais ácidos que reagem a diferentes velocidades. Em inglês, dá-se o nome de *dough reaction rate* (DRR) a essa velocidade de reação. Fermentos químicos de ação rápida liberam cerca de dois terços dos gases totais durante a fase de mistura e o terço restante durante o assamento. Fermentos de reação lenta liberam cerca de um terço dos gases durante a fase de mistura e os dois terços restantes durante o assamento.

A liberação de um pouco de gás durante a fase de mistura ajuda a criar as bolhas de ar necessárias para o crescimento, como explicado acima. No entanto, é importante que os gases também sejam liberados durante o assamento, para haver o crescimento adequado.

Ácidos de ação rápida incluem o cremor tártaro (tartarato ácido de potássio) e o fosfato monocálcico.

Ácidos de ação lenta incluem o sulfato de alumínio e sódio e o pirofosfato ácido de sódio.

Ar

O ar é incorporado em todas as massas durante o processo de mistura. A formação de bolhas de ar é importante até mesmo nos produtos que levam fermento biológico ou químico em sua composição, pois são essas bolhas que aprisionam os gases liberados.

Alguns produtos têm no ar seu único ou principal agente de crescimento. Nesses produtos, o ar é incorporado à massa por meio de dois métodos principais: formando um creme ou uma espuma. O ar se expande durante o assamento, fazendo com que os produtos cresçam.

1. O **método cremoso** consiste em bater gordura e açúcar para que incorporem ar. É uma técnica importante para o fabrico de bolos e biscoitos – e, em algumas receitas, é responsável por praticamente todo o seu crescimento.

2. O **método espumoso** consiste em bater ovos, com ou sem a adição de açúcar, para que incorporem ar. Espumas feitas com ovos inteiros são usadas como agente de crescimento na maioria dos pães de ló, ao passo que os merengues, suflês e *angel food cakes* usam apenas as claras.

Vapor

Quando a água se transforma em vapor, expande-se até 1.100 vezes seu volume original. Como todos os produtos de panificação contêm certa umidade, o vapor é um importante agente de crescimento.

A massa folhada, as carolinas, as bombas e as massas de torta fechada usam o vapor como sua fonte principal de crescimento. Se a temperatura inicial de assamento desses produtos for alta, o vapor é produzido rapidamente e o crescimento é maior.

AGENTES GELIFICANTES

Os dois ingredientes discutidos nesta seção são química e nutricionalmente distintos. A gelatina é uma proteína, e a pectina é uma fibra solúvel – um tipo de carboidrato que não é absorvido pelo corpo humano. No entanto, ambas são usadas como espessantes ou solidificantes (gelificantes) em alimentos líquidos ou semilíquidos.

Outros agentes espessantes e gelificantes incluem os amidos, discutidos na página 66.

Gelatina

A *gelatina* é uma proteína solúvel em água extraída do tecido conjuntivo de animais. Quando uma quantidade suficiente de gelatina é dissolvida em água ou outro líquido quente, este se solidifica quando resfriado. Se usada em quantidades menores, o líquido torna-se espesso, mas não se solidifica.

A gelatina engrossa e gelatiniza-se por causa da característica de suas proteínas, que formam longas cadeias. Quando presentes em pequena quantidade, as cadeias se enroscam umas nas outras, impedindo que o líquido circule livremente. Quando presentes em grandes quantidades, essas cadeias se ligam umas às outras formando uma rede que aprisiona o líquido, impedindo totalmente sua circulação.

Tipos de gelatina

A gelatina sem sabor de uso culinário é encontrada na forma de pó e de folhas. A gelatina em pó é a mais usada e encontrada para a compra, embora a gelatina em folhas seja a preferida por muitos confeiteiros e padeiros. As folhas de gelatina são mais fáceis de usar porque são pré-pesadas (as folhas têm um peso exato). Além disso, quando se usa gelatina em folhas, não é necessário medir o líquido na hora de hidratá-la. A razão disso será discutida na sequência.

✣❴ HIDRATAÇÃO DA GELATINA SEM SABOR ❵✣

Em inglês, o termo *bloom* está relacionado a dois conceitos associados à gelatina.

1. Hidratação. Para hidratar a gelatina sem sabor, combine-a com água ou outro líquido de acordo com as instruções da embalagem.

2. Grau de gelatinização. O termo *bloom rating* em inglês refere-se à força do gel formado pela gelatina. Quanto maior o número, mais forte o gel. As gelatinas com graus de gelatinização maior ficam firmes mais rapidamente e têm sabor mais neutro.

A gelatina em pó sem sabor em geral tem um grau de gelatinização de 230.
O grau de gelatinização da versão em folhas pode variar, mas as que têm um grau mais baixo têm folhas mais pesadas, de modo que o poder de gelatinização da folha é sempre o mesmo. Nos EUA, a gelatina sem sabor é classificada em *gold* (ouro) [a mais semelhante à gelatina disponível no Brasil], *silver* (prata) e bronze:

Gold	grau de gelatinização 200	2 g por folha
Silver	grau de gelatinização 160	2,5 g por folha
Bronze	grau de gelatinização 130	3,3 g por folha

Conforme explicado no quadro acima, em países como os EUA, o mesmo peso de gelatina em pó e em folha não tem o mesmo poder de gelificação. As seguintes equivalências podem ser úteis:

- ◆ Dez colheres de chá de gelatina em pó pesam 30 g.

- ◆ 30 g de gelatina em pó têm o poder de gelificação de 20 folhas de gelatina.*

- ◆ Uma colher de chá de gelatina em pó pesa cerca de 2,8 g.

- ◆ Uma colher de chá de gelatina em pó tem o poder de gelificação de 2 folhas de gelatina.*

A tabela de referência abaixo apresenta os equivalentes em volume para vários pesos de gelatina em pó.

As gelatinas sem sabor em pó e em folhas podem ser trocadas uma pela outra, mas devem ser tratadas de maneira diferente. Abaixo estão descritas as instruções sobre como usar os dois produtos e como substituir um pelo outro.

Gelatina incolor sem sabor: em pó e em folhas

*N.T.: A gelatina em folhas, vendida no Brasil em pacotes de 10 g com 6 folhas (1,7 g por folha), pode ser encontrada em outras apresentações nos EUA, como mostra o quadro desta página. Assim, para 20 folhas de gelatina, sugerimos usar 15 folhas; e para 2 folhas, sugerimos usar 1½.

Equivalências entre peso e volume para gelatina em pó

Sistema americano		Sistema Internacional de Unidades	
Peso	Volume aproximado	Peso	Volume aproximado
0,1 oz	1 tsp	1 g	1,75 mL
0,12–0,13 oz	1¼ tsp	2 g	3,5 mL
0,16–0,17 oz	1⅔ tsp	3 g	5 mL
0,2 oz	2 tsp	4 g	7 mL
0,25 oz	2½ tsp	6 g	10 mL
0,33 oz	3⅓ tsp	8 g	14 mL
0,4 oz	4 tsp	10 g	18 mL
0,5 oz	5 tsp	12 g	21 mL
0,75 oz	7½ tsp	14 g	25 mL
1 oz	10 tsp	16 g	28 mL
		20 g	36 mL
		30 g	54 mL

Como usar a gelatina sem sabor em fórmulas

O uso da gelatina sem sabor em uma fórmula requer três passos principais:

1. Hidratação da gelatina em água ou outro líquido. Ela absorve 5 vezes seu volume em água.

2. Incorporação da gelatina hidratada aos ingredientes líquidos quentes ou seu aquecimento com eles, até que ela se dissolva.

3. Resfriamento da mistura até que esteja firme.

A maioria das fórmulas deste livro que requerem gelatina sem sabor usa a versão em pó, embora haja algumas que usam a gelatina em folhas. As seguintes instruções serão úteis para o preparo de uma receita que leva esse ingrediente:

◆ Fórmulas desenvolvidas com a gelatina em folhas não requerem um líquido, como pode ser visto na lista de ingredientes. No modo de fazer, as instruções indicam que a gelatina deve ser amolecida em água fria. Para usar a gelatina em folhas, acrescente a quantidade indicada a um volume generoso de água fria e espere amolecer. Retire as folhas da água, escorra bem e incorpore à fórmula, conforme a indicação (ver p. 272 para um exemplo de como usar gelatina em folhas para fazer creme *Chiboust*).

◆ Sempre use água bem fria para demolhar as folhas de gelatina. Se a água estiver morna, um pouco da gelatina se perderá, dissolvida na água.

◆ Para usar a gelatina em pó sem sabor no lugar da gelatina em folha quando a quantidade de líquido para demolhar não está especificada, pese a gelatina e acrescente 5 vezes seu peso em água fria. Deixe repousar até que a água tenha sido absorvida.

◆ Fórmulas desenvolvidas com a gelatina em pó geralmente especificam a quantidade de líquido necessária para demolhar na lista de ingredientes. Tanto a gelatina em pó quanto a gelatina em folhas podem ser usadas nas fórmulas. Adicione a quantidade indicada de gelatina à água e deixe de molho. Em seguida, acrescente a gelatina e o líquido à mistura, conforme indicado na fórmula.

◆ Para um exemplo de uma fórmula desenvolvida com a gelatina em folha, sem indicação da quantidade de líquido, ver o Glaçado de frutas, na página 434. Para um exemplo de uma fórmula desenvolvida com a gelatina em pó, com indicação da quantidade de líquido para amolecer a gelatina, ver a *Bavaroise* de baunilha, na página 534.

Bavaroises, recheios cremosos para tortas e bolos e muitos musses dependem da gelatina para obter sua textura. Mais informações sobre o uso da gelatina nesses produtos podem ser encontradas no Capítulo 13.

Pectina

Gomas vegetais são carboidratos que consistem em moléculas em longas cadeias, semelhantes aos amidos. Podem absorver uma grande quantidade de água, o que as torna úteis para engrossar ou gelificar líquidos.

A *pectina* é, talvez, a mais conhecida dessas gomas. Está presente em muitas frutas. Geralmente, as frutas ainda não maduras possuem mais pectina que as maduras. Uma das razões pelas quais as frutas ficam mais macias quando amadurecem é a quebra das pectinas.

A pectina é extraída de frutas e usada para engrossar ou gelificar compotas, geleias e doces. Também pode ser usada para fazer caldas à base de frutas, pois torna os purês e sucos mais espessos. Uma vantagem importante da pectina, se comparada ao amido, é que produz um gel transparente, e não turvo.

❧ GOMAS VEGETAIS ❧

Além da pectina, várias outras gomas são usadas no preparo de alimentos. A maioria delas é utilizada em escala industrial e raramente é encontrada em uma padaria. As três gomas a seguir, no entanto, podem ser usadas por *chefs* confeiteiros:

O **ágar-ágar**, de origem japonesa, é uma gelatina vegetal feita a partir de algas marinhas vendida na forma de pó e de tiras secas. É usado de modo semelhante à gelatina sem sabor, mas não necessita de refrigeração para firmar. Isso o torna especialmente útil para os climas quentes e para produtos que não serão refrigerados. Ao contrário da gelatina, que é de origem animal, o ágar-ágar pode ser usado em menus vegetarianos.

Via de regra, 1 parte de ágar-ágar (medida pelo peso) tem o mesmo poder de gelatinização de 8 partes de gelatina.

A **goma adragante**, ou goma tragacante, é extraída de um arbusto nativo do Oriente Médio. É usada por confeiteiros para fazer pasta de goma, um produto decorativo semelhante à pastilhagem (p. 662).

A **goma xantana** é usada com frequência para dar estrutura às fórmulas sem glúten (ver p. 705).

A pectina pura, quando adicionada a um líquido, torna-se mais espessa, mas não endurece ou fica firme como a gelatina. Para que a pectina se gelifique, é preciso combiná-la com um ácido (como suco de frutas) e altas doses de açúcar. É por essa razão que geleias e compotas contêm tanto açúcar.

Frutas ricas em pectina, como a maçã, a ameixa fresca e o oxicoco, produzem uma calda espessa sem que seja necessário adicionar mais pectina. A casca das frutas cítricas também possui essa característica, útil para a confecção de geleias.

A quantidade de pectina necessária para fazer geleias varia conforme a fruta. Via de regra, 50 g de pectina em pó são suficientes para gelificar 2 L de suco ou polpa de fruta.

Muitas preparações com frutas do Capítulo 22 requerem o uso de pectina.

FRUTAS E OLEAGINOSAS

Frutas

Praticamente qualquer tipo de fruta fresca pode ser usado na produção de sobremesas. Além disso, uma grande variedade de frutas secas, congeladas, enlatadas e em conserva são ingredientes importantes na confeitaria. A lista a seguir enumera algumas frutas mais importantes e seus subprodutos. O uso de cada um deles será abordado em capítulos específicos ao longo deste livro. Mais informações sobre as frutas frescas podem ser encontradas no Capítulo 22.

Frescas

maçã

damasco

banana

frutas vermelhas

cereja

figo

grapefruit

uva

kiwi

laranjinha *kinkan*

limão-siciliano

limão Taiti

manga

melão

nectarina

laranja

mamão papaia

maracujá

pêssego

pera

abacaxi

ameixa

ruibarbo (na verdade é um caule, não uma fruta)

Enlatadas e congeladas

ameixa em calda, com e sem caroço

damasco em calda, metades

frutas vermelhas congeladas

cereja em calda, inteira e picada

pêssego em calda, pedaços e metades

abacaxi em calda, rodelas e pedaços, polpa congelada

morango em calda e congelado, inteiro, pedaços e polpa

Secas

damasco

groselha

tâmara

figo

uva-passa, branca e escura

ameixa

Cristalizadas e glaçadas

cereja

cidra

figo

frutas cristalizadas

casca de limão

casca de laranja

abacaxi

Outros produtos feitos de frutas

geleia de brilho sabor frutas

geleias e compotas

recheios prontos para torta

purês, polpas e sucos de frutas congelados (muito usados na confecção de *bavaroises*, caldas, suflês e outras sobremesas)

Oleaginosas

A maioria das oleaginosas pode ser comprada inteira, partida ao meio, quebrada ou picada. Por terem um alto teor de óleo, podem tornar-se rançosas. Devem ser armazenadas em local fresco e escuro, em um recipiente bem fechado.

Amêndoa

Castanha-do-pará

Castanha-de-caju

Avelã

Macadâmia

Noz-pecã

Pinhole

Pistache

Nozes

Amêndoa. A oleaginosa mais importante em confeitaria. Disponível crua (com a pele) e torrada (com ou sem a pele), em muitas formas: inteira, em metades, em lascas, picada e moída (farinha de amêndoa).

Castanha-do-pará.

Castanha-de-caju.

Castanha-portuguesa. Deve ser cozida. As formas mais usadas em confeitaria são em pasta e glaçadas (*marron glacé*).

Coco. A forma mais comum é a ralada e já adoçada, muito usada na decoração de bolos.

O coco ralado natural (sem adição de açúcar) é usado como ingrediente em uma grande variedade de produtos, como *cookies*, *macarons*, bolos e recheios. Pode ser encontrado em várias versões: ralado fino, ralado grosso, em pedaços ou em tiras. Nos EUA, é possível comprar coco ralado desidratado na textura do açúcar cristal (chamado de *extra-fine*) e um ainda mais fino, chamado de *macaroon*, que tem a textura do fubá grosso. Com relação aos formatos maiores, encontram-se tiras longas e curtas, lascas e flocos.

Avelã. Fica melhor tostada. Também disponível em pó.

Macadâmia.

Noz-pecã. Mais cara que a noz comum. Usada em produtos diferenciados.

Amendoim.

Pinhole. Pequeno pinhão geralmente tostado para realçar seu sabor. É especialmente importante para a confeitaria italiana.

Pistache. Usado frequentemente em decorações, em razão de sua bela cor verde.

Nozes. Uma das oleaginosas mais importantes em confeitaria, ao lado das amêndoas e das avelãs.

Subprodutos das oleaginosas

Pasta de amêndoa. Uma pasta cara, mas extremamente versátil, usada em vários bolos, tortas, biscoitos e recheios. É feita de 2 partes de farinha de amêndoa e 1 parte de açúcar, além de um umidificante suficiente para dar consistência adequada à mistura.

Kernel paste. Produto similar à pasta de amêndoa, porém mais barato. É feito da semente do damasco, que tem um sabor muito semelhante ao da amêndoa.

Macaroon paste. Este produto fica entre a pasta de amêndoa e o *kernel paste*, já que é feito de uma mistura de amêndoas com sementes de damasco.

Marzipã. Essencialmente uma pasta de amêndoa adoçada, usada no trabalho de confeitaria e decoração. Este produto pode ser adquirido pronto ou preparado a partir da pasta de amêndoa.

Pralina. Uma pasta feita à base de amêndoas e/ou avelãs moídas e açúcar caramelizado. Usada como saborizante em coberturas, recheios, tortas e cremes.

Farinha de oleaginosas. Oleaginosas moídas, mas não tão finamente a ponto de se tornarem uma pasta. A farinha de amêndoa é a mais usada. Essas farinhas são geralmente utilizadas em confeitaria fina.

CHOCOLATE E CACAU

O chocolate e o cacau em pó são obtidos a partir das sementes do cacau. As sementes passam por um processo de fermentação e são torradas e moídas. O produto resultante, chamado de *liquor*, contém uma gordura esbranquiçada ou amarelada, a *manteiga de cacau*.

Muitas outras informações sobre as características do chocolate e sobre como utilizá-lo nas preparações podem ser encontradas no Capítulo 24, que é totalmente dedicado a esse ingrediente. O breve resumo sobre o chocolate e seus subprodutos apresentado neste capítulo foca os tipos mais usados em panificação.

Cacau em pó

O *cacau em pó* é a substância que resta após a retirada parcial da manteiga de cacau contida no liquor. O *chocolate em pó solúvel* é processado com base para diminuir sua acidez. É ligeiramente mais escuro, de sabor mais suave e se dissolve mais facilmente em líquidos.

O cacau em pó é ligeiramente ácido. Quando empregado em produtos como bolos, pode-se usar bicarbonato de sódio (que reage com os ácidos) como um dos agentes de crescimento.

Por outro lado, o chocolate em pó solúvel em geral é neutro ou até mesmo ligeiramente alcalino. Portanto, não reage com o bicarbonato (ver tabela abaixo). Desse modo, o fermento em pó é o único usado como agente de crescimento. Ao substituir cacau em pó por chocolate em pó solúvel, aumente o fermento em pó em 30 g para cada 15 g de bicarbonato omitido.

Se a quantidade necessária de bicarbonato não for usada nos produtos com chocolate, a cor resultante pode ser do dourado claro ao marrom escuro, dependendo da quantidade empregada. Se, ao contrário, for utilizado muito bicarbonato, a cor será marrom-avermelhada. Essa é a característica pretendida no tradicional bolo americano *Devil's food cake* (p. 404), mas não em outros produtos. Ao trocar um tipo de chocolate pelo outro, faça os ajustes na quantidade de bicarbonato de sódio das receitas.

> ❋{ INGREDIENTES }❋
>
> SALGADOS
>
> Os ingredientes listados neste capítulo de forma alguma compreendem todos os ingredientes usados em panificação e confeitaria. A pizza é apenas um exemplo de produto preparado com massa fermentada que pode incluir uma infinidade de outros ingredientes. Até mesmo o pão mais simples pode ser enriquecido com azeitonas, queijos ou frios e outras carnes. As ervas, tanto as frescas quanto as secas, são usadas em muitos pães salgados, como a *Focaccia* de ervas (com pré-fermento) da página 167. O profissional tem uma lista ilimitada de ingredientes com os quais pode exercitar sua criatividade – não deve se limitar aos ingredientes apresentados neste capítulo.

Cacau em pó

Quantidade de bicarbonato necessária para balancear a acidez típica do chocolate	
	Quantidade de bicarbonato de sódio por kg
Cacau em pó	80 g
Chocolate em pó solúvel	0
Chocolate amargo	50 g
Chocolate meio amargo	25 g

Chocolate em pó solúvel

Chocolate amargo

O chocolate amargo é a massa de cacau (liquor) pura. Não contém açúcar e possui um sabor bastante amargo. Por ser moldado em blocos, também é chamado, em inglês, de *block cocoa* ou *cocoa block*. É usado para dar sabor a produtos cuja doçura provém de outras fontes.

Também é conhecido por chocolate puro. O chocolate amargo não deve ser confundido com o meio amargo, que é um tipo de chocolate adoçado com um baixo teor de açúcar.

Algumas marcas mais baratas costumam substituir parte da manteiga de cacau por outro tipo de gordura.

Chocolates adoçados

Os chocolates adoçados são feitos de chocolate amargo acrescido de açúcar e manteiga de cacau em proporções diversas. Se a porcentagem de açúcar for baixa, é chamado de chocolate meio amargo. Nos EUA, deve conter pelo menos 35% de massa de cacau (liquor), e a quantidade de açúcar pode variar entre 35 e 50%. Um produto rotulado de chocolate, nesse país, pode conter apenas 15% de massa de cacau [no Brasil, o mínimo de cacau permitido é 32%]. O chocolate com adição de açúcar não deve ser confundido com o chocolate ao leite (descrito abaixo). Neste livro, quando uma receita solicitar chocolate em barra, qualquer dos chocolates com adição de açúcar pode ser usado, embora os resultados, obviamente, variem. O chocolate meio amargo é especificado quando um chocolate de melhor qualidade, com alto teor de liquor, é essencial para um melhor resultado.

Como o chocolate adoçado tem apenas metade do conteúdo de chocolate do chocolate amargo, em geral não é econômico acrescentá-lo a receitas que já contêm bastante açúcar, pois será necessário acrescentar o dobro do que foi pedido. Por exemplo, é melhor usar chocolate amargo para fazer *fondant* de chocolate a partir de uma base de *fondant* branco.

Produtos de boa qualidade – incluindo não somente o chocolate amargo, mas também o chocolate ao leite e o branco (ver abaixo) – são chamados de **couverture**, que significa "cobertura" em francês. Quando se usa essa cobertura em doces, *cookies* e outros produtos, o chocolate deve ser preparado por um processo chamado **temperagem**. A temperagem envolve o derretimento controlado do chocolate, sem que fique muito quente; em seguida, deve-se baixar sua temperatura a um certo patamar. O processo requer muita prática. Ver página 641 para esse procedimento.

Produtos mais baratos, que têm parte de seu conteúdo de manteiga de cacau substituído por outras gorduras, são mais fáceis de trabalhar e não requerem a temperagem. No entanto, não têm o mesmo sabor e as características físicas do bom chocolate. Esses produtos são vendidos com outros nomes, como cobertura hidrogenada e *blend* de chocolate. Fique sempre atento à composição dos produtos rotulados como "chocolate culinário". Sua qualidade pode variar muito.

> ### ❧ CONTEÚDO DE ❧
> ### GORDURA DO CACAU
>
> Quando o liquor é espremido para remover a manteiga de cacau, nem toda essa gordura é retirada da massa. Assim, o cacau em pó contém um pouco de gordura da manteiga de cacau. No Canadá e nos EUA, um produto rotulado como *cocoa* deve conter pelo menos 10% de manteiga de cacau. Há dois tipos de cacau em pó nesses países: o tipo mais comum tem entre 10 a 12% de manteiga de cacau (por isso, é conhecido como 10/12 *cocoa*). Já o *high-fat* ou 22/24 *cocoa* tem de 22 a 24% de manteiga de cacau. Ambos são usados em confeitaria e panificação. Para preparar chocolate quente, por exemplo, o 22/24 *cocoa* é o mais usado.
>
> Os chocolates europeus em geral têm um conteúdo de gordura intermediário, entre 20 e 22%, sendo chamados de 20/22 *cocoa*.
>
> Chocolates com baixo teor de gordura – abaixo de 10% – devem receber um rótulo diferenciado e são mais difíceis de fabricar. Mais caros, não costumam ser usados em panificação e confeitaria.

Chocolate ao leite

O chocolate ao leite é o chocolate adoçado acrescido de sólidos lácteos. É usado em coberturas e recheios de vários produtos de confeitaria. Não costuma ser derretido e incorporado às massas, pois contém uma proporção relativamente baixa de liquor de chocolate.

Manteiga de cacau

A manteiga de cacau é a gordura retirada do liquor de chocolate quando se processa o cacau. Seu principal uso na confeitaria é tornar a consistência da cobertura de chocolate mais fina.

Chocolate branco

O chocolate branco consiste em uma mistura de manteiga de cacau, açúcar e sólidos lácteos. É usado sobretudo em confeitaria. Tecnicamente, não deveria ser chamado de chocolate, já que não contém sólidos de cacau. No entanto, o nome é de uso comum. Algumas marcas baratas, além de não conterem cacau, não contêm o outro único ingrediente proveniente do cacau – a manteiga de cacau, que é substituída por outras gorduras. Esses produtos não merecem ser chamados de *chocolate* de forma alguma.

Substituição do chocolate em barra e do cacau em pó

Como o cacau em pó é tão amargo quanto o chocolate amargo em barra, só que com menos manteiga de cacau, em geral é possível substituir um pelo outro. Uma gordura costuma ser acrescentada para substituir a manteiga de cacau que falta. No entanto, cada gordura se comporta de uma maneira diferente ao ser assada. A untuosidade da gordura hidrogenada, por exemplo, é pelo menos duas vezes mais forte que a da manteiga de cacau, de modo que somente metade da quantidade é necessária na maioria dos produtos, como bolos. Os procedimentos abaixo levam em conta essas diferenças.

Por causa dessas variações, bem como das características de assamento dos diferentes tipos de bolo, biscoitos e outros produtos, recomenda-se fazer um teste e assar uma pequena quantidade de massa ao se fazer uma substituição. Podem ser necessários alguns ajustes adicionais. *Nenhuma proporção de substituição é adequada para todos os propósitos.*

Como substituir chocolate amargo em barra por cacau em pó

1. Multiplique o peso do chocolate em barra por $5/8$. O resultado é a quantidade de cacau em pó a ser usada.

2. Subtraia o peso do cacau em pó do peso original do chocolate em barra. Divida a diferença por 2. O resultado é a quantidade de gordura a ser acrescentada à fórmula.

Exemplo: substituir ½ kg de chocolate amargo em barra por cacau em pó.

$$5/8 \times 500\,g = 310\,g \text{ de cacau em pó}$$
$$\frac{500\,g - 310\,g}{2} = 95\,g \text{ de gordura}$$

Como substituir cacau em pó por chocolate amargo em barra

1. Multiplique o peso do cacau em pó por $8/5$. O resultado é a quantidade de chocolate amargo em barra a ser usada.

2. Subtraia o peso do cacau em pó do peso do chocolate em barra. Divida por 2. Subtraia esse valor do peso total de gordura da fórmula.

Exemplo: substituir ½ kg de cacau em pó por chocolate amargo em barra.

$$8/5 \times 500\,g = 800\,g \text{ de chocolate em barra}$$
$$\frac{800\,g - 500\,g}{2} = 150\,g \text{ a } menos \text{ de gordura}$$

O conteúdo de amido do chocolate em pó

O chocolate e o cacau em pó contêm amido, que tende a absorver umidade da massa. Por conta disso, quando se adiciona chocolate em pó a uma massa – por exemplo, para transformar um bolo comum em um bolo de chocolate –, a quantidade de farinha é reduzida para compensar esse amido extra. Ajustes exatos dependem do tipo de item produzido. No entanto, algumas regras básicas podem servir de guia:

Reduza a farinha em ⅜ (37,5%) do peso total do chocolate em pó acrescentado.

Assim, se 400 g de chocolate em pó forem acrescentados, reduza 150 g da farinha.

O chocolate em barra também contém amido. Quando o chocolate derretido é acrescentado a um *fondant*, por exemplo, ele fica mais duro por causa desse amido e, não raro, sua textura precisa ser afinada. O efeito ressecador do amido, no entanto, com frequência é balanceado pelo efeito amaciador da manteiga de cacau. Os métodos utilizados para incorporar chocolate em barra e em pó a vários produtos serão discutidos nos respectivos capítulos.

SAL, ESPECIARIAS E AROMATIZANTES

Sal

O sal desempenha um papel importante em panificação. É mais que um mero tempero ou realçador de sabor. Também tem as seguintes funções:

- Reforça as estruturas do glúten, tornando-as mais elásticas. Assim, melhora a textura e a estrutura granular dos pães. Quando o sal está presente, o glúten armazena mais água e dióxido de carbono, fazendo com que a massa se expanda mais, sem perder sua estrutura.

- Inibe o crescimento das leveduras. É importante, portanto, para controlar a fermentação nas massas de pão, prevenindo o crescimento de fermentos indesejáveis.

Por essas razões, a quantidade de sal em uma fórmula deve ser cuidadosamente controlada. Se for usado em excesso, pode retardar a fermentação e o crescimento. Se não houver sal suficiente, a fermentação será muito rápida. As leveduras usam muito do açúcar presente na massa e, consequentemente, a casca não doura bem. Outras consequências da hiperfermentação serão discutidas no Capítulo 6.

Por causa do efeito do sal no fermento, o sal nunca deve ser colocado diretamente na água em que o fermento será dissolvido.

Especiarias

As especiarias são substâncias vegetais usadas para dar sabor e aroma aos alimentos. As partes de plantas usadas como tempero incluem sementes, botões de flores (como o cravo), raízes (como o gengibre) e a casca (como a canela). Em geral, as especiarias são encontradas inteiras e moídas. Especiarias moídas perdem seu sabor rapidamente, por isso é importante ter sempre especiarias frescas à mão. Devem ser armazenadas bem fechadas em local fresco, escuro e seco.

Como uma pequena quantidade de especiaria costuma exercer grandes efeitos no sabor do alimento, é preciso pesá-las cuidadosa e precisamente. Um alimento pode se tornar intragável com 5 g a mais de noz-moscada. Na maioria dos casos, é melhor usar a menos do que a mais.

Estas são algumas das principais especiarias e sementes usadas em confeitaria e panificação:

Pimenta-da-jamaica

Erva-doce

Alcaravia

Cardamomo

Canela

Cravo

Gengibre

Macis

Noz-moscada

Semente de papoula

Gergelim

Raspas de limão e laranja
(a parte colorida da casca)

Baunilha

A baunilha é a especiaria mais importante em panificação e confeitaria. A fonte de seu sabor é a fava madura e parcialmente seca de uma orquídea tropical. Essa fava, também chamada de vagem, pode ser facilmente comprada, mas custa caro. Apesar de seu alto custo, as favas de baunilha são muito valorizadas pelos *chefs* confeiteiros para fazer cremes e recheios para os mais finos doces e sobremesas.

Há muitas maneiras de dar sabor de baunilha a produtos. O modo mais simples é acrescentar a fava a um líquido quando este for aquecido, permitindo que os sabores sejam extraídos. Em seguida, a fava deve ser removida. Para um sabor mais acentuado, ela deve ser cortada ao meio no sentido do comprimento antes de ser usada. Quando a fava for removida do líquido, devem-se raspar as sementinhas pretas de seu interior (ver p. 269) e colocá-las de volta no líquido.

As favas de baunilha também podem ser usadas para dar sabor a alimentos que não vão ao fogo, como o chantilly. Basta abrir a fava no sentido do comprimento, raspar as sementinhas e acrescentá-las à preparação.

Uma forma mais comum e econômica de dar sabor de baunilha aos alimentos é usar a essência de baunilha. Ela é obtida pela maceração dos elementos da fava de baunilha responsáveis pelo sabor em solução alcoólica. Para usá-la, acrescente a quantidade especificada do líquido, conforme instruções da receita.

Fava de baunilha

Quando uma fórmula solicita baunilha em fava, não há como saber quanto de essência deve ser usado. Isso se deve ao fato de que a concentração da essência depende de muitos fatores, como o tempo que a fava ficou macerando, se ela estava partida ou não etc. No entanto, como referência, pode-se substituir ½ a 1 colher de chá (2,5 a 5 mL) de essência por cada fava de baunilha.

Nos EUA, pode-se comprar a baunilha na forma de um pó branco, que pode ser usado para dar sabor de baunilha a produtos de cor branca, como pasta americana e chantilly, sem alterar sua cor.

Essências

Essências são saborizantes à base de óleo e outras substâncias dissolvidos em álcool. Algumas das mais conhecidas são: baunilha, limão, amêndoa amarga, canela e café. Caso não disponha de essência de café, prepare a seguinte solução de sabor semelhante: dissolva 150 g de café solúvel em 360 g de água.

Nos EUA, é possível encontrar essências na forma de emulsão. As de limão e de laranja são as mais usadas. Seu sabor é acentuado. Por exemplo, para obter o mesmo sabor de limão, usa-se mais da essência do que se usaria da emulsão.

Os saborizantes, no geral, podem ser divididos em duas categorias: naturais e artificiais. Saborizantes naturais costumam ser mais caros que os artificiais, mas seu sabor é superior. A baunilha artificial é um composto chamado vanilina, muito usado em escala industrial para fazer pães, bolos e biscoitos, mas que pouco tem do complexo sabor da baunilha natural. Como as especiarias e saborizantes são usados em quantidades pequenas, vale a pena pagar um pouco mais pela qualidade. A economia de alguns centavos na receita de um bolo por causa de um produto artificial pode sair cara.

Bebidas alcoólicas

Várias bebidas alcoólicas são úteis para dar sabor aos produtos de panificação e confeitaria. Entre elas estão os licores, acrescidos de açúcar, as bebidas sem adição de açúcar e os vinhos.

Muitos licores têm sabor de frutas. Os mais importantes são os de laranja (Cointreau, Grand Marnier e Triple Sec, por exemplo) e de cassis (groselha-preta). Outros sabores importantes são: amêndoas amargas (*amaretto*), chocolate (*crème de cacao*), menta (*crème de menthe*) e café (*crème de café*, Kahlúa e Tia Maria).

Entre as bebidas alcoólicas sem adição de açúcar estão o rum, o conhaque, o Calvados (feito de maçãs) e o *kirsch* (destilado incolor feito de cerejas; ver p. 585).

Dois vinhos muito importantes são ambos doces: o Marsala (da Sicília) e o Madeira (da ilha portuguesa de mesmo nome).

TERMOS PARA REVISÃO

trigos duros
farinhas fortes
farinhas fracas
trigos moles
pericarpo
germe
endosperma
moinhos de pedra
moinhos de rolo
sistema de trituração
subprodutos
farinha de trigo especial ou de primeira
farinha de trigo comum ou tradicional
straight flour
grau de extração
glúten
amilase
diástase
pentosana
cinza
carotenoides
absorção
farinha enriquecida
condicionadores de massa
farinha de glúten
farinha de trigo especial para bolo

farinha de trigo especial para biscoito
farinha de trigo convencional
farinha de semolina
farinha de trigo com fermento
farinha de trigo integral
farinha com farelo
trigo para quibe
farinha de centeio
sacarose
carboidratos
açúcares simples
açúcares complexos
açúcar invertido
açúcar cristal
açúcar de confeiteiro
açúcar mascavo
xaropes
calda simples
caldas
melaço
melado
glucose
xarope de glucose de milho
extrato de malte
gorduras líquidas

saturada
insaturada
hidrogenação
emulsão
gordura hidrogenada comum
gordura emulsificada
margarina
pasteurizado
ultrapasteurizado
pasteurização UHT
leite integral
nata
leite desnatado
leite semidesnatado
leite homogeneizado
creme de leite fresco
creme de leite *light*
half-and-half
creme de leite azedo
crème fraîche
leitelho
iogurte
leite evaporado
leite condensado
leite em pó
leite em pó desnatado
baker's cheese
cream cheese

fermentação
fermento fresco
fermento de padaria
fermento biológico seco
fermento biológico seco instantâneo
fermentos químicos
bicarbonato de sódio
fermento em pó químico comum
double-acting baking powder (fermento de ação dupla)
sal amoníaco
método cremoso
método espumoso
gelatina
pectina
pasta de amêndoa
kernel paste
liquor
manteiga de cacau
cacau em pó
chocolate em pó solúvel
chocolate cobertura (*couverture*)
temperagem
essência

QUESTÕES PARA DISCUSSÃO

1. Por que se usa farinha de trigo branca em pães de centeio? E em pães integrais? Algumas padarias europeias produzem um pão de centeio (*pumpernickel bread*) com 100% de farinha de centeio. Que tipo de textura você esperaria de um pão como esse?

2. Descreva como é feita a distinção visual e tátil entre as farinhas de trigo especiais para pães, para biscoito e para bolo.

3. Por que a farinha de trigo branca conserva-se melhor que a farinha de trigo integral?

4. Qual é a importância da maturação na produção da farinha? Como esse processo é feito na indústria moageira atual?

5. O que diferencia a farinha de trigo comum da farinha de trigo especial? Para que tipo de produto cada uma delas é mais indicada e por quê?

6. Cite quatro funções do açúcar nos alimentos assados.

7. O que é açúcar invertido? Que propriedades desse açúcar o tornam útil na panificação?

8. Verdadeiro ou falso: o açúcar de confeiteiro tem a granulação mais fina entre todos os açúcares. Explique sua resposta.

9. Qual é a diferença entre a gordura hidrogenada comum e a gordura emulsificada? E entre a margarina para bolo e as margarinas para folhados e *croissants*?

10. Enumere algumas vantagens e desvantagens de se usar manteiga como gordura em massas de torta.

11. Cite seis funções dos ovos em produtos de panificação.

12. Qual é a diferença entre o fermento em pó químico comum e o *double-acting baking powder*? Qual é o mais usado e por quê?

13. Explique como se usa a gelatina em folha em uma receita. Explique como substituir a gelatina em folha por gelatina em pó.

O PROCESSO DE MISTURA
O DESENVOLVIMENTO

Princípios básicos de panificação

Quando se leva em conta o fato de que a grande maioria dos produtos da panificação é feita a partir de poucos ingredientes – farinha, gordura, açúcar, ovos, água ou leite, e fermentos –, fica fácil entender a importância da precisão na elaboração das receitas, já que pequenas variações nas proporções ou nos procedimentos exercem grandes efeitos no produto final. Para alcançar o resultado desejado, não é importante apenas pesar todos os ingredientes cuidadosamente, conforme discutido no Capítulo 2. É importante, também, compreender todas as reações complexas que ocorrem durante a mistura e o assamento, de modo que seja possível controlar esses processos.

Este capítulo fará uma introdução à elaboração de produtos da panificação por meio de uma discussão dos processos básicos comuns à maioria deles.

Após ler este capítulo, você deverá ser capaz de:

1. Explicar os fatores que controlam o desenvolvimento do glúten nos produtos de panificação.

2. Explicar as transformações pelas quais a massa passa durante o assamento.

3. Evitar ou retardar o envelhecimento dos produtos de panificação.

O PROCESSO DE MISTURA E O DESENVOLVIMENTO DO GLÚTEN

O estágio de mistura de massas é um processo complexo. Envolve mais que a simples combinação de ingredientes. Para controlar esse estágio de mistura e os métodos empregados na fabricação dos produtos deste livro – desde massas de pães a massas de bolo –, é importante compreender as diversas reações que ocorrem durante esse processo.

Processos básicos de mistura

Em geral, o processo de mistura de massa compreende três estágios:

1. Mistura dos ingredientes.

2. Formação da massa.

3. Desenvolvimento da massa.

Esses estágios se sobrepõem uns aos outros. Por exemplo, a massa começa a se formar e a se desenvolver antes mesmo que todos os ingredientes estejam completamente misturados. No entanto, pensar nos processos de mistura dessa maneira ajuda a compreender o que ocorre.

Produtos diferentes contêm ingredientes distintos em proporções variadas. Compare, por exemplo, uma massa de pão francês com uma massa de bolo. A primeira não leva gordura nem açúcar, ao passo que a segunda contém ambos em grandes quantidades. A primeira leva uma porcentagem menor de líquido, por isso é uma massa firme, que se transforma em um produto consistente depois de assada, enquanto a massa de bolo é semilíquida, resultando em um produto mais macio. Por causa dessas e de outras diferenças, cada um desses itens requer um método de mistura diferente. Um dos principais focos deste livro daqui por diante será o método correto de mistura para vários produtos da panificação e da confeitaria. Para cada um desses métodos, o objetivo é controlar os três estágios de mistura mencionados acima.

A seguir, iremos nos concentrar em dois processos especiais que ocorrem durante a mistura: a formação de bolhas de ar e a hidratação dos componentes.

Bolhas de ar

As bolhas de ar são visíveis na parte interna dos produtos de panificação e confeitaria. São elas que dão uma textura porosa às massas. (A parte interna dos pães e outros produtos similares é chamada de **miolo**, ao passo que a parte externa é chamada de casca ou crosta.)

As bolhas de ar são necessárias para o processo de fermentação. Consistem em espaços vazios circundados por uma película elástica feita basicamente de proteínas, como o glúten e a albumina do ovo. Os gases liberados pelos agentes fermentativos se inserem no interior dessas bolhas. Quando os gases se expandem durante o assamento, as películas também se expandem. Por fim, o aquecimento faz com que elas se tornem firmes, dando estrutura e suporte ao produto final.

É importante compreender que não há formação de novas bolhas durante o assamento. Todas as bolhas de ar que promovem o crescimento são formadas durante os estágios de mistura.

As bolhas de ar começam a se formar assim que o processo de mistura é iniciado. Há muito ar entre as partículas de farinha e de outros ingredientes secos. Em alguns casos, como ocorre com certos bolos, bolhas de ar adicionais são introduzidas quando certos ingredientes líquidos são adicionados – por exemplo, durante a incorporação das claras em neve.

As bolhas de ar, em geral, são grandes nos estágios iniciais da mistura, mas se subdividem em bolhas menores quando o glúten e outras proteínas se desenvolvem e se esticam para formar a película que envolve essas bolhas. Isso significa que a duração do processo de mistura determina a textura do produto final. Em outras palavras, a mistura adequada dos ingredientes é fundamental para a obtenção da textura desejada.

Hidratação

Hidratação é o processo de absorção de água. Os diversos ingredientes dos produtos de panificação absorvem ou reagem à água de maneiras distintas. Esses processos são necessários para a formação da massa.

O amido é, em peso e em volume, o principal componente das massas de pão e da maioria das outras massas. Ele não se dissolve na água, mas atrai e se liga às moléculas de água e passa por transformações em sua forma. As moléculas de água unem-se à superfície dos grânulos de amido, formando uma espécie de cápsula ao seu redor. Durante o assamento, o calor faz com que o amido hidratado se gelatinize. A gelatinização ajuda a formar a estrutura dos produtos de panificação, como será discutido mais adiante neste capítulo (pp. 105 e 106). Se não houver hidratação durante a mistura, não ocorrerá gelatinização.

As proteínas também são, em sua maioria, insolúveis em água, mas atraem e se unem às moléculas de água durante o processo de mistura, como os amidos. As proteínas do glúten presentes na farinha seca formam estruturas emaranhadas. Uma vez em contato com a água, começam a se desenrolar. O processo de mistura faz com que essas proteínas desenroladas unam-se umas às outras formando longas fibras de glúten. Em suma, a água é essencial para a formação do glúten.

O fermento necessita da água para tornar-se ativo e começar a levedar os açúcares, liberando o dióxido de carbono que promove a fermentação.

O sal, o açúcar e os fermentos químicos, como o fermento em pó, não têm efeito sobre as massas em sua forma seca. Devem ser dissolvidos em água para que desempenhem suas diversas funções.

Por fim, a água tem muitas outras funções. Por exemplo, o controle de sua temperatura permite o controle da temperatura da massa. O ajuste da quantidade de água ou outros líquidos permite o ajuste da consistência da massa.

Como controlar o desenvolvimento do glúten

A farinha consiste basicamente em amido, como você já sabe, mas é a quantidade de proteínas formadoras de glúten, e não o amido, que deve receber maior atenção. As proteínas do glúten são necessárias para dar estrutura aos produtos de panificação. O padeiro deve, no entanto, saber controlar o glúten. Por exemplo, normalmente queremos que o pão francês tenha massa firme e elástica, o que requer mais glúten. Por outro lado, queremos que os bolos fiquem macios e fofos, o que significa um desenvolvimento mínimo do glúten.

A **glutenina** e a **gliadina** são duas proteínas encontradas na farinha de trigo e, em quantidades muito menores, em alguns outros grãos, como o centeio e o trigo espelta. Durante a mistura, essas duas proteínas combinam-se com a água (isto é, são hidratadas) e formam uma substância elástica chamada **glúten**. Como explicado anteriormente, o glúten é formado quando as proteínas glutenina e gliadina hidratadas se desenrolam e se ligam umas às outras, formando cadeias longas. Durante a mistura, essas cadeias de proteína se estendem e se entrelaçam, formando uma rede elástica denominada *estrutura de glúten*.

A **coagulação** é o processo pelo qual as proteínas do glúten tornam-se firmes e rijas, geralmente pela ação do calor. Quando as proteínas do glúten se coagulam durante o assamento, solidificam-se, formando uma estrutura firme. A massa de pão macia e maleável transforma-se em um miolo firme, que mantém sua forma. Um efeito colateral da coagulação é que as proteínas liberam grande parte da água que absorveram durante a mistura. Uma parte dessa água evapora; outra parte é absorvida pelo amido.

A proporção dos ingredientes e os métodos de mistura são determinados, em parte, de acordo com seu efeito sobre o desenvolvimento do glúten. Este pode ser controlado de várias maneiras.

Escolha da farinha

As proteínas presentes na farinha de trigo, especialmente nas farinhas especiais provenientes de trigo duro, formam o *glúten de boa qualidade* – isto é, um glúten resistente e elástico. As proteínas são abundantes também nas farinhas de trigo comuns, ou tradicionais (ver p. 58), mas o glúten que formam tem uma qualidade inferior.

As farinhas de trigo são classificadas em fortes e fracas, dependendo do seu teor de proteínas. Farinhas fortes são feitas de trigos mais duros e têm um teor mais alto de proteínas. Farinhas fracas provêm de variedades mais macias de trigo e contêm menos proteínas. Assim, as farinhas fortes são usadas para fazer pães e as farinhas fracas, para fazer bolos. (O teor de proteína das farinhas é detalhado no Capítulo 4.)

As proteínas do centeio formam um glúten de baixa qualidade, insuficiente para a produção de pães comuns – embora alguns pães especiais, de textura densa, sejam produzidos apenas com centeio. O trigo espelta também possui quantidades muito pequenas de proteínas do glúten, que ainda são de baixa qualidade. Os demais grãos – como o milho, o trigo-sarraceno e a soja –, em sua maioria, não contêm a proteína do glúten. Para fazer pães de centeio ou outros grãos, a fórmula deve ser balanceada com alguma farinha com alto teor de glúten; caso contrário, o produto final ficará pesado.

Gorduras e outros amaciantes

Qualquer gordura usada em panificação encurta as redes de glúten. A gordura envolve as partículas, lubrificando-as, de modo que não fiquem grudadas umas nas outras. Portanto, gorduras são amaciantes. Quando um biscoito ou torta tem uma textura muito quebradiça, isso se deve ao seu alto teor de gordura e ao pouco desenvolvimento do glúten.

Por isso o pão francês não contém ou contém pouca gordura, ao passo que os bolos contêm uma grande quantidade.

No método cremoso para massa úmida (p. 384), a farinha é combinada com a gordura até formar uma mistura homogênea, de tal modo que o glúten se desenvolve muito pouco, mesmo após a massa ser batida por vários minutos.

O açúcar é outro amaciante que inibe o desenvolvimento do glúten. É uma substância higroscópica (p. 67), isto é, atrai e se une à água. A água atraída pelo açúcar fica indisponível para a hidratação do glúten. Por isso, um método especial de mistura, em que o desenvolvimento do glúten ocorre em uma etapa da mistura que antecede a adição do açúcar, é usado para massas doces levedadas (p. 114).

Água

Como as proteínas do glúten têm de absorver água para se desenvolver, a quantidade de água de uma fórmula afetará sua rigidez ou maciez.

Em geral, o glúten absorve cerca de 2 vezes o seu peso em água. Grande parte da água acrescentada à farinha é absorvida pelo amido, ficando indisponível para as proteínas. Privar as proteínas de água faz com que os produtos fiquem mais macios, pois impede o desenvolvimento do glúten. Massas de tortas e biscoitos, por exemplo, são feitas com uma quantidade muito pequena de líquido, para que fiquem macias. Adicionar água a essas fórmulas, ainda que em pequenas quantidades, ativa o glúten, enrijecendo o produto final.

Uma vez que todas as proteínas do glúten estejam hidratadas, a adição de mais água não ajudará em nada no seu desenvolvimento. Pelo contrário, se uma quantidade excessiva de água for acrescentada, o glúten se diluirá e enfraquecerá.

As características da água usada em panificação, especialmente a dureza e a acidez, também afetam o glúten. A **dureza da água** refere-se ao seu conteúdo mineral, particularmente o teor de cálcio. A água com maior concentração de sais minerais é chamada de *dura*. Os sais minerais presentes na água dura fortalecem o glúten, geralmente em demasia, tornando a massa elástica demais e difícil de trabalhar. A água com teor muito baixo de minerais produz uma massa muito viscosa e grudenta. Esses efeitos podem ser controlados tanto pelo tratamento da água quanto pelo acréscimo de condicionadores de massa.

O **pH** da água é medido de acordo com sua acidez ou alcalinidade, em uma escala de 0 a 14. Um ácido forte tem um pH de 0, enquanto uma base forte tem um pH de 14. A água pura, quando neutra, possui um pH de 7. O teor de minerais da água, em geral, aumenta seu pH. O desenvolvimento de um glúten mais forte ocorre com um pH ligeiramente ácido, de 5 a 6. Assim, a maciez do produto final pode ser controlada por meio da adição de um ácido, como suco de frutas, para baixar o pH para menos de 5 ou 6, ou pela adição de uma base, como o bicarbonato de sódio, para elevar o pH acima desse patamar. O pré-fermento natural, por ser ácido, produz uma massa mais macia e pegajosa do que aquelas feitas com fermento comum.

Métodos de mistura

Quando os ingredientes de uma massa são combinados, ocorrem três processos importantes:

1. A combinação da água com a farinha permite a hidratação das proteínas da farinha. Este é o primeiro passo no desenvolvimento do glúten.

2. O ar é incorporado à massa – o oxigênio do ar reage com o glúten e ajuda a fortalecê-lo, tornando-o mais elástico.

3. O glúten se desenvolve – o ato de misturar faz com que as redes de glúten se estendam e se alinhem, formando uma teia elástica.

No caso da massa de pão, a consistência é macia e pegajosa no início. Na medida em que o glúten se desenvolve, ela se torna mais lisa e menos grudenta. Quando a massa atinge seu estágio ideal de desenvolvimento, diz-se que está **"madura"**. Se continuar a ser sovada, as redes de glúten se quebram e a massa se torna pegajosa e borrachuda. A massa sovada em excesso fica sem volume, pois as estruturas rompidas do glúten não conseguem mais manter a forma.

Nos produtos em que a maciez é importante, como *cookies*, bolos e massas secas, o tempo de mistura é curto. Esses produtos requerem, no entanto, que o glúten se desenvolva um pouco – caso contrário, ficariam muito esfarelentos. Massas de tortas quebrariam ao serem retiradas da forma, biscoitos se esparramariam em vez de crescerem, e *cookies* se esfarelariam. A mistura excessiva, por outro lado, resulta em rigidez.

O **descanso de mesa** é uma técnica importante na produção da maioria das massas . Após a mistura ou a sova, o glúten se torna estendido e rijo. Nesse ponto, é difícil trabalhar e moldar a massa. Um período de descanso ou relaxamento permite que a rede de glúten se habitue ao seu novo tamanho e formato, tornando-se menos tensa. A massa pode, então, ser manipulada com mais facilidade, além de ficar menos propensa ao encolhimento.

Fermentação

A fermentação com leveduras ajuda no desenvolvimento do glúten, pois promove uma expansão das bolhas de ar, o que, assim como a sova, estende o glúten. Após o período de fermentação, o glúten presente na massa fica mais forte e elástico.

Além de fortalecer o glúten, o fermento também amacia o produto final. Isso ocorre porque a película das bolhas de ar torna-se mais fina à medida que elas crescem, resultando em um produto mais fácil de ser mastigado.

A fermentação em excesso, por sua vez, pode danificar as estruturas de glúten, esticando-as demais. Elas podem se romper e perder sua elasticidade. Massas que fermentam demais ficam com textura ruim, semelhante às que foram misturadas em demasia.

A adição excessiva de fermento em pó às massas de bolo, por exemplo, tem um efeito semelhante ao provocado pelo excesso de fermentação nas massas levedadas. As estruturas das proteínas são estendidas em demasia, tornando-se propensas ao rompimento. O resultado é um bolo denso e sem volume.

Temperatura

O glúten se desenvolve melhor em ambientes mornos do que em temperaturas baixas. Assim, a temperatura ideal para se preparar uma massa de pão é entre 21 e 27°C. Por sua vez, as massas quebradiças, como as de torta, ficam melhores se preparadas com água bem gelada e em ambiente frio, para limitar o desenvolvimento do glúten.

Outros ingredientes e aditivos

O *sal* é um ingrediente importante nas massas levedadas. Ele não apenas ajuda a regular a fermentação das leveduras, mas também fortalece o glúten, tornando-o mais elástico. Massas levedadas que não levam sal são mais difíceis de trabalhar, e seu glúten é mais propenso a romper-se.

O *farelo* de cereais inibe a formação de glúten porque impede algumas redes de glúten de se aderirem umas às outras; além disso, suas arestas pontiagudas cortam as cadeias que se formaram. Pães integrais, em geral, são mais pesados e possuem uma textura mais densa. A consistência da massa misturada não é lisa e nem elástica e se rompe facilmente.

Outras partículas sólidas adicionadas à massa de pães, como ervas, oleaginosas, azeitonas, queijo ralado e até mesmo especiarias moídas, têm um efeito similar no desenvolvimento do glúten.

Os *condicionadores de massa* contêm uma mistura de ingredientes, dos quais tem como função principal fortalecer o glúten. A escolha de condicionadores de massa depende de muitos fatores, como a dureza e o pH da água e o tipo de farinha selecionado.

O *leite*, inclusive o pasteurizado, contém uma enzima que interfere no desenvolvimento do glúten. Para ser usado em massas levedadas, deve ser previamente fervido (82ºC) e resfriado à temperatura ambiente.

O PROCESSO DE ASSAMENTO

As mudanças que ocorrem em uma massa durante o assamento são basicamente as mesmas em quaisquer produtos – pães, biscoitos, bolos etc. É preciso conhecer essas mudanças para aprender a controlá-las.

Os estágios do processo de assamento serão descritos a seguir. Atente para o fato de que muitos deles podem ocorrer simultaneamente, e não um após o outro. Por exemplo, a liberação de vapores de água e de outros gases inicia-se quase que ao mesmo tempo, mas é mais acelerada no estágio final do assamento.

Derretimento das gorduras

Gorduras sólidas incorporadas a uma massa aprisionam ar, água e alguns gases fermentativos. Quando a gordura derrete, esses gases são liberados, e a água transforma-se em vapor – ambos contribuem para o crescimento.

Gorduras diferentes possuem pontos de derretimento distintos, mas a maioria das gorduras usadas em panificação derrete entre 32 e 55ºC. Os gases liberados no início do assamento são mais propensos a escapar porque a estrutura ainda não está firme o suficiente para retê-los. É por isso que a massa folhada feita com manteiga, cujo ponto de derretimento é mais baixo, não cresce tanto quanto a que é feita com a margarina especial para folhados. Por outro lado, o alto ponto de derretimento dessas margarinas faz com que a massa deixe uma sensação desagradável ao comê-la.

Formação e expansão de gases

Os principais gases responsáveis pelo crescimento de massas assadas são o dióxido de carbono, liberado pela ação de fermentos biológicos e químicos; o ar, que é incorporado à massa durante o processo de mistura; e o vapor, que se forma durante o assamento.

Alguns gases – como o dióxido de carbono nas massas levedadas e o ar nas massas de pão de ló – já estão presentes na massa. Ao serem aquecidos, expandem-se e fazem com o que o produto cresça.

Outros gases são formados apenas quando a massa é submetida ao calor. O fermento biológico e o químico formam gases rapidamente quando são colocados no forno quente. O vapor também se forma à medida que a massa é aquecida.

Com o crescimento da massa, as películas das bolhas de ar tornam-se cada vez mais finas, pois se esticam com a expansão dos gases. Isso deixa o produto final macio.

A produção e a expansão de gases começam assim que o produto é colocado no forno. As leveduras morrem à temperatura de 60°C e param de produzir dióxido de carbono. No entanto, a produção de vapor continua durante todo o período de assamento.

À medida que os gases se formam e se expandem, são aprisionados na rede elástica formada pelas proteínas da massa. Essas proteínas são geralmente as do glúten, mas podem ser também as do ovo.

A morte das leveduras e de outros micro-organismos

Além das leveduras, as massas levedadas podem conter outros organismos, incluindo bactérias e mofos. Muitos deles, inclusive as leveduras, morrem quando a temperatura interna do produto atinge cerca de 60°C, embora alguns micro-organismos possam sobreviver a temperaturas um pouco mais altas.

Quando as leveduras morrem, a fermentação cessa e não há mais liberação de dióxido de carbono.

Coagulação das proteínas

As proteínas do glúten e do ovo são as principais responsáveis pela estruturação da maioria dos produtos de panificação e confeitaria. Elas fornecem essa estrutura apenas quando são aquecidas o bastante para coagular ou tornarem-se firmes. Como dito anteriormente, proteínas consistem em moléculas agrupadas em longas cadeias. O processo de coagulação tem início, lentamente, por volta dos 60-70°C. As redes de glúten se unem gradualmente umas às outras para formar uma estrutura sólida. Para visualizar esse processo, pense nos ovos, que são líquidos quando frios, mas tornam-se cada vez mais firmes quando aquecidos, até ficarem completamente sólidos.

Enquanto esse processo se desenrola, gases expandem-se continuamente, dilatando as redes de proteínas. Finalmente, quando a coagulação está completa, as bolhas de ar não se expandem mais, e o produto para de crescer. Grande parte da água que se liga às proteínas durante o processo de mistura é liberada e evapora ou, então, é absorvida pelo amido. Uma vez que a estrutura de proteínas tenha coagulado completamente, o produto consegue manter sua forma.

As temperaturas exatas em que o processo de coagulação se inicia e finaliza dependem de vários fatores, inclusive dos outros ingredientes presentes na massa. Açúcares e gorduras, especialmente, afetam a temperatura de coagulação das proteínas. A maioria das proteínas, no entanto, já está completamente coagulada ao atingir 85°C.

A temperatura correta de assamento é importante. Se a temperatura for muito alta, a coagulação começa muito cedo, antes que a expansão dos gases atinja seu pico. O produto resultante tem um volume ruim e uma casca rachada. Se a temperatura for muito baixa, as proteínas não coagulam no tempo ideal, e o produto pode murchar depois de pronto.

Gelatinização dos amidos

As moléculas de amido são o principal componente da maioria dos produtos de panificação. Portanto, o amido é uma parte importante de sua estrutura. Embora os amidos em si não consigam, em geral, dar forma a um produto assado, eles dão sustentação à estrutura.

Os amidos produzem uma estrutura mais macia que as proteínas quando assados. A maciez do miolo do pão se deve, em grande parte, ao amido. Quanto mais estruturas de proteínas houver, mais elástica será a massa assada do pão.

As moléculas de amido se aglutinam em grânulos minúsculos e duros. Esses grânulos atraem e se ligam à água durante o processo de mistura. Quando são aquecidos durante o assamento, a água é transportada para o interior dos grânulos, que se tornam muito inchados. Alguns dos grânulos de amido se rompem, liberando moléculas de amido. Durante tal processo, essas moléculas se unem à água disponível. É por isso que o interior do produto final é mais seco do que a massa ainda crua. Grande parte da água ainda está presente, mas ligada ao amido.

Esse processo, chamado de *gelatinização*, começa quando o interior do produto atinge cerca de 40ºC e continua durante todo o assamento, ou até a massa atingir cerca de 95ºC.

Dependendo da quantidade de água presente na massa, nem todo o amido se gelatiniza, pois pode não haver água suficiente. Em produtos de massa seca, como os biscoitos e as massas de torta, grande parte do amido não se gelatiniza. Em produtos feitos com massas que contêm uma grande quantidade de líquido, como a de alguns bolos, uma porcentagem maior de amido é gelatinizada.

Liberação de vapor de água e de outros gases

Durante todo o processo de assamento, parte da água transforma-se em vapor e escapa da massa. Se isso ocorrer antes de as proteínas se coagularem, o crescimento será favorecido. Além do vapor, dióxido de carbono e outros gases também são liberados. Em produtos levedados, o álcool produzido pelo processo de fermentação é um desses gases.

Outro resultado da perda de umidade é o início da formação da casca. À medida que a superfície perde umidade, torna-se mais rígida. A casca começa a se formar antes mesmo de a massa começar a dourar. Assar pães em fornos que liberam jatos de vapor retarda a formação da casca, já que isso impede o ressecamento da superfície. Com isso, o pão continua a crescer.

A perda de umidade continua até mesmo depois que o produto é removido do forno, durante o esfriamento.

Grande parte da umidade é perdida durante o assamento. Se um produto final necessita ter um peso específico, é preciso calcular essa perda de umidade durante a pesagem da massa crua. Por exemplo, para obter um pão de cerca de meio quilo, é preciso usar cerca de 565 g de massa crua. A porcentagem de perda de peso varia muito, pois depende de fatores como a proporção da área da superfície do pão pelo volume, o tempo e o modo de assamento (em formas ou diretamente no lastro no forno).

Formação e coloração da casca

A casca se forma com a evaporação da água da superfície, que se torna seca. A massa começa a ficar dourada apenas quando a temperatura da superfície atinge cerca de 150ºC e a superfície do produto já está seca. Esse processo tem início quando o interior ainda não está completamente assado e continua até o final do assamento.

A coloração dourada da massa assada se deve às reações químicas que ocorrem com os amidos, açúcares e proteínas. Embora essa etapa seja comumente chamada de *caramelização*, isso é apenas parte da história. A caramelização envolve apenas o cozimento de açúcares. Uma reação similar, chamada de *reação de Maillard*, é a grande responsável pela cor dourada dos produtos de panificação. É um processo que ocorre quando proteínas e açúcares são submetidos, juntos, a altas temperaturas. A reação de Maillard ocorre também na superfície de carnes e de outros alimentos ricos em proteínas.

As mudanças químicas causadas pela caramelização e pela reação de Maillard contribuem para o sabor e para a aparência do produto final.

Leite, açúcar e ovos, quando acrescentados às massas, deixam a casca mais dourada.

APÓS O ASSAMENTO

Muitos dos processos que ocorrem durante o assamento continuam depois que o produto é retirado do forno, ao passo que outros se revertem. Esse período pode ser dividido em dois estágios: esfriamento e envelhecimento, embora não haja uma linha divisora clara entre os dois. De certa maneira, o envelhecimento começa imediatamente, e o esfriamento é apenas a primeira parte desse processo.

Esfriamento

A umidade continua a escapar mesmo depois que o produto é removido do forno. Ao mesmo tempo, o esfriamento tem início, o que faz com que os gases ainda presentes na massa se contraiam. Se as estruturas de proteínas estiverem completamente estáveis, o produto encolhe um pouco, mas mantém a forma. Caso o produto não tenha assado o suficiente, no entanto, a contração dos gases pode fazer com que abaixe.

Quando os produtos são removidos do forno, sua casca é mais seca que seu miolo. Durante o esfriamento, a umidade tenta se redistribuir homogeneamente pelo produto. Como resultado, uma casca crocante torna-se macia.

As proteínas continuam a se solidificar e a se unir umas às outras durante o esfriamento. Muitos produtos estão frágeis assim que saem do forno, mas o esfriamento os torna firmes e mais fáceis de manusear. A maioria não deve ser manuseada ou cortada quando ainda estiver quente.

As gorduras que derreteram durante o assamento se tornam sólidas novamente. Isso também ajuda a tornar a textura mais firme.

Os amidos continuam a se gelatinizar enquanto o interior estiver quente. As moléculas de amido também se unem umas às outras e se tornam mais sólidas conforme o produto esfria. Esse processo é chamado de **_retrogradação do amido_** e é responsável pelo envelhecimento do produto.

Envelhecimento

Envelhecimento é a mudança na textura e no aroma dos produtos de panificação que ocorre quando os grânulos de amido têm sua estrutura alterada e perdem umidade. Produtos de panificação velhos perdem seu aroma de recém-assados e ficam mais firmes, secos e quebradiços que os produtos frescos. A prevenção do envelhecimento é uma das maiores preocupações do profissional desse setor, já que a maioria dos produtos decai em qualidade rapidamente.

Conforme mencionado, a retrogradação do amido tem início assim que o produto começa a esfriar. Quando as moléculas de amido unem-se umas às outras, o amido expele a umidade, tornando-se mais duro e seco. Ainda que essa umidade possa ser absorvida por outros ingredientes, como o açúcar, o resultado é uma textura ressecada. Como essa é uma reação química do amido, a textura dos pães torna-se ressecada mesmo quando estão muito bem embrulhados.

A retrogradação do amido ocorre mais rapidamente no refrigerador do que em temperatura ambiente, mas, com o congelamento, ela praticamente para. Assim, pães não devem ser guardados na geladeira. Devem ser mantidos em temperatura ambiente por períodos curtos ou congelados, se o período de armazenamento for maior.

O envelhecimento químico, se não for muito severo, pode ser parcialmente revertido com o aquecimento. Pães, _muffins_ e alguns bolos, por exemplo, podem se tornar mais frescos se forem levados ao forno rapidamente. Lembre-se, no entanto, que isso resulta em mais perda de umidade, de modo que essa técnica deve ser empregada apenas um pouco antes de o alimento ser servido.

A perda de crocância é causada pela absorção de umidade – então, nesse sentido, é o oposto do envelhecimento. A casca de pães rústicos absorve umidade do miolo e torna-se macia e borrachuda. Reaquecer esses produtos, além de reverter o envelhecimento químico do miolo, deixa a casca crocante novamente.

A perda de crocância também é um problema para os produtos com baixo teor de umidade, como os biscoitos e tortas. O problema é, em geral, resolvido com o armazenamento adequado em embalagens ou recipientes hermeticamente fechados, que protegem o produto da umidade presente no ar. Massas de torta previamente assadas devem ser recheadas, de preferência, logo antes de serem servidas.

Além de reaquecer os produtos no forno, outras três técnicas podem ser usadas para retardar o envelhecimento:

1. **Proteger o produto do contato com o ar**. Dois exemplos dessa técnica incluem embrulhar o pão em embalagem plástica e adicionar cobertura nos bolos , especialmente se ela for grossa e rica em gordura.

   Pães de casca mais rústica, que envelhecem mais rápido, não devem ser embalados; caso contrário, a casca se tornará macia e borrachuda mais rápido. Esse tipo de pão deve ser sempre servido fresco.

2. **Adicionar agentes umectantes à massa**. Gorduras e açúcares retêm a umidade, por isso os produtos que os contêm em grande quantidade conservam-se mais.

   Alguns dos melhores pães franceses não contêm gordura, por isso devem ser servidos logo após o assamento, senão começarão a envelhecer. Para melhorar sua conservação, alguns padeiros acrescentam uma pequena quantidade de gordura e/ou açúcar à fórmula.

3. **Congelar**. Os produtos de panificação congelados antes do envelhecimento mantêm suas qualidades por períodos mais longos. Para obter melhores resultados, congele-os logo após o assamento em um freezer para congelamento rápido a -40°C e mantenha a temperatura igual ou inferior a -18°C. Os pães devem ser servidos assim que forem descongelados. Podem ser reaquecidos, com resultados excelentes, se forem servidos imediatamente.

   A conservação em geladeira, por outro lado, acelera o envelhecimento. Apenas os produtos de panificação que podem tornar-se perigosos à saúde, como aqueles que contêm recheios cremosos, devem ser refrigerados.

TERMOS PARA REVISÃO

miolo	coagulação	sal	caramelização
hidratação	dureza da água	farelo	reação de Maillard
glutenina	pH	condicionadores de massa	retrogradação do amido
gliadina	"madura" (massa)	leite	envelhecimento
glúten	descanso de mesa	gelatinização	

QUESTÕES PARA DISCUSSÃO

1. Cite e descreva brevemente os três estágios do processo de mistura de uma massa.

2. Do que as películas das bolhas de ar são feitas? Descreva como as bolhas de ar se formam. Cite duas funções delas.

3. Descreva o que acontece quando as proteínas do glúten entram em contato com a água durante a mistura.

4. O que acontece se uma massa de pão for misturada por muito tempo? E uma massa de torta?

5. Descreva sete fatores que afetam o desenvolvimento do glúten nas massas.

6. Por que alguns bolos abaixam se forem retirados do forno antes da hora?

7. Quais desses bolos você esperaria que tivesse uma maior durabilidade: um pão de ló, que é pobre em gorduras, ou um bolo úmido, rico em gorduras e em açúcar?

Capítulo 6

Massas levedadas

Em sua forma mais simples, um pão nada mais é que uma massa assada feita de farinha e água, fermentada por leveduras. De fato, alguns pães tradicionais franceses contêm apenas esses ingredientes, além de sal. Outros tipos contêm outros ingredientes, como açúcar, gordura, leite, ovos e saborizantes. No entanto, farinha, água e fermento são a base de qualquer pão.

Ainda assim, para algo que parece tão simples, o pão pode ser um dos produtos mais trabalhosos e complexos de se elaborar. O sucesso em sua fabricação depende muito da compreensão de dois princípios básicos: o desenvolvimento do glúten, discutido no Capítulo 5, e a fermentação de leveduras, que já foi mencionada anteriormente e será discutida em detalhes aqui.

Este capítulo foca os procedimentos básicos envolvidos na elaboração de muitos tipos de produtos levedados. Atenção especial será dada aos métodos de mistura e ao controle da fermentação. No Capítulo 8, esses procedimentos serão aplicados a fórmulas específicas.

Após ler este capítulo, você deverá ser capaz de:

1. Citar e descrever os doze passos básicos envolvidos na produção de produtos levedados.

2. Explicar os três métodos básicos de mistura usados para massas levedadas.

3. Compreender e controlar os fatores que afetam a fermentação da massa.

4. Reconhecer e corrigir problemas nos produtos levedados.

TIPOS DE PRODUTOS LEVEDADOS

Embora todas as massas levedadas sejam feitas de acordo com os mesmos princípios básicos, é útil dividi-las em categorias como as que se seguem:

Produtos de massa magra

Uma *massa magra* é aquela que contém pouco açúcar e pouca gordura.

◆ Pães de casca grossa, incluindo o pão francês, a baguete, o pão italiano e a pizza. Estes são os pães mais magros feitos de massa levedada.

◆ Outros pães brancos e pães integrais, de forma ou não. Estes possuem mais gordura e açúcar, além de, ocasionalmente, ovos e leite em pó. Por serem um pouco mais gordurosos, em geral têm a casca mais macia.

◆ Pães feitos com outros grãos. Nos EUA, os pães de centeio são os mais comuns. Muitas variedades desse pão são produzidas lá, usando farinha clara ou escura ou mais grossa (como a *pumpernickel*), com diversos saborizantes – especialmente melado e sementes de alcaravia.

Produtos de massa rica

Não existe um limite preciso que separe as massas magras das ricas, mas, em geral, as **massas ricas** são aquelas que contêm uma quantidade maior de gordura, açúcar e, às vezes, ovos.

◆ Pães salgados e de massa densa, como o pão sovado e o brioche. Possuem um alto teor de gordura, mas pouco açúcar, de modo que podem ser servidos como acompanhamento nas refeições. A massa de brioche, feita com uma grande quantidade de manteiga e ovos, é especialmente rica.

◆ Pães doces, incluindo roscas e pães recheados de todos os tipos. Eles possuem uma grande quantidade de gordura e açúcar e, geralmente, contêm ovos. Costumam apresentar recheios ou coberturas doces.

Produtos de massa levedada laminada

As **massas levedadas laminadas** são aquelas em que a gordura é incorporada à massa em várias camadas, usando-se o procedimento de abrir com o rolo e dobrar. As camadas alternadas de gordura e massa dão ao produto final uma textura folhada.

As massas laminadas variam em teor de açúcar, desde cerca de 4%, em alguns *croissants*, a 15% ou mais, em algumas massas de *danish*. No entanto, muito da doçura da massa levedada laminada é decorrente de seus recheios e coberturas.

O *croissant* e o *danish* são os produtos mais conhecidos feitos com esse tipo de massa. Os *danishes* em geral contêm ovos em sua massa, enquanto os *croissants* não possuem, embora haja exceções a essa regra.

❖ MASSAS LAMINADAS ❖

Massas laminadas (massas que consistem em várias camadas de gordura intercaladas com camadas de massa) incluem as massas levedadas, como as de *croissant*, e as massas que não contêm fermento, isto é, que crescem pela ação do vapor e do ar somente – em outras palavras, designam os vários tipos de massa folhada.

Como os procedimentos usados na laminação para aumentar o número de camadas de massa são similares para os dois tipos de produto, independentemente das massas serem levedadas ou não, são discutidos juntos quando se trata de confeitaria.

É importante observar, no entanto, que preparar e trabalhar massas levedadas envolve processos profundamente diferentes dos usados para preparar e trabalhar outros tipos de massa. Lembre-se de que a massa de *danish* continua a fermentar enquanto está sendo aberta, cortada e modelada. Como consequência, deve ser trabalhada de forma diferente da massa folhada, mesmo que os passos da laminação sejam semelhantes. A falta de cuidado no preparo pode resultar em massas fermentadas em excesso e de qualidade reduzida. A massa folhada, por sua vez, pode ser aberta e modelada em um longo período de tempo sem que perca a qualidade, assim como qualquer massa de torta ou biscoito que não contém fermento biológico. Ao incluirmos a massa de *croissant* e de *danish* às massas levedadas, visamos enfatizar os princípios e procedimentos que todas estas últimas têm em comum.

A PRODUÇÃO DE MASSAS LEVEDADAS

Há doze passos básicos envolvidos na produção de pães levedados. Esses passos, em geral, aplicam-se a todos os produtos de massa levedada, com pequenas variações para alguns produtos. Os pães mais rústicos e artesanais que se tornaram populares são os que requerem procedimentos mais complexos. Esses procedimentos serão reservados para o Capítulo 7, no qual serão descritos em detalhe. Neste capítulo serão fornecidas as informações necessárias para produzir as fórmulas convencionais para produtos levedados presentes nos Capítulos 8 e 9. Para preparar os pães de fermentação natural e outros pães especiais do Capítulo 8, sugere-se a leitura do Capítulo 7.

1. Pesagem dos ingredientes
2. Mistura ou amassamento
3. Fermentação de piso
4. Abaixamento da massa
5. Divisão e pesagem
6. Boleamento
7. Descanso de mesa ou intermediário
8. Modelagem
9. Crescimento
10. Assamento ou forneamento
11. Esfriamento
12. Armazenamento

Como pode ser visto, combinar os ingredientes da massa é apenas uma parte de um processo complexo.

Esta seção descreve cada um desses passos, incluindo os procedimentos básicos. Nas seções seguintes, a elaboração da massa e a fermentação serão discutidas mais detalhadamente. Instruções específicas sobre a modelagem estão incluídas nas fórmulas dos Capítulos 8 e 9.

Pesagem dos ingredientes

Todos os ingredientes devem ser pesados com precisão.

Água, leite e ovos devem ser medidos por volume. Eles são pesados na proporção de 1 quilo por litro. No entanto, a maneira mais precisa é pesar esses líquidos (p. 20), especialmente se a quantidade for grande. Os procedimentos para a pesagem precisa de ingredientes são discutidos em detalhes no Capítulo 2.

É preciso um cuidado especial na pesagem de especiarias e outros ingredientes usados em quantidades muito pequenas – em particular o sal, que influencia o ritmo da fermentação (p. 94).

Mistura ou amassamento

O processo de mistura ou amassamento das massas levedadas tem três objetivos principais:

◆ Combinar todos os ingredientes em uma massa lisa e uniforme.

◆ Distribuir o fermento por igual na massa.

◆ Promover o desenvolvimento do glúten.

A primeira metade do Capítulo 5 dedica-se a explicar detalhadamente os processos de mistura comuns à maioria das massas. Essa informação é importante para todas as massas levedadas e deve ser revisada quando necessário. A seção seguinte apresenta os procedimentos necessários, com informações adicionais, para a mistura adequada das massas levedadas.

As três fases do processo de mistura para produzir massas em geral estão descritas na página 100. Durante a primeira fase, a farinha e outros ingredientes secos são hidratados ou combinados com ingredientes líquidos. Os padeiros geralmente se referem a essa fase como **estágio de mistura**, já que os ingredientes secos dispersos são gradualmente recolhidos e incorporados pela massa que se forma.

Na segunda fase, todos os ingredientes secos estão hidratados e formam uma massa irregular. Os padeiros chamam essa fase de **estágio de limpeza**, pois a massa atinge o ponto em que forma uma bola, que se desprende do recipiente, deixando-o limpo.

Na última fase, o amassamento continua e o glúten se desenvolve até o ponto desejado. Essa fase pode ser dividida em duas partes: a **fase inicial de desenvolvimento**, em que a massa ainda tem uma aparência irregular e rústica, e a **fase final de desenvolvimento**, em que o glúten torna-se liso e elástico.

São três os métodos principais de mistura usados para massas levedadas: o método direto, o método direto modificado e o método indireto (também chamado de método esponja).

Método direto

Na sua forma mais simples, o **método direto** consiste em apenas um passo: combinar todos os ingredientes e amassar. Muitos padeiros fazem pães de boa qualidade usando esse método e fermento fresco. No entanto, pode ser que o fermento não fique distribuído na massa de maneira uniforme. É mais seguro, portanto, misturá-lo separadamente com um pouco de água. Se for usado o fermento biológico seco, certamente é essencial misturá-lo com água antes de incorporá-lo à massa.

O fermento biológico seco instantâneo, por outro lado, não precisa ser misturado com água antes do uso, pois se hidrata e se torna ativo na massa rapidamente. O método mais usado para incorporar fermento biológico seco instantâneo à massa é misturá-lo com a farinha.

Procedimento: método direto de mistura para massas levedadas

1a. No recipiente em que a massa será misturada, amoleça o fermento biológico fresco ou seco em um pouco de água.

Fermento biológico fresco: misture com cerca de 2 vezes seu volume em água, ou mais.

◆ Temperatura ideal da água: 38°C.

Fermento biológico seco: misture com cerca de 4 vezes seu volume em água.

◆ Temperatura ideal da água: 40°C.

1b. Se for usado fermento biológico seco instantâneo, misture-o diretamente à farinha.

2. Adicione a farinha ao recipiente.

3. Coloque os demais ingredientes sobre a farinha.

4. Bata até obter uma massa lisa e homogênea.

Método direto modificado

Para massas ricas e/ou doces, o método direto é modificado para garantir uma boa distribuição da gordura e do açúcar. Nesse procedimento, a gordura, o açúcar, os ovos e os saborizantes são primeiramente combinados até formarem uma mistura homogênea, antes que a massa cresça.

Método indireto ou esponja

Pães feitos a partir deste método são preparados em duas etapas. Por essa razão, também é denominado método esponja e massa. Esse procedimento permite que o fermento comece a agir antes.

Procedimento: método direto modificado

1. Se for usado fermento biológico fresco ou seco, amoleça-o em uma parte do líquido, em um recipiente separado. Se for usado fermento biológico seco instantâneo, misture-o diretamente com a farinha.

2. Misture a gordura, o açúcar, o sal, o leite em pó e os saborizantes até obter uma mistura homogênea, mas não bata até ficar leve.

3. Adicione os ovos gradualmente, à medida que são absorvidos.

4. Despeje o líquido e bata rapidamente.

5. Acrescente a farinha e o fermento. Bata até obter uma massa lisa.

O primeiro estágio é chamado de **pré-fermento**, também conhecido como **esponja** e **massa-madre**. Todos esses termos possuem o mesmo significado. Os pré-fermentos serão discutidos em detalhes no Capítulo 7.

Há muitas variações no **método indireto ou esponja** – os passos descritos aqui são os mais gerais. As variações também serão discutidas no Capítulo 7, pois desempenham um papel importante na produção dos pães artesanais. Com os procedimentos descritos nesta página, no entanto, é possível preparar as massas deste livro que usam o método indireto convencional.

Uma observação sobre o método de porcentagens (p. 24) é necessária aqui. Há duas formas de expressar a porcentagem quando o método indireto está sendo usado:

1. Considerar a esponja ou pré-fermento como uma fórmula separada. Expresse a porcentagem de farinha da esponja em 100%. Então, na fórmula principal, expresse o peso total da esponja como uma porcentagem do peso da farinha dessa fórmula.

2. Considerar o pré-fermento como parte da fórmula principal. Expresse a farinha da esponja como uma porcentagem da farinha total da fórmula completa.

Cada método tem suas vantagens, e os padeiros têm suas preferências. Neste livro, ambos os métodos são usados, dependendo da fórmula, de modo que você experimentará trabalhar com os dois.

Procedimento: método indireto ou esponja

1. Misture parte ou todo o líquido da fórmula com o fermento e parte da farinha (e, em alguns casos, parte do açúcar). Bata até obter uma massa mole. Deixe fermentar até dobrar de volume.

2. Abaixe a massa e adicione o restante da farinha e os demais ingredientes. Bata até obter uma massa lisa e homogênea.

Tempos de mistura e velocidades

Os dois primeiros propósitos do processo de mistura – combinar os ingredientes formando uma massa e distribuir o fermento por igual – são cumpridos na primeira fase desse passo. O tempo restante é necessário para o desenvolvimento do glúten. Massas que são misturadas em excesso ou por menos tempo do que deveriam apresentam volume e textura ruins (ver O processo de mistura e o desenvolvimento do glúten, p. 100).

Os tempos de mistura dados nas fórmulas deste livro servem apenas como *referência*. É preciso aprender a identificar, pelo tato e pela observação, quando uma massa atinge o estado ideal de mistura. Isso só se aprende com a experiência. Uma massa bem desenvolvida é lisa e elástica. Se for magra, não deve ser grudenta.

O **teste do glúten** é um bom indicador do desenvolvimento completo e apropriado do glúten. Para aplicar o teste, pegue uma pequena porção da massa após o estágio de desenvolvimento e estique, como mostrado na foto da página 116. Ela deve formar uma membrana fina e transparente. Lembre-se: esse teste funciona melhor para as massas de pão branco tradicionais. Massas de pães integrais não formam uma película transparente porque as partículas de farelo cortam ou alteram as redes de glúten. Muitas massas de fermentação natural, igualmente, não formam essa película, pois a acidez da massa afeta o glúten.

A velocidade de mistura indicada nas fórmulas deve ser tomada como uma referência, e não como uma regra. Amassadeiras pequenas, cujos motores não são tão fortes quanto os das amassadeiras industriais, podem ser danificadas se usadas em velocidades altas para misturar massas mais consistentes. Nesses casos, uma velocidade mais baixa que a indicada na fórmula deve ser usada. Pela mesma razão, não se deve preparar grandes quantidades desse tipo de massa de uma só vez. Elas forçam muito o motor da amassadeira.

Siga as recomendações do fabricante no que diz respeito aos tempos de mistura e à quantidade de massa – essas instruções devem ter prioridade sobre as que são dadas nas fórmulas deste livro. Se uma velocidade mais baixa for usada, aumente o tempo de mistura para obter uma massa homogênea. Dependendo da amassadeira, leva-se o dobro de tempo para desenvolver uma massa na velocidade 1, ou mais baixa, do que se levaria na velocidade 2.

Em geral, massas ricas são misturadas por um tempo relativamente mais curto, pois se espera que fiquem mais macias. O mesmo ocorre com os pães de centeio, já que seu glúten é mais fraco e rompe-se com facilidade.

Misturar demais a massa é um erro comum na confecção de pães. As fibras de glúten, quando desenvolvidas até sua capacidade máxima, perdem a elasticidade. Então se rasgam, em vez de se estenderem, tornando a modelagem mais difícil. A textura e o volume da massa misturada em excesso são menos atrativos.

O sal, usado em quantidades apropriadas, ajuda a prevenir este problema, pois torna o glúten mais forte e elástico.

Teste do glúten.

Procedimento para a fermentação de massas levedadas

Coloque a massa em um recipiente grande o bastante para permitir a expansão da massa. Cubra-a e deixe fermentar à temperatura de cerca de 27°C ou à temperatura indicada pela fórmula. Idealmente, a temperatura da fermentação deve ser igual a da massa no momento em que é retirada da amassadeira. A fermentação deve ocorrer em um ambiente de alta umidade; caso contrário, a massa deve ficar coberta para evitar o ressecamento ou a formação de película.

Se não houver recipientes adequados, ou se a umidade for muito baixa para prevenir a formação de uma casca na massa, pode-se untar ligeiramente a superfície da massa.

Os tempos de fermentação indicados nas fórmulas deste livro servem apenas como referência. A fermentação estará completa quando a massa dobrar de volume. Uma depressão se mantém ou retorna à forma original muito lentamente quando a massa é pressionada levemente no topo com a ponta do dedo. Se a massa não afundar ou voltar à forma original muito rapidamente, a fermentação não está completa.

Fermentação de piso

Fermentação é o processo pelo qual as leveduras reagem com o açúcar e com o amido da massa para produzir dióxido de carbono (CO_2) e álcool. A ação do fermento é descrita no Capítulo 4 (p. 83).

O glúten se torna mais macio e elástico durante a fermentação; por essa razão, se estende mais e aprisiona mais gás. Massas que não fermentam completamente não terão volume, e a textura do produto final será porosa. Massas que fermentam em excesso ou em temperaturas muito altas tornam-se pegajosas, difíceis de trabalhar e ligeiramente azedas. Massas que não fermentam o suficiente chamam-se **young dough** (massa jovem, em inglês). Já massas que fermentam demais chamam-se **old dough** (massa velha).

Em geral, massas de glúten fraco, como as de pão de centeio e de massas ricas, têm um tempo de fermentação mais curto.

A ação do fermento continua até que as células de levedura morram, quando a temperatura da massa, já no forno, atinge os 60°C. É importante estar atento à fermentação que continua a ocorrer nos passos restantes da produção – abaixamento da massa, pesagem, boleamento, descanso de mesa e modelagem. Se o crescimento ocorrido nessas etapas for ignorado, a massa pode fermentar demais. As massas a serem usadas em pães individuais ou pães de formato mais trabalhado, que levam mais tempo para serem modelados, também devem fermentar por menos tempo, para que não estejam levedadas demais ao final do processo.

Informações mais detalhadas sobre a elaboração de massas e o controle da fermentação são dadas a partir da página 122.

Abaixamento da massa

Assim que a fermentação termina, a massa é abaixada para que haja um desenvolvimento adicional do glúten. Este passo possui quatro objetivos:

- Expelir o gás carbônico (dióxido de carbono).
- Redistribuir as leveduras para um crescimento adicional.
- Propiciar o relaxamento do glúten.
- Igualar a temperatura da massa.

O ato de abaixar a massa após a fermentação de piso não consiste apenas em fazer a **sova**, golpeando a massa no centro com o punho fechado, como muitas receitas parecem sugerir.

Para alguns produtos, etapas de fermentação e abaixamento adicionais podem ser necessárias, embora a maioria dos pães passe por esse processo apenas uma vez.

Grandes quantidades de massa são mais facilmente abaixadas se colocadas sobre uma superfície de trabalho, ao passo que quantidades menores podem ser abaixadas dentro da própria vasilha em que foram preparadas. Ambos os métodos estão descritos no quadro à direita.

Divisão e pesagem da massa

Usando uma balança, divida a massa em pedaços do mesmo tamanho, de acordo com o produto a ser feito.

Durante a pesagem, não se esqueça de calcular a perda de umidade que ocorre durante o assamento. Essa perda equivale a aproximadamente 10 a 13% do peso total da massa. Por exemplo, acrescente de 100 a 130 g de massa crua a mais para obter um quilo de pão pronto.

A perda exata de peso depende do tempo de assamento, do tamanho do pão e do tipo de forma em que é assado.

A pesagem deve ser feita com rapidez e destreza, para evitar a fermentação excessiva da massa.

Quando uma divisora é usada para separar as porções de massa, esta é pesada previamente na forma de discos, que são então subdivididos pelo equipamento (ver p. 44). Por exemplo, para obter pães franceses de 50 g usando uma divisora de 30 unidades, pese uma porção de massa de 1,5 kg, além de 150 a 200 g pela perda de umidade. Abra um disco com a massa e coloque na divisora; as unidades individuais podem ou não ser boleadas novamente, dependendo do produto.

Procedimento para o abaixamento da massa

Método 1: sobre uma superfície de trabalho

1. Polvilhe a superfície de trabalho com farinha e despeje a massa fermentada com a parte de cima virada para baixo.

2. Pegue a massa por um dos lados, puxe (A) e dobre em direção ao centro, de modo que cerca de ⅓ dela esteja dobrada.

3. Pressione a porção dobrada para baixo a fim de eliminar os gases (B).

4. Retire a farinha da superfície com uma espanadeira (C) para que não seja incorporada à massa – isso resultaria em estrias na massa do produto final.

5. Repita os passos 2 a 4 nos três outros lados da massa (D).

6. Vire a massa, deixando as emendas na parte de baixo. Levante-a e coloque de volta no recipiente.

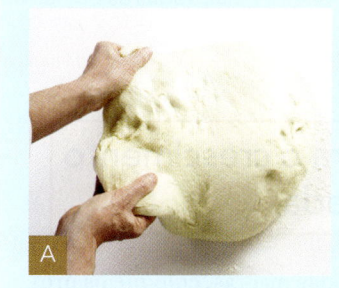

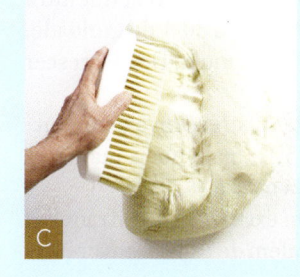
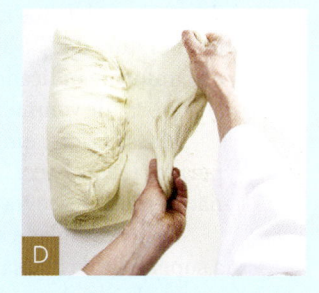

Método 2: dentro do recipiente

1. Puxe um dos lados da massa e dobre em direção ao centro, depois pressione.

2. Repita o procedimentos nos outros lados da massa.

3. Vire a massa no recipiente, deixando as emendas viradas para baixo.

Boleamento

Depois de pesadas, as porções de massa são modeladas em forma de bolas. Esse processo forma uma espécie de casca ao esticar o glúten da superfície externa em uma camada uniforme. O *boleamento* simplifica a modelagem posterior da massa, além de ajudar na retenção dos gases produzidos na fermentação.

Seu instrutor demonstrará as técnicas de boleamento. Uma divisora boleadora é um equipamento que faz automaticamente a divisão e o boleamento da massa.

Descanso de mesa ou intermediário

As porções boleadas de massa podem descansar por 10 a 20 minutos. Isso faz com que o glúten relaxe, facilitando a modelagem. Além disso, a fermentação continua a ocorrer durante esse período.

Em padarias maiores, a massa boleada é colocada em estufas de crescimento para crescer. Estabelecimentos menores colocam a massa em recipientes tampados, que podem ser empilhados uns sobre os outros. Outra alternativa é simplesmente deixar a massa sobre a superfície de trabalho, coberta – daí o nome *descanso de mesa*.

Modelagem

A massa é modelada em pães de diversos formatos e então colocada em assadeiras. *Pães rústicos*, em particular os assados no lastro do forno, podem ser colocados em recipientes enfarinhados ou outras formas depois de modelados.

A modelagem apropriada tem uma importância fundamental para o produto final. Todas as bolhas de ar devem ser eliminadas nessa etapa. As bolhas que ficarem na massa resultarão em orifícios maiores no produto final.

Tanto nos pães assados em formas quanto nos assados diretamente no lastro, as emendas devem ser posicionadas na parte de baixo do pão para que não abram durante o assamento. Para pães assados em formas, o tamanho da assadeira deve ser proporcional ao peso da massa. Massa demais ou de menos na forma resultará em um formato indesejável.

Os pães podem ser modelados nos mais variados formatos. Alguns deles, juntamente com as técnicas usadas para modelá-los, estão descritos nos Capítulos 8 e 9.

Crescimento

O *crescimento* é a continuação do processo de fermentação das leveduras que aumenta o volume da massa modelada. Os padeiros usam nomes diferentes para distinguir a primeira fase de crescimento da massa (quando ocorre a fermentação) e o descanso de mesa, quando o pão já está modelado. A temperatura do crescimento é, em geral, mais alta que a temperatura da etapa de fermentação.

Pães que não completam essa etapa adequadamente não crescem e adquirem uma textura densa. Já o crescimento excessivo resulta em uma textura grossa e em perda de sabor.

O pão francês, em geral, tem um tempo maior de crescimento, para proporcionar sua textura aerada característica. Seu glúten forte suporta a esticada extra proporcionada pelo tempo maior de descanso.

O período de crescimento das massas ricas é um pouco menor, pois seu glúten mais fraco não suportaria distender-se mais.

Procedimento para o crescimento das massas levedadas

1. Para massas levedadas magras, coloque os produtos já modelados na câmara de crescimento à temperatura de 27 a 30ºC e 70 a 80% de umidade, ou conforme indicado na fórmula. Deixe crescer até dobrar de volume.

   Massas ricas, em geral, crescem a uma temperatura mais baixa (25ºC), para que a manteiga não derreta e escorra da massa.

   Evite a umidade em excesso. Ela enfraquece a superfície da massa, além de causar um crescimento desigual.

   Se uma câmara de crescimento não estiver disponível, tente se aproximar o máximo possível dessas condições: cubra os produtos para conservar a umidade e mantenha-os em local aquecido.

2. Confira o crescimento visualmente (os pães dobram de volume) e pelo toque (quando pressionada de leve, a massa volta lentamente à sua forma original). Se a massa estiver firme e elástica, é necessário mais tempo de crescimento. Se a depressão se mantiver, é provável que a massa já tenha passado do ponto ideal de crescimento.

Assamento ou forneamento

Como visto no Capítulo 5, muitas transformações ocorrem durante o assamento (se necessário, rever as pp. 104 a 106). As mais importantes são:

1. **Expansão dos gases**, em que ocorre um rápido crescimento oriundo da produção e dilatação dos gases aprisionados com a ação do calor do forno. O fermento ainda está totalmente ativo no início, mas morre quando a temperatura interna da massa atinge 60°C.

2. Coagulação das proteínas e gelatinização dos amidos. Em outras palavras, o produto torna-se firme e mantém a forma.

3. Formação e caramelização da casca.

Para controlar o processo de assamento, os seguintes fatores devem ser considerados.

Temperatura do forno e tempo de assamento

As temperaturas devem ser ajustadas de acordo com o produto a ser assado. A temperatura correta permite que seu interior seja completamente assado ao mesmo tempo em que a casca atinge sua cor ideal. Portanto:

1. Pães maiores são assados em temperaturas mais baixas e por períodos mais longos, longe um dos outros.

2. Massas ricas e doces são assadas em temperaturas mais baixas porque a gordura, o açúcar e o leite que contêm fazem com que fiquem douradas mais rapidamente.

3. Pães franceses feitos sem adição de açúcar e com longos períodos de fermentação requerem temperaturas mais altas para que sua casca adquira a cor desejada.

   - A maioria dos pães de massa magra é assada a 205-220°C.
   - Algumas fórmulas de pão francês são assadas a 220-245°C.
   - Produtos de massa rica são assados a 175-205°C.

Uma casca bem dourada normalmente indica que o pão está pronto. Bata com o nó dos dedos na parte de baixo do pão para verificar se está pronto – o som deve ser oco.

Pincelagem

Muitos produtos levedados, se não a maioria, são pincelados com algum ingrediente líquido pouco antes de serem assados. Os tipos de **pincelagem** mais comuns utilizam:

1. *Água* – usada principalmente para pães de casca dura, como o pão francês. Assim como o vapor do forno (ver abaixo), a água pincelada sobre o pão evita que a casca seque muito rapidamente e fique grossa demais.

2. *Pasta de amido* – usada para pincelar principalmente pães de centeio. Além de prevenir o ressecamento rápido da casca, ajuda a deixá-la brilhante.
   Para fazer uma pasta de amido, misture 60 g de farinha de centeio clara com 500 mL de água. Leve ao fogo até ferver, mexendo sempre. Deixe esfriar. Se necessário, dilua com água até obter uma consistência semilíquida.

3. *Ovo* – usado para dar um tom dourado e brilhante à casca de pães doces e salgados. Em geral é batido com água ou, às vezes, leite. As proporções variam muito, dependendo da tonalidade desejada.

4. Nos EUA, é possível encontrar *produtos em aerosol*, que dão brilho e facilitam a aderência de sementes e outros itens. [Manteiga ou outra gordura derretida pode ser usada para dar brilho, amaciar e realçar a cor da casca.]

Foto tirada na Turtle Bread Company.

Bisturis para panificação.

Foto tirada na Turtle Bread Company.

Acabamento

Uma rachadura na lateral do pão é causada pelo crescimento que se dá depois que a casca se forma. Para dar espaço a essa expansão, os pães de casca dura recebem um corte antes de serem assados. Os cortes são feitos na parte de cima do pão com um bisturi especial para panificação (que pode ter a lâmina curva, reta ou serrilhada) ou outra faca ou lâmina afiada imediatamente antes de levar o pão ao forno, como mostra a figura ao lado. Os padrões criados pelos cortes também contribuem para a aparência do pão.

Pães pequenos, em geral, assam completamente sem que a casca se parta – o corte, nesses casos, é meramente decorativo.

Nota: Em inglês, o termo *docking* é usado por alguns padeiros para referir-se a esse procedimento. No entanto, outros defendem que o termo deveria ser reservado para um processo diferente – a saber, quando se perfura a massa crua de torta doce ou salgada. Em português, o processo de dar acabamento compreende também a pincelagem dos pães.

Como colocar os pães no forno

Os pães crescidos são frágeis até que comecem a se firmar conforme vão assando. Devem ser manipulados com cuidado ao serem colocados no forno, que não deve ser aberto durante a primeira parte do assamento.

Os pães podem ser assados diretamente no lastro, como o pão italiano, ou em assadeiras.

1. **No lastro.** Para colocar os pães já crescidos no forno, ponha-os sobre uma pá para pizza polvilhada com bastante fubá. Deslize a pá para dentro do forno. Então, com um movimento rápido, puxe a pá em sua direção, deixando os pães sobre o lastro. Para remover os pães prontos do forno, deslize a pá rapidamente sob eles e traga-os para fora do forno. A terceira foto à esquerda mostra uma pá sendo usada.

2. **Na assadeira.** Pães de massa firme podem ser colocados em assadeiras em vez de serem assados diretamente no lastro. Alguns padeiros chamam de pães rústicos mesmo os pães que não foram assados diretamente no lastro. Para dar uma aparência mais rústica ao pão, polvilhe a forma com fubá. As formas também podem ser forradas com papel-manteiga. Algumas assadeiras podem ser encontradas na versão perfurada, que permite uma melhor circulação do ar, resultando em uma casca dourada por igual.

   Pães de hambúrguer e outros tipos de pão com formatos diferentes são assados em formas apropriadas. Mais detalhes serão dados na seção sobre modelagem do Capítulo 8.

Vapor

Pães de casca mais grossa são assados na presença de vapor, que é liberado no forno durante a primeira parte do assamento. Pães de centeio também se beneficiam com a presença do vapor nos 10 minutos iniciais.

O vapor ajuda a manter a casca macia durante a primeira parte do assamento, para que o pão possa crescer rapidamente e por igual sem rachar. Se o vapor não fosse usado, a casca começaria a se formar antes, tornando-se grossa e pesada. Além disso, cascas formadas muito antecipadamente estão mais sujeitas a rachar à medida que o interior se expande. O vapor também ajuda a distribuir o calor pelo forno, melhorando ainda mais o crescimento inicial. Quando a umidade do vapor reage com os amidos da superfície do alimento, alguns deles formam dextrinas. Quando o vapor cessa, essas dextrinas, juntamente com os açúcares da massa, caramelizam-se e adquirem uma cor dourada. O resultado é uma casca fina, crocante e brilhante.

Massas ricas, com grande quantidade de gordura ou açúcar, não formam uma casca crocante e, em geral, são assadas sem a presença do vapor.

Esfriamento

Depois de assado, o pão deve ser removido da forma e colocado sobre grades de metal para esfriar, permitindo que o excesso de umidade e álcool gerados durante a fermentação escape.

Pães menores, com espaço suficiente entre eles, podem esfriar na própria forma, quando a circulação de ar for adequada. Por outro lado, já que a condensação poderia deixar a parte de baixo murcha, é melhor colocá-los também sobre grades de metal.

Se a intenção é obter uma casca macia, os pães podem ser pincelados com alguma gordura derretida antes de esfriarem.

Os pães não devem ser expostos a correntes de ar enquanto esfriam, senão a casca pode rachar.

Assim como outros alimentos, os pães continuam a passar por transformações físicas e químicas depois que são removidos do forno. Consulte a página 107 para um resumo dessas transformações.

Armazenamento

Os pães destinados ao consumo nas 8 horas após o assamento podem ser mantidos sobre as grades de metal. Para armazená-los por mais tempo, acondicione-os já frios em embalagens impermeáveis para retardar o envelhecimento. Se o pão não estiver totalmente frio ao ser embalado, o vapor se condensará dentro da embalagem.

Embalar ou congelar os pães aumenta sua durabilidade. Conservá-los em geladeira, por outro lado, acelera seu envelhecimento.

Pães de casca mais rústica não devem ser embrulhados (a menos que estejam congelados); caso contrário, a casca se tornará macia e borrachuda. Outra opção é usar um material poroso para embalar, que protege o pão de contaminação, mas permite que a umidade escape.

MÉTODOS PARA A ELABORAÇÃO DE MASSAS LEVEDADAS

Método direto

Em uma padaria típica, a maioria dos pães é feita com o método direto de mistura, isto é, todos os ingredientes são combinados de uma só vez, como descrito na página 114. A massa, então, passa pela fermentação de piso (aquela que antecede o boleamento e o crescimento final) de 1 a 2 horas e meia. Diz-se que é uma **massa de fermentação curta**.

Uma massa levedada pode ser feita em menos tempo ainda se uma quantidade maior de fermento, de preferência fermento biológico seco instantâneo, for adicionada à massa – que é tirada da amassadeira em uma temperatura mais alta (de até 32ºC) e tem um período de descanso de apenas alguns minutos, antes de ser pesada e boleada. O período de crescimento final também é menor. Esse método deve ser usado apenas em casos emergenciais, pois o produto final não tem textura e sabor bons.

As **massas de fermentação longa** fermentam por 5-6 horas ou mais (algumas vezes de um dia para o outro), a uma temperatura de 24ºC ou menos. Durante esse tempo, é aconselhável abaixar a massa várias vezes. A vantagem desse método é que a fermentação longa e vagarosa melhora muito o sabor do produto. Alguns dos melhores pães europeus são feitos dessa forma. A maior desvantagem – além do longo período de preparo – é que é mais difícil controlar a fermentação em razão das flutuações de temperatura e outros fatores. A massa, com frequência, fermenta demais. Apesar disso, as massas de fermentação longa estão em alta por conta da revalorização recente dos pães artesanais (ver Capítulo 7).

Para evitar os problemas de uma fermentação longa feita pelo método direto, mas preservando o sabor advindo da fermentação longa, pode-se recorrer ao método indireto.

Método indireto ou esponja

O método indireto envolve dois estágios de mistura, como descrito na página 115. Primeiramente, prepara-se um pré-fermento, ou esponja, com água, farinha e fermento, deixando-o fermentar. Então, a massa é preparada juntando-se os demais ingredientes. Essa massa deverá passar por um curto período de fermentação ou, se a esponja passou por um longo período de fermentação, a massa pode ser pesada logo em seguida.

Vantagens do método indireto

- Tempo mais curto de fermentação para a massa pronta.

- Flexibilidade no planejamento do preparo. A esponja conserva-se por muito mais tempo que uma massa pronta.

- Melhora do sabor, em decorrência do longo período de fermentação da esponja.

- Fermentação mais efetiva de massas ricas. Açúcar e gordura em excesso inibem o crescimento das leveduras. Quando o método indireto é usado, a maior parte da fermentação está completa antes de a gordura e o açúcar serem incorporados.

- Uso de menos fermento, uma vez que ele se multiplica durante a fermentação da esponja.

CONTROLE DA FERMENTAÇÃO

A fermentação adequada – isto é, a que produz uma massa que não está fermentada nem a menos (nova) nem a mais (velha) – requer um balanceamento entre tempo, temperatura e quantidade de fermento.

Tempo

O tempo de fermentação varia; o momento de abaixar a massa não é, portanto, indicado pelo relógio, mas pela aparência e textura da massa. Os tempos de fermentação fornecidos nas fórmulas deste livro servem apenas como referência.

Para alterar o tempo de fermentação, é preciso controlar a temperatura da massa e a quantidade de fermento.

Temperatura

Idealmente, a fermentação da massa ocorre na temperatura em que é retirada da amassadeira. Padarias de grande porte têm câmaras especiais de fermentação que controlam a temperatura e a umidade, mas estabelecimentos menores e restaurantes raramente têm esse luxo. Se um período curto de fermentação for usado, no entanto, a fermentação estará completa antes que a massa seja muito afetada pelas mudanças na temperatura ambiente.

Temperatura da água

A massa de pão deve se manter a uma temperatura apropriada, em geral de 25,5 a 26,7°C para que fermente na velocidade ideal. A temperatura da massa é afetada por vários fatores:

- Temperatura ambiente.
- Temperatura da farinha.
- Temperatura da água.

Desses, a temperatura da água é a mais fácil de controlar no estabelecimento de pequeno porte. Portanto, depois que a água é pesada, assegure-se de que atinja a temperatura requerida. Em dias frios, pode ser necessário aquecê-la ou, nos dias mais quentes, pode ser preciso usar uma mistura de água e gelo moído. Além disso, caso o período de fermentação seja longo, a temperatura da massa deve ser reduzida para evitar que fermente em excesso.

Procedimento para a determinação da temperatura da água

1. Multiplique a temperatura desejada da massa por 3.

2. Some as temperaturas da farinha e do ambiente, mais 10°C, para levar em conta a fricção causada pelo ato de misturar (ver *Nota*).

3. Subtraia o resultado do passo 1 pelo resultado do passo 2. A diferença é a temperatura necessária da água.

   Exemplo: Temperatura necessária da massa = 26°C
   Temperatura da farinha = 20°C
   Temperatura ambiente = 22°C
   Coeficiente de atrito = 10°C
   Temperatura da água = ?

1. $26°C \times 3 = 78°C$

2. $20°C + 22°C + 10°C = 52°C$

3. $78°C - 52°C = 26°C$

Portanto, a temperatura da água deve ser de 26°C.

Nota: este procedimento é preciso o bastante para a maioria dos usos em uma padaria pequena. No entanto, há outros complicadores, como as variações no coeficiente de atrito, ou seja, o aumento causado pela fricção mecânica, que talvez devam ser considerados para ter mais exatidão. Para efetuar o cálculo desse coeficiente, ver Apêndice 5.

Quantidade de fermento

Se as outras condições forem constantes, o tempo de fermentação pode ser alterado com o aumento ou a diminuição da quantidade de fermento (ver quadro abaixo). Como regra geral, não se deve usar mais fermento que o necessário. Isso pode resultar em um sabor inferior.

Procedimento para a modificação da quantidade de fermento

1. Determine um fator dividindo o tempo de fermentação original pelo tempo de fermentação desejado.

2. Multiplique esse fator pela quantidade original de fermento para determinar a nova quantidade.

$$\frac{\text{Tempo de fermentação original}}{\text{Novo tempo de fermentação}} \times \frac{\text{Quantidade original de fermento}}{} = \frac{\text{Nova quantidade de fermento}}{}$$

Exemplo: uma fórmula que usa 35 g de fermento tem um tempo de fermentação de 2 horas a 27°C.

Quanto de fermento será necessário para reduzir o tempo de fermentação para 1 hora e meia?

$$\frac{2 \text{ horas}}{1\frac{1}{2} \text{ hora}} \times \frac{350 \text{ g de fermento}}{} = \frac{450 \text{ g de fermento}}{}$$

Cuidado: este procedimento deve ser usado apenas para alterações pequenas. Um aumento ou diminuição excessivos da quantidade de fermento acarretam uma série de problemas, resultando em produtos de qualidade inferior.

Pequenas quantidades

Quando quantidades muito pequenas de massa são preparadas – alguns quilos apenas – existe uma maior probabilidade de a temperatura ambiente afetar a massa. Assim, pode ser necessário aumentar um pouco a quantidade de fermento nos dias frios ou diminuí-la nos dias quentes.

Outros fatores

O sal da fórmula, os sais minerais da água e o uso de melhoradores ou condicionadores de massa afetam o ritmo da fermentação. Ver página 94 para uma discussão sobre os efeitos do sal na fermentação.

A água excessivamente ácida não possui os minerais que garantem o bom desenvolvimento do glúten e a fermentação da massa. Por outro lado, a água dura demais – isto é, que contém mais sais minerais e é, portanto, mais alcalina – também inibe o crescimento da massa. Isso pode ser mais problemático para as massas mais magras do que para as ricas. Essa diferença pode ser corrigida com o uso apropriado do sal ou, nos locais em que a água é muito alcalina, com a adição de quantidades muito pequenas de um ácido suave à água. Condicionadores de massa, melhoradores de farinha e aditivos podem corrigir essas condições e estão disponíveis em lojas especializadas. Seu uso depende das características da água usada na massa.

O teor de gordura da massa também deve ser considerado. As massas ricas em gordura ou açúcar fermentam mais lentamente que as massas magras. Esse problema pode ser evitado com o uso do método indireto de mistura.

Resfriamento

O *resfriamento* pode ser usado para retardar a fermentação ou o crescimento final da massa levedada. Isso pode ser feito em um refrigerador comum ou em câmaras frias especiais, que mantêm uma alta umidade do ar. Se um refrigerador comum for usado, o produto deve ser coberto para prevenir o ressecamento e a formação de película.

Fermentação retardada

A massa que será submetida à refrigeração antes de ser modelada geralmente passa por uma fermentação parcial. Em seguida, é aberta em assadeiras, coberta com plástico e submetida à refrigeração. A camada de massa não deve ser muito espessa; caso contrário, o interior levará muito tempo para resfriar e, portanto, fermentará demais. A massa é retirada com antecedência da câmara fria. Algumas massas mais ricas em gordura são modeladas ainda geladas, para não ficarem muito moles.

Crescimento retardado

Produtos já modelados submetidos à refrigeração são feitos de massa ainda não totalmente fermentada. Depois de modelados, são imediatamente levados à câmara fria. Antes de serem usados, são deixados à temperatura ambiente para finalizar a fermentação, se necessário. Em seguida são assados.

Um equipamento muito útil para a padaria de médio ou grande porte é a **câmara climática**. Esse equipamento é uma combinação de câmara fria e estufa de crescimento, com termostatos para ambas as funções e *timers* para automatizar o processo. Por exemplo, o padeiro pode preparar uma fornada de pães franceses de manhã ou ao final da tarde e colocar na câmara climática, ajustando os controles para congelar ou resfriar. Em seguida, ajusta o *timer* para acionar a função de estufa de crescimento para a manhã seguinte. O equipamento iniciará o aumento gradual da temperatura, finalizando o crescimento dos pães, de modo que estarão prontos para assar na hora especificada.

PROBLEMAS NA PANIFICAÇÃO E SUAS CAUSAS

Em decorrência da complexidade do processo de elaboração de pães, podem ocorrer muitos problemas. Para remediar os mais comuns em panificação, o guia a seguir pode ajudá-lo a identificar as causas possíveis e a corrigir o procedimento.

PROBLEMAS	CAUSAS
FORMA	
Pouco volume	Excesso de sal
	Quantidade insuficiente de fermento
	Quantidade insuficiente de líquido
	Farinha de trigo fraca
	Tempo de mistura acima ou abaixo do ideal
	Forno muito quente
Muito volume	Quantidade insuficiente de sal
	Quantidade excessiva de fermento
	Quantidade excessiva de massa por unidade
	Crescimento excessivo
Formato irregular	Quantidade excessiva de líquido
	Farinha de trigo muito fraca
	Modelagem incorreta
	Fermentação ou crescimento incorretos
	Excesso de vapor no forno
Casca partida ou escurecida	Tempo de mistura excessivo
	Tempo de fermentação abaixo do ideal
	Modelagem incorreta – emendas não estão na parte de baixo
	Aquecimento desigual do forno
	Forno muito quente
	Quantidade insuficiente de vapor
SABOR	
Sem sabor	Quantidade insuficiente de sal
Sabor desagradável	Ingredientes de má qualidade, velhos ou estragados
	Falta de higiene
	Tempo de fermentação acima ou abaixo do ideal

PROBLEMAS	CAUSAS
TEXTURA E MIOLO	
Muito densa ou fechada	Quantidade excessiva de sal
	Quantidade insuficiente de líquido
	Quantidade insuficiente de fermento
	Tempo de fermentação abaixo do ideal
	Tempo de crescimento abaixo do ideal
Muito grossa e porosa	Quantidade excessiva de fermento
	Quantidade excessiva de líquido
	Tempo incorreto de mistura
	Fermentação inadequada
	Crescimento excessivo
	Forma muito grande
Miolo estriado	Procedimento impróprio de mistura
	Técnicas de modelagem e finalização incorretas
	Uso excessivo de farinha para polvilhar
Textura ruim e esfarelenta	Farinha de trigo muito fraca
	Quantidade insuficiente de sal
	Tempo de fermentação acima ou abaixo do ideal
	Crescimento excessivo
	Temperatura do forno muito baixa
Miolo acinzentado	Tempo de fermentação ou temperatura do forno excessivos
CASCA	
Muito escura	Quantidade excessiva de açúcar ou leite
	Tempo de fermentação abaixo do ideal
	Temperatura do forno muito alta
	Assamento excessivo
	Vapor insuficiente no início do assamento
Muito pálida	Quantidade insuficiente de açúcar ou leite
	Tempo de fermentação acima do ideal
	Crescimento excessivo
	Temperatura do forno muito baixa
	Tempo de assamento abaixo do ideal
	Excesso de vapor no forno
Muito grossa	Quantidade insuficiente de açúcar ou gordura
	Fermentação inadequada
	Assamento muito longo ou em temperatura incorreta
	Quantidade insuficiente de vapor
Com bolhas	Quantidade excessiva de líquido
	Fermentação inadequada
	Modelagem inadequada

TERMOS PARA REVISÃO

massa magra

massas ricas

massas levedadas
  laminadas

estágio de mistura

estágio de limpeza

fase inicial de
  desenvolvimento

fase final de
  desenvolvimento

método direto

pré-fermento

esponja

massa-madre

método indireto ou
  esponja

teste do glúten

fermentação

young dough
  (massa jovem)

old dough (massa velha)

abaixamento da massa

sova

boleamento

descanso de mesa

pães rústicos

crescimento

expansão dos gases

pincelagem

método direto

massa de fermentação
  curta

massa de fermentação
  longa

resfriamento

câmara climática

QUESTÕES PARA DISCUSSÃO

1. Quais são as principais diferenças entre os ingredientes de um pão francês e um pão de forma branco?

2. Por que a massa de *croissant* é folhada?

3. Quais são os doze passos envolvidos na produção de massas levedadas? Explique rapidamente cada um deles.

4. Quais são os três principais objetivos do processo de mistura da massa levedada?

5. Explique as diferenças de procedimento entre o método direto e o método indireto de mistura. Como o método direto às vezes é modificado para a produção de massas doces e por que isso é necessário?

6. Qual é o objetivo de abaixar a massa após a fermentação?

7. Quanto de massa de pão francês crua seria necessário para produzir 30 pães pesando 70 g cada depois de assados?

8. Cite quatro vantagens do uso do método indireto no estágio de mistura de massas levedadas.

9. Qual é a importância da temperatura da água no estágio de mistura de massas levedadas?

Capítulo 7

Pães artesanais

O interesse do consumidor pelos saborosos pães feitos artesanalmente tem crescido muito nos últimos anos. Nos EUA, por exemplo, *chefs* padeiros têm se dedicado a pesquisar e testar receitas de pães tradicionais europeus para oferecer produtos diferenciados e exclusivos aos consumidores. Cada vez mais os restaurantes desse país têm feito seus próprios pães especiais ou, então, comprado pães de padarias locais especializadas, que os produzem artesanalmente, e não em escala comercial. Muitas padarias finas europeias têm preservado e utilizado as técnicas de fabricação artesanal de pães por gerações, mas muitos padeiros as descobriram apenas recentemente.

No Capítulo 6, você aprendeu os procedimentos básicos de produção de massas levedadas convencionais. Esses princípios e técnicas também são usados na produção de pães artesanais, mas especificidades adicionais devem ser compreendidas para que você possa produzir pães especiais de fermentação natural e outros pães artesanais.

Após ler este capítulo, você deverá ser capaz de:

1. Selecionar farinhas para a confecção de pães artesanais.
2. Preparar pré-fermentos com leveduras.
3. Preparar e cultivar pré-fermentos naturais.
4. Preparar massas com a técnica conhecida como autólise.
5. Assar pães artesanais de forma adequada.

O QUE É UM PÃO ARTESANAL?

Um *pão artesanal*, também chamado de especial e, às vezes, pão rústico, pode ser definido de várias formas. A maioria das definições contém expressões como "feito em casa", "feito à mão", "produção limitada", "sem conservantes" e "elaborado com técnicas tradicionais". Mas para todas elas pode-se encontrar um contraexemplo. O fato é que essas expressões não definem precisamente o que se entende, em panificação, por pães artesanais ou não conseguem separar esse tipo de pão do tipo convencional. Afinal, todas as fórmulas deste livro podem ser elaboradas artesanalmente em pequenas quantidades, ainda que muitas delas não possam ser consideradas pães artesanais. Ao mesmo tempo, padarias de grande porte usam equipamentos para transformar centenas de quilos de farinha por dia em pães de alta qualidade que praticamente qualquer pessoa consideraria como um pão artesanal, pelo menos no que se refere às suas qualidades degustativas. Além disso, agora que muitas redes de supermercados estão vendendo pães produzidos em escala comercial com os termos "artesanal" e "especial" em seus rótulos, fica mais difícil ainda encontrar uma definição adequada.

Os dicionários definem como "artesão" a pessoa que "exerce uma arte ou um ofício por conta própria". Um pão artesanal, portanto, é aquele feito à mão por um padeiro capacitado. Esse é um bom começo, mas não é uma definição muito precisa. Outra definição comum é a de que os pães artesanais são feitos a partir de técnicas tradicionais. Esse é um dado importante, mas ainda é preciso determinar o que se entende por "técnicas tradicionais". Talvez não consigamos chegar a uma definição de pão artesanal que satisfaça a todos, mas podemos determinar as características que, de acordo com muitos padeiros, são essenciais.

Feito à mão. Esta é a característica que mais se aproxima da definição de *artesão* dada pelo dicionário. Isso significa que nenhum equipamento pode ser usado? Uma pessoa pode preparar um pão em casa do começo ao fim sem usar nenhum equipamento, mas é óbvio que seria difícil para um padeiro produzir pães em uma escala comercialmente viável sem usar pelo menos um equipamento para amassar. Alguns tipos de equipamentos são usados em praticamente todas as padarias e confeitarias. No entanto, o trabalho manual desempenha um papel importante na produção artesanal, e a destreza e o discernimento do padeiro são essenciais. Portanto, a produção de pães artesanais é, por necessidade, feita em pequena escala. A fabricação desse tipo de pão não dever ser um processo automático ou totalmente mecanizado.

Uso de pré-fermentos feitos de leveduras comerciais ou naturais. Um *pré-fermento* é uma massa fermentada de consistência firme ou pastosa usada para levedar uma quantidade grande de massa. O método indireto de mistura, ou método esponja, discutido no capítulo anterior, introduziu o tema dos pré-fermentos. Como visto, uma vantagem do uso da esponja – um pré-fermento – é que ela dá mais sabor ao produto, por meio de uma fermentação mais lenta. O pré-fermento natural ou massa-madre é semelhante a um pré-fermento preparado com leveduras comerciais, a não ser pelo fato de que usa fermentos naturais, também chamados de leveduras selvagens. Os pré-fermentos feitos de leveduras comerciais e naturais serão discutidos em detalhe neste capítulo.

Ausência de aditivos e conservantes. O pão artesanal tradicional é um pão de casca crocante que não contém nada além de farinha, água e sal – pode ser levedado por fermentos comerciais ou naturais. Outros ingredientes podem ser acrescentados para criar pães especiais, tanto para enriquecer a massa, como leite, ovos e manteiga, quanto para dar-lhes um sabor diferenciado, como ervas, especiarias, oleaginosas, frutas secas e azeitonas. Mas todos os ingredientes devem ser itens familiares, reconhecíveis pelo consumidor.

Técnicas tradicionais de elaboração. Por séculos, o pão foi elaborado sem o uso de nenhum equipamento – com exceção, é claro, dos fornos, que até muito recentemente eram aquecidos com lenha. As padarias artesanais da atualidade tentam imitar o máximo possível essas técnicas tradicionais. Como já dito, pelo menos parte do processo deve ser feito à mão, mesmo que sejam usadas amassadeiras para preparar a massa. Os padeiros também procuram usar farinhas similares àquelas usadas por padarias europeias tradicionais, em especial as que têm menos proteínas e um teor mais alto de cinzas (ver p. 60). Além disso, uma vez que o processo de fermentação é tão importante para o sabor, as massas normalmente fermentam por mais tempo, a temperaturas mais baixas, em geral sem o uso de estufas de crescimento. Fornos de lastro são invariavelmente usados, e algumas padarias até possuem fornos a lenha tradicionais para preparar seus pães.

FARINHA

Qualquer *chef* sabe que a escolha de ingredientes de boa qualidade é uma parte importante da elaboração de pratos diferenciados. Ao contrário dos *chefs* que trabalham em restaurantes, no entanto, os *chefs* padeiro e confeiteiro têm poucos ingredientes com os quais se preocupar. A farinha, obviamente, é o ingrediente principal da panificação, ou seja, sua qualidade afeta praticamente tudo o que é produzido em uma padaria e/ou confeitaria, especialmente o pão.

Uma das grandes inspirações para os padeiros atualmente é Lionel Poilâne, cujos afamados pães foram despachados para todas as partes do globo. Poilâne era criterioso na escolha das farinhas, insistindo no uso apenas de produtos feitos com trigo cultivado organicamente, de acordo com exigências que ele mesmo especificava. Padeiros artesanais, tanto nos EUA quanto na Europa, passaram a seguir seus passos na busca por farinhas orgânicas da melhor qualidade, com frequência produzidas em pequenas quantidades.

Como dito anteriormente, padeiros artesanais procuram replicar os pães artesanais tradicionais da França e de outros países europeus, de modo que procuram usar farinhas semelhantes às produzidas na Europa. Isso significa, primeiramente, que o teor de proteínas é de cerca de 11,5%, e não 12,5%, como é comum, por exemplo, entre as farinhas para pão usadas nos EUA.

É importante ter em mente que uma concentração menor de proteínas representa uma capacidade menor de absorção (p. 60). Isso significa que, se uma farinha com baixo teor de proteínas for usada em uma fórmula em que você sempre usou uma farinha mais forte, será preciso usar menos líquido para se obter a mesma consistência. Sempre que mudar o tipo de farinha, é melhor testá-la em uma quantidade pequena de massa para verificar como ela se comporta.

Ademais, enquanto as farinhas norte-americanas são feitas com um grau de extração de cerca de 72% (ver p. 58), os pães artesanais geralmente são feitos com farinhas cujo grau de extração é maior – entre 77 e 90%. Isso significa que a farinha é mais escura e possui um teor de cinzas mais alto, resultando em mais sabor. Além disso, a maior concentração de sais minerais beneficia a fermentação longa e lenta, preferida na produção de pães artesanais. Se não for possível encontrar farinhas com essas características, pode-se obter uma aproximação de duas maneiras. A maneira mais fácil é misturar um pouco de farinha de trigo integral à farinha branca. A mais laboriosa, mas que permite uma aproximação maior da farinha com alto grau de extração, é peneirar farinha de trigo integral em uma peneira de malha bem fina, removendo as partículas maiores do farelo. O farelo pode ser reservado para outros usos.

TIPOS DE PRÉ-FERMENTO

O capítulo 6 introduziu o tema dos pré-fermentos ao apresentar o método indireto de mistura, ou método esponja. Os pré-fermentos dão um impulso inicial à fermentação e contribuem para o sabor ao estenderem o período de fermentação. Além disso, o uso de pré-fermentos permite que o padeiro reduza ou mesmo elimine a quantidade de fermento comercial usada. Uma terceira vantagem é que as massas de fermentação rápida preparadas com o método direto podem ser difíceis de trabalhar, requisitando o uso de condicionadores de massa e aditivos. Os pré-fermentos, por outro lado, são melhoradores naturais da textura da massa, que facilitam o trabalho sem a necessidade de aditivos.

Há dois tipos básicos de pré-fermento: os preparados com fermentos comerciais e os naturais, feitos a partir de leveduras selvagens cultivadas artesanalmente. O termo esponja também é usado como sinônimo de pré-fermento, como ocorre com o nome do método esponja. Neste livro, no entanto, o termo será usado para referir-se apenas a pré-fermentos preparados com fermento comercial.

Todos os subtipos de pré-fermento são semelhantes – o que os difere, basicamente, é o tipo de fermento usado: comercial ou natural. Os pré-fermentos naturais requerem procedimentos diferenciados. São levemente azedos por causa da acidez criada na massa durante o longo período de fermentação. Essa acidez afeta não somente o sabor do pão, mas também sua textura. Os amidos e as proteínas são modificados pelos ácidos, resultando em um miolo mais úmido e em maior durabilidade.

Observe que alguns pré-fermentos naturais produzem apenas uma leve acidez, e o produto final não fica com um sabor muito azedo (ver discussão sobre a fermentação de bactérias na p. 134). O termo *massa azeda*, no entanto, é muito usado para se referir às culturas de fermentos selvagens de qualquer teor de acidez. Alguns padeiros preferem usar o termo massa-madre ou *levain* (p. 133) para descrever essa categoria de pré-fermento, reservando o termo *massa azeda* apenas para os que possuem maior acidez.

Pré-fermentos de leveduras comerciais

Noções básicas sobre o uso de pré-fermentos foram introduzidas no Capítulo 6, quando discutiu-se o método indireto de mistura (p. 115). O procedimento geral lá descrito pode ser aplicado a qualquer pré-fermento. No entanto, informações adicionais serão úteis ao padeiro artesanal porque os pré-fermentos estão sujeitos a muitas variações.

Há muitos termos tradicionalmente usados para referir-se aos tipos de pré-fermento comercial. Infelizmente, o uso da terminologia é inconsistente. Alguns desses termos serão introduzidos aqui, mas os padeiros podem usá-los com significados diferentes. À medida que os pães artesanais se tornarem mais difundidos, os termos provavelmente sofrerão uma maior padronização. Como mencionado anteriormente, até mesmo a palavra "esponja" pode ter significados diferentes. Este livro (assim como muitos profissionais) usa o termo "esponja" para referir-se aos pré-fermentos preparados com fermento biológico comercial. Outros usam o mesmo termo para referir-se a um pré-fermento de consistência semilíquida.

Ao contrário dos pré-fermentos naturais, que podem durar indefinidamente, os que usam fermento comercial têm uma vida limitada, e o ideal é prepará-los antes de cada uso. Caso fermentem demais, devem ser descartados, pois a massa feita com eles será difícil de trabalhar e o pão ficará com um sabor desagradável.

Os tipos mais importantes de pré-fermento comercial serão apresentados nas seções a seguir.

Poolish

Acredita-se que este tipo de pré-fermento tenha se originado na Polônia – o termo **poolish** vem de "polonês". Um *poolish* (ou *poolisch*) é um tipo de pré-fermento ralo feito com partes iguais (pelo peso) de água e farinha, além de fermento biológico comercial. Em outras palavras, a fórmula de um *poolish* é 100% farinha, 100% água e porcentagens variáveis de fermento, dependendo da velocidade desejada de fermentação.

Para adquirir o sabor ideal, um *poolish* deve ser feito apenas com uma quantidade mínima de fermento e ter um tempo de fermentação bem longo, em temperatura ambiente. O *poolish* forma bolhas e aumenta de volume; quando chega ao seu ponto máximo, começa a murchar, deixando a superfície com uma aparência enrugada. Um *poolish* submetido a uma fermentação lenta pode manter-se nesse ponto máximo de qualidade por muitas horas. Depois disso, a acidez aumentará e a qualidade se deteriorará.

Se for necessário um período menor de fermentação, deve-se usar mais fermento. Nesse caso, no entanto, o *poolish* manterá seu ponto máximo de qualidade por um período mais curto. Ver a tabela a seguir com as quantidades de fermento e o tempo de fermentação.

Quantidade de fermento e tempo aproximado de fermentação do *poolish*		
Quantidade de fermento biológico fresco (porcentagem da farinha usada no *poolish*)	**Quantidade de fermento biológico seco (porcentagem da farinha usada no *poolish*)**	**Tempo aproximado de fermentação em temperatura ambiente (18-20°C)**
3,5%	1,4%	2 horas
2%	0,8%	4 horas
1%	0,4%	8 horas
0,5%	0,2%	12 a 16 horas

Biga

Biga é o termo italiano para pré-fermento. Embora possa referir-se, teoricamente, a qualquer pré-fermento, em geral é usado para pré-fermentos de consistência firme. Como as massas de consistência mais firme fermentam mais lentamente que as mais pastosas, a *biga* costuma ser feita com maior quantidade de fermento. Cerca do dobro da quantidade de fermento deve ser usado no *poolish* para o mesmo tempo de fermentação.

A fórmula típica da *biga* contém 100% de farinha, 50 a 60% de água e 1 a 1,5% de fermento biológico fresco.

Levain-levure

Este é o termo usado em francês para se referir aos pré-fermentos feitos com leveduras comerciais. Em geral, refere-se a uma massa firme como a *biga*, mas o termo é usado às vezes para referir-se a pré-fermentos semilíquidos como o *poolish*. A palavra francesa **levure** significa fermento. O termo **levain-levure** não deve ser confundido com o termo *levain* sozinho. **Levain** significa pré-fermento natural ou massa-madre/massa azeda. O *pain au levain* é um pão de fermentação natural.

Massa velha

A massa velha ou antiga é simplesmente uma porção de massa crua de pão que foi guardada para uso futuro. É conhecida também por seu nome francês, **pâte fermentée**, que significa "massa fermentada". Guardar um pedaço de massa fermentada, de preferência em uma câmara fria, para que não fermente demais, é uma forma fácil e comumente usada para obter os benefícios do pré-fermento sem ter que prepará-lo do zero novamente. Pode-se, é claro, preparar uma quantidade de massa de pão apenas para que seja usada como massa velha.

Como a massa velha é, na verdade, uma massa de pão, ela difere dos outros pré-fermentos, já que contém sal, além de farinha, água e fermento. O sal retarda a fermentação. Para contrabalançar o sal, a massa velha contém mais fermento que os demais tipos de pré-fermento discutidos até aqui.

Quando um pré-fermento puro como o *poolish* ou a *biga* é usado para fazer pão, em geral é a única fonte de fermento da massa. A massa velha, por sua vez, é geralmente usada em menor quantidade – isto é, corresponde a uma porcentagem menor da massa final – e pode não ser forte o suficiente para levedar o pão sozinha. Assim, pode-se acrescentar fermento extra à massa velha quando esta for usada para preparar uma massa de pão. Em outras palavras, uma massa preparada dessa maneira usa o método direto de mistura (p. 121) – a massa velha é mais um ingrediente da massa. Esse método que usa tanto um pré-fermento (massa velha) quanto o fermento biológico, acrescentado na hora para a fermentação da massa, é chamado também de **fermentação mista**.

Pré-fermentos naturais

Para os propósitos desta discussão, o **pré-fermento natural** será definido como uma massa levedada por uma massa-madre. Uma **massa-madre** é uma massa que contém leveduras e bactérias que se desenvolvem naturalmente; tem acidez pronunciada, resultante da fermentação desses organismos, e é usada para fermentar outras massas.

A massa-madre, um **fermento natural**, é também chamada de *levain* e massa azeda (*sourdough starter* em inglês). Quando não havia fermento comercial, a fabricação do pão começava com uma mistura de farinha e água, que era deixada em repouso até que as leveduras selvagens começassem a fermentá-la. Essa mistura era usada, então, para fermentar a massa de pão. Uma porção era guardada, depois de misturada com mais farinha e água, e usada para fermentar a massa de pão do dia seguinte. Esse processo ainda é usado atualmente.

Há dois aspectos importantes que definem o fermento natural: a presença de leveduras selvagens, e não de fermentos comerciais, e a ação das bactérias.

Leveduras selvagens

As leveduras selvagens presentes no pré-fermento natural não são as mesmas do fermento biológico comercial. Consequentemente, comportam-se de maneira um pouco diferente. As leveduras selvagens também variam conforme a região e o meio em que se encontram. Por exemplo, as leveduras selvagens que dão o sabor característico ao pão *sourdough* de São Francisco, nos EUA, são diferentes das encontradas em outras regiões do planeta. Se uma massa-madre for levada de uma região a outra, a acidez pode mudar, pois é provável que as leveduras selvagens do local de destino sejam mais fortes.

Leveduras selvagens podem suportar níveis mais altos de acidez que os fermentos comerciais. Se uma massa feita com um fermento comercial tornar-se muito ácida, o fermento pode morrer, e o produto final ficará com um gosto desagradável. Já as leveduras selvagens conseguem desenvolver-se em ambientes mais ácidos.

Mesmo que se consiga uma aproximação do pão de fermentação natural pelo uso do método indireto e um pré-fermento comercial, o sabor complexo e a textura úmida do miolo de um pão com uma cultura de leveduras selvagens não podem ser alcançados.

Fermentação bacteriana

O segundo ponto importante é que os pré-fermentos naturais contêm bactérias, além de leveduras. A mais importante dessas bactérias pertence ao grupo dos chamados **lactobacilos**. Assim como as leveduras, essas bactérias fermentam os açúcares da massa e geram gás carbônico. Além disso, produzem ácidos. São esses ácidos que dão ao pão de fermentação natural seu sabor ligeiramente azedo. Como acontece no caso das leveduras selvagens, as bactérias presentes em um pré-fermento variam, de modo que cada um tem características particulares.

Dois tipos de ácido são produzidos pelas bactérias: ácido lático e ácido acético. O ácido lático é um ácido fraco ou suave. Já o ácido acético, o mesmo do vinagre, é um ácido forte. Conseguir um balanceamento desses dois ácidos é um dos principais objetivos da panificação artesanal. É esse balanceamento que dará ao pão seu sabor ácido característico. Ácido acético em excesso dá ao pão um sabor áspero de vinagre. O ácido lático é necessário para equilibrar o sabor, mas se a massa contiver apenas esse ácido e não contiver ou contiver uma quantidade muito pequena de ácido acético, o pão não terá o sabor característico.

A maneira como o pré-fermento natural é mantido e como sua fermentação é controlada afetam a formação desses dois ácidos.

Como preparar e manter uma massa-madre

Como dito anteriormente, os micro-organismos (leveduras e bactérias) que criam os pré-fermentos naturais variam de um lugar a outro. Além disso, os padeiros procuram características distintas em seus pães feitos com pré-fermentos naturais. Assim, o processo de criação, a manutenção e o uso de uma massa-madre variam consideravelmente. Começaremos esta seção com uma explicação geral de fatores importantes a serem considerados. Em seguida, apresentaremos os princípios gerais da elaboração da massa-madre. Não se esqueça de que, até que seu fermento natural esteja bem estável e forte e você já tenha feito pães de boa qualidade com esse pré-fermento, os procedimentos serão um tanto experimentais.

Fonte de micro-organismos

Como você já sabe, se uma mistura de água e farinha ficar em repouso por algum tempo, cedo ou tarde começará a fermentar, seja pela ação de leveduras e bactérias presentes no ar do ambiente, seja pela ação das que já estavam presentes na farinha. Infelizmente, no entanto, deixar a massa em repouso e esperar pelo melhor não é a maneira ideal de se preparar uma massa de pão. Para criar um pré-fermento natural, ou massa-madre, o padeiro normalmente recorre a fontes mais confiáveis de fermentação.

As leveduras selvagens estão naturalmente presentes na superfície de frutas e grãos integrais, e esses são os ingredientes mais usados para criar fermentos naturais. Uma das maneiras mais confiáveis de se criar uma massa-madre é misturar farinha de centeio integral e água e deixar essa mistura repousar até fermentar. A fermentação inicial geralmente leva pelo menos dois ou três dias. O centeio é um ambiente propício para as leveduras selvagens, e a massa-madre feita a partir desse grão tende a ser melhor que as feitas apenas com farinha de trigo. Em geral, a farinha integral é a que contém uma maior quantidade desses organismos, mas se não encontrá-la, use a farinha de centeio mais escura que encontrar. A farinha clara de centeio, feita do interior do grão, contém uma quantidade menor desses organismos.

Outra maneira comum de se preparar uma massa-madre é fazer uma pasta mole de farinha de trigo especial para pão e água, afundando nela pedaços de fruta (as uvas são muito usadas) ou vegetais, e esperar até que comece a fermentar. Em seguida, as frutas são removidas. Alguns padeiros acreditam que esse método não é tão bom quanto o que usa a farinha de centeio porque os grãos são o ambiente natural das leveduras neles contidas, ao passo que as leveduras das frutas não estão adaptadas aos grãos em geral nem à farinha.

As fórmulas para ambos os tipos de massa-madre estão incluídas no próximo capítulo. Os resultados, obviamente, variam dependendo da localidade.

Como renovar a massa-madre

Uma vez que a fermentação inicial tenha começado, a massa-madre deve ser renovada ou alimentada regularmente para que as leveduras e as bactérias sejam nutridas e se multipliquem, até estarem fortes o bastante para fermentar uma massa de pão. Dependendo das condições do ambiente e de outros fatores, isso pode levar semanas. As leveduras e bactérias devem receber um suprimento constante de alimento fresco, na forma de farinha de trigo, para que se desenvolvam. O procedimento básico é combinar uma parte da massa-madre com mais farinha e água, na proporção correta (ver seção a seguir), e deixar que a mistura fermente novamente.

É fácil prever que se mais farinha e água forem sempre acrescentadas à massa-madre inicial, ela irá atingir uma proporção muito maior do que a necessária. Por isso, uma parte é descartada a cada vez que a massa-madre é renovada.

Como cada massa-madre é diferente, é impossível prever qual é o tempo necessário entre as renovações. Em geral, pode levar dois dias ou mais no início do processo, mas à medida que as leveduras e as bactérias se multiplicam, a massa-madre se torna mais forte e seu metabolismo mais rápido. Uma massa-madre bem desenvolvida costuma ser renovada todos os dias ou até mesmo com maior frequência, se a temperatura for alta.

Proporção de água e farinha na massa-madre

Alguns tipos de massa-madre são consistentes, semelhantes ao pré-fermento feito com levedura comercial chamado *biga* (p. 133). A massa-madre de consistência firme também pode ser chamada por seu nome em francês, *levain*. Outros podem ter uma consistência mais mole, como a do *poolish* (p. 132). Estes são chamados, em inglês, de **barm** (espuma). Os dois tipos de massa-madre requerem cuidados um pouco diferentes, e o resultado é ligeiramente diverso.

Uma massa-madre consistente é relativamente estável e não precisa ser renovada com tanta frequência. Pode ser refrigerada, dispensando a renovação, por vários dias, ou até mesmo uma semana. Massas consistentes favorecem a produção tanto de ácido lático quanto de ácido acético. Além do mais, a massa-madre produzirá mais ácido acético sob refrigeração que em temperatura ambiente. Com frequência, o padeiro retarda a fermentação de uma massa-madre consistente com o objetivo de aumentar a concentração relativa de ácido acético.

Uma massa-madre de consistência mais pastosa é menos estável e tem de ser renovada com mais frequência. Ela fermenta mais rapidamente que a versão consistente e pode se tornar bastante ácida em um curto período, por isso deve ser monitorada com atenção. Ela também favorece uma maior produção de ácido lático.

O tipo de massa-madre a ser escolhido depende das características gustativas (balanceamento dos ácidos) desejadas e do ritmo de produção. Em geral, as padarias conseguem administrar seus horários de modo que encontrem um tempo para renovar uma massa-madre de consistência mais líquida. O fato de esse tipo de massa-madre fermentar mais rapidamente o torna mais adaptável à rotina de um estabelecimento comercial. Padeiros amadores ou de fim de semana, em geral, começam com uma massa-madre mais mole, mas com o tempo podem chegar à conclusão de que a massa-madre mais consistente é mais fácil de ser mantida a longo prazo.

AUTÓLISE

A fabricação de pães artesanais, em geral, envolve um passo a mais após o estágio de mistura da massa final. Esse passo é chamado de *autólise*. Para preparar um pão com essa técnica, primeiro misture a farinha e a água em velocidade baixa apenas até que a farinha esteja umedecida e uma bola tenha se formado. Desligue a amassadeira e deixe a massa descansar por cerca de 30 minutos.

Durante a autólise, a farinha se hidrata completamente, isto é, toda a água é absorvida pelas proteínas e amidos da farinha. As enzimas da massa também começam a agir sobre as proteínas antes que elas tenham sido distendidas pelo ato de misturar. Isso melhora a estrutura do glúten, o que facilita o trabalho e a modelagem da massa, além de melhorar a textura do produto final. Por causa da estrutura melhorada do glúten, o tempo de mistura é reduzido, o que significa que menos ar é incorporado à massa, o que melhora a cor e o sabor do produto final. Isso porque o oxigênio presente no ar tem um efeito alvejante.

Observe que apenas a farinha e a água são usadas nessa etapa. O fermento ou pré-fermento, o sal e outros ingredientes só são agregados após esse período de descanso. Se o fermento ou pré-fermento fosse acrescentado à massa antes da autólise, a ação das leveduras aumentaria a acidez da massa, e essa acidez inibiria a ação das enzimas. Se o sal fosse acrescentado, interferiria na absorção da água pelas proteínas do glúten.

Quando o período de autólise chega ao fim, os demais ingredientes devem ser acrescentados e o processo de mistura da massa deve ser finalizado.

FERMENTAÇÃO

Depois que a massa passar pelo processo de mistura, o próximo passo na produção de massas levedadas é a fermentação. Os princípios básicos dessa etapa da produção estão explicados no Capítulo 6. No entanto, algumas informações adicionais serão úteis na produção de pães artesanais.

Procedimentos gerais para a preparação de uma massa-madre

Estas instruções referem-se apenas aos procedimentos gerais e estão sujeitas a muitas variações, conforme descrito no texto.

1. Combine os ingredientes da primeira fase conforme as instruções da fórmula. A maioria dos pré-fermentos naturais pertence a um desses dois grupos:

   ◆ Misture a farinha de centeio integral e a água (A).

   ◆ Ou misture a farinha de trigo e a água. Adicione as frutas ou vegetais frescos escolhidos.

2. Cubra e deixe descansar em temperatura ambiente até começar a fermentar. A fermentação deve continuar até que sejam formadas bolhas, a massa aumente de volume e depois murche (B). Isso provavelmente levará 2 a 3 dias.

3. Renove a massa-madre. Combine farinha de trigo especial para pães, água e toda ou parte da massa do passo 1. Use as quantidades ou porcentagens indicadas na fórmula, ou siga os seguintes parâmetros:

   ◆ Um típico pré-fermento natural consistente, ou *levain*, pode usar a seguinte proporção:

Farinha	100%
Água	50-60%
Pré-fermento já levedado	67%

   ◆ Um típico pré-fermento natural semilíquido (*barm*, em inglês) pode usar a seguinte proporção:

Farinha	100%
Água	100%
Pré-fermento já levedado	200%

4. Cubra e deixe descansar em temperatura ambiente até que esteja bem fermentado. Deve ficar pega-

joso, repleto de bolhas, e ter seu volume aumentado em pelo menos 50% (C). Isso pode levar cerca de 2 dias, dependendo da temperatura ambiente.

5. Repita a renovação, descrita no passo 3.

6. Continue o processo de fermentação e renovação, conforme descrito nos passos 4 e 5. À medida que a massa-madre se torna mais forte e ativa, a fase de fermentação pode levar apenas 1 dia ou menos. Uma vez atingido esse nível de acidez, a massa-madre está pronta para o uso (D). O tempo total varia muito, mas leva em torno de 2 semanas.

7. Depois que a massa-madre estiver totalmente desenvolvida, pode ser refrigerada, para diminuir seu ritmo de atividade e aumentar o tempo entre as renovações. Não refrigere uma massa-madre a menos que tenha sido renovada recentemente, senão o fermento pode consumir suas reservas de alimento. Antes de usar uma massa-madre que foi mantida sob refrigeração, espere que atinja a temperatura ambiente.

8. A massa-madre já pronta pode ser usada diretamente nas massas ou, então, como uma espécie de *incubadora*. Ou seja, ela será usada como uma fonte de leveduras que o padeiro cultiva e mantém armazenada. Ao usar a massa-madre, a quantidade necessária de pré-fermento é separada e a porção restante é renovada, com as quantidades de farinha e água apropriadas, e reservada para usos futuros. Essa massa é chamada de *massa-madre intermediária*. Para obter melhores resultados, sempre use uma massa-madre recém-renovada ou uma massa-madre intermediária na elaboração de pães. Assim que retirada do refrigerador, a massa-madre pode ainda não estar ativa o suficiente para promover a fermentação ideal.

Uma das vantagens do uso de pré-fermentos é a melhora do sabor e da textura ocasionada pelo aumento do tempo de fermentação. Isso é verdadeiro também no que se refere à fase de fermentação, após o estágio de mistura. As leveduras fermentam em qualquer temperatura entre 1 e 40°C. Se a temperatura for muito baixa, no entanto, a fermentação será lenta e haverá produção de acidez. Por outro lado, temperaturas mais altas promovem uma fermentação muito rápida e o desenvolvimento de sabores indesejáveis. Como dito anteriormente, a maioria dos pães de produção em larga escala fermentam em estufas à temperatura de cerca de 27°C.

Temperaturas mais baixas são mais adequadas para os pães artesanais. Antes do advento das câmaras climáticas, as massas fermentavam em temperatura ambiente. Com o intuito de reproduzir essas condições, padeiros artesanais podem usar uma temperatura de fermentação na faixa dos 22 a 24°C. Em temperaturas um pouco mais baixas, as massas levedadas feitas com pré-fermento comercial podem levar duas a três horas para fermentar até dobrar de volume.

Os pré-fermentos naturais levedam mais lentamente. Uma massa feita com um pré-fermento natural pode levar oito horas para fermentar nessas mesmas condições. Muitos padeiros preparam esse tipo de massa no final da jornada de trabalho e a deixam fermentando de um dia para o outro. Na manhã seguinte, fazem a modelagem, deixam crescer e assam os pães.

É possível deixar massas preparadas com pré-fermentos comerciais ou naturais em temperaturas ainda mais baixas, de cerca de 20°C. No entanto, lembre-se de que o período de fermentação será mais longo. Mais acidez se desenvolverá, porque as bactérias que geram essa acidez estarão mais ativas que a levedura. O aumento da acidez pode ou não ser desejável, dependendo do produto final. Seria interessante experimentar o resultado de vários períodos e temperaturas de fermentação.

ASSAMENTO OU FORNEAMENTO

Os tipos de pães artesanais descritos neste capítulo, em geral, são assados em forno de lastro. Isto é, são assados diretamente no lastro ou "chão" do forno. Se for necessário assá-los em um forno de convecção ou rotativo, o melhor é usar assadeiras perfuradas, pois os orifícios permitirão uma melhor circulação do calor, deixando a casca dourada por igual.

Um erro comum é assar os pães por menos tempo que o necessário. A maioria dos pães rústicos de massa magra fica melhor se assada em forno quente pré-aquecido a cerca de 225°C, até que a casca fique bem dourada. A parte menos quente do forno deve ser usada para assar pães maiores, enquanto os locais de temperaturas mais altas devem ser usados para unidades menores. Pães menores necessitam de temperaturas mais altas para que a casca esteja suficientemente dourada em um tempo mais curto. Uma casca bem dourada tem um sabor mais complexo, em razão dos amidos bem caramelizados e das proteínas tostadas. Cascas pálidas têm um sabor mais suave. Além disso, assar os pães na medida correta é uma forma de assegurar que a casca fique crocante e seja menos sujeita a amaciar excessivamente com a umidade que vem do miolo.

Deve-se usar vapor pelo menos nos primeiros 15 minutos do assamento. Liberar vapor no interior do forno atrasa a formação da casca, permitindo que o pão cresça ao máximo. Desse modo, a casca fica fina e crocante, e não grossa e dura. A umidade também afeta os amidos na superfície do pão, contribuindo para a criação de um tom dourado mais atrativo.

FÓRMULAS DE PÃES ARTESANAIS

Agora que conceitos, ingredientes e técnicas usados na panificação artesanal foram examinados, retornemos à discussão que abriu este capítulo: o que é um pão artesanal?

Ao apresentar os procedimentos básicos para a preparação de pães artesanais, focamos a fórmula de pão básica neste capítulo – isto é, fórmula que consiste apenas em farinha, água, sal e leveduras, na forma de um pré-fermento preparado com um fermento comercial ou natural. O mesmo conceito é aplicado a muitos outros pães artesanais, como os que contêm nozes, azeitonas, frutas secas etc. Além do mais, padeiros especializados na elaboração de pães artesanais perceberam que as vendas poderiam aumentar se eles oferecessem não apenas o bom e tradicional pão rústico de casca crocante, mas uma variedade de pães especiais de massa rica, como o brioche (p. 193) e o *kugelhopf* (p. 190), preparando-os com o mesmo cuidado e dedicação. Esses produtos também poderiam ser considerados pães artesanais? Como já dito, é difícil chegar a um acordo ao que se refere à definição de um pão artesanal.

As fórmulas do capítulo a seguir apresentarão uma série de massas simples de pães de vários tamanhos e formatos. A intenção é ilustrar os procedimentos básicos da preparação de produtos levedados discutidos no Capítulo 6. É provável que ninguém considere esses pães como artesanais, mas isso não significa que não devam ser preparados com cuidado, *expertise* e atenção aos detalhes. A parte final do capítulo 8 abrange muitos pães especiais, inclusive pães de fermentação natural, pães integrais de vários tipos e especialidades internacionais. Quais desses são pães artesanais? Caberá a você determinar.

TERMOS PARA REVISÃO

pão artesanal	*levure*	fermentação mista	lactobacilos
pré-fermento	*levain-levure*	pré-fermento natural	*barm*
poolish	*levain*	massa-madre	autólise
biga	*pâte fermentée*	fermento natural	

QUESTÕES PARA DISCUSSÃO

1. Qual é o significado do termo *pão artesanal* em panificação? Cite alguns exemplos desse tipo de pão e onde são vendidos.

2. Descreva os tipos de farinha preferidos na fabricação de pães artesanais.

3. Qual é a diferença entre os dois principais tipos de pré-fermento? Descreva as fontes de leveduras de cada um deles.

4. Descreva os tipos de ácido que dão ao pão de fermentação natural um sabor ácido. Qual é a origem desses ácidos?

5. Descreva como deve ser preparada a massa que usa a técnica conhecida como autólise.

6. Qual é a diferença entre a fermentação da massa de um pão artesanal e a de um pão convencional?

8

Massas magras levedadas

Os métodos básicos de elaboração de massas levedadas discutidos nos Capítulos 6 e 7 aplicam-se às fórmulas apresentadas neste capítulo. Portanto, não serão repetidos em detalhe em cada uma delas. Os procedimentos básicos serão apenas indicados, e você deve consultar os referidos capítulos, caso seja necessário recapitular os detalhes.

A discussão sobre as massas levedadas está dividida em dois capítulos. Este capítulo trata dos produtos elaborados com massas magras, apresentando uma gama completa de fórmulas, dos pães brancos mais básicos, de fermentação natural e artesanais, a pães especiais como o *bagel*, o pão sírio, a *focaccia* e os *crumpets*. O Capítulo 9 completa o estudo das massas levedadas apresentando uma variedade de produtos elaborados com massas ricas, incluindo o brioche, o *danish* e outros pães doces.

Padarias de grande porte possuem equipamentos que elaboram e modelam massas de vários tipos. Em uma padaria pequena, no entanto, o padeiro ainda faz a maioria dos produtos à mão. Aprender a modelar diversos tipos de pães doces e salgados é uma parte importante do aprendizado da arte da panificação e confeitaria finas.

Após ler este capítulo, você deverá ser capaz de:

1. Preparar massas magras levedadas usando esponja ou pré-fermento.

2. Preparar pré-fermentos com leveduras naturais e comerciais e elaborar massas com esses pré-fermentos.

3. Modelar uma variedade de pães feitos com massas magras levedadas.

4. Preparar diversos tipos de pães especiais que utilizam métodos de modelagem e assamento não tradicionais, como os *muffins* ingleses, os *crumpets* (pão inglês de frigideira) e os *bagels*.

INTRODUÇÃO AOS PÃES ARTESANAIS

Não faz muitos anos, a maioria dos restaurantes considerava o pão – servido como acompanhamento tradicional para a maioria das refeições – um detalhe de pouca importância, que requeria pouca atenção à qualidade. No entanto, em muitas cidades dos EUA, atualmente, os restaurantes disputam entre si qual serve a seleção mais interessante de pães frescos artesanais. Os clientes, não raro, têm a chance de escolher entre quatro, cinco ou mais tipos de pão. Pães especiais elaborados artesanalmente têm surgido em padarias de bairros, e todas as pessoas parecem ter descoberto o prazer de se comer um pão de fermentação natural.

Fórmulas tradicionais da panificação – pãezinhos de casca crocante e macia, pão italiano, pão de forma branco e integral e pães de centeio – formam o núcleo deste capítulo. É importante aprender as noções básicas da produção de massas levedadas, e isso se torna mais fácil quando se trabalha com fórmulas conhecidas, e não com procedimentos especiais e ingredientes exóticos. Você aprenderá não apenas a elaborar uma massa levedada básica, mas também terá a chance de praticar a modelagem artesanal de uma série de pães, para desenvolver suas habilidades manuais. Então adquirirá confiança para prosseguir na elaboração de pães artesanais especiais. É mais fácil trabalhar com massas elaboradas pelo método direto de mistura do que pelo método indireto; assim, a prática com o primeiro tipo de massa lhe trará a experiência necessária para dominar o segundo tipo.

As fórmulas convencionais das massas levedadas deste capítulo são incrementadas com especialidades. Esses pães incluem pães de azeitona e de presunto cru, *ciabatta*, pães de cereais e *focaccia*, que se somam às fórmulas de vários pães de fermentação natural, incluindo o tradicional pão rústico francês, ou *pain de campagne*.

A elaboração de massas é uma arte distinta da modelagem de pães diversos que usam essas massas. Cada tipo de massa pode transformar-se em muitos tipos de pães, e cada técnica de modelagem pode ser aplicada a diferentes tipos de massas. Portanto, a maioria dessas técnicas de modelagem – com exceção de algumas diferenciadas, usadas em pães típicos – é descrita em uma seção ao final do capítulo, em vez de ser repetida em cada uma das fórmulas.

FÓRMULAS DE PÃES DE CASCA CROCANTE

Acasca fina e crocante de pães como o francês, a baguete e o pão italiano é obtida por meio do emprego de fórmulas que levam pouco ou nenhum açúcar ou gordura, assadas na presença de vapor. Como a casca é um dos principais atrativos desses produtos, eles geralmente são feitos em um formato alongado e fino, que aumenta a proporção de casca.

Em geral, esses pães são assados diretamente no lastro do forno ou em assadeiras rasas (as versões perfuradas são muito úteis, pois permitem uma melhor circulação do ar quente ao redor do produto). A concentração de água deve ser baixa o bastante para que os pães mantenham a forma ao serem colocados no forno.

Na prática, as fórmulas de pão francês e italiano, nos EUA, são intercambiáveis. Muitos deles têm pouquíssima semelhança com o pão produzido na França ou na Itália, mas, ainda assim, podem ser populares e de boa qualidade. A melhor prática é seguir as preferências da clientela e produzir pães de boa qualidade, que agradem o paladar do consumidor.

Para obter a estrutura aerada característica dos pães franceses tradicionais, os pães devem crescer completamente antes de serem assados.

Dois pães não muito tradicionais estão incluídos nesta seção. A *fougasse* é um pão cujo formato é uma tradição no interior da França. É feito com uma massa básica de pão francês modelada na forma de uma grande folha vazada, pincelada com azeite. A *ciabatta* (o nome italiano refere-se à sua aparência de chinelo velho) é feita com uma massa muito pegajosa. Portanto, é manipulada o mínimo possível, devendo ser depositada na assadeira sem ser propriamente modelada na forma de um pão. Isso lhe dá uma textura muito leve e aberta.

PÃO BRANCO SIMPLES

Para calcular grandes quantidades, ver página 718.

Ingredientes	Quantidade	%	Modo de fazer
Água	750 g	59	**MISTURA**
Fermento biológico fresco	22 g	3,5	Método direto (p. 114).
Farinha de trigo para pão	625 g	100	10 minutos na velocidade 2 (ver p. 116).
Sal	14 g	2,25	
Açúcar	14 g	2,25	**FERMENTAÇÃO**
Gordura hidrogenada	14 g	2,25	Cerca de 1 hora a 27°C.
Clara	14 g	2,25	**MODELAGEM**
Peso total:	*1.073 g*	**171%**	Ver páginas 172 a 176.
			ASSAMENTO
			220°C para pães grandes, 230°C para pãezinhos. Vapor nos primeiros 10 minutos.

PÃO VIENENSE

Para calcular grandes quantidades, ver página 718.

Ingredientes	Quantidade	%	Modo de fazer
Água	370 g	59	**MISTURA**
Fermento biológico fresco	22 g	3,5	Método direto (p. 114).
Farinha de trigo para pão	625 g	100	10 minutos na velocidade 2 (ver p. 116).
Sal	14 g	2,25	
Açúcar	18 g	3	**FERMENTAÇÃO**
Xarope de malte	6 g	1	Cerca de 1 hora a 27°C.
Óleo	18 g	3	**MODELAGEM**
Ovos	25 g	4	Ver páginas 172 a 176.
Peso total:	*1.098 g*	**175%**	**ASSAMENTO**
			220°C para pães grandes, 230°C para pãezinhos. Vapor nos primeiros 10 minutos.

PÃO ITALIANO

Para calcular grandes quantidades, ver página 718.

Ingredientes	Quantidade	%
Água	460 g	61
Fermento biológico fresco	20 g	2,75
Farinha de trigo para pão	750 g	100
Sal	15 g	2
Xarope de malte	4 g	0,5
	(¾ de colher de chá)	
Peso total:	**1.249 g**	**166%**

MISTURA

Método direto (p. 114).

8 a 10 minutos na velocidade 2 (ver p. 116).

FERMENTAÇÃO

1 hora e 30 minutos a 27°C ou 2 horas a 24°C.

MODELAGEM

Ver páginas 172 a 176.

ASSAMENTO

220°C para pães grandes, 230°C para pãezinhos. Vapor nos primeiros 10 minutos.

Para calcular grandes quantidades, ver página 718.

VARIAÇÕES

PÃO ITALIANO INTEGRAL

Para calcular grandes quantidades, ver página 718.

Use a seguinte proporção de farinhas na fórmula acima.

Ingredientes	Quantidade	%
Farinha de trigo integral	325 g	43
Farinha de trigo para pão	425 g	57

Aumente a água para 50-60% para compensar a absorção extra de umidade pelo farelo. Misture por 8 minutos.

PIZZA

Opcional: adicione 2,5% de óleo ou azeite (18 g) à fórmula do pão italiano. Para massas cujo crescimento será retardado, adicione também 1% de açúcar (8 g). Deixe fermentar, pese (ver tabela abaixo) e boleie. Após o descanso de mesa, abra com a mão ou o rolo e cubra com molho de tomate e recheios diversos. A massa não deve passar pelo crescimento antes de ser assada. Temperatura do forno: 290°C.

Pizza *margherita* antes de assar.

Pizza *margherita* depois de assar.

Instruções de pesagem para a pizza

	média (30 cm)	grande (35 cm)	gigante (40 cm)
Massa	280-340 g	370-420 g	500-570 g
Molho de tomate	85 g	130 g	160 g
Queijo	115 g	160 g	210 g

❧ Pizza ❧

A cidade de Nápoles, na Itália, orgulha-se de ser o berço da pizza. Atualmente, a Associazione Verace Pizza Napoletana determina as regras a serem seguidas por seus membros caso queiram proclamar suas pizzas como autênticas representantes da verdadeira pizza napolitana. Essas regras determinam que a massa deve conter apenas farinha, água, sal e fermento natural e que deve ser feita à mão ou usando equipamentos aprovados. A pizza deve ser modelada à mão e assada no lastro de um forno a lenha. Os recheios são limitados a uma lista de ingredientes pré-aprovados.

Duas pizzas – a *margherita*, coberta com tomate, manjericão e muzarela de búfala, e a *marinara*, com tomate, alho, orégano e azeite – são consideradas as verdadeiras e originais pizzas napolitanas.

A pizza ultrapassou fronteiras para se tornar um dos pratos internacionais mais apreciados. Nos EUA, a maioria das pizzas servidas não reivindica sua origem italiana. Ao contrário, os recheios ecléticos, como frango ao molho *barbecue*, carne com pimentão e temperos mexicanos e salmão defumado com alcachofra, se somam a outros um pouco mais tradicionais, como o de linguiça fresca e *pepperoni*.

PÃO FRANCÊS (MÉTODO DIRETO)

Para calcular grandes quantidades, ver página 719.

Ingredientes	Quantidade	%	Modo de fazer
Água	460 g	61	
Fermento biológico fresco	20 g	2,75	
Farinha de trigo para pão	750 g	100	
Sal	15 g	2	
Xarope de malte	4 g	0,5	
Açúcar	12 g	1,75	
Gordura hidrogenada	12 g	1,75	
Peso total:	**1.273 g**	**169%**	

Modo de fazer

MISTURA

Método direto (p. 114).

8 a 10 minutos na velocidade 2 (ver p. 116).

FERMENTAÇÃO

1 hora e 30 minutos a 27°C ou 2 horas a 24°C.

MODELAGEM

Ver páginas 172 a 176.

ASSAMENTO

220°C para pães grandes, 230°C para pãezinhos. Vapor nos primeiros 10 minutos.

VARIAÇÃO

PÃO FRANCÊS INTEGRAL

Para calcular grandes quantidades, ver página 719.

Use a seguinte proporção de farinhas na fórmula acima.

Ingredientes	Quantidade	%
Farinha de trigo integral	325 g	43
Farinha de trigo para pão	425 g	57

Aumente a água para 63–64% para compensar a absorção extra de umidade pelo farelo. Misture por 8 minutos.

PÃO FRANCÊS (MÉTODO INDIRETO)

Para calcular grandes quantidades, ver página 719.

Ingredientes	Quantidade	%	Modo de fazer
Pré-fermento			
Farinha de trigo para pão	250 g	33	
Água	250 g	33	
Fermento biológico fresco	15 g	2	
Xarope de malte	8 g	1	
Massa			
Farinha de trigo para pão	500 g	67	
Água	202 g	27	
Sal	13 g	1,75	
(2¼ colheres de chá)			
Peso total:	**1.238 g**	**164%**	

Modo de fazer

MISTURA

Método indireto (p. 115).

FERMENTAÇÃO

Pré-fermento: 4 horas a 24°C ou de um dia para o outro a 18°C.

Massa: 30 minutos a 27°C.

MODELAGEM

Ver páginas 172 a 176.

ASSAMENTO

220°C.

VARIAÇÃO

PÃO FRANCÊS RÚSTICO

Para calcular grandes quantidades, ver página 719.

Use as seguintes proporções de farinhas e água na massa principal da fórmula acima.

Ingredientes	Quantidade	%
Farinha de trigo para pão ou comum	200 g	25
Farinha de trigo integral	300 g	42
Água	225 g	30

Modele pães redondos.

❋{ PÃO FRANCÊS }❋

O pãozinho francês de cada dia é, para a maioria das pessoas, o pão de origem francesa por excelência. No entanto, o pão francês não é o único pão tradicional proveniente da França. Muitos outros tipos de pão são produzidos lá além do leve e crocante pão francês e da também popular baguete.

Tanto o pão francês quanto a baguete devem ser feitos apenas com massas magras, que produzirão uma casca crocante. Não é recomendado fazer pães de massa rica no formato de baguete ou pão francês e comercializá-los como tal.

BAGUETE

Para calcular grandes quantidades, ver página 718.

Ingredientes	Quantidade	%	Modo de fazer
Farinha de trigo para pão	1.000 g	100	**MISTURA**
Sal	20 g	2	Método direto (p. 114).
Fermento biológico fresco	25 g	2,5	3 a 5 minutos na velocidade 1.
Água	600 g	60	15 minutos na velocidade 2 (ver p. 116).
Peso total:	**1.645 g**	**164%**	**FERMENTAÇÃO**

FERMENTAÇÃO

1 hora a 27°C.

MODELAGEM

Ver página 174. Pese 320 g por unidade.

ASSAMENTO

250°C por 20 minutos, com vapor.

> **VARIAÇÃO**
>
> ## FOUGASSE
>
> Pese porções de massa de 540 g. Ver página 176 para modelagem.

Variedades de pães de massa levedada: ao fundo, *ciabatta* e *fougasse*; no centro, dois *pains de campagne* de formatos diferentes; na frente, baguetes, pão de centeio francês e pãezinhos variados.

PÃO CUBANO

Para calcular grandes quantidades, ver página 719.

Ingredientes	Quantidade	%	Modo de fazer
Água	465 g	62	**MISTURA**
Fermento biológico fresco	30 g	4	Método direto (p. 114).
Farinha de trigo para pão	750 g	100	12 minutos na velocidade 1.
Sal	15 g	2	**FERMENTAÇÃO**
Açúcar	30 g	4	1 hora a 27°C.
Peso total:	**1.290 g**	**172%**	**MODELAGEM**

MODELAGEM

Pese porções de massa de 625 g.

Modele pães redondos (p. 175).

Faça um corte em forma de cruz na parte de cima.

ASSAMENTO

200°C.

CIABATTA

Para calcular grandes quantidades, ver página 719.

Ingredientes	Quantidade	%
Pré-fermento		
Água	480 g	72
Fermento biológico fresco	30 g	4
Farinha de trigo para pão	450 g	67
Azeite virgem	180 g	27
Massa		
Sal	15 g	2
Farinha de trigo para pão	220 g	33
Peso total:	*1.375 g*	*205%*

Modo de fazer

MISTURA

Método indireto

1. Aqueça a água a cerca de 37°C. Dissolva nela o fermento.

2. Adicione a mistura de água e fermento à farinha para preparar o pré-fermento. Adicione o azeite.

3. Misture até obter uma massa macia. Bata vigorosamente por cerca de 5 minutos, ou até que a mistura comece a ficar lisa.

4. Tampe e deixe crescer em temperatura ambiente até dobrar de volume – cerca de 1 hora.

5. Abaixe a massa e adicione os ingredientes da massa principal. Bata por alguns minutos, até obter uma massa lisa, que será muito macia e pegajosa.

FERMENTAÇÃO

Cubra e deixe fermentar em temperatura ambiente até dobrar de volume – cerca de 1 hora.

MODELAGEM E ASSAMENTO

1. Unte assadeiras com um pouco de óleo. Manipulando a massa levedada o mínimo possível, pese-a em porções de cerca de 550 g. Em geral, isso é feito com base em uma estimativa, para evitar a manipulação da massa. Coloque-a na assadeira untada e polvilhada com farinha (A).

2. Procure dar à massa um formato retangular, com os cantos arredondados (B). Ela estará extremamente pegajosa; manipule-a o mínimo possível.

3. Polvilhe os pães com mais farinha de trigo (C). Deixe crescer em temperatura ambiente até que dobre de volume e a farinha da superfície comece a rachar.

4. Asse a 220°C por cerca de 30 minutos, ou até dourar ligeiramente. Deixe esfriar sobre uma grade de metal.

FÓRMULAS DE PÃES DE CASCA MACIA E DE CENTEIO

Esta categoria inclui pães de casca macia, de forma ou não, grandes ou pequenos, além de roscas e pães de centeio elaborados pelo método direto (os de fermentação natural estão na próxima seção). Muitas dessas fórmulas contêm leite, ovos e teores maiores de açúcar e gordura.

PÃO DE FORMA BRANCO

Para calcular grandes quantidades, ver página 719.

Ingredientes	Quantidade	%	Modo de fazer
Água	300 g	60	**MISTURA**
Fermento biológico fresco	18 g	3,75	Método direto (p. 114).
Farinha de trigo para pão	500 g	100	10 minutos na velocidade 2 (ver p. 116).
Sal	12 g	2,5	**FERMENTAÇÃO**
Açúcar	18 g	3,75	1 hora e 30 minutos a 27°C.
Leite em pó desnatado	25 g	5	**MODELAGEM**
Gordura hidrogenada	18 g	3,75	Ver página 179.
Peso total:	**891g**	**178%**	**ASSAMENTO**
			200°C.

VARIAÇÃO

PÃO DE FORMA INTEGRAL

Para calcular grandes quantidades, ver página 719.

Use a seguinte proporção de farinhas na fórmula acima.

Ingredientes	Quantidade	%
Farinha de trigo para pão	200 g	40
Farinha de trigo integral	300 g	60

PÃO DE FORMA BRANCO (COM PRÉ-FERMENTO)

Para calcular grandes quantidades, ver página 720.

Ingredientes	Quantidade	%	Modo de fazer
Pré-fermento			**MISTURA**
Farinha	500 g	67	Método indireto (p. 115).
Água	340 g	45	**FERMENTAÇÃO**
Fermento biológico fresco	18 g	2,5	Pré-fermento: cerca de 4 horas a 24°C.
Xarope de malte	4 g	0,5	Massa: cerca de 15 minutos a 27°C.
Massa			**MODELAGEM**
Farinha	250 g	33	Ver página 180. Receita especialmente adequada
Água	112 g	15	para o pão de forma quadrado (*pullman loaf*).
Sal	15 g	2	**ASSAMENTO**
Leite em pó desnatado	22 g	3	200°C.
Açúcar	38 g	5	
Gordura hidrogenada	22 g	3	
Peso total:	**1.319 g**	**176%**	

PÃEZINHOS MACIOS

Para calcular grandes quantidades, ver página 720.

Ingredientes	Quantidade	%	Modo de fazer
Água	375 g	60	**MISTURA**
Fermento biológico fresco	22 g	3,5	Método direto (p. 114).
Farinha de trigo para pão	625 g	100	10 a 12 minutos na velocidade 2 (ver p. 116).
Sal	12 g	2	**FERMENTAÇÃO**
	(2 colheres de chá)		1 hora e 30 minutos a 27°C.
Açúcar	60 g	9,5	
Leite em pó desnatado	30 g	4,75	**MODELAGEM**
Gordura hidrogenada	30 g	4,75	Ver páginas 176 a 184.
Manteiga	30 g	4,75	**ASSAMENTO**
Peso total:	**1.180 g**	**189%**	200°C.

VARIAÇÕES

PÃO DE CANELA

Modele a massa como se fosse fazer um pão de forma, mas após abrir a massa em um retângulo, pincele-a com manteiga derretida e polvilhe com Açúcar e canela (p. 199). Assim que os pães estiverem assados, pincele-os, ainda quentes, com manteiga ou gordura hidrogenada derretida e polvilhe com mais açúcar e canela.

PÃO DE PASSAS

Pese 75% de uvas-passas escuras (470 g). Deixe de molho em água morna para amaciar; escorra e seque. Adicione à massa 1 a 2 minutos antes do final da fase de mistura.

PÃO COM OVOS

Para calcular grandes quantidades, ver página 720.

Ingredientes	Quantidade	%	Modo de fazer
Água	312 g	50	**MISTURA**
Fermento biológico fresco	22 g	3,5	Método direto (p. 114).
Farinha de trigo para pão	625 g	100	10 a 12 minutos na velocidade 2 (ver p. 116).
Sal	12 g	2	**FERMENTAÇÃO**
	(2 colheres de chá)		1 hora e 30 minutos a 27°C.
Açúcar	60 g	9,5	
Leite em pó desnatado	30 g	4,75	**MODELAGEM**
Gordura hidrogenada	30 g	4,75	Ver páginas 176 a 184.
Manteiga	30 g	4,75	**ASSAMENTO**
Ovos	60 g	9,5	200°C.
Peso total:	**1.181 g**	**188%**	

PÃO 100% INTEGRAL

Para calcular grandes quantidades, ver página 720.

Ingredientes	Quantidade	%	Modo de fazer
Água	515 g	69	**MISTURA**
Fermento biológico fresco	22 g	3	Método direto (p. 114).
Farinha de trigo integral	750 g	100	8 minutos na velocidade 2 (ver p. 116).
Açúcar	15 g	2	**FERMENTAÇÃO**
Xarope de malte	15 g	2	1 hora e 30 minutos a 27°C.
Leite em pó desnatado	22 g	3	
Gordura hidrogenada	30 g	4	**MODELAGEM**
Sal	15 g	2	Ver página 175.
Peso total:	**1.384 g**	**185%**	**ASSAMENTO**
			200°C.

CHALLAH

Para calcular grandes quantidades, ver página 720.

Ingredientes	Quantidade	%	Modo de fazer
Água	200 g	40	**MISTURA**
Fermento biológico fresco	20 g	3,75	Método direto (p. 114).
Farinha de trigo para pão	500 g	100	10 minutos na velocidade 2 (ver p. 116).
Gemas	100 g	20	
Açúcar	38 g	7,5	**FERMENTAÇÃO**
Xarope de malte	2 g	0,6	1 hora e 30 minutos a 27°C.
Sal	10 g	1,9	**MODELAGEM**
	(2 colheres de chá)		Ver páginas 180 a 184.
Óleo	62 g	10	**ASSAMENTO**
Peso total:	**932 g**	**183%**	200°C.

PÃO DE LEITE (PAIN AU LAIT)

Para calcular grandes quantidades, ver página 720.

Ingredientes	Quantidade	%	Modo de fazer
Fermento biológico fresco	30 g	3	**MISTURA**
Leite	500 g	50	Método direto (p. 114).
Farinha de trigo para pão	1.000 g	100	10 a 15 minutos na velocidade 2 (ver p. 116).
Açúcar	100 g	10	**FERMENTAÇÃO**
Sal	20 g	2	60 a 90 minutos a 25°C.
Ovos	100 g	10	**MODELAGEM**
Manteiga ou margarina	150 g	15	Qualquer método para pães de casca macia (ver pp. 176 a 184).
Xarope de malte	10 g	1	Pincele com ovo.
Peso total:	**1.910 g**	**191%**	**ASSAMENTO**
			220°C.

Pãezinhos variados feitos com massa de pão de leite (*pain au lait*).

PÃO LEVE DE CENTEIO

Para calcular grandes quantidades, ver página 721.

Ingredientes	Quantidade	%	Modo de fazer
Água	350 g	60	**MISTURA**
Fermento biológico fresco	22 g	3,75	Método direto (p. 114).
Farinha de centeio clara (*light rye*)	250 g	40	5 a 6 minutos na velocidade 2 (ver p. 116).
Farinha de trigo para pão ou comum	350 g	60	**FERMENTAÇÃO** 1 hora e 30 minutos a 27°C.
Sal	12 g (2 colheres de chá)	2	**MODELAGEM**
Gordura hidrogenada	15 g	2,5	Ver páginas 176 a 180.
Melado ou xarope de malte	15 g	2,5	**ASSAMENTO**
Sementes de alcaravia (*opcional*)	8 g	1,25	200°C. Vapor nos primeiros 10 minutos.
Extrato de malte seco	8 g	1,25	
Peso total:	**1.030 g**	**173%**	

VARIAÇÃO

Acrescente cerca de 10% de *biga* de centeio (p. 154) à fórmula para intensificar o sabor.

PÃO DE CENTEIO E CEBOLA

Para calcular grandes quantidades, ver página 721.

Ingredientes	Quantidade	%	Modo de fazer
Água	300 g	60	**MISTURA**
Fermento biológico fresco	18 g	3,75	Método direto (p. 114).
Farinha de centeio clara (*light rye*)	175 g	35	5 minutos na velocidade 2 (ver p. 116).
Farinha de trigo comum	325 g	65	**FERMENTAÇÃO**
Cebola desidratada – pesada, demolhada em água e bem escorrida	25 g	5	1 hora e 30 minutos a 24°C; abaixe a massa e deixe fermentar por mais 1 hora.
Sal	10 g (2 colheres de chá)	1,9	**MODELAGEM** Ver páginas 176 a 180.
Sementes de alcaravia	6 g	1,25	**ASSAMENTO**
Extrato de malte seco	6 g	1,25	200°C. Vapor nos primeiros 10 minutos.
Xarope de malte	12 g	2,5	
Peso total:	**877 g**	**175%**	

VARIAÇÃO

PUMPERNICKEL DE CEBOLA

Para calcular grandes quantidades, ver página 721.

Use a seguinte proporção de farinhas na fórmula acima.

Ingredientes	Quantidade	%
Farinha de centeio integral grossa (*pumpernickel flour*)	100 g	20
Farinha de centeio média (*medium rye*)	75 g	15
Farinha de trigo comum	325 g	65

Pode-se usar corante caramelo ou chocolate em pó para dar cor à massa.

PÃO DE SETE GRÃOS

Ingredientes	Quantidade	%	Modo de fazer
Água	815 g	62	
Fermento biológico fresco	30 g	2,4	
Farinha de trigo para pão	750 g	57	
Farinha de centeio	185 g	14	
Farinha de cevada	65 g	5	
Fubá	90 g	7	
Aveia em flocos	90 g	7	
Semente de linhaça	65 g	5	
Painço (milheto)	65 g	5	
Sal	24 g	1,8	
Peso total:	**2.179 g**	**166%**	

Nota: para o cálculo das porcentagens, todos os grãos são incluídos como parte do peso total da farinha, ainda que três deles não sejam moídos.

MISTURA

Método direto (p. 114).

Peneire a farinha para pão, as farinhas de centeio e cevada e o fubá juntos; adicione a aveia, a semente de linhaça e o painço e misture bem. Isso garante uma distribuição uniforme das farinhas.

Misture por 10 minutos na velocidade 1.

FERMENTAÇÃO

1 hora e 30 minutos a 24°C.

MODELAGEM

Ver páginas 175 e 179. Modele no formato desejado, seja para pão de forma ou pãezinhos.

ASSAMENTO

220°C.

VARIAÇÃO

PÃO MULTIGRÃOS

Use 80% de farinha de trigo especial para pão e 20% de farinha de trigo integral na receita básica e omita as demais farinhas e grãos. Em um recipiente à parte, hidrate (ver quadro abaixo) 35% de mistura comercial de nove grãos em 35% de água. Deixe de molho, tampado, até que os grãos estejam macios e a água tenha sido absorvida (8 horas ou mais). Escorra o excesso de líquido. Misture a massa do pão por 5 minutos, junte os grãos hidratados e continue a misturar até que o glúten tenha se desenvolvido.

⋇{ COMO HIDRATAR GRÃOS E CEREAIS }⋇

Adicionar quantidades muito grandes de grãos e cereais inteiros ou partidos a uma massa de pão pode ter dois efeitos indesejados. Primeiro, os grãos podem absorver a água da massa, resultando em um produto final seco. Segundo, os grãos podem não se hidratar o suficiente, resultando em partículas duras, difíceis de ingerir.

A fórmula do pão de sete cereais desta página contém uma quantidade relativamente pequena de grãos e cereais relativamente macios. Além disso, possui uma quantidade suficiente de água para hidratar os grãos. Assim, podem ser acrescentados aos demais ingredientes.

No entanto, se quantidades maiores de grão forem acrescentadas, especialmente se esses grãos incluírem cereais mais duros, como o trigo integral em grão, é melhor deixá-los previamente de molho. Esse procedimento hidrata os grãos antes que sejam incorporados à massa do pão.

Podem-se colocá-los de molho em água quente ou fria. Para grãos grandes e duros, a água quente é a mais indicada. Leve ao fogo a quantidade de água indicada na fórmula. Assim que ferver, despeje sobre os grãos e mexa. Tampe bem e deixe de molho por 4 horas ou mais, até que os grãos estejam macios e frios. Escorra e acrescente-os à massa, conforme indicado pela fórmula.

Use a hidratação com água fria para grãos menores e mais macios. Despeje água gelada ou em temperatura ambiente sobre os grãos, mexa, tampe e deixe de molho até amolecerem. Se grãos duros forem hidratados com água fria, pode ser necessário colocá-los de molho no dia anterior. Em dias mais quentes, armazene os grãos de molho sob refrigeração, para inibir a fermentação ou a atividade enzimática.

FÓRMULAS DE FERMENTAÇÃO NATURAL E DE PÃES ESPECIAIS PARA A PANIFICAÇÃO ARTESANAL

Esta seção começa com a apresentação de várias fórmulas de pré-fermentos, também chamados de *esponja*, elaborados com leveduras comerciais e naturais. Esses pré-fermentos são explicados em detalhe no Capítulo 7. Revise o material, se necessário, antes de começar a preparar essas fórmulas.

Além de proporcionarem o crescimento, os pré-fermentos também melhoram o sabor e a textura da massa do produto final. Os pães de fermentação natural autênticos usam apenas uma massa-madre como agente de fermentação. No entanto, também é possível usar um pré-fermento como ingrediente, para melhorar o sabor e a textura do produto, e deixar o crescimento a cargo do fermento comercial. Esse tipo de procedimento é chamado de *fermentação mista*, conforme explicado na página 133, e pode ser usado com qualquer tipo de pré-fermento, seja ele feito com leveduras naturais ou comerciais. Quando a fermentação mista é usada, a fórmula pode ser expressa da mesma maneira que uma fórmula que usa o método direto de mistura – o pré-fermento, elaborado separadamente, é apenas um dos ingredientes. Esta seção inclui exemplos de fermentação mista, além de algumas fórmulas tradicionais, que usam somente a fermentação natural.

As massas de fermentação natural, em especial as elaboradas com centeio, são mais pegajosas que as outras, por isso requerem mais prática e habilidade na modelagem dos pães. É preciso tomar cuidado para não misturar a massa por mais tempo que o necessário. Deve-se usar uma velocidade baixa para não danificar o glúten.

Esses pães não devem atingir o estágio máximo do crescimento, senão adquirirão uma estrutura muito frágil. O vapor deve ser usado no assamento, para permitir que o pão cresça sem rachar a casca.

As fórmulas finais deste capítulo incluem uma série de pães especiais e outros produtos feitos de massa levedada. Alguns deles são produzidos com métodos diferenciados. Os *muffins* ingleses e *crumpets*, por exemplo, são assados em uma chapa, e não no forno. Ambos devem ser aquecidos na torradeira antes de serem servidos. Os **muffins ingleses** são abertos ao meio, ao passo que os *crumpets* são tostados inteiros. Na receita tradicional dos **bagels** – que têm aparência semelhante à de um *doughnut*, mas uma textura densa e elástica –, os pãezinhos são cozidos em água e xarope de malte antes de irem ao forno (ver quadro informativo e fórmula na p. 165).

Os métodos de produção desses itens foram modificados para atender as necessidades de uma padaria pequena. Estabelecimentos de grande porte têm equipamentos especializados para a produção de *bagels*, *muffins* ingleses e *crumpets*.

Outras fórmulas deste capítulo incluem duas receitas de *foccacia*, parente próxima da pizza; um pão exótico e saboroso feito com farinha de castanha-portuguesa; o tradicional pão sírio (ou *pita*), que estufa quando assado, formando um bolso em seu interior; e uma fórmula de *pretzel* macio.

PRÉ-FERMENTO COMERCIAL BÁSICO (BIGA)

Para calcular grandes quantidades, ver página 721.

Ingredientes	Quantidade	%	Modo de fazer
Farinha de trigo para pão	450 g	100	**MISTURA**
Água	270 g	60	Método direto (p. 114).
Fermento biológico fresco	1 g	0,2	**FERMENTAÇÃO**
Peso total:	*721 g*	*160%*	12 a 14 horas a 27°C, ou 18 horas a 21°C.

BIGA DE CENTEIO I

Para calcular grandes quantidades, ver página 721.

Ingredientes	Quantidade	%	Modo de fazer
Farinha de centeio	400 g	100	1. Dissolva o fermento na água.
Água	300 g	75	2. Adicione a farinha de centeio e misture até obter uma massa lisa.
Fermento biológico fresco	4 g (1 colher de chá)	1	
Cebola, cortada ao meio (*opcional*)	1		3. Afunde a cebola na mistura.
			4. Deixe repousar por 24 horas. Temperatura ideal: 21°C.
Peso total:	**704 g**	**176%**	5. Retire a cebola.

BIGA DE CENTEIO II

Ingredientes	Quantidade	%	Modo de fazer
Mistura inicial			**MISTURA**
Farinha de centeio clara (*light rye*)	500 g	100	1. Misture os ingredientes da *biga*. Deixe repousar em temperatura ambiente por 24 horas.
Água	375 g	75	
Fermento biológico fresco	4 g (1 colher de chá)	1	2. Adicione os ingredientes da primeira renovação. Deixe fermentar a 27°C até que a mistura comece a enrugar – cerca de 3 horas.
Primeira renovação			
Farinha de centeio clara (*light rye*)	2.000 g	100	3. Repita o procedimento nas renovações restantes. A segunda renovação pode ser omitida, caso a rotina de trabalho não permita. As quantidades acrescentadas na última renovação irão depender da produção.
Água	1.500 g	75	
Segunda renovação			
Farinha de centeio clara (*light rye*)	2.000 g	100	
Água	1.500 g	75	4. Reserve cerca de 1 kg do pré-fermento pronto para preparar a próxima *biga*.
Terceira renovação			
Farinha de centeio clara (*light rye*)	até 10.000 g	100	
Água	até 7.500 g	75	
Peso total:	**até 25.000 g**		

BIGA DE CENTEIO III

Para calcular grandes quantidades, ver página 721.

Ingredientes	Quantidade	%	Modo de fazer
Farinha de centeio	500 g	100	1. Misture todos os ingredientes.
Água morna (30-35°C)	500 g	100	2. Tampe e deixe fermentar em temperatura ambiente por cerca de 15 horas.
Fermento biológico fresco	7,5 g	1,5	
Peso total:	**1.007 g**	**201%**	

PRÉ-FERMENTO NATURAL BÁSICO (MASSA-MADRE)

Rendimento: 815 g

Ingredientes	Quantidade	%	Modo de fazer
Fase 1			1. Misture a água e a farinha de centeio, mexendo bem. Coloque em um recipiente de aço inox ou plástico e tampe. Deixe fermentar, em temperatura ambiente, até que a mistura comece a borbulhar e adquira o odor característico da fermentação. Isso levará 2 ou 3 dias.
Água morna	250 g	100	
Farinha de centeio integral	250 g	100	
Fase 2			2. Incorpore os ingredientes da fase 2, misturando até obter uma massa firme. Cubra e deixe levedar até que esteja bem fermentada. Isso pode levar 1 ou 2 dias.
Farinha de trigo para pão	250 g	100	
Pré-fermento da fase 1	500 g	200	
Fase 3			3. Incorpore os ingredientes da fase 3, descartando a sobra de pré-fermento da fase anterior. Misture até obter uma massa firme. Cubra e deixe fermentar até que o volume tenha aumentado em cerca de 50%. Isso provavelmente levará 1 dia ou mais, dependendo das condições climáticas e da força das leveduras selvagens.
Farinha de trigo para pão	375 g	100	
Água	190 g	50	
Pré-fermento da fase 2	250 g	67	
Para renovar a massa-madre, conforme necessário:			4. Continue a renovar a massa-madre, de acordo com as instruções da fase 3, até que esteja forte o bastante para dobrar de volume em 8 a 12 horas. Todo o processo pode demorar cerca de 2 semanas. A essa altura, a massa-madre estará pronta para ser usada.
Farinha de trigo para pão	375 g	100	
Água	190 g	50	
Pré-fermento	250 g	67	5. Renove a massa-madre pelo menos uma vez por dia para mantê-la saudável e vigorosa. Se não for possível, renove-a, deixe fermentar por algumas horas e, então, mantenha-a refrigerada, bem tampada, por até 1 semana. Para reativar a massa-madre antes de usá-la, deixe que retorne à temperatura ambiente e renove-a pelo menos uma vez antes de usá-la em uma massa de pão.

MASSA-MADRE DE IOGURTE

Ingredientes	Quantidade	%	Modo de fazer
Leite desnatado	225 g	180	1. Aqueça o leite a cerca de 37°C (temperatura do corpo).
Iogurte natural sem sabor	90 g	72	2. Adicione o iogurte.
Farinha de trigo para pão	125 g	100	3. Acrescente a farinha, batendo até obter uma massa lisa.
Peso total:	*440 g*	*352%*	4. Coloque em um recipiente esterilizado, cubra com um pano úmido e vede bem com filme plástico.
			5. Deixe repousar em local aquecido por 2 a 5 dias, até que se formem bolhas.

MASSA-MADRE DE BATATA

Ingredientes	Quantidade	%	Modo de fazer
Farinha de trigo para pão	225 g	100	
Água morna	185 g	82	
Sal	5 g (1 colher de chá)	2	
Açúcar	5 g (1 colher de chá)	2	
Batata grande, descascada	1		
Peso total (sem a batata):	**420 g**	**186%**	

1. Misture a farinha, a água, o sal e o açúcar até obter uma massa macia e lisa. Acrescente a batata.

2. Coloque em um recipiente esterilizado. Cubra bem com um pedaço de musselina ou um pano limpo para que a massa-madre possa respirar. Deixe descansar em local aquecido por até 24 horas, até que a mistura comece a borbulhar.

3. Mexa bem e cubra com filme plástico. Deixe fermentar por 2 a 3 dias em local aquecido, até que a mistura se torne leve e aerada. Mexa bem uma vez por dia.

4. Despeje a massa fermentada em um recipiente de vidro e mantenha sob refrigeração por cerca de 3 dias, ou até que um líquido transparente comece a se formar na superfície. Isso indica que a mistura está madura o bastante para ser usada. Com cuidado, despeje todo o líquido que se formou na superfície em um medidor, descartando os sólidos que ficaram no recipiente. O peso desse líquido deve ser maior do que o peso da água usada na fórmula, pois parte da farinha será despejada com o líquido.

MASSA-MADRE DE MAÇÃ

Rendimento: 900 g

Ingredientes	Quantidade	Modo de fazer
Pré-fermento		
Maçã com casca, sem sementes	360 g	
Açúcar	60 g	
Água	40 g	
Primeira renovação		
Mel	20 g	
Água morna	120 g	
Pré-fermento de maçã (acima)	160 g	
Farinha de trigo para pão (ver *Nota*)	390 g	
Segunda renovação		
Mel	6 g	
Água morna	85 g	
Pré-fermento da fase 1	650 g	
Farinha de trigo para pão	195 g	

1. Rale as maçãs com a casca e sem semente.

2. Misture os ingredientes do pré-fermento. Cubra com um pano úmido e vede com filme plástico. Mantenha em local aquecido por 8 a 10 dias.

3. A cada dia, umedeça o pano, mas não mexa no pré-fermento. Quando a mistura começar a liberar gases, estará pronta. Retire a crosta que pode ter se formado na superfície.

4. Para a primeira renovação, dissolva o mel na água morna. Adicione o pré-fermento de maçã e amasse até obter uma pasta. Acrescente a farinha. Amasse com as mãos por 5 a 10 minutos, até formar uma bola.

5. Coloque em uma tigela limpa e cubra com um pano úmido e filme plástico. Deixe fermentar por 8 a 10 horas.

6. Repita o passo 3 com os ingredientes da segunda renovação.

7. Deixe fermentar por 5 a 8 horas. A massa deve estar bem crescida.

Nota: para obter melhores resultados, use farinha de trigo orgânica não branqueada.
O peso total é menor que o peso da soma dos ingredientes em decorrência das perdas resultantes da evaporação e de outras etapas do processo.

PÃO DE CENTEIO À MODA ANTIGA

Para calcular grandes quantidades, ver página 721.

Ingredientes	Quantidade	%	Modo de fazer
Água	200 g	50	**MISTURA**
Fermento biológico fresco	4 g	1	1. Dissolva o fermento na água.
Biga de centeio I ou II	240 g	60	2. Adicione a massa-madre e misture bem.
Farinha de trigo comum	400 g	100	3. Acrescente a farinha, o sal e os saborizantes opcionais, se for usar algum. Misture em velocidade baixa por 5 minutos. Não misture demais.
Sal	8 g	2	
Peso total:	**852 g**	**213%**	**FERMENTAÇÃO**
			Deixe descansar por 15 minutos, depois pese.
Ingredientes opcionais			**MODELAGEM**
Sementes de alcaravia	até 6 g	até 1,5	Ver páginas 172 a 175. Deixe crescer apenas ¾ do tamanho original.
Melado ou xarope de malte	até 12 g	até 3	**ASSAMENTO**
Corante caramelo	até 6 g	até 1,5	220°C, com vapor nos primeiros 10 minutos.

PUMPERNICKEL (PÃO PRETO ALEMÃO)

Para calcular grandes quantidades, ver página 722.

Ingredientes	Quantidade	%	Modo de fazer
Água	375 g	50	**MISTURA**
Fermento biológico fresco	8 g	1	1. Dissolva o fermento na água.
Biga de centeio I ou II	315 g	42	2. Acrescente a massa-madre e misture bem.
Farinha grossa de centeio (*pumpernickel flour*)	150 g	20	3. Acrescente a farinha grossa de centeio, a farinha de trigo, o sal, o xarope de malte, o melado e o corante. Misture em velocidade baixa por 5 minutos. Não misture demais.
Farinha de trigo comum	600 g	80	
Sal	15 g	2	
Xarope de malte	8 g	1	**FERMENTAÇÃO**
Melado	15 g	2	Deixe descansar por 15 minutos e depois pese.
Corante caramelo (*opcional*)	12 g	1,5	**MODELAGEM**
Peso total:	**1.498 g**	**199%**	Ver páginas 172 a 175. Deixe crescer apenas ¾ do tamanho original.
			ASSAMENTO
			220°C, com vapor nos primeiros 10 minutos.

PÃO RÚSTICO DE FERMENTAÇÃO NATURAL

Ingredientes	Quantidade	%	Modo de fazer
Farinha de trigo para pão	1.320 g	88	
Farinha de trigo integral	90 g	6	
Farinha de centeio escura (*dark rye*)	90 g	6	
Água	975 g	65	
Pré-fermento natural básico (p. 155), renovado com 8 a 12 horas de antecedência	300 g	20	
Sal	30 g	2	
Peso total:	*2.805 g*	*187%*	

MISTURA

1. Misture todas as farinhas e a água até formar uma bola.

2. Deixe descansar por 30 minutos (autólise).

3. Adicione a massa-madre e o sal. Misture em velocidade baixa por 5 a 8 minutos.

FERMENTAÇÃO

Deixe fermentar a 24°C até a mistura quase dobrar de volume – cerca de 8 horas.

MODELAGEM E CRESCIMENTO

Pese porções de 900 g de massa. Modele pães redondos. Deixe crescer até dobrar de volume – cerca de 3 a 4 horas.

ASSAMENTO

220°C com vapor, por 40 a 45 minutos.

VARIAÇÃO

Omita as farinhas de centeio e de trigo integral e use apenas farinha de trigo especial para pão. Se possível, use uma farinha de alto grau de extração e com teor de cinzas elevado, como as farinhas de trigo europeias (ver p. 62). Talvez seja necessário um pouco menos de água, dependendo do teor de proteína da farinha.

PÃO DE FIGO E AVELÃ

Ingredientes	Quantidade	%	Modo de fazer
Farinha de trigo para pão	1.290 g	86	**MISTURA**
Farinha de trigo integral	60 g	4	1. Misture todas as farinhas e a água até formar uma bola.
Farinha de centeio clara (*medium* ou *light rye*)	150 g	10	
Água	975 g	65	2. Deixe descansar por 30 minutos (autólise).
Pré-fermento natural básico (p. 155), renovado com 8 a 12 horas de antecedência	375 g	25	3. Acrescente a massa-madre e o sal. Misture em velocidade baixa por 5 a 8 minutos.
Sal	38 g	2,5	4. Transfira a massa da amassadeira para uma superfície de trabalho. Adicione o figo e a avelã e amasse com as mãos até que estejam bem distribuídos.
Figos secos, em cubos (vide *Nota*)	500 g	33	
Avelãs, ligeiramente tostadas (ver *Nota*)	250 g	17	
Peso total:	**3.638 g**	**242%**	

Nota: as quantidades de figo e avelã desta fórmula tornam o trabalho com a massa um pouco difícil. Se desejar, reduza-as conforme sua preferência.

FERMENTAÇÃO

Deixe fermentar a 24°C até a mistura quase dobrar de volume – cerca de 8 horas.

MODELAGEM

Pese porções de 750 g de massa. Modele pães alongados e grossos (p. 174). Deixe crescer até quase dobrar de volume – 3 a 4 horas.

ASSAMENTO

220°C com vapor, por 40 a 45 minutos.

VARIAÇÃO

PÃEZINHOS DE FIGO

Omita as avelãs. Enrole pãezinhos redondos com 125 g de massa crua cada. Asse a 230°C.

PÃO DE CENTEIO FRANCÊS

Para calcular grandes quantidades, ver página 722.

Ingredientes	Quantidade	%	Modo de fazer
Biga de centeio III (p. 154)	750 g	600	
Farinha de trigo para pão	125 g	100	
Sal	10 g	8	
Peso total:	**985 g**	**708%**	

MISTURA

1. Coloque a *biga* em uma tigela. Acrescente a farinha e o sal.

2. Misture em velocidade baixa por 10 minutos. A massa ficará macia e ligeiramente pegajosa, portanto, um pouco difícil de trabalhar.

FERMENTAÇÃO

30 minutos em temperatura ambiente.

MODELAGEM

Pese porções de 500 g de massa. Modele pães redondos ou ligeiramente ovais.

Pincele ou borrife a superfície com água e polvilhe com bastante farinha. Deixe crescer por 30 a 60 minutos a 27°C, ou até que tenha dobrado de volume. Faça os cortes com o estilete.

ASSAMENTO

230°C com vapor, por 40 a 45 minutos.

PÃO RÚSTICO FRANCÊS (PAIN DE CAMPAGNE)

Para calcular grandes quantidades, ver página 722.

Ingredientes	Quantidade	%	Modo de fazer
Biga de centeio III (p. 154)	200 g	20	
Farinha de trigo para pão	800 g	80	
Farinha de centeio	200 g	20	
Sal	20 g	2	
Fermento biológico fresco	15 g	1,5	
Água	650 g	65	
Banha de porco ou ganso (*opcional*)	20 g	2	
Peso total:	**1.905 g**	**190%**	

MISTURA

Método direto (fermentação mista, p. 114).

12 minutos na velocidade 1.

FERMENTAÇÃO

1 hora em temperatura ambiente (cerca de 21°C).

MODELAGEM

Pese porções de 950 g de massa. Modele pães redondos bem compactos. Polvilhe com farinha antes de deixar crescer. Antes de assar, faça uma treliça com o estilete na parte de cima do pão.

ASSAMENTO

220°C com vapor, por cerca de 45 minutos.

PÃO COM MASSA-MADRE DE MAÇÃ

Rendimento: 2.400 g

Ingredientes	Quantidade	%	Modo de fazer
Maçã Granny Smith	450 g	64	
Manteiga	80 g	11	
Canela	8 g	1	
Fermento biológico seco	8 g	1	
Água morna	360 g	51	
Mel	6 g	0,85	
Sal	15 g	2	
Massa-madre de maçã (p. 156)	900 g	129	
Farinha de trigo para pão (ver *Nota*)	525 g	75	
Farinha de centeio	175 g	25	
Uvas-passas ou oxicocos (*cranberries*) desidratados	200 g	29	

Nota: para obter melhores resultados, use farinha orgânica não branqueada neste pão.

O peso total da massa é menor que a soma do peso dos ingredientes principalmente por causa das perdas resultantes da limpeza e da cocção das maçãs.

MISTURA

1. Descasque as maçãs, descarte as sementes e corte em pedaços de 0,5 cm. Refogue com manteiga e canela até amaciar. Despeje em uma assadeira e deixe esfriar.

2. Dissolva o fermento em metade da água morna. Mexa bem. Dissolva o mel e o sal na água restante.

3. Corte a massa-madre de maçã em pedaços e coloque na tigela da batedeira/amassadeira. Instale o gancho para massas.

4. Adicione a mistura de fermento e, em seguida, adicione aos poucos a mistura de mel, sal e água, até obter uma pasta homogênea.

5. Adicione a farinha lentamente até obter uma massa lisa.

6. Acrescente as maçãs refogadas e as uvas-passas. Misture bem.

7. Vire a massa sobre uma superfície polvilhada com um pouco de farinha e amasse ligeiramente até formar uma massa lisa.

FERMENTAÇÃO

2 horas e 30 minutos a 3 horas, a 27°C.

MODELAGEM

Pese porções de 600 g de massa.
Modele pães finos e compridos, como as baguetes (p. 174).
Deixe crescer por 2 a 3 horas.

ASSAMENTO

220°C por 20 minutos. Reduza a temperatura para 190°C e asse por mais 20 minutos.

PÃO INTEGRAL NATURAL COM CENTEIO E NOZES

Ingredientes	Quantidade	%
Pré-fermento		
Massa-madre de iogurte (p. 155)	290 g	27
Água morna	375 g	35
Farinha de trigo integral	350 g	32
Massa		
Água	250 g	23
Fermento biológico seco	15 g	1,4
Sal	10 g	0,9
Farinha de trigo integral	325 g	30
Farinha de centeio	225 g	21
Farinha de trigo para pão	180 g	17
Nozes, picadas e ligeiramente tostadas	70 g	6,5
Nozes-pecã, picadas e ligeiramente tostadas	70 g	6,5
Peso total:	*2.160 g*	**200%**

VARIAÇÕES

É possível variar as oleaginosas usadas nesta receita – por exemplo: usar só nozes, avelãs, amêndoas etc. Também podem-se acrescentar uvas-passas.

Modo de fazer

MISTURA

Método indireto (p. 115).

A massa-madre desta fórmula é um pré-fermento intermediário (ver p. 137). Ela usa um pré-fermento natural como levedura, em vez de um fermento comercial.

FERMENTAÇÃO

Pré-fermento: 8 horas, ou de um dia para o outro, em temperatura ambiente.

Massa: 1 hora em temperatura ambiente.

MODELAGEM

1. Pese a massa em porções de 1.000 g para pães grandes ou 700 g para pães médios.
2. Modele pães redondos ou ligeiramente ovais. Pincele ou borrife a superfície com água e polvilhe com bastante farinha. Deixe crescer até dobrar de volume.
3. Faça cortes decorativos na parte superior.

ASSAMENTO

220°C por 30 minutos. Reduza para 180°C e asse até estarem prontos.

PÃO COM MASSA-MADRE DE BATATA

Ingredientes	Quantidade	%	Modo de fazer
Pré-fermento			
Massa-madre de batata (p. 156)	250 g	29	
Farinha de trigo para pão	180 g	21	
Açúcar	50 g	6	
Água	120 g	14	
Batata cozida, ralada	150 g	17	
Cebola refogada	160 g	18	
Sal	10 g	1	
Massa			
Água morna	120 g	14	
Leite em pó	90 g	10	
Farinha de trigo para pão	690 g	79	
Bicarbonato de sódio	12 g (2¹/₂ colheres de chá)	1,4	
Cremor tártaro	12 g (5 colheres de chá)	1,4	
Manteiga	80 g	9	
Sal	10 g	1	
Peso total:	*1.934 g*	*221%*	

MISTURA

Método indireto

1. A massa-madre desta fórmula é um pré-fermento intermediário (ver p. 137). Ela leva um pré-fermento natural como levedura, em vez de um fermento comercial. Para o pré-fermento, misture a massa-madre e a farinha até obter uma massa bem macia. Deixe descansar por 2 horas.

2. Em um recipiente à parte, misture o açúcar, a água, a batata, a cebola e o sal. Despeje essa mistura sobre o pré-fermento. Mexa ligeiramente. Tampe bem e deixe fermentar de um dia para o outro, ou até que a massa esteja crescida e aerada.

3. Para a massa, misture o pré-fermento, a água, o leite em pó, a farinha, o bicarbonato e o cremor tártaro. Acrescente uma quantidade suficiente de farinha apenas para obter uma massa macia; misture por 2 minutos.

4. Acrescente, batendo, a manteiga, o sal e a farinha restante. Amasse com as mãos ou na máquina, na velocidade 1, por 10 minutos.

FERMENTAÇÃO E MODELAGEM

Essa massa não requer fermentação porque o bicarbonato e o cremor tártaro começam a produzir gás imediatamente. Pese porções de massa de 450 g. Modele pães ovais alongados. Faça cortes diagonais na superfície com o estilete. Asse omitindo a etapa de crescimento.

PÃO DE QUATRO GRÃOS

Ingredientes	Quantidade	%
Água	770 g	63
Fermento biológico fresco	15 g	1,25
Farinha de trigo para pão	600 g	49
Farinha de centeio	415 g	34
Farinha de cevada	85 g	7
Farinha de aveia	125 g	10
Sal	24 g	2
Pré-fermento comercial básico (p. 153) ou massa velha	490 g	40
Peso total:	*2.524 g*	*206%*

MISTURA

Método direto (p. 114).

Peneire as quatro farinhas junto e misture bem para que fiquem bem distribuídas.

Adicione os demais ingredientes e misture por 10 minutos na velocidade 1. Abaixe a massa na metade do período de fermentação.

FERMENTAÇÃO

1 hora e 30 minutos a 24°C.

MODELAGEM

Ver páginas 175 e 179. Modele no formato desejado (pão de forma ou pãezinhos).

ASSAMENTO

220°C.

MUFFINS INGLESES

Para calcular grandes quantidades, ver página 722.

Ingredientes	Quantidade	%
Água (ver instruções sobre como misturar)	375 g	75
Fermento biológico fresco	8 g	1,5
Farinha de trigo para pão	500 g	100
Sal	8 g	1,5
Açúcar	8 g	1,5
Leite em pó desnatado	12 g	2,3
Gordura hidrogenada	8 g	1,5
Peso total:	*919 g*	*183%*

MISTURA

Método direto (p. 114).

20 a 25 minutos na velocidade 2 (ver p. 116).

Essa massa é misturada em excesso de propósito, para que desenvolva sua textura rústica característica. Por conta desse longo período de mistura, o valor do coeficiente de atrito (ver p. 123) deve ser o dobro quando for calculada a temperatura da água. Por essa razão e por causa da baixa temperatura de fermentação, em geral, é preciso usar água bem gelada ou uma certa quantidade de gelo moído.

FERMENTAÇÃO

Temperatura da massa: 21°C. Deixe fermentar por 2 horas e 30 minutos a 3 horas.

PESAGEM E MODELAGEM

Como esta massa é muito macia e pegajosa, é preciso usar bastante farinha para polvilhar. Pese porções de 45 g. Boleie e deixe as unidades descansarem, depois achate-as com a palma da mão. Coloque em formas polvilhadas com fubá e deixe crescer.

ASSAMENTO

Asse sobre uma chapa, um lado de cada vez, em fogo baixo.

BAGELS

Para calcular grandes quantidades, ver página 722.

Ingredientes	Quantidade	%
Água	280 g	56
Fermento biológico fresco	15 g	3
Farinha com alto teor de glúten (especial para pizza)	500 g	100
Extrato de malte diastático	3 g	0,6
Sal	10 g	2
Peso total:	*808 g*	*161%*

Modo de fazer

MISTURA

Método direto (p. 114).

8 a 10 minutos em velocidade baixa.

FERMENTAÇÃO

1 hora a 27°C.

MODELAGEM E ASSAMENTO

1. Pese porções de massa de 55 g.

2. Um destes dois métodos pode ser usado para modelar os *bagels* manualmente:

   ◆ Faça um rolo com a massa usando a palma das mãos. Una as pontas, formando uma argola ao redor da mão (A). Sele bem a emenda rolando a massa, ainda ao redor da mão, sobre a superfície de trabalho (B e C).

   ◆ Boleie a massa pesada até obter uma bola levemente achatada. Faça um furo no centro, abrindo um buraco com os dedos. Gire a massa, usando o dedo como eixo, até obter uma argola uniforme.

3. Deixe crescer apenas metade do tamanho original.

4. Cozinhe os *bagels* em uma solução de 300 mL de xarope de malte para cada 15 L de água por cerca de 1 minuto.

5. Coloque-os em assadeiras a cerca de 2,5 cm de distância uns dos outros. Asse a 230°C até que estejam bem dourados, virando uma vez no meio do cozimento.

O tempo total de assamento é de cerca de 20 minutos.

Se desejar, os *bagels* podem ser polvilhados com sementes de gergelim, de papoula, cebola picadinha ou sal grosso antes de irem ao forno.

A

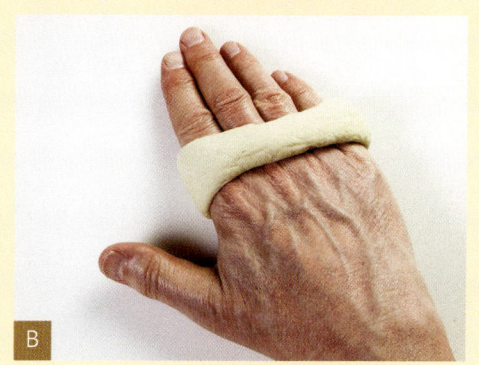

B

C

❊{ BAGELS }❊

À medida que o *bagel* — um pão de origem judaica em formato de argola — tornou-se mais popular nos EUA e no mundo, muitos pães de formato semelhante passaram a ser produzidos pelas padarias. Mas os *bagels* verdadeiros têm uma massa muito densa e elástica, feita de farinha com alto teor de glúten e pouca água. São cozidos em uma solução de água e xarope de malte antes de irem ao forno, o que lhes dá uma casca brilhante, de sabor característico. Além disso, o sabor dos *bagels* autênticos limita-se aos ingredientes polvilhados sobre sua superfície — como semente de papoula, de gergelim, sal grosso e cebola ou alho picadinhos. Duas exceções são o *bagel* de farinha *pumpernickel* e o *bagel* de passas com canela.

A maneira mais tradicional de assá-los é dispondo-os sobre assadeiras forradas com uma lona úmida, que são colocadas no lastro do forno até a metade do cozimento. Em seguida, os *bagels* são virados diretamente sobre o lastro para que o forneamento seja concluído. Devem ser assados até ficarem bem dourados. *Bagels* benfeitos nunca são pálidos.

FOCACCIA DE AZEITONA PRETA

Para calcular grandes quantidades, ver página 722.

Ingredientes	Quantidade	%	Modo de fazer
Água	470 g	62,5	**MISTURA**
Fermento biológico fresco	10 g	1,5	Método direto (p. 114).
Farinha de trigo para pão	750 g	100	Acrescente a azeitona depois que os outros ingredientes tiverem formado uma massa.
Sal	15 g	2	
Azeite	25 g	3,5	12 minutos na velocidade 1.
Azeitonas pretas sem caroço, picadas	250 g	33	**FERMENTAÇÃO**
Peso total:	*1.520 g*	*202%*	1 hora e 30 minutos a 27°C.

MODELAGEM E ASSAMENTO

Ver *Foccacia* de ervas (p. 167).

Esta massa, sem a azeitona, pode ser usada também como base para pizzas (ver p. 144).

FOCACCIA DE ERVAS (COM PRÉ-FERMENTO)

Para calcular grandes quantidades, ver página 723.

Ingredientes	Quantidade	%
Pré-fermento		
Água	175 g	21
Fermento biológico fresco	4 g	0,5
Farinha	225 g	29
Farinha	575 g	71
Água	400 g	50
Fermento biológico fresco	4 g	0,5
Sal	15 g	1,75
Azeite	30 g	3,5
Alecrim e sal		
(ver modelagem)		
Peso total:	**1.428 g**	**177%**

Modo de fazer

MISTURA

Método indireto (p. 115).

FERMENTAÇÃO

Pré-fermento: 8 a 16 horas a 21°C.

Massa: 30 minutos a 27°C.

MODELAGEM E ASSAMENTO

1. Pese porções de massa de 1.400 g para cada forma.

2. Unte a forma com bastante azeite.

3. Abra a massa em um retângulo e forre a forma com ela (A).

4. Deixe crescer até dobrar de volume.

5. Pincele com os 60 mL de azeite (B). Usando a ponta dos dedos, faça depressões na massa a intervalos regulares (C).

6. Polvilhe com 2 colheres de sopa (30 mL) de alecrim fresco e sal grosso a gosto (D).

7. Asse a 200°C por 30 minutos.

PÃO DE CASTANHA-PORTUGUESA

Para calcular grandes quantidades, ver página 723.

Ingredientes	Quantidade	%	Modo de fazer
Água	360 g	60	**MISTURA**
Fermento biológico fresco	36 g	6	Método direto (p. 114).
Farinha com alto teor de glúten (especial para pizza)	450 g	75	10 minutos na velocidade 1.
			FERMENTAÇÃO
Farinha de castanha-portuguesa	150 g	25	40 minutos a 27°C.
			MODELAGEM
Sal	15 g	2,5	Pese porções de 300 a 330 g de massa.
Manteiga	18 g	3	Modele pães ovais.
Peso total:	**1.029 g**	**171%**	**ASSAMENTO**
			230°C.

VARIAÇÃO

Para um sabor mais pronunciado, adicione 30% de Pré-fermento comercial básico (p. 153).

PÃO DE PRESUNTO CRU

Para calcular grandes quantidades, ver página 723.

Ingredientes	Quantidade	%	Modo de fazer
Água	285 g	57	**MISTURA**
Fermento biológico fresco	10 g	2	Método direto (fermentação mista, p. 114).
Farinha de trigo para pão	500 g	100	1. Misture a água, o fermento, a farinha, o sal e
Sal	10 g	2	a gordura por 6 minutos na velocidade 1.
Gordura derretida de toicinho ou presunto cru	30 g	6	2. Acrescente o pré-fermento e misture por mais 4 minutos.
Pré-fermento comercial básico (p. 153) ou massa velha	100 g	20	3. Acrescente o presunto cru e misture por mais 1 ou 2 minutos.
Presunto cru, rasgado ou em cubinhos	100 g	20	**FERMENTAÇÃO**
			1 hora a 27°C.
Peso total:	**1.035 g**	**207%**	**MODELAGEM**
			Pese porções de 360 a 540 g de massa, ou do tamanho desejado. Modele-os como uma baguete. Ver página 174.
			ASSAMENTO
			220°C com vapor.

PÃO DE AZEITONA PRETA

Para calcular grandes quantidades, ver página 723.

Ingredientes	Quantidade	%	Modo de fazer
Água	370 g	62	**MISTURA**
Fermento biológico fresco	9 g	1,5	Método direto (fermentação mista, p. 114).
Farinha de trigo para pão	450 g	75	1. Misture todos os ingredientes, com exceção das azeitonas, por 10 minutos na velocidade 1.
Farinha de trigo integral	60 g	10	
Farinha de centeio	90 g	15	2. Acrescente as azeitonas e misture por mais 4 ou 5 minutos.
Sal	12 g	2	
Azeite	30 g	5	**FERMENTAÇÃO**
Pré-fermento comercial básico (p. 153) ou massa velha	60 g	10	90 minutos a 24°C.
Azeitonas pretas sem caroço, inteiras ou cortadas ao meio (ver *Nota*)	180 g	30	**MODELAGEM** A mesma do pão de presunto cru (p. 168). **ASSAMENTO** 220°C com vapor.
Peso total:	**1.261 g**	**210%**	

Nota: use uma azeitona bem saborosa. Evite usar azeitonas conservadas em salmoura, pois a maioria é insossa.

PÃO INGLÊS DE FRIGIDEIRA (CRUMPET)

Para calcular grandes quantidades, ver página 723.

Ingredientes	Quantidade	%	Modo de fazer
Água morna	550 g	110	1. Misture a água morna com o fermento, a farinha, o sal e o açúcar até formar uma massa mole. Deixe fermentar por 1 hora e 30 minutos em temperatura ambiente.
Fermento biológico fresco	30 g	5,5	
Farinha de trigo para pão	500 g	100	
Sal	10 g	2	
Açúcar	3,5 g	0,7	2. Dissolva o bicarbonato na água gelada. Acrescente a farinha, batendo até obter uma massa lisa.
Bicarbonato de sódio	1,5 g	0,3	
Água gelada	140 g	28	
Peso total:	**1.235 g**	**246%**	3. Unte ligeiramente moldes para *crumpets* ou cortadores de metal redondos, grandes e vazados. Coloque-os sobre uma chapa aquecida em fogo médio-alto. Com o auxílio de uma concha ou dosador, coloque 1 a 1,5 cm de massa dentro de cada molde. A quantidade de massa varia conforme o tamanho do molde (45 a 60 g).

4. Conforme forem assando, bolhas irão se formar na superfície da massa. Quando essas bolhas se transformarem em furos, os *crumpets* estarão firmes – retire os moldes e vire-os com uma espátula. Continue a assar até que o lado de baixo comece a dourar.

PRETZEL MACIO

Ingredientes	Quantidade	%
Água	325 g	65
Fermento biológico fresco	11 g	2,25
Farinha de trigo para pão	375 g	75
Farinha com baixo teor de glúten (especial para biscoito)	125 g	25
Sal	3 g	0,6
Açúcar	10 g	2
Finalização		
Água morna	250 g	
Bicarbonato de sódio	30 g	
Sal para *pretzel* ou sal grosso		
Peso total (da massa):	**849 g**	**170%**

Modo de fazer

MISTURA

Método direto (p. 114).

FERMENTAÇÃO

Depois de misturar, coloque a massa em um descanso de mesa, coberta, por 30 a 60 minutos.

MODELAGEM

1. Pesagem: usando um rapa, corte pedaços longos de massa com 150 g cada.

2. Com a palma das mãos, forme cordões uniformes com cerca de 75 cm de comprimento (A). Torça uma vez próximo das pontas e vire, formando os *pretzels* (B e C).

3. Mergulhe em uma solução de 60 g de bicarbonato para cada 500 mL de água. Coloque em uma assadeira forrada com papel-manteiga. Arrume o formato dos *pretzels*, se necessário. (*Nota:* depois de mergulhar os *pretzels* na solução de água e bicarbonato, será mais difícil manuseá-los. Se preferir, coloque os *pretzels* na forma e só depois pincele-os generosamente com essa solução).

4. Salpique com o sal.

5. Asse imediatamente (sem deixar crescer) a 260°C por 8 a 9 minutos, ou até que estejam bem dourados.

6. Opcional: mergulhe-os em manteiga derretida assim que saírem do forno e deixe-os escorrer em uma grade de metal (D).

A

B

C

D

PÃO SÍRIO (PITA)

Ingredientes	Quantidade	%	Modo de fazer
Água	435 g	58	**MISTURA**
Fermento biológico fresco	30 g	4	Método direto (p. 114).
Farinha de trigo para pão	625 g	83	**FERMENTAÇÃO**
Farinha de trigo integral	125 g	17	Até dobrar de volume – cerca de 1 hora e 30 minu-
Sal	15 g	2	tos a 27°C.
Açúcar	22 g	3	**MODELAGEM E ASSAMENTO**
Iogurte natural sem sabor semidesnatado	90 g	12,5	1. Pese porções de massa de 90 g. Boleie as unidades e deixe-as descansar.
Óleo, de preferência azeite	30 g	4	2. Com um rolo, abra a massa em discos de 10 a 12 cm de diâmetro.
Peso total:	*1.372 g*	*183%*	3. Asse no lastro do forno ou em forma seca não untada a 260°C até que estejam dourados nas bordas – cerca de 5 minutos. Não asse demais, senão ficarão secos e duros. Devem permanecer macios depois de frios.

TÉCNICAS DE MODELAGEM

O **objetivo da** modelagem é dar forma à massa levedada, transformando-a em pães de diversos formatos e tamanhos, de aparência chamativa. Quando um pão é modelado de forma correta, o glúten da superfície é distendido para formar uma película lisa, que mantém o formato dos pães. Isso é especialmente importante para os itens assados diretamente no lastro, sem uma estrutura que sustente sua forma. Unidades modeladas incorretamente desenvolvem formatos irregulares e rachaduras e podem não crescer.

O uso da farinha para polvilhar

Na maioria dos casos, a superfície de trabalho e a massa devem ser ligeiramente polvilhadas com farinha para evitar que a massa grude na superfície ou nas mãos. A maioria dos padeiros usa farinha de trigo para polvilhar, mas alguns usam outras farinhas.

Independentemente da farinha usada, uma regra deve ser seguida: usar o mínimo possível. O excesso de farinha faz com que as emendas não consigam aderir novamente à massa, além de ser visível, na forma de estrias, no produto final depois de assado.

Procedimento de pesagem e divisão da massa para fazer pãezinhos

Este procedimento envolve o uso de uma *divisora* de massa. Uma divisora corta porções grandes de massa em unidades menores, de tamanho igual. Se esse equipamento não estiver disponível, a massa deve ser pesada unidade por unidade.

1. Pese a massa em porções do tamanho desejado. Em geral, as divisoras separam a massa em 36 porções iguais.

2. Abra a massa em um disco e deixe-a descansar um pouco.

3. Coloque o disco na divisora e efetue o corte. Separe os pedaços, polvilhando com um pouco de farinha para que não grudem.

4. Modele os pães no formato desejado. Em alguns casos, a massa é primeiramente boleada. Em outros, o boleamento não é necessário — enrola-se a massa dos pães exatamente como ela sai da divisora.

Produtos de casca crocante e produtos de centeio

Pãozinho redondo

1. Pese a massa conforme necessário, por exemplo: um disco de 1.500 g para produzir 30 pães de 50 g. Divida os discos de massa em unidades.

2. Posicione a palma da mão relativamente estendida sobre a porção de massa e, pressionando-a levemente contra a mesa, faça movimentos circulares fechados (A). Não use muita farinha para polvilhar, já que a massa deve aderir levemente à superfície de trabalho para que a técnica funcione.

3. Conforme a massa for adquirindo um formato circular, vá fechando a mão gradualmente (B e C).

4. A bola de massa resultante deve ter uma superfície lisa, com exceção de uma dobra discreta na parte de baixo.

5. Coloque os pães a 5 cm de distância uns dos outros em formas polvilhadas com fubá.

6. Espere crescer, pincele com água e asse com vapor.

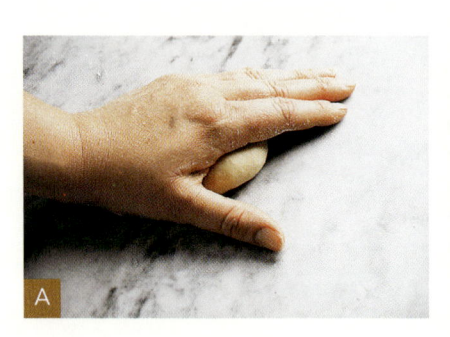  

Pãozinho oval

1. Pese e boleie a massa como indicado para a modelagem do pãozinho redondo.

2. Role cada bola de massa para a frente e para trás sob a palma da mão até tornar-se ligeiramente alongada, com as pontas afinadas.

3. Espere crescer e pincele com água. Faça um corte longitudinal ou três cortes diagonais com o estilete.

4. Asse com vapor.

Pãozinho dois gomos (split roll)

1. Boleie a massa como indicado na modelagem do pãozinho redondo. Deixe descansar por alguns minutos.

2. Polvilhe ligeiramente a superfície com farinha de centeio. Usando um bastão de madeira de cerca de 2 cm de diâmetro, faça uma depressão no centro de cada pão.

3. Deixe crescer com a parte de cima virada para baixo, sobre uma lona polvilhada com farinha. Vire o pão no sentido certo e coloque em assadeiras ou pás polvilhadas com fubá. Não corte com o estilete. Asse como os outros tipos de pães.

Pãozinho meia-lua

1. Pese a massa em porções de cerca de 500 g. Faça bolas e deixe-as descansar um pouco.

2. Com o rolo, abra a massa em discos de 30 cm de diâmetro.

3. Com um cortador de massa, divida cada círculo em 12 fatias triangulares iguais. Método alternativo: para grandes quantidades de massa, abra um retângulo e corte triângulos (ver p. 205).

4. Enrole a massa, começando pelo lado mais largo, como se fosse fazer um *croissant* (ver p. 205). Depois de enrolados, os pães podem ser mantidos retos ou pode-se curvar ligeiramente suas pontas, formando meias-luas.

5. Deixe crescer. Pincele com água e, se for o caso, polvilhe com semente de papoula, de alcaravia, de gergelim, sal grosso etc. Asse com vapor.

Pãozinho retangular (club roll)

Em vez de serem boleados depois de divididos, estes pãezinhos são enrolados assim que saem da divisora.

1. Abra a massa até obter o formato aproximado de um retângulo (A).

2. Comece a enrolar o pão dobrando um dos lados mais largos do retângulo sobre si mesmo. Com as pontas dos dedos, pressione a borda com força (B).

3. Continue a enrolar a massa, pressionando a dobra com força após cada dobra. À medida que for enrolando a massa, a parte não enrolada ficará cada vez mais estreita. Abra os cantos da massa com as mãos, no sentido mostrado pelas setas (C), para manter uma largura uniforme.

4. Quando acabar de enrolar a massa, aperte bem a dobra final para que o rolinho fique bem fechado (D).

5. Para dar a aparência final ao pãozinho (E), faça um corte longitudinal um pouco antes de assar a massa.

6. Coloque os pães a 5 cm de distância uns dos outros em formas polvilhadas com fubá.

7. Espere crescer, pincele com água e faça o corte longitudinal. Asse com vapor.

Pãozinho de cebola (para massa magra branca ou de centeio)

1. Prepare a mistura de cebola:
   a. Cubra 500 g de cebola desidratada em flocos com água e deixe de molho até ficar macia. Escorra.
   b. Misture com 60 g de óleo e 15 g de sal.
   c. Espalhe em uma assadeira plana. Tampe e reserve até o momento de usar.

2. Divida a massa e boleie. Deixe descansar por 10 minutos.

3. Coloque os pãezinhos sobre a cebola, com a parte de cima virada para baixo, e aperte bem com as mãos. Transfira os pãezinhos achatados para assadeiras forradas com papel-manteiga, com o lado da cebola virado para cima.

4. Deixe crescer. Pressione o centro de cada pão com dois dedos, formando uma depressão. Asse com vapor.

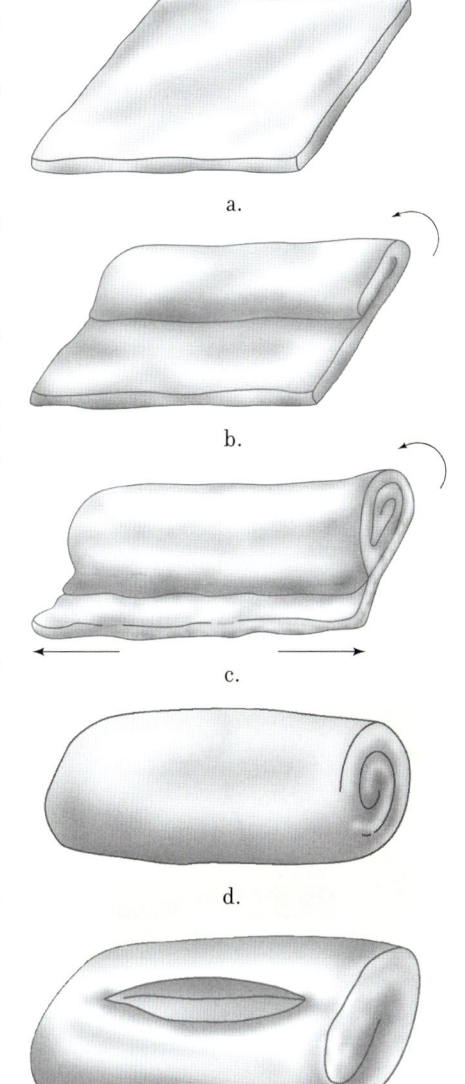

a.

b.

c.

d.

e.

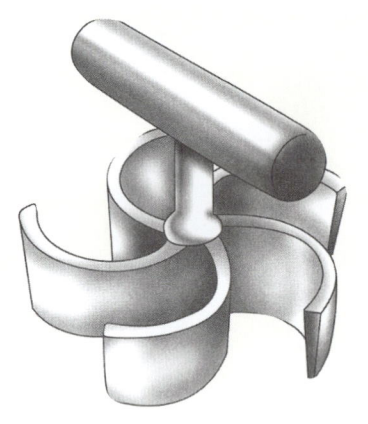

Marcador de roseta

Pãozinho Kaiser

1. Pese a massa de pão vienense para produzir pãezinhos do tamanho desejado. Para fazer pães de tamanho adequado para sanduíches, calcule o peso final de cada unidade assada em 60 g.

2. Coloque o disco de massa na divisora e separe os pedaços já cortados, polvilhando-os com um pouco de farinha de centeio clara.

3. Boleie as unidades e deixe descansar.

4. Achate as bolas ligeiramente com as mãos.

5. Usando um marcador de roseta, imprima o desenho na parte de cima do pão. Os cortes devem ser feitos somente até o meio da massa. Não pressione o cortador até o fim.

6. Coloque os pãezinhos, com o lado de cima virado para baixo, dentro de assadeiras forradas com bastante semente de papoula, ou sobre uma lona. Deixe crescer.

7. Transfira-os para assadeiras ou pás polvilhadas com fubá, com o lado da roseta virado para cima. Coloque no lastro do forno e asse com vapor.

Pães alongados

Pães de formato alongado – como o pão francês, a baguete e um tipo de pão italiano – variam de formato, dos maiores, mais arredondados e grossos (formato chamado de *bâtard* em francês), como o pão italiano, aos mais compridos e finos, como a baguete.

1. Abra a massa boleada e relaxada com o rolo ou com as mãos até obter uma forma ovalada (A). Estique com as mãos para aumentar seu comprimento (B). Enrole, pressionando firmemente, e sele bem as emendas (C e D). Role a massa para a frente e para trás sob a palma das mãos para uniformizar seu formato. Essa técnica produzirá um pão comprido e alongado. As pontas devem ser embutidas para baixo, de modo que fiquem arredondadas.

2. Se o objetivo é produzir um pão mais fino e alongado, deixe que a massa descanse novamente por alguns minutos. Achate-a com a palma das mãos e puxe as pontas delicadamente para aumentar o comprimento. Enrole, mais uma vez, selando bem as emendas. Role a massa para a frente e para trás sob a palma das mãos, uniformizando seu formato, até obter o tamanho desejado.

3. Coloque o pão, com a emenda virada para baixo, em assadeiras polvilhadas com fubá. As baguetes ficam melhores se colocadas em formas especiais, que ajudam a manter seu formato (E). Deixe crescer. Pincele com água. Faça cortes diagonais ou um único corte longitudinal com o estilete – antes ou após o crescimento. Asse com vapor nos primeiros 10 minutos.

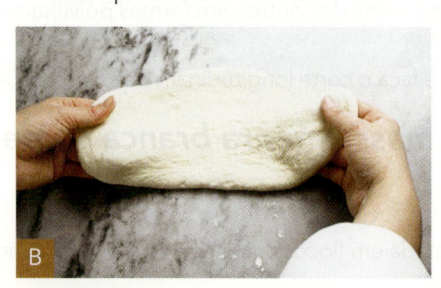

Pães redondos e ovais

As técnicas descritas aqui são usadas para modelar vários tipos de pão, inclusive o *pain de campagne* e o pão de centeio. Um pão redondo é chamado, em francês, de *boule* ou *miche*.

Para modelar pães como esse (o *pain de campagne*, por exemplo):

1. Abra a massa boleada e relaxada até obter um disco. Dobre as beiradas em direção ao centro e boleie novamente. Vire o lado com as dobras para baixo e dê um formato circular à massa (A).

2. Coloque em uma assadeira polvilhada com fubá ou farinha. Deixe crescer, pincele a parte de cima com água e, com o estilete, faça cortes em forma de treliça (B e C). Asse com vapor.

Para fazer pães ovais, como o de centeio de origem francesa:

1. Assim como para os pães redondos, abra a massa boleada e relaxada até obter um disco. Dobre as beiradas em direção ao centro e boleie novamente. Role a massa sobre a palma das mãos até obter uma forma ovalada e uniforme, deixando as emendas no lado de baixo (A).

2. Coloque em uma assadeira polvilhada com fubá ou farinha (B). Deixe crescer, pincele a parte de cima com água e polvilhe com farinha. Faça um corte retangular com o estilete, como mostra a figura (C).

Outra opção é deixar a massa crescer, com o lado de cima virado para baixo, em cestas especiais chamadas *banneton*. Polvilhe o interior do *banneton* com farinha e aperte bem a massa dentro da cesta (D). Quando estiver crescida, vire-a sobre uma assadeira ou pá e coloque no forno.

Banneton forrado

Fougasse

1. Abra a massa até obter uma forma grande, ovalada e de espessura fina, permitindo que descanse de vez em quando, para que o glúten relaxe.

2. Unte uma assadeira com azeite. Coloque a massa na assadeira e pincele-a com bastante azeite (A).

3. Com a ponta dos dedos, faça depressões na massa, a intervalos regulares, como se estivesse preparando uma *focaccia* (ver p. 167).

4. Faça os cortes com o estilete, conforme indicado (C). Estique a massa para alargar as incisões (D).

5. Deixe crescer por 30 minutos em temperatura ambiente.

Pães de casca macia, roscas e pães de forma

Tranças e nozinhos

1. Pese a massa em porções do tamanho desejado. Divida em unidades.

2. Com a palma das mãos, abra cada unidade sobre a superfície de trabalho, enrolando até obter um cordão de massa.

3. Forme os pãezinhos seguindo os esquemas da página 177.

4. Coloque-os em formas untadas ou forradas com papel-manteiga, a 5 cm de distância uns dos outros.

5. Deixe crescer, pincele com ovo e asse sem vapor.

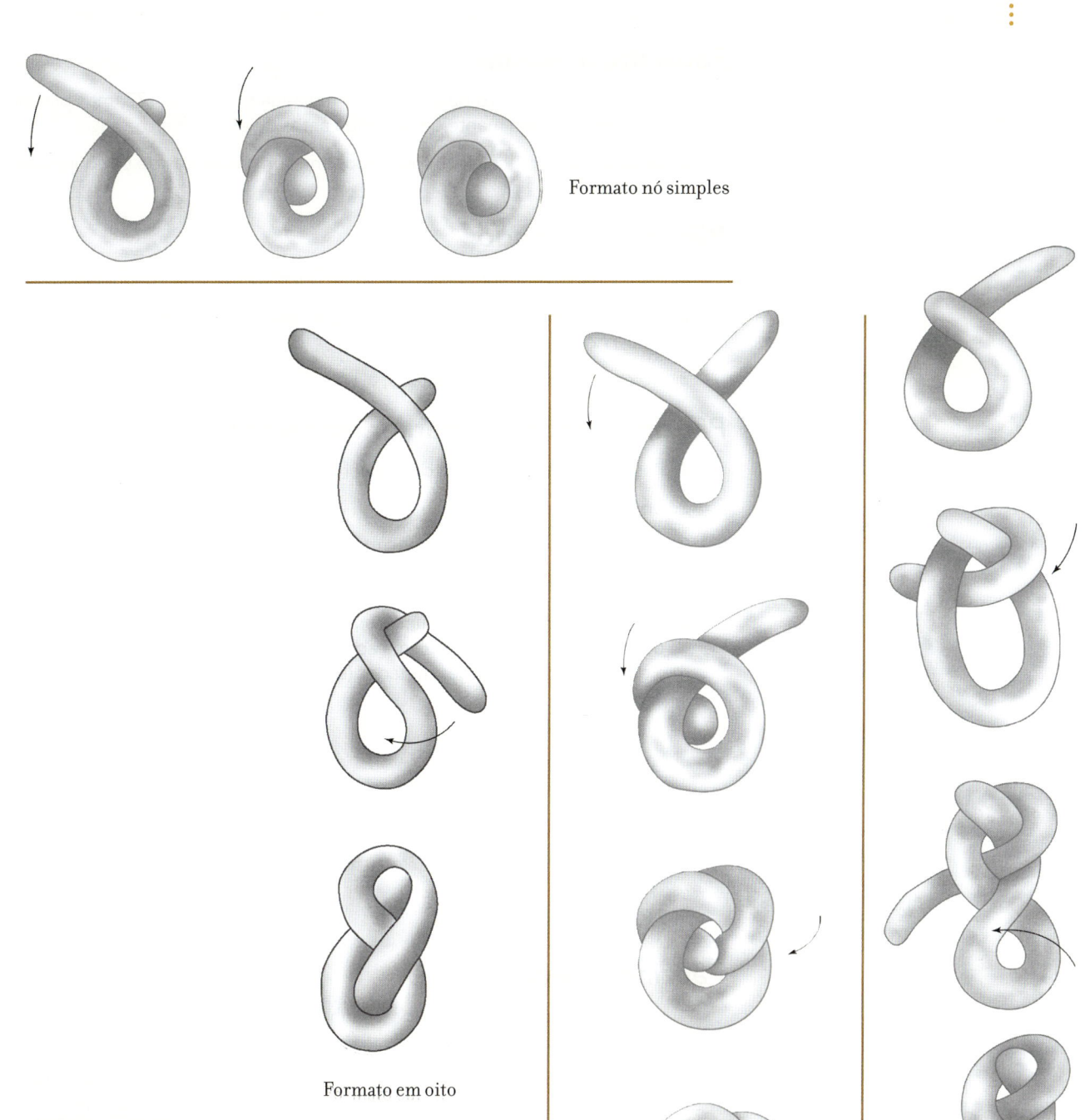

Formato nó simples

Formato em oito

Formato nó duplo

Trança de uma ponta

Pãozinho serrilhado
(sawtooth roll)

1. Prepare pãezinhos alongados.

2. Com uma tesoura, dê vários piques consecutivos, em linha reta, na parte superior da massa.

Pãozinho meia-lua

1. Siga o procedimento para pãozinho meia-lua da página 173, mas pincele os triângulos com manteiga derretida antes de enrolá-los.

2. Deixe crescer, pincele com ovo e polvilhe com sementes de papoula. Asse sem vapor.

Pãozinho redondo

1. Pese a massa em porções do tamanho desejado. Divida em unidades.

2. Siga o mesmo procedimento usado para fazer pãezinhos redondos da página 172.

3. Coloque em uma forma untada, a 1 cm de distância uns dos outros.

Pãozinho dobrado (parker house roll)

1. Pese a massa em porções do tamanho desejado. Divida em unidades.

2. Boleie cada uma delas (A).

3. Achate o centro das bolas com um rolo estreito (B).

4. Dobre a massa ao meio e pressione com força, mas sem selar a dobra (C).

5. Coloque os pãezinhos em uma forma untada, a 1 cm de distância uns dos outros. O produto final tem uma abertura ao longo da lateral que torna fácil a divisão do pão em duas metades (D).

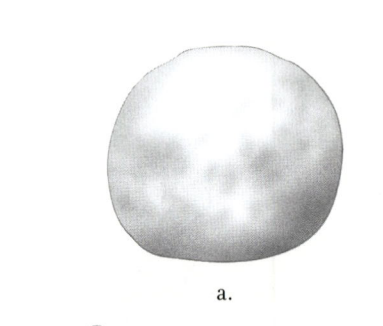

a.

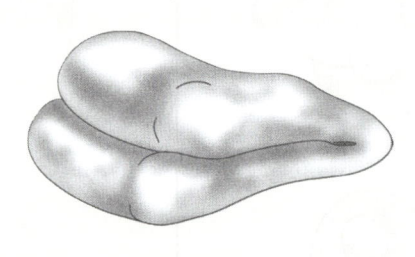

b.   c.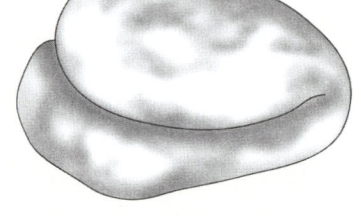

d.

Pãozinho trevo

1. Pese a massa em porções do tamanho desejado. Divida cada unidade de massa em 3 partes iguais e boleie.

2. Coloque as bolinhas no fundo de uma forma de empada ou de *muffin* (A). Elas se unirão durante o assamento, formando um trevo na superfície (B).

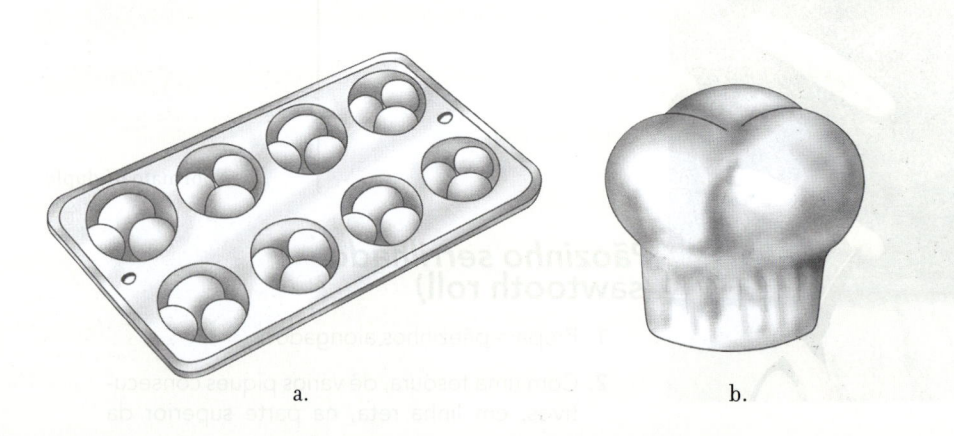

a.   b.

Pãozinho em camadas (butterflake roll)

1. Abra a massa com o rolo até obter um retângulo bem fino. Pincele com manteiga derretida. Corte em tiras de 2,5 cm de largura (A).

2. Faça pilhas de 6 tirinhas. Corte em pedaços de 3,5 cm (B).

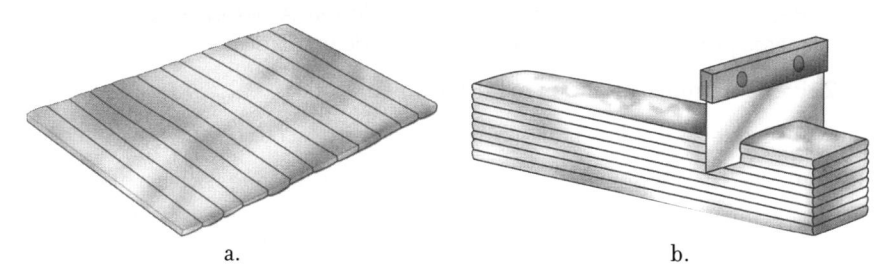

a.

b.

3. Coloque os retângulos, com uma das pontas virada para baixo, em formas de empada ou *muffin* untadas (C). Deixe crescer. Os pãezinhos, depois de assados, ficarão com várias camadas (D).

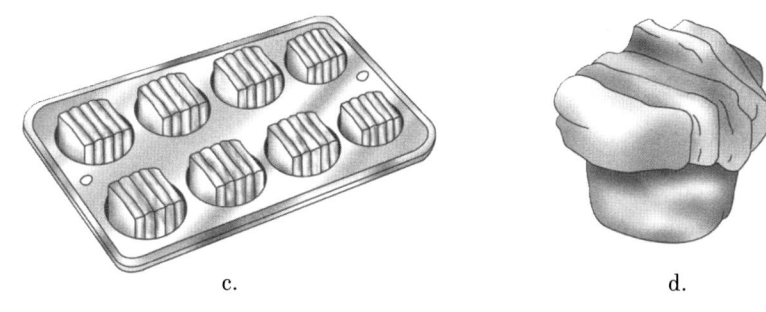

c.

d.

Pão de forma

1. Comece com uma porção de massa boleada (A).

2. Abra-a até obter um retângulo alongado (B).

3. Dobre a massa em três (C e D).

4. Role a massa, pressionando, até obter um rolo do mesmo comprimento da forma em que será assada (E). Sele bem as emendas e coloque o pão, com as emendas viradas para baixo, na forma untada.

Para pães de forma com um corte longitudinal, use o estilete para marcar a parte de cima da massa já crescida.

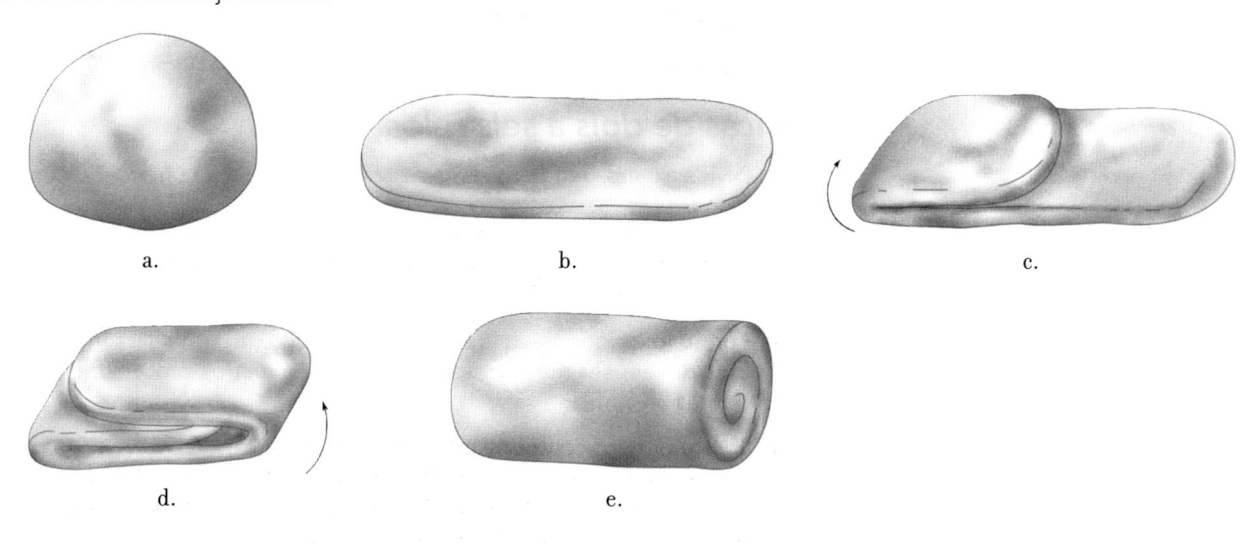

a.

b.

c.

d.

e.

Pão de forma quadrado (pullman loaf)

Os pães de forma quadrados, chamados de *pullman loaf* em inglês, ideais para fazer sanduíches, são assados em formas quadradas com tampa. O tamanho das formas geralmente é padrão – 500 g, 750 g e 1 kg.

1. Pese a quantidade de massa adequada à forma. Acrescente 100 a 130 g de massa por quilo para compensar a perda de umidade.

2. Prepare a massa usando um destes dois métodos:

   - Enrole a massa da maneira padrão, como descrito no subitem anterior.

   - Divida cada porção de massa pesada em duas partes. Role a massa com a palma das mãos até obter um cordão e, em seguida, torça os dois cordões juntos. Sele bem as pontas. Este método é o preferido por muitos padeiros porque dá uma força extra à estrutura final do pão. Além disso, há menos chance de as laterais do pão abaixarem.

3. Coloque os pães nas formas ligeiramente untadas. Coloque as tampas (untadas na parte de dentro), mas deixe uma abertura de cerca de 2,5 cm.

4. Deixe crescer até que a massa tenha quase tocado a tampa.

5. Feche bem. Asse a 200-225°C, sem vapor.

6. Retire as tampas depois de 30 minutos. O pão deve estar começando a dourar a essa altura. Se as tampas estiverem grudadas, pode ser um sinal de que o pão precisa ser assado um pouco mais com a tampa. Tente removê-las novamente após alguns minutos.

7. Finalize o assamento sem as tampas, permitindo que a umidade evapore.

Pães trançados

Massas macias e enriquecidas com ovos são as mais apropriadas para preparar pães trançados. A massa deve ser relativamente consistente, para que mantenha a forma.

É comum trançar de um a seis rolos de massa. Tranças mais complicadas, com sete ou mais rolos de massa, não são apresentadas aqui porque não são comuns.

As roscas são pinceladas com ovos antes do crescimento. Se desejar, polvilhe as roscas com saborizantes, como sementes de papoula, depois de pincelá-las.

Trança de um rolo

1. Faça um rolo uniforme de massa, com textura lisa, usando a palma das mãos. A espessura do rolo deve ser a mesma em toda a sua extensão.

2. Dê um nó ou torça a massa, conforme explicado na página 177.

Tranças de dois a seis rolos

1. Divida a massa em porções iguais, de acordo com o número de rolos desejados.

   Para uma rosca com duas tranças de três rolos, divida a massa em quatro partes iguais, depois divida uma dessas partes em 3, de modo a obter 3 pedaços grandes e 3 pequenos.

2. Forme rolos longos, do mesmo comprimento, usando a palma das mãos. Eles devem ser mais grossos no meio e afinados gradualmente até as pontas.

3. Trance os rolos conforme mostrado nas ilustrações. Observe que os números usados nas descrições referem-se à posição dos rolos (numerados sempre da esquerda para a direita). A cada estágio do processo, o rolo de número 1 da ilustração será o primeiro da esquerda.

Trança de dois rolos

1. Cruze os dois rolos pelo meio (A).

2. Dobre as duas pontas do rolo que ficou por baixo sobre o rolo de cima (B).

3. Faça o mesmo com as outras duas pontas (C).

4. Repita os passos 2 e 3 até que a trança esteja concluída (D).

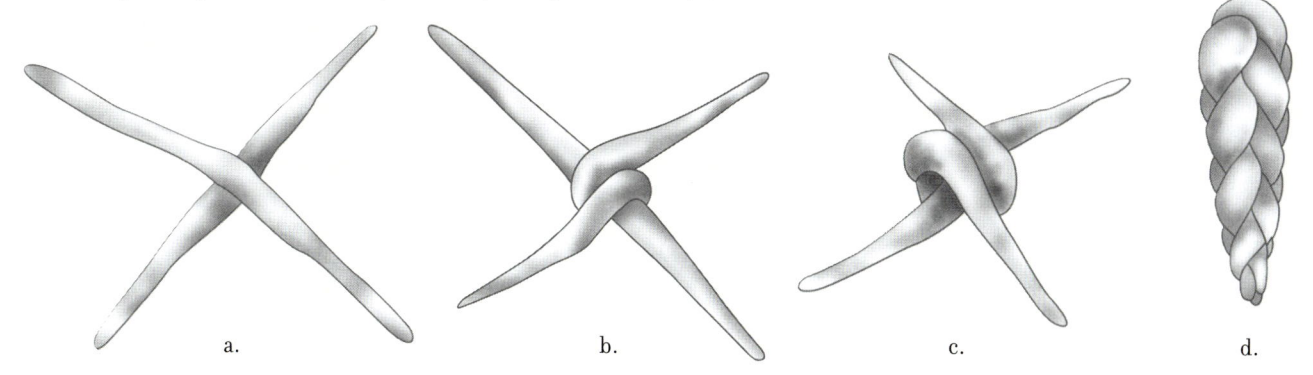

a.   b.   c.   d.

Trança de três rolos

1. Coloque os três rolos de massa lado a lado. Começando pelo meio do rolo, dobre o da esquerda sobre o do centro (rolo 1 sobre rolo 2) (A).

2. Depois dobre o rolo da direita sobre o rolo do centro (rolo 3 sobre rolo 2) (B).

3. Repita a sequência (rolo 1 sobre rolo 2, rolo 3 sobre rolo 2) (C).

4. Quando chegar ao final, vire a rosca (D).

5. Trance a outra metade (E).

6. Se desejar, uma trança menor de 3 rolos pode ser colocada por cima (F).

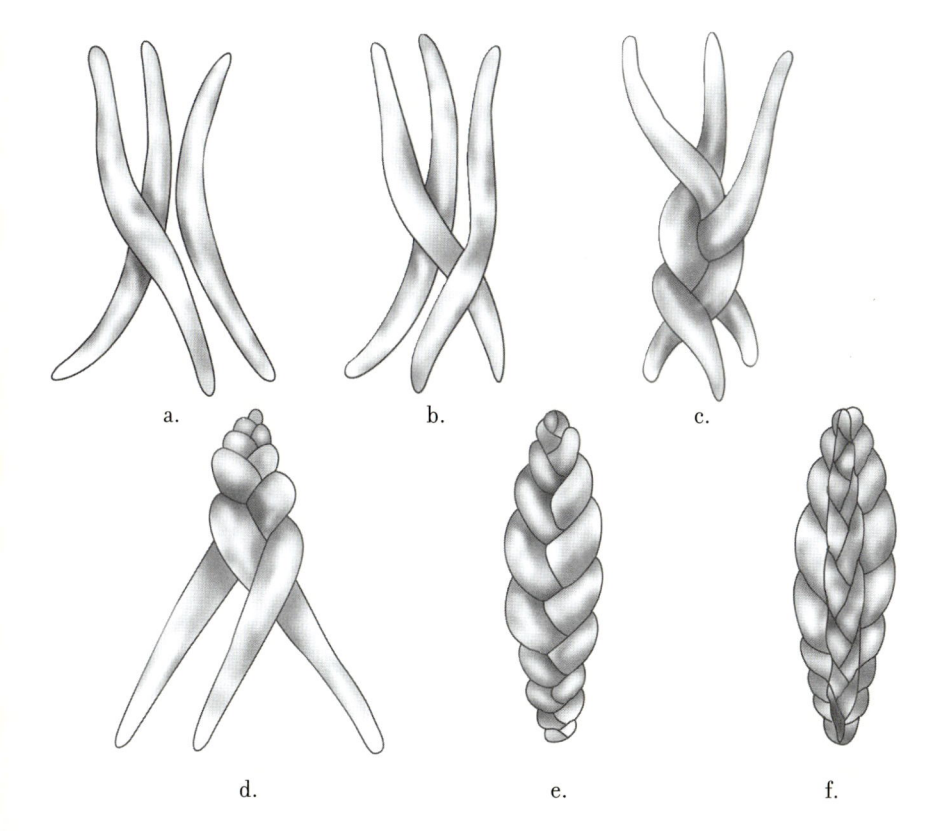

a.   b.   c.

d.   e.   f.

Trança de quatro rolos

1. Comece com 4 rolos, unidos por uma ponta (A).
2. Cruze o rolo 4 sobre o rolo 2 (B).
3. Cruze o rolo 1 sobre o rolo 3 (C).
4. Cruze o rolo 2 sobre o rolo 3 (D).
5. Repita os passos 2, 3 e 4 até que a trança esteja concluída (E e F).

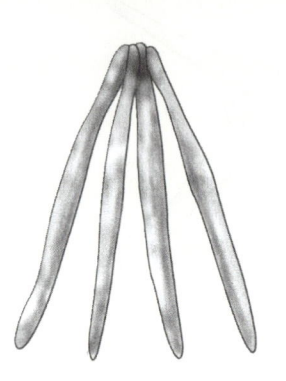

a.

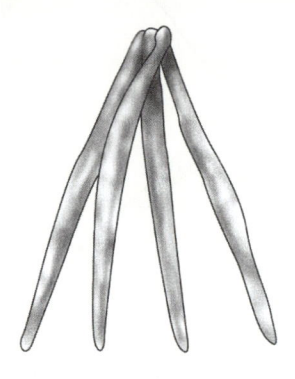

b.

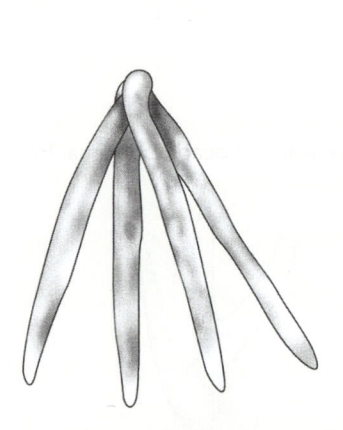

c.

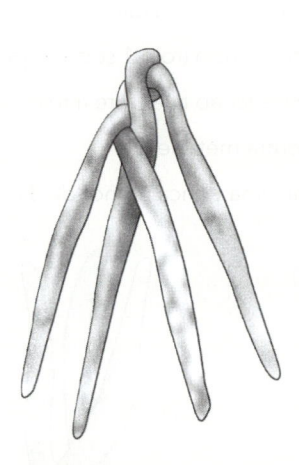

d.

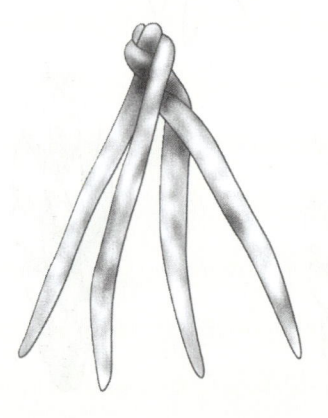

e.

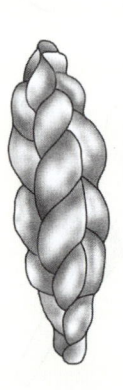

f.

Trança de cinco rolos

1. Comece com 5 rolos, unidos por uma ponta (A).
2. Cruze o rolo 1 sobre o rolo 3 (B).
3. Cruze o rolo 2 sobre o rolo 3 (C).
4. Cruze o rolo 5 sobre o rolo 2 (D).
5. Repita os passos 2, 3 e 4 até que a trança esteja concluída (E e F).

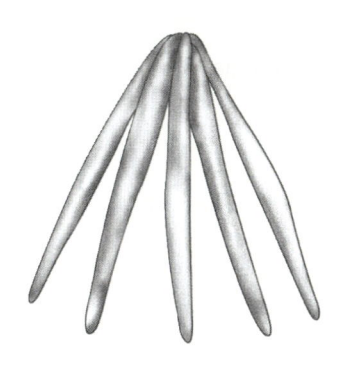

a.

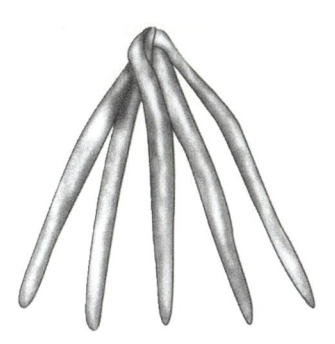

b.

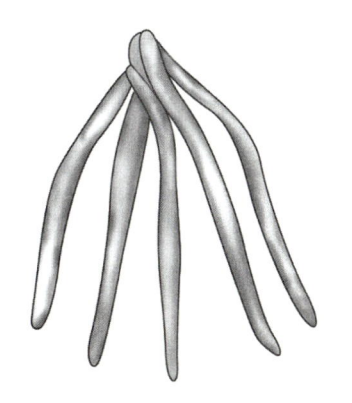

c.

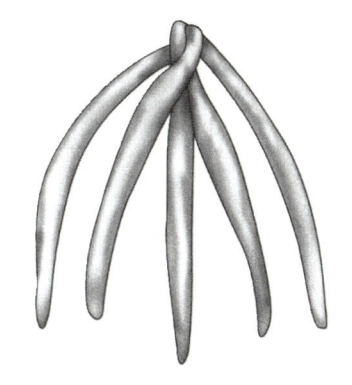

d.

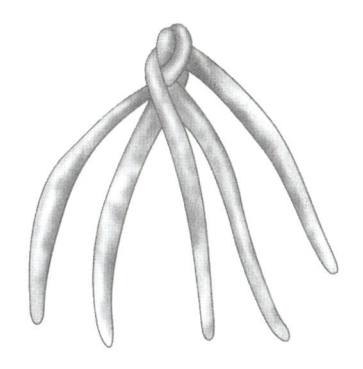

e.

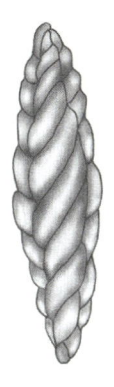

f.

Trança de seis rolos

1. Comece com 6 rolos, unidos por uma ponta (A).
2. O primeiro passo – cruzar o rolo 6 sobre o rolo 1 – não faz parte da sequência repetida (B).
3. Cruze o rolo 2 sobre o rolo 6 – esse é o começo da sequência repetida (C).
4. Cruze o rolo 1 sobre o rolo 3 (D).
5. Cruze o rolo 5 sobre o rolo 1 (E).
6. Cruze o rolo 6 sobre o rolo 4 (F).
7. Repita os passos 3 a 6 até que a trança esteja concluída (G).

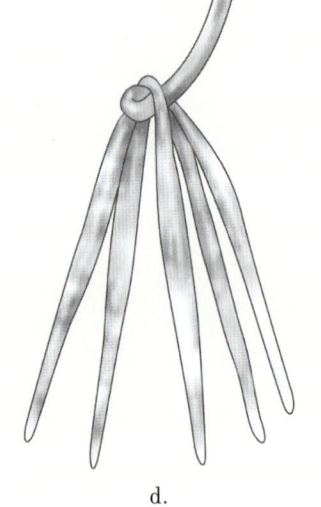

a.

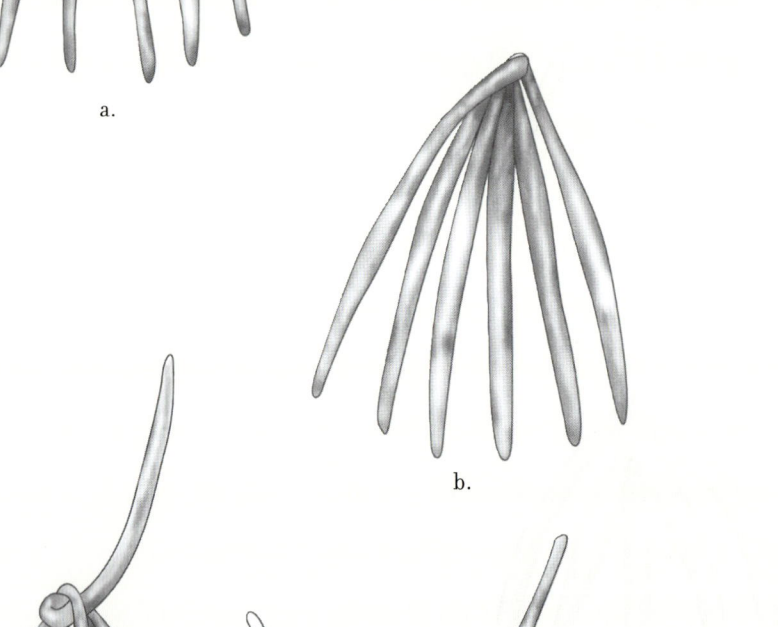

b.

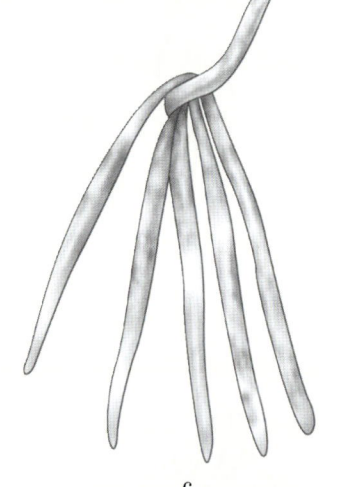

c.

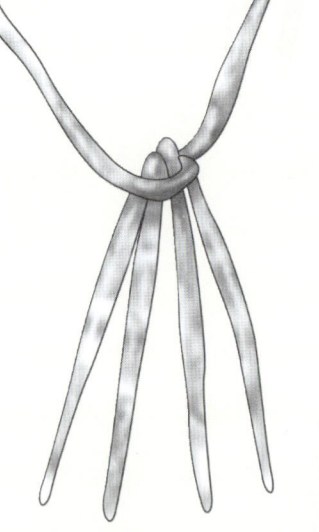

d.

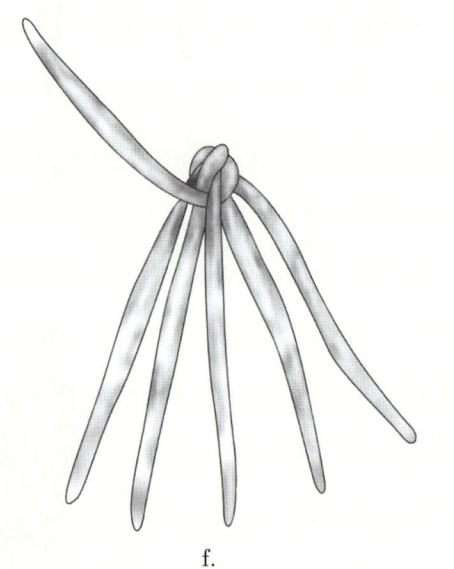

e.

f.

g.

TERMOS PARA REVISÃO

pão francês	massa-madre	divisora	*pain de campagne*
muffin inglês	*pumpernickel*	*ciabatta*	*fougasse*
bagel	pão de forma	*focaccia*	

QUESTÕES PARA DISCUSSÃO

1. O que aconteceria com o pão francês caso a quantidade de gordura da fórmula (p. 145) fosse aumentada para 7%?

2. Por que a temperatura de assamento do pão italiano (p. 144) é mais alta que a do *challah* (p. 150)?

3. Que alterações poderiam ser feitas na fórmula do pão vienense (p. 143) caso o xarope de malte não estivesse disponível?

4. Por que é importante não usar muita farinha para polvilhar durante a modelagem de pães?

5. Descreva o procedimento de modelagem e a finalização da *focaccia*.

6. Descreva como se deve usar uma divisora.

7. Descreva o procedimento para enrolar pãezinhos redondos.

8. Descreva o procedimento de modelagem e finalização das baguetes.

MASSAS DOCES E MASSAS RICAS LEVEDADAS

9

Massas ricas levedadas

E ste capítulo **completa o estudo** das massas levedadas com uma apresentação das massas ricas mais importantes. Conforme explicado no Capítulo 6, massas ricas são
aquelas que possuem porcentagens maiores de gordura e, em alguns casos, açúcar e ovos.

Pãezinhos doces simples são o produto mais fácil de fazer entre
os elaborados com esse tipo de massa. Mas até mesmo eles requerem um cuidado especial, já que a massa, em geral, é mais macia e
pegajosa que a massa de pão comum. Como a estrutura de glúten
não é tão forte como a das massas magras, é preciso ter mais cau-
tela durante a fermentação e o assamento dos produtos feitos com
massa doce.

Produtos laminados, como os *croissants* e os *danishes*, são especialmente ricos em gordura, pois é ela que separa cada uma das
camadas de massa. Como as outras massas doces, as massas ricas
levedadas, em geral, são consideradas como parte da confeitaria
e não tanto da panificação. Prática e habilidade consideráveis são
requeridas para a elaboração de produtos finos que usam essas
massas.

Assim como no Capítulo 8, as fórmulas dos produtos e as técnicas de modelagem são dadas em seções separadas do capítulo,
porque cada massa pode ser transformada em produtos diversos.
Este capítulo também inclui uma seleção de recheios e coberturas
usados na elaboração de pães doces. Revise o Capítulo 6 no que
diz respeito aos métodos básicos de mistura e a outros procedimentos de elaboração de massas levedadas.

**Após ler este capítulo, você
deverá ser capaz de:**

1. Elaborar massas doces simples.

2. Elaborar produtos feitos de massa
   levedada laminada.

3. Elaborar uma variedade de
   coberturas e recheios para massas
   ricas levedadas.

4. Modelar diversos produtos
   elaborados com massa levedada
   doce, laminada ou não, inclusive
   croissants e *danishes*.

MASSAS DOCES E MASSAS RICAS LEVEDADAS

É preciso relembrar que altas concentrações de gordura e açúcar em uma massa levedada inibem a fermentação. Por esse motivo, o método de mistura usado para a maioria das massas desta seção é o indireto, ou esponja, para que a maior parte da fermentação ocorra antes da adição do açúcar e da gordura. A exceção principal é a massa de pão doce comum usada para fazer bisnagas, que tem quantidades de gordura e açúcar pequenas o bastante para se usar o método direto modificado. A quantidade de fermento é aumentada. Veja as páginas 113 a 115 para uma revisão dos métodos básicos de mistura.

Quantidades maiores de gordura e ovos tornam as massas ricas muito macias. Para compensar, a quantidade de líquido é diminuída.

Por serem tão macias, as massas ricas geralmente fermentam e crescem por menos tempo. Cerca de três quartos de crescimento é o ideal. Se crescerem demais, as massas podem abaixar durante o assamento.

As assadeiras e formas usadas para assar massas ricas devem ser untadas sempre que houver perigo de os pães grudarem. Isso é especialmente importante para os produtos com recheios de frutas e outros recheios e coberturas doces.

Vale observar que as receitas ilustram duas maneiras de misturar as massas ricas. A massa de pão doce amanteigada e a massa de *kugelhopf*, um tipo de pão doce de passas da Alsácia, contêm bastante açúcar. Para garantir que fique bem distribuído na massa, o açúcar é misturado primeiramente com a gordura, assim como é feito no método direto modificado. As massas de **brioche** e **baba** contêm pouco açúcar – por isso esse método não é usado. A gordura é incorporada à massa por último.

MASSA DE PÃO DOCE

Para calcular grandes quantidades, ver página 723.

Ingredientes	Quantidade	%	Modo de fazer
Água	200 g	40	**MISTURA**
Fermento biológico fresco	38 g	7,50	Método direto modificado (p. 115).
Manteiga, margarina ou gordura hidrogenada (ver *Nota*)	100 g	20	Misture a massa por 4 minutos na velocidade 2 (ver p. 116).
Açúcar	100 g	20	**FERMENTAÇÃO**
Sal	10 g	2	1 hora e 30 minutos a 2 horas, a 24°C.
Leite em pó desnatado	25 g	5	**MODELAGEM E CRESCIMENTO**
Ovos	75 g	15	Ver páginas 206 a 215.
Farinha de trigo para pão	400 g	80	**ASSAMENTO**
Farinha de trigo especial para bolo	100 g	20	190°C.
Peso total:	**1.048 g**	**209%**	

Nota: as gorduras listadas acima podem ser usadas puras ou combinadas.

MASSA DE PÃO DOCE AMANTEIGADA

Para calcular grandes quantidades, ver página 724.

Ingredientes	Quantidade	%
Leite fervido, frio	200 g	40
Fermento biológico fresco	25 g	5
Farinha de trigo para pão	250 g	50
Manteiga	200 g	40
Açúcar	100 g	20
Sal	10 g	2
Ovos	125 g	25
Farinha de trigo para pão	250 g	50
Peso total:	**1.160 g**	**232%**

Modo de fazer

MISTURA

Método indireto

1. Prepare o pré-fermento com os três primeiros ingredientes. Deixe fermentar até dobrar de volume.
2. Bata a manteiga, o açúcar e o sal até obter um creme homogêneo. Adicione os ovos.
3. Acrescente o pré-fermento. Mexa, desmanchando os pedaços de pré-fermento.
4. Acrescente a farinha e misture até formar uma bola. Tempo de mistura: cerca de 3 minutos.

FERMENTAÇÃO

30 a 40 minutos, ou refrigere imediatamente. É mais fácil trabalhar a massa gelada, pois ela é muito macia.

VARIAÇÕES

STOLLEN

Para calcular grandes quantidades, ver página 724.

Ingredientes	Quantidade	%
Essência de amêndoa	2 g (¾ de colher de chá)	0,5
Raspas de limão	2 g (1½ colher de chá)	0,5
Essência de baunilha	2 g (¾ de colher de chá)	0,5
Uva-passa (clara, escura ou uma mistura)	150 g	30
Frutas cristalizadas	175 g	35

Junte a essência de amêndoa, as raspas de limão e a essência de baunilha à mistura de manteiga e açúcar durante o estágio de mistura. Incorpore as passas e as frutas cristalizadas à massa já formada.

MODELAGEM

1. Pese as unidades, boleie e deixe descansar. Podem-se fazer unidades grandes ou pequenas, de 350 g a 1 kg, conforme a necessidade.
2. Com as mãos ou com o rolo, achate cada bola de massa até obter uma forma ovalada.
3. Pincele com manteiga derretida.
4. Marque uma linha longitudinal na massa a cerca de 1 cm do centro. Dobre o lado menor sobre o maior, como se estivesse fazendo um pãozinho dobrado (*parker house roll*, ver p. 178) grande.
5. Deixe crescer até aumentar três quartos do tamanho original. Pincele a superfície com manteiga derretida.
6. Asse a 190°C.
7. Deixe esfriar. Polvilhe com bastante açúcar de confeiteiro ou impalpável.

BABKA

Para calcular grandes quantidades, ver página 724.

Ingredientes	Quantidade	%
Essência de baunilha	2 g (¾ de colher de chá)	0,5
Cardamomo	1 g (¾ de colher de chá)	0,25
Uva-passa	100 g	20

Junte a baunilha e o cardamomo à manteiga durante o estágio de mistura. Incorpore as passas à massa já formada.

MODELAGEM

Pão de forma doce (p. 214). Pode ser coberto com *Streusel* (p. 199).

ASSAMENTO

175°C. Certifique-se de que os pães estão assados por completo; caso contrário, apresentarão um miolo pegajoso e poderão abaixar.

KUGELHOPF

Ingredientes	Quantidade	%	Modo de fazer
Leite fervido, frio	190 g	30	
Fermento biológico fresco	30 g	5	
Farinha de trigo para pão	190 g	30	
Manteiga	250 g	40	
Açúcar	125 g	20	
Sal	13 g	2	
Ovos	220 g	35	
Farinha de trigo para pão	440 g	70	
Uva-passa escura	75 g	12,5	
Peso total:	**1.527 g**	**244%**	

MISTURA

Método indireto

1. Prepare o pré-fermento com os três primeiros ingredientes. Deixe fermentar até dobrar de volume.

2. Bata a manteiga, o açúcar e o sal até obter um creme homogêneo. Acrescente os ovos.

3. Acrescente o pré-fermento e mexa, desmanchando os pedaços.

4. Acrescente a farinha e misture até formar uma bola. Tempo de mistura: cerca de 3 minutos. A massa ficará muito macia e pegajosa.

5. Incorpore as passas com cuidado.

FERMENTAÇÃO

Requer apenas 15 a 20 minutos de descanso antes de ser pesada e modelada. Se preferir, refrigere imediatamente.

MODELAGEM

Unte formas com um buraco no meio, de preferência decoradas com linhas simples, com bastante manteiga. Polvilhe o fundo e as laterais com amêndoas laminadas. Coloque a massa, enchendo apenas até a metade (calcule cerca de meio quilo de massa para cada litro da capacidade da forma). Deixe crescer até aumentar três quartos do tamanho original.

ASSAMENTO

190°C.

Desenforme e deixe esfriar completamente. Polvilhe com açúcar de confeiteiro.

PÃOZINHO DE FRUTAS SECAS (HOT CROSS BUN)

Para calcular grandes quantidades, ver página 724.

Ingredientes	Quantidade	Modo de fazer
Massa de pão doce (p. 188)	1.250 g	
Passa de Corinto	125 g	
Uva-passa clara	60 g	
Cascas de frutas cítricas cristalizadas, picadinhas	30 g	
Pimenta-da-jamaica moída	2,5 g	
Peso total:	**1.467 g**	

1. Comece a misturar os ingredientes da Massa de pão doce. Em um recipiente à parte, misture bem as cascas de frutas, as passas e a pimenta-da-jamaica. Junte à massa e misture até incorporar bem.

2. Siga as instruções de fermentação e assamento da Massa de pão doce.

MODELAGEM

Pese unidades de 60 g e boleie. Coloque os pãezinhos em assadeiras forradas ou untadas, ligeiramente encostados uns nos outros. Pincele com ovo. Depois de assados, pincele com Calda de brilho simples (p. 199). Com um saco de confeitar, faça uma cruz de Glacê simples de açúcar e água (p. 431) sobre cada unidade.

VARIAÇÃO

Para obter o tradicional desenho de cruz encravado no pãozinho, combine os ingredientes do Creme para pãozinho de frutas secas (abaixo) até obter uma mistura homogênea. Desenhe as cruzes com o saco de confeitar quando os pãezinhos já estiverem crescidos, mas antes de assá-los.

CREME PARA PÃOZINHO DE FRUTAS SECAS

Ingredientes	Quantidade	%
Água	300 g	111
Farinha de trigo especial (de preferência para biscoito ou bolo)	270 g	100
Gordura hidrogenada	60 g	22
Leite em pó	30 g	11
Fermento em pó químico	2 g	0,7
Sal	2 g	0,7

MASSA DE BABA/SAVARIN

Para calcular grandes quantidades, ver página 724.

Ingredientes	Quantidade	%	Modo de fazer
Leite	120 g	40	
Fermento biológico fresco	15 g	5	
Farinha de trigo para pão	75 g	25	
Ovos	150 g	50	
Farinha de trigo para pão	225 g	75	
Açúcar	8 g	2,5	
Sal	4 g	2	
Manteiga, derretida	120 g	40	
Peso total:	**719 g**	**239%**	

VARIAÇÃO

Acrescente 25% (300 g) de uva-passa escura à massa de *baba*.

MISTURA

Método indireto

1. Ferva o leite e espere amornar. Dissolva nele o fermento. Acrescente a farinha e misture para fazer o pré-fermento. Deixe crescer até dobrar de volume.

2. Acrescente aos poucos os ovos e, em seguida, os ingredientes secos (usando o misturador de raquete) até obter uma massa macia.

3. Incorpore a manteiga aos poucos até que tenha sido totalmente absorvida e a massa esteja lisa. A massa ficará muito macia e pegajosa.

MODELAGEM E ASSAMENTO

1. Encha formas já untadas até a metade. A forminha de bombocado — uma miniforma de buraco no meio — em geral requer 60 g de massa. Já para as de *savarin* — formas rasas com um buraco grande no meio — as quantidades são, em média, as seguintes:

Forma de 13 cm de diâmetro: 140 a 170 g

Forma de 18 cm de diâmetro: 280 a 340 g

Forma de 20 cm de diâmetro: 400 a 450 g

Forma de 25 cm de diâmetro: 575 a 675 g

2. Deixe crescer até que a massa atinja a borda da forma.

3. Asse a 200°C.

4. Enquanto a massa ainda estiver quente, mergulhe-a em calda simples de açúcar (p. 261) aromatizada com rum ou *kirsch*. Escorra.

5. Pincele com geleia de brilho de damasco (p. 200). Se desejar, decore com frutas cristalizadas.

PANETONE

Ingredientes	Quantidade	%	Modo de fazer
Uva-passa escura	75 g	11	
Uva-passa clara	75 g	11	
Frutas cristalizadas	150 g	21	
Amêndoas sem pele, picadas	75 g	11	
Raspas de limão	4 g	0,6	
Raspas de laranja	4 g	0,6	
Suco de limão	60 g	9	
Suco de laranja	60 g	9	
Rum	20 g	3	
Noz-moscada	2 mL	0,7	
Farinha de trigo para pão	700 g	100	
Leite	285 g	41	
Fermento biológico fresco	40 g	6	
Gemas	120 g	17	
Sal	5 g	0,7	
Açúcar	125 g	17	
Manteiga	225 g	32	
Peso total:	**2.025 g**	**289%**	

MISTURA E FERMENTAÇÃO

1. Prepare a marinada de frutas secas: misture as passas, as frutas cristalizadas, as amêndoas, as raspas e os sucos de limão e laranja, o rum e a noz-moscada em uma tigela. Cubra e deixe marinar por várias horas, ou mantenha refrigerada de um dia para o outro.

2. Peneire a farinha em uma tigela e faça um buraco no meio.

3. Amorne o leite a 37°C e dissolva o fermento nele. Despeje no buraco feito na farinha. Salpique um pouco da farinha das beiradas sobre a mistura de leite e fermento. Cubra a tigela e deixe repousar, em temperatura ambiente, até que a mistura forme bolhas e que a camada de farinha polvilhada por cima comece a rachar – cerca de 45 minutos.

4. Acrescente as gemas, o sal e o açúcar à tigela com a farinha. Amasse até obter uma massa macia. Vire sobre uma superfície polvilhada com farinha e amasse por 10 minutos, ou até que a massa fique lisa.

5. Coloque em uma tigela ligeiramente polvilhada com farinha, cubra com um pano úmido e deixe fermentar em temperatura ambiente até dobrar de volume.

6. Escorra o líquido da marinada de frutas secas. Junte as frutas e a manteiga, amolecida, à massa e misture até incorporar bem. Coloque novamente na tigela e deixe fermentar uma segunda vez, em temperatura ambiente, até dobrar de volume.

PREPARO DAS FORMAS E ASSAMENTO

Nota: este procedimento rende 1 panetone grande com cerca de 1,5 kg depois de assado. Para preparar panetones menores, divida a massa em 3, 6 ou 15 partes iguais e use formas menores.

1. Caso precise improvisar uma forma descartável de panetone para o preparo, unte uma forma redonda do tamanho desejado para a base do panetone e corte um pedaço dobrado de papel-manteiga grande o bastante para servir de lateral para o panetone. Monte o aro de papel dentro dessa forma. Faça o mesmo com um pedaço de papel-alumínio dobrado várias vezes, mas coloque-o do lado de fora da forma. Ele deve ser da mesma altura da lateral de papel-manteiga. Amarre com um barbante. Forre também o fundo da forma com um círculo duplo de papel.

2. Abaixe a massa e forme uma bola para cada panetone.

3. Coloque na(s) forma(s) e afunde ligeiramente com o punho fechado.

4. Cubra e deixe crescer em temperatura ambiente até dobrar de volume.

5. Faça uma cruz com o estilete no topo e pincele com manteiga derretida.

6. Asse em forno preaquecido a 190°C até que comece a dourar. Coloque um pouco de manteiga no centro da cruz (20 g para um panetone de 1,5 kg) e continue a assar por mais 1 hora. Cubra a parte de cima com papel-alumínio quando já estiver bem dourado, para evitar que queime.

7. Abaixe a temperatura do forno para 160°C. Continue a assar até que um palito de churrasco saia limpo ao ser inserido no centro – 1 hora e 45 minutos a 2 horas ao todo.

8. Retire do forno e pincele com manteiga derretida.

9. Depois de frio, pode ser polvilhado com açúcar de confeiteiro.

BRIOCHE

Para calcular grandes quantidades, ver página 724.

Ingredientes	Quantidade	%	Modo de fazer
Leite	60 g	20	
Fermento biológico fresco	15 g	5	
Farinha de trigo para pão	60 g	20	
Ovos	150 g	50	
Farinha de trigo para pão	240 g	80	
Açúcar	15 g	5	
Sal	6 g	2	
Manteiga, amolecida (ver *Nota*)	210 g	70	
Peso total:	*760 g*	*252%*	

Nota: para que a massa não fique tão pegajosa e, portanto, seja mais fácil de ser trabalhada, a quantidade de manteiga pode ser reduzida a 50% (105 g) ou até mesmo a 35% (75 g) do peso original. No entanto, o produto final não será tão amanteigado e delicado.

MISTURA

Método indireto

1. Ferva o leite e espere amornar. Dissolva o fermento nele. Acrescente a farinha e misture para fazer o pré-fermento. Deixe crescer até dobrar de volume.

2. Aos poucos, adicione os ovos e, em seguida, os ingredientes secos (usando o batedor de raquete), até obter uma massa macia.

3. Incorpore a manteiga aos poucos até que tenha sido totalmente absorvida e a massa esteja lisa. A massa ficará muito macia e pegajosa.

FERMENTAÇÃO

1. Se a massa for destinada à produção de pãezinhos pequenos, que requerem maior manipulação, o melhor é mantê-la sob refrigeração de um dia para o outro. A massa gelada fica menos pegajosa durante a modelagem.

2. Se a massa for simplesmente colocada nas formas, a maciez e a viscosidade não serão um problema, portanto não será necessário refrigerá-la. Deixe fermentar por 20 minutos e, então, pese.

MODELAGEM

Ver página 206. Pincele com ovo antes de assar.

ASSAMENTO

200°C para pãezinhos; 190°C para pães maiores.

MASSAS LEVEDADAS LAMINADAS

Massas levedadas laminadas contêm muitas camadas de gordura intercaladas com camadas de massa. Essas camadas criam aquela textura folhada do *croissant* que você conhece.

Em uma padaria norte-americana típica, há dois tipos de massa levedada laminada:

1. A massa de *croissant* (também chamada de *Danish pastry dough*, estilo *croissant*), que parece uma massa folhada (ver Capítulo 14), mas com fermento. É uma massa à base de leite, farinha, um pouco de açúcar e, é claro, fermento. A manteiga usada na laminação é o que dá a textura folhada à massa.

2. A massa de *danish* estilo brioche (*Danish dough*), uma massa com mais gordura e que contém ovos, embora em menor quantidade que a massa de brioche em si. Em francês, esta massa é chamada de *brioche feuilletée* (brioche folhado).

Ambas as massas são usadas para fazer folhados levedados, embora a primeira seja a mais usada no preparo dos *croissants*. Além das receitas francesas clássicas para esses dois tipos de massa levedada laminada, esta seção também inclui outras duas fórmulas semelhantes, muito usadas em padarias dos EUA.

Tome cuidado para não misturar demais as massas laminadas. O desenvolvimento do glúten continua durante o processo de laminação. Se a massa for misturada em excesso, resultará em um produto de qualidade inferior.

A manteiga é a gordura preferida por causa de seu sabor e por derreter prontamente na boca. Os produtos de melhor qualidade usam manteiga pelo menos em parte do processo de laminação. No entanto, a manteiga é difícil de ser trabalhada, pois é muito dura quando gelada e muito mole em temperatura ambiente. Margarinas e gorduras vegetais especialmente formuladas para a laminação podem ser usadas quando custos mais baixos e maior facilidade na manipulação da massa forem fatores importantes.

❧ VIENNOISERIE ❧

Viennoiserie, ou massa vienense, é o termo usado em francês para designar todas as iguarias feitas de massas levedadas doces, sejam elas laminadas ou não. O brioche, o *danish* e os *croissants* são exemplos típicos de *viennoiserie*.

Procedimento de laminação da massa de *croissant* e de *danish*

O procedimento de laminação pode ser dividido inicialmente em duas partes: incorporar a gordura à massa; e dobrar e abrir a massa várias vezes para aumentar o número de camadas.

Neste tipo de massa, usa-se a **dobra simples**, ou seja, dobra-se a massa em três parte iguais. Cada rotina completa de dobrar e abrir a massa é chamada de volta. A massa de *danish* é laminada com três voltas. Deixe que a massa descanse na geladeira por 30 minutos após a primeira volta, para que o glúten relaxe.

Após cada volta, faça uma marca com a ponta dos dedos próximo a uma das pontas da massa – uma marca após a primeira volta, duas após a segunda e três após a terceira. Isso ajudará a controlar o número de voltas quando você estiver preparando várias receitas ao mesmo tempo, ou quando houver mais de uma pessoa trabalhando com a massa.

1. Abra a massa em um retângulo. Espalhe a manteiga amolecida sobre dois terços do retângulo, deixando uma margem perto das bordas.

2. Dobre o terço da massa sem manteiga em direção ao centro.

3. Dobre também o outro terço de massa em direção ao centro.

4. Gire a massa 90° sobre a bancada. Esse passo é necessário cada vez que a massa for aberta, de modo que fique esticada em todas as direções, não apenas em uma. Além disso, sempre coloque o lado mais irregular da massa virado para cima antes de abrir, assim ele ficará escondido quando a dobra for feita. Abra a massa em um retângulo comprido.

5. Dobre a massa em três, começando pela terceira parte do lado de cima.

6. Depois dobre o outro terço sobre o primeiro. Isso completa a primeira volta (a incorporação da manteiga não conta como uma volta). Deixe a massa descansar na geladeira por 30 minutos, para que o glúten relaxe. Repita o procedimento de abrir e dobrar a massa mais duas vezes, completando três voltas.

MASSA DE DANISH (ESTILO CROISSANT)

Ingredientes	Quantidade	%
Água	200 g	18
Fermento biológico fresco	40 g	3,5
Farinha de trigo para pão	150 g	14
Açúcar	80 g	7
Sal	25 g	2
Leite	350 g	32
Água	50 g	4,5
Farinha de trigo para pão	950 g	86
Manteiga	600 g	55
Peso total:	**2.445 g**	**222%**

Modo de fazer

MISTURA E FERMENTAÇÃO

Método direto modificado

1. Em uma tigela, misture a água e o fermento (A). Polvilhe a primeira quantidade de farinha sobre a mistura (B). Deixe descansar por 15 minutos.

2. Em outra tigela, combine o açúcar e o sal com o leite e a água, até dissolverem.

3. Peneire a farinha e acrescente-a ao fermento dissolvido. Adicione a mistura de leite. Comece a misturar a massa com uma colher de pau (C).

4. Misture apenas até formar uma bola. Comece a trabalhar a massa com as mãos, mas não amasse demais (D).

5. Transfira para uma superfície de trabalho e sove até a massa ficar uniforme (E).

6. Cubra e deixe fermentar por 40 minutos em temperatura ambiente.

7. Abaixe a massa e coloque-a na geladeira por 1 hora.

LAMINAÇÃO

Incorpore a manteiga e dê três voltas simples (ver procedimento na p. 195).

MASSA DE DANISH (ESTILO BRIOCHE)

Para calcular grandes quantidades, ver página 724.

Ingredientes	Quantidade	%
Leite	225 g	28
Fermento biológico fresco	40 g	5
Farinha de trigo para pão	800 g	100
Ovos	100 g	12,5
Manteiga, derretida	50 g	6
Sal	10 g (2 colheres de chá)	1,25
Açúcar	50 g	6
Leite	75 g	9
Manteiga, amolecida	500 g	62
Peso total:	**1.850 g**	**229%**

Modo de fazer

MISTURA E FERMENTAÇÃO

1. Em uma tigela, misture a primeira quantidade de leite com o fermento (A).

2. Peneire a farinha sobre essa mistura. Adicione os ovos e a manteiga derretida (B).

3. Dissolva o sal e o açúcar na segunda quantidade de leite (C). Coloque na tigela com os demais ingredientes.

4. Misture por um 1½ minuto com o misturador gancho até formar uma bola (D).

5. Cubra e deixe fermentar por 30 minutos em temperatura ambiente, ou de um dia para o outro na geladeira.

6. Abaixe a massa e deixe descansar na geladeira por 45 minutos.

LAMINAÇÃO

Incorpore a manteiga amolecida e dê três voltas simples (ver procedimento na p. 195).

B

C

D

CROISSANT

Para calcular grandes quantidades, ver página 725.

Ingredientes	Quantidade	%	Modo de fazer
Leite	225 g	57	**MISTURA**
Fermento biológico fresco	15 g	4	Método direto (p. 114).
Açúcar	15 g	4	Ferva o leite, espere amornar e dissolva o fermento
Sal	8 g	2	nele. Acrescente os demais ingredientes, com ex-
Manteiga, amolecida	40 g	10	ceção da última quantidade de manteiga. Misture
Farinha de trigo para pão	400 g	100	até obter uma massa lisa, mas não estimule o de-
			senvolvimento do glúten. Isso ocorrerá durante o
Manteiga	225 g	57	processo de laminação.
Peso total:	**928 g**	**234%**	**FERMENTAÇÃO**

1 a 1 hora e 30 minutos a 24°C.

Abaixe a massa, abra-a dentro de uma assadeira plana retangular e deixe-a descansar na geladeira ou na câmara fria.

LAMINAÇÃO

Incorpore a manteiga amolecida e dê três voltas simples (ver procedimento na p. 195). Deixe na câmara fria de um dia para o outro.

MODELAGEM

Ver página 205.

Deixe crescer a 24°C, com 65% de umidade. Pincele com ovo antes de assar.

ASSAMENTO

200°C.

MASSA DE DANISH

Para calcular grandes quantidades, ver página 725.

Ingredientes	Quantidade	%	Modo de fazer
Água	200 g	40	**MISTURA**
Fermento biológico fresco	32 g	6,25	Método direto modificado.
Manteiga	62 g	12,5	Misture a massa por 3 a 4 minutos na velocidade 2
Açúcar	75 g	15	(ver p. 116).
Leite em pó desnatado	25 g	5	Deixe na câmara fria por 30 minutos.
Sal	8 g	2	Dê início ao processo de laminação – incorpore a
Cardamomo ou macis	1 g	0,2	manteiga à massa. Dobre quatro vezes (ver p. 195).
(*opcional*)	(½ colher de chá)		**MODELAGEM**
Ovos inteiros	100 g	20	Ver páginas 206 a 215.
Gemas	25 g	5	Deixe crescer a 32°C, com pouca umidade. Pincele
Farinha de trigo para pão	400 g	80	com ovo antes de assar.
Farinha de trigo especial			**ASSAMENTO**
para bolo	100 g	20	190°C.
Manteiga (para laminar)	250 g	50	
Peso total:	**1.278 g**	**256%**	

RECHEIOS E COBERTURAS

As fórmulas desta seção incluem muitos recheios e coberturas usados em pães doces, *danishes*, *croissants* e outros produtos de massa doce levedada. Muitas dessas fórmulas, como a mistura de açúcar e canela, a cobertura *Streusel*, o recheio de amêndoas e a calda de brilho são usadas em muitos outros produtos da panificação e da confeitaria, inclusive bolos, biscoitos, tortas etc. No entanto, o principal uso é em produtos feitos de massas levedadas.

Há muitos tipos de recheios e coberturas prontos para uso em lojas especializadas. É possível comprar, por exemplo, doce de leite, frutas diversas em calda e recheios forneáveis de boa qualidade.

AÇÚCAR E CANELA

Para calcular grandes quantidades, ver página 725.

Ingredientes	Quantidade	%	Modo de fazer
Açúcar	250 g	100	Misture bem os ingredientes.
Canela	8 g	3	
Peso total:	**258 g**	**103%**	

COBERTURA SECA PARA TORTAS E BOLOS (STREUSEL)

Para calcular grandes quantidades, ver página 725.

Ingredientes	Quantidade	%	Modo de fazer
Manteiga e/ou gordura hidrogenada	125 g	50	Adicione a manteiga ou gordura aos demais ingredientes até obter uma farofa fina e homogênea.
Açúcar cristal	75 g	30	
Açúcar mascavo	60 g	25	
Sal	1 g	0,5	
Canela ou macis	0,6 a 1 g	0,25 a 0,5	
Farinha com baixo teor de glúten	250 g	100	
Peso total:	**514 g**	**206%**	

VARIAÇÃO

STREUSEL DE NOZES
Acrescente 25% (60 g) de nozes picadas.

CALDA DE BRILHO SIMPLES

| Ingredientes | Xarope de glucose de milho a 100% | | Modo de fazer |
	Quantidade	%	
Água	250 g	50	1. Misture todos os ingredientes e leve ao fogo até ferver. Mexa bem para que o açúcar se dissolva completamente.
Xarope claro de glucose de milho	500 g	100	
Açúcar cristal	250 g	50	2. Aplique ainda quente, ou reaqueça antes de usar.
Peso total:	**1.000 g**	**200%**	

GELEIA DE BRILHO DE DAMASCO I

Para calcular grandes quantidades, ver página 725.
Rendimento: 1.880 g

Ingredientes	Quantidade	%	Modo de fazer
Damasco, em calda	500 g	50	1. Corte as frutas em pedacinhos, inclusive as sementes e a casca das maçãs. Coloque em uma panela grossa.
Maçã	500 g	50	
Açúcar	950 g	95	
Água	25 g	2,5	2. Acrescente a primeira quantidade de açúcar e a água. Cozinhe lentamente, em fogo médio, com a panela tampada até que as frutas estejam macias.
Açúcar	50 g	5	
Pectina	20 g	2	

3. Passe por um passador de legumes.

4. Leve ao fogo novamente, até ferver.

5. Misture a segunda quantidade de açúcar com a pectina e adicione ao purê de frutas. Cozinhe por mais 3 ou 4 minutos.

6. Coe, retire a espuma que subir à superfície e despeje em recipientes plásticos. Espere esfriar e conserve em geladeira.

GELEIA DE BRILHO DE DAMASCO II

Para calcular grandes quantidades, ver página 725.
Rendimento: 220 g

Ingredientes	Quantidade	Geleia a 100% %	Modo de fazer
Geleia de damasco	250 g	100	1. Em uma panela grossa, misture a geleia e a água. Leve ao fogo e espere ferver. Mexa bem e cozinhe até que a geleia tenha derretido e esteja bem misturada à água. Reduza o fogo ao mínimo e cozinhe até que a geleia tenha engrossado ligeiramente.
Água	60 g	25	

2. Passe por uma peneira fina.

3. Teste o ponto – coloque uma colher de chá da mistura em um pires e leve à geladeira por alguns minutos para verificar se a calda se gelifica. Se necessário, cozinhe por mais alguns minutos para engrossar um pouco mais.

RECHEIO DE CREAM CHEESE E LIMÃO

Para calcular grandes quantidades, ver página 725.

Ingredientes	Quantidade	Cream cheese a 100% %	Modo de fazer
Cream cheese	150 g	100	Misture bem o *cream cheese*, o açúcar e as raspas de limão.
Açúcar	30 g	20	
Raspas de limão	3 g	2	
Peso total:	*183 g*	*122%*	

RECHEIO DE TÂMARA, AMEIXA OU DAMASCO

Para calcular grandes quantidades, ver página 725.

Rendimento: 750 g

Ingredientes	Quantidade	Fruta a 100% %	Modo de fazer
Tâmara, ameixa seca sem caroço ou damasco seco	500 g	100	1. Passe a fruta por um processador.
Açúcar	100 g	20	2. Misture todos os ingredientes em uma panela. Leve ao fogo. Assim que ferver, reduza a chama ao máximo e cozinhe até obter uma pasta grossa e lisa – cerca de 10 minutos.
Água	250 g	50	3. Deixe esfriar antes de usar.

VARIAÇÕES

1. Os recheios de tâmara e ameixa podem ser saborizados com limão e/ou canela.
2. Adicione 12,5% (250 g) de nozes picadas aos recheios de tâmara ou ameixa.

FRANGIPANE I

Para calcular grandes quantidades, ver página 726.

Ingredientes	Quantidade	Pasta de amêndoa a 100% %	Modo de fazer
Pasta de amêndoa	250 g	100	1. Com o misturador raquete, combine a pasta de amêndoa e o açúcar em velocidade baixa até obter uma mistura homogênea.
Açúcar	250 g	100	
Manteiga e/ou gordura hidrogenada	125 g	50	2. Acrescente a gordura e a farinha e bata até obter uma massa lisa.
Farinha com baixo teor de glúten (especial para biscoito ou bolo)	62 g	25	3. Adicione os ovos aos poucos, batendo bem após cada adição.
Ovos	62 g	25	
Peso total:	**750 g**	**300%**	

FRANGIPANE II

Ingredientes	Quantidade	Pasta de amêndoa a 100% %	Modo de fazer
Pasta de amêndoa	200 g	100	1. Com o misturador raquete, combine a pasta de amêndoa e o açúcar em velocidade baixa até obter uma mistura homogênea.
Açúcar	25 g	12,5	
Manteiga	100 g	50	2. Incorpore a manteiga.
Farinha de trigo especial para bolo	25 g	12,5	3. Adicione a farinha.
Ovos	100 g	50	4. Acrescente os ovos e bata até obter uma massa lisa.
Peso total:	**450 g**	**225%**	

CRÈME D'AMANDE

Para calcular grandes quantidades, ver página 726.

Ingredientes	Quantidade	Modo de fazer
Manteiga	90 g	1. Bata a manteiga, o açúcar e as raspas de limão até obter um creme leve e fofo.
Açúcar refinado	90 g	
Raspas de limão	1 g	2. Acrescente os ovos, as gemas e a essência de baunilha aos poucos, batendo bem após cada adição.
Ovos inteiros	50 g	
Gemas	20 g	
Essência de baunilha	2 gotas	
Farinha de amêndoa	90 g	3. Incorpore a farinha de amêndoa e a farinha de trigo.
Farinha de trigo especial para bolo	30 g	
Peso total:	**370 g**	

RECHEIO DE LIMÃO

Recheio para torta a 100%			
Ingredientes	Quantidade	%	Modo de fazer
Recheio de limão-siciliano para torta (p. 307)	500 g	100	Misture muito bem todos os ingredientes.
Bolo esmigalhado	250 g	50	
Suco de limão	62 g	12,5	
Peso total:	**812 g**	**162%**	

RECHEIO DE MAÇÃ EM CALDA

Para calcular grandes quantidades, ver página 726.
Rendimento: cerca de 500 g; peso drenado: 275 g

Maçã a 100%			
Ingredientes	Quantidade	%	Modo de fazer
Maçã, sem casca e sem sementes	275 g	100	1. Corte a maçã em cubos de 0,5 cm.
Manteiga	75 g	27	2. Misture com os demais ingredientes. Cozinhe em fogo brando, com a panela tampada, por cerca de 15 minutos, ou até que a maçã esteja macia, porém firme.
Açúcar	120 g	44	
Água	60 g	22	

RECHEIO DE AMÊNDOAS, PASSAS E CANELA

Para calcular grandes quantidades, ver página 726.

Farinha de amêndoa a 100%			
Ingredientes	Quantidade	%	Modo de fazer
Farinha de amêndoa	100 g	100	1. Usando um batedor de arame (se for bater à mão) ou o misturador raquete (se for usar uma batedeira), misture bem a farinha de amêndoa, o açúcar, o *maple syrup*, as claras e a canela.
Açúcar	60 g	60	
Maple syrup (xarope de bordo)	30 g	30	
Claras	60 g	60	2. Podem-se acrescentar as passas a essa altura. Mas para que fiquem mais bem distribuídas, deixe para salpicá-las sobre o recheio.
Canela	10 g	10	
Uva-passa clara	50 g	50	
Peso total:	**310 g**	**310%**	

RECHEIO DE AVELÃ, NOZ-PECÃ E MAPLE SYRUP

Para calcular grandes quantidades, ver página 726.

Ingredientes	Quantidade	Avelã a 100% %	Modo de fazer
Avelã em pó	100 g	100	Misture bem todos os ingredientes.
Açúcar	60 g	60	
Claras	60 g	60	
Maple syrup (xarope de bordo)	30 g	30	
Noz-pecã, laminada ou picadinha	60 g	60	
Peso total:	*310 g*	*310%*	

RECHEIO DE RICOTA

Ingredientes	Quantidade	Ricota a 100% %	Modo de fazer
Ricota	500 g	100	1. Usando o misturador raquete, bata a ricota, o açúcar e o sal até obter um creme liso.
Açúcar	150 g	30	
Sal	4 g	0,7	
Ovos	100 g	20	2. Em uma tigela à parte, misture os ovos, a gordura, a baunilha e as raspas de limão. Junte ao creme de ricota.
Manteiga e/ou gordura hidrogenada, amolecida	100 g	20	
Baunilha	8 g	1,5	3. Acrescente a farinha. Bata somente até incorporar. Acrescente o leite aos poucos, somente a quantidade necessária para obter um creme liso, com consistência própria para espalhar.
Raspas de limão (*opcional*)	4 g	0,7	
Farinha de trigo especial para bolo	50 g	10	
Leite	100 a 150 g	20 a 30	4. Acrescente as passas, se for usar.
Uva-passa escura (*opcional*)	125 g	25	
Peso total:	*1.141 a 1.191 g*	*228 a 238%*	

RECHEIO DE AVELÃ

Para calcular grandes quantidades, ver página 726.

Ingredientes	Quantidade	Oleaginosas a 100% %	Modo de fazer
Avelã, tostada e moída	125 g	100	1. Misture todos os ingredientes, com exceção do leite.
Açúcar	250 g	200	
Canela	4 g	3	2. Acrescente uma quantidade suficiente de leite para obter um creme de consistência própria para espalhar.
Ovos	50 g	37,5	
Bolo esmigalhado	250 g	200	
Leite	125 a 250 g	100 a 200	
Peso total:	*804 a 927 g*	*640 a 740%*	

RECHEIO DE SEMENTE DE PAPOULA

Semente de papoula a 100%			Modo de fazer
Ingredientes	Quantidade	%	
Semente de papoula	200 g	100	1. Deixe as sementes de molho nas 100 g de água de um dia para o outro. Transforme em uma pasta.
Água	100 g	50	
Manteiga, amolecida	75 g	38	
Mel	50 g	25	2. Adicione os demais ingredientes e bata até obter uma mistura homogênea.
Açúcar	75 g	38	
Bolo esmigalhado	200 g	100	
Ovos	40 g	19	3. Adicione uma quantidade suficiente de água para que a consistência fique adequada para espalhar.
Raspas de limão	3 g	1,5	
Canela	1 g	0,75	
Água	(conforme necessário)	(conforme necessário)	
Peso total:	**744 g**	**372%**	
ou mais, dependendo da quantidade de água usada			

RECHEIO DE CHOCOLATE

Para calcular grandes quantidades, ver página 726.

Bolo esmigalhado a 100%			Modo de fazer
Ingredientes	Quantidade	%	
Açúcar	100 g	33	1. Peneire o açúcar e o chocolate em pó juntos.
Chocolate em pó	40 g	12	2. Adicione o bolo esmigalhado.
Bolo esmigalhado	300 g	100	3. Acrescente os ovos, a manteiga, a baunilha e um pouco da água. Bata bem. Acrescente uma quantidade suficiente de água para que o creme fique liso, com uma consistência própria para espalhar.
Ovos	25 g	8	
Manteiga, derretida	40 g	12	
Baunilha	6 g	2	
Água (conforme necessário)	75 g	25	
Peso total:	**582 g**	**192%**	

VARIAÇÃO

Adicione 50% (150 g) de chocolate picado fino ao recheio.

CALDA DE MEL PARA ROLINHOS DE CARAMELO

Para calcular grandes quantidades, ver página 727.

Açúcar mascavo a 100%			Modo de fazer
Ingredientes	Quantidade	%	
Açúcar mascavo	25 g	100	1. Bata o açúcar, a gordura, o mel e a glucose até obter um creme.
Manteiga, margarina ou gordura hidrogenada	100 g	40	
Mel	60 g	25	2. Acrescente uma quantidade suficiente de água para que o creme fique com uma consistência própria para espalhar.
Glucose (ou xarope de malte)	60 g	25	
Água (conforme necessário)	25 g	10	
Peso total:	**274 g**	**200%**	

TÉCNICAS DE MODELAGEM

O **objetivo da modelagem** das massas ricas levedadas, assim como no caso das massas magras, é dar-lhes forma, transformando-as em pães com uma aparência convidativa, que assam adequadamente. A maioria das instruções dadas para a modelagem das massas magras também pode ser usada em massas ricas. Revise, em especial, o uso de farinha para polvilhar, discutido na página 171.

Enquanto as massas magras, via de regra, podem ser manipuladas com vigor, as massas ricas requerem mais cuidado. O controle da temperatura, em especial, é muito importante para que a manteiga não fique muito dura ou muito mole e para que a massa não cresça demais enquanto é trabalhada durante a modelagem. Estude com atenção os procedimentos usados para essas massas.

Muitos produtos feitos com massa rica, inclusive a maioria dos *croissants* e *danishes*, são cobertos com uma calda de brilho simples ou geleia de damasco depois de assados, de preferência quando ainda estão mornos. Depois de frios, eles ainda podem ser decorados com Glacê simples de açúcar e água (p. 431). Em geral, esse glacê é usado para fazer desenhos sobre os produtos, e não para cobri-los totalmente.

Massa de *croissant*

Croissant *sem recheio*

1. Abra a massa até obter um retângulo de 25 cm de altura e cerca de 3 mm de espessura. A largura depende da quantidade de massa usada (A).

2. Corte o retângulo em triângulos (B). Há cortadores especiais para *croissant* que fazem esse trabalho rapidamente.

3. Coloque um dos triângulos sobre uma superfície de trabalho. Estique a base do triângulo um pouco para fora, como mostram as setas da figura (C).

4. Comece a enrolar a massa pela base do triângulo (D).

5. Estique a ponta do triângulo levemente conforme o enrola (E).

6. Termine de enrolar a massa (F).

7. Curve as pontas do *croissant* ligeiramente para formar uma meia-lua. A emenda – ponta do triângulo – deve estar voltada para a parte de dentro da meia-lua e posicionada na parte de baixo, para que não cresça durante o assamento (G).

Croissant *recheado*

Proceda como na modelagem do *croissant* sem recheio, mas coloque uma pequena quantidade do recheio desejado na base do triângulo antes de começar a enrolar.

A técnica usada para enrolar *petits pains au chocolat* (a seguir) pode ser usada também para criar produtos com recheios diversos feitos com massa de *croissant*. Embora esses produtos recebam, às vezes, a denominação genérica de "folhado", nem sempre são preparados com a massa laminada levedada. O nome francês *croissant* significa "lua crescente" – uma referência a seu formato típico de meia-lua.

Petits pains au chocolat

1. Abra a massa conforme indicado para a modelagem de *croissants*.

2. Corte em retângulos de 10 x 15 cm.

3. Coloque uma fileira de gotas de chocolate ou, de preferência, um bastão de chocolate a cerca de 4 cm de um dos lados menores do retângulo. Use 10 g de chocolate por unidade.

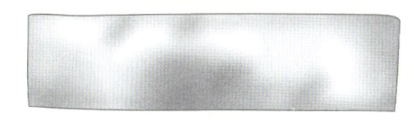

a.

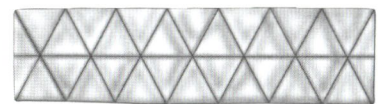

b.

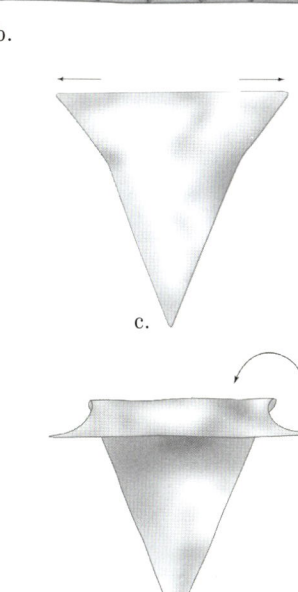

c.

d.

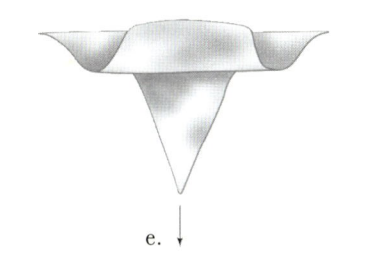

e.

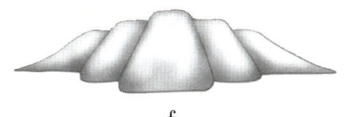

f.

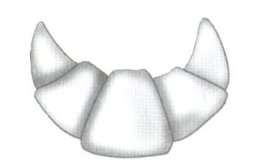

g.

4. Pincele a outra extremidade do retângulo com ovo batido, para que sele bem.

5. Enrole a massa firmemente ao redor do chocolate.

6. Deixe crescer, pincele com ovo e asse como os *croissants*.

Brioche

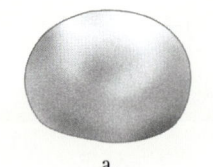

a.

O formato tradicional do brioche parisiense, *brioche à tête* em francês, é mostrado aqui. A massa de brioche pode ser assada em muitos outros tamanhos e formatos .

1. Para fazer um brioche parisiense pequeno, faça uma bola com a massa (A).

2. Usando a lateral externa da mão, separe cerca de ¼ da massa, sem destacar. Role a lateral da mão para a frente e para trás até que as duas bolas fiquem bem redondas (B).

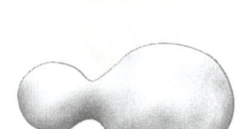

b.

3. Coloque a massa nas forminhas caneladas, com a bola maior embaixo. Com a ponta dos dedos, pressione a bola menor levemente para dentro da bola maior (C).

4. Para fazer um brioche parisiense grande, inicie da mesma forma, mas separe as duas partes de massa. Coloque a bola maior na forma (que pode ser enrolada ainda em quatro bolas idênticas) e faça uma depressão no centro. Enrole o pedaço menor de massa em formato de pera e insira no centro, com a ponta para baixo (D). O produto final terá o formato característico do brioche parisiense (E).

c.

Outros pães doces de massa laminada

Nota: muitos produtos feitos com massa rica, inclusive os de massa laminada, são cobertos com Calda de brilho simples (p. 199) depois de assados, quando ainda quentes. Depois de frios, podem ainda ser decorados com Glacê simples de açúcar e água (p. 431). Esse glacê é usado para decoração, e não para cobrir totalmente o produto.

Pãozinho com cobertura seca

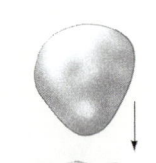

1. Com um rolo comprido, abra a massa de pão doce até que ela atinja cerca de 1,25 cm de espessura.

2. Corte em quadrados de 5 cm.

3. Coloque-os enfileirados em uma forma forrada com papel-manteiga, encostados uns nos outros.

4. Pincele com ovo ou leite.

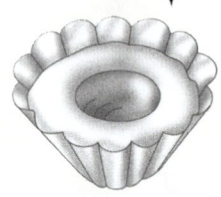

d.

5. Polvilhe com bastante farofa doce – Cobertura seca para tortas e bolos (*Streusel*, p. 199).

6. Deixe crescer. Asse a 200°C.

7. Depois de frios, pode-se polvilhá-los com um pouco de açúcar de confeiteiro.

Pães recheados

1. Pese a massa de pão doce em porções do tamanho desejado. Tamanho sugerido: 1.400 g para 36 pãezinhos. Abra a massa em um disco, deixe-a descansar um pouco e corte-a.

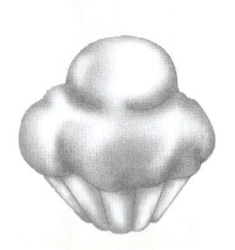

e.

2. Boleie as unidades e coloque-as em assadeiras forradas com papel-manteiga, utilizando um dos modos a seguir:

   ◆ Coloque-as a 5 cm de distância umas das outras, para que assem sem se tocar.

   ◆ Enfileire-as de modo que se toquem levemente. Pãezinhos assados desta forma crescem mais e devem ser separados depois de assados.

3. Deixe crescer até que o volume aumente em 50%.

4. Com a ponta do dedo ou com um objeto redondo pequeno, faça uma depressão de 2,5 cm no centro dos pães.

5. Pincele-os com ovo.

6. Coloque o recheio de sua preferência nessa depressão – cerca de 15 g por unidade.

7. Deixe crescer até que atinjam ¾ do tamanho original. Asse a 200°C.

8. Depois de frios, decore com glacê simples de açúcar e água.

Cinnamon roll *com passas*

1. Prepare o Recheio de amêndoas, passas e canela (p. 202), reservando as passas; será necessária uma pequena quantidade – cerca de 300 g – para cada unidade de massa, pesada conforme as instruções do passo 2.

2. Divida a Massa de *danish* (estilo brioche) (p. 197) em 3 porções de 615 g cada. Abra cada unidade em um retângulo de 25 x 50 cm. Para um resultado melhor, abra a massa em um tamanho um pouco maior e corte o excesso com uma faca ou carretilha.

3. Com uma espátula para bolo, espalhe o recheio por igual sobre a massa, distribuindo as passas por cima. Deixe uma pequena margem de massa sem recheio ao longo de um dos lados maiores do retângulo (A).

4. Enrole aos poucos, apertando bem, até obter um cilindro de 50 cm de comprimento (B).

5. Corte em 8 fatias de cerca de 6 cm (C) de largura.

6. Disponha em assadeiras forradas com papel-manteiga, com o lado cortado virado para cima e as emendas embutidas na parte de baixo. Com a palma da mão, achate os rolinhos até que atinjam cerca de 2,5 cm de altura (D).

7. Deixe crescer por 25 minutos a 30°C.

8. Asse a 180°C por 15 minutos.

9. Pincele com calda de brilho simples ou geleia de damasco depois de frios.

Cinnamon roll

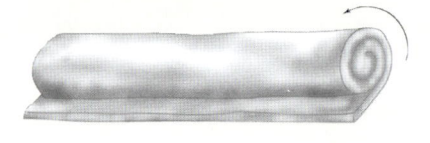

a.

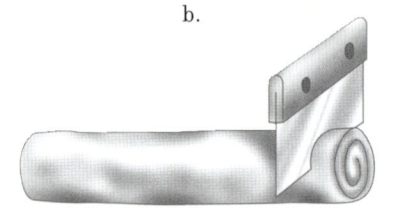

b.

c.

1. Pese a massa de pão doce em porções de cerca de 600 g ou do tamanho desejado. Em uma superfície polvilhada com farinha, abra cada pedaço de massa em um retângulo de cerca de 25 x 30 cm e 0,5 cm de espessura. Retire o excesso de farinha com a espanadeira.

2. Pincele com manteiga e polvilhe com 60 g de açúcar com canela (A).

3. Enrole como um rocambole, formando um cilindro de 30 cm (B).

4. Corte em fatias de 2,5 cm de largura (C).

5. Coloque em forminhas ou assadeiras untadas, com o lado cortado virado pra cima. Uma assadeira grande (45 x 65 cm) dá para 48 rolinhos arrumados em 6 fileiras de 8.

Rolinhos de noz-pecã e maple syrup

1. Prepare o Recheio de avelã, noz-pecã e *maple syrup* (p. 203); será necessária uma pequena quantidade – cerca de 300 g – para cada unidade de massa, pesada conforme as instruções do passo 2.

2. Divida a Massa de *danish* (estilo brioche) (p. 197) em 3 porções de 615 g. Abra cada uma em um retângulo de 50 x 25 cm. Para um resultado melhor, abra a massa em um tamanho um pouco maior e corte o excesso com uma faca ou carretilha.

3. Com uma espátula para bolo, espalhe o recheio por igual sobre a massa. Deixe uma pequena margem de massa sem recheio ao longo de um dos lados maiores do retângulo (A).

4. Enrole aos poucos, apertando bem, até obter um cilindro de 50 cm de comprimento (B).

5. Corte em 20 fatias de cerca de 5 cm (C) de largura.

6. Unte forminhas de brioche com manteiga e polvilhe com açúcar.

7. Coloque um rolinho em cada, com o lado desenhado virado para cima, embutindo as emendas na parte de baixo. Pressione levemente para dentro das forminhas (C).

8. Pincele com ovo.

9. Deixe crescer por 25 minutos a 30°C.

10. Pincele novamente com ovo.

11. Asse a 180°C por 20 minutos.

12. Pincele com calda de brilho simples depois que esfriarem.

Sentido horário, a partir do canto superior esquerdo: rolinhos de noz-pecã e *maple syrup*, *cinnamon roll* com passas, pasteizinhos

Rolinhos de caramelo

1. Prepare como os *cinnamon rolls*.

2. Antes de colocar nas forminhas, forre-os com Calda de mel para rolinhos de caramelo (p. 204). Calcule cerca de 30 g de calda por rolinho.

Rolinhos de caramelo e nozes ou nozes-pecã

Prepare como os rolinhos de caramelo, mas espalhe noz comum ou noz-pecã picada sobre a calda antes de colocar os rolinhos nas formas.

Danishes *em espiral*

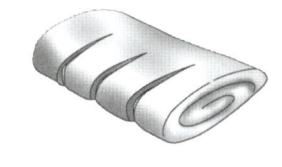

1. Abra a massa de *danish* em um retângulo, como para os rolinhos. A largura pode variar, dependendo do tamanho desejado para o produto final. Um retângulo mais estreito produzirá rolos mais finos e, portanto, unidades menores.

2. Espalhe ou polvilhe o recheio desejado sobre a massa. Exemplos:

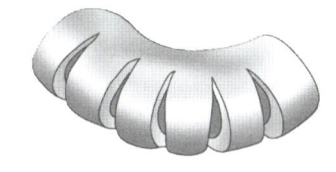

Manteiga, açúcar, canela, oleaginosas picadas e farofa doce

Manteiga, açúcar, canela e passas

Recheio de amêndoas

Recheio de ameixa

Recheio de chocolate

Recheios secos, como nozes picadas, devem ser previamente triturados com um rolo.

a.

3. Enrole como um rocambole.

4. Corte no tamanho desejado.

5. Coloque os produtos em uma assadeira forrada com papel-manteiga, com as emendas viradas para baixo.

6. Deixe crescer, pincele com ovo e asse a 200°C.

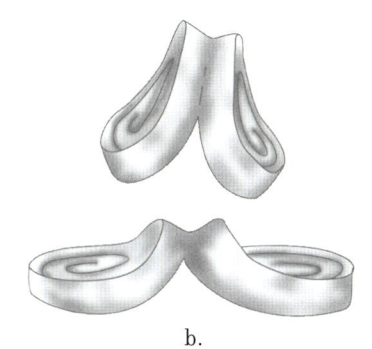

Cortes variados para danishes *recheados*

O rolo de massa de *danish* é o ponto de partida para a criação de uma série de outros produtos.

1. **Espiral com recheio.** Prepare como um *danish* em espiral (acima). Deixe crescer até aumentar pela metade, depois faça um corte longitudinal na superfície e coloque o recheio desejado. Espere terminar de crescer e asse como indicado.

b.

2. **Pente e pata de urso.** Prepare um rolo mais fino de *danish* em espiral e corte em porções mais largas. Achate-as ligeiramente e faça de três a cinco cortes parciais de um dos lados. Deixe o produto reto, para obter o pente, ou curve um pouco a massa, para formar a pata de urso (A).

3. **Número oito.** Corte as fatias de *danish* ao meio até quase separá-las. Abra as metades, achatando-as ligeiramente na assadeira (B).

4. **Três folhas.** Faça dois cortes em uma fatia de *danish* em espiral até quase separar os três pedaços; abra os pedaços como um leque (C).

c.

5. **Borboleta.** Corte fatias um pouco mais largas de uma massa de *danish* em espiral. Afunde um bastão de madeira no centro do rolo, fazendo com que as laterais voltem-se para cima (D).

d.

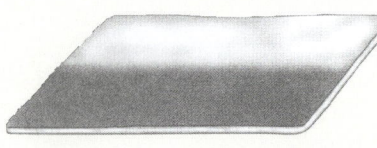
a.

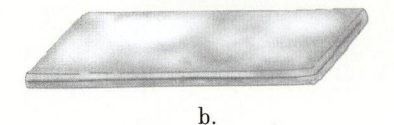
b.

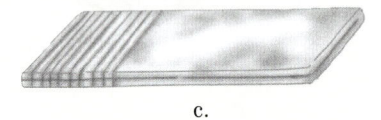
c.

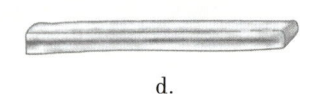
d.

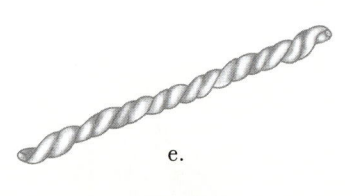
e.

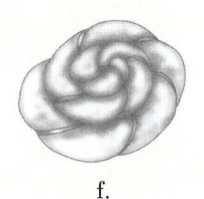
f.

Danish *meia-lua recheado*

Modele como um *croissant* (p. 205).

Danish *palito* e danish *caracol*

1. Abra a massa até obter um retângulo de 40 cm de comprimento e, no máximo, 0,5 cm de espessura (a largura do retângulo depende da quantidade de massa). Pincele a superfície com manteiga derretida. Polvilhe até a metade com açúcar e canela (A).

2. Dobre a parte que não foi polvilhada sobre a parte polvilhada. Um retângulo de 20 cm de comprimento se formará. Passe o rolo cuidadosamente sobre a massa, para unir as duas camadas (B).

3. Corte em tirinhas de 1 cm de largura (C).

4. Coloque uma tirinha de massa na sua frente, estendida na horizontal (D).

5. Coloque cada palma das mãos em uma ponta da tirinha. Role um lado para cima e o outro para baixo, torcendo-a. Estique ligeiramente ao torcer, formando um palito (E).

6. Enrole a tirinha até formar um caracol e coloque na assadeira. Mantenha as pontas na parte de baixo, apertando-as bem para que não soltem (F). Se desejar, faça uma depressão no centro e coloque uma colherada do recheio de sua preferência.

Danish *trouxinha*

1. Abra a massa em uma espessura de no máximo 0,5 cm. Corte em quadrados de 13 cm. Coloque o recheio desejado no centro (A). Pincele ligeiramente os quatro cantos com água, para que fique mais fácil uni-los.

2. Dobre dois cantos opostos em direção ao meio. Pressione bem para unir as pontas (B) (se preferir, asse os *danishes* nesse formato).

3. Dobre os outros dois cantos da mesma forma e, mais uma vez, pressione bem para selar (C).

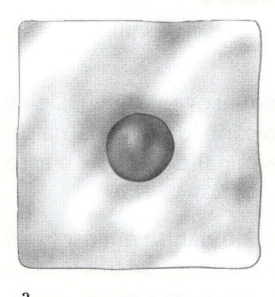
a.

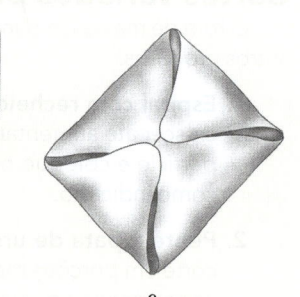
b.   c.

Pasteizinhos de limão

1. Prepare o Recheio de *cream cheese* e limão (p. 200); serão necessários 90 g para cada unidade (ver passo 2). Coloque um bico liso no saco de confeitar e encha com o recheio.

2. Divida a Massa de *danish* (estilo brioche) (p. 197) em três porções de 615 g. Abra cada uma em um retângulo de 30 x 40 cm. Para obter um resultado melhor, abra a massa em um tamanho um pouco maior e corte o excesso com uma faca ou carretilha.

3. Corte em 12 quadrados de 10 cm.

4. Pincele toda a superfície com ovo.

5. Coloque uma porção de recheio formando uma linha no centro de cada quadrado (A).

6. Dobre ao meio para formar um retângulo. Aperte bem para selar as bordas (B).

7. Vire os pasteizinhos e coloque-os em uma assadeira forrada com papel-manteiga. Pincele com ovo.

8. Deixe crescer por 15 minutos a 30°C.

9. Pincele novamente com ovo. Polvilhe com açúcar.

10. Asse a 180°C por 12 minutos.

11. Se preferir, decore com fatias de limão *poché* sobre os pastéis.

Vol-au-Vents

1. Divida a Massa de *danish* estilo *croissant* (p. 196) em porções de 400 g.

2. Abra cada uma em um retângulo de 18 x 27 cm.

3. Corte em 2 tiras de 9 cm de largura e 27 cm de altura e, então, em quadrados de 9 cm de lado.

4. Dobre cada quadrado ao meio para formar um triângulo (A).

5. Com uma faca bem afiada, faça um corte de 1 cm de largura ao longo das laterais menores do triângulo, começando por uma das pontas que os unem, a cerca de 2 cm da borda oposta (B).

6. Desdobre a massa. Pincele com ovo.

7. Dobre cada canto recortado na direção oposta, formando as pontas torcidas e, no centro, a cavidade onde será colocado o recheio. Pressione bem para selar as bordas (C).

8. Deixe crescer por 20 minutos a 30°C.

9. Pincele novamente com ovo.

10. Com um saco de confeitar ou uma colher, recheie as cavidades com cerca de 2 colheres de chá (10 g) de creme de confeiteiro. Cubra com cerejas. Serão necessários cerca de 25 g de fruta por unidade (D).

11. Asse a 180°C por 15 minutos.

12. Depois de frios, pincele com geleia de brilho de damasco.

Cata-ventos de damasco

1. Divida a Massa de *danish* (estilo *croissant*) (p. 196) em porções de 400 g.

2. Abra cada porção em um retângulo de 20 x 30 cm e cerca de 3 mm de espessura. Para obter um resultado melhor, abra a massa em um tamanho um pouco maior e corte o excesso com uma faca ou carretilha.

3. Corte em 6 quadrados de 10 cm (A).

4. Faça cortes de cerca de 4 cm de comprimento, partindo do centro do quadrado em direção aos 4 cantos (B).

5. Pincele os quadrados com ovo. Alternando (ponta sim, ponta não), dobre em direção ao centro, para obter o formato de cata-vento (C).

6. Deixe crescer por 20 minutos a 30°C.

7. Pincele novamente com ovo.

8. Com um saco de confeitar ou uma colher, coloque cerca de 2 colheres de chá (10 g) de creme de confeiteiro no centro de cada cata-vento. Coloque uma metade de damasco em calda sobre o creme, com o lado cortado virado para baixo (D).

9. Asse a 180°C por 15 minutos.

10. Espere esfriar e pincele com calda de brilho simples ou geleia de damasco.

Da esquerda para a direita: rosetas de maçã, *vol-au-vents*, cata-ventos de damasco

Rosetas

1. Divida a Massa de *danish* estilo *croissant* (p. 196) em porções de 400 g.

2. Abra cada porção em um retângulo de 20 x 30 cm e cerca de 3 mm de espessura.

3. Com um cortador redondo de 10 cm de diâmetro, corte 6 discos de massa (A).

4. Faça 4 cortes equidistantes de cerca de 4 cm de comprimento, partindo do centro do círculo em direção às bordas (B).

5. Pincele a massa com ovo. Alternando (ponta sim, ponta não), dobre em direção ao centro, como se estivesse fazendo um cata-vento, pressionando bem para selar as pontas no centro (C, D).

6. Deixe crescer por 20 minutos a 30°C.

7. Pincele novamente com ovo.

8. Com um saco de confeitar ou uma colher, coloque cerca de 2 colheres de chá (10 g) de creme de confeiteiro no centro de cada roseta (E). Coloque cerca de 25 g de Recheio de maçã em calda (p. 202) sobre o creme de confeiteiro (F). Se a fruta estiver em pedaços, afunde-os ligeiramente no creme com a ponta dos dedos.

9. Asse a 180°C por 15 minutos.

10. Espere esfriar e pincele com calda de brilho simples ou geleia de damasco.

Outros pães doces

Pães doces recheados podem ser feitos em muitos tamanhos e formatos. O peso da massa usada e do produto final varia muito, conforme as condições de produção e a demanda do estabelecimento. A não ser nos casos em que um tipo de massa específico é indicado, os pães doces a seguir podem ser feitos tanto com a massa doce levedada simples quanto com as massas laminadas.

Coroa doce recheada

1. Usando uma massa doce levedada ou laminada, prepare um rolo, como se fosse fazer *cinnamon rolls*, mas não separe em fatias. Outros recheios, como tâmara ou ameixa seca, podem ser usados no lugar da manteiga com açúcar e canela.

2. Una as pontas do rolo para formar uma argola (A). Coloque em uma assadeira untada. Faça cortes em toda a volta, a intervalos de cerca de 2,5 cm (B). Torça cada fatia ligeiramente para o lado para abrir os cortes (C).

3. Pincele com ovo depois que crescer. Asse a 190°C.

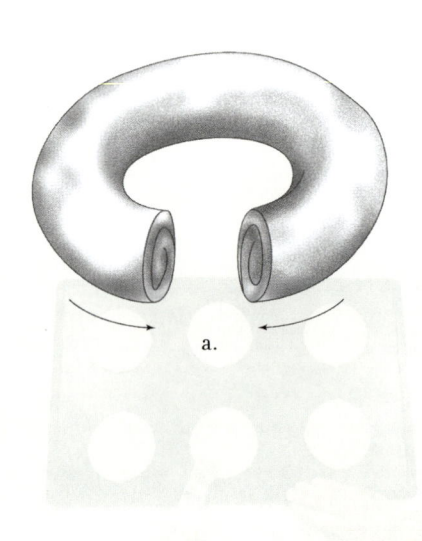

a.

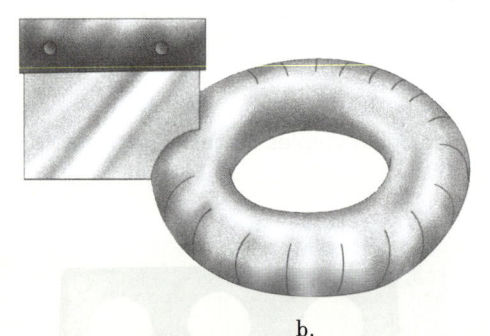

b.

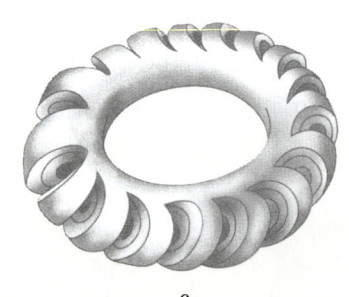

c.

Quadrado com cobertura seca

1. Pese a massa doce levedada ou laminada em porções de 340 g.

2. Abra cada uma em um retângulo de 23 x 46 cm.

3. Espalhe cerca de 170 g do recheio escolhido sobre um dos lados do retângulo, até a metade.

4. Dobre a metade sem recheio sobre a metade recheada formando um quadrado de 25 cm.

5. Coloque em uma forma untada quadrada de 25 cm.

6. Polvilhe com cerca de 110 g de Cobertura seca para tortas e bolos (*Streusel*, p. 199).

7. Deixe crescer. Asse a 190°C.

Pão de forma doce

1. Usando a massa de *Babka* (p. 189), prepare um rolo com o recheio de sua preferência, como se fosse fazer *cinnamon rolls*.

2. Dobre o rolo ao meio e torça.

3. Coloque em uma forma de bolo inglês untada. Outra opção é enrolar como um caracol e colocar em uma forma redonda.

4. Deixe crescer, pincele com manteiga derretida e asse a 175°C.

Pretzel *folhado*

1. Usando um *frangipane* (p. 201) e a massa de *danish*, prepare rolos como se fosse fazer cinnamon rolls, mas de espessura fina.

2. Forme *pretzels*, seguindo as instruções da p. 170. Coloque em uma assadeira.

3. Deixe crescer, pincele com ovo e asse a 190°C.

Tirinhas recheadas

1. Abra a massa de *danish* a uma espessura de 6 mm. Divida a massa em retângulos com o comprimento desejado para o produto final e o dobro da largura pretendida.

2. Espalhe o recheio escolhido no centro da massa, deixando uma margem de 1 cm em toda a volta.

3. Pincele os dois lados mais estreitos do retângulo e um dos lados maiores com ovo.

4. Dobre o lado maior do retângulo que não foi pincelado em direção ao centro, cobrindo metade do recheio. Dobre o outro lado em direção ao centro, cruzando cerca de 1 cm sobre a parte que foi dobrada primeiro.

5. Coloque as tirinhas recheadas, com o lado da emenda virado para baixo, em uma assadeira forrada. Faça 5 ou 6 cortes diagonais na superfície da massa, até atingir o recheio, mas não até o final da última camada.

6. Deixe crescer, pincele com ovo e asse a 190°C.

Argolas torcidas recheadas

1. Usando o recheio desejado e a massa de *danish*, prepare rolos como se fosse fazer *cinnamon rolls*, mas de espessura fina e mais compridos.

2. Achate-os ligeiramente com o rolo de massa. Faça dois cortes paralelos longitudinais – corte a massa até o fim, deixando 1 cm sem cortar de cada lado das incisões.

3. Torça as tiras, como se fosse fazer um *Danish* palito (p. 210). Una as pontas, formando uma argola.

4. Espere crescer e pincele com ovo. Se desejar, polvilhe as argolas com oleaginosas picadas ou laminadas. Asse a 190°C.

TERMOS PARA REVISÃO

| brioche | baba | croissant | panetone | dobra simples |

QUESTÕES PARA DISCUSSÃO

1. Que método de mistura é usado para preparar massa de brioche e de *kugelhopf*? Por quê?

2. A manteiga é dura quando gelada e derrete facilmente em temperatura ambiente. Que precauções você tomaria ao trabalhar com a manteiga, por exemplo, na laminação da massa de *croissant*?

3. Explique a diferença entre a massa de *danish* estilo *croissant* e a massa de *danish* estilo brioche.

4. Descreva o procedimento de laminação de uma massa doce levedada.

Capítulo

10

Pães rápidos

O s pães rápidos, ou pães de minuto, são a solução perfeita para os estabelecimentos que querem servir a seus clientes um produto fresco e artesanal mas não têm tempo ou a mão de obra necessária para o preparo de massas levedadas. Nos EUA, por exemplo, há uma grande demanda por produtos desse tipo – como os *muffins*. Outra vantagem dos pães rápidos é que são fáceis de fazer e podem usar uma variedade ilimitada de ingredientes, como farinha de trigo integral, farinha de centeio, fubá, farelo de trigo, aveia e muitos tipos de frutas, oleaginosas e especiarias. Os pães rápidos podem ser até mesmo preparados com legumes e verduras.

Como o próprio nome indica, esse tipo de pão é de preparo rápido. Como o crescimento é promovido por fermentos químicos e vapor, e não por leveduras, o período de fermentação não é necessário. Como são, em geral, produtos macios, com baixo desenvolvimento do glúten, seu estágio de mistura leva apenas alguns minutos.

Ainda que seja possível comprar misturas prontas para preparar esses produtos, o único trabalho extra de quem os faz do zero é o tempo de pesar os ingredientes. Com uma escolha cuidadosa e criativa de ingredientes e uma compreensão dos métodos básicos de mistura, é possível elaborar produtos de alta qualidade.

Após ler este capítulo, você deverá ser capaz de:

1. Preparar pães rápidos de massa consistente de vários tipos, como os *biscuits* e os *scones*.

2. Preparar pães rápidos de massa mole de vários tipos, como os *muffins* e os *corn breads*.

3. Preparar *popovers* – tipo de pão feito de massa semilíquida sem adição de fermento.

N.T.: O que diferencia um pão rápido doce (*quick bread*), como o *muffin*, de um bolo (*cake*) é a quantidade de ovos e gordura e o tipo de fermento usados na receita. No caso dos pães de minuto, usam-se sempre menos ovos e gordura, e o bicarbonato de sódio costuma ser o agente de crescimento principal. Com isso, o produto final fica mais pesado e com uma textura mais rústica.

MÉTODOS DE MISTURA E PRODUÇÃO

As massas de pão rápido, em geral, podem ser divididas em dois tipos:

- Massas macias, mas com consistência de amassar. Em geral, são abertas com o rolo e cortadas no formato desejado.

- Massas pastosas e **semilíquidas**, moles o bastante para serem despejadas, ou então massas um pouco mais consistentes, próprias para pingar com a colher diretamente na forma.

Desenvolvimento do glúten nos pães rápidos

Na maioria dos pães rápidos, apenas um leve desenvolvimento do glúten é desejável. A maciez é mais prezada que a elasticidade, presente na maioria das massas levedadas com fermentos biológicos.

Além disso, os fermentos químicos não criam o mesmo tipo de textura criada pelo fermento biológico e não têm força suficiente para produzir um miolo leve e macio se a estrutura de glúten for forte demais.

Massas deste tipo devem ser misturadas o mínimo possível – apenas até que os ingredientes secos estejam umedecidos. Isso, aliado à presença de gordura e açúcar, faz com que o glúten não se desenvolva muito. Misturar em demasia uma massa de *muffin*, por exemplo, fará com que o produto final fique não apenas duro, mas também com um formato irregular e bolhas grandes e alongadas no miolo. Em inglês, dá-se o nome de **tunneling** a esse fenômeno.

A massa de *biscuit* também não deve ser muito amassada – apenas o suficiente para dar uma textura mais flocada à massa, mas não a ponto de endurecer o produto final.

Os *popovers* são uma exceção entre os pães rápidos. São feitos com uma massa bem líquida, que cresce apenas com a ação do vapor. Cavidades enormes desenvolvem-se em seu interior durante o assamento, e a estrutura precisa ser forte o bastante para manter a forma sem abaixar. Por isso, a farinha especial para pão é usada nessa massa, que é batida até que o glúten tenha se desenvolvido o suficiente. A grande quantidade de ovos do *popover* também ajuda a dar estrutura.

Tunneling – "túneis" resultantes da mistura excessiva

Métodos de mistura

A maioria das massas de pão de minuto é preparada usando um destes três métodos de mistura:

- **Método biscuit** – usado para preparar *biscuits*, *scones* e outros produtos de massa consistente. Em inglês, é chamado também de *pastry method*, pois se assemelha ao método usado na preparação de massas de tortas.

- **Método muffin** – usado para preparar *muffins*, panquecas, *waffles* e muitos outros tipos de massas de consistência semilíquida ou pastosa feitas com fermento químico. Este método é fácil e rápido. No entanto, é muito comum também misturar a massa além do ponto, o que resulta em um produto duro. A massa de *muffin* deve ser misturada apenas até que os ingredientes secos estejam umedecidos. O objetivo não é obter uma massa lisa. Alguns pães rápidos doces contêm mais gordura e açúcar que os *muffins*, por isso sua massa pode ser misturada por um pouco mais de tempo sem resultar em um produto duro.

Este método não é tão adequado às fórmulas ricas em gordura como o método cremoso, descrito a seguir. Consequentemente, os pães de minuto preparados com este método não têm uma textura tão parecida com a do bolo, como o *muffin* e outros produtos preparados com o método cremoso. Tendem a ficar um pouco mais secos, com uma textura mais próxima à de um pão de miolo denso. *Muffins* com alto teor de gordura são os mais apreciados (apesar das preocupações constantes com a dieta e a saúde), de forma que o método *muffin* tem sido cada vez menos usado. Tenha essas informações em mente quando for preparar as fórmulas deste livro com este método.

♦ O **método cremoso** é usado no preparo de bolos, mas também pode ser empregado no preparo de *muffins* e outros pães rápidos. Na verdade, não há uma delimitação clara entre os bolos e alguns pães rápidos doces, como o *muffin*, e se contiverem uma quantidade maior de gordura, também serão considerados bolos, e não pães.

O método cremoso é um pouco mais demorado que o método *muffin*. No entanto, produz uma textura mais fina e está menos sujeito ao perigo da mistura em excesso. É especialmente útil para produtos com alto teor de gordura e açúcar, porque contribui para uma mistura mais homogênea dos ingredientes.

Alguns *biscuits* também são preparados com o método cremoso. Adquirem uma textura mais parecida com a de um bolo, menos flocada que a massa preparada com o método *biscuit* tradicional.

Procedimento – método *biscuit*

1. Pese todos os ingredientes cuidadosamente.

2. Em uma tigela, peneire os ingredientes secos juntos.

3. Incorpore a gordura, usando o misturador raquete ou outro específico para esse fim; se preferir, faça isso manualmente, usando um misturador para massas ou a ponta dos dedos. Misture até obter uma farofa fina, com textura semelhante à do trigo para quibe (ver Variações ao lado).

4. Em uma tigela à parte, misture os ingredientes líquidos.

5. Despeje-os sobre os ingredientes secos. Mexa apenas até que os ingredientes estejam misturados, formando uma massa macia. Não misture demais.

6. Vire a massa sobre uma superfície de trabalho e amasse ligeiramente, pressionando as beiradas para fora e depois dobrando-as em direção ao centro novamente. Gire a massa 90° entre um movimento e outro.

7. Repita esse procedimento 6 a 10 vezes, ou por cerca de 30 segundos. A massa deve ficar macia e ligeiramente elástica, mas não pegajosa. Trabalho em demasia torna os *biscuits* duros.

A massa está pronta para ser modelada.

Variações

Mudanças nos procedimentos básicos exercem efeitos diversos sobre as características do produto final:

1. Usar um pouco mais de gordura e misturá-la apenas até obter uma farofa bem grossa — com pedaços do tamanho de ervilhas — produz um *biscuit* de textura mais flocada.

2. Se a sova da massa for omitida, os *biscuits* ficarão muito macios e com uma casca mais grossa, mas crescerão menos.

Procedimento – método *muffin*

1. Peneire os ingredientes secos juntos (A).

2. Em uma tigela à parte, misture os ingredientes líquidos, inclusive a gordura derretida ou óleo.

3. Adicione aos ingredientes secos e misture apenas até que a farinha esteja umedecida. A massa ficará repleta de grumos. Cuidado para não misturar demais (B).

4. Distribua a massa entre as formas e asse imediatamente (C). Os ingredientes secos e líquidos podem ser combinados separadamente com antecedência, mas, uma vez misturados, a massa deve ser assada o mais rápido possível, senão haverá perda de volume.

Procedimento – método cremoso para *biscuits*

1. Coloque a gordura, o açúcar, o sal e o leite em pó (se estiver usando) na tigela de uma batedeira com o misturador raquete.

2. Bata até obter uma pasta lisa.

3. Adicione os ovos aos poucos, mexendo bem após cada adição.

4. Acrescente a água ou leite (líquido) e bata bem.

5. Em uma tigela à parte, peneire a farinha e o fermento em pó juntos. Junte aos demais ingredientes e bata até obter uma massa homogênea.

Procedimento – método cremoso para *muffins* e outros pães rápidos

1. Coloque a gordura, o açúcar, o sal, as especiarias e o leite em pó (se estiver usando) na tigela de uma batedeira com o misturador raquete.

2. Bata até obter um creme leve e fofo.

3. Adicione os ovos aos poucos (em duas ou três etapas). Bata bem após cada adição.

4. Em uma tigela à parte, peneire a farinha, o fermento em pó e os demais ingredientes secos.

5. Em outra tigela, misture bem aos ingredientes líquidos.

6. Adicione os ingredientes secos e líquidos, alternadamente, ao creme inicial. Faça-o da seguinte maneira:

   ◆ Acrescente um quarto dos ingredientes secos. Bata apenas até misturar.

   ◆ Acrescente um terço dos ingredientes líquidos. Bata apenas até misturar.

   ◆ Repita os procedimentos até usar todos os ingredientes. Raspe as laterais da tigela de vez em quando para obter um mistura homogênea.

Modelagem

Biscuits (pães de fermento químico)

1. Abra a massa de *biscuit* até obter uma espessura uniforme de 1 cm. Os *biscuits* alcançam aproximadamente o dobro de sua altura ao assarem.

2. Corte no formato desejado. Se estiver usando um cortador redondo, afunde-o na massa de uma só vez, sem girar. Corte as formas o mais próximo possível, para minimizar as perdas de massa. A massa aberta pela segunda vez produz *biscuits* mais duros. Cortá-los em quadrados ou triângulos com um cortador de pizza reduz as sobras e a necessidade de abrir a massa novamente. O uso de carretilhas também evita o desperdício. Se for usar uma faca para cortar, também afunde-a na massa de uma só vez – não faça o movimento de "serrar".

3. Coloque os *biscuits* a 1 cm de distância uns dos outros em formas untadas ou forradas. Para obter laterais mais regulares, coloque-os com a parte de cima virada para baixo. Se quiser *biscuits* com as laterais macias, coloque-os na assadeira encostados uns nos outros; separe-os depois de assados.

4. Se desejar, pincele a superfície com ovo ou leite para que fiquem mais dourados.

5. Leve ao forno o mais rápido possível.

Muffins e outros pães rápidos doces e salgados

As formas de *muffin* e bolo inglês – as mais usadas na preparação de pães rápidos – devem ser untadas e, caso não seja com desmoldante comercial (unta-forma), polvilhadas com farinha. As assadeiras, usadas no preparo de produtos como o *corn bread*, devem ser forradas.

Podem-se usar forminhas de papel para forrar as formas de *muffin*. No entanto, como os *muffins* não grudam caso a forma esteja muito untada, é melhor evitar assá-los em forminhas de papel, para que cresçam mais e adquiram um formato e uma crosta mais convidativos.

Ao despejar a massa nas formas de *muffin*, tome cuidado para não mexê-la demais. Pegue porções da beirada, usando uma colher-medida, para obter melhores resultados.

As massas usadas para fazer *muffin*, em geral, podem ser assadas em forma de bolo inglês e vice-versa. Por exemplo, as fórmulas do pão de banana e do pão de tâmara e nozes podem ser assadas em forminhas de *muffin*. Da mesma forma, as receitas de *muffin* mais tradicionais podem ser transformadas em pães rápidos de formato retangular.

Atenção: Algumas fórmulas de *muffin* e pão rápido incluídas neste capítulo, apesar de trazerem a denominação "bolo" no nome, serão consideradas aqui como variedades de pães, já que o produto final é bem diferente dos tipos de bolo discutidos no Capítulo 16. Seu teor de gordura e açúcar é intencionalmente baixo, ao contrário da maioria dos *muffins* vendidos hoje em dia, que podem ser bem gordurosos – mais parecidos com bolos. Fórmulas para *muffins* deste último tipo foram incluídas na parte final do capítulo. Se quiser fazer experimentos com as duas massas básicas de *muffin* para torná-las mais ricas em gordura e açúcar, leia primeiramente a seção sobre balanceamento de fórmulas de bolo, que começa na página 390.

FÓRMULAS

BISCUIT I

Ingredientes	Quantidade	%	Modo de fazer
Farinha de trigo para pão	600 g	50	**MISTURA**
Farinha com baixo teor de glúten	600 g	50	Método *biscuit* (p. 219).
Sal	24 g	2	**PESAGEM**
Açúcar	60 g	5	Aproximadamente 450 g para cada dúzia de *bis-*
Fermento em pó químico	72 g	6	*cuits* de 5 cm.
Gordura hidrogenada e/ou manteiga	420 g	35	**ASSAMENTO**
			200°C, por 15 a 20 minutos.
Leite	800 g	65	
Peso total:	*2.576 g*	*213%*	

VARIAÇÕES

BISCUITS DE LEITELHO

Use leitelho* no lugar do leite. Reduza a quantidade de fermento em pó para 4% (50 g) e adicione 1% (12 g) de bicarbonato de sódio.

BISCUIT DE QUEIJO

Ingredientes	Quantidade	%
Queijo *cheddar* ralado	360 g	30

Junte o queijo aos ingredientes secos.

*N.T.: Se não encontrar, substitua por uma mistura, em partes iguais, de leite e iogurte natural.

BISCUIT DE UVA-PASSA

Ingredientes	Quantidade	%
Açúcar	120 g	10
Uva-passa miúda	180 g	15

Aumente o açúcar para a quantidade acima. Junte as passas aos ingredientes secos. Polvilhe os *biscuits* com açúcar e canela antes de assar.

BISCUIT DE SALSINHA

Ingredientes	Quantidade	%
Salsinha fresca picada	60 g	5

Junte a salsinha aos ingredientes secos.

BISCUIT II

Ingredientes	Quantidade	%	Modo de fazer
Gordura hidrogenada	150 g	15	**MISTURA**
Açúcar	100 g	10	Método cremoso (p. 220).
Sal	12,5 g	1,25	**ASSAMENTO**
Leite em pó desnatado	50 g	5	200°C.
Ovos	75 g	7,5	
Água	600 g	60	
Farinha de trigo para pão	700 g	70	
Farinha de trigo especial para bolo	300 g	30	
Fermento em pó químico	50 g	5	
Peso total:	*2.037 g*	*203%*	

VARIAÇÃO

Ingredientes	Quantidade	%
Manteiga	190 g	19

Substitua a gordura hidrogenada por manteiga.

MUFFINS SIMPLES

Ingredientes	Quantidade	%	Modo de fazer
Farinha com baixo teor de glúten	1.200 g	100	**MISTURA**
Açúcar	600 g	50	Método *muffin* (p. 220).
Fermento em pó químico	72 g	6	**PREPARO DAS FORMAS**
Sal	15 g	1,25	Unte e enfarinhe as forminhas de *muffin*. Encha-as
Ovos, batidos	360 g	30	até a metade ou até ¾ da capacidade.
Leite	840 g	70	A quantidade exata de massa depende da forma.
Essência de baunilha	30 g	2,5	Em geral, usa-se 60 g para *muffins* pequenos,
Manteiga e/ou gordura hidrogenada, derretida	480 g	40	110 g para médios e 140 a 170 g para grandes.
Peso total:	**3.591 g**	**299%**	**ASSAMENTO** 200°C, por 20 a 30 minutos.

VARIAÇÕES

MUFFINS DE PASSAS E ESPECIARIAS

Ingredientes	Quantidade	%
Uva-passa escura	240 g	20
Canela	5 g	0,4
	(2½ colheres de chá)	
Noz-moscada	2,5 g	0,2
	(1 colher de chá)	

Junte as passas, a canela e a noz-moscada aos ingredientes secos.

MUFFINS DE MIRTILO

Ingredientes	Quantidade	%
Mirtilos (*blueberries*), bem escorridos	480 g	40

Incorpore os mirtilos à massa pronta.

MUFFINS INTEGRAIS

Ingredientes	Quantidade	%
Farinha com baixo teor de glúten	840 g	70
Farinha de trigo integral	360 g	30
Fermento em pó químico	50 g	4
Bicarbonato de sódio	10 g	0,75
	(2 colheres de chá)	
Melado	120 g	10

Altere a quantidade de farinha, fermento e bicarbonato conforme indicado acima. Misture o melado aos ingredientes líquidos.

MUFFINS DE MILHO

Ingredientes	Quantidade	%
Farinha com baixo teor de glúten	800 g	65
Fubá	400 g	35

Altere a quantidade de farinha conforme indicado acima (ver também a receita de Massa de *corn bread* na p. 225).

MUFFINS DE MILHO E QUEIJO

Ingredientes	Quantidade	%
Queijo *cheddar* ralado	600 g	50

Junte o queijo aos ingredientes secos da fórmula de *muffin* de milho acima. Use metade da quantidade de açúcar.

MUFFINS DE FARELO DE TRIGO

Ingredientes	Quantidade	%
Farinha com baixo teor de glúten	360 g	30
Farinha de trigo para pão	480 g	40
Farelo de trigo	360 g	30
Uva-passa escura	180 g	15
Manteiga, derretida	600 g	50
Leite	900 g	75
Melado	180 g	15

Altere a quantidade de farinha, manteiga e leite conforme indicado acima. Junte as passas aos ingredientes secos e o melado aos líquidos.

BOLO AMANTEIGADO COBERTO COM STREUSEL

Ingredientes	Quantidade	%
Manteiga ou gordura hidrogenada	600 g	50
Streusel (p. 199)	1.000 g	80

Aumente a quantidade de gordura conforme indicado acima. Despeje a massa em uma forma untada e forrada com papel-manteiga. Alise a superfície e polvilhe o *streusel* por cima. Asse a 182°C por cerca de 30 minutos.

Muffins, em sentido horário a partir do topo: mirtilo, milho e integral

MUFFINS (MÉTODO CREMOSO)

Ingredientes	Quantidade	%	Modo de fazer
Gordura hidrogenada e/ou manteiga	500 g	50	**MISTURA**
Açúcar	650 g	65	Método cremoso (p. 220).
Sal	12 g	1,25	**PESAGEM**
Leite em pó desnatado	70 g	7	Encha as formas até a metade ou até ¾ da capacidade.
Ovos	300 g	30	
Farinha de trigo especial para bolo	1.000 g	100	**ASSAMENTO**
Fermento em pó químico	50 g	5	200°C, por 20 a 30 minutos.
Essência de baunilha	25 g	1,25	
Água	750 g	75	
Peso total:	*3.357 g*	*334%*	

VARIAÇÕES

MUFFINS COM GOTAS DE CHOCOLATE

Ingredientes	Quantidade	%
Açúcar cristal branco	500 g	50
Açúcar mascavo	150 g	15
Gotas de chocolate	300 g	30

Altere a quantidade de açúcar conforme indicado acima. Junte as gotas de chocolate à massa. Polvilhe com Açúcar e canela (p. 199) antes de assar.

MUFFINS DE MIRTILO

Ingredientes	Quantidade	%
Mirtilos (*blueberries*), bem escorridos	500 g	50

Incorpore os mirtilos à massa pronta.

MUFFINS DE PASSAS E ESPECIARIAS

Ingredientes	Quantidade	%
Uva-passa escura	250 g	25
Canela	5 g	0,5
(3½ colheres de chá)		
Noz-moscada	2,5 g	0,25
(1¼ colher de chá)		

Junte as passas, a canela e a noz-moscada aos ingredientes secos.

MASSA DE CORN BREAD

Ingredientes	Quantidade	%	Modo de fazer
Farinha com baixo teor de glúten	600 g	50	**MISTURA**
Fubá	600 g	50	Método *muffin* (p. 220).
Açúcar	180 g	15	**PESAGEM**
Fermento em pó químico	60 g	5	1.700 g para uma assadeira de 32 x 46 cm.
Leite em pó desnatado	90 g	7,5	680 g para uma assadeira quadrada de 23 cm
Sal	24 g	2	ou 12 forminhas de *muffin*.
Ovos, batidos	240 g	20	280 g para 12 unidades assadas na *cornstick pan*.
Água	1.000 g	85	**ASSAMENTO**
Glucose	60 g	5	200°C para as assadeiras planas, por 25 a 30
Manteiga ou gordura hidrogenada, derretida	360 g	30	minutos.
Peso total:	*3.214 g*	*269%*	220°C para as formas de *muffin* ou *cornstick pan*, por 15 a 20 minutos.

VARIAÇÃO

Use leitelho – ou uma mistura, em partes iguais, de leite e iogurte natural – no lugar da água e omita o leite em pó. Reduza a quantidade de fermento em pó para 2,5% (30 g) e acrescente 1,25% (15 g) de bicarbonato de sódio.

MUFFINS DE ABOBRINHA, CENOURA E NOZES

Ingredientes	Quantidade	%	Modo de fazer
Farinha com baixo teor de glúten	960 g	80	**MISTURA**
Farelo de trigo	240 g	20	Método *muffin* modificado.
Sal	15 g	1,25	1. Peneire juntos a farinha, o sal, o fermento, o bicarbonato e as especiarias. Adicione o farelo de trigo, as nozes e o coco.
Fermento em pó químico	18 g (3½ colheres de chá)	1,5	
Bicarbonato de sódio	12 g (2¼ colheres de chá)	1	2. Em uma outra tigela, bata os ovos e o açúcar até que estejam bem misturados, mas não espumosos. Incorpore a abobrinha e a cenoura raladas e o óleo.
Canela	5 g (2½ colheres de chá)	0,4	
Noz-moscada	2,5 g (1 colher de chá)	0,2	3. Junte aos ingredientes secos e mexa apenas até que estejam misturados.
Gengibre	1 g (½ colher de chá)	0,1	**PREPARO DAS FORMAS**
Noz comum ou noz-pecã, picadinha	300 g	25	Encha as formas até a metade ou até ¾ da capacidade.
Coco ralado	120 g	10	**ASSAMENTO**
Ovos	480 g	40	200°C por cerca de 30 minutos.
Açúcar	900 g	75	
Abobrinha italiana, ralada	360 g	30	
Cenoura, ralada	360 g	30	
Óleo	480 g	40	
Peso total:	*4.253 g*	*354%*	

SCONES

Ingredientes	Quantidade	%
Farinha de trigo para pão	600 g	50
Farinha com baixo teor de glúten	600 g	50
Açúcar	150 g	12,5
Sal	12 g	1
Fermento em pó químico	72 g	6
Gordura hidrogenada e/ou manteiga	480 g	40
Ovos	180 g	15
Leite	540 g	45
Peso total:	**2.634 g**	**219%**

Nota: os scones são tradicionalmente cortados em discos na Inglaterra e em triângulos nos EUA. Os tea scones britânicos, em geral, são mais úmidos e macios que os scones norte-americanos.

VARIAÇÃO

Ingredientes	Quantidade	%
Uva-passa escura, grande ou miúda	300 g	25
Junte as passas aos ingredientes secos depois de incorporar a gordura.		

Modo de fazer

MISTURA

Método *biscuit* (p. 219). Depois de misturar a massa, leve-a à geladeira se estiver muito macia para modelar.

VARIAÇÕES NA MODELAGEM

◆ Pese porções de 450 g, boleie e achate até obter uma espessura de 1,5 cm. Corte em 8 unidades triangulares.

◆ Abra um retângulo de 1,5 cm de espessura e corte em triângulos, como se fosse preparar *croissants* (ver p. 205).

◆ Abra um retângulo de 1,5 cm de espessura e corte discos com um aro ou cortador de biscoitos de 5 cm de diâmetro.

Coloque em assadeiras untadas ou forradas com papel-manteiga. Pincele com ovo.

ASSAMENTO

200°C por 15 a 20 minutos.

Da esquerda para a direita: *scone* de passas e bolinhos pingados com *cranberries*

BOLINHOS PINGADOS COM CRANBERRIES

Para calcular grandes quantidades, ver página 727.

Ingredientes	Quantidade	%
Manteiga	185 g	25
Açúcar	150 g	21
Sal	8 g	1
Gemas	40 g (2 gemas)	5,5
Farinha com baixo teor de glúten	750 g	100
Fermento em pó químico	38 g	5
Leite	435 g	58
Cranberries (oxicocos) secos	125 g	17
Peso total:	**1.296 g**	**171%**

Modo de fazer

MISTURA

Método cremoso (p. 220).

MODELAGEM E ASSAMENTO

Com uma colher para sorvete, deposite porções da massa em assadeiras forradas com papel-manteiga. Asse como os *scones* tradicionais acima.

PÃO INTEGRAL COM PASSAS COZIDO NO VAPOR

Ingredientes	Quantidade	%	Modo de fazer
Farinha de trigo para pão	250 g	28,5	**MISTURA**
Farinha de trigo integral	125 g	14	Método *muffin* (p. 220).
Farinha de centeio clara (*light rye*)	250 g	28,5	**PESAGEM E COZIMENTO**
Fubá	250 g	28,5	Encha formas de bolo inglês bem untadas até a
Sal	9 g	1	metade – cerca de 500 g por cada litro de capaci-
Bicarbonato de sódio	15 g	1,8	dade da forma. Cubra com papel-alumínio e cozi-
Fermento em pó químico	15 g	1,8	nhe no vapor por 3 horas.
Uva-passa escura	250 g	28,5	
Leitelho*	1.000 g	114	
Melado	475 g	54	
Óleo	60 g	7	
Peso total:	**2.699 g**	**306%**	

*N.T.: Se não encontrar leitelho, substitua por partes iguais de leite e iogurte natural.

BOLO ÚMIDO DE LARANJA E NOZES

Ingredientes	Quantidade	%	Modo de fazer
Açúcar	350 g	50	**MISTURA**
Raspas de laranja	30 g	4	Método *muffin* (p. 220). Misture o açúcar e as
Farinha com baixo teor de glúten	700 g	100	raspas de laranja muito bem antes de juntar os demais ingredientes, para garantir uma distribuição
Leite em pó desnatado	60 g	8	homogênea.
Fermento em pó químico	30 g	4	
Bicarbonato de sódio	10 g (2 colheres de chá)	1,4	**PESAGEM**
Sal	10 g (2 colheres de chá)	1,4	575 g para uma forma de bolo inglês de 19 x 9 cm. 750 g para uma forma de bolo inglês de 22 x 11 cm.
Nozes, picadas	350 g	50	**ASSAMENTO**
Ovos	140 g	20	190°C por cerca de 50 minutos.
Suco de laranja	175 g	25	
Água	450 g	65	
Óleo, manteiga ou gordura hidrogenada derretida	175 g	25	
Peso total:	**2.480 g**	**344%**	

VARIAÇÃO

BOLO ÚMIDO DE LIMÃO E NOZES

Substitua as raspas de laranja por raspas de limão. Omita o suco de laranja e junte 8% (60 g) de suco de limão. Aumente a quantidade de água para 83% (580 g).

PÃO DE BANANA

Ingredientes	Quantidade	%	Modo de fazer
Farinha com baixo teor de glúten	700 g	100	
Açúcar	280 g	40	
Fermento em pó químico	35 g	5	
Bicarbonato de sódio	4 g	0,6	
Sal	9 g	1,25	
Nozes, picadas	175 g	25	
Ovos	280 g	40	
Banana madura, bem amassada	700 g	100	
Óleo, manteiga ou gordura hidrogenada derretida	230 g	33	
Peso total:	**2.413 g**	**344%**	

MISTURA

Método *muffin* (p. 220).

PESAGEM

575 g para uma forma de bolo inglês de 19 x 9 cm.

750 g para uma forma de bolo inglês de 22 x 11 cm.

ASSAMENTO

190°C por cerca de 50 minutos.

> **VARIAÇÃO**
>
> Para obter um produto de textura mais delicada, semelhante à de um bolo, faça os seguintes ajustes:
>
> 1. Gordura: aumente a quantidade para 40% (280 g). Use gordura ou manteiga, não óleo.
> 2. Açúcar: aumente a quantidade para 60% (420 g).
> 3. Farinha: use farinha de trigo especial para bolo.
> 4. Mistura: use o método cremoso.

PÃO DE TÂMARA E NOZES

Ingredientes	Quantidade	%	Modo de fazer
Gordura hidrogenada e/ou manteiga	200 g	40	
Açúcar mascavo	200 g	40	
Sal	6 g	1,25	
Leite em pó desnatado	35 g	7	
Ovos	150 g	30	
Farinha de trigo especial para bolo	400 g	80	
Farinha de trigo integral	100 g	20	
Fermento em pó químico	20 g	3,75	
Bicarbonato de sódio	6 g	1,25	
Água	375 g	75	
Tâmaras (ver *Nota*)	250 g	50	
Nozes, picadas	150 g	30	
Peso total:	**1.891 g**	**378%**	

MISTURA

Método cremoso (p. 220). Incorpore as tâmaras e as nozes à massa pronta.

PESAGEM

575 g para uma forma de bolo inglês de 19 x 9 cm.

750 g para uma forma de bolo inglês de 22 x 11 cm.

ASSAMENTO

190°C por cerca de 50 minutos.

> **VARIAÇÕES**
>
> Troque as nozes por outras oleaginosas, misturadas ou não. Por exemplo:
>> nozes-pecã
>> avelãs, tostadas
>> amêndoas, tostadas
>
> Substitua as tâmaras por outras frutas secas. Por exemplo:
>> ameixa   maçã seca
>> uva-passa escura   figo seco
>> damasco seco

Nota: depois de pesar as tâmaras, coloque-as de molho em água até ficarem bem macias. Escorra e pique.

BOLO DE AMEIXAS FRESCAS

Ingredientes	Quantidade	%	Modo de fazer
Farinha com baixo teor de glúten	600 g	100	**MISTURA**
Leite em pó desnatado	15 g	3	
Sal	8 g	1,5	
Canela	2 g	0,3	
Açúcar mascavo	300 g	50	
Manteiga	300 g	50	
Ovos	270 g	45	
Leite	540 g	90	
Cobertura:			
Ameixa fresca, cortada ao meio e sem o caroço	1.800 g	300	
Açúcar e canela (p. 199)	120 g	20	
Peso total:	*3.955 g*	*659%*	

MISTURA

Método *biscuit* (p. 219). Em razão da umidade do açúcar mascavo, é necessário forçar os ingredientes secos para que passem pela peneira.

PESAGEM E MODELAGEM

Uma receita rende uma forma média de 32 x 46 cm, três formas quadradas de 23 cm ou quatro de 20 cm. Espalhe a massa nas formas untadas e polvilhadas com farinha. Arrume as metades de ameixa sobre a massa, com o lado cortado virado para cima. Polvilhe com a mistura de açúcar e canela.

ASSAMENTO

200°C por 35 minutos.

> ### VARIAÇÕES
>
> Para obter uma textura mais semelhante à de bolos, use o método cremoso de mistura.
>
> Polvilhe o bolo com *Streusel* (p. 199), em vez de açúcar e canela, antes de levar ao forno.

MUFFINS DE AMÊNDOA E SEMENTE DE PAPOULA

Ingredientes	Quantidade	%	Modo de fazer
Manteiga	450 g	60	**MISTURA**
Açúcar	560 g	75	
Ovos	375 g	50	
Farinha com baixo teor de glúten	750 g	100	
Fermento em pó químico	8 g (1½ colher de chá)	1	
Bicarbonato de sódio	5 g (1 colher de chá)	0,7	
Sal	6 g (1 colher de chá)	0,8	
Semente de papoula	30 g	4	
Essência de amêndoa	5 g (1 colher de chá)	0,7	
Leitelho*	500 g	67	
Peso total:	*2.689 g*	*359%*	

MISTURA

Método cremoso (p. 220). Misture a semente de papoula com os ingredientes secos depois de peneirá-los.

PESAGEM

Encha as formas até ⅔ da capacidade.

ASSAMENTO

190°C por cerca de 30 minutos.

*N.T.: Se não encontrar leitelho, substitua por uma mistura de partes iguais de leite e iogurte natural.

> ### VARIAÇÃO
>
> ## MUFFINS DE LIMÃO E SEMENTE DE PAPOULA
>
> Troque a essência de amêndoa por essência de limão.

MUFFINS DE MAÇÃ COM ESPECIARIAS

Ingredientes	Quantidade		%
Manteiga	435	g	60
Açúcar mascavo	540	g	75
Sal	7	g	1
(1½ colher de chá)			
Canela	4	g	0,6
(2 colheres de chá)			
Noz-moscada	1,5	g	0,2
(¾ de colher de chá)			
Ovos	240	g	33
Farinha com baixo teor de glúten	600	g	83
Farinha de trigo integral	120	g	17
Fermento em pó químico	15	g	2
Bicarbonato de sódio	7	g	1
Leitelho*	360	g	50
Purê de maçãs (p. 603)	540	g	75
Peso total:	**2.869**	**g**	**397%**

MISTURA

Método cremoso (p. 220).

PESAGEM

Encha as formas até ⅔ da capacidade.

ASSAMENTO

200°C por cerca de 30 minutos.

MUFFINS DE ABÓBORA

Ingredientes	Quantidade		%	Modo de fazer
Manteiga	375	g	50	
Açúcar mascavo	500	g	67	
Gengibre	1,5	g	0,2	
(¾ de colher de chá)				
Canela	1,25	g	0,17	
(½ colher de chá)				
Noz-moscada	0,75	g	0,1	
(⅓ de colher de chá)				
Pimenta-da-jamaica	1,5	g	0,2	
(¾ de colher de chá)				
Sal	4,5	g	0,6	
(¾ de colher de chá)				
Ovos	190	g	25	
Farinha com baixo teor de glúten	750	g	100	
Fermento em pó químico	10	g	1,4	
Bicarbonato de sódio	10	g	1,4	
Leitelho*	375	g	50	
Abóbora cozida, escorrida e bem amassada	300	g	40	
Peso total:	**2.519**	**g**	**336%**	

MISTURA

Método cremoso (p. 220).

PREPARO DAS FORMAS

Encha as formas até ⅔ da capacidade.

ASSAMENTO

200°C por cerca de 30 minutos.

*N.T.: Se não encontrar leitelho, substitua por uma mistura de partes iguais de leite e iogurte natural.

MUFFINS DE GOTAS DE CHOCOLATE

Ingredientes	Quantidade		%	Modo de fazer
Manteiga	300	g	40	
Açúcar	340	g	45	
Chocolate meio amargo	500	g	67	
Ovos	150	g	20	
Farinha	750	g	100	
Bicarbonato de sódio	15	g	2	
Sal	4,5	g	0,6	
Leitelho*	625	g	83	
Gotas de chocolate	375	g	50	
Peso total:	**3.059**	**g**	**407%**	

*N.T.: Se não encontrar leitelho, substitua por uma mistura de partes iguais de leite e iogurte natural.

MISTURA

Método cremoso. Derreta o chocolate, deixe esfriar até atingir a temperatura ambiente e incorpore-o à mistura de manteiga e açúcar. Incorpore as gotas de chocolate à massa pronta. (Observe que esta receita não leva fermento em pó, apenas bicarbonato.)

PESAGEM

Encha as formas até ⅔ da capacidade.

ASSAMENTO

200°C por cerca de 30 minutos.

POPOVERS

Ingredientes	Quantidade	%	Modo de fazer
Ovos	625 g	125	
Leite	1.000 g	200	
Sal	8 g	1,5	
Manteiga ou gordura hidrogenada, derretida	60 g	12,5	
Farinha de trigo para pão	500 g	100	
Peso total:	**2.193 g**	**439%**	

MISTURA

1. Bata os ovos, o leite e o sal com o batedor globo até que estejam bem misturados. Adicione a gordura derretida.

2. Coloque o misturador raquete. Adicione a farinha e bata até obter uma massa bem homogênea.

3. Coe a massa (procedimento opcional, mas que confere à massa uma aparência melhor).

PESAGEM E PREPARO DAS FORMAS

Unte as formas de *popover* – semelhantes às formas de *muffin*, mas mais fundas – ou qualquer outra forminha funda. Encha-as até a metade – cerca de 45 g de massa por unidade, dependendo do tamanho.

ASSAMENTO

220°C por 30 a 40 minutos. Antes de retirar os *popovers* do forno, certifique-se de que estão secos e firmes o bastante para não abaixarem. Desenforme imediatamente.

⋇{ POPOVERS }⋇

Os *popovers* são semelhantes aos produtos feitos com *pâte à choux*, como as bombas e as carolinas, pois, tal como ocorre com a massa desses produtos, sua principal fonte de crescimento é o vapor – o que lhes confere uma estrutura oca; além disso, ambos dependem dos ovos e das proteínas do glúten para manter a estrutura. A maior diferença entre eles é que os *popovers* são feitos com uma massa semilíquida, ao passo que a *pâte à choux* é mais consistente.

O procedimento de mistura é de vital importância para ambas as massas. Devem ser batidas suficientemente para que desenvolvam o glúten, mas não em demasia, a ponto de torná-las resistentes demais à expansão dos gases. Misture a massa de *popovers* até que fique homogênea, mas não misture-a demais.

GINGERBREAD

Ingredientes	Gingerbread tradicional		Pain d'épices (gingerbread francês)	
	Quantidade	%	Quantidade	%
Farinha com baixo teor de glúten	1.100 g	100	550 g	50
Farinha de centeio	—	—	550 g	50
Sal	7 g	0,6	7 g	0,6
Bicarbonato de sódio	33 g	3	33 g	3
Fermento em pó químico	16 g	1,5	16 g	1,5
Gengibre	14 g	1,25	14 g	1,25
Canela em pó	—	—	7 g	0,6
Cravo em pó	—	—	3,5 g	0,3
Erva-doce, moída	—	—	14 g	1,25
Raspas de laranja	—	—	14 g	1,25
Passa de Corinto	—	—	220 g	20
Melado	1.100 g	100	—	—
Mel	—	—	825 g	75
Água quente	550 g	50	550 g	50
Manteiga ou gordura hidrogenada, derretida	275 g	25	275 g	25
Peso total:	**3.095 g**	**281%**	**3.078 g**	**279%**

Modo de fazer

MISTURA

Método *muffin* (p. 220).

PREPARO DAS FORMAS

Gingerbread tradicional: assadeiras untadas e forradas com papel, cerca de 3 kg por assadeira (1 receita).

Pain d'épice: formas de bolo inglês untadas. Devem ser enchidas até a metade.

ASSAMENTO

190°C.

✲❧ GINGERBREAD ❧✲

O termo *gingerbread* é usado em língua inglesa para designar uma série de bolos, pães e biscoitos. A origem das várias versões da receita remonta à Idade Média, quando alimentos carregados de especiarias eram comuns. Diferentes regiões da Europa criaram versões próprias de *gingerbread*, usando combinações típicas de especiarias.

Originalmente, o *gingerbread* era adoçado com mel, assim como o *pain d'épices* (pão de especiarias em francês), típico da cidade de Dijon, ainda é, até hoje. Depois que a cana-de-açúcar se popularizou, muitas regiões passaram a usar melaço para adoçar o *gingerbread*.

PÃO RÁPIDO DE PASSAS

Ingredientes	Quantidade	%	Modo de fazer
Farinha com baixo teor de glúten	1.200 g	100	
Fermento em pó químico	60 g	5	
Bicarbonato de sódio	15 g	1,25	
Sal	15 g	1,25	
Açúcar	60 g	5	
Gordura hidrogenada ou manteiga	120 g	10	
Uva-passa escura, grande ou miúda	240 g	20	
Leitelho*	840 g	70	
Peso total:	**2.550 g**	**212%**	

MISTURA

Método *biscuit* (p. 219). Junte as passas aos ingredientes secos depois de incorporar a gordura. Assim que misturar a massa, leve-a à geladeira se estiver muito macia para modelar.

PESAGEM

450 g por unidade.

MODELAGEM

Faça uma bola com a massa. Coloque em uma assadeira. Corte uma cruz profunda na superfície.

ASSAMENTO

140°C por 30 a 40 minutos.

*N.T.: Se não encontrar leitelho, substitua por uma mistura de partes iguais de leite e iogurte natural.

VARIAÇÃO

Adicione 1,25% (15 g) de sementes de alcaravia. Se preferir, omita as passas.

TERMOS PARA REVISÃO

massa semilíquida	*tunneling*	método *muffin*
massa de pingar	método *biscuit*	método cremoso

QUESTÕES PARA DISCUSSÃO

1. Se você preparasse uma fornada de *muffins* e eles ficassem com uma aparência estranha, cheia de protuberâncias, qual você imaginaria ser o motivo?

2. Qual é a diferença mais importante entre os métodos de mistura *biscuit* e *muffin*?

3. Por que os *popovers* necessitam de um tempo maior de mistura que os demais pães rápidos?

11

Iguarias fritas, panquecas e *waffles*

iferentemente dos produtos comentados até aqui, os apresentados neste capítulo não são assados no forno, mas fritos em bastante óleo ou cozidos em frigideira ou chapa untada, ou, no caso dos *waffles*, preparados em um aparelho especial que cozinha os dois lados da massa ao mesmo tempo.

Vários tipos de massa são usados na elaboração desses produtos. Para preparar os dois tipos mais populares de *doughnuts*, por exemplo, é preciso compreender os princípios da massa levedada (Caps. 6 a 9) e o método cremoso, usado em alguns pães rápidos (Cap. 10). A versão francesa dessa iguaria é feita com a mesma massa usada para preparar carolinas e bombas (Cap. 14). As panquecas norte-americanas são feitas com uma massa que leva fermento químico e é misturada pelo método *muffin*, ao passo que a massa dos crepes, as panquecas francesas, é mais líquida e não leva fermento, mas leite, ovos e farinha.

1. Preparar iguarias fritas como os *doughnuts* e outras especialidades.
2. Preparar *waffles* e panquecas doces ao estilo norte-americano.
3. Preparar crepes doces e sobremesas à base de crepe.

DOUGHNUTS

Doughnuts de fermento biológico

O método de mistura usado para preparar os *doughnuts* de massa levedada é o **método direto modificado** (p. 115). Faça uma revisão desse método antes de começar a prepará-los. Além disso, o estudo dos pontos a seguir o ajudará a entender e elaborar produtos de alta qualidade. As instruções de modelagem e finalização são dadas nas fórmulas.

1. A massa usada nos *doughnuts* de fermento biológico é semelhante à massa de pão doce comum, mas em geral é menos rica, isto é, os *doughnuts* são feitos com menos gordura, açúcar e ovos (compare com as fórmulas das pp. 188 e 238). Massas muito ricas ficam douradas muito rápido e absorvem muita gordura da fritura. O produto final fica engordurado e escuro demais por fora ou, então, cru por dentro. Além disso, uma massa mais magra tem um glúten mais forte, que pode suportar melhor a manipulação envolvida no preparo.

2. Abaixe a massa e coloque-a sobre a superfície de trabalho, considerando o tempo necessário para a modelagem. Lembre-se de que a fermentação continua durante essa etapa. Se a massa fermentar demais, será necessário fritar os *doughnuts* por mais tempo para dourarem; portanto, ficarão mais engordurados. Quando estiver preparando uma grande quantidade de *doughnuts*, pode ser necessário colocar parte da massa na câmara fria para impedir que fermente demais.

3. Acompanhe de perto a temperatura da massa, especialmente nos dias quentes. Se a temperatura da massa ultrapassar em muito os 24°C, completará a fermentação mais rapidamente.

4. Deixe a massa crescer em uma temperatura e teor de umidade mais baixos que os usados para as massas de pão. A massa também pode crescer em temperatura ambiente, desde que seja em uma parte mais fresca do estabelecimento – com cerca de 21°C. As massas que crescem em temperatura ambiente estão menos sujeitas à deformação ao serem manipuladas ou fritas.

5. Manuseie as unidades modeladas e já crescidas com cuidado, pois são macias e ficam marcadas com facilidade. Muitos padeiros deixam a massa de *doughnut* crescer apenas três quartos do tempo necessário. O produto resultante tem uma textura mais densa, mas é mais fácil de manipulá-lo.

6. Aqueça a gordura da fritura à temperatura adequada, que varia entre 185 e 195°C, dependendo da fórmula. Fórmulas mais ricas requerem temperaturas mais baixas, para evitar que dourem demais. As fórmulas deste livro requerem uma temperatura de 190° a 193°C.

7. Coloque os *doughnuts* já crescidos na grade que será mergulhada no óleo da fritura (para quantidades menores, você pode colocá-los um a um na gordura, com cuidado para não se queimar). O tempo de cozimento é de cerca de 2½ minutos. Os *doughnuts* devem ser virados na metade do cozimento, para que dourem por igual.

8. Levante a grade, retirando os *doughnuts* da gordura, ou, se estiver fritando poucas unidades, retire-as da gordura com uma escumadeira, de forma que o excesso de óleo escorra de volta para a panela ou fritadeira. Deixe escorrer sobre papel-toalha.

Doughnuts de fermento químico

Em geral, estabelecimentos especializados no preparo de *doughnuts* de fermento químico possuem um equipamento que deposita as unidades já modeladas diretamente na gordura. Normalmente o processo é automático, embora também existam modelos cuja operação é manual. Os equipamentos automáticos usam uma massa relativamente mole, feita a partir de misturas pré-prontas. Para usá-los, siga duas regras importantes:

- Ao preparar a massa, siga as instruções do fabricante à risca.

- Mantenha o dispositivo que libera as porções de massa 4 cm acima da superfície do óleo. Se a massa for depositada na gordura quente a uma altura muito acima disso, o produto final pode ficar deformado.

Ao se preparar a massa de *doughnut* com fermento químico manualmente, usa-se uma massa mais consistente, que pode ser aberta com o rolo e cortada. Este capítulo inclui duas fórmulas para produzir esse tipo de *doughnut*. Siga as instruções a seguir ao prepará-los:

1. Pese os ingredientes com cuidado. Até mesmo pequenos erros podem resultar em produtos de textura ou aparência indesejáveis.

2. Misture a massa até que fique homogênea, mas não misture demais. Massas misturadas por menos tempo que o necessário adquirem uma aparência grosseira e absorvem muita gordura. As que são misturadas em excesso resultam em *doughnuts* pesados e compactos.

3. Quando for fritar as unidades, a temperatura da massa deve estar entre 21 e 24°C. Tenha mais cuidado com a temperatura da massa nos dias quentes.

4. Deixe as unidades modeladas descansarem por 15 minutos antes de fritá-las, para que o glúten relaxe. Se isso não for feito, a massa do produto final não cresce e fica dura.

5. Frite na temperatura correta. A temperatura ideal para fritar os *doughnuts* de fermento químico é entre 190 e 195°C. O tempo de cozimento é de 1½ a 2 minutos. Os *doughnuts* devem ser virados no meio do cozimento.

Preparo da gordura para fritar e alguns cuidados

Doughnuts fritos de maneira adequada absorvem cerca de 60 g de gordura por dúzia. Portanto, a gordura usada na fritura deve ser de boa qualidade e mantida de maneira adequada; caso contrário, a qualidade dos *doughnuts* será comprometida. Tenha os seguintes cuidados:

1. Use gordura insípida e de boa qualidade. As melhores gorduras para fritar têm um ponto de fumaça (a temperatura em que uma gordura começa a produzir fumaça e se decompor) alto.

   As gorduras sólidas são popularmente usadas para frituras porque são estáveis e se tornam sólidas depois que o produto esfria, resultando em uma aparência menos engordurada. No entanto, essa característica pode fazer com que a degustação desses produtos seja desagradável, já que a gordura não derrete na boca.

2. Frite na temperatura correta. Uma gordura em temperatura abaixo do ideal aumenta o tempo de cozimento, deixando os produtos mais engordurados.

   Se o equipamento a ser usado não possuir um termostato para o controle da temperatura, mergulhe um termômetro apropriado na gordura, preso à lateral do recipiente.

3. Mantenha uma quantidade adequada de gordura no recipiente. Se for necessário acrescentar mais gordura, espere até a temperatura se regularizar.

4. Não frite muitas unidades de uma só vez. Além de abaixar a temperatura da gordura, isso impede que haja espaço suficiente para a expansão da massa, dificultando também o trabalho de virar os *doughnuts*.

5. Mantenha a gordura limpa. Retire as partículas de massa quando necessário. Após o uso, deixe a gordura esfriar até ficar morna, coe e limpe o equipamento.

6. Descarte a gordura velha, uma vez que ela perde suas qualidades para a fritura, deixando os alimentos muito escuros e com sabor desagradável.

7. Mantenha a gordura tampada quando não estiver em uso. Tente evitar a incorporação de muito ar ao coá-la.

FÓRMULAS

DOUGHNUTS DE FERMENTO BIOLÓGICO

Ingredientes	Quantidade	%	Modo de fazer
Água	410 g	55	**MISTURA**
Fermento biológico	38 g	5	Método direto modificado (p. 115).
Gordura hidrogenada	75 g	10	Misture muito bem a massa – 6 a 8 minutos na velocidade 2.
Açúcar	105 g	14	
Sal	13 g	1,75	**FERMENTAÇÃO**
Macis	2 g	0,3	Cerca de 1 hora e 30 minutos a 24ºC.
	(½ colher de chá)		**PESAGEM**
Leite em pó desnatado	38 g	5	Pese porções de 45 g.
Ovos	105 g	14	Ver instruções a seguir para modelagem.
Farinha de trigo para pão	750 g	100	Deixe crescer.
Peso total:	**1.536 g**	**205%**	**FRITURA**

VARIAÇÕES

Modelagem de doughnuts com massa levedada.

DOUGHNUTS SEM RECHEIO

1. Abra a massa em uma espessura de 1,2 cm. Certifique-se de que toda a massa esteja com a mesma espessura. Espere o glúten relaxar.
2. Corte os *doughnuts* com um cortador apropriado, em forma de argola. Tente cortá-los o mais próximo possível uns dos outros, para reduzir as sobras.
3. Junte as sobras e espere a massa relaxar. Abra com o rolo e espere relaxar novamente. Continue cortando os *doughnuts*.

190ºC.

Quando os *doughnuts* estiverem fritos, levante-os com uma escumadeira e espere o excesso de gordura escorrer. Coloque em um recipiente forrado com uma camada de papel-toalha.
Deixe esfriar.

DOUGHNUT COM RECHEIO DE GELEIA (BISMARK)

MÉTODO 1

1. Pese a massa em porções de 1.600 g. Deixe descansar por 10 minutos.
2. Divida em pequenas unidades. Boleie.
3. Deixe descansar por mais alguns minutos, depois achate ligeiramente.

MÉTODO 2

1. Abra a massa em uma espessura de 1,2 cm, como se fosse preparar os *doughnuts* em formato de argola.
2. Corte os discos com um cortador de biscoito ou *doughnut* (sem o "buraco" do meio).

Depois de fritos e frios, use um injetor de recheio para colocar a geleia dentro dos *doughnuts*. Insira o bico pontiagudo do injetor na lateral do *doughnut* até o centro e deposite ali o recheio.

Além da geleia de frutas, outros recheios podem ser usados, como cremes de confeiteiro (ver p. 271) de vários tipos e chantilly. Se o recheio contiver ovos, leite ou creme de leite, o *doughnut* deverá ser mantido sob refrigeração.

DOUGHNUTS PALITO

1. Abra a massa em uma espessura de 1,2 cm, como se fosse preparar o *doughnut* em formato de argola.
2. Com uma carretilha, corte tiras de 4 cm de largura e 9 cm de comprimento.

CINNAMON ROLLS FRITOS

1. Modele como se fosse fazer *Cinnamon rolls* (p. 208), mas omita a manteiga do recheio.
2. Certifique-se de que as emendas estão bem seladas para que a espiral não se desenrole ao ser frita.

TRANCINHAS DOCES

1. Pese porções da massa, divida em unidades e boleie, como se fosse preparar *doughnuts* recheados.
2. Enrole cada bolinha de massa sob a palma das mãos até obter um cordão de cerca de 20 cm de comprimento.
3. Coloque cada palma da mão sobre uma das pontas. Role uma para cima e outra para baixo, torcendo o cordão.
4. Segurando-o pelas pontas, levante o cordão da mesa e una as extremidades. O cordão de massa irá torcer sobre si mesmo.
5. Aperte bem as pontas para selar a emenda.

DOUGHNUTS DE FERMENTO QUÍMICO

Ingredientes	Quantidade	%	Modo de fazer
Gordura hidrogenada	90 g	9	**MISTURA**
Açúcar	220 g	22	Método cremoso (p. 220).
Sal	8 g	0,8	Misture a massa até que fique homogênea, mas
Leite em pó desnatado	45 g	4,7	não misture demais.
Macis	4 g		
	(1³/₄ colher de chá)	0,4	
Essência de baunilha	15 g	1,5	
Ovos inteiros	90 g	9	
Gemas	30 g	3	
Farinha de trigo especial para bolo	750 g	62,5	
Farinha de trigo para pão	250 g	37,5	
Fermento em pó químico	40 g	4	
Água	500 g	50	
Peso total:	***2.042 g***	***204%***	

MISTURA

Método cremoso (p. 220).

Misture a massa até que fique homogênea, mas não misture demais.

MODELAGEM

1. Coloque a massa sobre uma superfície de trabalho e abra-a com as mãos até obter um retângulo. Deixe descansar por 15 minutos.
2. Abra com o rolo até obter uma espessura de 1 cm. Toda a massa deve ter a mesma espessura. Tome cuidado para que ela não grude na superfície.
3. Corte os *doughnuts* com um cortador apropriado.
4. Junte as sobras e espere a massa relaxar. Abra novamente com o rolo e continue a cortar os *doughnuts*.
5. Coloque-os em uma assadeira ligeiramente polvilhada com farinha e deixe descansar por 15 minutos.

FRITURA

193°C.

Retire os *doughnuts* da gordura, espere o excesso escorrer de volta na panela e coloque-os em um recipiente forrado com uma camada de papel-toalha. Deixe esfriar.

DOUGHNUTS DE FERMENTO QUÍMICO SABOR CHOCOLATE

Para calcular grandes quantidades, ver página 727.

Ingredientes	Quantidade	%	Modo de fazer
Gordura hidrogenada	45 g	9	**MISTURA**
Açúcar	125 g	25	Método cremoso (p. 220).
Sal	4 g	0,8	Misture a massa até que fique homogênea, mas
	(⅝ colher de chá)		não misture demais.
Leite em pó desnatado	24 g	4,7	**MODELAGEM E FRITURA**
Essência de baunilha	8 g	1,5	
Ovos inteiros	45 g	9	Idem aos *doughnuts* de fermento químico. Cuidado: observe de perto os *doughnuts* de chocolate quando for fritá-los, pois é mais difícil saber apenas pela cor se estão cozidos.
Gemas	15 g	3	
Farinha de trigo especial para bolo	315 g	62,5	
Farinha de trigo para pão	185 g	37,5	
Cacau em pó	40 g	7,8	
Fermento em pó químico	15 g	3	
Bicarbonato de sódio	3 g	0,63	
	(⅔ de colher de chá)		
Água	265 g	53	
Peso total:	**1.089 g**	**217%**	

DOUGHNUTS AMANTEIGADOS DE BAUNILHA E ESPECIARIAS

Para calcular grandes quantidades, ver página 727.

Ingredientes	Quantidade	%	Modo de fazer
Farinha de trigo para pão	375 g	50	**MISTURA**
Farinha de trigo especial para bolo	375 g	50	Método *muffin* (p. 220), modificado da seguinte maneira:
Fermento em pó químico	22 g	3	1. Peneire as farinhas, o fermento em pó, as especiarias e o sal juntos.
	(1 colher de sopa)		
Noz-moscada	6 g	0,8	2. Em uma outra tigela, bata os ovos, as gemas e o açúcar até obter um creme leve e fofo. Adicione o leite, a essência de baunilha e a manteiga derretida.
Canela em pó	2 g	0,25	
	(1 colher de chá)		
Sal	9 g	1,25	3. Incorpore a mistura líquida aos ingredientes secos até obter uma massa macia.
	(1 colher de chá)		
Ovos inteiros	155 g	21	4. Leve à geladeira por pelo menos 1 hora antes de abrir a massa e cortar.
Gemas	30 g	4	
Açúcar	315 g	42	**MODELAGEM**
Leite	300 g	40	Idem aos *Doughnuts* de fermento químico.
Essência de baunilha	22 g	3	**FRITURA**
Manteiga, derretida	95 g	12,5	190°C.
Peso total:	**1.712g**	**227%**	

Finalização dos *doughnuts*

Os *doughnuts* devem estar bem escorridos e frios antes de serem decorados com açúcar ou outras coberturas. Se estiverem quentes, o vapor liberado irá dissolver a cobertura. Eis algumas coberturas tradicionais para *doughnuts*:

◆ Passe em açúcar e canela.

◆ Passe em açúcar impalpável. Se estiver usando açúcar de confeiteiro, misture com um pouco de amido de milho para evitar que absorva umidade. Use cerca de 150 g por quilo de açúcar.

◆ Cubra a parte de cima dos *doughnuts* com um *fondant* ou *fudge* (ver Capítulo 17).

◆ Para **glacear**, mergulhe em Glacê para *doughnuts* (receita a seguir) ou em cobertura de açúcar rala ou *fondant* aquecidos. Coloque em telas de arame até que a cobertura esfrie.

◆ Depois de glacear, quando a cobertura ainda estiver úmida, passe os *doughnuts* em coco ralado ou oleaginosas moídas.

> ### ❊❧ DOUGHNUT ❧❊
> ### FRANCÊS
>
> O **doughnut francês** (*beignet soufflé*) é feito de *Pâte à choux* (massa de bomba, p. 336), que é modelado em argolas usando-se um saco de confeitar e depois frito. Será tratado na próxima seção deste capítulo.

GLACÊ PARA DOUGHNUTS

Ingredientes	Quantidade	Açúcar a 100% %	Modo de fazer
Gelatina incolor sem sabor	3 g	0,3	1. Amoleça a gelatina na água.
Água	200 g	20	2. Leve ao fogo, mexendo, até que esteja dissolvida.
Glucose	50 g	5	
Essência de baunilha	6 g	0,6	3. Junte os demais ingredientes e bata até obter uma mistura homogênea.
Açúcar de confeiteiro	1.000 g	100	
Peso total:	**1.259 g**	**125%**	4. Mergulhe os *doughnuts* no glacê morno. Reaqueça o glacê quando necessário.

VARIAÇÃO

CALDA DE MEL
Substitua a glucose por mel.

MASSAS FRITAS

O termo **fritura** é usado para se referir a uma infinidade de produtos fritos, tanto doces quanto salgados, inclusive legumes, carnes e peixes. Um termo usado em confeitaria para se referir a vários produtos desse tipo é *beignet*, palavra francesa para fritura. Em panificação e confeitaria, há dois tipos básicos de fritura:

1. Massas fritas simples, como os *doughnuts*, são porções de massa fritas em bastante óleo. Em geral, são polvilhadas com açúcar e servidas acompanhadas de geleias e compotas de frutas. Este capítulo inclui receitas para quatro tipos de massa frita simples, inclusive o clássico **beignet soufflé**, que é uma massa de bomba frita.

2. Frutas empanadas fritas, em geral, são pedaços grandes de frutas, frescas ou em calda, mergulhadas em uma massa semilíquida e fritas em bastante óleo, ou então uma mistura de frutas picadas e massa que é pingada, às colheradas, na gordura quente. A seguir, será apresentado o procedimento básico para preparar esse tipo de massa frita. Foram incluídas duas receitas de massa.

Este capítulo também compreende o preparo dos **cannoli**. Esse tipo de massa, apesar de frita, não costuma ser classificada como uma fritura. Os *cannoli* são preparados de forma muito semelhante a duas outras especialidades fritas deste capítulo – os *fattigman* e os *beignets de carnival* –, isto é, são feitos de uma massa consistente que deve ser aberta de forma bem fina, cortada e frita. A massa de *cannoli*, no entanto, é frita enrolada em um canudo de metal, para depois ser recheada.

Procedimento básico para o preparo de frutas empanadas (*beignets*)

1. Prepare a massa (ver fórmulas a seguir).

2. Prepare a fruta escolhida. As frutas mais usadas nesse tipo de sobremesa são:

   Maçã sem casca e sem sementes cortada em rodelas de 0,5 cm de espessura no sentido da largura.

   Banana descascada e cortada ao meio no sentido do comprimento e depois no sentido da largura.

   Abacaxi em rodelas, sem o miolo, fresco ou em calda.

   Pêssego e ameixa frescos cortados ao meio e sem caroço.

   Para dar um sabor extra, polvilhe as frutas com bastante açúcar e um pouco de rum ou *kirsch*; deixe marinar por 1 a 2 horas.

3. Escorra bem e mergulhe os pedaços na massa, cobrindo-os completamente. Prepare apenas a quantidade de frutas que será frita na primeira porção.

4. Coloque em óleo abundante aquecido à temperatura de 190°C. Frite até que a superfície doure por igual.

5. Retire do óleo e escorra bem.

6. Sirva as frutas mornas, polvilhadas com açúcar e canela. O *Crème anglaise* (p. 269) ou as caldas de frutas (p. 277) podem ser servidos como acompanhamento.

MASSA PARA FRITAR I

Para calcular grandes quantidades, ver página 727.

Ingredientes	Quantidade	%	Modo de fazer
Farinha com baixo teor de glúten	250 g	100	**MISTURA**
Açúcar	15 g	6	Método *muffin* (p. 220).
Sal	4 g		1. Peneire os ingredientes secos juntos.
	(⅔ de colher de chá)	1,5	2. Em uma tigela à parte, misture os ingredientes líquidos.
Fermento em pó químico	4 g	1,5	3. Aos poucos, despeje os ingredientes líquidos sobre os secos. Mexa até que a massa esteja quase homogênea, mas não misture demais.
	(¾ de colher de chá)		
Ovos, batidos	125 g	50	
Leite	225 g	90	
Óleo	15 g	6	4. Deixe descansar por pelo menos 30 minutos antes de usar.
Essência de baunilha	2 g		
	(½ colher de chá)	1	
Peso total:	**640 g**	**256%**	

MASSA PARA FRITAR II

Para calcular grandes quantidades, ver página 727.

Ingredientes	Quantidade	%	Modo de fazer
Farinha de trigo para pão	190 g	75	1. Peneire os ingredientes secos juntos.
Farinha de trigo especial para bolo	60 g	25	2. Em outro recipiente, misture o leite, as gemas e o óleo.
Sal	4 g (⅔ de colher de chá)	1,5	3. Aos poucos, despeje os ingredientes líquidos sobre os secos. Misture bem.
Açúcar	8 g	3	
Leite	312 g	113	4. Deixe descansar até a hora de usar (pelo menos 30 minutos).
Gemas, batidas	30 g	12,5	
Óleo	30 g	12,5	5. Bata as claras em neve até obter picos firmes.
Claras	60 g	25	6. Incorpore à massa. Use imediatamente.
Peso total:	**694 g**	**267%**	

DOUGHNUTS FRANCESES (BEIGNETS SOUFFLÉS)

Para calcular grandes quantidades, ver página 728.

Ingredientes	Quantidade	%	Modo de fazer
Leite	250 g	167	**MISTURA**
Manteiga	100 g	67	1. Em uma panela, aqueça o leite, a manteiga, o sal e o açúcar até que o açúcar tenha se dissolvido e a manteiga esteja derretida.
Sal	5 g (1 colher de chá)	3	
Açúcar	5 g (1 colher de chá)	3	2. Aumente o fogo. Um pouco depois que começar a ferver, retire do fogo. Junte a farinha de uma só vez e bata vigorosamente com uma colher de pau.
Farinha de trigo para pão	150 g	100	
Ovos	200 g	133	
Peso total:	**710 g**	**473%**	

3. Leve a panela de volta ao fogo médio e bata por 2 a 3 minutos, até a massa formar uma bola e se soltar do fundo da panela.

4. Transfira para uma tigela de inox e espere esfriar um pouco.

5. Junte os ovos em três etapas, batendo bem após cada adição.

6. Coloque a massa em um saco de confeitar com o bico pitanga grande.

FRITURA

Os *doughnuts* podem ser finalizados de duas formas:

1. Deposite porções de 7 a 8 cm de massa diretamente na gordura aquecida a 170°C – use uma faca mergulhada na gordura quente para cortar a massa rente ao bico. Frite até estufar e dourar. Escorra em papel-toalha.

2. Faça argolas de 5 cm de diâmetro sobre papel-manteiga. Para obter formas regulares, desenhe círculos de 5 cm no papel, usando um cortador e uma caneta. Vire o papel e use os riscos como guia. Congele. Frite as argolas ainda congeladas usando o mesmo método.

Ver página 631 para sugestões de apresentação.

BEIGNETS DE CARNIVAL

Para calcular grandes quantidades, ver página 728.

Ingredientes	Quantidade	%	Modo de fazer
Farinha de trigo para pão	200 g	100	
Açúcar	15 g	8	
Sal	5 g	2,5	
	(1 colher de chá)		
Gemas	60 g	30	
Creme de leite *light*	60 g	30	
Kirsch	15 g	8	
Água de rosas	10 g	5	
	(2 colheres de chá)		
Peso total:	**365 g**	**183%**	

MISTURA

1. Peneire a farinha, o açúcar e o sal em uma tigela.

2. Em outra tigela, misture as gemas, o creme de leite, o *kirsch* e a água de rosas.

3. Faça um buraco no centro dos ingredientes secos e despeje aí os ingredientes líquidos. Misture até formar uma massa rija.

4. Vire sobre uma superfície ligeiramente polvilhada com farinha e amasse até obter uma bola lisa.

5. Coloque em um prato polvilhado com um pouco de farinha, vede bem com filme plástico e leve à geladeira de um dia para o outro.

FRITURA

1. Retire a massa da geladeira e espere que atinja a temperatura ambiente.

2. Corte em porções de 10 g. Mantenha a massa coberta com um pano úmido ou filme plástico durante todo o tempo para evitar a formação de uma película.

3. Trabalhando um pedaço de cada vez, abra com o rolo até a massa atingir uma espessura bem fina e começar a retrair-se. Coloque sob o pano úmido ou filme plástico e faça o mesmo com o restante da massa.

4. Retorne à primeira porção de massa e continue a abrir com o rolo até que fique quase transparente. Esse processo permite que a massa relaxe e atinja uma espessura muito fina ao ser aberta pela segunda vez.

5. Depois de aberta pela segunda vez, use um cortador redondo de 11 cm de diâmetro para eliminar as irregularidades das bordas. Coloque os discos prontos em uma assadeira forrada com papel-manteiga. Cubra com filme plástico.

6. Preaqueça a gordura a 180°C. Frite um *beignet* de cada vez. Vire quando estiver dourado. Os *beignets* podem ser fritos normalmente (ficarão planos) ou afundados na gordura com uma concha de cabo comprido apoiada no centro da massa – isso fará com que adquiram o formato de uma cestinha.

7. Assim que dourar, retire da gordura e escorra em papel-toalha.

8. Sirva com compotas de frutas.

FATTIGMAN
(BISCOITOS FRITOS NORUEGUESES)

Ingredientes	Quantidade	%	Modo de fazer
Ovos inteiros	100 g (2 ovos)	24	
Gemas	40 g (2 gemas)	10	
Sal	4 g (²/₃ de colher de chá)	1	
Açúcar	70 g	18	
Cardamomo, moído	2 g (1 colher de chá)	0,5	
Creme de leite fresco	85 g	21	
Conhaque	45 g	11	
Farinha de trigo para pão	400 g	100	
Açúcar de confeiteiro	conforme necessário	conforme necessário	
Peso total (da massa):	*746 g*	*185%*	

Modo de fazer

1. Bata os ovos e as gemas até formarem uma espuma.
2. Adicione, batendo, o sal, o açúcar, o cardamomo e o creme de leite.
3. Acrescente o conhaque e mexa bem.
4. Junte a farinha e misture até obter uma massa.
5. Embrulhe ou cubra bem e deixe descansar, na geladeira, por pelo menos 1 hora.
6. Abra a massa em uma espessura de 3 mm.
7. Corte em triângulos de cerca de 6 cm de lado.
8. Frite em bastante gordura, aquecida a 190°C, até que estejam bem dourados e crocantes.
9. Escorra em papel absorvente e deixe esfriar.
10. Polvilhe ligeiramente com o açúcar de confeiteiro.

Ver página 618 para sugestão de apresentação.

VIENNOISE
(SONHOS RECHEADOS COM GELEIA)

Para calcular grandes quantidades, ver página 728.
Rendimento: 10 sonhos, com 60 g cada

Ingredientes	Quantidade	Modo de fazer
Massa de brioche (p. 193)	600 g	
Ovo para pincelar	conforme necessário	
Geleia de groselha-vermelha	100 g	

Modo de fazer

1. Pese a massa em porções de 60 g.
2. Sobre uma superfície ligeiramente enfarinhada, abra cada porção de massa em um disco de 10 cm de diâmetro.
3. Pincele a superfície com ovo.
4. Coloque 10 g de geleia no centro de cada um. Feche a massa sobre o recheio, formando uma trouxinha, e aperte bem para selar. Coloque em uma assadeira forrada com papel, com a emenda virada para baixo. Deixe crescer em local aquecido até dobrar de volume – cerca de 40 minutos.
5. Frite em bastante gordura, aquecida a 170°C, virando uma vez, até ficarem ligeiramente dourados. O tempo total é de cerca de 8 minutos.
6. Escorra em papel-toalha.

CANNOLI (CANUDOS ITALIANOS)

Para calcular grandes quantidades, ver página 728.

Ingredientes	Quantidade	%	Modo de fazer
Farinha de trigo para pão	175 g	50	1. Em uma tigela, peneire as farinhas, o açúcar e o sal.
Farinha com baixo teor de glúten	175 g	50	2. Adicione a manteiga e misture com as mãos até incorporar bem.
Açúcar	30 g	8	3. Adicione o ovo e o vinho e amasse até formar uma bola. Trabalhe a massa ligeiramente sobre uma superfície enfarinhada até que esteja macia. Cubra e deixe descansar por 30 minutos.
Sal	1 g (⅙ de colher de chá)	0,3	
Manteiga	60 g	17	
Ovo, batido	50 g (1 ovo)	14	4. Abra com o rolo até obter uma espessura de 3 mm. Fure bem a massa. Para fazer *cannoli* pequenos, corte discos de 9 cm de diâmetro; para fazer *cannoli* grandes, corte discos de 12 cm. Junte as sobras de massa e abra novamente para cortar mais *cannoli*. Com 600 g de massa é possível fazer 16 a 18 *cannoli* grandes, ou 32 a 36 pequenos.
Vinho branco seco ou Marsala	125 g	33	
Peso total:	**616 g**	**172%**	5. Enrole a massa ao redor de canudos de metal apropriados. Aperte a emenda firmemente para selar bem.

Para calcular grandes quantidades, ver página 728.

> ### VARIAÇÃO
>
> ## CANNOLI SICILIANO
>
> Com um saco de confeitar, recheie os *cannoli* já frios, um lado de cada vez, com o Recheio de ricota para *cannoli* (abaixo). Polvilhe ligeiramente com açúcar de confeiteiro. Se desejar, use cerejas glaçadas, açúcar cristal colorido ou pistache picado para decorar a porção do recheio que fica aparente dos dois lados.

6. Frite em bastante gordura, aquecida a 190°C, até dourarem. Espere esfriar um pouco e, com cuidado, separe a massa dos canudos de metal. Deixe que esfriem completamente antes de recheá-los. Os canudos podem receber vários recheios, como creme de confeiteiro de baunilha e de chocolate ou quaisquer outros cremes consistentes.

RECHEIO DE RICOTA PARA CANNOLI

Para calcular grandes quantidades, ver página 728.

Ingredientes	Quantidade	%	Modo de fazer
Ricota fresca (ver p. 77)	500 g	100	1. Bata a ricota no processador até ficar bem cremosa.
Açúcar de confeiteiro	250 g	50	
Essência de canela	7 g (1½ colher de chá)	1,5	2. Peneire o açúcar em uma tigela e junte a ricota, mexendo até que estejam bem misturados.
Frutas cristalizadas ou cascas de fruta cristalizadas, picadinhas	45 g	9	3. Acrescente os demais ingredientes e misture.
Chocolate ao leite picadinho ou gotas de chocolate pequenas	30 g	6	
Peso total:	**832 g**	**166%**	

JALEBIS

Rendimento: cerca de 100 unidades

Ingredientes	Quantidade	%	Modo de fazer
Farinha de trigo para pão	250 g	50	**MISTURA**
Farinha com baixo teor de glúten	250 g	50	1. Em uma tigela, peneire as farinhas de trigo.
Iogurte natural sem sabor	125 g	25	2. Bata o iogurte até ficar cremoso.
Água	375 g	75	3. Junte a primeira quantidade de água ao iogurte.
Açafrão espanhol em pó	¼ de colher de chá		4. Junte essa mistura e o açafrão moído à farinha. Misture bem.
Água	185 g	37,5	5. Junte a segunda quantidade de água e bata até formar uma massa líquida.
Peso total da massa:	**800 g**	**237%**	6. Coe.
			7. Deixe a massa descansar por várias horas ou de um dia para o outro.
Calda			**PREPARO DA CALDA**
Água	800 g		1. Em uma panela grossa, misture a água e o açúcar. Leve ao fogo.
Açúcar	800 g		2. Deixe ferver até que o açúcar esteja completamente dissolvido e a calda atinja a temperatura de 110°C – meça com um termômetro para caldas.
Açafrão espanhol (pistilos)	5 mL (1 colher de chá)		3. Retire do fogo e junte os pistilos de açafrão e o cardamomo.
Cardamomo em pó	2 mL (½ colher de chá)		4. Quando a calda estiver morna, junte a água de rosas.
Água de rosas	15 mL		

FRITURA E FINALIZAÇÃO

1. Antes de fritar, reaqueça a calda. Reserve.
2. Preencha de massa uma bisnaga de plástico para catchup/mostarda. A abertura do bico deve ter um diâmetro de cerca de 3 mm.
3. Aqueça a gordura a 175°C.
4. Use a bisnaga de plástico para depositar a massa na gordura quente, formando espirais de 6 a 7 cm de diâmetro.
5. Frite dos dois lados até que comecem a dourar.
6. Retire da gordura e escorra em papel-toalha por 1 minuto.
7. Mergulhe os *jalebis* na calda morna. Deixe por 2 a 4 minutos e depois escorra.

VARIAÇÃO

Para uma versão mais barata, omita o açafrão. Se desejar, use corante alimentício para dar à massa e à calda um tom alaranjado.

⁂ SOBREMESAS INDIANAS ⁂

As sobremesas indianas são conhecidas por serem bem doces e aromáticas. Muitas delas consistem em um tipo de massa mergulhado em calda perfumada. Os *jalebis* – que utilizam massa frita – são um exemplo desse tipo de especialidade. Eles são preparados na hora e vendidos nas ruas da Índia.

BOLINHAS CHINESAS DE GERGELIM

Rendimento: 40 unidades de 25 g cada

Ingredientes	Quantidade	%
Água	250 g	62,5
Açúcar mascavo	200 g	37,5
Farinha de arroz glutinoso	400 g	100
Pasta de doce de feijão ou de raiz de lótus, em lata	150 g	50
Sementes de gergelim	conforme necessário	
Peso total:	**1.000 g**	**262%**

Modo de fazer

MISTURA

1. Leve a água ao fogo e espere ferver. Junte o açúcar e mexa até que esteja dissolvido.

2. Coloque a farinha de arroz glutinoso em uma tigela.

3. Junte a calda à farinha e misture até formar uma bola. Amasse até obter uma massa homogênea.

MODELAGEM

1. Divida a massa em 4 partes iguais.

2. Use a farinha de arroz para polvilhar a bancada e as mãos. Enrole cada porção de massa em um cordão de 25 cm de comprimento.

3. Corte em 10 partes iguais.

4. Enrole cada uma delas entre as mãos até formar uma bola.

5. Faça bolinhas de cerca de 5 g (1 colher de chá) de pasta de doce de feijão ou raiz de lótus. Se a pasta estiver muito mole, leve à geladeira ou ao freezer até firmar.

6. Para cada bola de massa, faça um buraco no meio com o dedão. Coloque uma bolinha de pasta de doce de feijão e feche muito bem a massa ao redor do recheio.

7. Coloque as sementes de gergelim em uma tigela.

8. Mergulhe as mãos em água e então enrole cada bolinha, umedecendo-as ligeiramente para que o gergelim grude melhor.

9. Passe-as pelo gergelim, cobrindo bem.

FRITURA

1. Aqueça a gordura a 175°C.

2. Coloque algumas bolinhas na gordura. Frite por cerca de 2 minutos.

3. Quando estiverem ligeiramente douradas, devem ser pressionadas de leve para auxiliar no crescimento. Isso pode ser feito de várias maneiras. Use um pegador liso para espremê-las levemente e virá-las, ou então use uma espátula, pressionando-as contra as laterais da panela ou fritadeira. Solte e repita a operação. Esta técnica requer um pouco de prática.

4. Continue a fritar as bolinhas até que estejam bem douradas.

5. Escorra. Sirva-as aquecidas.

❊{ DOCES CHINESES }❊

Em geral, os doces chineses não são muito doces, pelo menos para os padrões ocidentais, e as sobremesas não fazem parte de uma refeição chinesa típica. Iguarias doces são mais consumidas acompanhadas de chá ou como parte de uma refeição leve, à base de bolinhos e pasteizinhos variados, conhecidos como *dim sum*.

Pastas feitas de sementes, legumes e oleaginosas são muito usadas como recheio e, em geral, podem ser compradas já prontas. A pasta de feijão doce usada na receita acima é feita de *feijão azuki* — um feijão miúdo de cor vermelha escura. As pastas também podem ser usadas para preparar sopas adoçadas, às vezes servidas como sobremesa em menus completos.

PANQUECAS E WAFFLES

Embora as panquecas e os *waffles* não sejam itens comumente vendidos em padarias e confeitarias, são essenciais no café da manhã, no *brunch* e em alguns tipos de sobremesa. Este capítulo inclui também a fórmula para preparar um tipo de *waffle* francês muito consumido como sobremesa. Sua massa, na verdade, é uma massa de bomba diluída com creme de leite ou leite. Os famosos crepes franceses, especialmente sua versão doce, também são apresentados aqui.

Panquecas e *waffles*

As panquecas norte-americanas típicas, e os *waffles* são feitos de uma massa semilíquida preparada pelo método *muffin* de mistura (Cap. 10). Assim como no caso dos *muffins*, é importante evitar que a massa seja misturada em demasia, o que desenvolveria demais o glúten.

Panquecas e *waffles* podem ser feitos com uma mistura de farinha de trigo com baixo teor de glúten e praticamente qualquer outro tipo de farinha – farinha de trigo integral, farinha de trigo-sarraceno ou fubá, por exemplo. Como algumas farinhas absorvem mais água que outras, talvez seja necessário acrescentar mais líquido à massa.

Compare as receitas de panquecas e *waffles*. Preste atenção, em especial, a essas diferenças importantes:

- A massa de *waffle* contém mais gordura. Isso faz com que o *waffle* seja mais substancioso e crocante, além de facilitar sua remoção da chapa quadriculada.

- A massa de *waffle* contém menos líquido, por isso é um pouco mais pegajosa. Isso também contribui para que o *waffle* seja crocante, já que essa característica requer baixa umidade.

- Bater as claras em neve à parte e incorporá-las delicadamente à massa faz com que os *waffles* fiquem mais leves.

Pré-preparo para grandes quantidades

1. As massas de panqueca e *waffle* que usam apenas fermento em pó químico como agente de crescimento podem ser misturadas com até 12 horas de antecedência e mantidas sob refrigeração. É possível que elas cresçam menos e, portanto, seja necessário acrescentar mais fermento.

2. Massas preparadas com bicarbonato de sódio não podem ser misturadas com muita antecedência, pois o bicarbonato perde seu efeito. Combine os ingredientes secos e líquidos separadamente com antecedência. Misture os dois apenas na hora do preparo.

3. Massas que usam claras em neve e fermento em pó podem ser preparadas parcialmente com antecedência – as claras só devem ser incorporadas pouco antes do preparo.

PANQUECAS E WAFFLES

Rendimento: cerca de 1 L

Ingredientes	Panquecas		Waffles	
	Quantidade	%	Quantidade	%
Farinha com baixo teor de glúten	225 g	100	225 g	100
Açúcar	30 g	12,5	–	–
Sal	2,5 g (½ colher de chá)	1	2 g (½ colher de chá)	1
Fermento em pó químico	15 g (1 colher de sopa)	6	15 g (1 colher de sopa)	6
Ovos, batidos	100 g (2 grandes)	44	–	
Gemas, batidas	–		55 g (3 grandes)	25
Leite	450 g	200	340 g	150
Manteiga derretida ou óleo	55 g	25	112 g	50
Claras	–	–	85 g (3 grandes)	38
Açúcar	–	–	30 g	12,5

Modo de fazer

MISTURA

Método *muffin* (p. 220)

1. Peneire os ingredientes secos.
2. Em uma outra tigela, misture os ovos, as gemas, o leite e a gordura.
3. Despeje sobre os ingredientes secos. Mexa apenas até que estejam misturados. Não misture demais.
4. Para os *waffles*: pouco antes de prepará-los, bata as claras em neve (picos moles), junte o açúcar e bata até obter um merengue bem firme. Incorpore delicadamente à massa.

COMO PREPARAR AS PANQUECAS

1. Usando uma concha com capacidade de 60 mL, despeje porções da massa em uma frigideira ou chapa untada preaquecida a 190°C, deixando um espaço entre elas.
2. Cozinhe até que a superfície esteja repleta de bolhas, começando a ficar com uma aparência seca, e até que o lado de baixo esteja dourado.
3. Vire e deixe cozinhar do outro lado.
4. Sirva as panquecas quentes, acompanhadas de manteiga, *maple syrup*, caldas ou geleias de frutas e/ou frutas vermelhas frescas.

COMO PREPARAR OS WAFFLES

1. Em uma chapa própria para *waffles* ligeiramente untada e preaquecida, despeje a massa até quase encher a cavidade. Feche a tampa da chapa.
2. Cozinhe os *waffles* até que a luz do aparelho indique que estão prontos, ou até que não liberem mais vapor. Devem ficar bem dourados e crocantes.
3. Sirva-os mornos, polvilhados com açúcar de confeiteiro ou acompanhados de calda ou geleia de fruta, ou frutas frescas.

VARIAÇÃO

PANQUECAS E WAFFLES DE LEITELHO

Use leitelho no lugar do leite – se não encontrar, substitua por uma mistura, em partes iguais, de leite e iogurte natural. Reduza a quantidade de fermento em pó para 3% (7 g/1½ colher de chá) e junte 3 g (¾ de colher de chá) de bicarbonato de sódio. Se a massa ficar muito espessa, acrescente mais leite ou água (no máximo 50%).

GAUFRES (WAFFLES FRANCESES)

Ingredientes	Quantidade	%	Modo de fazer
Leite	500 g	200	
Sal	8 g	3	
Manteiga	95 g	37,5	
Farinha de trigo para pão	250 g	100	
Ovos	400 g (cerca de 8 ovos grandes)	162,5	
Creme de leite fresco	250 g	100	
Leite	125 g	50	
Peso total:	1.628 g	653%	

1. Misture o leite, o sal e a manteiga em uma panela. Leve ao fogo e espere ferver – cuidado para não derramar.
2. Junte a farinha de uma só vez e bata vigorosamente. Continue a mexer até que forme uma bola e desgrude do fundo da panela.
3. Retire do fogo e transfira a massa para a tigela da batedeira. Deixe esfriar por 5 minutos.
4. Com a batedeira em velocidade baixa, junte os ovos aos poucos. Bata bem após cada adição.
5. Com a batedeira ainda ligada, despeje aos poucos o creme de leite e depois o leite. Não se preocupe se a massa ficar um pouco empelotada depois que todo o leite for acrescentado – isso é normal. A massa deverá ficar ligeiramente mais grossa que uma massa de *waffle* comum. Se estiver muito mais grossa, junte um pouco mais de leite.
6. Asse como os *waffles* tradicionais.

Crepes

Os **crepes** são panquecas bem finas, sem fermento. Raramente são servidos sem recheio – ao contrário, são usados para elaborar uma série de sobremesas, sejam enrolados ou em camadas alternadas, regados com caldas diversas. A versão salgada dos crepes – o tipo de panqueca mais conhecido no Brasil – pode ser recheada com carnes, queijos, legumes, verduras etc.

Ao contrário da massa de panqueca e *waffle*, a de crepe pode ser preparada com antecedência, tampada e refrigerada para ser usada conforme a necessidade. Quando os crepes são recheados e enrolados ou dobrados, o lado que foi cozido primeiro, que tem uma aparência mais convidativa, deve ficar do lado de fora.

CREPES

Rendimento: cerca de 50 crepes

Ingredientes	Quantidade	%
Farinha de trigo para pão	250 g	50
Farinha de trigo especial para bolo	250 g	50
Açúcar	60 g	12,5
Sal	15 g	3
Ovos	375 g	75
	(7 ovos grandes)	
Leite	1.000 g	200
Óleo ou manteiga clarificada	150 g	20
Peso total:	**2.100 g**	**421%**

Modo de fazer

MISTURA

1. Em uma tigela, peneire as farinhas, o açúcar e o sal.

2. Junte os ovos e uma quantidade suficiente de leite apenas para formar uma pasta lisa. Bata até a mistura ficar homogênea.

3. Aos poucos, junte o leite restante e a gordura. A massa deve ficar com uma consistência de creme de leite fresco. Se estiver muito grossa, junte um pouquinho de água. Se estiver com grumos, passe por uma peneira.

4. Deixe a massa descansar por 2 horas antes de preparar os crepes.

COMO PREPARAR OS CREPES

1. Passe um pouco de óleo em uma crepeira ou frigideira de 15 a 18 cm de diâmetro. Aqueça em fogo médio-alto até que esteja bem quente. Pincele com manteiga derretida, escorrendo o excesso (A).

2. Retire do fogo e despeje 3 a 4 colheres de sopa (45 a 60 mL) de massa. Rapidamente, incline a frigideira, fazendo movimentos circulares até cobrir todo o fundo com uma camada fina de massa. Descarte imediatamente o excesso – o crepe deve ser bem fino (B).

3. Leve a frigideira de volta ao fogo por 1 a 1½ minuto, até que a parte de baixo esteja dourada. Vire a massa e espere dourar do outro lado (C). Este lado irá dourar apenas em alguns pontos isolados – não fica tão bonito quanto o primeiro. Por isso, o lado que é cozido primeiro deve ser sempre o que fica visível (D).

4. Transfira o crepe pronto para um prato. Continue preparando os crepes e empilhando-os até que a massa termine. Unte a frigideira com um pouco mais de manteiga quando necessário.

5. Tampe os crepes prontos e leve-os à geladeira até a hora de servir.

VARIAÇÃO

CREPES DE CHOCOLATE

Ingredientes	Quantidade	%
Farinha de trigo para pão	190 g	37,5
Farinha de trigo especial para bolo	250 g	50
Chocolate em pó	60 g	12,5

Reduza a quantidade de farinha da fórmula de crepe e adicione chocolate em pó nas proporções indicadas acima. Peneire o chocolate com a farinha no passo 1 do Modo de fazer.

Sobremesas à base de crepes

As sugestões a seguir são apenas algumas entre muitas possibilidades. A variedade de sobremesas que se pode preparar com crepes é limitada apenas pela imaginação.

Crêpes **Normande.** Cozinhe fatias de maçã em um pouco de manteiga e polvilhe com açúcar e uma pitada de canela. Recheie os crepes com essa mistura e polvilhe com açúcar de confeiteiro.

Crepes de banana. Cozinhe rodelas de banana rapidamente em um pouco de manteiga e polvilhe com açúcar mascavo e algumas gotas de rum. Enrole os crepes com essa mistura. Sirva com calda de damasco (p. 277).

Crepes com geleia. Espalhe geleia de damasco nos crepes e enrole. Polvilhe com açúcar e use um maçarico para caramelizar ligeiramente.

Crepes caramelizados. Recheie os crepes com creme de confeiteiro (p. 271) e enrole. Polvilhe com açúcar e use um maçarico para caramelizar ligeiramente.

Crêpes **frangipane.** Espalhe creme de amêndoas (*frangipane*, p. 201) sobre os crepes e dobre-os em quatro. Besunte com manteiga e polvilhe com açúcar. Coloque em forma untada e asse em forno quente por cerca de 10 minutos, até que estejam aquecidos. Sirva com calda de chocolate ou baunilha.

Crêpes Suzette. Esta é a mais famosa sobremesa à base de crepe. Em geral, é preparada pelo garçom na presença do cliente, de acordo com a receita a seguir. Os crepes, as frutas, o açúcar e a manteiga são preparados na cozinha. A sobremesa também pode ser preparada na cozinha, ou especificamente no setor de confeitaria, onde os crepes são cobertos com Calda para *crêpe* Suzette quente (p. 281).

CRÊPES SUZETTE (PREPARO NO SALÃO DO RESTAURANTE)

Rendimento: 4 porções

Ingredientes	Quantidade	Modo de fazer
Açúcar	85 g	1. Em uma panela própria para flambar, aqueça o açúcar até que derreta e comece a caramelizar.
Laranja	1	
Limão	½	2. Corte várias tirinhas da casca da laranja e uma da casca do limão e adicione à panela.
Manteiga	60 g	
Licor de laranja	30 mL	3. Acrescente a manteiga e o suco da laranja e do limão à panela. Cozinhe, mexendo, até que o açúcar tenha se dissolvido, formando uma calda.
Conhaque	60 mL	
Crepes	12	

4. Junte o licor de laranja. Mergulhe um crepe por vez no molho, cobrindo bem, depois dobre-o em quatro, na própria panela.

5. Adicione o conhaque e espere aquecer por alguns segundos. Flambe, inclinando ligeiramente a beirada da panela perto do acendedor para que o conhaque pegue fogo.

6. Sacuda a panela com cuidado e despeje a calda sobre os crepes até que a chama tenha apagado completamente.

7. Sirva três crepes por porção. Regue com um pouco da calda que ficou na panela.

CRÊPES SUZETTE RECHEADOS

Rendimento: 6 porções

Ingredientes	Quantidade	Modo de fazer
Suco de laranja	250 g	1. Aqueça o suco de laranja.
Amido de milho	25 g	2. Misture o amido de milho com uma quantidade suficiente de água fria para obter uma pasta lisa. Acrescente ao suco de laranja e cozinhe, mexendo, até engrossar.
Água	conforme necessário	
Açúcar	30 g	3. Junte o açúcar, o licor e a essência de baunilha. Ferva até que o açúcar se dissolva.
Licor de laranja (p. ex., Grand Marnier)	50 g	
Essência de baunilha	2 g (½ colher de chá)	4. Deixe esfriar.
Claras	125 g	5. Bata as claras em neve até obter picos moles. Junte o açúcar e bata até formar um merengue firme.
Açúcar	75 g	6. Bata um terço do merengue com o creme de laranja, depois incorpore o restante delicadamente.
Crepes	18	
Açúcar de confeiteiro	conforme necessário	7. Coloque um bico liso médio no saco de confeitar. Encha com a mistura de laranja e merengue.
Calda para *crêpe* Suzette (p. 281)	240 mL	8. Dobre os crepes em quatro. Recheie as dobras com a mistura, usando o saco de confeitar. Os crepes podem ser congelados dessa forma para uso futuro.
Casca de laranja cristalizada	a gosto	9. Coloque os crepes recheados em assadeiras untadas. Asse a 190°C até que estejam bem crescidos e firmes ao toque.
Frutas vermelhas ou outras para guarnecer	a gosto	10. Polvilhe com um pouco de açúcar de confeiteiro.
		11. Despeje um pouco da calda em cada prato. Coloque três crepes por porção. Decore a gosto com a casca de laranja cristalizada e as frutas.

BOLO DE PANQUECAS COM COMPOTA DE AMEIXAS FRESCAS

Rendimento: 6 porções

Ingredientes	Quantidade	Modo de fazer
Compota de ameixas frescas (p. 600)	450 g	1. Passe a compota de ameixas frescas em uma peneira de malha fina. Reserve o líquido para regar.
Crepes (p. 252)	9	2. Coloque um crepe no centro de uma travessa refratária ligeiramente untada com manteiga. Cubra com cerca de ⅛ da compota escorrida.
Para guarnecer		3. Repita o procedimento com os crepes e a compota restantes, terminando com um crepe. O bolo de panquecas ficará com cerca de 10 cm de altura.
Açúcar de confeiteiro	conforme necessário	4. Polvilhe a parte de cima com açúcar de confeiteiro. Usando um espeto de metal aquecido, faça marcas no açúcar, formando uma treliça.
Ameixas frescas cortadas em 4 e depois em leque	conforme necessário	5. Polvilhe de novo com açúcar de confeiteiro. Caramelize ligeiramente com um maçarico.
Frutas vermelhas ou outra fruta macia	conforme necessário	6. Leve ao forno aquecido a 160°C até aquecer – cerca de 10 a 15 minutos.
		7. Retire do forno. Decore com as frutas. Despeje um pouco da calda reservada ao redor do bolo para decorar.
		8. Para servir, corte em seis fatias triangulares.

CREPES DE CHOCOLATE RECHEADOS

Rendimento: 6 porções

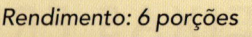

Ingredientes	Quantidade	Modo de fazer
Leite	250 g	1. Aqueça o leite e o chocolate juntos, mexendo, até que o chocolate derreta e misture-se bem ao leite. Deixe ferver.
Chocolate meio amargo	50 g	
Amido de milho	25 g	2. Misture o amido de milho e o rum, formando uma pasta. Junte à panela do leite, mexendo, e deixe cozinhar até engrossar.
Rum	30 g	
Açúcar	50 g	3. Acrescente o açúcar e a essência de baunilha e mexa para dissolver bem.
Essência de baunilha	2 g (½ colher de chá)	
Claras	125 g	4. Bata as claras em neve em picos moles. Adicione o açúcar e bata até obter um merengue firme.
Açúcar	75 g	
Crepes de chocolate (p. 252)	18	5. Bata um terço do merengue com o creme de chocolate, depois incorpore o restante delicadamente.
Calda de chocolate (pp. 278 e 279)	250 g	6. Coloque um bico liso médio no saco de confeitar. Encha com o creme de chocolate.
Iogurte natural sem sabor	20 g (4 colheres de chá)	7. Dobre os crepes de chocolate em quatro. Com o saco de confeitar, recheie as dobras com a mistura. Os crepes podem ser congelados dessa forma para uso futuro.
Casca de laranja cristalizada	20 g	8. Coloque os crepes recheados em assadeiras untadas. Asse a 190°C até que estejam bem crescidos e firmes ao toque.
		9. Polvilhe com um pouco de açúcar de confeiteiro.
		10. Cubra o fundo dos pratos com calda de chocolate. Coloque três crepes em cada um. Coloque algumas gotas de iogurte no chocolate e passe a ponta de um palito no centro, formando folhas. Decore com a casca de laranja cristalizada.

CRÊPES GEORGETTE

Rendimento: 6 porções

Ingredientes	Quantidade
Recheio	
Açúcar	100 g
Manteiga	30 g
Fava de baunilha, aberta ao meio (*ver Nota*)	1
Cravos	2
Abacaxi, em cubos médios	500 g
Kirsch	30 g
Crepes (p. 252)	18
Sabayon **de maracujá**	
Ovos inteiros	2
Gemas	2
Açúcar refinado	80 g
Kirsch	15 g
Polpa de maracujá	60 g

Nota: caso não tenha favas de baunilha, junte 2 mL (½ colher de chá) de essência de baunilha após o passo 2.

Modo de fazer

1. Leve o açúcar ao fogo e cozinhe até obter um caramelo claro. Retire do fogo e junte a manteiga, a fava de baunilha e os cravos.

2. Junte o abacaxi e o *kirsch*. Flambe, para eliminar o álcool.

3. Cozinhe até que o abacaxi esteja macio. Deixe esfriar.

4. Coloque os crepes em uma travessa ou superfície de trabalho, com o lado mais bonito virado para baixo. Coloque uma colherada do recheio de abacaxi em cada crepe e enrole.

5. Unte ligeiramente seis pratos. Coloque três crepes em cada, com a emenda virada para baixo.

6. Cubra com papel-alumínio e mantenha-os aquecidos no forno a 160°C.

7. Prepare o *sabayon*. Coloque os ovos, as gemas e o açúcar em uma tigela de inox de fundo arredondado. Coloque a tigela sobre fogo brando e bata até obter um creme claro e consistente – cerca de 6 minutos.

8. Retire do fogo e continue batendo, até que esteja frio.

9. Junte o *kirsch* e a polpa de maracujá.

10. Despeje o *sabayon* sobre os crepes, cobrindo-os completamente.

11. Use um maçarico para caramelizar o *sabayon* até que esteja ligeiramente dourado.

12. Se desejar, polvilhe com um pouco de açúcar de confeiteiro e guarneça com um ramo de hortelã, algumas sementes de maracujá e frutas vermelhas.

TERMOS PARA REVISÃO

método direto modificado	*doughnut* francês	*cannoli*	*crêpes* Suzette
glacear	fritura	*gaufres*	
	beignet soufflé	crepes	

QUESTÕES PARA DISCUSSÃO

1. Considere duas massas de *doughnut* com fermento biológico que têm a mesma quantidade de gordura e leite, mas uma com mais açúcar que a outra. Qual delas você acha que precisa ser frita em uma temperatura mais alta? Por quê?

2. Por que é importante controlar cuidadosamente o processo de mistura ao preparar os *doughnuts* com fermento químico?

3. Cite cinco cuidados a serem tomados com relação à gordura destinada à fritura para que se possa produzir itens de boa qualidade.

4. Que tipo de agente fermentador é usado nos crepes? E nos *doughnuts* franceses?

5. Por que a massa de *waffle* em geral contém menos líquido (água ou leite) que a massa de panquecas?

6. Qual é o método de mistura usado no preparo das panquecas? Quais são as etapas de preparo nesse método?

CALDAS DE AÇÚCAR

12

Caldas e cremes básicos

Muito da arte do padeiro consiste em misturar e assar produtos à base de farinha, como pães, bolos e biscoitos. No entanto, ele também deve ser capaz de preparar uma série de outros produtos, como coberturas, recheios e caldas. Esses itens não pertencem especificamente à panificação, mas são essenciais no preparo de muitos produtos assados e sobremesas.

Muitos dos procedimentos que serão aprendidos neste capítulo têm vários empregos. Por exemplo, o *crème anglaise* é usado não apenas como guarnição para sobremesas, mas como base para o preparo de *bavaroises* e sorvetes. O creme de confeiteiro, em seus mais variados sabores, é também usado para rechear tortas e como base para sobremesas cremosas e suflês doces.

Após ler este capítulo, você deverá ser capaz de:

1. Preparar caldas de açúcar com pontos de cozimento variados.

2. Preparar creme de leite batido, merengue e cremes básicos e suas variações.

3. Preparar diversos tipos de calda doce.

CALDAS DE AÇÚCAR

Compreender os pontos da calda de açúcar é importante para a preparação de sobremesas e artigos de confeitaria, pois os diferentes tipos de calda são usados em diversas preparações (p. ex., o Merengue italiano, p. 267).

Pontos da calda

O ponto da calda indica a concentração de açúcar da solução. Quando se fala em calda de açúcar, em geral trata-se da calda à base de água, embora, é claro, o açúcar também possa ser dissolvido em outros líquidos à base de água. Em pequenas quantidades, basta simplesmente mexer a mistura para dissolver o açúcar na água. Em concentrações maiores, no entanto, é preciso levar ao fogo, já que as temperaturas mais altas aceleram a dissolução. Além disso, a água fervente pode dissolver uma quantidade maior de açúcar que a água fria.

Uma vez dissolvido o açúcar, é possível aumentar sua concentração na mistura por meio da fervura, que faz com que a água evapore gradualmente. À medida que a água diminui, a temperatura da calda aumenta. Quando toda a água evaporar, restará o açúcar fundido. Esse açúcar passa, então, a *caramelizar-se*, isto é, escurecer e sofrer uma mudança no sabor. Se o aquecimento continuar, o açúcar irá escurecer cada vez mais e, então, ficará queimado.

Quanto mais alta a temperatura atingida pela calda durante o cozimento, mais dura ela se torna depois de fria. Por exemplo, uma calda cozida até atingir 115°C forma uma bola macia depois de fria. Uma calda cozida até atingir 150°C forma uma bola dura e quebradiça.

Um litro (1 kg) de água é suficiente para dissolver 3 a 4 kg de açúcar. Não há porque acrescentar mais água do que o necessário para um determinado propósito, pois será preciso deixar que ela evapore depois.

O melhor açúcar para o preparo de caldas é o cristal de boa qualidade. Impurezas podem turvar a calda e formar uma espuma na superfície durante o cozimento. Essa espuma deve ser cuidadosamente removida.

Cristalização e inversão

Um problema comum de doces e sobremesas é eles ficarem açucarados. Isso acontece quando o açúcar cozido *cristaliza-se*, isto é, transforma-se em cristais de açúcar em vez de permanecer dissolvido na calda. Se um único cristal de açúcar entrar em contato com a calda, pode dar início a uma cadeia de reações que transforma toda a mistura em uma massa de cristais de açúcar. Essa reação provocada pelos cristais de açúcar na calda chama-se cristalização.

Para evitar que isso aconteça durante os primeiros estágios do preparo da calda de açúcar, use uma das técnicas a seguir. Não mexa a calda em nenhuma das técnicas:

◆ Durante o cozimento, limpe as laterais da panela por dentro com um pincel resistente ao calor mergulhado em água. Não deixe que o pincel toque a calda, mas não se preocupe com a água do pincel que escorrerá dentro da calda. Essa técnica remove os cristais que poderiam açucarar toda a mistura.

◆ Quando levar a panela ao fogo, tampe-a bem e deixe ferver por vários minutos. Isso faz com que a água condensada na tampa da panela "lave" as laterais. Destampe e termine o cozimento, sem mexer.

❧ AS ESCALAS DE ❧ BRIX E BAUMÉ

A escala de Brix é usada para medir a concentração de açúcar de uma solução. Recebe esse nome em homenagem ao dr. Brix, que melhorou a escala Balling, tornando-a mais precisa. Cada grau da escala de Brix equivale a 1% de concentração de açúcar em uma solução medida à temperatura de 20°C. Por exemplo, uma solução a 15% de açúcar (15 g de açúcar em 100 g de calda; isto é, uma calda com 15 g de açúcar e 85 g de água) medirá 15 graus Brix (15°Bx).

Uma maneira simples de medir a concentração de açúcar é usar um sacarímetro, um tubo oco de vidro com um peso em umas das pontas e uma escala estampada na extensão interna do tubo. O sacarímetro é colocado dentro do líquido à temperatura indicada, e a concentração de açúcar é lida na escala de acordo com a altura que ele mergulha no líquido. Quanto maior a concentração de açúcar, maior a porção do sacarímetro que ficará para fora da água. Este instrumento é preciso o bastante para a maioria dos usos em uma padaria.

Uma forma mais científica de determinar os graus Brix é usar um refratômetro, que mede o ângulo de refração, isto é, a mudança de direção que a solução provoca em um feixe de luz.

Uma outra escala usada para indicar a densidade da calda é a de Baumé, criada por Antoine Baumé. Em sentido estrito, a escala de Baumé não mede a concentração de açúcar, mas a densidade da solução, que é a razão entre o peso do líquido a ser medido e o peso do mesmo volume em água. No entanto, a medida tem uma correspondência próxima o bastante para permitir que seja usada em caldas de açúcar. Cada grau de Baumé corresponde a cerca de 1,8% de concentração de açúcar, embora haja pequenas variações ao longo da escala. Por exemplo, 30°Bx equivalem a 16,6°Bé (graus de Baumé); 70°Bx equivalem a 37,6°Bé.

Neste livro, serão utilizadas as medidas de concentração de açúcar ao discutir as sobremessas geladas. Elas são muito importantes, pois afetam o ponto de congelamento dos líquidos.

As caldas cozidas até adquirirem uma alta concentração de açúcar tendem a se cristalizar depois de frias. Isso pode ser controlado por um processo chamado inversão. Como explicado no Capítulo 4 (p. 67), a inversão é uma transformação química do açúcar comum (sacarose) em um tipo de açúcar que resiste à cristalização.

Se um ácido, como cremor tártaro ou suco de limão, for adicionado à calda antes ou durante o cozimento, parte do açúcar será invertido. O tipo e a quantidade de ácido usados afetam a quantidade de açúcar que é invertido. Portanto, as fórmulas devem ser seguidas à risca sempre que um ácido for empregado na preparação de uma calda.

A glucose ou o xarope de glucose de milho também podem ser usados para controlar a cristalização. Eles são fáceis de usar e produzem bons resultados.

Estágios do cozimento da calda de açúcar

Medir a temperatura da calda com um termômetro específico para esse fim é a forma mais exata de determinar seu ponto de cozimento.

Antes da popularização do termômetro para caldas, testava-se o ponto pingando um pouco da calda em água fria para ver que consistência ela adquiria depois de esfriar. Foram dados nomes a esses estágios no intuito de descrever os pontos de dureza.

A tabela a seguir mostra alguns dos principais pontos de cozimento da calda de açúcar. Mas, atenção: as subdivisões e os nomes dados a esses estágios podem variar. Na verdade, qualquer tabela desse tipo pode ser enganosa, já que sugere que a calda "pula" de um ponto a outro. O fato é que, obviamente, a temperatura aumenta de forma gradual à medida que a água evapora. Por isso, o melhor é confiar na medição do termômetro sem se preocupar muito com os nomes.

Pontos da calda de açúcar

Pontos	Temperatura °C
Ponto de fio grosso	110
Ponto de bala mole	115
Ponto de bala firme	118
Ponto de bala dura	122 a 127
Ponto de quebrar ligeiro	130 a 132
Ponto de quebrar	135 a 138
Ponto de quebrar duro	143 a 155
Ponto de caramelo	160 a 170

Caldas básicas para a panificação e a confeitaria

Duas caldas básicas são preparadas e usadas regularmente em panificação e confeitaria. A **calda simples** ou básica é uma mistura, em partes iguais, de água e açúcar. É usada, por exemplo, para diluir *Fondant* (p. 422) e como base para uma variedade de caldas para sobremesa. A **calda simples aromatizada** é meramente uma calda simples acrescida de saborizantes ou aromatizantes. É usada para umedecer e dar sabor a bolos recheados e outras sobremesas, como as *babas* ao rum (p. 191).

A concentração de açúcar em ambas as caldas pode variar conforme o gosto. Alguns *chefs* preferem uma calda mais adocicada, com 1 parte de água para 1½ parte de açúcar, para certas aplicações. Outros usam uma calda mais rala, com 2 partes de água para 1 parte de açúcar.

A seguir, serão apresentados os procedimentos para preparar a calda simples e a calda simples aromatizada. As receitas desta seção também incluem vários outros tipos de calda de açúcar. As caldas de açúcar aparecerão em várias receitas do livro como parte das fórmulas de bolos e sobremesas.

Procedimento para preparar caldas de açúcar simples

1. Misture os seguintes ingredientes em uma panela:

   Água   500 mL

   Açúcar   500 g

2. Mexa bem e leve ao fogo médio. Deixe cozinhar até que o açúcar tenha se dissolvido.

3. Retire a espuma que se formar na superfície. Espere a calda esfriar e guarde-a em um recipiente fechado.

Procedimento para preparar caldas aromatizadas

Método 1

Prepare uma calda simples e espere esfriar. Acrescente o saborizante desejado a gosto. Podem ser usadas essências, como a de baunilha, ou bebidas alcoólicas, como o rum e o *kirsch*. Elas devem ser acrescentadas à calda fria, já que um pouco do sabor pode evaporar ao entrar em contato com a calda quente.

Método 2

Prepare uma calda simples, mas junte a casca (sem a parte branca) de uma laranja e/ou de um limão à mistura antes de levar ao fogo. Deixe ferver em fogo baixo por 5 minutos. Espere esfriar e descarte a casca.

CALDA DE BAUNILHA

Para calcular grandes quantidades, ver página 728.

Ingredientes	Quantidade	Modo de fazer
Água	200 g	1. Coloque todos os ingredientes em uma panela e aqueça, em fogo baixo, até que o açúcar tenha se dissolvido.
Açúcar	180 g	
Fava de baunilha, aberta ao meio (ver variação)	1	
Peso total:	**380 g** (cerca de 325 mL)	2. Retire do fogo e deixe a fava de baunilha em infusão na calda por 30 minutos.

VARIAÇÃO

Se não dispuser de baunilha em fava, use essência de baunilha a gosto para dar sabor à calda.

CALDA DE CAFÉ E RUM

Para calcular grandes quantidades, ver página 729.

Ingredientes	Quantidade	Modo de fazer
Açúcar	65 g	1. Cozinhe a água e o açúcar até o açúcar se dissolver.
Água	65 g	
Pó de café	5 g	2. Retire do fogo e junte o pó de café. Deixe em infusão por 10 minutos.
Rum	90 g	
Peso total:	**225 g**	3. Junte o rum.
	(185 a 200 mL)	4. Coe.

VARIAÇÕES

CALDA DE CAFÉ

Para calcular grandes quantidades, ver página 729.

Ingredientes	Quantidade
Licor de café	40 g

Omita o rum da receita e acrescente o licor de café.

CALDA DE RUM

Para calcular grandes quantidades, ver página 729.

Ingredientes	Quantidade
Água	75 g
Açúcar	65 g
Rum escuro	15 g

Omita o pó de café da receita e ajuste os ingredientes conforme indicado acima.

CALDA DE CHOCOLATE E BAUNILHA

Para calcular grandes quantidades, ver página 728.

Ingredientes	Quantidade	Modo de fazer
Água	120 g	1. Leve a água, o açúcar e a fava de baunilha ao fogo. Deixe ferver até que o açúcar se dissolva.
Açúcar	120 g	
Fava de baunilha (ver *Nota*)	1	2. Retire do fogo e, aos poucos, junte o chocolate em pó, mexendo sem parar.
Chocolate em pó	30 g	
Peso total:	**270 g**	3. Coe em uma peneira de malha fina ou *chinois*.
	(cerca de 240 mL)	

Nota: caso não tenha baunilha em fava, junte ½ colher de chá de essência de baunilha antes de coar.

CREMES BÁSICOS

Muitas das preparações discutidas nesta seção estão entre as mais importantes e úteis em panificação e confeitaria. Elas entram no preparo de muitas sobremesas – seja como recheio ou cobertura de bolos e tortas, seja como ingrediente básico no preparo de sobremesas geladas, musses, caldas e coberturas. É importante aprender bem essas técnicas, pois elas serão usadas inúmeras vezes.

Chantilly

O creme de leite batido é uma das preparações mais versáteis e úteis da confeitaria. Os cremes de leite próprios para bater são frescos e têm pelo menos 30% de gordura – preferivelmente 35%. Ao serem batidos, formam uma emulsão com o dobro ou mais do volume inicial.

O creme de leite batido clássico da confeitaria – que contém açúcar e baunilha – é o chamado *creme chantilly* (ou simplesmente chantilly). Uma receita básica é apresentada na página 265. Ao preparar qualquer receita com creme de leite batido, observe as regras a seguir:

Instruções para o preparo de chantilly

1. O creme que será batido deve ter sido produzido há pelo menos 1 dia. O creme de leite muito fresco não é bom para bater.

2. Coloque o creme de leite e os utensílios que serão usados para batê-lo na geladeira, especialmente nos dias mais quentes. Quando o creme de leite não está devidamente resfriado, é mais difícil de batê-lo e ele talha com mais facilidade.

3. Use um batedor de arame (*fouet*) se for bater manualmente. Na batedeira, use o misturador globo e mantenha o motor em velocidade média.

4. Se for acrescentar açúcar ao creme de leite, use açúcar refinado ou, para uma maior estabilidade, açúcar de confeiteiro peneirado.

5. Não bata demais. Pare de bater quando o creme de leite formar picos firmes. Se o creme for batido em demasia, inicialmente ficará com uma textura granulosa, depois se separará em manteiga e soro.

Procedimento para estabilizar o creme de leite batido

Nos dias mais quentes, pode ser útil acrescentar gelatina ou algum estabilizante comercial ao creme de leite batido para que ele não derreta. Isso é especialmente indicado no caso de bolos e sobremesas com chantilly que ficam expostos na vitrine.

1. Para usar um estabilizante comercial, peneire-o com o açúcar usado para bater o creme. Use cerca de 7 g de estabilizador por litro de creme de leite fresco. Acrescente o açúcar ao creme de leite conforme indicado na receita.

2. Para usar gelatina, observe as seguintes proporções:

Creme de leite fresco	1 L
Gelatina incolor sem sabor	10 g
Água fria	60 mL

Amoleça a gelatina na água fria, depois aqueça-a até que esteja dissolvida. Bata o creme de leite até começar a firmar. Com a batedeira ligada, despeje a gelatina aos poucos, em um fluxo constante, mas sem demorar demais. Continue a bater até o creme adquirir a consistência desejada.

6. Se for usar o creme de leite batido como ingrediente em outras preparações, bata por menos tempo, pois a própria ação de incorporá-lo à mistura pode ser excessiva.

7. Junte os saborizantes no fim, depois que o creme já tiver adquirido a consistência ideal.

8. Se não for usar o creme batido imediatamente, guarde-o, tampado, na geladeira.

Como preparar chantilly sabor chocolate

1. Use as seguintes proporções:

   Creme de leite fresco   1 L

   Chocolate ao leite   375 g

2. Bata o creme de leite como indicado no procedimento básico, mas pare de bater um pouco antes.

3. Rale ou pique o chocolate em pedaços bem pequenos e coloque em uma panela ou bacia de inox. Derreta em banho-maria. Espere amornar.

Não deixe que esfrie muito, senão ele se solidificará antes de ser misturado completamente ao creme de leite batido.

4. Incorpore cerca de ¼ do creme de leite batido ao chocolate e misture bem.

5. Incorpore delicadamente a mistura de chocolate ao creme de leite restante, mas misturando bem. Cuidado para não bater o creme demais.

CREME CHANTILLY
Para calcular grandes quantidades, ver página 729.

Ingredientes	Quantidade	%	Modo de fazer
Creme de leite fresco com alto teor de gordura (ver *Nota*)	250 g	100	1. Certifique-se de que o creme e todos os utensílios a serem usados estão gelados.
Açúcar de confeiteiro	40 g	16	2. Bata o creme manualmente ou na batedeira até formar picos moles.
Essência de baunilha (ver *Nota*)	2 mL (½ colher de chá)	2	3. Acrescente o açúcar e a essência de baunilha. Continue batendo até que o creme de leite forme picos firmes, mas ainda macios. Não bata demais, senão o creme de leite ficará granulado e, então, se separará em manteiga e soro.
Peso total:	*290 g*	*167%*	

Nota: para obter melhores resultados, use um creme de leite bem gordo (ou, preferencialmente, crème fraîche – um tipo de creme de leite de origem francesa, de consistência firme e sabor levemente ácido). Pode-se bater chantilly com qualquer creme de leite cujo teor de gordura seja maior que 30%, mas quanto menor essa porcentagem, maior a probabilidade de ele derreter e se separar. Para produzir um chantilly de melhor qualidade, use favas de baunilha (p. 269) em vez de essência.

Merengue

Merengues são claras em neve batidas com açúcar. São usados frequentemente para rechear e cobrir bolos e tortas. Também são usados para dar volume e leveza a cremes de manteiga e preparações aeradas como os musses e os suflês doces.

O merengue também é utilizado no preparo dos deliciosos suspiros, que são assados em baixa temperatura até ficarem bem secos. Os suspiros podem ser usados de várias maneiras na preparação de sobremesas sofisticadas. Para dar-lhes sabor, podem-se incorporar nozes moídas antes de os suspiros serem moldados e assados. As sobremesas e os bolos que usam suspiro em sua preparação serão discutidos nos Capítulos 14 e 18.

Tipos básicos de merengue

Os merengues podem ser batidos até atingirem diferentes consistências, desde que não sejam batidos em demasia, o que os torna duros e secos. Para a maioria das aplicações, são batidos até formarem picos firmes e brilhantes.

O *merengue comum*, ou merengue francês, é feito de claras em temperatura ambiente batidas com açúcar. É o tipo de merengue mais fácil de fazer e é relativamente estável, em razão da alta concentração de açúcar.

O *merengue suíço* é feito de uma mistura de claras em neve e açúcar que é aquecida sobre uma panela de água fervente enquanto é batida. Isso faz com que o merengue tenha mais volume e estabilidade.

O *merengue italiano* é feito incorporando-se uma calda de açúcar fervente às claras em neve. Esse merengue é o mais estável dos três porque as claras em neve são cozidas pelo calor da calda. Quando aromatizado com baunilha, usado na cobertura e decoração de bolos, é chamado de glacê. Também pode ser incorporado a outras coberturas de bolo feitas à base de manteiga.

A quantidade de açúcar usada nos merengues pode variar. **Merengues moles**, usados para cobrir sobremesas, podem ser feitos até com 1 parte de açúcar para cada parte de claras (peso). **Merengues mais consistentes**, como o usado para fazer suspiro, podem conter até o dobro de açúcar em relação ao peso das claras.

Instruções para o preparo de merengues

1. **A gordura impede que as claras formem uma espuma.** Isso é muito importante. Certifique-se de que todo o equipamento a ser usado esteja limpo e livre de gordura e que as claras não contenham partículas de gema.

2. **Claras em temperatura ambiente espumam mais que claras geladas.** Retire os ovos da geladeira 1 hora antes de bater as claras em neve.

3. **Não bata as claras demais.** A clara em neve deve ter uma aparência úmida e brilhante. Merengues batidos em demasia têm uma aparência seca e quebradiça, são difíceis de incorporar a outras preparações e perdem praticamente toda a sua capacidade de levedar bolos e suflês.

4. **O açúcar torna as claras em neve mais estáveis.** Os merengues são mais espessos e pesados que as claras em neve e, portanto, mais estáveis. No entanto, as claras em neve podem absorver apenas uma certa quantidade de açúcar sem sacrificar seu volume. Por isso, ao preparar merengue comum, muitos cozinheiros preferem bater as claras com, no máximo, a mesma quantidade (em peso) de açúcar. Mais açúcar pode ser acrescentado depois que o merengue já estiver encorpado.

5. **Ácidos leves ajudam na formação de espuma.** Uma pequena quantidade de cremor tártaro ou suco de limão é muitas vezes acrescentada às claras antes de bater para dar-lhes mais volume e estabilidade. Isso pode ser especialmente útil quando o objetivo é incorporar as claras batidas a outra mistura para deixá-la mais leve e fazê-la crescer – como no caso do *Angel food cake* (p. 409). Use cerca de 15 g (2 colheres de chá) de cremor tártaro para cada quilo de claras.

MERENGUE COMUM (OU FRANCÊS)

Ingredientes	Quantidade	%	Modo de fazer
Claras	250 g	100	1. Com o misturador globo, inicialmente bata as claras na batedeira em velocidade média, depois em velocidade alta, até formarem picos moles.
Açúcar refinado	250 g	100	
Açúcar refinado ou açúcar de confeiteiro peneirado (ver *Nota*)	250 g	100	2. Aos poucos, acrescente a primeira quantidade de açúcar, com a batedeira ligada. Bata até endurecer.
Peso total:	**750 g**	**300%**	3. Desligue a batedeira. Junte o açúcar restante misturando com uma espátula.

Nota: para preparar merengues que serão usados em recheios de tortas, a segunda quantidade de açúcar pode ser omitida.

VARIAÇÃO

MERENGUE DE CHOCOLATE

Ingredientes	Quantidade	%
Chocolate em pó	125 g	25

Use o açúcar de confeiteiro no passo 3 da fórmula básica. Peneire-o duas vezes junto com o chocolate em pó.

MERENGUE SUÍÇO

Ingredientes	Quantidade	%	Modo de fazer
Claras	250 g	100	1. Coloque as claras e o açúcar em uma tigela de inox e leve ao banho-maria (não deixe a tigela tocar na água). Bata com o batedor de arame (*fouet*) até que a mistura esteja aquecida (cerca de 50°C).
Açúcar refinado, ou uma parte de açúcar refinado e outra de açúcar de confeiteiro	500 g	200	
Peso total:	**750 g**	**300%**	2. Transfira a mistura para a tigela da batedeira. Bata em velocidade alta até o merengue formar picos duros e esfriar completamente.

MERENGUE ITALIANO

Rendimento: cerca de 2 L

Ingredientes	Quantidade	%	Modo de fazer
Açúcar	500 g	200	1. Aqueça o açúcar e a água em uma panela até que o açúcar tenha se dissolvido e a mistura fervido. Deixe cozinhar até o termômetro para caldas registrar 117°C.
Água	125 mL	50	
Claras	250 g	100	2. Enquanto a calda ainda estiver fervendo, bata as claras em neve na batedeira até formar picos moles.
			3. Com a batedeira ligada, junte a calda quente muito lentamente.
			4. Continue batendo até que o merengue esfrie e forme picos firmes.

Crème anglaise

O **crème anglaise**, ou creme de baunilha, é uma espécie de pudim ralo preparado no fogo. Consiste em uma mistura de leite, açúcar e gemas que é batida em fogo muito brando até engrossar e, então, aromatizada com baunilha.

A receita a seguir descreve o método usado no preparo de cremes com gemas. É preciso um cuidado especial ao preparar este tipo de creme, já que a gema talha com facilidade se for cozida em excesso. Observe as seguintes dicas para prepará-lo com sucesso:

1. Use equipamentos limpos e esterilizados e siga as boas práticas de fabricação e conservação dos alimentos à risca. Misturas à base de ovos são ótimos berçários para bactérias que causam intoxicação alimentar. Observe os cuidados recomendados para a preparação de cremes (p. 270).

2. Antes de começar o preparo do creme, encaixe uma bacia de inox sobre uma panela grande com água fria. Coloque um coador sobre a bacia. Isso permitirá que você resfrie o creme assim que ele atingir o ponto ideal, evitando que as gemas cozinhem demais.

3. Ao combinar gemas e açúcar, bata a mistura assim que o açúcar for acrescentado. Deixar o açúcar e a gema em contato sem misturá-los faz com que se criem grumos que não se desmancham. Isso ocorre porque o açúcar absorve a água das gemas, produzindo pelotas de gema desidratada. Se uma bacia de aço inox for usada para essa fase do preparo, será mais fácil cozinhar e bater a mistura no passo 5.

4. Aqueça o leite até quase ferver antes de adicioná-lo às gemas. Isso faz com que o cozimento final seja muito mais rápido. Para evitar que o leite derrame, pode-se aquecê-lo colocando a panela ou caneca dentro de uma outra com água fervente. Ele irá demorar mais para esquentar, mas a panela não precisa ser vigiada o tempo todo e você pode se ocupar com outras tarefas por alguns minutos.

5. Aos poucos, junte o leite quente à mistura de gemas e açúcar, batendo sempre. Isso aumentará a temperatura das gemas gradativamente, evitando que talhem.

6. Coloque a bacia com a mistura dentro de uma panela com água fervente (fogo bem baixo) e bata sem parar, para não talhar.

7. Para testar o cozimento, há dois métodos. Tenha em mente que este é um creme bem leve, então não espere que engrosse muito.

   ◆ Meça a temperatura com um termômetro culinário. Quando atingir 85°C, o creme estará cozido. Nunca deixe que a temperatura ultrapasse os 87°C.

   ◆ Quando o creme cobrir o dorso de uma colher com uma camada fina, em vez de escorrer de volta na panela como se fosse leite, significa que está cozido.

8. Imediatamente, coe o creme dentro da bacia apoiada sobre a panela de água fria para que esfrie o mais rápido possível. Mexa de vez em quando, para que esfrie por igual.

9. Se o creme talhar, pode-se tentar recuperá-lo. Imediatamente, adicione 30 a 60 mL de leite gelado e bata a mistura na batedeira em velocidade alta.

Crème anglaise cobrindo as costas da colher

Banho-maria ou calor direto?

Há três maneiras de cozinhar o *crème anglaise*: i) em uma tigela apoiada sobre uma panela com água fervente, sem que a tigela encoste na água (existe uma panela especial para esse tipo de banho-maria chamada *double boiler*); ii) em uma tigela mergulhada em água fervente (banho-maria tradicional); iii) em um tigela levada diretamente ao fogo. O primeiro método é o melhor deles para evitar que a mistura seja cozida em demasia, mas é o mais demorado. As instruções acima sugerem o uso do segundo método para preparar o *crème anglaise*. Ele é razoavelmente rápido e oferece certa proteção no que diz respeito ao cozimento excessivo. Ainda assim, a mistura deve ser observada de perto para evitar que aqueça demais. Alguns cozinheiros experientes preferem cozinhar o creme diretamente no fogo, pois o calor mais forte cozinha a mistura mais rapidamente, e sua experiência os permitem identificar o ponto certo de cozimento. O melhor é usar um dos dois métodos que empregam o calor indireto até que você tenha experiência suficiente no preparo desse creme.

CRÈME ANGLAISE

Rendimento: cerca de 1.250 mL

Ingredientes	Quantidade	%
Gemas	250 g (12 gemas)	25
Açúcar	250 g	25
Leite (ver primeira variação abaixo)	1 L	100
Essência de baunilha	15 mL (1 colher de sopa)	1,5

Modo de fazer

1. Releia as instruções de preparo para o *crème anglaise* que precedem esta receita.

2. Misture as gemas e o açúcar em uma tigela de inox. Bata até obter um creme claro e fofo.

3. Ferva o leite em banho-maria ou diretamente na chama do fogão.

4. Despeje-o, muito lentamente, dentro da mistura de gemas, batendo constantemente com o batedor de arame.

5. Coloque a tigela dentro de uma panela com água fervente. Aqueça, sem parar de bater, até engrossar o bastante para cobrir as costas de uma colher, ou até atingir 85°C.

6. Retire a tigela do banho-maria imediatamente e mergulhe-a em uma panela com água fria para parar o cozimento. Junte a essência de baunilha. Mexa o creme de vez em quando enquanto ele esfria.

VARIAÇÕES

Para um *crème anglaise* mais encorpado, substitua metade do leite por creme de leite sem soro.

Se preferir, use uma fava de baunilha em vez da essência. Corte-a ao meio no sentido do comprimento (A). Raspe as sementes dentro da fava com uma faca para legumes, como mostra a figura (B). Adicione as sementes e a casca cortada ao leite, antes de levar ao fogo (passo 3).

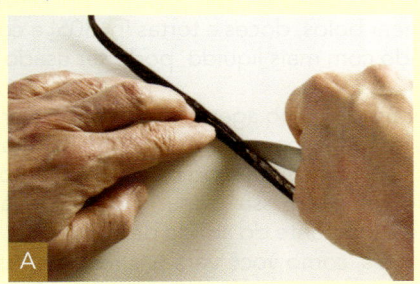

Técnica para fava de baunilha

CRÈME ANGLAISE DE CHOCOLATE

Derreta 180 g (18%) de chocolate ao leite. Mexendo sempre, acrescente ao creme de baunilha enquanto ainda estiver morno (não quente).

CRÈME ANGLAISE DE CAFÉ

Adicione 2 colheres de sopa (8 g) de café solúvel ao creme de baunilha morno.

Creme de confeiteiro

Apesar de utilizar mais ingredientes e de ser preparado em mais etapas, o creme de confeiteiro é mais fácil de fazer que os cremes à base de gemas, pois é mais difícil de talhar. Esse creme, *crème pâtissière* em francês, contém um agente espessante à base de amido que estabiliza os ovos. Por isso, pode ser fervido sem que talhe. Na verdade, é preciso que o creme ferva para cozinhar o amido; caso contrário, irá adquirir um gosto de amido cru.

Uma observação cuidadosa às normas sanitárias ao preparar este tipo de creme é essencial, em razão do perigo de contaminação. Use equipamentos limpos e esterilizados. Não toque o creme com as mãos e, ao experimentá-lo, use uma colher limpa. Resfrie o creme pronto rapidamente em assadeiras. Mantenha o creme e todos os produtos preparados com ele sob refrigeração constante.

O procedimento para o preparo do creme de confeiteiro é dado na fórmula a seguir. Observe que os passos básicos são semelhantes aos usados para o creme de baunilha. Neste caso, no entanto, um amido é combinado com as gemas e metade do açúcar até formarem uma pasta lisa (em algumas fórmulas que levam menos ovos, é necessário acrescentar um pouco de leite frio de modo que haja líquido suficiente para formar uma pasta). Enquanto isso, o leite é escaldado com a outra metade do açúcar. Faz-se então a temperagem da mistura de ovos com um pouco do leite quente antes de juntá-la à panela do leite para, então, cozinhar até engrossar. Alguns *chefs* preferem despejar a mistura de ovos aos poucos, diretamente no leite quente, mas a temperagem descrita aqui ajuda a prevenir que a mistura fique empelotada.

Variações do creme de confeiteiro

O creme de confeiteiro tem muitas aplicações em panificação e confeitaria, portanto é importante dominar bem esta técnica básica. Ele pode ser usado, assim como suas variações, para rechear bolos, doces e tortas (p. 305) e como base para pudins (p. 520). Se for preparado com mais líquido, pode ser usado também para regar sobremesas.

O amido de milho deve ser usado como agente espessante quando o objetivo for usar o creme como recheio de tortas, para que as fatias mantenham a forma depois de cortadas. Para outros usos, tanto o amido de milho quanto a farinha podem ser usados. Lembre-se de que é necessário usar o dobro de farinha de trigo para conseguir o mesmo efeito espessante do amido de milho.

Outras variações são possíveis, como você verá nas receitas. Às vezes, incorpora-se creme de leite batido ao creme de confeiteiro para deixá-lo mais leve e cremoso – mistura que recebe o nome *crème légère*. Já o creme de confeiteiro acrescido de merengue e estabilizado com gelatina é chamado de creme **Chiboust** (p. 272).

CREME DE CONFEITEIRO (CRÈME PÂTISSIÈRE)

Rendimento: cerca de 1,12 mL

Ingredientes	Quantidade	Leite a 100% %
Leite	1 L	100
Açúcar	125 g	12,5
Gemas	90 g	9
Ovos inteiros	125 g	12,5
Amido de milho	75 g	8
Açúcar	125 g	12,5
Manteiga	60 g	6
Essência de baunilha	15 mL (1 colher de sopa)	1,5

Modo de fazer

1. Em uma panela grossa, dissolva o açúcar no leite e leve ao fogo brando até começar a ferver.

2. Em uma tigela de inox, bata as gemas e os ovos inteiros com um batedor de arame (*fouet*).

3. Peneire o amido de milho e o açúcar dentro da tigela com os ovos. Bata com o batedor de arame até obter um creme bem liso.

4. Faça a temperagem da mistura de ovos. Batendo sem parar, junte o leite em um fluxo contínuo e lento.

5. Coloque a mistura de volta na panela e leve ao fogo, mexendo sempre.

6. Quando a mistura começar a ferver e engrossar, retire do fogo.

7. Incorpore a manteiga e a essência de baunilha. Mexa até que a manteiga derreta e esteja totalmente misturada.

8. Despeje em uma assadeira ou um recipiente raso de inox limpo e esterilizado. Cubra com filme plástico, colocando-o diretamente em contato com a superfície do creme para prevenir a formação de película. Deixe esfriar e leve à geladeira o mais rápido possível.

9. Para rechear iguarias como as bombas e os mil-folhas, bata o creme de confeiteiro gelado antes de usar, até ficar cremoso.

VARIAÇÕES

CREME DE CONFEITEIRO DELUXE

Omita os ovos inteiros e use 30% de gemas (300 g).

CRÈME LÉGÈRE

Para obter um creme de confeiteiro mais leve, incorpore creme de leite batido ao creme de confeiteiro gelado. As quantidades variam, conforme o gosto. Em geral, para cada litro de creme de confeiteiro acrescenta-se de ½ a 1 xícara (125 a 250 mL) de creme de leite fresco batido.

CREME DE CONFEITEIRO SABOR CHOCOLATE

Para cada 300 g de creme de confeiteiro, junte 100 g de chocolate meio amargo derretido enquanto o creme ainda está quente.

CREME DE CONFEITEIRO DE PRALINA

Para cada 300 g de creme de confeiteiro, junte 100 g de pralina amolecida enquanto o creme ainda está quente.

CREME DE CONFEITEIRO SABOR CAFÉ

Junte 2 colheres de sopa (8 g) de café solúvel ao leite no passo 1.

CREME CHIBOUST

Rendimento: cerca de 1.500 g

Ingredientes	Quantidade	Leite a 100% %
Leite	500 g	100
Essência de baunilha	2 g (½ colher de chá)	0,4
Açúcar	30 g	6
Gemas	160 g	33
Açúcar	30 g	6
Amido de milho	40 g	8
Merengue italiano		
Açúcar	400 g	80
Água	120 g	24
Claras	240 g	48
Folhas de gelatina incolor sem sabor	12 g	2,5

Modo de fazer

1. Misture o leite, a essência de baunilha e o açúcar e leve ao fogo, mexendo para dissolver o açúcar.

2. Bata as gemas com a segunda quantidade de açúcar. Junte o amido de milho.

3. Faça a temperagem da mistura de gemas usando metade do leite quente. Junte a mistura de gemas e leite ao leite restante. Leve a panela ao fogo novamente e cozinhe por 1 minuto, até engrossar.

4. Despeje em uma tigela e cubra com filme plástico, colocando-o diretamente sobre o creme para não formar uma película. Mantenha aquecido enquanto prepara o merengue italiano.

5. Ferva o açúcar e a água até que a calda atinja a temperatura de 120°C. Bata as claras em neve até formar picos firmes e, então, despeje a calda, sem parar de bater, sobre as claras. Continue batendo até a mistura esfriar.

6. Dissolva a gelatina em água fria (ver p. 88) e acrescente ao creme ainda quente (A).

7. Mexa até a gelatina se dissolver completamente (B) (se o creme de confeiteiro não estiver quente o bastante, reaqueça-o).

8. Junte um terço do merengue ao creme e mexa rapidamente para deixar a mistura mais cremosa (C).

9. Incorpore o restante do merengue, mexendo com cuidado até obter um creme homogêneo (D e E).

VARIAÇÃO

CREME CHIBOUST DE CHOCOLATE

Ingredientes	Quantidade	%
Rum	30 g	6
Chocolate meio amargo	100 g	20

Após o passo 3 da receita, junte o rum e o chocolate meio amargo picadinho; mexa até o chocolate derreter e incorporar bem.

CREME CHIBOUST DE CAFÉ

Ingredientes	Quantidade	%
Licor de café	30 g	6
Extrato de café líquido (ver *Nota*)	50 g	10

Após o passo 3 da receita, junte o licor e o extrato de café.

Nota: se não encontrar o extrato de café líquido, use café solúvel diluído em um pouco de água.

CREME CHIBOUST DE PRALINA

Ingredientes	Quantidade	%
Rum	30 g	6
Pralina	75 g	15

Após o passo 3 da receita, junte o rum e a pasta de pralina.

CREME CHIBOUST COM FRAMBOESA

Rendimento: cerca de 1.500 g

Ingredientes	Quantidade	Leite a 100% %
Leite	500 g	100
Açúcar	40 g	8
Gemas	160 g	33
Açúcar	40 g	8
Amido de milho	50 g	10
Merengue italiano		
Açúcar	400 g	80
Água	120 g	24
Claras	240 g	48
Polpa de framboesa (sem açúcar)	180 g	36
Gelatina incolor sem sabor	16 g	3

Nota: as quantidades de açúcar, amido de milho e gelatina são maiores aqui que na receita original do creme Chiboust, em decorrência da adição da polpa de framboesa, que requer mais açúcar e agentes espessantes.

Modo de fazer

1. Misture o leite e o açúcar e leve ao fogo, mexendo para dissolver o açúcar.

2. Bata as gemas com a segunda quantidade de açúcar. Junte o amido de milho.

3. Faça a temperagem da mistura de gemas usando metade do leite quente. Junte a mistura de gemas e leite ao leite restante. Leve a panela ao fogo novamente e cozinhe por 1 minuto, até engrossar.

4. Despeje em uma tigela e cubra com filme plástico, colocando-o diretamente sobre o creme para não formar uma película. Mantenha aquecido enquanto prepara o merengue italiano.

5. Ferva o açúcar e a água até que a calda atinja a temperatura de 120°C. Bata as claras em neve até formar picos firmes, e então despeje a calda, sem parar de bater, sobre as claras. Continue batendo até a mistura esfriar.

6. Junte a polpa de framboesa ao merengue.

7. Dissolva a gelatina em água fria (ver p. 88). Junte a gelatina ao creme quente e mexa até dissolver e incorporar bem (se o creme de confeiteiro não estiver quente o bastante, reaqueça-o).

8. Junte ⅓ do merengue ao creme e mexa rapidamente para deixar a mistura mais cremosa.

9. Incorpore o restante do merengue, mexendo com cuidado, até obter um creme homogêneo.

CREME CHIBOUST AROMATIZADO COM BEBIDA ALCOÓLICA

Ingredientes	Quantidade	%
Raspas de limão	2 g (½ colher de chá)	0,4
Rum ou outra bebida alcoólica	50 g	10

Omita a polpa de framboesa da receita básica. Junte as raspas de limão à mistura de gemas no passo 2, e o rum, *kirsch*, conhaque ou licor de laranja ao creme morno, quando for acrescentar a gelatina, no passo 7.

CREME CHIBOUST DE LIMÃO

Rendimento: cerca de 750 g

Ingredientes	Quantidade	%	Modo de fazer
Suco de limão Taiti ou siciliano	250 g	100	1. Junte o suco de limão, as raspas e o açúcar e leve ao fogo baixo até ferver.
Raspas de limão	4 g (2 colheres de chá)	1,5	2. Bata as gemas com a segunda quantidade de açúcar e o amido de milho. Assim como na temperagem do creme de confeiteiro tradicional, junte o suco de limão lentamente à mistura de gemas, batendo sem parar, e retorne a mistura à panela. Assim que ferver, retire do fogo.
Açúcar	25 g	10	
Gemas	80 g	32	
Açúcar	25 g	10	
Amido de milho	25 g	10	
Gelatina incolor sem sabor	6 g	2,5	3. Dissolva a gelatina em água fria (ver p. 88). Junte a gelatina à mistura e mexa até que esteja dissolvida. Deixe esfriar.
Merengue italiano (p. 267)	400 g	160	4. Incorpore o merengue italiano delicadamente.

CREME DIPLOMATA DE BAUNILHA

Para calcular grandes quantidades, ver página 729.

Ingredientes	Quantidade	%	Modo de fazer
Leite	250 g	100	1. Aqueça o leite e a fava de baunilha até o ponto de fervura.
Fava de baunilha, aberta ao meio (ver *Nota*)	½		
Gemas	40 g (2 gemas)	16	2. Bata as gemas e o açúcar até formarem um creme esbranquiçado. Junte a farinha e o amido de milho e mexa bem.
Açúcar refinado	30 g	12	3. Faça a temperagem da mistura de gemas incorporando cerca de metade do leite, batendo sempre. Junte a mistura de gemas e leite ao leite restante. Leve de volta ao fogo até ferver, mexendo sempre.
Farinha de trigo especial para bolo	20 g	8	
Amido de milho	15 g	6	
Licor de laranja (p. ex., Grand Marnier)	30 g	12	4. Retire do fogo e incorpore o licor.
Creme chantilly (p. 265)	200 g	80	5. Cubra com filme plástico e espere que o creme esfrie completamente, depois leve à geladeira.
Peso total:	**585 g**	**234%**	6. Uma vez frio, bata bem o creme para que fique liso e cremoso.

Nota: se não dispuser de baunilha em fava, use essência de baunilha a gosto para saborizar o creme.

7. Incorpore o chantilly com cuidado.

VARIAÇÕES

O creme diplomata costuma ser estabilizado com gelatina, usando o mesmo procedimento descrito na receita do Creme *Chiboust* (p. 272). Para cada 250 g de leite, use 4 g (ou 2 folhas) de gelatina sem sabor.

CREME DIPLOMATA DE CHOCOLATE

Para calcular grandes quantidades, ver página 729.

Ingredientes	Quantidade	%
Chocolate amargo ou meio amargo, bem picado	70 g	28%

Omita o licor de laranja da receita básica. Junte o chocolate amargo ao creme quente no passo 4. Mexa até o chocolate derreter e estar totalmente incorporado à mistura.
O creme diplomata também pode ser saborizado com café, pralina ou pasta de castanha-portuguesa.

Cremes de chocolate

O *ganache* é um creme de chocolate untuoso com muitos usos na confeitaria. Quando recém-preparado e ainda morno, pode ser usado para cobrir bolos, de modo parecido com o *fondant*. Despeje-o sobre o produto a ser coberto e ele ficará firme depois de frio, porém macio. O *ganache* gelado é usado para fazer trufas e como recheio para outros doces. Ele também pode ser batido e usado para rechear bolos, tortas e sobremesas à base de merengues.

Na sua forma mais simples, o *ganache* é uma mistura de creme de leite fresco com alto teor de gordura e chocolate em barra. Pode-se incluir também manteiga, conforme ilustra a segunda receita desta seção. A qualidade de um *ganache* básico depende muito da qualidade do chocolate usado. Fórmulas mais complexas incluem ovos e ingredientes saborizantes variados. Você pode experimentar, por exemplo, substituir o maracujá da receita do *Ganache* de maracujá (p. 276) por outras frutas ou ingredientes saborizantes.

O Capítulo 17 inclui uma receita de *ganache* elaborada especificamente para cobrir bolos, além de outros tipos semelhantes de cobertura.

As duas receitas de musse de chocolate incluídas aqui são adequadas para rechear bolos e tortas. Também podem ser servidas puras como sobremesa. Há outras receitas de musse de chocolate no Capítulo 20, junto com os pudins.

GANACHE DE CHOCOLATE I

Ingredientes	Quantidade	Leite a 100% %	Modo de fazer
Chocolate amargo	500 g	100	
Creme de leite fresco	375 g	75	
Peso total:	**875 g**	**175%**	

VARIAÇÕES

As proporções de chocolate e creme de leite podem variar. Para um produto mais firme, ou se o clima estiver mais quente, diminua a quantidade de creme de leite para até 50%. Para um *ganache* bem cremoso, aumente para 100%. Esta proporção de creme de leite produz um *ganache* mole demais para fazer trufas, mas que pode ser batido e transformado em musse.

A composição do chocolate também influencia a consistência do *ganache*, e a fórmula pode requerer pequenos ajustes, dependendo do chocolate usado.

Modo de fazer

1. Pique o chocolate em pedaços pequenos.

2. Leve o creme de leite ao fogo, mexendo, até começar a ferver (use creme de leite bem fresco; um creme de leite velho está mais propenso a talhar ao ser fervido).

3. Junte o chocolate. Retire do fogo, mexa bem e deixe descansar por alguns minutos. Mexa novamente, até que o chocolate esteja completamente derretido e a mistura, lisa. Se necessário, aqueça em fogo bem baixo para terminar de derreter o chocolate. A essa altura, o *ganache* está pronto para ser usado como cobertura ou para decorar. Despeje-o sobre o item a ser coberto ou decorado, como o *Fondant* (ver p. 422).

4. Se o *ganache* não for usado ainda quente, espere que esfrie em temperatura ambiente. Mexa de vez em quando para que esfrie por igual. O *ganache* frio pode ser guardado na geladeira e reaquecido em banho-maria antes do uso.

5. Para preparar *ganache* batido, ele deve estar completamente frio; caso contrário, não se transformará em uma mistura aerada. Não deixe que chegue a ficar gelado, senão ficará duro demais. Usando um batedor de arame ou o misturador globo da batedeira, bata o *ganache* até que esteja claro, fofo e cremoso. Use imediatamente. Se for guardado, o *ganache* batido torna-se duro, difícil de espalhar.

GANACHE DE CHOCOLATE II

Ingredientes	Quantidade	%	Modo de fazer
Creme de leite fresco	600 g	100	
Baunilha em pó	uma pitada		
Chocolate meio amargo	600 g	100	
Manteiga, amolecida	100 g	17	
Peso total:	*1.300 g*	*217%*	

1. Leve o creme de leite e a baunilha ao fogo até ferver.
2. Pique o chocolate.
3. Despeje o creme de leite quente sobre o chocolate. Mexa até que o chocolate tenha derretido.
4. Quando a mistura estiver morna (35°C), adicione a manteiga. Use o *ganache* imediatamente.

GANACHE DE MARACUJÁ

Para calcular grandes quantidades, ver página 729.

Ingredientes	Quantidade	%	Modo de fazer
Creme de leite fresco	120 g	56	
Suco de maracujá	120 g	56	
Manteiga	60 g	28	
Gemas	50 g	23	
Açúcar	60 g	28	
Chocolate amargo ou meio amargo, picado	215 g	100	
Peso total:	*625 g*	*291%*	

1. Misture o creme de leite, o suco e a manteiga em uma panela e leve ao fogo.
2. Em uma tigela, bata as gemas com o açúcar até obter um creme esbranquiçado.
3. Aos poucos, acrescente a mistura de creme de leite fervente às gemas, batendo sempre.
4. Coloque a mistura de volta na panela e leve ao fogo alto; assim que ferver, retire do fogo.
5. Coe a mistura dentro da tigela com o chocolate. Mexa até que o chocolate esteja completamente derretido e a mistura esteja homogênea.

MUSSE DE CHOCOLATE I

Ingredientes	Quantidade	Chocolate a 100% %	Modo de fazer
Chocolate amargo	500 g	100	
Manteiga	280 g	56	
Gemas	155 g	31	
Claras	375 g	75	
Açúcar	80 g	16	
Peso total:	*1.390 g*	*278%*	

1. Derreta o chocolate em banho-maria.
2. Retire do fogo e adicione a manteiga. Mexa até que ela esteja derretida e totalmente incorporada.
3. Adicione as gemas, uma por vez. Mexa muito bem entre uma adição e outra.
4. Bata as claras em neve até formar picos moles. Junte o açúcar e então bata até formar picos firmes, mas brilhantes. Não bata demais.
5. Incorpore o merengue à mistura de chocolate.

MUSSE DE CHOCOLATE II

Para calcular grandes quantidades, ver página 729.

Ingredientes	Quantidade	Chocolate a 100% %	Modo de fazer
Gemas	40 g	25	1. Em uma tigela de inox de fundo arredondado, bata as gemas até ficarem esbranquiçadas.
Açúcar refinado	35 g	22	
Água	30 g	19	
Chocolate amargo, derretido	160 g	100	2. Faça uma calda com o açúcar e a água, fervendo até atingir 118°C. Aos poucos, despeje a calda quente às gemas, batendo sempre, até a mistura esfriar.
Creme de leite fresco	300 g	190	3. Derreta o chocolate e incorpore-o à mistura.
Peso total:	**565 g**	**356%**	

4. Bata o creme de leite até formar picos moles. Incorpore, batendo, um terço do creme de leite à mistura de chocolate. Em seguida, junte delicadamente o creme de leite restante até obter uma mistura homogênea.

CALDAS DIVERSAS

Além das receitas apresentadas nesta seção, os seguintes tipos de calda são discutidos em outros pontos deste livro (ou podem ser feitos com facilidade, sem que seja necessária a receita).

Cremes à base de gemas. O *crème anglaise*, ou creme de baunilha, já foi apresentado neste capítulo, na página 269. É um dos cremes mais básicos da confeitaria. Pode-se acrescentar chocolate e outros saborizantes para criar variações.

O creme de confeiteiro (p. 271) pode ser diluído com creme de leite fresco ou leite para transformar-se em mais um tipo de creme à base de ovos.

Creme de chocolate. Além das três receitas a seguir, podem-se preparar cremes de chocolate de várias outras maneiras. Por exemplo:

Acrescentar chocolate ao *crème anglaise* (ver p. 269).

Preparar o *Ganache* de chocolate I (p. 275) até o passo 3. Diluir a mistura com creme de leite, leite ou calda de açúcar simples até obter a consistência desejada.

Creme de limão. Preparar o Recheio de limão-siciliano (p. 307), mas usar apenas 45 g de amido de milho, ou 30 g de amido de milho modificado.

Caldas de frutas. Algumas das melhores caldas de frutas são também as mais simples. Elas podem ser de dois tipos:

Polpa de frutas frescas ou cozidas, acrescida de açúcar. Essa espécie de polpa é conhecida também como **coulis**.

Geleias de frutas diluídas com calda simples, água ou bebida alcoólica, aquecidas e coadas.

Para uma maior economia, as caldas de frutas podem ser aumentadas adicionando-se água, mais açúcar e amido de milho para engrossá-las. Caldas com frutas em pedaços podem ficar com uma textura melhor se engrossadas ligeiramente com amido de milho. Elas também podem ser saborizadas com especiarias e/ou suco de limão.

Caldas de caramelo. A primeira seção deste capítulo explica os estágios de cozimento das caldas de açúcar, em que o caramelo figura como último. Em outras palavras, o caramelo é simplesmente açúcar cozido até ficar dourado. A calda de caramelo simples, ou calda de açúcar queimado, é meramente açúcar caramelizado diluído com água até atingir a consistência desejada. A adição de creme de leite ao açúcar caramelizado produz uma calda cremosa, como mostra a receita desta seção.

Há dois métodos para caramelizar o açúcar. No método com água, o açúcar é inicialmente combinado com água e depois fervido até se dissolver, transformando-se em um xarope. Pode-se acrescentar glucose ou um ácido, como o cremor tártaro ou o suco de limão, para prevenir a cristalização. O açúcar se carameliza depois que a água evapora. A receita para a calda de caramelo apresentada nesta seção usa este método. Siga as instruções para o preparo de caldas de açúcar discutidas no início deste capítulo.

O segundo método é chamado de método seco, no qual o açúcar é derretido em uma panela seca sem a adição de água. Com frequência, um ácido – algumas gotas de suco de limão, por exemplo – é previamente adicionado ao açúcar; em seguida, a mistura deve ser esfregada com a ponta dos dedos para umedecer por igual. Coloque o açúcar em uma panela grossa. Leve ao fogo médio. Quando o açúcar começar a derreter, mexa sem parar para que caramelize por igual. Muitos *chefs* preferem juntar o açúcar à panela aos poucos. Acrescenta-se mais apenas quando o açúcar adicionado anteriormente tiver derretido por completo. A receita para a Calda de caramelo com manteiga apresentada nesta seção usa este método.

Lembre-se de que o açúcar, quando se transforma em caramelo, está extremamente quente – bem acima dos 150°C. Se forem acrescentados água ou líquidos ao caramelo quente, a mistura espirra, o que pode ser muito perigoso. Para minimizar esse efeito, deixe o caramelo esfriar um pouco (para parar seu cozimento imediatamente, prevenindo o escurecimento excessivo, mergulhe a base da panela em água gelada por um instante). Como alternativa, aqueça previamente o líquido a ser acrescentado ao caramelo e despeje-o com cuidado na panela.

Um tipo mais complexo de calda de caramelo é a que leva manteiga em sua composição. A receita incluída nesta seção raramente é preparada para ser usada pura (a não ser na produção de balas *toffee* duras). Ao contrário, constitui a base para outras preparações, como as frutas caramelizadas. Veja, por exemplo, as receitas de Damascos caramelizados (p. 600), Figos ao vinho do Porto (p. 597) e Abacaxi com especiarias (p. 599). Como a calda de caramelo com manteiga é relativamente difícil de fazer, foi incluída aqui para lhe dar a oportunidade de estudá-la antes de empregá-la nas receitas mencionadas. É necessário seguir as instruções da receita à risca para que a mistura de manteiga e açúcar caramelizado fique homogênea e emulsificada.

❧ COULIS ❧

A palavra francesa *coulis* teve vários sentidos na culinária dos últimos séculos. Originalmente, era usado para referir-se ao suco liberado pelas carnes cozidas. Na época de Escoffier, começo do século XX, um *coulis* era um tipo de sopa grossa, um purê feito de carnes, aves de caça ou peixes. Mais recentemente, como esse tipo de sopa foi deixando de ser consumido, o termo passou a designar especificamente um purê espesso preparado com frutos do mar.

O conceito de um creme espesso, feito de ingredientes transformados em purê, preservou-se no sentido dessa palavra até a atualidade. Na culinária de hoje, um *coulis* é um molho espesso feito de frutas, legumes ou verduras transformados em purê, como framboesas e tomate.

CALDA DE CHOCOLATE

Rendimento: cerca de 1 L

Ingredientes	Quantidade	Modo de fazer
Chocolate amargo	500 g	1. Pique o chocolate em pedaços pequenos.
Água	500 mL	2. Coloque o chocolate e a água em uma panela. Aqueça em fogo brando ou em banho-maria até o chocolate derreter. Deixe ferver por 2 minutos, em fogo bem baixo. Mexa constantemente, para a mistura ficar lisa. Ela deve engrossar um pouco ao ferver.
Manteiga	190 g	3. Retire do fogo e adicione a manteiga. Mexa até que a manteiga derreta e esteja bem misturada.
		4. Mergulhe o fundo da panela em uma tigela com água bem gelada e mexa até a calda esfriar.

CALDA FUDGE DE CHOCOLATE

Rendimento: cerca de 1 L

Ingredientes	Quantidade	Modo de fazer
Água	500 mL	1. Misture a água, o açúcar e a glucose e leve ao fogo, mexendo para dissolver o açúcar.
Açúcar	1 kg	2. Assim que ferver, espere 1 minuto e retire do fogo. Espere esfriar por alguns minutos.
Glucose	375 g	3. Derreta o chocolate e a manteiga juntos, em fogo baixo. Mexa bem.
Chocolate amargo	250 g	4. Muito lentamente, adicione a calda quente à mistura de chocolate.
Manteiga	62 g	5. Leve ao fogo médio até ferver. Cozinhe por 2 minutos.
		6. Retire do fogo e deixe esfriar.

CALDA DE CHOCOLATE III

Rendimento: 600 g

Ingredientes	Quantidade	Modo de fazer
Água	300 g	1. Misture a água, o açúcar e o chocolate. Leve ao fogo, mexendo para dissolver o chocolate na água.
Açúcar	175 g	2. Misture o amido de milho e o chocolate em pó com um pouco de água até obter uma pasta rala.
Chocolate amargo	75 g	3. Junte à calda da panela e espere ferver novamente. Coe e deixe esfriar.
Amido de milho	25 g	
Chocolate em pó	50 g	
Água fria	conforme necessário	

CALDA DE FRAMBOESA E GROSELHA

Rendimento: cerca de 400 mL

Ingredientes	Quantidade	Modo de fazer
Polpa de framboesa congelada, adoçada	600 g	1. Descongele a polpa de framboesa e passe por uma peneira, para remover as sementes e obter um purê.
Geleia de groselha-vermelha	200 g	2. Misture com a geleia em uma panela. Leve ao fogo até ferver, mexendo bem para dissolver a geleia e incorporá-la bem ao purê de framboesas.

VARIAÇÕES

CALDA DE FRAMBOESA

Siga as mesmas instruções de preparo do purê de framboesas, ou use framboesas frescas e adoce a gosto. Omita a geleia de groselha. Use assim ou, se preferir, cozinhe em fogo baixo até engrossar.

Outras frutas podem ser usadas para preparar esse tipo de calda a partir do mesmo procedimento. Se o purê da fruta for grosso demais (como o de manga), dilua com um pouco de água, calda simples ou suco de fruta apropriado.

CALDA DE CARAMELO

Para calcular grandes quantidades, ver página 729.

Rendimento: 375 mL

Ingredientes	Quantidade
Açúcar	250 g
Água	60 mL
Suco de limão	4 mL
	(¾ de colher de chá)
Creme de leite fresco	190 mL
Leite ou mais creme de leite fresco	125 mL

Modo de fazer

1. Em uma panela grossa, misture o açúcar, a água e o suco de limão. Leve ao fogo, mexendo para dissolver o açúcar. Cozinhe até atingir o ponto de caramelo (ver p. 261). Pouco antes do final do cozimento, abaixe o fogo para o mínimo possível, a fim de evitar que a calda escureça demais. Ela deve ficar com uma cor dourada.

2. Retire do fogo e deixe esfriar por 5 minutos. Como alternativa, para que o cozimento pare imediatamente, prevenindo o escurecimento excessivo do caramelo, mergulhe a base da panela em água fria por um instante.

3. Aqueça o creme de leite até ferver. Junte cerca de ½ xícara ao caramelo.

4. Mexa bem e continue a acrescentar o restante do creme de leite lentamente. Leve de volta ao fogo e aqueça até que todo o caramelo tenha se dissolvido.

5. Deixe esfriar completamente.

6. Incorpore o leite ou creme de leite adicional ao caramelo já frio para diluí-lo.

VARIAÇÕES

CALDA QUENTE DE CARAMELO

Siga a receita até o passo 4. Omita o leite ou o creme de leite adicional.

CALDA DE AÇÚCAR QUEIMADO

Substitua o creme de leite por 75 a 90 mL de água e omita o leite/creme de leite adicional. Se a calda ficar muito grossa depois de fria, acrescente mais água.

CALDA DE AÇÚCAR MASCAVO

Use açúcar mascavo em vez de açúcar comum na receita. Omita o suco de limão. No passo 1, cozinhe a calda apenas até atingir 115°C. Acrescente 60 g de manteiga antes de juntar o creme de leite fresco.

CREME DE CARAMELO

Prepare 60 g de calda de açúcar queimado. Amoleça 2 g (½ colher de chá) de gelatina sem sabor em 15 mL (1 colher de sopa) de água. Junte ao caramelo morno e misture até dissolver bem (reaqueça, se necessário). Espere esfriar até atingir a temperatura ambiente, mas não deixe que endureça. Bata 125 g de creme de leite fresco até formar picos moles. Junte cerca de um quarto do creme de leite batido ao caramelo e bata, depois junte o restante delicadamente.

Calda de açúcar queimado e calda de caramelo

CALDA DE CARAMELO COM MANTEIGA

Rendimento: 330 g

Ingredientes	Quantidade
Açúcar	250 g
Manteiga	125 g

Modo de fazer

1. Aqueça o açúcar em fogo médio até que derreta e se transforme em um caramelo dourado.

2. Mantenha a panela no fogo médio. Junte a manteiga. Mexa sem parar até que ela tenha derretido e esteja completamente misturada ao caramelo. É muito importante bater vigorosamente a mistura, para que fique aerada. Caso contrário, a gordura da manteiga irá se separar da mistura.

3. O caramelo pode ser mantido por algum tempo sob a ação do calor sem problema. Deve ser mexido de vez em quando. Se esfriar, irá transformar-se em um *toffee* duro e quebradiço. Se for reaquecido, a manteiga irá se separar, mas pode ser reincorporada – junte algumas gotas de água e bata vigorosamente.

SABAYON I

Rendimento: 750 mL

Ingredientes	Quantidade	Modo de fazer
Gemas	80 g (4 gemas)	1. Misture as gemas e a calda em uma tigela de inox. Coloque a tigela em banho-maria e bata até obter um creme liso e fofo, de cor clara.
Calda de açúcar simples (p. 262)	100 g	
Creme de leite batido	60 g	2. Retire a tigela de dentro da água quente e continue a bater até que a mistura esfrie e dobre de volume.
		3. Incorpore delicadamente o creme de leite batido.
		4. Use como acompanhamento de sobremesas ou como cobertura para sobremesas que possam ser gratinadas.

SABAYON II

Rendimento: cerca de 900 mL

Ingredientes	Quantidade	Modo de fazer
Gemas	115 g (6 gemas)	1. Em uma tigela de inox, bata as gemas até obter um creme fofo.
Açúcar	225 g	
Vinho branco seco	225 g	2. Junte o açúcar e o vinho, batendo. Coloque em banho-maria e continue batendo, até que a mistura esteja espessa e aquecida.
		3. Sirva quente como sobremesa, ou como acompanhamento para frutas ou iguarias fritas. Sirva o mais rápido possível, pois o *sabayon* perde sua consistência aerada e começa a se separar com o passar do tempo.

VARIAÇÕES

SABAYON GELADO

Dissolva 1 g (¼ de colher de chá) de gelatina no vinho. Siga as instruções da receita básica. Quando o creme estiver cozido, coloque a tigela dentro de uma bacia com gelo e bata até esfriar.

ZABAGLIONE

Este é o creme italiano, também servido como sobremesa, que originou o *sabayon*. Use vinho Marsala, em vez de vinho branco seco, e metade do açúcar. Outros vinhos e bebidas alcoólicas podem ser usados, como vinho do Porto e xerez. Ajuste a quantidade de açúcar de acordo com a doçura da bebida.

CALDA PARA CRÊPE SUZETTE

Rendimento: 450 mL

Ingredientes	Quantidade	Modo de fazer
Suco de laranja	200 g	1. Aqueça os sucos de laranja e limão e as raspas de laranja.
Suco de limão	60 g	2. Em outra panela, leve o açúcar ao fogo e cozinhe até obter um caramelo claro.
Raspas de laranja	15 g	
Açúcar	200 g	3. Retire do fogo e adicione a manteiga. Mexa para começar a dissolver o açúcar caramelizado.
Manteiga	80 g	
Licor de laranja (p. ex., Cointreau)	100 g	4. Junte o suco aquecido. Cozinhe até reduzir a dois terços, mexendo sem parar.
		5. Junte o licor e o conhaque. Flambe, para eliminar o álcool.
Conhaque	60 g	6. Sirva a calda morna.

COULIS DE FRUTAS

Rendimento: 300 g

Ingredientes	Quantidade	Modo de fazer
Frutas vermelhas ou outra fruta macia	200 g	1. Bata a fruta em um liquidificador ou processador de alimentos e passe por uma peneira ou *chinois*.
Açúcar refinado	100 g	
Água	40 g (8 colheres de chá)	2. Aqueça o purê obtido em uma panela.
Suco de limão	15 g (3 colheres de chá)	3. Em outra panela, faça uma calda com o açúcar e a água, fervendo até atingir 105°C. Junte ao purê de fruta.
Kirsch, ou outro licor de frutas ou bebida alcoólica (*opcional*)	20 g (4 colheres de chá)	4. Leve a panela ao fogo novamente até ferver, coe e junte o suco de limão e a bebida alcoólica. Deixe esfriar.

MIRTILO EM CALDA

Rendimento: 300 mL

Ingredientes	Quantidade	Modo de fazer
Açúcar	45 g	1. Coloque o açúcar em uma panela grossa. Aqueça até que o açúcar tenha derretido e adquirido uma cor dourada escura.
Água	60 mL	
Suco de limão	30 mL	
Mirtilos (*blueberries*) frescos, lavados e bem escorridos	360 g	2. Retire do fogo e adicione a água. Como a panela estará muito quente, a água irá ferver imediatamente. Portanto, tome cuidado para não se queimar com o vapor.
		3. Cozinhe em fogo baixo até que o caramelo se dissolva.
		4. Acrescente o suco de limão e cozinhe por 1 minuto, até que esteja bem misturado.
		5. Adicione os mirtilos e cozinhe em fogo baixo por 5 a 10 minutos, até que as frutinhas inchem e o molho reduza e engrosse um pouco.
		6. Experimente o açúcar. Se as frutas estiverem ácidas, adicione um pouco mais de açúcar (a gosto). Deixe esfriar.

DULCE DE LECHE

Rendimento: 500 mL

Ingredientes	Quantidade	Modo de fazer
Leite	1 L	1. Em uma panela grossa, misture o leite, o açúcar e o bicarbonato. Leve ao fogo médio. Espere aquecer, sem mexer.
Açúcar	375 mL	
Bicarbonato de sódio	1 mL (¼ de colher de chá)	2. Quando estiver prestes a ferver, a mistura começará a espumar. Remova imediatamente do fogo, antes que ferva, e mexa.
Essência de baunilha	2 mL (½ colher de chá)	3. Abaixe o fogo para o mínimo e deixe o leite cozinhar, por 45 a 60 minutos, mexendo de vez em quando com uma colher de pau. A mistura se carameliza aos poucos.
		4. Quando o doce estiver com uma cor dourada bem escura e uma consistência espessa, mas ainda líquida, retire do fogo e junte a essência de baunilha.
		5. Deixe esfriar completamente.

HARD SAUCE (COBERTURA PARA PUDDINGS)

Rendimento: 500 mL

Ingredientes	Quantidade	Modo de fazer
Manteiga Açúcar de confeiteiro Conhaque ou rum	250 g 500 g 30 mL	1. Bata a manteiga com o açúcar até obter um creme leve e fofo. 2. Adicione o conhaque ou rum. 3. Sirva sobre pudim de pão quente, por exemplo, *Christmas pudding* (p. 530).

CREME PARA MARMORIZAR

Rendimento: variável

Ingredientes	Quantidade	Modo de fazer
Creme de leite azedo Creme de leite fresco	conforme necessário conforme necessário	1. Bata o creme de leite azedo até ficar cremoso. 2. Essa mistura é mais usada para marmorizar outras coberturas, portanto, a quantidade de creme de leite fresco necessária dependerá da consistência da outra cobertura. Aos poucos, junte o creme de leite fresco ao creme de leite azedo batido até que esteja na mesma consistência da outra cobertura.

TERMOS PARA REVISÃO

caramelizar	creme chantilly	merengues moles	*crème pâtissière*
cristalizar	merengue comum	merengues mais consistentes	*Chiboust*
calda simples	merengue suíço	*crème anglaise*	*ganache*
calda simples aromatizada	merengue italiano		*coulis*

QUESTÕES PARA DISCUSSÃO

1. Como é possível evitar a cristalização do açúcar durante o preparo de caldas?

2. Por que, às vezes, acrescenta-se cremor tártaro ou suco de limão à calda de açúcar antes ou durante seu cozimento?

3. Tanto o *crème anglaise* quanto o creme de confeiteiro contêm ovos. Por que o creme de confeiteiro pode ser fervido e o creme de baunilha não?

4. Explique a importância das normas sanitárias na produção do creme de confeiteiro. Quais medidas devem ser tomadas no preparo de um produto seguro?

5. Explique os efeitos que a gordura, o açúcar e a temperatura têm sobre as claras batidas em neve.

6. Descreva duas formas simples de se preparar caldas com frutas.

Capítulo 13

Tortas doces

No período da colonização norte-americana, não era incomum que a dona de casa pioneira assasse vinte e uma tortas por semana – uma para cada refeição. As tortas eram tão importantes para esses colonizadores que, no inverno, quando não havia frutas, as cozinheiras preparavam tortas com o que tivessem à mão – batata, vinagre, biscoitos salgados etc.

Atualmente, poucas pessoas no mundo comem tortas com tanta frequência. No entanto, elas continuam sendo uma sobremesa muito apreciada, especialmente nos EUA. Lá, a maioria dos clientes prefere um pedaço de torta de chocolate (e paga um preço mais alto por ele) a um musse, ainda que o recheio dessa torta seja exatamente o mesmo musse e que a maior parte da massa seja deixada no prato.

Neste capítulo, serão estudados o preparo de massas e recheios de tortas e os procedimentos para montá-las e assá-las.

Após ler este capítulo, você deverá ser capaz de:

1. Preparar massas de torta.

2. Abrir massas de torta e forrar formas com elas.

3. Rechear, decorar e assar tortas abertas, fechadas e decoradas com treliças de massa.

4. Preparar e assar massas para tortas que não vão ao forno depois de recheadas.

5. Preparar recheios de frutas.

6. Preparar recheios cremosos à base de ovos.

7. Preparar recheios cremosos à base de creme de leite.

8. Preparar recheios aerados à base de claras em neve e gelatina.

MASSAS DE TORTA

Antes de começar o estudo desta seção, faça uma revisão da seção que trata do desenvolvimento do glúten no Capítulo 5. A massa de torta é um produto simples quanto aos ingredientes: farinha, gordura, água e sal. Ainda assim, o preparo de uma massa boa ou ruim depende de como a gordura é misturada à farinha e de como o glúten se desenvolve. A chave para o sucesso é a precisão técnica, e será mais fácil memorizar as técnicas se compreender por que elas funcionam.

Ingredientes

Farinha. A farinha de trigo com baixo teor de glúten (especial para biscoito) é a mais indicada para o preparo de tortas. Possui glúten suficiente para produzir a estrutura e a consistência desejadas, mas em quantidade baixa o bastante para permitir que a massa seja macia, se preparada adequadamente. Se forem usadas farinhas com mais glúten, deve-se aumentar um pouco a porcentagem de gordura para obter-se a maciez.

Gordura. A gordura vegetal hidrogenada comum é a mais usada para elaborar tortas, em razão de sua consistência plástica, adequada para a produção de uma massa flocada. É firme e maleável, produzindo uma massa fácil de trabalhar. A gordura emulsificada não deve ser usada, pois se mistura muito rapidamente à farinha, dificultando a obtenção de uma massa flocada.

A manteiga dá um sabor excelente à massa de torta, mas costuma ser evitada no preparo em larga escala por duas razões: é cara e derrete com facilidade, dificultando o trabalho com a massa.

É desejável, se o orçamento permitir, misturar uma certa quantidade de manteiga à gordura da massa de torta para melhorar seu sabor. Os pedaços grandes de massa de torta que os clientes em geral deixam no prato quando comem uma torta são uma evidência de que não estão satisfeitos com o sabor das massas preparadas com gordura vegetal.

Se a manteiga for usada para substituir toda a quantidade de gordura da massa, a porcentagem deve ser aumentada em cerca de ¼ (se 1 kg de gordura vegetal for pedido, substitua por 1.250 g de manteiga). Pode-se também reduzir um pouco o líquido, já que a manteiga é úmida.

No caso de massas de tortas mais gordurosas e massas arenosas, a manteiga é especificada como a gordura principal nas receitas deste livro. Essas massas são usadas principalmente para a elaboração de tortas e sobremesas no estilo europeu, em que o sabor da manteiga é um elemento importante.

A banha é uma gordura excelente para o preparo de tortas, pois é firme e maleável – propriedades que garantem uma boa massa. No entanto, nem sempre é usada na indústria alimentícia.

Líquido. A água é necessária para desenvolver parte do glúten da farinha e para produzir uma massa firme e flocada. Se for usada muita água, a massa ficará dura, pois o glúten se desenvolverá demais. Se a quantidade mínima de água não for acrescentada, a massa se desmanchará, por causa da ausência das estruturas de glúten.

O leite produz uma massa mais rica, que doura de forma mais rápida. No entanto, é menos crocante, e o produto fica mais caro. Se for usado leite em pó, ele deve ser dissolvido na água para garantir uma melhor distribuição na massa.

❦ TORTAS E HISTÓRIA ❦

Se considerarmos que a palavra *torta* significa qualquer alimento envolvido em massa e assado, então as tortas são parte de praticamente toda a História que conhecemos. Na Grécia e na Roma antiga, massas feitas com azeite de oliva eram usadas para cobrir ou envolver vários ingredientes.

Em inglês, o uso da palavra *pie* (torta) com esse sentido data de, pelo menos, 1300. Acredita-se que seja uma abreviação de *magpie*, um pássaro (conhecido como pega-rabuda, em português) que coleta e armazena uma variedade de alimentos, assim como o cozinheiro que vai preparar uma torta. Na Idade Média, a palavra torta quase sempre se referia às preparações salgadas que continham carnes de vaca, frango ou caça. Atualmente, na Inglaterra, a palavra ainda é majoritariamente usada para designar tortas recheadas com carne, tanto quentes quanto frias (as frias são um tipo de terrina), ao passo que, nos EUA, a torta salgada mais apreciada é a de frango — *chicken pot pie*.

Foram os norte-americanos, no entanto, que favoreceram a popularização das tortas doces em detrimento das salgadas. Tortas de frutas, especialmente a de maçã, ainda são as mais populares por lá, mas os confeiteiros criaram muitos outros recheios doces para tortas, com ou sem frutas.

Uma evidência de que tortas doces são extremamente populares nos EUA é o fato de serem as vedetes dos festejos anuais de verão. A pequena cidade de Braham, por exemplo, que se autointitula a Capital da Torta em Minessota, sedia um festival popular chamado O Dia da Torta, com tortas de todos os tipos à venda, concursos, trabalhos artísticos etc. durante todo o dia — tudo relacionado às tortas.

Independentemente do líquido escolhido, ele deve estar gelado (4°C ou menos) para manter a massa em uma temperatura adequada.

Sal. O sal tem um efeito condicionador sobre o glúten (ver p. 94). No entanto, contribui principalmente para o sabor. Deve ser dissolvido no líquido antes de ser adicionado à massa, para garantir uma distribuição homogênea.

Temperatura

A massa de torta deve ser mantida fria – cerca de 15°C – durante seu preparo e modelagem, por duas razões.

- A gordura tem uma consistência melhor quando fria. Se aquecida, irá misturar-se muito rapidamente à farinha. Se estiver muito fria, ficará firme demais para ser trabalhada.

- O glúten se desenvolve mais lentamente em temperaturas baixas.

Tipos de massa de torta

Há basicamente dois tipos de massa de torta:

- Massa de torta crocante.

- Massa de torta arenosa (ou "podre").

O que diferencia as duas é a maneira como a gordura é misturada à farinha. Os procedimentos completos de mistura são dados nas fórmulas a seguir. Mas, primeiramente, é importante compreender essa distinção básica entre os dois tipos de massa.

Massa crocante

Para produzir **massas crocantes**, a gordura é misturada à farinha com a ponta dos dedos, ou com duas facas, até que as partículas estejam do tamanho de ervilhas – isto é, não é totalmente incorporada à farinha. Em língua inglesa, muitos *chefs* distinguem esse tipo de massa, que chamam de *short-flake*, da massa em que os fragmentos de gordura são deixados em um tamanho maior – de jabuticabas – de modo que a incorporação com a farinha é ainda menor (*long-flake crusts*, em inglês). O folhado rápido, apresentado no próximo capítulo, é um exemplo desse tipo de massa, que é depois trabalhado como uma massa folhada.

Quando se adiciona água, a farinha a absorve e parte do glúten se desenvolve. Quando a massa é aberta com o rolo, as pelotas de gordura e a farinha umedecida são achatadas e transformam-se em camadas de massa intercaladas com camadas de gordura.

Massa arenosa

Para o preparo da **massa arenosa**, a gordura é mais bem incorporada à farinha, até a mistura ficar com a textura de uma farofa grossa. Essa incorporação maior entre a gordura e a farinha tem vários resultados:

- A massa é muito quebradiça e macia, pois menos glúten se desenvolve.

- Não é necessário acrescentar tanta água, pois a farinha não absorverá tanta umidade quanto a da massa crocante.

- O produto final está menos propenso a absorver umidade do recheio e ficar com o fundo encharcado.

A massa arenosa é usada como base para as tortas, especialmente as recheadas com frutas ou recheios cremosos, pois absorve menos líquido. Massas quebradiças são mais usadas para cobrir as tortas e, às vezes, para preparar massas de torta pré-assadas.

Para produzir uma massa com resistência ainda maior à umidade, a farinha e a gordura podem ser misturadas completamente, formando uma pasta lisa. Esse tipo de massa arenosa (*patê sablée*, em francês) é o mais quebradiço de todos – por isso é chamado também de massa "podre". É especialmente recomendado para tortas com recheios cremosos à base de ovos.

A fórmula da Massa de torta enriquecida com ovos, incluída nesta seção, é essencialmente uma massa arenosa, exceto pelo fato de conter açúcar e gemas e de ser especialmente adequada para quando se usa apenas manteiga. Seu sabor delicado e complexo a torna propícia para o preparo de tortas abertas no estilo europeu.

Massa 3-2-1

Uma massa de torta popular nos EUA é chamada de 3-2-1. Os números se referem à proporção de ingredientes de acordo com o peso: 3 partes de farinha, 2 partes de gordura e 1 parte de água gelada. As massas básicas de torta deste capítulo constituem-se de ligeiras alterações dessa fórmula essencial. Em especial, elas contêm menos água, para produzir um produto um pouco mais macio. De qualquer modo, a proporção 3-2-1 é fácil de memorizar e sempre funciona. Pode ser usada tanto para massas crocantes quanto arenosas. Para combinar os ingredientes, use o mesmo procedimento explicado nas fórmulas a seguir.

Sobras de massa

As sobras de massa que são amassadas e abertas novamente ficam mais duras que a massa aberta pela primeira vez. Elas podem ser incorporadas a uma massa arenosa e usadas apenas para preparar bases de torta.

Mistura

A mistura manual é a mais indicada para pequenas quantidades de massa, especialmente no caso das massas secas, pois é mais fácil controlar o processo. Pode-se preparar até 5 quilos de massa manualmente com quase a mesma rapidez de uma batedeira.

Para preparar a massa na misturadeira, use uma pá especial para esse tipo de massa ou o misturador raquete. Bata em velocidade baixa.

Bases de torta feitas de biscoito moído

As bases de torta feitas com *graham cracker* são populares porque possuem um sabor atraente e são muito mais fáceis de preparar que as massas de torta comuns.* Nos Estados Unidos, há também disponíveis no mercado biscoitos moídos de sabores específicos, como os *wafer crumbs* (nos sabores chocolate e baunilha), *gingersnaps crumbs* e *zwieback crumbs*. Podem-se também acrescentar oleaginosas moídas para o preparo de sobremesas especiais.

As **bases de torta feitas de biscoito moído**, em geral, são usadas para tortas que não vão ao forno, como as que contêm recheios aerados ou à base de creme de leite. Também são usadas no preparo de sobremesas como o *cheesecake*. Certifique-se de que o sabor do biscoito é compatível com o recheio. Uma torta-musse de limão com uma base de biscoito de chocolate moído talvez não seja uma boa ideia. Alguns recheios cremosos têm um sabor tão delicado que pode ser anulado por uma base de sabor muito acentuado.

Assar a base antes de colocar o recheio faz com que ela fique mais firme e menos quebradiça, além de contribuir para o sabor.

* N.T.: Vários tipos de biscoito doce podem ser usados para preparar bases de torta desse tipo, como *wafers*, biscoitos Maria ou Maizena.

MASSA DE TORTA

Para calcular grandes quantidades, ver página 730.

Ingredientes	Massa crocante		Massa arenosa	
	Quantidade	%	Quantidade	%
Farinha com baixo teor de glúten (especial para biscoito)	500 g	100	500 g	100
Gordura hidrogenada	350 g	70	325 g	65
Água fria	150 g	30	125 g	25
Sal	10 g (2 colheres de chá)	2	10 g (2 colheres de chá)	2
Açúcar (*opcional*)	25 g	5	25 g	5
Peso total:	*1.035 g*	*207%*	*985 g*	*197%*

Modo de fazer

1. Peneire a farinha em uma tigela. Adicione a gordura hidrogenada.
2. Misture com a ponta dos dedos (ou use um misturador de massa/duas facas) até obter a textura apropriada:

   Para uma massa crocante, misture até os pedaços de manteiga ficarem do tamanho de ervilhas.

   Para uma massa arenosa, misture até obter uma farofa fina (textura de trigo para quibe).
3. Dissolva o sal e o açúcar (se for usar) na água.
4. Adicione a água à mistura de farinha e manteiga. Mexa delicadamente, apenas até a água ser absorvida. Não trabalhe demais a massa.
5. Coloque a massa em formas, cubra com filme plástico e deixe na geladeira ou câmara fria por pelo menos 4 horas.
6. Pese porções de massa conforme a necessidade.

MASSA DE TORTA ENRIQUECIDA COM OVOS

Para calcular grandes quantidades, ver página 730.

Ingredientes	Quantidade	%
Farinha com baixo teor de glúten (especial para biscoito)	375 g	100
Açúcar	62 g	17
Manteiga	188 g	50
Gemas	30 g	8
Água fria	94 g	25
Sal	4 g (⅝ de colher de chá)	1
Peso total:	*753 g*	*201%*

VARIAÇÃO

Para quiches e outras tortas salgadas, omita o açúcar.

Modo de fazer

Esta massa é misturada mais ou menos como uma massa arenosa – a diferença é que a quantidade de açúcar é muito grande para se dissolver com facilidade na água.

1. Peneire a farinha e o açúcar em uma tigela.
2. Junte a manteiga e misture com a ponta dos dedos até obter uma farofa fina e homogênea.
3. Bata as gemas com a água e o sal até o sal se dissolver.
4. Junte a mistura de ovos à tigela com a farinha. Mexa delicadamente até que o líquido tenha sido totalmente absorvido.
5. Coloque a massa em formas, cubra com filme plástico e deixe na geladeira por pelo menos 4 horas (outra opção é resfriar a massa já dividida nas porções desejadas, abertas manualmente em discos e embrulhadas em filme plástico).
6. Pese porções de massa conforme a necessidade.

BASE DE BISCOITO MOÍDO PARA TORTA

Rendimento: suficiente para quatro tortas de 23 cm de diâmetro ou cinco de 20 cm

Ingredientes	Quantidade	%	Modo de fazer
	Biscoito moído a 100%		

Ingredientes	Quantidade	%
Biscoito *graham cracker* moído (ver p. 288)	450 g	100
Açúcar	225 g	50
Manteiga, derretida	225 g	50
Peso total:	**900 g**	**200%**

Modo de fazer

1. Misture o biscoito moído e o açúcar em uma tigela.
2. Acrescente a manteiga derretida e misture bem – os farelos de bolacha devem ficar completamente cobertos de manteiga.
3. Pese a mistura e distribua entre as formas:
   225 g para formas de 23 cm de diâmetro
   180 g para formas de 20 cm de diâmetro
4. Espalhe a mistura formando uma camada uniforme no fundo e nas laterais da forma. Pressione bem com o auxílio de uma segunda forma, para nivelar a superfície.
5. Asse a 175°C por 10 minutos.
6. Espere esfriar completamente antes de rechear.

VARIAÇÕES

Podem-se usar vários tipos de biscoito moído para preparar massas de torta deste tipo, como *wafers*, biscoitos Maria ou Maizena.

COMO MONTAR E ASSAR TORTAS

As tortas podem ser agrupadas em dois tipos, de acordo com o método usado para montá-las e assá-las.

Tortas de massa crua. A massa crua da torta é recheada e então assada. As tortas recheadas com frutas em geral são cobertas. Já as tortas recheadas com uma mistura à base de ovos de consistência líquida que fica firme quando os ovos coagulam durante o cozimento em geral não são cobertas.

Tortas de massa pré-assada. As tortas de massa pré-assada, em geral servidas geladas, são recheadas com uma mistura já pronta e refrigeradas até o recheio firmar. As tortas cremosas são recheadas com cremes à base de ovos previamente preparados. Já as tortas-musse são recheadas com uma mistura aerada que leva claras em neve ou creme de leite batido. Pode-se usar gelatina ou amido de milho para conferir-lhes uma consistência mais firme.

Os dois componentes básicos da torta são a massa e o recheio. Eles são produzidos em procedimentos distintos e pouco relacionados. Uma vez prontos a massa e o recheio, montar e assar tortas torna-se uma tarefa fácil e rápida.

Como esses componentes são distintos e produzidos com técnicas e ingredientes diferentes, o melhor é concentrar-se em um deles de cada vez. O preparo da massa de torta foi discutido acima. Esta seção começa com o procedimento usado para transformar a massa de torta em uma base, recheá-la, cobri-la e assá-la; em seguida, discutiremos os recheios.

As tortas de frutas, muitas vezes, não são cobertas totalmente com massa, mas com *Streusel* (p. 199) ou apenas com uma treliça (ver procedimento a seguir). O *streusel* fica especialmente bom com as tortas de maçã. As **treliças de massa** dão uma aparência convidativa a tortas com recheio de frutas coloridas, como as de cereja ou mirtilo (*blueberry*).

Como abrir a massa de torta e forrar as formas

1. Escolha a massa mais adequada para o tipo de recheio.

   As massas arenosas são indicadas sempre que a presença de líquidos é um problema, por isso são usadas com frequência para fazer a base de tortas, especialmente as que têm recheios úmidos, como as de frutas. Isso porque a massa arenosa resiste melhor à umidade que a massa crocante.

   Massas crocantes são melhores para cobrir tortas. Também podem ser usadas para preparar massas de torta pré-assadas que serão recheadas apenas pouco antes de serem servidas. No entanto, se o recheio a ser usado for quente, é mais seguro usar a massa arenosa.

2. Pese as porções de massa.

   Os pesos a seguir podem ser usados como guia. Mas a profundidade da forma e, portanto, sua capacidade podem variar. Por exemplo, formas descartáveis podem ser mais rasas que as formas comuns.

   225 g para formas de 23 cm de diâmetro (base)

   170 g para formas de 23 cm de diâmetro (parte de cima)

   170 g para formas de 20 cm de diâmetro (base)

   140 g para formas de 20 cm de diâmetro (parte de cima)

   Cozinheiros experientes conseguem usar menos massa ao forrarem as formas, pois abrem a massa em um círculo perfeito, do tamanho necessário para cobrir o fundo ou o recheio, sem a necessidade de retrabalhar as sobras.

   Fique atento: as formas de torta muitas vezes estampam no rótulo uma capacidade maior do que de fato possuem. Há formas que são vendidas como se tivessem 23 cm de diâmetro mas, de fato, não chegam a 20 cm. *Os tamanhos indicados neste livro referem-se ao diâmetro da borda superior interna das formas.*

3. Polvilhe a bancada e o rolo com um pouco de farinha.

   Farinha em excesso deixará a massa dura, então use apenas o necessário para evitar que a massa grude.

   Pode-se também abrir a massa sobre um pedaço de lona ligeiramente enfarinhado. Isso reduz a quantidade de farinha necessária para polvilhar.

4. Abra a massa.

   Achate-a um pouco e depois abra com o rolo em uma espessura uniforme de 3 mm. Faça movimentos uniformes, rolando a partir do centro em todas as direções. Levante a massa com frequência para certificar-se de que não está grudando na bancada. A massa deve se transformar em um círculo praticamente perfeito ao final.

5. Coloque a massa sobre a forma.

   Para levantá-la sem que se quebre, enrole-a delicadamente sobre o rolo. Um outro método usado é dobrar a massa ao meio, colocá-la na forma com a dobra posicionada no centro e, então, desdobrá-la.

   Deixe que a massa se acomode na forma; pressione-a nos cantos, mas sem esticá-la. Se a massa for esticada, encolherá durante o assamento.

   Não deve haver nenhuma bolha de ar entre a massa e a forma.

6. Para tortas abertas, decore a borda fazendo pequenas indentações e elimine o excesso de massa. Para tortas cobertas, coloque o recheio já frio, pincele a borda da base com água e cubra com a outra porção de massa, conforme explicado no procedimento para a montagem de tortas (p. 293). Sele bem as bordas; decore com indentações, se desejar. Elimine o excesso de massa.

   A maneira mais fácil de eliminar o excesso de massa é girar a forma de torta ao mesmo tempo em que se pressiona a massa da beirada contra as bordas da forma com a palma das mãos. Isso faz com que o excesso de massa seja cortado pela própria borda da forma.

7. Alguns *chefs* acreditam que as indentações na borda da massa deixam as tortas mais convidativas. Outros acham que tal preparo demanda muito tempo, para serem depois deixadas no prato pelos clientes, como costuma acontecer. Siga as instruções do seu orientador a esse respeito. Sejam as bordas decoradas ou não, certifique-se de que, no caso das tortas fechadas, elas estão bem seladas. Há *chefs* que gostam de fazer uma borda mais alta e canelada para tortas abertas com recheios cremosos, como a *pumpkin pie*. Essa borda maior, como mostra a ilustração, permite-lhes encher bem a base sem o perigo de o recheio derramar.

8. Deixar as massas de torta já montadas descansarem por mais 20 a 30 minutos, de preferência na geladeira, ajuda a prevenir que encolham ao assar.

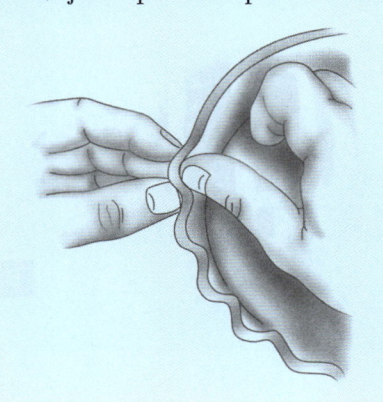

Fundo encharcado

Dois problemas são comuns nas tortas – fundos que não assam direito ou que ficam encharcados com a umidade do recheio. Eles podem ser evitados de várias maneiras:

1. Use massa arenosa para preparar a base das tortas. Ela absorve menos líquido que a massa crocante.

2. Use uma temperatura alta, pelo menos no começo do assamento, para que a massa fique firme rapidamente. Asse as tortas na parte de baixo do forno.

3. Não coloque recheio quente em uma massa de torta crua.

4. Para tortas de frutas, forre o fundo da base da torta com uma camada fina de bolo esmigalhado antes de despejar o recheio. Isso ajudará a absorver um pouco do suco que, de outra forma, encharcaria a base da torta.

5. Use formas de metal pretas, que absorvem o calor. (Como muitos padeiros e confeiteiros usam formas descartáveis de alumínio, é preciso considerar outros métodos. Confira com seu fornecedor se é possível encomendar formas descartáveis de fundo preto.)

6. Se a torta pronta ainda estiver com a massa do fundo crua, coloque a forma sobre a chama baixa do fogão por alguns minutos. No entanto, tome extremo cuidado para não queimar a massa.

Como cobrir a torta com uma treliça de massa

1. Abra a massa (não use sobras) a uma espessura de 3 mm.

2. Corte tiras longas de cerca de 1 cm de largura e compridas o bastante para cruzarem a torta passando pelo centro.

3. Pincele as tiras e a borda da massa da base com ovo.

4. Coloque algumas tiras sobre o recheio na vertical, mantendo uma distância de 2,5 cm entre elas. Certifique-se de que estão paralelas e espaçadas por igual. Pressione as tiras contra a beirada da forma para selar e eliminar o excesso de massa.

5. Coloque outras tiras em ângulo com as tiras verticais. Esse ângulo pode ser de 45°, formando losangos, ou de 90°, para formar um xadrez. Elimine o excesso de massa das beiradas.

Nota: em vez de colocar primeiramente todas as tiras da vertical e depois todas as tiras anguladas, você pode intercalá-las (A, B e C), mas isso, em geral, toma tempo demais para ser feito em um estabelecimento comercial, sendo mais comum em tortas caseiras. Ao intercalar as tiras, um pouco do caldo do recheio pode grudar na parte debaixo das tiras, como mostram as fotos. O melhor é limpar esse caldo ao longo do processo, para que ele não manche a torta depois de assada.

A

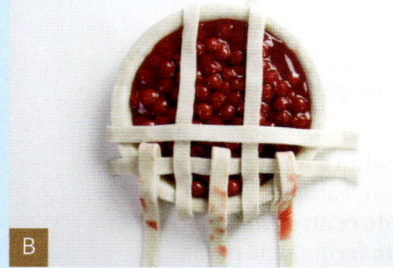
B

C

Como preparar tortas assadas

Nota: para tortas abertas, omita os passos 3 a 7.

1. Forre as formas com a massa de torta, como indicado no procedimento básico (A).

2. Coloque o recheio já frio (B). Ver os pesos de referência na tabela abaixo. Não deixe que as bordas da base fiquem sujas de recheio, pois isso dificultará o trabalho de selar a massa, o que pode resultar em vazamentos no forno.

   Para evitar que recheios mais líquidos derramem das bases de tortas abertas, coloque as formas já forradas de massa na grade do forno antes de despejar o recheio.

3. Abra a massa para cobrir a torta.

4. Faça furos para permitir que o vapor escape durante o assamento.

5. Umedeça as bordas da massa da base com água ou ovos batidos, para ajudar a selar a emenda.

6. Coloque a tampa de massa (C). Aperte bem nas beiradas para selar, eliminando o excesso de massa. Faça indentações decorativas na borda, se desejar. Marcar a massa com os dentes de um garfo é uma forma rápida de obter uma borda decorada (D). Uma maneira eficiente de eliminar o excesso de massa nas beiradas é girar a forma ao mesmo tempo em que se pressiona a massa contra as bordas da forma com a palma das mãos.

7. Pincele com o ingrediente desejado: leite, creme de leite, ovos batidos ou manteiga derretida. Polvilhe ligeiramente com açúcar cristal, se preferir.

   As tortas pinceladas com ovo têm uma aparência brilhante depois de assadas. As pinceladas com gordura, leite ou creme de leite não ficam brilhantes, mas têm uma aparência de torta caseira.

8. Coloque as tortas na parte mais baixa de um forno preaquecido a aproximadamente 215°C. A alta temperatura inicial ajuda a firmar a base da torta, prevenindo que fique encharcado. As tortas de frutas são assadas nessa mesma temperatura até o fim. Para tortas como a *custard pie*, abaixe a temperatura para 165 a 175°C depois de 10 minutos, para evitar que o recheio cozinhe demais e talhe. O mesmo deve ser feito para todas as tortas com recheio cru que contêm uma grande quantidade de ovos.

Valores de referência para tortas assadas

Tamanho da forma	Quantidade de recheio
20 cm	750–850 g
23 cm	900–1.150 g
25 cm	1.150–1.400 g

Nota: os pesos acima são apenas aproximados. A quantidade exata de recheio varia conforme o tipo de recheio e a profundidade da forma. Formas descartáveis costumam ser mais rasas que formas comuns.

Como preparar tortas geladas de massa pré-assada

1. Forre as formas com a massa de torta, como indicado no procedimento básico.

2. Fure bem a massa com um garfo para evitar a formação de bolhas.

3. Coloque outra forma (só funciona com formas que têm o fundo mais estreito que a borda) dentro da primeira, fazendo com que a massa fique entre as duas.

4. Coloque as formas com a boca virada para baixo em um forno preaquecido a 230°C. Assar a massa de torta de ponta-cabeça ajuda a prevenir seu encolhimento.

   Alguns *chefs* preferem levar a forma já forrada à geladeira por 20 a 30 minutos antes de assar, para relaxar o glúten e prevenir o encolhimento.

5. Asse a 230°C por 10 a 15 minutos. Uma das formas pode ser removida na parte final do assamento para que a massa doure.

6. Espere esfriar completamente.

7. Coloque o recheio cremoso já pronto. Deixe para rechear as tortas o mais próximo possível da hora de servir, para evitar que a massa fique encharcada.

8. Leve à geladeira até que a torta esteja firme o bastante para ser cortada.

9. A maioria das tortas geladas com recheios cremosos fica mais gostosa coberta com creme de leite batido. Outras, como a torta de limão, são tradicionalmente cobertas com merengue (instruções a seguir).

Como preparar tortas cobertas com merengue

1. Faça um merengue comum ou suíço, usando proporções iguais de açúcar e claras (em peso). Bata até obter picos firmes. Ver página 267 para esse procedimento.

2. Espalhe uma quantidade generosa de merengue sobre o recheio de cada torta. Deixe o centro com um pouco mais de merengue que as beiradas e certifique-se de que o merengue aderiu bem às

bordas da massa. Se isso não for feito, o merengue pode escorregar das fatias depois de pronto. Arrume a superfície formando ondas ou picos.

3. Asse a 200°C até o merengue adquirir uma cor dourada bonita. Não use temperaturas mais altas — elas farão com que a superfície encolha e fique dura.

4. Retire do forno e deixe esfriar.

RECHEIOS

A maioria dos recheios de torta necessita de algum agente espessante. Os dois espessantes mais importantes para as tortas são os amidos e os ovos.

Tipos de amidos usados em recheios

Muitos tipos de recheio de torta, especialmente os de fruta e à base de cremes, dependem de um amido para dar-lhes consistência. Alguns recheios engrossados com ovos, como o de abóbora, podem conter amido também. O amido age como um estabilizante, além de reduzir o custo do produto, já que permite diminuir a quantidade de ovos.

O **amido de milho** é usado em tortas cremosas porque se transforma em um gel que mantém a forma quando cortado. Ele também pode ser usado em recheios de frutas.

Os **amidos modificados** são os melhores para as tortas de frutas porque são transparentes e ficam cremosos em vez de firmes. O amido de milho modificado deve ser usado em tortas que vão ao *freezer*, pois não se rompe com o congelamento.

Farinha de trigo, polvilho doce, fécula de batata e de arroz e outros amidos são usados com menos frequência em recheios de tortas. A farinha tem um poder espessante menor que os outros amidos, deixando o recheio turvo.

O **amido pré-gelatinizado ou instantâneo** não precisa ir ao fogo, pois é pré-cozido. Quando usado em certos recheios de frutas, elimina a necessidade de cozinhar o recheio antes de colocá-lo na base da torta. Esta vantagem deixa de existir no caso das frutas que precisam ser cozidas de qualquer forma. No caso de recheios cremosos feitos com purês de frutas, o *amido pré-gelatinizado* pode ser usado para eliminar um problema que ocorre sempre com o amido de milho: ele tende a firmar-se antes de gelatinizar. Isso produz uma camada densa e borrachuda no fundo, e o restante do recheio fica aquoso. Os amidos pré-gelatinizados diferem quanto à concentração – siga as recomendações do fabricante.

Como cozinhar amidos

Para evitar que empelotem, os amidos devem ser misturados a um pouco de líquido frio ou ao açúcar antes de serem incorporados a um líquido quente.

O açúcar e os ácidos fortes, como o suco de limão, reduzem o poder espessante do amido. Quando possível, todo ou parte do açúcar e dos ácidos fortes devem ser acrescentados depois da gelatinização do amido.

Recheios de frutas

Os recheios de frutas consistem em pedaços de fruta imersos em um gel. Esse gel consiste em suco de fruta, água, açúcar, saborizantes e um espessante à base de amido. Como já explicado, o amido de milho modificado é o preferido para engrossar recheios de frutas porque produz um gel transparente, e não turvo.

Certamente podem-se usar outros amidos, como o amido de milho comum ou a fécula de batata. O amido de milho comum é usado com frequência nos estabelecimentos em que a panificação e a confeitaria são apenas uma parte do preparo de alimentos, de modo que seria inconveniente manter ingredientes tão especializados como o amido modificado.

As funções do gel são: manter os pedaços de frutas juntos, servir de base para o sabor das especiarias e a doçura do açúcar e melhorar a aparência das frutas, dando-lhes brilho e realçando sua cor. No entanto, as frutas são a parte mais importante do recheio. Para ter um recheio de frutas de boa qualidade, é preciso usar de 1 a 1½ kg de fruta escorrida para cada ½ kg de líquido (suco mais água).

Os dois métodos básicos de confecção de tortas em estabelecimentos comerciais são o *método com calda pré-cozida* e o *método com fruta pré-cozida*. No método com calda pré-cozida, o gel é feito separadamente, cozinhando o suco da fruta com água, açúcar e amido. O gel pronto é então misturado à fruta. No método com fruta pré-cozida, a fruta, a água e o suco (se houver) são cozidos juntos e depois engrossados com o amido.

Frutas para rechear tortas

Frutas frescas da estação ficam excelentes em recheios de tortas. Maçãs frescas são uma das frutas mais usadas na produção de tortas de boa qualidade. Mas a qualidade das frutas frescas varia muito, e muitas delas têm um pré-preparo muito trabalhoso.

Frutas congeladas são muito utilizadas para fazer tortas, porque sua qualidade é mais estável e estão prontas para o uso. Geralmente, são fornecidas em embalagens grandes (p. ex., 10 kg), acrescidas ou não de açúcar. Podem ser descongeladas na geladeira por 2 a 3 dias, ou mergulhadas em água. Um terceiro método para descongelá-las é esperar que amoleçam o bastante para serem retiradas de sua embalagem e, então, acrescentar a água a ser usada na receita do recheio e aquecer a 85 a 90°C. Em seguida, escorre-se bem o líquido, e estão prontas para serem usadas no recheio. Independentemente do método escolhido, a fruta deve estar completamente descongelada antes do preparo do recheio. Caso contrário, não será possível escorrer todo o líquido para o preparo do gel. Assim, a fruta que estava parcialmente congelada soltará água no recheio depois.

Algumas frutas, especialmente as frutas vermelhas, são congeladas sem a adição de açúcar. Naturalmente, a quantidade de açúcar de cada fruta deve ser levada em consideração durante o preparo do recheio.

As **frutas em conserva** são comercializadas em pelo menos quatro apresentações: sem água, compota, em água ou suco e em calda. A designação *frutas sem líquido de cobertura* significa que não há adição de água ou suco às frutas, embora liberem um pouco de suco quando escorridas. *Frutas em compota* são pré-cozidas em calda de açúcar e podem ser acrescidas ou não de líquido de cobertura. As *frutas com líquido de cobertura*, em geral, são embaladas com o líquido utilizado para prepará-las. As *frutas em calda* são armazenadas em uma calda feita com açúcar. Em geral, as frutas conservadas em caldas mais doces são mais firmes e menos fragmentadas que as conservadas em calda rala.

No caso das conservadas em água ou suco, é importante saber o *peso drenado* (peso das frutas sem o líquido). Essa informação encontra-se no rótulo do produto ou pode ser obtida com o fornecedor. O peso líquido é o peso total do conteúdo de uma embalagem.

Se o peso drenado de uma fruta for muito baixo, talvez seja necessário acrescentar mais fruta ao recheio para que a proporção de calda/fruta seja adequada.

As **frutas secas** devem ser imersas em água e, em muitos casos, afervent das antes de serem usadas em recheios.

As frutas devem possuir acidez suficiente para produzir um recheio saboroso. Se não forem naturalmente ácidas, talvez seja necessário misturá-las com um pouco de suco de limão, laranja ou abacaxi.

Método com calda pré-cozida

A vantagem deste método é que apenas a calda é cozida. A fruta retém um formato e sabor melhores, pois é submetida a menos calor e manipulação. Este método é usado quando a fruta requer pouco ou nenhum cozimento antes de ser usada como recheio. A maioria das frutas em lata e congeladas é preparada com este método. Frutas vermelhas frescas também podem ser preparadas desta

---

Método com calda pré-cozida

1. Escorra o líquido da fruta.

2. Meça esse líquido e, se necessário, acrescente água ou suco de fruta até obter o volume necessário.

3. Leve ao fogo até ferver.

4. Dissolva o amido em água fria e junte ao suco fervente. Mexa bem e cozinhe até ficar transparente e engrossar.

5. Junte o açúcar, o sal e os saborizantes. Mexa até dissolverem.

6. Despeje sobre as frutas escorridas e misture delicadamente. Cuidado para não amassar ou partir as frutas.

7. Deixe esfriar.

forma: parte delas é cozida ou transformada em purê para prover o suco, e as restantes são misturadas à calda gelificada já pronta.

Método com fruta pré-cozida

Este método é usado quando a fruta precisa ser cozida antes do uso ou quando não há líquido suficiente para o método com calda pré-cozida. A maioria das frutas frescas (com exceção das frutas vermelhas) é preparada com este método, assim como as frutas secas, como uvas-passas e damascos. As frutas em conserva não devem ser preparadas com este método, pois em geral já foram cozidas e estão mais sujeitas a desmanchar.

Método com fruta pré-cozida

1. Leve a fruta e o suco (ou água) ao fogo até ferver. Pode-se acrescentar um pouco de açúcar às frutas para que liberem suco.

2. Dissolva o amido em água fria e junte à panela. Cozinhe até o líquido ficar transparente e engrossar, mexendo sem parar.

3. Acrescente o açúcar, o sal, os saborizantes e os demais ingredientes. Mexa até dissolver.

4. Resfrie o mais rápido possível.

Variação

Algumas frutas, como as maçãs frescas, podem ser cozidas em manteiga para ficarem mais saborosas.

Método tradicional

Este método é muito usado para fazer tortas caseiras de maçã e pêssego. No entanto, não é muito usado em estabelecimentos comerciais, por causa de suas desvantagens. Primeiro, é difícil de controlar a gelificação da calda. Segundo, as frutas frescas diminuem ao cozinhar, sendo necessário colocar bastante recheio na base da torta. A fruta então encolhe, deixando uma grande bolha de ar entre a massa que cobre a torta e o recheio, podendo ficar deformada. Os sucos liberados pela fruta estão mais sujeitos a ferverem e vazarem do que quando o recheio é previamente gelatinizado.

Por essas razões, o método com fruta pré-cozida em geral rende melhores resultados que o método caseiro tradicional. Veja a fórmula do recheio de maçã e suas variações na página 300.

Método tradicional

1. Misture bem o amido, as especiarias e o açúcar.

2. Adicione as frutas à mistura de açúcar.

3. Use essa mistura para rechear as tortas.

4. Coloque pelotas de manteiga sobre o recheio.

5. Coloque a massa que cobre a torta ou polvilhe com *Streusel* (p. 199) e leve ao forno.

RECHEIO RÁPIDO DE MAÇÃ

Rendimento: cerca de 4.500 g

Cinco tortas de 20 cm   Quatro tortas de 23 cm   Três tortas de 25 cm

Ingredientes	Quantidade	Modo de fazer
Maçãs sem casca e sem sementes cortadas em gomos e cozidas em seu próprio suco	3.000 g	Use o método com calda cozida.
Suco liberado pela fruta (complete com água)	750 mL	1. Escorra as maçãs, reservando o suco. Junte água suficiente ao suco para obter 750 mL.
Água fria	250 mL	2. Misture a água fria com o amido de milho.
Amido de milho	90 g	3. Leve a mistura de água e suco ao fogo até ferver. Junte ao amido dissolvido e espere ferver novamente.
ou		
Amido de milho modificado	75 g	4. Acrescente os demais ingredientes, com exceção da maçã. Cozinhe em fogo baixo até o açúcar se dissolver.
Açúcar	570 g	
Sal	7 g	5. Despeje sobre a maçã cozida e misture delicadamente. Espere esfriar completamente.
Canela em pó	7 g (4¼ colheres de chá)	
Noz-moscada	2 g (1 colher de chá)	6. Coloque o recheio na massa de torta crua. Asse a 220°C por 30 a 40 minutos.
Manteiga	90 g	

VARIAÇÕES

RECHEIO DE MAÇÃ COM PASSAS

Afervente 250 g de passas em água. Escorra e junte ao recheio de maçã.

RECHEIO RÁPIDO DE CEREJA

Use cereja-ácida (*sour cherry*) em lata no lugar da maçã e faça os seguintes ajustes aos ingredientes:

Aumente a quantidade de amido de milho comum para 125 g, ou 90 g, se for o modificado.

Aumente a quantidade de açúcar para 825 g.

Adicione 45 mL de suco de limão no passo 4.

Omita a canela e a noz-moscada. Acrescente essência de baunilha a gosto (opcional).

Se desejar, coloque 2 ou 3 gotas de corante alimentício vermelho.

RECHEIO DE PÊSSEGO

Use pêssegos em lata cortados em cunhas no lugar das maçãs. Aumente a quantidade de líquido do passo 1 para 1 L. Omita a canela e a noz-moscada.

RECHEIO DE ABACAXI

Use abacaxi em lata picado no lugar das maçãs. Escorra a fruta em uma peneira, pressionando levemente para extrair o suco. Faça os seguintes ajustes aos ingredientes:

Aumente a quantidade de líquido do passo 1 para 1 L.

Aumente a quantidade de amido de milho comum para 125 g, ou 90 g, se for o modificado.

Use 750 g de açúcar e 250 g de glucose.

Omita a canela e a noz-moscada.

Se desejar, coloque 2 ou 3 gotas de corante alimentício amarelo.

RECHEIO DE MIRTILO (FRUTA CONGELADA)

Rendimento: cerca de 3.375 g

Quatro tortas de 20 cm   Três tortas de 23 cm

Ingredientes	Quantidade	Modo de fazer
Mirtilos congelados	2.250 g	Use o método com calda pré-cozida.
Suco liberado pela fruta (complete com água)	375 mL	1. Descongele os mirtilos em sua embalagem original, sem abrir.
Açúcar	175 g	2. Escorra o líquido, reservando-o. Junte água suficiente para obter 375 mL. Junte a primeira quantidade de açúcar.
Água fria	190 mL	
Amido de milho	90 g	3. Misture a água fria com o amido de milho.
ou		4. Leve a mistura de água e suco ao fogo até ferver. Junte o amido de milho dissolvido. Espere ferver novamente para engrossar.
Amido de milho modificado	68 g	
Açúcar	412 g	5. Adicione os demais ingredientes, com exceção dos mirtilos. Cozinhe, mexendo, até o açúcar se dissolver.
Sal	8 g	
Canela em pó	4 g (2 colheres de chá)	6. Despeje a calda sobre os mirtilos escorridos. Mexa delicadamente. Espere esfriar completamente.
Suco de limão	45 mL	7. Coloque o recheio na massa de torta crua. Asse a 220°C por cerca de 30 minutos.

RECHEIO DE MAÇÃ CONGELADA

Use 2,25 kg de maçãs congeladas no lugar dos mirtilos. Faça os seguintes ajustes aos ingredientes:

Reduza a quantidade de amido de milho comum para 45 g, ou para 38 g, se for o modificado.

Reduza a segunda quantidade de açúcar para 225 g.

Acrescente 1 g (½ colher de chá) de noz-moscada e 85 g de manteiga no passo 5.

RECHEIO DE CEREJA CONGELADA

Use 2,25 kg de cerejas congeladas no lugar dos mirtilos. Faça os seguintes ajustes aos ingredientes:

Aumente a quantidade de líquido do passo 2 para 500 mL.

Reduza a quantidade de amido de milho comum para 75 g, ou para 60 g, se for o modificado.

Reduza a segunda quantidade de açúcar para 285 g.

Omita a canela.

Reduza a quantidade de suco de limão para 22 mL.

RECHEIO DE PASSAS

Para calcular grandes quantidades, ver página 730.

Rendimento: cerca de 1 kg   Uma torta de 23 cm

Ingredientes	Quantidade	Modo de fazer
Uva-passa escura	360 g	Use o método com fruta pré-cozida.
Água	400 mL	1. Leve as passas e a água ao fogo. Cozinhe em fogo baixo por 5 minutos.
Água fria	50 mL	
Amido de milho	15 g	2. Misture a água fria com o amido de milho. Junte à panela com as passas e deixe cozinhar até engrossar.
ou		
Amido de milho modificado	12 g	
Açúcar	114 g	3. Acrescente os demais ingredientes. Mexa até que o açúcar tenha se dissolvido e a mistura esteja uniforme.
Sal	2 g (⅖ de colher de chá)	
Suco de limão	18 mL	4. Deixe esfriar completamente.
Raspas de limão	0,6 g (⅕ de colher de chá)	5. Coloque o recheio na massa de torta. Asse a 220°C por 30 a 40 minutos.
Canela em pó	0,4 g (⅕ de colher de chá)	
Manteiga	18 g	

RECHEIO DE MAÇÃ I

Para calcular grandes quantidades, ver página 731.

Rendimento: cerca de 1.070 g   Uma torta de 23 cm

Ingredientes	Quantidade	Modo de fazer
Maçã, sem casca e sem sementes, fatiada	900 g	Use esta variação do método com fruta pré-cozida.
Manteiga	30 g	
Açúcar	90 g	
Água fria	60 g	
Amido de milho	24 g	
ou		
Amido de milho modificado	15 g	
Açúcar	100 g	
Sal	1 g	
	(⅕ de colher de chá)	
Canela em pó	1 g	
	(1 colher de chá)	
Noz-moscada	0,5 g	
	(¼ de colher de chá)	
Suco de limão	10 g	
	(2 colheres de chá)	
Manteiga	7 g	

Modo de fazer:

Use esta variação do método com fruta pré-cozida.

1. Cozinhe a maçã com a primeira quantidade de manteiga até que comece a ficar macia. Junte a primeira quantidade de açúcar enquanto as maçãs cozinham. Isso fará com que soltem suco, que ajudará a cozinhar as maçãs.

2. Misture bem a água fria com o amido de milho. Junte à maçã e cozinhe até que o líquido tenha engrossado e esteja transparente.

3. Retire do fogo. Acrescente os demais ingredientes. Mexa com cuidado até o açúcar se dissolver e a manteiga derreter.

4. Espere esfriar completamente.

5. Coloque o recheio na massa de torta crua. Asse a 220°C por 30 a 40 minutos.

VARIAÇÕES

RECHEIO DE MAÇÃ II

Para calcular grandes quantidades, ver página 731.

Ingredientes	Quantidade
Água	100 g

Omita a primeira quantidade de manteiga. Cozinhe as maçãs em água e a primeira quantidade de açúcar, como no método com fruta pré-cozida básico, usando a quantidade de água listada acima.

RECHEIO DE MAÇÃ E GENGIBRE

Para calcular grandes quantidades, ver página 731.

Ingredientes	Quantidade
Gengibre em pó	0,5 g (¼ de colher de chá)
Gengibre cristalizado, picadinho	20 g

Prepare como o Recheio de maçã para torta I ou II, mas omita a canela e acrescente o gengibre em pó e o cristalizado.

RECHEIO DE MAÇÃ E PERA

Prepare como o Recheio de maçã para torta I ou II, mas troque metade da maçã por peras firmes.

RECHEIO DE MAÇÃ E NOZES

Para calcular grandes quantidades, ver página 731.

Ingredientes	Quantidade
Nozes picadas	75 g

Misture as nozes ao Recheio de maçã para torta I ou II.

RECHEIO DE RUIBARBO

Para calcular grandes quantidades, ver página 731.

Ingredientes	Quantidade
Ruibarbo fresco	650 g

Substitua as maçãs pelo ruibarbo cortado em pedaços de 2,5 cm. Omita a canela, a noz-moscada e o suco de limão.

❋{ Maçãs para tortas }❋

Quais são os melhores tipos de maçã para rechear tortas? Dois critérios são importantes: sabor e textura. Primeiro, as maçãs devem ser saborosas e ter um bom nível de acidez. Maçãs de sabor muito suave produzem tortas insípidas. A concentração de açúcar ou doçura da maçã não tem tanta importância, já que o açúcar pode ser ajustado na receita.

Segundo, as maçãs devem ser firmes para não desmancharem ao cozinhar. Maçãs que se transformam em um purê quando cozidas, como a MacIntosh, são melhores para outros usos.

Nos EUA, há muitas variedades com sabor e textura adequados para serem usadas em tortas: Granny Smith (maçã verde), Jonathan, Jonagold, Newton Pippin, Rome, Macoun, Pink Lady, Stayman-Winesap e Golden Delicious – em sua grande maioria, ainda não disponíveis no Brasil em larga escala.

RECHEIO CREMOSO DE PÊSSEGO

Para calcular grandes quantidades, ver página 730.

Rendimento: 1.125 g   Uma torta de 23 cm

Ingredientes	Quantidade	Modo de fazer
Creme de leite azedo (p. 76)	250 g	1. Misture o creme de leite azedo, o açúcar e o amido de milho até obter uma pasta lisa.
Açúcar	125 g	
Amido de milho	15 g	2. Adicione os ovos, a essência de baunilha e a noz-moscada e mexa bem.
Ovos batidos	2	
Essência de baunilha	2 mL (½ colher de chá)	3. Incorpore o pêssego à mistura com cuidado.
Noz-moscada	0,5 mL (⅛ de colher de chá)	4. Coloque o recheio na massa de torta crua.
Pêssegos frescos, fatiados (ver *Nota*)	500 g	5. Polvilhe o *streusel* por cima.
Streusel (p. 199)	180 g	6. Asse a 220°C por cerca de 30 minutos, até o recheio firmar.

Nota: se não encontrar pêssegos frescos, use pêssego em calda. Escorra bem antes de pesar.

VARIAÇÃO

RECHEIO CREMOSO DE PERA

Troque o pêssego por peras fatiadas.

RECHEIO CASEIRO PARA TORTA DE MAÇÃ

Rendimento: cerca de 5 kg

Seis tortas de 20 cm   Cinco tortas de 23 cm   Quatro tortas de 25 cm

Ingredientes	Quantidade	Modo de fazer
Maçã, sem casca e sem sementes, cortada em gomos	4.100 g	Use o método tradicional.
Suco de limão	60 mL	1. Escolha maçãs firmes e ácidas. Pese-as antes de descascar e retirar as sementes.
Açúcar	900 g	2. Misture a maçã picada com o suco de limão em uma tigela grande. Misture bem para cobrir a fruta com o suco.
Amido de milho	90 g	
Sal	7 g	
Canela em pó	7 g	3. Misture o açúcar, o amido de milho, o sal e as especiarias. Junte às maçãs e mexa com cuidado, até que estejam bem misturados.
Noz-moscada	2 g (1 colher de chá)	
Manteiga	90 g	4. Recheie as bases de massa, acomodando os pedaços para que caibam muitos. Coloque pelotas de manteiga sobre o recheio antes de cobrir com a massa. Asse a 200°C por cerca de 45 minutos.

RECHEIO DE MORANGO PARA TORTA ABERTA

Rendimento: cerca de 5,5 kg

	Seis tortas de 20 cm	Cinco tortas de 23 cm	Quatro tortas de 25 cm

Ingredientes	Quantidade	Modo de fazer
Morangos frescos inteiros	4.100 g	Use o método com calda pré-cozida.
Água fria	500 mL	
Açúcar	800 g	
Amido de milho	120 g	
ou		
Amido de milho modificado	90 g	
Sal	5 g	
	(1 colher de chá)	
Suco de limão	60 mL	

Modo de fazer:

1. Retire os cabinhos dos morangos, lave as frutas e escorra bem. Reserve cerca de 3.200 g da fruta. Deixe-os inteiros, se forem pequenos, ou corte-os ao meio ou em quatro, se forem maiores.

2. Amasse ou faça um purê com os 900 g de morango restantes. Misture com a água (se desejar um recheio transparente, essa mistura pode ser coada).

3. Combine o açúcar, o amido e o sal. Incorpore à mistura de água e morango até que estejam totalmente dissolvidos.

4. Leve ao fogo, mexendo sempre. Cozinhe até engrossar.

5. Retire do fogo e adicione o suco de limão, mexendo.

6. Espere esfriar até atingir a temperatura ambiente – não leve à geladeira.

7. Mexa para obter uma textura lisa. Acrescente os morangos reservados.

8. Coloque o recheio nas bases das tortas pré-assadas e leve à geladeira.

VARIAÇÃO

RECHEIO DE MIRTILO PARA TORTA ABERTA

Substitua os morangos por mirtilos frescos. Esta receita fica melhor se preparada com frutas vermelhas pequenas e com amido de milho comum, e não o modificado. Ajuste o açúcar a gosto, dependendo da doçura da fruta. Passe o suco da fruta já cozido com o amido por uma peneira (o recheio ficará com uma cor melhor se isso for feito depois que a mistura já estiver cozida). Incorpore os mirtilos reservados enquanto a mistura ainda está quente.

Este recheio é mais adequado para tortas abertas rasas. Se a forma for muito funda, o recheio pode não manter a forma quando a torta for cortada em fatias. Uma receita é suficiente para rechear nove tortas baixas de 20 cm, sete ou oito de 23 cm ou seis de 25 cm.

Recheios cremosos crus à base de ovos

O recheio de algumas tortas norte-americanas tradicionais, como a *custard pie* (torta de creme à base de ovos), a *pumpkin pie* (torta doce de abóbora) e a *pecan pie* (torta de nozes-pecã), é feito com um semilíquido não cozido acrescido de ovos. Os ovos coagulam-se durante o assamento, dando consistência ao recheio. Para maiores informações sobre cremes à base de ovos, ver página 520.

O método usado no preparo de uma das tortas desta seção é incomum. A torta de limão é similar a outras tortas de recheio cremoso, mas não é assada depois de recheada. A acidez do limão é suficiente para coagular as proteínas e firmar o recheio.

Muitos recheios cremosos contêm amidos além dos ovos. Farinha de trigo, amido de milho e amido pré-gelatinizado são os mais usados. Embora o amido seja desnecessário quando é usada uma quantidade suficiente de ovos, muitos *chefs* preferem adicioná-lo em pequena quantidade, pois isso permite diminuir a proporção de ovos. Além disso, o uso do amido ajuda a dar liga aos líquidos e reduzir as chances de o recheio separar-se ou vazar da torta pronta. Se for usado um amido, lembre-se de incorporá-lo bem à mistura antes de rechear as tortas, para reduzir o risco de ele ficar firme antes de gelatinizar.

A maior dificuldade no preparo de tortas de recheio cremoso é conseguir assar a base da torta completamente sem cozinhar demais o recheio. Coloque a torta no lastro de um forno preaquecido a 220 a 230°C pelos primeiros 10 ou 15 minutos, para firmar a base. Então reduza a temperatura para 165 a 175°C, para que o recheio cozinhe lentamente. Uma outra opção é pré-assar a massa parcialmente antes de colocar o recheio. Veja a página 294 para instruções sobre como assar massas de torta sem o recheio, mas asse-as apenas até metade do tempo indicado. Espere esfriar, recheie e leve ao forno novamente.

Use uma destas técnicas para ver se as tortas já estão prontas:

1. Sacuda a torta delicadamente. Se a consistência do recheio não estiver líquida, está pronta. O centro estará um pouco mole, mas o próprio calor do recheio continuará a cozinhar a torta depois que ela for retirada do forno.

2. Insira uma faca de lâmina fina a cerca de 2,5 cm do centro da torta. Se ela sair limpa, a torta está pronta.

RECHEIO À BASE DE OVOS (CUSTARD)

Para calcular grandes quantidades, ver página 730.

Rendimento: cerca de 900 g   Uma torta de 23 cm

Ingredientes	Quantidade	Modo de fazer
Ovos	225 g	1. Misture muito bem os ovos, o açúcar, o sal e a essência de baunilha. Não incorpore ar na mistura.
Açúcar	112 g	
Sal	1 g	
	(¼ de colher de chá)	2. Adicione o leite, batendo. Retire qualquer espuma que se formar na superfície.
Essência de baunilha	7,5 mL	
	(1½ colher de chá)	3. Coloque as bases de torta cruas no forno preaquecido a 230°C e, com cuidado, despeje o recheio com o auxílio de uma concha. Polvilhe com a noz-moscada.
Leite (ver *Nota*)	600 mL	
Noz-moscada	0,5-0,75 g	
	(¼-½ colher de chá)	4. Asse a 230°C por 15 minutos. Abaixe o forno para 165°C e asse até o recheio firmar – por mais 20 a 30 minutos.

Nota: para um creme mais aveludado, use uma parte de leite e outra de creme de leite fresco.

VARIAÇÃO

RECHEIO CREMOSO DE COCO

Use 70 g de coco ralado (sem açúcar). Espalhe-o na base da torta antes de despejar o recheio. Se preferir, toste-o ligeiramente no forno antes de acrescentar à torta. Omita a noz-moscada.

RECHEIO DE NOZ-PECÃ

Para calcular grandes quantidades, ver página 731.

Rendimento: 962 g de recheio (incluindo as 142 g de nozes-pecã)   Uma torta de 23 cm

Ingredientes	Quantidade	Modo de fazer
Açúcar cristal (ver *Nota*)	200 g	1. Usando o misturador raquete, bata o açúcar, a manteiga e o sal em velocidade baixa até que estejam bem misturados.
Manteiga	60 g	
Sal	1,5 g	
	(¼ de colher de chá)	2. Com a batedeira ligada, junte os ovos aos poucos, batendo bem após cada adição.
Ovos	200 g	
Xarope escuro de glucose de milho	350 g	3. Adicione o xarope de glucose de milho e a essência de baunilha. Bata bem.
	(cerca de 250 mL)	
Essência de baunilha	8 g	4. Para montar as tortas, distribua as nozes na base da torta e despeje o recheio por cima.
	(1½ colher de chá)	
Nozes-pecã	142 g	5. Asse a 220°C por 10 minutos. Reduza a temperatura para 175°C. Asse por mais 30 a 40 minutos, até o recheio firmar.

Nota: pode-se usar açúcar mascavo para dar uma cor mais escura e um sabor mais acentuado ao recheio.

VARIAÇÃO

RECHEIO DE NOZES E MAPLE SYRUP

Troque o xarope escuro de glucose de milho por *maple syrup* puro. Troque as nozes-pecã por nozes comuns picadas.

RECHEIO PARA PUMPKIN PIE (TORTA DE ABÓBORA I)

Para calcular grandes quantidades, ver página 731.

Rendimento: cerca de 2 kg   Duas tortas de 23 cm

Ingredientes	Quantidade	Modo de fazer
Abóbora cozida, escorrida e bem amassada	750 g	1. Coloque a abóbora na tigela de uma batedeira com o misturador globo.
Farinha com baixo teor de glúten	30 g	2. Peneire junto a farinha, as especiarias e o sal.
Canela em pó	4 g	3. Junte a mistura de farinha e açúcar à abóbora. Bata na velocidade 2 até obter um creme liso e homogêneo.
Noz-moscada	1 mL (¼ de colher de chá)	
Gengibre	1 mL (¼ de colher de chá)	4. Incorpore os ovos, batendo. Raspe as laterais da tigela.
Cravo	0,5 mL (⅛ de colher de chá)	5. Mude para a velocidade baixa. Despeje aos poucos a glucose e, em seguida, o leite. Bata bem.
Sal	4 g (⅝ de colher de chá)	
Açúcar mascavo	290 g	6. Deixe o recheio descansar por 30 a 60 minutos.
Ovos (ver *Nota*)	300 g	7. Mexa mais uma vez para misturar bem. Recheie as bases. Asse a 230°C por 15 minutos. Abaixe a temperatura para 175°C e asse até o recheio firmar – por mais 30 a 40 minutos.
Glucose, ou metade glucose, metade melado	60 g	
Leite	600 mL	

Nota: o recheio pronto deve ser deixado em repouso por, pelo menos, 30 minutos antes de ser despejado nas bases das tortas. Isso permite que a abóbora absorva o líquido, produzindo um recheio mais cremoso, menos propenso a separar-se depois de assado. Se o recheio for ficar por mais de 1 hora sem ser usado, junte os ovos apenas quando estiver prestes a rechear as tortas. Se forem acrescentados antes, a acidez da abóbora e a do açúcar mascavo podem coagulá-lo parcialmente.

VARIAÇÃO

RECHEIO DE BATATA-DOCE

Substitua a abóbora por batata doce cozida, escorrida e bem amassada.

RECHEIO PARA SQUASH PIE (TORTA DE ABÓBORA II)

Use outros tipos de abóbora ou uma mistura de dois ou mais tipos – abóbora moranga, menina, japonesa etc.

RECHEIO PARA TORTA DE LIMÃO

Para calcular grandes quantidades, ver página 731.

Rendimento: 750 g   Uma torta de 23 cm

Ingredientes	Quantidade	Modo de fazer
Gemas, pasteurizadas	4	1. Bata ligeiramente as gemas, então junte o leite condensado.
Leite condensado	400 g	
Suco de limão-galego espremido na hora (ver *Nota*)	150 g	2. Acrescente o suco de limão e bata até obter um creme liso.
		3. Despeje o recheio em uma base de torta pré-assada ou em uma base feita com bolacha moída. Leve à geladeira de um dia para o outro. A acidez do limão irá coagular parcialmente as proteínas do ovo e do leite, deixando o recheio firme.
		4. Cubra com creme de leite batido.

Nota: se não encontrar limão-galego, use limão Taiti ou siciliano. Pode-se usar também suco congelado ou de garrafa, desde que seja puro e natural.

A torta de limão clássica tem um recheio de coloração amarelada. Mas, se preferir, adicione uma pequena quantidade de corante alimentício verde.

Recheios cremosos cozidos à base de ovos

Recheios cremosos cozidos à base de ovos são basicamente creme de confeiteiro acrescido de saborizantes como baunilha, chocolate ou coco. O recheio da torta de limão pode ser preparado dessa maneira também, usando água e suco de limão em vez de leite.

Há uma diferença importante entre o creme de confeiteiro tradicional e o recheio cremoso à base de ovos usado para rechear tortas; o último é feito com amido de milho, para que as fatias mantenham sua forma ao serem cortadas. O creme de confeiteiro pode ser feito com farinha, amido de milho ou outros amidos.

Os princípios básicos do preparo do creme de confeiteiro estão descritos no Capítulo 12. Ver páginas 270 e 271 para rever essa informação. Para sua conveniência, a fórmula do creme de confeiteiro sabor baunilha é repetida nesta seção com o título de Recheio cremoso de baunilha para torta. Algumas variações mais conhecidas se seguem à receita básica.

Há um certo debate sobre rechear a base da torta pré-assada com o recheio ainda morno, para que esfrie dentro da massa, ou completamente frio. Para que as fatias da torta fiquem mais bonitas, é melhor usar o recheio ainda morno. Ele esfria formando uma massa lisa e uniforme, que rende fatias de ângulos bem definidos. No entanto, é preciso usar uma boa massa arenosa, que resiste melhor à umidade, ou então a base ficará encharcada. A Massa de torta enriquecida com ovos (p. 289) serve bem a esse propósito. Muitos estabelecimentos preferem rechear a massa de torta pré-assada com o recheio já frio, pouco antes de a torta ser cortada e servida. As fatias não ficam tão bonitas, mas a massa da torta mantém-se seca e é possível usar a massa crocante em vez da arenosa. Neste livro, utilizamos o método que emprega o recheio ainda morno, mas você pode, certamente, utilizar o método que mais se adeque às suas necessidades.

RECHEIO CREMOSO DE BAUNILHA

Para calcular grandes quantidades, ver página 732.

Rendimento: cerca de 500 mL (800 g)   Uma torta de 23 cm

Ingredientes	Quantidade
Leite	500 g
Açúcar	60 g
Gemas	45 g
Ovos inteiros	60 g
Amido de milho	38 g
Açúcar	60 g
Manteiga	30 g
Essência de baunilha	8 g
	(1½ colher de chá)

Modo de fazer

Antes de iniciar o preparo, revise a discussão sobre o creme de confeiteiro na página 270.

1. Em uma panela grossa, dissolva o açúcar no leite e leve ao fogo brando até começar a ferver.

2. Em uma tigela de inox, bata as gemas e os ovos inteiros com um batedor de arame (*fouet*).

3. Peneire o amido de milho e o açúcar dentro da tigela com os ovos. Bata com o batedor de arame até obter um creme bem liso.

4. Faça a temperagem da mistura de ovos. Batendo sem parar, junte o leite quente em um fluxo contínuo e lento.

5. Coloque a mistura de volta na panela e leve ao fogo, mexendo sempre.

6. Quando a mistura começar a ferver e engrossar, retire do fogo.

7. Incorpore a manteiga e a essência de baunilha. Mexa até a manteiga derreter e ser totalmente incorporada.

8. Despeje nas bases de tortas pré-assadas já frias. Espere esfriar e, então, leve à geladeira. As tortas geladas podem ser decoradas com creme de leite batido, usando um saco de confeitar com o bico pitanga.

VARIAÇÕES

RECHEIO CREMOSO DE COCO

Adicione 60 g de coco ralado sem açúcar ligeiramente tostado ao recheio básico.

RECHEIO CREMOSO DE BANANA

Prepare o recheio cremoso de baunilha, encha a base das tortas até a metade, coloque uma camada de rodelas de banana e complete com mais recheio (as bananas podem ser previamente mergulhadas em suco de limão para prevenir que escureçam).

RECHEIO CREMOSO DE CHOCOLATE I

Para calcular grandes quantidades, ver página 732.

Ingredientes	Quantidade
Chocolate amargo	30 g
Chocolate ao leite	30 g

Derreta os chocolates e misture-os ao recheio cremoso de baunilha ainda quente.

RECHEIO CREMOSO DE CHOCOLATE II

Para calcular grandes quantidades, ver página 732.

Ingredientes	Quantidade
Leite	438 mL
Açúcar	60 g
Gemas	45 g
Ovos inteiros	60 g
Leite frio	60 g
Amido de milho	38 g
Chocolate em pó	22 g
Açúcar	60 g
Manteiga	30 g
Essência de baunilha	8 mL

Esta variação usa chocolate em pó em vez de chocolate em barra. Ele é peneirado junto com o amido. Um pouco do leite pode ser incorporado às gemas para que haja líquido suficiente para formar uma pasta com o amido e o chocolate. Siga o modo de fazer da receita básica, mas com os ingredientes acima.

RECHEIO CREMOSO COM AÇÚCAR MASCAVO

Para calcular grandes quantidades, ver página 732.

Ingredientes	Quantidade
Açúcar mascavo	250 g
Manteiga	75 g

Misture o açúcar mascavo com a manteiga em uma panela. Aqueça em fogo baixo, mexendo, até que a manteiga tenha derretido e esteja bem misturada ao açúcar. Prepare a receita básica de recheio cremoso de baunilha, mas omita o açúcar e aumente o amido para 45 g. Quando a mistura começar a ferver no passo 5, junte o açúcar com manteiga e mexa bem. Finalize o preparo como na receita básica.

RECHEIO DE LIMÃO-SICILIANO

Para calcular grandes quantidades, ver página 732.

Ingredientes	Quantidade
Água	400 mL
Açúcar	200 g
Gemas	75 g
Amido de milho	45 g
Açúcar	60 g
Sal	0,5 g (⅛ de colher de chá)
Raspas de limão-siciliano	5 g (2 colheres de chá)
Manteiga	30 g
Suco de limão-siciliano	90 mL

Siga o modo de fazer da receita do recheio cremoso de baunilha, mas com os ingredientes acima. O suco de limão deve ser acrescentado apenas depois que o creme engrossar.

RECHEIO DE MORANGO E RUIBARBO

Para calcular grandes quantidades, ver página 732.

Rendimento: 1.680 g   Duas tortas de 20 cm

Ingredientes	Quantidade
Ruibarbo, fresco ou congelado, em pedaços de 2,5 cm	600 g
Açúcar	360 g
Água	120 g
Gemas	4
Creme de leite fresco	120 g
Amido de milho	45 g
Morangos frescos e limpos, cortados em quatro	480 g

Modo de fazer

1. Em uma panela grossa, misture o ruibarbo, o açúcar e a água. Tampe e leve ao fogo baixo. Espere ferver. O açúcar fará com que o ruibarbo libere suco. Cozinhe até que ele esteja macio e o açúcar dissolvido.
2. Bata as gemas com o creme de leite até que estejam bem misturados. Junte o amido de milho e bata bem.
3. Retire o ruibarbo do fogo. Incorpore à mistura de creme de leite.
4. Leve ao fogo baixo novamente e espere ferver. Cozinhe por cerca de 1 minuto, até engrossar.
5. Despeje em uma tigela e junte os morangos picados. Espere amornar. Mexa novamente para incorporar o suco liberado pelo morango, e então recheie as bases de tortas pré-assadas. Leve à geladeira até firmar.

Recheios aerados para tortas geladas

Os recheios aerados, também chamados de *chiffon*, possuem uma textura leve e fofa, obtida por meio da adição de claras em neve e, em alguns casos, creme de leite batido. As claras em neve e o creme de leite são incorporados a um creme à base de frutas estabilizado com gelatina. Assim como a colocação do recheio dentro da base da torta, isso deve ser feito antes que a gelatina fique firme. Depois que a torta é resfriada para firmar a gelatina, o recheio deve ficar consistente o bastante para ser cortado em fatias bem definidas.

Quando o creme *chiffon* contém claras em neve e creme de leite batido, a maioria dos *chefs* prefere incorporar primeiramente as claras, ainda que um pouco de seu volume seja perdido. A razão para isso é que, se o creme de leite batido for acrescentado antes, há um perigo maior de ser batido em excesso e virar manteiga.

Para uma revisão das técnicas de preparo das claras em neve, ver página 266. Para rever as técnicas de bater creme de leite, ver página 264.

Por questões de segurança, use sempre claras pasteurizadas.

A base cremosa do recheio tipo *chiffon* pode ser de três tipos:

1. **Engrossada com amido.** O procedimento é o mesmo usado para preparar recheios para tortas de frutas com calda ou com fruta pré-cozida, com a diferença de que, neste caso, as frutas são picadinhas ou transformadas em purê. A maioria dos recheios do tipo *chiffon* é preparada dessa forma.

2. **Engrossada com ovos.** O procedimento é o mesmo usado para o *Crème anglaise* (p. 269). Recheios *chiffon* de chocolate e de abóbora às vezes são preparados dessa forma.

3. **Engrossada com ovos e amido.** O procedimento é o mesmo usado para o preparo do creme de confeiteiro ou dos recheios para torta à base desse creme. O recheio *chiffon* de limão costuma ser preparado assim.

Como fazer recheio *chiffon*

1. Prepare a base (A).

2. Amoleça a gelatina no líquido frio. Incorpore à base quente, mexendo até dissolver (B). Leve à geladeira até começar a firmar.

3. Incorpore as claras em neve (C).

4. Incorpore o creme de leite batido, se estiver usando (D).

5. Despeje imediatamente dentro das bases das tortas pré-assadas e leve à geladeira.

Instruções para o uso da gelatina sem sabor

Ainda que alguns recheios *chiffon* contenham amido como único estabilizante, a maioria contém gelatina. A gelatina deve ser preparada corretamente, de modo que esteja dissolvida por completo e incorporada ao recheio. Todas as referências ao uso da gelatina neste livro referem-se à gelatina incolor sem sabor, e não aos pós para sobremesa gelatina.

Além das instruções a seguir, consulte o Capítulo 4 para informações adicionais sobre esse ingrediente. Você encontrará informações sobre como usar gelatina sem sabor em folha e em pó.

1. Pese a gelatina com precisão. A gelatina em excesso rende um produto duro e borrachudo. Gelatina de menos gera um recheio inconsistente, que não mantém sua forma.

2. Não misture abacaxi ou mamão frescos com gelatina, pois essas frutas contêm uma enzima que anula a gelatina. Elas podem ser usadas apenas se estiverem pré-cozidas ou em calda.

3. Para dissolver a gelatina sem sabor, misture-a com água fria para evitar que forme grumos. Deixe em repouso por 5 minutos, para absorver o líquido. Então, leve ao fogo até que esteja completamente dissolvida, ou misture a um líquido quente e mexa até dissolver bem.

4. Depois de dissolver a gelatina no líquido que servirá de base para o recheio, resfrie-a até que comece a tomar consistência. Se a gelatina endurecer, será muito difícil – se não impossível – incorporar as claras em neve uniformemente.

5. Mexa o líquido de vez em quando para que esfrie por igual. Caso contrário, o líquido das beiradas pode começar a firmar antes que o do centro tenha esfriado, o que cria pelotas no produto final.

6. Se a gelatina firmar antes da adição das claras em neve, aqueça um pouco a mistura em banho-maria, mexendo sempre, até que esteja derretida e não haja mais grumos. Espere esfriar novamente.

7. Quando for incorporar as claras em neve e o creme de leite batido, trabalhe rapidamente e sem pausas, senão a gelatina pode começar a endurecer antes que você tenha terminado. Encha as bases das tortas imediatamente, antes que o recheio fique firme.

8. Mantenha as tortas sob refrigeração, especialmente nos dias mais quentes.

Além das receitas a seguir, *bavaroises* e musses (p. 532) também podem ser usados para rechear tortas. Embora as receitas de *bavaroises* contenham gelatina e creme de leite batido, eles não podem ser considerados estritamente *chiffons*, pois não contêm claras em neve. Não obstante, sua textura é similar à do *chiffon*, por causa da consistência aerada que o creme de leite batido lhe confere.

RECHEIO CHIFFON DE MORANGO

Rendimento: 3 kg

Seis tortas de 20 cm   Cinco tortas de 23 cm   Quatro tortas de 25 cm

Ingredientes	Quantidade	Modo de fazer
Morango congelado, adoçado (ver *Nota*)	1.800 g	1. Descongele os morangos sobre uma peneira, reservando o líquido. Pique-os grosseiramente.
Sal	5 g (1 colher de chá)	2. Coloque o suco reservado e o sal em uma panela. Leve ao fogo.
Amido de milho	30 g	3. Dissolva o amido de milho na água e junte ao suco da panela. Cozinhe até engrossar. Retire do fogo.
Água fria	120 mL	
Gelatina incolor sem sabor	30 g	4. Amoleça a gelatina na segunda quantidade de água. Junte à panela com o caldo engrossado e mexa até que esteja completamente dissolvida.
Água fria	240 mL	
Suco de limão	30 mL	5. Junte o suco de limão e os morangos picados.
Claras, pasteurizadas	450 g	6. Leve à geladeira apenas até começar a firmar.
Açúcar	350 g	7. Bata as claras em neve até formar picos moles. Junte o açúcar aos poucos, batendo até obter um merengue consistente e brilhante.

Nota: para usar morangos frescos, corte 1,4 kg de morangos em fatias ou em pedaços pequenos e misture com 450 g de açúcar. Deixe na geladeira por 2 horas. Escorra, reservando o líquido, e siga as instruções da receita básica.

8. Incorpore o merengue à mistura de morango.

9. Despeje nas bases das torta pré-assadas. Leve à geladeira até firmar.

VARIAÇÕES

RECHEIO CREMOSO DE MORANGO

Para obter um recheio mais cremoso, reduza as claras para 350 g. Bata 500 mL de creme de leite fresco e incorpore à mistura depois de juntar o merengue.

RECHEIO CHIFFON DE FRAMBOESA

Substitua os morangos por framboesas na receita básica.

RECHEIO CHIFFON DE ABACAXI

Use 1,4 kg de abacaxi em lata picado. Misture o suco escorrido das fatias já moídas com 500 mL de suco de abacaxi e junte 240 g de açúcar.

RECHEIO CHIFFON DE CHOCOLATE

Rendimento: 3,2 kg

Seis tortas de 20 cm   Cinco tortas de 23 cm   Quatro tortas de 25 cm

Ingredientes	Quantidade	Modo de fazer
Chocolate amargo	300 g	
Água	750 mL	
Gemas	450 g	
Açúcar	450 g	
Gelatina incolor sem sabor	30 g	
Água fria	240 mL	
Claras, pasteurizadas	580 g	
Açúcar	700 g	

Modo de fazer

1. Em uma panela grossa, misture o chocolate e a água. Leve ao fogo médio, mexendo sempre, até obter uma mistura homogênea.

2. Usando o misturador globo, bata as gemas com o açúcar até obter um creme leve e fofo.

3. Com a batedeira ligada, junte o chocolate derretido.

4. Leve a mistura novamente ao fogo e cozinhe em fogo bem baixo, mexendo sempre, até engrossar. Retire do fogo.

5. Amoleça a gelatina na segunda quantidade de água. Junte à panela com o creme de chocolate e mexa até que esteja completamente dissolvida.

6. Leve à geladeira, apenas até começar a firmar.

7. Bata as claras em neve até formar picos moles. Junte a última quantidade de açúcar aos poucos. Continue batendo até formar um merengue consistente e brilhante.

8. Incorpore o merengue à mistura de chocolate.

9. Despeje nas bases de torta pré-assadas. Leve à geladeira até firmar. Mantenha refrigerado.

VARIAÇÃO

RECHEIO CREMOSO DE CHOCOLATE

Para obter um recheio mais cremoso, reduza as claras para 450 g. Bata 500 mL de creme de leite fresco e incorpore à mistura depois de juntar o merengue.

RECHEIO CHIFFON DE ABÓBORA

Rendimento: 3.400 g

Seis tortas de 20 cm   Cinco tortas de 23 cm   Quatro tortas de 25 cm

Ingredientes	Quantidade	Modo de fazer
Abóbora cozida, escorrida e bem amassada	1.200 g	1. Misture o purê de abóbora, o açúcar mascavo, o leite, as gemas, o sal e as especiarias. Mexa até obter uma mistura homogênea.
Açúcar mascavo	600 g	2. Leve ao fogo em banho-maria. Cozinhe, mexendo sempre, até engrossar, ou até que a temperatura da mistura atinja 85°C. Retire do fogo.
Leite	350 g	
Gemas	350 g	
Sal	5 g (1 colher de chá)	
Canela em pó	7 g (3½ colheres de chá)	3. Amoleça a gelatina na água. Junte à mistura quente e mexa até que esteja totalmente dissolvida.
Noz-moscada ralada (ou em pó)	4 g (2 colheres de chá)	4. Leve à geladeira, apenas até começar a firmar.
Gengibre em pó	2 g (1 colher de chá)	5. Bata as claras em neve até formar picos moles. Aos poucos, junte o açúcar, batendo até obter um merengue consistente e brilhante.
Gelatina incolor sem sabor	30 g	6. Incorpore o merengue à mistura de abóbora.
Água fria	240 mL	7. Coloque o recheio nas bases de torta pré-assadas. Leve à geladeira até firmar.
Claras, pasteurizadas	450 g	
Açúcar	450 g	

RECHEIO CREMOSO DE ABÓBORA

Para obter um recheio mais cremoso, reduza as claras para 350 g. Bata 500 mL de creme de leite fresco e incorpore à mistura depois de juntar o merengue.

RECHEIO CHIFFON DE LIMÃO-SICILIANO

Rendimento: 3.200 g

Seis tortas de 20 cm · Cinco tortas de 23 cm · Quatro tortas de 25 cm

Ingredientes	Quantidade
Água	750 mL
Açúcar	240 g
Gemas	350 g
Água fria	120 mL
Amido de milho	90 g
Açúcar	240 g
Raspas de limão	15 g
Gelatina incolor sem sabor	30 g
Água fria	250 mL
Suco de limão	350 mL
Claras, pasteurizadas	450 g
Açúcar	450 g

Modo de fazer

1. Dissolva o açúcar na água e leve ao fogo.
2. Bata as gemas com a segunda quantidade de água, o amido de milho, o açúcar e as raspas de limão até obter uma mistura homogênea.
3. Batendo sempre, junte a calda fervente à mistura de gemas em um fluxo contínuo e lento.
4. Coloque a mistura de volta na panela e leve ao fogo novamente, mexendo sem parar.
5. Assim que começar a ferver e engrossar, retire do fogo.
6. Amoleça a gelatina na terceira quantidade de água.
7. Junte à mistura da panela ainda quente. Mexa até dissolver.
8. Junte o suco de limão.
9. Leve à geladeira apenas até começar a firmar.
10. Bata as claras em neve até formar picos moles. Junte o açúcar aos poucos, batendo até obter um merengue consistente e brilhante.
11. Incorpore o merengue à mistura de limão.
12. Recheie as bases de torta pré-assadas. Leve à geladeira até firmar.

VARIAÇÕES

RECHEIO CHIFFON DE LIMÃO TAITI

Substitua o suco e as raspas de limão-siciliano por limão Taiti.

RECHEIO CHIFFON DE LARANJA

Faça os seguintes ajustes aos ingredientes:

Use suco de laranja em vez de água no passo 1.

Omita os primeiros 240 g de açúcar.

Substitua as raspas de limão por raspas de laranja.

Reduza a quantidade de suco de limão para 120 mL.

PROBLEMAS COM AS TORTAS DOCES E SUAS CAUSAS

Para amenizar os problemas mais comuns das tortas doces, consulte o guia a seguir e tente identificar as causas possíveis para corrigir o procedimento.

Problemas	Causas
MASSA	
Massa dura demais	Menos gordura que o necessário
	Menos líquido que o necessário
	Farinha de trigo muito forte
Massa borrachuda	Tempo de mistura excessivo
	Menos gordura que o necessário
	Farinha de trigo muito forte
	Massa muito retrabalhada, ou uso excessivo de sobras de massa
	Muita água
Massa esfarelenta	Menos água que o necessário
	Excesso de gordura
	Procedimento impróprio de mistura
	Farinha de trigo muito fraca
Massa sem crocância	Menos gordura que o necessário
	Gordura incorporada em excesso
	Tempo de mistura excessivo ou massa muito trabalhada com o rolo
	Massa ou ingredientes em temperatura muito alta
Fundo cru ou encharcado	Temperatura do forno muito baixa; aquecimento insuficiente da base da torta
	Recheio colocado quente na base da torta
	Torta assada menos tempo que o necessário
	Escolha errada da massa (use massa arenosa para preparar a base das tortas)
	Pouco amido no recheio à base de frutas
Encolhimento	Massa trabalhada em excesso
	Menos gordura que o necessário
	Farinha de trigo muito forte
	Água em excesso
	Massa esticada ao ser colocada na forma
	Massa não descansou
RECHEIO	
Vazamento	Não há orifícios na massa para a saída do vapor
	A massa que cobre a torta não foi bem selada à massa da base
	Temperatura do forno muito baixa
	Fruta muito ácida
	Recheio colocado quente na base da torta
	Pouco amido no recheio à base de frutas
	Excesso de açúcar no recheio
	Excesso de recheio
Recheios cremosos e à base de ovos talhados	Assamento excessivo

TERMOS PARA REVISÃO

massa crocante

massa arenosa

biscoito moído

tortas de massa crua

tortas de massa pré-assada

treliça de massa

amido pré-gelatinizado

método com calda
  pré-cozida

método com fruta
  pré-cozida

frutas sem líquido de
  cobertura

frutas em compota

frutas com líquido de
  cobertura

frutas em calda

peso drenado

QUESTÕES PARA DISCUSSÃO

1. Discuta os fatores que afetam a maciez, a dureza e a crocância das massas de torta. Por que a gordura emulsificada não deve ser usada no preparo de massas de torta?

2. Enumere algumas vantagens e desvantagens em relação ao uso de manteiga em massas de tortas.

3. O que aconteceria com uma massa de torta crocante se ela fosse misturada em excesso antes de ser acrescentada a água? E depois de acrescentada a água?

4. Descreva a diferença entre uma massa arenosa e uma crocante.

5. Que tipo de massa você usaria para a *pumpkin pie*? E para a torta de maçã? E para uma torta cremosa de banana?

6. Como é possível prevenir o encolhimento das massas de torta pré-assadas sem o recheio?

7. Como é possível evitar que a base da torta fique encharcada ou crua?

8. Que tipo de amido você usaria para engrossar um recheio de torta de maçã? E um de torta cremosa de chocolate? De torta limão? De torta de pêssego?

9. Por que o suco de limão do recheio cremoso de torta de limão deve ser acrescentado apenas depois de o creme ter engrossado? Isso não deixaria o creme com uma consistência rala?

10. Por que o método com calda pré-cozida costuma ser o mais empregado quando se prepara recheios usando frutas em conserva?

11. O que pode dar errado quando você prepara um recheio de mirtilo com frutas parcialmente congeladas?

12. Como pode ser testado o cozimento de recheios à base de ovos?

Capítulo 14

Noções básicas sobre massas doces

Massas doces consistem em uma mistura de farinha, líquido e gordura. Em confeitaria, a maioria dos produtos é feita a partir de receitas como as apresentadas neste capítulo.

Já discutimos anteriormente dois tipos fundamentais de massas: as massas levedadas, como a de *croissant*, nos Capítulos 6 e 9, e as massas de tortas, no Capítulo 13. Além dessas duas, os tipos mais importantes são as massas secas (usadas para fazer biscoitos e tarteletes), a massa folhada, também conhecida por *pâte feuilletée*, e a massa de bomba, também conhecida como *pâte à choux*. Esses três tipos de massa serão introduzidos neste capítulo. Também falaremos da massa de *Strudel* e da massa filo, que são importantes para o preparo de algumas especialidades culinárias. Por fim, abordaremos os suspiros e outras massas doces à base de merengue. Elas não são propriamente um tipo de massa, já que não são feitas de farinha. Mas servem aos mesmos propósitos de uma massa doce, podendo ser recheadas com cremes, frutas e caldas para criar uma infinidade de sobremesas.

Este capítulo concentra-se na produção das massas em si. É importante dominar as técnicas de produção destes itens para, então, empregá-los na montagem de sobremesas mais elaboradas. Algumas aplicações simples da massa folhada e da massa de bomba estão incluídas aqui para que você pratique seu preparo. Além disso, a seção que trata das massas de *Strudel* e filo inclui exemplos de sobremesas e doces feitos com essas massas. Uma vez compreendidos os fundamentos, avance para o próximo capítulo, em que estas massas são usadas para preparar sobremesas e doces finos.

Após ler este capítulo, você deverá ser capaz de:

1. Preparar massas arenosas e crocantes.

2. Preparar os três tipos de massa folhada – folhado básico, folhado rápido e folhado invertido – e produzir iguarias simples com essas massas.

3. Preparar massa de bomba (*pâte à choux*) e iguarias simples com essa massa.

4. Preparar massa de *Strudel*, trabalhar com massa filo comprada pronta e preparar iguarias com essas massas.

5. Assar merengues e massas merengadas e montar sobremesas simples com essas preparações.

MASSAS ARENOSAS E CROCANTES

A qualidade de uma massa de torta que será fartamente recheada – como nas receitas apresentadas no capítulo anterior – parece não ser tão importante como em certos tipos de tortas e biscoitos. Nas *tartes* – tortas abertas delicadas e com pouco recheio – a massa é um elemento de destaque no produto final; não serve apenas como receptáculo para um dado recheio, como parece ser o caso da maioria das tortas do Capítulo 13. Assim, as melhores massas para esse tipo de torta são feitas somente com manteiga, nunca gordura vegetal, e em geral enriquecidas com ovos e açúcar.

Esta seção inclui dois tipos de massa, que diferem quanto ao método de mistura empregado. **Pâte brisée** ("massa quebrada", em francês) é uma massa misturada da mesma forma que as massas de torta – isto é, a gordura é primeiramente misturada com a farinha. A crocância da massa depende do quanto a manteiga é incorporada à farinha. Faça uma revisão dos métodos de produção das massas de tortas (p. 286 a 288), se necessário. Ao comparar as fórmulas da *pâte brisée* e da Massa de torta enriquecida com ovos (p. 289), é possível verificar que são muito semelhantes. Em geral, a *pâte brisée* é usada para tortas grandes.

As demais massas deste capítulo são preparadas pelo método cremoso de mistura (p. 220), em que, primeiramente, são misturados a gordura e o açúcar. Este método também é usado para preparar *cookies* e bolos. Na verdade, a maioria dos biscoitos também é feita com este tipo de massa. Por serem mais frágeis e mais difíceis de trabalhar, as massas preparadas pelo método cremoso são mais usadas para itens pequenos, como tarteletes e *petits fours*.

PÂTE BRISÉE

Para calcular grandes quantidades, ver página 733.

Ingredientes	Quantidade	%	Modo de fazer
Farinha de trigo especial para biscoito	400 g	100	1. Peneire a farinha, o sal e o açúcar em uma bacia de fundo arredondado.
Sal	10 g (2 colheres de chá)	2,5	2. Corte a manteiga em cubinhos. Misture-a com a farinha, usando a ponta dos dedos, até obter uma farofa fina. Faça um buraco no centro.
Açúcar	10 g (2 colheres de chá)	2,5	
Manteiga, gelada	200 g	50	3. Bata os ovos com a água, a essência de baunilha e as raspas de limão. Despeje dentro do buraco feito na farinha. Amasse até obter uma massa macia.
Ovos	130 g	33	
Água	20 g (4 colheres de chá)	10	
Essência de baunilha	4 gotas		4. Vire a massa sobre uma superfície polvilhada com um pouco de farinha. Amasse ligeiramente, apenas até obter uma massa lisa e homogênea.
Raspas de limão	4 g (1½ colher de chá)	1	
Peso total:	**774 g**	**199%**	5. Enrole em filme plástico e leve à geladeira por pelo menos 30 minutos antes de usar.

PÂTE SABLÉE

Para calcular grandes quantidades, ver página 733.

Ingredientes	Quantidade	%
Manteiga, amolecida	150 g	67
Açúcar de confeiteiro	75 g	33
Raspas de limão	1 g	0,5
	(½ colher de chá)	
Essência de baunilha	2 gotas	
Ovos, batidos	25 g	11
Farinha de trigo especial para biscoito	225 g	100
Peso total:	*475 g*	*211%*

Modo de fazer

1. Bata a manteiga com o açúcar de confeiteiro, as raspas de limão e a essência de baunilha até obter um creme esbranquiçado e fofo.
2. Acrescente os ovos aos poucos, batendo bem após cada adição.
3. Adicione a farinha. Usando uma raspadeira, incorpore-a com cuidado, até obter uma massa macia.
4. Enrole em filme plástico e achate a massa com as mãos. Leve à geladeira até firmar.

VARIAÇÃO

MASSA SABLÉE DE CHOCOLATE

Para calcular grandes quantidades, ver página 733.

Ingredientes	Quantidade	%
Manteiga	150 g	86
Açúcar de confeiteiro	75 g	43
Raspas de laranja	2 g (1 colher de chá)	0,2
Ovos, batidos	50 g	28
Farinha de trigo especial para biscoito	175 g	100
Chocolate em pó	30 g	17

Altere os ingredientes da receita original e siga o procedimento básico. Peneire o chocolate com a farinha.

PÂTE SUCRÉE

Para calcular grandes quantidades, ver página 733.

Ingredientes	Quantidade	%
Manteiga, amolecida	250 g	62,5
Açúcar de confeiteiro	100 g	25
Sal	2 g	0,5
	(⅓ de colher de chá)	
Raspas de limão	2 g	0,5
	(¾ de colher de chá)	
Essência de baunilha	4 gotas	
Ovos, batidos	100 g	25
Farinha de trigo especial para biscoito	400 g	100
Peso total:	*854 g*	*213%*

Modo de fazer

1. Bata a manteiga com o açúcar de confeiteiro, o sal, as raspas de limão e a essência de baunilha até obter um creme esbranquiçado e fofo.
2. Adicione os ovos aos poucos, batendo bem após cada adição.
3. Acrescente a farinha. Com uma raspadeira, incorpore-a com cuidado, até obter uma massa macia.
4. Enrole em filme plástico e achate a massa com as mãos. Leve à geladeira até firmar.

MASSA SECA DE CORTE I

Para calcular grandes quantidades, ver página 733.

Ingredientes	Quantidade	%	Modo de fazer
Manteiga, ou manteiga e gordura hidrogenada	250 g	67	1. Com o misturador raquete, bata a manteiga, o açúcar e o sal em velocidade baixa até que estejam bem misturados.
Açúcar	90 g	25	2. Adicione os ovos e bata apenas até incorporá-los.
Sal	2 g (¼ de colher de chá)	0,5	3. Peneire a farinha e junte à mistura. Bata até obter uma massa lisa.
Ovos	70 g	19	4. Leve à geladeira por várias horas antes de usar.
Farinha de trigo especial para biscoito	375 g	100	
Peso total:	**787 g**	**211%**	

MASSA SECA DE AMÊNDOAS

Para calcular grandes quantidades, ver página 733.

Ingredientes	Quantidade	%	Modo de fazer
Manteiga	200 g	80	1. Com o misturador raquete, bata a manteiga, o açúcar e o sal em velocidade baixa até que estejam bem misturados. Não bata até o creme ficar fofo.
Açúcar	150 g	60	
Sal	2,5 g (½ colher de chá)	1	2. Adicione a farinha de amêndoa e misture.
Farinha de amêndoa	125 g	50	3. Acrescente os ovos e a essência de baunilha. Misture apenas até incorporá-los.
Ovos	42 g	16,5	
Essência de baunilha	1,25 g (¼ de colher de chá)	0,5	4. Peneire a farinha e junte à mistura. Bata até obter uma massa lisa.
Farinha de trigo especial para biscoito	250 g	100	5. Leve à geladeira por várias horas antes de usar.
Peso total:	**770 g**	**308%**	

MASSA DE LINZERTORTE I

Para calcular grandes quantidades, ver página 733.

Ingredientes	Quantidade	%
Canela em pó	1,5 g (1⅛ colher de chá)	0,6
Noz-moscada	0,25 g (⅛ de colher de chá)	0,1

Use avelã ou amêndoa moída, ou uma mistura das duas. Misture a canela e a noz-moscada com o sal no passo 1.

MASSA DE LINZERTORTE II

Prepare como a Massa de Linzertorte I, mas em vez de ovos crus, use gema de ovo cozido duro passada por uma peneira bem fina.

MASSA SECA DE CORTE II

Para calcular grandes quantidades, ver página 734.

Ingredientes	Quantidade	%	Modo de fazer
Manteiga	150 g	60	1. Com o misturador raquete, misture a manteiga, o açúcar, o sal, a baunilha e a farinha de amêndoa.
Açúcar	100 g	40	
Sal	2 g (⅓ de colher de chá)	0,8	2. Acrescente os ovos e a farinha. Mexa apenas até que estejam incorporados.
Baunilha em pó	2 g	0,8	3. Leve à geladeira por várias horas antes de usar.
Farinha de amêndoa	30 g	12	
Ovos	50 g	22	
Farinha de trigo especial para biscoito	250 g	100	
Peso total:	**584 g**	**213%**	

MASSA FOLHADA

A massa folhada é um dos produtos mais impressionantes da confeitaria. Embora não contenha nenhum tipo de fermento, pode aumentar em até oito vezes o seu tamanho original ao ser assada.

É um tipo de **massa laminada**, como a de *croissant* e de *danish*. Isso significa que é feita de muitas camadas de gordura intercaladas com camadas de massa. Ao contrário da massa de *croissant*, no entanto, ela não contém fermento. O vapor, gerado pela umidade que desprende da massa quando aquecida, é responsável pelo incrível crescimento da massa folhada (ver p. 112 para uma discussão geral sobre as massas laminadas).

Como a massa folhada é formada por mais de mil camadas, muitas mais que a massa de *croissant*, o processo de laminação é muito mais trabalhoso e delicado.

Como ocorre com a maioria dos produtos, há tantas versões da massa folhada quanto há confeiteiros. Tanto as fórmulas quanto as técnicas de laminação variam. A fórmula fornecida aqui não contém ovos, por exemplo, mas alguns *chefs* fazem questão de acrescentá-los à massa.

A seguir estão ilustrados dois métodos para incorporar a gordura e dois métodos para abrir a massa.

A manteiga é a gordura preferida por causa de seu sabor e porque ela derrete prontamente na boca. Há também margarinas e gorduras especiais para folhados no mercado. Elas tornam o trabalho mais fácil, pois não ficam tão duras quando geladas nem derretem tanto em temperaturas mais altas, como ocorre com a manteiga. Além disso, são mais baratas. No entanto, pode ser desagradável comer uma massa folhada preparada com essas gorduras, uma vez que grudam na boca.

A quantidade de gordura incorporada à massa pode variar de 50 a 100% do peso da farinha, ou seja, 500 g a 1 kg de gordura para cada quilo de farinha. Se uma quantidade menor de gordura for usada, a massa deve ser deixada um pouco mais grossa ao ser aberta. A massa folhada com pouca gordura não cresce tanto e pode fazê-lo de forma desigual. Isso acontece porque há menos gordura entre as camadas de massa, de maneira que estão mais propensas a grudarem umas nas outras.

As fotos nesta seção mostram em detalhe os procedimentos de preparo e laminação da massa. O quadro a seguir mostra o passo a passo do preparo da massa folhada usando o método de **voltas duplas**. Um outro método usado para dobrar e abrir a massa é mostrado na sequência. Por fim, um **método alternativo de incorporação** da manteiga à massa é mostrado no último quadro.

As fórmulas do **folhado rápido** e do **folhado invertido** também são apresentadas. O folhado rápido é na verdade uma massa de torta comum aberta e dobrada como uma massa folhada. É mais fácil e rápido de fazer que a massa folhada clássica. Não cresce muito, e sua textura não é tão delicada – por isso não deve ser usado nos casos em que uma massa mais leve é desejável. No entanto, a massa fica crocante e laminada depois de assada e pode ser usada para preparar **mil-folhas** e vários tipos de sobremesa em que é intercalada com cremes e recheios.

O folhado invertido é mais incomum e de preparo bastante difícil. Como seu nome sugere, a massa e a gordura são invertidos – isto é, a gordura (acrescida de farinha) envolve a massa, em vez de a massa envolver a gordura. Embora seja de preparo mais difícil, pode ser feito e assado sem um período final de descanso, pois encolhe menos que a massa folhada clássica.

Como preparar massa folhada

1. Faça um monte com a farinha, abra um buraco no centro e despeje aí os ingredientes líquidos.

2. Incorpore os ingredientes secos aos líquidos até formar uma bola.

3. Trabalhe até obter uma massa lisa. Leve à geladeira por 30 minutos. Abra a massa em um retângulo grande.

4. Para preparar a manteiga, golpeie-a com o rolo para amaciar.

5. Forme um retângulo com ela. Alise a superfície com o rolo até obter um retângulo que tenha dois terços do tamanho da massa.

6. Coloque a manteiga sobre a massa, de maneira que cubra os dois terços da parte inferior da massa.

7. Dobre o terço superior da massa sobre a manteiga, de modo que cubra metade dela.

8. Dobre a parte de baixo do retângulo para cima. Agora a manteiga está encapsulada.

9. Para dar a primeira volta dupla na massa, abra-a primeiramente em um retângulo comprido. Antes de abrir, dê algumas batidas na massa com o rolo, para distribuir melhor a manteiga.

10. Antes de dobrar, sempre elimine o excesso de farinha da superfície com uma espanadeira.

11. Começando pelo lado de cima, dobre a quarta parte da massa em direção ao centro.

12. Faça o mesmo com a parte de baixo.

13. Para finalizar, dobre a massa ao meio novamente.

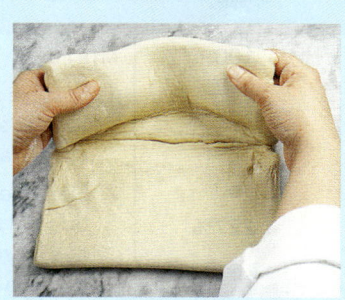

Método alternativo: laminação com voltas simples

1. Dobre a massa em três, como no procedimento de laminação das massas de *croissant* e *danish* (p. 195).

2. Corrija o formato do retângulo com a ajuda do rolo.

Método alternativo de incorporação da manteiga

1. Abra a massa formando uma cruz, deixando a porção central mais grossa.

2. Coloque a manteiga, em forma de quadrado, no centro. Dobre uma das pontas de massa sobre ela, cobrindo-a.

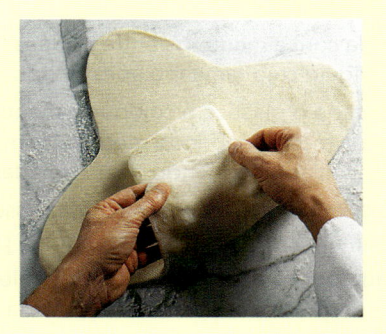

3. Dobre as três pontas restantes, envolvendo-a.

FOLHADO CLÁSSICO
(PÂTE FEUILLETÉE CLASSIQUE)

Para calcular grandes quantidades, ver página 734.

Ingredientes	Quantidade	%	Modo de fazer
Farinha de trigo para pão	500 g	100	
Sal	10 g	2	
Manteiga, derretida	75 g	15	
Água	250 g	50	
Manteiga, para laminar	300 g	60	
Peso total:	*1.135 g*	*227%*	

MISTURA

1. Misture a farinha e o sal. Faça um monte com a farinha sobre uma superfície de trabalho e abra um buraco no meio.

2. Despeje dentro do buraco a manteiga derretida e a água. Aos poucos, incorpore a farinha aos ingredientes líquidos, trabalhando de dentro para fora, até formar uma massa.

3. Trabalhe um pouco a massa, somente até ficar lisa. Não amasse demais, senão ela ficará muito elástica e difícil de ser trabalhada. Forme uma bola lisa com a massa.

4. Decida qual método será usado para laminar a massa (ver a seguir). Se for usar o método 1, enrole a massa em filme plástico e leve à geladeira por 30 minutos. Se for usar o 2, corte um xis na superfície da bola de massa e enrole-a em filme plástico. Deixe descansar na geladeira por 30 minutos.

LAMINAÇÃO – MÉTODO 1

1. Abra a massa em um retângulo grande.

2. Coloque a manteiga entre 2 pedaços de filme plástico. Golpeie-a com o rolo para amaciá-la. Reserve, enquanto abre a massa.

3. Ainda com a manteiga entre as duas folhas de filme plástico, abra-a com o rolo, acertando as laterais, até obter um retângulo cujo tamanho aproximado corresponda a dois terços do retângulo de massa.

4. Descarte o plástico e coloque a manteiga sobre os dois terços inferiores do retângulo de massa. Dobre o terço superior da massa, cobrindo metade da manteiga. Dobre o terço inferior em direção ao centro. A manteiga está agora encapsulada, formando duas camadas de manteiga intercaladas em três camadas de massa.

5. Dê quatro voltas duplas na massa. Isso a deixará com 1.028 camadas de massa e manteiga. Deixe descansar em um lugar fresco entre uma volta e outra, para que o glúten relaxe.

   Outra opção é dar cinco voltas simples na massa, totalizando 833 camadas. Se preferir, dobre esse número de camadas simplesmente dobrando a massa ao meio após a última volta simples. Isso é preferível a dar a sexta volta simples na massa – o que resultaria em cerca de 2.400 camadas –, pois a massa pode não crescer de forma apropriada quando as camadas são finas assim.

LAMINAÇÃO – MÉTODO 2

1. Usando o xis cortado na superfície da massa, abra-a com o rolo em forma de uma cruz de quatro braços largos e iguais. Deixe a massa mais espessa no centro.

2. Coloque a manteiga entre dois pedaços de papel-manteiga ou filme plástico. Golpeie-a de leve com o rolo, para amaciá-la. Então abra até obter um quadrado de cerca de 2 cm de espessura. O quadrado de manteiga deve ser menor que o espaço reservado a ele no centro da massa, para que a manteiga possa ser totalmente encapsulada no passo 3.

3. Coloque o quadrado de manteiga no centro da cruz de massa. Dobre os quatro braços da cruz sobre ela, encapsulando-a totalmente, como um envelope.

4. Dê seis voltas simples na massa. Deixe descansar em lugar fresco entre uma volta e outra, para que o glúten relaxe. Isso deixará a massa com 1.459 camadas de massa e manteiga.

FOLHADO BÁSICO

Para calcular grandes quantidades, ver página 734.

Ingredientes	Quantidade	%
Farinha de trigo para pão	375 g	75
Farinha de trigo especial para bolo	125 g	25
Manteiga, amolecida	60 g	12,5
Sal	8 g	1,5
Água fria	282 g	56
Manteiga	500 g	100
Farinha de trigo para pão (ver Nota)	60 g	12,5
Peso total:	**1.410 g**	**282%**

Modo de fazer

MISTURA

1. Coloque a primeira quantidade de farinha e manteiga na tigela da batedeira. Com o misturador raquete, bata em velocidade baixa até misturar bem.

2. Dissolva o sal na água fria.

3. Adicione a água salgada à mistura de farinha e bata em velocidade baixa até formar uma bola macia. Não misture demais.

4. Retire a massa da tigela e deixe descansar na geladeira ou na câmara fria por 20 minutos.

5. Bata a segunda quantidade de manteiga e de farinha em velocidade baixa até que a mistura fique com a mesma consistência da massa – nem muito macia, nem muito dura.

6. Incorpore a manteiga à massa seguindo o procedimento descrito nas páginas 322 e 323. Dê quatro voltas duplas na massa, ou cinco voltas simples.

Nota: o propósito da segunda quantidade de farinha de trigo é absorver um pouco da umidade da manteiga, ajudando a deixar a massa mais fácil de trabalhar. Omita essa farinha caso a temperatura ambiente seja baixa, ou caso você esteja usando manteiga para folhado em vez de manteiga comum.

VARIAÇÃO

A manteiga usada na laminação pode ser reduzida a 75%, ou a um mínimo de 50%. Se for reduzida, deve-se diminuir também a segunda quantidade de farinha (que é misturada a essa manteiga) na mesma proporção, ou seja, para um oitavo do peso da manteiga.

FOLHADO RÁPIDO

Ingredientes	Quantidade	%
Farinha de trigo para pão	250 g	50
Farinha de trigo especial para biscoito	250 g	50
Manteiga, levemente amolecida	500 g	100
Sal	8 g	1,5
Água fria	250 g	50
Peso total:	**1.258 g**	**251%**

Modo de fazer

1. Em uma tigela, peneire junto as farinhas.

2. Adicione a manteiga com a ponta dos dedos, como na massa para torta, mas deixe algumas pelotas bem grandes (com cerca de 2,5 cm).

3. Dissolva o sal na água fria.

4. Junte à mistura de farinha e manteiga. Mexa apenas até a água ser absorvida.

5. Deixe a massa descansar por 15 minutos. Leve à geladeira, se a temperatura ambiente for alta.

6. Polvilhe a superfície de trabalho com um pouco de farinha e abra a massa em um retângulo. Dê três voltas duplas na massa.

VARIAÇÃO

Reduza a manteiga para 75% (375 g).

FOLHADO INVERTIDO
(PÂTE FEUILLETÉE INVERSÉE)

Ingredientes	Quantidade	%	Modo de fazer
Manteiga	500 g	100	
Farinha de trigo para pão	250 g	50	
Farinha de trigo para pão	500 g	100	
Sal	25 g	5	
Água	270 g	54	
Manteiga, derretida	175 g	35	
Peso total:	*1.720 g*	*344%*	

Modo de fazer

1. Misture a primeira quantidade de farinha e de manteiga em um tigela, manualmente ou com o misturador raquete, até obter uma massa lisa e homogênea.

2. Abra a mistura de manteiga e farinha entre duas folhas de papel-manteiga em um retângulo grande de 2 cm de espessura. Leve à geladeira por 30 minutos.

3. Misture os demais ingredientes até obter uma massa, seguindo as instruções dos passos 1 e 2 da fórmula do folhado clássico. Embrulhe em filme plástico e leve à geladeira por 30 minutos.

4. Abra a massa em um retângulo com metade do tamanho do retângulo de manteiga.

5. Coloque a massa sobre a metade superior do retângulo de manteiga. Usando o papel-manteiga para dar sustentação à mistura de manteiga, dobre-a sobre a massa, encapsulando-a totalmente.

6. Leve à geladeira por 30 minutos.

7. Dê cinco voltas simples na massa. Certifique-se de que a bancada está bem enfarinhada para que a manteiga não grude.

Como modelar e assar iguarias feitas com massa folhada

1. A massa deve estar fria e firme para ser aberta e cortada. Se estiver muito macia, as camadas podem grudar umas nas outras ao serem cortadas, impedindo o crescimento.

2. Corte de cima para baixo, com firmeza e de um só golpe. Use uma ferramenta de corte afiada.

3. Evite tocar as bordas cortadas com os dedos, para que as camadas não grudem.

4. Para um melhor crescimento, coloque as unidades cortadas de cabeça para baixo na assadeira. Até mesmo ferramentas afiadas podem esmagar as primeiras camadas, fazendo com que grudem. Ao colocar as unidades cortadas de ponta-cabeça, essas camadas ficam na parte de baixo.

5. Não deixe que o ovo usado para pincelar a superfície escorra pelas laterais. Ele pode fazer com que as camadas grudem.

6. Deixe que os itens cortados descansem por 30 minutos ou mais em um local fresco ou na geladeira antes de assar. Isso faz com que o glúten relaxe, reduzindo o encolhimento.

7. As sobras podem ser juntadas, desde que as camadas sejam mantidas em um mesmo sentido. Depois de serem abertas e dobradas com uma volta simples, podem ser usadas novamente, mas não crescerão muito.

8. A temperatura do forno mais adequada para assar folhados é entre 200 e 220°C. Temperaturas mais baixas não produzirão o vapor necessário para o crescimento da massa. Temperaturas mais altas formarão muito rapidamente uma casca no produto.

9. Produtos maiores como os Pithiviers (p. 369) são mais difíceis de assar que os pequenos. Para evitar que fiquem crus e encharcados no interior, comece a assá-los em uma temperatura mais alta, até que estejam bem crescidos. Então abaixe o forno para cerca de 175°C e espere que assem até ficarem crocantes.

Produtos doces à base de massa folhada

As seguintes receitas incluem instruções para preparar produtos simples à base de massa folhada, inclusive alguns *petits fours*. Se algo não der certo, consulte a tabela de possíveis problemas e soluções a seguir.

Problemas com as massas folhadas e suas causas

Problemas	Possíveis causas
Encolhe ao assar	A massa não relaxou antes de ir ao forno
Cresce pouco	Gordura a mais ou a menos
	Massa aberta muito fina, ou dobrada muitas vezes
	Forno muito quente ou frio demais
Cresce de forma irregular	Processo de laminação incorreto
	Gordura mal distribuída na massa
	A massa não relaxou antes de ir ao forno
	Aquecimento desigual do forno
Gordura escorre da massa durante o assamento	Gordura em demasia
	Número de voltas insuficiente
	Forno muito frio
	(*Nota*: é normal que um pouco da gordura escorra da massa, mas não em excesso.)

CATA-VENTOS DE MASSA FOLHADA

Componentes	Modo de fazer
Massa folhada Ovo para pincelar Recheios de frutas	1. Abra a massa folhada em uma espessura de 3 mm. 2. Corte em quadrados de 12 cm, ou do tamanho desejado. 3. Partindo das pontas, faça quatro cortes diagonais em direção ao centro, parando a 5 cm do meio. Pincele toda a massa com ovo. 4. Dobre uma ponta sim outra não em direção ao centro, apertando para que grudem bem, como no procedimento usado para os cata-ventos de massa de *danish* (p. 212). 5. Pincele novamente com ovo. 6. Escolha um recheio consistente, que não escorra ao ser assado (ver passo 9). Coloque uma colherada no centro de cada cata-vento. 7. Asse a 200°C até a massa estufar e dourar. 8. Deixe esfriar. Polvilhe com açúcar de confeiteiro. 9. Os cata-ventos também podem ser recheados depois de assados. Este método é o mais usado para recheios que possam escorrer ou queimar durante o assamento.

VOL-AU-VENT

Componentes	Modo de fazer
Massa folhada Ovo para pincelar	1. Abra uma parte da massa folhada em uma espessura de 3 mm. 2. Abra a segunda parte em uma espessura de 6 mm. 3. Corte o mesmo número de discos em cada uma delas com um cortador de 7,5 cm de diâmetro. 4. Com um cortador de 5 cm de diâmetro, recorte o centro dos discos mais grossos de massa.

5. Pincele os discos de massa mais finos com água ou ovo e coloque um anel de massa mais grossa sobre cada um. Pincele a superfície do anel de massa com ovo, com cuidado para não escorrer nas laterais. Deixe descansar por 30 minutos.

6. Coloque um pedaço de papel-manteiga untado sobre os *vol-au-vents*, para evitar que tombem durante o assamento.

7. Asse a 200°C até a massa ficar bem dourada e crocante.

PASTEIZINHOS DE MASSA FOLHADA

Componentes	Modo de fazer
Massa folhada Recheios de frutas Ovo para pincelar ou Leite/água e açúcar cristal	1. Abra a massa folhada em uma espessura de 3 mm. 2. Corte em quadrados de 10 cm. Pincele as bordas com água. 3. Coloque uma porção do recheio desejado no centro de cada quadrado. 4. Dobre na diagonal e aperte bem para selar as bordas. Com a ponta de uma faca, faça 2 ou 3 furos na superfície para permitir a saída do vapor. Deixe descansar por 30 minutos. 5. Pincele com ovo ou, se preferir, pincele com água/leite e polvilhe com açúcar cristal. 6. Asse a 200°C até a massa ficar bem dourada e crocante.

❊⟩ MIL-FOLHAS ⟨❊

Em inglês, essa sobremesa de massa folhada intercalada com creme tem o nome de *napoleon*. Mas qual seria sua relação com o imperador francês Napoleão Bonaparte? Na verdade, nenhuma. O nome originou-se do adjetivo francês *napolitain*, isto é, "relativo ou pertencente à cidade italiana de Nápoles". Acreditava-se que a sobremesa tinha sido inventada lá. Um nome mais adequado em inglês teria sido, portanto, *Napolitan*.

O fato é que a sobremesa pode ter sido inventada por Carême (p. 7), e não por confeiteiros de Nápoles. Talvez ele estivesse preparando uma sobremesa que, em sua opinião, tinha um estilo napolitano.

O mais curioso é o fato de que nem mesmo em francês o nome da sobremesa tem qualquer relação com Napoleão ou com Nápoles — assim como no português, a iguaria é chamada de *mille-feuille* (mil-folhas). Idem para o nome italiano — *mille foglie*.

CANUDOS DE CREME

Componentes	Modo de fazer
Massa folhada Açúcar cristal Creme de leite batido ou creme de confeiteiro (p. 271) Açúcar de confeiteiro	1. Abra a massa folhada em um retângulo de cerca de 38 cm de largura e 3 mm de espessura.

1. Abra a massa folhada em um retângulo de cerca de 38 cm de largura e 3 mm de espessura.
2. Com uma carretilha, corte tiras de 3 cm de largura e 38 cm de comprimento.
3. Pincele com água.
4. Pressione a ponta de uma tira, com o lado pincelado virado para fora, contra uma das extremidades de um molde para canudo (a). Se estiver usando moldes cônicos, comece pela ponta fina.
5. Incline ligeiramente a tira de massa e enrole-a ao redor do molde, girando-o (b). Sobreponha as voltas em cerca de 1 cm. Não estique a massa.
6. Ao terminar de enrolar, pressione bem a ponta para selar (c).
7. Passe os canudos em açúcar cristal e coloque-os em assadeiras. O final da tira de massa deve estar virado para baixo, para que não estufe durante o assamento.
8. Asse a 200°C até a massa ficar bem dourada e crocante.
9. Remova os moldes com os canudos ainda mornos.
10. Pouco antes de servir, insira o creme de leite batido ou creme de confeiteiro em ambos os lados, usando um saco de confeitar com o bico pitanga. Polvilhe com açúcar de confeiteiro.

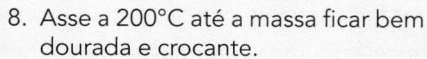
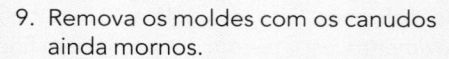
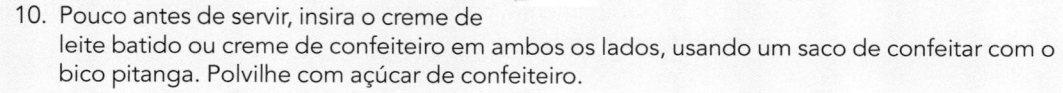

a.

b.

c.

MIL-FOLHAS

Componentes	Modo de fazer
Massa folhada Creme de confeiteiro (p. 271), ou uma mistura de creme de confeiteiro e creme de leite batido *Fondant* (p. 422) *Fondant* de chocolate (p. 423)	1. Abra a massa folhada em uma lâmina bem fina, aproximadamente do tamanho da assadeira a ser usada. Massa de folhado rápido e sobras de massa folhada podem ser usadas.

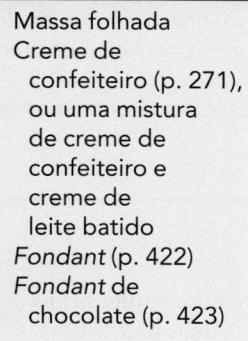

1. Abra a massa folhada em uma lâmina bem fina, aproximadamente do tamanho da assadeira a ser usada. Massa de folhado rápido e sobras de massa folhada podem ser usadas.
2. Coloque na assadeira e deixe descansar por 30 minutos, de preferência na geladeira.
3. Fure bem a massa com um garfo para evitar a formação de bolhas.
4. Asse a 200°C até ficar bem dourada e crocante.
5. Com uma faca de serra, elimine as irregularidades das bordas e então corte a massa em tiras iguais de 7,5 a 10 cm de largura. Separe a mais bonita para colocar por cima. Se alguma das tiras se quebrar, pode ser usada para fazer a camada do meio.
6. Espalhe creme de confeiteiro, ou a mistura de creme de confeiteiro e creme de leite batido, em um dos retângulos.
7. Coloque mais uma camada de massa folhada.
8. Espalhe mais creme.
9. Cubra com a última camada de massa, com o lado mais plano virado para cima.
10. Cubra a superfície com *fondant* (ver p. 422).
11. Desenhe 4 linhas com o *fondant* de chocolate no sentido do comprimento, usando um saco de confeitar ou cone de papel. Passe a lâmina de uma espátula ou a ponta de uma faca no sentido da largura, alternando o lado em que começa a cada vez, para criar um padrão de folhas.
12. Corte em retângulos de 4 a 5 cm de largura.

MAÇÃS EN CRÔUTE

Componentes	Modo de fazer
Maçãs ácidas pequenas Massa folhada Bolo esmigalhado (opcional) Açúcar e canela (p. 199) Uva-passa escura Ovo para pincelar	1. Descasque as maçãs inteiras e retire o miolo e as sementes. 2. Abra a massa folhada em uma espessura de 3 mm. Corte quadrados de massa grandes o bastante para circundar a maçã inteira quando duas pontas opostas forem sobrepostas sobre ela. A massa não deve ser esticada, senão encolherá durante o assamento. Cuidado: corte um quadrado e teste o tamanho para certificar-se de que é suficientemente grande para cobrir a maçã. Só depois corte os quadrados restantes. 3. Se a massa amolecer, leve à geladeira por 15 a 30 minutos antes de continuar. 4. Coloque uma colher de chá cheia de bolo esmigalhado no centro de cada quadrado. Coloque uma maçã por cima (o uso do bolo esmigalhado é opcional, mas ele ajuda a absorver o suco da maçã). 5. Recheie a cavidade deixada pelo miolo com passas e açúcar com canela. Experimente um pedacinho de maçã para poder ajustar a quantidade de açúcar de acordo com a acidez. 6. Pincele as bordas da massa com água ou ovo batido. Junte as quatro pontas da massa, sobrepondo-as sobre a maçã. Pressione-as para selar bem. Aperte então as bordas, selando bem as emendas. 7. Corte discos de massa de 2,5 cm de diâmetro. Pincele o topo de cada maçã com ovo e cole um disco de massa, como se fosse um chapéu. Isso ajudará a selar as quatro pontas de massa, além de deixar o produto mais convidativo. 8. Coloque as maçãs em assadeiras forradas com papel-manteiga. Pincele com ovo. 9. Asse a 200°C até que a massa esteja dourada e as maçãs, completamente cozidas, mas não macias demais (ou elas ficarão disformes). Isso levará 45 a 60 minutos, dependendo das maçãs utilizadas. Para testar o cozimento, espete com um palito bem fino. Se a massa ficar dourada muito rapidamente, coloque uma folha de papel-manteiga ou alumínio solta por cima, para proteger a massa.

Tortinhas de massa folhada

A massa folhada pode ser usada no lugar da massa convencional no preparo de tortinhas de frutas com massa pré-assada. Ela pode também ser cortada em tiras longas, de 10 a 12 cm, que são depois recheadas.

O procedimento para montar estas tortinhas é o mesmo usado para as tortas de frutas frescas, descrito no Capítulo 15 (p. 358), exceto pelo fato de que as de massa folhada devem ser montadas somente na hora de servir, pois ficam encharcadas rapidamente.

Podem ser feitas bases redondas e pequenas, como os *vol-au-vents*, mas os formatos quadrado e retangular são os mais fáceis.

❧ PETITS FOURS ❧

O termo francês *petit four* significa, literalmente, "forno pequeno", mas é usado para designar quaisquer preparações doces ou salgadas — em geral biscoitos — pequenas o bastante para serem comidas em uma ou duas mordidas. Os *petits fours* serão discutidos novamente nas páginas 479 a 480 e 491. A origem desse nome pode ser uma referência ao fato de que, nos tempos do forno a lenha, os *petits fours* eram assados quando o forno já estava esfriando, depois que a fornada principal do dia já estava pronta.

Por muito tempo, os norte-americanos usaram o termo francês apenas para se referirem a pequenos pedaços de bolo recheado envoltos em *fondant* (muitos desses minibolos, na verdade, nem eram tão "petits"). No entanto, como mais e mais restaurantes foram adotando a prática de servir um prato com esses ditos *petits fours* acompanhados de pequenos chocolates e outros docinhos, o termo passou a ser usado lá em um sentido mais amplo, mas em geral relacionado a preparações doces e sobremesas.

TORTINHAS DE MASSA FOLHADA

Componentes	Modo de fazer
Massa folhada Ovo para pincelar Creme de confeiteiro (p. 271) Frutas, a gosto Geleia de brilho de damasco (p. 200), ou outra calda	1. Abra a massa folhada em uma espessura de 3 mm. 2. Corte quadrados ou retângulos do tamanho desejado. 3. Use sobras de massa para cortar tiras de cerca de 2 cm de largura, longas o bastante para servirem de lateral para as tortas. 4. Pincele as bordas dos retângulos com água ou ovo batido. Alinhe as tiras de massa por toda a volta do retângulo, formando as laterais das tortinhas. Pincele a superfície dessas laterais com ovo. 5. Com um garfo, a ponta de uma faca ou o rolo furador de massa, perfure apenas a base da massa, para evitar a formação de bolhas. 6. Deixe descansar na geladeira por 30 minutos antes de assar. 7. Asse a 200°C até a massa ficar bem dourada e crocante. Deixe esfriar. 8. Recheie com uma fina camada de creme de confeiteiro, arrume as frutas por cima e pincele com a geleia de brilho. Ver página 358 para maiores detalhes sobre como rechear tortas abertas de frutas.

VARIAÇÃO

TIRAS DE CREME E FRUTAS

Siga o procedimento acima, mas corte retângulos de 10 a 12 cm de largura, do comprimento da assadeira a ser usada. Coloque tiras formando laterais apenas no sentido do comprimento.

Petits fours com massa folhada

FOLHADOS DE MAÇÃ (CHAUSSONS)

Componentes	Modo de fazer
Massa folhada Ovo para pincelar Recheio de maçã em calda (p. 202)	1. Abra a massa folhada em uma espessura de 2 mm. Coloque em uma assadeira forrada com papel-manteiga. Leve à geladeira por 30 minutos. 2. Corte discos de massa com um cortador de 6 cm de diâmetro. 3. Pincele as bordas com ovo. 4. Coloque cerca de ½ colher de chá (2 a 3 mL) do recheio de maçã no centro de cada um. 5. Dobre formando meias-luas. Aperte bem as bordas pressionando-as com o lado não cortante do cortador. 6. Pincele com ovo. Pressione levemente os dentes de um garfo na superfície, para fazer uma decoração simples. 7. Asse a 190°C até a massa estufar e dourar.

VARIAÇÃO

Use outros recheios de frutas (ver Cap. 22) ou *Frangipane* (p. 201) no lugar do recheio de maçã.

PALMIERS

Componentes	Modo de fazer
Massa folhada Açúcar cristal ou granulado	1. Forre uma assadeira com papel-manteiga. Como alternativa, unte uma assadeira com bastante manteiga e leve à geladeira. 2. Polvilhe a superfície de trabalho com bastante açúcar cristal ou granulado. 3. Coloque a massa sobre o açúcar e abra-a com o rolo até obter uma tira longa de cerca de 30 cm de largura e 3 mm de espessura. Vire-a uma ou duas vezes durante o processo para que ambos os lados fiquem salpicados com o açúcar. 4. Apare as laterais da massa deixando-as retas. 5. Determine o centro da tira de massa, no sentido da largura. Então dobre um terço de cada metade em direção ao centro (A). Depois dobre cada lado novamente em direção ao centro, de modo que se toquem (B). Cada lado da massa ficará com três camadas. 6. Dobre uma metade sobre a outra, formando uma tira com seis camadas de massa e cerca de 5 cm de largura (C). 7. Leve à geladeira até a massa firmar. 8. Corte em fatias de 6 mm com uma faca afiada (D) e coloque na assadeira preparada, em fileiras alternadas, deixando bastante espaço livre entre elas para que cresçam bem. 9. Pressione as fatias com a palma da mão para achatá-las ligeiramente. 10. Asse a 190°C até dourar. Vire e asse do outro lado até que adquira uma cor bonita. Deixe esfriar sobre uma grade de metal.

VARIAÇÕES

Sirva o *petit four* seco.
Junte dois *palmiers* com creme de manteiga.
Mergulhe cada *palmier* até a metade em chocolate derretido.

ALLUMETTES

Componentes	Modo de fazer
Massa folhada Glacê real (p. 432)	1. Abra a massa folhada em uma espessura de 3 mm. Coloque em uma assadeira. 2. Espalhe uma fina camada de glacê real sobre a massa. Leve ao congelador até o glacê firmar. 3. Com uma faca molhada, corte a massa em palitinhos de aproximadamente 1,5 x 4 cm. Coloque em uma assadeira forrada com papel-manteiga. 4. Asse a 190°C até que estejam crescidos, então cubra com um tapete de silicone e mantenha-os no forno até dourarem e estarem completamente assados (cerca de 20 minutos). 5. Deixe esfriar sobre uma grade de metal.

PAPILLONS (BORBOLETAS OU GRAVATINHAS)

Componentes	Modo de fazer
Massa folhada Açúcar cristal	1. Forre uma assadeira com papel-manteiga. Como alternativa, unte uma assadeira com bastante manteiga e leve à geladeira. 2. Pese 500 g de massa folhada. Em uma superfície de trabalho polvilhada com açúcar, abra a massa em um retângulo de 33 x 13 cm. Apare as bordas para que fiquem retas. 3. Corte em cinco retângulos iguais de cerca de 6,5 x 13 cm. Pincele quatro deles com um pouco de água e sobreponha-os, colocando por último o que não foi pincelado. 4. Usando o lado não cortante da faca, marque uma linha no centro, no sentido do comprimento. Vire a massa e faça o mesmo do outro lado. Leve à geladeira. 5. Apare as bordas do retângulo, se necessário. Com uma faca afiada, corte fatias de 0,5 cm – elas ficarão com um vinco no centro (A). 6. Torça as fatias uma vez pelo meio para esparramar as camadas. Coloque na assadeira e achate as pontas ligeiramente (B). Asse a 190°C até dourar.

VARIAÇÃO

Junte canela ou gengibre em pó ao açúcar.

TORTINHAS GLAÇADAS DE MASSA FOLHADA

Componentes	Modo de fazer

Massa folhada
Geleia de frutas
  (p. ex., framboesa)
Frangipane (p. 201)
Glacê real (p. 432)

1. Abra a massa folhada o mais fino possível. Ela deve ficar quase transparente. Coloque em uma assadeira forrada com papel-manteiga e leve à geladeira por 30 minutos.

2. Corte discos de massa de cerca de 5 cm de diâmetro, grandes o bastante para forrar forminhas de empada. Corte discos de massa adicionais para cobrir as tortinhas e reserve. Deixe as sobras de massa abertas para usar depois na decoração.

3. Coloque cerca de ½ colher de chá (3 g) de geleia no fundo de cada tortinha e cubra com 1 colher de chá (5 g) do *frangipane*.

4. Pincele as bordas da massa com ovo batido. Cubra com o disco de massa reservado e leve à geladeira.

5. Cubra a superfície das tortinhas com uma camada fina de glacê real, usando uma espátula para bolo pequena.

6. Com as sobras, corte tirinhas de massa folhada para formar treliças sobre o glacê. A foto à direita mostra uma tortinha sem a cobertura de massa (à direita) e três prontas para serem assadas.

7. Asse a 190°C até que estejam douradas e totalmente assadas.

Iguarias de massa folhada, da esquerda para a direita: *palmiers*, tortinhas glaçadas e *papillons*.

SACRISTAINS
(SACA-ROLHAS DE MASSA FOLHADA)

Componentes	Modo de fazer

Massa folhada
Ovo para pincelar
Açúcar cristal
  ou granulado
Amêndoas picadas
  (opcional)
	1. Abra a massa folhada em uma espessura de 3 mm. Corte em tiras longas de 10 cm de largura.
	
	2. Pincele com ovo e polvilhe com o açúcar, ou com uma mistura de açúcar e amêndoas picadas. Com o rolo, pressione ligeiramente os cristais de açúcar e as amêndoas contra a massa.
	
	3. Vire as tiras de massa e repita o procedimento.
	
	4. Corte em tirinhas de 2 cm de largura e 10 cm de comprimento.
	
	5. Torça cada uma delas, dando o formato de saca-rolhas. Coloque em uma assadeira forrada com papel-manteiga e pressione as pontas ligeiramente para que as tirinhas não se desenrolem durante o assamento.
	
	6. Asse a 220°C até a massa ficar bem dourada e crocante.

MASSA DE BOMBA

Bombas e carolinas são feitas com uma massa que recebe o nome de *éclair*, ou *choux*. Em francês, *pâte à choux* é uma referência à semelhança das carolinas com pequenos repolhos.

Ao contrário da massa folhada, a massa de bomba é muito fácil de preparar. Fica pronta em apenas alguns minutos. Isso é bom, porque a massa fica melhor se for preparada com no máximo 1 hora de antecedência.

O procedimento para o preparo da massa de bomba é dado na fórmula a seguir. Em geral, consiste em três passos:

1. Leve o líquido, a gordura, o sal e o açúcar (se for usar) ao fogo. A mistura deve ser aquecida em fogo alto até ferver e borbulhar, para que a gordura fique dispersa na água (e não boiando na superfície). Se isso não for feito, ela não se incorporará completamente à massa, podendo escorrer parcialmente durante o assamento.

2. Adicione a farinha de uma só vez e bata até que a massa forme uma bola e solte do fundo da panela, que ficará coberto com uma camada fina de massa.

3. Retire a massa da panela e deixe esfriar até atingir 60°C. Mexa ou espalhe a massa para que ela esfrie por igual. Se isso não for feito, o calor da massa pode cozinhar os ovos quando eles forem acrescentados.

4. Acrescente os ovos aos poucos, batendo muito bem após cada adição (se eles forem acrescentados muito rapidamente, será difícil obter uma massa lisa). A massa está pronta para ser usada.

A princípio, a massa de bomba é semelhante à massa de *Popover* (p. 231), ainda que a primeira seja uma massa mais consistente. Em ambos os casos, o crescimento é promovido pelo vapor, que expande o produto rapidamente, formando grandes cavidades no interior da massa. O calor do forno coagula as proteínas do glúten e do ovo, dando estrutura e firmeza ao produto final. Uma farinha forte é necessária em ambas as massas para prover uma estrutura adequada.

A massa de bomba deve ser firme o bastante para manter sua forma ao ser moldada com o saco de confeitar. Caso você encontre fórmulas que produzem massas moles demais, corrija esse problema reduzindo um pouco a quantidade de água ou leite. Por outro lado, a massa de bomba não pode ficar muito seca. Deve ter uma aparência brilhante e viscosa, e não ressecada e áspera. Uma massa muito seca não cresce bem, fica pesada e dura.

Quando bombas e carolinas são preparadas, a massa é depositada (com o saco de confeitar) diretamente nas formas forradas com papel-manteiga. Alguns *chefs* preferem usar formas pinceladas com manteiga derretida, embora esse método não seja utilizado com frequência.

A temperatura correta durante o assamento é importante. Comece a assar em forno quente (220°C), pelos primeiros 15 minutos, para gerar o vapor. Então reduza para 190°C, para terminar o cozimento e firmar a estrutura. Os produtos devem estar firmes e secos ao serem removidos do forno. Se forem retirados antes do tempo, ou se esfriarem muito rapidamente, podem murchar. Alguns *chefs* preferem deixá-los no forno desligado com a porta ligeiramente aberta. No entanto, se o forno precisar ser reaquecido para preparar outros produtos, essa pode não ser uma boa ideia. Talvez seja melhor assar os produtos completamente, retirá-los com cuidado do forno e deixar que esfriem lentamente em um local aquecido.

Nota: iguarias fritas feitas de massa de bomba foram discutidas no Capítulo 11 (p. 241 a 245).

PÂTE À CHOUX (MASSA DE BOMBA)

Ingredientes	Quantidade	%	Modo de fazer
Água, leite, ou metade água, metade leite	500 g	133	1. Misture o líquido, a manteiga e o sal em uma panela de fundo grosso. Leve ao fogo alto até ferver.
Manteiga ou gordura hidrogenada	250 g	67	2. Retire a panela do fogo e adicione a farinha de uma só vez. Bata vigorosamente.
Sal	5 g (1 colher de chá)	1,5	3. Leve a panela de volta ao fogo médio e continue batendo até formar uma bola que se solte do fundo da panela.
Farinha de trigo para pão	375 g	100	4. Transfira a massa para a tigela da batedeira. Se for misturá-la à mão, deixe-a na panela.
Ovos	625 g	167	
Peso total:	*1.755 g*	*468%*	5. Usando o misturador raquete, bata em velocidade baixa para a massa esfriar um pouco. Sua temperatura deve estar entre 43 e 60°C, que ainda é bem quente, mas não a ponto de não se poder tocar.

Nota: se desejar um produto mais doce, acrescente 15 g de açúcar no passo 1.

6. Em velocidade média, junte os ovos aos poucos. Não coloque mais do que um quarto a cada vez e bata muito bem após cada adição. Quando todos os ovos tiverem sido incorporados, a massa está pronta para ser usada.

Produtos doces à base de massa de bomba

CAROLINAS RECHEADAS

Componentes	Modo de fazer

Massa de bomba
Recheio de
   sua preferência
Açúcar
   de confeiteiro
	1. Forre assadeiras com papel-manteiga.
	
	2. Coloque um bico perlê (liso) largo no saco de confeitar. Encha com a massa de bomba.
	
	3. Faça bolinhas de massa de cerca de 4 cm de diâmetro na forma forrada. Se preferir, pingue a massa às colheradas na forma.
	
	4. Asse a 215°C por 10 minutos. Abaixe a temperatura para 190°C e continue assando, até que as bolinhas estejam bem douradas e crocantes.
	
	5. Retire do forno e deixe que esfriem lentamente em local aquecido.
	
	6. Depois de frias, corte uma tampinha em cada carolina. Recheie com creme de leite batido, creme de confeiteiro (p. 271) ou outro recheio cremoso, usando um saco de confeitar com o bico pitanga.
	
	7. Coloque as tampinhas de volta e polvilhe com açúcar de confeiteiro.
	
	8. Recheie as carolinas o mais próximo possível da hora de servir. Se não for servir imediatamente, mantenha-as na geladeira.
	
	9. As carolinas inteiras e sem recheio, se estiverem totalmente secas, podem ser mantidas em sacos plásticos na geladeira por uma semana. Coloque-as no forno por alguns minutos antes de usar.

BOMBA (ÉCLAIR)

Componentes	Modo de fazer

Massa de bomba
Creme de
   confeiteiro
   (p. 271)
Fondant de
   chocolate (p. 422)
	1. Siga o mesmo procedimento indicado para as carolinas, mas em vez de fazer montinhos com a massa, faça tiras de cerca de 2 cm de largura e 8 a 10 cm de comprimento. Asse como as carolinas.
	
	2. Recheie as bombas assadas e frias com creme de confeiteiro. Dois métodos podem ser usados:
	
	a) Faça uma pequena incisão em uma das pontas e, usando um saco de confeitar ou equipamento próprio para rechear, deposite o creme na cavidade.
	
	b) Faça um corte de fora a fora no sentido do comprimento, sem separar as metades, e recheie a cavidade usando o saco de confeitar.
	
	3. Mergulhe a parte de cima das bombas em *fondant* de chocolate.
	
	4. Para dicas sobre como servir e armazenar, ver instruções para as carolinas.

VARIAÇÃO

PROFITEROLES E BOMBAS RECHEADAS COM SORVETE

1. Utilize sorvete amolecido para rechear pequenas bombas, ou carolinas (que, neste caso, recebem o nome de *profiteroles*). Mantenha no *freezer* até a hora de servir.
2. Ao servir, regue com calda de chocolate.

PARIS-BREST

Componentes	Modo de fazer
Massa de bomba Amêndoas laminadas Recheio de sua preferência	1. Forre assadeiras com papel-manteiga. Usando como guia uma forma de bolo redonda do tamanho desejado, desenhe um círculo no papel. Um tamanho muito usado é o de 20 cm. 2. Coloque um bico liso (perlê) largo no saco de confeitar. Faça um aro de massa de bomba com 2,5 cm de largura no lado de dentro do círculo desenhado. Desenhe um segundo aro dentro do primeiro, tocando-o de leve. Faça, então, um terceiro aro sobre os outros dois. 3. Pincele com ovo e decore com as amêndoas laminadas. 4. Asse como as carolinas. 5. Depois que esfriar, corte uma tampa no aro. Recheie com creme de leite batido, creme de confeiteiro (p. 271), *Crème légère* (p. 271) ou Creme *Chiboust* (p. 272). Coloque a tampa de volta.

❧ PARIS-BREST-PARIS ❧

A corrida de bicicleta de Paris a Brest (na Bretanha) e de volta a Paris é a mais antiga e tradicional corrida de bicicletas – teve início em 1891. O percurso tem nada menos que 1.200 extenuantes quilômetros. Ela é celebrada com essa sobremesa batizada de Paris-Brest, feita no formato de uma roda de bicicleta.

TRANÇADO DE MASSA DE BOMBA

Componentes	Modo de fazer
Massa de bomba Semente de papoula	1. Desenhe trançados decorativos em um pedaço de papel-manteiga. Vire a folha e coloque-a em uma assadeira. Os desenhos ficarão visíveis do outro lado do papel. 2. Encha um cone de papel-manteiga com massa de bomba e corte uma pequena abertura na ponta. Deposite a massa no papel, seguindo as linhas desenhadas como guia. Se necessário, acerte as juntas com a ponta de uma faquinha. 3. Polvilhe com sementes de papoula. 4. Asse a 190°C até dourarem por igual (4 a 7 minutos). Use para guarnecer bolos, doces e sobremesas.

Petits fours com massa de bomba

MINIPARIS-BREST

Componentes	Modo de fazer
Massa de bomba Amêndoas laminadas Creme de confeiteiro de pralina (p. 271) Chocolate derretido Açúcar de confeiteiro	1. Em uma assadeira ligeiramente untada com manteiga, desenhe círculos mergulhando um cortador de 2,5 cm de diâmetro em farinha e, então, estampando sua forma na assadeira. 2. Usando a linha como guia e o saco de confeitar com um bico pitanga estreito, desenhe um aro de massa de bomba. 3. Pincele ligeiramente com ovo. Polvilhe com as amêndoas. 4. Asse a 190°C até que as argolas estejam douradas e emitam um som oco ao serem batidas de leve. Deixe esfriar sobre uma grade de metal. 5. Corte-as ao meio e recheie a parte de baixo com 10 g de creme de confeiteiro de pralina. 6. Rabisque as tampas com chocolate derretido, polvilhe com açúcar de confeiteiro e coloque-as de volta.

Petits fours com massa de bomba, da esquerda para a direita: *Miniparis-Brest*, minibombas, carolinas com nozes e caramelo, carolinas com amêndoas, chantilly e chocolate, *choux florentines*

CAROLINAS COM NOZES E CARAMELO

Componentes	Modo de fazer

Massa de bomba
Creme de
  confeiteiro
  de pralina (p. 271)
Oleaginosas,
  ligeiramente
  tostadas
Calda de caramelo
  (p. 278)
	1. Forre uma assadeira com papel-manteiga, ou unte-a ligeiramente com manteiga. Faça carolinas de cerca de 2 cm de diâmetro com a massa de bomba. Pincele ligeiramente com ovo.
	
	2. Asse a 190°C até estufarem bem e dourarem. Deixe-as esfriar sobre uma grade de metal.
	
	3. Uma vez frias, insira o creme de confeiteiro de pralina pela base, usando um saco de confeitar.
	
	4. Distribua as oleaginosas levemente tostadas no fundo de uma assadeira ligeiramente untada, deixando um espaço entre elas.
	
	5. Mergulhe a parte de cima de uma carolina em caramelo e, então, coloque-a imediatamente sobre uma noz ou castanha, com a parte do caramelo virada para baixo.
	
	6. Sirva em forminhas de papel com a parte do caramelo virada para cima. 

CAROLINAS COM AMÊNDOAS, CHANTILLY E CHOCOLATE

Componentes	Modo de fazer

Massa de bomba
Amêndoas
  laminadas
Creme chantilly
  (p. 265)
Chocolate
  derretido
Açúcar
  de confeiteiro
	1. Forre uma assadeira com papel-manteiga, ou unte-a ligeiramente com manteiga. Faça carolinas de cerca de 2 cm de diâmetro com a massa de bomba. Pincele ligeiramente com ovo batido e polvilhe com as amêndoas laminadas.
	
	2. Asse a 190°C até que estejam douradas e emitam um som oco ao serem batidas de leve. Deixe esfriar sobre uma grade de metal.
	
	3. Corte ao meio para rechear. Usando o saco de confeitar com o bico pitanga, recheie as bases com chantilly.
	
	4. Rabisque as tampas com chocolate derretido, polvilhe com açúcar de confeiteiro e coloque-as de volta.
	
	5. Sirva em forminhas de papel.

MINIBOMBAS DE CHOCOLATE

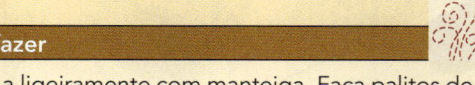

Componentes	Modo de fazer

Massa de bomba
Creme de
  confeiteiro sabor
  chocolate (p. 271)
Fondant
  de chocolate
  (p. 422) ou
  Calda de caramelo
  (p. 278)
	1. Forre uma assadeira com papel-manteiga, ou unte-a ligeiramente com manteiga. Faça palitos de massa de bomba de 5 cm de comprimento, usando um bico perlê (liso).
	
	2. Pincele com ovo. Pressione levemente com um garfo, para achatar um pouco.
	
	3. Asse a 190°C até ficarem ocas e douradas. Deixe esfriar sobre uma grade de metal.
	
	4. Faça um furo em uma das pontas da bomba. Recheie com o creme de chocolate e depois mergulhe a parte de cima em *fondant* de chocolate ou calda de caramelo. 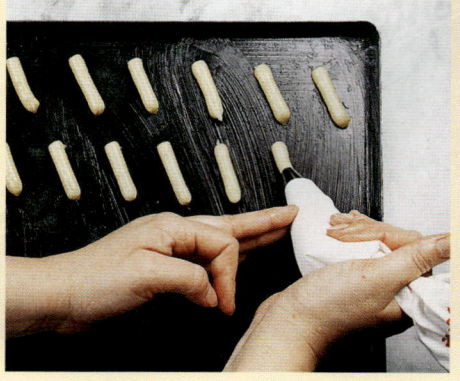
	
	5. Faça desenhos decorativos com chocolate derretido e sirva em forminhas de papel.

CHOUX FLORENTINES

Componentes	Modo de fazer
Massa de bomba Amêndoas laminadas Calda de caramelo (p. 278) Creme chantilly (p. 265)	

1. Em uma assadeira ligeiramente untada com manteiga, desenhe círculos mergulhando um cortador de 2,5 cm de diâmetro em farinha e, então, estampando sua forma na assadeira. Como alternativa, desenhe círculos em papel-manteiga, usando um cortador como guia. Vire a folha e coloque-a em uma assadeira. Os desenhos ficarão visíveis do outro lado do papel.

2. Usando o círculo como guia e o saco de confeitar com um bico pitanga estreito, desenhe um aro de massa de bomba.

3. Pincele ligeiramente com ovo e salpique as amêndoas laminadas.

4. Asse a 190°C até que estejam dourados e emitam um som oco ao serem batidos de leve. Deixe esfriar sobre uma grade de metal.

5. Mergulhe a parte de cima em calda de caramelo. Recheie os buracos do centro com uma roseta de chantilly.

MASSA DE STRUDEL E MASSA FILO

A **massa folhada**, como já dito, consiste em mais de 1.000 camadas de massa e gordura. A partir de uma única camada, você incorpora a gordura e dobra e abre a massa até obter um produto com inúmeras camadas finíssimas.

As iguarias feitas com **massa de Strudel** ou massa filo ficam com camadas ainda mais definidas que a massa folhada. Diferentemente dos produtos feitos com massa folhada, sua montagem começa com lâminas de massa finas como papel, que são pinceladas com gordura e sobrepostas em muitas camadas.

O **Strudel** é uma especialidade do leste europeu que parte de uma massa macia feita de farinha forte, ovos e água. Depois de bem misturada para desenvolver o glúten, a massa é esticada à mão até transformar-se em uma folha finíssima e transparente. Essa é uma operação que exige muita destreza e prática para funcionar bem.

A **massa filo** (também grafada *fillo*) é a versão grega desse tipo de massa fina como papel. Apesar de não ser exatamente idêntica à massa de *Strudel*, uma pode ser substituída pela outra na maioria das preparações. Por ser vendida pronta em muitos estabelecimentos, a massa filo é muito usada para preparar *Strudel*. Nos EUA, inclusive, o produto é rotulado como "*phyllo/Strudel dough*".

Em geral, a massa filo é vendida congelada, mas também pode ser encontrada fresca (refrigerada) em algumas lojas especializadas. A massa filo pode ser encontrada em pacotes de 500 g com cerca de 25 folhas medindo 28-30 cm x 43 cm cada.

As receitas a seguir são usadas para preparar a massa de *Strudel* caseira e seus dois recheios mais populares – maçã e ricota. Estão inclusos também os procedimentos para montar e assar os *Strudels* usando tanto a massa caseira quanto a massa filo comprada pronta. Por fim, são apresentadas as instruções para montar e assar a *baklava*, sobremesa de origem grega feita de massa filo recheada com oleaginosas e regada com calda de mel.

❊} BAKLAVA {❊

Há várias versões da *baklava* em toda a região do Mediterrâneo, incluindo a Grécia e o sudeste da Europa, Turquia, Líbano e outros países do Oriente Médio, além de partes do norte da África. A sobremesa parece ter se originado, séculos atrás, de um pão em camadas da Turquia. Hoje em dia, *connoisseurs* da *baklava* identificam sua origem de acordo com o recheio utilizado (em geral, oleaginosas picadas, incluindo nozes, pistaches e amêndoas), o formato e os saborizantes (p. ex., mel e canela, na Grécia, e limão e água de rosas, no Líbano).

MASSA DE STRUDEL

Rendimento: suficiente para 4 lâminas de massa, cada uma com 1 x 1,2 m.

Ingredientes	Quantidade	%	Modo de fazer
Farinha de trigo para pão	900 g	100	
Água	500 g	56	
Sal	15 g	1,5	
Ovos	140 g	15	
	(3 ovos)		
Óleo vegetal	55 g	6	
Peso total:	*1.610 g*	*178%*	

MISTURA

1. Misture todos os ingredientes até obter uma massa lisa. Para desenvolver bem o glúten, bata em velocidade média por cerca de 10 minutos. A massa ficará muito macia.

2. Divida em quatro partes iguais. Achate cada porção de massa até obter um retângulo. Coloque em assadeiras untadas. Pincele a superfície dos retângulos com um pouco de óleo e cubra com filme plástico.

3. Deixe descansar por pelo menos 1 hora em temperatura ambiente, ou por mais tempo na câmara fria.

Como abrir a massa de *Strudel*

1. A massa de *Strudel* estica melhor se estiver em uma temperatura mais alta, por isso coloque-a em um local aquecido. Espere pelo menos 1 ou 2 horas se a massa tiver sido refrigerada.

2. Cubra uma mesa grande (de pelo menos 1 x 1,2 m) com uma toalha limpa. Polvilhe a toalha generosamente com farinha, esfregando-a ligeiramente.

3. Usando bastante farinha para polvilhar, coloque uma das porções de massa no centro da mesa e abra-a com um rolo em um retângulo ou em uma forma oval. Esse passo tem como objetivo apenas dar início à expansão da massa; portanto, ao abri-la, não deixe-a muito fina.

4. Coloque as mãos sob a massa, com os nós dos dedos virados para cima. Comece a esticá-la com cuidado a partir do centro, usando as costas das mãos e não os dedos, para evitar furos na massa. Rodeie a mesa e abra a massa pouco a pouco, esticando-a com cuidado em todas as direções. Concentre-se nas partes mais grossas, para obter uma espessura uniforme.

5. Continue esticando até que a massa fique fina como um papel e quase transparente. Se pequenos furinhos aparecerem, ignore-os; se forem grandes, cubra-os com pedaços de massa da beirada depois que ela já tiver sido totalmente esticada.

Cada porção de massa deve render um retângulo de cerca de 1 x 1,2 m.

6. Com o auxílio de uma tesoura, corte as bordas grossas ao redor da massa e descarte-as.

7. Deixe secar por cerca de 10 minutos, e então coloque o recheio e enrole, de acordo com as instruções a seguir.

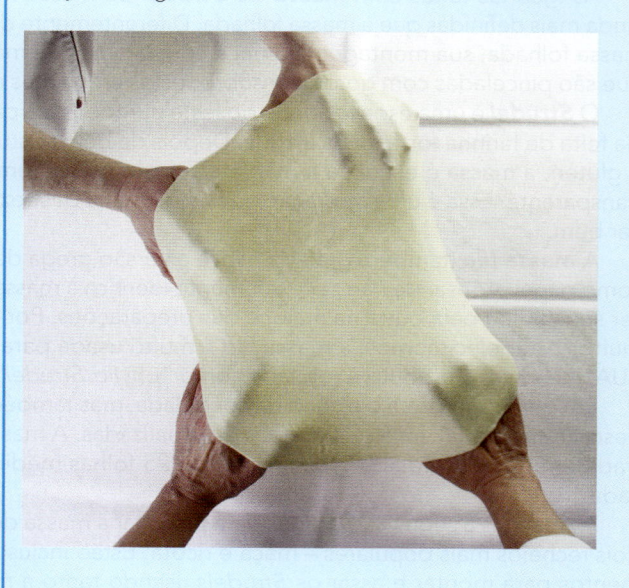

Como rechear, enrolar e assar *Strudels*

Método 1 – massa de Strudel

1. Separe os seguintes ingredientes:

1 lâmina de massa de *Strudel* 1 x 1,2 m recém-preparada	
Manteiga derretida	250 g
Bolo ou pão esmigalhado, nozes moídas ou uma mistura dos dois	250 g
Canela em pó	7 g (1 colher de sopa)
Recheio de ricota para *Strudel* (p. 345)	2.300 a 2.600 g
ou	
Recheio de maçã para *Strudel* (p. 345)	2.000 a 2.200 g

2. Besunte toda a superfície da massa com a manteiga derretida. Se for usar um pincel para isso, cuidado para não furar a massa com as cerdas.

3. Misture o bolo ou pão esmigalhado com as nozes e a canela e distribua a mistura sobre toda a massa (A).

4. Arrume o recheio de ricota ou maçã formando uma tira ao longo de um dos lados mais compridos da massa. Deixe uma margem de cerca de 5 cm entre o recheio e a borda da massa.

5. Começando pelo lado do recheio, segure a beirada da toalha e levante-a com cuidado, virando a massa sobre si mesma para começar a enrolá-la (B). Usando sempre a toalha como apoio, enrole o *Strudel* como se fosse um rocambole (C e D).

6. Corte em pedaços que caibam nas assadeiras, previamente forradas com papel, ou curve-os com cuidado para não precisar cortar. Aperte as pontas para selar.

7. Pincele com manteiga derretida ou ovo. Asse a 190°C até a massa dourar (cerca de 45 minutos).

8. Depois de frios, polvilhe açúcar de confeiteiro sobre os *Strudels* pincelados com manteiga, ou passe Calda de brilho simples (p. 199) nos que foram pincelados com ovo.

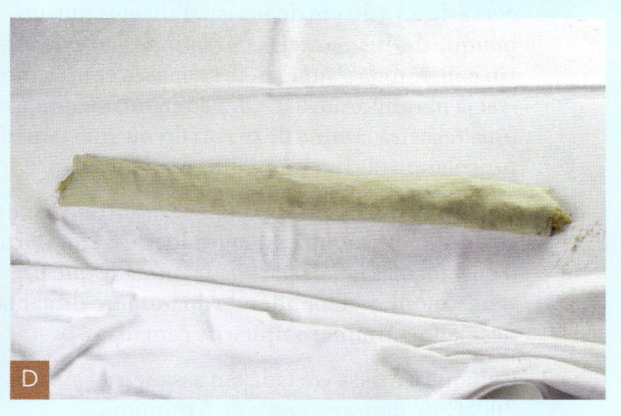

Método 2 – massa filo

Cada *Strudel* é preparado com quatro retângulos de massa e um quarto do recheio usado no método 1.

1. Separe os seguintes ingredientes:

Massa filo (descongelada)	4 retângulos iguais
Manteiga derretida	60 g
Bolo ou pão esmigalhado, nozes moídas ou uma mistura dos dois	60 g
Canela em pó	2 g (¾ colher de chá)
Recheio de ricota para *Strudel* (p. 345)	575-625 g
ou	
Recheio de maçã para *Strudel* (p. 345)	500-550 g

2. Misture o bolo ou pão esmigalhado, as nozes e a canela.

3. Estenda uma toalha ou uma folha de papel-manteiga na bancada. Coloque um retângulo de massa filo sobre a toalha ou o papel. Pincele com manteiga e polvilhe com um quarto da mistura de nozes.

4. Coloque outro retângulo de massa filo por cima. Pincele-o com manteiga e polvilhe com mais um quarto da mistura de nozes.

5. Repita o procedimento com as duas folhas restantes.

6. Arrume o recheio de ricota ou maçã formando uma tira ao longo de um dos lados mais compridos da massa. Deixe uma margem de cerca de 5 cm sem recheio na outra borda.

7. Enrole e asse como no método 1 (passos 5 a 7). Coloque em assadeiras grandes (devem caber 4 a 6 unidades em cada).

8. Em padarias e confeitarias, pode-se cortar o *Strudel* em porções menores, expondo seu lado cortado para o cliente.

Como trabalhar com a massa filo

A massa filo comprada pronta, extremamente fina e delicada, deve ser manuseada com muito cuidado. Duas regras são importantes:

Primeiro: descongele a massa completamente antes de abrir a embalagem plástica. Não tente usar a massa ainda congelada – ela irá se despedaçar.

Segundo: depois de abrir o pacote e desenrolar a massa, mantenha-a coberta para que não resseque. Trabalhe com uma porção de massa de cada vez, mantendo o restante coberto. (*Nota*: as instruções, em geral, recomendam cobrir a massa com um pano úmido, mas isso pode ser arriscado porque as folhas grudam umas nas outras se a massa ficar muito úmida.)

As tendências modernas da culinária *light* inspiraram os *chefs* a usarem a massa filo para substituir a massa folhada no preparo de sobremesas como a mil-folhas.

Como fazer mil-folhas de massa filo

1. Em uma tábua de cortar, coloque uma lâmina de cerca de 25 x 40 cm de massa. Pincele com um pouquinho de manteiga derretida. Não é necessário cobrir toda a superfície da massa com manteiga – seja parcimonioso. Cubra com uma segunda e uma terceira lâmina de massa do mesmo tamanho, pincelando-as ligeiramente com manteiga.

2. Corte em quadrados ou retângulos do tamanho desejado – por exemplo, quadrados de 8 cm. Corte 2, 3 ou 4 formas iguais para cada unidade que pretende montar, dependendo do número de camadas desejado. O número típico de camadas é 3.

3. Coloque a massa cortada em assadeiras. Asse a 200°C até dourar – cerca de 5 minutos.

4. A massa destinada a compor a camada de cima deve ser caramelizada para ficar com uma aparência e um sabor melhores. Para tanto, cubra-a com açúcar de confeiteiro, usando uma peneira. Use um maçarico ou coloque-a sob o *broiler* para que caramelize. Fique atento para que nem o açúcar nem a massa fiquem queimados ou tostados demais.

Tortinhas de massa filo

Prepare quadrados de massa como indicado nos passos 1 e 2, em um total de 4 camadas. Pressione cada quadrado dentro de uma forminha de empada e asse. Use como base para tortinhas de frutas frescas, seguindo as instruções à página 358.

RECHEIO DE MAÇÃ PARA STRUDEL

Rendimento: 2.000 g

Ingredientes	Quantidade	%
Maçã, sem casca e sem sementes (ver *Nota*)	1.500 g	100
Suco de limão	30 g	2
Açúcar	250 g	17
Açúcar	250 g	17
Uva-passa escura	125 g	8
Nozes, picadas	125 g	8
Bolo esmigalhado	60 g	4
Raspas de limão	8 g	0,5
Canela em pó	8 g	0,5

Modo de fazer

1. Corte as maçãs em fatias finas ou cubinhos. Misture com o suco de limão e a primeira quantidade de açúcar. Deixe descansar por 30 minutos, enquanto prepara a massa.

2. Escorra bem a maçã. O açúcar fará com que seu suco escorra, evitando que seja liberado durante o assamento e que o *Strudel* fique encharcado.

3. Misture a maçã com os demais ingredientes.

Nota: pode-se usar maçã em calda. Pese depois de escorrer. Omita o suco de limão e a primeira quantidade de açúcar. Ignore os passos 1 e 2 da receita.

RECHEIO DE RICOTA PARA STRUDEL

Rendimento: suficiente para rechear quatro Strudels de 41 cm de comprimento, ou um de 1,6 m, usando a massa de Strudel tradicional.

Ingredientes	Quantidade	%
Ricota	1.200 g	100
Manteiga	300 g	25
Açúcar	360 g	30
Farinha de trigo especial para bolo	90 g	7,5
Sal	15 g	1,25
Essência de baunilha	15 g	1,25
Raspas de limão	8 g (1 colher de sopa)	0,6
Ovos	180 g	15
Creme de leite azedo (p. 76)	240 g	20
Uva-passa escura	240 g	20
Peso total:	**2.648 g**	**220%**

Modo de fazer

1. Com o misturador raquete, misture a ricota e a manteiga (na temperatura ambiente) em velocidade baixa, até obter uma mistura lisa.

2. Adicione o açúcar, a farinha, o sal, a essência de baunilha e as raspas de limão. Bata em velocidade baixa até que estejam bem misturados. Não bata demais; caso muito ar seja incorporado ao recheio, ele crescerá ao ser assado e poderá romper a massa.

3. Com a batedeira ligada em velocidade baixa, junte os ovos aos poucos. Acrescente o creme de leite azedo.

4. Acrescente as passas, misturando delicadamente.

VARIAÇÃO

RECHEIO DE CREAM CHEESE PARA STRUDEL

Ingredientes	Quantidade	%
Cream cheese	1.440 g	100
Açúcar	360 g	25
Farinha de trigo especial para bolo	90 g	6
Sal	15 g	1
Essência de baunilha	15 g	1
Raspas de limão	8 g	0,5
Ovos	180 g	12,5
Creme de leite azedo (p. 76)	240 g	17
Uva-passa escura	240 g	17

Substitua os ingredientes da receita pelos listados acima, usando o *cream cheese* no lugar da ricota e omitindo a manteiga. Siga a receita básica.

BAKLAVA

Rendimento: uma forma de 25 x 38 cm – cerca de 48 pedaços

Ingredientes	Quantidade
Massa	
Massa filo (descongelada)	500 g
Nozes, picadas	500 g
Açúcar	60 g
Canela em pó	2 g (1 colher de chá)
Cravo em pó	0,5 g (½ colher de chá)
Manteiga, derretida, ou uma mistura de manteiga e óleo	250 g
Calda	
Açúcar	375 g
Água	280 g
Mel	140 g
Casca de limão	2 tirinhas
Suco de limão	30 g
Canela em pau	1

Modo de fazer

1. Corte a massa filo em retângulos de cerca de 25 x 38 cm e mantenha-os cobertos.

2. Misture as nozes, o açúcar, a canela e o cravo em pó.

3. Unte o fundo e as laterais de uma forma de 25 x 38 cm com manteiga.

4. Forre-a com um dos retângulos de massa filo, deixando que a massa excedente suba pelas laterais. Pincele a superfície com manteiga (A).

5. Repita até obter 10 camadas de massa.

6. Espalhe um terço da mistura de nozes em uma camada uniforme (B).

7. Coloque mais dois retângulos de massa, pincelando cada um com manteiga.

8. Espalhe mais um terço da mistura de nozes e cubra com mais dois retângulos de massa pincelada com manteiga e o restante da mistura de nozes.

9. Por fim, coloque mais dez camadas de massa pinceladas com manteiga, inclusive a última, para finalizar.

10. Haverá excesso de massa nas laterais da forma. Usando uma faca afiada, corte as sobras, na mesma altura alcançada pelas camadas.

11. Leve à geladeira para resfriar a manteiga. Isso facilitará o passo seguinte.

12. Corte a *baklava* em quatro fileiras de seis quadrados de cerca de 6 cm. Então corte os quadrados ao meio na diagonal para obter triângulos (C). Outra forma tradicional de cortar a *baklava* é em losangos, mas isso faz com que sobrem pedaços pequenos e disformes nas beiradas.

13. Asse a 175°C por 50 a 60 minutos, até que a massa doure ligeiramente.

14. Enquanto a *baklava* assa, prepare a calda misturando todos os ingredientes e levando ao fogo. Deixe ferver por 10 minutos em fogo baixo, depois espere amornar. Retire o pau de canela e a casca de limão. Descarte a espuma que se formar na superfície.

15. Despeje a calda morna sobre a massa já assada assim que a assadeira for retirada do forno (D).

16. Deixe descansar de um dia para o outro para que a calda seja absorvida.

SUSPIROS E MASSAS MERENGADAS

Incluir os suspiros na seção de massas doces pode parecer estranho, já que uma das características que une todas as massas, como dito anteriormente, é a presença de farinha. No entanto, os suspiros e as massas merengadas, quando moldados com o saco de confeitar e assados em diferentes formatos, podem ter os mesmos usos de uma massa doce. Podem ser recheados ou cobertos com cremes, coberturas, frutas e caldas para produzir diversas sobremesas convidativas.

Os merengues básicos foram discutidos no Capítulo 12, junto com outros recheios e coberturas. Os merengues francês e suíço, em geral, são os empregados na preparação de suspiros e massas merengadas. O procedimento básico para o assamento do suspiro é apresentado nesta seção, seguido de instruções para o preparo de sobremesas distintas. Além disso, são introduzidas as massas merengadas – merengues acrescidos de oleaginosas moídas. Essa mistura saborosa normalmente é assada em forma de discos, que são usados depois como se fossem camadas de um bolo. Podem ser recheados e cobertos com creme de manteiga, musse de chocolate, creme de leite batido ou outros cremes aerados.

A maioria das receitas desta seção usa esse tipo de disco de suspiro ou de massa merengada. Para preparar discos de suspiro ou de massa merengada, desenhe um círculo em uma folha de papel-manteiga, vire a folha e use a linha como guia para preencher com merengue. Oleaginosas picadinhas ou moídas, especialmente amêndoas e avelãs, podem ser incorporadas ao merengue antes do assamento, produzindo uma massa crocante e saborosa, que pode ser usada em várias sobremesas. Foram incluídas aqui duas fórmulas desse tipo de massa.

Quatro das receitas desta seção contêm um pouco de farinha de trigo especial e são misturadas como um pão de ló. Sua textura é leve e aerada como a desses bolos. A farinha contribui para a estrutura. No entanto, a quantidade é pequena, e os ingredientes principais são as claras e o açúcar, como em qualquer merengue. Por isso essas fórmulas estão na seção de suspiros e massas merengadas, e não na de bolos.

O Capítulo 15 apresenta receitas que usam esses discos de suspiro. O Capítulo 18 inclui outras sobremesas que usam uma ou mais dessas camadas.

SUSPIRO

Componentes	Modo de fazer
Merengue francês (p. 267), Merengue de chocolate (p. 267) ou Merengue suíço (p. 267)	1. Com um saco de confeitar, molde os suspiros no formato desejado em assadeiras forradas com papel-manteiga. Formatos especiais são especificados nas receitas que os utilizam.
	2. Asse a 100°C até que estejam secos, mas não dourados. Isso levará 1 a 3 horas, dependendo do tamanho.
	3. Espere esfriar e retire da forma. Cuidado, pois eles podem ser muito frágeis.

MERENGUES DE AMÊNDOAS

Para calcular grandes quantidades, ver página 734.

Ingredientes	Quantidade	Claras a 100% %	Modo de fazer
Claras	120 g	100	
Açúcar refinado	120 g	100	
Farinha de amêndoa	120 g	100	
Peso total:	*360 g*	*300%*	

1. Prepare as assadeiras forrando-as com papel-manteiga. Desenhe círculos do tamanho desejado no papel, usando cortadores ou outros objetos circulares. Vire a face da folha com o desenho para baixo – o risco ficará visível na outra face.

2. Bata as claras em neve até formar picos moles.

3. Junte o açúcar e continue batendo até obter um merengue firme e brilhante.

4. Incorpore a amêndoa, misturando delicadamente.

5. Usando um saco de confeitar com um bico perlê (liso) de 12 mm, preencha os círculos em espiral começando pelo centro, como mostra a foto da página 347. Cada disco de merengue deve ficar com uma espessura de aproximadamente 12 mm.

6. Asse a 160°C até firmar e secar – cerca de 25 minutos.

MERENGUES JAPONAISE

Ingredientes	Quantidade	Claras a 100% %	Modo de fazer
Claras	500 g	100	
Açúcar refinado	500 g	100	
Açúcar de confeiteiro, peneirado	500 g	100	
Avelãs ou amêndoas sem pele, moídas	500 g	100	
Peso total:	*2.000 g*	*400%*	

1. Prepare as assadeiras forrando-as com papel-manteiga. Desenhe no papel círculos do tamanho desejado, usando cortadores ou outros objetos circulares. Vire a face da folha com o desenho para baixo – o risco ficará visível no outro lado.

2. Com o misturador globo, bata as claras em velocidade média até formarem picos moles.

3. Com a batedeira ligada, junte o açúcar refinado aos poucos. Bata até obter picos bem firmes.

4. Desligue a batedeira. Misture o açúcar de confeiteiro com as nozes. Incorpore essa mistura delicadamente ao merengue.

5. Usando um saco de confeitar com um bico perlê (liso) de 12 mm, preencha os círculos em espiral começando pelo centro, como mostra a foto da página 347. Cada disco de merengue deve ficar com uma espessura de aproximadamente 12 mm.

6. Asse a 120°C até o merengue ficar seco e ligeiramente corado – cerca de 1 hora e 30 minutos a 2 horas.

7. Use para substituir ou acompanhar camadas de bolo ao montar sobremesas e tortas finas (Capítulo 17).

PÃO DE LÓ MARLY

Ingredientes	Quantidade	Claras a 100% %	Modo de fazer
Farinha de amêndoa	150 g	60	
Farinha de trigo especial para bolo	70 g	28	
Açúcar	250 g	100	
Claras	250 g	100	
Açúcar	150 g	60	
Peso total:	**870 g**	**248%**	

1. Forre assadeiras com papel-manteiga. Desenhe círculos do tamanho desejado no papel, usando cortadores ou outros objetos circulares. Vire a face da folha com o desenho para baixo – o risco ficará visível no outro lado.
2. Peneire junto as farinhas e a primeira quantidade de açúcar.
3. Bata as claras em neve até formar picos moles. Adicione a segunda quantidade de açúcar e bata até obter picos firmes.
4. Incorpore a mistura de amêndoa delicadamente.
5. Usando um saco de confeitar com um bico perlê (liso), preencha os círculos usando a técnica mostrada na página 347.
6. Asse a 180°C por 12 a 15 minutos.

DACQUOISE DE COCO

Ingredientes	Quantidade	Claras a 100% %	Modo de fazer
Farinha de amêndoa	90 g	60	
Açúcar	120 g	80	
Farinha de trigo especial para bolo	42 g	28	
Coco ralado	15 g	10	
Claras	150 g	100	
Açúcar	120 g	80	
Peso total:	**537 g**	**358%**	

1. Desenhe círculos do tamanho desejado no papel, usando cortadores ou outros objetos circulares. Vire a face da folha com o desenho para baixo – o risco ficará visível no outro lado.
2. Peneire junto a farinha de amêndoa, a primeira quantidade de açúcar e a farinha de trigo. Acrescente o coco ralado.
3. Bata as claras em neve até obter picos moles, junte a segunda quantidade de açúcar e continue batendo até o merengue formar picos firmes.
4. Junte a mistura de amêndoa delicadamente.
5. Usando um saco de confeitar com um bico perlê (liso) médio, preencha os círculos usando a técnica mostrada na página 347.
6. Asse a 180°C por cerca de 10 minutos, ou até dourarem.

PÃO DE LÓ DE AVELÃ E COCO

Ingredientes	Quantidade	Claras a 100% %	Modo de fazer
Avelã em pó	150 g	83	
Açúcar de confeiteiro	120 g	67	
Farinha de trigo especial para bolo	30 g	17	
Coco ralado	35 g	19	
Claras	180 g	100	
Açúcar cristal	90 g	50	
Peso total:	*605 g*	*336%*	

1. Peneire junto a avelã, o açúcar de confeiteiro e a farinha. Acrescente o coco ralado.
2. Bata as claras com o açúcar até obter picos firmes.
3. Incorpore a mistura de avelã delicadamente.
4. Usando um saco de confeitar com um bico perlê (liso), faça círculos do tamanho desejado usando a técnica mostrada na página 347.
5. Asse a 180°C por 10 a 12 minutos.

SUCCÈS

Para calcular grandes quantidades, ver página 734.

Ingredientes	Quantidade	Claras a 100% %	Modo de fazer
Claras	180 g	100	
Açúcar cristal	120 g	67	
Farinha de amêndoa	120 g	67	
Açúcar de confeiteiro	120 g	67	
Farinha de trigo especial para bolo	30 g	17	
Peso total:	*570 g*	*318%*	

1. Desenhe círculos do tamanho desejado no papel, usando cortadores ou outros objetos circulares. Vire a face da folha com o desenho para baixo – o risco ficará visível no outro lado.
2. Prepare um merengue francês: bata as claras em neve até formar picos moles. Junte o açúcar cristal e bata até obter um merengue bem firme e brilhante.
3. Peneire junto os demais ingredientes. Incorpore delicadamente ao merengue.
4. Usando um saco de confeitar com um bico perlê (liso), preencha os círculos marcados no papel usando a técnica mostrada na página 347.
5. Asse a 180°C até que estejam secos ao toque, mas não completamente duros – 20 a 30 minutos.

VARIAÇÃO

PROGRÈS

Esta mistura também pode ser preparada com avelãs em pó – caso em que é chamada de *progrès*.
Observe que esta massa é similar ao Pão de ló Marly (p. 349).

DISCOS DE MERENGUE DE PISTACHE

Ingredientes	Quantidade	Claras a 100% %	Modo de fazer
Pasta de amêndoa	270 g	90	1. Desenhe círculos do tamanho desejado no papel, usando cortadores ou outros objetos circulares. Vire a face da folha com o desenho para baixo – o risco ficará visível na outra face.
Creme de leite fresco	75 g	25	
Pasta de pistache	60 g	20	
Claras	300 g	100	2. Amoleça a pasta de amêndoa com o creme de leite. Aqueça a mistura até atingir 40°C.
Açúcar	120 g	40	3. Acrescente a pasta de pistache.
Peso total:	**825 g**	**275%**	

1. Desenhe círculos do tamanho desejado no papel, usando cortadores ou outros objetos circulares. Vire a face da folha com o desenho para baixo – o risco ficará visível na outra face.
2. Amoleça a pasta de amêndoa com o creme de leite. Aqueça a mistura até atingir 40°C.
3. Acrescente a pasta de pistache.
4. Bata as claras em neve até formar picos moles. Adicione o açúcar e bata até obter um merengue firme.
5. Incorpore a mistura de amêndoas e pistache.
6. Usando um saco de confeitar com um bico perlê (liso), preencha os círculos usando a técnica mostrada na página 347.
7. Asse a 180°C por 8 minutos.

CASADINHOS DE SUSPIRO E CHOCOLATE

Componentes	Modo de fazer
Merengue francês (p. 267) ou Merengue de chocolate (p. 267) Creme de manteiga sabor chocolate (p. 425) Raspas finas de chocolate ou chocolate granulado	1. Prepare os suspiros como indicado na receita de Casadinhos de suspiro e chantilly (abaixo). 2. Junte-os dois a dois com o creme de manteiga sabor chocolate. 3. Leve à geladeira até firmar. 4. Cubra os casadinhos completamente com mais creme de manteiga sabor chocolate. 5. Passe nas raspas finas de chocolate ou chocolate granulado.

CASADINHOS DE SUSPIRO E CHANTILLY

Componentes	Modo de fazer
Merengue francês (p. 267), Merengue de chocolate (p. 267) ou Merengue suíço (p. 267) Creme chantilly (p. 265)	1. Usando um saco de confeitar com um bico perlê (liso), forme montinhos achatados de merengue de cerca de 5 cm de diâmetro. Asse. 2. Procedimento opcional para que haja mais espaço para o recheio: quando os suspiros estiverem firmes o bastante para serem manuseados, mas não completamente secos, retire a forma do forno. Com o polegar, faça uma depressão no centro da base (na parte de baixo). Coloque os suspiros no forno novamente e termine de assar. 3. Espere esfriar e guarde em local seco até o momento de usar. 4. Pouco antes de servir, junte os suspiros dois a dois recheando-os com o chantilly. Coloque-os de lado em forminhas de papel. 5. Usando um saco de confeitar com um bico pitanga, decore a borda visível do recheio com mais chantilly. 6. Se desejar, salpique o chantilly com oleaginosas moídas ou frutas cristalizadas.

CASADINHOS DE SUSPIRO E SORVETE

Componentes	Modo de fazer
Merengue francês (p. 267), Merengue de chocolate (p. 267) ou Merengue suíço (p. 267) Sorvete Creme de leite batido	1. Prepare os suspiros como indicado na receita de Casadinhos de suspiro e chantilly. 2. Junte-os dois a dois usando sorvete no lugar do chantilly. 3. Decore com creme de leite batido.

COGUMELOS DE MERENGUE

Componentes	Modo de fazer
Merengue francês (p. 267)	Esses suspiros são usados principalmente para decorar o *Bûche de Noël* (rocambole natalino de chocolate), página 477. 1. Com um saco de confeitar com um bico perlê (liso) estreito, faça os montinhos de merengue que servirão de "chapéu" para os cogumelos. Em seguida, faça palitos para usar como cabinho. 2. Se desejar, polvilhe com um pouquinho de chocolate em pó. 3. Asse seguindo as instruções da receita de Suspiro (p. 347). 4. Depois de prontos, faça um pequeno orifício na parte de baixo dos "chapéus". Cole os cabinhos com um pouco de merengue cru ou glacê real.

BOLINHOS DE SUSPIRO E CREME

Componentes	Modo de fazer
Merengues *japonaise* (p. 348) Creme de manteiga francês (p. 425)	1. Serão necessários dois merengues *japonaise* de 6-7 cm de diâmetro para cada bolinho e cerca de 60 g de creme de manteiga no sabor desejado. 2. Espalhe uma camada fina de creme de manteiga em um dos discos de merengue. Coloque o outro por cima. 3. Cubra a superfície e as laterais do bolinho com um pouco de creme de manteiga. 4. Se desejar, salpique com oleaginosas picadas, raspas finas de chocolate, coco ralado tostado etc.

VACHERIN
(TORTA DE SUSPIRO, CREME E FRUTAS)

Componentes	Modo de fazer
Merengue francês (p. 267), Merengue de chocolate (p. 267) ou Merengue suíço (p. 267) Creme de leite batido com açúcar Frutas frescas Pão de ló cortado em cubos, umedecido com calda saborizada (opcional) Frutas frescas ou cristalizadas para decorar	1. Para um *vacherin* grande, desenhe aros de 20 ou 23 cm de diâmetro em pedaços de papel-manteiga, usando uma forma redonda como molde. Para *vacherins* individuais, desenhe aros de 6 ou 7 cm. 2. Com um saco de confeitar com um bico perlê (liso), faça um disco de merengue para cada *vacherin*. Comece pelo centro e preencha o círculo em espiral até obter uma camada uniforme de cerca de 12 mm de espessura. 3. Para as laterais do *vacherin*, faça aros de merengue do mesmo tamanho das bases. Para cada *vacherin* grande, serão necessários 4 a 5 aros para as laterais. Para os individuais, faça 2 aros para cada. 4. Asse seguindo as instruções da receita de Suspiro (p. 347). 5. Retire os merengues da forma com cuidado. Seja especialmente cuidadoso com os aros, pois são muito frágeis. 6. Cole os aros nas bases, usando um pouco de merengue cru. 7. Se o formato dos aros não estiver uniforme, você pode simplesmente deixar assim mesmo. Ou então, pode tentar corrigir as imperfeições passando um pouco de merengue fresco pelo lado de fora, ou, ainda, cobrir totalmente as laterais com creme de manteiga depois que a sobremesa já estiver montada. 8. Leve a base do *vacherin* novamente ao forno para cozinhar o merengue cru. Deixe esfriar. 9. Recheie as bases com o creme de leite batido com açúcar misturado com frutas frescas (como morangos ou pêssegos fatiados). Os cubos de pão de ló umedecidos com calda podem ser usados também para realçar o sabor da fruta. 10. Com um saco de confeitar, decore a parte de cima do *vacherin* com mais creme de leite batido. Decore com pedaços de frutas frescas ou cristalizadas.

TERMOS PARA REVISÃO

pâte brisée

massa seca de corte

massa laminada

voltas duplas

método alternativo de incorporação

folhado rápido

folhado invertido

mil-folhas

éclair

pâte à choux

massa de *Strudel*

Strudel

massa filo

suspiros

massas merengadas

japonaise

QUESTÕES PARA DISCUSSÃO

1. Compare o método de mistura da *pâte brisée* e da massa seca de corte.

2. Descreva os dois métodos de laminação da massa folhada.

3. Compare os métodos de mistura da massa folhada clássica e do folhado rápido. Compare o folhado rápido com a massa de torta crocante.

4. O que pode acontecer com um produto feito de massa folhada durante o assamento se não houver um período de relaxamento da massa antes de cortá-la e levá-la ao forno? O que pode acontecer se a massa não refrigerada for cortada com um cortador "cego"?

5. Por que é importante assar totalmente os produtos feitos de massa de bomba e deixar que esfriem lentamente?

6. Que precauções podem ser tomadas durante a manipulação da massa filo comprada pronta?

7. Para assar suspiros até que fiquem sequinhos, deve-se usar forno quente, moderado ou baixo? Por quê?

Capítulo 15

Tartes e outras sobremesas especiais

Para muitos *chefs*, a confeitaria fina é a parte mais instigante e estimulante de sua carreira. Ela oferece possibilidades ilimitadas para o desenvolvimento da criatividade artística e garante ao profissional a oportunidade de mostrar seu talento para decoração. As massas básicas que você aprendeu a preparar nos capítulos precedentes, combinadas com os cremes e coberturas já apresentados, são os elementos básicos para a elaboração de uma variedade quase infinita de sobremesas deliciosas e convidativas.

O Capítulo 14 apresentou detalhadamente as principais massas usadas em confeitaria. Os procedimentos para preparar algumas sobremesas simples foram incluídos com as receitas (com exceção da massa seca de corte), para que você começasse a se familiarizar com as técnicas. Este capítulo dá continuidade ao estudo da confeitaria com receitas de sobremesas mais elaboradas.

O capítulo está dividido em duas partes. A primeira explica a produção das *tartes* com base de massa pré-assada e crua, apresentando uma série de receitas como exemplo. O restante do capítulo dedica-se a várias outras sobremesas especiais, incluindo tanto criações mais modernas como clássicos da confeitaria internacional.

Após ler este capítulo, você deverá ser capaz de:

1. Preparar *tartes* e *tartelettes* com bases de massa pré-assadas ou cruas.

2. Preparar uma variedade de sobremesas especiais à base de massa folhada, massa de bomba e massas merengadas.

TARTES E TARTELETTES

Uma **tarte** não é meramente uma torta sem a massa de cima. Embora possam parecer com as tortas por sua aparência semelhante, as *tartes* na verdade estão mais relacionadas a outras sobremesas de estilo europeu. Elas são leves, em geral têm menos de 2,5 cm de altura e costumam ser muito coloridas. Sua aparência elaborada costuma exibir frutas cuidadosamente dispostas. As *tartelettes* são a versão em miniatura das *tartes*.

Ao contrário das formas de tortas, as formas de *tartes* são rasas e de laterais retas, isto é, perpendiculares à base. Em geral, essas laterais são caneladas. Como as *tartes* geralmente são desenformadas antes de serem servidas, o tipo de forma mais recomendado é o de aro ou de fundo removível. Para retirar a *tarte* da forma de aro removível, libere primeiramente o anel, depois deslize a torta para um círculo de papel-cartão ou um prato de servir; no caso das formas de fundo removível, empurre o fundo da forma para cima, liberando o anel. Um aro modelador simples também pode ser usado para preparar *tartes*. Ao ser colocado sobre uma assadeira, fará o papel da lateral da forma, ao passo que a assadeira servirá de fundo.

As *tartelettes* são feitas em forminhas sem fundo removível. Como são pequenas, é fácil desenformá-las depois de assadas. As forminhas podem ter as laterais caneladas ou não, ligeiramente inclinadas ou retas.

As *tartes* não são necessariamente redondas. *Tartes* quadradas e retangulares também são comuns, especialmente quando se usa massa folhada em vez de massa seca (ver p. 330).

Como as *tartes* contêm menos recheio que as tortas, o sabor da massa é muito importante. Embora seja possível usar a massa de torta comum, em geral são elaboradas com massas amanteigadas e enriquecidas, como a *pâte brisée* (p. 318) e a Massa seca de corte (p. 320). A Massa seca de corte é um pouco mais difícil de trabalhar que a massa de torta enriquecida, por isso é mais usada para preparar *tartelettes*. A Massa seca de amêndoas (p. 320) também pode ser usada para *tartelettes*.

O procedimento da página 357 explica como preparar as bases para *tartes*. Com frequência, as bases pré-assadas são recheadas com creme de confeiteiro, cobertas com frutas e servidas sem irem ao forno. O método de preparo desse tipo de *tarte* é ilustrado na receita de *Tarte* de frutas (p. 358). As *tartelettes* podem ser preparadas usando esse mesmo método.

As bases para *tartes* também podem ser preparadas com massa folhada, como explicado na página 330.

Tartes que vão ao forno depois de recheadas

Em sua forma mais simples, as *tartes* deste tipo nada mais são que uma base de massa de torta crua que é coberta com uma camada de frutas frescas e um pouco de açúcar e levada ao forno. Muitos tipos de frutas podem ser usados – alguns dos mais populares são maçãs, peras, pêssegos, ameixas, damascos e cerejas.

São possíveis muitas variações sobre esse mesmo tema, permitindo a criação de muitos tipos de *tartes*. Eis algumas das variações mais conhecidas:

1. Quando estiver usando frutas suculentas, cubra a base da *tarte* com uma camada de bolo, biscoito ou até mesmo pão esmigalhado. Isso fará com que um pouco do suco liberado seja absorvido durante o assamento, além de contribuir para a textura e o sabor do recheio.

2. Espalhe oleaginosas moídas na base da torta.

3. Espalhe uma camada de *frangipane* (p. 201) no fundo da torta. O recheio da torta ficará com um sabor rico e requintado de amêndoas.

4. Use creme de confeiteiro (p. 271) em vez de *frangipane*, especialmente nas *tartelettes*. Coloque as frutas por cima de forma que cubram o creme totalmente.

Como preparar a base de massa pré-assada das *tartes*

Este procedimento indica como preparar bases para *tartes* grandes. Para *tartelettes*, veja a variação a seguir.

1. Retire a massa seca de corte ou *pâte brisée* da geladeira. Pese a massa conforme o tamanho desejado.

   300 a 340 g de massa para *tartes* de 25 cm

   225 a 300 g de massa para *tartes* de 23 cm

   175 a 225 g de massa para *tartes* de 20 cm

   115 a 140 g de massa para *tartes* de 15 cm

2. Deixe a massa descansar por alguns minutos ou trabalhe-a rapidamente com as mãos para amaciá-la. A massa deve estar fria, mas se estiver fria demais e dura, será difícil abri-la sem que se quebre.

3. Abra a massa sobre uma superfície de trabalho enfarinhada. A *pâte brisée* deve ficar com uma espessura aproximada de 3 mm. A massa seca de corte pode ficar um pouco mais grossa — ligeiramente menos de 0,5 cm.

4. Coloque a massa sobre a forma. Para levantá-la sem que se quebre, enrole-a delicadamente no rolo e desenrole sobre a forma. Deixe que a massa se acomode; pressione-a nos cantos, mas sem esticá-la. Se a massa for esticada, encolherá durante o assamento.

5. Decore a borda, se desejar, e elimine o excesso de massa (a maneira mais simples de eliminar as sobras é passando o rolo sobre a borda da forma — ver foto). A essa altura a massa está pronta para ser recheada, quando se tratar de recheios que vão ao forno.

6. Leve à geladeira por pelo menos 20 a 30 minutos antes de continuar. Esse período de descanso faz com que o glúten relaxe, evitando o encolhimento da massa. Para preparar bases pré-assadas para recheios que não vão ao forno, prossiga com o passo 7.

7. Fure toda a superfície da massa com um garfo. Forre a base com papel-manteiga e preencha a cavidade com feijões crus. Isto evitará que a massa forme bolhas e deforme durante o assamento.

8. Asse a 200°C até que esteja completamente assada e comece a dourar — cerca de 20 minutos. Retire os feijões e o papel. Se o centro da massa ainda estiver um pouco cru, coloque a forma novamente no forno e asse por mais alguns minutos.

9. Espere esfriar completamente.

Variação: preparação de bases para *tartelettes*

Há forminhas de *tartelette* em vários formatos e tamanhos, caneladas ou não — redondas, retangulares, em forma de barquinho (barquete) etc.

Método 1

1. Disponha as forminhas sobre a superfície de trabalho o mais próximo possível umas das outras. Podem ser usados diferentes formatos ao mesmo tempo, desde que tenham a mesma altura.

2. Abra a massa como indicado no procedimento básico.

3. Para levantá-la, enrole-a delicadamente no rolo. Desenrole sobre as forminhas. Deixe que a massa afunde dentro delas.

4. Passe o rolo sobre a massa para cortá-la do tamanho exato das forminhas, eliminando as sobras.

5. Usando uma bola de sobras de massa, pressione a base e as laterais firmemente dentro das forminhas.

6. Continue como no procedimento básico (passo 5).

Método 2 (apenas para forminhas redondas)

1. Abra a massa como indicado no procedimento básico.

2. Com um cortador cerca de 1 cm maior que o diâmetro da borda das forminhas, corte discos de massa.

3. Forre as forminhas, pressionando bem a massa contra o fundo e as laterais. Se estiver usando forminhas caneladas, certifique-se de que a massa está grossa o bastante nas laterais para que não sejam cortadas pelas reentrâncias.

4. Continue como no procedimento básico.

5. Se as frutas cruas estiverem mais duras (p. ex., maçãs, peras e ameixas frescas), talvez não estejam cozidas no momento em que a base da *tarte* estiver pronta. Isso acontece especialmente quando se espalha *frangipane* ou creme de confeiteiro sob as frutas. Nesses casos, cozinhe as frutas previamente em calda de açúcar (p. 587) ou em manteiga e açúcar.

6. Antes de servir ou colocar as *tartes* em exposição, pincele-as com geleia de brilho ou polvilhe com um pouco de açúcar de confeiteiro.

Nota sobre as quantidades

A quantidade de ingredientes nas receitas a seguir pode necessitar de ajustes. Por exemplo, frutas especialmente ácidas podem requerer mais açúcar. Além disso, algumas frutas podem render mais ou menos que a maioria das frutas depois de limpas (sem casca, sem sementes etc.).

A maioria das receitas nas páginas 359 a 365 servem para *tartes* de 25 cm. Para *tartes* menores ou *tartelettes*, *multiplique ou divida cada ingrediente da lista pelos fatores indicados abaixo* ao recalcular as quantidades.

Tamanho da *tarte*	Fator
23 cm	multiplique por 0,8 (ou $\frac{4}{5}$)
20 cm	multiplique por 0,66 (ou $\frac{2}{3}$)
18 cm	divida por 2
15 cm	divida por 3
13 cm	divida por 4
10 cm	divida por 6
7,5 cm	divida por 10

TARTE DE FRUTAS

Rendimento: uma tarte de 25 cm

Ingredientes	Quantidade	Modo de fazer
Frutas frescas (ver Modo de fazer)	750 a 1.000 g	1. Escolha as frutas para a *tarte*. *Tartes* de frutas frescas podem ser feitas com qualquer combinação colorida de duas ou mais frutas. Prepare as frutas para o uso: descasque, lave etc. Corte frutas maiores, como pêssegos e abacaxis, em fatias ou pedaços menores de tamanho uniforme. Cozinhe frutas mais duras, como maçãs e peras, em calda (ver p. 587 para instruções). Escorra bem.
Creme de confeiteiro (p. 271)	400 g	
Base pré-assada de 25 cm	1	
Geleia de brilho de damasco (p. 200)	125 g (ou conforme necessário)	

2. Espalhe uma camada de creme de confeiteiro na base pré-assada. Encha-a quase até a metade.

3. Arrume as frutas cuidadosamente sobre o creme.

4. Aqueça a geleia de brilho. Se estiver muito grossa, dilua com um pouco de água ou calda simples. Pincele as frutas, cobrindo-as completamente.

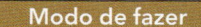

TARTE DE MAÇÃ

Rendimento: uma tarte de 25 cm

Ingredientes	Quantidade
Maçãs ácidas firmes e saborosas	750 g
Base de massa crua de 25 cm	1
Açúcar	90 g
Geleia de brilho de damasco (p. 200)	conforme necessário

Modo de fazer

1. Descasque as maçãs, retire as sementes e corte em fatias finas. Elas devem render cerca de 600 g.

2. Distribua as fatias de maçã sobre a base de massa. Separe as fatias mais bonitas e uniformes para colocar por cima; arrume-as em círculos concêntricos, sobrepondo-as ligeiramente.

3. Polvilhe o açúcar por cima, em uma camada uniforme.

4. Asse a 200°C por cerca de 45 minutos ou até que a massa esteja bem dourada e as maçãs macias.

5. Deixe esfriar. Pincele com a geleia de brilho.

VARIAÇÕES

Separe as melhores fatias para colocar por cima e pique a maçã restante; cozinhe com 60 g de açúcar e 15 g de manteiga até que elas se transformem em um purê espesso. Espere esfriar e espalhe sobre a base. Arrume as fatias reservadas por cima. Polvilhe com o açúcar restante e leve ao forno.

Se as fatias de maçã estiverem muito crocantes, cozinhe-as rapidamente em 30 a 60 g de manteiga e 30 g de açúcar, até começarem a amaciar e dourar. Vire-as com cuidado para evitar que quebrem. Siga as instruções da receita básica.

TARTE DE AMEIXA, DAMASCO, CEREJA OU PÊSSEGO FRESCOS

Siga a receita básica, mas espalhe uma camada fina de bolo, biscoito ou pão esmigalhado no fundo da base de massa crua antes de colocar a fruta. Ajuste a quantidade de açúcar de acordo com a doçura da fruta.

Especiarias adequadas, como canela para ameixas frescas ou maçãs, podem ser acrescentadas em quantidades pequenas.

TARTE DE MAÇÃ COM CREME

Diminua a quantidade de maçãs para 560 g (ou 450 g, depois de retirar a casca e as sementes). Diminua a quantidade de açúcar para 45 g. Monte e asse como na receita básica. Na metade do cozimento, despeje cuidadosamente o creme feito com os seguintes ingredientes:

Ingredientes	Quantidade
Leite	120 mL
Creme de leite fresco	120 mL
Açúcar	60 g
Ovo inteiro	1
Gema	1
Essência de baunilha	5 mL (1 colher de chá)

Continue assando até o creme firmar. Espere esfriar e polvilhe com açúcar de confeiteiro.

TARTE DE PERA E AMÊNDOAS

Rendimento: uma tarte *de 25 cm*

Ingredientes	Quantidade	Modo de fazer
Base de massa crua de 25 cm	1	
Frangipane (p. 201) ou *Crème d'amande* (p. 202)	350 g	
Peras cortadas ao meio, enlatadas ou escalfadas	8	
Geleia de brilho de damasco (p. 200)	conforme necessário	

Modo de fazer

1. Espalhe o *frangipane* no fundo da base.
2. Escorra bem as peras. Corte cada metade em fatias finas no sentido da largura, mas mantenha as fatias juntas, sem perder o formato da pera.
3. Coloque-as com cuidado sobre o creme, com a parte arredondada virada para cima e a parte mais estreita apontada para o centro. Não cubra o creme totalmente com as peras. Afunde-as levemente no creme.
4. Asse a 190°C por cerca de 40 minutos.
5. Deixe esfriar. Pincele a superfície com a geleia de brilho.

VARIAÇÕES

Podem ser usados pêssegos, maçãs, damascos, ameixas, cerejas ou outras frutas enlatadas ou escalfadas no lugar das peras. Para frutas pequenas, como os damascos, as ameixas e as cerejas, reduza a quantidade de *frangipane* e cubra-o totalmente com a fruta.

TARTE DE CREME DE CONFEITEIRO E FRUTAS

Omita o *frangipane* e forre o fundo da massa com uma camada de 1 cm de creme de confeiteiro. Outra alternativa é usar uma mistura de 2 ou 3 partes de creme de confeiteiro misturada com 1 parte de pasta de amêndoa. Cubra o creme com uma camada de frutas, arrumadas decorativamente.

TARTE FRANGIPANE

Omita as frutas. Espalhe uma camada fina de geleia de damasco no fundo da massa. Recheie com o *frangipane*. Asse e espere esfriar. Em vez de pincelar com geleia de brilho, polvilhe com um pouco de açúcar de confeiteiro. Esta receita é especialmente indicada para preparar *tartelettes*.

TARTELETTES DE FRUTAS

Os ingredientes da receita principal são a base para preparar todas as *tartelettes* tradicionais de frutas. Eis algumas das frutas frescas e em calda usadas em seu preparo: maçãs, peras, cerejas, mirtilos, damascos, pêssegos e nectarinas. Use apenas um tipo de fruta por *tartelette*. Para preparar 10 *tartelettes* de 8 cm de diâmetro, serão necessárias, aproximadamente, as seguintes quantidades:

Ingredientes	Quantidade
Massa seca de corte (p. 320) ou *Pâte sucrée* (p. 319)	350 g
Frangipane (p. 201) ou *Crème d'amande* (p. 202)	400 g
Frutas	250 a 400 g
Geleia de brilho de damasco (p. 200)	90 a 120 g

TARTE DE LIMÃO

Rendimento: uma tarte de 25 cm

Ingredientes	Quantidade	Modo de fazer
Base de massa crua de 25 cm	1	1. Asse a base da *tarte* até começar a dourar, mas não deixe ficar muito marrom. Deixe esfriar.
Açúcar	120 g	
Raspas de limão	15 mL	2. Em uma batedeira, com o misturador raquete, misture muito bem o açúcar e as raspas de limão.
	(1 colher de sopa)	
Ovos	4	3. Junte os ovos. Misture até obter uma mistura homogênea, mas não bata.
Suco de limão	175 mL	
Creme de leite fresco	60 mL	4. Incorpore primeiramente o suco de limão, depois o creme de leite fresco. Passe a mistura por uma peneira.

VARIAÇÃO

Coloque algumas framboesas frescas por cima da torta. Polvilhe com um pouco de açúcar de confeiteiro.

5. Despeje na base pré-assada. Leve ao forno novamente a 165°C, apenas até o recheio firmar – cerca de 20 minutos.

TARTE DE CHOCOLATE

Rendimento: uma tarte de 25 cm

Ingredientes	Quantidade	Modo de fazer
Base feita com Massa seca de corte de 25 cm (p. 320)	1	1. Abra a massa o mais fino possível. Forre a forma. Asse até dourar, mas não muito. Deixe esfriar.
Creme de leite fresco	175 mL	
Leite	175 mL	2. Misture o creme de leite e o leite. Leve ao fogo; assim que ferver, desligue.
Chocolate meio amargo	240 g	
Ovo	1	3. Adicione o chocolate. Misture até que esteja completamente derretido e incorporado à mistura.

VARIAÇÃO

TARTE DE CHOCOLATE E BANANA

Além dos ingredientes acima, use os seguintes:

Ingredientes	Quantidade
Banana madura	1
Suco de limão	15 g
Manteiga	15 g
Açúcar	45 g

4. Em uma tigela, bata o ovo ligeiramente. Aos poucos, junte à mistura quente de chocolate.

5. Despeje na base da *tarte*. Asse a 190°C até o recheio firmar – cerca de 15 minutos.

Corte a banana em rodelas, junte o suco de limão e misture delicadamente. Em uma frigideira antiaderente, aqueça a manteiga em fogo alto. Junte a banana e, em seguida, o açúcar. Cozinhe em fogo alto até que as bananas estejam douradas e cobertas com o açúcar caramelizado. Não cozinhe demais, senão ficarão moles e desmancharão. Transfira para uma assadeira forrada com papel-manteiga e espere esfriar. Espalhe a banana caramelizada na base da *tarte* antes de despejar a mistura de chocolate. Siga as instruções da receita básica.

TARTE TATIN

Rendimento: uma tarte de 23 cm

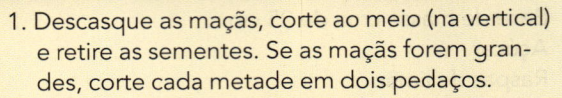

Ingredientes	Quantidade	Modo de fazer
Maçã	1.500 g	
Manteiga	100 g	
Açúcar	250 g	
Massa folhada (pp. 324 e 325),	250 g	
Folhado rápido (p. 325),		
Massa de torta crocante (p. 289)		
ou *Pâte brisée* (p. 318)		

VARIAÇÕES

TARTE TATIN DE PERA OU PÊSSEGO

Embora estas não sejam as frutas tradicionalmente usadas para esta *tarte*, podem ser usadas seguindo as mesmas instruções da receita com maçãs.

Nota sobre a terminologia: as sobremesas e pratos salgados preparados desta maneira às vezes são chamados de Tatins, mas esse termo não é correto, estritamente falando. O termo correto seria *tarte*. Tatin indica um tipo específico de *tarte*. **Tarte Tatin** é a forma abreviada de uma expressão francesa que significa algo como "*tarte* preparada à moda das irmãs Tatin". Essas duas irmãs eram proprietárias de um pequeno hotel no Vale do Loire, onde sua *tarte* de maçã ganhou fama.

1. Descasque as maçãs, corte ao meio (na vertical) e retire as sementes. Se as maçãs forem grandes, corte cada metade em dois pedaços.

2. Separe uma frigideira de fundo grosso, que possa ir ao forno, com 25 cm de diâmetro (para preparar uma tarte de 23 cm). Derreta a manteiga nessa frigideira. Espalhe o açúcar por cima da manteiga em uma camada uniforme.

3. Arrume as maçãs sobre o açúcar. Comece fazendo um círculo ao redor da borda da frigideira. Preencha o centro com a maçã restante. A frigideira deve ficar completamente preenchida com as maçãs, com as metades bem próximas umas das outras. É provável que as maçãs fiquem mais altas que as laterais da frigideira, mas irão encolher durante o assamento, resultando em uma *tarte* de cerca de 4 cm de altura.

4. Leve a panela ao fogo médio e cozinhe até que a parte de baixo das maçãs amacie e o suco liberado fique espesso e viscoso – cerca de 30 minutos. A parte de cima das maçãs estará apenas levemente cozida, mas cozinhará quando a torta for levada ao forno. Retire do fogo e espere esfriar um pouco.

5. Abra a massa e corte um disco que cubra a parte de cima das maçãs. Coloque a massa sobre as maçãs. Embuta as beiradas da massa entre as maçãs da borda e a lateral da frigideira.

6. Asse a 220°C por 30 a 40 minutos, até que a massa esteja bem dourada e as maçãs totalmente caramelizadas.

7. Espere a torta esfriar um pouco. O suco irá transformar-se em um gel ou será parcialmente reabsorvido, permitindo que a torta seja virada. Coloque uma base de papelão ou travessa sobre a massa e então vire, desenformando a torta. A maçã deve ficar com uma cor de caramelo bem dourada. Se quiser que a torta fique ainda mais brilhante, polvilhe-a com açúcar e use o maçarico ou a salamandra para caramelizar. Sirva a *tarte* morna ou em temperatura ambiente.

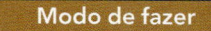

TARTE BRÛLÉE DE LARANJA

Rendimento: uma tarte de 20 cm

Ingredientes	Quantidade	Modo de fazer
Suco de laranja	75 g	1. Aqueça o suco e as raspas de laranja com a primeira quantidade de açúcar e a manteiga, até o açúcar se dissolver.
Açúcar	125 g	
Raspas de laranja	4 g	
	(1¾ colher de chá)	2. Bata os ovos, as gemas e o açúcar restante até o açúcar se dissolver.
Manteiga	100 g	
Ovos inteiros	2	3. Junte o amido de milho à mistura de ovos.
Gemas	4	4. Assim que a mistura de suco de laranja ferver, faça a temperagem da mistura de ovos incorporando metade do líquido quente lentamente e batendo sem parar. Então, despeje a mistura de ovos dentro da panela com o suco restante.
Açúcar	100 g	
Amido de milho	15 g	
Base pré-assada de 20 cm feita de Massa seca de corte II (p. 320)	1	
Açúcar refinado	conforme necessário	5. Leve ao fogo, mexendo sempre, até ferver. Ferva por 1 minuto.
Para guarnecer (opcional)		6. Despeje a mistura em uma tigela e resfrie em um banho-maria de gelo, mexendo.
Gomos de laranja	conforme necessário	
Geleia de brilho de damasco (p. 200)	conforme necessário	7. Espalhe a mistura na base pré-assada.

8. Polvilhe a superfície com uma camada fina e uniforme de açúcar. Aqueça com um maçarico ou salamandra até o açúcar caramelizar (se for usar a salamandra, proteja a massa da borda com papel laminado para não queimar).

9. Leve à geladeira para firmar antes de cortar.

10. Se desejar, decore com gomos de laranja ao servir, pincelando-os com a geleia de brilho.

TARTE DE MAÇÃ CARAMELIZADA COM BAUNILHA

Rendimento: uma tarte de 25 cm

Ingredientes	Quantidade	Modo de fazer
Maçãs ácidas, firmes e saborosas	1.300 g	1. Descasque as maçãs. Corte em quatro e retire as sementes. Corte cada quarto ao meio, formando dois pedaços grossos.
Manteiga	60 g	
Essência de baunilha	10 g	
	(2 colheres de chá)	2. Em uma frigideira grande, aqueça a manteiga em fogo alto. Junte as maçãs e cozinhe por cerca de 15 minutos, até que estejam ligeiramente douradas e macias, mas não moles. Aumente ou abaixe o fogo conforme a necessidade – ele não deve estar muito baixo, para que as maçãs não cozinhem em seu próprio suco, nem alto demais, a ponto de caramelizá-las.
Base de massa crua de 25 cm feita com *Pâte brisée* (p. 318)	1	
Açúcar	90 g	

3. Junte a essência de baunilha e cozinhe por mais 5 segundos. Retire do fogo e deixe esfriar completamente.

4. Arrume as fatias de maçã na base pré-assada. Polvilhe com uma camada uniforme de açúcar.

5. Asse a 190°C por 50 a 60 minutos, até que a massa esteja bem dourada e as maçãs levemente caramelizadas.

6. Sirva a *tarte* morna (reaqueça, se necessário).

TARTE DE NOZES

Rendimento: uma tarte *de 25 cm*

Ingredientes	Quantidade	Modo de fazer
Açúcar mascavo	225 g	1. Bata a manteiga e o açúcar até obter um creme homogêneo.
Manteiga	55 g	
Ovos	3	2. Adicione um ovo por vez, batendo bem após cada adição.
Farinha	30 g	
Canela em pó	2 mL	3. Acrescente a farinha e a canela. Misture bem.
	(½ colher de chá)	
Nozes quebradas com a mão ou picadas	340 g	4. Incorpore as nozes.
Base de massa crua de 25 cm	1	5. Despeje a mistura na base de massa crua. Asse a 175°C por cerca de 40 minutos, ou até que a massa esteja dourada e o recheio, firme.
Glaçage de chocolate (p. 433) ou chocolate temperado	conforme necessário	6. Espere esfriar completamente.

6. Espere esfriar completamente.

7. Usando um cone de papel-manteiga (ver pp. 440 a 442), rabisque ligeiramente a superfície da torta com o chocolate, formando um xadrez. Espere o chocolate firmar.

LINZERTORTE

Rendimento: uma tarte *de 25 cm*

Ingredientes	Quantidade	Modo de fazer
Massa de *Linzertorte* (p. 320)	700 g	1. Abra cerca de dois terços da massa de *Linzertorte* até obter uma espessura de 6 a 8 mm.
Geleia de framboesa	400 g	
	(1¼ xícara)	2. Forre uma forma de 25 cm de diâmetro com a massa.

Nota: esta famosa especialidade austríaca é às vezes chamada de torta, mas, na verdade, é uma tarte *recheada com geleia de framboesa.*

3. Espalhe a geleia em uma camada uniforme.

4. Abra a massa restante e corte tiras de cerca de 1 cm de largura. Arrume-as sobre a geleia, formando uma treliça. Coloque-as de modo que formem losangos e não quadrados.

5. Vire as beiradas da base sobre as pontas das tiras de massa, formando uma borda.

6. Asse a 190°C por 35 a 40 minutos.

TARTE DE FRUTAS SECAS E NOZES

Rendimento: duas tartes de 20 cm

Ingredientes	Quantidade	Modo de fazer
Ameixas maceradas		**AMEIXAS MACERADAS**
Ameixas secas, sem caroço e picadas grosseiramente	300 g	1. Misture todos os ingredientes em uma panela. Aqueça até o açúcar se dissolver.
Uva-passa escura	50 g	2. Deixe cozinhar em fogo bem baixo por cerca de 15 minutos, ou até que as ameixas estejam macias. Escorra. Descarte o pau de canela e o saquinho de chá.
Açúcar	100 g	
Canela em pau	1	
Saquinho de chá	1	
Armagnac	40 g (8 colheres de chá)	
Água	100 g	**RECHEIO CREMOSO**
Recheio cremoso		1. Aqueça o leite, o creme de leite, a baunilha, a canela em pau e o *Armagnac* até quase ferver. Desligue o fogo e deixe em repouso por 30 minutos. Coe.
Leite	100 g	
Creme de leite fresco	125 g	
Essência de baunilha	2 g (½ colher de chá)	2. Bata o açúcar com o mel e os ovos. Junte o amido de milho e a farinha e bata até obter uma mistura lisa.
Canela em pau	1	
Armagnac	40 g (8 colheres de chá)	3. Despeje o leite na mistura de ovos e bata bem.
Açúcar	35 g (6½ colheres de chá)	**COBERTURA**
Mel	75 g	1. Toste ligeiramente os pinholes, as amêndoas e as avelãs.
Ovos	200 g	2. Leve o açúcar ao fogo e cozinhe até obter um caramelo claro; junte a manteiga.
Amido de milho	3 g (1¼ colher de chá)	3. Incorpore as oleaginosas tostadas e cozinhe em fogo baixo até elas se separarem.
Farinha	30 g	
Cobertura		4. Despeje em uma superfície de mármore e separe as oleaginosas enquanto elas esfriam.
Pinholes	40 g	
Amêndoas sem pele, picadas	40 g	5. Peneire junto a farinha e a canela. Incorpore a manteiga com as pontas dos dedos até obter uma farofa fina.
Avelãs, inteiras	40 g	
Açúcar	40 g	
Manteiga	10 g (2 colheres de chá)	6. Acrescente o açúcar e as oleaginosas caramelizadas.
Farinha	160 g	**COMO MONTAR E ASSAR**
Canela em pó	4 g (2 colheres de chá)	1. Espalhe as ameixas escorridas e as passas no fundo da massa pré-assada.
Manteiga	80 g	2. Despeje o recheio cremoso.
Açúcar	80 g	3. Asse a 150°C por cerca de 10 minutos, até que a parte de cima tenha firmado.
Base de massa pré-assada de 20 cm feita com *Pâte brisée* (p. 318)	2	4. Salpique a superfície com a cobertura. Polvilhe com a canela restante.
Canela em pó	8 g (4 colheres de chá)	5. Asse a 180°C por mais 18 a 20 minutos, até que a *tarte* esteja dourada e com uma aparência de seca.
Açúcar de confeiteiro	10 g (4 colheres de chá)	6. Deixe esfriar. Polvilhe com açúcar de confeiteiro.

SOBREMESAS ESPECIAIS

Esta seção apresenta uma coleção de sobremesas de vários tipos. As três primeiras receitas são de sobremesas clássicas à base de massa folhada, massa de bomba e massas secas. São itens que todo confeiteiro deveria saber fazer bem. A **Torta Saint-Honoré** [também conhecida como torta Regina no Brasil] é uma sobremesa espetacular à base de massa de bomba, massa seca de corte, calda de caramelo e recheios cremosos. É geralmente decorada com fios de açúcar (p. 674). O delicioso **Pithivier** e o tradicional **mil-folhas** testarão sua habilidade de trabalhar com massa folhada.

As demais receitas são interpretações mais modernas, muitas delas comumente associadas à **confeitaria francesa** nos EUA. São sobremesas individuais compostas de vários cremes, musses (do Capítulo 20), coberturas e caldas intercalados com discos de merengue, massa seca ou pão de ló. A preparação da primeira dessas receitas, *Passionata*, é ilustrada com detalhes para introduzir as técnicas básicas de montagem desse tipo de sobremesa. Você pode depois aplicar as mesmas técnicas para preparar as outras receitas da seção.

Este capítulo enfoca principalmente as sobremesas que têm por base as massas secas e merengadas apresentadas no Capítulo 14, mas também são usadas camadas de bolo (Capítulo 16). Muitos dos bolos apresentados no Capítulo 18 também podem ser servidos como sobremesas especiais da confeitaria francesa, como discutido à página 438. Outras sobremesas à base de massa de bolo serão explicadas no referido capítulo. A maneira mais usada para preparar sobremesas francesas individuais à base de bolo é assar a massa em assadeiras retangulares e depois cortá-la em tiras com cerca de 10 cm de largura (ver mais detalhes na p. 478). Observe que várias sobremesas dos Capítulos 20 e 22 são preparadas em formas redondas grandes. Elas também podem ser preparadas como sobremesas individuais – basta montá-las usando aros pequenos.

Por fim, o capítulo inclui uma receita para uma sobremesa típica do sul da Itália, **sfogliatella** – uma espécie de pastelzinho em formato de concha. Seu preparo é razoavelmente difícil. Siga as instruções à risca.

❧ SAINT-HONORÉ ❧

Há duas histórias para explicar a origem do nome dessa clássica e requintada sobremesa. Uma conta que ela foi criada para homenagear o santo padroeiro dos confeiteiros franceses, Saint-Honoré. Outra reza que a especialidade surgiu em uma confeitaria de Paris situada à Rue Saint-Honoré. Um detalhe sobre a segunda versão: o confeiteiro que teria inventado a sobremesa é M. Chiboust, o mesmo provável criador do creme *Chiboust* (ver p. 272), comumente usado para rechear a torta *Saint-Honoré*.

TORTA SAINT-HONORÉ

Rendimento: duas tortas de 20 cm

Ingredientes	Quantidade	Modo de fazer
Pâte brisée (p. 318)	300 g	
Pâte à choux (massa de bomba) (p. 336)	600 g	
Para pincelar		
Gemas	6	
Ovo inteiro	1	
Açúcar	1 g (¼ de colher de chá)	
Sal	1 g (¼ de colher de chá)	
Água	10 g (2 colheres de chá)	
Creme diplomata de baunilha (p. 274)	385 g	
Creme diplomata de chocolate (p. 274)	425 g	
Caramelo		
Açúcar refinado	200 g	
Água	60 g	
Xarope de glucose de milho ou glucose	20 g	

PREPARO DAS MASSAS

1. Leve a *pâte brisée* à geladeira por pelo menos 30 minutos antes de usar.

2. Coloque um bico perlê (liso) médio em um saco de confeitar e encha-o com a massa de bomba.

3. Bata todos os ingredientes para pincelar. (*Nota:* você não usará toda a mistura para pincelar. Reserve o que sobrar para outros usos.)

4. Abra a *pâte brisée* até obter uma forma oval com 3 mm de espessura (larga o bastante para cortar os discos de massa no próximo passo). Coloque em uma assadeira untada com manteiga e fure bem. Leve à geladeira.

5. Corte dois discos de 20 cm de diâmetro na própria assadeira. Retire as sobras de massa.

6. Pincele as bordas com a mistura de ovo.

7. Faça um aro grosso de massa de bomba sobre o disco de massa, a cerca de 2,5 cm da beirada. Pincele com um pouco da mistura de ovo. Achate o aro ligeiramente, passando as costas de um garfo pela superfície da massa. Faça uma espiral menor de massa de bomba dentro desse círculo.

8. Use o restante da massa de bomba para fazer carolinas de 2 cm de diâmetro sobre uma forma untada com manteiga ou forrada com papel manteiga; pincele com a mistura de ovo (a massa irá render mais carolinas que o necessário para a torta – use as mais bonitas).

9. Asse as massas a 190°C até que cresçam e estejam douradas e as carolinas emitam um som oco ao serem batidas de leve. Deixe esfriar sobre um aparador de metal.

COMO MONTAR A TORTA

1. Escolha as carolinas mais bonitas para decorar a torta. Serão necessárias 12 a 14 para cada. Faça um pequeno orifício na parte de baixo e recheie-as com o creme diplomata de baunilha, usando o saco de confeitar.

2. Espalhe uma camada de creme diplomata de chocolate no fundo de cada base de torta.

3. Coloque o bico Saint-Honoré (liso como o perlê, mas com um corte em forma de V na lateral, ver p. 440) em dois sacos de confeitar. Encha-os com o restante dos dois cremes.

4. Segurando o saco de modo que o corte em V do bico fique virado para cima, preencha o círculo interno com os cremes, formando listras alternadas. Observe a fotografia da torta pronta, bem como as da página 444, para compreender melhor o resultado esperado. Leve à geladeira.

5. Prepare o caramelo: leve o açúcar e a água ao fogo brando até que o açúcar se dissolva. Assim que ferver, junte o xarope e cozinhe até obter uma calda dourada. Mergulhe o fundo da panela em água fria por alguns segundos para interromper o cozimento.

6. Mergulhe a parte de cima das carolinas recheadas no caramelo e coloque-as, com o lado do caramelo virado para baixo, sobre uma pedra de mármore untada.

7. Reaqueça o caramelo restante e use-o para colar as carolinas, com o lado do caramelo virado para cima, ao redor da torta, o mais simetricamente possível.

MIL-FOLHAS DE PRALINA

Rendimento: uma sobremesa de cerca de 25 x 15 cm, pesando aproximadamente 1.200 g

Ingredientes	Quantidade	Modo de fazer
Folhado clássico (p. 324)	630 g	1. Abra a massa folhada até obter um retângulo de cerca de 52 x 33 cm. Coloque em uma assadeira forrada com papel-manteiga. Fure a massa e leve à geladeira por 20 minutos.
Açúcar de confeiteiro	conforme necessário	
Creme de pralina (p. 542)	500 g	2. Asse a 200°C. Quando faltar um quinto do tempo para a massa completar o assamento, retire-a do forno e polvilhe com bastante açúcar de confeiteiro.
Pailletine de pralina (receita abaixo)	150 g	
Para guarnecer		3. Aumente a temperatura para 240°C. Leve a massa novamente ao forno e asse até que o açúcar tenha caramelizado – 2 a 3 minutos.
Oleaginosas caramelizadas	a gosto	4. Retire do forno e deixe esfriar.

5. Com uma faca de serra, acerte as beiradas da massa para que fiquem retas. Corte em três retângulos iguais de cerca de 25 x 15 cm (o tamanho exato irá depender do quanto a massa encolher). Reserve o melhor retângulo para fazer a camada de cima.

6. Espalhe uma camada do creme de pralina de 1,5 cm de espessura sobre um retângulo. Coloque outro retângulo por cima.

7. Cubra com o retângulo de *pailletine* de pralina e mais uma camada do creme de pralina.

8. Finalize com o retângulo de massa reservado.

9. Decore a gosto com as oleaginosas caramelizadas.

PAILLETINE DE PRALINA

Ingredientes	Quantidade	Modo de fazer
Chocolate ao leite culinário	25 g	1. Derreta o chocolate e a manteiga de cacau em uma tigela em banho-maria, sem deixar que a tigela encoste na água.
Manteiga de cacau	6 g	
Pralina de amêndoa e avelã	100 g	2. Acrescente a pralina.
Tubetes para sorvete (*pailletines*) triturados	25 g	3. Adicione os tubetes triturados e misture bem.
Peso total:	**156 g**	4. Para usar a mistura na receita acima, espalhe-a em uma assadeira para obter um retângulo de aproximadamente 25 x 15 cm, ou do tamanho dos retângulos de massa folhada que for usar, e 0,5 cm de espessura.

5. Leve à geladeira para endurecer.

MIRABELLE PITHIVIERS

Rendimento: duas unidades de 20 cm, com cerca de 325 g cada

Ingredientes	Quantidade
Folhado clássico (p. 324)	500 g
Crème d'amande (p. 202)	370 g
Ameixas *mirabelle* em calda (ver variações), escorridas (reserve a calda)	150 g
Para pincelar	
Gemas	120 g
Ovo inteiro	50 g (1 ovo)
Açúcar	1 g (¼ de colher de chá)
Sal	1 g (¼ de colher de chá)
Água	10 g (2 colheres de chá)

Nota: esta quantidade de massa tem uma margem de sobras de 200 g. Cada Pithivier requer cerca de 150 g de massa. Chefs com mais prática no manuseio de massas secas podem trabalhar com uma margem menor.

Modo de fazer

1. Abra a massa folhada em uma espessura de 3 mm. Coloque em uma assadeira forrada com papel-manteiga. Cubra com filme plástico e leve à geladeira.

2. Corte dois discos de massa de 20 cm de diâmetro e dois de 23 cm. Leve à geladeira novamente.

3. Bata todos os ingredientes usados para pincelar.

4. Para cada *Pithivier*, pincele a borda do disco de massa de 20 cm com a mistura de ovo. Fure a parte central com um garfo.

5. Cubra com uma camada de *crème d'amande*, deixando uma margem de 3 a 4 cm nas bordas.

6. Arrume as frutas cuidadosamente sobre o creme.

7. Com um saco de confeitar, cubra as frutas com mais creme, formando uma redoma. Alise a superfície com uma espátula para bolo.

8. Cubra com o disco de massa de 23 cm, pressionando levemente para eliminar quaisquer bolhas de ar. Usando uma tigela um pouco maior que a redoma formada pelo creme e a massa, inverta-a sobre a massa, cobrindo-a. Pressione pra selar as bordas.

9. Com o auxílio de uma tampinha metálica cortada ao meio, recorte meias-luas em toda a borda do *Pithivier* (isso também pode ser feito com uma faca, mas é mais difícil obter um padrão simétrico). Retire as sobras de massa (A).

10. Pincele a massa com a mistura de ovo batido. Leve à geladeira até secar. Pincele com mais uma camada e leve à geladeira novamente para secar.

11. Usando uma faquinha afiada e pontiaguda, faça riscos curvos uns ao lado dos outros na superfície da redoma (B).

12. Se desejar, risque também as meias-luas da borda para decorar (C).

13. Asse a 190°C até dourar e crescer bem. Diminua a temperatura do forno para 160°C e asse até que, ao enfiar uma faca no centro, ela saia limpa. O tempo total de assamento é de cerca de 45 minutos.

14. Use a calda reservada para pincelar o *Pithivier* quente e coloque-o novamente no forno a 220°C até que a calda borbulhe e a superfície esteja caramelizada.

15. Deixe esfriar sobre uma grade de metal.

❋❧ PITHIVIERS ❧❋

O *gâteau Pithiviers* é uma especialidade da cidade de Pithiviers, localizada no Vale do Loire, na região norte do centro da França. A sobremesa é recheada tradicionalmente com um creme de amêndoas. As raias desenhadas na superfície também são parte da tradição. Alguns *chefs* preparam pratos salgados no mesmo formato, recheados com carne ou legumes variados.

VARIAÇÕES

Podem-se usar também outras frutas em calda, como damascos ou peras.

Para um *gâteau Pithiviers* clássico, omita a fruta e aumente a quantidade de *crème d'amande*.

PASSIONATA

Rendimento: 12 unidades de cerca de 140 g cada

Ingredientes	Quantidade	Modo de fazer
Abacaxi em calda, escorrido	300 g	
Calda de baunilha (p. 262)	175 g	
Rum	20 g	
	(4 colheres de chá)	
Discos de *Dacquoise* de coco (p. 349) com 7 cm de diâmetro	24	
Bavaroise de maracujá (p. 539)	1.000 g	
Gelatina incolor sem sabor	3 g	
Fondant (p. 422)	150 g	
Suco de maracujá	100 g	
Maracujá frescso	1	
Coco ralado e tostado	conforme necessário	

Modo de fazer

1. Corte o abacaxi em pedaços de 0,5 x 2 cm. Junte à calda de baunilha. Cozinhe em fogo baixo por 10 minutos. Junte o rum e flambe. Espere esfriar e leve à geladeira.

2. Separe 12 aros modeladores de 7 cm de diâmetro e 4 cm de altura. Coloque um disco de *dacquoise* sobre uma base de papelão e encaixe o aro modelador à sua volta. Apare os discos de modo que se encaixem perfeitamente na base do aro (A).

3. Escorra bem o abacaxi e distribua metade sobre os discos de *dacquoise* (B).

4. Encha os aros até a metade com a *bavaroise* de maracujá (C).

5. Coloque mais um disco de *dacquoise* e o abacaxi restante. Encha até a borda com a *bavaroise* restante e alise a superfície com uma espátula.

6. Leve ao *freezer* até firmar.

Modo de fazer a *Passionata* (continuação)

7. Prepare a cobertura transparente de maracujá. Amoleça a gelatina em água (ver p. 88). Misture o *fondant* com o suco de maracujá e leve ao fogo. Adicione a gelatina. Mexa até dissolver. Acrescente a polpa do maracujá fresco, com as sementes.

8. Coloque um pouco dessa mistura sobre as sobremesas já prontas (D); espalhe com uma espátula (E). Espere endurecer.

9. Para remover os anéis de metal, aqueça-os rapidamente com um maçarico (F). Levante o molde (G).

10. Cubra as laterais das sobremesas com coco ralado tostado (H).

BOLO DE AMÊNDOAS COM RECHEIO DE CHOCOLATE

Rendimento: 12 unidades de cerca de 100 g cada

Ingredientes	Quantidade	Modo de fazer
Discos de Pão de ló Marly (p. 349) com 7 cm de diâmetro	24	1. Para cada sobremesa, coloque um disco de pão de ló dentro de um aro modelador com 7 cm de diâmetro e 4 cm de altura. Apare os discos para que fiquem bem ajustados.
Ganache de chocolate II (p. 276)	775 g	
Lascas de chocolate	conforme necessário	2. Cubra o pão de ló com uma camada de *ganache* de cerca de 2 cm de espessura.
Açúcar de confeiteiro	conforme necessário	
Ganache de chocolate II (p. 276) (*opcional*)	60 g	3. Coloque um segundo disco de pão de ló por cima.

4. Leve ao *freezer* até firmar.

5. Para remover os anéis de metal, aqueça-os rapidamente com um maçarico.

6. Grude as lascas de chocolate na lateral dos bolinhos.

7. Polvilhe as superfícies com açúcar de confeiteiro.

8. Se desejar, use um saco de confeitar para decorar cada um deles com uma roseta de 5 g de *ganache*.

NOUGATINE PARISIENSE

Rendimento: 12 unidades de cerca de 150 g cada

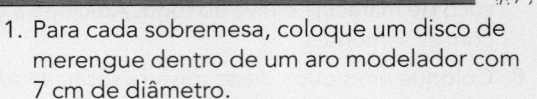

Ingredientes	Quantidade	Modo de fazer
Discos de merengue de pistache (p. 351) com 7 cm de diâmetro	24	1. Para cada sobremesa, coloque um disco de merengue dentro de um aro modelador com 7 cm de diâmetro.
Damascos caramelizados (p. 600)	300 g	2. Distribua metade dos damascos caramelizados por cima dos discos.
Creme *nougatine* (p. 542)	750 g	3. Cubra com metade do creme *nougatine*.
Chocolate amargo	200 g	4. Coloque outro disco de merengue por cima.
Geleia de brilho de damasco (p. 200)	100 g	5. Distribua os damascos restantes sobre as sobremesas.
Para guarnecer		6. Preencha até a borda com o creme *nougatine* restante e alise a superfície com uma espátula.
Damascos	conforme necessário	7. Leve à geladeira ou ao *freezer* até firmar.
Pistache	conforme necessário	8. Retire os aros cuidadosamente aquecendo-os antes, por alguns segundos, com um maçarico.

9. Recorte tiras de acetato do tamanho adequado para contornar as sobremesas. Faça a temperagem do chocolate (ver p. 641) e espalhe-o sobre as tiras, como mostrado na página 645.

10. Enquanto o chocolate ainda estiver maleável, enrole-o ao redor das sobremesas, com o lado do chocolate virado para dentro, e espere firmar.

11. Pincele as superfícies com a geleia de brilho e decore a gosto com pedaços de damasco e pistache.

12. Descarte as tiras de acetato alguns minutos antes de servir.

CHOCOLATINES

Rendimento: 10 unidades de cerca de 75 g cada

Ingredientes	Quantidade	Modo de fazer
Discos de *Succès* (p. 350) com 7 cm de diâmetro	20	1. Para cada sobremesa, coloque um disco de *succès* dentro de um aro modelador com 7 cm de diâmetro.
Musse de chocolate I (p. 276)	400 g	2. Encha até dois terços da capacidade com o musse de chocolate.
Açúcar de confeiteiro	60 g	3. Coloque um segundo disco de *succès* e aperte suavemente.
Chocolate em pó	30 g	4. Preencha o molde até a borda com musse e alise a superfície.

5. Leve à geladeira por várias horas ou de um dia para o outro.

6. Retire o aro modelador cuidadosamente, aquecendo-o antes com o maçarico.

7. Peneire junto o açúcar e o chocolate em pó. Coloque a mistura novamente na peneira e polvilhe as sobremesas.

DELÍCIAS DE PASSAS AO RUM

Rendimento: 10 unidades de cerca de 120 g cada

Ingredientes	Quantidade	Modo de fazer
Uva-passa escura	150 g	
Calda simples aromatizada com rum (p. 261)	180 g	
Discos de merengue de amêndoas (p. 348) com 7 cm de diâmetro	20	
Bavaroise de licor (p. 534), saborizada com rum escuro	800 g	
Glaçage de chocolate (p. 433)	150 g	

Modo de fazer

1. Misture as passas com a calda em uma panelinha. Aqueça um pouco e retire do fogo; deixe de molho por 1 hora, para que as passas fiquem macias. Escorra bem.

2. Coloque metade dos discos de merengue em aros modeladores de 7 cm de diâmetro.

3. Incorpore as passas à *bavaroise* de rum. Preencha os aros até a metade com esse creme. Cubra com os discos de merengue restantes e complete até a borda com a *bavaroise*. Leve à geladeira ou ao *freezer* até firmar.

4. Passe uma fina camada de *glaçage* de chocolate na superfície. Leve à geladeira novamente até firmar.

5. Aqueça os aros por alguns segundos com o maçarico e suspenda-os.

VARIAÇÃO

DELÍCIAS DE CHOCOLATE AO RUM

Prepare como na receita original, com as seguintes alterações: use apenas metade da quantidade de *bavaroise* e omita as passas e a calda. Use esse creme sobre o primeiro disco de merengue, como na receita original. Após colocar o segundo disco de merengue, preencha os aros até a borda com Musse de chocolate I (p. 276). Leve à geladeira ou ao *freezer* até firmar. Passe a *glaçage* de chocolate na superfície, como na receita original.

FINANCIERS AU CAFÉ

Rendimento: cerca de 150 bolinhos de 4 g cada

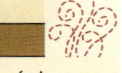

Ingredientes	Quantidade	Modo de fazer
Uva-passa escura	40 g	
Rum	60 g	
Farinha de trigo especial para bolo	65 g	
Açúcar de confeiteiro	185 g	
Farinha de amêndoa	65 g	
Claras	125 g	
Manteiga, derretida	125 g	
Extrato de café líquido	1 gota	
Rum escuro	100 g	
Mel	100 g	
Geleia de brilho de damasco (p. 200) ou Calda de brilho simples (p. 199)	conforme necessário	

Modo de fazer

1. Deixe as passas de molho no rum o máximo de tempo possível (no mínimo 45 minutos).

2. Unte, com manteiga, forminhas redondas de 2,5 cm ou barquetes.

3. Peneire as farinhas e o açúcar em uma tigela e faça um buraco no meio.

4. Bata as claras ligeiramente com um garfo. Despeje no buraco.

5. Leve a manteiga ao fogo até que esteja bem dourada e com um cheiro de amêndoa; despeje no buraco, juntamente com o extrato de café.

6. Junte os ingredientes até obter uma pasta lisa.

7. Coloque as passas marinadas, escorridas, dentro das forminhas.

8. Com uma colher ou saco de confeitar, preencha as formas com massa até três quartos da capacidade.

9. Asse a 170°C até firmar. Desenforme e deixe esfriar sobre uma grade de metal. Vire os bolinhos de ponta-cabeça.

10. Aqueça o rum e o mel até quase ferverem. Usando uma colher, despeje a mistura sobre os *financiers* e depois pincele com a geleia de brilho.

11. Sirva em forminhas de papel.

PRALINETTE

Rendimento: 12 sobremesas, com cerca de 110 g cada

Ingredientes	Quantidade
Discos de Pão de ló Marjolaine (p. 412) com 7 cm de diâmetro	24
Creme leve de pralina (p. 428)	680 g
Chocolate ao leite culinário	600 a 800 g
Chocolate em pó	conforme necessário

Modo de fazer

1. Para cada sobremesa, coloque um disco de pão de ló dentro de um aro modelador com 7 cm de diâmetro e 4 cm de altura.

2. Usando um saco de confeitar com um bico perlê largo, preencha os aros com creme de pralina, deixando um espaço de 1 cm até a borda.

3. Coloque outro disco de pão de ló por cima. Leve à geladeira até firmar.

4. Retire o aro modelador.

5. Seguindo o procedimento descrito para a receita de Folhas de outono (p. 466), cubra o fundo de assadeiras com chocolate ao leite derretido (ver p. 647) e, usando um raspador, corte tiras longas de chocolate para embrulhar os bolinhos.
(*Nota*: para instruções mais detalhadas e ilustrações sobre esse procedimento, ver a receita Folhas de outono.)

6. Manuseando as tiras de chocolate o mínimo possível e com o máximo de cuidado, enrole-as ao redor dos bolinhos.

7. Dobre as beiradas em direção ao centro, cobrindo a parte de cima. Decore com tiras extras de chocolate, formando um drapeado, como se fossem embrulhos.

8. Polvilhe com um pouquinho de chocolate em pó.

SFOGLIATELLA

Rendimento: 10 sfogliatelle com cerca de 100 g cada, ou 20 com cerca de 50 g

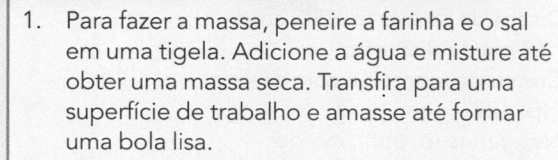

Ingredientes	Quantidade
Massa	
Farinha de trigo para pão	375 g
Farinha com baixo teor de glúten (especial para biscoito)	125 g
Sal	5 g (1 colher de chá)
Água	215 g
Manteiga	125 g
Banha ou gordura hidrogenada	125 g
Recheio	
Água fria	250 g
Açúcar	90 g
Semolina	90 g
Ricota cremosa	375 g
Gemas	2
Essência de canela	0,5 mL (⅛ de colher de chá)
Casca de laranja cristalizada, picadinha	90 g

Modo de fazer

1. Para fazer a massa, peneire a farinha e o sal em uma tigela. Adicione a água e misture até obter uma massa seca. Transfira para uma superfície de trabalho e amasse até formar uma bola lisa.

2. Ajuste os rolos de uma máquina de macarrão para a abertura máxima. Passe a massa pelos cilindros e dobre-a ao meio. Repita o procedimento até a massa ficar lisa e elástica. Enrole em filme plástico e deixe descansar na geladeira por 1 a 2 horas.

3. Divida a massa em quatro partes iguais. Passe cada porção de massa pelos cilindros, diminuindo a distância entre eles a cada vez, até atingir a espessura mais fina. Esse procedimento renderá quatro tiras longas de massa fina como papel.

4. Derreta a manteiga com a banha ou gordura hidrogenada. Espere esfriar um pouco.

5. Estenda uma tira de massa na bancada e pincele-a com bastante gordura derretida. Enrole bem apertado a partir de uma das pontas até que restem 2,5 cm de massa na outra ponta. Sobreponha a beirada da próxima tira sobre essa ponta de massa para emendar, formando uma tira contínua. Pincele a nova lâmina também com bastante gordura e continue enrolando. Se estiver preparando 10 *sfogliatelle*, continue o processo com as duas lâminas de massa restantes. Isso renderá um rolo de massa com cerca de 15 cm de comprimento e 6 cm de diâmetro. Se estiver preparando 20 menores, faça um segundo rolo com as duas lâminas de massa restantes para obter dois rolos com cerca de 15 cm de comprimento e 4,5 cm de diâmetro. Leve à geladeira por várias horas. Reserve o que sobrou da gordura derretida para o passo 10.

6. Prepare o recheio. Coloque a água, o açúcar e a semolina em uma panela e mexa até obter uma mistura homogênea. Leve ao fogo médio, mexendo sempre, e cozinhe até a mistura engrossar. Passe a ricota por uma peneira fina e junte à panela. Cozinhe por mais 2 ou 3 minutos. Retire do fogo e acrescente os demais ingredientes do recheio, batendo bem. Coloque em uma tigela, vede bem com filme plástico e leve à geladeira. Quando a mistura estiver fria, bata até obter um creme liso e coloque em um saco de confeitar com um bico perlê (liso) médio.

7. Retire o(s) rolo(s) de massa da geladeira e apare as imperfeições da beiradas usando uma faca afiada. Corte-o(s) em 10 fatias de cerca de 1,25 cm.

8. Para cada sobremesa, coloque uma fatia de massa sobre a bancada. Usando um rolo pequeno e leve, abra a massa delicadamente do centro em direção às beiradas, de modo que as camadas fiquem ligeiramente inclinadas para fora e sobrepostas. Se a temperatura do estabelecimento estiver alta neste momento, coloque os discos de massa aberta na geladeira por alguns minutos. Tire aos poucos, conforme for trabalhando, pois eles são mais fáceis de manipular quando a gordura entre as camadas está firme.

9. Pegue um disco de massa com ambas as mãos, com os polegares por baixo e os outros dedos por cima, apontando para o centro do disco (o lado que estava para cima quando o disco de massa foi aberto com o rolo deve ficar virado para cima). Com cuidado, gire o disco de massa ao mesmo tempo em que afunda aos poucos o centro pelo lado de baixo com os polegares, de modo a formar um cone. O polegar fica dentro do cone, e o lado que estava virado para cima quando a massa foi aberta fica sob os outros dedos, formando as laterais. Segure o cone em uma das mãos e, com a outra, coloque o recheio usando o saco de confeitar – cerca de 30 g para o tamanho menor e 60 g para o maior.

10. Coloque os cones deitados de lado em uma assadeira forrada com papel. Pincele com a gordura restante.

11. Asse a 200°C até dourarem – 25 a 30 minutos.

⁂ SFOGLIATELLA ⁑

Esta iguaria singular, cuja aparência lembra a de uma concha, é uma antiga tradição de Nápoles. A massa usada para preparar a *sfogliatella* é uma espécie de versão primitiva da massa folhada. Em italiano, *sfoglia* significa "tira de massa", e *pasta sfoglia* "massa folhada".

GÂTEAU SUCCÈS

Rendimento: 1 gâteau de 18 cm de diâmetro

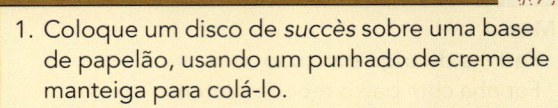

Ingredientes	Quantidade
Discos de *succès* (p. 350) com 18 cm de diâmetro	2
Creme de manteiga com pralina (p. 427)	225 g
Nougatine (p. 668), moído	60 g
Amêndoas laminadas, tostadas	75 g
Açúcar de confeiteiro	conforme necessário

Modo de fazer

1. Coloque um disco de *succès* sobre uma base de papelão, usando um punhado de creme de manteiga para colá-lo.
2. Cubra com uma camada de creme de manteiga.
3. Polvilhe o *nougatine* moído sobre o creme, formando uma camada uniforme.
4. Coloque a segunda camada de *succès*.
5. Cubra a superfície e as laterais do bolo com creme de manteiga.
6. Salpique as amêndoas laminadas por toda a superfície. Polvilhe a parte de cima com um pouquinho de açúcar de confeiteiro.

VARIAÇÃO

O mesmo procedimento pode ser usado para preparar sobremesas individuais. Use discos de *succès* de 7 cm de diâmetro.

TERMOS PARA REVISÃO

tarte	torta Saint-Honoré	*mil-folhas*	*sfogliatella*
tarte Tatin	*Pithivier*	confeitaria francesa	*financiers*
Linzertorte			

QUESTÕES PARA DISCUSSÃO

1. Por que a massa de torta deve ser furada antes de ser assada sem o recheio?

2. Liste quatro ou cinco ingredientes, além de frutas e açúcar, que podem ser usados para rechear *tartes* e *tartelettes* que vão ao forno depois de recheadas.

3. Descreva o modo de preparo de bases pré-assadas para *tartelettes*.

4. Descreva o modo de preparo de uma *tarte* de frutas que não vai ao forno depois de recheada.

5. Descreva, o mais detalhadamente possível, o procedimento para elaborar a Torta Saint-Honoré.

6. Leia os procedimentos usados no preparo de bolos especiais (Capítulo 18). Quais deles você julga apropriados para serem transformados em sobremesas individuais? Escolha um e descreva como você modificaria o modo de fazer para realizar essa adaptação.

Capítulo 16

Bolos e seu preparo

A massa de bolo é a mais doce e mais rica entre todos os produtos que vão ao forno estudados até aqui. Do ponto de vista da panificação e da confeitaria, a produção de bolos requer tanta precisão quanto a produção de pães, mas por razões completamente diferentes. Os pães são produtos magros que requerem um desenvolvimento expressivo do glúten e um controle cuidadoso da ação das leveduras durante a longa fermentação e o descanso de mesa. Os bolos, por outro lado, são ricos em gordura e açúcar. O objetivo é criar uma estrutura que dê sustentação a esses ingredientes e, ainda assim, seja bem leve e delicada. Felizmente, produzir bolos em grandes quantidades é relativamente fácil quando o profissional dispõe de fórmulas eficientes e balanceadas, pesa os ingredientes cuidadosamente e compreende bem os métodos básicos de mistura.

Os bolos são populares não somente por sua riqueza e doçura, mas também por causa de sua versatilidade. Eles podem ser servidos de várias formas – desde um pedaço puro e simples para acompanhar um café até verdadeiras obras de arte, como os bolos de casamento e outros bolos finos. Com apenas algumas fórmulas e uma variedade de coberturas e recheios, o *chef* ou confeiteiro pode elaborar a sobremesa perfeita para qualquer ocasião. Neste capítulo, enfocaremos os procedimentos envolvidos na elaboração e no assamento das massas básicas de bolo. Nos Capítulos 17 e 18, discutiremos as técnicas de montagem e decoração de diferentes tipos de sobremesa à base de bolo combinado com recheios, coberturas e outros ingredientes variados.

Após ler este capítulo, você deverá ser capaz de:

1. **Executar os métodos básicos de mistura de bolos.**

2. **Preparar bolos de massa rica ou de estrutura densa, como o bolo quatro quartos e bolos úmidos que utilizam o método cremoso.**

3. **Preparar bolos aerados como o pão de ló, o *angel food cake* e bolos do tipo *chiffon*.**

4. **Pesar e assar corretamente os bolos.**

5. **Corrigir problemas e defeitos dos bolos.**

MISTURA

Aseleção de ingredientes de alta qualidade certamente é fundamental para a produção de bolos de excelência. No entanto, ingredientes de qualidade não garantem sozinhos um bom bolo. A compreensão aprofundada dos procedimentos de mistura é essencial. Pequenos erros na etapa do preparo podem resultar em bolos de textura e volume ruins.

Os métodos de mistura apresentados neste capítulo compreendem os procedimentos básicos usados para a maioria dos bolos em uma padaria. Cada um deles é mais adequado para certos tipos de fórmulas.

- ◆ Bolos ricos ou de estrutura densa

  Método cremoso

  Método cremoso para massa úmida

  Método direto (gordura líquida)

  Método por *sablage*

- ◆ Bolos de massa magra ou aerada

  Método pão de ló (ou *génoise*)

  Método massa merengada

  Método *chiffon*

Esses métodos e suas variações serão discutidos em detalhe a partir da página 382.

Os três principais objetivos ao se misturar a massa do bolo são:

- ◆ Combinar todos os ingredientes em uma massa lisa e uniforme.

- ◆ Formar e incorporar bolhas de ar à massa.

- ◆ Desenvolver a textura adequada do produto final.

Esses três objetivos estão intimamente relacionados. Eles podem parecer muito óbvios, especialmente o primeiro. Mas sua compreensão detalhada irá ajudá-lo a evitar muitos erros no processo de mistura. Por exemplo, profissionais inexperientes costumam perder a paciência e colocar a batedeira na velocidade máxima ao misturar a gordura com o açúcar, pensando que irão obter o mesmo resultado em um tempo mais curto. Mas as bolhas de ar não se formam tão bem em alta velocidade, de modo que a textura do bolo será prejudicada.

Examinemos, portanto, cada um desses objetivos.

Combinação de ingredientes em uma massa homogênea

Dois dos principais ingredientes de um bolo – gordura e água (inclusive a água presente no leite e nos ovos) – são, por natureza, imiscíveis. Portanto, é preciso muita atenção a essa etapa do processo de mistura caso se deseje alcançar tal objetivo.

Como visto no Capítulo 4 (p. 71), uma mistura uniforme de duas substâncias imiscíveis é chamada de **emulsão**. Parte do objetivo do processo de mistura é formar tal emulsão. A massa de bolo misturada adequadamente contém uma emulsão água-em-gordura, isto é, a água transforma-se em gotículas encapsuladas pela gordura e por outros ingredientes. Quando a gordura não consegue mais reter a água na emulsão, a mistura talha. Transforma-se, então, em uma emulsão gordura-em-água, com pequenas partículas de gordura circundadas por água e outros ingredientes.

Os seguintes fatores podem fazer com que a mistura talhe:

1. Usar um tipo de gordura inadequado. Diferentes tipos de gordura têm propriedades emulsificantes diferentes. A gordura emulsificada contém emulsificantes que lhe permitem aprisionar uma grande quantidade de água sem talhar. Nunca substitua a gordura emulsificada de uma fórmula por gordura hidrogenada ou manteiga.

A manteiga tem um sabor agradável, mas tem um poder emulsificante relativamente inferior. Ela é, certamente, o tipo de gordura mais usado nas fórmulas de bolos, mas estas são balanceadas para que não contenham mais líquido do que a massa poderia suportar. Além disso, é preciso lembrar que a própria manteiga contém um pouco de água.

As gemas, como você deve se lembrar, contêm um emulsificante natural. Quando ovos inteiros ou gemas são incorporados adequadamente a uma massa, ajudam na absorção de líquido.

2. **Usar ingredientes em temperatura inadequada.** As emulsões formam-se com mais facilidade quando a temperatura dos ingredientes é de cerca de 21°C.

3. **Usar uma velocidade muito alta na fase inicial de mistura da massa.** Se a gordura e o açúcar não forem misturados adequadamente, por exemplo, não se formarão boas estruturas celulares para aprisionar a água (ver "Formação de bolhas de ar", a seguir).

4. **Misturar os líquidos muito rapidamente.** Na maioria dos casos, os líquidos, inclusive os ovos, devem ser acrescentados em etapas, isto, é, aos poucos. Se forem incorporados muito rapidamente, não serão absorvidos de maneira adequada.

Nas massas feitas pelo método cremoso (p. 383), a adição do líquido é geralmente alternada com a da farinha, pois ela ajuda a massa a absorver o líquido.

5. **Adicionar líquido demais.** Isso não é um problema se a fórmula for boa. No entanto, se a fórmula não for balanceada, pode ser que ela necessite de mais líquido do que a gordura pode suportar em uma emulsão.

Formação de bolhas de ar

As *bolhas de ar* das massas de bolo são importantes para a textura e para promover o crescimento. Uma textura fina e macia é o resultado de bolhas de ar pequenas e uniformes. Bolhas de ar grandes ou irregulares resultam em uma textura grosseira. Você também deve se lembrar, da página 100, que o ar aprisionado na mistura auxilia no crescimento da massa quando o calor do forno faz com que ele se expanda. Quando nenhum agente de crescimento químico é usado, este ar aprisionado, além do vapor, é responsável por praticamente todo o crescimento. Mesmo quando a fórmula leva fermento em pó ou bicarbonato de sódio, as bolhas de ar servem para armazenar os gases liberados pelos agentes químicos.

A temperatura correta dos ingredientes e a velocidade adequada de mistura são necessárias para uma correta formação das bolhas de ar. A gordura gelada (abaixo de 16°C) é muito dura para formar bolhas de ar adequadas, e as que têm temperatura muito alta (acima de 24°C), são muito moles. A velocidade de mistura deve ser média. Se for muito alta, a massa aquece demais por causa da fricção. Não há uma formação expressiva de bolhas, e as que se formam tendem a ser grandes e irregulares.

O açúcar refinado e o cristal são os mais adequados para preparar bolos pelo método cremoso. O açúcar de confeiteiro é fino demais para produzir boas bolhas de ar.

Nos casos dos bolos de massa aerada, como o pão de ló, as bolhas de ar se formam quando os ovos são batidos com o açúcar. Para obter uma massa mais espumosa, os ovos e o açúcar usados devem estar ligeiramente aquecidos (cerca de 38°C). O estágio de mistura pode ser iniciado em velocidade alta, mas nos estágios finais deve-se usar a velocidade média, para que as bolhas formadas sejam retidas.

Desenvolvimento da textura

Tanto a mistura uniforme dos ingredientes quanto a formação adequada de bolhas de ar são importantes para a textura do bolo, como discutido nas seções anteriores. Outro fator do estágio de mistura que afeta a textura é o desenvolvimento do glúten. Na maioria das vezes, o objetivo é obter um bolo com baixo desenvolvimento do glúten, por isso usa-se uma farinha com pouco glúten, própria para bolos.

Algumas receitas de pão de ló requerem a substituição de parte da farinha por amido de milho, para que haja ainda menos glúten (a grande porcentagem de ovos desse tipo de fórmula é a maior responsável pela estrutura). Por outro lado, alguns bolos quatro quartos e de frutas necessitam de mais glúten, pois é preciso uma estrutura extra para suportar o peso das frutas. Assim, você verá que algumas fórmulas requerem uma mistura de farinha de trigo especial para bolo e para pão.

Como você deve se lembrar, vimos no Capítulo 5 que o tempo de mistura afeta o desenvolvimento do glúten. No método cremoso, assim como em algumas massas aeradas ou merengadas, a farinha é adicionada no final ou próximo do final do estágio de mistura para que haja um desenvolvimento mínimo do glúten. Se a massa for misturada por muito tempo depois que a farinha é incorporada, ou se ela aquecer demais durante o processo, é provável que o bolo fique borrachudo.

No *método cremoso para massa úmida*, a farinha é acrescentada no primeiro passo. No entanto, é combinada com a gordura emulsificada – que se espalha bem, cobrindo de gordura as partículas de farinha. Isso faz com que haja um menor desenvolvimento do glúten. É importante misturar bem a farinha com a gordura para obter melhores resultados. Siga à risca os tempos de mistura. Além disso, os bolos feitos por este método possuem uma alta porcentagem de açúcar, que também é amaciante.

Bolos de massa rica

Método cremoso

O *método cremoso*, também chamado de *crémage*, foi por muito tempo o método padrão utilizado no preparo de **bolos de massa rica**. O surgimento das gorduras emulsificadas ou hidrogenadas conduziu ao desenvolvimento de métodos mais simples de mistura para bolos com grandes quantidades de açúcar e líquido. No entanto, o método cremoso continua sendo usado em muitas fórmulas de bolo à base de manteiga.

A manteiga é a gordura usada nas receitas deste livro que empregam o método cremoso. Bolos feitos com manteiga são muito valorizados por seu sabor; a gordura hidrogenada não dá sabor à massa. Uma vez que derrete na boca, a manteiga também exerce influência sobre a textura, ao contrário da gordura hidrogenada.

No entanto, muitos *chefs* preferem substituir parte da manteiga ou toda ela por gordura hidrogenada nestas fórmulas. Algumas das vantagens são: um custo mais baixo e uma maior facilidade no preparo. Em receitas preparadas pelo método cremoso, use gordura hidrogenada comum, não a emulsificada. A gordura não emulsificada tem um poder emulsificante maior.

Em geral, não é uma boa ideia substituir a manteiga pela mesma quantidade de gordura hidrogenada. Lembre-se de que a manteiga contém apenas 80% de gordura, então será necessário menos gordura hidrogenada. Além disso, ela contém 15% de água, por isso será necessário ajustar a quantidade de água ou leite da receita. O procedimento descrito na página 384 explica como ajustar as fórmulas ao fazer esse tipo de substituição.

Método cremoso para massa úmida

Este método de mistura foi desenvolvido para preparar bolos com gorduras emulsificadas de alta plasticidade. Os bolos de massa úmida contêm uma grande porcentagem de açúcar, mais de 100% do peso da farinha. Também são feitos com mais líquido que os bolos preparados pelo método cremoso, formando uma massa mais líquida. Este método de mistura é um pouco mais simples que o cremoso, produzindo uma massa lisa e um bolo de textura fina e úmida. Em inglês, é chamado de *two-stage method*, pois o líquido é incorporado à massa em duas etapas.

O primeiro passo na elaboração de bolos de massa úmida consiste em misturar a farinha e outros ingredientes secos com a gordura. Quando a mistura ficar lisa, os líquidos (inclusive os ovos) são acrescentados aos poucos. Durante todo o procedimento, é importante observar duas regras:

- Bata em velocidade baixa e siga à risca os tempos de mistura. Isso é importante para desenvolver uma textura adequada.

- Desligue a batedeira e raspe as laterais da tigela com frequência durante o processo de mistura. Isso possibilitará a formação de uma massa lisa e homogênea.

Modo de fazer: método cremoso

1. Pese os ingredientes cuidadosamente. Espere até que todos tenham atingido a temperatura ambiente (21°C).

2. Coloque a manteiga ou gordura hidrogenada na tigela da batedeira. Com o misturador raquete, bata a gordura lentamente até que ela fique lisa e cremosa.

3. Junte o açúcar; bata em velocidade média até obter um creme leve e fofo (A). Isso levará 8 a 10 minutos.

   Alguns *chefs* preferem acrescentar o sal e os saborizantes ao açúcar para garantir uma distribuição uniforme.

   Se estiver usando chocolate derretido, ele pode ser acrescentado neste estágio.

4. Acrescente os ovos aos poucos (B). Após cada adição, bata até que a massa fique homogênea, antes de acrescentar outro ovo. Depois de juntar todo o ovo, bata até a mistura ficar leve e fofa. Isso levará cerca de 5 minutos.

5. Raspe as laterais da tigela para obter uma mistura homogênea.

6. Adicione os ingredientes secos peneirados (inclusive especiarias, se não foram acrescentadas no passo 3) alternando com os líquidos. Faça-o da seguinte maneira:

   Adicione um quarto dos ingredientes secos (C). Bata apenas até misturar.

   Adicione um terço dos ingredientes líquidos (D). Bata apenas até misturar.

   Repita até usar todos os ingredientes. Raspe as laterais da tigela de vez em quando para obter uma mistura homogênea.

A razão para acrescentar os ingredientes secos e líquidos alternadamente é que a massa pode não conseguir absorver todo o líquido caso não contenha farinha suficiente.

Variação

Alguns bolos que usam o método cremoso têm um passo adicional: as claras, batidas em neve com açúcar, são incorporadas delicadamente à massa para ajudar no crescimento.

Observe a variação que se segue ao procedimento padrão. Muitos padeiros e confeiteiros preferem usar esta versão modificada. Ela é um pouco mais simples, pois combina os passos 2 e 3.

O método cremoso para massa úmida pode, em alguns casos, ser adaptado para preparar bolos à base de manteiga, especialmente os mais ricos. A título de experimentação, tente preparar uma fórmula de bolo à base de manteiga com os métodos cremoso e cremoso para massa úmida e compare a textura dos produtos obtidos.

Como substituir manteiga e gordura hidrogenada em massas que usam o método cremoso

Para substituir parte da manteiga ou toda ela por gordura hidrogenada:

1. Multiplique o peso da manteiga a ser substituído por 0,8. O resultado obtido é a quantidade de gordura hidrogenada que deve ser usada.

2. Multiplique o peso da manteiga a ser substituído por 0,15. O resultado obtido é a quantidade adicional de água ou leite que deve ser usada.

   Exemplo: a fórmula requer 1 kg de manteiga e 1 kg de leite. Você quer ajustá-la para que use apenas 500 g de manteiga. Quanto de gordura hidrogenada e leite adicional você precisará?

$$\text{Peso da manteiga a ser substituído} = 500\,g$$
$$500\,g \times 0,8 = 400\,g \text{ de gordura hidrogenada}$$
$$500\,g \times 0,15 = 75\,g \text{ a mais de leite}$$
$$\text{Total de leite} = 1.075\,g$$

Para substituir parte da gordura hidrogenada ou toda ela por manteiga:

1. Multiplique o peso da gordura hidrogenada a ser substituído por 1,25. O resultado obtido é a quantidade de manteiga que deve ser usada.

2. Multiplique o peso da manteiga por 0,15. O resultado obtido é a quantidade de água ou leite que deve ser omitida na fórmula.

   Exemplo: a fórmula requer 1 kg de gordura hidrogenada e 1 kg de leite. Você quer ajustá-la para que use apenas 500 g de gordura hidrogenada. Quanto de manteiga e leite ou água você precisará?

$$\text{Peso da gordura hidrogenada a ser substituído} = 500\,g$$
$$500\,g \times 1,25 = 625\,g \text{ de manteiga}$$
$$500\,g \times 0,15 = 75\,g \text{ de leite ou água devem ser subtraídos da fórmula}$$

Total de leite/água $= 925\,g$

Modo de fazer: método cremoso para massa úmida

1. Pese os ingredientes cuidadosamente. Espere até que todos atinjam a temperatura ambiente (21°C).

2. Peneire a farinha, o fermento em pó, o bicarbonato de sódio e o sal na tigela da batedeira e junte a gordura. Com o misturador raquete, bata em velocidade baixa por 2 minutos. Desligue a batedeira, raspe as laterais da tigela e o misturador e bata por mais 2 minutos.

   Se for usar chocolate derretido, incorpore-o à massa neste estágio.

   Se for usar chocolate em pó, peneire-o com a farinha neste passo, ou com o açúcar no passo 3.

3. Peneire os ingredientes secos restantes dentro da tigela e junte uma parte da água ou leite. Bata em velocidade baixa por 3 a 5 minutos. Desligue a batedeira e raspe as laterais da tigela e o misturador várias vezes durante o processo para obter uma mistura homogênea.

4. Misture os ingredientes líquidos restantes com os ovos ligeiramente batidos. Com a batedeira ligada, junte essa mistura à massa em três etapas. Após incorporar cada parte, desligue a batedeira e raspe as laterais da tigela.

   Continue batendo por 5 minutos nesta etapa.

   A consistência da massa resultante geralmente é líquida.

Variação

Esta variação combina os passos 2 e 3 acima em um só.

1. Pese os ingredientes como no método básico.

2. Peneire todos os ingredientes secos dentro da tigela da batedeira. Junte a gordura hidrogenada e parte do líquido. Bata em velocidade baixa por 7 a 8 minutos. Raspe as laterais da tigela com frequência durante o processo.

3. Continue como no procedimento básico (passo 4).

Método direto (gordura líquida)

A gordura líquida parcialmente hidrogenada, descrita na página 72, é tão efetiva na emulsificação e no modo como se dispersa na massa, amaciando o glúten, que os bolos que a utilizam em geral são misturados em apenas uma etapa. A adição inicial dos ingredientes líquidos à tigela da batedeira apenas simplifica o procedimento, já que minimiza as chances de a farinha umedecida grudar no fundo e nas laterais, dificultando a raspagem da massa. Bata em velocidade baixa, para que a farinha não espirre para fora da tigela, até que os ingredientes secos estejam umedecidos. Então bata pelo tempo indicado em velocidade alta, seguido de um período em velocidade média, para a formação adequada de bolhas de ar e a obtenção de uma massa lisa e cremosa.

Modo de fazer: método direto (gordura líquida)

1. Pese todos os ingredientes cuidadosamente. Use-os todos em temperatura ambiente (21°C).

2. Misture todos os ingredientes líquidos, inclusive a gordura líquida parcialmente hidrogenada, na tigela da batedeira (A).

3. Peneire os ingredientes secos juntos sobre a mistura de líquidos da tigela (B).

4. Com o misturador raquete, bata em velocidade baixa por 30 segundos (C), até que os ingredientes secos estejam umedecidos (a razão para bater os ingredientes em velocidade baixa é umedecer os ingredientes secos, evitando que espirrem para fora da tigela).

5. Bata em velocidade baixa por 4 minutos. Desligue a batedeira e raspe as laterais da tigela e o misturador.

6. Bata em velocidade média por 3 minutos (D).

Método sablage

O preparo de bolos pelo **método sablage** é usado apenas para algumas especialidades. Ele produz um bolo de massa fina, que pode ficar mais borrachudo em razão do desenvolvimento do glúten.

As massas preparadas por esse método incluem bolos à base de gordura emulsificada, manteiga ou ambos. Nenhuma fórmula deste livro usa este método de mistura, embora o Bolo quatro quartos tradicional (p. 400) possa ser preparado desta maneira, em vez de usar o método cremoso.

Modo de fazer: método *sablage*

1. Pese todos os ingredientes cuidadosamente. Use-os todos em temperatura ambiente (21°C).

2. Peneire a farinha e os ingredientes secos, com exceção do açúcar, na tigela da batedeira. Junte a gordura. Bata até obter uma mistura cremosa e de cor clara.

3. Bata os ovos com o açúcar até obter um creme leve e fofo. Junte os ingredientes saborizantes líquidos, como a baunilha.

4. Incorpore as misturas de açúcar-ovos e farinha-gordura até obter um creme liso.

5. Aos poucos, junte a água ou leite (se estiver usando) e bata até a massa ficar uniforme.

Bolos de massa magra ou aerada

A maioria dos **bolos de massa aerada** contém pouca ou nenhuma gordura e depende basicamente do ar aprisionado na espuma formada pelos ovos batidos para crescer. O interesse crescente pelas sobremesas finas e pelos bolos levou a uma revitalização das massas deste tipo, por sua versatilidade. Este capítulo inclui fórmulas para uma variedade de bolos de massa aerada. Eles são usados na montagem de muitas das sobremesas especiais do Capítulo 18.

Os bolos de massa aerada são fofos e têm uma textura mais elástica que a dos bolos de massa rica. Isso os torna muito apropriados para a montagem de sobremesas que requerem uma manipulação maior da massa pronta. A maioria dos bolos e tortas-musse europeus são preparados com pão de ló ou outros bolos de massa aerada. Eles são assados em assadeiras rasas retangulares ou redondas, ou então em formas fundas, para depois serem cortados em camadas. As camadas podem ser, então, intercaladas com diversos recheios, cremes, musses, frutas e coberturas. Além disso, em geral são umedecidas com uma calda aromatizada para compensar sua baixa umidade.

Em geral, o pão de ló usado para rocamboles e outros bolos enrolados é feito sem nenhuma gordura, para que não quebre ao ser enrolado. Como a gordura enfraquece o glúten, os pães de ló que a contêm podem quebrar com mais facilidade.

A farinha usada neste tipo de massa deve ser fraca, para evitar que o bolo fique mais resistente que o necessário. O amido de milho pode ser usado em algumas fórmulas para enfraquecer ainda mais a farinha.

Método pão de ló (génoise)

Os vários tipos de pão de ló têm uma característica em comum: são feitos a partir de uma espuma de ovos que contém gemas. Em geral, essa espuma é feita com ovos inteiros, mas, em alguns casos, sua base é a gema, e as claras batidas em neve são incorporadas ao final do procedimento.

Em sua forma mais simples, a massa de pão de ló é feita em duas etapas básicas: (1) ovos e açúcar são batidos até formarem uma espuma espessa e (2) farinha de trigo peneirada é incorporada à mistura. Ingredientes adicionais, como manteiga ou líquidos, complicam um pouco esse procedimento. Seria trabalhoso demais incluir todas as possíveis variações em um único procedimento básico, por isso serão descritos quatro procedimentos separadamente.

Preste atenção à diferença entre o procedimento básico e a primeira variação. Pode haver alguma confusão, pois em muitos estabelecimentos dos EUA, o *génoise* é feito com manteiga. No entanto, na confeitaria clássica ele costuma ser feito sem a adição de gordura – na Europa é preparado até hoje apenas com ovos, açúcar e farinha. Além disso, o procedimento básico tem por objetivo explicar o bolo de massa aerada em sua forma mais simples, de modo que sirva de ponto de partida para as demais variações apresentadas. Em uma confeitaria ou padaria do Canadá ou dos EUA, no entanto, é mais provável que o procedimento descrito na primeira variação seja mais usado que o procedimento básico padrão para fazer o **pão de ló (génoise)** básico.

Modo de fazer: método pão de ló (*génoise*)

1. Pese todos os ingredientes cuidadosamente.

2. Misture os ovos, o açúcar e o sal em uma tigela de inox. Coloque a tigela imediatamente em banho-maria (não deixe que a água toque o fundo da tigela) e bata até que a mistura aqueça à temperatura de 43°C (A). Este passo justifica-se pelo fato de que as claras retêm mais volume se estiverem mornas.

3. Com um batedor de arame ou o misturador globo da batedeira, bata os ovos em velocidade alta até que formem uma espuma leve e brilhante (B). Isso pode levar 10 a 15 minutos, se a quantidade for grande.

4. Se algum ingrediente líquido (água, leite, saborizante líquido) for usado, acrescente-o neste passo. Incorpore-o em um fio fino e contínuo, ou conforme indicado na receita.

5. Incorpore a farinha delicadamente em três ou quatro etapas, tomando cuidado para não expelir o ar aprisionado pelas claras. Muitos *chefs* preferem fazer isso manualmente, mesmo para grandes quantidades de massa. Mexa com cuidado até que toda a farinha tenha sido incorporada (C). Se quaisquer outros ingredientes secos forem usados, como amido ou fermento em pó, eles devem ser peneirados com a farinha antes de serem incorporados à mistura.

6. Coloque a massa imediatamente na forma e leve ao forno. A massa começa a perder volume assim que é finalizada.

Variação: pão de ló/génoise amanteigado

1. Siga o Modo de fazer do método pão de ló tradicional até o passo 5.

2. Com cuidado, incorpore a manteiga derretida depois que a farinha já tiver sido incorporada. Misture até a massa ficar homogênea, mas não em excesso, senão o bolo ficará borrachudo (D).

3. Despeje nas formas e asse imediatamente.

Variação: pão de ló de leite quente e manteiga

1. Pese todos os ingredientes cuidadosamente. Aqueça a manteiga junto com o leite até que esteja derretida.

2. Bata os ovos até espumar, como no método pão de ló tradicional, passos 2 e 3.

3. Com cuidado, incorpore os ingredientes secos peneirados (farinha, fermento, chocolate em pó etc.), como no procedimento padrão.

4. Incorpore a mistura de leite quente e manteiga em 3 etapas, aos poucos e delicadamente. Misture bem, mas não excessivamente.

5. Despeje nas formas e asse imediatamente.

Variação: pão de ló com ovos separados

1. Siga os passos do procedimento padrão para preparar pão de ló, mas use apenas as gemas ao preparar a espuma (passos 2 e 3). Reserve as claras e parte do açúcar para um outro passo.

2. Bata as claras com o açúcar até obter picos firmes e brilhantes. Junte à massa alternando com os ingredientes secos peneirados. Misture bem, mas não excessivamente.

3. Despeje nas formas e asse imediatamente.

Método massa merengada

Massas de bolo como a do *angel food cake* não contêm gordura e são preparadas a partir de um merengue. Para obter bons resultados ao bater as claras em neve, revise os princípios envolvidos nessa técnica descritos no Capítulo 12, página 266. As claras em neve neste tipo de massa devem ser batidas até formarem picos moles, e não duros e secos. Claras batidas em excesso perdem sua habilidade de expansão, que promove o crescimento do bolo. Isso acontece porque a rede de proteínas de uma clara em neve batida em excesso já alcançou sua extensão máxima. Se, ao contrário, as claras forem batidas até formarem picos moles, podem ampliar-se durante o assamento, dando volume ao bolo.

Modo de fazer: método massa merengada

1. Pese os ingredientes cuidadosamente. Use-os todos em temperatura ambiente (21°C). As claras podem ser ligeiramente aquecidas para que fiquem mais volumosas.

2. Peneire a farinha com metade do açúcar. Este passo ajuda a garantir que a farinha fique melhor misturada à espuma.

3. Com o misturador globo, bata a clara em neve até formar picos moles. Adicione o sal e o cremor tártaro um pouco depois de começar a bater.

4. Aos poucos, junte o açúcar que não foi misturado à farinha. Continue batendo até obter um merengue brilhante e não muito firme. Não bata até ficar duro.

5. Acrescente a mistura de farinha e açúcar com cuidado até que tenha sido incorporada por completo mas não mexa demais.

6. Despeje a massa nas formas não untadas e asse imediatamente.

Método chiffon

Tanto a massa *chiffon* quanto as merengadas têm como base claras em neve, mas as similaridades nos métodos de mistura terminam aí. Nas massas merengadas, a mistura seca farinha-açúcar é incorporada ao merengue. Na massa do tipo *chiffon*, uma massa com farinha, gemas, óleo vegetal e água é incorporada ao merengue.

O merengue que serve de base para a massa do tipo *chiffon* deve ser batido a uma consistência um pouco mais firme que o usado na massa merengada, mas não a ponto de ele ficar seco. Os bolos do tipo *chiffon* contêm fermento em pó, de modo que não dependem totalmente dos ovos para crescerem.

Modo de fazer: Método *chiffon*

1. Pese todos os ingredientes cuidadosamente. Use-os todos temperatura ambiente (21°C). Use um óleo vegetal insípido e de boa qualidade.

2. Peneire os ingredientes secos, inclusive parte do açúcar, na tigela da batedeira.

3. Com o misturador raquete na velocidade 2, adicione aos poucos o óleo, depois as gemas, a água e os saborizantes líquidos em um fio fino e constante. Durante este processo, pare a batedeira várias vezes para raspar as laterais da tigela e o misturador. Misture até que a massa esteja homogênea, mas não bata demais.

4. Bata as claras em neve até formar picos moles. Junte o cremor tártaro e o açúcar lentamente e bata até obter picos firmes e brilhantes.

5. Incorpore o merengue à mistura de farinha e ingredientes líquidos.

6. Coloque a massa imediatamente em assadeiras untadas somente no fundo (como a massa aerada), ou em formas com um buraco no meio não untadas (como a massa merengada).

Método misto *génoise*-cremoso

Alguns bolos ao estilo europeu começam usando o método cremoso. Em outras palavras, a manteiga é batida com o açúcar até obter um creme claro e fofo. Esses bolos, no entanto, geralmente não contêm nenhum fermento de ação química. Em vez disso, claras em neve são incorporadas à mistura, como no procedimento usado para certos pães de ló. Exemplos de bolos que usam esse tipo de método são o Pão de ló de avelã (p. 413) e o *Baumkuchen* (p. 414). O método de mistura do pão de ló de avelã está ilustrado no procedimento abaixo.

Modo de fazer: método misto *génoise*-cremoso

1. Bata a manteiga com o açúcar até formarem um creme.

2. Adicione as gemas aos poucos.

3. Bata bem após cada adição.

4. Bata as claras e o açúcar até obter picos moles, como na massa merengada.

5. Incorpore o merengue à mistura de manteiga.

6. Peneire junto os ingredientes secos.

7. Incorpore à massa delicadamente.

8. Despeje nas formas preparadas.

9. Nivele a superfície com uma espátula ou raspadeira.

Misturas prontas

Há muitas misturas prontas para bolo que contêm todos os ingredientes, com exceção do líquido e, algumas vezes, dos ovos. Esses produtos também contêm emulsificantes para garantir uma mistura homogênea da massa. Para usá-los, siga as instruções do fabricante à risca.

A maioria dessas misturas produz bolos de volume, textura e maciez excelentes. Se seu sabor é bom ou não, é uma questão de opinião. Por outro lado, não se pode dizer que um bolo feito do zero é necessariamente melhor. Para ser melhor, ele deve ser cuidadosamente preparado e assado e deve usar fórmulas previamente testadas e eficientes, bem como ingredientes de boa qualidade.

BALANCEAMENTO DE FÓRMULAS DE BOLO

É **possível alterar** fórmulas de bolo, seja para melhorá-las ou para reduzir custos. No entanto, os ingredientes e as quantidades podem ser mudados apenas respeitando-se certos limites. Uma fórmula de bolo cujos ingredientes respeitam esses limites é uma fórmula balanceada. Ao conhecer esses limites, você será capaz não apenas de modificar receitas, mas também de julgar receitas não testadas e corrigir suas falhas.

Tenha em mente que novos ingredientes e procedimentos são sempre criados. Regras de balanceamento de fórmulas que funcionaram até o momento podem mudar conforme se produzam ingredientes e metodologias que permitam quebrar essas regras. O padeiro e o confeiteiro devem estar abertos às novas ideias e ter gosto em testá-las. Por exemplo, por muito tempo, prevaleceu a regra de que o peso de açúcar de uma mistura não poderia exceder o peso de farinha. Mas o advento das gorduras vegetais com emulsificadores permitiu uma incorporação de porcentagens maiores de açúcar à massa.

Ingredientes e suas funções

Para fins de balanceamento das fórmulas de bolo, é possível classificar os ingredientes de acordo com quatro funções: estabilizadores (ou firmadores), amaciadores, ressecadores e umidificadores. A ideia por trás do balanceamento de uma fórmula é que os ingredientes estabilizadores devem estar balanceados com os amaciadores, e os ressecadores com os umidificadores. Em outras palavras, ao aumentar a quantidade de estabilizadores de uma fórmula, é necessário fazer uma compensação aumentando também a quantidade de amaciadores.

Muitos ingredientes, no entanto, cumprem mais de uma função, e, em alguns casos, funções antagônicas. As gemas contêm proteínas, que agem como estabilizadores, mas também contêm gordura, que é um amaciador. Os principais ingredientes usados em bolos podem ser classificados assim:

Estabilizadores dão estrutura: farinha e ovos (claras e gemas).

Amaciadores dão maciez ou encurtam as fibras de proteínas: açúcar, gorduras (incluindo manteiga, gordura hidrogenada e manteiga de cacau) e fermentos químicos.

Umidificadores fornecem umidade ou água: água, leite líquido, caldas e açúcares líquidos e ovos.

Ressecadores absorvem umidade: farinhas e amidos, chocolate em pó e leite em pó.

Essa lista de ingredientes também pode ser usada para ajudar a corrigir as falhas dos bolos. Um bolo que não dá certo mesmo se preparado e assado corretamente pode necessitar de um balanceamento da fórmula. Por exemplo, se o bolo ficar muito seco, pode-se aumentar um ou mais dos ingredientes umidificadores, ou diminuir os ressecadores.

No entanto, isso requer um pouco de experiência. Lembre-se de que a maioria dos ingredientes tem mais de uma função. Se você optar por aumentar a quantidade de ovos em um bolo seco, pode acabar produzindo um ainda mais seco e duro. Embora os ovos contribuam um pouco para a umidade da massa, seu poder estabilizador/firmador é ainda maior, em razão do seu alto teor de proteína.

Para complicar um pouco mais, muitas fórmulas de bolo bem-sucedidas parecem quebrar essas regras. Por exemplo, uma regra dos bolos feitos com método cremoso e à base de manteiga ou gordura hidrogenada comum diz que o peso do açúcar não deve ultrapassar o da farinha. Mas, na verdade, há fórmulas que funcionam muito bem e usam mais de 100% de açúcar. Muitos manuais de confeitaria insistem excessivamente nessas regras. Mas talvez seja melhor considerá-las não como leis imutáveis, mas como princípios norteadores que lhe servirão como um ponto de partida ao julgar ou corrigir receitas.

Em resumo, é preciso ter experiência para balancear formas de bolo de maneira eficiente e consistente. No entanto, até mesmo o profissional iniciante deve ter um conhecimento básico das técnicas de balanceamento. Elas o ajudarão a compreender as fórmulas que você está usando e praticando e o porquê de elas usarem este ou aquele método de mistura na obtenção de uma massa bem-sucedida.

Na discussão a seguir sobre as regras de balanceamento de fórmulas, será útil pensar nos ingredientes em termos do método de porcentagens (ver p. 24) em vez do peso em si. Isso elimina uma variável: a farinha é sempre 100%, então os outros ingredientes são aumentados ou diminuídos proporcionalmente.

Como balancear fórmulas de bolos de massa rica e densa

Um ponto de partida comumente usado na discussão do balanceamento de fórmulas é o **bolo quatro quartos** tradicional (bolo inglês). Este bolo é feito de farinha, açúcar, manteiga e ovos em proporções idênticas. Conforme os padeiros e confeiteiros foram fazendo experiências com essa receita ao longo dos anos, eles diminuíram as quantidades de açúcar, gordura e ovos, compensando com o acréscimo de leite. Isso originou o bolo amanteigado moderno.

As regras gerais para o balanceamento de fórmulas de bolos de massa rica feitos pelo método cremoso, com manteiga ou gordura hidrogenada, são as seguintes (com base no peso):

- ◆ O açúcar (um amaciador) é balanceado com a farinha (um estabilizador). Na maioria dos bolos que usam o método cremoso, o peso do açúcar é menor ou igual ao peso da farinha.

- ◆ A gordura (um amaciador) é balanceado com os ovos (estabilizadores).

- ◆ Os ovos e líquidos (umidificadores) são balanceados com a farinha (um ressecador).

Balancear um ingrediente de acordo com outros, como indicado na lista acima, significa que, se um ingrediente for aumentado ou diminuído, o ingrediente com o qual está balanceado também deve ser alterado. Por exemplo, se a gordura for aumentada, os ovos também devem ser, para manter o balanceamento da fórmula.

Com a criação da gordura emulsificada, tornou-se possível aumentar as quantidades de açúcar, ovos e líquidos. Por exemplo, o peso do açúcar em bolos úmidos é maior que o peso da farinha, e a fórmula ainda mantém seu balanceamento. Do mesmo modo, a quantidade de líquido pode ser maior porque os emulsificantes da gordura mantêm a massa estável. No entanto, o princípio geral de balanceamento, conforme descrito acima, prevalece. Se um ingrediente for aumentado, o outro com o qual está balanceado também deve ser aumentado, para compensar.

Uma prática comum no balanceamento de fórmulas é decidir a proporção de açúcar-farinha e, a partir daí, balancear os demais ingredientes proporcionalmente.

Os princípios a seguir serão úteis nessa tarefa:

- Se aumentar os ovos, aumente a gordura hidrogenada.

- Se acrescentar mais leite em pó para enriquecer a massa, acrescente o mesmo peso em água.

- Se acrescentar chocolate em pó, acrescente 75 a 100% do peso em água.

- Se acrescentar chocolate em pó ou chocolate amargo em barra, aumente a quantidade de açúcar para até 180% do peso da farinha, em bolos de massa úmida, e em até 100% do peso da farinha em bolos feitos com o método cremoso. Isso se deve à presença de amido tanto no chocolate em pó quanto na versão em barra.

- Em bolos que forem assados em formas muito fundas ou grandes, use menos líquido, pois haverá menos evaporação durante o assamento.

- Se estiver usando um açúcar líquido (mel, xarope de glucose de milho etc.), reduza um pouco a quantidade dos demais líquidos.

- Se forem usadas grandes quantidades de ingredientes úmidos, como banana amassada ou purê de maçãs, reduza os demais líquidos. A adição desse tipo de ingrediente pode requerer um aumento da farinha e dos ovos.

- Use menos fermento em pó nas massas feitas pelo método cremoso simples, em comparação às feitas pelo método para massas úmidas, já que as primeiras incorporam mais ar.

COMO PESAR, DESPEJAR NA FORMA E ASSAR

Preparo da forma

Prepare as formas antes de misturar a massa, para que o bolo seja assado o mais rápido possível após ser misturado.

- Para bolos úmidos, formas mais fundas devem ser untadas, de preferência com unta-formas comercial. Caso este produto não esteja à disposição, as formas já untadas devem ser polvilhadas com farinha – retire o excesso.

- Para bolos assados em formas maiores e mais rasas, forre com papel-manteiga. Para camadas finas, como as destinadas à montagem do rocambole, é preciso usar formas retas e sem reentrâncias. Tapetes de silicone são especialmente úteis para forrar as formas neste caso.

- Não unte as formas usadas para assar massas merengadas e bolo tipo *chiffon*. Isso permitirá que a massa grude nas laterais e não abaixe depois de crescida.

- Ao assar pães de ló com pouca ou nenhuma gordura, unte o fundo, mas não as laterais da assadeira.

Como fazer a pesagem de massas elaboradas pelo método d...

Estas massas são densas e não fluem com facilidade.

1. Coloque uma forma já pronta para o uso sobre o prato da balança.

2. Acione o botão da tara ou, se for uma balança analógica, acerte o peso para zero.

3. Coloque porções da massa na forma até atingir o peso desejado.

4. Retire a forma da balança e alise... uma espátula.

5. Repita com as formas restantes.

6. Bata o fundo das formas várias ve... cão para liberar as bolhas de ar gra... massa. Asse imediatamente.

Como fazer a pesagem de massas ricas úmidas

Em geral, estas massas têm uma consistência bem líquida. Elas podem ser pesadas como as massas preparadas pelo método cremoso básico ou, para maior rapidez:

1. Coloque um copo medidor sobre o prato da balança.

2. Acione o botão da tara ou, se for uma balança analógica, acerte o peso para zero.

3. Despeje a massa no copo medidor até atingir o peso desejado.

4. Observe o volume ocupado pela massa.

5. Despeje a massa na forma preparada, raspando rapidamente todo o interior do copo com uma espátula.

6. Meça a mesma quantidade de massa para as demais formas usando o copo medidor.

7. Bata o fundo das formas várias vezes contra o balcão para liberar as bolhas de ar grandes presas na massa. Asse imediatamente.

Como fazer a pesagem de massas magras aeradas

As massas magras e aeradas devem ser manipuladas o mínimo possível e assadas o quanto antes para evitar que abaixem. Ainda que possam ser pesadas como as massas preparadas pelo método cremoso, muitos *chefs* preferem calcular a olho as quantidades para evitar a manipulação.

1. Coloque todas as formas já prontas para o uso na bancada.

2. Pese a quantidade desejada para a primeira forma, como no procedimento para massas feitas pelo método cremoso.

3. Preencha as demais formas rapidamente, estimando a olho de acordo com o volume obtido para a primeira forma.

4. Nivele a superfície da massa e asse imediatamente.

Ver tabela da página 394 para indicação dos pesos, temperaturas e tempos de assamento médios.

...nto ao peso, temperatura do forno e tempo de assamento médios

tipo de forma	Peso da massa[A]	Temperatura do forno	Tempo aproximado de assamento (em minutos)
BOLOS RICOS E BOLOS CHIFFON			
...edonda funda			
	230 a 285 g	190°C	18
	400 a 510 g	190°C	25
...m	680 a 800 g	180°C	35
...cm	900 a 1.100 g	180°C	35
Assadeiras retangulares fundas e rasas			
46 x 66 cm	3.200 a 3.600 g	180°C	35
46 x 33 cm	1.600 a 1.800 g	180°C	35
23 x 23 cm	680 g	180°C	30 a 35
Forma de bolo inglês			
6 x 9 x 20 cm	450 a 500 g	175°C	50 a 60
7 x 11 x 22 cm	680 a 765 g	175°C	55 a 65
Forminhas de cupcakes			
por dúzia	510 g	195°C	18 a 20
BOLOS DE ESTRUTURA AERADA			
Forma redonda funda			
15 cm	140 a 170 g	190°C	20
20 cm	280 g	190°C	20
25 cm	450 g	180°C	25 a 30
30 cm	700 g	180°C	25 a 30
Forma para massa de rocambole			
(46 x 66 cm, 12 mm de espessura)	1.200 g	190°C	15 a 20
(46 x 66 cm, 6 mm de espessura)	800 g	200°C	7 a 10
Forma com buraco no meio			
20 cm	340 a 400 g	180°C	30
25 cm	700 a 900 g	175°C	50
Forminhas de cupcakes			
por dúzia	280 g	190°C	18 a 20

[A]Os pesos são aproximados. Eles podem ser aumentados em até 25% se for necessário produzir camadas mais grossas. Talvez seja preciso também aumentar um pouco o tempo de assamento.

Como assar e esfriar

A estrutura dos bolos é frágil; condições apropriadas de assamento são essenciais para obter produtos de alta qualidade. As seguintes dicas ajudarão a evitar falhas:

◆ Preaqueça os fornos. Para não desperdiçar energia ou gás, não preaqueça por mais tempo que o necessário.

◆ Certifique-se de que os fornos e suas grades estão nivelados.

◆ Não deixe as formas encostarem umas nas outras. Se isso acontecer, a circulação do ar ficará prejudicada e o crescimento será irregular.

- Asse em temperatura adequada.

- Um forno muito quente faz com que o bolo cresça de forma desigual, ficando com o centro estufado e rachado, ou então faz com que fique firme antes de cozinhar por dentro. A casca fica muito dura.

- Um forno em temperatura muito baixa faz com que o bolo não cresça direito e fique com uma textura ruim, pois demora para firmar, podendo abaixar.

- Se o forno for equipado com jatos de vapor, use para os bolos preparados com os métodos cremosos simples e para massas úmidas. Eles ficarão com uma superfície mais regular se assados com vapor porque ele retardará a formação da crosta na parte de cima.

- Não abra o forno ou mexa nos bolos até que tenham terminado de crescer e estejam parcialmente dourados. Se isso for feito, eles podem abaixar.

- Os bolos de massa merengada e os *chiffon* devem esfriar virados de ponta-cabeça dentro da própria forma, para que não abaixem. Como são assados em formas não untadas, não vão cair ou desenformar. Depois que estiverem totalmente frios, ficarão firmes o bastante para serem retirados de dentro da forma sem quebrarem.

Como verificar se o bolo está assado

- Bolos de massa rica encolhem, descolando das laterais da forma.

- O bolo fica esponjoso. Se o centro for pressionado de leve, a massa afunda, mas volta.

- Se um palito ou faca forem enfiados no centro, sairão limpos.

Como esfriar e retirar da forma

- Deixe os bolos assados em formas mais fundas esfriarem por cerca de 15 minutos antes de virá-los. Como são mais frágeis, podem quebrar se forem desenformados ainda quentes.

- Deixe os bolos mais altos terminarem de esfriar sobre uma grade de metal.

- Para desenformar:

  1. Polvilhe a parte de cima com um pouquinho de açúcar refinado.

  2. Coloque um tabuleiro sobre o bolo e, então, uma assadeira com a boca virada para cima, para servir de pé (se não estiver usando um tabuleiro, apenas coloque a forma invertida sobre o bolo).

  3. Vire.

  4. Levante a forma em que o bolo foi assado.

  5. Retire o papel-manteiga do bolo.

- Deixe os bolos de massa merengada e os *chiffon* esfriarem de ponta-cabeça dentro da forma, para não abaixarem e perderem volume. Coloque um apoio nas laterais da forma para que a superfície do bolo não toque a bancada. Depois de frios, retire-os da forma com cuidado, usando uma faca ou espátula para ajudar a desgrudar.

Erros nos métodos de mistura, na pesagem e no assamento e esfriamento dos bolos podem causar muitos defeitos. Para uma consulta rápida, os principais problemas e suas possíveis causas foram resumidos na tabela da próxima página.

Problemas mais comuns dos bolos e suas causas

PROBLEMAS	CAUSAS
FORMATO E VOLUME	
Pouco volume	Quantidade insuficiente de farinha
	Excesso de líquido
	Quantidade insuficiente de fermento
	Forno muito quente
Formato irregular	Procedimento impróprio de mistura
	Massa mal distribuída
	Aquecimento desigual do forno
	Grades do forno desniveladas
	Formas de bolo tortas
MASSA	
Muito escura	Excesso de açúcar
	Forno muito quente
Muito branca	Quantidade insuficiente de açúcar
	Forno abaixo da temperatura ideal
Casca rachada ou estufada	Excesso de farinha ou farinha muito forte
	Quantidade insuficiente de líquido
	Procedimento impróprio de mistura
	Forno muito quente
Embatumado (solado)	Tempo de assamento abaixo do ideal
	Esfriou na forma ou sem a ventilação necessária
	Embalado antes de esfriar
TEXTURA	
Densa ou pesada	Quantidade insuficiente de fermento
	Excesso de líquido
	Excesso de açúcar
	Excesso de gordura
	Forno abaixo da temperatura ideal
Grosseira e irregular	Excesso de fermento
	Quantidade insuficiente de ovos
	Procedimento impróprio de mistura
Esfarelenta	Excesso de fermento
	Excesso de gordura
	Excesso de açúcar
	Tipo de farinha inadequado
	Procedimento impróprio de mistura
Borrachuda	Farinha de trigo muito forte
	Quantidade excessiva de farinha
	Quantidade de açúcar ou gordura insuficiente
	Tempo de mistura excessivo
SABOR DESAGRADÁVEL	
	Ingredientes de baixa qualidade
	Práticas de armazenamento ou higiene inadequadas
	Fórmula desbalanceada

AJUSTE DE ALTITUDE

Em altitudes elevadas, a pressão atmosférica é muito menor que no nível do mar. Esse fator deve ser levado em consideração quando se assam bolos. As fórmulas devem ser ajustadas para adequarem-se às condições atmosféricas de altitudes a partir de 600 a 900 metros acima do nível do mar.

Embora seja possível seguir algumas regras gerais, os ajustes exatos necessários variam conforme o tipo de bolo. Nos EUA, muitos fabricantes de farinha, gordura hidrogenada e outros ingredientes de panificação fornecem informações detalhadas e fórmulas específicas para cada região, conforme a altitude.

Em geral, as seguintes alterações podem ser feitas. Veja a tabela abaixo para informações mais detalhadas.

Crescimento. Os gases responsáveis pelo crescimento expandem mais quando a pressão atmosférica é menor, de modo que a quantidade de fermento em pó e bicarbonato de sódio deve ser diminuída.

No método cremoso e ao serem preparadas claras em neve, deve-se bater por menos tempo, para incorporar menos ar.

Estabilizadores: farinha e ovos. Os bolos necessitam de uma estrutura mais firme em altitudes mais elevadas. Tanto os ovos quanto a farinha devem ser aumentados, para que haja proteínas suficientes para a sustentação.

Amaciadores: gordura hidrogenada e açúcar. Pelas mesmas razões, a gordura hidrogenada e o açúcar devem ser diminuídos, para que a estrutura fique mais firme.

Líquidos. Em altitudes mais elevadas, a água ferve a uma temperatura mais baixa e evapora mais rapidamente. Os líquidos devem ser aumentados para prevenir um ressecamento excessivo durante e após o assamento. Isso também ajuda a compensar a diminuição dos amaciadores (açúcar e gordura) e o aumento da farinha, que absorve umidade.

Temperatura do forno. Aumente a temperatura do forno em cerca de 14°C acima dos 1.000 metros de altitude.

Preparo das formas. Bolos de massa úmida tendem a grudar na forma em altitudes mais elevadas. Use uma quantidade maior de gordura ao untar. Desenforme os bolos assim que possível.

Estocagem. Para prevenir o ressecamento, passe cobertura nos bolos ou embale-os assim que esfriarem.

Ajuste aproximado das massas ricas em altitudes elevadas

Ingrediente	Aumentar ou diminuir	750 m	1.500 m	2.250 m
Fermento em pó químico	diminuir	20%	40%	60%
Farinha	aumentar	—	4%	9%
Ovos	aumentar	2,5%	9%	15%
Açúcar	diminuir	3%	6%	9%
Gordura	diminuir	—	—	9%
Líquido	aumentar	9%	15%	22%

Para fazer os ajustes, multiplique a quantidade de ingrediente da receita pela porcentagem indicada e, em seguida, some ao valor original ou subtraia.

Exemplo: ajustar 500 g de ovos para uma altitude de 2.250 m.

$$500 \times 0,15 = 75 \text{ g}$$
$$500 \text{ g} + 75 \text{ g} = 575 \text{ g de ovos}$$

FÓRMULAS

As fórmulas a seguir permitirão que você pratique todos os métodos básicos de mistura de bolos. Muitos bolos populares nos EUA estão incluídos, às vezes como variações dos tipos básicos. Essas variações mostram como pequenas alterações nos ingredientes saborizantes exercem um grande efeito no resultado final, ainda que a mesma receita básica seja usada. O acréscimo de saborizantes pode requerer mudanças nos outros ingredientes. Por exemplo, no caso do Bolo de morango (p. 403), o saborizante pode conter bastante açúcar, então a quantidade de açúcar da fórmula é reduzida.

É claro que são possíveis muitas outras variações além das que poderiam caber aqui. Como exemplo, apresentamos uma receita para um bolo de especiarias (feito com açúcar mascavo), mas outros bolos do tipo poderiam ser feitos adicionando-se uma combinação semelhante de especiarias à receita básica de bolo amarelo.

A diferença entre um bolo de chocolate e o *devil's food cake* é a quantidade de bicarbonato de sódio usada. Como explicado no Capítulo 4, o bicarbonato de sódio em excesso deixa o chocolate com uma cor avermelhada. Se for diminuída a quantidade de bicarbonato de sódio (e aumentada a de fermento em pó, para compensar a perda de agente de crescimento), o *devil's food cake* transforma-se em um bolo de chocolate comum. Em ambos os casos, o bolo pode ser feito tanto com chocolate em pó quanto com chocolate em barra. Ver página 93 para instruções sobre como substituir os tipos de chocolate nas fórmulas.

Como os métodos de mistura já foram discutidos em detalhe, eles não serão repetidos em todas as fórmulas. Se necessário, consulte as páginas 383 a 389 antes de começar a preparar os bolos.

BOLO AMARELO AMANTEIGADO

Para calcular grandes quantidades, ver página 734.

Ingredientes	Quantidade	%	Modo de fazer
Manteiga	360 g	80	**MISTURA**
Açúcar	390 g	87	Método cremoso (p. 383)
Sal	4 g (⅔ de colher de chá)	0,75	**PESAGEM E ASSAMENTO**
Ovos	225 g	50	Ver tabela da página 394.
Farinha de trigo especial para bolo	450 g	100	
Fermento em pó químico	18 g (3¾ colheres de chá)	4	
Leite	450 g	100	
Essência de baunilha	8 g	1,5	
Peso total:	**1.905 g**	**423%**	

BOLO DE NOZES

Adicione 50% (225 g) de nozes picadas à massa. Asse em formas pequenas de bolo inglês. Se desejar, cubra com creme de manteiga sabor chocolate.

CALDA PARA FORRAR A FORMA DO BOLO INVERTIDO

Para calcular grandes quantidades, ver página 734.
(para uma assadeira quadrada de 23 cm)

Ingredientes	Quantidade
Açúcar mascavo	112 g
Açúcar cristal	42 g
Glucose ou mel	30 g
Água (conforme necessário)	

Bata os três primeiros ingredientes até obter uma mistura homogênea. Adicione água suficiente para que fique com uma consistência própria para espalhar.

VARIAÇÕES

BOLO DE FRUTAS INVERTIDO (UPSIDE-DOWN CAKE)

Aumente a quantidade de ovos para 55% (245 g). Diminua o leite para 60% (275 g). Adicione 0,75% (4 g) de essência de limão ou laranja. Unte uma assadeira com manteiga, espalhe a calda (receita à direita) no fundo e arrume pedaços da fruta escolhida (rodelas de abacaxi, pêssegos fatiados etc.) por cima. Pese a massa conforme indicado na tabela da página 394. Asse a 180°C. Desenforme assim que tirar do forno (ver p. 395). Pincele com Calda de brilho simples (p. 199) ou Geleia de brilho de damasco (p. 200).

BOLO DE CHOCOLATE AMANTEIGADO

Para calcular grandes quantidades, ver página 734.

Ingredientes	Quantidade	%	Modo de fazer
Manteiga	280 g	75	**MISTURA**
Açúcar	470 g	125	Método cremoso (p. 383). Incorpore o chocolate derretido depois que a gordura e o açúcar tiverem formado um creme.
Sal	6 g (1 colher de chá)	1,5	
Chocolate amargo, derretido	188 g	50	**PESAGEM E ASSAMENTO**
Ovos	250 g	67	Ver tabela da página 394.
Farinha de trigo especial para bolo	250 g	100	
Fermento em pó químico	15 g	4	
Leite	439 g	115	
Essência de baunilha	8 g	2	
Peso total:	**2.022 g**	**539%**	

BOLO DE AÇÚCAR MASCAVO E ESPECIARIAS

Ingredientes	Quantidade	%	Modo de fazer
Manteiga	400 g	80	**MISTURA**
Açúcar mascavo	500 g	100	Método cremoso (p. 383).
Sal	8 g	1,5	**PESAGEM E ASSAMENTO**
Ovos	300 g	60	Ver tabela da página 394.
Farinha de trigo especial para bolo	500 g	100	
Fermento em pó químico	15 g	3	
Bicarbonato de sódio	1,5 g (⅜ de colher de chá)	0,3	
Canela em pó	2,5 g (1½ colher de chá)	0,5	
Cravo em pó	1,5 g (¾ de colher de chá)	0,3	
Noz-moscada	1 g (⅜ de colher de chá)	0,2	
Leite	500 g	100	
Peso total:	**2.229 g**	**445%**	

VARIAÇÕES

BOLO DE CENOURA E NOZES

Reduza o leite para 90% (450 g). Adicione 40% (200 g) de cenoura crua ralada, 20% (100 g) de nozes picadinhas e 1 colher de chá (3 g) de raspas de laranja. Omita o cravo.

BOLO DE BANANA

Omita a canela e o cravo. Reduza o leite para 30% (150 g). Adicione 125% (625 g) de bananas maduras amassadas. Se desejar, acrescente 40% (200 g) de nozes-pecã picadinhas.

BOLO DE PURÊ DE MAÇÃS

Reduza o leite para 50% (250 g) e adicione 90% (450 g) de purê de maçã. Reduza a quantidade de fermento em pó para 2% (10 g/2 colheres de chá). Aumente a quantidade de bicarbonato de sódio para 1% (5 g/1 colher de chá).

BOLO QUATRO QUARTOS TRADICIONAL

Ingredientes	Quantidade	%	Modo de fazer
Manteiga, ou uma mistura de manteiga e gordura hidrogenada	500 g	100	
Açúcar	500 g	100	
Essência de baunilha	10 g (2 colheres de chá)	2	
Ovos	500 g	100	
Farinha de trigo especial para bolo	500 g	100	
Peso total:	**2.010 g**	**402%**	

MISTURA

Método cremoso (p. 383). Após juntar cerca de metade dos ovos, acrescente um pouco da farinha, para evitar que a massa talhe.

PESAGEM E ASSAMENTO

Ver tabela da página 394. É comum forrar as formas de bolo inglês com papel-manteiga.

VARIAÇÕES

Macis ou raspas de limão ou laranja podem ser usados para dar sabor ao bolo quatro quartos.

BOLO QUATRO QUARTOS DE PASSAS

Adicione 25% (125 g) de uva-passa escura ou de Corinto demolhada em água fervente e bem escorrida.

BOLO QUATRO QUARTOS DE CHOCOLATE

Peneire 25% (125 g) de cacau em pó e 0,8% (4 g/¾ de colher de chá) de bicarbonato de sódio junto com a farinha. Acrescente 25% (125 g) de água à massa.

BOLO QUATRO QUARTOS MARMORIZADO

Preencha as formas de bolo inglês com camadas alternadas de massa branca e de chocolate. Passe uma faca dentro da massa para criar a textura marmorizada.

MASSA PARA MONTAGEM DE SOBREMESAS À BASE DE BOLO

Aumente a quantidade de ovos para 112% (560 g). Asse em formas retangulares rasas (46 x 66 cm) forradas com papel-manteiga. Pese 1.800 g para obter um bolo de 6 mm de altura (ideal para fazer sobremesas com 3 camadas). Aumente a quantidade de massa para 2.700 g para obter um bolo de 9 mm de altura (para sobremesas de duas camadas).

BOLO DE FRUTAS SECAS

Use 50% de farinha de trigo especial para bolo e 50% de farinha para pão na receita básica. Adicione 250 a 750% (1.250 a 3.750 g) de frutas secas mistas e oleaginosas à massa. O procedimento e a sugestão de combinações de frutas encontram-se a seguir.

1. Prepare as frutas secas e as oleaginosas:

   Enxague e escorra as frutas cristalizadas para remover o excesso de açúcar.

   Corte frutas grandes (como tâmaras inteiras) em pedaços menores.

   Misture todas as frutas e deixe de molho de um dia para o outro em conhaque, rum ou xerez.

   Escorra bem (reserve a bebida escorrida para usar na próxima receita ou para outros usos).

2. Misture a massa como no procedimento básico, usando 80% da farinha. Se estiver usando especiarias, junte-as ao creme de manteiga e açúcar.

3. Cubra as frutas e as oleaginosas com a farinha de trigo restante. Incorpore-as delicadamente à massa.

4. Assamento: use formas de bolo inglês ou de buraco no meio, de preferência forradas com papel. Asse a 175°C, se os bolos forem pequenos (450 a 700 g), ou a 150°C, se forem grandes (1.800 a 2.300 g). O tempo de assamento varia de cerca de 1 hora e 30 minutos, para os bolos pequenos, a 3 a 4 horas, para os bolos maiores.

5. Deixe esfriar. Pincele com Calda de brilho simples (p. 199) e decore com frutas secas e oleaginosas; se preferir, pincele novamente com a geleia.

As porcentagens de frutas e oleaginosas a seguir têm por base a quantidade de farinha da receita tradicional de bolo quatro quartos.

MISTURA DE FRUTAS SECAS E OLEAGINOSAS I (ESCURA)

Ingredientes	Quantidade	%
Uva-passa escura	500 g	100
Uva-passa clara	500 g	100
Uva-passa de Corinto	250 g	50
Tâmara	500 g	100
Figo seco	250 g	50
Cerejas glaçadas	200 g	40
Oleaginosas (noz-pecã, noz comum, avelã, castanha-do-pará)	300 g	60
Especiarias		
Canela em pó	2 g (1½ colher de chá)	0,5
Cravo em pó	1,25 g (½ colher de chá)	0,25
Noz-moscada	1,25 g (½ colher de chá)	0,25
Peso total:	**2.500 g**	**700%**

MISTURA DE FRUTAS SECAS E OLEAGINOSAS II (CLARA)

Ingredientes	Quantidade	%
Uva-passa clara	375 g	75
Uva-passa de Corinto	250 g	50
Frutas cristalizadas	250 g	50
Abacaxi glaçado	100 g	20
Casca de laranja cristalizada	75 g	15
Casca de limão cristalizada	75 g	15
Cerejas glaçadas	150 g	30
Amêndoas sem pele	125 g	25
Especiarias		
Raspas de limão	2 g (¾ de colher de chá)	0,4
Peso total:	**1.400 g**	**280%**

BOLO DE AMÊNDOAS PARA MONTAGEM DE SOBREMESAS

Ingredientes	Quantidade	%
Pasta de amêndoa	1.500 g	300
Açúcar	1.150 g	225
Manteiga	1.150 g	225
Ovos	1.400 g	275
Farinha de trigo especial para bolo	340 g	67
Farinha de trigo para pão	170 g	33
Peso total:	**5.710 g**	**1.125%**

Modo de fazer

MISTURA

Método cremoso (p. 383). Para amolecer a pasta de amêndoa, misture-a com um pouco do ovo até amaciar, antes de juntar o açúcar. Siga o procedimento de mistura do bolo quatro quartos.

PESAGEM E ASSAMENTO

1.900 g de massa por assadeira (46 x 66 cm). Uma receita rende três bolos. As assadeiras devem ser retas e sem indentações. Espalhe bem a massa com a espátula.

ASSAMENTO

200°C.

Ver página 480 para modelagem.

MASSA PARA SACHERTORTE I

Ingredientes	Quantidade	%	Modo de fazer
Manteiga	250 g	100	**MISTURA**
Açúcar	250 g	100	Método cremoso modificado
Chocolate em barra, derretido	312 g	125	1. Bata a manteiga e o açúcar até obter um creme. Adicione o chocolate e depois as gemas e a essência de baunilha, como no procedimento básico do método cremoso.
Gemas	250 g	100	
Essência de baunilha	8 g (2 colheres de chá)	3,3	
Claras	375 g	150	2. Bata as claras com o sal. Junte o açúcar e bata até obter picos moles.
Sal	2 g (½ colher de chá)	0,8	3. Incorpore, alternadamente, o merengue e a farinha à massa.
Açúcar	188 g	75	
Farinha de trigo especial para bolo, peneirada	250 g	100	
Peso total:	**1.885 g**	**750%**	

PESAGEM

Bolo redondo de 15 cm: 400 g

Bolo redondo de 18 cm: 540 g

Bolo redondo de 20 cm: 680 g

Bolo redondo de 23 cm: 850 g

Bolo redondo de 25 cm: 1.020 g

ASSAMENTO

165°C por 45 a 60 minutos.

Nota: ver página 461 para instruções sobre como montar e decorar a Sachertorte. As camadas podem ser recheadas e decoradas como qualquer outro bolo de chocolate mas, neste caso, a sobremesa não deve ser chamada de Sachertorte (ver quadro na página ao lado).

MASSA PARA SACHERTORTE II

Para calcular grandes quantidades, ver página 735.

Ingredientes	Quantidade	%	Modo de fazer
Manteiga, amolecida	135 g	337	**MISTURA**
Açúcar refinado	110 g	275	Método cremoso modificado
Gemas	120 g	300	1. Bata a manteiga com o açúcar até obter um creme. Acrescente as gemas, como no método cremoso básico.
Claras	180 g	450	
Açúcar refinado	60 g	150	2. Bata as claras com o açúcar até obter picos firmes.
Farinha de trigo especial para bolo	40 g	100	3. Em uma tigela à parte, peneire a farinha e o chocolate em pó. Acrescente a farinha de amêndoa.
Chocolate em pó	40 g	100	
Farinha de amêndoa, tostada	55 g	137	4. Incorpore, alternadamente, o merengue e a mistura de farinha à tigela com o creme de manteiga, começando e terminando com o merengue.
Peso total:	**740 g**	**1.849%**	

PESAGEM

Bolo redondo de 15 cm: 200 g

Bolo redondo de 18 cm: 280 g

Bolo redondo de 20 cm: 370 g

Bolo redondo de 23 cm: 470 g

Unte as formas com manteiga, forre o fundo com papel-manteiga e polvilhe com farinha.

ASSAMENTO

160°C por 35 a 45 minutos, dependendo do tamanho.

Nota: ver página 461 para instruções sobre como montar e decorar a Sachertorte. As camadas podem ser recheadas e decoradas como qualquer outro bolo de chocolate mas, neste caso, a sobremesa não deve ser chamada de Sachertorte.

⚹{ SACHERTORTE }⚹

A clássica sobremesa *Sachertorte* originou-se no Hotel Sacher, um hotel elegante construído em 1876 na mesma rua e em frente à Opera House de Viena. O bolo tornou-se tão popular que muitos confeiteiros tentaram imitá-lo, embora o hotel tenha mantido a fórmula em segredo. Como resultado, há muitas receitas reclamando autenticidade. A verdadeira receita original, obviamente, é aquele que figura, ainda hoje, no menu do Hotel Sacher.

Os austríacos servem a sobremesa acompanhada de uma generosa porção de creme de leite batido sem açúcar (*mit Schlag*, no dialeto austríaco), já que a textura do bolo é um pouco seca.

BOLO BRANCO

Para calcular grandes quantidades, ver página 735.

Ingredientes	Quantidade	%	Modo de fazer
Farinha de trigo especial para bolo	375 g	100	**MISTURA**
Fermento em pó químico	22 g	6,25	Método cremoso para massa úmida (p. 384).
Sal	8 g	2	**PESAGEM E ASSAMENTO**
Gordura emulsificada	188 g	50	Ver tabela da página 394.
Açúcar	470 g	125	
Leite desnatado	188 g	50	
Essência de baunilha	5 g (1⅛ colher de chá)	1,5	
Essência de amêndoa	2 g (½ colher de chá)	0,75	
Leite desnatado	188 g	50	
Claras	250 g	67	
Peso total:	**1.696 g**	**452%**	

VARIAÇÕES

Use água em vez de leite e junte 10% (18 g) de leite em pó desnatado aos ingredientes secos.

Saborize com essência ou emulsão de limão em vez de baunilha e amêndoa.

BOLO AMARELO

Faça os seguintes ajustes aos ingredientes:

Reduza a gordura emulsificada para 45% (168 g).

Substitua as claras por ovos inteiros, usando o mesmo peso total (67%).

Use 2% (8 g) de essência de baunilha e omita a de amêndoa.

BOLO DE MORANGO

Faça os seguintes ajustes aos ingredientes:

Reduza o açúcar para 100% (375 g).

Reduza cada quantidade de leite para 33% (125 g).

Descongele 67% de morangos (250 g) e bata com açúcar a gosto até obter um purê. Junte à massa.

BOLO DE CEREJA

Faça os seguintes ajustes aos ingredientes:

Reduza cada quantidade de leite para 40% (150 g).

Junte à massa 30% (112 g) de cerejas ao marasquino picadas, com o caldo.

DEVIL'S FOOD CAKE

Para calcular grandes quantidades, ver página 735.

Ingredientes	Quantidade	%	Modo de fazer
Farinha de trigo especial para bolo	375 g	100	**MISTURA**
Cacau em pó	60 g	17	Método cremoso para massa úmida (p. 384).
Sal	8 g	2	**PESAGEM E ASSAMENTO**
Fermento em pó químico	12 g	3	Ver tabela da página 394.
Bicarbonato de sódio	8 g	2	
Gordura emulsificada	220 g	58	
Açúcar	500 g	133	
Leite desnatado	250 g	67	
Essência de baunilha	5 g (1 colher de chá)	1,5	
Leite desnatado	188 g	50	
Ovos	250 g	67	
Peso total:	**1.876 g**	**500%**	

BOLO QUATRO QUARTOS DE MASSA ÚMIDA

Ingredientes	Quantidade	%	Modo de fazer
Farinha	500 g	100	**MISTURA**
Sal	8 g	2	Método cremoso para massa úmida (p. 384)
Fermento em pó químico	8 g	2	**PESAGEM E ASSAMENTO**
Gordura emulsificada	335 g	67	Ver tabela da página 394.
Açúcar	585 g	117	
Leite em pó desnatado	30 g	6	
Água	225 g	45	
Ovos	335 g	67	
Peso total:	**2.026 g**	**406%**	

VARIAÇÕES

Ver as variações para o Bolo quatro quartos tradicional (p. 400).

BOLO AMARELO (MASSA ÚMIDA)

Ingredientes	Quantidade	%
Ovos inteiros	675 g	150
Leite	225 g	50
Gordura líquida parcial-mente hidrogenada	280 g	62,5
Essência de baunilha	30 g	6,25
Açúcar	560 g	125
Farinha de trigo especial para bolo	450 g	100
Fermento em pó químico	30 g	6,25
Sal	15 g	3
Peso total:	**2.265 g**	**493%**

Modo de fazer

MISTURA

Método direto (gordura líquida) (p. 385).

PESAGEM E ASSAMENTO

Ver tabela da página 394.

VARIAÇÕES

BOLO BRANCO (MASSA ÚMIDA)

Reduza a quantidade de ovos inteiros para 12,5% (60 g) e junte 137,5% (615 g) de claras. Se desejar, junte 3% (15 g) de essência de amêndoa.

BOLO DE CHOCOLATE (MASSA ÚMIDA)

Substitua parte da farinha, conforme indicado abaixo, por cacau em pó (e não chocolate em pó solúvel), de modo que a farinha e o chocolate somem 100% (considerando o método de porcentagens). Além disso, aumente o leite e o açúcar, diminua o fermento em pó e acrescente bicarbonato de sódio. Monte e asse como na receita básica.

Ingredientes	Quantidade	%
Ovos inteiros	675 g	150
Leite	280 g	62,5
Gordura líquida parcialmente hidrogenada	280 g	62,5
Essência de baunilha	30 g	6,25
Açúcar	515 g	137,5
Farinha de trigo especial para bolo	365 g	81,25
Cacau em pó (não use a versão "solúvel")	85 g	18,75
Fermento em pó químico	15 g	3
Bicarbonato de sódio	7 g	1,5
Sal	15 g	3

BOLO CHIFFON DE BAUNILHA

Ingredientes	Quantidade	%	Modo de fazer
Farinha de trigo especial para bolo	250 g	100	**MISTURA**
Açúcar	200 g	80	Método *chiffon* (p. 388).
Sal	6 g	2,5	**PESAGEM E ASSAMENTO**
Fermento em pó químico	12 g	5	Ver tabela da página 394. Para formas redondas, use as mesmas quantidades indicadas para os bolos de massa rica.
Óleo vegetal	125 g	50	
Gemas	125 g	50	
Água	188 g	75	
Essência de baunilha	6 g	2,5	
Claras	250 g	100	
Açúcar	125 g	50	
Cremor tártaro	1 g (⅝ de colher de chá)	0,5	
Peso total:	**1.288 g**	**515%**	

VARIAÇÕES

BOLO CHIFFON DE CHOCOLATE
Faça os seguintes ajustes aos ingredientes:

Junte 20% (50 g) de chocolate em pó. Peneire-o com a farinha.

Aumente a quantidade de gemas para 60% (150 g).

Aumente a quantidade de água para 90% (225 g).

BOLO CHIFFON DE LARANJA
Faça os seguintes ajustes aos ingredientes:

Aumente a quantidade de gemas para 60% (150 g).

Use 50% (125 g) de suco de laranja e 25% (62 g) de água.

Acrescente 6 g (1 colher de sopa) de raspas de laranja quando for adicionar o óleo.

PÃO DE LÓ (GÉNOISE)

Ingredientes	Quantidade	%	Modo de fazer
Ovos	562 g	150	**MISTURA**
Açúcar	375 g	100	Método pão de ló básico ou variação *génoise*
Farinha de trigo especial para bolo	375 g	100	amanteigado (p. 387).
Manteiga (opcional – ver p. 386)	125 g	33	**PESAGEM E ASSAMENTO**
Essência de baunilha ou de limão	8 g	2	Ver tabela da página 394.
Peso total:	*1.445 g*	*385%*	

VARIAÇÕES

PÃO DE LÓ DE CHOCOLATE

Substitua 60 g da farinha pela mesma quantidade de chocolate em pó.

MASSA PARA O BOLO DE SETE CAMADAS

Adicione 50% (188 g) de gemas e 10% (38 g) de xarope de glucose de milho no primeiro passo do processo de mistura. Pese porções de 800 g para assadeiras grandes (46 x 66 cm) e 400 g para assadeiras pequenas (33 x 46 cm).

PÃO DE LÓ DE AMÊNDOAS I

Faça os seguintes ajustes aos ingredientes:

Adicione 50% (188 g) de gemas no primeiro passo do processo de mistura.

Aumente a quantidade de açúcar para 150% (560 g).

Misture 117% (440 g) de farinha de amêndoa à farinha peneirada. (Para mais variações, substitua a farinha de amêndoa por farinha de outras oleaginosas.)

PÃO DE LÓ DE AMÊNDOAS II

Misture 125% (470 g) de pasta de amêndoa com 50% (188 g) de gemas até obter uma mistura homogênea. Junte o açúcar (da receita básica) e bata até alisar. Adicione os ovos e siga as instruções da receita básica. (*Nota:* esta mistura não fica tão volumosa como a de pão de ló básico e rende um bolo de 2,2 cm de espessura se for pesado e assado como o pão de ló, em forma redonda. Se desejar, pese 25% a mais de massa para obter um bolo mais alto.)

MASSA PARA ROCAMBOLE I

Omita a manteiga da receita básica.

MASSA PARA ROCAMBOLE DE CHOCOLATE I

Omita a manteiga da receita de Pão de ló de chocolate.

GÉNOISE MOUSSELINE

Para calcular grandes quantidades, ver página 735.

Ingredientes	Quantidade	%	Modo de fazer
Ovos inteiros	300 g	167	**MISTURA**
Gemas	40 g (2 gemas)	22	Método pão de ló (p. 387).
Açúcar	180 g	100	**PESAGEM E ASSAMENTO**
Farinha de trigo especial para bolo, peneirada	180 g	100	Ver tabela da página 394.
Peso total:	*700 g*	*389%*	

MASSA PARA ROCAMBOLE II

Ingredientes	Quantidade	%
Gemas	350 g	100
Açúcar	235 g	67
Farinha de trigo especial para bolo	350 g	100
Claras	525 g	150
Sal	7 g	2
Açúcar	175 g	50
Peso total:	*1.642 g*	*469%*

Modo de fazer

MISTURA

Método pão de ló – variação com ovos separados (p. 387).

PESAGEM

820 g de massa por assadeira (46 x 66 cm). Forre as assadeiras com papel-manteiga.

ASSAMENTO

220°C por cerca de 7 minutos.

VARIAÇÕES

MASSA PARA TORTA DOBOS

Misture 100% (350 g) de pasta de amêndoa com o açúcar. Junte um pouco das gemas e bata até obter uma mistura homogênea. Acrescente o restante das gemas e siga as instruções da receita básica.

PESAGEM E PREPARO DAS FORMAS

São necessárias sete camadas para montar a Torta *dobos* (ver p. 460 para instruções). Para montar uma torta redonda, espalhe uma camada fina de massa na base untada e enfarinhada de uma forma redonda rasa virada ao contrário ou preencha círculos desenhados sobre papel-manteiga. Uma receita é suficiente para produzir sete discos de 30 cm de diâmetro ou quatorze de 20 a 22 cm. Para tortas retangulares, espalhe uma camada fina da massa em assadeiras rasas untadas e forradas com papel-manteiga. Quatro receitas são suficientes para produzir sete camadas de 46 x 66 cm. Para fazer apenas uma tira de torta, pese 550 g de massa e asse em uma assadeira grande. Depois de pronto, corte o bolo em sete tiras de cerca de 9 cm.

ASSAMENTO

200°C.

MASSA PARA ROCAMBOLE DE CHOCOLATE II

Peneire 17% (60 g) de chocolate em pó junto com a farinha. Acrescente 25% (90 g) de água às gemas batidas.

ROCAMBOLE DE GELEIA DE FRUTAS (JELLY ROLL)

Ingredientes	Quantidade	%
Açúcar	325 g	100
Ovos inteiros	292 g	90
Gemas	65 g	20
Sal	8 g	2
Mel ou glucose	45 g	14
Água	30 g	10
Essência de baunilha	4 g (⅜ de colher de chá)	1
Água, quente	118 g	36
Farinha de trigo especial para bolo	325 g	100
Fermento em pó químico	5 g (1 colher de chá)	1,5
Peso total:	*1.217 g*	*374%*

Modo de fazer

MISTURA

Método pão de ló (p. 387). Junte o mel ou glucose, a primeira quantidade de água e a essência de baunilha ao açúcar e aos ovos na primeira etapa do processo de mistura.

PESAGEM E ASSAMENTO

Ver tabela da página 394. Uma receita rende duas assadeiras grandes (46 x 66 cm). Forre as assadeiras com papel-manteiga. Assim que tirar o bolo do forno, desenforme sobre uma folha de papel-manteiga e descole o papel usado para forrar a forma. Espalhe uma camada de geleia de frutas sobre a massa e enrole bem apertado. Depois de frio, polvilhe com açúcar de confeiteiro.

MASSA DE PÃO DE LÓ COM LEITE E MANTEIGA

Para calcular grandes quantidades, ver página 735.

Ingredientes	Quantidade	%	Modo de fazer
Açúcar	312 g	125	**MISTURA**
Ovos inteiros	188 g	75	Método pão de ló – variação com leite quente e
Gemas	60 g	25	manteiga (p. 387).
Sal	4 g	1,5	**PESAGEM E ASSAMENTO**
	(⅝ de colher de chá)		Asse em formas redondas fundas; ver tabela da
Farinha de trigo especial para bolo	250 g	100	página 394.
Fermento em pó químico	8 g	3	
Leite desnatado	125 g	50	
Manteiga	60 g	25	
Essência de baunilha	8 g	3	
Peso total:	**1.015 g**	**407%**	

VARIAÇÃO

Adicione 1,5% (15 g) de essência de limão em vez de baunilha.

ANGEL FOOD CAKE

Ingredientes	Quantidade	%	Modo de fazer
Claras	1.000 g	267	**MISTURA**
Cremor tártaro	8 g	2	Método massa merengada (p. 388).
Sal	5 g	1,5	**PESAGEM E ASSAMENTO**
	(1 colher de chá)		Ver tabela da página 394.
Açúcar	500 g	133	
Essência de baunilha	10 g	2,5	
	(2 colheres de chá)		
Essência de amêndoa	5 g	1,25	
	(1 colher de chá)		
Açúcar	500 g	133	
Farinha de trigo especial para bolo	375 g	100	
Peso total:	**2.403 g**	**640%**	

VARIAÇÕES

ANGEL FOOD CAKE DE CHOCOLATE
Substitua 90 g da farinha pela mesma quantidade de chocolate em pó.

BOLINHOS AERADOS DE COCO
Aumente a primeira quantidade de açúcar para 167% (625 g). Adicione 350% (1.300 g) de coco seco ralado fino à mistura de farinha e açúcar. Pese porções de 575 g de massa por dúzia de bolinhos. Asse a 190°C por cerca de 25 minutos.

BOLO FUDGE DE CHOCOLATE

Ingredientes	Quantidade	%	Modo de fazer
Chocolate amargo	500 g	400	
Manteiga	500 g	400	
Ovos	625 g	500	
Açúcar	625 g	500	
Farinha de trigo para pão	125 g	100	
Peso total:	*2.375 g*	*1.900%*	

MISTURA

Método pão de ló (p. 387). Derreta o chocolate e a manteiga em uma tigela em banho-maria. Incorpore a mistura de chocolate ao merengue antes de juntar a farinha.

PESAGEM

Bolo redondo de 18 cm: 550 g

Bolo redondo de 20 cm: 750 g

Bolo redondo de 25 cm: 1.100 g

Unte as formas com bastante manteiga.

ASSAMENTO

Asse os bolos a 175°C por cerca de 20 a 30 minutos, deixando-os ligeiramente crus. Coloque as formas de bolo dentro de assadeiras vazias ao assar, para evitar que o fundo fique sapecado.

Espere esfriar e cubra com *ganache* (p. 275) aquecido.

VARIAÇÃO

BOLO SURPRESA DE CHOCOLATE

Preencha formas grandes de *muffin* ou similares com a massa até atingir três quartos da capacidade. Afunde uma pelotinha de 30 g de *ganache* (p. 275) frio no centro de cada uma. Asse a 175°C por cerca de 15 minutos. Desenforme e sirva os bolinhos mornos com creme de leite batido ou sorvete. O ganache derretido escorrerá quando o bolo for cortado.

JOCONDE

Para calcular grandes quantidades, ver página 735.

Ingredientes	Quantidade	%	Modo de fazer
Farinha de amêndoa	85 g	340	
Açúcar de confeiteiro	75 g	300	
Farinha de trigo especial para bolo	25 g	100	
Ovos inteiros	120 g	480	
Claras	80 g	320	
Açúcar	10 g (2½ colheres de chá)	40	
Manteiga, derretida	30 g	120	
Peso total:	*425 g*	*1.700%*	

MISTURA

1. Misture a farinha de amêndoa, o açúcar de confeiteiro e a farinha de trigo em uma tigela.

2. Acrescente os ovos aos poucos. Bata bem após cada adição. Mexa até obter um creme liso e fofo.

3. Bata as claras em neve com o açúcar até obter picos firmes e brilhantes.

4. Incorpore o creme de amêndoa ao merengue delicadamente.

5. Adicione a manteiga derretida.

PESAGEM E ASSAMENTO

Espalhe uma camada de 0,5 cm de massa em assadeiras médias (33 x 46 cm) forradas com papel-manteiga. Calcule cerca de 425 g de massa por assadeira. Asse a 200°C por cerca de 15 minutos, ou até a massa ficar dourada e firme ao toque. Desenforme e deixe esfriar sobre uma grade de metal.

VARIAÇÃO

JOCONDE DE AVELÃ

Substitua a farinha de amêndoa por farinha de avelãs. Omita a manteiga derretida.

LÂMINA DE JOCONDE PARA DECORAÇÃO

Rendimento: 2 assadeiras médias (33 x 46 cm)

Ingredientes	Quantidade
Pâte à cigarette	
Manteiga	200 g
Açúcar de confeiteiro	200 g
Claras	200 g
Farinha de trigo especial para bolo	220 g
Corante alimentício em pó (ver variação)	conforme necessário
Massa de *Joconde* (p. 410)	850 g

Nota: esta lâmina de joconde é usada na decoração de bolos e tortas. O Capítulo 18 inclui instruções sobre como empregá-la na montagem de sobremesas. A pâte à cigarette *usada em seu preparo é uma versão da massa usada para fazer* Tuiles *(pp. 508 a 509).*

É aconselhável assar esta massa em um tapete de silicone para que não queime por baixo. Se não dispuser de um, coloque a assadeira dentro de uma outra vazia e asse na parte de cima do forno.

Modo de fazer

1. Bata a manteiga até ficar cremosa. Acrescente o açúcar e misture bem.

2. Adicione as claras, batendo sem parar.

3. Peneire a farinha dentro da mistura. Bata até obter uma massa homogênea.

4. Use o corante da cor escolhida para tingir a massa, se desejar.

5. Forre o fundo de uma assadeira com um tapete de silicone.

6. Use um dos procedimentos a seguir para criar texturas na massa:

   (a) Coloque um estêncil sobre o tapete de silicone, espalhe uma camada bem fina da *pâte à cigarette* sobre ele e retire o estêncil

   ou

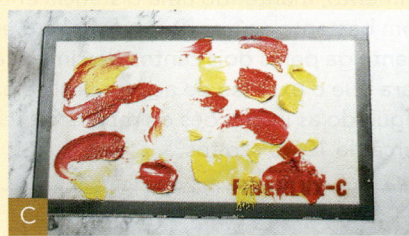

   (b) Espalhe uma camada fina da *pâte à cigarette* sobre o tapete de silicone usando uma espátula para bolo (A). Com um pente plástico para decoração, faça listras retas na massa, como as mostradas na foto, ou zigue-zagues, ou quaisquer outros padrões (B). Outra opção é fazer uma pintura abstrata a partir de pelotas de massa colorida (C), espalhadas com uma espátula para bolo (D). Se desejar, desenhe padrões decorativos com os dedos (E).

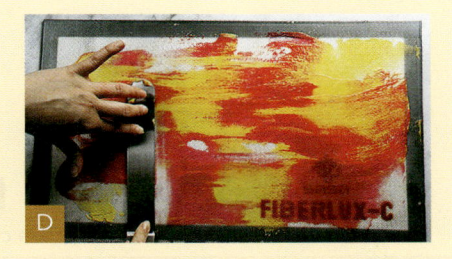

7. Leve ao congelador até firmar.

8. Despeje a massa *joconde* por cima, espalhando-a em uma camada uniforme de 0,5 cm de espessura (F).

9. Asse a 250°C por cerca de 15 minutos.

10. Deixe esfriar sobre uma grade de metal.

11. Corte tiras do tamanho desejado para forrar aros modeladores e formas.

VARIAÇÕES

Para fazer *pâte à cigarette* de chocolate (permite criar padrões em "preto e branco"), substitua *um quinto* da farinha por chocolate em pó.

A massa de pão de ló básica (*génoise*) pode substituir a de *joconde*.

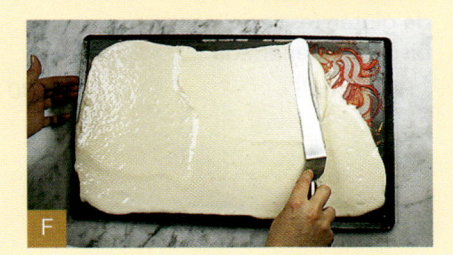

PÃO DE LÓ FINO (BISCUIT)

Ingredientes	Quantidade	%	Modo de fazer
Gemas	180 g	60	
Açúcar	90 g	30	
Claras	270 g	90	
Açúcar	150 g	50	
Suco de limão	1 mL (¼ de colher de chá)	0,4	
Farinha com baixo teor de glúten (especial para biscoito)	300 g	100	
Peso total:	**990 g**	**340%**	

MISTURA

Método pão de ló – variação com ovos separados (p. 387).

COMO MOLDAR E ASSAR

Uma receita rende uma assadeira grande (46 x 66 cm). Use um dos métodos a seguir para moldar os *biscuits*:

1. Usando um saco de confeitar com um bico perlê (liso) médio, deposite a massa na assadeira forrada com papel-manteiga. Forme linhas diagonais paralelas de modo que a forma fique totalmente preenchida de massa (ver foto abaixo).

2. Outra opção é despejar a massa na forma e alisar com uma espátula para bolo.

Asse a 190°C por 10 minutos.

VARIAÇÃO

BISCOITO CHAMPAGNE

Deposite a massa com o saco de confeitar, como indicado no procedimento básico, mas forme palitos de 9 cm de comprimento, mantendo uma distância entre eles. Polvilhe-os com bastante açúcar de confeiteiro. Segure a folha de papel-manteiga pelos dois cantos de cima e levante-a com cuidado, para que o excesso de açúcar deslize para fora da folha. Asse seguindo as instruções da receita principal. Uma receita rende cerca de 100 biscoitos.

PÃO DE LÓ MARJOLAINE

Para calcular grandes quantidades, ver página 736.

Ingredientes	Quantidade	%	Modo de fazer
Açúcar de confeiteiro	120 g	133	
Farinha de amêndoa	120 g	133	
Gemas	100 g	111	
Claras	60 g	67	
Claras	150 g	167	
Açúcar	90 g	100	
Farinha com baixo teor de glúten (especial para biscoito), peneirada	90 g	100	
Peso total:	**730 g**	**811%**	

MISTURA

Método pão de ló modificado

1. Misture o açúcar de confeiteiro com a farinha de amêndoa e as gemas. Bata bem.

2. Junte a primeira quantidade de claras. Bata até obter um creme claro e fofo.

3. Prepare um merengue comum com a segunda quantidade de claras e o açúcar. Incorpore à mistura de gemas.

4. Junte a farinha delicadamente.

COMO MOLDAR E ASSAR

Forre assadeiras com papel-manteiga. Coloque um bico perlê (liso) médio no saco de confeitar. Faça discos do tamanho desejado usando a técnica descrita na página 347. Asse por 10 minutos a 180°C.

PÃO DE LÓ DE AVELÃ

Para calcular grandes quantidades, ver página 736.

Ingredientes	Quantidade	%
Manteiga, amolecida	135 g	337
Açúcar	110 g	275
Gemas	120 g	300
Claras	180 g	450
Açúcar	60 g	160
Farinha de trigo especial para bolo	40 g	100
Chocolate em pó	40 g	100
Avelãs moídas, tostadas	55 g	138
Peso total:	**740 g**	**1.860%**

Modo de fazer

MISTURA

Método misto *génoise-cremoso*

1. Bata a manteiga com a primeira quantidade de açúcar até obter um creme.

2. Junte as gemas aos pouquinhos, batendo bem após cada adição.

3. Bata a clara com a segunda quantidade de açúcar até obter um merengue firme.

4. Em uma tigela separada, peneire a farinha e o chocolate em pó. Junte as avelãs moídas.

5. Incorpore, alternadamente, o merengue e os ingredientes secos ao creme de manteiga, começando e terminando com o merengue.

PESAGEM

370 g para formas de 20 cm de diâmetro. Unte as assadeiras e forre o fundo com papel-manteiga. Polvilhe as laterais com farinha.

ASSAMENTO

160°C por cerca de 40 minutos.

BOLO DE AMÊNDOAS (PAIN DE GÊNES)

Ingredientes	Quantidade	%
Pasta de amêndoa	225 g	167
Açúcar de confeiteiro	150 g	111
Gemas	120 g	89
Ovos inteiros	50 g (1 ovo)	37
Essência de baunilha	2 g (½ colher de chá)	1,5
Claras	180 g	133
Açúcar	75 g	56
Farinha de trigo especial para bolo	135 g	100
Manteiga, derretida	70 g	52
Amêndoas laminadas	50 g	37
Peso total:	**1.057 g**	**783%**

Modo de fazer

MISTURA

Método pão de ló – variação com ovos separados

1. Misture a pasta de amêndoa e o açúcar de confeiteiro até obter uma farofa úmida.

2. Junte as gemas aos poucos. Em seguida, junte os ovos inteiros e a essência de baunilha. Mexa bem, até obter um creme liso e fofo.

3. Bata a clara em neve até formar picos moles. Junte o açúcar e bata até obter um merengue firme.

4. Incorpore à mistura de amêndoas.

5. Com cuidado, junte a farinha e a manteiga derretida.

PREPARO DAS FORMAS, PESAGEM E ASSAMENTO

1. Unte o fundo e as laterais das formas (redondas ou quadradas) com manteiga. Salpique com as amêndoas laminadas.

2. Para pesar, use as quantidades máximas indicadas para os bolos de massa rica na tabela da página 394.

3. Asse a 170°C por 20 a 25 minutos.

BAUMKUCHEN

Ingredientes	Quantidade	%
Manteiga	200 g	114
Açúcar	150 g	85
Essência de baunilha	2 g (½ colher de chá)	1
Raspas de limão	1 g (½ colher de chá)	0,5
Gemas	80 g	43
Claras	210 g	120
Açúcar	150 g	85
Amido de milho	175 g	100
Farinha de amêndoa	65 g	37
Sal	2 g (⅓ de colher de chá)	1
Peso total:	**1.035 g**	**586%**

Modo de fazer

MISTURA

Método misto *génoise*-cremoso

1. Bata a manteiga, o açúcar, a essência de baunilha e as raspas de limão até obter um creme leve e fofo.

2. Adicione as gemas aos poucos.

3. Bata as claras em neve até obter picos moles. Adicione o açúcar e bata até formar um merengue firme e brilhante.

4. Incorpore o amido de milho ao merengue.

5. Misture a farinha de amêndoa com o sal.

6. Incorpore, alternadamente, o merengue e a farinha de amêndoa ao creme de manteiga, começando e terminando com o merengue.

ASSAMENTO

1. Forre o fundo de uma forma quadrada de 20 cm com papel-manteiga.

2. Coloque cerca de 30 g de massa na forma e espalhe em uma camada fina usando uma espátula para confeiteiro (A).

3. Coloque sob o *broiler* do forno ou sob uma salamandra até que a massa esteja bem dourada (B).

4. Repita os passos 2 e 3 até que o bolo esteja com uma altura de cerca de 4 cm (C).

5. Leve à geladeira.

6. O bolo cortado exibe suas inúmeras camadas (D). É usado para forrar formas e aros (ver p. 455). Também pode ser servido puro, cortado em pedaços pequenos, ou coberto com *fondant* (p. 422).

⁂{ BAUMKUCHEN }⁂

O **baumkuchen** é um bolo atípico que merece uma explicação à parte. Seu nome significa "bolo árvore" em alemão. Tradicionalmente, era assado em um espeto giratório de madeira. A massa era despejada em camadas finas sobre o espeto enquanto este rodava próximo a uma fonte de calor. Assim que a última camada depositada estava cozida e bem dourada, mais uma era acrescentada. Como resultado, o bolo revelava uma série de anéis concêntricos ao ser cortado, como os veios de um tronco de madeira.

Hoje em dia, o *baumkuchen* geralmente é feito em assadeiras, como ilustrado nesta receita. A aparência exótica de seu interior listrado o torna um item valorizado na decoração de bolos tortas-musse.

PÃO DE LÓ DE CHOCOLATE E AMÊNDOAS

Para calcular grandes quantidades, ver página 736.

Ingredientes	Quantidade	%	Modo de fazer
Marzipã	130 g	325	
Gemas	80 g (4 gemas)	200	
Claras	120 g (4 claras)	300	
Açúcar	50 g (4 colheres de sopa)	125	
Farinha de trigo especial para bolo	40 g	100	
Chocolate em pó	40 g	100	
Manteiga, derretida	40 g	100	
Peso total:	**500 g**	**1.250%**	

MISTURA

Método pão de ló – variação com ovos separados

1. Bata o marzipã e as gemas até obter um creme leve e fofo.

2. Bata as claras com o açúcar até obter um merengue firme.

3. Em uma tigela à parte, peneire a farinha e o chocolate em pó. Incorpore, alternadamente, o merengue e os ingredientes secos ao creme de gemas, começando e terminando com o merengue.

4. Junte a manteiga com cuidado.

PESAGEM E ASSAMENTO

Ver tabela da página 394. Para fazer discos de pão de ló (como os usados na Torta Monte Carlo, p. 472), desenhe círculos do tamanho desejado em papel-manteiga. Vire o papel e, usando o risco como guia, espalhe a massa. Outra opção é usar um saco de confeitar, conforme descrito na página 347. Um disco de 18 cm requer cerca de 250 g de massa. Asse a 220°C por 10 a 12 minutos.

DISCOS DE PÃO DE LÓ DE CHOCOLATE

Para calcular grandes quantidades, ver página 736.

Ingredientes	Quantidade	%	Modo de fazer
Claras	150 g	150	
Açúcar	120 g	120	
Gemas	100 g	100	
Farinha de trigo especial para bolo	100 g	100	
Chocolate em pó	30 g	30	
Peso total:	**500 g**	**500%**	

MISTURA

1. Bata as claras até espumarem e, então, junte o açúcar e bata até obter picos moles.

2. Bata as gemas até ficarem leves e esbranquiçadas.

3. Incorpore ao merengue.

4. Peneire a farinha com o chocolate em pó. Incorpore à mistura de claras e gemas.

COMO MOLDAR E ASSAR

Usando um saco de confeitar com um bico perlê (liso), faça discos de massa sobre uma folha de papel-manteiga conforme explicado na página 347. Asse a 175°C por 15 minutos.

BOLO AVELUDADO DE CHOCOLATE (MOELLEUX)

Para calcular grandes quantidades, ver página 737.

Ingredientes	Quantidade	%	Modo de fazer
Pasta de amêndoa	75 g	188	
Açúcar de confeiteiro	50 g	125	
Gemas	60 g	150	
Claras	60 g	150	
Açúcar	25 g	63	
	(5 colheres de chá)		
Farinha de trigo especial para bolo	40 g	100	
Chocolate em pó	10 g	25	
Manteiga, derretida	20 g	50	
Para polvilhar a forma			
Amêndoas picadas	30 g		
Peso total da massa:	***340 g***	***851%***	

MISTURA

Método pão de ló – variação com ovos separados

1. Misture a pasta de amêndoa e o açúcar de confeiteiro até obter uma farofa úmida.

2. Adicione as gemas aos poucos. Bata bem, até obter um creme liso e fofo.

3. Bata as claras com o açúcar até obter um merengue firme. Incorpore a mistura de pasta de amêndoa.

4. Em uma tigela separada, peneire junto a farinha e o chocolate em pó. Incorpore delicadamente à massa.

5. Junte a manteiga derretida com cuidado.

PESAGEM E ASSAMENTO

Bolo quadrado de 18 cm: 340 g

Bolo quadrado de 20 cm: 425 g

Bolo quadrado de 23 cm: 600 g

Unte as formas com manteiga e polvilhe as amêndoas picadas antes de despejar a massa.

Asse a 170°C por 20 a 25 minutos.

MADELEINES DE LIMÃO

Para calcular grandes quantidades, ver página 736.

Ingredientes	Quantidade	%	Modo de fazer
Gemas	60 g	67	
Açúcar demerara (ver *Nota*)	10 g	11	
Raspas de limão	4 g (1½ colher de chá)	4,5	
Mel	15 g	17	
Claras	60 g	67	
Açúcar refinado	75 g	83	
Sal	1 g (⅙ de colher de chá)	1	
Fermento em pó químico	3 g (1½ colher de chá)	3	
Farinha de trigo especial para bolo	90 g	100	
Manteiga, derretida	90 g	100	
Peso total:	**408 g**	**453%**	

Nota: se não dispuser de açúcar demerara, use açúcar cristal comum.

MISTURA

Método pão de ló – variação com ovos separados. Incorpore, alternadamente, o merengue e os ingredientes secos peneirados ao creme de gemas. Termine incorporando a manteiga derretida. Leve a massa à geladeira por 20 minutos.

PREPARO DAS FORMAS E ASSAMENTO

1. Unte duas vezes as forminhas de *madeleine* com manteiga e polvilhe com farinha. Deposite a massa nas formas usando um saco de confeitar com um bico perlê (liso) médio. Cada forminha de 2,5 x 4 cm requer cerca de 5 g de massa; forminhas maiores (4 x 6,5 cm) requerem cerca de 20 g.

2. Asse a 180°C até que estejam douradas, mas ainda macias ao toque – cerca de 6 a 7 minutos para as pequenas e pelo menos o dobro do tempo para as maiores.

3. Desenforme sobre uma grade de metal para esfriarem.

VARIAÇÃO

MADELEINES DE CHOCOLATE E LARANJA

Para calcular grandes quantidades, ver página 736.

Ingredientes	Quantidade	%
Gemas	60 g	100
Açúcar demerara (ver *Nota* acima)	10 g	17
Raspas de laranja	8 g	13
Mel	15 g	25
Claras	60 g	100
Açúcar refinado	75 g	125
Sal	1 g (⅙ de colher de chá)	1,7
Fermento em pó químico	4 g (¾ de colher de chá)	7
Chocolate em pó	25 g (4 colheres de sopa)	42
Farinha de trigo especial para bolo	60 g	100
Manteiga, derretida	90 g	150

Siga o procedimento básico, mas faça as alterações indicadas acima nos ingredientes da receita original.

MARRONIER (TORTINHAS DE CASTANHA-PORTUGUESA)

Ingredientes	Quantidade	%	Modo de fazer
Pasta adoçada de castanha-portuguesa	100 g	133	**MISTURA**
Rum	10 g (2 colheres de chá)	13	1. Amoleça a pasta de castanha-portuguesa misturando-a com o rum.
Claras	240 g	320	2. Bata as claras com o açúcar até obter um merengue firme. Incorpore delicadamente à pasta de castanha.
Açúcar cristal	50 g	67	
Açúcar de confeiteiro, peneirado	150 g	200	3. Incorpore o açúcar de confeiteiro e as farinhas de amêndoa e de trigo.
Farinha de amêndoa	60 g	80	
Farinha de trigo especial para bolo	75 g	100	4. Misture a manteiga derretida delicadamente.
Manteiga, derretida	100 g	133	**PESAGEM E ASSAMENTO**
Para guarnecer			1. Unte e enfarinhe forminhas de *tartelette* de 5 cm de diâmetro com manteiga.
Açúcar de confeiteiro	conforme necessário		2. Coloque 15 g de massa em cada uma.
Castanhas-portuguesas glaçadas	48		3. Asse a 190°C por 8 minutos.
Peso total da massa:	**785 g**	**1.046%**	4. Desenforme assim que tirar do forno. Deixe esfriar sobre uma grade de metal.

5. Depois que estiverem totalmente frias, polvilhe com açúcar de confeiteiro. Coloque uma metade de castanha glaçada sobre cada uma.

TERMOS PARA REVISÃO

emulsão

bolhas de ar

método cremoso para massa úmida

método cremoso

bolos de massa rica

método direto (gordura líquida)

método *sablage*

bolos de massa aerada

pão de ló (*génoise*)

método massa merengada

método *chiffon*

método misto *génoise*-cremoso

bolo quatro quartos

massa para rocambole

massa de pão de ló com leite e manteiga

bolo de frutas secas

lâmina de *joconde* para decoração

baumkuchen

QUESTÕES PARA DISCUSSÃO

1. Quais são os três principais objetivos quando se mistura uma massa de bolo?

2. De que maneira os conceitos a seguir relacionam-se aos objetivos da questão 1? (a) emulsão; (b) transformação da manteiga e do açúcar em um creme; (c) desenvolvimento do glúten.

3. Quais os quatro cuidados que devem ser tomados para prevenir que a massa de bolo talhe ou se separe?

4. Liste os passos envolvidos no método cremoso de preparo de bolos.

5. Liste os passos envolvidos no método cremoso para massas úmidas.

6. Liste os passos do método *sablage*. Quais são os passos extras necessários no método pão de ló quando a massa leva manteiga? E quando leva leite quente e manteiga? E quando os ovos são separados?

7. Quais são as vantagens e desvantagens de se usar manteiga em bolos de massa úmida?

8. Por que o ato de raspar as laterais da tigela e o misturador foi bastante enfatizado, tanto no método cremoso básico quanto no método cremoso para massas úmidas?

9. Qual é a diferença entre preparar uma massa usando o método cremoso e prepará-la usando o método misto *génoise*-cremoso?

10. Quais dos seguintes ingredientes de bolos são considerados estabilizadores (firmadores), amaciadores, ressecadores e umidificadores?

Farinha	Claras	Leite (líquido)
Manteiga	Gemas	Chocolate em pó
Açúcar	Ovos inteiros	Água

11. Por que não se deve untar a forma de bolos de massa merengada?

Capítulo 17

Montagem e decoração de bolos

Uma das características mais atraentes dos bolos é sua aparência. Bolos são o meio perfeito para o confeiteiro expressar sua criatividade e dom artístico.

Um bolo não precisa ser trabalhoso ou complexo para ser bom. Certamente, um bolo finalizado com simplicidade é preferível a um ostensivamente decorado que é feito sem o menor cuidado ou planejamento no que diz respeito à harmonia do resultado final como um todo.

Há muitos estilos diferentes de decoração de bolo e, em cada um deles, centenas de milhares de possibilidades. Este capítulo, em parte, é uma introdução às técnicas básicas da arte de decorar bolos. O requisito mais importante para ser bem-sucedido nessa arte são horas e horas de prática com o saco de confeitar e com o cone de papel – as ferramentas artísticas básicas do confeiteiro. Até mesmo os desenhos mais simples (como linhas retas) requerem muita prática. Somente após dominar muito bem essas técnicas básicas você deve avançar para as mais complexas, como as apresentadas em materiais especializados sobre decoração artística de bolos.

Um bolo deve ser montado e coberto antes de ser decorado. Este capítulo começa com um estudo das coberturas, incluindo receitas variadas. Em seguida, será discutido o procedimento para montar bolos em camadas, sobremesas à base de bolo e outros produtos simples. Exemplos de bolos mais elaborados, incluindo *gâteaux* e *torten*, são introduzidos no Capítulo 18.

Após ler este capítulo, você deverá ser capaz de:

1. Preparar coberturas.
2. Montar e cobrir bolos e sobremesas simples.
3. Preparar e usar um cone de papel para decoração.
4. Usar um saco de confeitar para fazer decorações simples.

421

COBERTURAS

As **coberturas** são preparações doces usadas para cobrir bolos e outras sobremesas. Cumprem três funções básicas:

- Contribuir para o sabor e a textura.
- Melhorar a aparência.
- Aumentar a durabilidade dos bolos por meio da formação de uma película protetora.

As coberturas para bolos e outras sobremesas podem ser divididas em oito tipos:

- *Fondants*.
- Cremes de manteiga.
- Coberturas aeradas.
- Coberturas *fudge*.
- Glacês simples de açúcar e água.
- Glacês para confeitar.
- Geleias de brilho ou *nappage*.
- Coberturas de abrir com o rolo.

Use somente essências da melhor qualidade para saborizar coberturas, para que elas contribuam para a qualidade do bolo, em vez de diminuí-la. Acrescente os saborizantes e corantes com cuidado. Os sabores devem ser leves e delicados. As cores devem ser em tons pastéis – exceto no caso do chocolate.

Fondant

O **fondant** é uma pasta branca de consistência macia e cremosa feita de calda de açúcar cristalizada. É muito usado para decorar mil-folhas, bombas, pães doces e alguns bolos. Depois de aplicado, transforma-se em uma cobertura seca e brilhante.

A palavra "cristalizada" usada no parágrafo anterior talvez cause alguma confusão. No Capítulo 12, ao discutirmos a preparação de caldas de açúcar, enfatizamos a necessidade de se evitar a cristalização, já que ela fornece à calda uma textura granulosa. Então, como a cristalização pode produzir uma cobertura macia? Ao ler o modo de preparo do *fondant*, é possível verificar que, no início do preparo, essa cobertura esbranquiçada é uma solução translúcida de água e açúcar. É a cristalização que a torna branca e opaca. A chave é controlar a temperatura, para que os cristais formados sejam microscópicos. Isso fará com que o *fondant* fique macio e brilhante. Se não for preparado corretamente, ou se for aquecido em demasia ao ser aplicado, os cristais ficarão maiores e o *fondant* perderá o brilho e a maciez.

Em razão da dificuldade de se preparar o *fondant*, em geral ele é comprado pronto, seja na forma pastosa, pronta para o uso, seja na forma seca, que requer a adição de água. Em uma emergência (p. ex., se o *fondant* acabar e não houver tempo hábil para aguardar a nova remessa), pode-se substituí-lo por um glacê simples à base de açúcar e água, embora o desempenho não seja o mesmo.

Para os que quiserem preparar o *fondant* em seu próprio estabelecimento, incluímos uma fórmula aqui. O propósito da glucose ou do cremor tártaro usados na fórmula é inverter parte do açúcar para obter o grau exato de cristalização. Se nenhum dos dois for usado, será impossível trabalhar a calda depois de pronta, e ela não ficará

❋{ COBERTURAS E }❋ GLACÊS

Muitas pessoas usam os termos cobertura e glacê indiscriminadamente, já que na maioria dos contextos eles têm o mesmo significado. No entanto, em geral, coberturas semilíquidas ou muito moles, como o *fondant* no momento de sua aplicação, não costumam ser chamadas de glacê. A palavra glacê parece ser mais usada para referir-se a produtos que podem ser aplicados com espátulas, como o creme de manteiga. Mas estas não são definições absolutas. Muitos *chefs* usam o termo cobertura em um sentido mais genérico, para referir-se, inclusive, aos glacês.

N.T.: O glacê é muitas vezes associado a coberturas leves, à base de claras e açúcar – que também podem receber o nome de merengue e *marshmallow*.

branca e nem macia. Por outro lado, se esses ingredientes forem acrescentados em excesso, não haverá cristalização suficiente e o *fondant* ficará mole e aquoso. Ademais, se a calda for manipulada antes de esfriar suficientemente (passo 6 do Modo de fazer), cristais grandes se formarão, deixando o *fondant* opaco e açucarado.

Um outro tipo de *fondant* – pasta americana – é trabalhado e aplicado de maneira diferente, conforme será discutido na página 433.

Como usar o *fondant*

1. Aqueça o fondant em um banho-maria de água morna, mexendo sem parar, até que adquira uma consistência própria para despejar. Não deixe que ele ultrapasse os 38°C, senão perderá seu brilho.

2. Se estiver muito espesso, dilua com um pouquinho de calda de açúcar ou água.

3. Acrescente saborizantes e corantes a gosto.

4. Para fazer *fondant* de chocolate, incorpore chocolate amargo derretido ao *fondant* básico até conseguir a cor desejada (até 190 g de chocolate por kg de *fondant*). O chocolate o deixará mais espesso — talvez seja necessário acrescentar mais calda de açúcar ou água.

5. Aplique o *fondant* morno despejando-o sobre o produto a ser coberto ou mergulhando nele os itens.

FONDANT

Rendimento: 3 a 3,5 kg

Ingredientes	Quantidade	Açúcar a 100% %	Modo de fazer
Açúcar	3.000 g	100	1. Limpe muito bem uma superfície de mármore e umedeça-a com água. Coloque quatro réguas-guia de metal sobre o mármore formando um quadrado, para conter a calda quente quando ela for despejada sobre o mármore.
Água	750 g	25	
Glucose	570 g	19	
ou			
Cremor tártaro	15 g	0,5	

2. Misture o açúcar e a água em uma panela pesada e leve ao fogo, mexendo para dissolver o açúcar. Ferva até atingir a temperatura de 105°C.

3. Se estiver usando a glucose, aqueça-a. Se estiver usando o cremor tártaro, dissolva-o em um pouco de água quente. Junte a glucose ou cremor tártaro à calda.

4. Continue fervendo até que a calda atinja 115°C.

5. Despeje sobre o mármore, no local preparado, e respingue algumas gotas de água fria por cima, para evitar que a calda cristalize.

6. Deixe esfriar sem mexer até atingir cerca de 43°C.

7. Retire as réguas de metal e trabalhe a calda com um raspador de metal, dobrando as bordas em direção ao centro. Ele começará a ficar branco e a endurecer.

8. Continue trabalhando o *fondant*, seja manualmente, seja na batedeira – com o misturador raquete em velocidade baixa – , até obter uma mistura lisa e cremosa.

9. Guarde em um recipiente hermeticamente fechado.

Creme de manteiga

Os **cremes de manteiga** são uma mistura leve e macia à base de gordura e açúcar. Também podem conter ovos, para que fiquem mais macios ou mais leves. Este tipo de preparação é usado para cobrir muitos tipos de bolo; além disso, pode ser saborizado e colorido com facilidade para servir a diferentes propósitos.

Há muitas variações para a fórmula do creme de manteiga. Trataremos de cinco tipos básicos neste capítulo:

1. **Cremes de manteiga simples** são feitos batendo-se gordura e açúcar de confeiteiro até obter a consistência e a leveza desejadas. Uma pequena quantidade de claras, gemas ou ovos inteiros também pode ser adicionada. Devem ser usados ovos pasteurizados, para evitar contaminações. Algumas fórmulas também incluem leite em pó desnatado.

   Cremes de manteiga para confeitar são usados para fazer flores e outras decorações com o saco de confeitar. A mistura é batida por menos tempo, em velocidade baixa, para que não haja uma incorporação muito grande de ar, o que atrapalharia os formatos delicados. Como a gordura vegetal tem um ponto de derretimento mais alto que a manteiga, é geralmente a única gordura usada para fazer o creme de manteiga para confeitar, a fim de dar mais estabilidade ao produto final. No entanto, deve-se incluir um pouco de manteiga quando possível para melhorar o sabor.

2. **Os cremes de manteiga merengados** são uma mistura de manteiga e merengue. São muito leves. Um dos tipos mais comuns é o Creme de manteiga italiano, à base de merengue italiano (p. 267). O merengue suíço também pode ser usado como base.

3. **Os cremes de manteiga ao estilo francês** são preparados acrescentando-se calda de açúcar fervente a gemas batidas até obter uma espuma leve e fofa. A manteiga em temperatura ambiente é então incorporada à mistura. São saborosos e leves.

4. **O creme de manteiga com creme de confeiteiro**, em sua forma mais simples, consiste em uma mistura de partes iguais de creme de confeiteiro e manteiga amolecida. Se for necessário adoçar mais, acrescente açúcar de confeiteiro peneirado. A receita incluída neste capítulo (Creme de baunilha, p. 427) contém menos manteiga que o de costume. Para dar-lhe uma estrutura extra, foi acrescentado um pouco de gelatina.

5. **O creme de manteiga do tipo *fondant*** é fácil de fazer com poucos ingredientes. Apenas bata partes iguais de *fondant* e manteiga e acrescente o sabor desejado.

A manteiga, especialmente a sem sal, é a gordura preferida para preparar os cremes de manteiga, por causa de seu sabor e porque ela derrete prontamente na boca. Coberturas feitas com gorduras vegetais podem ser desagradáveis, pois em vez de derreterem, grudam na boca, formando uma película gordurosa. No entanto, a manteiga produz uma cobertura menos estável, já que derrete com muita facilidade. Há duas maneiras de contornar esse problema:

- ◆ Usar manteiga apenas quando o clima estiver mais frio.
- ◆ Misturar uma pequena quantidade de gordura hidrogenada com a manteiga para estabilizá-la.

Os cremes de manteiga podem ser guardados na geladeira, tampados, por vários dias. No entanto, devem ser usados sempre em temperatura ambiente, para que fiquem com a consistência ideal. Antes de usar, tire o creme de manteiga da geladeira com pelo menos 1 hora de antecedência e espere que atinja a temperatura ambiente. Se for necessário acelerar este processo, ou se o creme talhar, aqueça-o em banho-maria (sem tocar a água da tigela), batendo sem parar, até ficar cremoso.

Como saborizar cremes de manteiga

Como os cremes de manteiga podem ser misturados com vários saborizantes, são muito versáteis, podendo ser usados em vários tipos de sobremesas e bolos.

As quantidades fornecidas nas seguintes variações referem-se a uma porção de 500 g de creme de manteiga. Na prática, os saborizantes podem ser aumentados ou diminuídos conforme o gosto, mas evite o exagero.

A não ser que as instruções recomendem outro procedimento, simplesmente misture o saborizante com o creme.

1. **Chocolate**. Use 90 g de chocolate ao leite.
   Derreta o chocolate e espere esfriar um pouco (ele não deve estar frio demais, para não se solidificar antes de estar completamente misturado ao creme). Misture com cerca de um quarto do creme de manteiga, então incorpore esta mistura ao restante do creme.
   Se o creme de manteiga já estiver bem doce, use 45 g de chocolate amargo em vez de chocolate ao leite.

2. **Café**. Use 20 mL de extrato de café líquido (essência de café) ou 1½ colher de sopa (5 g) de café solúvel dissolvido em 15 mL de água.

3. **Castanha-portuguesa** (*marron*). Use 250 g de purê de castanha-portuguesa. Misture com um pouco do creme de manteiga até obter um creme liso e macio, e então incorpore ao creme de manteiga restante. Aromatize com um pouco de rum ou conhaque, se desejar.

4. **Pralina**. Use 60 a 90 g de pasta de pralina.
   Misture a pasta com um pouco do creme de manteiga até obter um creme liso e macio, e então incorpore ao creme de manteiga restante.

5. **Amêndoas**. Use 180 g de pasta de amêndoa.
   Amoleça a pasta de amêndoa com algumas gotas de água. Junte um pouco do creme de manteiga e misture até obter um creme liso e macio, depois o incorpore ao creme de manteiga restante.

6. **Essências e emulsões** (de laranja, limão etc.). Acrescente a gosto.

7. **Bebidas alcoólicas**. Acrescente a gosto. Por exemplo, *kirsch*, licor de laranja, rum, conhaque etc.

CREME DE MANTEIGA FRANCÊS

Para calcular grandes quantidades, ver página 737.

Rendimento: 688 g

			Modo de fazer
Açúcar	250 g	100	1. Misture o açúcar e a água em uma panela. Leve ao fogo, mexendo para dissolver o açúcar.
Água	60 mL	25	
Gemas	90 g	37,5	2. Cozinhe até que a calda atinja a temperatura de 115°C.
Manteiga, amolecida	300 g	125	3. Enquanto a calda cozinha, bata as gemas com o batedor de arame, ou na batedeira com o misturador globo, até obter um creme leve e fofo.
Essência de baunilha	4 mL	1,5	
	(³/₄ de colher de chá)		4. Assim que a calda atingir a temperatura indicada (115°C), despeje-a muito lentamente na tigela com as gemas, batendo sem parar.

VARIAÇÃO

Para cremes de manteiga saborizados, ver acima.

5. Continue batendo até que a mistura tenha esfriado completamente e esteja bem fofa e esbranquiçada.

6. Incorpore a manteiga aos poucos. Junte mais à medida que ela é incorporada pela mistura.

7. Acrescente a essência de baunilha. Se a cobertura estiver muito mole, leve à geladeira até que esteja firme o bastante para espalhar.

CREME DE MANTEIGA SIMPLES

Para calcular grandes quantidades, ver página 737.

Ingredientes	Quantidade	Açúcar a 100% %	Modo de fazer
Manteiga	250 g	40	1. Com o misturador raquete, bata a manteiga, a gordura hidrogenada e o açúcar até que estejam bem misturados.
Gordura hidrogenada	125 g	20	
Açúcar de confeiteiro	625 g	100	
Claras, pasteurizadas	40 g	7,5	2. Acrescente as claras, o suco de limão e a essência de baunilha. Misture em velocidade média. Depois coloque em velocidade alta e bata até obter um creme leve e fofo.
Suco de limão	2 g (½ colher de chá)	0,4	
Essência de baunilha	4 g (¾ de colher de chá)	0,6	
Água (*opcional*)	30 g	5	3. Para obter uma consistência mais mole, junte a água.
Peso total:	**1.076 g**	**172%**	

VARIAÇÕES

Para cremes de manteiga saborizados, ver páginas 424 e 425.

CREME DE MANTEIGA SIMPLES COM OVOS INTEIROS OU GEMAS

Em vez de usar claras na receita acima, substitua pelo mesmo peso de gemas ou ovos inteiros. A cobertura ficará mais untuosa. Além disso, as gemas ajudam a produzir uma emulsão melhor.

CREME DE MANTEIGA PARA CONFEITAR

Use 200 g de gordura hidrogenada e 90 g de manteiga. Omita o suco de limão e a baunilha. Junte 22 g de água ou claras. Misture em velocidade baixa até alisar; não bata.

COBERTURA DE CREAM CHEESE

Substitua a manteiga e a gordura hidrogenada por *cream cheese*. Omita as claras. Se necessário, dilua a cobertura com creme de leite ou leite. Se desejar, aromatize com raspas de limão ou laranja, em vez de baunilha, e use suco de limão ou laranja para diluir no lugar do leite.

CREME DE MANTEIGA ITALIANO

Para calcular grandes quantidades, ver página 737.

Rendimento: 850 g

Ingredientes	Quantidade	Açúcar a 100% %	Modo de fazer
Merengue italiano			1. Prepare o merengue (procedimento na p. 267). Bata até que esteja totalmente frio.
Açúcar	250 g	100	
Água	60 mL	25	
Claras	125 g	50	2. Junte a manteiga amolecida aos poucos, sem parar de bater. Junte mais conforme ela vai sendo incorporada pela mistura. Proceda da mesma forma com a gordura emulsificada ou manteiga adicional.
Manteiga, amolecida	375 g	150	
Gordura emulsificada (ou mais manteiga)	60 mL	25	
Suco de limão	2 mL (½ colher de chá)	1	3. Depois que toda a gordura for incorporada, junte, batendo, o suco de limão e a essência de baunilha.
Essência de baunilha	4 mL (¾ de colher de chá)	1,5	
			4. Continue batendo até obter uma mistura lisa e homogênea.

VARIAÇÃO

Para cremes de manteiga saborizados, ver páginas 424 e 425.

CREME DE MANTEIGA SUÍÇO

Em vez de preparar um merengue italiano, use o açúcar e as claras (omita a água) da fórmula para preparar um merengue suíço, conforme descrito na página 267. Quando o merengue atingir a temperatura ambiente, continue no passo 2 da receita básica.

CREME DE MANTEIGA COM PRALINA

Para calcular grandes quantidades, ver página 737.

Rendimento: 550 g

Ingredientes	Quantidade	Açúcar a 100% %	Modo de fazer
Água	40 g	33	1. Misture a água e o açúcar em uma panela, leve ao fogo, mexendo para dissolver o açúcar, e cozinhe até atingir a temperatura de 120°C.
Açúcar	120 g	100	
Gemas	100 g (5 gemas)	83	
Manteiga, amolecida	180 g	150	2. Bata as gemas até obter um creme esbranquiçado. Aos poucos, junte a calda fervente às gemas, batendo sem parar. Bata até esfriar totalmente.
Pasta de pralina	150 mL	125	
			3. Acrescente a manteiga e a pralina.

CREME DE BAUNILHA

Para calcular grandes quantidades, ver página 737.

Ingredientes	Quantidade	Modo de fazer
Creme de confeiteiro (p. 271)	450 g	1. Bata o creme de confeiteiro até ficar cremoso.
Gelatina incolor sem sabor	6 g	2. Dissolva a gelatina em água fria (ver p. 88). Aqueça o rum. Junte a gelatina e mexa até dissolver completamente, reaquecendo, se necessário.
Rum	20 g (4 colheres de chá)	
Manteiga, amolecida	200 g	3. Bata a mistura de gelatina com o creme de confeiteiro.
Peso total:	*676 g*	4. Incorpore a manteiga aos poucos.

CREME DE MANTEIGA SABOR CARAMELO

Para calcular grandes quantidades, ver página 737.

Rendimento: 500 g

Ingredientes	Quantidade	Açúcar a 100% %	Modo de fazer
Água	25 g	14	1. Cozinhe a primeira quantidade de água com o açúcar até atingir o ponto de caramelo.
Açúcar	185 g	100	
Água	50 g	27	2. Deixe o caramelo esfriar até atingir 120°C e junte a segunda quantidade de água e o creme de leite. Leve ao fogo e cozinhe até dissolver.
Creme de leite fresco	35 g	19	
Extrato de café líquido	5 g (1 colher de chá)	2,7	3. Junte o extrato de café.
Gemas	60 g	32	4. Bata as gemas até formarem um creme esbranquiçado e, então, incorpore o caramelo. Bata até obter um creme fofo; continue batendo até que a mistura atinja a temperatura de cerca de 30°C.
Manteiga, amolecida	190 g	103	
			5. Incorpore um terço da manteiga, batendo. Depois que estiver totalmente incorporada, junte a manteiga restante.

CREME LEVE DE PRALINA

Para calcular grandes quantidades, ver página 738.

Ingredientes	Quantidade	Açúcar a 100% %	Modo de fazer
Manteiga, amolecida	200 g	100	1. Bata a manteiga com a pralina até obter um creme leve e fofo.
Pasta de pralina	100 g	50	
Conhaque	40 g	20	2. Junte o conhaque.
Merengue italiano (p. 267)	340 g	170	3. Incorpore o merengue italiano.
Peso total:	**680 g**	**340%**	

Coberturas aeradas

As **coberturas aeradas** são merengues à base de calda de açúcar fervente. Algumas contêm ingredientes estabilizantes, como a gelatina. Devem ser aplicadas em uma camada bem grossa e texturizadas em picos ou espirais.

Este tipo de cobertura não é muito estável. Os glacês básicos devem ser usados no dia em que são preparados. O *marshmallow* deve ser aplicado logo após o preparo e enquanto ainda está morno, antes que endureça.

Glacê básico

Siga a receita do Merengue italiano (p. 267), mas inclua 60 g de glucose ao açúcar e à água ao preparar a calda. Saborize a gosto com baunilha.

Cobertura de marshmallow

Amoleça 8 g de gelatina em 45 mL de água fria. Amorne a água para terminar de dissolver. Prepare o glacê. Junte a gelatina dissolvida à mistura assim que acrescentar a calda fervente. Raspe as laterais da tigela para certificar-se de que a gelatina foi totalmente incorporada. Use ainda morno.

Glacê/recheio aerado de chocolate

Prepare o glacê. Assim que incorporar a calda quente, adicione 150 g de chocolate amargo derretido.

Coberturas *fudge*

Coberturas do tipo *fudge* são fortes e pesadas. Muitas delas são preparadas a partir de uma calda de açúcar grossa. Seu ingrediente predominante é o açúcar, e elas contêm menos gordura que os cremes de manteiga. As **coberturas fudge** podem ser saborizadas com uma variedade de ingredientes e podem ser usadas em bolos de todos os tipos.

É uma cobertura estável que se conserva bem antes e depois de ser aplicada. Para guardar, tampe muito bem, evitando que seque e forme uma casca por cima.

Para usar novamente, aqueça a cobertura em banho-maria até que esteja cremosa o bastante para ser espalhada.

COBERTURA FUDGE DE CARAMELO

Rendimento: 1 kg

Ingredientes	Quantidade	Açúcar a 100% %	Modo de fazer
Açúcar mascavo	750 g	100	
Leite	375 g	50	
Manteiga, ou uma mistura de manteiga e gordura hidrogenada	188 g	25	
Sal	2 g (½ colher de chá)	0,4	
Essência de baunilha	8 mL	1	

Modo de fazer

1. Misture o açúcar e o leite em uma panela. Leve ao fogo, mexendo para dissolver o açúcar. Ferva até atingir a temperatura de 115°C.
2. Despeje na tigela da batedeira. Espere esfriar até 43°C.
3. Ligue a batedeira e bata com o misturador raquete em velocidade baixa.
4. Adicione a manteiga, o sal e a essência de baunilha e continue batendo em velocidade baixa até esfriar. A consistência deve ser lisa e cremosa. Se estiver muito grossa, acrescente um pouquinho de água.

COBERTURA FUDGE BRANCA RÁPIDA I

Rendimento: 1 kg

Ingredientes	Quantidade	Açúcar a 100% %	Modo de fazer
Água	125 mL	12,5	
Manteiga	60 g	6	
Gordura emulsificada	60 g	6	
Glucose	45 g	4,5	
Sal	2 g (½ colher de chá)	0,25	
Açúcar de confeiteiro	1.000 g	100	
Essência de baunilha	8 mL	0,75	
Peso total:	**1.300 g**	**129%**	

Modo de fazer

1. Coloque a água, a manteiga, a gordura emulsificada, a glucose e o sal em uma panela. Leve ao fogo.
2. Peneire o açúcar na tigela da batedeira.
3. Usando o misturador raquete, ligue a batedeira em velocidade baixa e junte a calda fervente. Bata até obter uma mistura lisa. Quanto mais você bater, mais clara a cobertura ficará.
4. Incorpore a essência de baunilha.
5. Aplique a cobertura ainda morna, ou reaqueça em banho-maria. Se necessário, dilua com água quente.

VARIAÇÃO

COBERTURA FUDGE RÁPIDA DE CHOCOLATE

Omita a manteiga da receita básica. Após o passo 3, junte 188 g de chocolate amargo derretido. Dilua a cobertura com água quente, conforme a necessidade.

COBERTURA FUDGE BRANCA RÁPIDA II

Rendimento: 1 kg

Ingredientes	Quantidade	Fondant a 100% %	Modo de fazer
Fondant	500 g	100	
Glucose	50 mL	10	
Manteiga, amolecida	50 g	10	
Gordura emulsificada	75 g	15	
Sal	3 g	0,6	
Saborizante (ver Modo de fazer)			
Líquido, para diluir (ver Modo de fazer)			
Peso total:	**678 g ou mais**	**135% ou mais**	

1. Aqueça o *fondant* até atingir 35°C.
2. Misture-o com a glucose, a manteiga, a gordura emulsificada e o sal na tigela da batedeira. Bata com o misturador raquete até alisar.
3. Acrescente o saborizante desejado (ver a seguir).
4. Dilua com o líquido apropriado (ver a seguir) até atingir uma consistência boa para espalhar.

VARIAÇÕES DE SABOR

Junte o saborizante desejado a gosto, por exemplo: baunilha, amêndoa, limão ou laranja (líquido, em emulsão ou raspas finas), café solúvel dissolvido em água etc. Frutas picadas, como abacaxi, morango ou cerejas ao marasquino, também podem ser usadas.

Para uma versão sabor chocolate, acrescente 188 g de chocolate amargo derretido.

LÍQUIDOS PARA AJUSTAR A CONSISTÊNCIA

Com saborizantes como limão e laranja, use o suco das frutas respectivas ou uma mistura dos dois. Com outros sabores, use calda de açúcar simples ou leite evaporado.

COBERTURA FUDGE DE CHOCOLATE

Rendimento: 594 g

Ingredientes	Quantidade	Açúcar cristal a 100% %	Modo de fazer
Açúcar cristal	500 g	100	
Glucose	150 g	30	
Água	125 mL	25	
Sal	2 g (½ colher de chá)	0,5	
Manteiga, ou uma mistura de manteiga e gordura emulsificada	125 g	25	
Açúcar de confeiteiro	250 g	50	
Chocolate em pó	90 g	18	
Essência de baunilha	8 mL	1,5	
Água, quente	conforme necessário		

1. Misture o açúcar cristal, a glucose, a água e o sal em uma panela. Leve ao fogo, mexendo para dissolver o açúcar. Ferva até atingir a temperatura de 115°C.
2. Enquanto a calda cozinha, misture bem a gordura, o açúcar de confeiteiro e o chocolate na batedeira usando o misturador raquete.
3. Com a batedeira ligada em velocidade baixa, junte a calda quente lentamente.
4. Acrescente a essência de baunilha. Continue batendo até que a cobertura esteja lisa, cremosa e com uma consistência boa para espalhar. Se necessário, dilua com um pouco de água quente.
5. Aplique a cobertura ainda morna, ou reaqueça em banho-maria.

VARIAÇÃO

COBERTURA FUDGE DE BAUNILHA

Use leite evaporado ou creme de leite *light* no lugar da água ao preparar a calda. Omita o chocolate em pó. Ajuste a consistência com mais açúcar de confeiteiro (se for necessário engrossar) ou água (se for necessário diluir). Outros sabores, como amêndoas, *maple*, menta ou café, podem ser usados no lugar da baunilha.

Glacês simples de açúcar e água

Os **glacês simples de açúcar e água** consistem simplesmente em uma mistura de açúcar de confeiteiro e água, às vezes acrescidos de glucose e saborizantes. São usados principalmente para cobrir bolo inglês e decorar *danishes* e pães doces.

Para serem usados, são aquecidos a 38°C e aplicados como um *fondant*.

GLACÊ SIMPLES DE AÇÚCAR E ÁGUA

Para calcular grandes quantidades, ver página 738.

Ingredientes	Quantidade	Açúcar a 100% %	Modo de fazer
Açúcar de confeiteiro	500 g	100	1. Misture bem todos os ingredientes.
Água, quente	90 mL	19	2. Para usar, amoleça a quantidade desejada em banho-maria. Espere atingir a temperatura de 38°C e então aplique.
Glucose	30 g	6	
Essência de baunilha	4 g (¾ de colher de chá)	0,8	
Peso total:	**630 g**	**125%**	

Glacê real

O **glacê real**, também chamado de glacê para confeitar, é similar ao glacê simples de açúcar e água, mas é muito mais consistente e contém claras, que fazem com que ele endureça depois de seco. É usado quase que exclusivamente para confeitar. A versão mais utilizada é a branca, mas ele também pode ser colorido a gosto. Como é feito basicamente de açúcar de confeiteiro, é doce, mas não tem muito sabor.

O fato de secar fácil e rapidamente o torna muito útil na decoração de bolos finos, mas ele requer um cuidado especial no manuseio e na armazenagem. Deve ser muito bem tampado sempre que não estiver em uso. Para protegê-lo ainda mais do ressecamento, coloque um pano de prato limpo umedecido sobre a superfície do glacê e então vede bem o recipiente com filme plástico. Se alguma porção do glacê secar nas laterais ou na borda da tigela ao ser guardado, descarte essa porção cuidadosamente, sem deixar que ela se misture ao glacê úmido. As partículas ressecadas podem entupir o bico do saco de confeitar ou dos cones de papel.

Usando um cone de papel ou, idealmente, um saco de confeitar com um bico perlê (liso) bem estreito, desenhe letras ou motivos decorativos sobre papel-manteiga ou um pedaço de plástico e espere secar. Levante-os com muito cuidado; eles podem ser guardados em um recipiente hermeticamente fechado para uso futuro. Ver páginas 440 a 442 para uma discussão sobre como usar o cone de papel.

Um segundo uso para o glacê real são as **filigranas** – delicados fios de glacê entrelaçados ou suspensos entre dois pontos de apoio, como ilustrado no trabalho de pastilhagem apresentado na página 663. Essa técnica também é usada em alguns estilos de bolos de casamento. Para produzir um fio de glacê, encoste o bico do cone no primeiro ponto de apoio e, então, afaste o cone ao mesmo tempo em que espreme o bojo com uma pressão constante. Assim que o fio atingir o tamanho desejado, encoste o bico do cone no segundo ponto de apoio.

Um terceiro uso é no preenchimento de áreas de um desenho com glacê colorido. Esta técnica requer um glacê muito mais maleável que o usado para as filigranas. Dilua o glacê real com um pouco de água até que, ao jogar uma colherada do glacê de volta na tigela, a superfície fique plana novamente em cerca de 10 segundos. O primeiro passo para preencher uma área é delineá-la com glacê real semiduro, branco ou colorido. Desenhe a área a ser preenchida na superfície desejada, como uma folha de acetato. Espere secar, ou pelo menos até que a superfície do glacê esteja firme. Usando um saco de confeitar com o bico perlê (liso) n° 2, deposite o glacê diluído, colorido a gosto, na área a ser preenchida formando uma linha paralela à borda desenhada, mas sem tocá-la. O glacê deve estar líquido o bastante para escorrer e tocar a borda. Continue a preencher a área até cobrir toda a extensão com uma camada uniforme. Depois de secas, as formas desenhadas podem ser usadas na decoração de bolos.

Como se pode perceber, a consistência ideal do glacê depende de sua finalidade. Para fazer formas com o saco de confeitar e fios com o cone de papel, é preciso usar um glacê bem firme, ao passo que o trabalho de preenchimento requer um glacê mais mole. Por essa razão, muitos confeiteiros não usam uma receita específica para preparar o glacê real, mas preparam pequenas quantidades, conforme a necessidade, usando as instruções a seguir. Para os que preferem trabalhar a partir de uma receita, podem usar a apresentada na sequência.

Como preparar o glacê real

1. Coloque a quantidade desejada de açúcar de confeiteiro na tigela da batedeira. Junte uma pequena quantidade de cremor tártaro (para ficar mais branco) – cerca de 0,6 g por quilo.

2. Incorpore as claras aos poucos, batendo até obter uma pasta lisa. Serão necessários 125 g de claras para cada quilo de açúcar.

3. Mantenha o glacê não usado coberto com um pano úmido ou filme plástico durante todo o tempo para evitar que endureça.

GLACÊ REAL

Ingredientes	Quantidade	Modo de fazer
Açúcar de confeiteiro	500 g	1. Peneire o açúcar e o cremor tártaro na tigela da batedeira.
Cremor tártaro	0,3 g (0,5 mL ou ⅛ de colher de chá)	
Claras, pasteurizadas (ver *Nota*)	95 g	2. Em uma outra tigela, bata ligeiramente as claras, só até começarem a espumar.
Peso total:	**595 g**	3. Com a batedeira ligada em velocidade baixa, junte as claras aos poucos.

Nota: varie a quantidade de claras conforme a consistência desejada.

4. Continue batendo até que os ingredientes estejam bem misturados e o merengue forme picos firmes.

Geleias de brilho

As *geleias de brilho* são coberturas ralas, brilhantes e transparentes que deixam os produtos mais bonitos, além de prevenir seu ressecamento.

A forma mais simples da geleia de brilho consiste em uma calda de açúcar (ou glucose diluída) que é pincelada sobre bolos e pães doces quando eles estão ainda quentes (ver receita à p. 199). As geleias de brilho também podem conter gelatina ou amido de milho modificado.

Muitas geleias de brilho à base de frutas, como damasco ou groselha, são vendidas já prontas. Devem ser derretidas, diluídas com um pouco de água, calda ou licor e pinceladas sobre o alimento ainda quente. Também podem ser feitas aquecendo-se geleias de frutas até ficarem líquidas e passando-as em seguida por uma peneira. É bom acrescentar um pouco dessa geleia aquecida e coada às geleias de brilho comerciais, já que elas em geral não têm sabor algum.

Este capítulo inclui receitas de geleias de brilho de dois tipos: geleia de brilho de chocolate e geleias de brilho à base de gelatina (ou *nappage*). As geleias de brilho de chocolate, em geral, consistem em chocolate derretido acrescido de gorduras e/ou outros líquidos. São aplicadas ainda mornas, formando uma camada fina e brilhante. As geleias de brilho à base de gelatina (ou *nappage*), que incluem muitas geleias de brilho de frutas, em geral são aplicadas somente na parte de cima de bolos e tortas-musses feitos em formas de aro removível. Há muitas receitas de geleias de brilho deste tipo no presente capítulo; nos Capítulos 18 e 20, há exemplos de como elas são usadas para finalizar sobremesas.

Coberturas de abrir com o rolo

Os tipos mais comuns de coberturas deste tipo são a pasta americana, o marzipã e a massa de chocolate para modelar. Ao contrário das coberturas e dos glacês apresentados até aqui, esses tipos de coberturas não são aplicados diretamente sobre o bolo, mas abertos com um rolo de massa ou com a mão em placas finas, que são usadas para cobrir o bolo. Para que a cobertura grude no bolo, é preciso cobri-lo primeiramente com Geleia de brilho de damasco (p. 200) ou outro produto similar, ou então uma camada fina de creme de manteiga.

O *marzipã* é uma pasta à base de amêndoas moídas e açúcar. O preparo e o uso do marzipã serão discutidos no Capítulo 25. As instruções sobre como usar lâminas de marzipã para cobrir bolos são dadas no Capítulo 18 (p. 456).

A *pasta americana* é, essencialmente, uma variação do *fondant* (p. 422), mas firme o bastante para ser amassada. Assim como o *fondant*, em geral é comprada já pronta.

A *massa de chocolate para modelar* é uma pasta firme feita de chocolate derretido e glucose. Será discutida no Capítulo 24.

GLAÇAGE DE CHOCOLATE OU GLACÊ SACHER

Ingredientes	Quantidade	Chocolate a 100% %	Modo de fazer
Creme de leite fresco	150 g	100	1. Prepare um *ganache* (pp. 275 e 276) com o creme de leite e o chocolate: aqueça o creme de leite até ferver e despeje sobre o chocolate picado fino. Mexa até que o chocolate tenha derretido e a mistura esteja homogênea.
Chocolate meio amargo, picado	150 g	100	
Manteiga	50 g	33	2. Adicione a manteiga e bata até incorporar. Aplique o mais rápido possível.
Peso total:	*350 g*	*233%*	

GLACÊ DE GANACHE (GANACHE À GLACER)

Ingredientes	Quantidade	Chocolate a 100% %	Modo de fazer
Creme de leite fresco	250 g	100	1. Aqueça o creme de leite, o açúcar e a glucose até a mistura ferver. Retire do fogo.
Açúcar	50 g	20	
Glucose	50 g	20	2. Pique o chocolate bem fino e junte à mistura quente, mexendo até derreter.
Chocolate culinário meio amargo	250 g	100	
Peso total:	*600 g*	*240%*	3. Espere esfriar um pouco antes de usar. Essa cobertura forma uma película fina e brilhante quando despejada sobre bolos e tortas-musse.

COBERTURA DO BOLO ÓPERA

Para calcular grandes quantidades, ver página 738.

Ingredientes	Quantidade	Modo de fazer
Cobertura hidrogenada (ver p. 92)	250 g	1. Derreta os chocolates em banho-maria.
Chocolate cobertura amargo ou meio amargo	100 g	2. Adicione o óleo, batendo.
Óleo de amendoim	40 g	3. Espere esfriar um pouco antes de usar. Esta cobertura forma uma película fina que endurece, mas pode ser cortada com uma faca quente.
Peso total:	**390 g**	

VARIAÇÕES

Se for usar apenas chocolate cobertura, a quantidade de óleo deve ser aumentada para que a cobertura possa ser cortada com facilidade depois de pronta.

Para calcular grandes quantidades, ver página 738.

Ingredientes	Quantidade
Chocolate cobertura amargo ou meio amargo	350 g
Óleo de amendoim	60 g

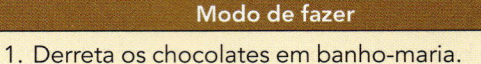

GELATINA DE CHOCOLATE

Para calcular grandes quantidades, ver página 738.

Ingredientes	Quantidade	Fondant a 100% %	Modo de fazer
Água	100 g	67	1. Misture a água, o *fondant* e a glucose. Leve ao fogo e descarte qualquer espuma que se formar na superfície.
Fondant	150 g	100	
Glucose	25 g	17	
Gelatina incolor sem sabor	7 g	4,7	2. Dissolva a gelatina em água fria (ver p. 88).
Chocolate em pó	30 g (6 colheres de sopa)	20	3. Junte a gelatina e o chocolate em pó à mistura de *fondant*. Mexa rapidamente e passe por um *chinois* ou peneira de malha fina.
Peso total:	**312 g**	**208%**	4. A mistura estará pronta para ser usada quando sua temperatura atingir os 35°C.

GLAÇADO DE FRUTAS

Ingredientes	Quantidade	Modo de fazer
Folhas de gelatina incolor sem sabor	12 g	1. Dissolva a gelatina em água fria (ver p. 88).
Açúcar	90 g	2. Aqueça o açúcar, a água e a glucose, até dissolver. Retire do fogo e junte a gelatina, ainda seca.
Água	60 g	
Glucose	30 g	
Purê de fruta	150 g	3. Acrescente o purê de frutas.
Peso total:	**342 g**	4. Coe em um *chinois* ou peneira de malha fina.

VARIAÇÕES

Duas sobremesas deste livro, Torta-musse de maracujá (p. 541) e Torta-musse de cassis (p. 540), usam glaçado de frutas. Polpa ou suco de maracujá e polpa de cassis (groselha preta) são usadas, respectivamente, para fazer o glaçado. Para outros usos, a maioria das polpas de fruta pode ser usada.

5. Se necessário, reaqueça ao usar. Despeje sobre a superfície do bolo ou torta-musse e espalhe rapidamente até as bordas com uma espátula de metal. Uma pequena quantidade é suficiente para cobrir um bolo de 18 ou 20 cm.

COBERTURA MARMORIZADA DE CAFÉ

Para calcular grandes quantidades, ver página 738.

Rendimento: cerca de 350 g

Ingredientes	Quantidade	Modo de fazer
Gelatina incolor sem sabor	8 g	1. Dissolva a gelatina em água fria (ver p. 88).
Água	250 g	2. Ferva a água, o açúcar, a glucose e a fava de baunilha até que o açúcar e a glucose estejam completamente dissolvidos.
Açúcar	40 g	
Glucose	40 g	
Fava de baunilha, aberta ao meio (ver *Nota*)	1	3. Retire do fogo, espere esfriar um pouco e junte a gelatina. Mexa até dissolver. Raspe as sementinhas da fava de baunilha e acrescente-as à calda.
Licor de café	20 g (4 colheres de chá)	4. Ao usar, reaqueça se necessário. Despeje o licor e o extrato de café e mexa delicadamente, sem incorporá-los à mistura. Despeje em espiral sobre a superfície do bolo – o extrato de café produzirá um efeito marmorizado (ver a foto do Bolo Juliana, à p. 473).
Extrato de café líquido*	10 g (2 colheres de chá)	

Nota: se não dispuser de baunilha em fava, junte ½ colher de chá de essência de baunilha antes de coar.

* N.T.: Se não dispuser de extrato de café líquido, misture 1 colher de sopa de café solúvel em 10 mL de água.

COMO MONTAR E DECORAR BOLOS SIMPLES

Esta seção trata da montagem e decoração de bolos simples, por exemplo, *cupcakes*, bolos cobertos sem recheio e bolos recheados básicos com duas ou três camadas. São itens populares nos estabelecimentos e sobremesas tradicionais em vários serviços de alimentação. Por seu caráter mais básico, esses bolos em geral não são propriamente decorados; se o forem, devem ser usados motivos simples e discretos.

Escolha da cobertura

O sabor, a textura e a cor da cobertura devem ser compatíveis com a massa do bolo.

Em geral, para bolos de massa mais densa, usam-se recheios pesados; para bolos de massa leve, usam-se coberturas mais leves e aeradas. Por exemplo, use uma cobertura simples de açúcar e água, um *fondant* ou um glacê leve e fofo para cobrir massas merengadas. Já os bolos de massa úmida e densa combinam mais com creme de manteiga e cobertura *fudge*. Bolos de massa aerada, em geral, são combinados com frutas e recheios à base de frutas, cremes de manteiga aerados e creme de leite batido, ou então *fondants* saborizados.

Use saborizantes da melhor qualidade, sem exagero. O sabor da cobertura não deve ser mais forte que o da massa do bolo. As coberturas *fudge* podem ter um sabor mais forte, desde que o ingrediente usado seja de qualidade.

Use corantes com parcimônia. Cores e tons pastéis são mais convidativos que cores berrantes. Os corantes em gel produzem os melhores resultados. Para usar corantes em gel ou líquidos, misture o produto com um pouco da cobertura, depois use essa porção tingida para colorir a cobertura restante.

Bolos simples com cobertura

Bolos simples cobertos são ideais para estabelecimentos de grande porte, pois exigem pouco trabalho para preparar, cobrir e decorar e se conservam bem se não estiverem cortados.

Como montar bolos em camadas

Este é o procedimento básico usado para montar bolos em camadas usando massas ricas e úmidas (i. e., preparadas por um dos métodos cremosos). Bolos à base de massas aeradas são montados de uma forma um pouco diferente, como será visto na página 451.

1. Espere o bolo esfriar completamente antes de rechear e cobrir.

2. Apare as imperfeições, se necessário. Descarte bordas rachadas ou tortas. Superfícies ligeiramente abauladas são facilmente escondidas com a cobertura, mas se a elevação for muito grande, é melhor cortá-la fora.
   Se desejar, corte as camadas ao meio para rechear. Isso faz com que o bolo fique mais alto e com mais recheio (ver p. 451).

3. Use um pincel para varrer os farelos soltos das superfícies. Esses farelos dificultam a tarefa de cobrir o bolo.

4. Coloque a primeira camada de bolo com o fundo virado para cima sobre um disco descartável do mesmo tamanho, de modo que a superfície plana fique em contato com o recheio. Coloque sobre a bailarina, no centro. Se não estiver usando a bailarina, ponha o bolo sobre um prato; coloque pedaços de papel-manteiga sob toda a volta do bolo para que, depois de pronta a cobertura, o prato esteja limpo.

5. Espalhe o recheio sobre a primeira camada até chegar às bordas. Se o recheio for diferente da cobertura, tome cuidado para que ele não ultrapasse a borda. Uma forma de evitar que isso aconteça é fazer um círculo de recheio ao redor da borda usando um saco de confeitar e, então, preencher com mais recheio.
   Use uma quantidade adequada de recheio. Se for usado em excesso, ele pode escorrer pelos lados com o peso das camadas seguintes.

6. Coloque a próxima camada de bolo, sem virá-la de ponta-cabeça.

7. Cubra o bolo:
   Se for usar uma cobertura semilíquida ou bem mole, despeje-a no centro do bolo. Então espalhe em direção às beiradas e descendo pelas laterais.
   Se estiver usando uma cobertura densa, pode ser necessário começar pelas laterais, depois coloque uma boa quantidade do recheio no centro do bolo e espalhe em direção às beiradas.

   Empurrar o recheio em vez de puxá-lo ou esparramá-lo em todas as direções com a espátula evita que os farelos se desgrudem do bolo, misturando-se à cobertura.
   Use uma quantidade suficiente para cobrir fartamente todo o bolo com uma camada uniforme, mas não exagere. Alise a superfície com a espátula, ou faça texturas a gosto.
   Uma outra maneira de cobrir bolos é aplicar a cobertura com o saco de confeitar e um bico serra extragrande. Neste caso, a superfície e as laterais do bolo devem estar completamente planas e niveladas.

Para ocasiões especiais, bolos simples podem ser decorados com glacê colorido ou um aplique de foto e os dizeres apropriados à ocasião. É mais comum, no entanto, que sejam cobertos e servidos em porções individuais, como descrito no procedimento da página 437.

Cupcakes

Há três maneiras de confeitar os *cupcakes*. A primeira é mergulhando (usada para caldas líquidas). Os outros dois métodos são usados para uma cobertura mais consistente.

1. Mergulhe a parte superior dos bolinhos na cobertura. Não afunde demais – somente a parte de cima deve encostar na cobertura.
   Se a cobertura for um pouco mais firme, gire os bolinhos ligeiramente e levante-os rapidamente, em um movimento contínuo.
   Se for mais líquida (como o glacê simples de açúcar e água ou o *fondant*), levante o bolinho imediatamente. Segure-o virado de lado, por um instante, para que a cobertura escorra para a beirada. Então vire o recheio para cima e limpe o excesso que escorreu para a beirada com o dedo. Não deixe que a cobertura escorra pela lateral.

2. Espalhe a cobertura com uma espátula. Pegue uma quantidade suficiente com a ponta de uma espátula de metal, cubra a parte de cima do bolinho e,

segurando-o em uma das mãos, espalhe a cobertura com a outra mão, ao mesmo tempo em que vai girando-o. É preciso muita prática para adquirir rapidez e eficiência nesta tarefa.

3. Usando um saco de confeitar com um bico pitanga, faça uma espiral de cobertura em cada bolinho.

Antes de a cobertura secar, os bolinhos podem ser decorados com frutas cristalizadas, coco ralado, oleaginosas, açúcar colorido, chocolate granulado etc.

Bolos típicos

Alguns bolos típicos diferem dos demais apresentados até aqui. Entre eles estão os seguintes:

Boston Cream Pie

O **Boston cream pie**, apesar de possuir a palavra "pie" (torta, em inglês) no nome, não é uma torta, mas um bolo simples em camadas. Para prepará-lo, asse pão de ló em formas redondas fundas. Depois de frio, corte cada bolo ao meio para obter duas camadas. Recheie com Creme de confeiteiro (*crème pâtissière*, p. 271) e cubra a parte de cima com fondant de chocolate, ou polvilhe com açúcar de confeiteiro.

Rocamboles

Além da tradicional geleia de frutas, os rocamboles podem ser preparados com muitos outros recheios, como creme de leite batido, creme de confeiteiro, de manteiga e de chocolate ou *marshmallow*. Os rocamboles serão discutidos mais a fundo no Capítulo 18.

Como cobrir bolos sem recheio

1. Desenforme o bolo sobre uma bandeja de papelão ou sobre o fundo de uma outra assadeira, conforme descrito na página 395. Espere esfriar completamente.

2. Acerte as laterais com uma faca de serra.

3. Use um pincel para varrer todos os farelos soltos.

4. Coloque uma boa quantidade de cobertura no centro do bolo e espalhe em direção às laterais. Alise a superfície com a espátula, deixando todo o bolo com uma camada uniforme de cobertura.

5. Usando uma faca ou espátula de lâmina longa, faça marcas na cobertura delimitando as porções individuais. Não corte o bolo.

6. Usando um cone de papel ou saco de confeitar com um bico pitanga, faça uma roseta ou espiral de cobertura no centro de cada pedaço (se preferir, faça outro tipo de decoração). Não importa a decoração escolhida — ela deve ser simples e igual em todos os pedaços.

7. Corte o bolo o mais próximo possível da hora de servir para evitar que resseque.

Como cortar bolos retangulares e redondos em porções idênticas. Para assadeiras de 33 × 46 cm, divida os diagramas apresentados ao meio.

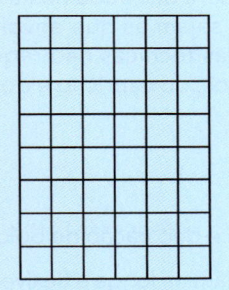

6 × 8 = 48 porções

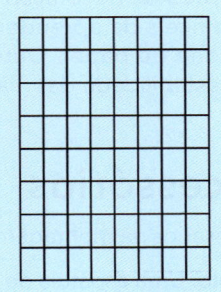

8 × 8 = 64 porções

8 × 12 = 96 porções

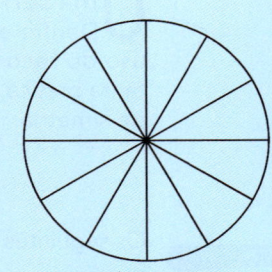

20 a 25 cm camadas
12 porções

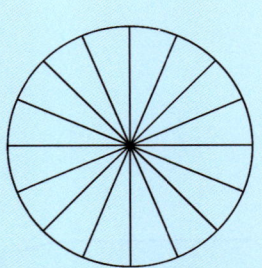

25 a 30 cm camadas
16 porções

Bolos gelados de sorvete

Os bolos e rocamboles também podem ser recheados e cobertos com sorvete. Se a temperatura do estabelecimento for baixa, ou se for possível trabalhar dentro de uma câmara fria, você pode usar sorvete ligeiramente amolecido para recheá-los. Neste caso, bolos redondos ficam melhores quando montados dentro de um aro modelador forrado com acetato (p. 52). Se a temperatura for mais alta, no entanto, o melhor é usar placas de sorvete bem congeladas para rechear. Trabalhe rapidamente; não deixe que o sorvete derreta e escorra pelas laterais do bolo.

Assim que o bolo estiver montado, ou o rocambole enrolado, leve ao *freezer* até que o sorvete esteja bem firme. Então, cubra com um pouco de creme de leite batido. Mantenha no *freezer* até o momento de servir.

Confeitaria francesa

O termo **confeitaria francesa**, em algumas partes dos Estados Unidos, é muito usado para referir-se às sobremesas finas individuais à base de bolo. Sua forma mais simples consiste em um bolo com duas ou mais camadas cortado em pedaços pequenos de diversos formatos. Esses bolos são montados da seguinte maneira:

1. Usando lâminas finas de bolo (1 a 2 cm de altura), intercale duas ou três camadas com algum recheio. A altura final do bolo deve ser de aproximadamente 4 a 5 cm.

   O creme de manteiga é o recheio mais usado. Geleias de frutas e coberturas *fudge* também podem ser usadas.

2. Pressione o bolo com firmeza para unir bem as camadas e leve à geladeira ou ao *freezer*.

3. Com uma faca afiada, que deve ser mergulhada em água quente antes de cada corte, corte o bolo nos formatos desejados – quadrados, retângulos ou triângulos. Cortadores redondos podem ser usados para cortar círculos. Os pedaços devem ter o tamanho de uma porção individual.

4. Cubra a superfície dos bolinhos com creme de manteiga ou *fondant*. Pode-se ainda polvilhar as laterais com oleaginosas picadas, coco ralado, chocolate granulado etc.

5. Decore a parte de cima com simplicidade.

Outras sobremesas finas à base de bolo serão discutidas mais a fundo no Capítulo 18.

TÉCNICAS BÁSICAS DE DECORAÇÃO

Uma série de técnicas simples de decoração será discutida nesta seção. Dentre elas, talvez as mais difíceis de aprender sejam as que envolvem o uso do saco de confeitar e do cone de papel. Outras técnicas não requerem tanta prática, mas dependem da estabilidade das mãos, do capricho e do senso de simetria.

Acessórios

Os seguintes acessórios são necessários na montagem e decoração de bolos.

Espátula de metal para bolo

Espátula de metal para bolo. Uma espátula de lâmina longa e flexível, ideal para espalhar e alisar recheios e coberturas.

Espátula para confeiteiro. Um tipo de espátula de metal para bolo com um pequeno "degrau" próximo ao cabo, que permite espalhar massas e recheios dentro das formas.

Faca de serra. Uma faca dentada de lâmina comprida usada para cortar bolos em pedaços ou em camadas finas.

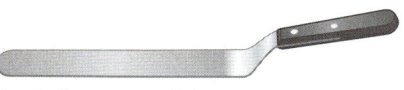

Espátula para confeiteiro

Faca de serra

Tela para glacear ou *grade de metal*. Tela de metal vazada usada para apoiar bolos e outros doces quando estão sendo cobertos com uma mistura fluida, como o *fondant*. O excesso escorre e é coletado em uma assadeira posicionada sob a grade.

Bailarina. Um prato reto apoiado sobre um pé giratório que facilita o trabalho de decoração de bolos.

Pente para decoração. Triângulo de plástico com bordas serrilhadas usado para espalhar coberturas e glacês, deixando ranhuras simétricas na superfície. O pente é segurado paralelamente à lateral do bolo e, à medida que o prato da bailarina é girado, a cobertura é espalhada.

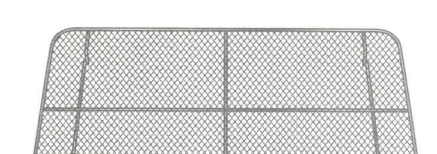

Tela para glacear

Raspadeira de plástico ou metal. A borda reta pode ser usada para deixar a cobertura da lateral do bolo completamente nivelada. A técnica é a mesma empregada para o pente (ver acima).

Pincéis. Usados para remover farelos de superfícies, para umedecer camadas de pão de ló com caldas e para espalhar geleia de brilho e outras coberturas.

Polvilhador com tela. Parece um grande saleiro de metal com uma tela fina na tampa. É usado para polvilhar açúcar de confeiteiro.

Aros modeladores. Aros modeladores de inox em vários diâmetros e alturas. Bolos e sobremesas são montados dentro desses aros quando incluem recheios moles, como as *bavaroises* e outros cremes à base de gelatina, que precisam de suporte até firmarem. Usados também para montar tortas-musse (Cap. 20).

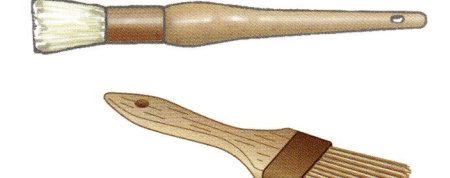

Pincel e trincha

Disco de papelão, bandeja descartável e fundo rendado. A montagem de tortas e bolos é feita sobre discos de papelão do mesmo diâmetro da sobremesa. Bolos retangulares podem ser colocados em bandejas de papelão ou tabuleiros. Isso facilitará o trabalho de decoração e o transporte do produto pronto. Para tornar o produto ainda mais atraente, coloque-o sobre uma bandeja 5 cm maior que o bolo, forrada com fundo rendado de papel 10 cm maior que o diâmetro do bolo. Por exemplo, se estiver preparando um bolo de 25 cm de diâmetro, use um disco de papelão de 25 cm, uma bandeja de 30 cm e um fundo rendado de 35 cm.

Papel-manteiga. Para fazer cones de papel.

Saco de confeitar (manga) e bicos. Para fazer bordas decoradas, inscrições, flores e outros padrões decorativos com glacê e outras coberturas. Os bicos básicos estão descritos na página 440.

Polvilhador com tela

Muitos outros bicos são usados para produzir formatos diversos. No entanto, o bico perlê (liso) e o pitanga são, de longe, os mais importantes. Talvez seja melhor o iniciante concentrar-se nestes dois. Eles produzem uma grande variedade de formatos. Com exceção de rosas e outras flores, a maior parte da decoração de bolos é feita com eles.

A maneira mais simples de usar o bico é encaixá-lo no orifício do saco pelo lado de dentro. Quando for preciso usar mais de um tipo de bico, no entanto, será necessário usar mais de um saco, ou então esvaziar o saco para trocar o bico. É possível encontrar adaptadores de bico que permitem acoplá-lo pelo lado de fora do saco de confeitar. Isso possibilita a troca de bicos entre uma etapa e outra da decoração sem esvaziar o saco.

Bico perlê (liso) – usado para escrever e para fazer cordões lisos, pérolas, pontos etc. Usado também para depositar massas aeradas e massa de bomba em assadeiras e para rechear.

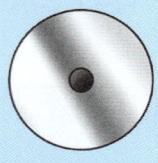

Bico pitanga – usado para fazer rosetas, conchas, estrelas e cordões.

Bico pétala – usado para fazer pétalas de flores. Estes bicos têm uma abertura alongada que é mais aberta em uma das pontas que na outra.

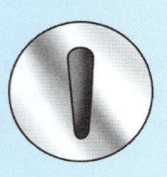

Bico folha – usado para fazer folhas.

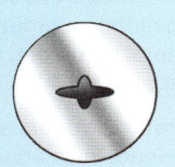

Bico serra – usado para fazer fitas lisas e serrilhadas. Possui uma abertura reta que pode ter um dos lados serrilhado.

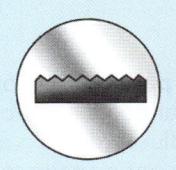

Bico Saint-Honoré – usado para decorar a torta Saint-Honoré (p. 367). Tem uma abertura redonda como a do bico perlê, mas com um corte em V na lateral.

Como usar o cone de papel

O *cone de papel* é muito usado no trabalho decorativo. Ele é barato, fácil de fazer e pode ser descartado após o uso. É especialmente útil se estiver trabalhando com mais de uma cor – basta fazer um cone de papel para cada uma.

Embora seja possível encaixar bicos de metal em cones de papel, os cones geralmente são usados sem bico, para escrever ou para fazer linhas finas e lisas. Em outras palavras, são usados da mesma maneira que um saco de confeitar com um bico

Como decorar com cone de papel

1. Faça o cone como mostrado nas fotos.

2. Preencha-o até quase a metade. Se ficar cheio demais, será mais difícil espremê-lo, e pode ser que o conteúdo vaze por cima.

3. Dobre a abertura do cone para fechá-la bem.

4. Usando uma tesoura, corte um pedaço bem pequeno da ponta do cone (não se esqueça de descartar a pontinha cortada, pois ela pode misturar-se facilmente à cobertura). É melhor fazer uma abertura muito pequena do que grande demais. Esprema um pouco para testar. Se necessário, corte mais um pedacinho da ponta para aumentar a abertura.

5. Segure a extremidade mais larga do cone entre o dedão e os dois primeiros dedos da mão direita (se você for destro). Os dedos devem ser posicionados de modo que segurem a dobra bem fechada e, ao mesmo tempo, consigam pressionar o bojo do cone para expelir a cobertura.

6. Não se usa a mão esquerda para espremer o cone. Pressione levemente o indicador da mão esquerda contra o dedão da mão direita ou use-o para apoiar o cone, a fim de obter movimentos mais firmes e precisos com a mão direita.

7. Use o método de contato ou o método de pingar (discutidos nas pp. 442 e 443) para criar elementos decorativos diversos e para escrever.

Faça um cone usando um pequeno triângulo de papel-manteiga. Pegue uma das pontas do triângulo e forme um cone alinhando-a com a ponta adjacente.

Faça o mesmo com a outra ponta pelo lado de fora do cone.

Dobre as três pontas para o lado de fora para mantê-las juntas.

Para fazer um cone mais reforçado, corte um triângulo com um dos lados maior (a partir de um retângulo). Comece da mesma forma que o cone normal, com a ponta menor.

Em seguida, enrole a ponta maior ao redor do cone para finalizá-lo.

Cones simples e reforçado prontos.

Observe como a ponta do cone é mantida acima da superfície, permitindo que a cobertura caia no lugar desejado. *(continua)*

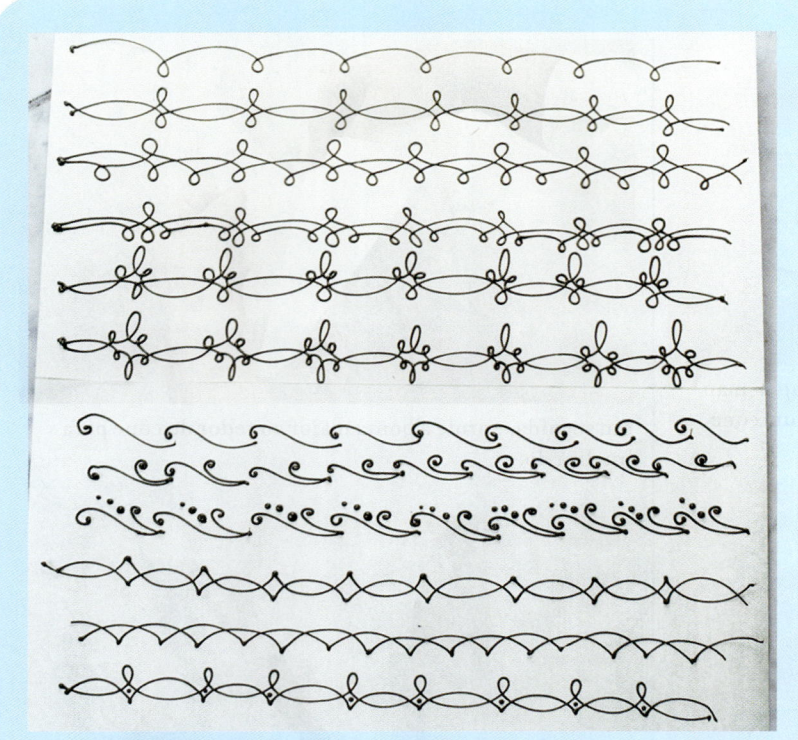

Decorações feitas usando o método de contato.

Alguns exemplos de decorações feitas com o cone de papel.

perlê (liso) estreito. Como é possível fazer cones de papel bem pequenos – mais fáceis de controlar –, muitos confeiteiros preferem usá-los no lugar do saco de confeitar ao fazerem trabalhos delicados. Para linhas ainda mais finas e precisas, podem-se usar sacos descartáveis feitos de um tipo especial de plástico ou celofane, pois permitem cortar um orifício menor e mais bem acabado.

Dois fatores são importantes para ter êxito com o saco de confeitar e o cone de papel.

1. **Consistência do glacê**. A cobertura usada para confeitar não pode estar nem grossa nem mole demais. No caso do cone de papel, ela deve ser mole o bastante para sair pelo orifício, mas não a ponto de não formar um cordão firme. Glacês duros demais são difíceis de serem expelidos pelo bico e tendem a se quebrar. Para flores e peças maiores, o glacê deve estar duro o bastante para manter a forma.

2. **Pressão exercida sobre o bojo**. O controle da pressão é necessário para produzir desenhos simétricos e precisos. Conforme descrito a seguir, muitas vezes é preciso manter uma pressão uniforme e constante. Para outros tipos de decoração, como conchas, a pressão varia de forte a fraca, devendo ser interrompida no momento certo. Aprender a controlar a pressão aplicada sobre o bojo do cone ou saco de confeitar requer muita prática.

Dois métodos são usados para confeitar: o *método de contato* e o *método de pingar*.

O método de pingar recebe este nome porque o cone é segurado a uma certa distância da superfície, de modo que o glacê cai livremente do bico sobre a superfície a ser decorada. Este método é usado para fazer linhas de espessura uniforme em superfícies horizontais. Praticamente todo o trabalho com cone é feito desta maneira, em geral usando glacê real, *fondant* (branco ou de chocolate), chocolate derretido ou chocolate para confeitar (p. 648).

Segure o cone na vertical. Encoste o bico na superfície, no lugar onde você quer que o cordão comece, para colar a ponta. Então, à medida que for espremendo o cone, vá levantando a ponta e comece a formar o cordão. Mantenha o cone a cerca de 2,5 cm da superfície ao desenhar os padrões. O cordão fica suspenso no ar entre a ponta do cone e a superfície que está sendo decorada. Aplique uma pressão suave e constante. Para finalizar, abaixe a ponta do cone em direção à superfície e toque-a novamente, no lugar onde deve terminar o cordão. Ao mesmo tempo, pare de espremer o bojo do cone.

Este método permite a criação de linhas finas e delicadas e trançados, mantendo sempre uma mesma espessura. O orifício cortado na ponta do cone de papel deve ser bem pequeno. No início, pode parecer difícil controlar a linha estando a cerca de 2,5 cm de distância da superfície, mas com a prática você conseguirá fazer desenhos precisos.

O método de contato é usado em duas ocasiões: (1) quando a espessura da linha é variada e (2) quando se quer decorar uma superfície vertical, como a lateral do bolo.

Segure o cone como se estivesse segurando uma caneta, com a ponta em contato com a superfície, formando um ângulo de 30 a 45°. Desenhe as linhas como se estivesse desenhando com a caneta sobre papel. Controle a espessura variando a pressão aplicada com o dedão sobre o bojo do cone. Quanto mais pressão, mais grossa a linha.

Aprender a controlar a espessura da linha leva muito tempo. Em geral, é melhor começar a praticar pelo método de pingar primeiro, até que você consiga fazer linhas simples e trançados com facilidade. Em seguida, passa-se ao método de contato, quando você aprende a controlar a pressão. Além de glacê real, *fondant* e chocolate, o creme de manteiga também costuma ser utilizado para decorar usando o método de contato.

As instruções a seguir sobre como usar o cone de papel e o saco de confeitar foram escritas para pessoas destras. Os canhotos devem simplesmente inverter as mãos ao ler as instruções.

Como usar o saco de confeitar

Uma das vantagens do saco de confeitar – também chamado de manga – é sua facilidade de uso com vários tipos de bicos para produzir padrões variados. Além disso, o saco de confeitar comporta mais recheio que o cone de papel. É de grande importância na decoração com creme de leite batido ou merengue. Flores de creme de manteiga, cordões de conchas e muitos outros padrões podem ser criados com ele.

Como encher e usar o saco de confeitar

1. Encaixe o bico desejado no saco de confeitar.

2. Se a cobertura usada for mole, torça o saco logo acima do bico e enfie essa parte torcida dentro do bico. Isso evitará que a cobertura escorra enquanto estiver sendo colocada no saco.

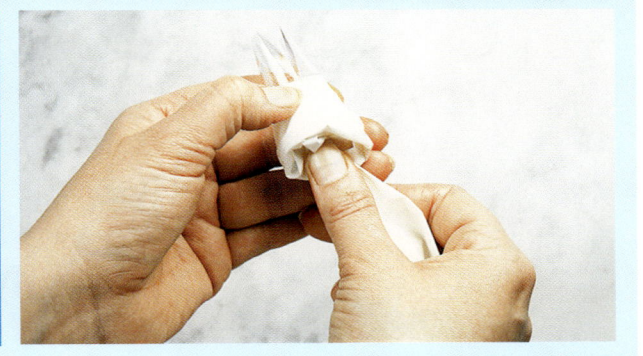

(continua)

3. Dobre as beiradas do saco para fora, como se fosse uma gola. Coloque uma das mãos sob essa dobra e segure o cone, mantendo-o aberto com o dedão e o indicador.

4. Preencha o saco de confeitar até três quartos da sua capacidade. Lembre-se de que é mais difícil espremer os recheios firmes, então o saco deve ficar um pouco mais vazio. Com merengues e creme de leite batido, pode-se encher um pouco mais.

5. Desdobre o saco. Torça o saco uma vez logo acima do recheio e segure o torcido bem apertado entre o dedão e o indicador da mão direita (se você for destro).

6. Para expelir o recheio pelo bico, esprema a parte de cima do bojo entre os outros dedos e a palma da mão direita.

7. Use os dedos da mão esquerda para ajudar a guiar e dar firmeza ao bico — não para espremer a ponta do bojo. A mão esquerda também é usada para segurar o produto a ser recheado ou decorado.

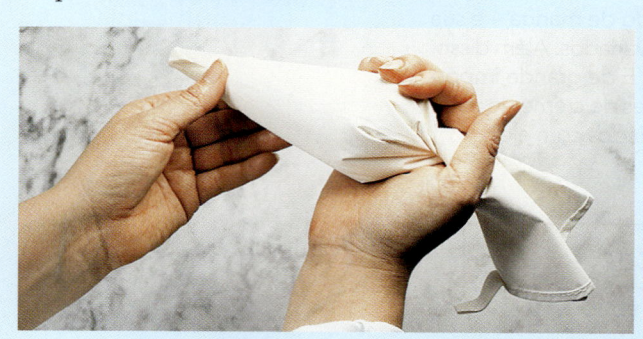

Fazendo conchas e cordões de conchas

Pérolas, gotas, cordão de gotas e rosetas

Decorações feitas com o bico pitanga

Mais decorações feitas com o bico pitanga e, na parte de baixo, um cordão feito com o bico Saint-Honoré

A maioria dos sacos de confeitar é feita de um dos seguintes materiais. *Sacos de plástico descartáveis* são feitos para serem usados uma única vez. Em vista disso, são higiênicos. *Sacos plásticos reaproveitáveis* são feitos de um material maleável e reforçado, que os torna duráveis e fáceis de usar. Devem ser limpos completamente após cada uso, mas não absorvem odores e sabores com facilidade. *Sacos de nylon* são macios e flexíveis. Devem ser completamente limpos após o uso, mas como são feitos de um tecido sintético, são mais fáceis de limpar que o de algodão. O *algodão* é o material tradicionalmente usado para sacos de confeitar, mas por causa de seu alto grau de absorção, a limpeza é difícil. É importante lavá-los muito bem e esterilizá-los após cada uso.

Exemplos de padrões para marmorizar

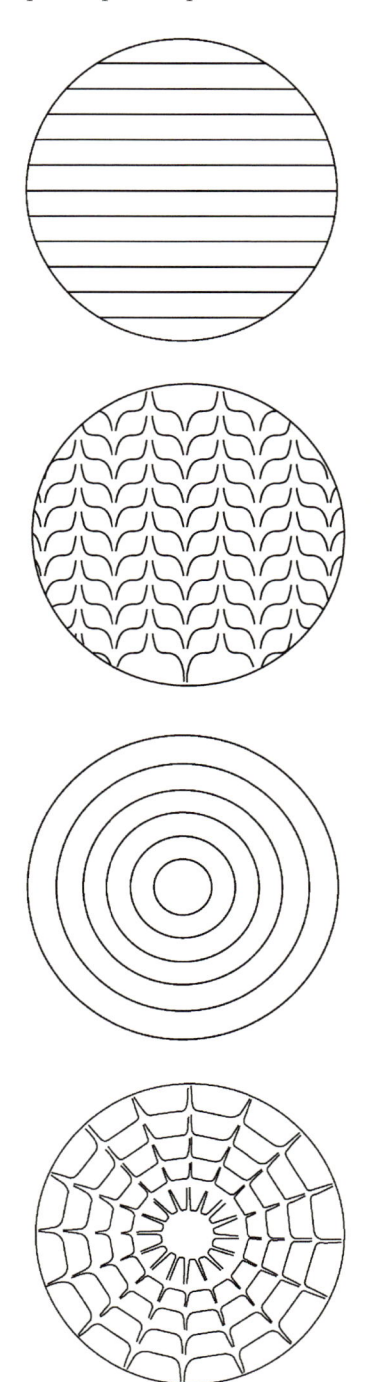

Outras técnicas de decoração

Há dezenas de técnicas de decoração de bolos. Abaixo encontram-se algumas das mais simples e comumente usadas. No próximo capítulo e nas ilustrações ao lado, há exemplos destas e de outras técnicas.

Uma técnica muito utilizada na organização do trabalho de decoração é dividir o bolo em porções marcando a superfície da cobertura com a parte de trás da lâmina de uma faca. Primeiro, divida o bolo redondo em quartos. Então, divida cada quarto ao meio, em três ou em quatro partes, dependendo de seu tamanho e do número de fatias em que será cortado.

Decore usando padrões repetitivos, de modo que cada fatia tenha a mesma decoração. Por exemplo, você pode decorar cada fatia do Bolo Floresta Negra (p. 458) com uma roseta de creme de leite batido no lado mais largo e colocar uma cereja por cima.

A vantagem de decorar um bolo que será vendido em fatias é que é mais fácil controlar a proporção. Essa abordagem é usada com frequência em restaurantes e estabelecimentos que vendem sobremesas em pedaços. Assim, cada fatia, quando cortada, tem sua decoração própria.

Como esconder as laterais

Aplique uma camada de oleaginosas picadas ou laminadas, coco ralado, chocolate granulado ou em lascas, farelo de bolo ou outro ingrediente nas laterais do bolo. Segure o bolo já montado (sobre um disco de papelão) e coberto em sua mão esquerda sobre a bandeja que contém o ingrediente a ser polvilhado. Com a mão direita, pressione levemente a palma da mão cheia do ingrediente contra a lateral do bolo, deixando que o excesso caia de volta na bandeja. Vire ligeiramente o bolo e repita o procedimento até cobrir toda a lateral. Se preferir, cubra apenas a borda inferior.

Desenho com estêncil

Padrões podem ser desenhados no bolo colocando-se recortes de papel ou fundos rendados e polvilhando-se com açúcar de confeiteiro, chocolate em pó ou em lascas, farelo de bolo, oleaginosas moídas, pralina em pó ou outro material pulverizado. Outra opção é aplicar chocolate com um aerógrafo ou compressor, como mostrado na página 648. Em seguida, retira-se o papel com cuidado para revelar o desenho. Uma maneira simples de decorar um bolo de chocolate é colocar tiras de papel paralelas sobre a superfície e polvilhar com açúcar de confeiteiro.

Marmorização

A técnica de **marmorização** é usada mais frequentemente com *fondant*. Cubra o bolo com *fondant* e então desenhe linhas ou espirais com um *fondant* de cor contrastante. Trabalhando rapidamente para o *fondant* não secar, corra a parte de trás da lâmina de uma faca sobre a superfície para criar a textura marmorizada. Esta técnica é a mesma usada para decorar as mil-folhas (p. 329). Texturas marmorizadas mais elaboradas podem ser obtidas com um cone de papel: desenhe linhas ou círculos paralelos de *fondant* sobre um bolo com cobertura de cor contrastante e passe uma faca ou espátula em sentido contrário ao das linhas, começando cada vez de um lado (ver esquemas à direita).

Texturização com a espátula

Uma espátula de metal pode ser usada para criar uma textura simples e fácil sobre o bolo assim que ele for coberto. Para fazer uma textura em espiral, coloque o bolo sobre a bailarina e encoste a lâmina da espátula na parte de cima, com a ponta redonda apontada para o centro. Gire a bailarina devagar e, ao mesmo tempo, puxe a espátula em direção à borda.

A lâmina da espátula pode ser usada para riscar as linhas da espiral, criando um efeito semelhante ao marmorizado. Outros padrões, como listras retas e paralelas, também podem ser criados com a espátula e depois marmorizados.

Decoração com gel para confeitagem

O **gel para confeitagem** é uma espécie de geleia de brilho espessa e transparente usada para confeitar doces. Está disponível em diversas cores e também na versão incolor, que pode ser tingida conforme desejar. O gel para confeitagem pode ser depositado diretamente sobre o bolo usando um cone de papel. Por exemplo, você pode dar um toque colorido aos barrados desenhando-os primeiramente conforme mostrado na página 442 e, em seguida, preenchendo alguns dos espaços vazios com o gel.

Outra maneira de usar o gel para confeitagem é por meio da criação de apliques transparentes. Os apliques são desenhos coloridos preparados com antecedência e usados na decoração de bolos conforme a necessidade. Sua vantagem é que podem ser feitos nas horas de menos trabalho e armazenados até que sejam necessários.

Como fazer apliques de gel para confeitagem

1. Copie o desenho desejado em uma folha de papel vegetal, ou faça você mesmo o desenho.

2. Vire a folha de modo que o risco do desenho fique no lado de baixo (isso é feito para que o lápis não manche ou saia junto com o aplique).

3. Cubra as linhas com gel para confeitagem marrom.

4. Preencha os espaços com a cor apropriada.

5. Espere o gel secar. Isso leva 1 dia.

6. Aplique o desenho sobre o bolo no local desejado, com o lado do gel virado para baixo.

7. Umedeça o papel colado na parte de trás do desenho usando um pincel mergulhado em água.

8. Espere alguns minutos e então descole o papel cuidadosamente, deixando o desenho estampado no bolo.

Adição de frutas, oleaginosas e outros elementos

Fazer arranjos convidativos usando frutas, oleaginosas e outros elementos é uma forma fácil e eficiente de decorar bolos que lhes agrega valor e sabor. Esta técnica é especialmente útil no caso de bolos vendidos em fatias separadas, conforme descrito no começo desta seção. Cada porção pode ser decorada com um ingrediente adequado – como a cereja no bolo Floresta Negra.

A maioria das frutas frescas e suculentas deve ser acrescentada apenas no momento em que a sobremesa for servida ou exposta, pois se deteriora rapidamente. Frutas conservadas em seu próprio suco ou em calda devem ser escorridas e secas antes de serem usadas na decoração.

Obviamente, devem ser usados ingredientes condizentes com o sabor do bolo. Por exemplo, pode-se colocar um grão de café torrado sobre um bolo de café, ou um gomo de tangerina sobre um bolo de laranja.

Eis alguns exemplos de ingredientes que podem ser usados para decorar bolos:

- Morangos frescos inteiros
- Cerejas frescas ou em conserva
- Gomos de tangerina
- Pedaços de abacaxi
- Frutas cristalizadas
- Castanhas
- Metades de nozes-pecã
- Metades de nozes comuns

- Suspirinhos crocantes
- Bombons, como trufas
- Raspas de chocolate, ou outros elementos decorativos de chocolate
- Docinhos e balas (menos as duras, pois o cliente pode quebrar o dente)
- Decorações de marzipã – feitos com marzipã colorido (p. 658), aberto com o rolo ou moldado.

Sequência para a decoração

Embora a ordem dos elementos decorativos a serem usados no bolo dependa do tipo de preparação e das preferências do confeiteiro, muitos profissionais seguem esta sequência de passos:

1. Cubra as laterais do bolo com oleaginosas, granulado ou outra cobertura antes ou depois de decorar a parte de cima. Se a decoração na parte de cima for delicada, pode estragar quando o bolo for manuseado para cobrirem-se as laterais. No entanto, se for usar algum recurso decorativo que possa interferir nas laterais, o melhor é fazer a decoração das laterais por último.

2. Se o bolo for receber uma mensagem ou outro texto, como o nome da pessoa ou a data comemorativa, faça este detalhe primeiro.

3. Faça as bordas e decorações com cone de papel.

4. Faça as flores, folhas e demais decorações com o saco de confeitar.

5. Finalize com itens adicionais, como frutas frescas ou cristalizadas, oleaginosas etc.

TERMOS PARA REVISÃO

fondant	glacê real	massa de chocolate para modelar	pente para decoração
cremes de manteiga	filigranas	Boston cream pie	cone de papel
coberturas aeradas	geleias de brilho	confeitaria francesa	método de contato
coberturas fudge	marzipã	grade de metal	método de pingar
glacês simples de açúcar e água	pasta americana	bailarina	marmorização
			gel para confeitagem

QUESTÕES PARA DISCUSSÃO

1. Qual é a coisa mais importante a se considerar quando se usa o fondant? Por quê?

2. Quais são as vantagens e desvantagens de se usar manteiga ou gordura hidrogenada em cremes de manteiga?

3. Quais são os passos a serem seguidos na montagem de um bolo recheado com duas camadas?

4. Que método você usaria pra confeitar cupcakes com fondant? E com creme de manteiga?

5. Por que a consistência da cobertura é importante quando você está decorando com o cone de papel ou o saco de confeitar?

6. Verdadeiro ou falso: se você é destro, deve segurar a parte de cima torcida do saco de confeitar com a mão direita e espremer o bojo com a mão esquerda. Explique sua resposta.

7. Cite quatro técnicas que podem ser usadas para decorar um bolo parcial ou completamente sem usar o saco de confeitar ou um cone de papel.

Capítulo 18

Bolos especiais, *gâteaux* e tortas-musse

Um bolo recheado típico nos Estados Unidos consiste em dois componentes: camadas de bolo e uma preparação cremosa que, em geral, é usada para rechear e cobrir. Tem duas (ou às vezes três) camadas bem grossas de massa rica e úmida, normalmente preparada pelo método cremoso. O bolo pronto tem de 7,5 a 10 cm de altura, ou mais.

Um típico bolo recheado europeu, por sua vez, pode ser descrito assim: um bolo de massa aerada, como o pão de ló, cortado em camadas finas, umedecido com uma calda saborizada, recheado e coberto e, não raro, montado sobre uma camada de merengue assado, *japonaise* ou *massa seca de corte*. Às vezes, é recheado com frutas e quase sempre tem a superfície decorada. Esses bolos têm em média menos de 7,5 cm de altura e costumam ser amplos, oferecendo um meio ideal para o confeiteiro expressar seu potencial artístico e decorativo.

As descrições acima são, obviamente, generalizações – há muitas exceções em ambos os casos. Não obstante, elas dão uma ideia das diferenças principais e servem para introduzir o tema da montagem de bolos e sobremesas ao estilo europeu.

Após ler este capítulo, você deverá ser capaz de:

1. Selecionar uma série de componentes para planejar bolos com sabores e texturas balanceados.

2. Forrar formas e aros modeladores para a montagem de bolos especiais.

3. Cobrir um bolo com marzipã.

4. Montar uma variedade de bolos e sobremesas europeus, como bolos típicos, rocamboles e *petits fours*.

PLANEJAMENTO E MONTAGEM DE BOLOS ESPECIAIS

Conforme foi sugerido várias vezes no decorrer deste livro, muito do trabalho do confeiteiro consiste na montagem dos produtos – isto é, a partir de elementos básicos, como cremes, coberturas e massas assadas, ele elabora sobremesas diversas combinando esses elementos de maneira criativa e balanceada. Isso é especialmente verdadeiro no caso dos bolos e sobremesas ao estilo europeu.

Embora o número de elementos que podem ser usados na montagem de um bolo seja praticamente ilimitado, os mais usados serão listados a seguir. Depois desta lista, apresentamos o procedimento geral para montar bolos ao estilo europeu. Na sequência, várias sobremesas específicas serão apresentadas, muitas das quais conhecidas mundialmente. No entanto, uma vez familiarizado com os procedimentos básicos, você provavelmente conseguirá ir além das receitas apresentadas aqui e montar suas próprias sobremesas. Apenas certifique-se de que os sabores da massa, do recheio, da cobertura e da calda usada para umedecer sejam compatíveis.

Um bolo com muitos sabores não é tão bom quanto um que apresenta poucos sabores perfeitamente combinados entre si, ou que contrastam de maneira agradável. Também é importante considerar a textura. Uma mistura de texturas cremosas, crocantes e macias é mais interessante para o paladar do que um bolo que consiste basicamente em um musse, por exemplo. Ingredientes como frutas, oleaginosas, *nougatine*, caramelo, chocolate, suspiros crocantes e massa folhada contribuem para uma textura mais interessante.

Componentes básicos dos bolos especiais

A seguir encontram-se alguns dos componentes mais importantes usados pelos confeiteiros para montar bolos especiais.

Camada de baixo opcional	Disco assado de massa seca de corte (p. 320)
	Disco assado de merengue ou *japonaise* (pp. 347 a 351)
Elementos opcionais para forrar aros	(p. 453)
Camadas de bolo	Pão de ló ou outra massa aerada básica (p. 407)
	Massas com oleaginosas (pp. 407 e 413)
	Pão de ló de chocolate (pp. 407 e 415)
Camadas opcionais especiais	Discos de massa folhada (pp. 324 a 325)
	Discos de *japonaise* ou merengue (pp. 347 a 351)
Para umedecer e saborizar as camadas	Caldas aromatizadas (p. 261)
Recheios	Geleias de frutas (especialmente de damasco e framboesa)
	Cremes de manteiga (pp. 424 a 428)
	Creme chantilly (p. 265)
	Ganache (pp. 275 e 276)
	Musses de chocolate (pp. 276 e 277)
	Creme de confeiteiro e variações (pp. 271 a 274)

⁂ GÂTEAUX ⁂ E TORTEN

Duas palavras sempre associadas aos bolos e sobremesas ao estilo europeu são *gâteau* e *torte*. **Gâteau** é a palavra francesa para bolo (o plural é *gâteaux*). O termo é quase tão genérico quanto a palavra "bolo", compreendendo uma variedade de preparações. Por exemplo, no Capítulo 15 você encontrará o *gâteau Pithiviers*, feito de massa folhada com recheio de amêndoa, e a torta Saint-Honoré, um *gâteau* feito com massa seca de corte e massa de bomba e recheado com um tipo de creme de confeiteiro. O termo *gâteau* também se refere aos bolos recheados convencionais.

A palavra alemã **torte** (*torten* no plural), em geral, designa bolos recheados em camadas. Suas muitas definições se contradizem com frequência. De acordo com uma definição britânica, uma *torte* é um bolo à base de pão de ló cortado em fatias decoradas individualmente. Outra definição completamente diferente afirma que se trata de um bolo feito de massa que contém oleaginosas e farinha de rosca, com pouca ou sem farinha. No entanto, há *torten* clássicas que não se encaixam em nenhuma dessas definições.

Em vez de tentarmos resolver essas ambiguidades, utilizaremos esses termos quando forem parte do nome aceito tradicionalmente para sobremesas clássicas, como a *Sachertorte*.

Como montar bolos de massa aerada recheados

1. Apare as laterais do bolo, se necessário.

2. Faça uma pequena marca na lateral para facilitar o alinhamento das camadas depois de cortadas.

3. Corte ao meio na horizontal.

4. Coloque uma metade sobre uma base descartável e umedeça com calda saborizada.

5. Depositar o recheio com um saco de confeitar é uma maneira fácil de obter uma camada uniforme.

6. Coloque a segunda camada de bolo e espalhe a cobertura desejada, cobrindo a parte de cima...

7. ... e as laterais do bolo.

8. Nivele as laterais com uma espátula de plástico.

9. Alise a superfície com uma espátula de metal. O bolo está pronto para receber a segunda cobertura, se for usar, e ser decorado.

10. A maioria das coberturas brilhantes é despejada ainda morna sobre o bolo. Se necessário, espalhe-a rapidamente com uma espátula para bolo antes que fique firme.

Recheios (*continuação*)	*Bavaroise* (p. 534)
	Frutas (frescas, cozidas ou em calda)
Coberturas	Cremes de manteiga (pp. 424 a 428)
	Fondant (pp. 423 e 433)
	Creme de leite batido (p. 264)
	Marzipã (p. 659)
	Geleias de brilho (ou *nappage*) (pp. 433 a 435)

Como há muitos tipos de bolos especiais, alguns deles bastante complexos, introduziremos a metodologia sobre como montá-los em duas etapas. Na primeira, à página 451, detalhamos o procedimento usado para rechear e cobrir bolos básicos feitos com massas aeradas. Observe que este procedimento é um pouco diferente do empregado para montar bolos de massa rica e úmida, explicado no Capítulo 17. A diferença mais importante diz respeito ao uso de caldas para umedecer a massa.

No segundo procedimento, apresentamos muitas das técnicas usadas para montar os bolos mais elaborados que serão introduzidos ao final do capítulo. Atente para o fato de que são apenas procedimentos gerais. Alguns dos passos estão presentes nos dois procedimentos.

Procedimentos gerais para montar bolos especiais à moda europeia

1. Separe os ingredientes e monte os equipamentos.

2. Coloque um disco descartável sobre a bailarina ou a superfície de trabalho. O bolo será montado sobre esse disco.

3. Corte o bolo de massa aerada ao meio na vertical, formando duas ou três camadas, conforme a espessura do bolo. Outra alternativa é usar lâminas finas de bolo, cortando-as do tamanho e formato desejados, se necessário.

4. Se estiver usando um aro modelador, forre-o com o material desejado (ver p. 453).

5. Se for usar uma base de *japonaise*, merengue ou massa seca de corte, coloque-a sobre o disco descartável. Use uma pelota de cobertura ou geleia para grudar a massa no disco (se estiver usando o aro modelador, coloque a base dentro dele). Espalhe uma camada fina de recheio ou geleia por cima. As geleias de framboesa e damasco são bastante usadas com massa seca de corte.

6. Coloque uma camada de bolo sobre essa base ou, se não estiver usando uma base, coloque o bolo diretamente sobre o disco descartável.

7. Pincele a camada de bolo com calda saborizada. Use uma quantidade suficiente para umedecer bem o bolo, mas sem encharcar.

8. Se for usar pedaços de frutas, arrume-as sobre o bolo, ou sobre a camada de recheio, após o próximo passo.

9. Espalhe uma camada do recheio desejado. Use uma espátula ou, para aplicar rapidamente uma camada uniforme, deposite o recheio com um saco de confeitar (ver passo 5 do procedimento descrito na p. 451).

10. Coloque mais uma camada de bolo e pincele-a com calda.

11. Se for usar uma terceira camada de bolo, repita os passos 9 e 10.

12. Em geral, recomenda-se que a última camada de bolo seja colocada com o lado cortado virado para cima. Isso é especialmente importante se uma cobertura transparente ou clara, como o *fondant*, for usada. A crosta escura fica aparente sob a fina camada de *fondant*, prejudicando a aparência do bolo.

13. Espalhe a cobertura desejada sobre o bolo.

14. Decore.

Bolos retangulares ou em tiras

Muitos dos bolos mais conhecidos também podem ser feitos no formato retangular ou em tiras de 6 a 9 cm de largura e 40 a 46 cm de comprimento (o comprimento de uma forma), ou qualquer fração desse comprimento. Um bolo preparado em uma assadeira grande padrão rende sete tiras desse tamanho.

Para montar um bolo, corte as tiras do tamanho desejado e recheie, conforme indicado no procedimento básico. Espalhe cobertura na superfície e nas laterais. As laterais das fatias já cortadas podem ser cobertas ou serem deixadas sem cobertura, exibindo assim as camadas de bolo e recheio. Apare as laterais irregulares para melhorar a aparência do bolo. Use uma faca de serra afiada – limpe-a bem e mergulhe em água quente antes de cortar cada pedaço.

Para produzir bolos retangulares ou em tiras em larga escala, use assadeiras grandes e siga o procedimento básico de montagem. Corte as tiras no tamanho desejado, então cubra a parte de cima e a lateral de cada tira.

As tiras de bolo, em geral, são divididas em fatias retangulares de 4 cm de largura. A superfície pode ser marcada em porções e decorada com padrões idênticos, assim como se marca os bolos redondos em fatias.

Como forrar aros modeladores

Muitas vezes, bolos especiais e tortas-musse são recheados com misturas de consistência mole, como a *bavaroise* ou outros recheios à base de gelatina. Nestes casos, é necessário usar **aros modeladores** para conter o recheio até que ele esteja frio o bastante para ficar firme. Esses aros modeladores são chamados também de aro para torta, pois são muito usados na produção de tortas, especialmente as tortas-musse (ver Cap. 20) e sobremesas de vários tipos.

Os aros modeladores permitem que o confeiteiro crie uma sobremesa com laterais decorativas. A finalização é feita aplicando-se uma cobertura ou geleia de brilho na parte de cima. As laterais revelam as camadas e recheios quando o aro é removido.

Para obter melhores resultados, forre o aro com uma tira de acetato antes de montar a sobremesa. Isso facilita a tarefa de remover o aro sem borrar as laterais depois que a sobremesa está pronta. O pão de ló, por exemplo, às vezes gruda no aro quando o acetato não é usado.

Quatro elementos muito usados para forrar o aro na elaboração de tortas-musse são lâminas de pão de ló, massas aeradas em pedaços, chocolate e frutas.

Lâminas de pão de ló e de outras massas aeradas

O pão de ló usado para forrar o aro modelador deve ser fino (cerca de 0,5 cm de espessura) e flexível o bastante para ser envergado sem quebrar. Os pães de ló feitos com farinha de amêndoa servem bem a esta finalidade, pois mantêm-se úmidos e flexíveis. A receita de *Joconde* (p. 410) é a mais adequada. A fórmula de Pão de ló fino (*biscuit*) da página 412 também é uma ótima opção, mesmo que não contenha a farinha de amêndoa, pois é resistente e flexível.

As lâminas para decoração (p. 411), em geral, usam a massa de *joconde*. A *pâte à cigarette* colorida permite criar padrões variados para sobremesas diferentes. No Capítulo 20, as receitas da Torta-musse de maracujá (p. 541) e da Torta-musse de frutas tropicais e chocolate (p. 544) usam a borda decorada de *joconde*. Lâminas de pão de ló caramelizadas também são uma boa opção para forrar o aro de sobremesas que levam frutas caramelizadas ou outras combinações à base de caramelo, como a torta *Bananier* (p. 475). Seu modo de preparo está descrito a seguir.

Como forrar o aro modelador com uma lâmina de pão de ló

1. Use o aro modelador como guia para cortar uma tira de tamanho adequado para forrá-lo (A). A tira deve ser cortada em uma largura um pouco mais estreita que o aro, para que uma pequena porção da cobertura apareça na lateral. Deve ser um pouco mais longa que a volta completa do aro, para que seja mais fácil encaixá-la perfeitamente.

2. Pincele a tira de massa com calda antes de colocá-la no aro, para evitar que a cor desbote ao entrar em contato com os líquidos liberados pelo recheio.

3. Coloque o aro sobre um disco descartável e encaixe a tira de massa nas laterais (B).

4. Apare o excesso de massa com uma faca (C).

Como caramelizar lâminas de pão de ló

1. Corte uma tira de *joconde* do tamanho necessário para forrar um aro.

2. Espalhe uma fina camada de *Sabayon* I (p. 281) sobre um dos lados e polvilhe com uma camada uniforme de açúcar de confeiteiro, usando uma peneira fina.

3. Caramelize a superfície do bolo. Para obter melhores resultados, use uma salamandra elétrica manual. Se não dispuser de uma, use o equipamento disponível, mas tomando muito cuidado para que o açúcar não queime demais.

4. Repita os passos 2 e 3 para uma segunda camada.

5. Vire a tira de bolo e repita o mesmo procedimento do outro lado.

Pão de ló e outras massas aeradas em pedaços

O *Baumkuchen* (p. 414) rende uma borda muito decorativa, em razão das inúmeras camadas que exibe ao ser cortado. Para um exemplo de receita que usa o *baumkuchen*, ver a *Charlotte* de peras caramelizadas (p. 598).

Outra forma de fazer pedaços de massas aeradas com tiras verticais atraentes é juntar várias camadas de massa pronta com um pouco de geleia, *ganache* ou outro recheio. O procedimento usado para cortar o bolo e forrar o aro é o mesmo empregado para o *baumkuchen*. A Tentação de chocolate (p. 548) e a Torta-musse de *cassis* (p. 540) empregam este método.

Como forrar o aro modelador com *baumkuchen*

1. Corte uma tira de *baumkuchen* de modo que sua largura corresponda à altura do aro modelador que deseja cobrir (A). Corte a tira no sentido da largura em fatias de 0,5 cm de espessura (B).

2. Encaixe as fatias ao redor do aro, mantendo as listras na vertical e viradas para fora (C).

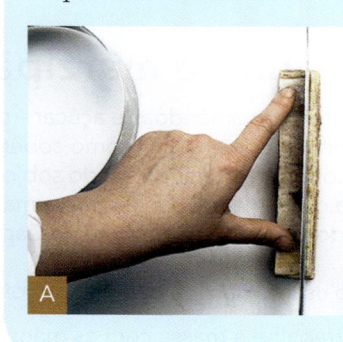

Chocolate

O chocolate é um ingrediente muito usado para forrar aros. Depois de temperado, é espalhado sobre uma tira de acetato e colocado dentro do molde. O acetato pode ser mantido ao redor do bolo durante a exposição, mas deve ser removido quando a sobremesa for cortada e servida. O procedimento é ilustrado na página 645. Pode-se usar chocolate puro, mas o texturizado – marmorizado ou imitando madeira, por exemplo – é ainda mais atraente. Essas técnicas serão apresentadas no Capítulo 24. Ver o modo de fazer do Bolo Juliana (p. 473) para um exemplo de como o chocolate pode ser usado para forrar o aro.

O *ganache* (pp. 275 e 276) pode ser usado da mesma forma que o chocolate temperado. Espalhe o *ganache* morno sobre uma tira de acetato e encaixe dentro do aro.

Frutas

As frutas podem ser usadas para forrar aros, como mostrado no procedimento do Bolo de morango (p. 463). Se for usar frutas frescas, como os morangos, lembre-se de que o produto final não poderá ser congelado – a textura da fruta seria arruinada e ela perderia seu suco ao ser descongelada, comprometendo a aparência da sobremesa.

Forrar a forma com acetato garante melhores resultados (use papel-manteiga caso não disponha de acetato). Tome cuidado para que o recheio não escorra entre a fruta e o aro, desvalorizando a aparência final do produto. No caso de morangos cortados ao meio ou frutas similares, pressione a superfície cortada contra a lateral do aro, mas não com muita força, para não esmagar a fruta. Recheios mais consistentes ou recheios com gelatina que estão começando a endurecer têm menos probabilidade de escorrer entre a fruta e o molde.

Fondant

O *fondant* rende uma cobertura fina, lisa e brilhante para as sobremesas, além de ser uma base excelente para as decorações com o cone de papel. Também é um bom substituto para os cremes de manteiga em climas quentes, especialmente para sobremesas que, por uma razão ou outra, não são mantidas sob refrigeração o tempo todo.

Quando o *fondant* é usado para cobrir bolos, especialmente os de massa aerada, uma boa ideia é pincelá-los previamente com geleia de brilho de damasco quente. Espere a geleia se firmar antes de aplicar o *fondant*. Isso cria uma barreira úmida entre o *fondant* e o bolo, reduzindo as chances de o *fondant* ressecar e perder seu brilho. Além disso, minimiza o problema dos farelos de bolo soltos, que podem marcar a superfície lisa e uniforme da cobertura.

As instruções sobre como usar o *fondant* estão na página 423. Para cobrir um bolo com *fondant*, coloque-o sobre uma tela para glacear e então despeje o *fondant* morno por cima, usando uma espátula para direcionar o fluxo e cobrir também as laterais.

Esse método pode ser igualmente usado para cobrir produtos com chocolate derretido.

Como aplicar uma camada de marzipã

Uma fina camada de marzipã – uma pasta feita de amêndoas e açúcar – pode ser usada para cobrir bolos. O marzipã pode ser colorido e usado como cobertura, ou ser aplicado antes do *fondant* ou de outra cobertura. Quando usado sob o *fondant*, o marzipã, assim como a geleia de brilho de damasco, serve como uma barreira úmida que protege o *fondant*. O preparo do marzipã está descrito no Capítulo 25 (ver p. 659).

Os procedimentos a seguir mostram como usar o marzipã para cobrir bolos:

1. Para produzir uma lâmina de marzipã, trabalhe a massa com as mãos para amaciá-la, se necessário. Usando açúcar de confeiteiro para polvilhar a bancada e o rolo, abra o marzipã em uma camada fina, como se estivesse abrindo uma massa.

2. Se for usar o marzipã para cobrir o bolo, isto é, se não for coberto com outra preparação, a superfície pode ser decorada com um rolo texturizador. Passe o rolo sobre a lâmina de marzipã uma vez para criar as indentações. Para fazer uma textura xadrez, passe um rolo de listras duas vezes sobre massa, uma na vertical e outra na horizontal.

3. No caso de bolos redondos, é mais fácil aplicar marzipã apenas na parte de cima. Antes de colocar a última camada no bolo, pincele a superfície dela com geleia de brilho de damasco para que o marzipã grude. Coloque-a, com a geleia virada para baixo, sobre a lâmina de marzipã e pressione ligeiramente. Corte o marzipã no tamanho do bolo. Coloque a camada pronta sobre o bolo, com o marzipã virado para cima.
   As laterais do bolo podem, então, ser decoradas normalmente, com outras coberturas.

4. Se optar também por cobrir as laterais com marzipã, primeiro passe alguma cobertura para que o marzipã grude. Abra uma tira de marzipã da mesma altura da lateral do bolo e comprida o bastante para dar a volta ao redor do bolo (cerca de três vezes a medida da largura). Enrole a tira de massa delicadamente, encoste-a na lateral do bolo e vá desenrolando.
   O bolo está pronto para receber a cobertura de *fondant* ou outra cobertura.

5. Outro método é abrir uma lâmina de marzipã grande o bastante para cobrir toda a superfície e as laterais do bolo. Levante-a com a ajuda do rolo e desenrole-a sobre o bolo. Com as mãos, molde o marzipã nas laterais.
   Este método produz uma cobertura sem emendas, ao contrário do método descrito inicialmente. No entanto, é mais difícil de executar. As laterais devem ser moldadas cuidadosamente para evitar que se formem pregas e rugas no marzipã.

6. Para cobrir uma tira de bolo ou um rocambole com marzipã, abra uma lâmina grande o bastante para cobrir todo o produto. Pincele o marzipã com geleia de brilho de damasco. Coloque o produto a ser coberto sobre o marzipã e role-o sobre a lâmina para cobri-lo por inteiro.
   Outra maneira de fazer isso é usar a geleia de brilho para cobrir o bolo, em vez de pincelá-la sobre o marzipã.

COMO PREPARAR ALGUNS BOLOS TRADICIONAIS

Aprimeira parte deste capítulo concentrou-se em explicar os procedimentos básicos e as técnicas de montagem de bolos especiais. Esta segunda parte é dedicada a procedimentos específicos usados na montagem de uma série de bolos e sobremesas finas à base de bolos, incluindo rocamboles e bolos pequenos.

As instruções para a montagem de bolos especiais incluídas neste capítulo não são propriamente receitas, embora nelas figurem uma lista de ingredientes (ou componentes) e um modo de fazer. Elas podem ser usadas para produzir bolos de quaisquer tamanhos. Em muitos casos, podem ser usadas não só para bolos redondos, mas também quadrados e tiras de bolo. Com isso, as quantidades de recheios e coberturas variam muito. A apresentação das sobremesas desta maneira reflete o funcionamento real dos estabelecimentos que as comercializam. Em uma confeitaria, padaria ou restaurante, os bolos são assados com antecedência, da mesma forma que os recheios, as coberturas e os outros componentes, que são preparados separadamente. Dependendo das vendas, sobremesas individuais podem ser montadas rapidamente, conforme a demanda, usando o que está disponível.

Para alguns bolos e sobremesas mais complexos, fornecemos a quantidade aproximada dos principais componentes. Essas quantidades referem-se apenas ao tamanho do produto indicado no modo de fazer. Isso não o impede, no entanto, de usar o mesmo procedimento para preparar qualquer tamanho e formato de produto, mudando as quantidades conforme a necessidade.

Bolos grandes

Muitos dos procedimentos apresentados nesta seção referem-se ao preparo de bolos e sobremesas redondas. Em sua maioria, com exceção dos que são preparados em aros modeladores, também podem ser feitos em retângulos ou tiras, como explicado na página 453.

Além disso, podem ser preparados em qualquer tamanho. Portanto, não serão fornecidas quantidades específicas para os componentes na maioria das receitas; você tem a liberdade de fazê-los no tamanho e no formato que quiser. Além disso, a maioria dos estabelecimentos produz esses componentes que são usados com mais frequência em grandes quantidades, para que se possa usar o quanto for necessário.

Mais adiante nesta seção são apresentadas sobremesas mais complexas, então alguns valores de referência são fornecidos para facilitar a visualização do produto final. Sinta-se à vontade para modificar estas quantidades conforme a necessidade.

Por fim, há muitas sobremesas tradicionais que são feitas no formato de bolos e decoradas como tal. Por exemplo, a *bavaroise*, chamada de ***charlotte*** quando moldada e decorada, também pode ser montada em um aro modelador. Se a receita não contiver bolo, no entanto, será apresentada no Capítulo 20. Outras receitas de formato semelhante ao bolo podem ser encontradas nos Capítulos 15 e 22. Algumas delas são mencionadas na seção "Como forrar aros modeladores".

Cada um dos procedimentos apresentados nesta seção são acompanhados por um diagrama, que ajuda a visualizar como os componentes são combinados para formar o produto final. Esses diagramas procuram ilustrar a estrutura da sobremesa e a relação entre seus componentes. Não foram desenhados necessariamente respeitando-se uma escala. Por exemplo, você pode fazer camadas de recheio mais grossas ou mais finas que as mostradas. As decorações na parte superior do bolo não são mostradas no diagrama.

BOLO FLORESTA NEGRA

Componentes	Modo de fazer
Pão de ló de chocolate (pp. 407 e 415), cortado em 3 camadas Calda simples aromatizada com *kirsch* Creme de leite batido aromatizado com *kirsch* Cerejas em calda sem caroço, escorridas Lascas de chocolate	1. Umedeça uma camada de pão de ló com a calda. 2. Espalhe uma camada fina de creme de leite batido. 3. Usando um saco de confeitar com um bico perlê (liso) largo, deposite um disco de creme de leite no centro da camada. Depois faça um aro de creme acompanhando a borda do bolo. Então faça um terceiro anel de creme de leite entre esses dois. 4. Preencha as duas valas criadas com cerejas bem escorridas. 5. Coloque um segundo disco de pão de ló por cima. Umedeça com a calda. 6. Espalhe uma camada de creme de leite batido. 7. Coloque a terceira camada de pão de ló, umedecida com calda. 8. Cubra a superfície e as laterais com creme de leite batido. 9. Com a parte de trás da lâmina de uma faca, marque a parte de cima do bolo com o número de fatias desejado. 10. Grude as lascas de chocolate nas laterais do bolo. Polvilhe um pouco no centro da superfície. 11. Usando o bico pitanga, faça uma roseta no centro da porção mais larga de cada fatia, próximo à borda. Coloque uma cereja inteira sobre cada roseta.

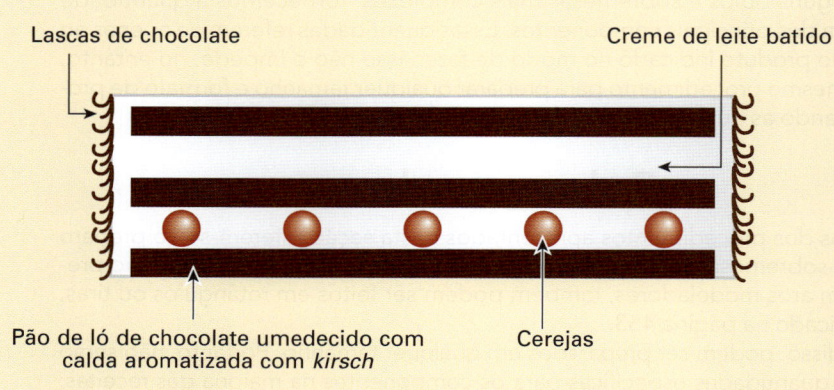

Lascas de chocolate • Creme de leite batido

Pão de ló de chocolate umedecido com calda aromatizada com *kirsch* • Cerejas

❦ SCHWARZWALDER KIRSCHTORTE ❦

A Floresta Negra, ou *Schwarzwald* (*Schwarz* – negra/*wald* – floresta) em alemão, fica no sudoeste da Alemanha, ao lado do Rio Reno. A bela região é uma grande produtora de cerejas, ou *Kirsche* em alemão, que são usadas também para produzir um destilado transparente chamado *Kirschwasser*. O bolo Floresta Negra, feito com pão de ló de chocolate saborizado com essa bebida e intercalado com camadas de creme de leite batido e cerejas, é uma sobremesa muito popular nessa região, podendo ser encontrada em várias confeitarias.

BOLO-MUSSE MOCHA

Componentes	Modo de fazer
Pão de ló (*génoise*) (p. 407), cortado em 3 ou 4 camadas Creme de manteiga sabor café (p. 425) Calda simples aromatizada com café ou licor de café	1. Umedeça as camadas de bolo com a calda. Recheie com o creme de manteiga. 2. Cubra as laterais e a superfície com uma camada lisa do mesmo creme. 3. Decore a gosto com creme de manteiga, usando o saco de confeitar. O chocolate também é uma boa opção para decorar este bolo. As laterais podem ser cobertas com amêndoas laminadas torradas, se desejar.

VARIAÇÃO

Alterne duas camadas finas de pão de ló de baunilha com duas camadas finas de pão de ló de chocolate.

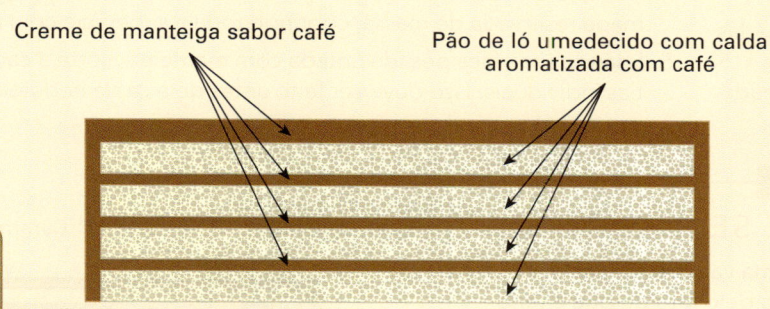

Creme de manteiga sabor café — Pão de ló umedecido com calda aromatizada com café

BOLO FINO DE FRUTAS

Componentes	Modo de fazer
Disco de Massa seca de corte (p. 320) ou de Massa seca de amêndoas (p. 320) Pão de ló (*génoise*) (p. 407) ou Pão de ló de amêndoas (p. 407), cortado em 2 camadas Geleia de framboesa ou damasco Calda simples aromatizada com baunilha ou *kirsch* Creme de manteiga aromatizado com baunilha ou *kirsch* (p. 424) Frutas pequenas, de preferência de 3 ou 4 tipos diferentes com cores contrastantes (como mexerica, cereja, uva, rodelas de banana, morango, damasco em metades e pedaços de abacaxi) Geleia de brilho de damasco (p. 200) Amêndoas, laminadas ou picadas	1. Espalhe uma camada de geleia sobre a massa seca. 2. Coloque um disco de pão de ló por cima. Umedeça com a calda. 3. Espalhe uma camada fina de creme de manteiga. 4. Coloque um segundo disco de pão de ló por cima. 5. Umedeça com a calda. 6. Cubra as laterais e a superfície com creme de manteiga. 7. Arrume as frutas por cima do bolo em círculos concêntricos, como se estivesse montando uma *Tarte* de frutas (p. 358). 8. Pincele as frutas com geleia de brilho de damasco. 9. Cubra as laterais do bolo com as amêndoas.

VARIAÇÃO

Em vez do creme de manteiga, use creme de leite batido ou creme de confeiteiro.

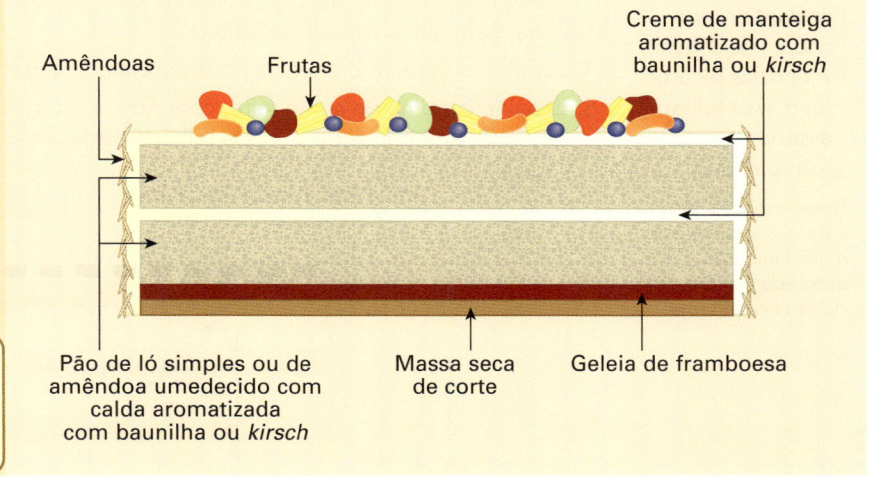

Amêndoas — Frutas — Creme de manteiga aromatizado com baunilha ou *kirsch*

Pão de ló simples ou de amêndoa umedecido com calda aromatizada com baunilha ou *kirsch* — Massa seca de corte — Geleia de framboesa

TORTA DOBOS

Componentes	Modo de fazer
Massa para torta *dobos* (p. 408), 7 camadas prontas Creme de manteiga sabor chocolate (p. 425) Amêndoas picadas Calda clara de açúcar queimado (p. 261)	1. Entre as 7 camadas, separe a mais bonita para colocar por cima. 2. Intercale as outras seis com o creme de manteiga sabor chocolate. 3. Cubra a superfície e as laterais com creme de manteiga. Grude as amêndoas na lateral do bolo. 4. Cozinhe o açúcar até atingir o ponto de caramelo claro. Despeje a calda quente sobre a camada reservada de massa, cobrindo toda a superfície com uma camada fina. 5. Usando uma faca pesada untada com manteiga, corte a camada de bolo caramelizada em fatias individuais. Isso deve ser feito antes de a calda endurecer. 6. Arrume as fatias sobre o bolo já coberto.

VARIAÇÃO

BOLO DE SETE CAMADAS

Este bolo é uma variação da torta *dobos*, exceto pelo fato de que é feito em forma de uma tira ou retângulo (ver p. 453 para uma explicação), em vez de ser redondo. Use a Massa para torta *dobos* (p. 408), a Massa para o bolo de sete camadas (p. 407) ou qualquer outra massa aerada fina. Intercale as sete camadas com creme de manteiga de chocolate. Cubra o bolo com o mesmo creme, com *fondant* de chocolate ou com chocolate derretido.

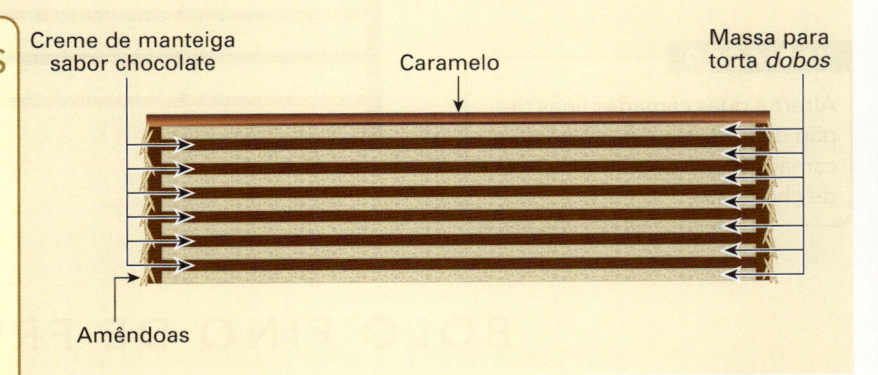

Creme de manteiga sabor chocolate — Caramelo — Massa para torta *dobos* — Amêndoas

TORTA MIL-FOLHAS

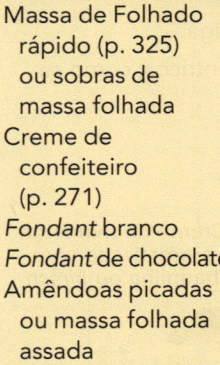

Componentes	Modo de fazer
Massa de Folhado rápido (p. 325) ou sobras de massa folhada Creme de confeiteiro (p. 271) *Fondant* branco *Fondant* de chocolate Amêndoas picadas ou massa folhada assada esmigalhada *Nota: esta sobremesa é igual à sobremesa mil-folhas, mas montada no formato de um bolo.*	1. Abra a massa folhada em uma espessura de 3 mm. Corte três discos de massa de diâmetro 2,5 cm maior que o tamanho final desejado (para compensar o encolhimento ao assar). Fure bem a massa. Deixe descansar por 30 minutos. 2. Asse a 200°C até a massa ficar bem dourada e crocante. Deixe esfriar. Com uma faca de serra, apare as bordas dos círculos, se necessário, para que fiquem bem redondos e uniformes. 3. Intercale os discos de massa folhadas com camadas generosas de creme de confeiteiro. Deixe a camada de massa mais bonita para finalizar, colocando-a com a base virada para cima, para que a superfície fique reta. 4. Espalhe o *fondant* branco na parte de cima e marmorize com o de chocolate (ver p. 445). 5. Espalhe o creme de confeiteiro, cobrindo as laterais – use um pouco mais, se necessário. Grude as amêndoas ou a massa folhada esmigalhada no creme.

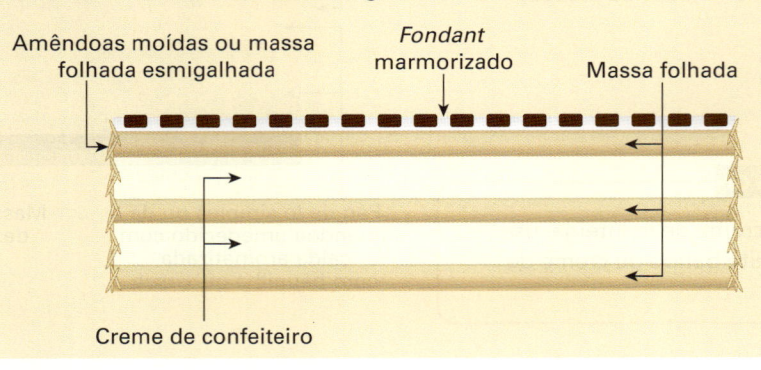

Amêndoas moídas ou massa folhada esmigalhada — *Fondant* marmorizado — Massa folhada — Creme de confeiteiro

SACHERTORTE

Componentes	Modo de fazer

Componentes

Massa para
sachertorte
(p. 402),
assada
Calda simples
aromatizada
com *kirsch*
Geleia de damasco
Ganache (p. 275)
Glaçage de
chocolate (p. 433)
Raspas de
chocolate amargo

Modo de fazer

1. Apare as bordas do bolo, se necessário, e corte em duas camadas. Umedeça-as com a calda.

2. Espalhe uma camada da geleia sobre a base e coloque a outra camada por cima.

3. Cubra toda a superfície do bolo com *ganache*, espalhando-o até que fique completamente liso.

4. Leve à geladeira até o *ganache* firmar.

5. Coloque o bolo sobre uma grade de metal apoiada sobre uma assadeira. Despeje a *glaçage* de chocolate, cobrindo toda a superfície. Alise com uma espátula de metal e dê algumas batidinhas na assadeira para acomodar a cobertura. Leve à geladeira novamente até firmar.

6. Retire da grade de metal, limpe os escorridos da base e coloque sobre um disco descartável.

7. Usando um pouco de *ganache*, escreva a palavra "*Sacher*" no centro do bolo. Cubra a beirada da borda inferior com as raspas de chocolate (para mais informações sobre essa sobremesa austríaca clássica, ver p. 403).

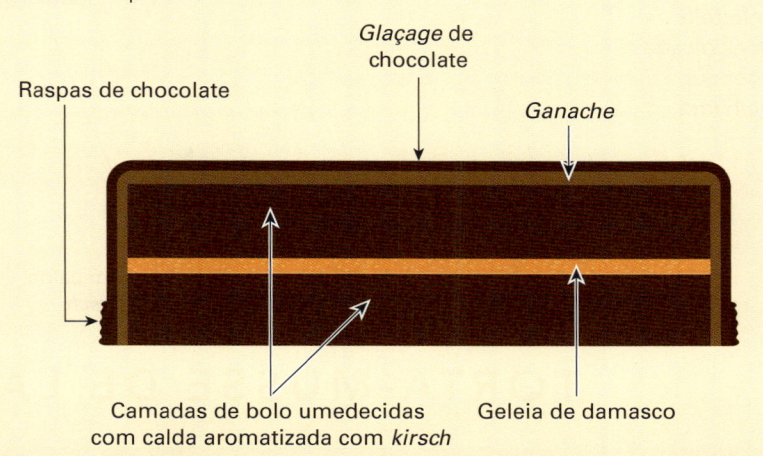

Glaçage de chocolate

Raspas de chocolate

Ganache

Camadas de bolo umedecidas com calda aromatizada com *kirsch*

Geleia de damasco

TORTA KIRSCH

Componentes	Modo de fazer
Merengue ou *japonaise* (p. 347 e 348), 2 discos Pão de ló (*génoise*) (p. 407) de 2,5 cm de altura Calda simples aromatizada com *kirsch* Creme de manteiga aromatizado com *kirsch* (p. 424) Açúcar de confeiteiro Amêndoas picadas ou merengue esmigalhado	1. Umedeça o pão de ló com calda suficiente para deixá-lo bem molhado. 2. Coloque o disco de merengue ou *japonaise* dentro de um aro modelador, com a base (lado reto) virada pra cima. 3. Espalhe uma camada de creme de manteiga por cima. 4. Coloque uma camada de pão de ló e cubra-a com creme de manteiga. 5. Coloque a segunda camada de merengue/*japonaise*, com a base virada pra cima. 6. Espalhe uma camada uniforme de creme de manteiga nas laterais e polvilhe com as amêndoas ou merengue esmigalhado. 7. Polvilhe a parte de cima com bastante açúcar de confeiteiro. Com a parte de trás da lâmina de uma faca, marque o açúcar decorativamente, formando losangos.

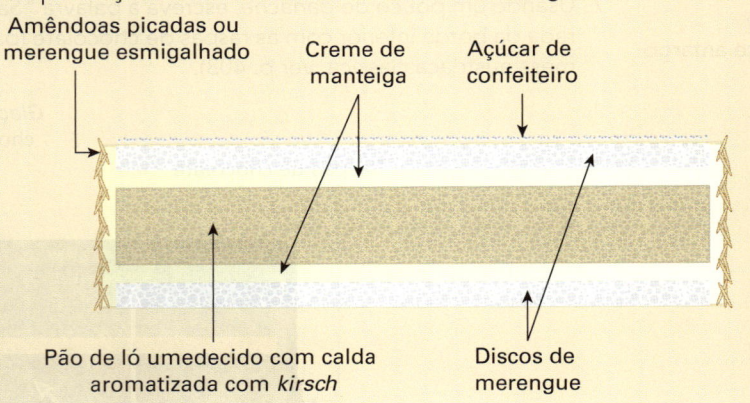

Amêndoas picadas ou merengue esmigalhado

Creme de manteiga

Açúcar de confeiteiro

Pão de ló umedecido com calda aromatizada com *kirsch*

Discos de merengue

TORTA-MUSSE DE LARANJA

Componentes	Modo de fazer
Suspiro (p. 347), 1 disco Pão de ló (*génoise*) (p. 407), cortado em 2 camadas Calda simples aromatizada com laranja Creme de leite batido aromatizado com licor de laranja Gomos de tangerina cozidos em calda de açúcar *Nota: este procedimento pode ser usado com qualquer fruta pré-cozida em calda, como morango, abacaxi, damasco e cereja. O sabor da calda e do creme de leite batido devem ser condizentes com a fruta escolhida.*	1. Espalhe uma camada do creme de leite batido sobre o suspiro. 2. Coloque uma camada de pão de ló por cima e pincele com calda. 3. Cubra com creme de leite batido. 4. Arrume uma camada da fruta bem escorrida sobre o creme. 5. Coloque a segunda camada de pão de ló. Umedeça com a calda. 6. Cubra a superfície e as laterais com creme de leite batido. 7. Marque a superfície do bolo com o número desejado de fatias. 8. Decore cada fatia próximo à borda com uma roseta de creme de leite. Coloque um gomo de tangerina sobre cada roseta.

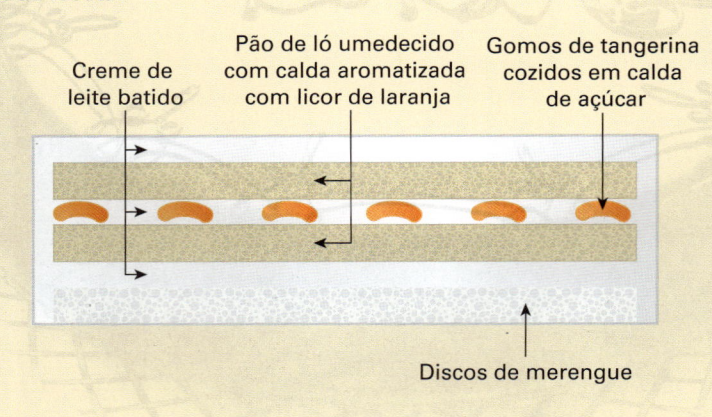

Creme de leite batido

Pão de ló umedecido com calda aromatizada com licor de laranja

Gomos de tangerina cozidos em calda de açúcar

Discos de merengue

BOLO DE MORANGO

Componentes	Modo de fazer
Pão de ló (*génoise*) (p. 407), 2 camadas de 1 cm de altura cada Calda simples aromatizada com *kirsch* Morangos frescos *Bavaroise* de baunilha (p. 534) Creme de manteiga aromatizado com baunilha (p. 424) Chocolate para confeitar (p. 648)	1. Forre um aro modelador com uma tira de acetato. Coloque o aro sobre um disco descartável. 2. Coloque uma camada de pão de ló dentro do aro e pincele com a calda. 3. Escolha os morangos mais bonitos e de tamanho semelhante para decorar a borda e corte-os ao meio no sentido da altura. Coloque-os por toda a volta do aro, com a parte do cabinho virada para baixo e o lado cortado virado para o acetato, espaçados simetricamente. Distribua os demais morangos sobre o pão de ló, sem tocar o acetato. 4. Despeje a *bavaroise* já resfriada e prestes a ficar firme deixando apenas 1 cm livre até a borda, com cuidado para não aprisionar bolhas de ar ao redor dos morangos. 5. Coloque a segunda camada de pão de ló por cima e pressione ligeiramente. Pincele com a calda aromatizada. 6. Espalhe uma camada fina de creme de manteiga por cima. 7. Usando um cone de papel, decore o bolo com chocolate para confeitar, fazendo os desenhos e padrões que desejar (ver Cap. 17). 8. Leve à geladeira até firmar. Retire o aro modelador, mas mantenha a tira de acetato até o momento de servir.

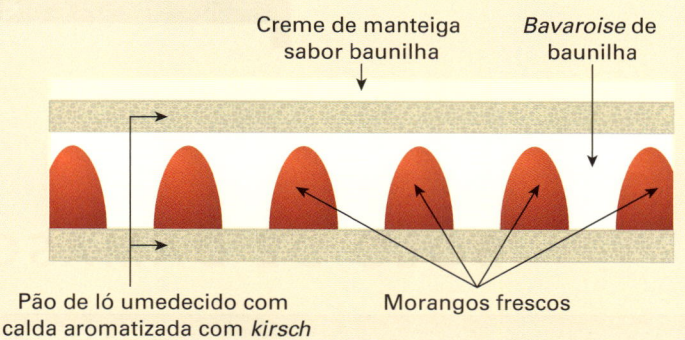

Creme de manteiga sabor baunilha

Bavaroise de baunilha

Pão de ló umedecido com calda aromatizada com *kirsch*

Morangos frescos

BOLO-MUSSE DE CHOCOLATE

Componentes	Modo de fazer
Merengue de chocolate (p. 347), 3 discos Musse de chocolate (p. 276) Lascas de chocolate	1. Intercale os discos de merengue com o musse de chocolate. 2. Cubra toda a superfície com mais musse. 3. Polvilhe toda a superfície com as raspas de chocolate.

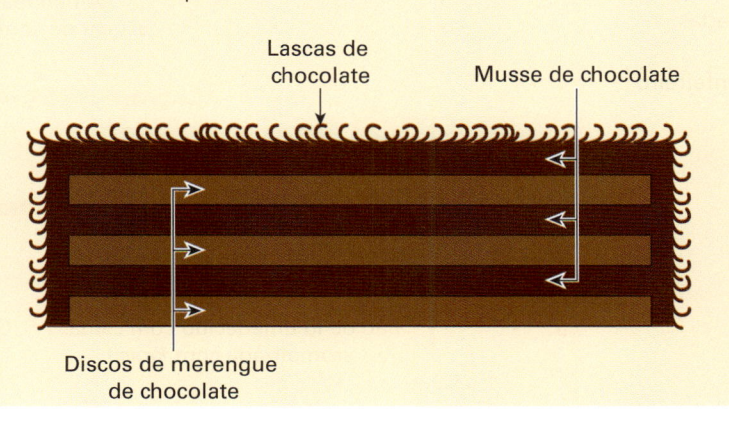

Lascas de chocolate

Musse de chocolate

Discos de merengue de chocolate

TORTA GANACHE DE CHOCOLATE

Componentes	Modo de fazer
Merengue comum ou de chocolate (p. 347) (*opcional*), 1 disco *Ganache* batido (p. 275) Pão de ló de chocolate (p. 407), cortado em 3 camadas Calda simples aromatizada com rum ou baunilha Creme de manteiga sabor chocolate (p. 425)	1. Cubra o disco de merengue com uma camada de *ganache*. 2. Coloque um disco de pão de ló por cima. Umedeça com a calda e cubra com uma camada de *ganache*. 3. Repita o passo 2 com a segunda camada. 4. Cubra com a terceira camada de pão de ló, umedecida com calda. 5. Cubra toda a superfície com creme de manteiga. 6. Decore a gosto.

Creme de manteiga sabor chocolate

Ganache de chocolate

Pão de ló umedecido com calda aromatizada com baunilha ou rum

Disco de merengue

BOLO DE DAMASCO

Componentes	Modo de fazer
Pão de ló (*génoise*) (p. 407), cortado em 2 camadas Calda simples aromatizada com *kirsch* Geleia de damasco com pedaços de fruta Merengue italiano (p. 267) Amêndoas laminadas Açúcar de confeiteiro	1. Coloque uma camada de pão de ló sobre um disco descartável e pincele com a calda. 2. Espalhe uma camada de geleia por cima. 3. Coloque a outra camada de pão de ló e pincele com a calda. 4. Cubra toda a superfície com merengue italiano. 5. Usando um saco de confeitar com o bico pitanga, faça uma borda decorativa na parte de cima do bolo. 6. Coloque uma camada de amêndoas laminadas no centro do bolo e polvilhe-as com açúcar de confeiteiro. 7. Leve ao forno quente (250°C) até o merengue ficar ligeiramente dourado.

Amêndoas, açúcar de confeiteiro

Merengue italiano

Pão de ló umedecido com calda aromatizada com *kirsch*

Geleia de damasco com pedaços de fruta

GÂTEAU DE AMÊNDOAS

Componentes	Modo de fazer
Pão de ló de amêndoas (p. 407), cortado em 2 camadas Calda simples aromatizada com rum Geleia de damasco (sem pedaços de fruta) Massa de *Macaron* de amêndoas I (p. 504) Geleia de brilho de damasco (p. 200)	1. Umedeça as camadas de bolo com a calda e intercale-as com uma camada de geleia de damasco. 2. Cubra as laterais do bolo com a massa de *macaron*. Usando o bico pitanga ou o serra, cubra a parte de cima do bolo com a mesma mistura, formando uma textura de cesta. 3. Deixe repousar por pelo menos 1 hora. 4. Doure rapidamente em forno quente (230°C), por cerca de 10 minutos. 5. Enquanto ainda estiver morno, pincele com a geleia de brilho.

Geleia de brilho de damasco

Massa de *macaron* de amêndoas

Pão de ló de amêndoas umedecido com calda aromatizada com rum

Geleia de damasco

TORTA-MUSSE BAVAROISE

Componentes	Modo de fazer
Pão de ló (*génoise*) (p. 407) ou outra massa aerada cortada em 3 camadas muito finas de cerca de 6 mm de espessura *Bavaroise* do sabor desejado (pp. 534 e 535) Creme de leite batido com sabor compatível ao da *bavaroise* (use o de sabor chocolate para a *bavaroise* de chocolate). Calda simples aromatizada com ingrediente compatível	1. Forre o fundo de uma forma redonda ou de aro removível com uma camada fina de pão de ló. Umedeça com a calda. 2. Prepare a *bavaroise*. Despeje uma camada de creme com cerca de 2 cm de espessura. 3. Coloque outro disco de pão de ló por cima. Umedeça com a calda. 4. Espalhe mais uma camada de *bavaroise*. 5. Finalize com o terceiro disco de pão de ló. 6. Leve à geladeira até firmar. 7. Desenforme. 8. Cubra a superfície e as laterais com creme de leite batido. 9. Decore a gosto.

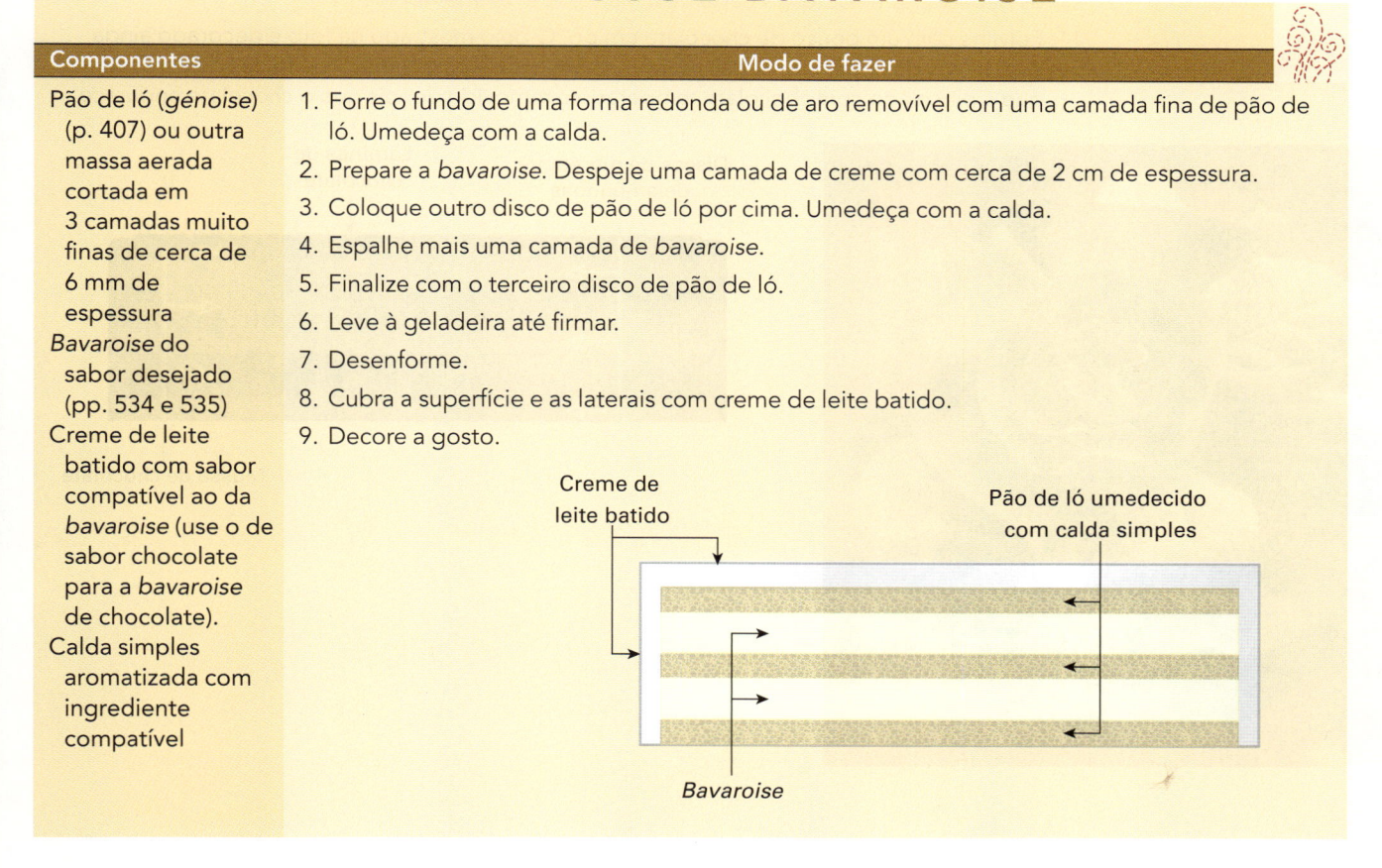

Creme de leite batido

Pão de ló umedecido com calda simples

Bavaroise

FOLHAS DE OUTONO

Componentes	Modo de fazer
Merengue de amêndoas (p. 348), 3 discos com 16 cm de diâmetro cada Musse de chocolate IV (p. 546), 450 a 550 g Chocolate amargo para cobertura, cerca de 400 g Chocolate em pó Açúcar de confeiteiro	1. Coloque um aro modelador de 18 cm de diâmetro sobre um tabuleiro. Coloque um dos discos de merengue dentro.

1. Coloque um aro modelador de 18 cm de diâmetro sobre um tabuleiro. Coloque um dos discos de merengue dentro.

2. Encha até pouco menos da metade com o musse.

3. Coloque o segundo disco de merengue por cima e pressione ligeiramente. Coloque mais musse, até quase encher o aro, e então coloque o terceiro disco de merengue. Pressione ligeiramente.

4. Espalhe uma camada fina de musse por cima.

5. Leve à geladeira até firmar.

6. Retire o aro modelador usando um maçarico culinário para ajudar a descolar as laterais. Leve à geladeira novamente para firmar.

7. Derreta o chocolate próprio para cobertura.

8. Aqueça três assadeiras de 33 x 46 cm no forno a 160°C por 4 minutos. Divida o chocolate derretido entre as formas, espalhando-o no fundo. Deixe esfriar em temperatura ambiente até que o chocolate comece a perder o brilho. O aquecimento das formas tem por objetivo permitir que você espalhe uma camada bem fina de chocolate; tome cuidado, no entanto, para não aquecê-las demais. Alguns *chefs* preferem usar assadeiras frias.

O procedimento descrito aqui está explicado mais detalhadamente no Capítulo 24 (ver p. 647). Um *chef* experiente pode ser capaz de cobrir todo o bolo usando apenas o chocolate de 1 ou 1½ assadeira, mas é melhor ter sempre uma reserva.

9. Leve à geladeira até firmar completamente.

10. Espere o chocolate voltar à temperatura ambiente. Ele deve ficar maleável, mas não mole. Use uma raspadeira de metal para levantar lâminas de chocolate da assadeira, como mostrado na página 647. Use-as para cobrir as laterais do bolo. Use a mesma técnica para fazer os babados que cobrem a parte de cima. Leve à geladeira.

11. Polvilhe com um pouco de chocolate em pó. O bolo mostrado na foto é decorado ainda com folhas de chocolate, feitas usando-se um molde para folhas – ou folhas de verdade – que é pincelado com chocolate temperado e removido depois que o chocolate endurece.

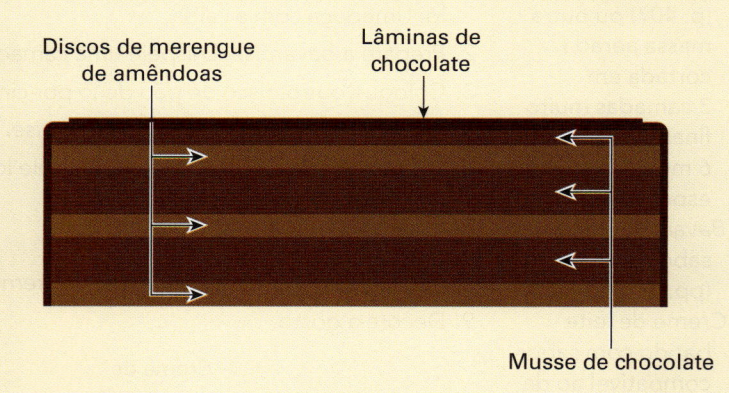

Discos de merengue de amêndoas

Lâminas de chocolate

Musse de chocolate

ALHAMBRA

Componentes	Modo de fazer
Pão de ló de avelã (p. 413), com 20 cm de diâmetro Calda de café e rum (p. 263) *Ganache* de chocolate I (p. 275), feito com partes iguais de creme de leite e chocolate, cerca de 250 g *Glaçage* de chocolate (p. 433), 150 a 175 g Decoração Pistaches picados Rosa de marzipã *Nota: a montagem deste bolo está ilustrada na página 451.*	1. Apare a superfície do bolo, se necessário, para deixá-la plana. Vire-o de cabeça para baixo. Corte ao meio em duas camadas. 2. Pincele-as com a calda para umedecer. 3. Usando o saco de confeitar com um bico perlê (liso) médio, deposite o *ganache* sobre a primeira camada, fazendo uma espiral que começa no centro e cobre toda a extensão da camada. 4. Coloque o segundo disco de bolo por cima e pressione ligeiramente. 5. Espalhe mais *ganache* na superfície e nas laterais do bolo. Leve à geladeira. 6. Coloque o bolo sobre uma grade de metal apoiada sobre uma assadeira. Despeje a *glaçage* no centro do bolo. Com cuidado, alise a superfície com uma espátula de metal e dê algumas batidinhas na assadeira para acomodar a cobertura. Leve à geladeira. 7. Quando a cobertura estiver gelada e firme, retire o bolo da grade de metal. Limpe os escorridos da base com uma faca. 8. Faça uma borda de pistaches picados de cerca de 1 cm na parte de baixo das laterais. Coloque o bolo sobre um disco descartável. 9. Usando o *ganache* restante, escreva a palavra "Alhambra" no centro do bolo. 10. Faça duas rosas e duas folhas de marzipã (ver p. 661) e sombreie-as ligeiramente com chocolate em pó. Coloque-as acima do escrito, na borda superior do bolo.

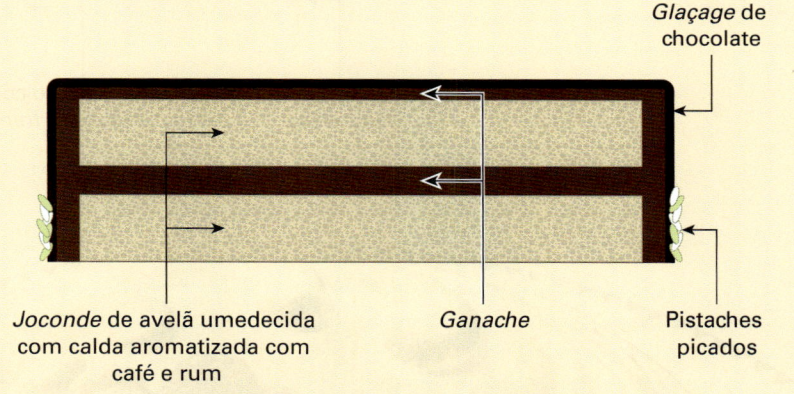

Glaçage de chocolate

Joconde de avelã umedecida com calda aromatizada com café e rum

Ganache

Pistaches picados

GÉNOISE À LA CONFITURE FRAMBOISE (PÃO DE LÓ COM RECHEIO DE FRAMBOESA)

Componentes	Modo de fazer
Pão de ló (*génoise*) (p. 407), cortado em 2 camadas Calda simples aromatizada com *framboise* (licor de framboesa) Geleia de framboesa (p. 599) Merengue italiano (p. 267) Amêndoas laminadas Framboesas frescas Açúcar de confeiteiro	1. Umedeça uma camada de bolo com a calda. Espalhe uma camada fina de geleia por cima. 2. Umedeça a parte de baixo da segunda camada de bolo com a calda e coloque-a sobre a primeira camada. Pincele a parte de cima com mais calda. 3. Cubra toda a superfície do bolo com o merengue italiano e alise a superfície com uma espátula. Usando um saco de confeitar, decore a parte de cima com merengue. 4. Grude as amêndoas nas laterais do bolo, próximo à borda inferior. 5. Use um maçarico culinário para dourar o merengue. 6. Enfeite a parte de cima com as framboesas frescas e polvilhe com um pouco de açúcar de confeiteiro.

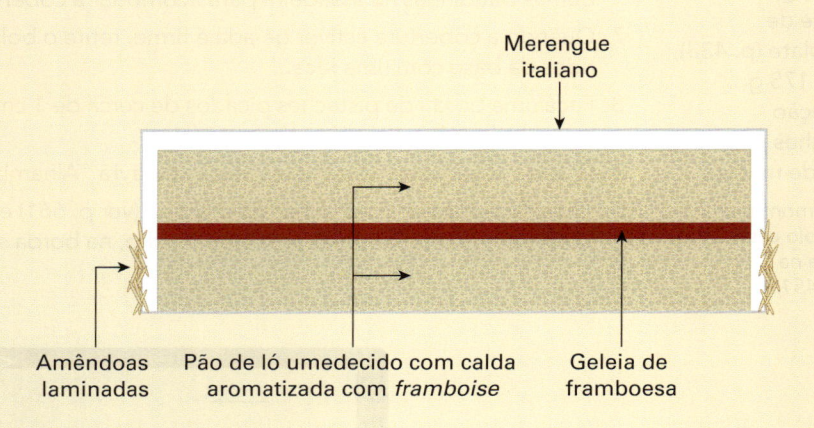

Merengue italiano

Amêndoas laminadas

Pão de ló umedecido com calda aromatizada com *framboise*

Geleia de framboesa

BRASILIA

Componentes	Modo de fazer
Joconde de avelã (p. 410), 1 lâmina de 33 x 46 cm *Nougatine* feito na hora (p. 668), 300 g Chocolate amargo derretido, cerca de 50 g Calda simples aromatizada com rum Creme de manteiga sabor caramelo (p. 427), 500 g Chocolate branco temperado para decorar	1. Corte a *joconde* em três retângulos iguais de cerca de 15 x 30 cm. 2. Prepare o *nougatine*. Abra formando um retângulo um pouco maior que as tiras de *joconde*. Enquanto o *nougatine* ainda estiver quente, apare as arestas com uma faca bem afiada, de modo que ele fique 1 cm menor que a tira de bolo de um dos lados (para que se possa acertar a lateral do bolo depois). Se você abriu o *nougatine* sobre um tapete de silicone, retire-o do tapete antes de cortar. Corte em fatias do tamanho desejado, mas mantenha-as juntas. Espere esfriar. 3. Cubra uma camada de *joconde* com uma camada fina de chocolate derretido. Leve à geladeira até firmar. 4. Tire da geladeira, vire o lado do chocolate para baixo e pincele o outro lado com a calda. 5. Espalhe uma camada de cerca de 0,5 cm de creme de manteiga por cima. 6. Coloque mais uma camada de bolo, pincele com calda e cubra com mais uma camada de creme de manteiga. 7. Repita o procedimento com a última camada, cobrindo-a com creme de manteiga. 8. Apare as laterais e cubra com o *nougatine*. 9. Coloque o chocolate branco temperado em um cone de papel e decore a superfície com desenhos delicados. 10. Se desejar, corte este bolo grande ao meio para formar dois quadrados de 15 cm.

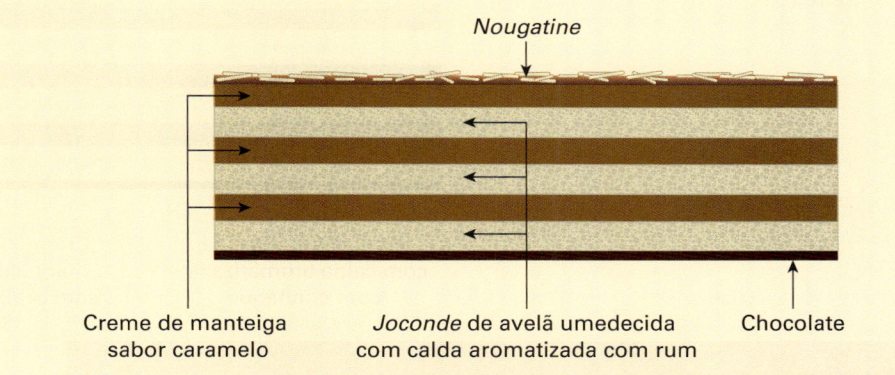

Nougatine

Creme de manteiga sabor caramelo

Joconde de avelã umedecida com calda aromatizada com rum

Chocolate

BOLO RUSSO

Componentes	Modo de fazer
Joconde (p. 410), 1 lâmina de 33 x 46 cm Chocolate amargo derretido, cerca de 50 g Calda simples aromatizada com conhaque Creme de manteiga com pralina (p. 427), 500 g Geleia de brilho de damasco (p. 200) Amêndoas laminadas, tostadas Açúcar de confeiteiro	1. Corte a *joconde* em três retângulos iguais de cerca de 15 x 30 cm. 2. Cubra uma camada de *joconde* com uma camada fina de chocolate derretido. Leve à geladeira até firmar. 3. Tire da geladeira, vire o lado do chocolate para baixo e pincele o outro lado com a calda. 4. Espalhe uma camada de cerca de 1 cm de creme de manteiga por cima. 5. Coloque mais uma camada de bolo, pincele com a calda e cubra com mais uma camada de creme de manteiga. 6. Coloque por cima a última camada de pão de ló e pincele com a calda. Apare as laterais do bolo para que fiquem bem retas. 7. Aqueça a geleia de brilho e dilua com água até obter uma consistência adequada para despejar e espalhar. Espalhe sobre a superfície do bolo. 8. Usando o saco de confeitar com o bico pitanga, decore a borda da parte de cima com o creme de manteiga restante, formando um V. 9. Enfeite o outro canto do bolo até o centro com as lâminas de amêndoa e polvilhe com um pouquinho de açúcar de confeiteiro.

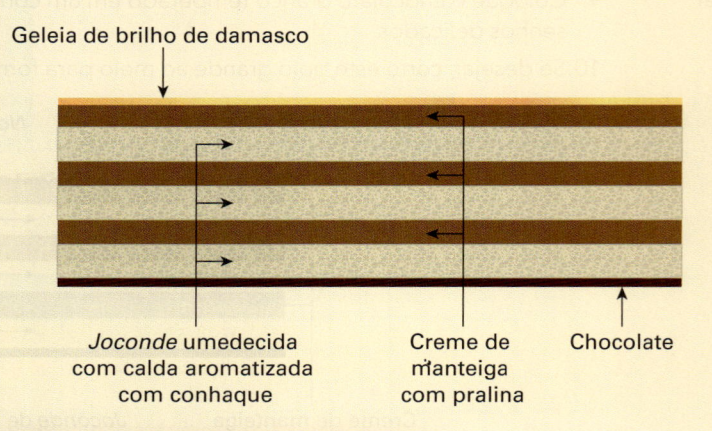

Geleia de brilho de damasco

Joconde umedecida com calda aromatizada com conhaque

Creme de manteiga com pralina

Chocolate

BOLO ÓPERA

Componentes	Modo de fazer
Joconde (p. 410), 1 lâmina de 33 x 46 cm Chocolate amargo derretido, cerca de 50 g Calda simples aromatizada com café Creme de manteiga francês sabor café (p. 425), 350 g *Ganache*, 150 g Cobertura do bolo ópera (p. 434)	1. Corte a *joconde* em três retângulos iguais de cerca de 15 x 30 cm. 2. Cubra uma camada de *joconde* com uma camada fina de chocolate derretido. Leve à geladeira até firmar. 3. Retire da geladeira, vire o lado do chocolate para baixo e pincele o outro lado com a calda. 4. Espalhe uma camada de cerca de 0,5 cm de creme de manteiga por cima. 5. Coloque a segunda camada de bolo, pincele com a calda e cubra com uma camada fina de *ganache*. 6. Coloque a última camada de *joconde* e pincele com a calda. Espalhe uma camada de creme de manteiga por cima. Alise a superfície cuidadosamente com uma espátula de metal para bolo. Leve à geladeira ou ao congelador até firmar. O bolo deve estar bem gelado para que a cobertura morna não derreta o creme de manteiga. 7. Coloque o bolo sobre uma grade de metal apoiada sobre uma assadeira. Despeje a cobertura sobre ele. Passe a espátula para bolo na parte de cima e bata na assadeira para acomodar a cobertura. 8. Leve à geladeira até firmar. Tire o bolo da grade de metal e, usando uma faca quente, acerte as laterais, deixando-as bem retas. 9. Use um pouco de *ganache* e um cone de papel para escrever a palavra "Ópera" na superfície do bolo.

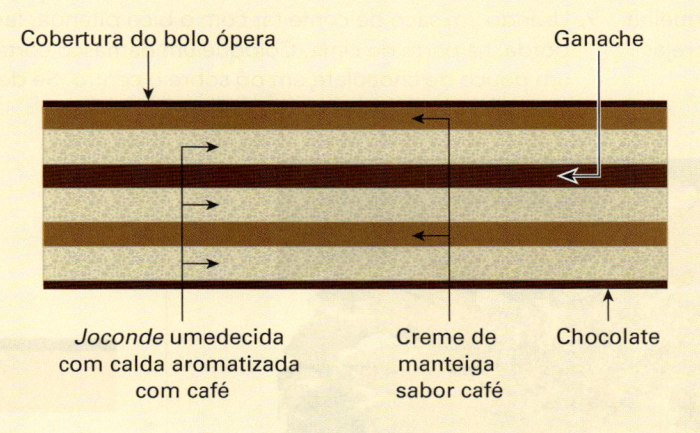

Cobertura do bolo ópera

Ganache

Joconde umedecida com calda aromatizada com café

Creme de manteiga sabor café

Chocolate

MONTE CARLO

Componentes	Modo de fazer

Merengue comum (p. 267), 225 g

Pão de ló de chocolate e amêndoas (p. 415), 1 disco de 13 a 18 cm de diâmetro

Compota de damasco gelificada (ver receita na próxima página)

Musse de amêndoas (p. 539), 400 g

Decoração
Creme chantilly (p. 265)
Metades de damascos
Chocolate em pó
Groselha-vermelha fresca ou cerejas

1. Use um saco de confeitar para formar discos de merengue comum de 18 cm de diâmetro sobre papel-manteiga (ver técnica na p. 347). Use todo o merengue – você precisará de dois discos para montar a torta e um pouco de suspiro esmigalhado para decorar. Asse a 160°C até firmar. Usando um aro modelador de 18 cm de diâmetro como cortador, apare as laterais dos merengues para que caibam no aro.

2. Apare as laterais do pão de ló, se necessário, e use-o para forrar o fundo de uma assadeira redonda com 13 cm de diâmetro. Pincele generosamente com a calda reservada do damasco em conserva. Despeje a compota de damasco ainda morna sobre o pão de ló. Leve à geladeira até firmar.

3. Coloque um dos merengues sobre um disco descartável. Desenforme o pão de ló com a compota de damasco diretamente sobre o disco de merengue – o pão de ló ficará na parte de cima. Certifique-se de que está bem centralizado sobre o disco de merengue.

4. Coloque um aro modelador ao redor do merengue da base.

5. Use o musse de amêndoas para preencher a cavidade até quase a borda do aro. Coloque o segundo disco de merengue por cima e pressione delicadamente. Leve à geladeira até firmar.

6. Retire o aro modelador usando um maçarico culinário, com cuidado, para descolar as laterais.

7. Cubra toda a superfície da sobremesa com uma camada fina de musse de amêndoas.

8. Esfarele o suspiro e use-o para cobrir toda a superfície.

9. Usando um saco de confeitar com o bico pitanga, faça 8 rosetas de chantilly ao redor da borda, na parte de cima. Coloque um damasco cortado em leque sobre cada uma. Polvilhe um pouco de chocolate em pó sobre o centro. Se desejar, decore com algumas groselhas-vermelhas frescas.

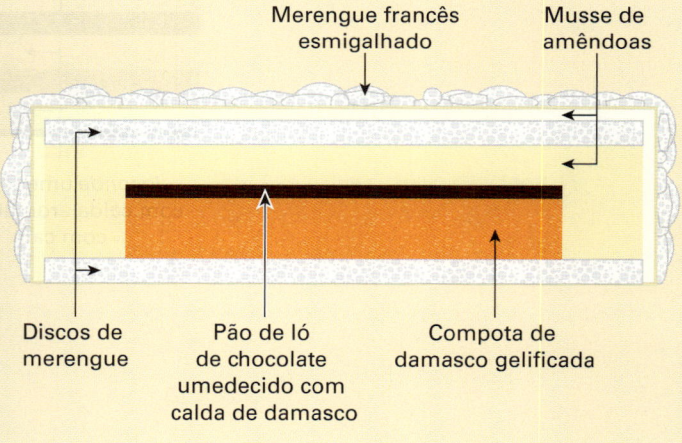

Merengue francês esmigalhado

Musse de amêndoas

Discos de merengue

Pão de ló de chocolate umedecido com calda de damasco

Compota de damasco gelificada

COMPOTA DE DAMASCO GELIFICADA

Ingredientes	Modo de fazer
Damasco em conserva com a calda, 350 g 1 pau de canela Tiras da casca de1 limão Gelatina incolor sem sabor, 4 g (ou 2 folhas) Licor *amaretto*, 60 mL	1. Escorra e reserve a calda dos damascos. Junte o pau de canela e a casca de limão à calda e leve ao fogo até ferver. Junte os damascos e cozinhe em fogo bem baixo até que a fruta comece a se desmanchar (se necessário, retire os damascos da calda e pique grosseiramente). Descarte o pau de canela e a casca de limão. Escorra, reservando o líquido para umedecer o pão de ló no passo 2 da receita anterior. 2. Amoleça a gelatina em água fria (ver p. 88). 3. Junte aos damascos quentes e mexa até que esteja dissolvida. Acrescente o *amaretto*. 4. Reaqueça, se necessário, para usar na torta Monte Carlo da página anterior.

BOLO JULIANA

Componentes	Modo de fazer
Tira de chocolate com textura de madeira Pão de ló (*génoise*) (p. 407), 2 discos com 18 cm de diâmetro e cerca de 1 cm de espessura Calda de café (p. 263) Creme de pralina II (p. 542), 300 g Creme de baunilha (p. 427), 300 g Cobertura marmorizada de café (p. 435), 100 a 110 g Decoração 　Leque de chocolate 　*Cigarettes* de chocolate 　Avelãs caramelizadas	1. Forre um aro modelador de 18 cm de diâmetro com uma tira de acetato coberta de chocolate com textura de madeira (ver p. 645). Coloque o aro sobre um disco descartável. 2. Coloque um disco de pão de ló dentro do aro. (*Nota*: as camadas de pão de ló podem ser cortadas diretamente de bolos assados bem finos ou de bolos mais grossos.) 3. Pincele com a calda de café. 4. Encha o aro até a metade com o creme de pralina. 5. Coloque o segundo disco de pão de ló e pressione toda a superfície delicadamente. Pincele com calda de café. 6. Preencha com o creme de baunilha até a borda. Alise a superfície com uma espátula para bolo. Leve à geladeira até firmar. 7. Junte o extrato de café à cobertura (ver p. 435) e mexa delicadamente. Espalhe sobre a superfície do bolo em movimentos espiralados, para criar a textura marmorizada. Leve à geladeira até ficar bem gelado. 8. Retire o aro modelador e descole o acetato. Acerte a borda da cobertura marmorizada com uma faquinha. 9. Decore com o leque de chocolate polvilhado com açúcar de confeiteiro, alguns *cigarettes* de chocolate e avelãs caramelizadas.

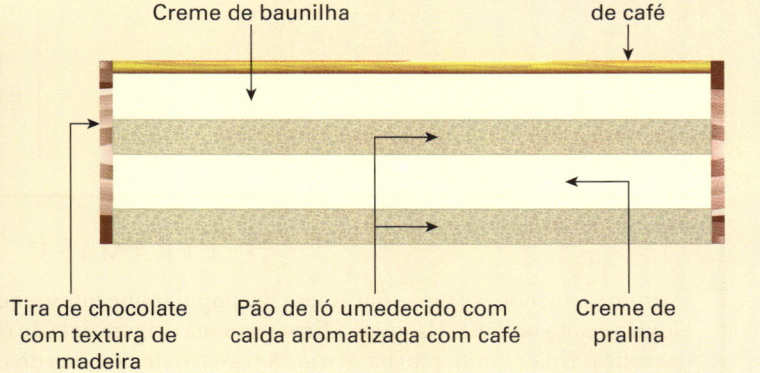

Creme de baunilha

Cobertura marmorizada de café

Tira de chocolate com textura de madeira

Pão de ló umedecido com calda aromatizada com café

Creme de pralina

TIRAMISÙ

Componentes	Modo de fazer
Pão de ló fino (*biscuit*) (p. 412), 1 lâmina de 46 x 66 cm Café *espresso* bem forte, 500 mL Calda simples, 250 mL Recheio de *mascarpone* (receita abaixo) Chocolate em pó *Nota: é fácil fazer apenas metade desta receita. Comece com um biscuit de 33 x 46 cm e use metade do recheio e da calda. Se preferir, use biscoito champagne no lugar do biscuit.*	1. Corte o retângulo de *biscuit* em dois retângulos de 46 x 33 cm. 2. Misture o café com a calda. Use toda a mistura para umedecer as camadas de *biscuit*. 3. Coloque uma camada de *biscuit* em uma travessa. Espalhe metade do recheio por cima. 4. Coloque a segunda camada de *biscuit* e espalhe o recheio restante. Alise a superfície. Leve à geladeira. 5. Polvilhe com um pouco de chocolate em pó. 6. Corte em 24 porções.

Chocolate em pó

Biscuit umedecido com calda aromatizada com café

Recheio de *mascarpone*

RECHEIO DE MASCARPONE

Ingredientes	Quantidade	Modo de fazer
Gemas	2 gemas	1. Bata as gemas até obter um creme esbranquiçado.
Açúcar	180 g	
Água	120 g	2. Faça uma calda com o açúcar, a água e o xarope de glucose de milho – cozinhe até atingir 120°C. Despeje aos poucos sobre as gemas, batendo sem parar. Continue batendo até a mistura esfriar.
Xarope de glucose de milho	60 g	
Mascarpone	500 g	
Creme de leite fresco	740 g	
Peso aproximado:	**1.600 g**	3. Em uma batedeira com o misturador raquete, bata o *mascarpone* até ficar cremoso. 4. Com a batedeira ligada em velocidade baixa, junte a mistura de gemas aos poucos, mexendo muito bem após cada adição. 5. Bata o creme de leite até obter picos moles. Incorpore à mistura de *mascarpone*.

✢⸜ TIRAMISÙ ⸝✢

O *tiramisù* tornou-se uma sobremesa tão popular que muitos acreditam tratar-se de uma antiga e tradicional receita italiana. Há quem afirme que sua origem data de centenas de anos atrás, no período da Renascença. No entanto, não há nenhum registro de receitas de *tiramisù* até o final do século XX, então é provável que a sobremesa como a conhecemos hoje seja uma invenção recente. A especialidade foi reproduzida tantas vezes que há centenas de receitas para prepará-la, e praticamente a única coisa que elas têm em comum é o uso do *mascarpone*.

A palavra *tiramisù* significa "levante-me", em referência aos dois ingredientes que contêm cafeína, chocolate e café.

BANANIER

Componentes	Modo de fazer
Joconde (p. 410) Calda de rum (p. 263) Creme *Chiboust* de limão (p. 274), 200 g Rodelas de banana caramelizadas (receita abaixo) Musse de banana (p. 543), 200 g *Spray* de chocolate (p. 648) Geleia de brilho de damasco (p. 200) Decoração Leques de chocolate Rodelas de limão e banana	1. Forre um aro modelador de 16 cm de diâmetro com uma tira de acetato. 2. Corte dois discos de *joconde* de 15 cm de diâmetro. Corte uma tira de *joconde* para forrar o aro – faça-a um pouco mais estreita que o aro, para que o recheio apareça na parte de cima da lateral. Caramelize-a, bem como os discos de *joconde*, seguindo os procedimentos da página 454. 3. Pincele a tira e os discos de *joconde* caramelizados com a calda de rum. Arrume a tira de *joconde* ao redor do aro e apoie-o sobre um disco descartável. Coloque a primeira camada de *joconde* no aro. 4. Prepare o creme *Chiboust*. Antes de ele ficar firme, despeje-o dentro do aro até quase encher e, então, coloque a segunda camada de *joconde*, pressionando delicadamente. 5. Arrume as rodelas de banana caramelizada por cima. 6. Prepare o musse de banana. Antes de ele ficar firme, despeje-o no aro até enchê-lo e alise a superfície com uma espátula. 7. Leve ao congelador por 45 minutos para firmar. 8. Apoie um estêncil sobre o bolo e pinte com o *spray* de chocolate. 9. Pincele toda a superfície com a geleia de brilho. 10. Decore a gosto. A torta mostrada na foto foi guarnecida com 2 leques de chocolate e rodelas de limão e banana cobertas com geleia de brilho.

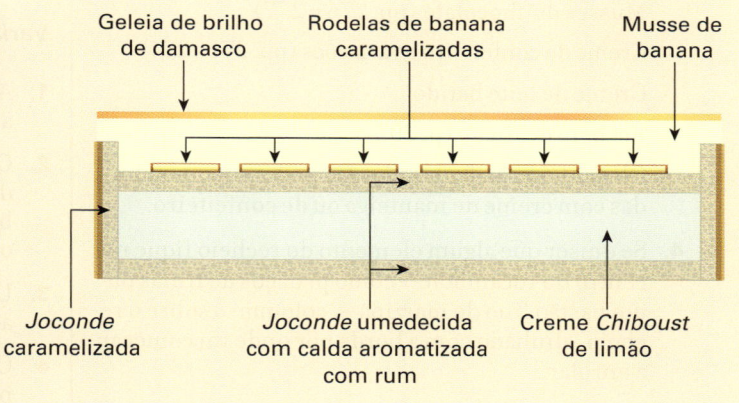

Geleia de brilho
de damasco — Rodelas de banana
caramelizadas — Musse de
banana

Joconde
caramelizada — *Joconde* umedecida
com calda aromatizada
com rum — Creme *Chiboust*
de limão

RODELAS DE BANANA CARAMELIZADAS
(PARA A TORTA BANANIER)

Ingredientes	Modo de fazer
1 banana Açúcar mascavo, 30 g Manteiga, 10 g (2 colheres de chá)	1. Corte a banana em rodelas de 1 cm de espessura. 2. Aqueça o açúcar em uma frigideira pequena e junte as rodelas de banana. Cozinhe rapidamente, até que as rodelas estejam caramelizadas dos dois lados, mas sem desmanchar. 3. Acrescente a manteiga. 4. Coloque as rodelas de banana sobre papel-manteiga até esfriarem.

Rocamboles

Os **rocamboles** são uma preparação leve e delicada à base de pão de ló enrolado com recheios diversos. Em geral, são cobertos e decorados depois de recheados.

Procedimentos gerais para enrolar rocamboles

1. Asse o pão de ló conforme as instruções da fórmula (pp. 407 a 408). Desenforme sobre uma folha de papel-manteiga e descole o papel usado para forrar a forma. Deixe esfriar um pouco, coberto com um pano, para que o bolo não perca umidade e ressseque (outra alternativa é umedecer o pão de ló com calda).

2. Acerte as laterais com uma faca afiada. Beiradas mais torradas se quebram ao serem enroladas.

3. Espalhe o recheio desejado, por exemplo:

   Geleia de frutas

   Cremes de manteiga (pp. 424 a 428)

   Ganache (pp. 275 e 276)

   Musses de chocolate (pp. 276 e 277)

   Creme de confeiteiro e variações (pp. 271 a 274)

   Creme de leite batido

   Recheio de limão (p. 202)

   Oleaginosas ou frutas picadas podem ser misturadas com creme de manteiga ou de confeiteiro.

4. Se quiser que algum elemento do recheio fique no centro do rocambole — como pedaços de frutas ou um bastão fino de marzipã —, coloque-o sobre o recheio, alinhado com a borda por onde vai começar a enrolar.

5. Enrole o rocambole bem apertado com a ajuda do papel-manteiga.

6. Se desejar, aplique uma cobertura na parte de cima ou em todo o rocambole. Por exemplo:

   Pincele com a geleia de brilho de damasco e cubra com *fondant*.

   Cubra com chocolate derretido.

   Cubra com uma lâmina de marzipã (ver p. 456), usando geleia de brilho de damasco ou outra geleia para grudar.

   Espalhe uma camada fina de creme de manteiga e cubra com marzipã.

   Cubra com creme de manteiga e depois passe em coco ralado ou nozes picadas.

7. Os rocamboles podem ser vendidos inteiros ou cortados em fatias.

Variação: telhado de rocambole

1. Antes de passar a cobertura no rocambole, leve-o à geladeira para firmar.

2. Corte duas tiras de bolo amanteigado ou pão de ló da mesma largura e do mesmo tamanho do rocambole. Cubra-as com uma camada fina de cobertura ou geleia.

3. Usando uma faca afiada, corte o rocambole gelado ao meio no sentido do comprimento.

4. Coloque cada metade sobre uma das tiras de bolo preparadas, com a parte arredondada virada para cima.

5. Cubra e decore como no procedimento básico.

ROCAMBOLE DE AMÊNDOAS

Componentes	Modo de fazer
Massa para rocambole II (p. 408)	1. Espalhe a geleia de damasco sobre o pão de ló e, por cima, espalhe o creme de confeiteiro.
Geleia de damasco	2. Enrole.
Creme de confeiteiro sabor amêndoa	3. Pincele a superfície com a geleia de brilho e cubra com o *fondant* branco.
Geleia de brilho de damasco (p. 200)	4. Enquanto o *fondant* ainda estiver macio, coloque uma fileira de amêndoas tostadas na parte de cima do rocambole.
Fondant branco	
Amêndoas tostadas	

ROCAMBOLE FLORESTA NEGRA

Componentes	Modo de fazer
Creme de leite batido com gelatina (p. 264) e saborizado com *kirsch* Massa para rocambole de chocolate II (p. 408) Cerejas em calda, bem escorridas Lascas de chocolate	1. Coloque um bico perlê (liso) no saco de confeitar e encha com o creme de leite batido. 2. Deposite cordões de creme de leite sobre o pão de ló, no sentido do comprimento do rocambole, a 1 cm de distância uns dos outros. 3. Preencha os espaços entre os cordões com cerejas. 4. Enrole. 5. Cubra com mais creme de leite batido e então polvilhe com as lascas de chocolate.

BÛCHE DE NOËL
(ROCAMBOLE NATALINO DE CHOCOLATE)

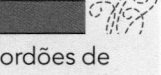

Componentes	Modo de fazer
Massa para rocambole II ou de chocolate II (p. 408) Creme de manteiga sabor chocolate (p. 425) Creme de manteiga sabor baunilha (p. 425) Cogumelos de merengue (p. 352)	1. Espalhe o creme de manteiga sabor chocolate sobre a massa de rocambole. 2. Enrole. 3. Cubra as extremidades com o creme de manteiga sabor baunilha e, usando um cone de papel, desenhe uma espiral de creme de manteiga de chocolate, ou outra cobertura de chocolate, para que fiquem parecidas com os veios de um tronco de madeira. 4. Cubra o restante do rocambole com creme de manteiga de chocolate, imitando a casca da árvore, seja usando um bico serra grande, seja espalhando o creme e depois texturizando-o com os dentes de um pente de plástico. 5. Decore com os cogumelos de merengue.

ROCAMBOLE ARLEQUIM

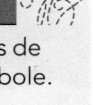

Componentes	Modo de fazer
Massa para rocambole II (p. 408) Creme de manteiga sabor baunilha (p. 425) Creme de manteiga sabor chocolate (p. 425) Chocolate derretido, *fondant* de chocolate ou marzipã colorido com chocolate em pó	1. Usando um saco de confeitar, cubra toda a superfície do pão de ló com cordões de creme de manteiga de cores alternadas, no sentido do comprimento do rocambole. 2. Enrole. 3. Cubra com chocolate derretido, *fondant* de chocolate ou marzipã colorido com chocolate em pó.

ROCAMBOLE MOCHA

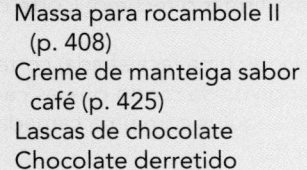

Componentes	Modo de fazer
Massa para rocambole II (p. 408) Creme de manteiga sabor café (p. 425) Lascas de chocolate Chocolate derretido para decorar	1. Espalhe o creme de manteiga sobre o pão de ló e polvilhe com as lascas de chocolate. 2. Enrole. 3. Cubra com mais creme de manteiga. Decore com rabiscos de chocolate derretido.

ROCAMBOLE DE PRALINA E GANACHE

Componentes	Modo de fazer
Massa para rocambole II (p. 408) Creme de manteiga com pralina (p. 425) *Ganache* (p. 275) Avelãs, em lascas ou picadas	1. Espalhe o creme de manteiga sobre o pão de ló. 2. Usando um bico perlê (liso) grande, deposite um cordão de *ganache* próximo à borda por onde vai começar a enrolar. 3. Enrole, de forma que o *ganache* fique no centro. 4. Cubra com mais creme de manteiga. Salpique com as avelãs em lascas ou picadas.

ROCAMBOLE COM CREME E MORANGOS

Componentes	Modo de fazer
Massa para rocambole II (p. 408) Creme de confeiteiro (p. 271) saborizado com essência ou licor de laranja Morangos frescos Açúcar de confeiteiro	1. Espalhe o creme de confeiteiro sobre o pão de ló. 2. Coloque uma fileira de morangos alinhada com uma das bordas. 3. Enrole, de modo que os morangos fiquem no centro. Polvilhe com açúcar de confeiteiro.

Bolos pequenos

Bolinhos recheados cortados em porções individuais podem ser feitos em vários formatos e sabores. Em algumas confeitarias dos EUA, eles são conhecidos como *French pastries*. Usando diferentes tipos de massa, recheios, coberturas e decorações, é possível criar uma variedade ilimitada desses bolinhos convidativos. Esta seção discutirá algumas das versões mais tradicionais.

Fatias

Consistem basicamente em uma porção individual cortada de uma tira de bolo (p. 453) ou de um rocambole (p. 476). O mais importante para a aparência das fatias são as linhas formadas pelas camadas e recheios. Por isso, é importante cortá-las cuidadosamente.

Para obter melhores resultados, leve o produto à geladeira ou ao congelador antes de cortar para firmar o recheio. Use uma faca afiada. Limpe a lâmina e mergulhe-a em água quente antes de cada corte.

As fatias devem ser alinhadas em bandejas ou colocadas em embalagens individuais ao serem expostas.

Triângulos

Com quatro ou cinco camadas de pão de ló, monte um bolo de 6 mm de espessura recheado com um creme de manteiga de cor contrastante. Pressione as camadas para que grudem bem. Leve à geladeira para firmar o recheio. Corte o bolo em tiras de 5 a 6 cm de largura.

Alinhe o retângulo com a beirada da bancada e, usando uma faca afiada, corte na diagonal, formando dois triângulos (A). Vire os triângulos de modo que as camadas fiquem na vertical (B). Una as costas dos dois triângulos com uma camada de creme de manteiga para formar um triângulo maior (C).

Cubra com marzipã, *glaçage* de chocolate ou glacê. Corte em fatias.

Barrinhas

Junte duas ou três camadas de bolo com algum recheio, de modo que o produto final fique com cerca de 4 cm de altura. Pressione as camadas para que grudem bem. Leve à geladeira para firmar o recheio.

Corte o bolo em barrinhas de 5 cm de largura ou menos. Cubra as laterais e depois a superfície com creme de manteiga. Decore a gosto.

Otelos

Otelos são bolinhos redondos feitos com uma massa de pão de ló especial. Prepare a receita de Massa para rocambole I (p. 407), mas reduza a primeira quantidade de açúcar para 25% (90 g). Usando um saco de confeitar com o bico perlê (liso), faça montinhos de 5 cm de diâmetro sobre papel-manteiga. Asse a 200°C. Deixe esfriar. Retire um pouco do miolo do bolo pela base para que haja mais espaço para o recheio. Selecione metade dos bolinhos para servirem de base e corte uma tampinha em cada um para que fiquem com uma base plana.

Junte-os dois a dois com o recheio apropriado (ver abaixo). Pincele a parte de cima com a geleia de brilho de damasco. Coloque sobre uma tela para glacear e cubra com *fondant*. Para decorar, use um cone de papel para desenhar uma espiral de *fondant* da mesma cor na superfície de cada Otelo.

Embora o nome Otelo seja usado para designar esta categoria de bolos, cada um pode receber um nome diferente de acordo com seu sabor:

Otelos	Recheio: creme de confeiteiro sabor chocolate Cobertura: *fondant* de chocolate
Iagos	Recheio: creme de confeiteiro sabor café Cobertura: *fondant* de café
Desdêmonas	Recheio: creme de leite batido sabor baunilha Cobertura: *fondant* branco aromatizado com *kirsch*
Rosalindas	Recheio: creme de leite batido sabor água de rosas Cobertura: *fondant* cor-de-rosa aromatizado com água de rosas

> ### ❋⎨ BOLINHOS ⎬❋
> ### TEATRAIS
>
> A sobremesa à base de bolo conhecida como Otelo recebe este nome em homenagem ao personagem homônimo da peça Otelo, o mouro de Veneza, de Shakespeare. O anti-herói é levado a acreditar, pelo demoníaco Iago, que sua esposa Desdêmona lhe foi infiel. Ele a mata em um acesso de ciúmes.
>
> Curiosamente, Rosalinda é o nome de outra personagem de Shakespeare, da peça *As you like it* (Como gostais/Como vos agradar).

Petits fours

O termo francês **petit four** é usado para designar quaisquer preparações doces ou salgadas pequenas o bastante para serem comidas em uma ou duas mordidas. Seu sentido literal é "forno pequeno". Em sua maioria, os *petits fours* são assados, embora haja alguns que não são.

Os *petits fours* são divididos em duas categorias. Os *petits fours secs* (*secs* significa "secos") incluem uma variedade de biscoitinhos amanteigados, suspirinhos, *macarons* e produtos de massa folhada. Esse tipo de *petits fours* será discutido no próximo capítulo.

Já os **petits fours glacés** (*glacés* significa, neste caso, "cobertos") são *petits fours* cobertos e/ou recheados. A categoria inclui itens como pequenas bombas, *tartelettes*, carolinas recheadas e sobremesas individuais à base de bolo. Na verdade, quaisquer preparações doces cobertas e/ou recheadas que são pequenas o bastante para serem comidas em uma ou duas mordidas também podem ser chamadas de *petits fours*.

Nos EUA, o termo *petits fours* é associado com frequência a pequenos pedaços de bolo cobertos com *fondant*. De fato, a maioria das pessoas lá sequer conhece outros tipos de *petits fours*. Em razão de sua popularidade, esse tipo de *petit four* faz parte do repertório de todo confeiteiro norte-americano. Ver os procedimentos gerais sobre como prepará-los na página 480.

Como cobrir *petits fours* com *fondant*

1. Escolha uma massa de bolo firme e mais compacta. Bolos muito granulados, macios ou esfarelentos são difíceis de cortar em pedaços pequenos uniformes. Das fórmulas apresentadas neste livro, o bolo de amêndoas da página 401 é o mais indicado. Outras boas opções são o Pão de ló de amêndoas II (p. 407) e o Bolo quatro quartos (ver variação mais indicada na p. 400). Para produzir uma assadeira grande de bolinhos, são necessárias três assadeiras grandes de massa pronta com 6 mm de altura cada. A altura do produto final já coberto não deve exceder 2,5 cm.

2. Coloque uma camada de bolo em uma assadeira. Espalhe uma camada fina de geleia quente ou creme de manteiga. Coloque a segunda camada de bolo.

3. Repita o procedimento. Espalhe uma camada fina de geleia ou do recheio que estiver usando sobre a última camada.

4. Abra o marzipã em uma lâmina fina do mesmo tamanho da assadeira. Enrole-a delicadamente ao redor do rolo e desenrole sobre o bolo. Passe o rolo sobre a superfície para certificar-se de que as camadas estão bem unidas.

5. Cubra com uma folha de papel-manteiga e coloque por cima uma assadeira vazia do mesmo tamanho. Vire para que o bolo fique apoiado sobre o fundo da assadeira que estava vazia. Levante a forma em que o bolo foi montado.

6. Cubra com filme plástico e leve ao congelador. Isso fará com que o bolo fique firme, permitindo que pedaços mais simétricos sejam cortados.

7. Corte pequenos quadrados, retângulos, losangos, discos, formas ovaladas ou quaisquer outras formas usando cortadores. Lembre-se de que os bolinhos devem ser pequenos — no máximo 2,5 cm de largura.

8. Prepare o *fondant* para cobrir. Dilua com calda simples para que formem uma camada bem fina sobre os bolinhos. O *fondant* também pode ser colorido em tons bem suaves.

9. Coloque os bolinhos sobre uma tela para glacear apoiada sobre uma assadeira, mantendo um espaço de 2,5 cm entre eles. Despeje o *fondant* sobre cada um, cobrindo completamente a parte de cima e as laterais.
   Outra opção é mergulhar os bolinhos no *fondant* morno um a um. Afunde o bolinho no *fondant* com a parte de cima virada para baixo até que o fundo esteja nivelado com a superfície do *fondant*. Levante os bolinhos usando dois garfos para chocolate (ver p. 649), um apoiando em cima e outro embaixo, vire-os no sentido correto e apoie-os sobre a tela para que o excesso escorra.

10. Quando a cobertura firmar, use chocolate derretido, gel de confeitagem ou *fondant* colorido para decorar as superfícies.

11. Para uma variação interessante, coloque uma pelotinha de creme de manteiga sobre cada bolinho antes de cobrir com o *fondant*. Leve à geladeira para o creme de manteiga endurecer e, então, cubra com o *fondant*.

TERMOS PARA REVISÃO

gâteau

torte

aros modeladores

charlotte

bolo Floresta Negra

bolo fino de frutas

torta *dobos*

torta *kirsch*

Sachertorte

bolo ópera

tiramisù

Otelo

petit four

petit four glacé

QUESTÕES PARA DISCUSSÃO

1. Liste rapidamente os passos necessários para a montagem de sobremesas finas europeias à base de bolo.

2. Descreva como o bolo deve ser cortado para que sejam obtidas camadas mais uniformes.

3. Descreva quatro maneiras de forrar um aro para sobremesas à base de bolo.

4. Que precauções devem ser tomadas quando são usadas frutas para forrar o aro?

5. Descreva o processo de caramelização de uma tira de *joconde*.

6. Descreva o procedimento para cobrir um bolo com marzipã.

Capítulo 19

Biscoitos e *cookies*

A palavra *cookie* significa "bolinho", e um *cookie* é mais ou menos isso. Na verdade, alguns *cookies* e biscoitos são feitos de massa de bolo. É difícil classificar certos produtos (p. ex., *brownie*) como bolos ou *cookies*, pois eles têm características comuns a ambos.

A maioria das massas usadas para fazer os mais variados tipos de biscoito, no entanto, leva menos líquido que as massas de bolo. Sua consistência pode variar de mole a muito dura, ao contrário das massas semilíquidas de bolo. A diferença na quantidade de líquido implica diferenças no método de mistura, embora os procedimentos básicos sejam bem parecidos com os usados para fazer certos bolos.

A diferença mais clara entre bolos e *cookies* em geral está na modelagem. Como os últimos são formas unitárias, envolvem um trabalho manual maior. O aprendizado correto dos métodos e sua prática diligente são essenciais para obter sucesso no preparo de *cookies* e biscoitos.

Após ler este capítulo, você deverá ser capaz de:

1. Compreender o que está por trás das características dos *cookies* e biscoitos: crocância, umidade, mastigabilidade e espalhamento.

2. Preparar massa de *cookies* e biscoitos usando os três métodos básicos de mistura.

3. Preparar oito tipos diferentes de massa: de pingar com a colher, de pingar com o saco de confeitar, de cortar com o cortador, de modelar antes de assar, de cortar pouco antes de assar, de cortar durante o assamento, de espalhar na assadeira e de modelar depois de assar.

4. Assar e armazenar *cookies* e biscoitos adequadamente.

CARACTERÍSTICAS DAS MASSAS E SUAS CAUSAS

Há **cookies** de todos os tipos, formatos, sabores e texturas. Características desejáveis em alguns deles podem ser uma falha em outros. Por exemplo, alguns *cookies* devem ser macios, mas outros devem ser crocantes. Alguns devem manter a forma durante o assamento, outros devem se espalhar. Para produzir as características desejáveis e corrigir falhas, é útil saber o que está por trás de cada uma delas.

Crocância

Cookies e biscoitos são crocantes se tiverem um baixo teor de umidade. Eis alguns dos fatores que contribuem para a crocância:

1. Pequena quantidade de líquido na massa. Em sua maioria, os *cookies* e biscoitos crocantes são feitos de massas secas e duras.

2. Alto teor de açúcar e gordura. Uma grande quantidade destes ingredientes possibilita o amassamento e a modelagem de uma massa com baixo teor de umidade.

3. Tempo de assamento longo o bastante para que o máximo possível de umidade evapore. Assar em forno de convecção também ajuda a secar o produto mais rapidamente, contribuindo para a crocância.

4. Tamanho reduzido ou formato achatado, para que o produto fique seco mais rapidamente ao assar.

5. Armazenamento adequado. Produtos crocantes podem ficar moles se absorverem umidade.

Maciez

A maciez é o oposto da crocância, então é obtida pelas características opostas, conforme explicado a seguir:

1. Grande quantidade de líquido na massa.

2. Baixo teor de açúcar e gordura.

3. Adição de mel, melado ou xarope de glucose de milho à fórmula. Estes açúcares são higroscópicos, ou seja, absorvem imediatamente a umidade do ar que os cerca.

4. Tempo de assamento curto.

5. Unidades grandes ou grossas, que retêm mais umidade.

6. Armazenamento adequado. Produtos macios podem ficar secos e duros se não forem bem cobertos ou vedados.

Mastigabilidade

É preciso umidade para obter mastigabilidade, mas outros fatores também estão envolvidos. Em outras palavras, todos os produtos com textura "boa de mastigar" (*chewy*, em inglês) são macios, mas nem todos os produtos macios possuem essa característica. Os seguintes fatores contribuem para a mastigabilidade:

1. Alta concentração de açúcar e de umidade, mas baixo teor de gordura.

2. Grande quantidade de ovos.

3. Farinha forte ou desenvolvimento do glúten durante a etapa de mistura.

Espalhamento

Esta característica é especialmente importante para alguns tipos de *cookies*, enquanto outros devem manter sua forma. Vários fatores contribuem para que isso ocorra.

1. Altos teores de açúcar aumentam o espalhamento, assim como o uso de açúcar cristal. Por sua vez, o açúcar refinado ou de confeiteiro minimizam essa característica.

2. Grandes quantidades de bicarbonato de sódio ou sal amoníaco estimulam o espalhamento.

3. O ato de misturar a gordura e o açúcar até obter um creme fofo contribui para o crescimento, pois incorpora ar à massa. Se o creme for batido até ficar esbranquiçado, ele se espalhará com mais facilidade. Ao contrário, se o açúcar e a gordura forem apenas misturados até formarem uma pasta (sem incorporar ar), haverá menos espalhamento.

4. Forno em temperatura baixa aumenta o espalhamento. Temperaturas altas causam um efeito contrário, pois o produto ficar firme antes de ter a chance de se expandir.

5. Uma massa mais mole se espalha mais que uma massa mais dura e seca.

6. O uso de farinha forte ou a ativação do glúten diminuem o espalhamento.

7. Os produtos se espalham mais quando assados em formas bem untadas.

✳{ COOKIES }✳

A palavra *cookie* originou-se da palavra holandesa *koekje*, que significa "bolinho". É usada somente no inglês norte-americano. Na Inglaterra, esses "bolinhos" são chamados de *biscuits*, embora sejam geralmente menores que os *cookies* norte-americanos e quase sempre crocantes e sequinhos (e não de textura macia e boa de mastigar).

Imigrantes de vários países levaram seus biscoitos e bolachas doces favoritos para os Estados Unidos, e, por isso, lá existem *cookies* da Escandinávia, Inglaterra, Alemanha, França, Europa Oriental etc.

Até muito recentemente, os *cookies* norte-americanos eram menores e mais sequinhos do que são atualmente, assemelhando-se mais aos biscoitos europeus que lhe deram origem. No final do século XX, as pessoas passaram a preferir *cookies* mais macios e bons de mastigar, então os padeiros e confeiteiros passaram a assá-los por menos tempo, para que não ficassem crocantes. Como resultado, tornou-se comum encontrar produtos com uma porção de massa crua no centro. No entanto, as fórmulas foram modificadas rapidamente de modo que pudessem ser produzidos *cookies* macios mas totalmente cozidos. Ao mesmo tempo, a preferência dos norte-americanos por porções cada vez maiores fez com que os *cookies* aumentassem de tamanho. Hoje em dia, é comum encontrar *cookies* de 10 a 12 cm de diâmetro ou até maiores nos Estados Unidos.

MÉTODOS DE MISTURA

Os métodos de mistura para *cookies* e biscoitos são muito semelhantes aos usados para os bolos. A maior diferença é que, em geral, incorpora-se menos líquido, então o processo de mistura é relativamente mais fácil. Uma quantidade menor de líquido significa um menor desenvolvimento do glúten. Além disso, é mais fácil obter uma mistura lisa e homogênea.

Três métodos básicos são usados no preparo dessas massas:

- Método direto seco
- Método cremoso
- Método pão de ló

Estes métodos estão sujeitos a muitas variações em razão das diferenças entre as fórmulas. Os procedimentos gerais empregados estão descritos a seguir, mas certifique-se sempre de seguir as instruções específicas para cada receita.

Método direto seco

Este método é a contrapartida para o método cremoso para massa úmida de mistura de bolos. Há mais líquido nas massas de bolo, então ele deve ser adicionado em duas ou mais etapas para que seja incorporado de forma homogênea. Massas com menor umidade, por outro lado, podem ser misturadas de uma só vez.

Procedimento do método direto seco

1. Pese os ingredientes cuidadosamente. Espere até que todos atinjam a temperatura ambiente (21°C).

2. Coloque todos os ingredientes na batedeira. Usando o misturador raquete, bata em velocidade baixa até obter uma mistura homogênea. Raspe as laterais da tigela sempre que necessário.

Como todos os ingredientes são combinados em apenas uma etapa, é mais difícil controlar o processo de mistura com este método. Por isso, ele não é usado com muita frequência. Quando o tempo de mistura excessivo não constitui um problema, como é o caso de alguns *cookies* de maior gomosidade, ele pode ser usado.

Método cremoso

Este método é praticamente idêntico ao usado para preparar bolos. Como os biscoitos levam menos líquido, em geral não é necessário alterná-lo com a farinha. Ele pode ser adicionado de uma só vez.

Observe a importância do passo 2, em que a gordura e o açúcar são misturados. O tempo de batimento dessa mistura afeta a textura do produto final, seu crescimento e seu espalhamento. Um período curto de mistura é desejável quando se espera que o produto retenha a forma e não se espalhe na forma. Além disso, se a massa for muito seca (com alto teor de gordura e pouco desenvolvimento do glúten), ou se o formato for muito delgado e delicado, o excesso de mistura nesta fase deixará o produto final muito quebradiço.

Procedimento do método cremoso

1. Pese os ingredientes cuidadosamente. Espere até que todos atinjam a temperatura ambiente.

2. Coloque a gordura, o açúcar, o sal e as especiarias na tigela da batedeira. Bata em velocidade baixa com o misturador raquete.

3. Para biscoitos leves, bata até obter um creme leve e fofo, para que mais ar seja incorporado, melhorando o crescimento. Para biscoitos mais densos, misture até obter uma pasta lisa, mas não esbranquiçada.

4. Junte os ovos e o líquido, se estiver usando, e bata em velocidade baixa.

5. Peneire a farinha e os agentes de crescimento dentro da tigela. Bata apenas até que estejam incorporados. Não bata demais, senão o glúten se desenvolverá.

Método pão de ló

Este método é similar ao usado para preparar pão de ló e outras massas aeradas. O procedimento varia consideravelmente conforme os ingredientes da fórmula. Em razão da delicadeza deste tipo de massa, não se devem preparar grandes quantidades.

Procedimento para o método pão de ló

1. Pese todos os ingredientes cuidadosamente. Espere até que todos atinjam a temperatura ambiente, ou aqueça ligeiramente os ovos para obter mais volume, como nas receitas de massas de bolo aeradas.

2. Seguindo o procedimento indicado na fórmula, bata os ovos (inteiros, gemas ou claras) e o açúcar até atingirem o ponto ideal: picos moles para as claras, creme leve e fofo para as gemas ou ovos inteiros.

3. Incorpore os demais ingredientes delicadamente, conforme as instruções da fórmula. Cuidado para não mexer demais e deixar escapar o ar aprisionado pelos ovos.

TIPOS DE MASSA E MÉTODOS DE MODELAGEM

Podemos também classificar os *cookies* e biscoitos de acordo com a maneira como são modelados. Esta classificação talvez seja mais útil do ponto de vista da produção, já que os métodos de preparo são relativamente simples, ao passo que as técnicas de modelagem variam muito. Nesta seção, você aprenderá os procedimentos básicos para produzir oito tipos de massa:

- de pingar com o saco de confeitar.
- de pingar com a colher.
- de cortar com o cortador.
- de modelar antes de assar.
- de cortar pouco antes de assar.
- de cortar durante o assamento.
- de espalhar na assadeira.
- de modelar depois de assar.

Independentemente do método de modelagem usado, siga uma regra importante: faça todas as unidades de um mesmo tamanho e espessura. Isso é essencial para um assamento uniforme. Como os tempos de assamento são muito curtos, as unidades menores podem queimar antes que as maiores estejam prontas.

Se forem usados frutas, oleaginosas ou outros elementos para decorar a parte de cima dos produtos, coloque-os assim que as unidades forem modeladas, pressionando delicadamente contra a massa. Se a superfície da massa começar a secar, os elementos podem não grudar direito e caírem depois que o produto estiver assado.

Massa de pingar com o saco de confeitar

Os produtos feitos com o saco de confeitar são de massa mole. Ela deve ser macia o bastante para passar pelo bico do saco de confeitar, mas firme o suficiente para manter a forma. Para massas mais consistentes, pode-se usar um saco duplo para aumentar a resistência (p. ex., coloque um saco de confeitar descartável dentro de um saco convencional).

1. Encaixe o bico do tamanho e formato desejados no saco de confeitar. Encha com a massa. Consultar a página 444 para rever as dicas sobre como usar o saco de confeitar.

2. Deposite a massa diretamente sobre as assadeiras previamente preparadas, no tamanho e formato desejados.

Massa de pingar com a colher

A massa usada para este método é mole como a dos produtos feitos com o saco de confeitar. Na verdade, este método poderia ser considerado o mesmo do anterior. Muitos profissionais usam o termo "massa de pingar" para se referirem a massas que podem ser modeladas usando ambos os métodos. Em geral, o saco de confeitar torna o processo mais rápido, além de permitir um maior controle do tamanho e do formato do produto final. No entanto, nas situações enumeradas a seguir, pode ser mais adequado usar o método de pingar com a colher:

- Quando a massa contém pedaços de frutas, oleaginosas ou chocolate, que podem entupir o bico do saco de confeitar.

- Quando se deseja um produto final com aparência mais rústica e caseira.

1. Escolha uma colher boleadora apropriada para o tamanho das porções.
   Uma colher boleadora nº 30 produz itens grandes, com cerca de 30 g.
   Uma colher boleadora nº 40 produz itens médios.
   Uma colher boleadora nº 50 ou 60 produz itens pequenos.

2. Deposite as porções de massa nas assadeiras preparadas. Deixe espaço suficiente entre elas para que a massa se espalhe sem grudar.

3. Massas ricas em gordura se espalham sozinhas, mas se a fórmula indicar, achate de leve as porções de massa com um peso previamente mergulhado em açúcar.

Massa de cortar com o cortador

Os produtos que exigem o corte individual das peças não são feitos em padarias e confeitarias com tanta frequência quanto são feitos em casa, pois requerem mais mão de obra. Além disso, sempre há sobras de massa depois que os itens são cortados. Se abertas com o rolo e cortadas novamente, essas sobras rendem produtos duros, de qualidade inferior.

A vantagem deste método é que ele permite fazer biscoitos nos mais variados formatos, para diferentes ocasiões.

1. Leve a massa à geladeira até que esteja completamente gelada.

2. Abra em uma espessura de 3 mm sobre uma superfície enfarinhada. Use o mínimo possível de farinha para polvilhar, pois ela pode ressecar a massa.

3. Corte os formatos com cortadores apropriados. Coloque nas assadeiras previamente preparadas. Tente cortá-los o mais próximo possível uns dos outros, para evitar que sobre massa. Junte as sobras a uma massa nova, para minimizar os efeitos negativos.

4. Pode-se aplicar algum tipo de decoração antes do assamento. Por exemplo, pincele a superfície com ovo e polvilhe com cristais de açúcar colorido.

5. Depois de prontos, os biscoitos podem ser decorados com cobertura colorida (glacê real, glacê simples de açúcar e água ou *fondant*), para datas comemorativas ou ocasiões especiais. Espere que esfriem totalmente antes de aplicar a cobertura.

Massa de modelar antes de assar

A primeira parte deste procedimento (passos 1 e 2) consiste apenas em um método simples de dividir a massa em porções iguais. Cada porção de massa é então modelada no formato desejado. Em alguns biscoitos tradicionais, desenhos em alto-relevo são feitos com o auxílio de moldes individuais em que a massa é colocada e pressionada até que esteja plana e com um dos lados marcado decorativamente. No entanto, o método mais usado na atualidade é marcar a massa diretamente na forma, usando um marcador em baixo-relevo.

Outra forma de modelagem é a manual, usada para formar rosquinhas, palitos e outros formatos.

1. Leve a massa à geladeira se estiver muito macia para trabalhar. Forme rolos de cerca de 2,5 cm de espessura, ou do tamanho desejado.

2. Usando uma faca ou rapa, corte o bastão em rodelas de 15 g, ou do tamanho desejado.

3. Disponha as rodelas de massa nas assadeiras preparadas, deixando um espaço de 5 cm entre elas.

4. Pressione a superfície com um marcador decorativo em baixo-relevo mergulhado em açúcar cristal. Pode-se usar também um garfo para marcar a massa, como no caso dos *cookies* de manteiga de amendoim.

5. *Método alternativo*: após o passo 2, enrole a massa manualmente no formato desejado.

Massa de cortar pouco antes de assar

Este tipo de massa pode ser armazenado na geladeira até o momento de usar e é uma ótima opção para os estabelecimentos que desejam oferecer um produto fresco a qualquer momento. Os rolos de massa podem ser feitos com antecedência e refrigerados. Os biscoitos são cortados e assados sempre que necessário.

Este método também é usado para fazer biscoitos com mais de uma cor de massa, formando vários desenhos, como xadrez e caracol. Os procedimentos para produzir este tipo de biscoito estão incluídos nas receitas deste capítulo (p. 494).

1. Pese a massa em porções de tamanho semelhante, a partir de 700 g, para fazer biscoitos pequenos, até 1.400 g, para fazer biscoitos maiores.

2. Faça rolos de massa de 2,5 a 5 cm de diâmetro, dependendo do tamanho do produto final desejado. Para uma medição precisa, é importante que todos os cilindros de massa tenham a mesma espessura e comprimento.

3. Enrole os rolos de massa em papel-manteiga, coloque em assadeiras e leve à geladeira de um dia para o outro.

4. Desenrole a massa e corte em rodelas da mesma espessura. A espessura exata das rodelas depende do tamanho do biscoito e do quanto a massa se espalha na forma durante o assamento. Em geral, varia entre 3 e 6 mm.
   Uma fatiadeira pode ser usada para garantir a espessura uniforme das rodelas. Massas com oleaginosas e frutas, no entanto, devem ser cortadas manualmente com uma faca.

5. Coloque nas assadeiras preparadas, deixando um espaço de 5 cm entre os biscoitos.

Massas de cortar durante o assamento

No procedimento de cortar durante o assamento, a massa é assada em forma de longas tiras e então cortada, ainda quente, em porções menores, geralmente barrinhas. Este método não deve ser confundido com o método de espalhar na assadeira (ver a seguir), que também produz barrinhas, que são cortadas depois do assamento.

1. Pese a massa em porções de 800 g. Para fazer barrinhas menores, use porções de 450 g.

2. Forme rolos do comprimento da assadeira com as porções de massa. Coloque três em cada forma untada, mantendo uma boa distância entre eles.

3. Achate a massa com os dedos até obter tiras de 8 a 10 cm de largura e cerca de 6 mm de espessura.

4. Se a fórmula indicar, pincele com ovo.

5. Asse como indicado na receita.

6. Depois de assar, enquanto a massa ainda estiver quente, corte cada tira em barrinhas de 4,5 cm de largura.

7. Em alguns casos, como no preparo dos *biscotti* (palavra italiana que significa "cozidos duas vezes"), as tiras são cortadas em barrinhas estreitas, que são levadas novamente ao forno para ficarem mais secas e crocantes. Veja um exemplo na página 514.

Massa de espalhar na assadeira

Os produtos preparados com este tipo de massa são tão variados que seria praticamente impossível descrever um procedimento comum a todos eles. Algumas massas são como as de bolo, porém mais densas e gordurosas, e podem até ser cobertas como um bolo. Outras consistem em duas ou três camadas acrescentadas em estágios diferentes do assamento. O procedimento a seguir é apenas uma generalização.

1. Espalhe a mistura na assadeira preparada. Certifique-se de que a espessura da massa está uniforme.

2. Se indicado na fórmula, cubra com elementos decorativos ou pincele com ovo.

3. Asse conforme as instruções da receita. Deixe esfriar.

4. Aplique uma cobertura ou elementos decorativos, se desejar.

5. Corte em quadrados ou retângulos individuais. A melhor maneira de fazer isso é virar o produto sobre um tabuleiro (ver p. 395 para instruções sobre como desenformar) antes de cortá-lo, para evitar que a forma seja danificada.

Massa de modelar depois de assar

A massa de modelar depois de assar tem uma consistência pastosa ou semilíquida. Uma das mais conhecidas é a *pâte à cigarette*. Ela é usada não apenas para fazer biscoitos delgados e delicados, mas também para texturizar tiras de *Joconde* (p. 411), usadas no trabalho decorativo. A receita de *Tuiles* de amêndoa da página 508 ilustra a técnica que usa um molde de silicone redondo para produzir as telhas, mas é possível usar praticamente qualquer formato para produzir essas peças decorativas para sobremesas finas. Por exemplo, a receita de *Tuiles* de gergelim (p. 509) emprega um molde triangular, pois o produto final é usado no empratamento de uma sobremesa específica (p. 633).

1. Forre o fundo de uma assadeira com um tapete de silicone. Se não dispuser de um tapete, use papel-manteiga.

2. Use um molde de silicone do formato desejado. Eles podem ser encontrados em algumas lojas especializadas em artigos de confeitaria. Se preferir, prepare seu próprio molde a partir de uma lâmina de plástico grosso ou papelão fino.

3. Apoie o molde sobre o tapete de silicone ou papel-manteiga. Com uma espátula de confeiteiro, espalhe a massa sobre o molde, formando uma camada fina e uniforme no interior da cavidade.

4. Levante o molde e repita o procedimento para cada biscoito.

COMO COLOCAR NA FORMA, ASSAR E RESFRIAR

Preparo das assadeiras

1. Use assadeiras limpas e planas.

2. Forrar as assadeiras com papel-manteiga é mais rápido e elimina a necessidade de untá-las.

3. Uma assadeira untada generosamente aumenta o espalhamento da massa. Uma assadeira untada e polvilhada com farinha diminui o espalhamento.

4. Algumas massas com alto teor de gordura podem ser assadas em forma não untada.

Assamento

1. A maioria dos *cookies* e biscoitos é assada em temperaturas altas e por pouco tempo.

2. Uma temperatura muito baixa aumenta o espalhamento e pode resultar em um produto duro, seco e pálido.

3. Uma temperatura alta demais diminui o espalhamento e pode queimar as beiradas e o fundo dos biscoitos.

4. Um único minuto a mais de assamento pode queimar a massa, por isso acompanhe de perto esta etapa do preparo. Ademais, o calor das assadeiras continua a assar os produtos se eles forem deixados nelas depois de retirados do forno.

5. O ponto de cozimento é indicado pela cor. As beiradas e o fundo devem estar começando a dourar.

6. Deixar que a massa doure demais é especialmente problemático quando se está usando corantes. O dourado da crosta anula a cor do produto.

7. No caso de algumas massas ricas, o fundo queima com maior facilidade. Nestes casos, coloque a assadeira dentro de uma outra vazia, formando uma camada dupla de metal.

Resfriamento

1. Os produtos assados em formas que não foram forradas com papel-manteiga, em sua maioria, devem ser desenformados ainda mornos, ou grudarão.

2. Se forem muito macios, espere que fiquem firmes o bastante para serem removidos e manuseados sem se quebrarem. Alguns biscoitos são macios quando quentes, mas ficam crocantes depois de frios.

3. Não resfrie os biscoitos muito rapidamente ou em local sujeito a correntes de ar frio, senão eles podem rachar.

4. Espere que esfriem completamente antes de armazená-los.

Depois de prontos, observe os produtos e identifique possíveis falhas. Use a tabela da página 492 para tentar resolver os problemas encontrados.

PETITS FOURS SECS

No capítulo anterior, introduzimos o tema dos *petits fours* ao discutirmos os *petits fours glacés* (p. 479). Os *petits fours secs*, ao contrário dos *glacés*, pertencem mais à categoria dos biscoitos que à dos bolos.

Como você deve se recordar, qualquer item pequeno o bastante para ser comido em uma ou duas mordidas pode ser considerado um *petit four*. O termo *sec*, ou "seco", significa que esse tipo de massa não leva nenhum recheio cremoso, embora o produto final possa ser mergulhado em chocolate. Na prática, pequenas quantidades de geleia, doce ou cremes podem ser usados – por exemplo, nos biscoitos do tipo sanduíche.

Em geral, os *petits fours secs* são servidos como acompanhamento para o café, ou para sobremesas geladas como sorvetes, musses e *bavaroises*.

Qualquer uma das receitas listadas abaixo pode ser servida como *petit four sec*, desde que seja preparada em porções bem pequenas. Outros *petits fours secs* apresentados anteriormente incluem os feitos de massa folhada e massa de bomba (Cap. 14) e as *madeleines* (Cap. 16).

- Biscoitos amanteigados para a hora do chá
- *Macarons* de amêndoas
- *Macarons* aerados de coco
- *Macarons* de pistache
- Biscoitos de massa seca de corte

- Biscoito amanteigado bicolor
- Barrinhas de nozes
- Biscoitinhos amanteigados de amêndoas
- Língua de gato
- *Tuiles* de amêndoas

- *Florentines*
- Fatias de amêndoas
- *Batons Marechaux*
- Diamantes

Problemas dos biscoitos e suas causas

Problemas	Causas
Borrachudo	Farinha de trigo muito forte
	Quantidade excessiva de farinha
	Quantidade de gordura menor que o necessário
	Quantidade incorreta de açúcar
	Tempo de mistura excessivo ou inadequado
Quebradiço	Procedimento impróprio de mistura
	Quantidade excessiva de açúcar
	Quantidade excessiva de gordura
	Quantidade excessiva de fermento
	Quantidade de ovo menor que o necessário
Muito duro	Assado por muito tempo ou em temperatura muito baixa
	Quantidade excessiva de farinha
	Farinha de trigo muito forte
	Quantidade de gordura menor que o necessário
	Quantidade de líquido menor que o necessário
Muito seco	Quantidade de líquido menor que o necessário
	Quantidade de gordura menor que o necessário
	Assado por muito tempo ou em temperatura muito baixa
	Quantidade excessiva de farinha
Coloração da crosta mais clara que o ideal	Temperatura do forno muito baixa
	Tempo de assamento abaixo do ideal
	Quantidade de açúcar menor que o necessário
Coloração da crosta mais escura que o ideal	Temperatura do forno muito alta
	Tempo de assamento acima do ideal
	Quantidade excessiva de açúcar
Sabor desagradável	Ingredientes de baixa qualidade
	Ausência de ingredientes saborizantes
	Assadeiras sujas
	Ingredientes pesados inadequadamente
Superfície açucarada	Procedimento impróprio de mistura
	Quantidade excessiva de açúcar
Espalhamento excessivo	Temperatura muito baixa do forno
	Quantidade de farinha menor que o necessário
	Quantidade excessiva de açúcar
	Quantidade excessiva de agentes de crescimento (fermentos químicos ou ar)
	Quantidade excessiva de líquido
	Assadeira untada em excesso
Espalhamento abaixo do ideal	Temperatura muito alta do forno
	Quantidade excessiva de farinha ou farinha muito forte
	Quantidade de açúcar menor que o necessário
	Quantidade de agente de crescimento menor que o necessário
	Quantidade de líquido menor que o necessário
	Assadeira untada com menos gordura que o necessário
Produto grudado na assadeira	Formas untadas de maneira inadequada
	Quantidade excessiva de açúcar
	Procedimento impróprio de mistura

FÓRMULAS

COOKIES DE AVEIA E PASSAS

Ingredientes	Quantidade	%	Modo de fazer
Manteiga, ou uma mistura de manteiga e gordura hidrogenada	250 g	67	**MISTURA**
Açúcar mascavo	500 g	133	Método cremoso. Misture a aveia aos outros
Sal	5 g (1 colher de chá)	1,5	ingredientes secos depois de peneirá-los. Incorpore as passas por último.
Ovos	125 g	33	**MODELAGEM**
Essência de baunilha	10 g (2 colheres de chá)	3	Pingar com a colher. Use assadeiras untadas ou
Leite	30 g	8	forradas com papel-manteiga.
Farinha com baixo teor de glúten (especial para biscoito)	375 g	100	**ASSAMENTO**
Fermento em pó químico	15 g	4	190°C por 10 a 12 minutos, dependendo do
Bicarbonato de sódio	8 g	2	tamanho.
Canela em pó (opcional)	4 g (2 colheres de chá)	1	
Aveia em flocos instantânea	312 g	83	
Uva-passa escura (ver Nota)	250 g	67	
Peso total:	**1.880 g**	**501%**	

Nota: se as passas estiverem duras e secas, deixe-as de molho em água até amaciarem, então escorra-as e seque-as bem antes de juntá-las à massa.

COOKIES DE GOTAS DE CHOCOLATE

Ingredientes	Quantidade	%	Modo de fazer
Manteiga ou metade manteiga, metade gordura hidrogenada	150 g	50	**MISTURA**
Açúcar cristal	120 g	40	Método cremoso. Incorpore as gotas de cho-
Açúcar mascavo	120 g	40	colate e as nozes por último.
Sal	4 g (1⅝ colher de chá)	1,25	**MODELAGEM**
Ovos	90 g	30	Pingar com a colher. Use assadeiras untadas
Essência de baunilha	5 g (1 colher de chá)	1,5	ou forradas com papel-manteiga.
Farinha com baixo teor de glúten (especial para biscoito)	300 g	100	**ASSAMENTO**
Bicarbonato de sódio	4 g (¾ de colher de chá)	1,25	190°C por 10 a 14 minutos, dependendo do tamanho.
Gotas de chocolate	300 g	100	
Noz comum ou noz-pecã, picadinha	120 g	40	
Peso total:	**1.213 g**	**404%**	

VARIAÇÃO

COOKIES DE AÇÚCAR MASCAVO E NOZES

Faça os seguintes ajustes aos ingredientes:

Omita o açúcar cristal e use 80% (240 g) de açúcar mascavo.

Omita as gotas de chocolate e aumente a quantidade de nozes para 100% (300 g).

❧ TOLL HOUSE COOKIES ❧

Os *cookies* de gotas de chocolate, em suas muitas variações, são os mais populares nos EUA. Eles devem sua origem ao *Toll House cookie*, um biscoito criado entre os anos de 1920-1930 por Ruth Wakefield, proprietária da Toll House Inn – uma pousada da cidade de Whitman, no estado de Massachusetts. Os *cookies* originais eram simples biscoitos amanteigados acrescidos de pedacinhos de chocolate meio amargo. Os *cookies* de gotas de chocolate de hoje são feitos com qualquer tipo de chocolate, além de outros ingredientes, especialmente nozes comuns ou nozes-pecã e macadâmias.

BISCOITO AMANTEIGADO

Ingredientes	Quantidade	%	Modo de fazer
Manteiga ou metade manteiga, metade gordura hidrogenada	500 g	67	**MISTURA** Método cremoso.
Açúcar cristal	250 g	33	**MODELAGEM**
Açúcar de confeiteiro	250 g	33	Cortar pouco antes de assar. Pese a massa em
Sal	8 g	1	porções de 750 g. Corte em rodelas de 6 mm de espessura. Asse em uma forma não untada.
Ovos	125 g	17	
Essência de baunilha	8 g	1	**ASSAMENTO**
Farinha com baixo teor de glúten (especial para biscoito)	750 g	100	190°C por 10 a 12 minutos.
Peso total:	**1.891 g**	**252%**	

VARIAÇÕES

Para reduzir o espalhamento, use somente açúcar de confeiteiro.

BISCOITO AMANTEIGADO COM AÇÚCAR MASCAVO

Faça os seguintes ajustes aos ingredientes:

Use 67% (500 g) de açúcar mascavo no lugar dos açúcares usados na receita básica.

Use somente manteiga.

Aumente a quantidade de ovos para 20% (150 g).

Junte ½ colher de chá (2 g) de bicarbonato à farinha.

BISCOITO AMANTEIGADO COM NOZES

Junte 25% (188 g) de nozes picadinhas à farinha peneirada da receita básica ou da receita com açúcar mascavo.

BISCOITO AMANTEIGADO DE CHOCOLATE

Junte 17% (125 g) de chocolate amargo derretido à mistura cremosa de manteiga e açúcar.

BISCOITO AMANTEIGADO BICOLOR

São biscoitos amanteigados com desenhos em duas cores. Para montá-los, prepare uma receita de biscoito amanteigado branco e uma de chocolate usando apenas 33% do açúcar de confeiteiro e omitindo o açúcar cristal. Isso reduzirá o espalhamento, preservando os desenhos. Modele os diferentes formatos da seguinte maneira:

BISCOITO AMANTEIGADO CARACOL

Abra uma lâmina de massa branca em uma espessura de 3 mm. Abra uma lâmina de massa de chocolate da mesma espessura e do mesmo tamanho. Pincele a superfície da massa branca com ovo, formando uma camada bem fina e uniforme. Coloque a massa de chocolate por cima e pincele com ovo. Enrole como um rocambole, formando um cilindro de 2,5 cm de espessura (A). Acerte bem as beiradas. Continue fazendo rolinhos com a massa restante. Leve à geladeira. Corte a massa e asse conforme indicado no procedimento básico.

BISCOITO AMANTEIGADO XADREZINHO

Abra uma lâmina de massa branca e uma de massa de chocolate em uma espessura de 6 mm. Pincele uma delas ligeiramente com ovo e coloque a outra por cima. Corte a placa dupla de massa ao meio. Pincele a superfície de uma das metades e coloque a outra por cima, alternando quatro camadas de cor. Leve à geladeira até firmar. Abra outra lâmina de massa branca fina (no máximo 3 mm) e pincele com ovo. Corte quatro fatias de 6 mm da placa de massa gelada de quatro cores (B). Coloque uma delas deitada sobre a massa branca, alinhada com a beirada. Pincele a parte de cima com ovo. Coloque uma segunda fatia

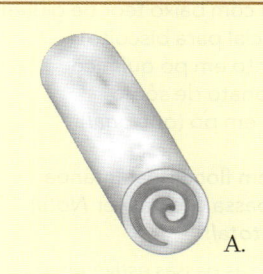

A.

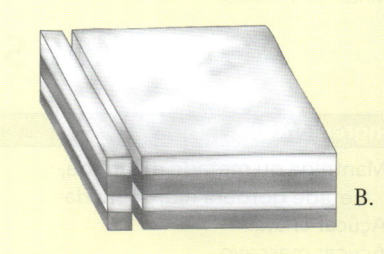

B.

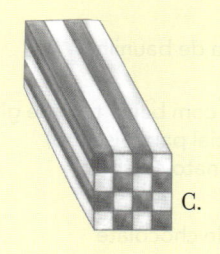

C.

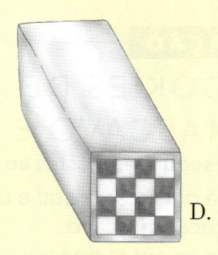

D.

sobre a primeira, alternando as cores das listras – a massa de chocolate fica sobre a massa branca e vice-versa. Pincele a parte de cima com ovo. Repita o procedimento com as fatias restantes (C). Enrole na lâmina fina de massa branca (D). Leve à geladeira, corte e asse como indicado no procedimento básico.

BISCOITO AMANTEIGADO OLHO-DE-BOI

Faça um rolo de 12 mm de espessura com a massa. Abra a massa de cor contrastante em uma lâmina de 6 mm de espessura. Pincele-a com ovo. Cubra o cilindro com uma camada da lâmina de massa (E). Leve à geladeira, corte e asse como indicado no procedimento básico.

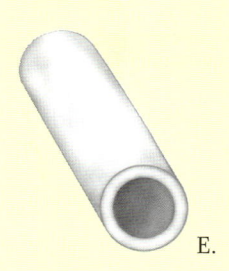

E.

COOKIES DE DOIS CHOCOLATES E MACADÂMIA

Ingredientes	Quantidade	%	Modo de fazer
Chocolate meio amargo	750 g	200	
Manteiga	250 g	67	
Açúcar	125 g	33	
Ovos	150 g	42	
Sal	5 g (1 colher de chá)	1,5	
Farinha de trigo para pão	375 g	100	
Chocolate em pó	30 g	8	
Fermento em pó químico	10 g (2 colheres de chá)	3	
Chocolate branco, cortado em pedacinhos	250 g	67	
Macadâmias, picadas grosseiramente	125 g	33	
Peso total:	**2.070 g**	**554%**	

MISTURA

Método pão de ló modificado

1. Derreta o chocolate meio amargo e a manteiga juntos em banho-maria. Espere a mistura esfriar até atingir a temperatura ambiente.

2. Em uma tigela à parte, misture o açúcar, os ovos e o sal até obter uma mistura homogênea, mas sem bater. Se a massa for batida até espumar, crescerá demais, resultando em um biscoito mais quebradiço. Se os ovos não estiverem em temperatura ambiente, coloque a mistura em banho-maria e mexa até amornar e atingir uma temperatura próxima à ambiente.

3. Incorpore a mistura de chocolate.

4. Peneire junto a farinha, o chocolate em pó e o fermento e incorpore à mistura.

5. Junte o chocolate branco picado e as nozes.

MODELAGEM

Pingar com a colher. Use assadeiras untadas ou forradas com papel-manteiga. Achate os biscoitos para obter a espessura desejada; eles não crescem muito.

Coloque na assadeira assim que terminar de preparar a massa, pois ela começará a endurecer. Se ficar dura demais, deixe descansar em um lugar aquecido por alguns minutos para amolecer.

ASSAMENTO

175°C por 10 a 15 minutos, dependendo do tamanho.

COOKIES DE CHOCOLATE COM GOTAS DE CHOCOLATE BRANCO

Substitua o chocolate meio amargo por chocolate branco. Omita a macadâmia ou substitua por nozes-pecã.

BISCOITO DOCE SIMPLES

Ingredientes	Quantidade	%	Modo de fazer
Manteiga e/ou gordura hidrogenada	250 g	40	**MISTURA**
Açúcar	310 g	50	Método cremoso.
Sal	5 g (1 colher de chá)	0,8	**MODELAGEM**
Ovos	60 g	10	Cortar com o cortador. Antes de cortar, pincele a massa com leite e polvilhe com açúcar cristal. Use assadeiras untadas ou forradas com papel-manteiga.
Leite	60 g	10	
Essência de baunilha	8 g	1,25	
Farinha de trigo especial para bolo	625 g	100	**ASSAMENTO**
Fermento em pó químico	18 g	3	190°C por 8 a 10 minutos.
Peso total:	**1.336 g**	**215%**	

VARIAÇÕES

Use raspas, essência ou emulsão de limão no lugar da baunilha.

BISCOITOS AMANTEIGADOS DE AÇÚCAR MASCAVO
Faça os seguintes ajustes aos ingredientes:
Aumente a quantidade de manteiga para 50% (310 g).
Omita o açúcar cristal e use 60% (375 g) de açúcar mascavo.

BISCOITOS SIMPLES DE CHOCOLATE
Substitua 60 g da farinha pela mesma quantidade de chocolate em pó.

FATIAS DE AMÊNDOAS

Ingredientes	Quantidade	%	Modo de fazer
Manteiga	175 g	40	**MISTURA**
Açúcar mascavo	350 g	80	Método cremoso. Misture bem os ingredientes em cada etapa, mas não bata até o creme ficar esbranquiçado.
Canela em pó	2 g (1¼ colher de chá)	0,5	
Gemas	90 g	20	**MODELAGEM**
Farinha com baixo teor de glúten (especial para biscoito)	440 g	100	Cortar pouco antes de assar. Pese a massa em porções de cerca de 350 g. Faça rolos de massa de cerca de 4 cm de diâmetro, ou tiras retangulares de 3,5 cm de altura por 4,5 cm de largura. Leve à geladeira até firmarem bem. Corte em fatias de 3 mm, usando uma faca afiada. Certifique-se de que está cortando as amêndoas, e não empurrando-as para fora da massa. Coloque em assadeiras untadas ou forradas com papel-manteiga.
Amêndoas laminadas	175 g	40	
Peso total:	**1.232 g**	**280%**	**ASSAMENTO**

190°C por cerca de 10 minutos, ou até que as beiradas comecem a dourar, não mais que isso. Se forem assados por muito tempo, os biscoitos ficarão duros.

MASSA DE BISCOITO AMANTEIGADO ESCOCÊS

Ingredientes	Quantidade	%	Modo de fazer
Manteiga	375 g	75	**MISTURA**
Açúcar	250 g	50	Método cremoso.
Sal	4 g (³/₄ de colher de chá)	0,75	**MODELAGEM**
Gemas Aromatizante opcional (ver *Nota*)	125 g	25	Cortar com o cortador. Abra a massa a uma espessura de 6 mm (mais grossa que a maioria dos biscoitos preparados com este tipo de modelagem). Use assadeiras untadas ou forradas com papel-manteiga.
Farinha com baixo teor de glúten (especial para biscoito)	500 g	100	**ASSAMENTO**
Peso total:	*1.254 g*	*250%*	175°C por cerca de 15 minutos.

Nota: os biscoitos escoceses tradicionais são feitos apenas com manteiga, farinha e açúcar – sem ovos, aromatizantes ou líquidos. Como a massa é muito seca, não costuma ser aberta com o rolo, mas pressionada em moldes ou forminhas e assada. Com a fórmula dada aqui, você pode preparar biscoitos sem nenhum saborizante adicional ou acrescentar a gosto essência de baunilha, amêndoa ou limão.

MASSA SECA DE CORTE BÁSICA PARA BISCOITOS E BOLACHAS DOCES

Ingredientes	Quantidade	%	Modo de fazer
Manteiga ou metade manteiga, metade gordura hidrogenada	500 g	63	**MISTURA** Método cremoso.
Açúcar	250 g	33	**MODELAGEM**
Sal	8 g	1	Cortar com o cortador. Abra a massa a uma espessura de 3 mm e corte nos formatos desejados usando cortadores próprios. Ver variações abaixo.
Ovos	95 g	12,5	
Essência de baunilha	8 g	1	**ASSAMENTO**
Farinha com baixo teor de glúten (especial para biscoito)	750 g	100	190°C por cerca de 10 minutos.
Peso total:	*1.611 g*	*214%*	

VARIAÇÕES

Esta massa seca de corte é muito versátil e pode ser preparada de muitas formas para garantir a variedade na produção. Algumas das muitas variações possíveis estão enumeradas a seguir.

Como saborizar a massa: durante a etapa de mistura, acrescente essências aromatizantes à vontade, como extrato de limão, canela, macis, amêndoa etc. Coco ralado seco ou oleaginosas picadas também podem ser incorporadas à massa.

Como guarnecer antes de assar: decore a parte de cima dos biscoitos com oleaginosas inteiras ou picadas, cristais de açúcar colorido, chocolate granulado, coco ralado, frutas cristalizadas ou massa de *macaron*. A superfície pode ser pincelada previamente com ovo para facilitar a adesão dos ingredientes.

Como guarnecer os biscoitos prontos: alguns exemplos de preparações e ingredientes que podem ser usados para guarnecer os biscoitos depois de assados são *fondant*, glacê real, metades de nozes-pecã, pelotinhas de *fudge* ou de *fondant* ou chocolate derretido (para cobrir totalmente ou para decorar com o cone de papel).

TORTINHAS DE GELEIA

Corte discos de massa com um cortador grande. Usando um cortador menor, de 1,2 cm de diâmetro, recorte o centro da metade dos discos de massa. Estes discos serão colocados sobre os discos inteiros depois de assados. Depois de assar, espere esfriar completamente. Polvilhe a parte de cima (os discos com furo) com açúcar de confeiteiro. Espalhe um pouco de geleia no disco da base e ponha um disco furado por cima, de modo que a geleia possa ser vista pelo orifício.

MEIAS-LUAS DE AMÊNDOAS

Corte a massa em meias-luas. Espalhe um pouco de massa de *Macarons* de amêndoas (p. 504) na superfície. Mergulhe a parte de cima em amêndoas picadas. Asse a 175°C. Depois de frias, mergulhe as pontinhas em chocolate derretido.

COOKIES DE MANTEIGA DE AMENDOIM

Ingredientes	Quantidade	%	Modo de fazer
Manteiga, ou uma mistura de manteiga e gordura hidrogenada	375 g	75	**MISTURA** Método cremoso. Bata a manteiga de amendoim com a gordura e o açúcar.
Açúcar mascavo	250 g	50	**MODELAGEM** Modelar antes de assar. Use um garfo para achatar os *cookies*. Coloque em assadeiras untadas ou forradas com papel-manteiga.
Açúcar cristal	250 g	50	
Manteiga de amendoim (ver *Nota*)	375 g	75	
Ovos	125 g	25	
Essência de baunilha	10 g (2 colheres de chá)	2	**ASSAMENTO** 190°C por 11 a 14 minutos, dependendo do tamanho.
Farinha com baixo teor de glúten (especial para biscoito)	500 g	100	
Bicarbonato de sódio	5 g (1 colher de chá)	1	
Peso total:	*1.890 g*	*378%*	

Nota: esta fórmula foi desenvolvida com manteiga de amendoim natural, isto é, uma mistura de amendoim moído e sal. Pode ser necessário acrescentar um pouco mais de sal à massa, dependendo do tipo de manteiga de amendoim usada. Se optar por uma manteiga de amendoim sem sal, adicione 1% (5 g/1 colher de chá) de sal ao bater o creme de açúcar e a manteiga.

BISCOITINHOS DE CANELA

Ingredientes	Quantidade	%	Modo de fazer
Manteiga, ou uma mistura de manteiga e gordura hidrogenada	500 g	80	**MISTURA** Método cremoso.
Açúcar cristal	250 g	40	**MODELAGEM** Modelar antes de assar. Passe os biscoitos em açúcar com canela antes de colocá-los na forma.
Açúcar mascavo	250 g	40	
Sal	5 g (1 colher de chá)	0,8	
Canela em pó	10 g (2 colheres de sopa)	1,7	**ASSAMENTO** 190°C por cerca de 10 minutos.
Ovos	90 g	15	
Leite	30 g	5	
Farinha com baixo teor de glúten (especial para biscoito)	625 g	100	
Peso total:	*1.760 g*	*282%*	

VARIAÇÃO

BISCOITINHOS DE CHOCOLATE E CANELA

Substitua 125 g da farinha pela mesma quantidade de chocolate em pó.

BISCOITO DE NOZES MISTAS

Ingredientes	Quantidade	%	Modo de fazer
Manteiga	440 g	87,5	**MISTURA**
Açúcar de confeiteiro	155 g	31	Método cremoso.
Açúcar mascavo	60 g	12,5	**MODELAGEM**
Sal	2 g (³/₈ de colher de chá)	0,5	Modelar antes de assar. Molde os biscoitinhos manualmente no formato desejado – bolinhas, palitos, meias-luas etc.
Essência de baunilha	10 g (2 colheres de chá)	2	
Farinha de trigo para pão	500 g	100	**ASSAMENTO**
Oleaginosas moídas (avelã, noz comum ou noz-pecã, amêndoa etc.)	375 g	75	175°C por cerca de 25 minutos. **FINALIZAÇÃO**
Peso total:	**1.542 g**	**308%**	Polvilhe os biscoitos já frios com bastante açúcar de confeiteiro.

SPECULAAS

Ingredientes	Quantidade	%	Modo de fazer
Manteiga ou metade manteiga, metade gordura hidrogenada	500 g	67	**MISTURA** Método cremoso. Misture bem os ingredientes em cada etapa, mas não bata até o creme ficar esbranquiçado.
Açúcar de confeiteiro	412 g	55	**MODELAGEM**
Açúcar refinado	125 g	17	O método clássico usado no preparo desses biscoitos típicos é modelar antes de assar. A massa é pressionada dentro de moldes de madeira próprios para *speculaas* e então removida e colocada nas assadeiras. Outra opção é estampar a superfície da massa já cortada com um "carimbo" em baixo-relevo.
Raspas de limão	5 g (2 colheres de chá)	0,7	
Canela em pó	8 g (4 colheres de chá)	1	
Cravo em pó	2 g (³/₄ de colher de chá)	0,2	Se não dispuser dessas ferramentas, prepare os biscoitos normalmente – faça um rolo de massa e corte em rodelas, ou abra a massa e corte com o cortador. Eles podem ser pequenos ou grandes. Os maiores devem ter uma espessura de aproximadamente 6 mm.
Cardamomo	2 g (³/₄ de colher de chá)	0,2	
Ovos	75 g	10	*Opcional*: pressione amêndoas laminadas ou inteiras sobre a superfície dos biscoitos antes de assar.
Farinha com baixo teor de glúten (especial para biscoito)	750 g	100	**ASSAMENTO**
Peso total:	**1.879 g**	**251%**	190°C para biscoitos médios ou grandes; 200°C para biscoitos pequenos e finos.

DIAMANTES

Para calcular grandes quantidades, ver página 739.

Ingredientes	Quantidade	%	Modo de fazer
Manteiga cortada em cubinhos	140 g	70	**MISTURA**
Farinha de trigo especial para bolo	200 g	100	Método direto seco.
Açúcar de confeiteiro	60 g	30	
Sal	1 g (⅕ de colher de chá)	0,5	
Raspas de laranja	2 g (1 colher de chá)	1	
Essência de baunilha	2 g (½ colher de chá)	1	
Para decorar			
Açúcar granulado	50 g	25	
Peso total (da massa):	**407 g**	**202%**	

MISTURA

Método direto seco.

MODELAGEM E ASSAMENTO

1. Forme rolos de 3 cm de diâmetro, apertando bem para eliminar todo o ar da massa.
2. Leve à geladeira por 30 minutos.
3. Pincele toda a superfície com água. Passe no açúcar granulado.
4. Corte em rodelas de 1 cm de espessura.
5. Asse em uma forma untada com manteiga a 160°C por 20 minutos.

BISCOITOS AMANTEIGADOS

Ingredientes	Quantidade	%	Modo de fazer
Manteiga ou metade manteiga, metade gordura hidrogenada	335 g	67	**MISTURA**
Açúcar cristal	165 g	33	Método cremoso.
Açúcar de confeiteiro	85 g	17	
Ovos	125 g	25	
Essência de baunilha	4 g (1 colher de chá)	0,9	
Farinha de trigo especial para bolo	500 g	100	
Peso total:	**1.214 g**	**242%**	

MISTURA

Método cremoso.

MODELAGEM

Pingar com o saco de confeitar. Faça biscoitinhos do tamanho de uma moeda de 1 real, usando um bico perlê (liso) ou pitanga. Deposite a massa em uma assadeira não untada ou forrada com papel-manteiga.

ASSAMENTO

190°C, por cerca de 10 minutos.

VARIAÇÕES

Use essência de amêndoa em vez de baunilha.

BISCOITO AMANTEIGADO COM AMÊNDOAS

Adicione 17% (85 g) de pasta de amêndoa no primeiro passo do processo de mistura.

CASADINHOS

Separe biscoitinhos do mesmo tamanho e formato. Vire metade deles com a base para cima e coloque uma pelotinha de geleia ou *fudge* em cada. Cubra com os biscoitinhos restantes.

BISCOITOS DE CHOCOLATE

Substitua 85 g da farinha pela mesma quantidade de chocolate em pó.

BISCOITOS DE GENGIBRE, CRAVO E CANELA

Ingredientes	Quantidade	%	Modo de fazer
Manteiga, ou uma mistura de manteiga e gordura hidrogenada	340 g	45	**MISTURA** Método cremoso.
Açúcar mascavo	250 g	33	**MODELAGEM**
Bicarbonato de sódio	5 g (1 colher de chá)	0,7	Cortar com o cortador.
Sal	4 g (¾ de colher de chá)	0,5	Para biscoitos pequenos, abra a massa em uma espessura de 3 mm.
Gengibre em pó	5 g (2¼ colheres de chá)	0,7	Para biscoitos maiores, abra a massa em uma espessura de 6 mm.
Canela em pó	2 g (1 colher de chá)	0,25	Corte com os cortadores desejados e coloque em uma assadeira forrada com papel-manteiga ou untada e polvilhada com farinha.
Cravo em pó	1 g (½ colher de chá)	0,12	**ASSAMENTO**
Ovos	110 g	15	190°C para biscoitos pequenos e delgados;
Melado	340 g	45	180°C para biscoitos maiores e mais grossos.
Farinha com baixo teor de glúten (especial para biscoito)	750 g	100	
Peso total:	**1.807 g**	**240%**	

BISCOITOS DE GENGIBRE

Ingredientes	Quantidade	%	Modo de fazer
Gordura hidrogenada	190 g	38	**MISTURA**
Açúcar	190 g	38	Método cremoso. Incorpore o melado ao creme de gordura e açúcar primeiro. Em seguida, dissolva o bicarbonato de sódio na água e junte à mistura. Acrescente a farinha por último.
Sal	2 g (1 colher de chá)	0,5	
Gengibre em pó	8 g (1 colher de sopa)	1,5	**MODELAGEM**
Melado	300 g	63	Pingar com o saco de confeitar. Usando um bico perlê (liso), faça biscoitinhos da largura de uma moeda de 1 real. Achate ligeiramente.
Bicarbonato de sódio	8 g (1½ colher de sopa)	1,5	
Água	60 g	13	A massa também pode ser resfriada e moldada manualmente ou cortada com o cortador. Use assadeiras forradas com papel-manteiga ou untadas e polvilhadas com farinha.
Farinha com baixo teor de glúten (especial para biscoito)	500 g	100	**ASSAMENTO**
Peso total:	**1.268 g**	**256%**	190°C por cerca de 12 minutos.

BARRINHAS DE NOZES

Rendimento: 150 a 300 biscoitos, dependendo do tamanho

Ingredientes	Quantidade	Modo de fazer
Massa de Bolo quatro quartos tradicional (p. 400)	900 g	**MODELAGEM** Espalhar na assadeira.
Nozes comuns ou nozes-pecã picadas ou amêndoas laminadas	225 g	1. Espalhe a massa em uma assadeira de 46 x 66 cm untada e polvilhada com farinha, formando uma camada uniforme.
Açúcar e canela	conforme necessário	2. Polvilhe com as nozes ou amêndoas e, então, com açúcar e canela.
		ASSAMENTO 190°C. Assim que a massa estiver assada, corte em quadradinhos.

BISCOITINHOS AMANTEIGADOS DE AMÊNDOA

Ingredientes	Quantidade	%	Modo de fazer
Pasta de amêndoa	375 g	100	
Açúcar	190 g	50	
Sal	4 g	1	
	(¾ de colher de chá)		
Manteiga	375 g	100	
Ovos	145 g	38	
Essência de baunilha	5 g	1,5	
	(1 colher de chá)		
Farinha de trigo especial para bolo	190 g	50	
Farinha de trigo para pão	190 g	50	
Peso total:	**1.474 g**	**390%**	

MISTURA

Método cremoso. Misture a pasta de amêndoa com um pouco do ovo até obter uma mistura lisa. Adicione a manteiga e o açúcar e bata conforme indicado no procedimento básico.

MODELAGEM

Pingar com o saco de confeitar. Use o bico pitanga ou outro formato (pequeno); deposite a massa em assadeiras forradas com papel-manteiga. Se desejar, decore as superfícies com pedacinhos de frutas ou oleaginosas.

ASSAMENTO

190°C

LÍNGUA DE GATO

Ingredientes	Quantidade	%	Modo de fazer
Manteiga	350 g	88	
Açúcar refinado	175 g	44	
Açúcar de confeiteiro	175 g	44	
Claras	250 g	63	
Essência de baunilha	6 g	1,6	
	(1½ colher de chá)		
Farinha de trigo especial para bolo	300 g	75	
Farinha de trigo para pão	100 g	25	
Peso total:	**1.356 g**	**340%**	

MISTURA

Método cremoso.

MODELAGEM

Pingar com o saco de confeitar. Usando um bico perlê (liso) de 6 mm de diâmetro, deposite palitos de massa de 5 cm de comprimento sobre papel-manteiga. Deixe pelo menos 2,5 cm de espaço entre eles para que se espalhem sem grudar. Coloque a assadeira dentro de outra vazia para que assem por igual.

ASSAMENTO

200°C por cerca de 10 minutos.

FINALIZAÇÃO

As línguas de gato podem ser servidas puras como *petits fours secs*. Também podem ser usadas na decoração de sorvetes, *bavaroises* e outras sobremesas. Podem ser ainda unidas duas a duas com *ganache*, creme de manteiga, *fudge* ou geleia. Os casadinhos podem ser mergulhados parcialmente em chocolate derretido.

BARRINHAS DE PASSAS E ESPECIARIAS

Ingredientes	Quantidade	%
Açúcar cristal	580 g	83
Manteiga e/ou gordura hidrogenada	230 g	33
Ovos	230 g	33
Melado	115 g	17
Farinha com baixo teor de glúten (especial para biscoito)	700 g	100
Canela em pó	3 g (2 colheres de chá)	0,5
Cravo em pó	1 g (½ colher de chá)	0,16
Gengibre em pó	2 g (1 colher de chá)	0,3
Bicarbonato de sódio	3 g (¾ de colher de chá)	0,5
Sal	5 g	0,75
Uvas-passas escuras (ver *Nota*)	470 g	67
Peso total:	**2.339 g**	**335%**

Nota: se as passas estiverem duras e secas, deixe-as de molho em água até amaciarem, então escorra-as e seque-as bem antes de juntá-las à massa.

Modo de fazer

MISTURA

Método direto seco.

MODELAGEM

Cortar durante o assamento. Pincele as tiras de massa com ovos inteiros ou claras batidas. *Nota:* esta massa é mole e pegajosa, difícil de trabalhar. Não se preocupe se as unidades não ficarem perfeitamente retas. Uma aparência mais rústica e caseira é apropriada neste caso.

ASSAMENTO

175°C por cerca de 15 minutos.

Espere esfriar um pouco e corte em barrinhas da largura desejada.

WAFER DE LIMÃO-SICILIANO

Ingredientes	Quantidade	%
Manteiga	500 g	67
Açúcar	375 g	50
Raspas de limão	25 g (3 colheres de sopa)	3
Sal	8 g (1½ colher de chá)	1
Bicarbonato de sódio	8 g (1½ colher de chá)	1
Ovos	125 g	17
Leite	60 g	8
Suco de limão-siciliano	30 g	4
Farinha com baixo teor de glúten (especial para biscoito)	750 g	100
Peso total:	**1.881 g**	**251%**

Modo de fazer

MISTURA

Método cremoso. Misture bem os ingredientes em cada etapa, mas não bata até o creme ficar esbranquiçado.

MODELAGEM

Pingar com o saco de confeitar. Usando um bico perlê (liso), deposite montinhos de massa do tamanho de uma moeda de 1 real em assadeiras forradas com papel-manteiga, deixando um espaço de 8 cm entre eles para que se espalhem sem grudar. Achate ligeiramente.

ASSAMENTO

190°C.

VARIAÇÃO

WAFER DE LIMÃO TAITI

Substitua as raspas e o suco de limão-siciliano por limão Taiti. Este é um biscoito diferente e muito gostoso.

MACARONS AERADOS DE COCO

Ingredientes	Quantidade	Açúcar a 100% %	Modo de fazer
Claras	250 g	40	
Cremor tártaro	2 g (1 colher de chá)	0,3	
Açúcar	625 g	100	
Essência de baunilha	15 g	2,5	
Coco ralado (ver *Nota*)	500 g	80	
Peso total:	**1.392 g**	**222%**	

MISTURA

Método pão de ló

1. Bata as claras em neve com o cremor tártaro até obter picos moles. Junte o açúcar aos poucos, batendo. Continue batendo até formar picos firmes e brilhantes.
2. Incorpore o coco ralado.

MODELAGEM

Pingar com o saco de confeitar. Usando um bico pitanga, deposite a massa em uma assadeira forrada com papel-manteiga.

ASSAMENTO

150°C por cerca de 30 minutos.

Nota: o coco ralado usado nesta receita deve ser seco, sem açúcar e ralado bem fino.

MACARONS DE AMÊNDOAS I

Rendimento: cerca de 150 unidades de 4 cm de diâmetro

Ingredientes	Quantidade	Pasta de amêndoa a 100% %	Modo de fazer
Pasta de amêndoa e/ou outra pasta de oleaginosa	500 g	100	
Claras	190 g	37,5	
Açúcar cristal	500 g	100	
Peso total:	**1.190 g**	**237%**	

MISTURA

Método direto seco. Misture a pasta de amêndoa com um pouco das claras até obter uma mistura lisa e, então, junte os demais ingredientes. Se a mistura ficar muito firme para o saco de confeitar, junte um pouco mais de clara de ovo.

MODELAGEM

Pingar com o saco de confeitar. Usando um bico perlê (liso), deposite montinhos de massa do tamanho de uma moeda de 1 real em uma assadeira forrada com papel-manteiga. Coloque a assadeira dentro de outra vazia.

ASSAMENTO

175°C. Espere esfriar antes de retirá-los do papel. Para facilitar esse trabalho, vire o papel com os *macarons* colados e pincele com água a parte de trás, que está colada nas bases dos *macarons*.

VARIAÇÃO

AMARETTI

Faça os seguintes ajustes aos ingredientes:

Use uma pasta de oleaginosa de sabor mais forte que a de amêndoa (opcional).

Reduza o açúcar cristal para 85% (425 g).

Junte 85% (425 g) de açúcar mascavo.

MACARONS DE PISTACHE

Ingredientes	Quantidade	Modo de fazer
Açúcar de confeiteiro	260 g	
Farinha de amêndoa	150 g	
Claras	50 g	
Corante alimentício verde	2 gotas	
Claras	75 g	
Cremor tártaro	1 g	
Açúcar refinado	50 g	
Recheio de pistache (receita a seguir)	400 g	
Peso da massa (sem o recheio):	**585 g**	

MISTURA

1. Em um processador de alimentos, bata o açúcar de confeiteiro com a farinha de amêndoa por 5 minutos. Peneire dentro de uma tigela.

2. Junte a primeira quantidade de claras e o corante e bata até obter uma mistura lisa e homogênea.

3. Bata as claras restantes em neve com o cremor tártaro até obter picos moles. Junte o açúcar e bata até formar um merengue firme.

4. Incorpore o merengue, um terço de cada vez, à mistura de açúcar. A massa deve ficar uniforme e ligeiramente úmida.

MOLDAGEM E ASSAMENTO

Pingar com o saco de confeitar. Usando um bico perlê (liso) médio, deposite bolinhas da massa de 2,5 a 3 cm de diâmetro em assadeiras forradas com papel-manteiga. Asse a 180°C por 8 a 10 minutos. Retire do forno e respingue um pouco de água entre a forma e o papel-manteiga (o vapor ajuda a descolar os *macarons*). Espere esfriar completamente antes de retirá-los do papel. Utilize o recheio de pistache para juntar os *macarons* dois a dois.

RECHEIO DE PISTACHE PARA MACARONS

Ingredientes	Quantidade	Modo de fazer
Creme de leite fresco	75 g	
Manteiga	25 g	
Glucose	25 g	
Pasta de pistache	75 g	
Essência de baunilha	1 g (¼ de colher de chá)	
Kirsch	25 g	
Marzipã	200 g	
Peso total:	**426 g**	

1. Misture o creme de leite, a manteiga e a glucose. Leve ao fogo até ferver. Retire do fogo e deixe esfriar.

2. Acrescente a pasta de pistache, a essência de baunilha e o *kirsch*.

3. Usando o misturador raquete, amacie o marzipã na batedeira e, então, junte a mistura de ingredientes líquidos gradualmente, batendo até obter um creme liso.

4. Para rechear os *macarons*, coloque a mistura no saco de confeitar com um bico perlê (liso) estreito.

MACARONS DE AMÊNDOAS II

Para calcular grandes quantidades, ver página 738.

Ingredientes	Quantidade	%	Modo de fazer
		Açúcar de confeiteiro a 100%	
Farinha de amêndoa	60 g	48	**MISTURA**
Açúcar de confeiteiro	125 g	100	Método pão de ló
Claras	60 g	48	
Açúcar refinado	25 g	20	
	(5½ colheres de chá)		
Essência de baunilha	2 gotas		
Peso total:	**270 g**	**216**	

MISTURA

Método pão de ló

1. Em um processador de alimentos, bata o açúcar de confeiteiro com a farinha de amêndoa por 5 minutos. Peneire dentro de uma tigela.
2. Bata a clara em neve até formar picos moles. Junte o açúcar e bata até formar um merengue firme e brilhante.
3. Incorpore os ingredientes secos ao merengue, um terço de cada vez, e depois a essência de baunilha.

MODELAGEM

Pingar com o saco de confeitar. Usando um bico perlê (liso), deposite montinhos de massa do tamanho de uma moeda de 1 real sobre papel-manteiga. Polvilhe com açúcar de confeiteiro e deixe em repouso por 10 a 15 minutos.

ASSAMENTO

175°C até que estejam dourados e bem crescidos. Retire do forno, levante o papel e respingue a assadeira com um pouco de água, para facilitar a remoção dos *macarons*. Espere esfriar completamente antes de retirá-los do papel.

VARIAÇÃO

MACARONS DE CHOCOLATE E AMÊNDOAS

Para calcular grandes quantidades, ver página 738.

Prepare como na receita básica, mas usando os ingredientes e as quantidades a seguir. Misture o chocolate em pó e a farinha especial para bolo com a farinha de amêndoa e o açúcar no passo 1.

Ingredientes	Quantidade
Farinha de amêndoa	75 g
Açúcar de confeiteiro	100 g
Chocolate em pó	25 g
Farinha de trigo especial para bolo	20 g
Claras	120 g
Açúcar refinado	50 g

MACARONS DE CHOCOLATE I

Pasta de amêndoa a 100%			
Ingredientes	Quantidade	%	Modo de fazer
Pasta de amêndoa	350 g	100	
Açúcar	600 g	175	
Chocolate em pó	60 g	17	
Coco ralado fino (seco e sem açúcar)	90 g	25	
Claras	225 g	67	
Peso total:	**1.325 g**	**384%**	

MISTURA

Método direto seco. Misture a pasta de amêndoa com um pouco das claras até obter uma mistura lisa. Acrescente os demais ingredientes e misture bem. Se a mistura ficar muito firme para o saco de confeitar, junte um pouco mais de clara de ovo.

MODELAGEM

Pingar com o saco de confeitar. Usando um bico perlê (liso), deposite montinhos de massa do tamanho de uma moeda de 1 real sobre papel-manteiga. Coloque a assadeira dentro de outra vazia.

ASSAMENTO

175°C. Espere esfriar antes de retirá-los do papel. Para facilitar esse trabalho, vire o papel com os *macarons* grudados e pincele com água o papel da parte de trás das bases.

VARIAÇÃO

Use oleaginosas moídas no lugar do coco ralado.

MACARONS DE COCO (TIPO MACIO)

Açúcar a 100%			
Ingredientes	Quantidade	%	Modo de fazer
Açúcar	700 g	100	
Coco ralado fino (seco e sem açúcar)	700 g	100	
Glucose	90 g	13	
Essência de baunilha	10 g (2 colheres de chá)	1,5	
Farinha com baixo teor de glúten (especial para biscoito)	42 g	6	
Sal	4 g (¾ de colher de chá)	0,5	
Claras	315 g	45	
Peso total:	**1.861 g**	**266%**	

MISTURA

Método direto seco. Misture muito bem todos os ingredientes. Transfira para uma tigela refratária ou panela e coloque em banho-maria. Mexa sem parar até a mistura atingir a temperatura de 50°C.

MODELAGEM

Usando um bico pitanga ou perlê (liso), deposite a massa em assadeiras forradas com papel-manteiga. Faça *macarons* de cerca de 2,5 cm de diâmetro.

ASSAMENTO

190°C.

VARIAÇÃO

MACARONS DE CHOCOLATE II
Junte 45 g de chocolate em pó à receita básica. Amoleça a massa com mais 15 a 30 g de claras, se necessário.

TUILES DE AMÊNDOAS I

Para calcular grandes quantidades, ver página 739.

Rendimento: cerca de 90 unidades com 6 cm de diâmetro

Ingredientes	Quantidade	%
Manteiga	90 g	86
Açúcar de confeiteiro	120 g	114
Claras	90 g	86
Farinha de trigo especial para bolo	105 g	100
Para guarnecer		
Amêndoas laminadas	75 g	70
Peso total (da massa):	**405 g**	**386%**

Nota: esta massa é conhecida também como pâte à cigarette. *Ela pode ser usada para produzir quaisquer formatos e tamanhos de elementos decorativos. Pode-se usar esta receita no lugar da receita ligeiramente diferente de pâte à cigarette incluída na fórmula da lâmina de joconde na página 411.*

Porém, não se pode trocar esta receita pela de Tuiles de amêndoas II, que é uma massa bem diferente, ainda que seu modo de preparo seja semelhante.

Modo de fazer

MISTURA

Método cremoso

1. Usando o misturador raquete, bata a manteiga até ficar cremosa. Junte o açúcar e bata até obter uma mistura uniforme.

2. Acrescente as claras, batendo sem parar.

3. Peneire a farinha por cima e misture bem.

MODELAGEM

Modelar depois de assar. Forre uma forma com um tapete de silicone ou uma folha de papel-manteiga. Use um molde redondo comprado pronto ou prepare seu próprio molde a partir de uma lâmina de plástico grosso ou papelão fino. Para uma telha de tamanho de *petit four*, use um molde redondo de 6 cm de diâmetro. Com uma espátula para confeiteiro, espalhe a massa na cavidade do molde e então o levante (A). Polvilhe com algumas lâminas finas de amêndoa (B).

ASSAMENTO

175°C por 5 a 10 minutos, dependendo da espessura, ou até que estejam ligeiramente douradas. Retire as telhas da assadeira e, imediatamente, coloque-as sobre um objeto curvo (C) – um rolo de massa ou uma forma para telhas – e espere esfriar.

VARIAÇÃO

TULIPA

Omita as amêndoas da receita básica. Assim que tirar do forno, molde cada disco de massa em forma de uma cestinha, colocando-o sobre a base de um copo ou tigelinha emborcados. As tulipas podem ser usadas como recipiente comestível para servir sorvetes e outras sobremesas.

TUILES DE AMÊNDOAS II

Ingredientes	Quantidade	%
Açúcar	240 g	533
Amêndoas sem pele laminadas	270 g	600
Farinha de trigo para pão	45 g	100
Claras, ligeiramente batidas	135 g	300
Manteiga, derretida	45 g	100
Peso total:	**735 g**	**1.633%**

Modo de fazer

MISTURA

1. Misture o açúcar, as amêndoas e a farinha de trigo em uma tigela.
2. Junte as claras e a manteiga derretida. Misture até obter uma mistura homogênea.

MODELAGEM

Pingar com a colher. Deposite colheradas da massa em uma assadeira untada e polvilhada com farinha, mantendo uma distância de 5 cm entre as porções. Use cerca de 10 a 15 g de massa por porção. Achate com um garfo mergulhado em água, espalhando a mistura em uma camada bem fina. A massa não se espalha durante o assamento, e as telhas devem ser finas.

ASSAMENTO

190°C até a massa ficar bem dourada. Com uma espátula, retire as telhas da assadeira imediatamente e apoie-as sobre um rolo de massa ou forma para telhas, para deixá-las curvadas. Elas ficarão crocantes depois de frias. Se isso não ocorrer, o tempo de assamento foi insuficiente – leve ao forno novamente por 1 minuto. Se ficarem duras antes de serem moldadas, leve ao forno novamente para amaciá-las.

TUILES DE GERGELIM

Ingredientes	Quantidade	%
Açúcar de confeiteiro	210 g	100
Farinha de trigo especial para bolo	210 g	100
Noz-moscada	uma pitada generosa	
Claras	150 g	71
Manteiga, derretida	150 g	71
Raspas de limão	3 g	1,5
Sementes de gergelim	30 g	15
Para guarnecer		
Sementes de gergelim	15 g	7
Peso total:	**753 g**	**358%**

Modo de fazer

1. Peneire o açúcar, a farinha e a noz-moscada em uma tigela. Faça um buraco no centro.
2. Bata as claras ligeiramente e coloque nesse buraco. Junte também a manteiga e as raspas de limão.
3. Misture até obter uma pasta lisa. Junte a primeira quantidade de gergelim e mexa bem. Leve à geladeira.
4. Prepare um molde em forma de triângulo e use-o para espalhar a massa em assadeiras untadas com manteiga e geladas, usando o procedimento descrito para as *Tuiles* de amêndoas I (p. 508). Polvilhe com o gergelim restante.
5. Asse a 190° até dourar.
6. Retire da assadeira imediatamente e molde formando um "S" (ver p. 633).

TUILES DE COCO

Para calcular grandes quantidades, ver página 739.

Ingredientes	Quantidade	Açúcar a 100% %	Modo de fazer
Açúcar de confeiteiro	130 g	100	
Ovos, ligeiramente batidos	100 g	77	
Coco ralado desidratado	130 g	100	
Manteiga, derretida	25 g	19	
Peso total:	**385 g**	**296%**	

1. Peneire o açúcar.

2. Junte o ovo e depois o coco e a manteiga.

3. Deixe descansar na geladeira por 12 horas.

4. Divida a massa em porções do tamanho desejado e coloque em uma assadeira forrada com um tapete de silicone. Cubra com uma folha umedecida de papel-manteiga e passe o rolo por cima para achatar as telhas.

5. Retire o papel-manteiga. Asse a 180°C até dourarem – cerca de 8 minutos. Molde no formato desejado assim que retirar do forno.

BROWNIES TRADICIONAIS

Ingredientes	Quantidade	%	Modo de fazer
Chocolate amargo	450 g	100	
Manteiga	675 g	150	
Ovos	675 g	150	
Açúcar	1.350 g	300	
Sal	7 g	1,5	
Baunilha	30 g	6	
Farinha de trigo para pão	450 g	100	
Noz comum ou noz-pecã, picada	450 g	100	
Peso total:	**4.087 g**	**907%**	

MISTURA

Método pão de ló modificado

1. Derreta o chocolate e a manteiga juntos em banho-maria. Espere a mistura esfriar até atingir a temperatura ambiente.

2. Misture os ovos, o açúcar, o sal e a baunilha até obter uma mistura homogênea, mas sem bater. Se a massa for batida até espumar, crescerá mais, resultando em um *brownie* mais quebradiço e menos denso.

3. Junte a mistura de chocolate.

4. Peneire a farinha e acrescente à massa.

5. Incorpore as nozes picadas.

MODELAGEM

Espalhar na assadeira. Unte e enfarinhe as assadeiras, ou forre-as com papel-manteiga. Uma receita rende uma assadeira de 46 x 66 cm, duas de 33 x 46 cm, quatro de 23 x 33 cm ou seis quadradas de 23 cm.

Se desejar, polvilhe mais 50% (225 g) de nozes picadas sobre a massa depois de espalhá-la na forma.

ASSAMENTO

165°C por 45 a 60 minutos.

Para obter 96 brownies quadrados de 5 cm, divida uma assadeira grande em 8 colunas de 12 pedaços.

BROWNIES AMANTEIGADOS

Para calcular grandes quantidades, ver página 739.

Ingredientes	Quantidade	%
Chocolate amargo	60 g	50
Chocolate meio amargo	145 g	125
Manteiga	290 g	250
Ovos	200 g	175
Açúcar	260 g	225
Sal	2 g (¼ de colher de chá)	1,5
Essência de baunilha	7 g (1½ colher de chá)	6
Farinha de trigo para pão	115 g	100
Noz comum ou noz-pecã, picada	115 g	100
Peso total:	**1.194 g**	**1.032%**

Modo de fazer

MISTURA

Método pão de ló modificado

1. Derreta os chocolates e a manteiga juntos em banho-maria. Espere a mistura esfriar até atingir a temperatura ambiente.

2. Misture os ovos, o açúcar, o sal e a essência de baunilha até obter uma mistura homogênea, mas sem bater (A). Se a massa for batida até espumar, crescerá mais, resultando em um *brownie* mais quebradiço e menos denso. Se os ovos não estiverem em temperatura ambiente, coloque a mistura em banho-maria e mexa até amornar e atingir uma temperatura próxima à ambiente.

3. Junte a mistura de chocolate (B).

4. Peneire a farinha e acrescente à massa (C).

5. Incorpore as nozes picadas.

MODELAGEM

Espalhar na assadeira. Para esta receita, use uma assadeira de 23 x 33 cm ou duas quadradas de 20 cm. Unte e enfarinhe, ou forre com papel-manteiga.

ASSAMENTO

190°C por cerca de 45 a 50 minutos.

Para obter 24 brownies quadrados de 5 cm, divida a assadeira retangular em 4 colunas de 6 pedaços.

VARIAÇÃO

Para calcular grandes quantidades, ver página 739.

Ingredientes	Quantidade	%
Fermento em pó químico	3 g (½ colher de chá mais ⅛ de colher de chá)	2,5%

Para um *brownie* de textura mais parecida com a do bolo, peneire a quantidade de fermento indicada com a farinha no passo 4.

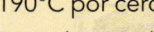

BROWNIES DE CREAM CHEESE

Para calcular grandes quantidades, ver página 739.

Rendimento: 1.400 g de massa rendem uma assadeira de 23 x 33 cm ou duas quadradas de 20 cm.

Ingredientes	Quantidade
Cream cheese	225 g
Açúcar	55 g
Essência de baunilha	2 mL
	(½ colher de chá)
Gemas	20 g
	(1 gema)
Massa de *brownies* amanteigados (p. 511), sem as nozes (1 receita)	1.190 g
Peso total:	**1.492 g**

Modo de fazer

MISTURA

1. Em uma batedeira com o misturador raquete, bata o *cream cheese* em velocidade baixa até que fique liso e cremoso.

2. Junte o açúcar e a essência de baunilha e continue batendo em velocidade baixa até a mistura ficar uniforme.

3. Acrescente a gema e misture.

4. Prepare a massa de *brownies* de acordo com a receita.

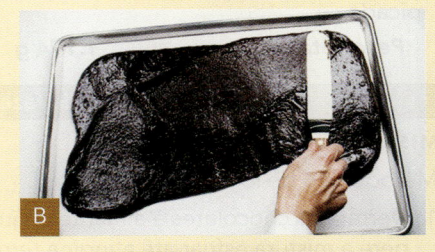

MODELAGEM

Espalhar na assadeira. Unte e enfarinhe as assadeiras, ou forre com papel-manteiga.

Despeje aproximadamente metade da massa de *brownie* (A). Espalhe em uma camada uniforme (B). Metade da mistura de *cream cheese* deve ser distribuída às colheradas sobre a massa de *brownie* (C). Despeje a massa de *brownie* restante (D). Espalhe bem. Distribua colheradas da mistura de *cream cheese* restante por cima (E). Marmorize as duas cores, usando uma espátula para bolo ou o cabo de uma colher (F).

ASSAMENTO

190°C por cerca de 45 a 50 minutos.

Corte em quadrados de 5 cm.

FLORENTINES

Ingredientes	Quantidade	%	Modo de fazer
Manteiga	210 g	350	
Açúcar	300 g	500	
Mel	90 g	150	
Creme de leite fresco	90 g	150	
Amêndoas laminadas	360 g	600	
Amêndoas ou avelãs moídas	60 g	100	
Casca de laranja cristalizada, picada	120 g	200	
Farinha de trigo para pão	60 g	100	
Para finalizar			
Chocolate, derretido	conforme necessário		
Peso total:	**1.290 g**	**2.150%**	

MISTURA

1. Misture a manteiga, o açúcar, o mel e o creme de leite em uma panela grossa. Leve ao fogo bem alto, mexendo sempre. Cozinhe, sem parar de mexer, até a mistura atingir a temperatura de 115°C.

2. Misture os ingredientes restantes em uma tigela e junte à panela. Mexa bem.

MODELAGEM

Pingar com a colher. Modele a massa ainda quente, pois ela fica muito dura depois de fria. Pingue colheradas (15 g) em uma assadeira forrada com papel-manteiga ou untada e polvilhada com farinha. Deixe pelo menos 5 cm de espaço entre os montinhos para que eles se espalhem sem grudar. Achate os montinhos com um garfo.

ASSAMENTO

190°C até dourarem. Assim que tirar a assadeira do forno, use um cortador de biscoito para endireitar a massa, encaixando-a dentro do aro redondo. Espere esfriar.

FINALIZAÇÃO

Cubra a parte de baixo dos biscoitos com chocolate derretido. Passe um pente plástico dentado por cima para criar listras.

LÄCKERLI SUÍÇOS

Ingredientes	Quantidade	%	Modo de fazer
Mel	315 g	42	
Açúcar	185 g	25	
Bicarbonato de sódio	8 g	1	
Água	125 g	17	
Sal	5 g (1 colher de chá)	0,7	
Canela em pó	8 g (4½ colheres de chá)	1	
Macis	1,5 g (1 colher de chá)	0,2	
Cravo em pó	1,5 g (1 colher de chá)	0,2	
Casca de limão cristalizada, picadinha	60 g	8	
Casca de laranja cristalizada, picadinha	60 g	8	
Amêndoas sem pele, picadas	125 g	17	
Farinha de trigo para pão	500 g	67	
Farinha de trigo especial para bolo	250 g	33	
Peso total:	**1.644 g**	**220%**	

MISTURA

1. Aqueça o mel e o açúcar até que o açúcar esteja dissolvido. Deixe esfriar.

2. Dissolva o bicarbonato de sódio na água. Junte à mistura de mel e açúcar.

3. Acrescente os demais ingredientes. Misture até obter uma massa lisa.

MODELAGEM

Espalhar na assadeira. Abra a massa em uma espessura de 6 mm. Coloque em uma assadeira bem untada. Corte em quadradinhos, mas não os separe até que estejam assados.

Método alternativo: cortar com o cortador. Abra a massa em uma espessura de 6 mm e corte em quadrados pequenos com um cortador de biscoitos ou carretilha. Coloque em uma assadeira untada e polvilhada com farinha.

ASSAMENTO

190°C por 15 minutos ou mais. Assim que tirar do forno, enquanto ainda estiver quente, pincele a superfície com glacê simples de açúcar e água.

BISCOTTI

Ingredientes	Quantidade	%	Modo de fazer
Ovos	300 g	35	
Açúcar	550 g	65	
Sal	15 g	2	
Essência de baunilha	8 g (2 colheres de chá)	1	
Raspas de laranja	4 g (2 colheres de chá)	0,5	
Farinha com baixo teor de glúten (especial para biscoito)	850 g	100	
Fermento em pó químico	20 g	2,5	
Amêndoas sem pele	300 g	35	
Peso total:	**2.047 g**	**241%**	

Nota: estes biscoitos ficam bem duros depois de frios. Tradicionalmente, são mergulhados em vinho doce ao serem degustados.

MISTURA

Método pão de ló

1. Misture os ovos, o açúcar e o sal. Coloque a mistura em banho-maria para aquecê-la ligeiramente e, então, bata até obter um creme leve e fofo.
2. Acrescente a essência de baunilha e as raspas de laranja.
3. Em uma tigela à parte, peneire a farinha e o fermento em pó. Incorpore à mistura de ovos.
4. Junte as amêndoas.

MODELAGEM

Cortar durante o assamento. Pese porções de 500 g de massa. Forme rolos de 6 cm de espessura. Não os achate (a massa é pegajosa, um pouco difícil de trabalhar). Pincele com ovo.

ASSAMENTO

160°C por 30 a 40 minutos, ou até ficarem ligeiramente dourados.

FINALIZAÇÃO

Espere esfriar um pouco. Corte na diagonal em rodelas de 12 mm de espessura. Coloque-as, deitadas, em assadeiras. Asse a 135°C até que estejam torradas e secas – cerca de 30 minutos.

VARIAÇÃO

Omita as raspas de laranja e aromatize a gosto com essência de erva-doce.

❊{ BISCOTTI }❊

A palavra italiana *biscotto* (plural: *biscotti*) significa "cozido duas vezes". A palavra inglesa *biscuit* tem a mesma raiz e, portanto, o mesmo sentido. Tempos atrás, quando os fornos eram mais primitivos, assar duas vezes os produtos à base de farinha era uma maneira de garantir que ficassem sequinhos e crocantes. Essas características eram desejáveis porque um baixo teor de umidade significa também maior durabilidade.

Os *biscotti* italianos, feitos com a técnica de cortar durante o assamento e levar ao forno novamente para secar, tornaram-se populares em toda a Europa e nos Estados Unidos. Atualmente, são produzidos em sabores variados – na verdade, mais uma inovação culinária que propriamente o clássico *biscotti* italiano.

BISCOTTI DE CAFÉ

Para calcular grandes quantidades, ver página 740.

Ingredientes	Quantidade	%	Modo de fazer
Manteiga	120 g	40	**MISTURA**
Açúcar	180 g	60	
Sal	6 g	2	Método cremoso. Dissolva o café na água quente antes de juntar à mistura cremosa de manteiga e açúcar. Junte as amêndoas depois de incorporar os ingredientes secos peneirados.
	(1 colher de chá)		
Ovos	100 g	33	
	(2 ovos)		
Água, quente	15 g	5	**MODELAGEM, ASSAMENTO E FINALIZAÇÃO**
Café solúvel extra-forte	6 g	2	A mesma dos *Biscotti* (p. 514)
	(2 colheres de sopa)		
Farinha com baixo teor de glúten (especial para biscoito)	300 g	100	
Fermento em pó químico	8 g	2,5	
	(1½ colher de chá)		
Amêndoas sem pele	105 g	35	
Peso total:	**840 g**	**279%**	

Nota: ver o quadro explicativo sobre os Biscotti na página 514.

BISCOTTI DE CHOCOLATE E NOZES-PECÃ

Para calcular grandes quantidades, ver página 740.

Ingredientes	Quantidade	%	Modo de fazer
Manteiga	120 g	40	**MISTURA**
Açúcar	180 g	60	
Sal	3 g	1	Método cremoso. Junte as nozes e as gotas de chocolate depois de incorporar os ingredientes secos peneirados.
	(½ colher de chá)		
Raspas de laranja	3 g	1	
	(1½ colher de chá)		
Ovos	100 g	33	**MODELAGEM, ASSAMENTO E FINALIZAÇÃO**
	(2 ovos)		A mesma dos *Biscotti* (p. 514).
Água	60 g	20	
Essência de baunilha	5 g	1,5	
	(1 colher de chá)		
Farinha com baixo teor de glúten (especial para biscoito)	300 g	100	
Cacau em pó	45 g	15	
Fermento em pó químico	8 g	2,5	
	(1½ colher de chá)		
Bicarbonato de sódio	2,5 g	0,8	
	(½ colher de chá)		
Nozes-pecã, picadas	60 g	20	
Gotas pequenas de chocolate	60 g	20	
Peso total:	**946 g**	**314%**	

Nota: ver o quadro explicativo sobre os Biscotti na página 514.

BATONS MARECHAUX SIMPLES E CASADINHOS

Para calcular grandes quantidades, ver página 740.

Ingredientes	Quantidade	%	Modo de fazer
Açúcar de confeiteiro	100 g	333	
Farinha de trigo especial para bolo	30 g	100	
Farinha de amêndoa	75 g	250	
Claras	120 g	400	
Açúcar cristal	40 g	133	
Para finalizar os *Batons Marechaux* simples			
Chocolate, derretido e temperado	conforme necessário	111	
Para finalizar os casadinhos de *Batons Marechaux*			
Amêndoas laminadas	conforme necessário		
Geleia de framboesa	conforme necessário		
Peso total:	**365 g**	**1.216%**	

MISTURA

Método pão de ló

1. Peneire junto o açúcar de confeiteiro, a farinha de trigo e farinha de amêndoa.

2. Prepare um merengue comum com as claras e o açúcar.

3. Incorpore os ingredientes secos peneirados ao merengue.

PREPARO DOS BATONS MARECHAUX SIMPLES

Unte assadeiras com manteiga e polvilhe com farinha. Usando um saco de confeitar com o bico perlê (liso) nº 8, forme palitos de massa de 7 cm de comprimento. Asse a 170°C por 10 minutos. Retire da forma e deixe esfriar sobre uma grade de metal. Mergulhe a base (lado plano) dos biscoitos no chocolate derretido e espalhe em uma camada fina usando uma espátula para bolo.

PREPARO DOS CASADINHOS DE BATONS MARECHAUX

Unte assadeiras com manteiga e polvilhe com farinha. Usando um saco de confeitar com um bico perlê (liso), faça montinhos de massa de 2 cm de diâmetro. Polvilhe com as amêndoas laminadas. Serão necessários cerca de 30 g de amêndoas para cada 60 g de massa. Asse a 170°C por 10 minutos. Retire da assadeira e deixe esfriar sobre grades de metal. Utilize um pouco de geleia de framboesa para juntar os biscoitos dois a dois pela base.

TERMOS PARA REVISÃO

cookies

espalhamento

método direto seco

método cremoso

método pão de ló

massa de pingar com o saco de confeitar

massa de pingar com a colher

massa de cortar com o cortador

massa de modelar antes de assar

massa de cortar pouco antes de assar

massa de cortar durante o assamento

massa de espalhar na assadeira

massa de modelar depois de assar

QUESTÕES PARA DISCUSSÃO

1. O que faz com que um biscoito fique crocante? Como é possível manter essa característica depois que o produto está pronto?

2. Se os biscoitos que você preparou ficaram muito macios, e essa não era a sua intenção, como você corrigiria esta falha?

3. Descreva rapidamente a diferença entre o método cremoso e o método direto seco.

4. Além do controle de custo, que outros motivos tornam importante a uniformidade do tamanho dos biscoitos?

20

Cremes, pudins, musses e suflês

Esta seção trata de **várias sobremesas** que não foram abordadas nos capítulos anteriores. Embora a maioria desses itens não seja assada no forno da mesma forma que os pães, tortas, bolos e biscoitos são sobremesas muito apreciadas e importantes para o setor de alimentos. Estamos falando de cremes, pudins, musses e sobremesas geladas em geral.

A maioria dos produtos e técnicas discutidos aqui está relacionada entre si e com as técnicas discutidas em capítulos anteriores. Por exemplo, muitos pudins, *bavaroises*, musses, suflês e outras sobremesas geladas têm por base dois cremes – o *crème anglaise* e o creme de confeiteiro – apresentados no Capítulo 12. Além disso, as *bavaroises*, os musses e os suflês devem sua textura a merengues (discutidos no Capítulo 12), creme de leite batido ou ambos.

Como você já sabe, a arte e a ciência da panificação e da confeitaria dependem de um conjunto de princípios e técnicas que são aplicados e reaplicados na confecção de diversos produtos. Os tópicos deste capítulo ilustram mais uma vez esse fato.

Após ler este capítulo, você deverá ser capaz de:

1. **Preparar cremes e pudins engrossados com amido de milho e cozidos na panela.**

2. **Preparar cremes e pudins cozidos no forno.**

3. **Preparar pudins cozidos no vapor (*puddings*).**

4. **Preparar *bavaroises* e musses.**

5. **Usar *bavaroises* para preparar sobremesas geladas, como as *charlottes*.**

6. **Preparar suflês doces.**

CREMES E PUDINS

É difícil encontrar uma definição de pudim que inclua todas as preparações que podem ser chamadas por esse nome. Em inglês, o termo *pudding* é usado para designar desde um pudim de chocolate básico a linguiças de sangue (*blood puddings*) e *steak-and-kidney pudding*. Neste capítulo, no entanto, consideraremos apenas os pudins das sobremesas populares dos Estados Unidos.

Os cremes engrossados com amido e os pudins assados em banho-maria são os mais preparados em restaurantes. Um terceiro tipo, menos comum, é o pudim cozido no vapor – *pudding* –, típico de locais cujo inverno é rigoroso, pois é bastante substancioso.

Como muitos pudins são feitos à base de creme de gemas, começaremos apresentando este tipo de preparação. Um *creme de gemas* é uma preparação estabilizada por meio da coagulação das proteínas do ovo. Há basicamente dois tipos de creme de gemas: *creme batido*, que é mexido constantemente durante o cozimento e mantém-se líquido depois de pronto (com exceção do creme de confeiteiro – ver a seguir), e *creme assado*, ou pudim – que fica firme depois de frio.

Uma única regra governa a preparação de ambos os tipos de creme de gemas: *não aquecer a mistura além dos 85°C*. Essa temperatura é o ponto em que a mistura líquida de ovos coagula. Se for aquecida além desse ponto, pode talhar. Quando isso ocorre, o líquido se separa das proteínas coaguladas.

O *crème anglaise*, discutido em detalhe no Capítulo 12 (p. 269), é um creme batido aromatizado com baunilha. Consiste em uma mistura de leite, açúcar e gemas batida em fogo muito brando até engrossar ligeiramente.

O *creme de confeiteiro*, também apresentado no Capítulo 12 (p. 271), é um creme batido engrossado não apenas com ovos, mas também com amido, tornando-se um produto muito mais consistente e estável. Em razão do efeito estabilizador do amido, o creme de confeiteiro é uma exceção à regra que indica para não aquecer a mistura acima dos 85°C. Além de ser usado para rechear muitos pães, bolos e sobremesas, também serve de base para o preparo de sobremesas frias cremosas.

Os cremes cozidos no forno, ou pudins, consistem em leite, açúcar e ovos – em geral ovos inteiros, para garantir maior consistência. Ao contrário dos cremes batidos, ele não é mexido enquanto cozinha, mas levado ao forno até firmar. Os cremes cozidos podem ser usados para rechear tortas cremosas, podem ser servidos puros (quando são chamados de pudim) ou podem servir de base para o preparo de outras sobremesas cremosas assadas.

Cremes cozidos na panela

Os cremes preparados no fogo, em sua maioria, são engrossados com amido, depois cozidos em uma panela até que o amido gelatinize. Os dois primeiros cremes da lista a seguir são deste tipo. O terceiro é engrossado com gelatina – é preciso aquecer a mistura para que a gelatina derreta. Este tipo de pudim talvez precise apenas de um leve aquecimento em vez de ser fervido ou cozido.

1. **Manjar**. O *manjar* consiste em uma mistura de leite, açúcar e saborizantes engrossada com amido de milho (ou outro amido). Se for acrescentado amido suficiente, a mistura pode ser despejada em formas, resfriada e desenformada. O termo usado em inglês para designar esta preparação, *blancmange*, vem do francês *blanc-* (branco) *manger* (comer).

2. **Cremes com gemas**. O *creme com gemas* é muito semelhante ao creme de confeiteiro. No entanto, leva menos amido e pode conter diversos saborizantes, como coco e chocolate. Um creme *butterscotch*, por exemplo, leva açúcar mascavo em vez de açúcar branco.

Ao observar novamente a fórmula do Creme de confeiteiro (p. 271), é possível verificar que a única diferença entre os cremes com gemas e os cremes engrossados com amido é que os primeiros contêm ovos. Na verdade, os cremes com gemas podem ser preparados adicionando-se um creme à base de amido quente a ovos batidos, mexendo sem parar, até que a mistura quase ferva. Ao usar este método, é preciso tomar cuidado para que os ovos não talhem.

Como os cremes com gemas são praticamente iguais ao creme de confeiteiro – que é usado, por sua vez, para rechear tortas cremosas – não será necessário fornecer a receita novamente aqui. *Para preparar qualquer um dos cremes a seguir, simplesmente prepare o respectivo recheio cremoso para torta (pp. 305 a 307), mas usando metade do amido da receita.* Os seguintes cremes podem ser preparados a partir dessas bases:

Creme de baunilha.

Creme de coco.

Creme de banana (amasse as bananas e misture-as ao creme).

Creme de chocolate (duas versões, usando chocolate em pó ou em barra derretido).

Creme *butterscotch*.

3. **Cremes estabilizados com gelatina**. Cremes não engrossados com amido ou ovos precisam ser estabilizados com um outro ingrediente. A gelatina é muito usada para esse fim. Uma das sobremesas mais simples e conhecidas feita por esse método é a **panna cotta** – "creme cozido", em italiano. Na sua forma mais básica, consiste em uma mistura de creme de leite e leite aquecidos com açúcar, baunilha e gelatina, que é despejada em forminhas e refrigerada até firmar. Em geral, é servida com frutas ou calda de açúcar queimado.

Os musses e *bavaroises*, que devem sua textura leve e aerada ao creme de leite batido ou merengue, em geral são estabilizados com gelatina. Eles serão explicados em detalhe neste capítulo.

BLANCMANGE AO ESTILO INGLÊS

Rendimento: cerca de 1.250 mL

Ingredientes	Quantidade	Leite a 100% %	Modo de fazer
Leite	1.000 mL	80	
Açúcar	190 g	15	
Sal	1 g		
	(¼ de colher de chá)	0,1	
Amido de milho	125 g	10	
Leite, frio	250 mL	20	
Essência de baunilha ou amêndoa	8 mL	0,6	

Modo de fazer:

1. Misture a primeira quantidade de leite, o açúcar e o sal em uma panela grossa e leve ao fogo brando até ferver.

2. Dissolva muito bem o amido de milho no leite frio.

3. Despeje 1 xícara do leite fervente, em um fio fino, sobre a mistura de leite e amido de milho. Junte à mistura quente da panela.

4. Cozinhe, em fogo baixo e mexendo sempre, até a mistura engrossar e começar a ferver.

5. Retire do fogo e junte os aromatizantes desejados.

6. Despeje em forminhas com capacidade para 125 mL. Espere esfriar e leve à geladeira. Desenforme ao servir.

Nota: o blancmange tradicional francês é diferente desta versão ao estilo inglês. O primeiro é feito de amêndoas ou pasta de amêndoa e gelatina.

VARIAÇÕES

O *blancmange*, ou manjar, pode ser saborizado da mesma forma que os cremes de gema. Veja a discussão geral apresentada antes desta receita.

Para servir esta sobremesa sem desenformar, reduza a quantidade de amido para 60 g.

PANNA COTTA

Ingredientes	Quantidade	Modo de fazer
Leite	300 g	1. Aqueça o leite, o creme de leite e o açúcar até que este esteja dissolvido.
Creme de leite fresco	300 g	
Açúcar	125 g	2. Amoleça a gelatina em água fria (ver p. 88). Junte à mistura quente e mexa até que esteja dissolvida.
Gelatina incolor sem sabor (ver *Nota*)	5 a 7 g	
	(2½ a 3½ folhas – 1½ a 2¼ de colheres de chá)	3. Junte a essência de baunilha.
Essência de baunilha	5 g	4. Despeje em forminhas com capacidade para 100 a 125 mL. Leve à geladeira até firmar.
	(1 colher de chá)	
Peso total:	**740 g**	5. Desenforme ao servir.

Nota: uma quantidade menor de gelatina produz uma sobremesa mais delicada. Use-a se a temperatura ambiente for fria. Uma quantidade maior rende uma sobremesa mais firme, mais resistente à manipulação ao ser desenformada.

Cremes e pudins cozidos no forno

Praticamente todos os pudins, cremes e flãs cozidos no forno contêm ingredientes adicionais, geralmente em grandes quantidades. O pudim de pão, por exemplo, é feito de uma combinação de fatias ou cubos de pão arrumada em uma assadeira e levada ao forno para cozinhar. O arroz-doce de forno, feito de arroz cozido e creme de gemas, é outro item tradicional.

O pudim de leite consiste em uma mistura de ovos, leite, açúcar e saborizantes que é assada até os ovos coagularem e a mistura ficar firme. Um bom pudim rende uma fatia reta e firme ao ser cortado.

A quantidade de ovos em um pudim determina a sua consistência. Para ser desenformado, é preciso que mais ovos sejam usados em seu preparo. Observe que as gemas rendem uma textura mais aveludada e delicada do que os ovos inteiros.

Ao assar pudins e outras sobremesas à base de gemas que vão ao forno, observe o seguinte:

1. Ferva o leite antes de acrescentá-lo lentamente aos ovos. Isso reduz o tempo de cozimento da mistura e ajuda o produto a cozinhar de maneira mais uniforme.

2. Descarte qualquer espuma que possa prejudicar a aparência do produto final.

3. Asse a 165°C ou em temperatura mais baixa. Acima disso, o risco de a mistura cozinhar demais ou talhar é maior.

4. Asse em banho-maria, para que as superfícies não cozinhem antes de a parte de dentro ficar firme.

5. Para testar o cozimento, insira uma faca de lâmina fina de 3 a 5 cm do centro. Se ela sair limpa, a mistura está cozida. O centro talvez esteja um pouco mole, mas a sobremesa continuará cozinhando com o próprio calor depois que for retirada do forno.

O procedimento para preparar uma série de pudins, cremes e flãs é o mesmo empregado no preparo da receita básica de pudim de leite. Talvez não seja necessário assar em banho-maria, se a quantidade de amido da receita for alta.

Recheios cremosos de tortas como a *pumpkin pie* também podem ser considerados uma espécie de pudim e preparados como tal. Toda mistura à base de gemas estabilizada pela coagulação de ovos pode ser genericamente chamada de pudim. Os pudins também podem conter pequenas quantidades de amido ou outros estabilizantes.

Esta seção também inclui a conhecida sobremesa *crème brûlée*, que significa, literalmente, "creme queimado". O *brûlée*, ou "queimado", do nome refere-se à camada vítrea de açúcar caramelizado que é adicionada à sobremesa pouco antes de ser servida. O creme é especialmente rico, pois é feito com creme de leite gordo. O termo *brûlée*, pelo que acabamos de explicar, não deve ser usado como forma abreviada de *crème brûlée* (o que tem sido feito por alguns *chefs* e certas publicações).

PUDIM DE LEITE

Rendimento: 12 porções, com 150 g cada

Ingredientes	Quantidade	Leite a 100% %	Modo de fazer
Ovos	500 g	40	
Açúcar	250 g	20	
Sal	2,5 g (½ colher de chá)	0,2	
Essência de baunilha	15 g	1,25	
Leite	1.250 mL	100	

Modo de fazer

1. Coloque os ovos, o açúcar, o sal e a essência de baunilha em uma tigela. Misture até obter uma mistura homogênea, mas sem bater.

2. Ferva o leite em banho-maria (para não derramar) ou em fogo baixo.

3. Despeje-o lentamente sobre a mistura de ovos, mexendo sem parar.

4. Retire a espuma que se formar na superfície.

5. Coloque forminhas de pudim em uma assadeira rasa.

6. Distribua a mistura cuidadosamente entre elas. Se alguma espuma se formar na superfície, retire-a com uma colher.

7. Coloque a assadeira na grade do forno. Despeje a água quente do banho-maria na assadeira até quase atingir a altura do pudim dentro das forminhas.

8. Asse a 165°C até que fiquem firmes (cerca de 45 minutos).

9. Retire os pudins do forno com cuidado e deixe que esfriem. Guarde-os, cobertos, na geladeira.

VARIAÇÕES

PUDIM DE LEITE COM CALDA DE CARAMELO

Leve 375 g de açúcar e 60 mL de água ao fogo e cozinhe até obter um caramelo (ver seção sobre o preparo de caldas na p. 261). Despeje um pouco do caramelo quente no fundo das forminhas de pudim (certifique-se de que as forminhas estão limpas e secas). Despeje a mistura do pudim e asse como na receita básica. Depois de frios, leve à geladeira por 24 horas, para que parte da calda se dissolva, escorrendo pelas laterais do pudim quando ele for desenformado.

POTS DE CRÈME DE BAUNILHA

Pots de crème são pudins densos e substanciosos. Substitua 500 mL do leite por 500 mL de creme de leite fresco na receita básica. Use 250 g de ovos inteiros e 125 g de gemas.

POTS DE CRÈME DE CHOCOLATE

Siga o procedimento acima para preparar os *pots de crème* de baunilha, mas misture 375 g de chocolate ao leite picado com o leite quente, mexendo até que o chocolate esteja derretido e totalmente incorporado. Diminua a quantidade de açúcar para 125 g.

CRÈME BRÛLÉE

Rendimento: 12 porções de cerca de 150 g cada

Ingredientes	Quantidade	Modo de fazer
Açúcar mascavo	250 g	
Gemas	12	
Açúcar cristal	180 g	
Creme de leite fresco, quente	1.500 mL	
Essência de baunilha	8 mL (1½ colher de chá)	
Sal	3 g (¾ de colher de chá)	

Modo de fazer

1. Espalhe o açúcar mascavo em uma assadeira e leve ao forno bem baixo para secar. Espere esfriar, triture e peneire.

2. Misture bem as gemas com o açúcar cristal.

3. Aos poucos, junte o creme de leite quente. Acrescente a essência de baunilha e o sal. Passe a mistura por uma peneira.

4. Separe 12 ramequins ou outro tipo de potinho de louça raso (cerca de 2,5 cm de altura). Forre uma assadeira com um pano de prato e arrume os ramequins por cima (o pano servirá como um isolante para que o fundo não aqueça em demasia). Divida a mistura entre eles. Despeje a água quente do banho-maria na assadeira até atingir a metade da altura das forminhas.

5. Asse a 165°C, apenas até o creme firmar (cerca de 25 minutos).

6. Espere esfriar e leve à geladeira.

7. Para finalizar, primeiramente enxugue qualquer líquido que tenha se formado na superfície. Polvilhe com uma camada uniforme do açúcar mascavo. Caramelize o açúcar com uma salamandra bem quente ou com um maçarico culinário (o processo deve ser rápido para que o açúcar caramelize antes que a parte de cima do creme aqueça). Depois de frio, o açúcar caramelizado formará uma casquinha fina e crocante. Sirva no prazo de uma a duas horas, caso contrário, a casquinha de caramelo derreterá.

VARIAÇÕES

Pode-se usar açúcar cristal em vez do mascavo. O açúcar refinado comum não precisa ser seco no forno (como no passo 1), mas é um pouco mais difícil de caramelizar.

Para uma versão mais refinada, use baunilha em fava em vez de essência. Abra a fava ao meio no sentido do comprimento e raspe as sementinhas. Ferva a fava e as sementes com o creme de leite. Retire as favas e prossiga como na receita básica.

CRÈME BRÛLÉE DE CAFÉ

Junte café solúvel ou essência de café a gosto ao creme de leite quente.

CRÈME BRÛLÉE DE CANELA

Junte 2 colheres de chá (3,5 g) de canela ao creme de leite quente.

CRÈME BRÛLÉE DE CHOCOLATE

Use uma mistura de metade leite, metade creme de leite. Junte 250 g de chocolate meio amargo derretido à mistura quente de leite e creme de leite.

CRÈME BRÛLÉE DE FRUTAS VERMELHAS

Coloque algumas frutas vermelhas (framboesas ou mirtilos) nos ramequins antes de juntar o creme.

CRÈME BRÛLÉE DE FRAMBOESA E MARACUJÁ

Reduza a quantidade de creme de leite para 1.375 mL. Omita a baunilha. Junte 125 mL de suco de maracujá natural coado à mistura logo antes de passá-la pela peneira. Coloque algumas framboesas nos ramequins antes de despejar a mistura quente.

❊} SALAMANDRA OU {❊ MAÇARICO CULINÁRIO?

Que acessório é melhor para caramelizar o açúcar do *crème brûlée*, um maçarico culinário ou uma salamandra? É uma questão de gosto pessoal e de disponibilidade de equipamento. Ao preparar sobremesas individuais conforme a demanda, os *chefs* geralmente acham mais fácil e rápido usar um maçarico. Além disso, nem toda praça de confeitaria (ou mesmo as cozinhas quentes) possui uma salamandra. Por outro lado, quando se está preparando vários *crèmes brûlées* de uma só vez (p. ex., para um banquete), pode ser mais fácil colocar todos eles em uma assadeira e caramelizar com a salamandra.

PUDIM DE PÃO

Rendimento: cerca de 2.500 g

Ingredientes	Quantidade	Modo de fazer
Pão de forma ou outro pão branco, em fatias finas	500 g	
Manteiga, derretida	125 g	
Ovos	500 g	
Açúcar	250 g	
Sal	2 g (½ colher de chá)	
Essência de baunilha	15 mL	
Leite	1.250 mL	
Canela em pó	conforme necessário	
Noz-moscada	conforme necessário	

Modo de fazer:

1. Corte cada fatia de pão ao meio. Pincele ambos os lados com manteiga derretida.

2. Arrume-as em uma assadeira untada de 25 x 30 cm, ligeiramente sobrepostas umas sobre as outras. Para uma assadeira de 46 x 66 cm, dobre as quantidades.

3. Misture muito bem os ovos, o açúcar, o sal e a essência de baunilha em uma tigela. Junte o leite.

4. Despeje a mistura de ovos sobre o pão.

5. Deixe descansar na geladeira por pelo menos 1 hora, para que o pão absorva o líquido. Se necessário, empurre as fatias de pão para dentro da mistura uma ou duas vezes durante esse período, para que fiquem bem molhadas.

6. Polvilhe a superfície com um pouco de canela e noz-moscada.

7. Coloque a assadeira dentro de uma outra maior que contenha 2,5 cm de altura de água quente.

8. Leve ao forno preaquecido a 175°C. Asse por cerca de 1 hora, até firmar.

9. Sirva morno ou frio, acompanhado de creme de leite batido, *Crème anglaise* (p. 269), *coulis* de frutas ou açúcar de confeiteiro.

VARIAÇÕES

Para um pudim mais substancioso, substitua metade do leite por creme de leite.

Junte 125 g de passas, espalhando-as entre as fatias de pão.

PUDIM DE PÃO COM CONHAQUE OU UÍSQUE

Junte 60 mL de conhaque ou uísque à mistura de ovos.

CABINET PUDDING (PUDIM INGLÊS DE PASSAS)

Prepare pudins individuais. Substitua o pão branco por pão de ló em cubos e omita a manteiga derretida. Junte cerca de 4 g (1½ colher de chá) de passas em cada forminha antes de despejar a mistura de ovos.

PUDIM DE PÃO COM CEREJAS SECAS

Junte 125 a 185 g de cerejas secas ao pudim, espalhando-as entre as fatias de pão. Substitua metade do leite por creme de leite.

PUDIM DE PÃO DE CHOCOLATE

Rendimento: cerca de 2.500 g

Ingredientes	Quantidade	Modo de fazer
Creme de leite fresco	625 g	1. Misture o creme de leite, o leite e o açúcar em uma panela grossa. Leve ao fogo, mexendo sempre, até o açúcar se dissolver.
Leite	625 g	
Açúcar	180 g	
Chocolate meio amargo, picado	350 g	2. Retire a panela do fogo e deixe esfriar por 1 minuto. Então, junte o chocolate e mexa até que esteja derretido e completamente misturado.
Rum escuro	60 g	
Essência de baunilha	10 g (2 colheres de chá)	3. Acrescente o rum e a essência de baunilha.
Ovos	8	4. Bata os ovos em uma tigela. Junte a mistura quente de chocolate aos poucos, batendo sem parar.
Pão branco, em fatias grossas, sem a casca (ver *Nota*)	500 g	

Nota: recomenda-se o uso de um pão branco denso e de boa qualidade, como o Challah (p. 150), para esta receita.

5. Corte o pão em cubos grandes e coloque em uma assadeira untada de 25 x 30 cm, ou use duas assadeiras quadradas de 20 cm. Despeje a mistura de chocolate sobre o pão. Afunde os pedaços que não ficarem encobertos pela mistura.

6. Deixe descansar na geladeira por pelo menos 1 hora, para que o pão absorva o líquido. Se necessário, empurre o pão novamente para dentro da mistura uma ou duas vezes durante esse período, para que fique bem molhado.

7. Asse a 175°C até firmar (cerca de 30 a 45 minutos).

ARROZ-DOCE DE FORNO

Rendimento: cerca de 2.250 g

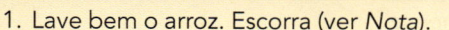

Ingredientes	Quantidade	Modo de fazer
Arroz branco cru, de grãos longos ou médios	250 g	
Leite	1.500 mL	
Essência de baunilha	5 mL (1 colher de chá)	
Sal	2 g (¼ de colher de chá)	
Gemas	95 g	
Açúcar	250 g	
Creme de leite *light*	250 mL	
Canela em pó	conforme necessário	

1. Lave bem o arroz. Escorra (ver *Nota*).

2. Em uma panela grossa, misture o arroz, o leite, a essência de baunilha e o sal. Tampe e leve ao fogo baixo até que o arroz esteja cozido – cerca de 30 minutos. Mexa de vez em quando para que não grude no fundo. Retire do fogo.

3. Coloque as gemas, o açúcar e o creme de leite em uma tigela. Misture muito bem.

4. Junte uma concha cheia do leite quente do cozimento do arroz à mistura de gemas e mexa bem. Despeje essa mistura lentamente na panela com o arroz.

5. Transfira para uma assadeira untada com manteiga de 25 x 30 cm. Para uma assadeira de 46 x 66 cm, dobre as quantidades. Polvilhe a superfície com canela.

6. Asse em banho-maria a 175°C por 30 a 40 minutos, ou até firmar. Sirva morno ou gelado.

Nota: para remover ainda mais o amido do arroz, alguns chefs preferem cozinhá-lo por dois minutos em água fervente e então escorrê-lo.

VARIAÇÕES

ARROZ-DOCE COM PASSAS

Acrescente 125 g de passas à mistura já cozida de arroz e leite.

RIZ CONDÉ

Faça os seguintes ajustes:

Aumente a quantidade de arroz para 325 g.

Aumente a quantidade de gemas para 150 g.

Omita a canela.

Assim que as gemas forem incorporadas, despeje a mistura em forminhas individuais rasas untadas com manteiga. Asse como na receita básica, depois leve à geladeira até firmar. Desenforme no prato em que irá servir.

O riz condé pode ser servido puro, com creme de leite batido ou calda de frutas, além de poder ser usado como acompanhamento para compotas de frutas. Arrume as frutas sobre o pudim desenformado; pincele com Geleia de brilho de damasco (p. 200). Nesse caso, o prato pode receber o nome da fruta, por exemplo, damasco condé, pera condé etc.

PUDIM DE TAPIOCA

Este pudim é preparado como o arroz-doce de forno até o passo 4 do procedimento. No entanto, não vai ao forno. Ao contrário, claras batidas em neve são incorporadas à mistura, que é então levada à geladeira. Para prepará-lo, faça os seguintes ajustes à receita básica:

Substitua os 250 g de arroz por 125 g de farinha de tapioca. Não lave a farinha de tapioca. Cozinhe-a no leite até amolecer.

Reserve 60 g do açúcar (do passo 3) para o merengue.

Depois de incorporar as gemas, leve a mistura novamente ao fogo baixo por alguns minutos para cozinhar as gemas. Mexa sem parar. Não deixe que a mistura ferva.

Bata 125 g de claras em neve com os 60 g de açúcar reservados até obter picos moles. Incorpore ao creme quente. Leve à geladeira.

CHEESECAKE CREMOSO

Rendimento: suficiente para quatro cheesecakes de 25 cm de diâmetro, cinco de 23 cm ou seis de 20 cm

Ingredientes	Quantidade
Cream cheese	4.500 g
Açúcar	1.575 g
Amido de milho	90 g
Raspas de limão	15 g
Essência de baunilha	30 g
Sal	45 g
Ovos	900 g
Gemas	340 g
Creme de leite fresco	450 g
Leite	225 g
Suco de limão	60 g
Massa seca de corte (p. 320) ou pão de ló para forrar as formas	
Peso total:	**8.230 g**

Modo de fazer

1. Prepare as formas forrando o fundo de cada uma delas com uma camada fina de pão de ló pronto ou de massa seca de corte. Asse a massa seca de corte apenas até começar a dourar.

2. Coloque o *cream cheese* na tigela da batedeira e, com o misturador raquete, bata em velocidade baixa até que fique liso e cremoso.

3. Junte o açúcar, o amido de milho, as raspas de limão, a essência de baunilha e o sal. Bata em velocidade baixa, até obter uma mistura homogênea. Raspe as laterais da tigela e o misturador.

4. Junte os ovos e as gema aos poucos, batendo bem após cada adição. Raspe as laterais da tigela novamente, para que a mistura fique bem uniforme.

5. Com a batedeira ligada em velocidade baixa, junte aos poucos o creme de leite, o leite e o suco de limão.

6. Despeje a mistura nas formas preparadas. Pese as porções da seguinte forma:

   formas de 25 cm de diâmetro – 2.050 g cada.

   formas de 23 cm de diâmetro – 1.600 g cada.

   formas de 20 cm de diâmetro – 1.350 g cada.

7. Para assar sem o banho-maria, coloque as formas dentro de assadeiras vazias e leve ao forno preaquecido a 200°C. Depois de 10 minutos, abaixe a temperatura para 105°C e continue assando até que a mistura esteja firme (cerca de 1 hora a 1 hora e 30 minutos), dependendo do tamanho do *cheesecake*.

8. Para assar em banho-maria, coloque as formas dentro de assadeiras maiores. Despeje a água fervente na assadeira maior e leve ao forno preaquecido a 175°C até firmar.

9. Espere esfriar completamente antes de desenformar. Se não estiver usando uma forma com aro removível, polvilhe a superfície do *cheesecake* com açúcar cristal. Vire-o sobre um disco de papelão e, de imediato, coloque outro disco no fundo e inverta o *cheesecake* para a posição inicial novamente.

Nota: o cheesecake pode ser assado em banho-maria. Se assado em banho-maria, fica com a superfície dourada e as laterais brancas. Sem o banho-maria, as laterais ficam mais douradas e a superfície mais clara. Se não estiver assando em banho-maria, podem-se usar formas de aro removível. No entanto, esse tipo de forma não pode ser usado no preparo em banho-maria.

VARIAÇÕES

CHEESECAKE DE RICOTA

No lugar dos 4.500 g de *cream cheese*, use 3.400 g de ricota fresca com 1.350 g de manteiga ou 1.125 g de gordura hidrogenada. Se desejar, use leite no lugar do creme de leite no passo 5.

CHEESECAKE FRANCÊS

Este *cheesecake* tem uma textura mais leve por causa da incorporação de claras em neve à massa, seja na receita original, seja na variação com ricota. Faça os seguintes ajustes a qualquer uma das receitas acima:

Aumente a quantidade de amido de milho para 150 g.

Reserve 450 g do açúcar e bata com 1.040 g de claras até obter um merengue de picos moles.

Incorpore o merengue à massa antes de despejar nas formas.

❊⟩ Cheesecake ⟨❊

Um dos usos da palavra *cake* em inglês é para designar uma preparação à base de farinha, ovos, açúcar, fermento e outros ingredientes que é assada no forno, em formas redondas ou retangulares. Esse tipo de bolo foi discutido no Capítulo 16. Mas a palavra *cake* também é usada em inglês para referir-se a massas mais ou menos compactas de quaisquer substâncias ou coisas — *cake of soap* (barra de sabão), ou uma pelota de neve que fica *caked* (compactada) na sola do seu sapato etc. Muitas preparações, apesar de serem chamadas de *cakes*, estão mais para o segundo uso da palavra do que para o primeiro, e mesmo alguns itens à base de farinha, como panquecas (*pancakes*, em inglês), normalmente não são discutidas como tipo de bolo descrito no Capítulo 16.

Em algumas discussões sobre confeitaria, os *cheesecakes* são abordados com os itens à base de farinha. Tecnicamente, entretanto, o *cheesecake* assemelha-se mais a um pudim ou a um recheio de *pumpkin pie*. É uma mistura semilíquida de leite, açúcar, ovos e *cream cheese* que fica firme com a coagulação dos ovos. O fato de ter *cake* no nome diz pouco sobre sua real constituição. Ou seja, não significa que a iguaria deve entrar no capítulo sobre bolos.

Diversos países têm preparações típicas semelhantes, mas usando os queijos locais. Nos Estados Unidos, a maioria dos *cheesecakes* é feita com *cream cheese*. O *cheesecake* típico de Nova York talvez seja o mais untuoso de todos, pois leva creme de leite fresco além do *cream cheese*. *Cheesecakes* feitos com queijos mais magros também podem ser encontrados, mas é mais raro. Na Itália, a iguaria é feita com ricota; na Alemanha, é empregado um queijo fresco chamado *quark*. *Cheesecakes* não assados que usam a gelatina como agente estabilizador, em vez dos ovos coagulados, são considerados um tipo de *bavaroise* (ver p. 532), em vez de um pudim.

Pudins cozidos no vapor (*puddings*)

Os *puddings* são preparações típicas de países de clima frio. Sua textura pesada, densa e untuosa os torna especialmente reconfortantes para serem saboreados nas noites frias de inverno. Essas mesmas características, no entanto, tornam seu consumo impróprio nas demais estações do ano.

A mais famosa preparação desse tipo é o **Christmas pudding** inglês, conhecido também como *plum pudding* nos EUA. Um *Christmas pudding* benfeito que usa ingredientes de qualidade é uma combinação inesquecível de sabores. A longa lista de ingredientes pode dar a impressão de que a fórmula é de difícil execução, mas uma vez que os ingredientes estejam preparados e pesados, fica fácil executar a receita.

Além desta receita tradicional, incluímos outras menos complexas de pudins cozidos no vapor, para dar uma ideia das possibilidades de variação. Muitos desses *puddings* podem também ser assados em banho-maria, mas o vapor é mais eficiente e ajuda a manter a mistura úmida durante as muitas horas de cozimento.

Se dispuser de um equipamento próprio para cozinhar no vapor, simplesmente coloque a mistura nas formas e cozinhe conforme as instruções do fabricante. Para cozinhar no fogão, coloque as formas com a mistura, tampadas, em uma panela grande e despeje água até atingir a metade da altura das formas. Espere ferver, abaixe o fogo para o mínimo e cozinhe, com a panela tampada. Confira as formas periodicamente e complete com mais água quando necessário.

CHRISTMAS PUDDING (PUDIM DE PÃO DE NATAL)

Para calcular grandes quantidades, ver página 740.

Ingredientes	Quantidade	Modo de fazer
Uva-passa escura	250 g	1. Coloque as frutas e as amêndoas de molho no conhaque por 24 horas.
Uva-passa clara	250 g	
Passa de Corinto	250 g	2. Peneire a farinha com as especiarias.
Tâmaras, picadas	125 g	3. Junte a mistura de farinha, a banha, o açúcar, os ovos, o miolo de pão e o melado. Adicione o conhaque com as frutas e mexa bem.
Amêndoas, picadas	90 g	
Casca de laranja cristalizada, picadinha	60 g	
Casca de limão cristalizada, picadinha	60 g	
Conhaque	190 mL	
Farinha de trigo para pão	125 g	4. Encha forminhas fundas de pudim untadas com a massa, deixando um pequeno espaço até a borda. Corte discos de papel-manteiga que caibam dentro das forminhas, um para cada, unte-os e coloque-os sobre a massa. Cubra-as com papel-alumínio, fechando bem com um barbante para que o vapor não entre.
Canela em pó	2 mL (½ colher de chá)	
Noz-moscada	0,5 mL (⅛ de colher de chá)	
Macis	0,5 mL (⅛ de colher de chá)	5. Cozinhe no vapor por 4 a 6 horas, dependendo do tamanho.
Gengibre em pó	0,5 mL (⅛ de colher de chá)	6. Para armazenar, espere que os pudins fiquem mornos e desenforme. Enrole cada um em um pedaço de gaze, espere que esfriem completamente e, então, vede bem com filme plástico. Eles se conservarão por um ano ou mais se forem umedecidos com conhaque ou rum a cada 7 ou 10 dias.
Cravo em pó	0,5 mL (⅛ de colher de chá)	
Sal	4 g (⅝ de colher de chá)	
Banha de boi, picadinha	190 g	
Açúcar mascavo	125 g	7. *O christmas pudding* deve ser servido quente. Para reaquecer, coloque de volta nas forminhas e aqueça no vapor por 1 a 2 horas, ou até que estejam quentes. Sirva com *Hard sauce* (p. 283).
Ovos	125 g	
Miolo de pão branco fresco esmigalhado	60 g	
Melado	15 g	
Peso total:	*1.915 g*	

PUDDING DE MIRTILO

Para calcular grandes quantidades, ver página 741.

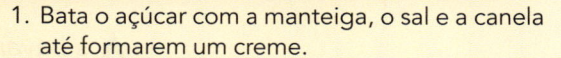

Ingredientes	Quantidade	Modo de fazer
Açúcar mascavo	150 g	
Manteiga	60 g	
Sal	0,5 mL	
	(⅛ de colher de chá)	
Canela em pó	4 mL	
	(¾ de colher de chá)	
Ovos	60 g	
Farinha de trigo para pão	30 g	
Fermento em pó químico	6 g	
	(1 colher de chá)	
Farinha de rosca	150 g	
Leite	125 g	
Mirtilos, frescos ou congelados, sem açúcar	125 g	
Peso total:	**706 g**	

Modo de fazer

1. Bata o açúcar com a manteiga, o sal e a canela até formarem um creme.

2. Junte os ovos aos poucos. Bata até obter um creme leve e fofo.

3. Peneire a farinha com o fermento em pó e, então, junte a farinha de rosca.

4. Acrescente os ingredientes secos à mistura de manteiga e açúcar, alternando com o leite. Misture até que a massa fique homogênea.

5. Incorpore os mirtilos delicadamente.

6. Encha forminhas untadas com bastante manteiga até dois terços da capacidade. Vede bem e cozinhe no vapor por 1 hora e 30 minutos a 2 horas, dependendo do tamanho das forminhas.

7. Desenforme e sirva quente, acompanhado de *Hard sauce* (p. 283) ou *Crème anglaise* (p. 269).

VARIAÇÃO

PUDDING DE PASSAS E ESPECIARIAS

Junte 30 g de melado, ¼ de colher de chá (1 mL) de gengibre e ⅛ de colher de chá (0,5 mL) de macis à mistura de açúcar e manteiga. Em vez dos mirtilos, use 90 g de uva-passa escura, demolhada e escorrida e 60 g de nozes picadas. Sirva quente, acompanhado de *Hard sauce* (p. 283), *Crème anglaise* (p. 269) ou Creme de limão (p. 277).

PUDDING DE CHOCOLATE E AMÊNDOAS

Ingredientes	Quantidade	Modo de fazer
Manteiga	125 g	
Açúcar	150 g	
Sal	1 g	
	(¼ de colher de chá)	
Chocolate amargo, derretido	45 g	
Gemas	90 g	
Leite, ou rum escuro	30 g	
Farinha de amêndoa	190 g	
Farinha de rosca	30 g	
Claras	150 g	
Açúcar	45 g	
Peso total:	**856 g**	

Modo de fazer

1. Bata a manteiga, o açúcar e o sal até obter um creme leve e fofo. Junte o chocolate derretido.

2. Acrescente as gemas em 2 ou 3 etapas; em seguida, adicione o leite ou rum. Raspe as laterais da tigela para que a mistura fique homogênea.

3. Junte a farinha de amêndoa e a farinha de rosca.

4. Bata as claras em neve com o açúcar até obter um merengue firme. Incorpore-o delicadamente à massa.

5. Unte as forminhas com manteiga e polvilhe com açúcar. Despeje a massa até três quartos da capacidade. Vede bem com papel-alumínio e cozinhe no vapor por 1 hora e 30 minutos.

6. Desenforme e sirva quente, acompanhado de Calda de chocolate (p. 278) ou creme de leite batido.

BAVAROISES E MUSSES

As *bavaroises* e musses, assim como os suflês e outras sobremesas geladas discutidas mais adiante neste capítulo, têm uma coisa em comum: todos têm uma textura leve e aerada, obtida por meio da adição de creme de leite batido, claras em neve ou ambos.

As *bavaroises* são sobremesas clássicas que contêm gelatina, cremes à base de gemas e creme de leite batido. Os recheios de torta do tipo *chiffon*, discutidos no Capítulo 13, são similares às *bavaroises*, já que também são estabilizados com gelatina e têm uma estrutura aerada e leve. No caso dos cremes do tipo *chiffon*, no entanto, essa textura se deve principalmente às claras em neve (se desejar, acrescente creme de leite batido). Os recheios de torta do tipo *chiffon* também podem ser servidos como pudins e sobremesas geladas.

Os musses podem ter uma textura mais leve que a das *bavaroises*, embora não haja uma linha divisória muito clara entre os dois. Muitas sobremesas batizadas de "musse" são feitas exatamente como as *bavaroises*. No entanto, muitos musses, especialmente os de chocolate, são feitos sem gelatina, ou usando-a em quantidades muito pequenas. A textura aerada dos musses é criada pela adição de creme de leite batido, merengue ou ambos.

Bavaroises

Uma **bavaroise**, conhecida também como *crème bavaroise* é composta de três elementos básicos: creme à base de gemas (aromatizado a gosto), gelatina e creme de leite batido. E isso é tudo. A gelatina é amolecida em líquido frio e depois misturada ao creme à base de gemas quente até dissolver; a mistura é, então, resfriada até quase firmar. Nesse ponto, creme de leite batido é incorporado delicadamente e a mistura é despejada em moldes e resfriada até firmar. Ao ser servida, é desenformada.

A pesagem exata da gelatina é importante. Se não for usada uma quantidade suficiente de gelatina, a sobremesa não ficará consistente o bastante para ser desenformada. Se ela for usada em excesso, o creme ficará firme demais e borrachudo. O uso da gelatina é discutido em detalhe no Capítulo 4 (p. 86) e na seção do Capítulo 13 que trata dos recheios aerados para tortas geladas (p. 309).

Bavaroises de frutas podem ser feitas a partir da adição de purês de frutas e saborizantes a uma *bavaroise* comum, à base de creme de gemas. Também podem ser preparadas sem a base de creme de gemas, adicionando-se gelatina a um purê de frutas adoçado e, em seguida, juntando-se creme de leite batido. Apresentamos uma receita básica de *bavaroise* de frutas em separado. Além disso, várias receitas para *bavaroises* mais modernas são incluídas nesta seção.

Como elas podem ser moldadas e decoradas de várias formas, as *bavaroises* podem ser usadas para fazer sobremesas elaboradas e elegantes. Elas são a base de um tipo de sobremesa chamado de **charlotte** – *bavaroises* montadas em aros modeladores forrados com biscoito champagne ou lâminas de pão de ló decoradas. As *charlottes* clássicas, em geral, são decoradas com creme de leite batido e frutas frescas e podem ser servidas com *coulis* de frutas. O procedimento de montagem de duas *charlottes* clássicas é dado após a receita básica das *bavaroises* de baunilha (embora usem o mesmo tipo de forma, as *charlottes* quentes são bem diferentes das geladas. Veja à p. 592).

A confeitaria moderna criou uma infinidade de novas receitas de *charlotte* (chamadas também de torta-musse) – uma forma que os *chefs* encontraram de expressar sua criatividade. Este capítulo inclui várias

❧ CHARLOTTE ❧

A palavra *charlotte* foi usada pela primeira vez em um texto impresso em 1796, para referir-se a uma sobremesa de maçã feita até os dias de hoje (p. 592). A iguaria consistia em maçãs assadas em uma forma forrada com fatias de pão besuntadas com manteiga. Talvez esse nome se deva à rainha Charlotte, esposa do rei inglês George III.

Alguns anos depois, o grande *chef* confeiteiro Carême (ver p. 7) tomou emprestado o nome *charlotte* para nomear uma de suas criações – uma sobremesa gelada e cremosa, estabilizada com gelatina, montada em forma forrada com biscoito champagne ou pão de ló. Ele criou a sobremesa enquanto trabalhava na Inglaterra e batizou-a de *charlotte à la parisienne*. Embora ninguém saiba ao certo, o nome *charlotte russe* pode ter sido usado pela primeira vez em um banquete em homenagem ao czar russo Alexandre I.

receitas deste tipo, que exemplificam o quão saborosas e belas as sobremesas modernas podem ser usando apenas técnicas tradicionais.

As receitas apresentadas aqui são montadas em aros grandes, mas podem também ser preparadas em porções individuais – basta usar um aro de 7 cm de diâmetro, como sugerido em várias sobremesas do Capítulo 15. Veja um exemplo desta técnica na página 370.

Esta seção também inclui receitas para outras duas sobremesas que usam a mesma técnica. O *riz impératrice* é um arroz-doce sofisticado e firme o bastante para ser desenformado. A sua base é semelhante a um creme de gemas (que é a base das *bavaroises*), com a diferença de que o arroz é cozido no leite antes da adição de gemas e gelatina. Em seguida, o creme de leite batido é incorporado. Outra forma de obter um resultado semelhante é misturando partes iguais de *riz condé* (ver p. 527) e *bavaroise* de baunilha, além das frutas cristalizadas indicadas na receita da página 536.

As *bavaroises* de *cream cheese* não são feitas a partir de um creme cozido de gemas, mas contêm gelatina e creme de leite batido. Assim, sua textura é semelhante à de outras *bavaroises*. Da mesma forma, três entre as receitas apresentadas a seguir têm como base um creme de confeiteiro, e não um *crème anglaise* (como é o caso das *bavaroises* autênticas). Ainda assim, elas são apresentadas nesta seção, pois levam gelatina e creme de leite batido.

Se uma sobremesa gelada à base de gelatina for preparada em uma forma de fundo redondo e não em uma forma com buraco no meio, mergulhe-a em água quente por 1 a 2 segundos antes de desenformar. Enxugue a forma rapidamente e vire-a sobre o recipiente em que irá servir (ou coloque o prato invertido sobre a boca da forma e vire os dois juntos). Outra opção é aquecer a forma com cuidado usando um maçarico culinário. Se a sobremesa não desgrudar depois de ser agitada delicadamente, repita o processo de aquecimento da forma. Não deixe a forma na água quente por mais de alguns segundos, ou a gelatina começará a derreter.

Procedimento para o preparo de *bavaroises* e outros cremes similares

1. Prepare a base – seja o *Crème anglaise* (p. 269), seja outra base indicada na receita.
2. Amoleça a gelatina em líquido frio e junte à base quente, mexendo até dissolver bem. Se a base não for cozida, aqueça a gelatina no líquido frio até que esteja dissolvida e, então, junte à base. Certifique-se de que a base não está muito fria, senão a gelatina começará a firmar rapidamente, formando grumos.
3. Espere a mistura esfriar até começar a ficar firme. Para acelerar esse processo, mergulhe o fundo do recipiente com a mistura em um outro com água bem gelada, mexendo sempre.
4. Incorpore o creme de leite batido com cuidado.
5. Despeje a mistura nas forminhas preparadas e leve à geladeira até firmar.

Musses

Há tantas variedades de musse que seria impossível divisar uma descrição que abarcasse todas elas. No geral, pode-se definir um **musse** como uma sobremesa de base cremosa que é misturada com creme de leite batido, claras em neve ou ambos para adquirir uma textura leve e aerada. Observe que tanto as *bavaroises* quanto os cremes do tipo *chiffon* se encaixam nessa definição. De fato, eles são frequentemente servidos como musses, mas a gelatina é reduzida ou omitida, para que a mistura fique mais cremosa.

Há muitos tipos de base para musses. Eles podem consistir em apenas chocolate derretido ou purê de frutas frescas, ou podem ser preparações mais complexas, como a base do creme *chiffon*.

Alguns musses contêm tanto claras em neve quanto creme de leite batido. Quando esse é o caso, a maioria dos *chefs* prefere incorporar primeiramente as claras, ainda que se possa perder um pouco de seu volume. A razão para isso é que se o creme de leite batido for acrescentado antes, há um perigo maior de ser batido em excesso e virar manteiga durante o processo de incorporação e mistura.

Se as claras em neve forem incorporadas em uma base quente, cozinharão ou coagularão, tornando o musse mais firme e estável. O creme de leite batido nunca deve ser incorporado a misturas quentes, pois derreterá e perderá seu volume.

Além das receitas para musse de chocolate incluídas neste capítulo e das receitas adicionais dadas no Capítulo 12 (pp. 276 a 277), é possível servir todas as receitas de recheio *chiffon* para torta (p. 308) e de *bavaroise* (pp. 534 a 536) como musses. Apenas reduza a quantidade de gelatina para um terço ou metade da quantidade indicada na fórmula. Para musses mais cremosos, feitos com receitas de creme *chiffon*, substitua parte do merengue por creme de leite batido (algumas das variações dadas para as receitas básicas sugerem essa substituição). Ao fazer esses ajustes, é possível preparar uma série de musses tradicionais – tais como framboesa, morango, limão, laranja e abóbora – sem precisar de uma receita específica para cada um.

Pode-se dizer que a Terrina de chocolate da página 547 é um musse, denso o bastante para ser fatiado. Compare essa receita com a de Musse de chocolate I, na página 276. Você verá que os procedimentos são praticamente os mesmos, embora as proporções dos ingredientes sejam diferentes.

BAVAROISE DE BAUNILHA

Rendimento: cerca de 1.500 mL

Ingredientes	Quantidade	Modo de fazer
Gelatina em pó incolor sem sabor	22 g	1. Dissolva a gelatina na água fria.
Água fria	150 mL	2. Prepare o *crème anglaise*. Bata as gemas com o açúcar até obter um creme grosso e de cor clara. Ferva o leite e despeje-o lentamente na tigela com o creme de gemas, batendo sem parar. Cozinhe em banho-maria, sem parar de mexer, até engrossar um pouco (ver p. 268 para uma discussão detalhada do preparo do *crème anglaise*). Adicione a baunilha.
Crème anglaise		
Gemas	125 g	
Açúcar	125 g	
Leite	500 mL	
Baunilha	8 mL	
Creme de leite fresco	500 mL	3. Acrescente a mistura de gelatina e mexa até que esteja completamente dissolvida.

4. Leve o creme à geladeira para esfriar, ou mergulhe o fundo da bacia em gelo moído, mexendo de vez em quando para que não se formem grumos.

5. Bata o creme de leite até formar picos moles. Não bata demais.

6. Quando o creme estiver bem espesso, mas não completamente firme, incorpore o creme de leite.

7. Despeje a mistura nas formas ou no recipiente em que irá servir.

8. Leve à geladeira até que as *bavaroises* estejam totalmente firmes. Se for o caso, desenforme antes de servir.

VARIAÇÕES

BAVAROISE DE CHOCOLATE

Junte 190 g de chocolate amargo, picadinho ou ralado, ao creme de gemas quente. Misture até que esteja completamente derretido e incorporado à mistura.

BAVAROISE DE CHOCOLATE BRANCO

Junte 250 g de chocolate branco, picadinho ou ralado, ao creme de gemas quente. Misture até que esteja completamente derretido e incorporado à mistura.

BAVAROISE DE CAFÉ

Junte 1½ colher de sopa (6 g) de café solúvel ao creme de gemas quente.

BAVAROISE DE MORANGO

Reduza a quantidade de leite para 250 mL e a de açúcar para 90 g. Amasse 250 g de morangos com 90 g de açúcar, ou use 375 g de polpa de morango adoçada. Junte esse purê ao creme de gemas antes de incorporar o creme de leite batido.

BAVAROISE DE FRAMBOESA

Prepare como a *Bavaroise* de morango, mas usando framboesas.

BAVAROISE AO LICOR

Aromatize a gosto com um licor ou bebida alcoólica, como licor de laranja, *kirsch*, marasquino, Amaretto ou rum.

BAVAROISE DE PRALINA
Junte 95 g de pasta de pralina ao creme de gemas quente.

BAVAROISE COM FRUTAS CRISTALIZADAS AO KIRSCH
Umedeça cerca de 125 g de cubos de pão de ló e 125 g de frutas cristalizadas com aproximadamente 45 mL de *kirsch*. Incorpore com cuidado à *bavaroise* de baunilha.

BAVAROISE DE LARANJA
Siga a receita básica, mas omita a baunilha e reduza o leite para 250 mL.
Aromatize a *bavaroise* com raspas finas de 1 laranja, ou essência de laranja. Antes de incorporar o creme de leite batido, junte 250 mL de suco de laranja ao creme de gemas frio.

CHARLOTTE RUSSE
Forre o fundo e as laterais de uma forma para *charlotte* (redonda funda) com biscoito champagne (p. 412). Para fazer o fundo, corte os biscoitos em forma de triângulo, para colocá-los um ao lado do outro, com a ponta virada para o centro.
Eles devem ficar bem próximos uns dos outros, sem espaços vazios. Encha a forma com a *bavaroise* e leve à geladeira até firmar. Antes de desenformar, corte as pontinhas dos biscoitos que estiverem acima do nível do creme, se necessário.
Outro método de preparar a *charlotte russe*, embora não seja autêntico, rende uma sobremesa atrativa. Despeje a *bavaroise* na forma de *charlotte* sem forrá-la. Depois de desenformar, cubra a parte de cima e as laterais com biscoito champagne ou Língua de gato (p. 502), usando um pouquinho do creme amolecido para grudá-las. Decore com creme de leite batido.

CHARLOTTE ROYALE
Forre uma forma de fundo redondo com fatias finas de rocambole de geleia de fruta. Coloque as espirais bem próximas umas das outras, sem deixar espaços vazios entre elas. Encha a forma com a *bavaroise* e leve à geladeira até firmar. Se desejar, a sobremesa pode ser pincelada com Geleia de brilho de damasco (p. 200) depois de desenformada.

BAVAROISE DE FRUTAS
Rendimento: cerca de 1.250 mL

Ingredientes	Quantidade	Modo de fazer
Purê de fruta (ver *Nota*)	250 g	1. Passe o purê de fruta por uma peneira fina. Misture com o açúcar e o suco de limão. Mexa bem, ou deixe descansar, até que o açúcar esteja completamente dissolvido.
Açúcar refinado	125 g	
Suco de limão	30 mL	
Gelatina incolor sem sabor	15 g	2. Amoleça a gelatina em água fria por 5 minutos. Leve ao fogo brando, mexendo, até que esteja dissolvida.
Água fria	150 mL	
Creme de leite fresco	375 mL	3. Incorpore ao purê de fruta.

Nota: use 250 g de fruta fresca, congelada ou em conserva, sem açúcar ou ligeiramente adoçada, por exemplo, morango, framboesa, damasco, abacaxi, pêssego e banana. No caso de frutas às quais foi acrescido muito açúcar, como morangos congelados, use apenas cerca de 300 g de fruta e reduza a quantidade de açúcar para cerca de 60 g.

4. Leve a mistura à geladeira apenas até começar a firmar. *Nota*: se o purê de fruta estiver gelado quando a gelatina for acrescentada, ele começará a ficar firme muito rapidamente, de modo que talvez não seja necessário levar a mistura à geladeira.

5. Bata o creme de leite até formar picos moles. Não bata demais.

6. Incorpore à mistura de gelatina e fruta. Despeje nas formas e leve à geladeira.

RIZ IMPÉRATRICE

Rendimento: 1.000 mL

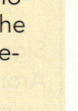

Ingredientes	Quantidade	Modo de fazer
Arroz agulhinha	90 g	1. Lave e escorra o arroz. Leve ao fogo bem baixo com o leite e cozinhe, com a panela tampada, até amolecer. Junte a essência de baunilha.
Leite	500 mL	
Essência de baunilha	8 mL	
Gemas	60 g	2. Bata as gemas com o açúcar. Junte um pouco do leite quente da panela e mexa bem. Coloque essa mistura na panela de arroz. Cozinhe em fogo bem baixo por alguns minutos, mexendo sempre, até engrossar um pouco.
Açúcar	90 g	
Gelatina incolor sem sabor	8 g	3. Amoleça a gelatina na água. Junte à mistura quente da panela e mexa até que esteja totalmente dissolvida. (*Nota*: para serviços de bufê ou em climas quentes, aumente a quantidade de gelatina para 11 g).
Água fria	60 mL	
Frutas cristalizadas, picadinhas	90 g	4. Acrescente as frutas cristalizadas, previamente demolhadas no *kirsch*.
Kirsch	30 mL	
Creme de leite fresco	180 mL	5. Leve à geladeira até começar a firmar.

Nota: uma maneira tradicional de preparar esta sobremesa é forrando o fundo das forminhas com cerca de 6 mm de gelatina de frutas vermelhas. Para esta receita, serão necessários cerca de 125 mL de gelatina pronta. Prepare-a misturando 30 g de pó para gelatina já saborizado com 125 mL de água, ou dissolva ⅜ de colher de chá (2 g) de gelatina incolor sem sabor em 25 mL de suco de frutas vermelhas adoçado. Despeje nas forminhas e leve à geladeira até firmar.

6. Bata o creme de leite até formar picos moles. Incorpore à mistura de arroz.

7. Despeje nas forminhas (ver *Nota*). Leve à geladeira até firmar. Desenforme no prato em que irá servir. Decore com frutas cristalizadas e creme de leite batido, se desejar. Sirva com Calda de framboesa e groselha (p. 279).

BAVAROISE DE CREAM CHEESE

Para calcular grandes quantidades, ver página 741.

Rendimento: cerca de 1.600 mL

Ingredientes	Quantidade	Modo de fazer
Cream cheese	375 g	1. Coloque o *cream cheese* na tigela da batedeira e bata até ficar cremoso. Junte o açúcar, o sal e os saborizantes e bata até obter uma mistura homogênea. Raspe as laterais da tigela para que a mistura fique uniforme.
Açúcar	125 g	
Sal	4 g (⅝ de colher de chá)	
Raspas de limão	1 g (⅜ de colher de chá)	2. Junte o suco de limão.
Raspas de laranja	0,5 g (¼ de colher de chá)	3. Amoleça a gelatina na água fria e leve ao fogo brando, mexendo, até que esteja dissolvida.
Essência de baunilha	2 g (⅜ de colher de chá)	4. Bata o creme de leite até formar picos moles. Não bata demais.
Suco de limão-siciliano	30 g	
Gelatina incolor sem sabor	8 g	5. Junte a gelatina morna à mistura de *cream cheese* e misture bem. Raspe as laterais da tigela novamente, para que a gelatina fique bem distribuída.
Água fria	60 g	
Creme de leite fresco	500 mL	6. Junte o creme de leite batido imediatamente. Não deixe a mistura de *cream cheese* parada depois de acrescentar a gelatina, senão ela irá endurecer rapidamente.
Peso total:	**1.105 g**	

7. Despeje nas formas preparadas ou no recipiente em que irá servir. Leve à geladeira até firmar.

VARIAÇÕES

BAVAROISE DE CHEESECAKE

Use um dos seguintes métodos:
1. Forre o fundo de uma forma redonda funda, de aro removível ou não, com pão de ló ou com uma farofa de bolacha moída. Encha a forma com *bavaroise* de *cream cheese* e leve à geladeira até firmar. Desenforme.
2. Siga o procedimento de preparo da Torta-musse *bavaroise* (p. 465), mas use a *bavaroise* de *cream cheese*. Uma receita rende uma sobremesa de 23 cm de diâmetro.

MUSSE DE CREAM CHEESE E LARANJA

Ingredientes	Quantidade	Modo de fazer
Merengue italiano		1. Prepare o merengue. Bata as claras em neve até obter picos moles. Prepare uma calda com o açúcar e a água; cozinhe até atingir 115°C. Junte a calda fervente às claras, aos poucos e batendo sem parar. Continue batendo até a mistura esfriar. Reserve.
Claras	125 g	
Açúcar	125 g	
Água	70 g	
Gelatina incolor sem sabor	9 g	2. Amoleça a gelatina em água fria (ver p. 88).
Licor de laranja	40 g	3. Aqueça o licor de laranja. Junte a gelatina e mexa até dissolver.
Cream cheese	250 g	4. Em uma batedeira com o misturador raquete, bata o *cream cheese* com as raspas de laranja e um pouco do suco até obter um creme liso.
Raspas de laranja	4 g (1¾ de colher de chá)	
Suco de laranja, coado	60 g	5. Junte a gelatina e o suco de laranja restante e bata até a mistura ficar uniforme.
Creme de leite fresco	350 g	6. Bata o creme de leite até obter picos moles. Incorpore o merengue à mistura de *cream cheese*, alternando com o creme de leite; misture bem.
Peso total:	*1.033 g*	7. Encha as forminhas e leve à geladeira.

CHEESECAKE DE LARANJA

Rendimento: uma sobremesa de 18 cm de diâmetro

Ingredientes	Quantidade	Modo de fazer
Massa *sablée* de chocolate (p. 319)	1 disco de 18 cm, com 3 mm de espessura, assado	1. Espalhe a geleia de laranja sobre o disco de massa *sablée*. Coloque a camada de pão de ló por cima. Pincele com a calda.
Geleia de laranja	30 a 40 g	2. Coloque as duas camadas dentro de um aro modelador de 18 cm de diâmetro apoiado sobre um disco descartável. Encha até a borda com o musse restante e alise a superfície com uma espátula. Leve à geladeira até firmar.
Pão de ló de chocolate (p. 407), ou outra massa aerada de chocolate	1 disco de 18 cm, com 5 mm de espessura	
Calda simples aromatizada com licor de laranja	conforme necessário	
Musse de *cream cheese* e laranja (acima)	450 a 500 g	3. Retire o aro modelador, usando um maçarico para aquecer levemente as laterais.
Decoração		4. Usando um saco de confeitar com o bico pitanga ou Saint-Honoré, decore a borda a gosto com chantilly. Preencha o centro com a compota de laranjinha *kinkan*.
Creme chantilly (p. 265)	conforme necessário	
Compota de laranjinha *kinkan* (p. 601)	conforme necessário	
Placa de chocolate imitando veios de madeira ou marmorizado (p. 644)	conforme necessário	5. Quebre a placa de chocolate em pedaços de tamanho irregular e use-os para cobrir as laterais da sobremesa.

BAVAROISE DE TRÊS CHOCOLATES

Rendimento: três sobremesas de 18 cm de diâmetro

Ingredientes	Quantidade
Discos de pão de ló de chocolate (p. 415) com 15 cm de diâmetro	3
Calda de chocolate e baunilha (p. 263)	125 g
Crème anglaise	
Leite	250 g
Creme de leite fresco	250 g
Gemas	160 g
Açúcar	85 g
Gelatina incolor sem sabor	12 g
Chocolate amargo, picadinho	80 g
Chocolate ao leite, picadinho	80 g
Chocolate branco, picadinho	80 g
Creme de leite fresco	600 g
Gelatina de chocolate (p. 434)	300 g
Chocolate branco para confeitar (p. 648)	conforme necessário

Modo de fazer

1. Forre cada aro de 16 cm de diâmetro com uma tira de acetato.

2. Coloque-os sobre discos descartáveis. Coloque um disco de pão de ló em cada (a camada de pão de ló deve ser ligeiramente menor que o aro, de modo que fique um espaço vazio entre ela e o aro por toda a volta; se necessário, apare as laterais do bolo).

3. Pincele o pão de ló com a calda de chocolate e baunilha.

4. Prepare o *crème anglaise* de acordo com o procedimento básico dado na página 268.

5. Amoleça a gelatina em água fria (ver p. 88). Junte ao *crème anglaise* quente e mexa até que esteja dissolvida.

6. Divida o creme em três partes iguais. Junte a cada uma delas um tipo de chocolate: amargo, ao leite e branco. Misture bem para que o chocolate derreta totalmente.

7. Bata o creme de leite até obter picos moles. Divida em três partes iguais.

8. Resfrie o creme com chocolate amargo mergulhando a tigela em outra com água gelada até que comece a ficar firme. Incorpore um terço do creme de leite batido. Divida a mistura entre os três aros, enchendo-os até cerca de um terço de sua capacidade. Alise a superfície do creme com uma espátula para confeiteiro. Leve à geladeira ou ao congelador para firmar por cerca de 20 minutos. O creme deve estar bem firme antes que seja acrescentada a próxima camada, ou elas ficarão tortas.

9. Repita o passo 8 com os cremes de chocolate ao leite e branco.

10. Leve ao congelador por pelo menos 1 hora.

11. Retire do congelador. Aplique a gelatina de chocolate na superfície, alisando bem com uma espátula para bolo. Espere endurecer.

12. Decore com o chocolate branco, usando um cone de papel.

13. Depois que a sobremesa estiver firme, os aros modeladores podem ser removidos a qualquer momento, mas não retire o acetato até o momento de servir.

MUSSE DE AMÊNDOAS

Ingredientes	Quantidade	Modo de fazer
Crème anglaise		
Leite	300 g	
Fava de baunilha, aberta ao meio (ver *Nota*)	1	
Açúcar	75 g	
Gemas	60 g	
Marzipã	50 g	
Licor Amaretto	30 g	
Gelatina incolor sem sabor	12 g	
Creme de leite fresco	300 g	
Peso total:	**827 g**	

1. Prepare o *crème anglaise*. Aqueça o leite, a fava de baunilha e metade do açúcar até começar a ferver. Enquanto isso, bata as gemas com o açúcar restante. Incorpore o leite quente aos poucos, depois leve a mistura ao fogo novamente e cozinhe até engrossar e cobrir as costas da colher.

2. Incorpore o marzipã em pedacinhos e mexa até a mistura ficar homogênea.

3. Amoleça a gelatina em água fria (ver p. 88).

4. Junte o Amaretto e a gelatina amolecida. Mexa até que a gelatina esteja dissolvida.

5. Resfrie a mistura mergulhando o fundo da panela em uma bacia com água e gelo, mexendo sem parar para não formar grumos.

6. Quando começar a endurecer, bata o creme de leite até formar picos moles e incorpore à mistura. Despeje nas formas e leve à geladeira até firmar.

Nota: se não dispuser de baunilha em fava, junte ½ colher de chá (2 mL) de essência de baunilha.

BAVAROISE DE MARACUJÁ

Ingredientes	Quantidade	Modo de fazer
Leite	200 g	
Açúcar	100 g	
Gemas	6	
Açúcar	100 g	
Gelatina incolor sem sabor	14 g	
Polpa ou suco de maracujá	200 g	
Creme de leite fresco	400 g	
Peso total:	**920 g**	

1. Aqueça o leite com a primeira quantidade de açúcar em uma panela.

2. Bata as gemas com a segunda quantidade de açúcar.

3. Quando o leite começar a ferver, faça a temperagem das gemas: despeje um quarto do leite sobre elas e leve essa mistura de volta à panela. Cozinhe, tomando muito cuidado para que a temperatura não ultrapasse os 85°C.

4. Coe em *chinois* ou peneira de malha bem fina.

5. Amoleça a gelatina em água fria (ver p. 88).

6. Leve o maracujá ao fogo; assim que ferver, junte a gelatina e mexa até dissolver. Mergulhe o fundo da panela em uma tigela de água gelada e mexa até a mistura atingir 25 a 28°C. Junte ao creme de gemas.

7. Bata o creme de leite até obter picos moles. Incorpore-o com cuidado ao creme de gemas, trabalhando rapidamente para que a mistura não endureça.

8. Despeje nas formas e leve à geladeira.

TORTA-MUSSE DE CASSIS

Rendimento: uma sobremesa de 18 cm de diâmetro

Ingredientes	Quantidade	Modo de fazer
Pão de ló (*génoise*) (p. 407)	1 lâmina de 33 x 46 cm, com 0,5 cm de espessura	
Geleia de framboesa	100 g	
Açúcar	50 g	
Água	50 g	
Licor de cassis	30 g	
Musse de cassis (p. 541)	600 g	
Glaçado de frutas (p. 434), feito com purê de cassis (groselha-preta)	75 a 100 g	
Frutas vermelhas ou outras frutas macias para decorar	conforme necessário	

1. Prepare o pão de ló para forrar o aro. Corte um disco de 15 cm de diâmetro de um lado do bolo e reserve. Corte um quadrado com cerca de 30 cm de lado no bolo restante. Corte esse quadrado em quatro quadrados menores do mesmo tamanho. Espalhe geleia de framboesa em três deles e coloque-os um sobre os outros. Finalize com o quadrado sem geleia. Pressione ligeiramente. Leve à geladeira (esse quadrado é suficiente para forrar duas formas; reserve metade para usar depois).

2. Forre um aro modelador de 18 cm de diâmetro (o procedimento é o mesmo usado com o *Baumkuchen*, ilustrado na p. 455). Corte o quadrado de bolo recheado com geleia em tiras cuja largura seja dois terços ou três quartos da altura do aro. Não importa a largura exata, o que importa é que fiquem do mesmo tamanho. Corte cada tira em fatias de 0,5 cm de espessura. Coloque o aro sobre um disco descartável. Arrume as fatias de bolo ao redor da parte interna do aro, pressionando-as levemente, de forma que as listras de geleia de framboesa fiquem na vertical e viradas para fora. Continue até que todo o aro esteja forrado com uma borda compacta de pão de ló.

3. Prepare uma calda cozinhando a água com o açúcar até dissolver. Retire do fogo e junte o licor (esta pequena quantidade de calda é suficiente para 2 ou 3 sobremesas).

4. Coloque o disco de pão de ló dentro do aro para servir de base. Pincele com a calda.

5. Encha o aro até a borda com o musse de cassis. Alise a superfície com uma espátula para bolo. Leve à geladeira até firmar.

6. Espalhe o glaçado sobre a superfície e alise bem com uma espátula para bolo. Leve à geladeira até firmar.

7. Retire o aro aquecendo-o, com cuidado, com um maçarico culinário e levantando-o em seguida.

8. Decore a gosto.

VARIAÇÃO

TORTA-MUSSE DE MARACUJÁ

Faça as seguintes alterações na receita:

Forre o aro com uma Lâmina de *joconde* para decoração (p. 411) com listras amarelas, conforme ilustrado na página 454. Use calda de açúcar simples no lugar da calda de cassis para umedecer o pão de ló.

Substitua o musse de cassis por Musse de maracujá (variação abaixo).

Use polpa de maracujá para preparar o glaçado. Junte as sementes de meio maracujá fresco ao glaçado antes de aplicá-lo à sobremesa.

A torta-musse da foto foi decorada com um arranjo de frutas vermelhas frescas e um trançado de massa de bomba salpicado com sementes de papoula.

MUSSE DE CASSIS

Ingredientes	Quantidade
Gelatina incolor sem sabor	11 g
Açúcar	50 g
Água	30 g
Purê de cassis (groselha-preta)	300 g
Creme de leite fresco	250 g
Peso total:	**641 g**

Modo de fazer

1. Amoleça a gelatina em água fria (ver p. 88).
2. Aqueça o açúcar e a água até o açúcar se dissolver. Retire do fogo e junte a gelatina. Mexa até dissolver.
3. Incorpore o purê de fruta à mistura de gelatina. Mergulhe o fundo da panela em água gelada e mexa até começar a firmar.
4. Bata o creme de leite até formar picos moles e incorpore imediatamente à mistura.
5. Encha as formas e leve à geladeira.

VARIAÇÃO

MUSSE DE MARACUJÁ

Substitua o purê de cassis por polpa de maracujá. Omita a calda de açúcar e, no lugar dela, use uma calda feita com os ingredientes listados a seguir. Aqueça o açúcar com a água até dissolver. Retire do fogo e junte a vodca.

Ingredientes	Quantidade
Açúcar	27 g
Água	27 g
Vodca	16 g

CREME NOUGATINE

Ingredientes	Quantidade	Modo de fazer
Gelatina incolor sem sabor	7,5 g	1. Amoleça a gelatina em água fria (ver p. 88).
Creme de confeiteiro (p. 271)	320 g	2. Aqueça o creme de confeiteiro.
Açúcar	85 g	3. Junte a gelatina e o açúcar. Mexa até dissolver.
Nougatine (p. 668), triturado	250 g	4. Acrescente o *nougatine*.
Kirsch	35 g	5. Quando a temperatura tiver baixado para cerca de 30°C, adicione o *kirsch*.
Creme de leite fresco	1.100 g	6. Bata o creme de leite até obter picos moles e incorpore à mistura.
Peso total:	**1.797 g**	7. Despeje nas formas escolhidas e leve à geladeira até firmar.

CREME DE PRALINA I

Ingredientes	Quantidade	Modo de fazer
Gelatina incolor sem sabor	3 g	1. Amoleça a gelatina em água fria (ver p. 88).
Creme de confeiteiro (p. 271), recém-preparado e ainda quente	250 g	2. Junte a gelatina ao creme de confeiteiro quente e mexa até que esteja dissolvida.
Pasta de pralina	50 g	3. Junte a pasta de pralina e mexa bem.
Creme de leite fresco	200 g	4. Resfrie a mistura até que atinja cerca de 25°C. Bata o creme de leite até formar picos moles e incorpore cerca de um quarto à mistura.
Peso total:	**503 g**	5. Incorpore o creme de leite restante com cuidado.
		6. Despeje nas formas escolhidas e leve à geladeira até firmar.

CREME DE PRALINA II

Ingredientes	Quantidade	Modo de fazer
Creme de confeiteiro (p. 271)	225 g	1. Bata o creme de confeiteiro até ficar cremoso. Acrescente a pasta de pralina e bata até que esteja bem misturada.
Pasta de pralina	90 g	2. Amoleça a gelatina em água fria (ver p. 88).
Gelatina incolor sem sabor	6 g	3. Aqueça o licor de café. Junte a gelatina e mexa até dissolver completamente, reaquecendo, se necessário.
Licor de café	20 g	
Nougatine (p. 668), triturado	75 g	4. Bata a mistura de gelatina com o creme de confeiteiro. Leve à geladeira.
Creme de leite fresco	200 g	5. Acrescente o *nougatine* triturado.
Peso total:	**616 g**	6. Bata o creme de leite até formar picos moles. Incorpore à mistura.

MUSSE DE BANANA

Ingredientes	Quantidade	Modo de fazer
Gelatina incolor sem sabor	8 g	
Banana amassada	310 g	
Suco de limão	25 g	
Açúcar	35 g	
Rum claro	25 g	
Creme de leite fresco	420 g	
Peso total:	***823 g***	

1. Amoleça a gelatina em água fria (ver p. 88).
2. Aqueça um terço da banana amassada até atingir 60°C. Junte a gelatina e mexa até que esteja dissolvida.
3. Acrescente o suco de limão e o açúcar. Mexa até o açúcar se dissolver.
4. Adicione esta mistura e o rum à banana amassada restante.
5. Assim que a temperatura baixar para cerca de 25°C, incorpore o creme de leite batido.
6. Encha as forminhas e leve à geladeira.

MUSSE DE COCO COM FRUTAS TROPICAIS

Rendimento: cerca de 800 g

Ingredientes	Quantidade	Modo de fazer
Água	120 g	
Leite de coco	120 g	
Açúcar	200 g	
Manga, em cubinhos	150 g	
Abacaxi, em cubinhos	150 g	
Gelatina incolor sem sabor	6 g	
Leite	50 g	
Açúcar	30 g	
Coco ralado	30 g	
Leite de coco, gelado	140 g	
Licor de coco	20 g	
Creme de leite fresco	250 g	

1. Faça uma calda para as frutas aquecendo a água, a primeira quantidade de leite de coco e o açúcar. Junte os cubinhos de manga e de abacaxi. Corte um disco de papel-manteiga que caiba justo dentro da panela e coloque-o diretamente sobre a calda. Cozinhe as frutas em fogo muito baixo (a água não deve ferver) por cerca de 15 minutos – até que estejam macias, mas sem desmanchar. Não cozinhe demais. Deixe as frutas esfriarem dentro da calda e então coe.
2. Amoleça a gelatina em água fria (ver p. 88).
3. Aqueça o leite, o açúcar e o coco ralado em uma panela até a mistura atingir cerca de 80°C. Deixe repousar por alguns minutos para que o coco fique hidratado.
4. Retire do fogo e junte a gelatina, mexendo para dissolver bem.
5. Adicione a segunda quantidade de leite de coco. Quando a temperatura tiver baixado para cerca de 25°C, acrescente o licor.
6. Bata o creme de leite até obter picos moles e incorpore à mistura.
7. Junte as frutas escorridas.
8. Despeje nas formas e leve à geladeira até firmar.

TORTA-MUSSE DE FRUTAS TROPICAIS E CHOCOLATE

Rendimento: uma torta de 16 cm de diâmetro

Ingredientes	Quantidade
Lâmina de *joconde* para decoração (p. 411)	ver passo 1
Discos de Pão de ló de avelã e coco (p. 350), com 15 cm de diâmetro	2
Musse de coco com frutas tropicais (p. 543)	400 g
Gelatina incolor sem sabor	4 g
Polpa de manga	125 g
Açúcar	12 g
Ganache de maracujá (p. 276), quente	175 g
Decoração	
Spray de chocolate	conforme necessário
Manga fresca fatiada	conforme necessário
Polpa de maracujá fresco	conforme necessário

Modo de fazer

1. Forre um aro modelador de 16 cm de diâmetro com uma tira de acetato. Prepare uma lâmina de *joconde* decorada com um desenho abstrato, como mostrado na página 411. Corte uma tira para forrar o aro, conforme explicado na página 454, fazendo-a um pouco mais baixa que o aro, para que o recheio apareça na parte de cima da lateral.

2. Coloque o aro sobre um disco descartável e encaixe um dos discos de pão de ló no fundo.

3. Encha até mais ou menos um terço da capacidade com o musse de coco. Alise a superfície e leve à geladeira até firmar.

4. Amoleça a gelatina em água fria (ver p. 88).

5. Aqueça cerca de um quarto da polpa de manga a 60°C, junte a gelatina e o açúcar e mexa até que estejam dissolvidos. Junte a polpa de manga restante e misture bem.

6. Espalhe a polpa de manga com a gelatina sobre o musse de coco assim que ele estiver firme. Leve ao congelador até firmar.

7. Espalhe uma camada fina do musse de coco por cima (com cerca de 1 cm de espessura).

8. Coloque o segundo disco de pão de ló.

9. Finalize com uma terceira camada de musse, enchendo o aro até a borda e alisando a superfície. Leve ao congelador até firmar.

10. Espalhe uma camada de *ganache* morno de cerca de 1 cm de espessura sobre a torta congelada (essa espessura é necessária porque grande parte será removida com o pente plástico). Antes que o *ganache* fique firme, use um pente plástico dentado para decorar a superfície.

11. Ponha novamente no congelador por mais 15 minutos para firmar.

12. Borrife a parte de cima com *spray* de chocolate (ver p. 648) para dar um acabamento aveludado.

13. Retire o aro modelador. Decore com algumas fatias de manga e um pouco de polpa de maracujá fresco.

Torta-musse de frutas tropicais e chocolate cortada ao meio para mostrar seu interior

MUSSE DE CHOCOLATE III

Rendimento: cerca de 1.120 mL

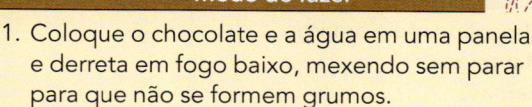

Ingredientes	Quantidade	Modo de fazer
Chocolate meio amargo	300 g	1. Coloque o chocolate e a água em uma panela e derreta em fogo baixo, mexendo sem parar para que não se formem grumos.
Água	75 g	
Gemas	90 g (9 gemas)	2. Junte as gemas, batendo. Cozinhe a mistura por alguns minutos em fogo brando, batendo sem parar, até que engrosse um pouco.
Licor (ver *Nota*)	30 g	3. Retire do fogo e junte o licor ou outra bebida alcoólica. Espere esfriar completamente.
Claras	135 g (9 claras)	4. Bata as claras em neve com o açúcar até obter um merengue firme. Incorpore à mistura de chocolate.
Açúcar	60 g	5. Bata o creme de leite até formar picos moles. Incorpore à mistura de chocolate.
Creme de leite fresco	250 mL	
Peso total:	**950 g**	6. Despeje o musse no recipiente escolhido. Leve à geladeira por várias horas antes de servir.

Nota: qualquer licor ou bebida alcoólica que combine com a mistura pode ser usado, por exemplo, licor de laranja, Amaretto, rum, conhaque etc. Se não quiser usar uma bebida alcoólica, substitua por 30 mL de café bem forte, ou 1½ colher de chá (8 mL) de essência de baunilha misturada com 1½ de sopa (22 mL) de água.

MUSSE DE CHOCOLATE IV

Rendimento: cerca de 1.750 mL

Ingredientes	Quantidade	Modo de fazer
Chocolate meio amargo	500 g	1. Derreta o chocolate em banho-maria.
Manteiga	125 g	2. Retire do fogo. Junte a manteiga e mexa até derreter.
Gemas	180 g	3. Adicione as gemas, mexendo bem.
Claras	250 g	4. Bata as claras em neve com o açúcar até obter picos moles. Incorpore à mistura de chocolate.
Açúcar	75 g	5. Bata o creme de leite até formar picos moles. Incorpore à mistura de chocolate.
Creme de leite fresco	250 mL	6. Despeje o musse no recipiente escolhido. Leve à geladeira por algumas horas antes de servir.
Peso total:	**1.378 g**	

VARIAÇÕES

As seguintes variações baseiam-se na receita acima. Algumas alterações são necessárias em razão das diferenças de composição e manipulação dos chocolates ao leite e branco.

MUSSE DE CHOCOLATE AO LEITE

Substitua o chocolate amargo por chocolate ao leite na receita básica. Derreta o chocolate com 125 mL de água, mexendo sem parar, até a mistura ficar uniforme. Então retire do fogo e continue no passo 2 do procedimento básico. Diminua a quantidade de gemas para 60 g. Diminua a quantidade de açúcar para 60 g.

MUSSE DE CHOCOLATE BRANCO

Substitua o chocolate ao leite por chocolate branco na variação acima.

MUSSE DE CHOCOLATE V (COM GELATINA)

Ingredientes	Quantidade	Modo de fazer
Gelatina incolor sem sabor	6 g	1. Amoleça a gelatina em água fria (ver p. 88).
Açúcar	50 g	2. Misture o açúcar, a água e a glucose e leve ao fogo para preparar uma calda. Cozinhe até atingir 119°C.
Água	50 g	
Glucose	10 g	
Gemas	80 g (4 gemas)	3. Bata as gemas até formarem um creme esbranquiçado. Aos poucos, adicione a calda quente. Junte a gelatina e bata até que esteja dissolvida. Continue batendo até a mistura esfriar.
Chocolate culinário meio amargo, derretido	225 g	4. Incorpore o chocolate derretido à mistura de gemas.
Creme de leite fresco	500 g	5. Bata o creme de leite até obter picos moles. Incorpore à mistura.
Merengue italiano (p. 267)	180 g	6. Incorpore o merengue italiano. Despeje nas forminhas e leve à geladeira até firmar.
Peso total:	**1.100 g**	

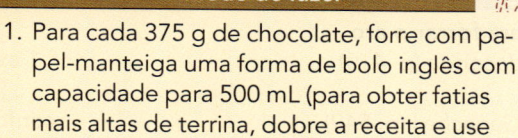

TERRINA DE CHOCOLATE

Rendimento: 735 g

Ingredientes	Quantidade
Chocolate meio amargo	375 g
Ovos	6
Licor de laranja	60 mL
Cacau em pó	conforme necessário
Peso total:	*735 g*

VARIAÇÃO

Substitua o licor de laranja por 90 g de café *espresso* bem forte.

Modo de fazer

1. Para cada 375 g de chocolate, forre com papel-manteiga uma forma de bolo inglês com capacidade para 500 mL (para obter fatias mais altas de terrina, dobre a receita e use uma forma com capacidade para 1 L).

2. Pique o chocolate em pedaços pequenos. Derreta em banho-maria. Não deixe que nenhuma gota de água ou vapor entre em contato com o chocolate.

3. Separe os ovos.

4. Bata as claras em neve até obter picos moles. Reserve. É preciso bater as claras em neve antes de começar a misturar o chocolate porque, uma vez que você começa a juntar o líquido ao chocolate, o processo não deve ser interrompido até que seja finalizado.

5. Junte o licor de laranja ao chocolate, batendo sem parar. A mistura ficará muito espessa.

6. Adicione as gemas, 1 ou 2 por vez, e bata até obter uma mistura homogênea.

7. Incorpore as claras em neve, batendo. Use um batedor de arame bem firme. Não tente incorporá-las delicadamente, pois a mistura é muito consistente.

8. Para conseguir a textura lisa necessária, passe a mistura por uma peneira para remover quaisquer grumos de chocolate ou ovo não incorporados.

9. Despeje um pouco da mistura na forma preparada, enchendo-a mais ou menos até a metade. Bata a base da forma algumas vezes na bancada para eliminar as bolhas de ar. Despeje o chocolate restante e bata novamente para eliminar o ar.

10. Tampe e leve à geladeira de um dia para o outro.

11. Desenforme em uma travessa. Polvilhe a superfície e as laterais com um pouco de cacau em pó. Corte em fatias de cerca de 0,6 cm de espessura usando uma faca afiada de lâmina fina, que deve ser mergulhada em água quente antes de cortar cada fatia. Sirva em porções pequenas, pois a sobremesa é muito substanciosa.

TENTAÇÃO DE CHOCOLATE

Rendimento: 2 sobremesas de 18 cm de diâmetro

Ingredientes	Quantidade	Modo de fazer
Para forrar o aro		1. Prepare a *joconde* para forrar o aro. Corte dois discos de 15 cm de diâmetro de um dos lados do retângulo e reserve. Com a *joconde* restante, corte um quadrado com cerca de 30 cm em cada lado. Corte esse quadrado em quatro quadrados menores do mesmo tamanho. Espalhe uma camada fina de *Ganache* I sobre um deles. Coloque outro quadrado de *joconde* por cima e cubra com uma camada de *Ganache* II. Coloque um terceiro quadrado de *joconde* por cima e cubra com uma camada de *Ganache* I. Finalize com o último quadrado de *joconde*. Pressione ligeiramente. Leve à geladeira. Caso queira simplificar o processo, omita o *Ganache* II e use o *Ganache* I para rechear as três camadas.
Joconde (p. 410)	1 assadeira média (33 x 46 cm)	
Ganache I (p. 549)	conforme necessário	
Ganache II (p. 549)	conforme necessário	

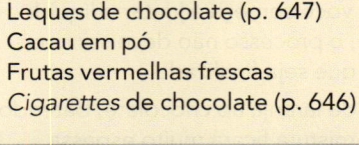

Continuação do quadro:

Ingredientes	Quantidade
Calda	
Água	60 g
Açúcar	60 g
Licor de laranja (p. ex., Cointreau)	60 g
Musse de chocolate V (p. 546)	900 a 1.000 g
Glacê de *ganache* (*ganache à glacer*, p. 433)	200 g
Sugestão de decoração	
Leques de chocolate (p. 647)	conforme necessário
Cacau em pó	conforme necessário
Frutas vermelhas frescas	conforme necessário
Cigarettes de chocolate (p. 646)	conforme necessário

2. Forre dois aros modeladores de 18 cm de diâmetro (o procedimento é o mesmo usado para o *Baumkuchen*, ilustrado na p. 455). Corte o quadrado de bolo recheado com geleia em tirinhas cuja largura seja dois terços ou três quartos da altura do aro. Não importa a largura exata, o que importa é que as tirinhas fiquem do mesmo tamanho. Corte cada tira em fatias de 0,5 cm de espessura. Coloque os aros sobre discos descartáveis. Encaixe as fatias ao redor do lado interno do aro, pressionando ligeiramente, de modo que as listras de *ganache* fiquem na vertical e viradas para fora. Continue até que os aros estejam forrados com uma borda compacta de *joconde*.

3. Prepare uma calda cozinhando a água com o açúcar até dissolver. Retire do fogo e junte o licor.

4. Coloque um disco de pão de ló dentro de cada aro para servir de base. Pincele com a calda.

5. Prepare o musse de chocolate e despeje dentro dos aros, enchendo-os até a borda. Alise a superfície com uma espátula para bolo. Leve à geladeira até firmar.

6. Espalhe o *ganache à glacer* na parte de cima, alisando com uma espátula para bolo. Leve à geladeira até firmar.

7. Retire os aros aquecendo-os levemente com um maçarico culinário. Em seguida, levante-os.

8. Decore a gosto.

GANACHE I

Rendimento: 450 g

Ingredientes	Quantidade	Modo de fazer
Chocolate meio amargo, picado Creme de leite fresco	200 g 250 g	Derreta o chocolate em banho-maria. Aqueça o creme de leite e acrescente ao chocolate. Leve à geladeira.

GANACHE II

Rendimento: 575 g

Ingredientes	Quantidade	Modo de fazer
Chocolate branco, picado Creme de leite fresco Corante alimentício vermelho	450 g 125 g algumas gotas	Derreta o chocolate em banho-maria. Aqueça o creme de leite e acrescente ao chocolate. Pingue algumas gotas de corante vermelho para obter um tom rosa claro. Leve à geladeira.

SUFLÊS

Os **suflês** são preparações assadas que contêm grandes quantidades de claras em neve. O assamento faz com que o suflê cresça como um bolo, pois o ar aprisionado pelas claras se expande quando aquecido. Perto do final do cozimento, os ovos coagulam e ficam firmes. No entanto, os suflês não são tão estáveis como os bolos, pois abaixam muito depois que são retirados do forno. Por isso, devem ser servidos imediatamente. Um suflê básico consiste em três elementos:

1. **Uma base**. Muitos tipos de base são usados na preparação de suflês doces; a maioria é pesada e engrossada com amido, como o creme de confeiteiro. Se forem usadas gemas, elas são acrescentadas a essa base.

2. **Ingredientes saborizantes**. São incorporados à base, formando uma mistura homogênea. Sabores populares são: chocolate derretido, limão e licores. Pequenas quantidades de ingredientes sólidos, como frutas secas ou nozes picadinhas, também podem ser acrescentadas. A base e os ingredientes saborizantes podem ser preparados de antemão e refrigerados. As porções podem, então, ser pesadas e misturadas com as claras em neve pouco antes de irem ao forno.

3. **Claras em neve**. Quando possível, as claras em neve devem ser batidas com um pouco do açúcar da receita. Isso faz com que os suflês fiquem mais estáveis.

Unte as formas de suflê com bastante manteiga e polvilhe com açúcar. Encha-as deixando um espaço de 1 cm até a borda. Ao ser assado, o suflê deve crescer 2,5 a 3,5 cm acima da borda.

SUFLÊ DE BAUNILHA

Rendimento: 10 a 12 porções

Ingredientes	Quantidade	Modo de fazer
Farinha de trigo para pão	90 g	
Manteiga	90 g	
Leite	500 mL	
Açúcar	120 g	
Gemas	180 g (8 a 9 gemas)	
Essência de baunilha	10 mL (2 colheres de chá)	
Claras	300 g (10 claras)	
Açúcar	60 g	

Modo de fazer

1. Misture a farinha com a manteiga até formar uma pasta.

2. Dissolva o açúcar no leite e leve ao fogo. Assim que ferver, retire do fogo.

3. Usando um batedor de arame, junte o leite à pasta de farinha. Bata vigorosamente, para que não fique nenhum grumo.

4. Coloque a mistura de volta na panela e leve ao fogo baixo, mexendo sem parar. Cozinhe por alguns minutos, sem deixar ferver, até que a mistura esteja bem espessa e sem gosto de amido cru.

5. Transfira para uma tigela de inox. Cubra e deixe esfriar por 5 a 10 minutos.

6. Incorpore as gemas e a essência de baunilha, batendo.

7. Os suflês podem ser preparados com antecedência até este ponto. Leve à geladeira e pese as porções conforme a demanda. Prossiga conforme os passos a seguir.

8. Prepare os recipientes em que irá assar o suflê untando-os com bastante manteiga e polvilhando com açúcar granulado. Esta receita rende 10 a 12 porções individuais ou dois suflês de 18 cm de diâmetro.

9. Bata as claras em neve até obter picos moles. Junte o açúcar e então bata até formar picos duros, mas brilhantes.

10. Incorpore o merengue à base do suflê.

11. Despeje nas formas preparadas a alise a superfície.

12. Asse a 190°C. O tempo aproximado de assamento é de 30 minutos para suflês grandes e 15 minutos para porções individuais.

13. Passo opcional: 3 a 4 minutos antes de os suflês ficarem prontos, polvilhe as superfícies com bastante açúcar de confeiteiro.

14. Sirva assim que tirar do forno.

VARIAÇÕES

SUFLÊ DE CHOCOLATE

Derreta 90 g de chocolate amargo com 30 g de chocolate ao leite. Acrescente à mistura após o passo 5.

SUFLÊ DE LIMÃO

Em vez de baunilha, use raspas finas de 2 limões para aromatizar.

SUFLÊ AROMATIZADO COM LICOR

Aromatize com 60 a 90 mL do licor ou bebida alcoólica escolhidos (p. ex., licor de laranja, *kirsch*) após o passo 5.

SUFLÊ DE CAFÉ

Aromatize com 2 colheres de sopa (15 g) de café solúvel, ou a gosto, misturando-o ao leite no passo 2.

SUFLÊ DE PRALINA

Incorpore 125 a 150 g de pasta de pralina à base após o passo 5.

TERMOS PARA REVISÃO

creme de gemas	creme de confeiteiro	*pot de crème*	*riz impératrice*
creme batido	manjar	*Christmas pudding*	musse
creme assado	creme com gemas	*bavaroise*	suflê
crème anglaise	*panna cotta*	*charlotte*	

QUESTÕES PARA DISCUSSÃO

1. A que temperatura interna as gemas dos cremes à base de gemas começam a ficar cozidas ou coagular? O que acontece com os cremes batidos e pudins se forem cozidos além desse ponto?

2. As técnicas básicas de preparo do *crème anglaise* e do creme assado também são usadas para algumas das receitas listadas abaixo. Identifique quais delas usam o mesmo método empregado no preparo de cremes de gemas batidos, quais usam o mesmo método empregado no preparo de cremes assados e quais não usam nenhum desses dois métodos.

Pudim de pão	*Cobbler* de maçã
Christmas pudding	*Charlotte russe*
Bavaroise de chocolate	*Pots de crème* de chocolate
Cheesecake assado	*Charlotte* de maçã

3. Qual é a principal diferença entre um pudim engrossado com amido e um engrossado com ovos?

4. Na produção de sobremesas estabilizadas com gelatina, como as *bavaroises*, por que é importante pesar a gelatina cuidadosamente?

5. Ao preparar sobremesas estabilizadas com gelatina, que dificuldade você poderá encontrar caso a mistura seja resfriada por muito tempo antes da incorporação do creme de leite batido ou das claras em neve?

6. Ao preparar suflês doces, qual é a vantagem de se adicionar parte do açúcar às claras em neve?

Sorvetes e outras sobremesas congeladas

A popularidade do sorvete dispensa explicações. Seja uma bola de sorvete de creme puro, seja uma montagem complexa com sabores, caldas, frutas e coberturas diversos, as sobremesas congeladas são apreciadas por todos.

Até recentemente, poucos estabelecimentos preparavam seu próprio sorvete, em razão do trabalho envolvido, do equipamento necessário e das normas sanitárias estritas a serem seguidas. Além disso, a conveniência de adquirir sorvetes prontos de alta qualidade tornava a fabricação própria desnecessária para a grande maioria. Mas, atualmente, muitos restaurantes chegaram à conclusão de que produzir seu próprio sorvete é algo muito atrativo para os clientes. Na verdade, nos restaurantes mais finos, espera-se que o *chef* confeiteiro prepare todas as sobremesas servidas. Assim, o domínio das técnicas de fabricação de sorvetes e de outras sobremesas geladas tornou-se um diferencial importante.

Você verá que muito deste capítulo lhe soará familiar. A base para os sorvetes é o mesmo *crème anglaise* usado em tantas outras preparações já aprendidas. Outras técnicas deste capítulo, como o preparo de caldas e merengues, também são usadas em muitas outras fórmulas da confeitaria.

Após ler este capítulo, você deverá ser capaz de:

1. Julgar a qualidade de sorvetes prontos.

2. Preparar sorvetes e *sorbets*.

3. Utilizar sorvetes e *sorbets* prontos ou preparados artesanalmente como bases de sobremesas.

4. Preparar outras sobremesas congeladas, como *bombes*, musses e suflês.

SOBREMESAS CONGELADAS BATIDAS

Sorvetes e *sorbets* são preparações batidas, isto é, são agitadas constantemente enquanto congelam. Se não fossem batidas, transformariam-se em blocos de gelo depois de congeladas. A batedura (*churning*, em inglês) mantém os cristais de gelo pequenos e incorpora ar à mistura.

Sorvete é uma mistura batida gelada à base de leite, creme de leite, açúcar, saborizantes e, às vezes, ovos. Os sorvetes **French-style** contêm ovos, e os sorvetes **Philadelphia-style** não. O ovo deixa o sorvete mais rico e ajuda a produzir uma consistência mais cremosa, em decorrência das propriedades emulsificantes das gemas.

O **ice milk** é como o sorvete, mas com baixo teor de gordura. O **frozen yogurt** contém iogurte, além dos ingredientes normalmente usados no sorvete e no *ice milk*.

Os **sorbets**, por sua vez, são feitos de sucos de frutas, água e açúcar. Já o *sorbet* norte-americano também pode conter leite, creme de leite e, às vezes, claras em neve. As claras em neve tornam a massa mais leve e volumosa. Os **ices** contêm somente suco de frutas, água, açúcar e, às vezes, claras em neve, mas não leite e seus derivados. A **granité** é uma espécie de raspadinha de gelo – não leva ovos em sua composição.

As versões italianas de sorvete, *sorbet* e *granité* são respectivamente chamadas de **gelato** (*gelati* no plural), **sorbetto** (*sorbetti* no plural) e **granita** (*granite* no plural). Em geral, o *gelato* tradicional italiano tem menos gordura que os outros sorvetes. Não é raro encontrar *gelati* de baunilha ou de chocolate feitos apenas com leite, sem creme de leite. Os *gelati* de fruta normalmente contêm creme de leite, mas como consistem basicamente em purê de fruta, ainda têm menos gordura. Além disso, muitos *gelati* são feitos sem a adição de gemas, e a maioria não contém emulsificantes ou estabilizantes. Com isso, derretem prontamente na boca e têm textura e sabor leves. Por outro lado, a massa não é tão batida quanto a dos sorvetes, havendo menos incorporação de ar (*overrun* – ver a seguir), o que resulta em uma textura mais densa. (O principal significado de *gelato* em italiano é "congelado").

Produção e qualidade

Uma mistura básica de sorvete *French-style* é simplesmente um *crème anglaise*, ou outro creme à base de gemas, misturado com 1 ou 2 partes de creme de leite fresco para cada 4 partes de leite usadas na confecção do creme. A mistura é saborizada, a gosto, com baunilha, chocolate derretido, café solúvel, morangos triturados e adoçados etc. e, depois de completamente fria, congelada de acordo com as instruções do equipamento utilizado.

Depois que a mistura congela, é transferida para recipientes e levada ao congelador a −18°C para firmar. (Alguns sorvetes, *frozens* e *gelati* também podem ser servidos moles, assim que saírem da máquina de sorvete, antes de serem levados aos congelador.)

Independentemente de o sorvete ser comprado ou preparado no estabelecimento, alguns fatores relacionados à qualidade devem ser considerados:

1. A **cremosidade** está relacionada ao tamanho das partículas de gelo. Os sorvetes devem ser congelados rapidamente, e a mistura deve ser batida durante esse congelamento, para que não se formem cristais grandes.

    O congelamento rápido mantém os cristais pequenos, assim como a adição de gemas, emulsificantes ou estabilizantes.

    Cristais de gelo grandes também podem se formar caso o sorvete pronto não seja armazenado na temperatura correta (abaixo de −18°C).

2. **Overrun** é o aumento de volume decorrente da incorporação de ar durante o congelamento. É expresso na forma de uma porcentagem do volume da mistura original (p. ex., se a massa dobra de volume, então o aumento é igual ao volume da mistura original, e o *overrun* é de 100%).

Ele é necessário, em certa medida, para que a textura fique cremosa e leve. Mas se ocorrer em excesso, o sorvete ficará muito aerado e espumoso, e perderá sabor. Houve um tempo em que se acreditava que o *overrun* deveria ser de 80 a 100%, e que menos que isso produziria uma textura pesada e pastosa. Isso pode ser verdade para sorvetes que contêm gomas e outros estabilizantes. No entanto, sorvetes cremosos (e caros) de alta qualidade podem ser produzidos com apenas 20% de *overrun*.

O *overrun* é afetado por muitos fatores, inclusive o tipo de equipamento usado, o tempo de batedura, o teor de gordura e a porcentagem de sólidos na mistura e o quão cheio o compartimento está.

3. A **sensação que o sorvete causa no palato** depende da cremosidade, do *overrun* e de outras características. Um bom sorvete derrete na boca transformando-se em um líquido cremoso, e não pastoso. Alguns sorvetes contêm tantos estabilizantes que nunca derretem ou se liquefazem. Infelizmente, muitas pessoas estão tão acostumadas a esses produtos que um sorvete que de fato derrete na boca pode dar a impressão de que não é suficientemente substancioso.

A gordura do creme de leite contribui para a sensação que o sorvete causa no palato. No entanto, se houver gordura em excesso, ela afetará a textura negativamente. Isso acontece porque, quando o teor de gordura é muito alto, parte dela pode solidificar-se em partículas de manteiga durante a batedura, deixando a textura granulosa.

A textura leve e cremosa de um bom *gelato*, que dissolve na boca, é obtida com um baixo teor de gordura, ausência de emulsificantes e *overrun* baixo.

Como armazenar e servir

1. Armazene sorvetes e *sorbets* em uma temperatura abaixo dos −18°C. Essa temperatura baixa ajuda a prevenir a formação de cristais de gelo grandes.

2. Antes de servir, transfira o sorvete ou a sobremesa congelada para uma temperatura de −3 a −9°C por 24 horas, para que sua consistência fique mais adequada.

3. Ao colocar no prato ou taça, evite apertar o sorvete. Raspe a colher apropriada sobre a superfície da massa de modo que ela vá enrolando dentro da cavidade até formar uma bola.

4. Use colheres padrão para servir as porções. Algumas medidas usadas para as sobremesas mais conhecidas são:

Parfait	3 bolas pequenas
Banana *split*	3 bolas pequenas
Acompanhamento "à la mode" para tortas ou bolos	1 bola média
Sundae	2 bolas médias
Colegial	1 bola grande

5. Meça as caldas, coberturas e outros acompanhamentos para ter um controle das porções. Para as caldas e coberturas líquidas, pode-se usar um recipiente com bico dosador ou colheres-medida.

Sobremesas populares à base de sorvete

Parfaits são feitos alternando-se camadas de sorvete e frutas ou calda em taças estreitas e altas. Em geral, recebem o nome do ingrediente que acompanha o sorvete. Por exemplo, um *parfait* de chocolate tem três camadas de sorvete de baunilha ou chocolate, alternadas com calda de chocolate e cobertas com creme de leite batido e raspas de chocolate (esse é o sentido mais comum de *parfait* na América do Norte; ver na p. 566 o *parfait* original).

Os **sundaes** ou **coupes** consistem em uma ou duas bolas de sorvete dispostas em uma taça ou tigela e decoradas com diversas caldas, frutas e outros acompanhamentos. São fáceis de preparar e têm variações ilimitadas, das mais simples às mais elegantes – servidas em um simples copo para refrigerante, em um recipiente de prata ou em uma taça para *champagne*.

Os *coupes* geralmente são sobremesas elegantes, com uma decoração atraente. Muitos tipos foram criados com base na cozinha clássica de anos atrás. A seguir, estão enumerados alguns *coupes* clássicos e sobremesas similares que ainda são feitos atualmente, embora nem sempre apareçam com esses nomes (os nomes tradicionais são fornecidos a título de curiosidade e, com exceção do *Pêche Melba*, *Poire Belle Hélène* e *Coupe aux Marrons*, não são mais utilizados atualmente).

Coupe Arlesienne. No fundo da taça, coloque uma colherada de frutas cristalizadas picadas, previamente demolhadas em *kirsch*. Adicione uma bola de sorvete de baunilha, coloque a metade de uma pera em calda por cima e regue com calda de damasco.

Coupe **Floresta Negra.** Coloque uma bola de sorvete de chocolate na taça e junte algumas cerejas ao marasquino com um pouco da calda. Decore com rosetas de creme de leite batido e raspas de chocolate.

Coupe **Edna May.** Coloque uma bola de sorvete de baunilha na taça e cubra com cerejas frescas. Decore com creme de leite batido misturado com uma quantidade suficiente de polpa de framboesa para deixá-lo cor-de-rosa.

Coupe Gressac. Coloque uma bola de sorvete de baunilha na taça e, por cima, três *macarons* de amêndoa pequenos umedecidos com *kirsch*. Adicione metade de uma pera em calda, com o lado cortado virado para cima, e encha a cavidade do miolo com geleia de groselha. Decore com uma borda de creme de leite batido.

Coupe Jacques. Coloque uma bola de *sorbet* de limão e uma de sorvete de morango em uma taça. Cubra com uma mistura de frutas frescas aromatizadas com *kirsch*.

Coupe aux Marrons. Coloque uma bola de sorvete de baunilha em uma taça e cubra com *marrons glacés* (castanha-portuguesa cozida em calda) e creme de leite batido.

Coupe Orientale. Coloque um pouco de abacaxi em cubinhos no fundo de uma taça e, por cima, uma bola de *sorbet* de abacaxi. Regue com calda de damasco e amêndoas torradas.

Pêche Melba. Coloque uma metade de pêssego em calda sobre uma bola de sorvete de baunilha, regue com Calda de framboesa e groselha (p. 279) e decore com amêndoas laminadas.

Pêche Belle Hélène. Coloque uma metade de pera em calda sobre uma bola de sorvete de baunilha, regue com calda de chocolate e decore com amêndoas laminadas torradas.

Entre as sobremesas populares com sorvete mencionadas anteriormente neste livro estão os Casadinhos de suspiro e sorvete (p. 352) e os *profiteroles* e bombas recheadas com sorvete (p. 337). Outra sobremesa festiva à base de sorvete é a **Alasca**, discutida no procedimento apresentado a seguir. Embora ela já não cause surpresa em praticamente ninguém, um de seus nomes clássicos é *Soufflé Surprise*, em razão do fato de ser uma sobremesa coberta com um suspiro e aparentemente assada, mas com sorvete dentro.

Como preparar a sobremesa Alasca

1. Encha uma forma de fundo redondo com o sorvete no sabor desejado, apertando bem. Congele até ficar bem duro.

2. Prepare uma camada de pão de ló do mesmo tamanho da base plana da forma e com cerca de 12 mm de espessura.

3. Desenforme o sorvete sobre a camada de pão de ló, de modo que esta seja a base do sorvete.

4. Usando uma espátula, cubra o sorvete com uma camada grossa de merengue. Se desejar, decore a superfície com mais merengue, usando um saco de confeitar.

5. Asse a 230°C, até que as pontinhas do merengue fiquem douradas.

6. Sirva imediatamente.

Sorvetes e *sorbets* artesanais

Os mesmos critérios de qualidade aplicados na análise de sobremesas congeladas prontas devem ser aplicados às que você prepara artesanalmente.

As primeiras duas receitas apresentadas a seguir ilustram o procedimento básico de preparo de sorvetes e *sorbets*. Usando esses procedimentos, é possível preparar uma infinidade de sobremesas congeladas, como se pode ver pelas muitas variações sugeridas após cada receita básica. Na sequência, apresentamos receitas para sorvetes e sobremesas especiais.

Preparo de sorvetes

Como em qualquer área da confeitaria, a medição exata dos ingredientes é importante. No caso das sobremesas congeladas, a medida exata é necessária para assegurar que a mistura tenha um congelamento adequado, já que a proporção de açúcar em relação ao peso total da mistura influencia diretamente o congelamento. Se contiver muito açúcar, a mistura não congelará suficientemente para adquirir a consistência necessária. Por outro lado, um sorvete com menos açúcar que o ideal não será tão cremoso como deveria.

Para um sorvete de baunilha básico, o peso do açúcar corresponde, em geral, a 16 a 20% do peso total da mistura. O acréscimo de outros ingredientes torna esse cálculo mais complicado, pois muitos ingredientes – como as frutas – contêm açúcar. Quando se está desenvolvendo receitas novas, é importante testá-las preparando pequenas quantidades, para ver o quão duras ficam depois de congeladas, e então ajustar a quantidade de açúcar, se necessário.

Os sorvetes ficam com uma textura melhor se a mistura for deixada na geladeira por 12 horas antes de ser batida na sorveteira. Esse tempo de maturação permite que as proteínas dos ovos e do leite se liguem às moléculas de água da mistura. Isso faz com que sobrem menos moléculas de água para formar cristais de gelo, que podem deixar o sorvete com uma textura granulosa.

As boas práticas de fabricação de alimentos devem ser seguidas à risca, já que a massa de sorvete é um ambiente propício para a proliferação de bactérias. Os equipamentos devem ser feitos de aço inox ou outro material não poroso e inoxidável, e devem ser limpos e esterilizados adequadamente após cada uso.

Preparo de sorbets

Uma massa básica de *sorbet* consiste meramente em calda de açúcar e saborizantes. Para os *sorbets*, a proporção de açúcar em relação ao peso total da mistura é ainda mais importante para o sucesso do produto final, pois eles não contêm creme de leite ou gemas de ovos, que contribuem para a textura cremosa dos sorvetes. O tamanho dos cristais de gelo é o fator mais importante para a textura.

O teor de açúcar das frutas está relacionado ao seu estágio de maturação e a outros fatores. Assim, testar a concentração de açúcar da mistura do *sorbet* é a forma mais confiável de garantir uma textura final adequada. A concentração de açúcar pode ser medida com um *sacarímetro*. As medidas básicas de concentração de açúcar, usando as escalas de Brix e Baumé, foram discutidas na página 260. Para um congelamento ideal, a mistura do *sorbet* deve ter uma concentração entre 30 e 32,5° Brix ou 16 e 18° Baumé. Se a concentração de açúcar estiver muito alta, dilua com um pouco de água. Se estiver muito baixa, junte um pouco mais de calda de açúcar.

O congelamento rápido, ao contrário do lento, produz cristais de gelo menores e, portanto, uma textura mais cremosa. Independentemente do tipo de sorvete preparado, resfrie a mistura muito bem antes de colocá-la na sorveteira, para que congele no menor tempo possível.

Substituir parte da calda de açúcar por xarope de glucose de milho também pode contribuir para uma textura mais cremosa em alguns *sorbets*. Os *sorbets* clássicos, no entanto, são feitos apenas com açúcar comum. O uso do xarope de glucose de milho escurece um pouco a calda, por causa dos açúcares e amidos caramelizados do milho. Isso pode ser uma desvantagem para alguns *sorbets* brancos ou de cores claras.

No caso das *granite*, ao contrário do que ocorre com os *sorbets*, os cristais grandes de gelo são característicos e desejáveis. *Granite* clássicas são feitas com misturas semelhantes às usadas no preparo de *sorbets*, mas com duas diferenças. Primeiramente, a quantidade de açúcar é um pouco menor, de modo que os cristais de gelo ficam maiores. Segundo, em vez de ser batida constantemente durante o congelamento, a mistura é mexida a intervalos regulares durante o congelamento. Esse método confere às *granite* sua textura granulada característica.

SORVETE DE BAUNILHA

Rendimento: cerca de 2 L, dependendo do overrun

Ingredientes	Quantidade	Modo de fazer
Gemas	250 g (12 gemas)	1. A massa do sorvete de baunilha é basicamente uma mistura de creme de gemas ou *crème anglaise* e creme de leite fresco. Releia as instruções de preparo do *crème anglaise* na página 268.
Açúcar	375 g	
Leite	1 L	2. Misture as gemas e o açúcar em uma tigela. Bata até obter um creme claro e fofo.
Creme de leite fresco	500 mL	3. Aqueça o leite até ferver e despeje sobre as gemas lentamente, batendo sem parar.
Essência de baunilha	10 mL (2 colheres de chá)	
Sal	uma pitada	

4. Cozinhe essa mistura em banho-maria, sem parar de mexer, até que engrosse o bastante para cobrir as costas de uma colher. Retire do banho-maria imediatamente.

5. Junte o creme de leite frio para interromper o cozimento. Acrescente a essência de baunilha e o sal. (*Nota*: se não estiver usando creme de leite recém-aberto e pasteurizado, o melhor é escaldá-lo e esperar que esfrie, ou então aquecê-lo com o leite no passo 3. Neste caso, mergulhe o fundo da tigela em outra com água bem gelada assim que o creme de gemas engrossar, para interromper o cozimento.)

6. Espere a mistura esfriar completamente. Leve à geladeira de um dia para o outro para que ocorra a maturação (ver p. 557).

7. Prepare na sorveteira, seguindo as instruções do fabricante.

VARIAÇÕES

Para obter um sorvete menos gorduroso, substitua parte do creme de leite por leite. A quantidade de gemas também pode ser diminuída para até 125 g (6 gemas).

SORVETE DE BAUNILHA EM FAVA

Abra 1 ou 2 favas de baunilha ao meio no sentido do comprimento, raspe as sementinhas e ferva-as, junto com a fava e o creme de leite. Deixe esfriar. Descarte as favas. Omita a essência de baunilha da receita básica.

SORVETE DE CHOCOLATE

Diminua a quantidade de açúcar para 280 g. Derreta 125 g de chocolate ao leite com 125 g de chocolate amargo. Quando o creme de gemas amornar, incorpore-o com cuidado ao chocolate derretido. Diminua a quantidade de creme de leite para 375 mL.

SORVETE DE CANELA

Junte 1 colher de sopa (5 g) de canela à mistura de gemas antes de cozinhá-la.

SORVETE DE CAFÉ

Acrescente café solúvel a gosto ao creme de gemas quente.

SORVETE DE ALFARROBA

Depois de juntar o leite quente às gemas batidas, junte 90 g de farinha de alfarroba. Prossiga com as instruções da receita básica.

SORVETE DE COCO

Aumente a quantidade de gemas para 125 g (6 gemas). Diminua a quantidade de açúcar para 125 g. Acrescente 375 mL de leite de coco grosso adoçado às gemas batidas com o açúcar. Omita o creme de leite fresco e a baunilha. Mergulhe o fundo da tigela com a mistura pronta em água fria e continue mexendo, para evitar que a gordura do coco se separe.

SORVETE DE CARAMELO

Omita a baunilha. Faça uma calda de açúcar queimado seguindo o procedimento da Calda de caramelo (p. 280), mas sem o limão. Junte os 500 mL de creme de leite fresco da receita básica do sorvete e cozinhe até que o caramelo esteja dissolvido, seguindo as instruções da receita da calda (passos 2 a 4). Bata as gemas, junte o leite quente e a calda de caramelo e prossiga com as instruções da receita básica de sorvete.

SORVETE CROCANTE

Faça uma pralina de amêndoa, avelã ou macadâmia seguindo a receita de *Nougatine* (p. 668). Triture 185 g da pralina e junte à base de sorvete de baunilha ou caramelo gelada antes de colocar na sorveteira.

SORVETE CHEESECAKE

Prepare uma massa básica de sorvete de baunilha, mas use apenas 125 g de gemas e substitua metade do creme de leite por leite. Em uma batedeira com o misturador raquete, misture 1 kg de *cream cheese* com 200 g de açúcar, 1 colher de chá (3 g) de raspas de limão e 50 mL de suco de limão até obter um creme liso e uniforme. Junte aos poucos o creme de gemas frio, batendo até obter uma mistura cremosa. Leve à geladeira até ficar bem gelado. Bata na sorveteira.

SORVETE DE MORANGO

Diminua a quantidade de gemas para 125 g (6 gemas). Amasse 750 g de morangos frescos com 185 g de açúcar e leve à geladeira por pelo menos 2 horas. Incorpore os morangos à massa do sorvete gelada antes de colocar na sorveteira.

SORVETE MARMORIZADO COM CALDA DE FRAMBOESA

Diminua a quantidade de gemas para 125 g (6 gemas). Amasse 500 g de framboesas frescas com 125 g de açúcar. Leve à geladeira por pelo menos 2 horas. Prepare uma massa de sorvete de baunilha. Assim que tirar a massa da sorveteira (antes de levá-la ao congelador), junte as framboesas, mas não as incorpore totalmente; deixe que formem um padrão marmorizado.

SORVETE DE MANGA

Diminua a quantidade de gemas para 125 g (6 gemas). Misture 750 g de polpa de manga peneirada com 90 mL de suco de limão e 90 g de açúcar. Leve à geladeira por pelo menos 2 horas. Misture com o creme de gemas gelado e bata na sorveteira.

SORVETE DE PÊSSEGO

Amasse 1 kg de pêssego fresco fatiado com 125 g de açúcar e 30 mL de suco de limão. Diminua a quantidade de gemas para 125 g (6 gemas). Omita o leite e aumente a quantidade de creme de leite para 1 L. Prepare o creme de gemas com ele. Incorpore o pêssego à mistura gelada e bata na sorveteira.

SORVETE DE ESPECIARIAS

Ingredientes	Quantidade
Gengibre em pó	2,8 g (7 mL)
Canela em pó	1,7 g (5 mL)
Cravo em pó	1 g (2 mL)
Noz-moscada	0,5 g (1 mL)
Melado	60 g

Junte as especiarias à mistura de gemas antes de cozinhá-la. Acrescente o melado à mistura por último.

SORVETE DE LIMÃO-SICILIANO

Reduza a quantidade de leite para 500 mL e a de açúcar para 250 g. Ferva o leite e o creme de leite juntos. Omita a baunilha. Prepare a mistura seguindo a receita básica. Em uma tigela separada, misture 2 colheres de sopa (15 g) de raspas de limão com 30 g de açúcar. Amasse com uma colher ou em um almofariz até obter uma pasta granulosa. Misture essa pasta com 3 gemas (60 g). Junte 375 mL de suco de limão e bata, em banho-maria, até obter um creme espesso, como se estivesse preparando um *crème anglaise*. Mergulhe o fundo da tigela em água gelada. Leve as duas misturas à geladeira em recipientes separados até o momento de bater. Combine as duas misturas e coloque na sorveteira.

SORVETE DE LIMÃO

Substitua o suco e as raspas de limão-siciliano por limão Taiti na receita acima.

⁕⦃ SORVETEIRAS ⦄⁕

As sorveteiras modernas operam com o mesmo princípio das engenhocas usadas antigamente para preparar sorvetes. Nesses equipamentos caseiros, a refrigeração advém de uma mistura de gelo, água e sal. O sal mantém a temperatura da mistura de gelo e água abaixo de 0ºC, para que ela seja capaz de congelar a massa. O sorvete é colocado em um cilindro cercado por gelo e sal. Uma pá, ou agitador, raspa o sorvete que se forma, aos poucos, nas laterais do cilindro, ao mesmo tempo que incorpora ar à mistura.

As sorveteiras modernas funcionam do mesmo modo, com a diferença de que um sistema elétrico de refrigeração é usado no lugar do gelo com sal. Há sorveteiras elétricas cujo cilindro fica na vertical, à semelhança do modelo manual tradicional. São as que incorporam menos ar à massa, resultando em um *overrun* mais baixo. Já nos modelos com cilindro horizontal, que incorporam mais ar à massa, o *overrun* pode chegar a 100%. Dependendo do modelo, uma sorveteira com cilindro horizontal pode preparar 6 L de sorvete ou mais em apenas 5 minutos.

Sorveteiras industriais são usadas em estabelecimentos especializados. Em vez de produzirem uma massa por vez, um fluxo contínuo de mistura entra por um lado do equipamento e sai do outro lado já pronto, na forma de sorvete. Esse tipo de sorveteira pode produzir de 150 a 3.000 L (ou mais) de sorvete em 1 hora. É também o modelo que incorpora mais ar à mistura, resultando em um produto com 60 a 140% de *overrun*.

SORBET

Rendimento: variável

Ingredientes	Quantidade
Açúcar (ver *Nota*)	375 g
Água	250 mL
Suco ou polpa de frutas, ou outros saborizantes	(ver variações)
Água	(ver variações)

Nota: o uso de xarope de glucose de milho como parte do açúcar total da receita pode aumentar ligeiramente a cremosidade de alguns sorbets, embora os tradicionais sejam preparados apenas com açúcar comum. Para incluir o xarope, diminua a quantidade de açúcar para 360 g e junte 60 g de xarope de glucose de milho aos ingredientes.

VARIAÇÃO

As variações a seguir indicam as quantidades de saborizante e de água adicional que devem ser usadas na receita acima. Se o ingrediente exigir alguma preparação adicional, ela estará indicada. Se não houver nenhuma indicação, simplesmente siga o procedimento básico. Observe que muitos *sorbets* de frutas requerem o uso de polpa de fruta peneirada, para uma textura mais fina. Isso significa que a fruta deve ser transformada em purê e depois passada pela peneira.

Modo de fazer

1. Prepare uma calda levando o açúcar com a primeira quantidade de água ao fogo, até dissolver. Deixe esfriar.

2. Prepare o saborizante escolhido conforme indicado na lista de variações a seguir. Se a fórmula indicar a adição de mais água, incorpore-a ao saborizante.

3. Misture a calda com os demais ingredientes.

4. Se possível, teste a concentração de açúcar da mistura com um sacarímetro. Ele deve medir entre 16 e 18°Bé (graus Baumé), ou entre 30 e 32,5°Bx (graus Brix). Se a concentração estiver muito baixa, junte um pouco mais de calda. Se estiver muito alta, junte um pouco de água.

5. Leve a mistura à geladeira até esfriar bem e, então, prepare na sorveteira, seguindo as instruções do fabricante.

SORBET DE LIMÃO

Ingredientes	Quantidade
Raspas de limão	8 g (1 colher de sopa)
Suco de limão Taiti ou siciliano	250 mL
Água	375 mL

Ferva as raspas de limão com a calda. Espere esfriar e coe.

SORBET DE LARANJA OU TANGERINA

Ingredientes	Quantidade
Suco de laranja ou tangerina	625 mL
Água	125 mL

SORBET DE FRAMBOESA, MORANGO, MELÃO OU KIWI

Ingredientes	Quantidade
Polpa da fruta escolhida, peneirada	875 g
Água	–

Experimente antes de colocar na sorveteira. Algumas frutas têm uma acidez muito baixa, tornando necessária a adição de um pouco de suco de limão para melhorar o sabor da mistura.

SORBET DE MANGA

Ingredientes	Quantidade
Polpa de manga, peneirada	875 g
Suco de limão	60 mL
Água	250 mL

SORBET DE ABACAXI

Ingredientes	Quantidade
Abacaxi fresco em pedaços	750 g
Água	375 mL

Cozinhe o abacaxi na calda em fogo muito brando. Deixe esfriar. Bata até obter um purê e passe por uma peneira. Adicione a água. Bata na sorveteira.

SORBET DE MIRTILO

Ingredientes	Quantidade
Mirtilo	1.125 g
Suco de limão	60 mL
Canela em pó	0,4 g (1 mL)
Água	–

Ferva os mirtilos em fogo baixo na calda, juntamente com o suco de limão e a canela, até que estejam macios. Passe por uma peneira de malha fina.

SORBET DE BANANA E MARACUJÁ

Ingredientes	Quantidade
Banana amassada, passada pela peneira	375 g
Suco ou polpa de maracujá passada pela peneira	500 g
Água	–

SORBET DE RUIBARBO

Ingredientes	Quantidade
Ruibarbo	1.000 g
Água	500 mL

Corte o ruibarbo em pedaços de 2,5 cm. Em uma panela de inox, misture-o com a calda e a água. Leve ao fogo baixo e cozinhe até que esteja macio (cerca de 10 minutos). Espere esfriar e coe com uma peneira fina. Não esprema os pedaços de ruibarbo contra a peneira, mas deixe que a calda escorra por cerca de 30 minutos, para permitir que o máximo de sabor seja incorporado à calda. Isso impedirá que ela fique turva. Meça a calda e junte água fria suficiente para obter 625 mL de líquido. Bata na sorveteira. Reserve os pedaços de ruibarbo para outros usos (p. ex., junte açúcar a gosto e prepare uma compota).

SORBET DE VINHO BRANCO OU CHAMPAGNE

Ingredientes	Quantidade
Vinho branco ou champagne	1.250 mL
Água	125 mL

SORBET DE CHOCOLATE

Ingredientes	Quantidade
Cacau em pó	30 g
Chocolate amargo ou meio amargo	185 g

Diminua a quantidade de açúcar da calda para 185 g. Aumente a quantidade de água da calda para 500 mL. Junte o cacau em pó aos ingredientes da calda. Quando o açúcar tiver dissolvido, retire a calda do fogo e espere que esfrie um pouco. Derreta o chocolate. Junte a calda ao chocolate derretido com cuidado. Leve ao fogo bem baixo, mexendo sem parar, e cozinhe por 1 ou 2 minutos depois que começar a ferver, até engrossar ligeiramente. Leve à geladeira até esfriar e, então, bata na sorveteira.

SORBET DE MASCARPONE

Ingredientes	Quantidade
Queijo *mascarpone* (especialidade italiana)	750 g
Suco de limão	45 mL
Água	300 mL

Certifique-se de que a mistura está bem gelada antes de ser batida, e não a deixe na sorveteira por muito tempo. Se a massa for batida em excesso, pode haver uma separação da gordura do queijo, que se transformará em pelotinhas de gordura.

SORVETE DE MEL

Rendimento: cerca de 1 L, dependendo do overrun

Ingredientes	Quantidade	Modo de fazer
Leite	250 g	1. Aqueça o leite com a fava de baunilha até quase ferver.
Fava de baunilha, aberta ao meio	1	
Mel	130 g	2. Bata as gemas com o mel até obter um creme esbranquiçado. Aos poucos, junte o leite quente.
Gemas	120 g (6 gemas)	
Creme de leite fresco	250 g	3. Coloque a mistura de volta na panela. Cozinhe em fogo baixo, sem parar de mexer, até engrossar e cobrir as costas de uma colher. Retire do fogo e deixe esfriar. Raspe as sementes da fava de baunilha e acrescente-as ao creme. Leve à geladeira.
		4. Junte o creme de leite fresco. Bata na sorveteira.

SORVETE DE DULCE DE LECHE

Rendimento: cerca de 1.750 mL, dependendo do overrun

Ingredientes	Quantidade	Modo de fazer
Leite	750 g	1. Aqueça o *dulce de leche* com o leite até que esteja bem dissolvido.
Dulce de leche (p. 282)	560 g (cerca de 425 mL)	
Creme de leite fresco	185 g	2. Retire do fogo e junte os ingredientes restantes.
Essência de baunilha	1 g (¼ de colher de chá)	3. Espere esfriar bem. Leve à geladeira por 12 horas para que ocorra a maturação da mistura (ver p. 557).
Sal	uma pitada	4. Bata na sorveteira.

SORVETE DE CHOCOLATE AMARGO

Rendimento: cerca de 3 L, dependendo do overrun

Ingredientes	Quantidade	Modo de fazer
Gemas	250 g (12 gemas)	1. Misture as gemas e a primeira quantidade de açúcar em uma tigela. Bata até obter um creme claro e fofo.
Açúcar	190 g	
Leite	1.250 mL	2. Misture o leite com a segunda quantidade de açúcar em uma panela grossa. Leve ao fogo brando até ferver, mexendo para dissolver o açúcar.
Açúcar	375 g	
Chocolate meio amargo	250 g	3. Incorpore à mistura de gemas, aos poucos, batendo sem parar. Cozinhe essa mistura em banho-maria, sem parar de mexer, até engrossar e cobrir as costas de uma colher. Retire do banho-maria imediatamente. Espere amornar.
Cacau em pó, peneirado	250 g	
Creme de leite fresco	500 mL	4. Derreta o chocolate e espere esfriar um pouco.
		5. Aos poucos, junte a mistura morna de leite.
		6. Junte o cacau em pó e bata com um batedor de arame até que esteja bem incorporado.
		7. Junte o creme de leite e misture bem.
		8. Espere esfriar completamente. Leve à geladeira por 12 horas para que ocorra a maturação da mistura (ver p. 557).
		9. Bata na sorveteira.

FROZEN YOGURT DE FRAMBOESA

Rendimento: cerca de 1.500 mL, dependendo do overrun

Ingredientes	Quantidade	Modo de fazer
Framboesas, frescas ou congeladas	500 g	1. Bata a framboesa com o açúcar e a água no processador de alimentos. Processe até que a fruta forme um purê e o açúcar se dissolva completamente.
Açúcar cristal	250 g	
Água	125 g	
Iogurte natural, integral ou semidesnatado	375 g	2. Passe por uma peneira de malha fina para eliminar as sementes.
		3. Junte o iogurte e mexa até obter uma mistura homogênea.
		4. Leve à geladeira até ficar bem gelada.
		5. Bata na sorveteira.

GELATO DE PISTACHE

Rendimento: cerca de 1.250 mL, dependendo do overrun

Ingredientes	Quantidade
Pistache sem sal e sem casca	250 g
Leite integral	1 L
Açúcar	220 g

Modo de fazer

1. Em um processador de alimentos, triture o pistache até obter um pó fino. Transfira para uma tigela.

2. Misture o leite com o açúcar em uma panela. Leve ao fogo até ferver, mexendo para dissolver o açúcar.

3. Despeje sobre o pistache moído e mexa bem.

4. Tampe e leve à geladeira de um dia para o outro.

5. Coe a mistura em um *chinois* ou em uma peneira de malha fina forrada com um pano de trama bem fechada (A). Junte as pontas do pano para fazer uma trouxinha e esprema ligeiramente, liberando o líquido restante (B).

6. Leve novamente à geladeira, se necessário, e então bata na sorveteira (C).

A

B

C

SORBET DE COCO

Rendimento: cerca de 850 mL, dependendo do overrun

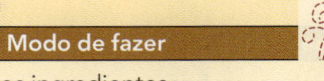

Ingredientes	Quantidade	Modo de fazer
Polpa de coco adoçada (ver variação)	480 g	1. Misture todos os ingredientes.
Açúcar de confeiteiro	100 g	2. Bata na sorveteira.
Suco de limão	50 g	
Rum sabor coco (p. ex., Malibu)	60 g	

VARIAÇÃO

A polpa de coco adoçada contém cerca de 20% de açúcar. Se não encontrar, substitua por leite de coco grosso, fazendo os seguintes ajustes nas quantidades da fórmula:

Ingredientes	Quantidade
Leite de coco	400 g
Açúcar de confeiteiro	180 g
Suco de limão	50 g
Rum sabor coco	60 g

SORBET DE MAÇÃ E SIDRA

Rendimento: cerca de 700 mL

Ingredientes	Quantidade	Modo de fazer
Açúcar	135 g	1. Aqueça a água e o açúcar até o açúcar se dissolver.
Água	120 g	
Maçãs ácidas	200 g	2. Descasque as maçãs, descarte as sementes e pique. Junte à calda e cozinhe até amolecer.
Sidra (suco de maçã fermentado)	165 g	
		3. Adicione a sidra. Bata no liquidificador até obter uma pasta lisa. Coe em um *chinois* ou peneira de malha fina.
		4. Espere esfriar e, então, bata na sorveteira.

GRANITA DE CAFÉ

Rendimento: cerca de 1.125 mL

Ingredientes	Quantidade	Modo de fazer
Açúcar	125 g	1. Dissolva o açúcar no café.
Café bem forte, recém-coado	1 L	2. Despeje em uma assadeira grande e coloque no congelador.
		3. Quando o café começar a congelar nas laterais, mexa com uma colher, garfo ou batedor de arame. Coloque de volta no congelador.
		4. Repita a operação a cada 15 ou 20 minutos, até que a mistura fique como uma raspadinha de gelo moído. Ao final do processo, o café estará completamente congelado, mas os cristais ficarão soltos, e não compactos como um bloco de gelo.
		5. Tampe e mantenha no congelador.

CASSATA ITALIANA

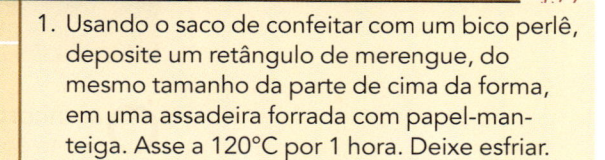

Ingredientes	Quantidade	Modo de fazer
Merengue comum (p. 267)	90 g	
Sorvete de baunilha (p. 558), amolecido	200 g	
Geleia de framboesa	50 g	
Sorbet de framboesa (p. 561), amolecido	200 g	
Peso total:	**540 g**	

Nota: este procedimento é útil para montar uma cassata em uma forma retangular de cerca de 9 x 17 cm. Ela pode ser adaptada para qualquer tamanho e formato de forma.

1. Usando o saco de confeitar com um bico perlê, deposite um retângulo de merengue, do mesmo tamanho da parte de cima da forma, em uma assadeira forrada com papel-manteiga. Asse a 120°C por 1 hora. Deixe esfriar.

2. Forre a forma com filme plástico.

3. Usando o saco de confeitar com um bico perlê, deposite o sorvete de baunilha no fundo e alise a superfície com uma espátula (o uso do saco de confeitar evita a formação de bolhas de ar). Leve ao congelador até firmar.

4. Espalhe a geleia de framboesa sobre o sorvete em uma camada uniforme. Leve ao congelador até firmar.

5. Deposite o *sorbet* de framboesa com o saco de confeitar por cima e alise com a espátula.

6. Finalize com o retângulo de merengue, pressionando-o ligeiramente. Leve ao congelador até firmar.

7. Desenforme, descarte o filme plástico e corte em fatias ao servir.

OUTRAS SOBREMESAS CONGELADAS

O ar incorporado ao sorvete por meio da batedura durante o congelamento é importante para a textura. Sem esse ar, o sorvete seria duro e compacto, e não leve e cremoso. Sobremesas congeladas que não são batidas durante o congelamento também requerem a incorporação de ar para que fiquem com uma consistência adequada para o consumo. Neste caso, o ar é incorporado à mistura antes do congelamento pela adição de creme de leite batido, claras em neve ou ambos.

Assim, este tipo de sobremesa tem vários pontos em comum com outros produtos, como as *bavaroises*, os musses e os suflês quentes. Todos eles devem sua textura leve e aerada à incorporação de creme de leite batido ou de uma espuma de ovos batidos. De fato, muitas das misturas usadas para a elaboração de ambos os tipos de sobremesa são as mesmas. No entanto, como o congelamento estabiliza ou solidifica as sobremesas congeladas, eles não dependem tanto da ação da gelatina ou de outros estabilizantes.

Sobremesas que não são batidas durante o congelamento incluem *bombes*, suflês e musses congelados. Na teoria clássica, cada tipo é feito com uma mistura diferente, mas, na prática, a maioria dessas misturas são intercambiáveis.

Uma observação sobre o uso de bebidas alcoólicas em sobremesas congeladas: licores e outras bebidas são usados com frequência para aromatizar estas sobremesas. No entanto, até mesmo uma quantidade pequena de álcool reduz a temperatura de congelamento consideravelmente. Se você observar que as sobremesas preparadas com bebidas alcoólicas não estão congelando como deveriam, experimente incorporar mais creme de leite batido. Isto elevará a temperatura de congelamento. E, nas próximas vezes em que preparar a sobremesa, diminua a quantidade de bebida.

Uma alta concentração de açúcar também inibe o congelamento. É importante que o uso excessivo de açúcar seja evitado, para que as sobremesas congelem adequadamente.

Parfaits e bombes

Como já dito, o termo **parfait** é mais usado na América do Norte para designar uma sobremesa com camadas de sorvete e cobertura servida em taças altas e cônicas. O *parfait* original, no entanto, é uma sobremesa congelada preparada em uma forma alta e estreita e desenformada ao servir (certamente o *parfait* norte-americano recebe esse nome por causa da semelhança entre a taça em que é servido e a forma do *parfait* tradicional). A mistura do *parfait* consiste em três elementos: uma espuma grossa e doce à base de gemas, o mesmo volume de creme de leite batido e saborizantes.

Essa mistura também é usada no preparo das **bombes**. Uma das sobremesas geladas mais elegantes, as *bombes* costumam ser decoradas cuidadosamente com frutas, creme de leite batido, *petits-fours secs* e outros itens depois de desenformadas. Seu preparo, em geral em uma forma de fundo redondo gelada, começa com uma camada de sorvete ou *sorbet* que é congelada até endurecer. O centro é então preenchido com a mistura para *bombe* de sabor compatível; em seguida, a sobremesa deve ser colocada de volta no congelador.

Misturas para musses congelados podem ser usadas para rechear as *bombes*, assim como sorvetes ou *sorbets*, mas em geral usa-se a mistura própria.

A seguir, há duas receitas de recheio para *bombe*. Os ingredientes e o resultado final são praticamente os mesmos, mas as técnicas diferem. Observe que a técnica empregada no preparo da primeira receita é a mesma do Creme de manteiga francês (p. 425). A segunda técnica requer o uso de uma calda de açúcar de concentração específica; a receita da calda também é fornecida.

Descrevemos também o procedimento de montagem das *bombes*, seguido de uma lista de *bombes* clássicas que têm feito sucesso há décadas.

RECHEIO PARA BOMBE I

Rendimento: 1.500 mL

Ingredientes	Quantidade	Modo de fazer
Açúcar Água Gemas	250 g 60 g 125 g (6 gemas)	1. Dissolva o açúcar na água e ferva em fogo alto até que a calda atinja a temperatura de 115°C (ver p. 260 para informações sobre o preparo de caldas).
Saborizante (ver variações logo após a receita do Recheio para *bombe* II)		2. Enquanto a calda cozinha, bata as gemas (na batedeira, com o misturador globo) até ficarem leves e esbranquiçadas.
Creme de leite fresco	500 mL	3. Com a batedeira ligada, despeje a calda quente lentamente sobre as gemas. Continue batendo até a mistura esfriar. Ela deve ficar bem consistente e fofa.

4. Esta mistura conserva-se bem na geladeira, tampada, por até 1 semana. Quando for montar a sobremesa, prossiga com os passos a seguir.

5. Junte os saborizantes escolhidos à mistura.

6. Bata o creme de leite até formar picos moles. Não bata demais.

7. Incorpore ao creme de gemas. Despeje nas formas de *bombe* preparadas, ou em qualquer outro recipiente, e leve ao congelador até firmar.

CALDA PARA O PREPARO DE BOMBES

Rendimento: cerca de 1.500 mL

Ingredientes	Quantidade	Modo de fazer
Açúcar Água	1.500 g 1.000 g	1. Misture a água e o açúcar em uma panela. Leve ao fogo e ferva, mexendo, até que o açúcar esteja completamente dissolvido.
		2. Retire do fogo e espere esfriar. Guarde na geladeira, em um recipiente tampado.

Nota: esta calda simples é usada no preparo do Recheio para bombe II (p. 568) e no Musse gelado II (p. 571).

RECHEIO PARA BOMBE II

Rendimento: 1.500 mL

Ingredientes	Quantidade	Modo de fazer
Gemas	180 g (9 gemas)	
Calda para o preparo de *bombes* (ver p. 567)	250 mL	
Saborizantes (ver variações abaixo)		
Creme de leite fresco	375 mL	

Modo de fazer

1. Em uma tigela de inox, bata as gemas ligeiramente e então incorpore a calda.

2. Cozinhe a mistura em banho-maria, batendo com um batedor de arame, até que esteja espessa e cremosa, com uma consistência semelhante à de um molho *hollandaise*.

3. Retire do banho-maria, coloque a tigela dentro de outra com gelo e continue batendo, até o creme esfriar.

4. Junte os saborizantes desejados.

5. Bata o creme de leite até formar picos moles. Não bata demais. Incorpore ao creme de gemas.

6. Despeje na forma de *bombe* ou no recipiente em que irá servir. Leve ao congelador até firmar.

VARIAÇÕES

Para criar *bombes* de sabores diversos, junte os ingredientes sugeridos a quaisquer receitas de recheio dadas aqui antes de incorporar o creme de leite batido.

BAUNILHA

Adicione 15 a 22 mL de essência de baunilha.

CHOCOLATE

Derreta 60 g de chocolate amargo. Junte um pouco da calda de açúcar, formando um creme grosso. Incorpore ao creme de gemas. (Para um sabor mais acentuado de chocolate, derreta 30 a 45 g de chocolate ao leite com os 60 g de chocolate amargo.)

LICOR

Adicione 30 a 45 mL (ou a gosto) do licor ou bebida alcoólica escolhida, como licor de laranja, *kirsch* ou rum.

CAFÉ

Junte 8 g de café solúvel dissolvido em 15 mL de água.

PRALINA

Junte 75 g de pralina, amolecida com um pouco de água, ao creme de gemas.

FRUTAS (FRAMBOESA, MORANGO, DAMASCO, PÊSSEGO ETC.)

Junte até 250 g de polpa de fruta peneirada.

BOMBE OU PARFAIT COM PEDAÇOS DE FRUTAS

Em vez de saborizar o recheio para *bombe* com a polpa peneirada, junte pedaços pequenos da fruta ao recheio básico ou aromatizado com licor ou bebida alcoólica.

BOMBE OU PARFAIT COM OLEAGINOSAS, PÃO DE LÓ E OUTROS INGREDIENTES

Outros ingredientes sólidos podem ser acrescentados ao recheio básico ou aromatizado, como oleaginosas picadas, *macarons* de amêndoa triturados, *marrons glacés* (castanha-portuguesa cozida em calda de açúcar) e cubos de pão de ló ou biscoito champagne umedecidos com licor.

Como preparar *bombes*

1. Coloque a forma em que irá preparar a *bombe* no congelador até que esteja bem gelada.

2. Forre com uma camada de sorvete ligeiramente amolecido, usando as mãos para pressionar a massa nas laterais e para alisá-la. A camada de sorvete deve ter cerca de 2 cm de espessura nas formas pequenas e 4 cm nas formas grandes.

   Se o sorvete ficar mole demais para aderir às laterais, coloque a forma no congelador por um tempo e tente novamente.

3. Leve ao congelador até que a camada de sorvete tenha endurecido.

4. Encha a cavidade com recheio para *bombe*, cubra e leve ao congelador até firmar.

5. Para desenformar, mergulhe a forma em água morna por um segundo, enxugue com um pano e vire sobre um prato gelado. (*Nota*: para evitar que a *bombe* fique escorregando no prato, vire-a sobre uma camada bem fina de pão de ló, que servirá de base).

6. Decore com creme de leite batido e frutas ou ingredientes apropriados.

7. Sirva imediatamente. Corte em gomos ou fatias do mesmo tamanho.

Seleção de bombes *clássicas*

BOMBE AFRICAINE

Camada externa: sorvete de chocolate

Recheio: recheio para *bombe* sabor damasco

BOMBE AIDA

Camada externa: sorvete de morango

Recheio: recheio para *bombe* aromatizado com *kirsch*

BOMBE BRESILIENNE

Camada externa: *sorbet* de abacaxi

Recheio: recheio para *bombe* aromatizado com baunilha e rum e misturado com abacaxi em cubinhos

BOMBE CARDINALE

Camada externa: *sorbet* de framboesa

Recheio: recheio para *bombe* sabor pralina com baunilha

BOMBE CEYLON

Camada externa: sorvete de café

Recheio: recheio para *bombe* aromatizado com rum

BOMBE COPPELIA

Camada externa: sorvete de café

Recheio: recheio para *bombe* sabor pralina

BOMBE DIPLOMAT

Camada externa: sorvete de baunilha

Recheio: recheio para *bombe* aromatizado com marasquino e misturado com frutas cristalizadas

BOMBE FLORENTINE

Camada externa: *sorbet* de framboesa

Recheio: recheio para *bombe* sabor pralina

BOMBE FORMOSA

Camada externa: sorvete de baunilha

Recheio: recheio para *bombe* saborizado com purê de morangos e misturado com morangos inteiros

BOMBE MOLDAVE

Camada externa: *sorbet* de abacaxi

Recheio: recheio para *bombe* aromatizado com licor de laranja

BOMBE SULTANE

Camada externa: sorvete de chocolate

Recheio: recheio para *bombe* sabor pralina

BOMBE TUTTI-FRUTTI

Camada externa: sorvete ou *sorbet* de morango

Recheio: recheio para *bombe* sabor limão misturado com frutas cristalizadas

CASSATA NAPOLETANA

As cassatas italianas são semelhantes às *bombes*, mas possuem três camadas de sorvetes diferentes e são recheadas com merengue italiano misturado com ingredientes diversos. A mais conhecida, a cassata napoletana, é feita de acordo com as instruções a seguir. Forre uma forma com uma camada de sorvete de baunilha, uma de sorvete de chocolate e uma de sorvete de morango. Recheie com Merengue italiano (p. 267) aromatizado com baunilha, *kirsch* ou marasquino e misturado com a mesma quantidade (em peso) de frutas cristalizadas. Acrescente um pouco de creme de leite batido ao merengue, se desejar.

Musses e suflês congelados

Os *musses congelados* são sobremesas leves que contêm creme de leite batido. Embora sejam parecidos, em razão da presença do creme de leite batido, sua base pode ser feita de várias formas. Três delas estão incluídas neste capítulo:

- Musses à base de merengue italiano
- Musses à base de calda e frutas
- Musses à base de creme de gemas

As misturas usadas para rechear *bombes* e fazer *parfaits* também podem ser usadas para musses.

O método mais simples para servir um musse é despejar a mistura em recipientes individuais e levar ao congelador. A mistura também pode ser despejada em formas de vários formatos. Depois de desenformar, corte o musse em porções individuais e decore com creme de leite batido e frutas, biscoitos ou outros itens apropriados.

O *suflê congelado*, na verdade, é simplesmente um musse (ou uma mistura para *bombe*) congelado em forminhas tradicionalmente usadas para suflês. Uma tira de papel-manteiga dobrado, ou papel-alumínio, é amarrada ao redor da forma para aumentar sua lateral em cerca de 5 cm acima da borda. A mistura é então despejada, deixando-se uma margem de 12 mm até a borda da tira de papel. Depois de congelada a sobremesa, o papel é descartado. A aparência final é semelhante à de um suflê bem crescido preparado no forno.

Outros elementos podem ser incorporados aos suflês congelados, como pão de ló, biscoito champagne, suspiro, frutas etc. Por exemplo, você pode despejar um terço da mistura para musse na forma preparada, cobrir com um disco de Merengue *japonaise* (p. 348), despejar mais um terço do musse, cobrir com mais um disco de merengue e completar com o musse. Esta técnica também pode ser usada com camadas finas de pão de ló. Para uma variedade ainda maior, arrume uma camada de frutas sobre cada camada de bolo antes de despejar mais musse.

MUSSE GELADO I (À BASE DE MERENGUE ITALIANO)

Rendimento: 1.500 mL

Ingredientes	Quantidade	Modo de fazer
Merengue italiano		
Açúcar	250 g	
Água	60 mL	
Claras	125 g	
Saborizante (ver *Nota*)		
Creme de leite fresco	375 mL	

Nota: outros saborizantes possíveis incluem polpas de frutas peneiradas, licores e chocolate. Use até 90 mL de bebidas fortes (p. ex., conhaque ou rum escuro) ou 125 mL de licores doces. Use 125 g de chocolate amargo derretido, ou até 250 g de purê espesso de frutas. Ideias para sabores específicos são apresentadas nas variações que seguem a receita básica.

1. *Para o merengue italiano*: dissolva o açúcar na água em uma panela e cozinhe até que a calda atinja a temperatura de 120°C. Enquanto isso, bata as claras em neve até obter picos moles. Batendo sem parar, despeje a calda quente lentamente sobre as claras. Continue batendo até que o merengue tenha esfriado completamente (a não ser que vá aromatizá-lo com licor – ver próximo passo).

2. Acrescente os saborizantes. Se estiver usando chocolate derretido ou um purê de frutas denso, junte um pouco de merengue a esses ingredientes antes de incorporá-los ao restante do merengue. Se estiver usando licor ou outra bebida alcoólica, adicione-a enquanto o merengue ainda estiver morno, para que a maior parte do álcool evapore.

3. Bata o creme de leite até formar picos moles. Incorpore-o delicadamente ao merengue. Leve ao congelador.

VARIAÇÃO

Eis alguns dos ingredientes possíveis para saborizar o musse gelado.

MUSSE AROMATIZADO COM BEBIDA ALCOÓLICA

Use até 90 mL de bebidas como conhaque, rum escuro ou Calvados, ou 125 mL de licor doce.

MUSSE GELADO DE CHOCOLATE

Derreta 125 g de chocolate amargo. Junte um pouco de Calda para o preparo de *bombes* (p. 567), formando um creme grosso. Incorpore um pouco do merengue a essa mistura, e então junte ao restante do merengue.

MUSSE DE DAMASCO

Deixe 190 g de damascos secos de molho em água de um dia para o outro, depois ferva-os até amaciarem. Escorra e transforme em purê usando um passador de legumes. Incorpore delicadamente ao merengue. Se desejar, junte 15 mL de rum ou *kirsch*.

MUSSE GELADO DE BANANA

Amasse muito bem 250 g de bananas bem maduras com 15 mL de suco de limão. Incorpore ao merengue.

MUSSE DE LIMÃO

Junte as raspas de 1 limão e 90 mL do suco ao merengue.

MUSSE DE CASTANHA-PORTUGUESA

Amoleça 220 g de pasta de castanha-portuguesa com 30 mL de rum escuro, mexendo até obter uma pasta macia. Junte ao merengue.

MUSSE DE FRAMBOESA OU MORANGO

Passe 250 g de framboesas ou morangos, frescos ou congelados, por uma peneira. Junte ao merengue.

MUSSE GELADO II (À BASE DE CALDA E FRUTAS)

Rendimento: cerca de 1.250 mL

Ingredientes	Quantidade	Modo de fazer
Calda para o preparo de *bombes* (p. 567)	250 mL	1. Misture muito bem a calda com o purê de frutas.
Purê de fruta	250 mL	2. Bata o creme de leite até formar picos moles.
Creme de leite fresco	500 mL	3. Incorpore o creme de leite batido à mistura de calda e fruta.
		4. Despeje nos recipientes escolhidos e leve ao congelador.

MUSSE GELADO III
(À BASE DE CREME DE GEMAS)

Rendimento: cerca de 1.500 mL

Ingredientes	Quantidade	Modo de fazer
Gemas	150 g (7 a 8 gemas)	1. Em uma tigela, bata as gemas com metade do açúcar até obter um creme leve e esbranquiçado.
Açúcar	250 g	2. Enquanto isso, leve o leite ao fogo com o restante do açúcar.
Leite	250 mL	3. Assim que ferver, despeje sobre as gemas, batendo sem parar.
Saborizante (ver passo 6)		4. Coloque a mistura em banho-maria e cozinhe, batendo sem parar, até que adquira a consistência de um *crème anglaise* (p. 268). Não cozinhe demais, ou o creme pode talhar.
Creme de leite fresco	500 mL	5. Espere esfriar e então resfrie a mistura, em um banho de água gelada ou na geladeira.
		6. Junte os saborizantes desejados. Os mesmos saborizantes sugeridos para o Musse gelado I (p. 570) e as respectivas quantidades podem ser usados.
		7. Bata o creme de leite e incorpore-o ao creme de gemas.
		8. Despeje nos recipientes escolhidos e leve ao congelador.

PARFAIT DE CHOCOLATE BRANCO COM CEREJAS FLAMBADAS

Rendimento: 10 sobremesas, com 95 g cada

Ingredientes	Quantidade	Modo de fazer
Para as cerejas flambadas		
Cerejas frescas (ver *Nota*)	300 g	
Açúcar	60 g	
Essência de baunilha	2 g (½ de colher de chá)	
Vinho do Porto	150 g	
Discos de Merengue de chocolate (p. 347), com 6 cm de diâmetro	10	
Açúcar	110 g	
Água	75 g	
Gemas	120 g	
Chocolate branco, picado	150 g	
Creme de leite fresco	375 g	
Decoração		
Raspas de chocolate	conforme necessário	
Pistache sem casca e sem sal	conforme necessário	
Peso total da mistura:	**775 g**	

1. *Prepare as cerejas*: retire os caroços e coloque-as em uma panela juntamente com o açúcar. Aqueça em fogo baixo até que comecem a soltar líquido. Cozinhe até que o líquido tenha praticamente evaporado. Acrescente a baunilha e o vinho do Porto. Leve ao fogo alto e flambe, deixando que a chama queime até evaporar todo o álcool. Continue cozinhando em fogo baixo, com a panela parcialmente tampada, até o líquido apurar, formando uma calda viscosa. Escorra as cerejas (para usar no passo 7), reservando o líquido.

2. Coloque 10 aros modeladores de 7 cm de diâmetro em uma assadeira. Encaixe um disco de merengue de chocolate na base de cada um.

3. Para o *parfait*, dissolva o açúcar na água e leve ao fogo até ferver.

4. Bata as gemas até formarem um creme esbranquiçado e, então, junte a calda fervente aos poucos, batendo sem parar. Continue batendo até a mistura esfriar.

5. Derreta o chocolate branco em banho-maria.

6. Incorpore à mistura de gemas. Não bata demais, ou o creme perderá o volume.

7. Bata o creme de leite e incorpore rapidamente ao creme de gemas.

8. Sem demora, encha os aros até cerca de dois terços da capacidade. Coloque 6 a 8 cerejas em cada um, afundando algumas dentro da mistura (reserve as cerejas restantes e a calda para guarnecer os *parfaits*). Termine de encher os aros e alise a superfície com uma espátula. Leve ao congelador por pelo menos 1 hora para firmarem.

9. Ao servir, desenforme as sobremesas aquecendo ligeiramente o aro e levantando-o. Decore a superfície com as lascas de chocolate, algumas cerejas e um pouco de pistache picado. Guarneça o prato com um fio de calda e mais algumas cerejas.

Nota: cerejas em calda (mas não as conservadas em marasquino) também podem ser usadas. As cerejas morello ficam especialmente boas nesta receita. Escorra-as e siga as instruções da receita básica.

SUFLÊ GELADO DE COINTREAU

Ingredientes	Quantidade
Leite	200 g
Fava de baunilha, aberta ao meio (ver *Nota*)	½
Gemas	120 g
Açúcar	200 g
Licor Cointreau (ver *Nota*)	60 g
Creme de leite fresco	400 g
Preparo da forma	
Macarons de amêndoa II (p. 506)	12
Licor Cointreau	50 g
Para servir	
Creme chantilly (p. 265)	conforme necessário
Casca de laranja cristalizada (p. 602)	conforme necessário
Macarons de amêndoa	conforme necessário
Peso total da massa do suflê:	**980 g**

Nota: se não dispuser de fava de baunilha, junte ¼ de colher de chá (1 g) de essência de baunilha ao creme de gemas já cozido.
Outros licores de laranja podem ser usados, mas o nome da receita deve ser mudado para refletir essa alteração.

Modo de fazer

1. *Prepare um crème anglaise*: leve o leite e a fava de baunilha ao fogo brando. Bata as gemas com o açúcar até obter um creme leve e esbranquiçado, então junte metade do leite aos poucos, batendo sempre. Ponha essa mistura de volta na panela com o leite restante e cozinhe em fogo brando até que tenha engrossado ligeiramente. Resfrie mergulhando a panela em água gelada.

2. Junte o licor de laranja. Leve à geladeira.

3. Bata o creme de leite até obter picos moles. Incorpore ao creme de gemas gelado. Despeje na forma previamente preparada (ver a seguir) e alise a superfície com uma espátula. Leve ao congelador.

PREPARO DA FORMA

1. Coloque uma tira de papel-manteiga dobrado ao redor de uma forma de suflê de 13 cm de diâmetro, para aumentar sua lateral em 4 cm. Amarre com um barbante.

2. Mergulhe os *macarons* no licor e arrume-os no fundo da forma.

3. Encha com o creme.

EMPRATAMENTO

Descarte a borda de papel-manteiga. Decore a superfície da sobremesa com uma borda de rosetas de chantilly. Arrume a laranja cristalizada no centro. Coloque um *macaron* de amêndoa sobre cada roseta.

PARFAIT DE SEMENTE DE PAPOULA

Ingredientes	Quantidade	Modo de fazer
Leite	250 g	1. Leve ao fogo a primeira quantidade de leite e a semente de papoula. Cozinhe em fogo baixo por 10 minutos. Retire a espuma da superfície e deixe esfriar.
Semente de papoula	100 g	
Leite	125 g	2. *Prepare um crème anglaise*: aqueça o leite restante. Bata as gemas e o açúcar até formarem um creme esbranquiçado. Faça a temperagem da mistura de gemas com metade do leite fervente, e então despeje essa mistura de volta na panela e cozinhe, em fogo brando, até que engrosse e cubra as costas de uma colher. Junte a essência de baunilha, o Amaretto e o leite com semente de papoula do passo 1. Mergulhe o fundo da panela em água gelada, mexendo até o creme esfriar.
Gemas	80 g	
	(4 gemas)	
Açúcar	120 g	
Essência de baunilha	1 g	
	(¼ de colher de chá)	
Licor Amaretto	40 g	
Creme de leite fresco	400 g	3. Bata o creme de leite até obter picos firmes (é importante que o creme de leite batido fique firme, para evitar que as sementes de papoula não desçam para o fundo da forma, mas tome cuidado para não bater demais). Incorpore o creme de leite ao creme de semente de papoula.
Peso total:	*1.116 g*	
		4. Despeje em formas e leve ao congelador.

PARFAIT DE FRAMBOESA COM BAIXO TEOR DE GORDURA

Rendimento: cerca de 1.500 mL

Ingredientes	Quantidade	Modo de fazer
Merengue italiano		1. *Prepare um merengue italiano*: dissolva o açúcar na água e leve ao fogo até que a calda atinja a temperatura de 120°C. Bata as claras em neve até obter picos moles. Batendo sem parar, despeje a calda quente lentamente sobre as claras. Continue batendo até a mistura esfriar.
Açúcar	100 g	
Água	65 g	
Claras	90 g	
Framboesas, frescas ou congeladas	200 g	2. Bata a framboesa até obter um purê e passe por uma peneira para eliminar as sementes.
Iogurte natural semidesnatado	200 g	
		3. Bata o iogurte até ficar cremoso e misture com o purê de framboesas.
		4. Incorpore o merengue frio, um terço de cada vez, à mistura de iogurte.
		5. Despeje em formas e leve ao congelador.

VARIAÇÃO

Pode-se usar o purê de outras frutas no lugar do de framboesas. Ver página 620 para uma sugestão de apresentação.

TERMOS PARA REVISÃO

sorvete

french-style

philadelphia-style

ice milk

frozen yogurt

sorbet

ices

granité

gelato

sorbetto

granita

overrun

sundae

coupe

Alasca

parfait

bombe

musse congelado

suflê congelado

QUESTÕES PARA DISCUSSÃO

1. Por que os sorvetes devem ser preparados em um equipamento especial que agita a mistura enquanto ela congela? Por que é possível congelar musses e outras sobremesas similares sem a necessidade de usar esse tipo de equipamento?

2. Como o açúcar afeta as propriedades de congelamento das sobremesas congeladas?

3. Como o álcool afeta as propriedades de congelamento das sobremesas congeladas?

4. Qual é a semelhança entre as sobremesas congeladas, como os suflês e os musses, e as *bavaroises*?

5. Descreva o procedimento de preparo da sobremesa Alasca.

6. Descreva o procedimento básico de preparo das *bombes*.

Sobremesas à base de frutas frescas

O interesse por sobremesas com teores mais baixos de gordura e menos calorias fez aumentar também o interesse por frutas frescas, como alternativa a massas doces e bolos ricos. As frutas são, não há dúvida, um componente importante de muitas tortas, bolos e caldas, e muitas sobremesas à base de frutas têm quantidades significativas de açúcar, inclusive algumas dentre as apresentadas neste capítulo. No entanto, muitos clientes tendem a considerar essas sobremesas como mais saudáveis, contribuindo, em parte, para sua popularidade. Outro fator é o sabor fresco e energizante que muitas sobremesas à base de frutas têm.

Em capítulos anteriores, discutimos tortas abertas e fechadas, massas doces, frituras, bolos e outras sobremesas que contêm frutas frescas. Muitas sobremesas à base de frutas, no entanto, não podem ser encaixadas em nenhuma dessas categorias. Este capítulo procura dar conta dessas sobremesas, embora representem apenas uma pequena fração das inúmeras receitas disponíveis.

Após ler este capítulo, você deverá ser capaz de:

1. Selecionar frutas frescas de boa qualidade e prepará-las para serem usadas na elaboração de sobremesas.

2. Calcular o rendimento de frutas frescas com base nas perdas do pré-preparo.

3. Preparar várias sobremesas à base de frutas, incluindo frutas em calda, geleias e compotas.

FRUTAS FRESCAS E SEU MANEJO

Os avanços nos setores de transporte e armazenamento tornaram possível a obtenção de todo tipo de fruta durante o ano inteiro. Até mesmo frutas consideradas exóticas, típicas de climas específicos, são cada vez mais comuns em outras partes do globo. Pouco tempo atrás, a maioria das frutas frescas podia ser encontrada apenas durante uma certa estação do ano. Por exemplo, em geral os morangos eram vendidos apenas durante os meses de primavera, sua temporada. Atualmente, no entanto, quase todas as frutas mais conhecidas estão na melhor estação em algum lugar do planeta, e é fácil transportar essa produção por longas distâncias.

Todavia, a disponibilidade irrestrita é uma faca de dois gumes. Frutas transportadas de longe ou colhidas fora de sua melhor época podem apresentar uma qualidade inferior. Além disso, muitos tipos de fruta são cultivados pensando apenas em sua portabilidade, e não em seu sabor. Assim, é importante que você seja capaz de avaliar a qualidade das frutas frescas.

❋⟨ FRUTAS *VERSUS* LEGUMES E VERDURAS ⟩❋

Em termos culinários, legumes e verduras são plantas usadas essencialmente no preparo de pratos salgados. Eles incluem tubérculos, caules, folhas e… frutos. Sim, frutos. Um fruto é, na perspectiva da botânica, a parte da planta que carrega a semente. Pepino, abóbora, vagem, berinjela, quiabo, ervilha-torta, pimentão, por exemplo, são frutos, mas são chamados de legumes. Igualmente, cenouras, rabanetes, nabos e beterrabas são raízes, e ainda assim há quem os considere legumes.

Desse mesmo ponto de vista, as frutas são a parte da planta que carrega as sementes, usadas essencialmente em pratos doces. Em muitos casos, a maioria das frutas utilizadas é aquela que possui, naturalmente, alto teor de açúcar. Na natureza, no entanto, a maioria das frutas não é doce; pense nas vagens *milkweed* e nas bardas, por exemplo. Do mesmo modo, muitas frutas utilizadas na culinária não são doces — são legumes.

Amadurecimento

Parte da avaliação da qualidade de uma fruta tem a ver com seu amadurecimento. Como explicado no quadro ao lado, algumas frutas continuam o processo de amadurecimento após serem colhidas, e o *chef* deve ser capaz de julgar em qual estágio desse processo ela se encontra. Outras são colhidas maduras e devem ser utilizadas rapidamente, antes que fiquem passadas.

O amadurecimento é um processo complexo. Algumas frutas mudam mais que outras. As principais mudanças pelas quais a maioria passa são:

- ◆ **Aroma.** Cheiros amargos ou desagradáveis dão lugar a aromas convidativos. Com algumas poucas exceções, isso acontece apenas até a fruta ser colhida.

- ◆ **Doçura.** O teor de açúcar aumenta. Parte do açúcar já está contido na fruta antes de ela ser colhida, a outra parte resulta da quebra de amidos armazenados na fruta.

- ◆ **Suculência e textura.** As paredes das células rompem-se. Isso faz com que haja uma liberação de suco, o que torna a fruta mais macia.

- ◆ **Cor.** Muitas frutas são verdes quando não estão maduras e ficam vermelhas, alaranjadas, roxas ou de outra cor quando amadurecem.

O quadro abaixo indica o que ocorre com algumas das frutas mais comuns durante seu processo de amadurecimento. Com exceção das peras, que podem ser refrigeradas antes de amadurecerem para que não fiquem moles demais, não coloque nenhuma fruta na geladeira enquanto ela não estiver madura. E, depois de maduras, guarde-as na geladeira para retardar a deterioração. Frutas que são colhidas já maduras devem ser refrigeradas logo após o recebimento.

Estas frutas passam por alterações no aroma, doçura, suculência, textura e cor ao amadurecerem, depois de colhidas.	Abacate (também usado em pratos salgados) Banana
Estas frutas tornam-se mais doces, suculentas e macias, e sua cor muda ao amadurecerem, depois de colhidas.	Maçã (mantém-se crocante, a não ser que tenha passado do ponto, mas não tão dura quanto as verdes) Kiwi Manga Mamão papaia Pera
Estas frutas não ficam mais doces, mas tornam-se mais suculentas e macias, e sua cor muda ao amadurecerem, depois de colhidas.	Damasco Mirtilo Figo Melão Nectarina Maracujá Pêssego Caqui Ameixa
Estas frutas são colhidas já maduras, e não amadurecem mais depois.	Frutas vermelhas (exceto os mirtilos) Frutas cítricas (*grapefruit*, laranja, mexerica, tangerina, limão, laranjinha *kinkan*) Cereja Uva Abacaxi Melancia

Pré-preparo: cálculo das perdas e do rendimento

Todas as frutas frescas devem ser lavadas antes do uso. Em seguida, a grande maioria das frutas requer algum tipo de pré-preparo. Algumas vezes esse processo é simples – arrancar os bagos de uva de seus cabinhos, ou retirar folhas secas e outras sujidades de uma caixa de morangos. Em outros casos, é preciso descascar, retirar caroços e sementes, eliminar partes duras etc. A próxima seção descreve o pré-preparo básico para cada tipo de fruta.

Como algumas frutas possuem partes que não são aproveitadas, a quantidade comprada não corresponde ao rendimento. O fator de rendimento de uma fruta indica, em média, quanto do peso bruto (peso inicial da matéria-prima comprada) resta após o pré-preparo do alimento, isto é, seu peso líquido (a parte de fato aproveitável ou consumível). Esse fator será útil para fazer dois cálculos básicos.

1. Cálculo do rendimento.

Exemplo: você tem 5 kg de kiwi (peso bruto). O fator de rendimento dessa fruta é 80%. Qual será o peso líquido?

Primeiramente, mude o porcentual para um número decimal. Para isso, desloque a vírgula duas casas à esquerda do número.

$$80\% = 0,80$$

Multiplique o número decimal pelo peso bruto para obter o peso líquido.

$$5 \text{ kg} \times 0,8 = 4 \text{ kg}$$

❊{ FRUTA MADURA }❊ E ENTREMADURA

Uma fruta entremadura é aquela que completou seu desenvolvimento e é capaz de continuar o processo de amadurecimento depois de colhida. Já a fruta madura é aquela que está em seu pico de textura e sabor, no ponto ideal para ser consumida. Em outras palavras, a fruta entremadura, embora tenha atingido sua maturidade biológica, passa por diversas transformações depois de colhida até ser considerada madura, do ponto de vista de seu consumo. Frutas colhidas antes de atingirem esse estágio de maturidade não chegam a ficar maduras. Por outro lado, quanto mais madura estiver a fruta ao ser colhida, menor a sua validade. Por isso, os produtores, sempre que possível, colhem as frutas quando estão entremaduras, e não maduras. Mas, conforme indicado na tabela acima, nem todas as frutas amadurecem depois de colhidas.

2. Cálculo da quantidade necessária.

Exemplo: Você precisa de 5 kg de kiwi descascado. Que peso bruto da fruta é necessário para obter esse peso líquido?

Mude o porcentual para um número decimal.

$$80\% = 0,80$$

Divida o peso líquido necessário por esse número para obter o peso bruto.

$$\frac{5\ kg}{0,8} = 6,25\ kg$$

Escolha e pré-preparo das frutas

Apresentamos, a seguir, um resumo sobre algumas frutas frescas mais comuns. Serão enfatizadas as características que devem ser observadas durante a compra e as técnicas de pré-preparo. Também incluímos informações sobre algumas frutas exóticas e como identificá-las. Seria difícil encontrar uma pessoa que não soubesse o que é uma banana ou uma maçã, mas nem todo mundo identificaria um marmelo ou uma *grapefruit* com facilidade. É fornecido, igualmente, o fator de rendimento de cada fruta.

Maçã. Quando maduras, as maçãs têm um aroma frutado, sementes marrons e uma textura um pouco mais tenra que a da fruta verde. Quando passam do ponto, ficam macilentas e, às vezes, murchas. Evite comprar maçãs machucadas, com manchas, deterioradas ou moles. As maçãs colhidas no verão (vendidas até o outono) não se conservam tão bem. Já as colhidas no outono e inverno ficam frescas por mais tempo. Maçãs mais ácidas são melhores para cozinhar que as variedades mais doces, como a Red Delicious. As maçãs Granny Smith e Golden Delicious são muito usadas na culinária.

Para preparar as maçãs para o uso, lave-as e, se quiser, descasque-as. Corte-as em quatro e retire o miolo com as sementes, ou deixe-as inteiras e retire o miolo usando um acessório especial para esse fim. Use uma faca inoxidável para cortá-las, para evitar que ocorra uma reação com a acidez da fruta. Depois de preparadas, mergulhe-as em uma solução de limão (ou outra fruta ácida) ou ácido ascórbico para evitar que escureçam.

Fator de rendimento: 75%

Damasco fresco. Apenas as frutas colhidas já maduras têm sabor suficiente, e elas se conservam frescas por apenas uma semana ou menos na geladeira. Devem ser de cor amarelo-dourada, firmes e carnudas, e não macias. Evite as frutas moles demais, batidas ou manchadas.

Lave, corte ao meio e descarte o caroço. Para a maioria dos usos, não é necessário retirar a pele.

Fator de rendimento: 94%

Banana. Escolha bananas firmes, lisas, de casca intacta e coloração uniforme. Todas as bananas são colhidas verdes, então por isso não é preciso comprar apenas as maduras. No entanto, evite comprar bananas maduras demais.

Deixe que a banana amadureça em temperatura ambiente por 3 a 5 dias; a fruta madura fica completamente amarela, e com pintinhas marrons. Bananas maduras conservadas na geladeira ficam com a casca escura, mas não a polpa. Descasque e mergulhe em suco de frutas para evitar que escureçam.

Fator de rendimento: 70%

Frutas vermelhas. Esta categoria inclui a amora, o morango, o mirtilo (*blueberry*), o oxicoco (*cranberry*), a groselha-preta (cassis), a groselha-vermelha, a framboesa

Maçã Granny Smith

Maçã Golden Delicious

Maçã Fuji

Maçã Gala

Banana

Amora

Mirtilo (*blueberry*)

Oxicoco (*cranberry*)

Groselha-branca

Framboesa

Morango

etc. Elas devem ser firmes, carnudas, limpas e de cor intensa. Descarte frutas mofadas, moles ou murchas. Pontos de umidade na caixa indicam a presença de frutas estragadas.

Mantenha em geladeira na embalagem original até o momento de usar, evitando a manipulação. Com exceção dos oxicocos (*cranberries*), as frutas vermelhas não se conservam bem. Descarte as frutas estragadas e outros materiais estranhos. Lave com um jato de água suave e escorra bem. Retire os cabinhos dos morangos. Groselhas-vermelhas usadas na decoração, em geral, são mantidas em cachos (ver p. 620). Manuseie as frutas vermelhas com cuidado para não machucá-las.

Fator de rendimento: 92 a 95%

Cerejas. Escolha as frutas mais carnudas, firmes, doces e suculentas. As cerejas *bing* e pretas devem ter uma coloração uniforme vermelha bem escura ou quase preta.

Mantenha em geladeira na embalagem original. Pouco antes de usar, descarte os cabinhos e as frutas estragadas ou machucadas. Enxágue e escorra bem. Retire os caroços usando um acessório adequado.

Fator de rendimento: 82% (sem o caroço)

Coco seco. Chacoalhe a fruta e verifique se tem água dentro – frutas sem líquido estarão ressecadas. Evite cocos rachados ou com pontos úmidos na casca.

Faça um furo com um prego ou acessório apropriado para retirar o líquido. Quebre a casca com um martelo e retire a carne (esse trabalho se tornará mais fácil se o coco for colocado no forno a 175°C por 10 a 15 minutos). Descarte a película marrom que recobre a polpa com uma faca ou descascador de legumes.

Fator de rendimento: 50%

Figo. Os figos Calimyrna, também chamados de Smyrna, são verde-claros. Os figos Black Mission e Black Spanish são roxos. Todos os figos são doces quando maduros e têm textura macia e delicada. Devem ser carnudos e suculentos, sem sinais de deterioração ou odor ácido.

Conserve-os em geladeira (os figos ainda não totalmente maduros podem ser deixados em temperatura ambiente por alguns dias, dispostos em apenas uma camada, até amadurecerem). Enxágue bem e escorra, manuseando com cuidado. Descarte a parte mais dura do cabinho.

Fator de rendimento: 95% (80 a 85% sem a pele)

Grapefruit. Escolha frutas pesadas e de casca firme e lisa. Evite frutas fofas e moles, bem como as que não são redondas, que rendem pouco, pois têm uma casca muito grossa. Corte e experimente para verificar se estão doces.

Para preparar gomos e fatias, descasque retirando junto também toda a parte branca. Destaque os gomos, cortando-os rente à membrana com uma faca pequena.

Fator de rendimento: 45 a 50% (gomos sem a membrana); 40 a 45% (suco)

Cereja

Coco seco

Figo

Grapefruit

Como descascar uma *grapefruit*

a. Corte as duas extremidades da fruta e coloque-a de pé sobre a bancada. Corte uma tira da casca, de cima para baixo, acompanhando o contorno da fruta.

b. Certifique-se de que está cortando uma espessura suficiente para remover a parte branca, mas sem desperdício da polpa.

c. Continue cortando as tiras de casca até descascar toda a fruta.

d. Corte os gomos, passando a faca rente à membrana que os separa (esprema o suco que restar).

Uva

Kiwi

Laranjinha *kinkan*

Limão-siciliano

Limão Taiti

Lichia

Manga

Melão Cantaloupe

Uva. Escolha uvas firmes, maduras, de cor uniforme e em cachos grandes. Elas devem estar bem presas ao cabo, isto é, não caem se o cacho for chacoalhado no ar. Observe os cabos para verificar se não estão apodrecendo ou murchos.

Mantenha em geladeira, na embalagem original. Ao usar, lave e escorra. Com exceção das variedades sem sementes, corte os bagos ao meio e descarte as sementes com a ponta da faca.

Fator de rendimento: 90%

Kiwi. Quando verdes, os kiwis são duros; quando maduros, tornam-se ligeiramente macios, mas não mudam de cor. Deixe que amadureçam em temperatura ambiente. Evite comprar frutas amassadas ou moles demais.

Retire a fina casca marrom. Corte em rodelas. Eis uma técnica alternativa para obter fatias mais regulares: corte as pontas, insira uma colher rente à casca e gire a fruta, deslizando a colher até que a casca tenha sido separada da polpa.

Fator de rendimento: 80%

Laranjinha *kinkan*. Essas minilaranjas alongadas são do tamanho de uma azeitona grande. A casca, a polpa e até mesmo as sementes podem ser consumidas. Na verdade, a casca é que é doce; a polpa e o suco são ácidos. Evite as frutas moles ou murchas. As laranjinhas conservam-se bem e são resistentes.

Lave, escorra bem e corte no formato desejado.

Fator de rendimento: 95 a 100%

Limão. Escolha frutas firmes, de casca lisa. Há vários tipos de limão, de cores diversas: o limão comum (Taiti) tem casca verde, o siciliano tem casca amarela. A lima-da-pérsia tem uma casca bem fina de cor amarela-clara. O limão-galego, bem pequeno e redondo, pode ser verde ou amarelado. O cravo tem uma concentração maior de açúcar que os outros limões e, por isso, é mais doce. Até pouco tempo, não era item comercializado, mas vem se tornando mais comum.

Corte os limões em gomos, em quatro ou em oito, para guarnecer, ou ao meio, para retirar-lhes o suco.

Fator de rendimento: 40 a 45% (suco)

Lichia. Fruta de origem chinesa, tem o tamanho de uma bolinha de pingue-pongue. Sua casca rugosa e fina, que varia do rosa-avermelhado ao marrom-claro, pode ser facilmente retirada com a mão, revelando uma polpa branca, perfumada e suculenta, que envolve uma semente não comestível. Dê preferência às frutas pesadas e firmes, de casca menos rugosa.

Descarte a casca, corte a fruta ao meio e libere a carne da semente.

Fator de rendimento: 50%

Manga. Os dois tipos principais dessa fruta são os ovais – com casca que varia entre as cores verde, laranja e vermelho – e os em forma de rim – com uma casca mais uniformemente amarela quando maduros. As mangas têm uma casca fina, mas resistente, e uma polpa amarela suculenta e aromática. Escolha frutas pesadas e firmes, de cor viva e sem amassados. Não compre mangas muito verdes e duras, pois é provável que apodreçam antes de ficarem maduras.

Conserve em temperatura ambiente até que esteja ligeiramente macia. Descasque e separe a polpa do caroço, ou corte uma porção de cada lado do caroço usando uma faca de lâmina fina e, então, descasque.

Fator de rendimento: 75%

Melão e melancia. Ao selecionar estas frutas, observe as seguintes características. *Cantaloupes*: devem ter uma cicatriz lisa onde estaria preso o cabinho, e sem nenhum pedaço dele (sinal de que o melão foi colhido já maduro). Casca bege-amarelada, com pouca ou nenhuma coloração verde. Pesado, e com cheiro bom. *Honeydew*: aroma perfumado, ligeiramente macio, pesado, casca branco-amarelada, não muito verde. Os maiores, em geral, são os de melhor qualidade. *Melão Crenshaw, Casaba, Persian, amarelo, Santa Claus*: pesado, com um cheiro bem perfumado e ligeiramente macio na extremidade oposta à do cabinho. *Melancia*: a parte que ficou em contato com o solo deve ser amarelada, e não esbranquiçada. Deve ser firme e de formato simétrico. As maiores têm melhor rendimento. Casca fosca, e não excessivamente brilhante. Se estiver cortada, prefira as que têm sementes marrom-escuras; evite as que possuem uma coloração esbranquiçada no centro da polpa.

Melão Honeydew   Melão amarelo (comum)   Melancia

Para preparar, lave o melão, corte ao meio e descarte as sementes e filamentos. Corte em fatias, retire a polpa da casca e corte em cubos, ou faça bolinhas usando um boleador. Outra opção é descascar o melão antes de cortá-lo, usando uma faca grande e seguindo os mesmos passos empregados para a *grapefruit* (ver página anterior). Em seguida, corte ao meio, retire as sementes e os filamentos e pique no formato desejado. Para a melancia, lave, corte ao meio ou em pedaços menores e faça bolinhas usando um boleador, ou descarte a casca e as sementes e corte em cubos.

Fator de rendimento: Melancia, 45%; melões, 50 a 55%

Nectarina. Ver pêssego e nectarina.

Nectarina

Laranja

Laranja e mexerica/tangerina. Para comprar laranjas de boa qualidade, use as mesmas dicas dadas para a *grapefruit*. Algumas tangerinas/mexericas têm a casca solta, mas devem ser pesadas para seu tamanho. Há muitas variedades dessas frutas, algumas mais exóticas (como a laranja sanguínea, de polpa vermelha), outras com sabor mais ácido, como as *seville*, muito utilizadas em geleias.

Descasque as mexericas/tangerinas com as mãos e separe em gomos. Para extrair-lhes o suco, corte ao meio; para separar gomos da laranja, siga as instruções dadas para a *grapefruit*.

Fator de rendimento: 60 a 65% (gomos sem a película); 50% (suco)

Mexerica/tangerina

Mamão. O mamão é uma fruta tropical alongada, e seu sabor é suave, doce e levemente floral. Sua polpa é de cor alaranjada ou rosada, dependendo da variedade, e no centro há uma cavidade repleta de sementes pretas. Seu tamanho varia muito, de menos de 500 g a mais de 1 kg. A casca é verde quando a fruta não está madura, mas se torna amarela ou alaranjada quando ela amadurece. Escolha mamões firmes e simétricos, sem amassados ou pontos escuros e mofados. Não compre mamões muito verdes, que podem não amadurecer direito.

Conserve-os em temperatura ambiente até que fiquem ligeiramente macios e com a casca quase toda amarela. Lave. Abra ao meio no sentido do comprimento e descarte as sementes. Descasque e pique, se for o caso, ou sirva as metades com a casca.

Fator de rendimento: 65%

Mamão papaia

Maracujá. Fruta tropical do tamanho de um ovo, com casca roxo-amarronzada que fica enrugada quando madura. Há também a variedade amarela. Quando maduros, os maracujás ficam quase ocos, com um pouco de suco e as sementes envoltas em uma membrana branca e fina. Seu sabor ácido e perfumado é muito valorizado pelos *chefs*. Escolha as frutas maiores e mais pesadas. Se a casca estiver lisa, espere que amadureçam, em temperatura ambiente, até a casca enrugar.

Para usar, corte ao meio, com cuidado para não desperdiçar o suco. Raspe a polpa, o suco e as sementes, descartando toda a parte branca. As sementes são comestíveis. Se não for usar a semente, pode ser mais econômico e conveniente comprar a polpa ou o suco concentrado.

Fator de rendimento: 40 a 45%

Maracujá-roxo

Pêssego e nectarina. Os pêssegos devem ser carnudos e firmes, sem amassados ou manchas. Evite comprar a fruta muito verde, pois isso é sinal de que ela foi colhida precocemente e não chegará a ficar madura. Procure também não comprar frutas que tenham sido refrigeradas antes de amadurecerem, pois sua polpa poderá ficar macilenta. Use qualidades de pêssego cujo caroço se desprende facilmente da polpa. As outras variedades são muito trabalhosas (são mais usadas no preparo de compotas e doces).

Pêssego

Pera

Caqui

Ameixa-europeia

Ameixa-vermelha

Ameixa-preta

Ameixa Santa Rosa

Romã

Espere que amadureçam em temperatura ambiente, depois conserve em geladeira. Para descascar os pêssegos, mergulhe-os em água fervente por 10 a 20 segundos, até que as cascas se soltem com facilidade, então os mergulhe em água gelada (as nectarinas não precisam passar por esse processo). Corte ao meio, descarte o caroço e mergulhe em suco de fruta, calda de açúcar ou solução de ácido ascórbico, para evitar que escureçam.

Fator de rendimento: 75%

Pera. As peras devem ser limpas, firmes e de cor viva, sem amassados ou manchas.

As frutas destinadas ao consumo imediato devem estar totalmente maduras e perfumadas. Uma vez maduras, as peras podem tornar-se macilentas em apenas um dia. Portanto, conserve-as na geladeira assim que amadurecerem. Para cozinhar, é melhor que estejam ligeiramente verdes, já que as maduras ficariam moles demais depois de prontas. Lave, corte ao meio, descarte o miolo, as sementes e o cabinho. Mergulhe em suco de frutas para evitar que escureçam.

Fator de rendimento: 75% (sem casca e sem sementes)

Caqui. São frutas laranjo-avermelhadas e estão disponíveis em duas variedades. A mais comum nos EUA é a Hachiya, que tem um formato ligeiramente oval (250 g cada). São extremamente taninosos quando estão verdes, mas depois de macios ficam doces e cremosos. Os caquis da variedade Fuyu são menores e mais achatados e, por não conter tanto tanino, podem ser comidos mesmo quando ainda não estão totalmente maduros. Escolha frutas sem rachaduras ou amassados, de cor intensa, com o cabinho bem preso à fruta.

Deixe amadurecer em temperatura ambiente, depois guarde na geladeira. Retire o cabinho, corte em gomos e elimine as sementes, se houver alguma.

Fator de rendimento: 80%

Abacaxi. Os abacaxis devem ser carnudos, ter aparência fresca, casca amarelo-alaranjada e um aroma forte e agradável. Evite abacaxis com pontos moles, batidos, escuros ou melados.

Armazene em temperatura ambiente até que estejam maduros e, então, conserve na geladeira. O abacaxi pode ser cortado de várias formas: fatias, cubos grandes ou pequenos, e gomos. Descarte as duas extremidades, ponha o abacaxi de pé na bancada e corte a casca grossa de cima para baixo, usando uma faca inoxidável. Retire todos os pontos pretos (olhos). Corte no formato desejado e descarte o miolo – a parte mais dura do centro.

Abacaxi

Fator de rendimento: 50%

Ameixa. Prefira as frutas carnudas, firmes, sem amassados ou manchas.

Lave bem a fruta, corte ao meio e descarte o caroço.

Fator de rendimento: 95% (sem o caroço)

Romã. Fruta subtropical, é do tamanho de uma laranja grande. Tem uma casca seca avermelhada, que protege os aglomerados de sementes. Cada semente é protegida por uma película esférica suculenta e vermelha. As romãs são mais apreciadas por seu suco ácido, adocicado e de cor intensa. As sementes rendem uma decoração atraente para sobremesas, saladas e alguns pratos à base de carne. Dê preferência às frutas mais pesadas e de casca intacta. Ao serem apertadas, devem ceder um pouco – se estiverem muito duras, provavelmente estarão ressecadas.

Ao usar, corte a casca superficialmente, sem ferir os glóbulos das sementes, e quebre a fruta em pedaços. Separe as sementes, descartando a película branca que as envolve. A obtenção do suco não é uma tarefa fácil. Dependendo de como as sementes são espremidas, ele pode ficar amargo. Eis um método que rende um bom suco: role a romã sob a palma das mãos na bancada com firmeza para romper os glóbulos de suco. Então, faça um orifício na lateral da casca e esprema.

Fator de rendimento: 55%

Figo-da-índia. Tem formato de gota e tamanho de um ovo grande. A cor de sua casca varia do magenta ao vermelho esverdeado, e sua polpa é rosa-choque avermelhada, com sementes pretas. Seu sabor é adocicado e aromático, mas suave. Escolha as frutas macias, mas não moles demais, e cuja casca tenha uma cor viva. Evite comprar as que têm pontos escuros na casca.

Se a fruta estiver firme, espere que amadureça em temperatura ambiente, então leve à geladeira. Como é o fruto de um cacto, sua casca contém espinhos. Em geral, eles são retirados antes de a fruta ser vendida, mas podem restar alguns espinhos menores. Para evitar machucar-se com eles, segure a fruta com um garfo enquanto descarta as duas extremidades. Ainda usando o garfo, coloque a fruta de pé e descasque-a, cortando tiras da casca de cima para baixo. Corte a polpa no formato desejado, ou passe-a por uma peneira para eliminar as sementes.

Fator de rendimento: 70%

Figo-da-índia

Marmelo. Fruta de climas temperados, o marmelo já foi muito popular na Europa e na América do Norte. Há muitos pés de marmelo esquecidos na região de New England e em outros lugares. Seu formato lembra o da pera, mas é mais irregular, de tamanho maior, cor amarela-clara e casca lisa ou recoberta de penugem. Não é consumida crua, já que é dura e seca. No entanto, quando cozida (geralmente em calda de açúcar) torna-se aromática, saborosa e adocicada, adquirindo uma coloração bege-rosada. A fruta conserva-se bem. Escolha as de cor viva e livres de amassados e manchas.

Corte, descasque, elimine as sementes e, então, cozinhe.

Fator de rendimento: 75%

Marmelo

Ruibarbo. Não é uma fruta, mas um caule utilizado como fruta. Compre talos tenros mas firmes, grossos e suculentos, com uma aparência fresca.

Descarte qualquer parte da folha, que é venenosa. Apare a ponta próxima à raiz, se necessário. Se os talos forem maiores (mais fibrosos), descasque-os com um descascador de legumes. Corte no formato desejado.

Fator de rendimento: 85 a 90% (se comprado já sem as folhas)

Carambola. De casca amarela e brilhante, a carambola é oblonga e formada por cinco gomos longitudinais, que lembram uma estrela quando a fruta é cortada em rodelas. É muito perfumada e pode ser bem ácida ou adocicada, com uma textura crocante. Escolha as mais firmes e de formato regular. Evite as que têm extremidades marrons ou retraídas nos gomos.

Lave e corte em fatias.

Fator de rendimento: 99%

Ruibarbo

LICORES E OUTRAS BEBIDAS ALCOÓLICAS À BASE DE FRUTAS

Uma grande variedade de bebidas alcoólicas é destilada de frutas ou saborizada com elas. E muitas dessas bebidas são aromatizantes importantes na confeitaria.

A maioria usada em confeitaria encaixa-se em uma dessas duas categorias: aguardente ou licor. As aguardentes, *eaux-de-vie* em francês (singular: *eau-de-vie*, que significa "água da vida"), são destiladas de frutas que, por não serem envelhecidas em barris de madeira, são transparentes e incolores. As aguardentes não contêm açúcar e têm um aroma fresco e frutado. Uma das mais comumente usadas em confeitaria é o *kirsch*, destilado de cerejas. Outras aguardentes incluem: *poire* (de pera), *mirabelle* (ameixa-amarela) e *framboise* (framboesa).

Licores, também chamados de *cordials*, são bebidas alcoólicas doces saborizadas com frutas, ervas e outros ingredientes. Licores com sabor de laranja, como o Cointreau e o Grand Marnier, são os mais usados em confeitaria.

SOBREMESAS À BASE DE FRUTAS FRESCAS

Saladas de frutas simples e frutas em calda

Após uma lauta refeição, um pedaço de fruta fresca pode ser uma sobremesa leve e refrescante. A maioria dos clientes, no entanto, se compraz em consumir algo que tome um pouco mais de tempo para preparar. Servir frutas frescas, como morangos, com creme de leite ou uma outra preparação, como o *sabayon*, o *crème anglaise* ou um *coulis*, em geral já é suficiente para atender esse desejo (ver Cap. 12 para uma seleção de caldas e outros acompanhamentos). Uma salada de frutas simples pode ser uma alternativa interessante. Mas, marinar frutas frescas em calda aromatizada é uma forma de dar uma nova dimensão à salada de frutas, bem como a seleção dos melhores produtos disponíveis na estação e seu preparo cuidadoso.

Uma outra sobremesa à base de frutas versátil e simples é a **compota** – frutas, em geral pequenas ou cortadas em pedaços pequenos, cozidas em líquido adoçado. Compotas de frutas mistas são versáteis porque podem ser aromatizadas e adoçadas a gosto, e as possibilidades de combinação são praticamente inesgotáveis. O líquido usado para cozinhar as frutas pode variar da calda de açúcar simples ao açúcar queimado com especiarias, mel, licores etc.

Não há uma divisão clara entre as saladas de frutas frescas e as compotas de frutas levemente cozidas. Se uma calda de açúcar fervente é adicionada sobre uma mistura de frutas e a fruta é marinada sem cozimento adicional, essa sobremesa pode ser chamada tanto de compota quanto de salada de frutas frescas.

Frutas mais duras ou frutas secas, em geral, são cozidas por mais tempo, até ficarem macias. Frutas maiores ou inteiras cozidas em calda de açúcar em geral não são chamadas de compota, mas o modo de cozimento é o mesmo. As peras cozidas em vinho são uma sobremesa clássica que faz sucesso até hoje, podendo ser encontrada no menu de muitos restaurantes.

Este capítulo tratará de dois tipos de compotas. A primeira parte das receitas inclui misturas leves de frutas frescas e calda de açúcar que podem ser servidas como sobremesa. Na sequência, são apresentadas fórmulas para compotas mais doces e de sabor mais intenso, que não costumam ser servidas puras, mas são usadas na elaboração de caldas, recheios, coberturas etc. para outros produtos da confeitaria.

Muitas frutas também podem ser salteadas e servidas como sobremesa. Elas são "refogadas", como um vegetal, com a diferença de que se usa açúcar para temperar e manteiga como gordura. O açúcar caramelizado rende uma calda saborosa ao combinar-se com a manteiga e o suco liberado pela fruta. Maçã, damasco, banana, pera, pêssego, abacaxi, ameixa fresca e cereja são especialmente adequados para esse tipo de preparo. Para exemplos, veja a receita de Peras caramelizadas (p. 590) e suas variações.

Sobremesas tradicionais e típicas à base de frutas

Este capítulo também inclui uma coleção de receitas que vai da mais tradicional e caseira às especialidades internacionais mais modernas. Na América do Norte, três das sobremesas mais tradicionais à base de frutas são: **cobbler**, espécie de torta coberta de frutas, feita em uma assadeira grande, mas sem a massa da base; **crisp**, frutas cobertas com uma farofa doce feita com açúcar mascavo; e **betty**, camadas alternadas de bolo amanteigado esmigalhado e frutas. São sobremesas simples e relativamente fáceis de preparar.

Uma das receitas mais difíceis de preparar deste capítulo é a *Charlotte* de peras caramelizadas (p. 598). Talvez seja preciso que você revise as informações sobre o preparo de *bavaroises*, musses e tortas doces do Capítulo 20 antes de começar.

Geleias, frutas cristalizadas e outros acompanhamentos

Por fim, no final do capítulo apresentamos algumas receitas de itens que não são propriamente sobremesas, mas ingredientes e elementos de outros pratos. A seleção inclui geleias, marmeladas, compotas usadas no preparo de caldas como acompanhamento e itens especiais, como casca de cítricos cristalizada e fatias crocantes de frutas, que podem ser usados para decorar bolos e outras sobremesas.

FRUTAS EM CALDA (COMPOTA DE FRUTAS)

Rendimento: cerca de 1.500 g, mais a calda

Ingredientes	Quantidade	Modo de fazer
Água	1.000 mL	
Açúcar (ver *Nota*)	500 a 750 g	
Essência de baunilha (ver *Nota*)	10 mL (2 colheres de chá)	
Fruta pré-preparada (ver variações)	1.500 g	

Nota: a quantidade de açúcar usada depende da doçura desejada e do teor de açúcar da fruta crua. Outros aromatizantes podem ser usados no lugar da baunilha. Uma opção conhecida é juntar 2 a 3 tirinhas de casca de limão e 30 mL do suco à calda.

Modo de fazer

1. Misture a água e o açúcar em uma panela. Leve ao fogo e espere ferver, mexendo, até que o açúcar esteja completamente dissolvido.

2. Adicione a essência de baunilha.

3. Acrescente a fruta pré-preparada ou, se estiver usando uma fruta macia, coloque-a em uma panela rasa e despeje a calda por cima.

4. Cozinhe em fogo muito brando, sem deixar ferver, até que a fruta esteja macia.

5. Espere esfriar totalmente. Leve à geladeira até o momento de servir.

VARIAÇÕES

MAÇÃ, PERA OU ABACAXI EM CALDA

Descasque, corte em quatro e descarte as sementes e/ou o miolo. Se estiver usando abacaxi, corte em pedaços menores. Prepare como indicado na receita básica.

PERAS AO VINHO

Substitua a água por vinho de mesa tinto ou branco. Omita a baunilha. Junte ½ limão em rodelas à calda. Descasque as peras, mas deixe-as inteiras.

PÊSSEGO EM CALDA

Retire a pele dos pêssegos mergulhando-os previamente em água fervente por alguns segundos. Corte ao meio e descarte o caroço. Prepare como indicado na receita básica.

PÊSSEGOS AO VINHO

Pré-prepare os pêssegos conforme indicado na receita anterior. Siga o modo de fazer da receita de peras ao vinho.

DAMASCO, AMEIXA FRESCA OU NECTARINA EM CALDA

Corte a fruta ao meio e descarte o caroço (se desejar, retire a pele das nectarinas, como se faz com os pêssegos). Prepare como indicado na receita básica.

CEREJA EM CALDA

Descarte o caroço das cerejas. Prepare como indicado na receita básica.

FRUTAS SECAS EM CALDA

Deixe a fruta seca de molho na água de um dia para o outro. Use a água do molho para preparar a calda. Prepare como indicado na receita básica, juntando 30 mL de suco de limão à calda.

COMPOTA DE FRUTAS TROPICAIS

Prepare a calda como indicado na receita básica, saborizando-a com raspas de limão e laranja, além da baunilha, e substituindo metade da água pela mesma quantidade de vinho branco. Prepare uma mistura de kiwi descascado e cortado em rodelas; mamão papaia descascado e sem sementes, cortado em fatias finas ou rodelas; manga descascada, sem caroço e fatiada; gomos de laranja sem casca e sem a película; e morangos sem os cabinhos e cortados ao meio. Despeje a calda quente sobre as frutas. Espere esfriar, tampe e leve à geladeira de um dia para o outro. Se desejar, polvilhe cada porção, ao servir, com coco ralado, tostado ou não.

SALADA DE FRUTAS COM CALDA DE AÇÚCAR

Esta salada de frutas é uma versão da compota preparada a frio. Faça a calda como indicado na receita básica. Espere esfriar completamente. Prepare uma mistura de frutas frescas: corte as frutas maiores em cubos ou pedaços pequenos. Misture com a calda e deixe marinar por várias horas ou de um dia para o outro na geladeira antes de servir.

SALADA DE FRUTAS COM CALDA DE ESPECIARIAS

Rendimento: cerca de 1.100 g, incluindo a calda

Ingredientes	Quantidade	Modo de fazer
Maçã	1	1. Pré-prepare as frutas conforme a necessidade (lave, descasque, descarte sementes e caroços etc.). Corte-as em cubos médios (com exceção do maracujá) e coloque em uma tigela. Junte a polpa de maracujá com as sementes à tigela.
Pera	1	
Laranja	1	
Pêssego	1	
Morango fresco	10	
Framboesa fresca	10	2. Aqueça o açúcar, a água, a canela, a baunilha e o louro em fogo brando, mexendo até o açúcar se dissolver. Assim que ferver, retire do fogo e despeje sobre as frutas picadas.
Ameixa fresca	1	
Maracujá	1	
Açúcar	300 g	
Água	400 g	3. Deixe macerar por 2 a 3 horas.
Canela em pau	2	4. Escorra ou sirva com uma escumadeira. Guarde a calda para outros usos, se desejar.
Fava de baunilha	1	
Folha de louro	2	

FRUTAS TROPICAIS MARINADAS

Rendimento: cerca de 2 kg, incluindo a calda

Ingredientes	Quantidade	Modo de fazer
Manga	3	1. Descasque as frutas. Descarte o miolo do abacaxi e o caroço da manga. Corte em cubos grandes (cerca de 2,5 cm de lado). Coloque em uma panela.
Abacaxi grande	1	
Kiwi	5	
Água	200 g	
Açúcar	200 g	2. Em uma outra panela, misture os demais ingredientes, mexendo bem para dissolver o açúcar (se desejar, faça um amarrado com as especiarias para que possam ser descartadas com facilidade antes de servir).
Canela em pau	1	
Casca de laranja, cortada em tiras	8 g	
Limão	½	
Cravo	4	3. Leve ao fogo e, assim que ferver, despeje sobre as frutas. Coloque um disco de papel-manteiga do tamanho da panela diretamente sobre as frutas com a calda e cozinhe em fogo muito brando por 5 minutos. Espere esfriar e leve à geladeira.
Ramo de hortelã	1	
Fava de baunilha	1	

SOPA FRIA DE FRUTAS

Rendimento: cerca de 1.500 mL

Ingredientes	Quantidade	Modo de fazer
Água	1.250 mL	1. Misture a água e o açúcar em uma panela. Leve ao fogo, mexendo para dissolver o açúcar.
Açúcar	750 g	
Suco de limão	150 mL	2. Junte o suco e as raspas de limão, o morango e a banana. Retire do fogo, tampe e deixe descansar até atingir a temperatura ambiente.
Raspas de limão	8 g	
Morango fresco, fatiado	250 g	
Banana, em rodelas	375 g	3. Coe e deixe o líquido escorrer; não pressione as frutas, senão a sopa ficará turva.
Gelatina incolor sem sabor	8 g	4. Amoleça a gelatina em água fria. Reaqueça o líquido até quase ferver e junte a gelatina. Mexa até dissolver.
Água fria	125 g	
Para guarnecer: frutas frescas variadas, como morango, framboesa, amora, ameixa, groselha, mirtilo e kiwi	a gosto	5. Espere esfriar e leve à geladeira. Essa quantidade de gelatina é suficiente apenas para deixar o líquido um pouco mais encorpado, sem solidificá-lo.
		6. Prepare as frutas escolhidas para guarnecer. Deixe as frutinhas menores inteiras e corte as maiores no formato desejado.
		7. Ao servir, coloque uma concha da sopa em um prato fundo e guarneça com as frutas.

PERAS CARAMELIZADAS

Rendimento: 8 porções

Ingredientes	Quantidade	Modo de fazer

Ingredientes	Quantidade
Pera, madura	8
Manteiga	60 g
Açúcar cristal	125 g

VARIAÇÕES

Corte as peras ao meio em vez de cortar em quatro. Ao servir, coloque-as no prato com o lado arredondado virado para cima. Corte-as em fatias no sentido da largura e arrume-as formando um leque. Para uma cobertura ainda mais caramelizada, polvilhe os pedaços de fruta com açúcar e caramelize com uma salamandra ou maçarico culinário, com cuidado para não chamuscar.

As frutas a seguir podem ser preparadas usando esse procedimento básico. Ajuste as quantidades de manteiga e açúcar a gosto, ou de acordo com a doçura da fruta.

MAÇÃS CARAMELIZADAS

Descasque, descarte o miolo e as sementes e corte as maçãs. Use açúcar branco ou mascavo, dependendo do sabor desejado. Se quiser, aromatize com canela e noz-moscada, baunilha ou raspas de limão.

PÊSSEGOS CARAMELIZADOS

Mergulhe em água fervente e retire a pele. Corte ao meio e descarte o caroço. Corte em fatias ou gomos.

ABACAXI CARAMELIZADO

Descasque, corte em rodelas e descarte o miolo usando um cortador de biscoito. Use açúcar branco ou mascavo, dependendo do sabor desejado.

BANANAS CARAMELIZADAS

Descasque e corte em quatro (corte ao meio no sentido do comprimento e depois ao meio no sentido da largura). Use açúcar mascavo. Como as bananas soltam menos líquido, você pode juntar um pouco de suco de laranja ou abacaxi. Aromatize com canela e noz-moscada ou macis.

Modo de fazer

1. Descasque as peras, corte em quatro gomos e descarte as sementes.

2. Aqueça a manteiga em uma frigideira funda. Junte as peras e o açúcar. Cozinhe em fogo médio-alto. As peras irão soltar suco, que se misturará ao açúcar, formando uma calda. Continue cozinhando, virando e regando a pera com a calda, até que esteja ligeiramente caramelizada e a calda tenha reduzido e engrossado. A calda ficará com uma cor dourada clara, e não escura – a essa altura, a fruta já teria cozinhado demais.

3. Sirva a sobremesa morna. Uma bola pequena de sorvete de creme ou baunilha é um bom acompanhamento. Frutas caramelizadas são mais frequentemente usadas como ingredientes em outras sobremesas, mas também podem servir de guarnição para pratos salgados, como carne suína e pato.

CRISP DE MAÇÃ

Rendimento: 1 forma de 30 x 50 cm

48 porções de 120 g cada

Ingredientes	Quantidade	Modo de fazer
Maçã, sem casca e sem semente, fatiada	4.000 g	1. Misture a maçã com o açúcar e o suco de limão. Espalhe em uma assadeira de 30 x 50 cm, formando uma camada uniforme.
Açúcar	125 g	
Suco de limão	60 mL	
Manteiga	500 g	2. Misture a manteiga, o açúcar, a canela e a farinha até obter uma farofa grossa.
Açúcar mascavo	750 g	
Canela em pó	4 g (2 colheres de chá)	3. Espalhe sobre as maçãs uma camada uniforme.
Farinha com baixo teor de glúten (especial para biscoito)	750 g	4. Asse a 175°C por cerca de 45 minutos, até que a farofa esteja bem dourada e as maçãs, macias.

VARIAÇÃO

CRISP DE PÊSSEGO, CEREJA OU RUIBARBO

Substitua as maçãs pela fruta escolhida. Se estiver usando ruibarbo, aumente a quantidade de açúcar para 375 g.

COBBLER DE FRUTAS

Rendimento: 1 forma de 30 x 50 cm

48 porções de 150 g cada

Ingredientes	Quantidade	Modo de fazer
Recheio de frutas para torta	5.500 a 7.000 g	1. Coloque o recheio de frutas em uma assadeira de 30 x 50 cm.
Massa de torta crocante (p. 289)	1.000 g	2. Abra a massa até obter um retângulo do tamanho da forma. Coloque-a sobre o recheio, apertando as pontas contra as laterais da forma. Faça furinhos na massa para permitir a liberação do vapor.

VARIAÇÃO

Use uma massa de biscoito no lugar da massa de torta. Abra a massa até ficar com 6 mm de espessura e corte em discos de 4 cm de diâmetro. Arrume os discos sobre o recheio de frutas.

3. Asse a 220°C por cerca de 30 minutos, até a massa ficar bem dourada.

4. Corte em 6 fileiras de 8 quadrados para obter as 48 porções. Sirva morno ou frio.

APPLE BETTY (TORTA RÁPIDA DE MAÇÃ)

Rendimento: 1 forma de 30 x 50 cm

48 porções de 120 g cada

Ingredientes	Quantidade	Modo de fazer
Maçã, sem casca e sem semente, fatiada	4.000 g	1. Coloque as maçãs, o açúcar, o sal, a noz-moscada, as raspas e o suco de limão em uma tigela. Mexa delicadamente até que estejam bem misturados.
Açúcar	750 g	
Sal	7 g (1½ colher de chá)	2. Use um terço da mistura para forrar com uma camada uniforme uma assadeira de 30 x 50 cm bem untada com manteiga.
Noz-moscada	2 g (1 colher de chá)	
Raspas de limão	3 g (1½ colheres de chá)	3. Cubra com um terço do bolo esmigalhado.
Suco de limão	60 mL	4. Repita o procedimento até usar todos os ingredientes. No total serão três camadas de fruta e três de bolo.
Bolo amanteigado ou inglês esmigalhado	1.000 g	5. Despeje a manteiga derretida por toda a superfície.
Manteiga, derretida	250 g	6. Asse a 175°C por cerca de 1 hora, até que a fruta esteja macia.

CHARLOTTE DE MAÇÃ

Rendimento: uma forma para charlotte com capacidade para 1 L

Ingredientes	Quantidade	Modo de fazer
Maçãs ácidas	900 g	1. Descasque as maçãs, descarte o miolo e as sementes e corte em fatias. Misture-as com a primeira quantidade de manteiga, as raspas de limão e a canela em uma panela grande e rasa. Cozinhe em fogo médio até amaciarem. Amasse ligeiramente com uma colher e continue cozinhando, até formarem um purê espesso (não tem importância se alguns pedaços de maçã não dissolverem).
Manteiga	30 g	
Raspas de limão	2 g (1 colher de chá)	
Canela em pó	0,4 g (¼ de colher de chá)	
Geleia de damasco, passada pela peneira	60 g	2. Acrescente a geleia de damasco. Adoce a gosto, de acordo com o teor de açúcar das maçãs.
Açúcar	30 a 60 g	
Pão branco de textura densa e firme, sem a casca	12 fatias	3. Usando uma forma de 1 L para *charlotte*, duas de 500 mL, ou qualquer outra forma de laterais retas, monte a sobremesa da seguinte maneira: mergulhe um dos lados da fatia de pão na manteiga derretida e use para forrar a forma, colocando o lado com a manteiga virado para fora. O fundo pode ser forrado com um disco de pão ou encaixando-se pedaços menores. As fatias das laterais devem ficar ligeiramente sobrepostas.
Manteiga, derretida	110 g	
		4. Despeje o purê de maçã na cavidade e cubra com as fatias de pão restantes.
		5. Asse a 200°C por 30 a 40 minutos.
		6. Espere esfriar por 20 minutos e, então, desenforme com cuidado. Sirva a sobremesa morna ou fria.

Nota: não se deve preparar charlottes de maçã em formas com capacidade para mais de 1 L, ou elas desmoronarão ao serem desenformadas. Além disso, param evitar que isso aconteça, o purê de maçã deve ser cozido até ficar bem espesso. O pão deve ser firme, e a sobremesa deve ser assada por tempo suficiente para que o pão fique bem dourado.

ROMANOFF DE MORANGO

Rendimento: 8 a 12 porções

Ingredientes	Quantidade	Modo de fazer
Morango fresco	2 L	1. Retire os cabinhos dos morangos. Corte ao meio se forem muito grandes.
Açúcar de confeiteiro	60 g	
Suco de laranja	125 mL	2. Misture com a primeira quantidade de açúcar, o suco de laranja e o licor. Deixe macerar na geladeira por 1 hora.
Licor de laranja (p. ex., Cointreau)	60 mL	
Creme de leite fresco	400 mL	3. Prepare um creme de leite batido saborizado com licor de laranja, seguindo as instruções da página 264.
Açúcar de confeiteiro	20 g (3 colheres de sopa)	
Licor de laranja (p. ex., Cointreau)	20 mL (1½ colheres de sopa)	4. Ao servir, coloque os morangos e a calda que se formou em uma tigela. Coloque o creme de leite batido em um saco de confeitar com o bico pitanga. Deposite o creme sobre a fruta decorativamente, até cobri-la por completo.

VARIAÇÃO

Coloque uma bola pequena de *sorbet* de laranja em cada tigelinha e cubra com uma porção de morango macerado. Cubra com creme de leite batido, como na receita básica.

GRATINADO DE FRAMBOESAS OU CEREJAS AO CREME

Ingredientes por porção	Quantidade	Modo de fazer
Camada de Pão de ló (p. 407; ver passo 2)		1. Separe um refratário próprio para gratinar ou qualquer refratário raso e grande o bastante para que as frutas fiquem acomodadas em uma única camada.
Framboesa ou cereja fresca sem caroço	90 g	
Creme de confeiteiro (p. 271)	60 g	2. Forre o fundo do recipiente com uma lâmina de pão de ló (com 1 cm de espessura) do mesmo tamanho.
Creme de leite batido	30 g	
Kirsch, licor de laranja ou aguardente de framboesa	a gosto	3. Espalhe as frutas por cima (se desejar, deixe-as previamente de molho em bebida alcoólica e um pouco de açúcar; escorra e use esse líquido no passo 4).
Amêndoas laminadas	7 g	4. Misture o creme de confeiteiro com o creme de leite batido e os saborizantes. Espalhe sobre as frutas, cobrindo-as completamente.
Manteiga, derretida	7 g	
Açúcar de confeiteiro (opcional)		5. Junte a manteiga às amêndoas e distribua a mistura sobre a superfície do creme. Polvilhe generosamente com açúcar de confeiteiro.
		6. Coloque sob a salamandra por alguns minutos, até dourar. Sirva a sobremesa quente ou morna.

FRUTAS VERMELHAS GRATINADAS

Rendimento: 5 porções de 150 g cada

Ingredientes	Quantidade	Modo de fazer
Camada de pão de ló (ver passo 1)	5	1. Corte discos de pão de ló de 12 cm de diâmetro e 6 mm de espessura (a Massa para rocambole II, p. 408, é a mais indicada, mas pode-se usar a massa de Pão de ló, p. 407, ou outra massa aerada).
Calda simples aromatizada com *kirsch* (p. 262)	conforme necessário	
Morango fresco	200 g	2. Coloque os discos de pão de ló nos pratos de servir. Pincele com a calda.
Amora	100 g	
Framboesa	100 g	3. Pré-prepare as frutas, conforme a necessidade, e corte os morangos ao meio ou em quatro, dependendo do tamanho. Espalhe as frutas sobre a camada de bolo.
Groselha-vermelha fresca	75 g	
Sabayon I (p. 281)	150 g (cerca de 450 mL)	
Calda de framboesa (p. 279)	100 g	4. Usando uma colher, cubra as frutas com uma camada de *sabayon* de pelo menos 3 mm de espessura.
Frutas adicionais, para decorar	conforme necessário	

5. Coloque sob uma salamandra até que a superfície fique ligeiramente dourada.

6. Decore cada gratinado com um fio de calda de framboesa e sirva imediatamente.

MAÇÃS RECHEADAS AO ESTILO TATIN

Rendimento: 6 sobremesas de cerca de 130 g cada

Ingredientes	Quantidade	Modo de fazer
Massa folhada	150 g	
Recheio		
Açúcar mascavo	50 g	
Manteiga	50 g	
Amêndoas picadas	50 g	
Nozes-pecã picadas	25 g	
Uva-passa escura	50 g	
Ameixa seca, picada	50 g	
Armagnac ou conhaque	15 g	
Canela em pó	2 g (1 colher de chá)	
Cobertura		
Açúcar	150 g	
Fava de baunilha (ver *Nota*)	½	
Manteiga	70 g	
Amêndoas em lascas, tostadas	20 g	
Nozes-pecã, picadas	20 g	
Pinhole	20 g	
Uva-passa escura	20 g	
Pistache sem casca e sem sal	20 g	
Maçã Granny Smith	6	
Manteiga, derretida	50 g	
Crème anglaise (p. 269)	300 g	
Calvados	50 g	

Nota: se não dispuser de fava de baunilha, junte ½ de colher de chá (1 g) de essência de baunilha ao caramelo no passo 4.

Modo de fazer

1. Abra a massa até ficar bem fina. Fure e leve à geladeira. Corte 6 discos de 11 cm de diâmetro. Deixe na geladeira até o momento de usar.

2. Unte com manteiga 6 forminhas de pudim de cerca de 7 a 8 cm de diâmetro (na parte de cima), ou grandes o bastante para comportar uma maçã inteira. Reserve.

3. Prepare o recheio: bata a manteiga com o açúcar até obter um creme. Junte os demais ingredientes do recheio.

4. Prepare a cobertura: cozinhe o açúcar até atingir o ponto de caramelo. Com a panela em fogo médio, junte a baunilha e a manteiga e mexa sem parar até que a manteiga tenha sido incorporada ao caramelo (ver informações mais detalhadas do preparo na p. 280). Despeje um pouco de caramelo no fundo das forminhas, usando cerca de um quarto do caramelo para isso. Junte os demais ingredientes da cobertura ao caramelo restante e mantenha a mistura aquecida.

5. Descasque as maçãs e descarte o miolo e as sementes, sem cortá-las. Pincele com manteiga derretida.

6. Coloque uma maçã em cada forminha e recheie a cavidade do miolo com a mistura de caramelo. Pressione bem o recheio.

7. Cubra com papel-alumínio e asse a 180°C até que as maçãs comecem a amaciar (cerca de 15 minutos). Retire do forno e deixe esfriar um pouco.

8. Coloque um disco de massa folhada sobre cada maçã, embutindo as beiradas entre a maçã e a lateral da forma.

9. Asse a 200°C até que a massa esteja dourada.

10. Misture o Calvados ao *crème anglaise*. Coloque colheradas desse creme no fundo dos pratos de servir. Vire as maçãs sobre essa "piscina", com a parte da massa folhada virada para baixo. Decore as maçãs com um pouco do recheio.

GRATINADO DE PERAS E MAÇÃS AO CREME

Rendimento: 6 porções

Ingredientes	Quantidade	Modo de fazer
Maçã	4	
Pera	4	
Açúcar	300 g	
Manteiga	150 g	
Essência de baunilha	2 g (½ colher de chá)	
Calvados	30 g	
Farinha	40 g	
Amêndoa moída	40 g	
Açúcar refinado	100 g	
Claras	100 g	
Manteiga	100 g	
Açúcar de confeiteiro, para polvilhar	conforme necessário	
Fatias de maçã caramelizadas (p. 602)	12	
Sorbet de maçã e sidra (p. 564)	6 bolas pequenas ou *quenelles*	

1. Descasque a maçã e a pera e descarte o miolo e as sementes. Corte em cubos médios.

2. Leve a primeira quantidade de açúcar ao fogo e cozinhe até obter um caramelo dourado. Junte a manteiga e, em seguida, a maçã, a pera e a essência de baunilha. Cozinhe em fogo brando até as frutas ficarem macias. Adicione o Calvados. Retire as frutas da calda com uma escumadeira e reserve.

3. Peneire a farinha e a amêndoa moída em uma tigela. Junte a segunda quantidade de açúcar e misture. Faça um buraco no centro.

4. Bata as claras ligeiramente com um garfo e despeje nesse buraco. Aqueça a manteiga até ficar dourada e despeje também no buraco. Junte os ingredientes secos aos líquidos até obter uma pasta. Coloque dentro de um saco de confeitar com um bico perlê estreito.

5. Unte seis pratos refratários ligeiramente com manteiga. Coloque as frutas, deixando uma cavidade no centro.

6. Deposite a pasta de amêndoa sobre as frutas, formando rabiscos aleatórios. Polvilhe com açúcar de confeiteiro.

7. Limpe as beiradas dos pratos. Asse a 180°C até dourar.

8. Coloque uma fatia de maçã caramelizada no centro de cada cavidade. Arrume uma *quenelle* de *sorbet* por cima e finalize com mais uma fatia de maçã caramelizada. Se desejar, decore com um raminho de hortelã. Sirva imediatamente.

VARIAÇÃO

Use frutas vermelhas frescas no lugar da maçã e da pera cozidas.

CRÈME BRÛLÉE COM FRUTAS

Rendimento: 6 porções

Ingredientes	Quantidade	Modo de fazer
Grapefruit	2	
Pêssego fresco, ou em calda escorrido, picado	250 g	
Açúcar	50 g	
Leite	280 g	
Creme de leite fresco	90 g	
Ovos inteiros	150 g	
Gemas	40 g	
Açúcar	100 g	
Essência de baunilha	2 g (½ colher de chá)	
Schnapps de pêssego	60 g	
Açúcar refinado	100 g	

1. Separe a *grapefruit* em gomos (sem a pele branca). Se eles ficarem muito grossos, corte-os ao meio no sentido do comprimento. Deixe escorrer sobre papel absorvente até que estejam totalmente secos ao toque.

2. Cozinhe o pêssego sem a pele com o açúcar, em fogo baixo, até que esteja macio, então passe por uma peneira. Divida esse purê entre seis ramequins rasos, formando uma camada uniforme no fundo.

3. Aqueça o leite e o creme de leite até quase ferverem.

4. Bata os ovos, as gemas e o açúcar até obter um creme fofo. Faça a temperagem usando um pouco do leite quente e então coloque a mistura de volta na panela com o leite restante. Adicione a essência de baunilha.

5. Coe em um *chinois* ou peneira de malha bem fina.

6. Junte o *Schnapps*. Despeje com cuidado dentro dos ramequins, sem desmanchar a camada de purê de pêssego.

7. Coloque em banho-maria de água quente e asse a 100°C apenas até firmarem.

8. Espere esfriar completamente.

9. Disponha os gomos de *grapefruit* por cima, formando um cata-vento. Pouco antes de servir, polvilhe com açúcar e caramelize a superfície com um maçarico culinário.

FIGOS AO VINHO DO PORTO

Rendimento: cerca de 600 g de figo, com a calda (dependendo do tamanho dos figos)

Ingredientes	Quantidade	Modo de fazer
Açúcar	100 g	
Manteiga	40 g	
Vinho tinto	80 g	
Vinho do Porto	80 g	
Essência de baunilha	2 g (½ colher de chá)	
Purê de cassis	50 g	
Figo fresco, inteiro	8	

1. Cozinhe o açúcar até obter um caramelo dourado.

2. Com a panela em fogo médio, junte a manteiga e mexa sem parar até que ela tenha sido incorporada ao caramelo (ver informações mais detalhadas de preparo na p. 280).

3. Junte o vinho tinto, o vinho do Porto e a essência de baunilha. Cozinhe em fogo baixo até que o caramelo tenha se dissolvido.

4. Acrescente o purê de cassis e deixe ferver até reduzir para um terço.

5. Descarte a parte dura do cabinho dos figos e corte-os ao meio.

6. Arrume-os em um refratário e despeje a calda de vinho e caramelo por cima.

7. Asse a 180°C até que os figos estejam ligeiramente estufados (10 a 20 minutos), ou por mais tempo, se os figos não estiverem totalmente maduros.

8. Sirva-os regados com um pouco da calda. Ver página 633 para uma sugestão de apresentação.

CHARLOTTE DE PERAS CARAMELIZADAS

Rendimento: 3 sobremesas de 18 cm de diâmetro

Ingredientes	Quantidade	Modo de fazer
Peras caramelizadas		1. *Para as peras:* prepare uma calda com o açúcar e a água; cozinhe até obter um caramelo dourado. Com cuidado, junte o creme de leite e a fava de baunilha. Mexa e cozinhe em fogo baixo até o caramelo dissolver. Junte as peras. Coloque um disco de papel-manteiga do mesmo diâmetro da panela diretamente sobre as peras com a calda e cozinhe em fogo muito brando até que estejam macias. Escorra, reservando o líquido e as peras separadamente. Raspe as sementinhas da fava de baunilha e junte-as à calda de caramelo. Esse procedimento deve render cerca de 200 g de calda.
Açúcar	270 g	
Água	110 g	
Creme de leite fresco	310 g	
Fava de baunilha, aberta ao meio (ver *Nota*)	1	
Peras, descascadas, sem sementes e cortadas em quatro	6	
Calda		2. *Para a calda de açúcar:* aqueça o açúcar com a água até dissolver. Retire do fogo e junte o *Poire Williams*.
Açúcar	60 g	
Água	60 g	
Poire Williams	100 g	
Montagem		3. Coloque três aros modeladores de 18 cm de diâmetro sobre discos descartáveis e forre-os com *Baumkuchen*, conforme explicado na página 455. Corte seis camadas finas de pão de ló e forre o fundo de cada aro com uma delas (reserve as outras 3 para o passo 8). Pincele com a calda de *Poire Williams*.
Baumkuchen (p. 414)	ver passo 3	
Camada de Pão de ló (*génoise*, p. 407)	ver passo 3	
Musse		4. Reserve três gomos de pera para decorar as tortas e pique o restante em pedaços médios, coletando qualquer caldo que elas soltem ao serem picadas. Junte esse caldo à calda de caramelo do cozimento das peras. Distribua a pera picada sobre as camadas de pão de ló.
Leite	220 g	
Gemas	90 g	
Açúcar	20 g (4 colheres de chá)	
Gelatina incolor sem sabor, amolecida em água fria	14 g	5. *Para o musse:* aqueça o leite até quase ferver. Bata as gemas e o açúcar até obter um creme leve, então junte metade do leite, batendo. Despeje essa mistura de volta na panela com o leite restante e cozinhe até que engrosse e cubra as costas de uma colher.
Calda do cozimento das peras	240 g	
Creme de leite fresco	650 g	
Glaçado		6. Adicione a gelatina e dois terços da calda reservada do cozimento das peras. Mexa até que a gelatina esteja dissolvida.
Gelatina incolor sem sabor	6 g	
Calda do cozimento das peras	120 g	7. Resfrie a mistura mergulhando o fundo da tigela em água gelada e mexendo sem parar. Quando começar a endurecer, bata o creme de leite até formar picos moles e incorpore à mistura.
Glucose	30 g	
Poire Williams	30 g	
Decoração		8. Encha os aros até três quartos de sua capacidade com esse musse e alise a superfície. Coloque uma camada de pão de ló por cima, pressionando ligeiramente. Pincele com a calda de *Poire Williams*.
Merengue italiano (p. 267)	conforme necessário	
Cigarettes de chocolate (p. 646)	conforme necessário	9. Encha os aros até a borda com o musse restante e alise a superfície com uma espátula. Leve à geladeira até firmar.
Groselha ou outra frutinha vermelha	conforme necessário	
Folha de hortelã	conforme necessário	10. *Para o glaçado:* amoleça a gelatina em água fria (ver p. 88). Aqueça a calda de caramelo restante com a glucose. Junte a gelatina e mexa até dissolver. Junte o *Poire Williams*. Espere esfriar um pouco.

Nota: se não dispuser de fava de baunilha, junte ½ colher de chá (2 g) de essência de baunilha ao caramelo no passo 1.

11. Coloque colheradas do glaçado sobre as tortas. Alise a superfície com uma espátula e leve à geladeira.

12. Retire os aros aquecendo-os, cuidadosamente, com um maçarico culinário e levante-os em seguida.

13. Decore as superfícies com alguns rolinhos de merengue italiano, desenhados com um bico perlê ou pitanga, um quarto de pera cortado em leque, *cigarettes* de chocolate, groselhas e folhas de hortelã.

ABACAXI COM ESPECIARIAS

Rendimento: cerca de 950 g, com a calda

Ingredientes	Quantidade	Modo de fazer
Miniabacaxis (ver *Nota*)	4	1. Descasque o abacaxi, retire os olhos e descarte o miolo.
Açúcar	200 g	
Manteiga	100 g	2. Cozinhe o açúcar até obter um caramelo dourado. Com a panela em fogo médio, junte a manteiga e as especiarias. Mexa sem parar até que a manteiga tenha sido incorporada ao caramelo (ver p. 280 para mais informações sobre essa técnica).
Anis estrelado, inteiro	2	
Cravo	2	
Canela em pau	2	
Rum	40 g	
Essência de baunilha	2 g	3. Passe os abacaxis pela calda e coloque em um refratário.
	(½ colher de chá)	
Creme de leite fresco	100 g	4. Junte o rum e a baunilha à calda de caramelo e flambe. Despeje sobre os abacaxis.

Nota: os miniabacaxis pesam cerca de 250 g cada e rendem cerca de 150 g de polpa. Se não os encontrar, substitua por 600 g de abacaxi descascado e sem miolo, cortado em pedaços grandes.

5. Asse a 180°C, regando sempre, até que o abacaxi esteja macio (cerca de 35 minutos).

6. Corte os abacaxis em rodelas e mantenha-as aquecidas. Aqueça a calda de caramelo, junte o creme de leite e coe. Despeje essa calda sobre os abacaxis. Ver página 632 para uma sugestão de apresentação.

GELEIA DE FRAMBOESA

Para calcular grandes quantidades, ver página 741

Rendimento: 240 g

Ingredientes	Quantidade	Fruta a 100% %	Modo de fazer
Açúcar	94 g	75	1. Coloque a primeira quantidade de açúcar e a água em uma panela e leve ao fogo, para dissolver o açúcar.
Água	30 g	25	
Framboesas frescas	125 g	100	
Glucose	12 g	10	2. Junte as framboesas e a glucose. Cozinhe até que a fruta tenha se desmanchado e a consistência esteja espessa.
Açúcar	18 g	15	
Pectina	10 g	8	

VARIAÇÃO

Outras frutas macias podem ser preparadas da mesma forma.

3. Misture a pectina com o açúcar restante. Junte à geleia. Misture bem e deixe cozinhar em fogo baixo por mais 3 minutos.

4. Despeje em um vidro limpo e vede bem. Conserve em geladeira.

GELEIA DE MAÇÃ

Para calcular grandes quantidades, ver página 741

Rendimento: 1.060 g

Ingredientes	Quantidade	Fruta a 100% %	Modo de fazer
Maçã, sem casca e sem semente	1.000 g	100	1. Pique as maçãs.
Água	125 g	12,5	2. Coloque todos os ingredientes em uma panela e cozinhe em fogo baixo até que as maçãs estejam bem macias e desmanchando.
Açúcar	300 g	30	

3. Passe por uma peneira ou passador de legumes.

4. Despeje em vidros limpos e vede bem. Conserve em geladeira.

GELEIA DE MORANGO

Para calcular grandes quantidades, ver página 741

Rendimento: 400 g

Ingredientes	Quantidade	Fruta a 100% %	Modo de fazer
Morango fresco	250 g	100	
Açúcar	250 g	100	
Pectina	5 g	2	
Suco de limão	15 g	3	

Modo de fazer:

1. Se os morangos forem grandes, corte-os ao meio ou em quatro. Caso contrário, deixe-os inteiros.
2. Misture-os com o açúcar. Deixe na geladeira de um dia para o outro.
3. Leve ao fogo brando e cozinhe até que desmanchem.
4. Retire do fogo. Polvilhe a pectina sobre a geleia e mexa bem. Leve ao fogo novamente e cozinhe por mais 3 a 4 minutos.
5. Acrescente o suco de limão e mexa bem.
6. Despeje em vidros limpos e vede bem. Conserve em geladeira.

DAMASCOS CARAMELIZADOS

Para calcular grandes quantidades, ver página 741

Rendimento: 300 g

Ingredientes	Quantidade	Modo de fazer
Açúcar	100 g	
Água	25 g	
Mel	50 g	
Manteiga	25 g	
Damasco em calda, escorrido	300 g	

Modo de fazer:

1. Cozinhe o açúcar, a água e o mel até atingir o ponto de caramelo.
2. Com a panela em fogo médio, junte a manteiga e mexa sem parar até que ela tenha sido incorporada ao caramelo (ver informações mais detalhadas de preparo na p. 280).
3. Acrescente os damascos. Aqueça até que estejam totalmente cobertos com a calda.
4. Retire os damascos da calda e coloque-os em uma bandeja, ou assadeira rasa. Cubra com filme plástico e deixe esfriar.

COMPOTA DE AMEIXAS FRESCAS

Rendimento: 1.000 g

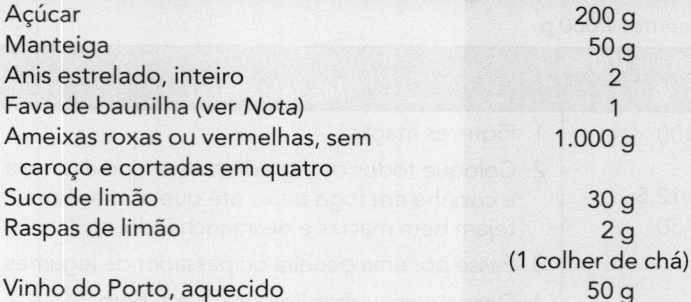

Ingredientes	Quantidade	Modo de fazer
Açúcar	200 g	
Manteiga	50 g	
Anis estrelado, inteiro	2	
Fava de baunilha (ver *Nota*)	1	
Ameixas roxas ou vermelhas, sem caroço e cortadas em quatro	1.000 g	
Suco de limão	30 g	
Raspas de limão	2 g (1 colher de chá)	
Vinho do Porto, aquecido	50 g	

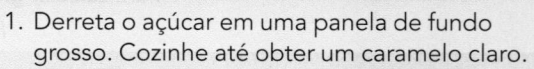

Modo de fazer:

1. Derreta o açúcar em uma panela de fundo grosso. Cozinhe até obter um caramelo claro.
2. Retire do fogo e espere esfriar um pouco.
3. Junte a manteiga, o anis estrelado, a baunilha, as ameixas, o suco e as raspas de limão e o vinho.
4. Leve ao fogo. Assim que ferver, abaixe para o mínimo. Cozinhe até que a fruta esteja macia, mas sem deixar desmanchar. Deixe esfriar.

Nota: se desejar, omita a fava de baunilha e junte ½ colher de chá (2 mL) de essência de baunilha no passo 4.

COMPOTA DE DAMASCO

Para calcular grandes quantidades, ver página 741.

Rendimento: 240 g

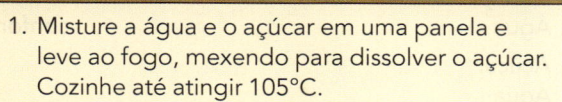

Ingredientes	Quantidade
Açúcar	112 g
Água	15 g
Damasco seco, fresco ou em lata, cortado ao meio e sem caroço	125 g
Pectina	10 g
Glucose	12 g

Modo de fazer

1. Misture a água e o açúcar em uma panela e leve ao fogo, mexendo para dissolver o açúcar. Cozinhe até atingir 105°C.

2. Corte as metades de damasco em dois ou três gomos, dependendo do tamanho. Junte à calda. Cozinhe por mais 15 a 17 minutos, se a fruta for fresca, ou 3 minutos, se for em calda.

3. Acrescente a pectina e a glucose e misture bem. Cozinhe por mais 3 minutos.

VARIAÇÃO

COMPOTA DE DAMASCO E AMÊNDOAS

Para calcular grandes quantidades, ver página 741

Ingredientes	Quantidade
Amêndoas sem pele, inteiras	50 g

Adicione as amêndoas à compota junto com a pectina e a glucose.

COMPOTA DE ABACAXI E LARANJINHA KINKAN

Para calcular grandes quantidades, ver página 742.

Rendimento: 270 g

Ingredientes	Quantidade
Açúcar	112 g
Água	15 g
Fava de baunilha (ver *Nota*)	½
Glucose	12 g
Abacaxi em calda, escorrido e picado em cubinhos	125 g
Laranjinha *kinkan*, cortada em rodelas e branqueada	50 g
Pistache sem casca e sem sal	10 g

Modo de fazer

1. Coloque o açúcar, a água, a fava de baunilha e a glucose em uma panela. Leve ao fogo. Cozinhe até atingir 120°C.

2. Junte as frutas e o pistache à calda.

3. Cozinhe em fogo alto por mais 2 ou 3 minutos. Descarte a fava de baunilha.

4. Despeje em vidros limpos e vede bem. Conserve em geladeira.

Nota: se não dispuser de fava de baunilha, use essência de baunilha a gosto para saborizar a compota já fria.

VARIAÇÃO

COMPOTA DE LARANJINHA KINKAN

Para calcular grandes quantidades, ver página 742

Ingredientes	Quantidade
Açúcar	112 g
Água	15 g
Glucose	12 g
Laranjinha *kinkan*, cortada ao meio ou fatiada, branqueada	125 g
Pistache sem casca e sem sal	20 g

Siga o procedimento da receita básica, mas omita o abacaxi e a baunilha, e ajuste as quantidades conforme indicado.

CASCA DE LARANJA OU LIMÃO CRISTALIZADA

Rendimento: variável

Ingredientes	Quantidade	Modo de fazer
Laranja ou limão	4	
Água	conforme necessário	
Açúcar	200 g	
Água	200 g	

Modo de fazer

1. Retire a casca das frutas usando um descascador de legumes. Usando uma faquinha afiada, retire o máximo possível da parte branca. Apare as arestas e corte-as em *julienne*.

2. Ferva em bastante água até amaciarem. Escorra, desprezando a água.

3. Faça uma calda com a segunda quantidade de água e o açúcar.

4. Cozinhe as tirinhas nessa calda, em fogo bem baixo (sem ferver), até que estejam transparentes. Deixe esfriar.

5. As cascas podem ser armazenadas na própria calda, ou escorridas, conforme a necessidade. Outra opção é escorrer a calda, enxugar a umidade excessiva com papel-toalha e, então, passar as casquinhas em açúcar cristal, agitando-as em uma peneira para remover o excesso de açúcar.

FATIAS DE MAÇÃ CARAMELIZADAS

Rendimento: variável, dependendo do tamanho das maçãs e da espessura das fatias

Ingredientes	Quantidade	Modo de fazer
Açúcar	200 g	
Água	200 g	
Maçã-verde, sem casca	2	

VARIAÇÕES

Outras frutas, como laranja, abacaxi, pera e morango (frutas grandes), podem ser preparadas da mesma forma.

Modo de fazer

1. Aqueça a água e o açúcar até o açúcar dissolver.

2. Corte a maçã inteira em rodelas (no sentido da largura) bem finas, de preferência usando um fatiador. Mergulhe-as imediatamente na calda e cozinhe em fogo brando por 2 minutos.

3. Deixe a fruta esfriar dentro da calda.

4. Retire as fatias cuidadosamente de dentro da calda e coloque-as em uma assadeira forrada com um tapete de silicone. Leve ao forno aquecido a 80°C até secarem e ficarem crocantes.

5. Use como guarnição de sobremesas à base de frutas (p. ex., ver p. 596).

PURÊ DE MAÇÃ

Rendimento: cerca de 1.000 mL

Ingredientes	Quantidade	Modo de fazer
Maçã	2 kg	1. Corte as maçãs em quatro gomos e descarte o miolo e as sementes. A casca pode ser deixada, já que a mistura será peneirada depois (se a maçã for vermelha, o purê ficará rosado). Pique grosseiramente.
Açúcar	conforme necessário	
Saborizante (ver passo 5)		
Suco de limão	a gosto	

2. Coloque em uma panela de fundo grosso e junte cerca de 60 mL de água. Tampe.

3. Leve ao fogo baixo e cozinhe até que a maçã esteja bem macia. Mexa de vez em quando.

4. Destampe a panela. Acrescente açúcar a gosto. A quantidade vai depender da doçura desejada para o produto final e do teor de açúcar das maçãs.

5. Junte o saborizante desejado a gosto, por exemplo, raspas de limão, baunilha, canela etc. Adicione suco de limão a gosto, especialmente se as maçãs não forem suficientemente ácidas. Cozinhe em fogo baixo por mais alguns minutos para incorporar os sabores.

6. Passe por um passador de legumes.

7. Se o produto final ficar muito ralo, deixe cozinhar, em panela destampada, até engrossar.

TERMOS PARA REVISÃO

compota	*crisp*	*charlotte* de maçã
cobbler	*betty*	gratinado de frutas

QUESTÕES PARA DISCUSSÃO

1. Descreva brevemente cada uma destas frutas:

laranjinha *kinkan*	caqui
lichia	romã
manga	figo-da-índia
mamão papaia	marmelo
maracujá	

2. Verdadeiro ou falso: as frutas vermelhas devem ser retiradas de sua embalagem original e lavadas o mais rápido possível após a aquisição ou o recebimento. Explique.

3. Para cada uma das frutas a seguir, indique como podem ser selecionados produtos de qualidade.

maçã	*grapefruit*
damasco	uva
banana	pêssego
coco seco	abacaxi

4. Descreva, em termos gerais, como saltear frutas para servir como sobremesa.

5. Explique o modo de preparo das peras cozidas em vinho tinto.

23

Empratamento de sobremesas

N os últimos anos, os *chefs* têm se dedicado mais à apresentação dos alimentos e a seu arranjo criativo no prato. Isso representa uma mudança em relação às décadas anteriores, quando o empratamento em restaurantes finos em geral era feito pelos garçons, no salão do restaurante, ao lado da mesa do cliente. Essa tendência pode ser observada também nas sobremesas. Um pedaço de torta ou pudim que antes era servido sozinho, em um prato pequeno, atualmente, é mais provável que chegue à mesa do cliente em um prato grande, decorado com um pouco da calda e outros elementos.

Um *chef* confeiteiro pode dedicar tanto tempo ao empratamento de uma sobremesa quanto gastaria decorando um bolo ou uma torta para ser exibido na vitrine de uma confeitaria. O objetivo deste capítulo é apresentar procedimentos e princípios básicos no que diz respeito à apresentação de sobremesas individuais. A discussão é seguida de uma lista de sugestões específicas, que empregam as receitas dadas ao longo de todo o livro.

Após ler este capítulo, você deverá ser capaz de:

1. Fazer o empratamento de sobremesas de maneira criativa e harmoniosa, usando as caldas e os elementos decorativos apropriados.

HISTÓRICO E PRINCÍPIOS BÁSICOS

Uma descrição rápida

A arte de empratar sobremesas é um aspecto relativamente recente da confeitaria profissional. Até pouco tempo, as sobremesas servidas em restaurantes finos eram trazidas à mesa em carrinhos e colocadas no prato pelo garçom ou, então, eram colocadas em pratos de sobremesa na cozinha, pelo próprio garçom ou pelo cozinheiro *garde-manger*. As sobremesas quentes, como os suflês, eram preparadas por um *chef* de partida. O *chef* de cozinha ou um de seus cozinheiros, em geral o *garde-manger*, com frequência era quem preparava as sobremesas, ou elas eram adquiridas já prontas. Se um restaurante contratava um *chef* especializado em confeitaria, ele era apenas mais um profissional entre todos os outros.

Atualmente, a situação é bem diferente. Muitos restaurantes do mundo – não apenas os mais finos, mas também os mais casuais – exibem, com orgulho, o nome de seus *chefs* confeiteiros no menu. O próprio menu de sobremesas tem sido apresentado como um menu à parte, e não mais como apenas um apêndice do menu de pratos salgados. Sobremesas preparadas por profissionais altamente qualificados são vistas como um produto que, além de aumentar o lucro do estabelecimento, são um "cartão de visita" da qualidade do restaurante e da criatividade de sua equipe, atraindo outros clientes.

Os estilos de empratamento mudaram visivelmente em poucos anos. Muitos dos *chefs* confeiteiros que foram pioneiros nesta área criavam peças de arquitetura complexa, que eram impressionantes e bonitas de se ver, mas difíceis de comer. Os clientes ficavam extasiados, mas descobriam logo em seguida que teriam que desmontar a escultura antes de poder degustar a sobremesa. Com frequência, os *chefs* tornavam essas sobremesas ainda mais complexas decorando a borda dos pratos com rabiscos de calda e camadas finas de chocolate em pó e açúcar de confeiteiro, que acabavam por decorar a manga da roupa dos clientes. Gradualmente, começou a haver um movimento de retorno, focando o sabor; os *chefs* perceberam que era possível criar uma apresentação atraente sem ter que construir estruturas intrincadas.

Um fator importante para o desenvolvimento dos estilos de empratamento tem a ver com a maneira como os *chefs* confeiteiros se relacionam com os demais profissionais do restaurante, conferindo-lhe uma identidade única. Menus de sobremesas são tratados como uma continuação da experiência iniciada no jantar, e não como uma lista de preparações doces amontoadas no final do menu. O trabalho do *chef* confeiteiro deve complementar e harmonizar-se com os alimentos salgados, seus ingredientes, sabores e estilos de empratamento.

Sobremesas empratadas nos dias de hoje

Os estilos de empratamento de sobremesa estão em constante mudança nos dias de hoje, graças à criatividade dos *chefs* confeiteiros da atualidade. Há muitas opiniões sobre o que torna a apresentação de um prato bem-sucedida, e os *chefs* têm refletido, debatido e escrito muito sobre esse tema. É claro que há ideias conflitantes. Quando um profissional desenvolve um estilo próprio para demonstrar seu talento contribui para a variedade e para a satisfação do cliente.

Como os *chefs* confeiteiros não conseguem chegar a um acordo no que diz respeito ao empratamento das sobremesas, torna-se impossível criar uma lista de passos a serem seguidos. Mas é possível discutir algumas das ideias que influenciam suas decisões, bem como alguns fatores que são levados em consideração durante o planejamento de um menu de sobremesas.

Os três pilares da apresentação de sobremesas

Para produzir uma sobremesa de aparência convidativa, o *chef* confeiteiro deve prestar muita atenção ao seu trabalho. A seguir, enumeramos três princípios básicos que devem ser seguidos para o empratamento bem-sucedido de sobremesas. Observe que apenas o terceiro deles está especificamente relacionado à decoração do prato.

1. Conhecimentos sólidos das técnicas básicas de confeitaria.

Um *chef* confeiteiro não será capaz de produzir sobremesas empratadas de qualidade superior se não tiver um domínio das técnicas básicas. Cada elemento da composição deve ser preparado de forma adequada. Se a massa folhada não crescer direito porque o *chef* não domina a técnica de laminação, se o bolo em camadas estiver com uma textura ruim decorrente do uso de uma técnica incorreta de mistura, se o formato estiver mal recortado, se as caldas estiverem insípidas, se o creme de leite for batido em excesso ou o creme de gemas talhar, não há habilidade artística ou refinamento que corrijam essas falhas.

2. Boas práticas na profissão.

A produção de sobremesas convidativas e irresistíveis depende, em parte, de boa higiene, cuidado e bom senso. Esses aspectos estão relacionados ao orgulho pela profissão, que discutimos ao final do Capítulo 1. Os *chefs* têm orgulho de seu trabalho e dos alimentos que servem. Isso significa que eles se preocupam com a qualidade de sua produção e não irão servir uma sobremesa da qual não se orgulhem de terem feito.

3. Senso estético.

Além de ser cuidadoso, o empratamento bem-sucedido de sobremesas requer uma compreensão das técnicas envolvidas no balanceamento de cores, formas, texturas e sabores, assim como a disposição da sobremesa, a guarnição e os elementos decorativos no prato, a fim de atingir o equilíbrio. Este será o tema das próximas seções deste capítulo.

Sabor em primeiro lugar

"A apresentação está incrível, mas falta sabor." Essa era uma opinião comumente associada às decorações de sobremesas de arquitetura complexa, bastante comuns até bem pouco tempo atrás. É fato que as sobremesas permitem uma decoração mais elaborada que os pratos salgados. É verdadeiro, também, o ditado que diz que comemos primeiro com os olhos. Mas é importante lembrar que o alimento ainda é um alimento. Depois que o cliente demolir toda a arquitetura da decoração e finalizar a degustação do prato, é o sabor – ou a falta dele – que ficará em sua memória. A apresentação da sobremesa deve favorecer a experiência com o sabor, e não mascarar um alimento insípido.

O sabor depende primordialmente dos ingredientes. Em confeitaria, assim como em qualquer setor da culinária, nada pode substituir o ingrediente de boa qualidade. Para aproveitar ao máximo o sabor de frutas e outros ingredientes perecíveis, procure os ingredientes mais frescos e típicos da estação do ano. Isso significa que o menu deve ser mudado conforme a disponibilidade dos ingredientes. Os *chefs* são inspirados pelo que há de melhor no mercado. A primeira safra de morangos da temporada, por exemplo, os faz pensar nas melhores formas de incluir essa fruta no menu. Quando é tempo dos figos, ou das amoras, um novo leque de possibilidades se abre.

Simplicidade e complexidade

Colocar os melhores e mais frescos sabores no prato com frequência significa que é preciso saber também o momento certo de parar. Em geral, é mais difícil deixar como está do que continuar acrescentando mais e mais coisas. Um confeiteiro reconhecido escreveu que um bom *chef* pode transformar um delicioso pêssego em algo original e inventivo, mas ele saberá também quando é o momento de deixar o pêssego apenas ser o que ele é. Às vezes, quando são usados os melhores ingredientes, uma apresentação simples é a mais indicada – quanto mais elementos são adicionados, mais mascarado fica o sabor desses ingredientes.

Isso não significa que o menu não deva conter sobremesas de apresentação complexa. Os clientes apreciam a variedade. Além disso, empratamentos elaborados costumam chamar a atenção no salão do restaurante e estimular as vendas, aumentando a média de consumo. Mas é preciso considerar a função e a importância de cada elemento adicional acrescentado ao prato. Ele está em harmonia com os demais elementos? Ele tem um propósito específico, ou só foi colocado porque estava à mão? Até mesmo o mais simples dos ingredientes, como a folha de hortelã, presente no prato de praticamente todas as sobremesas em alguns restaurantes, não deve ser acrescentada de maneira impensada. Para que serve a folhinha de hortelã? Se for apenas para dar cor, essa cor é necessária? Alguns *chefs* argumentam que não se deve colocar no prato nada que não seja destinado ao consumo. Talvez você não concorde, mas ao menos irá refletir mais detidamente sobre isso ao formular seus empratamentos.

Um dos argumentos para o empratamento elaborado das sobremesas é o fato de que os clientes apreciam sobremesas que eles não conseguem preparar em casa. Para algumas pessoas, isso é verdade, mas muitas outras dão preferência às sobremesas tradicionais, que remetem ao ambiente familiar. O *chef* confeiteiro criativo encontrará meios de satisfazer a ambos os tipos de clientes com um menu variado. Mesmo ao servir sobremesas clássicas, acrescentará um diferencial, na forma de um acompanhamento ou calda, sem descaracterizar a identidade da iguaria. E não só isso: ele prepara a sobremesa clássica tão bem que ela é elevada a um outro nível – o nível da excelência.

Que sobremesa lhe parece mais bem-sucedida: uma que o cliente acha bonita demais para ser degustada, ou uma que ele mal pode esperar para comer?

Outro fator a ser considerado na apresentação de sobremesas é a cozinha – suas instalações, equipamentos etc. As horas de trabalho de um *chef* confeiteiro variam conforme o estabelecimento, mas na maioria dos casos seu turno começa mais cedo e termina antes de o restaurante abrir suas portas para os clientes. As sobremesas são, então, empratadas por um funcionário da cozinha, ou mesmo pelos garçons. Se a apresentação criada pelo *chef* confeiteiro for muito complexa, a ponto de ninguém conseguir reproduzi-la, é sinal de que precisa ser simplificada.

Empratamento voltado para o cliente

Os clientes adoram doces. No entanto, nem todos comem sobremesa nos restaurantes. O que o *chef* confeiteiro deve fazer para criar e empratar sobremesas de forma que mais clientes as peçam? A variedade é a chave do sucesso: pelo menos uma opção para cada pessoa.

Alguns clientes adorariam finalizar uma lauta refeição com alguma coisinha doce, mas estão satisfeitos demais para uma sobremesa muito grande e pesada. Em média, cerca de dois terços dos clientes, no máximo, pedem uma sobremesa. Da terça parte restante, alguns certamente pediriam uma se algo leve e frugal estivesse no menu, ou se a apresentação do prato fosse convidativa a ponto de ser irresistível. Ao planejar um menu variado, não deixe de incluir opções leves e de apresentação despretensiosa, para cativar os clientes relutantes.

Se todas as suas sobremesas tiverem uma apresentação complexa e elaborada, inclua pelo menos uma ou duas sobremesas tradicionais clássicas.

Pense no bem-estar do cliente. Não crie apresentações para suas sobremesas que as tornem trabalhosas demais para serem degustadas.

Escolha um prato adequado para cada sobremesa – grande o bastante para não parecer entulhado, mas não tão grande a ponto de a sobremesa ficar "perdida". Além de serem sinal de desleixo e antiprofissionalismo, sobremesas servidas em pratos muito pequenos podem respingar no cliente.

Seja honesto ao redigir o menu, para que as pessoas saibam o que esperar. Procure não se entusiasmar tanto com a terminologia, em um esforço para ser criativo, deixando o texto obscuro para o cliente. Se uma pessoa pedir uma torta de maçã, certamente ficará decepcionada ao receber um disco de massa folhada coberto com algumas fatias de maçã passadas na manteiga e cuidadosamente dispostas sobre a massa, não importa o quão bonita seja essa apresentação, ou o quão saborosa a combinação.

Princípios básicos do empratamento

A arte da confeitaria consiste em dois estágios: primeiro, preparar e cozinhar massas, recheios, cremes, caldas e coberturas; segundo, montar sobremesas e emпratá-las usando esses componentes. No Capítulo 18, por exemplo, você aprendeu a usar uma série de massas, coberturas, recheios, musses, cremes e frutas para montar bolos e tortas atrativos e muitas vezes complexos.

O mesmo princípio é usado no empratamento de sobremesas. Uma sobremesa empratada é um arranjo de um ou mais componentes. Para a maioria delas, todos os componentes são preparados com bastante antecedência. No entanto, a sobremesa é empratada somente no último minuto. Todos os componentes discutidos ao longo deste livro, inclusive merengues, musses, sorvetes e *sorbets*, biscoitos, massa folhada, pão de ló e outros tipos de bolo, creme de confeiteiro e caldas, são usados para criar a apresentação que vai além da soma de suas partes. Obviamente, isso significa que, para que o empratamento seja bem-sucedido, primeiro é preciso aprender a preparar seus componentes.

Os elementos básicos de uma sobremesa empratada são os seguintes:

- Item principal
- Guarnição
- Calda

Em sua forma mais simples, uma sobremesa pode ser uma porção de um único item, como uma fatia de torta, servida em um prato sem decoração nenhuma. Mais frequentemente, outros itens são acrescentados para contribuir com o sabor, a textura e a aparência. Em alguns casos, a apresentação pode ter dois ou mais itens principais, como é o caso dos *pot-pourris*. No entanto, o item secundário de um prato é, em geral, considerado uma guarnição. A guarnição é um elemento de contraste que valoriza o item principal.

Ao decidir o que colocar em um prato, leve em conta as cinco características dos componentes de uma sobremesa. Três delas estão relacionadas a sensações experimentadas pelo palato; são as mais importantes:

- Sabor
- Textura
- Temperatura

As outras duas são visuais:

- Cor
- Forma

Os sabores devem complementar ou realçar uns aos outros (como a calda de caramelo em um gratinado de frutas caramelizadas) ou oferecerem um contraste (como um *crème anglaise* aveludado acompanhando uma fruta ligeiramente ácida). Se o item principal for cremoso, como um musse ou sorvete, guarneça com algo crocante, como biscoitinhos ou oleaginosas caramelizadas, para um contraste de texturas. Contrastes na temperatura também são agradáveis, como uma colherada de sorvete com um pedaço de torta de frutas morna.

Visualmente, a variedade de cores e formas pode ser atrativa, mas cuidado para não produzir uma mixórdia. E não se sinta obrigado a acrescentar cor a todos os pratos. O marrom, por exemplo, também é uma boa cor, especialmente se estiver matizada em uma sobremesa saborosa e bem preparada.

Para guarnecer

A maioria das sobremesas, se não todas, tem sua aparência melhorada com a adição de uma ou mais guarnições. Mas, primeiramente, deve-se considerar se não seria mais efetivo servir a sobremesa sem acompanhamento algum. Em geral, essa abordagem é usada para as sobremesas tradicionais clássicas ou, ao contrário, sobremesas que por si são tão elegantes e bonitas que dispensam qualquer acréscimo.

Embora o termo guarnição possa referir-se a um elemento puramente decorativo, como um ramo de hortelã, geralmente as guarnições consistem em itens que podem ser degustados. Assim, usaremos o termo para nos referir a um ingrediente ou preparação que complementa o item principal. Apresentamos alguns exemplos a seguir. Os dois primeiros são os mais versáteis, pois incluem uma grande variedade de itens e possíveis apresentações.

As frutas são uma boa guarnição para muitas tortas, doces e outras sobremesas. Praticamente qualquer fruta fresca ou cozida pode ser usada. Depedo de seu tamanho e formato, podem ser servidas inteiras, como é o caso das frutas vermelhas, ou cortadas em fatias, gomos ou outros formatos (p. ex., maçã, pera, abacaxi, manga, kiwi e pêssego).

Sorvetes e *sorbets* podem ser elementos de contraste tanto no que se refere à temperatura quanto à textura. Em sobremesas mais tradicionais, como a salada de frutas, o sorvete em geral é servido no formato de uma bola. Em sobremesas mais elegantes, ele normalmente é servido em *quenelles* ovais. Para fazer um *quenelle* de sorvete, certifique-se primeiramente de que a consistência do sorvete não está dura demais. Usando uma colher de sopa previamente mergulhada em água, pegue uma porção do sorvete. Usando uma segunda colher, cujo cabo deve apontar para a direção oposta da primeira, pegue a porção de sorvete, sobrepondo o lado convexo das duas colheres e pressionando ligeiramente. Repita a operação até obter um formato ovalado de três lados, mais ou menos do tamanho da cavidade da colher.

O creme de leite batido, aplicado com um saco de confeitar ou colher, é uma guarnição clássica para muitas sobremesas (nesse sentido, ele pode cumprir também a função de uma calda, no esquema apresentado anteriormente).

Um ou dois biscoitinhos (*petit four sec*) oferecem um contraste de textura para as sobremesas cremosas, como os musses, *bavaroises* e sorvetes.

Fatias crocantes de frutas caramelizadas (p. 602) são usadas para decorar sobremesas à base de frutas de sabor compatível. Elas contribuem não apenas para a textura, mas para o sabor da sobremesa, oferecendo uma variação com relação ao item principal. Por exemplo, uma ou mais fatias de maçã caamelizada podem ser usadas para guarnecer maçãs assadas e servidas com *sorbet* de maçã.

Decorações de chocolate de todos os tipos, incluindo raspas, *cigarettes*, formatos recortados e drapeados, combinam com muitos tipos de sobremesa, e não apenas com as de chocolate. O trabalho decorativo com chocolate será discutido no Capítulo 24.

Uma treliça de massa de bomba foi usada na decoração da sobremesa mostrada na p. 634, Torta-musse de maracujá. Eis o procedimento para fazê-la: desenhe uma treliça em um pedaço de papel-manteiga e vire a folha (o desenho ficará visível do outro lado). Usando um cone de papel (p. 440), cubra as linhas com massa de bomba. Se necessário, acerte os cruzamentos das linhas com a ponta de uma faquinha. Polvilhe com sementes de papoula, se quiser, e asse a 190°C até dourar. A massa de bomba pode ser usada para fazer elementos decorativos em quaisquer outros formatos.

A *pâte à cigarette* e a massa de *tuile* (pp. 411 e 508) podem ser usadas para fazer elementos decorativos da mesma forma que a massa de bomba. Outra alternativa é preparar *wafers* em formatos decorativos usando a mesma técnica empregada no preparo das *tuiles* (p. 490).

O açúcar queimado em forma de fios ou outras formas decorativas, bem como oleaginosas caramelizadas, são itens adicionais usados para guarnecer sobremesas compatíveis. O trabalho decorativo com açúcar será discutido no Capítulo 26.

Essas são algumas das guarnições mais simples e mais usadas. Para estilos de empratamento mais ambiciosos, você pode usar pequenas porções de doces e sobremesas que, em quantidades maiores, poderiam ser servidas sozinhas como item principal, por exemplo, um musse congelado de abacaxi guarnecido com *beignets* de abacaxi, ou uma torta aberta de chocolate acompanhada de um mini *crème brûlée* de framboesa. Às vezes é difícil distinguir o item principal das guarnições. Mas, em geral, um deles domina a apresentação, e os demais itens são coadjuvantes. As possibilidades de combinação são ilimitadas.

Em suma, tenha sempre em mente estes conceitos gerais ao empratar sobremesas:

- Cada item deve ter um propósito. Não coloque mais elementos apenas para ocupar lugar no prato.

- Os componentes devem funcionar juntos, por complementação ou por contraste.

- Quando forem contrastantes, certifique-se de que estão equilibrados. Por exemplo, quando balancear um musse substancioso com uma fruta ácida, tome cuidado para que essa acidez não seja excessiva, anulando o sabor do musse.

Um último ponto: não é necessário levar o conceito de harmonia às últimas consequências. Nem toda sobremesa cremosa precisa ser guarnecida com algo crocante, da mesma forma que nem toda sobremesa quente precisa de algo gelado. Muitas vezes, os clientes preferem saborear apenas uma taça de sorvete pura e simples, ou um pudim básico.

Calda

As caldas usadas para decorar sobremesas agregam valor ao prato, e não apenas pelo aspecto visual – como é o caso, também, dos molhos de preparações salgadas. As caldas mais conhecidas e mais usadas foram apresentadas no Capítulo 12. O *crème anglaise* e suas variações, as caldas de chocolate e caramelo e as muitas variações de caldas e coulis de frutas são os complementos mais versáteis. Qualquer um deles é capaz de complementar a maioria das sobremesas.

A não ser em alguns casos específicos, em geral as caldas não são despejadas sobre o item principal, pois isso poderia prejudicar sua aparência, encobrindo a sobremesa. As caldas geralmente são servidas formando uma "piscina" ao redor do item principal, ou a seu lado. Outra forma de servi-las é rabiscar o prato com elas, formando fitas ou riscos finos dispostos aleatoriamente.

Em geral, as caldas servidas em forma de piscina são marmorizadas ou decoradas formando folhas (ver as fotos da p. 612). Esse efeito é obtido da seguinte maneira: deposite linhas ou pingos de uma calda de cor contrastante nas bordas da primeira calda e use um palito para criar os desenhos. Para que essa técnica funcione bem, as caldas devem ser mais ou menos da mesma consistência e terem o mesmo peso. Ao colocar uma calda mais pesada sobre uma piscina de calda mais rala, ela afundará, desaparecendo de vista. Por outro lado, se uma calda muito mais rala for depositada sobre uma densa, ela irá escorrer e se espalhar pela superfície. A melhor maneira de depositar a calda é usando um recipiente de plástico semelhante às bisnagas de catchup e mostarda.

Para itens de cores escuras, como a calda de chocolate e o *coulis* de framboesa, uma preparação branca como o Creme para marmorizar (p. 283) é uma boa opção. O *crème anglaise* e outros cremes de cor clara podem ser decorados com *crème anglaise* de chocolate ou outra calda escura. Caldas de frutas de cores contrastantes também podem ser usadas para decorar uma à outra.

EXEMPLOS DE EMPRATAMENTO

As técnicas e as receitas apresentadas em outros capítulos deste livro e na primeira parte deste capítulo serão suas ferramentas para criar uma variedade ilimitada de sobremesas modernas e requintadas.

Esta seção segue um formato semelhante ao usado para explicar a montagem de tortas, bolos e outras sobremesas especiais do Capítulo 18 (p. 457). Ou seja, não há apresentação de novas fórmulas, mas instruções de montagem – todos os componentes requeridos já foram apresentados nos diversos capítulos deste livro.

As instruções de empratamento a seguir são meramente sugestões, selecionadas para dar uma ideia do que pode ser feito com sobremesas e estilos diferentes. Para dar uma visão geral mais realista e prática do assunto, os estilos de empratamento mostrados neste capítulo refletem as tendências atuais da confeitaria moderna, e as sobremesas são itens de fato servidos em restaurantes da Europa e da América do Norte. Os *chefs* são inspirados pelo trabalho de outros colegas de profissão e, em geral, criam novas apresentações para suas sobremesas, combinando o que eles já viram com seu próprio estilo.

Entre as apresentações mais complexas e elaboradas, estão algumas sugestões mais simples, por exemplo, como empratar uma fatia de bolo ou torta. Por fim, na parte final do capítulo sugerimos alguns *pot-pourris* de sobremesas. A lista inclui tanto sobremesas mais caseiras e tradicionais quanto itens mais sofisticados.

Cada sobremesa começa com uma lista dos componentes necessários para empratá-la. Os números de página indicam onde a receita ou procedimento é detalhado neste livro. Nos casos em que não há indicação de página, pode haver duas ou mais receitas adequadas; use o índice de receitas para localizá-las.

Decoração com caldas

BOLO-MUSSE MOCHA

Componentes	Modo de fazer
Bolo-musse *mocha* (p. 459) Calda de chocolate (p. 278) *Crème anglaise* (p. 269)	1. Coloque uma fatia do bolo-musse no centro do prato. 2. Com uma colher, derrame um pouco de calda de um dos lados da fatia. Faça o mesmo com o *crème anglaise*, do outro lado. 3. Se desejar, marmorize a calda de chocolate com um pouco de *crème anglaise*, e o *crème anglaise* com um pouco da calda (ver p. 612).

PANNA COTTA COM CARAMELO E FRUTAS VERMELHAS FRESCAS

Componentes	Modo de fazer
Caramelo para moldar cestas e outros formatos (p. 676) *Panna cotta* (p. 522) Calda de açúcar queimado (p. 280) Frutas vermelhas frescas	1. Prepare os elementos decorativos de caramelo: derrame um fio da calda sobre um tapete de silicone ou assadeira untada com óleo, formando o desenho desejado. Deixar esfriar até endurecer. 2. Desenforme uma porção individual de *panna cotta* dentro de um prato de sopa grande ou outro prato fundo. 3. Despeje um pouco de calda ao redor da *panna cotta*. 4. Arrume as frutas vermelhas sobre a calda. 5. Finalize com a decoração de caramelo no momento em que for servir. Não deixe a decoração de caramelo sobre a *panna cotta* por muito tempo, ou ela começará a derreter.

PASTEL ASSADO DE MAÇÃ E NOZES

Componentes	Modo de fazer
Recheio de maçã e nozes (p. 300) Folhado clássico (p. 324) ou Folhado básico (p. 325) *Sabayon* I (p. 281) Nozes	1. Prepare o recheio de torta conforme as instruções da receita, mas pique a maçã em cubinhos. 2. Prepare e asse os pastéis (p. 328), recheando-os bem. 3. Corte um pastel morno ao meio e coloque-o ligeiramente aberto sobre um prato, exibindo o recheio. 4. No espaço entre as duas metades, coloque uma colherada de *sabayon*, formando uma piscina. Salpique as nozes picadas sobre o *sabayon*.

VARIAÇÃO

Em vez de *sabayon*, use *Crème anglaise* (p. 269) saborizado com canela.

MIL-FOLHAS DE PÊSSEGO

Componentes	Modo de fazer
3 camadas de mil-folhas de massa filo, uma delas caramelizada (p. 344) Creme de confeiteiro (p. 271) aromatizado com Amaretto Pêssegos caramelizados (p. 590) Calda de caramelo (p. 280) Sorvete de pêssego (p. 559)	1. Coloque uma camada de massa filo preparada em um dos lados do prato. Cubra com uma camada de gomos de pêssego caramelizados. 2. Usando um saco de confeitar com um bico pitanga, deposite uma camada de creme de confeiteiro sobre os pêssegos. Outra opção é colocar o creme com a colher e espalhar, com cuidado, usando as costas da colher. 3. Coloque outra camada de massa filo, pêssego e creme de confeiteiro. 4. Finalize com a camada caramelizada de massa filo. 5. Despeje um pouco da calda de caramelo no prato, ao redor da sobremesa. 6. Finalize colocando uma bola ou *quenelle* (p. 610) de sorvete ao lado da mil-folhas. Sirva imediatamente.

VARIAÇÕES

Em vez de sorvete de pêssego, use Sorvete de caramelo (p. 559), Sorvete de canela (p. 559) ou creme de leite batido aromatizado com Amaretto.

TORTA-MUSSE DE MORANGO

Componentes	Modo de fazer
Torta-musse de morango (p. 462; ver Nota da receita) Calda de morango (p. 277) Creme para marmorizar (p. 283)	1. Prepare a torta-musse seguindo as instruções para a Torta-musse de laranja, mas usando morangos em vez de laranja e *kirsch* para aromatizar a calda e o creme de manteiga. 2. Coloque uma fatia da torta em um lado do prato. 3. No lado oposto, despeje um pouco da calda de morango, formando uma piscina. 4. Use um cone de papel para depositar sobre a calda 2 ou 3 linhas do creme para marmorizar, e use um palito para mesclar as duas cores.

ANGEL CAKE COM COMPOTA DE AMEIXA FRESCA E SORBET DE MASCARPONE

Componentes	Modo de fazer
Massa de *Angel food cake* (p. 409) Compota de ameixas frescas (p. 600) *Florentines* (p. 513), sem o chocolate, ou *Tuiles* de coco (p. 510), em discos planos de 6 cm de diâmetro *Sorbet* de mascarpone (p. 561)	1. Asse a massa de *angel cake* em aros modeladores de 6 cm de diâmetro. Espere esfriar e retire os aros. 2. Coloque a compota de ameixa em um prato fundo. 3. Coloque o bolinho por cima, no centro do prato. 4. Cubra com a *florentine* ou *tuile* de coco. 5. Finalize com uma bola pequena de *sorbet*.

BOLO QUATRO QUARTOS
COM SORVETE DE MEL E MIRTILOS

Componentes	Modo de fazer

Mirtilo em calda (p. 282)
Sorvete de mel (p. 562)
Bolo quatro quartos
  tradicional (p. 400)
Crème fraîche
Amêndoas laminadas,
  tostadas
	1. Despeje um pouco do mirtilo em calda no centro do prato, formando uma piscina.
	2. Coloque uma bola de sorvete no meio.
	3. Corte uma fatia de bolo quatro quartos de 2 cm de espessura. Corte a fatia em três no sentido da altura. Coloque as tiras de bolo no prato, apoiando-as sobre a bola de sorvete.
	4. Regue tudo com um fio de *crème fraîche*.
	5. Polvilhe com as lascas de amêndoas.

BOLO DE ESPECIARIAS COM
MAÇÃS CARAMELIZADAS

Componentes	Modo de fazer

Bolo de açúcar mascavo e especiarias
  (p. 399), preparado em uma assadeira
Maçãs caramelizadas (p. 590), cortadas
  em cubos médios
Crème anglaise (p. 269), feito com
  500 mL de leite e 500 mL de creme de
  leite fresco
Fatias de maçã caramelizadas (p. 602)
	1. Coloque um quadrado de bolo no centro de um prato.
	2. Coloque um pouco da maçã em cubos por cima.
	3. Despeje uma boa porção de *crème anglaise* ao redor do bolo. Se desejar, despeje um pouco sobre o bolo também.
	4. Decore o creme com mais alguns cubinhos de maçã caramelizada.
	5. Finalize colocando uma fatia de maçã caramelizada em pé sobre o bolo, apoiando-a nos cubos de maçã.

TARTE DE LIMÃO

Componentes	Modo de fazer
Tarte de limão (p. 361) Creme de leite batido Frutas, a gosto Ramo de hortelã	1. Coloque uma fatia de *tarte* em um prato, mais para o lado esquerdo e com a ponta virada para você. 2. À direita da fatia, faça uma roseta ou concha de creme de leite usando o saco de confeitar com o bico pitanga. 3. Guarneça com pedaços de frutas de cores diferentes e um ramo de hortelã ao lado do creme.

TORTA DE NOZ-PECÃ COM LARANJA

Componentes	Modo de fazer
Torta de noz-pecã (p. 303) Creme de leite batido (picos moles) Raspas de laranja Casca de laranja cristalizada (p. 602) Compota de laranjinha *kinkan* (p. 601) ou Calda de caramelo (p. 280)	1. Coloque uma fatia de torta no centro de um prato. 2. Incorpore as raspas de laranja ao creme de leite batido. Coloque uma colher do creme sobre a torta. 3. Decore a parte de cima do creme com algumas tirinhas de casca de laranja cristalizada. 4. Despeje um pouco da compota ou calda de caramelo no prato, ao redor da sobremesa (outra opção é usar apenas a calda da compota de *kinkan*). 5. Polvilhe todo o prato com um pouco de casca de laranja cristalizada picadinha.

CRISP DE MAÇÃ COM CALDA DE CARAMELO E SORVETE

Componentes	Modo de fazer
Calda de caramelo ou de açúcar mascavo (p. 280) *Crisp* de maçã (p. 591) Sorvete de baunilha	1. Despeje um pouco da calda no centro do prato, formando uma piscina. 2. Com uma colher, deposite uma porção generosa de *crisp* de maçã sobre a calda, em um dos lados do prato. 3. Coloque uma bola pequena de sorvete do outro lado.

VARIAÇÃO

Substitua o sorvete por uma porção generosa de creme de leite batido.

FATTIGMAN COM LINGONBERRY

Componentes	Modo de fazer
Fattigman (p. 245) Geleia de *lingonberry* (fruta vermelha típica da Escandinávia) Sorvete de baunilha Hortelã	1. Coloque 3 a 5 *fattigman* em um dos lados de um prato. 2. Coloque uma colherada da geleia ao lado. 3. No espaço restante, coloque uma bola de sorvete de baunilha. 4. Decore com um raminho de hortelã.

TORTA-MUSSE DE CASSIS

Componentes	Modo de fazer
Torta-musse de cassis (p. 540) Leque de chocolate (p. 647) Frutas vermelhas pequenas frescas Casca de laranja cristalizada (p. 602) Hortelã Creme chantilly (p. 265) Caldas (ver passo 4)	1. Coloque uma fatia de torta em um dos lados de um prato. 2. Em frente à torta, coloque um leque de chocolate recheado com frutas vermelhas. Decore com algumas tirinhas de casca de laranja cristalizada e um raminho de hortelã. 3. Modele um *quenelle* de creme chantilly e coloque-o próximo ao leque de chocolate. Outra alternativa é depositar uma roseta do creme usando o bico pitanga. 4. Use uma colher para desenhar uma linha de calda ao redor do prato; use uma calda de cor contrastante para decorar a primeira calda (as usadas na foto são calda da compota de *kinkan* e *coulis* de framboesa).

SANDUÍCHE DE CHEESECAKE DE BROWNIE COM CEREJAS E SORVETE

Componentes	Modo de fazer
Dois quadrados de *Brownies* de *cream cheese* (p. 512) de 5 cm Sorvete de *cheesecake* (p. 559) Recheio de cereja congelada (p. 299) Creme de leite batido Raspas de chocolate, ou outros elementos decorativos de chocolate	1. Coloque um pedaço de *brownie* em um prato, ligeiramente descentralizado. Coloque uma bola de sorvete (45 a 60 g) por cima; achate ligeiramente. 2. Cubra com o segundo pedaço de brownie. 3. Coloque uma colherada (cerca de 30 g) do recheio de cereja ao lado do sanduíche. 4. Decore a superfície da sobremesa com creme de leite batido e os elementos decorativos de chocolate.

PARFAIT LIGHT DE FRAMBOESA COM MACARONS DE AMÊNDOAS

Componentes	Modo de fazer
Parfait de framboesa com baixo teor de gordura (p. 574) Merengue italiano (p. 267) Calda de framboesa e groselha (p. 279) Framboesas e outras frutas vermelhas frescas *Macarons* de amêndoas II (p. 506)	1. Prepare o *parfait* em uma calha para *spumoni* forrada com filme plástico. 2. Desenforme sobre uma assadeira e retire o filme plástico. Usando um saco de confeitar com o bico pitanga, cubra a superfície do *parfait* com merengue italiano. Doure o merengue ligeiramente com um maçarico culinário. 3. Para cada porção, corte uma fatia de *parfait* de 3 a 4 cm de espessura e coloque de um lado de um prato. Use uma colher para despejar um pouco de calda de framboesa e groselha no outro lado, formando uma meia-lua. Arrume as frutas vermelhas sobre a calda, intercalando-as com 2 ou 3 *macarons*.

MUSSE TRÊS CORES

Componentes	Modo de fazer
Ingredientes para o preparo de *bavaroises* de morango, abacaxi e framboesa (p. 535) *Coulis* de pêssego fresco ou em lata (p. 277) *Macarons* de pistache (p. 505) ou *Macarons* de amêndoas II (p. 506)	1. Prepare uma *bavaroise* de morango com metade da quantidade de gelatina indicada na receita. Despeje o creme em um recipiente de fundo plano e de laterais retas, formando uma camada de 2 cm de espessura. Leve à geladeira até firmar. 2. Prepare a *bavaroise* de abacaxi, usando abacaxi em lata ou cozido em calda (o abacaxi cru não deve ser misturado com gelatina) e apenas metade da quantidade de gelatina indicada na receita. Despeje sobre a *bavaroise* de morango. Leve à geladeira até firmar. 3. Repita o procedimento para a *bavaroise* de framboesa, usando também metade da gelatina da receita. 4. Despeje um pouco do *coulis* de pêssego em um prato, formando uma piscina. 5. Arrume algumas colheradas do creme de três cores sobre o *coulis* (insira a colher no creme verticalmente, para obter porções que contenham as três camadas diferentes). 6. Decore com dois ou três *macarons*.

PERA EM CALDA COM BAKLAVA E CREME DE MASCARPONE

Componentes	Modo de fazer
Peras ao vinho branco (p. 587), com um pouco da calda do cozimento Queijo *mascarpone* *Crème fraîche* (ver p. 76) Açúcar de confeiteiro *Baklava* (p. 346) Pistaches ou nozes, picados grosseiramente Canela em pó	1. Usando um boleador, retire o miolo da pera pelo lado de baixo, deixando a fruta inteira. Corte uma pequena fatia da base, para que ela fique de pé no prato. 2. Reduza a calda do cozimento da pera até obter uma calda encorpada. 3. Misture partes iguais de *mascarpone* e *crème fraîche*. Adoce com um pouco de açúcar de confeiteiro. Bata até obter um creme bem firme. 4. Usando um saco de confeitar, recheie a cavidade da pera com o creme. 5. Coloque a pera de pé em um prato. 6. Coloque um triângulo de *baklava* ao lado, apoiando-o na fruta; tome cuidado para que as camadas não se soltem. Outra opção é simplesmente colocar a *baklava* no prato, ao lado da pera. 7. Derrame um pouco de *crème fraîche* e um pouco da calda reduzida ao redor da pera. 8. Salpique com o pistache ou as nozes picadas e um toque de canela em pó.

BAVAROISE DE CREAM CHEESE COM COMPOTA DE FRUTAS

Componentes	Modo de fazer
Pão de ló (*génoise*) (p. 407) *Bavaroise* de *cream cheese* (p. 536) Amêndoas laminadas, tostadas Frutas em calda (compota de frutas, p. 587), feita com uma mistura colorida de frutas frescas	1. Separe uma forma redonda de 8 a 10 cm de diâmetro, de fundo plano e laterais retas. Corte uma camada de pão de ló o mais fina possível e forre a forma com ela. 2. Prepare a *bavaroise* e despeje uma camada de cerca de 4 cm de espessura sobre o pão de ló. Salpique a superfície com um pouco da amêndoa. Leve à geladeira até firmar. 3. Desenforme e coloque no centro de um prato. 4. Coloque algumas colheradas da compota ao redor da *bavaroise*.

PROFITEROLES DE ABÓBORA

Componentes	Modo de fazer
4 carolinas de 4 a 5 cm de diâmetro, sem recheio Recheio cremoso de abóbora (p. 312), preparado com metade da gelatina *Crème anglaise* (p. 269) Creme de leite batido	1. Corte uma carolina ao meio. Recheie com o creme de abóbora, usando um saco de confeitar com o bico pitanga, e coloque a tampinha de volta. Polvilhe com açúcar de confeiteiro. 2. Cubra o fundo de um prato com *crème anglaise*. 3. Coloque três carolinas por cima, formando um triângulo no centro. 4. Deposite uma roseta de creme de leite batido no centro do triângulo. 5. Coloque a quarta carolina sobre a roseta de creme.

PUDIM DE CHOCOLATE E AMÊNDOAS COM CALDA DE CARAMELO E SORVETE CROCANTE

Componentes	Modo de fazer
Pudding de chocolate e amêndoas (p. 531) Calda de caramelo (p. 280) Sorvete crocante (p. 559)	1. Prepare o pudim em porções individuais, ou prepare em formas grandes e então corte em porções menores, com uma faca ou quebrando com a mão, dependendo da aparência que for mais adequada, a rústica ou a elegante. 2. Despeje um pouco da calda em um prato, formando uma piscina. 3. Coloque uma porção de pudim no centro. 4. Guarneça com uma bola pequena de sorvete, colocando-a ao lado do pudim.

BOMBE BRÉSILIENNE

Componentes	Modo de fazer
Bombe brésilienne (p. 569) Creme de leite batido Abacaxi caramelizado (p. 590)	1. Corte uma fatia de *bombe* e coloque em um dos lados de um prato, de maneira que a parte mais larga da fatia fique virada para a borda e a ponta fina aponte para o centro. 2. Usando um saco de confeitar com um bico pitanga estreito, faça uma linha de rosetas acompanhando a ponta mais fina da fatia. 3. No espaço restante do prato, arrume um pouco do abacaxi caramelizado e da calda. 4. Se desejar, decore o abacaxi com algumas frutas vermelhas, um pouco de coco ralado tostado ou casca de laranja cristalizada.

PUDIM DE PÃO DE CHOCOLATE COM BANANAS CARAMELIZADAS E SORVETE DE CANELA

Componentes

Tuiles de amêndoas (p. 508)
Bananas caramelizadas
 (p. 590)
Pudim de pão de chocolate
 (p. 526), morno
Calda de chocolate (p. 278)
Crème anglaise (p. 269),
 aromatizado com um pouco
 de canela
Sorvete de canela (p. 559)

Modo de fazer

1. Prepare *tuiles* de 5 cm de diâmetro seguindo o procedimento da página 508, mas omita as amêndoas.

2. Coloque 3 ou 4 pedaços de banana caramelizada lado a lado no centro de um prato.

3. Coloque um pedaço de pudim morno por cima.

4. Coloque algumas colheradas de *crème anglaise* e de calda de chocolate ao redor das bananas.

5. Coloque uma *tuile* sobre o pudim.

6. Coloque uma bola pequena ou *quenelle* de sorvete dentro da *tuile*.

Modo de fazer alternativo

Em vez de cortar o pudim em quadrados, corte-o em discos, usando um aro metálico ou cortador de biscoitos, ou asse a massa em forminhas individuais.

SOPA FRIA DE FRUTAS COM SORBET DE MORANGO

Componentes	Modo de fazer
Tuiles de amêndoas I (p. 508) Sopa fria de frutas (p. 589) Raspas de limão *Sorbet* de morango (p. 561)	1. Usando a massa de *tuile*, faça tiras de cerca de 2,5 cm de largura e longas o bastante para cruzarem de um lado a outro da borda do prato fundo em que você pretende servir a sobremesa.

2. Coloque a sopa de frutas no prato.

3. Salpique com um pouco de raspas de limão.

4. Apoie uma tira de biscoito na borda do prato, próximo à beirada.

5. Coloque uma bola pequena ou *quenelle* de *sorbet* no centro da tira.

6. Sirva imediatamente.

VARIAÇÃO

Em vez de *sorbet* de morango, use *sorbet* de outras frutas, condizentes com as usadas para guarnecer a sopa, tais como framboesa, manga, abacaxi.

TRIO DE SORBETS DE FRUTAS

Componentes	Modo de fazer
Coulis de frutas (p. 277) nos sabores: framboesa, kiwi, manga e morango Três *sorbets* de frutas (p. 561), de cores contrastantes, como limão, melão e framboesa	1. Coloque colheradas dos *coulis* em um prato, usando cerca de 30 mL de cada. Bata de leve o prato na bancada para que as piscinas de *coulis* se esparramem, cobrindo todo o fundo. Usando um garfo ou palito, marmorize as caldas, misturando-as de forma decorativa. 2. Coloque um *quenelle* de cada sabor de *sorbet* no centro do prato.

TRIO DE MUSSES DE CHOCOLATE

Componentes	Modo de fazer
Crème anglaise (p. 269) Musse de chocolate branco (p. 546) Musse de chocolate ao leite (p. 546) Musse de chocolate IV (p. 546) Amêndoas laminadas, tostadas *Madeleines* de chocolate e laranja (p. 417)	1. Cubra o fundo de um prato com *crème anglaise*. 2. Coloque uma colherada de cada musse sobre o creme. 3. Salpique a superfície dos musses com algumas amêndoas laminadas. 4. Coloque uma ou duas *madeleines* próximas à borda do prato.

VARIAÇÃO

Salpique cada musse com uma oleaginosa diferente.

TORTINHA FRESCA DE FRAMBOESA E AMÊNDOAS

Componentes	Modo de fazer
Tuiles de amêndoas I (p. 508) Framboesas frescas Creme de leite batido, aromatizado com licor de laranja Açúcar de confeiteiro (opcional) Calda de framboesa (p. 279) Creme para marmorizar (p. 283) (opcional)	1. Asse discos de massa de 7 cm de diâmetro, como se fosse preparar as *tuiles*, mas deixe-os planos. 2. Coloque um disco no centro do prato. Forme um círculo de framboesas sobre o disco de massa, próximo à borda. Com um saco de confeitar, preencha o espaço do centro com o creme de leite batido aromatizado. 3. Coloque um segundo disco de massa e repita o procedimento. 4. Polvilhe o terceiro disco de massa com bastante açúcar de confeiteiro, se desejar. Coloque-o com cuidado sobre as outras duas camadas. 5. Despeje um pouco de calda de framboesa no prato, ao redor da sobremesa. Se desejar, marmorize a calda com um pouco de creme para marmorizar. Sirva imediatamente, antes que as camadas de biscoito murchem.

VARIAÇÃO

Guarneça com uma colherada de *sorbet* de framboesa ou laranja (p. 561).

BRIOCHE RECHEADO SERVIDO COM CRÈME ANGLAISE E FRUTAS VERMELHAS

Componentes	Modo de fazer
Brioche (p. 193) Purê de maçã (p. 603; ver modo de fazer) *Crème légère* (p. 271) *Crème anglaise* (p. 269) Frutas vermelhas frescas	1. Corte uma tampa no brioche. Retire o miolo e leve a metade escavada ao forno até ficar ligeiramente tostada. 2. Prepare um purê de maçãs adocicado, não muito ácido e aromatizado com bastante baunilha. Deixe alguns pedaços da fruta inteiros; não passe o purê pelo amassador de legumes. 3. Espalhe um pouco de *crème légère* no fundo da cavidade do pão. Encha até quase a borda com o purê de maçãs. Coloque um pouco mais do creme por cima e coloque a tampa de volta no pão. 4. Cubra o fundo de um prato com *crème anglaise*. Coloque o brioche recheado no centro. Espalhe algumas frutas vermelhas ao redor.

RABANADAS DE CHALLAH COM SORVETE DE CHEESECAKE

Componentes	Modo de fazer
Challah (p. 150) Ovo batido com leite, um pouco de açúcar e canela Açúcar de confeiteiro Sorvete *cheesecake* (p. 559) Calda de framboesa e groselha (p. 279) Creme de leite batido (*opcional*)	1. Corte o pão em fatias. Mergulhe na mistura de ovo batido e frite na frigideira untada com um pouco de manteiga para fazer as rabanadas. 2. Sobreponha 2 ou 3 fatias em um dos lados de um prato. Polvilhe com bastante açúcar de confeiteiro. 3. Coloque uma bola de sorvete no centro do prato. 4. Use uma colher para despejar um pouco de calda de framboesa e groselha no lado oposto ao das rabanadas. 5. Guarneça com algumas rosetas de creme de leite batido, se desejar.

BISCOITINHOS LINZER
COM FRUTAS VERMELHAS

Componentes	Modo de fazer
Massa de *Linzertorte* (p. 320) Framboesa fresca, ou uma mistura de framboesa, amora e morango Calda de açúcar simples Açúcar de confeiteiro Creme chantilly (p. 265) Raspas de limão *Nougatine* (p. 668), triturado	1. Faça biscoitinhos com a massa de *Linzertorte*. Abra-a em uma espessura fina e corte em quadrados de 4 a 5 cm de lado; asse até ficarem crocantes. (*Nota*: a massa é muito úmida e difícil de abrir; certifique-se de que está suficientemente gelada e use bastante farinha para polvilhar. Outra opção é abri-la entre duas folhas de papel-manteiga.) Espere os biscoitos esfriarem completamente. 2. Se estiver usando morangos, corte-os em quatro ou em gominhos. Coloque as frutas em uma tigela e junte calda de açúcar até cobri-las. Leve à geladeira por várias horas, ou de um dia para o outro. 3. Polvilhe os biscoitos com um pouquinho de açúcar de confeiteiro. 4. Coloque um pouco das frutas e da calda em um prato de sopa raso ou tigelinha. 5. Coloque um biscoito no centro. Coloque uma porção de chantilly sobre o biscoito, usando uma colher ou saco de confeitar. Repita o procedimento com mais dois biscoitos. Eles podem ser empilhados verticalmente, como em uma mil-folhas, ou levemente inclinados, apoiados sobre o primeiro biscoito. Finalize com o quarto biscoito. 6. Se desejar, polvilhe a sobremesa com um pouco de açúcar de confeiteiro; segure uma peneira com o açúcar sobre o prato e dê apenas uma ou duas batidinhas bem de leve na lateral, tomando cuidado para que o açúcar não caia na borda do prato. 7. Salpique as frutas com um pouco de raspas de limão. 8. Finalize com alguns torrões de *nougatine*.

SAVARIN COM FRUTAS VERMELHAS

Componentes	Modo de fazer
Sabayon (p. 281) Massa de *baba/savarin* (p. 191), preparado em porções individuais Frutas vermelhas frescas	1. Cubra o fundo do prato com *sabayon*. 2. Coloque um *savarin* no centro. 3. Encha a cavidade do *savarin* com frutas vermelhas.

COMPOTA MORNA DE FRUTAS TROPICAIS COM SORVETE DE COCO

Componentes	Modo de fazer
Compota de frutas tropicais (p. 588) Sorvete de coco (p. 559) Coco ralado tostado	1. Se a compota não estiver morna, aqueça-a. 2. Forre um prato de sopa ou tigela rasa com ela. 3. Coloque uma bola de sorvete no centro. 4. Polvilhe com um pouco de coco ralado tostado. 5. Se a compota não estiver muito colorida, decore com algumas sementes de romã ou frutas vermelhas frescas.

BEIGNET DE MAÇÃ COM SORBET DE MASCARPONE

Componentes	Modo de fazer
Beignet de maçã (p. 242) Açúcar de confeiteiro Calda de framboesa (p. 279) *Sorbet* de *mascarpone* (p. 561) Um morango ou algumas framboesas para decorar	1. Coloque 2 *beignets* em um dos lados de um prato. Polvilhe com açúcar de confeiteiro. 2. Despeje um pouco de calda de framboesa no outro lado do prato. 3. Coloque uma colherada de *sorbet* sobre a calda. 4. Decore com um morango ou algumas framboesas.

PERA EM CALDA COM SORBET DE VINHO

Componentes	Modo de fazer
Peras pequenas Ingredientes para as Peras ao vinho (p. 587) *Sorbet* de vinho branco ou *champagne* (p. 561) *Sabayon* (p. 281)	1. Descasque a pera, deixando o cabinho, e retire o miolo pela parte de baixo. Prepare seguindo a receita de Peras ao vinho. Espere esfriar. 2. Faça cortes longitudinais na pera, como se estivesse cortando-a em gomos finos, mas não corte até o fim – mantenha as fatias presas ao cabinho. Coloque no centro de um prato, abrindo um pouco as fatias, como um leque. 3. Coloque uma colherada do *sorbet* de vinho ao lado da pera. 4. Use uma colher para despejar um pouco de *sabayon* em frente à pera e ao *sorbet*.

PARFAIT DE SEMENTE DE PAPOULA

Componentes	Modo de fazer
Parfait de semente de papoula (p. 574) Pão de ló comum ou de chocolate (p. 407) Creme chantilly (p. 265) Compota de laranjinha *kinkan* (p. 601) *Cigarettes* de chocolate (p. 646)	1. Despeje o *parfait* em uma forma de bolo inglês até quase enchê-la. Coloque uma camada fina de pão de ló por cima. Congele até ficar bem firme. 2. Desenforme, deixando o pão de ló na parte de baixo. 3. Corte três fatias de cerca de 45 g cada. Coloque-as no centro de um prato gelado, ligeiramente sobrepostas. 4. Decore com rosetas de chantilly. 5. Distribua 60 a 90 g da compota de *kinkan* entre os espaços vazios do prato. 6. Finalize cruzando 2 ou 3 *cigarettes* de chocolate por cima de tudo, no centro.

BANANA SPLIT GOURMET

Componentes	Modo de fazer
Morango fresco, ligeiramente adoçado Bananas caramelizadas (p. 590), quentes *Crème anglaise* (p. 269) Calda de framboesa e groselha (p. 279) Calda de morango (p. 277) Calda de chocolate (p. 278) Sorvete de chocolate (p. 558) Sorvete de morango (p. 559) Sorvete de pêssego (p. 559) Sorvete de baunilha (p. 558) Creme de leite batido (*opcional*)	1. Coloque um montinho de morangos no centro de um prato. 2. Arrume os quatro pedaços de banana caramelizada, com o lado cortado virado para cima, saindo desse montinho, como os braços de uma cruz (o prato ficará dividido em quatro, com os morangos no meio). A ponta arredondada dos palitos de banana deve ficar virada para fora, com a ponta cortada voltada para o morango. 3. Em cada um dos espaços criados, despeje uma das quatro caldas, formando quatro piscinas. 4. Coloque uma bola pequena do sorvete de chocolate sobre o *crème anglaise*, uma bola do sorvete de baunilha sobre a calda de chocolate, uma bola do sorvete de morango sobre a calda de framboesa e groselha e uma do sorvete de pêssego sobre a calda de morango. Não use mais de 30 g para cada bola de sorvete, ou a sobremesa ficará grande demais. 5. Se desejar, decore com algumas rosetas de creme de leite batido.

SORVETE COM MERENGUE E MACEDÔNIA DE FRUTAS FRESCAS

Componentes	Modo de fazer
Sorvete de baunilha Creme de leite batido Suspiros (p. 347) em forma de rosetas Mistura de frutas picadas (p. ex., kiwi, morango, manga, mamão papaia, melão, maçã e pera) Calda de chocolate (p. 278)	1. Coloque uma bola de sorvete no centro de um prato. 2. Cubra o fundo do prato ao redor do sorvete com rosetas de creme de leite batido alternadas com os suspiros, de modo que fiquem parecendo ser uma substância só. 3. Distribua algumas colheradas de fruta picada por cima. 4. Sirva a calda de chocolate em uma jarra pequena à parte.

CORNUCÓPIA DE FRUTAS FRESCAS COM SORVETE DE LIMÃO

Componentes	Modo de fazer
Massa de *Florentines* (p. 513) Creme de leite batido, aromatizado com licor de laranja Calda de framboesa e groselha (p. 279) Frutas frescas variadas Sorvete de limão-siciliano (p. 559)	1. Prepare as *florentines* conforme indicado na receita, mas enquanto estiverem ainda mornas e flexíveis, transforme-as em cones com a ponta ligeiramente entortada (cornucópias). 2. Recheie cada cone até dois terços da capacidade com o creme de leite batido. Coloque um cone em um prato de modo que a ponta fique virada para a borda e a abertura alinhada com o centro (para evitar que role, use um pouco de creme de leite batido para grudá-lo no prato). 3. Despeje um pouco da calda de framboesa e groselha no prato como se ela tivesse derramado de dentro do cone e se espalhado um pouco na frente. 4. Faça o mesmo com as frutas, colocando-as sobre a calda. 5. Coloque um *quenelle* de sorvete de limão-siciliano de cada lado do cone.

VARIAÇÃO

Em vez de usar uma cornucópia de massa de *florentine*, use uma feita de massa de *tuile* ou massa folhada.

BEIGNETS SOUFFLÉS (APRESENTAÇÃO I)

Componentes	Modo de fazer
3 *beignets soufflés*, preparados pelo método 1 de fritura (p. 243) Creme de pralina II (p. 542) Compota de damasco e amêndoas (p. 601) *Nougatine* (p. 668), triturado Groselha fresca Espirais de caramelo (p. 675) Ramo de hortelã	1. Em um dos lados do prato, disponha os 3 *beignets* alternados com 2 *quenelles* de creme de pralina (com cerca de 35 g cada). 2. Coloque cerca de 90 g da compota de damasco e amêndoas do outro lado do prato. 3. Decore com alguns torrões de *nougatine*, as groselhas, as espirais de açúcar e o ramo de hortelã.

BEIGNETS SOUFFLÉS (APRESENTAÇÃO II)

Componentes	Modo de fazer
2 *beignets soufflés*, preparados pelo método 2 de fritura (p. 243) Açúcar de confeiteiro *Sorbet* de coco (p. 564) Coco ralado tostado Folhas de abacaxi branqueadas (opcional) Compota de abacaxi e laranjinha *kinkan* (p. 601) Pistache Groselha fresca	1. Polvilhe os *beignets* com um pouco de açúcar de confeiteiro. 2. Coloque 1 *beignet* em um dos lados de um prato. Coloque uma bola (60 g) de *sorbet* por cima e cubra com o outro *beignet*. 3. Polvilhe um pouco de coco tostado ao redor do sanduíche, próximo à borda do prato e, se desejar, decore com 3 folhas de abacaxi branqueadas. 4. Coloque a compota de abacaxi e laranjinha *kinkan* no outro lado do prato e decore com alguns pistaches e groselhas frescas.

TORTA DE PERA E NOZ-PECÃ COM GANACHE DE CHOCOLATE E SORBET DE FRAMBOESA

Componentes	Modo de fazer
Massa para a torta (ver passo 1) Calda de caramelo (p. 280) Noz-pecã, picada Peras caramelizadas, em metades (p. 590) Geleia de brilho de damasco (p. 200) Pão de ló de chocolate, calda simples de açúcar e *ganache* para a Torta *ganache* de chocolate (p. 464; ver instruções de montagem a seguir). Tulipa (p. 508) *Sorbet* de framboesa	1. Prepare a massa para a torta: asse um disco fino de massa com 7 cm de diâmetro usando massa folhada, massa filo, massa seca de corte ou outra massa amanteigada de torta. 2. Espalhe uma camada de calda de caramelo sobre o disco de massa. Polvilhe com as nozes picadas. Corte uma metade de pera em leque e coloque por cima, abrindo ligeiramente as fatias. Pincele a superfície com a geleia de brilho. 3. Prepare a torta *ganache* de chocolate em uma assadeira, mas omitindo o merengue e o creme de manteiga. O resultado será um bolo recheado com 3 camadas de pão de ló, saborizadas com calda de rum ou de baunilha, intercaladas com 2 camadas de *ganache*. Corte o bolo em quadrados de 5 cm de lado, então corte cada quadrado em 2 triângulos. Se desejar, polvilhe a parte de cima com açúcar de confeiteiro. 4. Coloque uma colherada de *sorbet* de framboesa dentro de uma tulipa. 5. Coloque uma tortinha de pera, um triângulo de torta de chocolate e uma tulipa com sorvete sobre um prato e sirva.

ABACAXI COM ESPECIARIAS SERVIDO COM SORBET E TUILE DE COCO

Componentes	Modo de fazer
Abacaxi com especiarias (p. 599) *Tuiles* de coco (p. 510), moldada em forma de tulipa *Sorbet* de coco (p. 564) Pistache Pinhole Groselha fresca, polvilhada com açúcar de confeiteiro Coco ralado tostado	1. Reaqueça o abacaxi, se estiver frio, e finalize o preparo da calda com o creme de leite, como indicado na receita. Coe, reservando as especiarias. Corte o abacaxi em fatias e arrume-as em um dos lados de um prato. Regue com a calda. 2. Coloque uma tulipa de massa de *tuile* do outro lado do prato. Coloque uma ou mais bolas de *sorbet* de coco dentro. 3. Decore o prato com algumas especiarias reservadas da calda. Salpique alguns pistaches e pinholes sobre as rodelas de abacaxi. 4. Coloque um cachinho de groselha fresca sobre o *sorbet*. 5. Finalize salpicando um pouco de coco ralado tostado nas partes vazias do prato.

FIGOS AO VINHO DO PORTO COM SORVETE DE MEL E TUILE DE GERGELIM

Componentes	Modo de fazer
Figos ao vinho do Porto (p. 597) *Tuiles* de gergelim (p. 509) Sorvete de mel (p. 562) Amêndoas caramelizadas Ramo de hortelã	1. Se os figos ao vinho estiverem frios, reaqueça-os no forno junto com a calda. 2. Despeje um pouco da calda em um prato. 3. Coloque uma *tuile* em pé no centro, apoiada em um de seus lados. 4. Próximo à cavidade formada do lado mais largo do triângulo, arrume 3 ou 4 metades de figo. 5. Do outro lado, na cavidade próxima à ponta do triângulo, coloque uma bola de sorvete (outra opção é depositar o sorvete com um saco de confeitar com o bico pitanga, como mostra a foto). 6. Decore os figos com algumas amêndoas caramelizadas. 7. Decore o sorvete com um raminho de hortelã.

TORTA-MUSSE DE BANANA COM CHOCOLATE E FRUTAS CÍTRICAS

Componentes	Modo de fazer
Discos de merengue branco, de chocolate, ou *japonaise* para forrar uma forma redonda, de aro removível ou não, ou um aro modelador de 18 cm de diâmetro Mistura para Musse gelado de banana (p. 571) Banana Mistura para Musse gelado de chocolate (p. 571) *Bavaroise* de laranja (p. 535), preparada em forminhas de 60 mL Creme de leite batido Calda de framboesa e groselha (p. 279) Gomos (sem a parte branca) de laranja (comum ou sanguínea) ou tangerina	1. Prepare a torta-musse: Coloque 1 disco de merengue no fundo de uma forma redonda de 18 cm de diâmetro. Espalhe uma camada de cerca de 12 mm da mistura para musse de banana por cima. Corte as bananas ao meio no sentido do comprimento e depois ao meio no sentido da largura. Arrume os pedaços sobre o musse a intervalos regulares (sem encostarem uns nos outros) e afunde-os ligeiramente. Despeje uma camada de musse de chocolate de cerca de 2 cm de espessura por cima. Finalize com mais um disco de merengue, pressionando ligeiramente para baixo. Leve ao congelador. 2. Desenforme a torta e corte em fatias. Coloque uma fatia em um dos lados de um prato. 3. Desenforme uma *bavaroise* no prato, deixando um terço do espaço do prato livre. Decore a *bavaroise* com creme de leite batido. 4. Despeje um pouco da calda de framboesa no espaço restante do prato. Arrume os gomos de fruta formando uma estrela sobre a calda.

TORTA-MUSSE DE MARACUJÁ

Componentes	Modo de fazer
Torta-musse de maracujá (p. 541) Compota de laranjinha *kinkan* (p. 601) Groselha fresca Trançado de massa de bomba (p. 338) *Crème anglaise* Açúcar de confeiteiro	1. Coloque uma fatia de torta em um dos lados de um prato. 2. Coloque uma colherada da compota em frente à fatia e decore com algumas groselhas frescas, ou outra fruta vermelha pequena, para dar cor. 3. Coloque o trançado de massa de bomba de pé sobre a compota, apoiando-a contra a fatia de torta. 4. Pingue porções de *crème anglaise* no prato de forma decorativa. 5. Polvilhe a treliça de massa com um pouco de açúcar de confeiteiro.

CRÈME BRÛLÉE COM TARTE TATIN E SORVETE DE CARAMELO

Componentes	Modo de fazer
Crème brûlée (p. 524) pequeno *Tarte Tatin* (p. 362) Calda de caramelo (p. 280) Tulipa (p. 508) Sorvete de caramelo (p. 559)	1. Coloque o *crème brûlée* em um prato grande o bastante para que o espaço vazio restante represente pelo menos dois terços do total. 2. Coloque uma fatia fina de *tarte Tatin* ao lado do *crème brûlée*. 3. No espaço vazio do prato, faça um trançado com a calda de caramelo. Coloque a tulipa no centro e ponha uma bola do sorvete de caramelo dentro.

CINCO VEZES CHOCOLATE

Componentes	Modo de fazer
Musse de chocolate I (p. 276) Disco de merengue de chocolate, com 5 cm de diâmetro Lascas de chocolate Sorvete de chocolate (pp. 558 e 562) ou *Sorbet* de chocolate (p. 561) Tulipa (p. 508) ou *Tuiles* de amêndoas (p. 508) Framboesa fresca *Bavaroise* de chocolate branco (p. 534), preparada em forminhas de 60 mL Chocolate, derretido e temperado Calda de chocolate (p. 278) *Ganache* de chocolate (pp. 275 e 276), amolecido, mas não batido *Crème anglaise*	Esta sobremesa consiste em cinco elementos – em pequenas quantidades – arrumados sobre o prato: 1. Musse de chocolate, depositado sobre um disco de merengue com o saco de confeitar e polvilhado com lascas de chocolate. 2. Sorvete ou *sorbet* de chocolate dentro de uma tulipa ou *tuile* decorado com algumas framboesas frescas. 3. *Bavaroise* de chocolate branco sobre uma piscina de calda de chocolate. Decore a *bavaroise* com chocolate temperado, usando um cone de papel (ver p. 648). 4. *Quenelle* de *ganache* de chocolate. 5. Piscina de *crème anglaise* marmorizada com calda de chocolate (este é mais um dos itens do prato, e não se coloca nada por cima).

QUESTÕES PARA DISCUSSÃO

1. Discuta como a qualidade dos ingredientes afeta o empratamento e a apresentação de sobremesas.

2. Discuta as vantagens e desvantagens dos empratamentos simples e elaborados.

3. Quais são os três elementos básicos em uma sobremesa empratada? Todos eles são imprescindíveis para a apresentação da sobremesa?

4. Cada componente de uma sobremesa possui cinco características. Quais são? Quais delas se relacionam ao aspecto visual e quais são sensações experimentadas pelo palato?

Dê algumas sugestões sobre como essas características podem ser balanceadas quando se está planejando o empratamento de uma sobremesa.

5. O que é um *quenelle* de sorvete? Descreva o procedimento para moldá-lo.

6. Enumere quatro itens que podem ser usados para guarnecer sobremesas.

7. Descreva como marmorizar caldas ou como criar um formato de folha.

Chocolate

Além de ser uma das iguarias mais apreciadas do mundo, o chocolate também é um recurso extraordinário para o trabalho decorativo, das guarnições mais simples para sobremesas a peças artísticas elaboradas. Muitos *chefs* confeiteiros especializam-se no trabalho com chocolate, tornando-se conhecidos por suas sobremesas imaginativas.

Por sua composição, o chocolate é um elemento difícil de se trabalhar. Ele é sensível à temperatura e à umidade. O derretimento e resfriamento apropriados requerem um controle estrito da temperatura. A menos que um líquido seja incorporado à sua composição, o chocolate deve ser protegido da umidade. Uma única gota de água pode arruinar sua textura, tornando-o inútil para o trabalho de moldagem e cobertura.

Este capítulo é uma introdução ao trabalho com chocolate em confeitaria fina. Os fundamentos da manipulação do chocolate são discutidos e, em seguida, apresentamos os procedimentos para trabalhos simples de decoração e moldagem. Ao final do capítulo, são apresentadas fórmulas para o preparo de algumas especialidades.

Após ler este capítulo, você deverá ser capaz de:

1. Fazer a temperagem do chocolate.

2. Usar chocolate temperado para cobrir outros itens e para moldar.

3. Produzir uma série de elementos decorativos de chocolate.

4. Preparar trufas e bombons.

COMO O CHOCOLATE É PRODUZIDO

O **chocolate** é produzido a partir das sementes do cacau, fruto tropical produzido pelo cacaueiro. Assim como ocorre com o café, a qualidade do cacau é muito sensível às condições de plantio – o cacau das melhores regiões são os mais caros. Os cacaueiros produzem frutos grandes, cheios de **sementes de cacau**. Após a colheita, os grãos são rapidamente separados da polpa da fruta e deixados em repouso para fermentar, até perderem quase toda a umidade. Há várias maneiras de fazer isso, mas o método tradicional é espalhar as sementes entre camadas de folhas de bananeira e deixar que sequem por vários dias, virando-as com frequência para que fermentem por igual.

As alterações químicas que ocorrem durante essa fermentação fazem com que as sementes, originalmente amareladas, tornem-se marrons e comecem a desenvolver seu sabor. As sementes fermentadas são então secas ao ar livre, pois ainda têm uma alta concentração de umidade. Depois de secas, estão prontas para serem enviadas para o processamento. Um cacaueiro produz apenas 500 a 1.000 g de sementes secas.

Ao serem processadas, as sementes secas passam por um processo de limpeza e torrefação. O sabor de chocolate característico desenvolve-se durante a torrefação, e a temperatura e o tempo de torra são fatores importantes para a qualidade do produto final. Depois de torradas, as sementes são quebradas para a remoção da casca. As partículas resultantes desse processo são chamadas de *nibs* de cacau. Os *nibs* contêm mais de 50% de gordura, na forma de manteiga de cacau, e muito pouca umidade.

A moagem dos *nibs* produz uma pasta, liberando a manteiga de cacau aprisionada entre as paredes celulares. Esta pasta é chamada de **liquor** e é a base para a produção do chocolate. Quando o liquor esfria, transforma-se em um bloco sólido (o liquor do chocolate e o licor, apesar da raiz comum – *liquore*, que significa "líquido" em latim –, não têm qualquer semelhança, pois o primeiro não é alcoólico).

O estágio seguinte consiste em separar o cacau em pó da manteiga de cacau. Isso é feito, em geral, com o auxílio de prensas hidráulicas potentes, que espremem a gordura derretida, deixando apenas blocos compactos que são, então, ralados para a obtenção do cacau em pó. Enquanto isso, a manteiga de cacau é purificada para a remoção de seu odor e cor.

Para a fabricação do chocolate, o cacau em pó é misturado com açúcar e, no caso do chocolate ao leite, leite em pó. Esses ingredientes são moídos e bem misturados. É nesse momento que tem início uma etapa fundamental – a conchagem. **Conchagem** é um processo de dois estágios que, em um primeiro momento, elimina a umidade do chocolate e refina seu sabor. Em um segundo momento, a manteiga de cacau é nova-

❧ HISTÓRIA DO CHOCOLATE ❧

O cacaueiro é uma árvore originária das Américas, onde cresce em climas tropicais, da América do Sul setentrional ao sul do México. Muito antes de os europeus chegarem nas Américas, os povos nativos, inclusive os maias e os astecas, preparavam uma bebida amarga e não adoçada a partir das sementes do cacau, que eles aprenderam a fermentar e secar. Essas bebidas, provavelmente saboreadas quentes, eram frequentemente aromatizadas com pimenta, baunilha e outros ingredientes.

Como o cacaueiro nasce em regiões específicas, o cacau tornou-se um produto apreciado e valorizado comercialmente. Chegou até a ser usado como moeda. Além disso, ocupava um papel importante nas cerimônias religiosas.

Os espanhóis a princípio não gostaram da bebida preta e amarga que os nativos preparavam com o cacau, mas aprenderam depressa a apreciá-la, introduzindo as sementes de cacau na Europa no século XVI. No início, a disponibilidade era limitada, mas no século XVIII ele já havia se difundido por quase toda a Europa. Ainda era consumido na forma de uma bebida, embora os europeus tenham se dado conta de que apreciavam mais uma versão adoçada. O cacau também era usado como remédio e como especiaria na cozinha.

No início do século XIX, um holandês chamado van Houten desenvolveu um processo para retirar grande parte da manteiga de cacau das sementes, usando uma prensa robusta. Ele também descobriu que se o cacau fosse processado com a adição de uma base (álcali), o produto final ficava com um sabor mais suave e uma cor mais escura. Esse processo é usado ainda hoje para preparar o chocolate em pó solúvel.

A invenção de van Houten permitiu o desenvolvimento dos processos modernos de produção do chocolate, bem como o uso do chocolate para a elaboração de bombons e outros confeitos. Os fabricantes descobriram que, ao se adicionar a manteiga de cacau de volta à semente moída, criava-se uma pasta lisa, que endurecia depois de fria. Em 1842, os irmãos Cadbury começaram a vender chocolate em barras na Inglaterra. No século XIX, o suíço Rudolphe Lindt inventou o processo de conchagem (descrito no texto ao lado) para produzir um chocolate mais refinado. Mais ou menos na mesma época, outro suíço, Daniel Peter, criou o chocolate ao leite ao acrescentar leite em pó à massa de chocolate (o leite em pó havia sido inventado por Henri Nestlé).

mente incorporada à mistura, que é moída e agitada por horas – ou até mesmo dias – para desenvolver uma textura fina e cremosa. Geralmente, os chocolates melhores e mais caros devem sua textura superior a um longo período de conchagem. Por fim, o chocolate líquido passa pela temperagem, conforme explicado a seguir, e é despejado em moldes para ser vendido como chocolate.

Chocolate cobertura (*couverture*)

Os tipos básicos de chocolate foram introduzidos no Capítulo 4. Faça uma revisão das páginas 91 a 94 e, em especial, observe a diferença entre **chocolate cobertura** e **cobertura hidrogenada** ou **blend de chocolate**. Originalmente, o único tipo de gordura que o chocolate cobertura (*couverture*) contém é a manteiga de cacau. A cobertura hidrogenada contém outros tipos de gordura, que tornam o trabalho mais fácil e o custo menor. Neste capítulo, no entanto, o chocolate usado é sempre o chocolate cobertura e outros de qualidade semelhante, como o **chocolate fondant** ou **chocolate tipo suíço**.

São três os principais ingredientes do chocolate cobertura:

- ◆ Cacau em pó
- ◆ Açúcar
- ◆ Manteiga de cacau

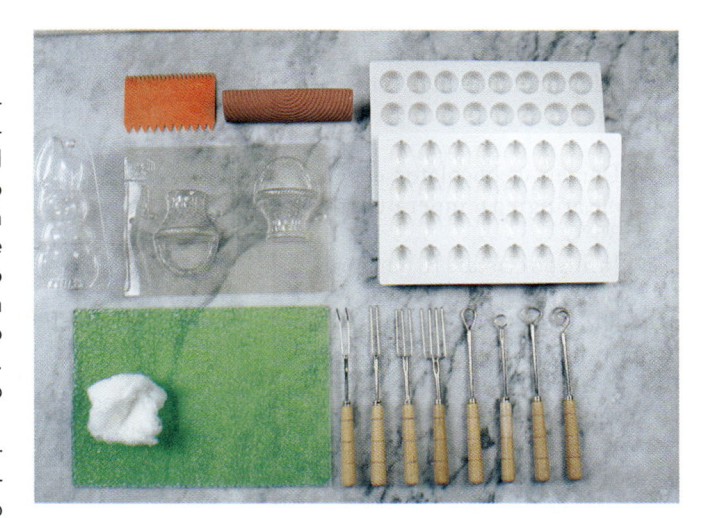

Além disso, pode conter pequenas quantidades de saborizantes (como a baunilha) e emulsificantes (como a lecitina). Nos EUA, uma barra de chocolate de uso profissional pode apresentar uma combinação numérica no rótulo do tipo 65/35/38. Os dois primeiros algarismos referem-se à proporção de cacau em pó com relação ao açúcar – nesse exemplo, 65% de cacau e 35% de açúcar. O último número representa o teor de gordura (38% nesse caso), o que indica a viscosidade do chocolate. Quanto maior a concentração de gordura, mais líquido o chocolate fica ao ser derretido. Um chocolate cobertura de boa qualidade deve conter pelo menos 31% de manteiga de cacau.

As quantidades de cacau e açúcar determinam se o chocolate é **amargo ou meio amargo**. Quanto maior a porcentagem de cacau, menor a de açúcar. Um chocolate meio amargo, em geral, contém 50 a 60% de cacau. Chocolates com porcentuais mais altos de cacau são chamados de amargos. Em geral, a concentração mais alta de cacau fica em torno de 75%.

O **chocolate ao leite** contém leite em pó, além do cacau e do açúcar. Em geral, a porcentagem de cacau é de cerca de 35% e a de açúcar abaixo dos 55%. O **chocolate branco**, em tese, não poderia ser chamado de chocolate, pois não contém cacau, mas apenas manteiga de cacau, açúcar, leite em pó e saborizantes.

Neste capítulo, toda vez que o termo chocolate cobertura é usado sem especificação, refere-se aos chocolates amargo e meio amargo. Se o chocolate for ao leite ou branco, essa informação estará explícita.

Acessórios para o trabalho com chocolate. Em sentido horário, a partir do canto superior esquerdo: pente plástico dentado; texturizador para veios de madeira; formas para bombons; garfo para bombom; tapete plástico texturizado; chumaço de algodão para polir formas e folhas de acetato; formas para chocolates.

Temperagem

A maioria dos trabalhos com chocolate não funciona quando o chocolate é simplesmente derretido. O chocolate demora muito para secar e, quando seca, não tem o brilho e a textura desejados. O procedimento de preparo do chocolate para ser usado como cobertura ou para moldagem é chamado de **temperagem** ou têmpera.

A necessidade da temperagem do chocolate pode ser explicada da seguinte forma: a manteiga de cacau é composta por vários ácidos graxos. Alguns deles derretem em temperaturas baixas, outros em temperaturas altas. As gorduras que derretem em temperaturas mais altas são, obviamente, as que se solidificam primeiro quando o chocolate esfria. São elas que dão qualidade e brilho ao chocolate, além de deixá-lo estaladiço (o chocolate de boa qualidade que passa por uma temperagem adequada estala ao ser quebrado). O objetivo da temperagem é criar uma estrutura de cristais de gordura bem pequenos no chocolate. No chocolate derretido e temperado, as gorduras que derretem em temperaturas mais altas começam a se solidificar em cristais minúsculos, que ficam distribuídos por toda a mistura. Quando o chocolate esfria, endurece mais rapidamente porque esses cristais menores atuam como polos ao redor dos quais o chocolate restante se cristaliza.

Em suma, o chocolate endurece mais rapidamente e fica mais brilhante depois de passar pela temperagem. O chocolate que é apenas derretido demora muito para secar. Sua textura não é tão boa. Ele tem uma aparência fosca, pois parte da manteiga de cacau migra para a superfície, deixando-a esbranquiçada (fenômeno que recebe o nome de **bloom**).

O procedimento de derretimento e temperagem do chocolate consiste em três etapas. As temperaturas adequadas para cada uma delas dependem do tipo de chocolate e de sua composição exata. A tabela abaixo indica a faixa de temperatura apropriada para os tipos mais comuns de chocolate. O fabricante ou fornecedor deve ser capaz de indicar a temperatura exata mais adequada para seus produtos.

1. **Derretimento.** O chocolate é colocado em uma panela ou tigela, que é apoiada sobre outra com água quente até derreter. Não deve ser derretido diretamente no fogo porque o chocolate pode ser facilmente prejudicado pelo calor, que destrói não apenas sua textura, mas seu sabor. Mexa o chocolate constantemente enquanto ele derrete. Sua temperatura deve ficar alta o bastante para derreter completamente todas as gorduras, inclusive as que derretem em temperaturas mais altas. Consulte a tabela abaixo.

2. **Resfriamento ou pré-cristalização.** Assim que o chocolate derrete, é retirado da fonte de calor. Então, é resfriado, por completo ou em parte, até que esteja espesso e pastoso. A essa altura, formam-se os minúsculos cristais de gordura.

3. **Reaquecimento.** Nesse ponto, o chocolate está espesso demais para ser usado, por isso deve ser ligeiramente reaquecido. Coloque-o novamente sobre uma panela com água fervente até que atinja a temperatura e espessura adequadas. Esse procedimento deve ser executado com cuidado. Não deixe que o chocolate atinja uma temperatura acima da recomendada. Se isso acontecer, muitos dos cristais de gordura derreterão, e o chocolate não estará mais temperado, tornando necessária a repetição do procedimento. Se o chocolate estiver muito espesso ao atingir a temperatura correta, junte um pouco de manteiga de cacau derretida. Não tente deixá-lo mais líquido por meio do aquecimento.

✢⟨ CRISTAIS ⟩✢ DE MANTEIGA DE CACAU NA FORMA B (BETA)

A tecnologia trouxe simplificação para a tarefa capciosa de temperagem do chocolate. Nos EUA, estão à venda cristais de manteiga de cacau do tipo B-6 — a forma mais estável. A simples adição desses cristais ao chocolate derretido cumpre com facilidade a função da têmpera. Para usar esses cristais na temperagem do chocolate, siga estes três passos:

1. Derreta o chocolate e espere ele atingir a temperatura de 35°C.
2. Junte os cristais B-6 na proporção de 1% do peso do chocolate (p. ex., para 1 kg de chocolate, acrescente 10 g de cristais). Mexa bem, para que fique bem distribuído.
3. Espere 10 minutos. O chocolate está temperado e pronto para ser usado.

Temperaturas ideais para a temperagem do chocolate

Processo	Chocolate amargo e meio amargo	Chocolate ao leite e branco
Derretimento	50° a 55°C	45° a 50°C
Pré-cristalização (resfriamento)	27° a 29°C	26° a 28°C
Reaquecimento	30° a 32°C	29° a 30°C

Fabricantes e confeitarias especializadas usam derretedeiras profissionais, com controle automático da temperatura e do tempo, para derreter, temperar e reaquecer o chocolate. Estabelecimentos menores, no entanto, usam um dos dois métodos disponíveis para fazer a temperagem de quantidades pequenas de chocolate. No primeiro apresentado a seguir, talvez o mais popular, a temperagem é feita trabalhando-se o chocolate derretido sobre uma pedra fria e lisa (**tablage** em francês). O segundo, por **difusão**, prevê a incorporação de uma quantidade de chocolate picado ao já derretido.

Uma vez temperado o chocolate, ele está pronto para ser usado como cobertura, para moldar ou para outros usos. As seções a seguir descrevem os procedimentos necessários para produzir vários itens de chocolate.

Como fazer a temperagem do chocolate

Método 1: espalhando sobre o mármore (tablage)

Cuidado: Em todas as etapas do procedimento, não deixe o chocolate entrar em contato com nenhum tipo de umidade.

1. Usando uma faca pesada, pique o chocolate em pedaços pequenos. Transfira para uma tigela de inox.

2. Apoie a tigela sobre uma panela de água quente. Mexa o chocolate sem parar, para que derreta de maneira uniforme.

3. Continue mexendo até que esteja totalmente derretido e atinja a temperatura ideal, conforme indicado na tabela da página ao lado.

4. Retire a tigela de cima da panela com água. Enxugue bem a umidade que se condensou na parte de fora da tigela, para evitar que entre em contato com o chocolate.

5. Despeje cerca de dois terços do chocolate sobre uma pedra lisa (A). Usando uma espátula de metal e um rapa, espalhe o chocolate e junte-o novamente, em movimentos rápidos e repetitivos, para que esfrie por igual (B).

6. Quando atingir a temperatura correta (26 a 29°C, conforme indicado na tabela da p. 640), ele adquirirá uma consistência pastosa. Junte-o rapidamente e coloque-o de volta na tigela com o chocolate derretido restante (C).

7. Misture e reaqueça sobre uma panela com água quente até atingir a temperatura ideal (29 a 32°C, dependendo do tipo de chocolate). Não aqueça além da temperatura indicada. O chocolate está pronto para ser usado.

Variação

Em vez de resfriar o chocolate sobre o mármore no passo 5, alguns *chefs* preferem mergulhar o fundo da tigela em uma bacia com água gelada e mexer até o chocolate atingir a temperatura ideal. Em seguida, o chocolate é levado de volta ao banho-maria quente, como no passo 7. O chocolate cuja temperagem é feita por este método pode ficar com uma qualidade inferior, além de ser maior o risco de incorporação de água à mistura. Por outro lado, tem a vantagem de ser mais rápido.

Método 2: juntando pedaços de chocolate (por difusão)

1. Pique o chocolate a ser derretido em pedaços pequenos, como no método 1.

2. Rale uma barra de chocolate temperado e reserve.

3. Derreta a primeira quantidade de chocolate como no método 1.

4. Retire a tigela de cima da panela com água quente. Comece a juntar o chocolate ralado reservado, aos poucos e mexendo sem parar.

5. Conforme o chocolate derrete, junte mais. Mexa até que todo o chocolate tenha sido incorporado e a mistura atinja a temperatura ideal (não junte o chocolate muito rapidamente, ou ele pode não derreter).

6. Reaqueça novamente em banho-maria, como no método 1.

Todo o trabalho com chocolate temperado deve ser feito em ambiente cuja temperatura varie entre 18 e 25°C. Se a temperatura for mais baixa, o chocolate começará a endurecer rapidamente e será difícil trabalhar com ele. Se for mais alta, demorará muito para firmar; além disso, a pedra ou mármore usados na temperagem não estarão suficientemente frios para que a técnica funcione.

COMO MOLDAR O CHOCOLATE

É **possível moldar o chocolate**, pois ele contrai-se ao endurecer. Assim, descola-se do molde, podendo ser facilmente retirado. Os moldes, também chamados de formas, são feitos de metal ou plástico. Devem ser mantidos limpos e secos, e seus interiores devem ser brilhantes e livres de riscos. Se a superfície estiver arranhada, o chocolate grudará.

Para garantir que o molde fique completamente limpo, segure-o por alguns minutos sobre uma fonte de vapor, e então dê polimento à(s) cavidade(s) com um pedaço de algodão. Certifique-se de que está completamente seco antes de despejar o chocolate.

O procedimento usado para moldar trufas, bombons e outros confeitos cobertos de chocolate está na última parte deste capítulo. No que se segue, tratamos da moldagem de elementos decorativos e peças artísticas de chocolate.

Os ovos de chocolate são uma das formas mais simples para moldar, e sua técnica de preparo serve de exemplo para outras usadas na moldagem de itens diversos. O procedimento na página ao lado descreve sua moldagem detalhadamente. Na sequência, apresentamos uma discussão mais geral sobre os demais tipos de moldes e formas e como usá-los.

Os procedimentos descrevem a produção de itens com apenas uma cor de chocolate. É possível também usar cores contrastantes para criar um efeito decorativo. Isso pode ser feito aplicando-se primeiramente uma das cores no interior do molde, e depois a outra. Use a mesma técnica descrita na seção sobre formas decorativas de chocolate, a seguir.

Moldes de duas partes são usados para fazer produtos de chocolate ocos e maciços. Eles podem ser de dois tipos: completamente fechados ou com uma abertura embaixo. O primeiro passo para usar qualquer um deles é cobrir seu interior com uma camada fina de chocolate temperado, usando um pincel macio. Em geral, essa etapa é omitida, embora seja recomendável, pois elimina pequenas bolhas de ar que poderiam causar imperfeições na superfície do chocolate. Quando estiver firme, mas ainda maleável, prossiga com a moldagem.

Para usar moldes de duas partes com uma abertura embaixo, una as metades. Despeje chocolate temperado pelo orifício até o molde ficar quase cheio. Dê algumas batidinhas no molde usando um bastão, para liberar as bolhas de ar. Um pouco depois, vire o molde sobre a panela, deixando que o chocolate escorra de volta – o interior ficará coberto com uma camada fina. Coloque o molde, com o lado aberto virado para baixo, sobre uma folha de papel-manteiga. Um pouco mais de chocolate escorrerá do interior, vedando o orifício. Deixe em local fresco até endurecer, então separe as metades do molde e retire o chocolate pronto.

Se estiver usando moldes de plástico, é fácil ver quando o chocolate está pronto, pois ele descola da superfície. Os moldes de metal, no entanto, devem ser deixados em repouso até que não reste dúvida de que o chocolate endureceu.

Para usar moldes sem abertura, encha uma das metades com chocolate suficiente para cobrir toda a superfície de ambas as metades. Feche com a segunda metade e prenda bem. Vire o molde em todos os sentidos, várias vezes, para cobrir toda a superfície interna. Dê batidinhas leves no molde ao longo do processo para liberar as bolhas de ar. Deixe esfriar, sem mexer, até que esteja firme; então, desenforme.

Como moldar ovos de chocolate

Método 1

1. Use um chumaço de algodão para polir o interior dos moldes.

2. Usando um pincel limpo e seco, espalhe um pouco de chocolate temperado no interior das cavidades. Certifique-se de que toda a superfície está coberta com uma camada uniforme.

3. Deixe repousar até o chocolate começar a ficar firme. Não espere ele endurecer.

4. Usando um rapa, elimine o excesso de chocolate acumulado nas bordas para que elas se encaixem perfeitamente depois de prontas.

5. Deixe em local fresco até que o chocolate tenha endurecido completamente.

6. Vire o molde e bata de leve na superfície para desenformar. Para evitar marcas de digitais na superfície brilhante dos ovos, manuseie-os usando luvas descartáveis.

7. Para colar duas metades de ovo, use um destes dois métodos:

   ◆ Usando um cone de papel, deposite uma linha de chocolate temperado ao longo de toda a borda de umas das metades e, então, junte a outra metade e pressione-as uma contra a outra.

   ◆ Coloque uma das metades, com a boca virada para baixo, sobre uma assadeira morna e deixe por alguns segundos, para derreter ligeiramente a borda, e então cole a outra metade.

8. Use a ponta de uma faquinha para limpar o excesso de chocolate da emenda.

Método 2

1. Use um chumaço de algodão para polir o interior dos moldes.

2. Encha a cavidade com chocolate temperado até que ele comece a transbordar.

3. Vire o molde sobre a panela com o chocolate para que o chocolate caia de volta, deixando apenas uma camada fina no interior do molde.

4. Apoie os moldes, com a abertura virada para baixo, sobre dois palitos de churrasco colocados sobre uma folha de papel-manteiga, para que o excesso escorra.

5. Continue no passo 3 do método 1.

ELEMENTOS DECORATIVOS DE CHOCOLATE

O chocolate temperado pode ser usado para fazer uma série de elementos decorativos, para guarnecer bolos, tortas e outros itens. Alguns dos mais populares são apresentados a seguir.

Recortes de chocolate

Use um chumaço de algodão para polir uma folha de acetato. Despeje um pouco de chocolate temperado sobre o acetato e espalhe com uma espátula para bolo, formando uma camada fina. Deixe repousar até que o chocolate comece a ficar fosco e firme, mas ainda maleável. Corte nos formatos desejados, usando uma faquinha afiada ou cortadores de metal ligeiramente aquecidos. Não tente retirar os formatos do acetato nessa etapa. Deixe esfriar até que o chocolate esteja duro e o acetato possa ser facilmente descolado do chocolate.

Para criar diversos padrões e texturas, o acetato pode ser coberto com duas cores de chocolate. Eis algumas das técnicas mais simples e mais usadas:

1. Use umas das cores de chocolate para respingar uma folha de acetato. Espere esfriar e, então, cubra toda a superfície com a cor contrastante.

2. Usando um cone de papel, decore o acetato com um trançado de uma cor de chocolate. Espere esfriar e cubra toda a superfície com o chocolate de cor contrastante.

3. Com um cone de papel, faça bolas de uma cor de chocolate a intervalos regulares. Espere esfriar e cubra toda a superfície com o chocolate de cor contrastante.

4. Espalhe uma cor de chocolate sobre a folha de acetato e então passe um pente dentado para formar listras (use a mesma técnica empregada para a lâmina de *joconde*, p. 411). Então, espalhe a cor contrastante por cima.

5. Use *transfers* para chocolate, que são folhas de acetato com padrões decorativos impressos. Use normalmente, como se fosse uma folha de acetato comum; certifique-se de que o lado com os padrões está virado para cima, em contato com o chocolate. Depois que a camada de chocolate endurecer, descole o acetato – os desenhos ficarão impressos no chocolate. É possível encomendar *transfers* com padrões específicos, por exemplo, o logo do estabelecimento.

6. Para marmorizar, junte um pouco de chocolate branco temperado ao chocolate marrom temperado; misture ligeiramente, sem incorporá-los um ao outro (primeiro quadro à esquerda). Então, despeje sobre o acetato.

Misture os chocolates branco e escuro muito delicadamente para marmorizar.

Despeje um pouco sobre uma folha de acetato.

Levante o acetato e incline-o em todas as direções até que o chocolate tenha coberto a superfície.

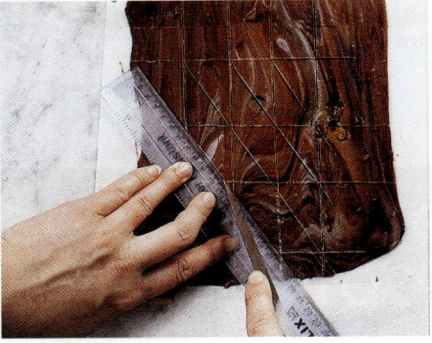

Quando o chocolate ficar fosco e começar a firmar, mas antes de ficar duro, corte nos formatos desejados usando uma faca afiada ou rapa de metal.

Pedaços de chocolate escuro decorados com riscos de chocolate branco e pedaços de chocolate marmorizado.

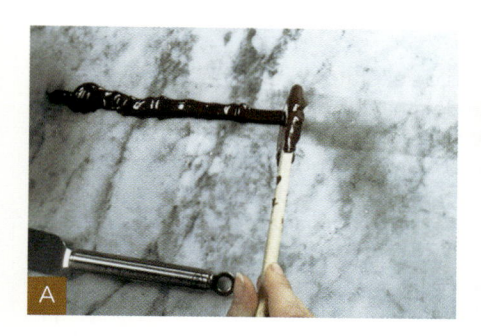
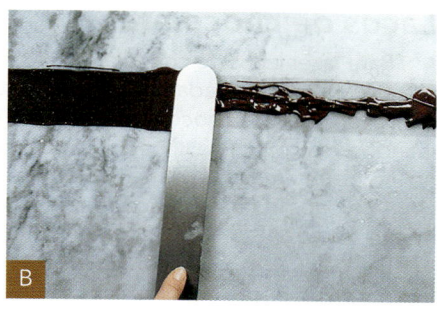

Tiras de chocolate

Tiras de acetato podem ser cobertas decorativamente com chocolate, da mesma forma que as folhas inteiras. As tiras de chocolate podem ser usadas de várias formas, por exemplo, para montar laços para peças decorativas (p. 646), para forrar aros modeladores para tortas geladas etc. O procedimento para cobrir tiras de acetato com chocolate temperado é similar ao usado para cobrir folhas inteiras, como descrito acima. Use uma espátula para bolo para espalhar o chocolate em uma camada fina, cobrindo a tira. Então, levante a tira com cuidado e passe os dedos pelas laterais, removendo o excesso de chocolate e deixando a beirada lisa e uniforme.

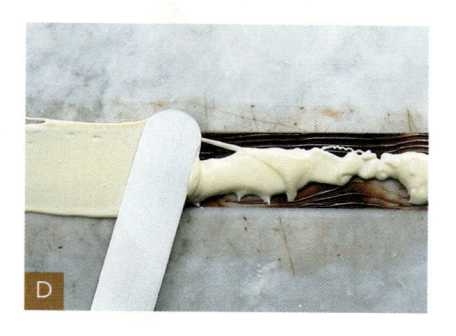

As tiras de chocolate também podem ser decoradas com padrões de duas cores, usando as mesmas técnicas descritas anteriormente. Uma outra técnica, usada para criar um padrão que imita os veios da madeira, requer um acessório específico, mostrado na foto da página 639.

1. Despeje um pouco de chocolate escuro sobre uma tira de acetato (A) e, com uma espátula para bolo, espalhe-o em uma camada bem fina, cobrindo a tira (B).

2. Passe o acessório próprio para criar a textura de veio de madeira sobre a tira, girando-o e arrastando-o para criar o padrão (C). Deixe repousar por alguns minutos para que o chocolate fique firme.

3. Espalhe uma camada de chocolate branco temperado por cima (D).

4. Levante a tira e passe os dedos pelas laterais, removendo o excesso de chocolate (E). O padrão formado pode ser visto pelo acetato (F).

5. Encaixe a tira dentro do aro modelador e deixe que termine de endurecer (G). Esta tira é usada no preparo do Bolo Juliana (p. 473). Para criar um aro de chocolate mais grosso, como o usado para a caixa de bombons mostrada na página 643, espalhe uma camada mais grossa de chocolate sobre a tira.

Laços de chocolate

Para fazer laços de chocolate, corte tiras de acetato do tamanho desejado. Cubra-as com uma camada fina de chocolate de uma cor, ou de duas cores, formando padrões. Espere o chocolate ficar fosco e começar a firmar, então curve a tira, formando uma gota; use clipes de papel para manter as pontas unidas. Se necessário, coloque uma gota de chocolate temperado entre as duas pontas usando um cone de papel, para que fiquem bem presas. Deixe esfriar até endurecerem totalmente.

Descole as tiras de acetato do chocolate (A). Corte as pontas formando ângulos, para que encaixem umas nas outras (B). Para grudar as partes do laço, aplique um pouco de chocolate temperado com um cone de papel (C). Monte-o aos poucos. Segure cada nova peça colada até que esteja firmemente presa (D).

Pode-se usar gotas de chocolate como essas, mas maiores, para servir sobremesas como musse de chocolate. Coloque a gota sobre o prato de servir, como se fosse um aro, e use um saco de confeitar para preencher a cavidade com o musse.

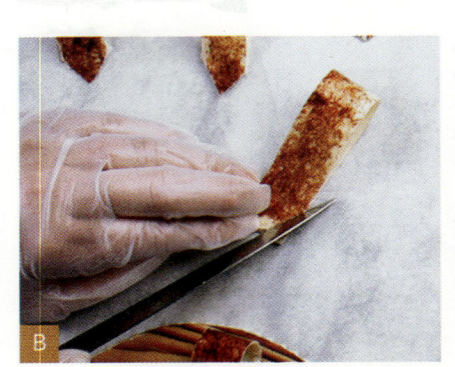

Cigarettes e raspas de chocolate

Pode-se usar chocolate derretido para fazer esses elementos decorativos. O temperado também pode ser usado, mas não há necessidade. Para os *cigarettes*, espalhe o chocolate formando uma tira longa sobre uma superfície de mármore. Espere o chocolate esfriar. Ele deve estar completamente firme, mas não duro e quebradiço. Se ficar duro demais, aqueça-o ligeiramente, esfregando a superfície com a palma das mãos. Segure uma rapa de metal em ângulo em frente a uma das pontas da tira e empurre-o lentamente, formando os rolinhos (A).

Para fazer raspas e lascas, risque a tira de chocolate com a ponta de uma faca (B) e, então, raspe com uma faca (C).

Placas e leques de chocolate

Placas ou lâminas de chocolate são usadas para cobrir bolos, tortas e outras sobremesas (ver p. 374 e 466). Leques de chocolate são usados na decoração. Como no caso dos *cigarettes* e das raspas, não é preciso usar chocolate temperado. Pode-se apenas derreter o chocolate antes da modelagem.

Aqueça uma assadeira rasa de 33 x 46 cm no forno a 160°C por 4 minutos. Use assadeiras limpas e sem arranhões; de preferência, separe uma somente para esse fim. A assadeira deve ficar quente, mas não a ponto de ser impossível segurá-la com a mão. (O aquecimento da forma tem por objetivo permitir que você faça uma camada bem fina de chocolate; tome cuidado, no entanto, para não aquecê-la demais. Alguns *chefs* preferem usar assadeiras frias). Sobre o fundo da assadeira virada, espalhe o chocolate derretido em uma camada fina e uniforme. Espere esfriar até o chocolate ficar fosco, então leve à geladeira até endurecer. Retire da geladeira e deixe voltar à temperatura ambiente.

Para fazer placas, deslize o rapa contra a assadeira e, com a outra mão, levante a tira de chocolate que vai se formando (A). Segure-a com muito cuidado, sem apertar (B). Depois de cobrir as laterais da sobremesa (C), faça mais placas para cobrir a parte de cima (D). Use mais uma placa para formar um babado na parte de cima (E). Finalize com babados menores (F), tocando-os o mínimo possível para que não derretam (G) (a sobremesa ilustrada aqui é Folhas de outono).

Para fazer leques, prepare tiras de chocolate, como para as placas, mas apoie o dedão sobre um dos cantos do rapa, de forma que o chocolate fique franzido daquele lado (A). Com cuidado, endireite os contornos do babado, conforme a necessidade (B).

Chocolate para confeitar

Com o auxílio de um cone de papel, conforme descrito no Capítulo 17, o chocolate temperado pode ser usado na decoração de bolos, tortas e outras sobremesas. Ele pode ser aplicado diretamente sobre a superfície da sobremesa, ou então sobre papel-manteiga, formando desenhos. Depois de secos, os desenhos podem ser descolados do papel e usados na decoração da sobremesa. Dessa forma, é possível preparar os elementos decorativos com antecedência e tê-los sempre à mão.

O chocolate temperado é adequado apenas para fazer decorações pequenas, como as das bombas e carolinas (ver p. 339), mas é ralo demais para a maioria dos usos em confeitagem. Para obter uma consistência adequada para confeitar, junte um pouco de calda de açúcar morna ao chocolate temperado. Isso fará com que ele engrosse imediatamente. Sem parar de mexer, junte mais calda, muito lentamente, até que o chocolate atinja a consistência desejada.

Massa de chocolate para modelar

A massa de chocolate para modelar é uma pasta firme que pode ser modelada à mão para criar uma variedade de formatos, como se faz com o marzipã. Basta incorporar uma parte de xarope de glucose de milho, que deve estar na mesma temperatura do chocolate, para cada duas partes de chocolate derretido. Misture bem. Coloque em um recipiente hermeticamente fechado e deixe repousar por pelo menos uma hora. Trabalhe a mistura até obter uma massa maleável.

Spray de chocolate

Um compressor comum de pintura pode ser usado para cobrir superfícies com chocolate líquido. Ao ser expelido em forma de *spray*, o chocolate dá uma aparência aveludada a bolos, tortas e peças artísticas.

Para que o chocolate passe pelo orifício do compressor, dilua-o com manteiga de cacau derretida. Não é possível fornecer uma quantidade exata, já que a concentração de manteiga de cacau dos chocolates varia consideravelmente.

Compressor para borrifar chocolate sobre um molde vazado

TRUFAS E OUTRAS IGUARIAS DE CHOCOLATE

As trufas de chocolate recebem este nome por causa de sua semelhança com as trufas, o fungo subterrâneo aromático tão apreciado pelos *gourmets*.

Em sua forma mais simples, as **trufas de chocolate** são basicamente bolas de *ganache* – a mistura espessa de chocolate e creme de leite, introduzida no Capítulo 12. O *ganache* pode ser feito não apenas com chocolate amargo e meio amargo, mas com chocolate branco e ao leite. Muitos aromatizantes e outros ingredientes podem ser adicionados para criar uma infinidade de sabores. Reveja a seção sobre o *ganache* na página 275.

O acabamento mais simples e mais popular para a trufa é simplesmente cobrir as bolinhas irregulares de ganache com cacau em pó. Essa técnica é usada na primeira receita desta seção, Trufas de chocolate amargo.

Pode-se também mergulhar as trufas em chocolate ou usar o *ganache* para rechear bombons.

Como cobrir confeitos com chocolate

Para quem trabalha com confeitaria, as técnicas de cobrir bombons com chocolate ou moldá-los em formas e moldes são procedimentos básicos. Para cobrir bombons ou itens pequenos como frutas secas ou oleaginosas com chocolate, há dois procedimentos básicos.

Primeiro método: coloque os itens a serem cobertos sobre a superfície do chocolate temperado. Com a ajuda de um garfo para bombom, vire o item, para que fique totalmente coberto, e suspenda-o no ar. Bata o garfo de leve contra a beirada da tigela algumas vezes para alisar a superfície da cobertura. Passe a base do garfo na beirada da tigela para eliminar o excesso de chocolate e deposite o item coberto sobre uma folha de papel-manteiga. Para fazer marcas em baixo-relevo sobre a superfície, pressione levemente a parte de cima com o garfo para bombom. Há vários formatos de garfo, e cada um deixa uma marca diferente no chocolate; pode-se usar garfos distintos para cada recheio. Deixe esfriar até endurecer.

Segundo método: cubra com as mãos. Para preparar trufas a partir deste método, use um saco de confeitar para depositar porções de ganache sobre papel-manteiga (A). Usando luvas plásticas, enrole as bolinhas entre as mãos polvilhadas com um pouco de amido de milho (B). Ainda usando as luvas, cubra as trufas com uma camada fina de chocolate temperado enrolando-a entre as palmas das mãos cobertas de chocolate (C). Transfira para uma tigela com cacau em pó (D). Role as trufas pelo chocolate e, usando um garfo para bombom, transfira-as para uma peneira. Sacuda para eliminar o excesso (E).

Como moldar chocolates usando formas

Chocolates e bombons pequenos são preparados em formas ou moldes da mesma maneira que os ovos de páscoa e os chocolates grandes maciços. Qualquer um dos métodos descritos anteriormente pode ser usado. O procedimento apresentado aqui exemplifica o primeiro método. Ele mostra como fazer chocolates brancos marmorizados e recheados com *ganache* de chocolate meio amargo. Outras técnicas decorativas, como as descritas na página 644, também podem ser usadas no preparo de bombons.

Primeiramente, prepare as formas: segure-as sob uma fonte de vapor e, em seguida, use um chumaço de algodão para polir as cavidades, certificando-se de que estejam bem limpas, secas e lisas (A). Pincele parte da superfície da cavidade com chocolate meio amargo temperado, para criar um efeito marmorizado ou riscado (B). Cubra com uma camada de chocolate branco (C). Espere endurecer. Repita o procedimento para obter uma camada mais espessa, se desejar. Após a adição de cada nova camada, é preciso eliminar o excesso de chocolate das beiradas raspando a superfície da forma com um rapa. Isso deve ser feito antes de o chocolate endurecer demais. Senão, a aparência do produto final ficará comprometida, aumentando a probabilidade de o recheio não ficar bem vedado.

Preencha as cavidades com o recheio de *ganache* (D). Não encha demais, e não deixe que o recheio toque a borda dos chocolates. Caso contrário, será impossível selar os bombons com a camada final de chocolate.

Usando um cone de papel, finalize com uma camada de chocolate branco temperado (E). Elimine o excesso das beiradas (F). Se o recheio for mole, é imprescindível usar o cone de papel para este passo. No caso de recheios mais firmes, espalhe chocolate branco sobre toda a superfície da forma, usando uma espátula para bolo, até que todas as cavidades estejam preenchidas e bem vedadas.

Para desenformar os bombons, vire a forma sobre uma folha de papel-manteiga. A maioria sairá com facilidade. Se necessário, bata o molde de leve na bancada para liberar os chocolates restantes.

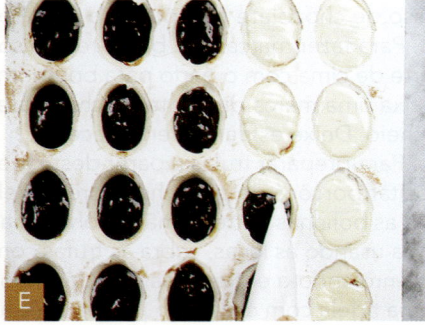

TRUFAS DE CHOCOLATE AMARGO

Rendimento: cerca de 75 trufas de 10 g cada

Ingredientes	Quantidade	Modo de fazer
Ganache		1. Aqueça o creme de leite e a essência de baunilha até quase ferverem.
Creme de leite fresco	225 g	
Essência de baunilha	2,5 g	2. Despeje sobre o chocolate, em uma tigela. Mexa até que esteja completamente derretido e bem incorporado. Espere esfriar até que a mistura esteja ligeiramente morna.
Chocolate cobertura amargo ou meio amargo, picado	500 g	
Manteiga	60 g	3. Acrescente a manteiga, batendo até que ela derreta e fique totalmente incorporada.
Camada externa		
Cacau em pó	conforme necessário	4. Deixe a mistura repousar até começar a endurecer e, então, coloque em um saco de confeitar com um bico perlê médio.

5. Deposite o *ganache*, em pequenas porções (cerca de 2 colheres de chá) sobre uma assadeira forrada com papel-manteiga. Leve à geladeira até firmar.

6. Enrole as porções de *ganache* uma por uma entre as mãos para deixá-las redondas; em seguida, passe-as pelo cacau em pó.

7. Transfira para uma peneira e sacuda para eliminar o excesso.

BOMBOM DE BANANA

Rendimento: cerca de 120 bombons de 9 g cada

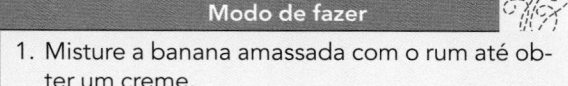

Ingredientes	Quantidade	Modo de fazer
Bolinhas de *ganache*		1. Misture a banana amassada com o rum até obter um creme.
Banana amassada	150 g	
Rum	20 g (4 colheres de chá)	2. Aqueça o creme de leite, a manteiga e o mel até a mistura ferver. Retire do fogo.
Creme de leite fresco	100 g	3. Derreta os chocolates amargo/meio amargo e ao leite e junte à mistura de creme de leite.
Manteiga	20 g (4 colheres de chá)	
Mel	100 g	4. Acrescente a banana. Espere esfriar completamente.
Chocolate cobertura ao leite	125 g	
Chocolate cobertura amargo ou meio amargo	100 g	5. Prepare as formas: segure-as sob uma fonte de vapor e, em seguida, use um chumaço de algodão para polir as cavidades.
Camada externa		
Chocolate cobertura amargo ou meio amargo, temperado	200 g	6. Pincele cada cavidade parcialmente com um pouquinho de chocolate escuro temperado, espere endurecer e, então, pincele com o chocolate branco, para dar um efeito marmorizado. Raspe o excesso das bordas (se desejar, pincele uma segunda camada de chocolate branco para obter uma camada mais espessa).
Chocolate cobertura branco, temperado	600 g	

Nota: a quantidade de chocolate necessária para a camada externa é aproximada. Para que não falte chocolate temperado na hora de finalizar os bombons, a quantidade indicada é um pouco maior do que a necessária.

7. Coloque o *ganache* em um saco de confeitar com um bico perlê estreito e encha as cavidades até três quartos de sua capacidade.

8. Vede a base depositando uma camada de chocolate branco sobre o recheio, usando um cone de papel. Raspe o excesso de chocolate da superfície e espere endurecer antes de desenformar.

TRUFAS DE LARANJA

Rendimento: cerca de 125 trufas de 9 g cada

Ingredientes	Quantidade	Modo de fazer
Creme de leite fresco	120 g	
Suco de laranja, coado	30 g	
Licor de laranja	90 g	
Manteiga	60 g	
Gema	50 g	
Açúcar	50 g	
Chocolate amargo ou meio amargo, picado	215 g	
Camada externa Chocolate cobertura amargo ou meio amargo	600 g	

Nota: a quantidade de chocolate necessária para a camada externa é aproximada. Para que não falte chocolate temperado na hora de finalizar os bombons, a quantidade indicada é um pouco maior do que a necessária.

1. Misture o creme de leite, o suco de laranja, o licor de laranja e a manteiga em uma panela e leve ao fogo.

2. Em uma tigela, bata as gemas com o açúcar até obter um creme esbranquiçado.

3. Aos poucos, junte a mistura de creme de leite quente às gemas, batendo sempre.

4. Coloque a mistura de volta na panela e leve ao fogo alto; assim que ferver, retire do fogo.

5. Coe dentro da tigela com o chocolate. Mexa até que o chocolate tenha dissolvido completamente e a mistura esteja homogênea.

6. Deixe a mistura esfriar até começar a endurecer. Isso pode levar 1 hora ou mais, dependendo da temperatura ambiente. Se necessário, a mistura pode ser resfriada rapidamente, mas não deixe que endureça demais. Coloque em um saco de confeitar com um bico perlê médio.

7. Deposite o *ganache*, em pequenas porções (cerca de 2 colheres de chá), sobre uma assadeira forrada com papel-manteiga. Leve à geladeira até firmar.

8. Enrole as porções de *ganache* uma por uma entre as mãos para deixá-las redondas, e então passe-as pelo cacau em pó. Coloque novamente sobre o papel-manteiga.

9. Cubra as trufas com uma camada de chocolate usando um destes dois métodos:

   ◆ Mergulhe algumas trufas no chocolate temperado e retire em seguida com o auxílio de um garfo para bombom; deixe secar em um recipiente forrado com papel-manteiga.

   ◆ Usando luvas descartáveis, enrole as trufas uma por uma entre as palmas das mãos cobertas com chocolate temperado, como mostrado na página 649; deixe secar em um recipiente forrado com papel-manteiga.

Espere a camada de chocolate endurecer completamente.

ROCHER COM AMÊNDOAS

Para calcular grandes quantidades, ver página 742

Ingredientes	Quantidade	Modo de fazer
Chocolate amargo ou meio amargo	100 g	
Pralina	150 g	
Tubetes para sorvete (*pailletines*), triturados	50 g	
Chocolate amargo ou meio amargo	150 g	
Amêndoas, tostadas e picadas	25 g	
Peso total:	*475 g*	

1. Derreta a primeira quantidade de chocolate em banho-maria.

2. Junte a pralina e mexa rapidamente.

3. Junte os tubetes triturados e misture bem.

4. Assim que a mistura começar a endurecer, mas antes que se solidifique, use uma colher de sopa para depositar porções de cerca de 12 g sobre uma assadeira forrada com papel-manteiga. Se desejar, enrole as porções entre as mãos, para que fiquem redondas.

5. Deixe endurecer em temperatura ambiente por 2 a 3 horas.

6. Faça a temperagem do chocolate restante e junte as amêndoas picadas.

7. Mergulhe as bolinhas, uma a uma, no chocolate temperado e retire com um garfo para bombom.

8. Coloque sobre uma assadeira forrada com papel-manteiga e espere endurecer.

BOMBOM TRUFADO DE LIMÃO

Rendimento: cerca de 110 bombons de 14 g cada

Ingredientes	Quantidade	Modo de fazer
Recheio de *ganache*		
Leite	125 g	
Creme de leite fresco	125 g	
Glucose	50 g	
Chocolate cobertura branco, picado	500 g	
Suco de limão	100 g	
Camada externa		
Chocolate cobertura branco, temperado	800 g	

Nota: a quantidade de chocolate necessária para a camada externa é aproximada. Para que não falte chocolate temperado na hora de finalizar os bombons, a quantidade indicada é um pouco maior do que a necessária.

Modo de fazer

1. Aqueça o leite, o creme de leite e a glucose até que a mistura esteja aquecida e a glucose, dissolvida.

2. Junte a primeira quantidade de chocolate branco e mexa até obter uma mistura homogênea e cremosa.

3. Junte o suco de limão e bata bem.

4. Espere a mistura esfriar completamente. Coloque dentro de um saco de confeitar com um bico perlê estreito.

5. Prepare formas para meias-esferas segurando-as sob uma fonte de vapor e, em seguida, polindo as cavidades com um chumaço de algodão.

6. Pincele as cavidades com uma camada de chocolate branco temperado. Raspe o excesso das bordas. Repita o procedimento para obter uma camada mais espessa, se desejar. Espere endurecer completamente.

7. Encha até a borda com o *ganache*. Desenforme. Para cada bombom, una duas metades recheadas, formando uma bolinha.

8. Mergulhe em chocolate branco temperado, retire com um garfo para bombom e deixe secar sobre uma grade de metal. Para criar uma superfície texturizada, espere o chocolate firmar um pouco e então role as bolinhas pela grade de metal, marcando sua superfície. Espere esfriar completamente antes de retirar da grade de metal.

Modo de fazer alternativo

Use esferas ocas de chocolate previamente preparadas. Encha-as com o *ganache* usando um saco de confeitar com um bico perlê estreito e sele a abertura com chocolate branco temperado, usando um cone de papel. Mergulhe em chocolate temperado, conforme indicado no procedimento acima.

MUSCADINES

Rendimento: cerca de 45 bombons de 10 g cada

Ingredientes	Quantidade	Modo de fazer
Ganache		1. Derreta a primeira quantidade de chocolate e junte a pralina, mexendo.
Chocolate cobertura ao leite	200 g	2. Junte a água e misture até obter um creme homogêneo.
Pralina	30 g	3. Junte a manteiga e o licor. Resfrie em um banho-maria de gelo até que a mistura esteja firme o bastante para manter a forma.
Água, fervente	30 g	
Manteiga, amolecida	20 g (4 colheres de chá)	4. Coloque em um saco de confeitar com um bico pitanga grande (abertura de cerca de 1 cm de diâmetro). Deposite cordões da mistura sobre uma assadeira forrada com papel-manteiga. Corte em pedaços de 4 cm de comprimento. Leve à geladeira.
Licor de laranja (p. ex., Cointreau)	30 g	
Camada externa		5. Peneire açúcar de confeiteiro dentro de uma assadeira até obter uma camada de 1 cm de profundidade.
Açúcar de confeiteiro	conforme necessário	6. Faça a temperagem do chocolate ao leite e acrescente a manteiga de cacau.
Chocolate cobertura ao leite	250 g	7. Mergulhe cada pedaço de *ganache* gelado no chocolate e retire com um garfo para bombom, batendo-o de leve na beirada da tigela para eliminar o excesso. Coloque sobre o açúcar de confeiteiro. Agite a assadeira para que os chocolates fiquem cobertos pelo açúcar. Espere que endureçam totalmente antes de retirar do açúcar.
Manteiga de cacau, derretida	100 g	

TERMOS PARA REVISÃO

chocolate

sementes de cacau

liquor

conchagem

chocolate cobertura

cobertura hidrogenada

blend de chocolate

chocolate *fondant*

chocolate tipo suíço

chocolate amargo ou meio amargo

chocolate ao leite

chocolate branco

temperagem

bloom

tablage

difusão

trufa de chocolate

QUESTÕES PARA DISCUSSÃO

1. Por que é preciso fazer a temperagem do chocolate antes de usá-lo na moldagem de ovos e bombons?

2. Explique rapidamente dois métodos usados para fazer a temperagem do chocolate.

3. Se o chocolate temperado estiver na temperatura correta para a moldagem, mas espesso demais, como é possível deixá-lo mais líquido?

4. Por que o termo "chocolate branco" pode ser considerado inadequado?

5. Por que as formas de chocolate são polidas com um chumaço de algodão antes do uso?

6. Descreva um dos procedimentos usados no preparo de ovos de chocolate.

7. Descreva cinco técnicas para criar elementos decorativos de chocolate com duas cores diferentes.

8. Descreva o procedimento usado na confecção de leques de chocolate, começando com o chocolate derretido.

9. O que são trufas de chocolate? Como deve ser vedada a base de um bombom com recheio trufado?

Marzipã, pastilhagem e *nougatine*

Este capítulo e o próximo são uma introdução à arte da confeitaria de produzir peças decorativas feitas de açúcar e de outros materiais. Embora todos os ingredientes empregados na confecção desses itens sejam comestíveis, e muitos sejam de fato usados para decorar bolos e outras sobremesas, na maioria dos casos, destinam-se à montagem de peças decorativas – como arranjos de centro para mesas de bufês – não sendo especificamente voltados para o consumo.

Em hotéis e outros estabelecimentos do setor de serviços alimentícios, essas peças artísticas podem ser úteis e até mesmo rentáveis. Elas servem para atrair a atenção do cliente para as habilidades artísticas e a qualificação profissional do *chef* confeiteiro, de modo que, indiretamente, possam aumentar o consumo de doces. Talvez ainda mais importante que isso: são uma maneira agradável que os *chefs* confeiteiros têm de expressar sua criatividade.

Alguns dos itens apresentados nestes dois capítulos são relativamente fáceis de fazer, ao passo que outros, como o açúcar puxado, requerem muita prática antes de se poder alcançar resultados satisfatórios. O texto e as muitas fotos que ilustram as técnicas oferecem uma boa introdução a essas práticas, mas, em sua grande maioria, elas só poderão ser de fato aprendidas com a ajuda de um instrutor experiente.

Após ler este capítulo, você deverá ser capaz de:

1. **Produzir e manipular o marzipã, transformando-o em peças decorativas.**
2. **Preparar a massa de pastilhagem e usá-la para criar itens decorativos.**
3. **Preparar *nougatine* e transformá-lo em itens decorativos simples.**

MARZIPÃ

O *marzipã* é uma massa feita de amêndoas e açúcar que é trabalhada até que uma consistência modelável seja obtida. Sua textura permite que ela seja aberta com o rolo, como uma massa de torta, ou modelada em forma de frutas, animais, flores e quaisquer outros formatos.

Antigamente, os confeiteiros tinham que moer as amêndoas para poder fazer marzipã, mas atualmente é possível adquirir a pasta de amêndoa já pronta, o que torna o trabalho muito mais fácil. Como será visto na fórmula de marzipã, sua fabricação envolve umedecer a pasta de amêndoa e misturá-la com açúcar de confeiteiro. As receitas podem variar ligeiramente, mas o princípio que as sustenta é o mesmo. Algumas requerem a adição de menos açúcar, outras usam outros ingredientes para umedecer a pasta, como *fondant* e claras de ovos.

Para preservar a cor original do marzipã, certifique-se de que todos os equipamentos usados, inclusive as tigelas, os misturadores da batedeira e a bancada de trabalho, estejam muito limpos. Use uma tigela de inox, porque o alumínio pode desbotar o marzipã.

O marzipã seca rapidamente quando entra em contato com o ar, formando uma casquinha na superfície. Para evitar que isso ocorra enquanto você ainda está trabalhando com a massa, mantenha todo o marzipã que não está sendo usado coberto com um pano úmido. Para armazenar o marzipã, mantenha-o enrolado em filme plástico ou fechado em recipiente hermético. Ele se mantém indefinidamente se não estiver em contato com o ar. Se ficar descoberto, ficará duro como uma pedra.

Quando o marzipã é amassado e modelado, o óleo das amêndoas vem para a superfície, tornando o marzipã pegajoso. Para evitar que grude, polvilhe a superfície ligeiramente com açúcar de confeiteiro. Mantenha um pouco de açúcar de confeiteiro à mão, para polvilhar sempre que necessário.

Lâminas e recortes de marzipã

O marzipã pode ser aberto com o rolo em uma lâmina fina da mesma forma que uma massa de torta. Usa-se açúcar de confeiteiro para polvilhar a superfície de trabalho e o rolo. Certifique-se de que ambos estão completamente limpos.

Lâminas de marzipã podem ser usadas para cobrir bolos e *petits fours*, como explicado no Capítulo 17. Sua superfície pode ser deixada lisa ou pode ser texturizada com um rolo próprio (ver p. 456).

Padrões coloridos, como listras ou bolinhas, podem ser criados na lâmina de marzipã da seguinte forma: abra uma porção de marzipã até que esteja com o dobro da espessura final esperada. Abra outra porção pequena de marzipã de uma cor contrastante até que esteja com 3 mm de espessura. Corte pequenos círculos ou tiras e arrume-os cuidadosamente sobre a primeira porção aberta de marzipã. Continue a abrir a massa até alcançar a espessura desejada. Tenha o cuidado de abrir a massa em todas as direções, para não distorcer os padrões decorativos.

Use cortadores redondos ou nos formatos desejados para recortar formas diversas em uma lâmina de marzipã e utilize-as na decoração de bolos e sobremesas. Para um efeito adicional, espalhe uma camada fina de chocolate temperado sobre a lâmina de marzipã e crie padrões decorativos com um pente plástico dentado. Recorte as formas desejadas antes de o chocolate endurecer completamente. Outra maneira de texturizar o marzipã é usar rolos texturizadores e, em seguida, rabiscar a superfície com chocolate temperado usando um cone de papel com uma abertura bem estreita.

A placa decorativa com a inscrição "Easter" ("Páscoa", em inglês) na peça decorativa da página 636 é feita com marzipã texturizado.

O marzipã pode ser enrolado como uma massa de biscoito amanteigado. Usando duas cores de marzipã, em vez da massa de biscoito, crie padrões – xadrez, espiral, listras etc. – seguindo os procedimentos explicados na página 494 (não leve ao forno).

MARZIPÃ

Ingredientes	Quantidade	Modo de fazer
Pasta de amêndoa	500 g	1. Em uma tigela limpa de inox, bata a pasta de amêndoa com a glucose, usando o misturador raquete, até obter uma pasta lisa.
Xarope de glucose ou xarope de milho	90 g	
Açúcar de confeiteiro, peneirado	500 g	
Peso total:	*1.090 g*	2. Aos poucos, junte o açúcar peneirado, conforme ele é absorvido pela mistura. Pare de acrescentar açúcar assim que a consistência desejada for alcançada. O marzipã deve ficar firme o bastante para ser modelado, mas não seco demais.
		3. Se for tingi-lo, acrescente algumas gotas do corante desejado e amasse até obter uma tonalidade uniforme.

Modelagem do marzipã

Frutas, legumes, animais, flores e muitos outros formatos podem ser modelados com o marzipã. As frutinhas de marzipã, servidas como *petits fours* ou balas, talvez sejam os itens mais conhecidos.

Frutas e flores

Para fazer frutinhas de marzipã, primeiramente divida a massa em porções iguais. Por exemplo, para fazer peças de 22 g, abra 700 g de marzipã formando um retângulo grosso e uniforme. Usando uma faca, corte o retângulo em 8 linhas de 4 quadrados, que renderão 32 peças.

Comece enrolando cada quadrado entre as mãos até obter uma bola lisa e sem rachaduras ou dobras (para fazer bananas, role as porções entre as mãos até obter um bastãozinho). Então, usando a ponta dos dedos, comece a dar a forma da fruta desejada – pera, maçã etc. A melhor maneira de obter frutas realistas é usando uma fruta de verdade como modelo. Imite seus contornos o máximo que conseguir.

Efeitos especiais podem ser obtidos com o uso de acessórios adicionais, sejam eles próprios para esse fim ou não. Por exemplo, faça as reentrâncias nos pêssegos, ameixas e cerejas usando a parte de trás da lâmina de uma faca. Crie a textura porosa dos morangos cobrindo sua superfície com furinhos feitos com um palito de dente. Imite a textura áspera de laranjas e limões rolando-os delicadamente sobre um ralador.

Espere as frutas secarem antes de colorir. Para produzir peças coloridas de marzipã, siga um destes procedimentos:

1. Comece com o marzipã já tingido – verde claro para maçãs e peras; amarelo para bananas; alaranjado para pêssegos e laranjas etc. Aplique o corante com um pincel para fazer as partes sombreadas (mais escuras), como as pintinhas da banana, a parte mais corada das maçãs e dos pêssegos etc.

2. Comece com o marzipã natural. Pinte as frutas com a cor de fundo usando um pincel ou aerógrafo. Espere secar e, então, finalize com os detalhes.

Flores, como cravos e rosas, são itens úteis de se aprender a fazer porque podem ser usados tanto na decoração de bolos quanto na montagem de peças artísticas.

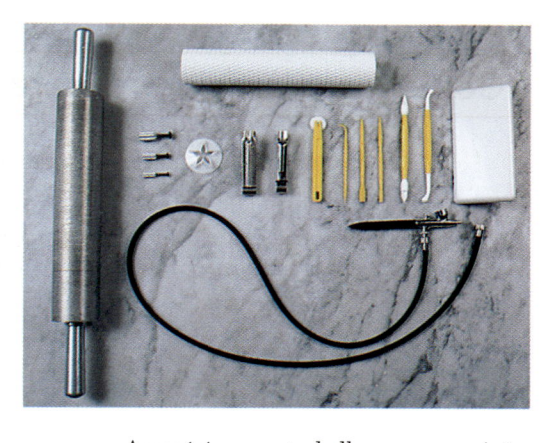

Acessórios para trabalhar com marzipã. Acima: rolo texturizador. Fileira central: rolo de metal, carimbos (cortadores com êmbolo), cortador para folha de morango, marcadores, estecas, alisador para cobrir superfícies planas com lâminas de marzipã. Abaixo: aerógrafo.

Rosa, cravo, morango e laranjas de marzipã.

Como fazer morangos de marzipã

1. Dê um formato de morango a uma bola de marzipã rolando-a entre a palma das mãos.

2. Faça uma indentação na parte de cima usando um acessório apropriado.

3. Passe o morango pelo açúcar para simular a textura irregular da fruta.

4. Corte uma folha de marzipã (formato estrela) e prenda-a no morango, usando um acessório apropriado.

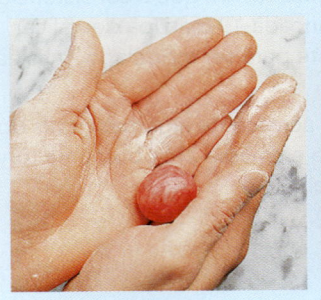 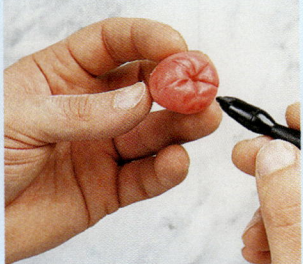  

Como fazer laranjas de marzipã

1. Enrole uma porção de marzipã, formando uma bola.

2. Usando um acessório apropriado, faça uma indentação para imitar o ponto de inserção da folha.

Como fazer cravos de marzipã

1. Abra uma porção de marzipã até obter uma tira com as bordas bem finas. Usando a ponta de uma faca, retalhe uma das bordas da tira.

2. Descole o marzipã da bancada, passando uma faca por baixo. Enrole, usando o outro lado da tira para formar a base do cravo.

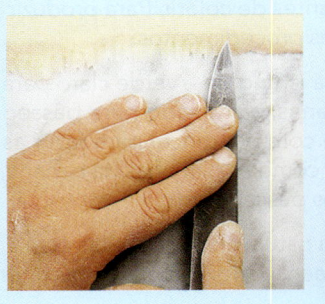 

Como fazer rosas de marzipã

1. Enrole uma bola de marzipã entre as mãos, que servirá como base para a rosa.

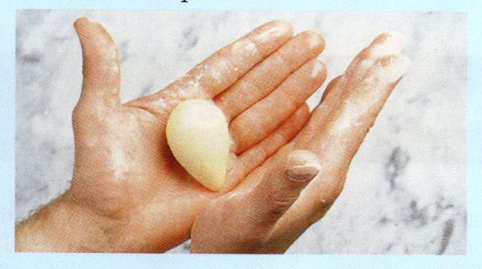

2. Molde a bola deixando uma extremidade pontuda; esta peça será o centro da rosa.

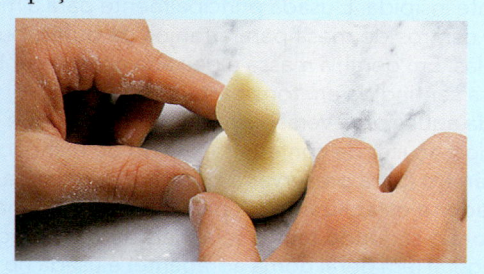

3. Para as pétalas, faça um rolo de marzipã e corte em rodelas do mesmo tamanho. Achate-as, transformando-as em pequenos discos.

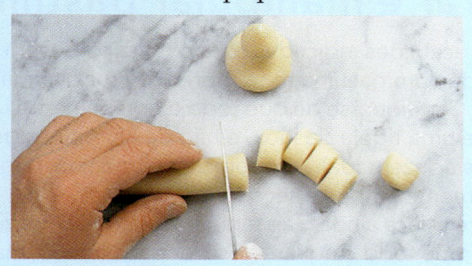

4. Com as costas de uma colher, alise a superfície dos discos de marzipã até que eles fiquem com as bordas finas como papel.

5. Grude a pétala na base, deixando um dos lados livres para que a próxima pétala possa ser encaixada.

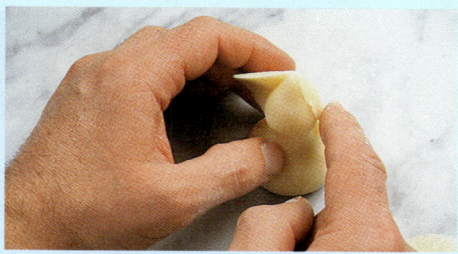

6. Grude a segunda pétala.

7. Grude as pétalas, uma a uma, usando a mesma técnica, até que a rosa atinja o tamanho desejado. Com uma faca afiada, retire a rosa pronta do pedestal da base.

Outros itens decorativos

A quantidade de formas que podem ser criadas com o marzipã é limitada apenas pela imaginação e o talento do confeiteiro. Legumes como cenouras, aspargos, batatas e ervilhas na vagem podem ser feitos usando os mesmos procedimentos. Bonecos de neve de marzipã e outras decorações natalinas podem ser usados para o *Bûche de Noël* (p. 477). Animais como cachorros, porquinhos e coelhos são temas comuns. Os olhos, narizes, línguas etc. podem ser desenhados com um pouco de glacê real, chocolate ou *fondant*.

A moldura para pinturas de chocolate em pastilhagem (p. 663) normalmente é feita de marzipã. Faça um rolo comprido, de superfície lisa e espessura totalmente uniforme, e aplique-o na borda da placa de pastilhagem. Use estecas próprias para criar uma textura de madeira trabalhada no marzipã. Com um maçarico culinário, escureça com cuidado os detalhes em alto-relevo.

PASTILHAGEM

Pastilhagem é o nome de uma técnica de decoração em confeitaria que utiliza pasta de açúcar. Ao contrário do marzipã e de outras pastas modeláveis, essa pasta de açúcar raramente (ou quase nunca) é feita para ser consumida. Embora seja feita só com ingredientes comestíveis, a pastilhagem fica dura como gesso depois de seca e praticamente insípida. É usada principalmente para a montagem de peças decorativas, como centros de mesa para arranjos de bufês, ou cestinhas e caixas para biscoitos e balas. Em geral, a massa é deixada em sua cor branca natural, embora também possa ser tingida em tons pastéis.

A fórmula apresentada aqui é uma versão simples e popular, que emprega ingredientes bem conhecidos: açúcar de confeiteiro, amido de milho (como agente secativo), água, cremor tártaro (para preservar a brancura) e gelatina incolor sem sabor (como agente firmador e estabilizante). A pastilhagem é chamada também de **pasta de goma**, embora o segundo termo seja mais bem empregado nos casos em que uma goma vegetal (em geral goma adragante) é usada no lugar da gelatina (ver quadro ao lado).

Como preparar e manipular pastilhagem

Muitas das mesmas precauções indicadas para o marzipã devem ser tomadas quando se está trabalhando com pastilhagem. É preciso muito cuidado para preservar a pureza do branco. Certifique-se de que todo o equipamento usado foi meticulosamente limpo, e use uma tigela de inox, e não de alumínio, para preparar a massa (o alumínio a deixará acinzentada). A superfície de trabalho, o rolo e todos os moldes devem estar igualmente limpos e secos.

A pastilhagem endurece e seca ainda mais rapidamente que o marzipã, de modo que deve ficar coberta o tempo todo. Enquanto estiver trabalhando, mantenha toda a massa que não está sendo usada coberta com um pano úmido. Trabalhe rapidamente e sem interrupções até que os produtos estejam prontos para secar.

A maioria dos itens de pastilhagem são feitos a partir de lâminas finas de massa que são cortadas com a ajuda de moldes. Os itens, em formas planas ou curvas, são deixados ao ar livre para secar e, então, colados com glacê real para a criação de peças artísticas. Uma pedra de mármore é a superfície ideal de trabalho para a pastilhagem, pois dá uma textura lisa e uniforme à massa. Use amido de milho para polvilhar. Tome cuidado para não usar amido de milho em excesso ao polvilhar. Isso faria com que a superfície da massa secasse muito rapidamente, ficando cheia de dobras e quebradiça.

Para produzir peças delicadas e refinadas, a pastilhagem deve ser aberta em uma lâmina bem fina (de cerca de 3 mm). Lâminas grossas produzem peças grosseiras e pesadas. Deixe os moldes à mão e, assim que a lâmina de pastilhagem estiver pronta, coloque-os sobre a superfície e corte as formas com cuidado, usando uma faca afiada ou cortador.

Para peças moldadas, prepare previamente os moldes: limpe-os, seque-os e polvilhe-os com amido de milho. Por exemplo, para preparar uma cestinha de pastilhagem, pode-se usar como molde uma tigela emborcada sobre a bancada.

Acessórios para pastilhagem: rolo texturizador, moldes e cortadores.

Molde a lâmina de pastilhagem com cuidado ao redor da tigela, ou em seu interior, usando as mãos para alisar bem os contornos.

Quando a pastilhagem estiver parcialmente seca e firme, retire-a do molde para que termine de secar. Vire-a algumas vezes durante esse período, para que seque por igual. A pastilhagem que não é seca de maneira uniforme tende a ficar com um formato distorcido. O tempo de secagem depende do tamanho e da espessura da peça – pode levar de 12 horas a vários dias.

Depois de seca, a pastilhagem pode ser polida bem de leve com uma lixa extrafina, até adquirir uma textura bem lisa. Isso ajuda a suavizar as bordas e os ângulos, que podem ficar grosseiros ou muito afiados. Por fim, monte as peças decorativas usando glacê real como cola. Use apenas um pouquinho de glacê, senão ele pode vazar e escorrer nas emendas, o que arruinará a aparência final da peça.

O procedimento descrito a seguir ilustra muitos dos passos discutidos anteriormente. Nas fotos das próximas duas páginas, o *chef* confeiteiro está preparando os itens e montando a peça apresentada nesta página. As flores foram pintadas com corante alimentício com o auxílio de um aerógrafo, como o mostrado na página 659.

Por causa de seu branco puro e da superfície lisa e plana, a pastilhagem funciona perfeitamente como uma tela para pinturas de chocolate. Prepare uma placa de pastilhagem redonda, oval ou retangular, deixe secar e lixe até ficar bem lisa. Com pincéis próprios para pintura, crie desenhos usando chocolate amargo derretido. Use manteiga de cacau derretida para diluir o chocolate, obtendo tonalidades mais claras ou mais escuras. Para os detalhes mais delicados, use um palito de madeira de ponta fina. Depois que o chocolate secar, pode-se aplicar uma moldura de marzipã na borda (ver p. 662).

❧ PASTA DE GOMA ❧

Embora os termos *pasta de goma* e *pastilhagem* sejam, às vezes, usados um pelo outro, há pequenas diferenças entre esses produtos, apesar de terem uma aparência muito semelhante. A pasta de goma é feita com uma resina vegetal, a goma adragante (ver p. 88). Como esse ingrediente é relativamente caro, a pasta de goma é menos prática que a pastilhagem para a produção de peças grandes ou trabalhos volumosos. Além disso, ela seca mais lentamente que a pastilhagem, o que pode ser inconveniente quando o tempo é um fator importante na finalização de uma peça.

No entanto, esse secamento mais lento pode ser, em alguns casos, sua maior vantagem. Como não resseca nem fica quebradiça tão rapidamente como a pastilhagem, é uma boa opção para os trabalhos minuciosos e complexos, que levam muito tempo para concluir. E pelo fato de ser mais plástica, pode ser aberta em uma lâmina mais fina e usada para itens mais delicados. Para os interessados em comparar a pasta de goma com a pastilhagem, foi incluída uma fórmula na página 742.

PASTILHAGEM

Ingredientes	Quantidade	Açúcar a 100%	
		%	Modo de fazer
Gelatina incolor sem sabor	12 g	1,25	1. Amoleça a gelatina na água fria. Deixe de molho por 5 minutos e, então, aqueça até a gelatina dissolver.
Água fria	140 g	14	
Açúcar de confeiteiro) (10X)	1.000 g	100	2. Peneire junto o açúcar, o amido de milho e o cremor tártaro.
Amido de milho	125 g	12,5	3. Transfira a mistura de água e gelatina para uma tigela de inox. Coloque o misturador gancho na batedeira.
Cremor tártaro	1 g (½ colher de chá)	0,1	
Peso total:	**1.278 g**	**127%**	

4. Com a batedeira ligada em velocidade baixa, junte quase todo o açúcar aos poucos; acrescente mais à medida que ele é absorvido pela mistura. Bata até obter uma massa lisa e macia. Ela deve ficar com a consistência de uma massa de farinha firme. Se estiver muito úmida, junte um pouco mais de açúcar.

5. Mantenha a pasta coberta o tempo todo.

As técnicas usadas na montagem desta peça estão descritas nas páginas 664 e 665.

Técnicas para a criação de uma peça decorativa de pastilhagem

As técnicas mostradas aqui foram usadas para montar a peça apresentada na página 663.

1. Abra a pastilhagem sobre uma superfície de trabalho, de preferência de mármore, polvilhada com amido de milho.

2. Observe a espessura.

3. Levante a placa de pastilhagem enrolando-a de leve no rolo. Elimine sempre o excesso de amido de milho.

4. Use um rolo texturizador de listras para marcar a superfície.

5. Corte os formatos desejados. Se essa etapa do trabalho for feita sobre uma bandeja, será mais fácil deixar as peças secarem sem ter de transferi-las. A bandeja deve ser polvilhada com amido de milho.

6. Alguns formatos podem ser cortados à mão livre, com uma faca.

7. Use cortadores pequenos para as demais peças.

8. Use um aro modelador para medir a altura e o comprimento necessários para a tira que constituirá as laterais da caixa.

9. Encaixe a tira de pastilhagem dentro do aro. Elimine as sobras da emenda para que encaixe perfeitamente.

10. Acerte a borda superior, cortando rente ao aro.

11. Para as folhas e pétalas, corte os formatos apropriados.

12. Pressione as folhas e as pétalas nos respectivos moldes.

13. Coloque as pétalas em uma tigeli-nha rasa forrada com um qua-drado de papel-manteiga, para evitar que grudem no fundo.

14. Para fazer o miolo da flor, pres-sione uma bola de pastilhagem contra a malha de uma peneira.

15. Coloque-a no centro da flor, sobre a ponta das pétalas.

16. Para usar este tipo de cortador, pressione o molde contra a placa de pastilhagem; aperte a massa dentro do molde e retire-a, apertando o pino na parte superior, que acionará o êmbolo por uma mola.

17. Para os pés da caixa, preencha qua-tro cavidades de uma forma de bombom com a pastilhagem. Raspe por cima da forma para reti-rar o excesso e alisar a superfície.

18. Uma vez seca a pastilhagem, dê polimento com uma lixa bem fina para eliminar as imperfeições.

19. Monte a peça, grudando os itens com glacê real.

20. Cole a tampa texturizada na caixa.

21. Cole as meias-luas nas laterais.

22. Faça os fios pendentes e as demais decorações com glacê real colorido em um cone de papel.

NOUGATINE

O*nougatine* é um torrão de açúcar queimado com amêndoas. Pode ser feito também com outras oleaginosas, embora a amêndoa seja a mais tradicional. Ele tem a aparência de um pé de moleque de glucose, mas é mais refinado, por ser feito de amêndoas laminadas. O açúcar queimado deve ser transparente e de cor dourada, e não turvo. Como o açúcar é macio e modelável quando quente, o *nougatine* pode ser cortado ou usado para moldar peças decorativas.

Preparo e modelagem

Como pode ser observado na fórmula do *nougatine* na página 668, seu preparo envolve dois passos simples: caramelizar o açúcar e juntar as amêndoas. A glucose inverte parte do açúcar (ver p. 67), prevenindo a formação de cristais indesejáveis. Cremor tártaro e suco de limão são às vezes usados no lugar da glucose.

O *nougatine* pode ser cortado em muitos formatos; geralmente, é quebrado com as mãos. Se sua peça decorativa necessitar de formas de linhas precisas, no entanto, o melhor é usar moldes feitos de papel-manteiga. Coloque os formatos sobre a lâmina de *nougatine* para servirem como guia (recorte-os antes de começar a preparar o *nougatine*).

Quando o *nougatine* ficar pronto, despeje-o sobre um tapete de silicone, assadeira ou mármore untados com óleo. Ele irá endurecer em pouco tempo, por isso é preciso trabalhar com rapidez. Quando o caramelo começar a firmar, vire-o para que esfrie por igual. Separe os formatos a serem recortados. Abra a placa de *nougatine* com um rolo untado com óleo até que fique com uma espessura uniforme. Coloque os padrões sobre a placa e recorte as formas rapidamente usando uma faca pesada untada. Por causa do óleo da superfície, o papel não deve grudar no caramelo; porém, evite pressionar demais ou deixar por muito tempo sobre o *nougatine*.

Para preparar os formatos, prepare as formas com antecedência untando-as com óleo. Por exemplo, para fazer uma cestinha de *nougatine*, use uma tigela de inox emborcada sobre a bancada como molde, untando-a previamente com óleo. Coloque a lâmina ainda mole e já recortada sobre a tigela e pressione com cuidado, para dar a forma arredondada.

Se o *nougatine* esfriar e endurecer antes de ser modelado, coloque-o em uma assadeira untada com óleo e leve ao forno aquecido por algum tempo para amolecê-lo. Você pode inclusive unir duas placas de *nougatine* colocando-as encostadas uma na outra em uma assadeira e levando ao forno. No entanto, cada vez que o *nougatine* é aquecido, ele escurece um pouco mais. Usá-lo com vários tons de caramelo em uma única peça prejudica sua aparência final.

Quando as peças de caramelo estiverem frias e duras, cole-as conforme a necessidade, usando glacê real ou calda de açúcar quente (cozinhe-a até atingir 190°C). As peças de *nougatine* também podem ser decoradas com glacê real.

Outros usos do *nougatine*

Ao contrário de outros elementos decorativos, como a pastilhagem, o *nougatine* é muito saboroso. As placas de *nougatine* podem ser cortadas em formatos elegantes e usadas para decorar bolos e outras sobremesas.

O *nougatine* pronto pode ser triturado e usado no lugar das oleaginosas picadas para cobrir a lateral de tortas e bolos. Quando pulverizado e peneirado, ou moído até transformar-se em uma pasta, rende um saborizante excelente para cremes e sorvetes. A pasta fica semelhante à pralina, com a diferença de que esta é geralmente feita com avelãs.

Técnicas para trabalhar com o *nougatine*

1. Despeje o *nougatine* sobre o tapete de silicone.

2. Com uma espátula ou com as mãos (use luvas próprias), dobre o caramelo para que esfrie por igual.

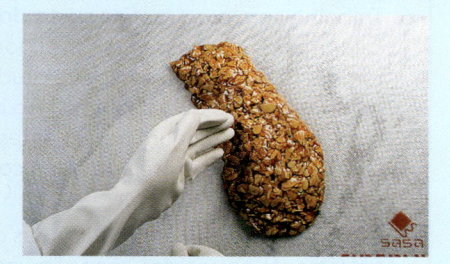

3. Enquanto ainda estiver quente e modelável, abra o nougatine com um rolo até obter a espessura desejada.

4. Este *nougatine* será usado na montagem de peças decorativas. O formato é obtido pressionando-se a placa de nougatine dentro de uma assadeira untada com óleo.

5. Elimine o excesso das bordas com uma faca de *chef*.

6. O *nougatine* aberto em lâminas finas pode ser cortado em formatos decorativos para guarnecer tortas e bolos (como a camada de cima do bolo *Brasilia*, da p. 469).

7. Curve as peças ainda quentes, dando-lhes o formato desejado, ou reaqueça o *nougatine* até que fique maleável.

NOUGATINE

Rendimento: cerca de 1.220 g

Ingredientes	Quantidade	Açúcar a 100% %	Modo de fazer
Amêndoas laminadas	375 g	50	
Açúcar	750 g	100	
Glucose	300 g	40	
Água	200 g	27	

1. Coloque as amêndoas em uma assadeira previamente aquecida no forno a 160°C e, mexendo de vez em quando, espere que fiquem ligeiramente douradas.

2. Leve a água, o açúcar e a glucose ao fogo e cozinhe até obter um caramelo claro.

3. Junte as amêndoas de uma só vez e misture com cuidado. Não mexa demais, senão as lâminas de amêndoa se quebrarão.

4. Despeje em uma assadeira untada com óleo ou sobre um tapete de silicone.

5. Espalhe o *nougatine* aos poucos, usando um rolo de metal, até obter uma camada uniforme.

6. Trabalhe com o *nougatine* perto do forno – o calor manterá a massa maleável por muito mais tempo. O *nougatine* não deve grudar no rolo ou na superfície de trabalho. Caso isso aconteça, espere esfriar um pouco antes de continuar; leve ao forno até adquirir a consistência adequada para trabalhar.

7. As sobras poderão ser reutilizadas depois de ligeiramente aquecidas, mas não use o *nougatine* que ficar muito escuro ou cujas amêndoas tenham se reduzido a um pó.

TERMOS PARA REVISÃO

marzipã   pastilhagem   pasta de goma   *nougatine*

QUESTÕES PARA DISCUSSÃO

1. Que precauções devem ser tomadas ao se preparar o marzipã para que sua cor seja preservada?

2. Suponha que você quer cobrir um rocambole de morango com marzipã decorado com bolinhas vermelhas. Como você prepararia essa lâmina de marzipã?

3. Descreva o preparo de cravos de marzipã.

4. Que procedimento deve ser adotado para que a pastilhagem seque por igual?

5. Como as peças de pastilhagem são unidas umas às outras?

6. Descreva como o *nougatine* é feito, moldado e cortado.

7. Dê alguns exemplos de como reaproveitar as sobras de *nougatine*.

Trabalhos com açúcar

Muitos *chefs confeiteiros* consideram as peças de açúcar o ápice de seu trabalho artístico. Uma das razões para isso é, certamente, a beleza dos itens decorativos benfeitos, que podem ser desde flores de açúcar puxado, em rama-lhetes elaborados e multicoloridos, colocados dentro de vasos transparentes de açúcar soprado, ou descendo em cascata nos an-dares de um bolo de casamento, a cestas de açúcar puxado cheias de frutas de açúcar soprado, apoiadas em pedestais de açúcar fun-dido decorados com laços também de açúcar puxado.

Outra razão, sem dúvida, é a dificuldade de execução do traba-lho decorativo com açúcar. Para se tornar proficiente nesta arte, é preciso dedicação e muitas horas, ou até mesmo anos, de prática e estudo; assim, os *chefs* que trilharam esse percurso ganharam o res-peito suscitado por sua dedicação. Aprendizes, em geral, ficam an-siosos para encarar os desafios impostos por estas técnicas quando veem os resultados que podem ser obtidos.

Este capítulo é uma introdução aos trabalhos com açúcar em confeitaria, começando com as técnicas mais fáceis, como elemen-tos decorativos feitos de fios de açúcar, seguidos de técnicas mais difíceis, como o açúcar puxado e o soprado. O capítulo termina com uma introdução aos confeitos à base de calda de açúcar.

Após ler este capítulo, você deverá ser capaz de:

1. Preparar corretamente as caldas de açúcar usadas em trabalhos decorativos.
2. Preparar açúcar em fios e elementos decorativos simples de calda de açúcar e de açúcar fundido.
3. Preparar a base para o açúcar puxado e o açúcar soprado e criar peças decorativas com eles.
4. Preparar confeitos simples à base de calda de açúcar.

PREPARO DE CALDAS PARA TRABALHOS COM AÇÚCAR

No Capítulo 12, discutimos o preparo de caldas de açúcar usadas em várias sobremesas. Quando as caldas são cozidas até que praticamente toda a água evapore, o açúcar se solidifica depois de frio. Esse processo permite a criação de peças decorativas a partir de caldas de açúcar que são cozidas até atingirem 150°C ou mais; em seguida, são moldadas enquanto ainda estão quentes.

Como já dito no Capítulo 4 (p. 67), quando o açúcar é cozido em uma calda em presença de um ácido, ele passa por uma alteração química chamada *inversão*, em que as moléculas de açúcar duplo (sacarose) combinam-se com as moléculas de água e transformam-se em dois açúcares simples (dextrose e levulose). O açúcar invertido, como você deve se lembrar, resiste à cristalização, ao passo que a sacarose pura (açúcar comum) cristaliza-se com facilidade. A quantidade de açúcar que é invertido depende da quantidade de ácido presente na solução. Este princípio é usado na elaboração do *fondant* (p. 422): a quantidade necessária de cremor tártaro ou glucose é acrescentada à calda para criar uma massa de cristais de açúcar extremamente pequenos, o que dá ao *fondant* sua cor branca pura.

Esta técnica também é usada para os trabalhos de açúcar discutidos nesta seção, especialmente o açúcar puxado. Quando o cremor tártaro ou a glucose são usados em excesso, uma porcentagem muito grande do açúcar é invertida, fazendo com que a calda fique mole demais e pegajosa, além de não endurecer totalmente depois de fria. Por outro lado, se a quantidade mínima necessária não for usada, uma parte muito pequena do açúcar será invertida, tornando a calda dura, difícil de trabalhar e quebradiça.

Desde que se mantenha dentro de uma certa margem, a quantidade exata de cremor tártaro ou glucose usados dependerá das preferências de cada confeiteiro. Alguns artistas preferem trabalhar com caldas mais firmes, outros preferem as mais moles. Consequentemente, você verá várias fórmulas diferentes. Pode ser que seu instrutor tenha sua fórmula favorita, diferente das apresentadas neste livro.

A temperatura que a calda deve atingir ao ser cozida também é um fator importante. Quanto mais alta ela for, mais dura a calda ficará depois de fria. A faixa de temperatura recomendada neste livro varia de 155 a 160°C, e a temperatura usada para a elaboração dos itens feitos de açúcar puxado e soprado mostrados aqui foi 160°C. No entanto, é possível que outros livros recomendem temperaturas um pouco diferentes, já que cada *chef* tem seu modo particular de executar as técnicas.

Se a calda de açúcar for cozida a temperaturas muito altas, ela ficará mais dura e quebradiça; portanto, mais difícil de trabalhar. Se for cozida a uma temperatura inferior, ficará mais fácil de ser trabalhada, mas as peças podem não endurecer o suficiente depois de frias, especialmente em climas úmidos. Profissionais inexperientes podem começar trabalhando com caldas cozidas até as temperaturas mais baixas dessa faixa, sem se preocuparem com o resultado estético final, até se familiarizarem com as técnicas.

Outras duas precauções são necessárias no que se refere à temperatura da calda e à adição de ácido tartárico (cremor tártaro). Primeiro, o açúcar invertido cozido perde a cor mais rapidamente que a sacarose pura. Portanto, o ácido só deve ser acrescentado próximo ao final do cozimento. Nas receitas deste livro, ele não é acrescentado até que a calda tenha atingido a temperatura de 135°C. Segundo, a calda deve cozinhar rapidamente, em fogo médio-alto. Se for cozida em fogo baixo, terá mais tempo para descorar, e não ficará transparente.

Se algum corante for adicionado à calda durante o cozimento (para o açúcar fundido ou puxado), ele também deve ser acrescentado perto do final do cozimento, quando a calda atinge cerca de 125°C. Se for acrescentado antes, terá mais tempo para descorar; se for acrescentado muito depois, não haverá tempo hábil para que o álcool ou a água do corante evaporem.

Caldas ligeiramente diferentes são usadas para cada técnica apresentada neste capítulo. Siga as receitas específicas para cada seção, mantendo em mente os seguintes princípios:

1. Use açúcar puro de cana. Peneire-o para eliminar quaisquer impurezas que possam ter se misturado a ele durante a estocagem.

2. Coloque o açúcar e a água em uma panela grossa limpa. Leve ao fogo baixo, mexendo até que o açúcar esteja completamente dissolvido.

3. Aumente o fogo para médio-alto e não mexa mais a calda. Para prevenir a formação de cristais, use um pincel limpo mergulhado em água quente para limpar os cristais de açúcar que se formarem nas laterais da panela. Não deixe o pincel tocar a calda (mas não se preocupe se um pouco da água escorrer nela).

4. Use sempre um termômetro para caldas.

5. Junte o corante e a solução de ácido tartárico, respeitando as temperaturas indicadas na receita.

6. Não use corantes líquidos em solução ácida. Para obter os melhores resultados, use corante em pó, dissolvendo-o em um pouco de água ou álcool. Corante gel de boa qualidade também pode ser usado.

FIOS E OUTRAS DECORAÇÕES SIMPLES DE AÇÚCAR

Fios de açúcar

Os **fios de açúcar** são filamentos finos como cabelos, geralmente enrolados em forma de ninhos e usados na decoração de tortas e na montagem de peças artísticas. A Torta Saint-Honoré (p. 367), também conhecida como torta Regina, é geralmente decorada com fios de açúcar.

Os fios de açúcar devem ser feitos pouco antes do uso, pois não se conservam muito bem. Eles absorvem a umidade de ar gradualmente, tornando-se pegajosos. Depois de algum tempo, essa umidade acaba por dissolver os fios finos.

Para preparar fios de açúcar, primeiramente apoie um bastão de madeira ligeiramente untado com óleo na beirada da mesa de modo que 30 a 60 cm dele fi-

Acessórios para trabalhos com açúcar. Acima: lâmpada para açúcar. Abaixo, da esquerda para a direita: termômetro para caldas, luvas de borracha, moldes para folhas, canudo com bomba para açúcar soprado, pente para torta Regina.

Como preparar fios de açúcar

1. Prepare uma calda de açúcar conforme indicado na fórmula da página 676. Quando a temperatura correta for alcançada, retire a panela do fogo e deixe a calda esfriar por alguns minutos, até que tenha engrossado um pouco.

2. Mergulhe o pente para torta Regina (ou batedor de arame cortado) na calda e bata de leve na borda da panela para eliminar o excesso. Segure o pente com os dentes virados para baixo sobre o bastão de madeira e movimente-o de um lado para o outro, deixando que fios finos e compridos de açúcar se formem, caindo dos dois lados do bastão.

3. Repita até obter a quantidade desejada de fios. Levante-os com cuidado.

4. Enrole em forma de ninho ou outra forma desejada e use para decorar.

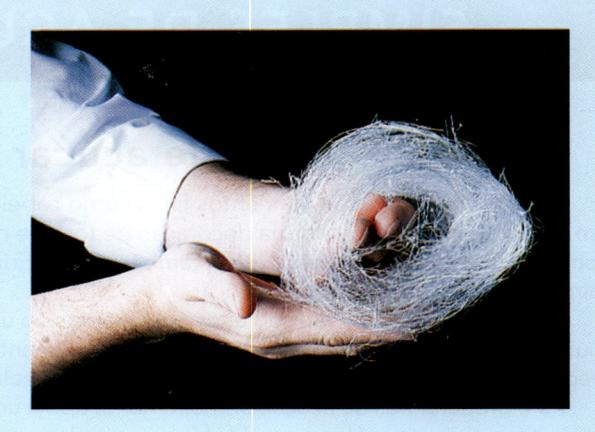

5. Se a calda esfriar demais para ser pingada, simplesmente reaqueça-a em fogo baixo.

quem para fora, projetados no ar. Forre bem o chão abaixo do bastão com papel, para coletar os respingos. Para fazer os fios, use um pente para torta Regina (ver acima), ou um batedor de arame cortado.

Cestinhas e outros formatos simples de caramelo

Cestinhas de caramelo são estruturas côncavas delicadas feitas de fios de açúcar trançados. Seu efeito decorativo pode ser surpreendente e elegante. Cestas grandes o bastante para cobrirem um bolo, uma torta ou outras sobremesas inteiras podem ser feitas, assim como cestas em miniatura.

Para as cestas maiores, podem ser usadas tigelas do tamanho desejado como moldes. Para cestinhas menores, em geral se usa uma concha. Unte ligeiramente a parte de trás da concha ou de outro molde com óleo para que o caramelo não grude.

Como preparar cestas de caramelo

1. Prepare o caramelo conforme indicado na fórmula da página 676. Medir a temperatura da calda com o termômetro é a forma mais precisa de determinar seu ponto de cozimento.

2. Espere a calda esfriar um pouco. Segure a concha ou molde com uma mão e, com a outra, mer-

gulhe uma colher no caramelo e deixe que escorra, em fios, sobre o molde, formando uma tela; gire o molde para que todos os lados fiquem cobertos.

3. Corte o excesso das bordas, deixe esfriar até endurecer e, com cuidado, levante a cestinha do molde.

  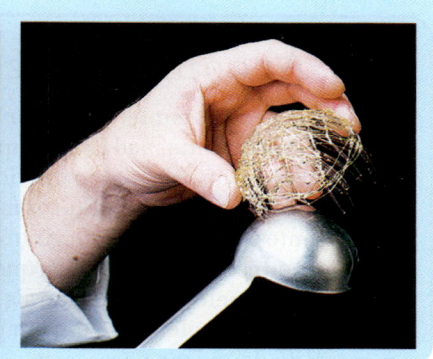

Outros formatos podem ser feitos usando-se um cone de papel ou simplesmente despejando o caramelo com a colher sobre um tapete de silicone ou uma superfície de trabalho untada. Para criar linhas finas e uniformes, use um cone de papel, conforme descrito no modo de fazer da fórmula. Use luvas de borracha próprias para proteger as mãos do calor. Para produzir peças de aparência mais casual, mergulhe uma colher no caramelo e rabisque livremente o tapete de silicone. O elemento decorativo de caramelo usado para decorar a sobremesa mostrada na página 613 foi feito dessa maneira.

Espirais de açúcar dão um ar elegante a certas sobremesas empratadas (ver, por exemplo, a primeira foto da p. 631). Elas são feitas usando o procedimento a seguir.

Como preparar espirais de caramelo

1. Prepare a calda para cestas de fios de caramelo (p. 676).

2. Enrole um fio de caramelo ao redor de um lápis ou palito grosso de madeira untados com óleo.

3. Deslize a espiral para fora do objeto depois que o caramelo endurecer.

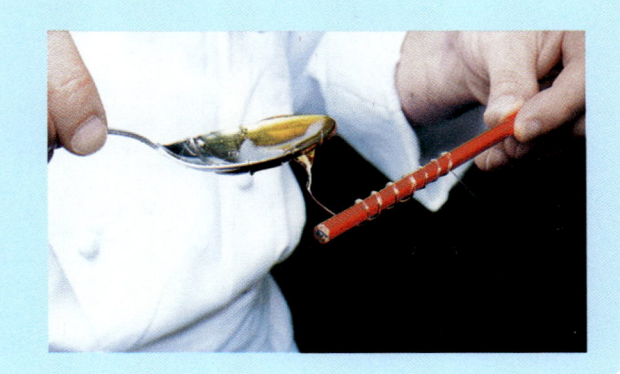

FIOS DE AÇÚCAR

Rendimento: cerca de 360 g

Ingredientes	Quantidade	Açúcar a 100% %
Açúcar	300 g	100
Água	150 g	50
Glucose	60 g	20
Corante alimentício, se desejar		

Modo de fazer

1. Faça uma calda com o açúcar, a água e a glucose. Ver página 260 para instruções sobre como preparar caldas de açúcar.

2. Cozinhe até a calda atingir 125°C; junte o corante, se estiver usando.

3. Continue cozinhando até a calda atingir 160°C e, então, interrompa o cozimento imediatamente mergulhando o fundo da panela em água fria. Retire da água e deixe esfriar por cerca de 2 a 3 minutos, para que engrosse um pouco.

4. Unte um bastão de madeira ou réguas de metal e prenda-os na beirada da mesa, na horizontal. Forre bem o chão abaixo com papel, para coletar os respingos.

5. Mergulhe o pente para torta Regina (ou batedor de arame cortado) na calda e deixe os fios escorrerem, deslocando o pente de um lado para o outro. Repita o procedimento até obter a quantidade desejada.

6. Levante os fios e enrole-os, dando o formato desejado.

❋ ALGODÃO DOCE ❋

O algodão doce, confeito popular em parques e festas infantis, nada mais é que caramelo tingido e/ou saborizado em fios finíssimos. A calda é expelida por furos minúsculos presentes em um cabeçote giratório, posicionado no centro de uma bacia, que projeta os fios de caramelo contra as laterais do recipiente, onde são coletados com um palito. A quantidade de açúcar necessária para fazer um algodão doce é, em geral, menos de 30 g.

CARAMELO PARA MOLDAR CESTAS E OUTROS FORMATOS

Rendimento: cerca de 300 g

Ingredientes	Quantidade	Açúcar a 100% %
Açúcar	300 g	100
Água	300 g	100
Glucose	40 g	13

Modo de fazer

1. Faça uma calda com o açúcar, a água e a glucose. Ver página 260 para instruções sobre como preparar caldas de açúcar.

2. Cozinhe até a calda atingir 160°C e, então, interrompa o cozimento imediatamente, mergulhando o fundo da panela em água fria. Retire da água e deixe esfriar por cerca de 2 a 3 minutos, para que engrosse um pouco.

3. Use luvas de borracha para proteger as mãos de possíveis queimaduras. Despeje a calda em um cone de papel. Corte a ponta do cone e deposite o caramelo em um tapete de silicone ou uma superfície untada nos formatos desejados. Espere endurecer. Guarde em recipientes hermeticamente fechados até o momento de usar.

4. Para fazer cestinhas, unte a parte de trás de uma concha. Mergulhe uma colher na calda (ou, se quiser fios mais delicados, a ponta de uma faca) e deixe a calda escorrer sobre as costas da concha, trançando os fios para formarem uma tela. Corte o excesso das bordas com uma tesoura. Deixe secar por 2 minutos e, então, levante com cuidado.

AÇÚCAR FUNDIDO

O **açúcar fundido** é uma calda de açúcar cozido que é despejada em moldes diversos e deixada em repouso até esfriar e endurecer. Em geral, é usada para preparar placas e lâminas de formatos diversos, embora possa, assim como o *nougatine*, ser moldada e dobrada enquanto ainda estiver quente. A calda também pode ser tingida antes do final do cozimento.

Há muitas maneiras de preparar moldes para o açúcar fundido. Para formatos redondos, use aros modeladores ou cortadores de biscoito. Outros formatos de cortador também podem ser usados. Para outros formatos retilíneos ou curvos, use réguas ou tiras de metal. Uma maneira fácil de preparar uma placa em qualquer formato desejado é usando massa de modelar refratária; faça um rolo e molde o formato desejado sobre uma superfície de mármore untada ou um tapete de silicone. Tudo o que for usado como molde deve ser untado com óleo para que a calda não grude.

Uma vez que as pontas da peça de açúcar estiverem suficientemente duras, retire o molde. Quando estiver totalmente dura, deslize uma espátula para bolo sob a peça para desgrudá-la da superfície (esse procedimento é desnecessário se você estiver usando um tapete de silicone, pois ele pode ser facilmente descolado da peça).

Para obter formatos curvos de açúcar fundido, trabalhe a peça quando ainda estiver mole o suficiente para ser dobrada. Se endurecer demais, coloque-a em uma assadeira untada com óleo e leve ao forno apenas até que fique maleável. Então, dê o formato desejado à peça, seja manualmente, seja usando um molde, como no caso do *nougatine* (p. 666).

Outro item decorativo que pode ser feito simplesmente despejando a calda sobre uma superfície são os drapeados. Veja um exemplo de açúcar drapeado na peça decorativa da página 670. A base dessa peça é feita de açúcar fundido.

Como preparar açúcar fundido

1. Prepare uma calda de açúcar conforme indicado na fórmula da página 678. Tinja a calda a gosto, seguindo as instruções da fórmula.

2. Quando a calda atingir a temperatura correta, mergulhe o fundo da panela imediatamente em água fria para interromper o cozimento. Deixe por alguns segundos.

3. Coloque um molde untado sobre uma folha de papel-manteiga. Despeje a calda quente — neste caso, tingida de preto — dentro do molde até obter a espessura desejada.

4. Antes que o açúcar endureça, marmorize usando uma cor contrastante — neste caso, um pouco de corante branco.

Como preparar drapeados de açúcar

1. Despeje uma pequena quantidade de calda sobre um pedaço de papel siliconado.

2. Espalhe rapidamente uma camada fina, usando uma espátula para bolo.

3. Antes que o açúcar endureça, enrugue o papel para que o açúcar fique franzido.

  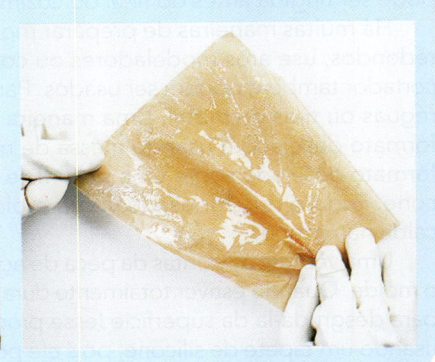

AÇÚCAR FUNDIDO

Rendimento: cerca de 1.200 g

Ingredientes	Quantidade	Açúcar a 100% %
Açúcar	1.000 g	100
Água	500 g	50
Glucose	200 g	0
Corante alimentício, a gosto		

Modo de fazer

1. Prepare os moldes nos formatos desejados: pincele aros modeladores com óleo ou use massa de modelar refratária para criar os desenhos que quiser e, então, unte-a com óleo. Coloque os moldes sobre um tapete de silicone ou superfície de mármore untada com óleo.

2. Faça uma calda com o açúcar, a água e a glucose. Ver página 260 para instruções sobre como preparar caldas de açúcar.

3. Cozinhe até a calda atingir 125°C; junte o corante, se estiver usando.

4. Continue cozinhando, até a calda atingir 165°C. Se desejar, acrescente algumas gotas de um corante de outra cor neste ponto, sem mexer, para criar um efeito marmorizado.

5. Interrompa o cozimento imediatamente, mergulhando o fundo da panela em água fria. Retire da água e deixe esfriar por cerca de uns 2 a 3 minutos, para que engrosse um pouco.

6. Despeje nos moldes até obter uma espessura de cerca de 0,5 cm.

7. Assim que as bordas estiverem duras, retire o aro modelador. Marque a superfície de leve com uma faca untada, se desejar.

8. Use um pouco de calda reaquecida para colar as peças umas nas outras.

AÇÚCAR PUXADO E AÇÚCAR SOPRADO

O **açúcar puxado** e o **açúcar soprado** são, provavelmente, o tipo de decoração artística mais difícil de executar. Esta seção explica os procedimentos básicos dessa arte. Diversas técnicas para o preparo de laços, flores, folhas e frutas de açúcar soprado são ilustradas em detalhe, e várias outras são explicadas ao longo do texto.

Antes de começar a trabalhar, prepare seus equipamentos. Os seguintes acessórios são os itens mais importantes de que você precisará, dependendo do tipo de peça que estiver fazendo:

- Termômetro para caldas, para controlar a temperatura exata da calda de açúcar.

- Lâmpada para trabalhos com açúcar, ou outra fonte de calor que mantenha a massa de açúcar aquecida e maleável.

- Tesoura e faca ligeiramente untadas com óleo, para cortar as peças.

- Lamparina, para derreter as peças de açúcar ao colá-las umas nas outras.

- Canudo de metal, para soprar o açúcar – é mais fácil usar os que têm uma bombinha acoplada do que assoprar com a boca.

- Tapete de silicone ou superfície de mármore untada com óleo, para despejar a calda.

- Ventilador ou secador de cabelo, para resfriar as peças.

- Luvas de borracha, para proteger as mãos de queimaduras (alguns *chefs* experientes preferem trabalhar sem luvas).

Prepare a calda de acordo com a fórmula a seguir. Observe que a receita requer ácido tartárico líquido, que é uma solução de partes iguais de cremor tártaro e água, preparada de acordo com as instruções da fórmula.

Uma vez pronta a calda, ela pode ser usada em seguida ou guardada, depois de fria, em um pote hermeticamente fechado, para ser usada depois. Para utilizar a calda armazenada, reaqueça-a sob a lâmpada para açúcar ou em forno preaquecido a 75°C. Vire os pedaços de calda de vez em quando para que aqueçam por igual. Isso é especialmente importante quando se está trabalhando com a lâmpada para açúcar, e deve ser feito inclusive durante a montagem das peças, pois a calda que fica sob a lâmpada recebe calor apenas de cima.

Depois que a calda atinge a temperatura necessária, deve ser puxada e dobrada, como indicado no passo 7 da fórmula, até que esfrie um pouco, para que possa ser manipulada, e adquira uma textura uniforme. Teste o açúcar: belisque uma pequena porção da superfície da bola com o polegar e o indicador e puxe, tentando arrancar o pedaço. Se ele se separar da bola com facilidade, o açúcar está pronto. O resultado obtido com esse esticar e dobrar da calda é chamado de açúcar acetinado, pois a massa adquire uma aparência perolada. Isso ocorre por causa da incorporação de ar às estruturas de açúcar. Se tal procedimento não for feito, o açúcar não poderá ser trabalhado de forma adequada.

⁂ UM PASSO ALÉM ⁂

O sucesso no trabalho decorativo avançado requer não apenas um aprendizado de qualidade, mas também muita prática e repetição. Muitas das técnicas mais comumente usadas nos trabalhos com açúcar estão explicadas e ilustradas neste capítulo. Executar esses procedimentos uma ou duas vezes, no entanto, não fará de você um *décorateur* (*chef* confeiteiro especializado ou habilidoso em trabalhos decorativos). Para dominar as técnicas do trabalho com açúcar, o ideal é repetir os procedimentos ensinados neste capítulo até que você esteja bem familiarizado com eles.

Uma vez dominadas as técnicas básicas, elas irão ajudá-lo a produzir uma grande variedade de itens decorativos. Talvez você sinta necessidade de consultar outros livros especializados no trabalho decorativo em confeitaria, alguns dos quais listamos nas referências da página 757. A variedade de formas que podem ser produzidas com açúcar é limitada apenas pela imaginação e habilidade técnica do *chef*.

AÇÚCAR PUXADO E AÇÚCAR SOPRADO

Rendimento: cerca de 1.200 g

Ingredientes	Quantidade	Açúcar a 100% %	Modo de fazer
Açúcar	1.000 g	100	
Água	300 g	30	
Glucose	200 g	20	
Corante	a gosto		
Solução de ácido tartárico (ver *Nota*)	8 gotas		

1. Faça uma calda com o açúcar, a água e a glucose. Ver página 260 para instruções sobre como preparar caldas de açúcar.

2. Cozinhe até a calda atingir 125°C; junte o corante, se estiver usando (o corante também pode ser acrescentado quando o açúcar for despejado, no passo 5).

3. Continue fervendo até a calda atingir 135°C; junte a solução de ácido tartárico.

Nota: para preparar a solução de ácido tartárico, use partes iguais (em peso) de cremor tártaro e água. Aqueça a água. Assim que ferver, retire do fogo e junte o cremor tártaro. Espere esfriar.

4. Continue fervendo. Quando a temperatura atingir os 160°C, ou a temperatura desejada (ver p. 672), interrompa o cozimento imediatamente, mergulhando o fundo da panela em água fria. Retire da água e deixe esfriar por cerca de 2 a 3 minutos, para que engrosse um pouco.

5. Despeje sobre uma superfície de mármore untada com óleo ou, de preferência, sobre um tapete de silicone. Se não tiver acrescentado o corante no passo 2, ele pode ser acrescentado agora, como mostrado na página 681.

6. Deixe esfriar um pouco, mas comece a dobrar as bordas em direção ao centro antes que elas comecem a endurecer. Repita o procedimento até que a calda possa ser levantada da superfície em um só bloco.

7. Comece a esticar a massa de açúcar, dobrá-la sobre si mesma e torcê-la. Repita este procedimento até a mistura esfriar um pouco e começar a estalar de leve quando puxada. Não tente esticar a calda depois que ela esfriar demais, ou começará a cristalizar-se. Corte em pedaços menores com uma tesoura e coloque-os sob a lâmpada, para mantê-los na temperatura adequada. Estique e dobre as peças, uma a uma, até que estejam com uma textura e temperatura uniformes. O açúcar ficará com uma aparência acetinada depois de 12 a 20 repetições. Não dobre muito mais vezes que isso, ou o açúcar perderá seu brilho perolado.

8. O açúcar está pronto para ser transformado em itens decorativos de açúcar puxado e soprado.

Laços e fitas

Uma fita de uma só cor pode ser feita com facilidade: apenas estique uma porção de açúcar puxado até obter uma tira uniforme. Parece uma tarefa fácil, mas fazer uma fita delgada, delicada e de espessura e largura homogêneas requer uma boa dose de prática e habilidade. Certifique-se de que a porção de calda está aquecida por igual e de que todas as partes da tira estiquem ao mesmo tempo.

Para fazer fitas de duas cores, comece com duas porções iguais de calda de cores diferentes. Molde-as para que fiquem com o mesmo formato e tamanho. Coloque-as lado a lado, pressionando-as uma contra a outra, e então estique. Para fitas listradas, corte ao meio a fita de duas cores parcialmente esticada. Una as duas metades lado a lado, alternando as cores, para obter quatro listras. Termine de esticar a fita.

Uma fita de três ou mais cores pode ser feita usando a mesma técnica.

Para fazer um laço, corte um pedaço da fita com a tesoura e curve-o, formando uma gota. Resfrie a peça em frente ao ventilador ou com o secador frio para que mantenha a forma. Repita o procedimento até obter o número de peças desejado. Para uni-las, formando um laço, aqueça a extremidade das gotas na chama da lamparina para amolecê-las e, então, cole-as, pressionando até que grudem.

Como preparar açúcar puxado

1. Despeje a calda sobre um tapete de silicone.

2. Se desejar uma calda colorida, e o corante não tiver sido acrescentado durante o cozimento, pingue-o sobre a calda.

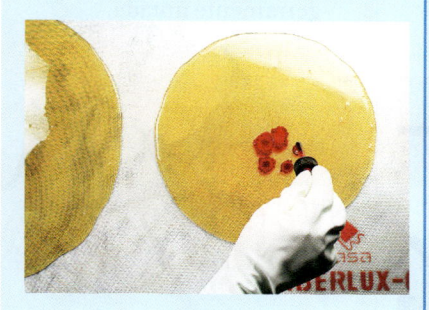

3. Conforme a calda for esfriando, dobre as bordas em direção ao centro, para que esfrie por igual.

4. Quando a cor estiver uniforme, pegue a calda nas mãos e comece a esticá-la, dobrá-la e torcê-la.

5. Repita esse procedimento até que o açúcar fique com uma aparência acetinada ou perolada e comece a dar estalidos leves ao ser esticado.

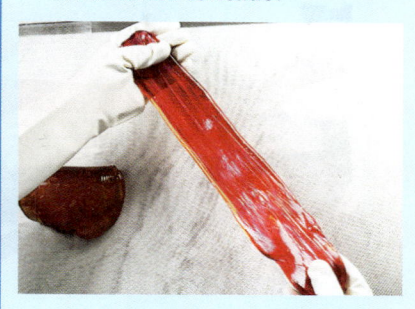

6. Coloque a massa pronta sob a lâmpada enquanto trabalha com as porções de calda restantes, para mantê-la em uma temperatura adequada.

⟨ LÂMPADA PARA TRABALHOS COM AÇÚCAR ⟩

A lâmpada usada nos trabalhos com açúcar é meramente uma lâmpada de luz infravermelha, geralmente de 250 watts. Ela está presa a uma plataforma forrada com um tapete de silicone por uma haste longa e flexível, que permite ao *chef* confeiteiro ajustar a distância entre a fonte de calor e a calda de açúcar.

Para ser trabalhada, a calda para o açúcar puxado e soprado deve estar quente o bastante para ser modelada — geralmente entre 38 e 55°C para puxar e no máximo 80°C para soprar, dependendo das preferências do *chef*.

Como o calor da lâmpada aquece a calda apenas na parte de cima, é preciso virá-la e dobrá-la antes de usar, para que o calor se distribua uniformemente. Deixe a porção de calda em repouso sob a lâmpada até que a superfície esteja brilhante e com uma aparência quase líquida. Então, puxe o açúcar com cuidado, formando uma tira oblonga, e dobre as pontas em direção ao centro (outra opção é apenas dobrá-la ao meio). Tome cuidado para não aprisionar bolhas de ar grandes entre as camadas. Repita o procedimento várias vezes, até que o açúcar esteja aquecido por igual e flexível.

Enquanto estiver trabalhando com uma porção de calda, vire as que ficaram sob a lâmpada de vez em quando, para que se mantenham aquecidas por igual e maleáveis.

Como preparar fitas de açúcar puxado

1. Faça cordões de calda de tamanho e espessura iguais nas cores escolhidas e coloque-os lado a lado sob a lâmpada.

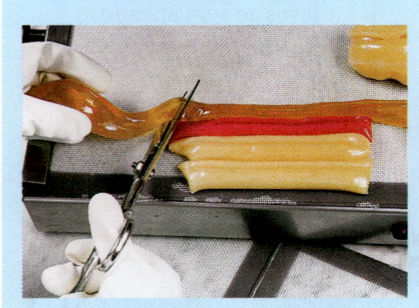

2. Puxe uma vez pelas pontas para começar a formar a fita.

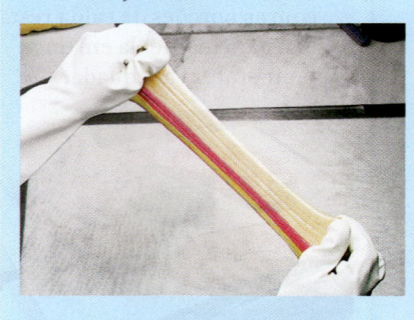

3. Usando uma tesoura untada com óleo, corte a fita ao meio no sentido do comprimento e coloque as metades lado a lado.

4. Repita o procedimento de esticar e dobrar ao meio, colocando as metades lado a lado, até alcançar o resultado desejado.

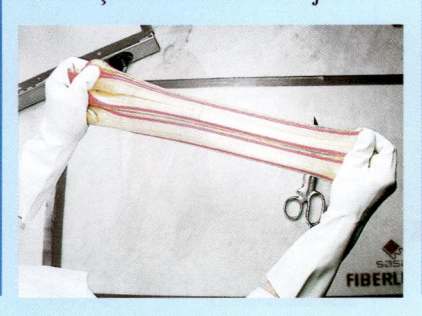

5. Antes que o açúcar endureça, curve-o, formando ondas, para imitar o caimento de uma fita de cetim.

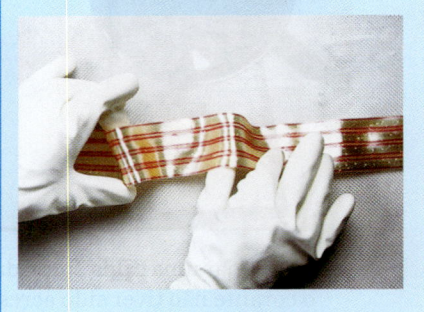

6. Corte pedaços do tamanho desejado, usando uma tesoura ligeiramente untada.

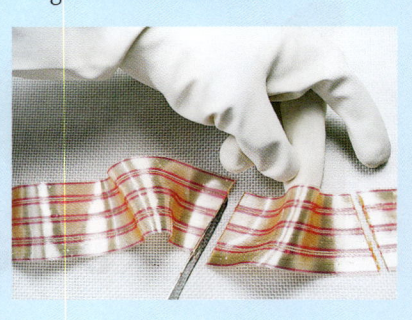

Flores e folhas

A técnica básica para a confecção de flores simples está detalhada na página 683. As fotos mostram a montagem de um lírio e de uma folha. Observe que foi usado um molde para marcar os veios da folha. Se não dispuser de um, use a parte de trás da lâmina de uma faca para marcar a superfície da peça.

Outra flor popularmente confeccionada com açúcar puxado é, obviamente, a rosa. As pétalas de rosa são feitas usando-se a mesma técnica empregada para a confecção das pétalas do lírio, com a diferença de que são puxadas formando discos, e não formas oblongas. Enrole a primeira pétala ao redor de uma base estreita, semelhante à usada para a rosa de marzipã (p. 661). Depois, cole as demais pétalas, sobrepondo-as ligeiramente. Faça as pétalas da parte mais externa da rosa um pouco maiores do que as pétalas mais próximas ao miolo, e curve levemente as bordas para fora, para que fiquem parecidas com as pétalas de verdade.

Outra opção é preparar todas as pétalas com antecedência. Para montar as rosas, aqueça a base das pétalas na chama da lamparina e cole-as ao redor da base até terminar a flor.

Para fazer um cabo que suporte o peso da flor, insira um pedaço de arame dentro de um cordão fino de açúcar puxado, de modo que fique totalmente recoberto. Enquanto o açúcar ainda estiver morno, curve o arame no formato desejado.

Como preparar lírios de açúcar puxado

1. Puxe uma porção da superfície da bola de açúcar, esticando-a para formar uma borda fina.

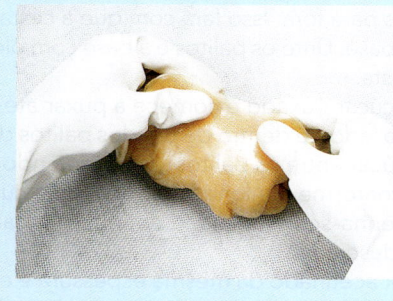

2. Belisque a beirada dessa borda e puxe, formando uma pétala oblonga.

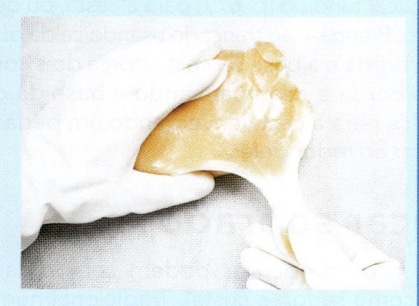

3. Corte a pétala usando uma tesoura untada com óleo. Repita o procedimento para as outras pétalas.

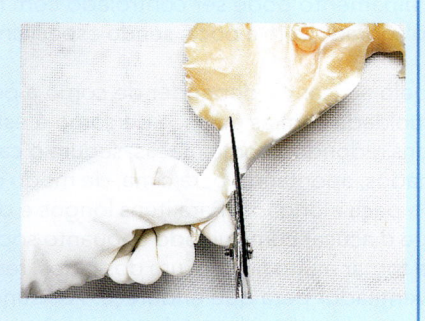

4. Junte as pétalas formando um lírio.

5. Para o miolo da flor, estique um pedaço de açúcar puxado até formar fios finos.

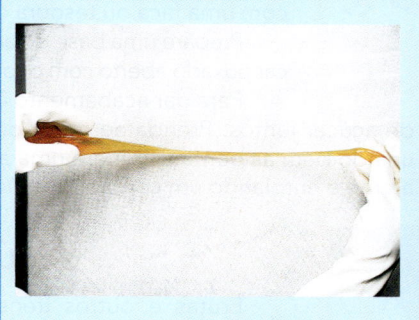

6. Dobre dois desses fios formando uma gota, como mostrado na foto, e insira no centro do lírio.

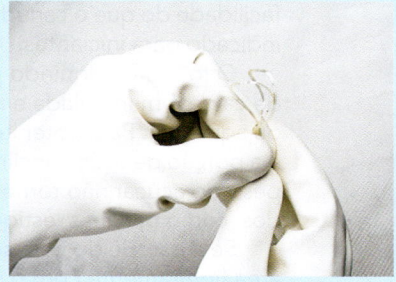

7. Para fazer as folhas, puxe o açúcar como se fosse preparar uma pétala, mas formando uma peça mais arredondada.

8. Coloque-a sobre a base do molde para folhas.

9. Pressione com a parte de cima do molde para dar à folha uma textura rugosa. As flores finalizadas podem ser vistas na página 684.

Cestas simples

Abra uma porção de açúcar puxado com o rolo até obter uma lâmina fina. Molde-a ao redor ou dentro de uma tigela ou forma untadas, usando o mesmo procedimento empregado para o *nougatine* (p. 667). Se quiser, grude uma alça à cesta.

Cestas trançadas

Uma cesta de açúcar puxado trançada cheia de flores e/ou frutas de açúcar puxado ou soprado é uma das peças decorativas mais impressionantes. Para fazer uma, é necessária uma base de madeira com um número ímpar de furos. Esses furos devem ter a mesma distância entre si e estarem dispostos em formato circular, oval ou quadrado. Além disso, serão necessários palitos de madeira que possam ser encaixados nesses furos. Os furos devem ser feito com a broca da furadeira em ângulo, de forma que os palitos fiquem ligeiramente inclinados para fora. Isso fará com que a cesta fique com a boca mais larga que a base. Unte os palitos e a base com óleo antes de começar a trançar a cesta.

Pegue uma porção de açúcar puxado e comece a puxar até obter um cordão. Começando pelo lado de dentro de um dos palitos de madeira, trance o cordão de açúcar entre os palitos, acrescentando outro pedaço de cordão à ponta conforme ele for acabando. Tome cuidado para que a espessura mantenha-se uniforme. Continue trançando a cesta até que atinja a altura desejada.

Prepare palitos de açúcar acetinado da mesma espessura e em número igual ao dos palitos de madeira. Um a um, retire os palitos de madeira, substituindo-os pelos de açúcar. Se necessário, acerte as pontas com uma faca ou tesoura quentes.

Prepare uma base de açúcar fundido (p. 677) para a cesta, ou de açúcar puxado aberto com o rolo. Prenda-a ao trançado usando calda quente.

Para dar acabamento à borda e à base da cesta, torça dois cordões de açúcar juntos. Prenda ao redor da borda e acompanhando a base da cesta, unindo bem as pontas. Prepare uma alça para a cesta envergando um pedaço de arame e enrolando um cordão de açúcar ao redor dele.

Partes da escultura de açúcar antes de ser montada

Açúcar soprado

Frutas e outros itens ocos de açúcar podem ser preparados usando-se açúcar puxado como se fosse cristal. Tradicionalmente, as peças de açúcar eram sopradas com a boca, como no trabalho artístico feito com vidro, e muitos *chefs* ainda preferem usar esta técnica. Atualmente, no entanto, tornou-se comum o uso de um canudo de metal ao qual é acoplada uma bomba de ar (ver p. 673), tornando o trabalho mais fácil. Esse tipo de equipamento pode ser controlado com maior facilidade do que o canudo soprado com a boca, sendo especialmente indicado para iniciantes.

O formato adquirido pelo açúcar vai depender de como a porção de calda é manipulada e moldada com as mãos, e de como é esfriada ou aquecida. Para obter itens redondos, como maçãs, segure o canudo e a porção de açúcar inclinados, apontando para cima, de modo que o peso do açúcar não torne a peça alongada. Para itens longos e delgados, como bananas, estique o açúcar com cuidado enquanto sopra.

Se a parede do item se tornar muito fina em um dos lados, resfrie a área ligeiramente com o ventilador para que endureça. Assistindo às demonstrações de seu instrutor e praticando, você aprenderá a controlar a temperatura de toda a superfície da peça para, então, dar a ela o formato que quiser. As peças de açúcar soprado mais perfeitas têm uma parede fina e delicada de açúcar, de espessura uniforme.

Escultura de açúcar finalizada

Peças mais complexas, como animais – pássaros, peixes etc. –, podem ser feitas depois que você adquirir alguma prática. Por exemplo, pode-se fazer um pássaro de pescoço comprido soprando uma peça de açúcar até obter um formato de vaso e, então, esticando o pescoço do vaso para formar o da ave. A cabeça e o corpo de um animal podem ser soprados separadamente e depois colados. Outras partes, como asas, barbatanas etc., são feitas separadamente com açúcar acetinado.

Quando o açúcar soprado tiver endurecido, pinte com um pincel para dar uma aparência mais real às peças. Se estiver usando calda de açúcar já tingida, será necessário apenas sombrear algumas áreas e acrescentar os detalhes finais. Outra alternativa é fazer as peças de açúcar sem corante nenhum e depois pintá-las com um aerógrafo, que permite uma mistura mais homogênea entre as camadas de cores. Se usado com habilidade, dá uma aparência mais realista às peças, em especial às frutas. Para usar o aerógrafo, dissolva o corante em pó em álcool. Se uma textura aveludada, em vez de brilhante, for mais apropriada para o item, polvilhe-o com amido de milho.

O procedimento a seguir ilustra os principais passos na elaboração de frutas de açúcar soprado.

Como preparar peças de açúcar soprado

1. Faça uma depressão no centro de uma bola de açúcar puxado e insira a ponta do canudo para açúcar soprado.

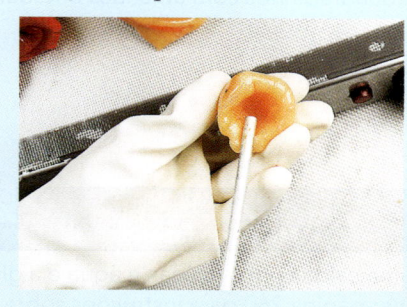

2. Pressione a calda com firmeza ao redor do canudo para vedar bem.

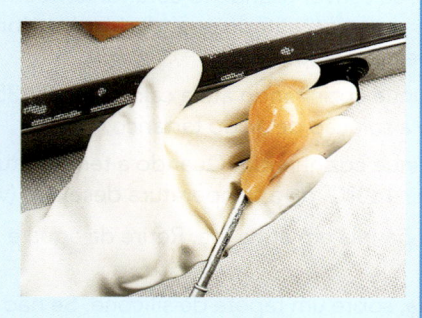

3. Para produzir uma pera, infle a bola de açúcar lentamente, dando o formato da fruta conforme for bombeando o ar.

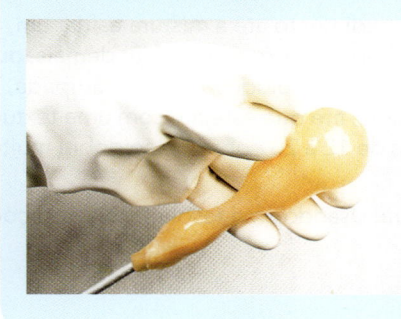

4. Continue inflando e moldando a peça com os dedos. Quando o formato desejado for obtido, resfrie rapidamente com o ventilador para que endureça.

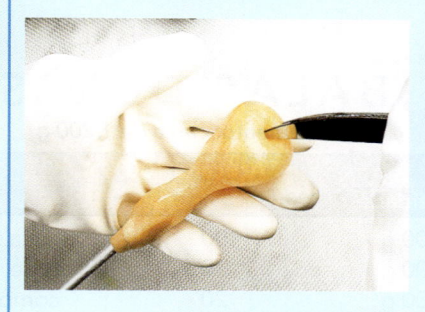

5. Aqueça a ponta do canudo na chama da lamparina e retire a pera. Molde o cabinho da fruta com os dedos.

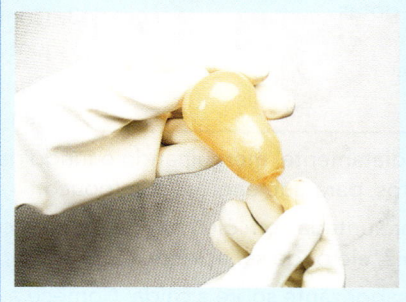

6. Molde outras frutas usando a mesma técnica, como bananas...

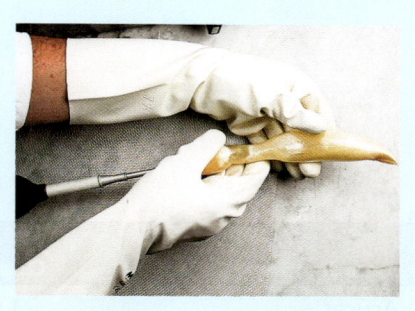

7. ... e maçãs.

8. Estas peças prontas foram pintadas inicialmente com um compressor (ver p. 648); os detalhes foram feitos com um pincel.

CONFEITOS À BASE DE AÇÚCAR

Com a exceção dos chocolates, a grande maioria das balas e confeitos mais antigos é feita à base de calda de açúcar. Os fundamentos apresentados no Capítulo 12 e neste servirão de base para a execução das receitas a seguir. Faça uma revisão do material sobre o preparo de caldas de açúcar, inclusive os passos necessários para prevenir a cristalização, explicados no Capítulo 12.

Balas duras são simplesmente calda de açúcar saborizada cozida até atingir o ponto de bala dura. Você verá que a receita a seguir é a mesma dada para o açúcar puxado, com a adição de um saborizante. Balas finas, como as de fruta multicoloridas, podem ser feitas empregando-se as mesmas técnicas usadas para o açúcar puxado. Outra opção é preparar balas simples seguindo a receita básica até o passo 6 do modo de fazer. Em seguida, abra a calda com o rolo untado com óleo em uma espessura uniforme e corte em quadradinhos com uma faca untada.

BALAS DURAS
Rendimento: cerca de 1.200 g

Ingredientes	Quantidade	Açúcar a 100% %	Modo de fazer
Açúcar	1.000 g	100	1. Faça uma calda com o açúcar, a água e a glucose. Ver página 260 para instruções sobre como preparar caldas de açúcar.
Água	300 g	30	
Glucose ou xarope de glucose de milho	200 g	20	
Solução de ácido tartárico (ver p. 680)	8 gotas		2. Cozinhe até a calda atingir 125°C; junte o corante, se estiver usando (o corante também pode ser acrescentado quando o açúcar for despejado, no passo 5).
Corante alimentício	a gosto		3. Continue cozinhando até a calda atingir 135°C; junte a solução de ácido tartárico.
Saborizante, como p. ex.: menta, limão ou outros cítricos, canela	algumas gotas		4. Continue cozinhando. Quando a temperatura atingir 160°C, ou a temperatura desejada (ver

p. 672), interrompa o cozimento imediatamente, mergulhando o fundo da panela em água fria. Retire da água e deixe esfriar por cerca de 2 a 3 minutos, para que engrosse um pouco.

5. Despeje sobre uma pedra de mármore untada com óleo ou, de preferência, sobre um tapete de silicone. Se não tiver acrescentado o corante no passo 2, ele pode ser acrescentado agora, como mostrado na página 681.

6. Espere esfriar um pouco e pingue o saborizante sobre a calda. Comece a dobrar as bordas em direção ao centro antes que elas comecem a endurecer. Repita o procedimento até que ela possa ser levantada da superfície em um só bloco.

7. Comece a esticar a calda, dobrá-la sobre si mesma e torcê-la. Repita este procedimento até a mistura esfriar um pouco e começar a estalar de leve quando for puxada. Não tente esticar a calda depois que ela esfriar demais, ou ela começará a se cristalizar. Corte a massa em pedaços menores com uma tesoura e coloque-os sob a lâmpada, para mantê-los na temperatura adequada. Estique e dobre as peças, uma a uma, até que estejam com uma textura e temperatura uniformes. O açúcar ficará com uma aparência acetinada depois de 12 a 20 dobras. Não dobre muito mais vezes que isso, senão o açúcar perderá seu brilho perolado.

8. Estique cada porção de calda em um cordão de cerca de 12 mm de espessura. Usando uma tesoura, corte porções de 12 mm de comprimento.

9. Espere esfriar. Guarde em um recipiente hermeticamente fechado.

A bala *toffee* é uma versão da calda de caramelo com manteiga apresentada no Capítulo 12 (p. 280), com a adição de saborizantes e outros ingredientes que a tornam um confeito delicioso. Observe que a base da receita da bala *toffee*, o açúcar e a manteiga, é a mesma da calda de caramelo com manteiga. O pé de moleque de glucose é um doce semelhante, mas com menos manteiga e com a adição de uma grande quantidade de amendoins inteiros. Caramelos moles também são feitos da mesma forma, mas a calda é preparada com creme de leite ou leite em vez da água, e cozida até atingir uma temperatura mais baixa, perdendo menos umidade, o que resulta em confeitos mais macios.

Por fim, o *fudge* também pode ser encarado como um confeito à base de calda de açúcar, apesar de conter chocolate em sua preparação. Embora este seja o sabor mais comum, outros sabores também podem ser preparados. O procedimento básico é similar ao empregado no preparo de *fondants*, isto é, a calda cozida é resfriada até atingir a temperatura adequada e, então, batida para formar cristais minúsculos. Reveja a receita de *fondant* e compare-a com a de *fudge*, dada aqui. Um ponto crítico de ambas as preparações é a temperatura que a calda deve alcançar ao esfriar. Se ela for agitada enquanto ainda está estiver excessivamente quente, os cristais ficarão grandes demais, e a textura ficará granulosa.

BALA TOFFEE DE AMÊNDOAS

Rendimento: cerca de 1.650 g

Ingredientes	Quantidade	Açúcar a 100% %	Modo de fazer
Açúcar cristal	1.000 g	100	1. Unte ligeiramente uma superfície de mármore e arrume sobre ela quatro réguas de metal (ver p. 688) untadas, formando um retângulo com uma área interna de 38 x 40 cm.
Água	250 g	25	
Glucose ou xarope de glucose de milho	160 g	16	
Manteiga	500 g	50	2. Faça uma calda com o açúcar, a água e o xarope. Ver página 260 para instruções sobre como preparar caldas de açúcar.
Sal	6 g (1 colher de chá)	0,6	
Amêndoas, bem picadas	90 g	9	3. Cozinhe até a calda atingir 138°C.
Essência de baunilha	6 g (1 colher de chá)	0,6	

3. Cozinhe até a calda atingir 138°C.

4. Junte a manteiga e o sal e bata bem. Continue cozinhando, até a calda atingir 157°C.

5. Junte as amêndoas e a essência de baunilha e mexa bem. Continue cozinhando, até a calda atingir 160°C.

6. Despeje sobre o mármore, no espaço entre as réguas.

7. Quando a calda começar a ficar firme, mas ainda estiver quente e maleável, marque a superfície formando quadrados de 2,5 cm – use uma faca, cortador de pizza ou de caramelo (ver p. 688).

8. Quando a bala esfriar e endurecer, separe os pedaços, quebrando com a mão.

VARIAÇÃO

Depois de marcar a superfície da bala, espere esfriar até ficar morna e espalhe uma camada fina de chocolate derretido por cima. Polvilhe com amêndoas picadinhas. Espere esfriar e separe os pedaços.

❧ RÉGUAS E CORTADORES DE METAL ❧

As réguas de metal usadas na confecção de confeitos de açúcar são barras pesadas que servem para delimitar uma área sobre a superfície de mármore, onde a calda é despejada. São muito úteis para a confecção de balas, caramelos, torrões, peças de açúcar fundido e outros confeitos do tipo.

Outro equipamento útil para a produção de confeitos de açúcar é o cortador de bala. Ele pode ser encontrado em dois modelos: um deles consiste em uma fileira de cortadores semelhantes aos de pizza presos a um mecanismo regulável, o outro é semelhante a um marcador de pudim, mas em formato quadriculado de tamanho fixo. A vantagem do primeiro modelo é permitir que sejam cortadas fileiras de larguras diversas, já que o espaço entre os cortadores é regulável. O segundo modelo, por sua vez, marca toda a superfície do confeito de uma só vez, apesar da desvantagem de produzir peças de um tamanho apenas.

PÉ DE MOLEQUE DE GLUCOSE

Rendimento: 2.125 g

Ingredientes	Quantidade	Açúcar a 100% %	Modo de fazer
Açúcar cristal	1.000 g	100	1. Unte ligeiramente com óleo uma superfície de mármore.
Xarope de glucose de milho ou glucose	720 g	72	2. Em uma panela grossa, misture o açúcar, o xarope e a água. Leve ao fogo até ferver, mexendo para dissolver o açúcar. Ver página 260 para instruções sobre como preparar caldas de açúcar.
Água	380 g	38	
Amendoim (ver *Nota*)	750 g	75	3. Cozinhe até a calda atingir a temperatura de 121°C.
Manteiga	55 g	5,5	4. Junte o amendoim e a manteiga.
Essência de baunilha	10 g (2 colheres de chá)	1	5. Continue cozinhando até que a calda atinja 155°C. Mexa constantemente, para evitar que grude no fundo, mas sem bater.
Sal	6 g (1 colher de chá)	0,6	6. Retire a panela do fogo. Junte a essência de baunilha, o sal e o bicarbonato; misture bem. Cuidado: o caramelo vai irá borbulhar por alguns instantes.
Bicarbonato de sódio	10 g (2 colheres de chá)	1	

Nota: esta receita prevê o uso de amendoim sem torrar. Se for usar amendoim torrado (sem sal), acrescente-o à calda segundos antes de despejá-la.

7. Despeje sobre o mármore.

8. A calda irá se esparramar mais que os amendoins. Para que fiquem bem distribuídos, use uma espátula para bolo untada para espalhá-los uniformemente pelo caramelo.

9. Coloque um par de luvas de látex para proteger as mãos durante este passo. Assim que o caramelo esfriar o bastante para que as beiradas possam ser levantadas com uma espátula para bolo, enfie os dedos sob a borda, segure e puxe, esticando o caramelo para que fique fino. É mais fácil fazer isso em duas ou mais pessoas, cada uma puxando de um lado, já que a calda endurece rapidamente. Cuidado para não tocar nenhuma parte do caramelo que esteja ainda liquefeita. Conforme o caramelo for endurecendo, quebre os pedaços já puxados da beirada e continue esticando o restante. (Este passo é opcional, mas rende um confeito mais delicado, de textura mais fina.)

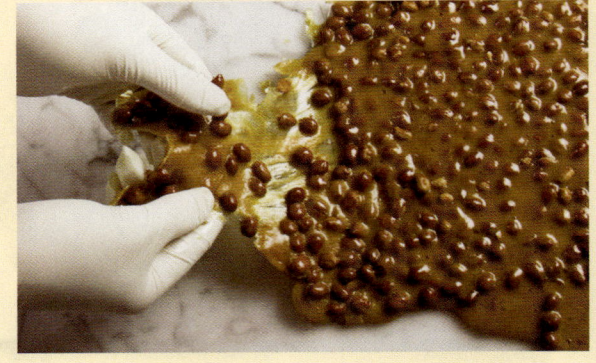

10. Espere esfriar completamente e guarde em um recipiente hermeticamente fechado.

BALAS MACIAS (CARAMELOS)

Rendimento: 1.500 g

Ingredientes	Quantidade	Açúcar a 100% %	Modo de fazer
Creme de leite fresco	1.500 mL	200	
Açúcar cristal	750 g	100	
Glucose ou xarope de glucose de milho	200 g	27	
Sal	4 g (¾ de colher de chá)	0,6	
Manteiga	200 g	27	
Essência de baunilha	15 mL (1 colher de sopa)	2	

Modo de fazer

1. Coloque uma folha de papel-manteiga sobre uma superfície de trabalho. Arrume sobre ela quatro réguas de metal untadas com óleo, formando um retângulo com uma área interna de 30 x 40 cm.

2. Misture o creme de leite, o açúcar e o xarope em uma panela grossa. Leve ao fogo até ferver, mexendo para dissolver o açúcar.

3. Abaixe o fogo e cozinhe, mexendo, até a calda atingir a temperatura de 110°C.

4. Junte a manteiga e a essência de baunilha. Continue cozinhando, em fogo brando e mexendo sem parar, até a calda atingir 118°C.

5. Despeje sobre o papel-manteiga, no espaço entre as réguas. Espere esfriar completamente.

6. Corte em quadrados de 2,5 cm, ou no formato desejado.

7. Os caramelos já frios podem ser mergulhados em chocolate temperado (ver p. 649).

VARIAÇÃO

CARAMELOS DE CHOCOLATE

Depois que tiver incorporado a manteiga, adicione 100 g de chocolate amargo derretido.

CARAMELOS COM NOZES

Antes de despejar a calda sobre o papel-manteiga, junte 300 g de noz comum ou noz-pecã picadinha.

COMO TESTAR A CONSISTÊNCIA DE CARAMELOS E BALAS TOFFEE

Dentro de uma margem muito pequena, a consistência dos caramelos e das balas *toffee* pode variar de macia a bem firme, mas ainda puxa-puxa. Para testar a consistência durante o preparo, pingue algumas gotas da calda em uma tigelinha com água gelada e observe como a calda fica depois de fria. Ela deve formar uma bola macia, mas firme o bastante para manter a forma. Se ficar muito mole, cozinhe um pouco mais. Se estiver firme demais, junte um pouco de água e teste novamente.

FUDGE DE CHOCOLATE

Rendimento: 1.375 g, sem as nozes

Ingredientes	Quantidade	Açúcar a 100% %	Modo de fazer
Açúcar cristal	1.000 g	100	
Leite	375 g	37,5	
Glucose ou xarope de glucose de milho	125 g	12,5	
Manteiga	125 g	12,5	
Chocolate amargo, picado finamente	155 g	15,5	
Sal	3 g (½ colher de chá)	0,3	
Essência de baunilha	15 g (1 colher de sopa)	1,5	
Nozes picadas (opcional)	200 g	20	

Modo de fazer

1. Forre uma assadeira quadrada de 23 cm com papel-alumínio.

2. Em uma panela grossa, misture o açúcar, o leite e o xarope. Leve ao fogo até ferver, mexendo sempre, até que o açúcar esteja dissolvido. Ver página 260 para instruções de sobre como preparar caldas de açúcar.

3. Continue cozinhando, em fogo médio, até a calda atingir a temperatura de 110°C. Mexa a mistura lentamente enquanto cozinha, para evitar que grude no fundo da panela.

4. Junte a manteiga e mexa, até que esteja bem misturada.

5. Adicione o chocolate, o sal e a essência de baunilha. Mexa até que o chocolate esteja derretido e bem incorporado.

6. Continue fervendo, mexendo delicadamente, até a calda atingir 113°C.

7. Despeje sobre uma superfície de mármore. Espere esfriar, sem mexer, até a mistura atingir a temperatura de 43°C.

8. Usando um rapa ou espátula, mexa o *fudge*, revolvendo-o em todas as direções, até que engrosse e perca um pouco do seu brilho. Se for acrescentar nozes, junte-as à mistura neste ponto.

9. Trabalhando rapidamente, enquanto a mistura ainda está macia, transfira-a para a assadeira forrada e deixe esfriar completamente.

10. Tampe bem e deixe repousar de um dia para o outro. Esse período de maturação melhora a consistência do *fudge*.

11. Corte quadrados do tamanho desejado.

VARIAÇÕES

FUDGE DE BAUNILHA

Omita o chocolate.

FUDGE DE AÇÚCAR MASCAVO

Use açúcar mascavo em vez do açúcar comum. A acidez do açúcar mascavo irá talhar o leite durante os estágios iniciais do cozimento, mas isso não prejudicará a qualidade do produto final.

FUDGE DE MANTEIGA DE AMENDOIM

Omita o chocolate e junte 25% (250 g) de manteiga de amendoim no passo 5.

TERMOS PARA REVISÃO

inversão

fios de açúcar

cestinhas de caramelo

açúcar fundido

açúcar puxado

açúcar soprado

QUESTÕES PARA DISCUSSÃO

1. Ao preparar a calda para o açúcar puxado, por que é importante que ela ferva em fogo alto?

2. Descreva o modo de preparo dos fios de açúcar (considere que a calda já está pronta).

3. Explique a importância da temperatura final de cozimento da calda para o preparo do açúcar puxado.

4. Discuta o efeito do cremor tártaro na produção do açúcar puxado. Inclua em sua discussão o momento em que ele deve ser acrescentado à calda e a quantidade necessária.

5. Descreva a técnica de preparo de uma fita de açúcar puxado usando duas cores de calda.

6. Se o açúcar puxado for feito com antecedência e armazenado, o que deve ser feito antes de ele poder ser usado em trabalhos decorativos?

27

Panificação e confeitaria para dietas especiais

O que é um alimento saudável? Primeiramente, é claro, ele não deve ser nocivo à saúde. À luz da percepção crescente das alergias alimentares, produtos que são perfeitamente saudáveis para algumas pessoas podem ser muito perigosos para a saúde de quem é alérgico a um ou mais de seus ingredientes. Além disso, para que um alimento seja saudável, ele deve contribuir para o bem-estar de quem o consome. Poderíamos argumentar que até mesmo uma sobremesa substanciosa, sem grande valor nutricional, mas rica em gordura e açúcar, pode contribuir para o bem-estar emocional, por ser deliciosa e reconfortante. A maioria dos *chefs* confeiteiros provavelmente concordaria com essa afirmação. No entanto, quando falamos de alimentos saudáveis, em geral estamos nos referindo aos que são ricos em nutrientes e possuem poucas calorias provenientes de gorduras e açúcares.

Há quem diga que tudo o que os padeiros e confeiteiros fazem é "engordativo", pois contém muita gordura. Isso não é verdade, ou pelo menos é uma meia-verdade. Muitos dos produtos mais importantes da panificação e da confeitaria têm baixo teor de gordura, ou não contêm gordura – desde o pão francês às compotas de frutas e merengues. Mas contêm muitas calorias e, em muitos casos, uma quantidade muito pequena de nutrientes.

Para contra-atacar essa afirmação, os *chefs* confeiteiros estão tentando criar versões mais saudáveis de itens populares.

Mais importante ainda para a saúde são as alergias alimentares, pois podem ser fatais. Cozinheiros, padeiros e confeiteiros devem se conscientizar desse problema para, então, criarem produtos para seus clientes que sejam, ao mesmo tempo, deliciosos e seguros.

Após ler este capítulo, você deverá ser capaz de:

1. Identificar e descrever as preocupações quanto aos fatores nutricionais em geral associadas aos produtos da panificação e da confeitaria.

2. Identificar e descrever as preocupações quanto às alergias e à intolerância alimentar em geral associadas aos produtos da panificação e da confeitaria.

3. Descrever as três maneiras de modificar os ingredientes de uma fórmula para que ela se torne adequada para dietas especiais.

4. Usando o conhecimento das funções dos ingredientes, descrever como se pode reduzir ou eliminar a gordura, o açúcar, o glúten e os derivados do leite nas fórmulas.

PREOCUPAÇÕES COM A DIETA

Dietas e saúde estão recebendo cada vez mais atenção. A obesidade crescente tem marcado presença nas manchetes. Cada vez mais pessoas sofrem com alergias alimentares. Problemas de saúde relacionados à alimentação têm aumentado o custo da saúde pública. Com isso, as pessoas parecem estar, com frequência, receosas demais com a dieta para saborear o que ingerem. Ao mesmo tempo, nosso amor pelos restaurantes, padarias e confeitarias continua a crescer. Mas as pessoas querem alimentos que sejam saborosos e saudáveis ao mesmo tempo.

As preocupações com a dieta podem ser divididas em duas grandes áreas: questões relacionadas à nutrição e questões relacionadas a alergia e intolerância alimentares.

Uma dieta nutritiva é variada e inclui todas as vitaminas, minerais, proteínas e outros nutrientes essenciais à saúde. Ao mesmo tempo, limita a ingestão de alimentos que possam ser nocivos se consumidos em grandes quantidades. O controle do peso requer uma limitação na ingestão de calorias, especialmente as provenientes de gorduras e açúcares. O termo *caloria vazia* refere-se a alimentos que fornecem poucos nutrientes por caloria. Alimentos com alto *valor nutricional* são aqueles que fornecem uma grande quantidade de nutrientes por caloria. Frutas, legumes, verduras e cereais integrais são exemplos de alimentos com alto valor nutricional, ao passo que açúcar e farinha de trigo branca têm baixo valor nutricional.

Para o consumidor, a escolha de alimentos nutritivos é opcional. Até mesmo pessoas que normalmente preferem alimentos ricos em nutrientes podem saborear uma torta amanteigada ou optar pelo pão branco em vez do integral. O consumo de uma quantidade limitada de açúcar pode fazer parte de uma dieta balanceada sem que tenha, necessariamente, efeitos nocivos à saúde. Para os que têm alergias alimentares, no entanto, a escolha do alimento correto pode ser uma questão de vida ou morte. Reações alérgicas podem variar de um leve desconforto a doenças graves ou, até mesmo, a morte – ou seja, é imprescindível que os profissionais do setor de serviços alimentícios levem em consideração essa questão.

Neste capítulo, abordaremos os temas da nutrição e das alergias alimentares em seções diferentes, pois elas suscitam procedimentos diferenciados no que diz respeito à busca de alternativas para as fórmulas. Depois que as questões nutricionais principais forem discutidas, examinaremos maneiras de modificar as fórmulas para que atendam a necessidades específicas. O capítulo é finalizado com uma coleção de receitas que exemplificam maneiras de satisfazer essas necessidades.

A panificação e a confeitaria para dietas especiais é um assunto amplo que engloba muitos subtópicos, como o preparo de massas sem glúten e de doces sem açúcar. Muitos livros já foram escritos sobre cada um desses tópicos. Este capítulo é apenas uma introdução ao tema, que visa a familiarizá-lo com as questões envolvidas e os procedimentos gerais usados na criação de fórmulas adequadas para diferentes tipos de restrições dietéticas. Consulte as referências bibliográficas da página 757 para uma lista de livros sobre cada um dos tópicos apresentados aqui.

NUTRIÇÃO NA PADARIA

O papel do padeiro ou confeiteiro no preparo de alimentos nutritivos varia muito, dependendo do setor da indústria de alimentos em que ele trabalha. As cozinhas de escolas, hospitais e casas de repouso devem, naturalmente, planejar menus que satisfaçam necessidades nutricionais básicas. Em geral, esses estabelecimentos contam com o apoio de nutricionistas. Por outro lado, cabe aos *chefs* que trabalham em estabelecimentos comerciais preparar uma variedade de produtos convidativos e saborosos, que vendam bem. É uma boa ideia incluir itens mais saudáveis entre os disponíveis para a venda, mas a maioria dos consumidores ainda preferirá o pão branco ao integral, ou o musse de chocolate à salada de frutas.

Contribuir para uma dieta mais saudável envolve dois aspectos: fornecer nutrientes desejáveis e evitar nutrientes indesejáveis. **Nutrientes** são substâncias essenciais para o funcionamento ou desenvolvimento de um organismo. Nesta discussão, dividiremos os nutrientes em duas categorias:

1. Nutrientes que fornecem energia: gorduras, carboidratos e proteínas. (Observe que as proteínas podem ser usadas pelo corpo para produzir energia, mas sua função mais importante é fornecer elementos constituintes para todas as células do corpo. Ver quadro abaixo.)

2. Nutrientes necessários ao metabolismo, ou ao funcionamento básico do corpo, incluindo todos os processos químicos que ocorrem no interior das células: vitaminas, minerais e água.

Uma dieta saudável e balanceada deve incluir todos esses nutrientes em quantidades adequadas – nem a mais, nem a menos. Para muitas pessoas, balancear a dieta consiste em consumir alimentos com mais vitaminas e minerais (os nutrientes do metabolismo) e menos gorduras e carboidratos (os nutrientes que geram energia).

Como aumentar a quantidade de nutrientes desejáveis

Na cultura ocidental, os pães e doces são uma parte relativamente pequena da dieta como um todo. Assim, esses itens – sobremesas, tortas, pães, salgados etc. – normalmente são considerados apenas uma pequena parte de nossa fonte diária de nutrientes.

No entanto, padeiros e confeiteiros podem oferecer aos clientes a oportunidade de optar por itens com mais vitaminas, minerais e fibras (ver quadro ao lado). As fontes mais significativas de vitaminas e minerais em panificação e confeitaria são os cereais integrais, as frutas e as oleaginosas. Esses ingredientes podem ser incorporados às fórmulas, permitindo que os clientes optem por pães e doces mais nutritivos. Por exemplo:

◆ Troque parte da farinha de trigo branca usada nas massas por farinha de trigo integral. Se adicionada na proporção de até 125 g por quilo terá um

⊰ FIBRAS ⊱

O termo *fibra* refere-se a um grupo de carboidratos complexos que não podem ser absorvidos ou aproveitados pelo organismo; por isso, não fornecem calorias. No entanto, são importantes para o funcionamento do intestino e a evacuação. Além disso, há evidências de que uma dieta rica em fibras ajuda a prevenir certos tipos de câncer e a diminuir os níveis de colesterol do sangue. Frutas, legumes e verduras, especialmente crus, e grãos integrais são fontes de fibras.

⊰ REVISÃO DE NUTRIENTES BÁSICOS ⊱

Os *carboidratos* são a principal fonte de energia do organismo. Consistem em longas cadeias de átomos de carbono aos quais se ligam átomos de oxigênio e hidrogênio. Os amidos e os açúcares são os carboidratos mais importantes da dieta.

As *gorduras* fornecem energia ao corpo em doses concentradas. Uma certa quantidade de ácidos graxos é necessária para regular certas funções fisiológicas. Além disso, as gorduras funcionam como veículo para as vitaminas lipossolúveis.

As *proteínas* são essenciais para o crescimento, para a formação de tecidos e para as funções básicas do organismo. Elas também podem ser usadas para gerar energia, se a dieta não contiver carboidratos e gorduras suficientes.

As *vitaminas* estão presentes nos alimentos em quantidades muito pequenas, mas são essenciais para o organismo. Ao contrário das proteínas, gorduras e carboidratos, não fornecem energia, mas algumas delas são necessárias para que a energia possa ser aproveitada pelo corpo. As vitaminas hidrossolúveis (as do complexo B e a C) não são armazenadas no organismo, então precisam ser consumidas diariamente. Já as lipossolúveis (A, D, E e K) são, mas é preciso que a quantidade ingerida por um determinado período de tempo seja suficiente.

Os *minerais*, assim como as vitaminas, são consumidos em pequenas quantidades, mas são essenciais para certas funções orgânicas. Entre os principais minerais estão o cálcio, o cloro, o magnésio, o fósforo, o enxofre, o sódio e o potássio. Os oligoelementos, ingeridos em quantidades ainda menores, incluem o cromo, o cobre, o ferro, o zinco e o iodo. Dentre todos eles, apenas o sódio, principal componente do sal, pode contribuir para um quadro de pressão alta se for consumido em grandes quantidades, o que, de fato, ocorre com frequência.

A *água* não fornece energia, mas o corpo não funciona sem ela. Entre 50 a 60% do peso do corpo humano adulto consiste em água.

efeito praticamente imperceptível na formação da massa. É possível substituir uma porcentagem maior, mas é provável que a massa fique pesada.

◆ Substitua parte da farinha de trigo branca por farinha integral de um outro grão, como aveia, cevada, amaranto, trigo-sarraceno, soja ou painço (milheto), ou seus subprodutos: germe ou farelo de trigo, farelo de aveia etc. Em massas levedadas, será preciso usar uma farinha de trigo com teor mais alto de proteínas, para compensar a ausência de glúten desses outros grãos.

◆ Junte uma pequena porção de farinha de linhaça às massas para enriquecê-las com suas fibras e ácidos graxos.

◆ Use semente de linhaça, aveia em flocos, semente de girassol e outras sementes e grãos para polvilhar a superfície de pães e salgados.

◆ Pesquise mais fórmulas que usem produtos integrais. Há várias neste livro e muitas outras em diversos livros, revistas e *sites*.

◆ Junte oleaginosas moídas às massas de pão, e oleaginosas picadas às massas de bolo, em pequenas quantidades.

◆ Junte passas e outras frutas secas a massas de pão e a outras preparações assadas (ver, p. ex., a receita de Pão de figo e avelã na p. 159).

◆ Ofereça mais sobremesas feitas com frutas, como compotas e *coulis*.

Como reduzir a quantidade de nutrientes indesejáveis

A ideia de reduzir nutrientes para tornar um alimento mais nutritivo pode parecer estranha, mas o fato é que a maioria das pessoas consome uma quantidade excessiva de nutrientes energéticos na forma de gorduras, açúcares e amidos. Como resultado, sofrem de obesidade, problemas do coração, diabetes e outros problemas de saúde relacionados à dieta. Em panificação e confeitaria, este é um problema muito difícil de resolver, já que esses componentes, em especial o amido, são a base da grande maioria dos produtos. Para o consumidor, uma das maneiras mais fáceis de cortar o consumo de gorduras, amidos e açúcares é simplesmente cortar o consumo de pães e doces, ou pelo menos reduzi-lo. No entanto, é possível adotar certas medidas para produzir itens interessantes para o consumidor preocupado com a dieta. Para que se possa compreender como esse problema pode ser resolvido, é necessário fazer uma breve revisão desse tipo de nutriente.

Calorias e ganho de peso

A *caloria* (ou, mais precisamente, quilocaloria; ver quadro) é uma unidade de medida da energia. É definida como a quantidade de calor necessária para aumentar a temperatura de 1 quilo de água em 1°C.

A caloria é usada para medir o quanto um alimento fornece em termos da energia que o corpo precisa para funcionar. Carboidratos, proteínas e gorduras podem ser usados pelo corpo como fonte de energia.

1 grama de carboidrato fornece 4 calorias

1 grama de proteína fornece 4 calorias

1 grama de gordura fornece 9 calorias

Há uma conexão direta entre o consumo de calorias, a atividade física e o ganho ou a perda de peso. Simplificando, se você consumir mais calorias do que é capaz de gastar, você irá engordar. Se consumir menos do que gasta, irá emagrecer. Todas as dietas do mundo – pelo menos as que têm algum fundamento clínico – podem ser reduzidas a isso. Em outras palavras, só é possível perder peso quando se ingere menos calorias, queima-se mais calorias exercitando-se fisicamente, ou quando se faz ambos.

❃{ CALORIAS E }❃ QUILOCALORIAS

Na terminologia científica, a quantidade de calor necessária para aumentar a temperatura de 1 quilo de água em 1°C é chamada de quilocaloria, às vezes grafada Caloria (com "C" maiúsculo), e abreviada *kcal*. Quando escrito com "c" minúsculo, o termo caloria, em tese, refere-se à unidade de medida de energia equivalente a apenas 1/1.000 da quantidade necessária para aumentar a temperatura de 1 grama de água em 1°C.

No entanto, em discussões sobre nutrição, "caloria" é comumente empregado como sinônimo de quilocaloria. Apenas lembre-se que quando a palavra caloria estiver associada a contextos relacionados a alimentação e nutrição, o verdadeiro sentido da palavra é quilocaloria (ou kcal).

Gordura

Como mostra a lista de calorias por grama de alimento, as gorduras são formas concentradas de energia, fornecendo mais que o dobro de calorias por grama que os carboidratos e as proteínas. Isso sugere que a redução de gorduras de uma dieta é uma forma eficaz de perder peso. Mantenha sempre em mente, no entanto, que a gordura é um nutriente necessário, seja para regular certas funções do organismo, seja para transportar as vitaminas lipossolúveis.

As gorduras podem ser classificadas em saturadas, monoinsaturadas e poli-insaturadas. As **gorduras saturadas** são sólidas em temperatura ambiente. Produtos de origem animal – ovos e derivados do leite, bem como carnes e peixes – e gorduras sólidas são as maiores fontes de gordura saturada. Óleos como o de coco e o de babaçu também são ricos em gorduras saturadas. Especialistas acreditam que esse tipo de gordura contribui para o aparecimento de doenças do coração e outros problemas de saúde.

As gorduras poli-insaturadas e monoinsaturadas são líquidas em temperatura ambiente. Embora o consumo excessivo de qualquer tipo de gordura não seja saudável, essas gorduras são consideradas mais saudáveis que a saturada. As **gorduras poli-insaturadas** podem ser encontradas em óleos vegetais, como o de milho, o de algodão, o de cártamo e o de semente de girassol. O azeite e o óleo de canola contêm altos níveis de **gordura monoinsaturada**. Pesquisas recentes sugerem que as gorduras monoinsaturadas podem, na verdade, baixar os níveis dos tipos de colesterol mais nocivos para o organismo. Ambos os tipos de gorduras insaturadas podem ser encontrados também em alimentos de origem vegetal, como grãos, oleaginosas e algumas frutas e legumes.

Um grupo de gorduras saturadas que merece atenção especial são as **gorduras trans**. Esse tipo de gordura ocorre apenas em pequenas quantidades na natureza. A maioria das gorduras trans presentes em nossas dietas provém de gorduras modificadas por meio de um processo chamado *hidrogenação*. As gorduras hidrogenadas são gorduras líquidas transformadas em sólidas pela adição de átomos de hidrogênio às moléculas dos ácidos graxos. Este processo é usado na fabricação de produtos como a gordura vegetal hidrogenada e a margarina. As gorduras trans são motivo de preocupação porque limitam a capacidade do corpo de se livrar do colesterol que se acumula nas paredes das artérias.

As gorduras são membros de um grupo maior de compostos chamados **lipídios**. Outro lipídio presente no organismo é o **colesterol**, uma substância graxa que parece estar intimamente relacionada às doenças do coração, pois se acumula no interior das artérias, bloqueando o fluxo de sangue do coração para os órgãos vitais. É encontrado apenas em produtos de origem animal e está presente em altas concentrações na gema do ovo, na gordura do leite e em gorduras provenientes de órgãos como o fígado e o cérebro. O corpo humano pode produzir seu próprio colesterol, de modo que nem todo colesterol presente no sangue provém dos alimentos. Embora o colesterol seja necessário às funções do organismo, não é considerado um nutriente, pois o corpo é capaz de produzir todo o colesterol de que necessita. Especialistas concordam que o melhor é manter o consumo de colesterol das dietas o mais baixo possível.

Açúcares e amidos

Açúcares são carboidratos simples. Açúcares simples, como a glucose, são compostos pequenos que contêm 6 átomos de carbono. O açúcar comum, ou sacarose, é uma molécula maior, com 12 átomos de carbono. Podem ser encontrados em todos os tipos de adoçantes naturais e, em quantidades menores, em frutas, legumes e verduras.

Os amidos são carboidratos complexos que consistem em longas cadeias de açúcares simples agrupadas. São encontrados em alimentos como grãos, pães, ervilhas e feijões, e muitos legumes, verduras e frutas.

A maioria dos pesquisadores acredita que os carboidratos complexos, em especial os provenientes de cereais integrais e alimentos não processados, são melhores para a saúde que os carboidratos simples. Em parte porque os alimentos ricos em amidos também possuem muitos outros nutrientes, ao passo que, no caso dos açúcares, a quantidade de nutrientes é menor. Além disso, há evidências de que uma dieta rica em açúcar pode ocasionar problemas de coração e circulação. Açúcares simples e amidos refinados são as principais fontes de calorias vazias.

Muitos consumidores acreditam que o mel, o açúcar mascavo e alguns outros adoçantes naturais não refinados são mais nutritivos que o açúcar comum. É fato que eles contêm alguns minerais benéficos e outros nutrientes, mas apenas em quantidades ínfimas. São, basicamente, açúcar. Substituir o açúcar branco por outros adoçantes naturais não diminui a quantidade de carboidratos da fórmula.

Sódio

Como dito anteriormente, o excesso de sódio na dieta tem sido relacionado à pressão alta. Por essa razão, as pessoas que sofrem desse mal em geral são aconselhadas a evitarem o consumo de sal, principal fonte de sódio das dietas. A maior parte do consumo de sal de uma pessoa, no entanto, não provém dos pães e doces, mas da comida – prato principal, acompanhamentos e petiscos. Algumas pessoas são aconselhadas a não consumirem sal, então o ideal é reduzir ou eliminar esse ingrediente dos pães e doces preparados para esses clientes, o que causaria uma pequena alteração no sabor. Para a maioria das pessoas, no entanto, essa alteração teria um impacto muito pequeno em seu consumo diário de sódio. Seja cuidadoso também ao reduzir a quantidade de sal de fórmulas de pão que usam fermento biológico, já que uma de suas funções é regular a atividade das leveduras (ver p. 94).

Dietas vegetarianas

Uma dieta vegetariana é aquela que consiste inteiramente ou majoritariamente em alimentos de origem vegetal. As razões que levam as pessoas a adotarem uma dieta vegetariana podem basear-se em preocupações com a saúde ou em crenças éticas, morais, religiosas ou culturais.

Há vários tipos de dieta vegetariana. A dieta **vegan** é a mais restritiva. Inclui apenas alimentos de origem vegetal. Todos os produtos de origem animal, inclusive derivados do leite e ovos, são desprezados. Os **lactovegetarianos** consomem apenas os derivados do leite, além dos produtos de origem vegetal. Já os **ovovegetarianos** consomem ovos e produtos de origem vegetal. Os **ovolactovegetarianos** consomem ovos e derivados do leite, além dos produtos de origem vegetal.

Em panificação e confeitaria, os ingredientes de maior preocupação para os vegetarianos são:

Laticínios, incluindo leite, creme de leite, manteiga e queijos, não devem ser incluídos em produtos destinados a consumidores *vegan*. Não são um problema para os consumidores lactovegetarianos e ovolactovegetarianos.

Os ovos não devem ser incluídos em produtos destinados a consumidores *vegan*, embora sejam consumidos por ovovegetarianos e ovolactovegetarianos.

O mel não deve ser usado em alimentos destinados a consumidores *vegan*, pois é um produto de origem animal.

O açúcar refinado é um problema para os consumidores *vegan*. Como uma pequena parte da cana-de-açúcar ainda é refinada com o uso de cinza proveniente da queima de ossos de animais, muitos preferem evitá-lo. Se você puder assegurar a seus clientes que o açúcar usado é proveniente de refinarias que não usam esse processo, pode ser que eles se animem a consumi-lo. Uma abordagem mais segura seria substituí-lo por açúcar de tâmara ou de bordo. Esses produtos podem dar um sabor diferenciado ao alimento, além de serem mais caros que o açúcar comum. Além disso, evite usar ingredientes que já contêm açúcar, pois não será possível saber se esse açúcar não foi processado dessa maneira.

A gelatina é um produto de origem animal, então deve ser omitida das preparações *vegan*. O ágar-ágar, substância proveniente de uma alga, pode ser usado para substituí-la (ver p. 88).

Alérgenos em panificação e confeitaria

Um **alérgeno** é uma substância que dispara uma reação alérgica. Muitos alimentos, inclusive muitos ingredientes usados em panificação e confeitaria, são alérgenos potenciais. Agências de saúde relatam que mais e mais pessoas estão sendo diagnosticadas com alergias alimentares a cada ano – é um problema crescente em todo o mundo.

Uma alergia alimentar consiste em uma resposta anormal a um alimento disparada pelo sistema imunológico. Em outras palavras, o sistema imunológico acredita erroneamente que um alimento é perigoso e reage para proteger o organismo. Essa reação pode incluir a produção de substâncias químicas que são, em si, nocivas à saúde, ou até mesmo fatais. Uma reação alérgica súbita e severa do sistema imunológico é chamada de **anafilaxia**, ou choque anafilático.

Os alimentos que mais provocam reações alérgicas são oleaginosas, ovos, peixes, frutos do mar, leite, soja e trigo. Observe que, com exceção dos peixes e frutos do mar, todos esses produtos são comumente encontrados em padarias e confeitarias. Trigo, leite e ovos estão entre os principais ingredientes de pães e doces.

Alergia alimentar não é o mesmo que *intolerância alimentar*. Por exemplo, uma pessoa pode ficar com gases e má digestão depois de consumir algum tipo de alimento, mas essa reação não envolve o sistema imunológico. As pessoas com intolerância à lactose, por exemplo, não possuem a enzima que as permite digerir o açúcar do leite, a lactose. Elas podem ficar com gases e dores abdominais depois de consumir derivados do leite. Estamos tratando as alergias e intolerâncias alimentares juntas neste capítulo porque ambas envolvem ingredientes que não podem ser consumidos pelo cliente.

Nos estabelecimentos do setor de alimentação em geral, devem ser tomadas precauções durante o preparo e a comercialização de alimentos. Algumas delas são enumeradas a seguir.

Preparo dos alimentos. Treine a equipe para que ela esteja alerta aos ingredientes que podem causar alergias. Leia o rótulo de todos os ingredientes que forem usados nas receitas do estabelecimento. Não faça substituições ocasionais ou não documentadas. Evite a contaminação cruzada; por exemplo, um alimento "seguro" pode tornar-se extremamente nocivo para uma pessoa alérgica caso seja preparado com utensílios mal limpos que foram previamente utilizados no preparo de produtos com amendoim. O ideal é ter uma área de preparo reservada apenas para os produtos destinados às pessoas alérgicas.

Serviço. Garçons e vendedores devem estar cientes dos ingredientes presentes em todas as preparações servidas ou vendidas; além disso, devem estar preparados para responder todas a perguntas dos clientes a esse respeito, ou saber a quem recorrer em caso de dúvida. Quando o cliente perguntar se um determinado ingrediente entra na composição de um produto, procure saber a razão de sua preocupação; pergunte se ele é alérgico àquele ingrediente. Se não puder responder às perguntas do cliente com absoluta certeza, admita esse fato e esteja preparado para oferecer outras opções.

Entre os ingredientes usados em confeitaria e panificação, as oleaginosas, o glúten, os derivados do leite e da soja e os ovos são os principais vilões causadores de alergias alimentares. A esta lista podemos acrescentar o álcool, que não é um alérgeno potencial, mas não deve ser consumido de forma alguma por certas pessoas.

Oleaginosas

Oleaginosas como o amendoim, a noz comum e a noz-pecã, a amêndoa e a castanha-do-pará são alguns dos alérgenos mais nocivos. A cada ano, são responsáveis por 150 a 200 mortes por alergia alimentar nos Estados Unidos. (*Nota:* o amendoim difere das demais oleaginosas por ser proveniente de um legume; a alergia que ele provoca também é diferente.) Até mesmo quantidades ínfimas, como o pó que fica sobre uma superfície, podem desencadear uma reação alérgica. A única medida segura que pode ser tomada é evitar completamente o contato com o ingrediente. Não basta omitir as oleaginosas de determinadas receitas. O procedimento mais correto para garantir que um produto não contenha nenhum resquício de oleaginosas é prepará-lo em um local reservado, com equipamentos que nunca foram usados, para preparar alimentos com oleaginosas.

Felizmente, as oleaginosas não são um ingrediente essencial para a elaboração de pães e doces. A maioria das fórmulas não leva esse ingrediente, e não é difícil eliminá-lo ou substituí-lo por outros nas fórmulas em que são usados – por exemplo, substitua os discos de Merengues *japonaise* (p. 348) por discos de merengue comum, ou use Massa seca de corte (p. 320) no lugar da massa de *Linzertorte*.

Glúten

A *doença celíaca* é um problema genético congênito que torna o intestino incapaz de processar as proteínas do glúten (ver quadro ao lado). Os sintomas podem ser graves, e não há cura. O único remédio é evitar completamente o consumo de glúten.

A dificuldade está em substituir o glúten, que dá estrutura aos pães e a tantos outros produtos e é um dos componentes da farinha de trigo – o principal ingrediente em panificação. Além disso, as proteínas do glúten são encontradas também no centeio, na cevada, no trigo espelta e na aveia.

Ainda assim, é possível preparar uma variedade de produtos usando farinhas sem glúten, como as de arroz, painço (milheto), trigo-sarraceno, amaranto e quinoa, os amidos de batata e de milho e as farinhas de leguminosas, como a de grão-de-bico. As propriedades estruturadoras do glúten devem ser substituídas por outros ingredientes, como as proteínas do ovo e as gomas vegetais. No entanto, tais ingredientes não funcionam da mesma maneira que o glúten, assim a textura dos produtos será diferente. As massas ficam menos elásticas e os produtos tendem a ficar mais esfarelentos que os feitos com farinha de trigo.

> #### ❊⊰ Doença celíaca ⊱❊
>
> A doença celíaca é uma enfermidade do sistema imunológico, como todas as outras alergias alimentares. Quando o glúten é ingerido por uma pessoa acometida por esse mal, as proteínas do glúten danificam a parede interna de seu intestino delgado. Como resultado, a capacidade de absorção de nutrientes pelo organismo fica debilitada. A doença tem muitos sintomas, incluindo anemia, fadiga, cólicas intestinais e subnutrição. Como os sintomas são numerosos e variados, é um quadro difícil de diagnosticar. Apenas recentemente descobriu-se a origem do problema. É provável que ainda haja muitas pessoas sofrendo desse mal sem saber que possuem a doença.

Intolerância à lactose e alergia ao leite e seus derivados

A *lactose* é uma forma simples de açúcar encontrada no leite e em seus derivados. Algumas pessoas não conseguem digeri-la; o consumo de leite e outros produtos com lactose causa-lhes desconforto intestinal, gases, inchaço e outros sintomas. Como a lactose não é um componente essencial da panificação e da confeitaria, o leite e seus subprodutos podem ser facilmente substituídos nas fórmulas por ingredientes isentos de lactose. O leite, por exemplo, pode ser substituído por leite sem lactose, ou leite de soja.

Já as alergias ao leite e a seus derivados são reações imunológicas às proteínas do leite, e não à lactose. São bastante comuns em bebês, mas a maioria dos indivíduos deixa de apresentar esse problema ao crescer. A alergia é incomum em adultos. Os que sofrem desse mal geralmente devem abster-se do consumo do leite e seus derivados.

Soja

A soja e seus subprodutos contêm pelo menos 15 proteínas, e não se sabe ainda se as reações alérgicas estão associadas a uma ou mais dessas proteínas, ou a outros componentes da soja. A grande maioria dos alimentos processados contém soja, então é preciso ler cuidadosamente os rótulos dos ingredientes. O emulsificador *lecitina*, usado em muitos produtos, inclusive chocolate, pode não estar identificado como um subproduto da soja. No entanto, a soja não é um ingrediente essencial para a maioria das fórmulas, então não é tão difícil evitá-la, desde que se preste bastante atenção ao rótulo de todos os ingredientes usados.

Ovos

Assim como a alergia ao leite, a alergia ao ovo afeta principalmente bebês e crianças, e a maioria deixa de apresentar o problema por volta dos 5 anos de idade. No entanto, acomete também alguns adultos, que podem apresentar dores de estômago, erupções cutâneas, tosse, coriza ou, em alguns casos, anafilaxia severa (ver p. 699). As reações alérgicas são disparadas por uma ou mais proteínas presentes no ovo. Algumas pessoas são alérgicas às proteínas presentes na clara, ao passo que outras reagem às proteínas da gema.

Como a maioria dos substitutos para ovos é feita de claras, esses produtos não podem ser usados na elaboração de alimentos destinados a pessoas alérgicas. Mas é possível encontrar substitutos para ovos que não contêm seus subprodutos. Eles são feitos de farinha de trigo e outros amidos, além de gomas vegetais e, em alguns casos, proteínas da soja. Foram elaborados para serem usados exclusivamente no preparo de massas; não servem para preparar pudins, cremes, ovos mexidos etc.

Álcool

Ao contrário dos alimentos discutidos até o momento, o álcool não é um alérgeno, mas deve ser evitado pelas pessoas que sofrem de alcoolismo. Pequenas quantidades de álcool estão presentes em vários produtos da panificação e da confeitaria. O álcool é um subproduto gerado pela fermentação, de modo que está presente em pães quando eles acabam de sair do forno, mas em quantidades tão ínfimas que não chegam a ser um problema. Depois que o pão esfria e é armazenado, praticamente todo o álcool evapora. Da mesma forma, pequenas quantidades de licor podem ser usadas para saborizar caldas que umedecem bolos, mas a quantidade por porção é muito diminuta. No entanto, esteja preparado para advertir os clientes caso uma sobremesa contenha uma quantidade significativa de álcool. Em alguns casos, o mero sabor da bebida alcoólica, ainda que o álcool tenha evaporado durante o preparo, pode desencadear uma reação indesejável.

COMO ALTERAR FÓRMULAS PARA NECESSIDADES ESPECÍFICAS

A primeira parte deste capítulo tratou dos ingredientes ou componentes das fórmulas de panificação e confeitaria que podem ser alterados para atender a dietas especiais, além das razões pelas quais alguns clientes necessitam ou preferem evitar tais ingredientes. Por essa discussão, é possível perceber que não há uma solução única para os produtos dietéticos. Por exemplo, quando falamos em aumentar a quantidade de vitaminas e minerais, sugerimos a incorporação de oleaginosas aos produtos, tornando-os mais nutritivos. No entanto, na seção sobre alergias, afirmamos que esse ingrediente não deve ser ingerido de forma alguma por certos clientes. Pessoas com intolerância à lactose podem substituir o leite de vaca pelo de soja nas receitas, mas isso tornaria o produto inadequado para pessoas alérgicas à soja.

Em outras palavras, há muitas abordagens possíveis para o preparo de alimentos para dietas especiais, mas cada uma enfoca um problema específico. Nenhuma das soluções atenderá todos os clientes com necessidades especiais.

Ingredientes e suas funções

Para que se possa alterar um ingrediente de uma fórmula, seja para reduzir a quantidade de gordura ou calorias, seja para evitar um alérgeno potencial, é preciso primeiramente compreender sua função na receita.

As três formas de modificar um ingrediente são: omiti-lo, reduzi-lo ou substituí-lo por outro.

Eliminar um ingrediente pode ser a melhor solução, especialmente se ele não tiver uma função fundamental para a estrutura ou o sabor da preparação. Por exemplo, eliminar as nozes picadas de uma receita de bolo ou bolacha não afeta a estrutura da massa, então não causa maiores problemas.

A redução de um ingrediente pode ser uma abordagem efetiva, mesmo que essa diminuição afete ligeiramente o resultado final. Por exemplo, alguns pães de fermento químico contêm grandes quantidades de gordura. Talvez ela possa ser reduzida para tornar o produto mais saudável; o pão não deixa de ser apetitoso, ainda que tenha uma textura um pouco mais seca.

A única opção viável quando um ingrediente desempenha um papel importante na estruturação do produto final é substituí-lo por outro. A farinha de trigo é o exemplo mais claro. O glúten da farinha é importante para dar forma à maioria dos produtos assados. Se fosse simplesmente eliminado, a receita não funcionaria. Portanto, a única opção é substituí-lo por outros ingredientes que possam desempenhar a mesma função estruturadora.

As explicações sobre os ingredientes básicos da panificação do Capítulo 4 enumeram as principais funções de cada um deles. Faça uma revisão desta seção para relembrá-las, pois essa informação lhe será útil para a discussão a seguir. Releia também a seção que trata do balanceamento de fórmulas de bolo nas páginas 390 a 392. Os princípios básicos explicados lá se aplicam a todos os tipos de massa. Lembre-se:

- Estabilizadores (ou estruturadores) incluem a farinha e os ovos.

- Amaciadores, cuja função é oposta à dos estabilizadores, incluem as gorduras, os açúcares e os fermentos.

- Umidificadores incluem a água, o leite (líquido), as caldas e os ovos.

- Ressecadores incluem as farinhas e amidos, o leite e o cacau em pó.

Aplique os princípios de balanceamento de fórmulas quando estiver modificando uma para atender a necessidades dietéticas especiais. Quando um ingrediente for eliminado ou reduzido, será preciso balancear a fórmula usando um dos seguintes procedimentos:

1. Troque o ingrediente por outro que cumpra as mesmas funções. Por exemplo, ao reduzir a quantidade de gordura, que é um amaciador, acrescente ou aumente a quantidade de outros amaciadores, como o açúcar.

2. Reduza a quantidade de ingredientes que têm uma função oposta. Por exemplo, se for eliminar o glúten, um estabilizador/firmador, reduza também a quantidade de amaciadores, para manter a estrutura.

A seção a seguir aplica esses princípios básicos aos ingredientes geralmente eliminados ou reduzidos por razões dietéticas ou de saúde.

Substituição de ingredientes

Os ingredientes ou componentes a seguir são aqueles que possivelmente serão reduzidos ou omitidos por motivos dietéticos. Mas eles desempenham um papel importante nas fórmulas de pães e doces. Quando um deles é reduzido ou eliminado, suas funções devem ser desempenhadas por outros ingredientes.

Gordura

Modificar a quantidade de gordura de uma fórmula em geral envolve um dos seguintes objetivos:

Substituição de gorduras saturadas e trans por gorduras mais saudáveis

Você deve se lembrar de que as gorduras saturadas são as que ficam sólidas em temperatura ambiente. São as mais importantes para a panificação e a confeitaria: a manteiga, a banha, a gordura hidrogenada e a margarina. As gorduras insaturadas são os óleos líquidos.

As gorduras funcionam como amaciadores para as massas de pães rápidos e bolos, deixando uma sensação agradável de umidade na boca. Quando se usa um óleo no lugar da gordura sólida, essa função amaciadora e umidificante é cumprida perfeitamente. Na verdade, como o óleo não se solidifica em temperatura ambiente, um bolo feito com ele parecerá ainda mais úmido que um feito com uma gordura sólida.

Outra função importante das gorduras sólidas é formar e reter bolhas de ar quando são misturadas com açúcar. Algumas massas feitas pelo método cremoso dependem unicamente dessas bolhas para crescerem. Os óleos não podem ser utilizados no método cremoso para a formação de bolhas de ar. Portanto, não se deve substituir a gordura sólida por óleo quando o método cremoso for essencial para o crescimento da massa. No entanto, algumas vezes é possível substituir ao menos uma parte da gordura por óleo. Quando tentar fazer essa substituição, faça uma receita-teste e compare o resultado com o obtido usando a receita original. Na maioria dos casos, a melhor forma de proceder é bater a gordura sólida com o açúcar e juntar o óleo com os demais ingredientes líquidos.

Para compensar a perda de agentes de crescimento, aumente a quantidade de fermento em pó, ou acrescente claras batidas em neve.

Gorduras líquidas funcionam melhor quando incorporadas usando o método *muffin* de mistura, em vez do cremoso. Tente reelaborar receitas que usam o método cremoso para que usem o método *muffin*.

Quando a manteiga for a gordura substituída, o sabor também é um fator a ser considerado. Se ela for a principal fonte de sabor de um produto, a troca certamente diminuirá a qualidade do produto final. A substituição funciona melhor para produtos que têm outros sabores dominantes, como os bolos de chocolate ou especiarias e os pães rápidos.

Não é possível substituir a gordura sólida nas massas laminadas. Pode-se reduzir a quantidade de gordura usada no processo de laminação, mas o produto resultante talvez não cresça muito e nem fique com tantas camadas.

Por fim, lembre-se de que tanto as gorduras líquidas quanto as sólidas têm as mesmas calorias por grama, ou seja, trocar uma pela outra não irá diminuir o valor calórico ou a quantidade de gordura de uma fórmula. O único benefício é a redução das gorduras saturadas, que são mais prejudiciais à saúde.

Redução da quantidade total de gorduras

Reduzir a quantidade de gordura de uma fórmula significa reduzir a quantidade de amaciadores. Para manter a textura desejada no produto final, é preciso acrescentar outros amaciadores e/ou diminuir os estabilizadores. Pode-se usar as seguintes técnicas para diminuir a quantidade total de gordura de uma receita:

◆ Reduzir os estabilizadores:

Use uma farinha com teor mais baixo de proteínas. Por exemplo, substitua a farinha de trigo especial para biscoito por farinha especial para bolo, ou substitua parte da farinha especial para pães por farinha de trigo especial para biscoito.

Substitua parte da farinha de trigo por farinha integral de outros grãos, especialmente as que não contêm glúten.

Reduza a quantidade de ovos. Provavelmente será necessário aumentar a quantidade de líquidos da receita para compensar a perda de umidade.

Evite amassar ou bater demais a massa, para não desenvolver demais o glúten.

Evite assar demais os produtos, pois isso os deixará ressecados, além de enrijecer as proteínas.

◆ Aumente a quantidade de amaciadores da receita, ou junte outros umidificadores ou amaciadores para compensar a gordura:

Aumente a quantidade de açúcares. Adoçantes naturais líquidos, como mel, melado, glucose e *maple syrup* (xarope de bordo), servem bem a esse propósito.

Junte o purê de uma fruta ou legume. Muitos purês podem ser usados para substituir as gorduras e aumentar a maciez e a umidade dos produtos, como o de maçã, o de ameixa seca, o de tâmara, o de abóbora e o de banana, bem como geleias e sucos concentrados de frutas. Escolha um sabor que combine com os demais ingredientes.

Use um derivado do leite como substituto. Creme de leite azedo (ver p. 76) e iogurte podem ser usados para substituir parte da gordura. Eles aumentam a umidade, e sua acidez amacia o glúten. Ao contrário dos purês de frutas e legumes, eles não alteram o sabor de maneira significativa.

Use manteiga ou margarina com teor reduzido de gordura. Esses produtos contêm menos gordura e mais água e proteínas do leite que as versões tradicionais. Podem ser usados na maioria das receitas de pães rápidos e bolos.

Por fim, lembre-se de que há várias sobremesas e doces originalmente livres de gordura à disposição dos *chefs*. Por exemplo:

- Use uma cobertura com baixo teor de gordura, como o *fondant* e os merengues à base de calda de açúcar fervente, no lugar das coberturas de manteiga.

- Use pão de ló ou *angel food cake* em vez de bolos amanteigados ou de massa úmida.

- Substitua os discos de massa amanteigada por discos de merengue ao montar tortas.

- Use recheios à base de frutas no lugar de preparações ricas em gordura, como o *frangipane* ou os recheios de *cream cheese*.

Açúcar

Além de acrescentar sabor e doçura aos produtos assados, o açúcar desempenha as seguintes funções:

- Contribui para uma textura fina e macia.

- Retém umidade, melhorando a textura e a durabilidade.

- Promove o crescimento da massa ao ser batido com uma gordura no método cremoso.

- Dá cor ao alimento, por sua capacidade de caramelizar-se.

Quando o açúcar de uma fórmula é reduzido, essas funções devem ser desempenhadas por outros ingredientes.

Alguns consumidores querem reduzir ou eliminar o açúcar branco refinado de suas dietas, mas não têm objeção nenhuma a outros adoçantes naturais, como o mel, embora possam ter a mesma quantidade de calorias. Outros tipos de açúcar, como o de tâmara, o de beterraba e o de bordo, podem substituir o açúcar de cana na mesma quantidade sem que a fórmula seja modificada. Se um açúcar líquido, como o mel, o melado ou o *maple syrup* (xarope de bordo), for usado na substituição, é necessário fazer os seguintes ajustes:

- Açúcares líquidos não funcionam no método cremoso, então deve-se usar outro tipo de agente de crescimento. Talvez seja possível preparar a massa usando o método *muffin* em vez do cremoso, desde que a quantidade de fermento em pó químico seja aumentada.

- Se for usada uma quantidade muito grande de um açúcar líquido, os outros líquidos da fórmula devem ser reduzidos.

- Nem todos os açúcares líquidos têm o mesmo poder adoçante, então é preciso ajustar as quantidades. O xarope de arroz integral, por exemplo, possui apenas 30 a 60% do poder adoçante do açúcar branco comum, ao passo que o mel é mais doce que ele.

Edulcorantes são usados quando é necessário reduzir a quantidade total de açúcar de uma fórmula. Os edulcorantes, ou adoçantes, são substâncias químicas de sabor adocicado, em geral muito mais doces que o açúcar, mas com valor nutritivo mais baixo ou nulo. O aspartame e a sacarina, edulcorantes extremamente doces, geralmente são usados em bebidas, mas têm pouco uso na panificação e na confeitaria, pois não desempenham nenhuma das funções do açúcar descritas acima, a não ser adoçar. Além disso, o aspartame é anulado pelo calor, de modo que não pode ser usado em produtos assados ou cozidos. Esses adoçantes têm um sabor residual desagradável para muitas pessoas, e ainda se questiona se seu consumo é, de fato, seguro.

A **sucralose** é o adoçante mais útil em panificação e confeitaria. *Splenda* é um de seus nomes comerciais. A sucralose pura é 600 vezes mais doce que o açúcar. Para ser usada em preparações cozidas ou assadas, ela é combinada com maltodextrina; a mistura fica com o mesmo poder adoçante, textura e volume do açúcar. Esse produto é chamado de *adoçante culinário*. Em tortas, biscoitos, pães rápidos, caldas e cremes, substitua o açúcar da receita pela mesma quantidade de adoçante culinário (o adoçante culinário à base de sucralose tem 96 calorias por xícara de 240 mL, provenientes da maltodextrina, ao passo que a mesma quantidade de açúcar tem 770 calorias).

No entanto, ao contrário do açúcar, o adoçante culinário não funciona muito bem para o método cremoso, uma vez que não contribui para deixar o alimento mais dourado e com uma textura melhor ou para aumentar sua durabilidade. Quando essas funções forem importantes, o procedimento usual é substituir metade do açúcar da fórmula por adoçante culinário, reduzindo assim a quantidade de calorias pela metade. É possível adquirir essa mistura de sucralose e maltodextrina já pronta, mas fica mais barato prepará-la no estabelecimento, conforme a necessidade.

Atenção: ao substituir o açúcar por adoçante dietético, use o volume – e não o peso – como referência, pois o adoçante é muito mais leve que o açúcar. Uma xícara (240 mL) de adoçante culinário pesa cerca de 25 g.

Quando estiver assando um produto feito com adoçante culinário, verifique o ponto de cozimento com frequência. Você não poderá usar a coloração da crosta como referência, pois o produto não ficará tão dourado, mesmo depois de pronto.

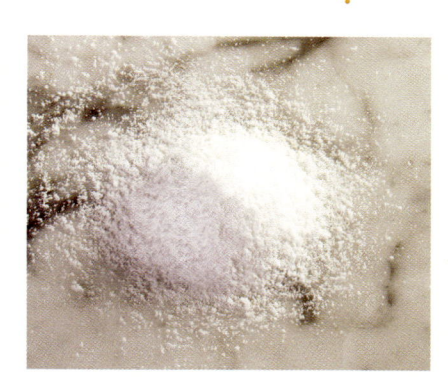

Sucralose

Glúten

Talvez o maior desafio para o *chef* padeiro e confeiteiro seja preparar massas sem glúten. O glúten é um dos componentes da farinha de trigo e principal responsável pela estruturação da maioria das massas assadas.

A farinha de trigo dá volume aos produtos. Essa função pode ser replicada pela simples substituição da farinha de trigo por outras farinhas e amidos. A função estruturadora das proteínas do glúten, no entanto, é mais difícil de replicar (ver pp. 101 a 104 para uma revisão da formação do glúten e de suas propriedades). As massas assadas sem glúten devem conter outros ingredientes que ajudem a dar-lhe estrutura, senão o produto final poderá ficar muito esfarelento, ou não crescer direito. Para alguns itens, como certos pães rápidos, as proteínas do ovo podem cumprir essa função.

As gomas vegetais, inclusive a pectina, também são usadas para dar a estruturação necessária. A pectina está presente nas geleias e purês de frutas. Acrescentá-las a pães rápidos e outras massas sem glúten pode ser uma forma de melhorar sua estrutura e textura. As gomas vegetais em pó (ver p. 88) podem ser usadas com o mesmo propósito, sem que o açúcar e o sabor das frutas sejam acrescentados à preparação. A goma xantana talvez seja a goma mais útil na elaboração de massas assadas sem glúten.

Alguns amidos, como o de milho, também podem compensar parcialmente a ausência de glúten. O amido de milho gelatinizado, por exemplo, forma um gel firme que pode melhorar a estrutura de alguns produtos.

As farinhas e amidos a seguir podem ser usados no preparo de massa assadas sem glúten. Em geral, uma mistura de vários rende um melhor resultado do que o uso de apenas um. Tenha em mente que cada um desses produtos absorve uma quantidade de água diferente, de modo que é preciso fazer alguns testes e ajustes na proporção de líquidos da fórmula quando forem feitas substituições.

Goma xantana

Farinha de amaranto*

Farinha de araruta

Farinha de trigo-sarraceno

Farinha de grão-de-bico (*besan*)

Farinha de fava

Farinha composta de grão-de-bico e fava (*garfava*)

Fubá grosso

Fubá mimoso

Amido de milho

Farinha de painço (milheto)

Farinha de oleaginosas (não podem ser usadas, obviamente, para pessoas alérgicas)

Fécula de batata

Farinha de quinoa*

Farinha de arroz

Farinha de sorgo

Farinha de soja

Farinha e amido de mandioca (polvilho)

Fique atento: estes itens são às vezes contaminados pelo trigo durante o processamento e a distribuição.

Entre os ingredientes dessa lista, a farinha de arroz, a fécula de batata, o polvilho e o amido de milho são especialmente úteis porque seu sabor é relativamente suave, aproximando-se mais do sabor da farinha de trigo.

No mercado estão disponíveis várias misturas sem glúten para o preparo de itens diversos. Por exemplo, uma mistura para pizza sem glúten, em geral, contém farinha de arroz, fécula de batata, amido de milho, mel cristalizado, goma guar e sal.

Os seguintes grãos e outros ingredientes contêm proteínas do glúten e *não* podem ser usados em produtos destinados a dietas especiais sem glúten:

Cevada

Kamut

Malte (feito de cevada)

Aveia

Flocos de arroz (pode ser processado em um estabelecimento que também processa trigo)

Centeio

Semolina

Espelta (farro)

Triticale

Trigo

Produtos sem glúten, mesmo quando acrescidos de ingredientes estruturadores, têm uma consistência bem diferente dos itens similares feitos com farinha de trigo. A força e a elasticidade do glúten não podem ser replicadas por outros ingredientes. Em geral, a textura fica mais grossa e esfarelenta.

Leite e seus derivados

O leite e seus derivados usados nas fórmulas de pães e doces podem ser modificados por dois motivos: para reduzir a concentração de gordura desses produtos e para produzir itens sem lactose ou seguros para pessoas alérgicas ao leite e seus derivados.

Na maioria das fórmulas, o leite integral pode ser substituído pelo leite semidesnatado ou desnatado sem que as características do produto final sejam drasticamente alteradas. Se a gordura presente no leite for um componente estrutural importante, será preciso compensar essa função fazendo ajustes, conforme discutido anteriormente na seção sobre as gorduras. Cremes de leite com teores mais baixos de gordura e iogurtes integrais ou desnatados podem substituir o creme de leite comum em algumas fórmulas.

A intolerância à lactose e as alergias ao leite requerem uma abordagem diferente, em geral visando à omissão completa do leite e seus derivados da fórmula. Lembre-se de que a lactose, que algumas pessoas não conseguem digerir, é um tipo de açúcar presente no leite. As alergias ao leite e seus derivados, por outro lado, envolvem a proteína presente no leite. Muitos derivados do leite e o próprio leite estão disponíveis para compra na versão sem lactose, para pessoas com essa intolerância. No entanto, esses produtos são diferentes dos que possuem em seu rótulo a mensagem: "não contém leite e/ou traços de leite". Pessoas com alergia ao leite e seus derivados não podem consumir produtos que sejam apenas sem lactose.

Há muitos substitutos para o leite. Eles podem substituí-lo na maioria das fórmulas, tornando o produto adequado tanto para quem tem alergia a leite quanto intolerância à lactose. O leite de soja talvez seja o mais conhecido deles, embora não seja, obviamente, adequado para pessoas com alergia à soja. Há também leites obtidos de arroz, amêndoas, quinoa, batata, sementes de gergelim e coco (ao contrário dos demais, o leite de coco é rico em gordura – 17% ou mais). Alguns desses produtos estão disponíveis também na forma de pó.

Margarinas sem leite ou traços de leite podem ser usadas no lugar da manteiga na maioria das receitas. No entanto, leia o rótulo com cuidado, pois muitas margarinas contêm proteínas do leite.

Ovos

A gema dos ovos contém gordura e colesterol, ao passo que a clara não. Se o objetivo é reduzir os níveis de gordura e colesterol, use a mesma quantidade de claras (peso) no lugar dos ovos inteiros em massas em que ele é usado para dar liga.

Quando o ovo é transformado em uma espuma, que atua como agente de crescimento, em geral também é possível substituí-lo por claras apenas. Obviamente, quando os ovos são o principal agente estruturador de um produto, trocá-los por claras ocasionará grandes alterações no produto final. Por exemplo, se a espuma de ovos de um pão de ló for substituída por uma espuma de claras, não se terá mais pão de ló, mas algo semelhante ao *angel food cake*.

Para os clientes que têm alergia ao ovo, nem as claras podem ser usadas. Qualquer produto que contenha ovos também deve ser omitido. Substitutos para ovos à base de amidos e gomas vegetais (ver p. 700) foram desenvolvidos para serem usados apenas em massas assadas.

Outros amidos, gomas e proteínas podem substituir os ovos na tentativa de restituir seu poder aglutinante. A farinha de linhaça é rica em gomas e fibras solúveis, podendo ser um bom substituto para o ovo. Acrescente 1 colher de sopa (15 mL) para cada 120 g de farinha da fórmula. O polvilho e a araruta também podem ser usados da mesma forma. Outra alternativa é tentar substituir o peso em ovos de uma receita pela mesma quantidade de tofu ou banana amassados (o tofu é um subproduto da soja e não pode ser usado para pessoas com alergia a esse grão).

FÓRMULAS

À medida que autores, **editores**, nutricionistas e *chefs* foram se conscientizando das questões dietéticas relacionadas aos pães e doces, muitos livros especializados começaram a surgir, especialmente em língua inglesa, apresentando receitas para todos os tipos de dieta – desde as de emagrecimento às voltadas para pessoas alérgicas ao glúten e a outros alimentos, com intolerância à lactose etc. Alguns desses livros estão listados nas referências bibliográficas da página 757. Mais receitas podem ser encontradas na internet ou em outras obras publicadas.

As receitas a seguir são exemplos das várias abordagens que podem ser adotadas para solucionar problemas dietéticos em panificação e confeitaria. Incluímos versões sem glúten e de baixo teor de gordura de produtos originalmente substanciosos, além de fórmulas sem açúcar e sem lactose.

MUFFINS DE MAÇÃ E MEL COM BAIXO TEOR DE GORDURA

Ingredientes	Quantidade	%
Farinha de trigo integral	340 g	75
Farinha de aveia	110 g	25
Fermento em pó químico	30 g	6
Canela em pó	3 g (1½ colher de chá)	0,6
Cardamomo	1 g (½ colher de chá)	0,2
Purê de maçã (p. 603), sem açúcar	560 g	125
Mel	280 g	62,5
Claras, batidas em neve	110 g	25
Uva-passa escura	170 g	38
Peso total:	**1.617 g**	**356%**

Modo de fazer

MISTURA

Método *muffin* (p. 220):

1. Em uma tigela, peneire as farinhas, o fermento e as especiarias.
2. Misture o purê de maçã com o mel e as claras.
3. Junte os ingredientes líquidos aos secos e mexa apenas até que estejam misturados.
4. Acrescente as passas.

PESAGEM E PREPARO DAS FORMAS

Use forminhas de papel para forrar formas de *muffin*, ou unte-as com óleo. Encha até a metade ou até três quartos da capacidade. A quantidade exata de massa vai depender da forma. Em geral, usa-se 60 g para *muffins* pequenos, 110 g para médios e 140 a 170 g para grandes.

ASSAMENTO

190°C por cerca de 20 minutos, dependendo do tamanho.

PÃO MULTIGRÃOS COM BAIXO TEOR DE GORDURA

Ingredientes	Quantidade	%	Modo de fazer
Farinha de trigo integral	200 g	44	**MISTURA**
Fubá grosso	110 g	25	Método *muffin* (p. 220):
Farinha de centeio	85 g	19	1. Peneire a farinha com o bicarbonato de sódio e as especiarias.
Farinha de aveia	55 g	12	
Bicarbonato de sódio	18 g (4 colheres de chá)	4	2. Misture o leitelho, o melado, o purê de ameixa e as claras.
Gengibre em pó	4 g (2 colheres de chá)	0,9	3. Junte os ingredientes líquidos aos secos e mexa apenas até que estejam misturados.
Noz-moscada	2 g (1 colher de chá)	0,45	**PESAGEM E PREPARO DAS FORMAS**
Canela em pó	1,8 g (1 colher de chá)	0,4	Unte formas de bolo inglês de 11 x 22 cm. Pese porções de 700 g de massa por forma.
Leitelho (*buttermilk*) desnatado	450 g	100	**ASSAMENTO**
Melado	170 g	38	190°C por cerca de 50 minutos.
Purê de ameixa seca (ver *Nota*)	225 g	50	
Claras, ligeiramente batidas	85 g	19	
Peso total:	**1.405 g**	**313%**	

Nota: para preparar o purê de ameixa seca, junte água quente às ameixas apenas até cobri-las e deixe de molho; então, bata no processador de alimentos.

TORTA CREMOSA DE CHOCOLATE COM BAIXO TEOR DE GORDURA

Rendimento: uma torta de 23 cm

Ingredientes	Quantidade	Modo de fazer
Leite desnatado	500 mL	1. Misture a primeira quantidade de leite com o açúcar em uma panela grossa. Leve ao fogo até ferver, mexendo para dissolver o açúcar.
Açúcar	60 g	
Amido de milho	60 g	2. Em uma tigela, peneire o amido de milho com o açúcar e o cacau. Junte aos poucos a segunda quantidade de leite (frio), formando uma mistura uniforme e sem grumos.
Açúcar	75 g	
Cacau em pó	30 g	
Leite desnatado	250 mL	
Essência de baunilha	7 mL	3. Junte aos poucos o leite quente do passo 1.
	(1½ colher de chá)	4. Leve essa mistura ao fogo médio. Aqueça, mexendo sempre.
Uma base para torta com baixo teor de gordura de 23 cm (receita abaixo)	1	5. Assim que ferver, retire do fogo e mergulhe o fundo da panela em água gelada. Mexa sem parar até que a mistura esteja morna.

6. Junte a essência de baunilha.

7. Despeje dentro da base da torta.

8. Leve à geladeira até firmar.

VARIAÇÃO

PUDIM DE CHOCOLATE COM BAIXO TEOR DE GORDURA

Reduza a quantidade de amido de milho para 45 g. Prepare como indicado na receita básica, mas omita a base da torta.

BASE PARA TORTA COM BAIXO TEOR DE GORDURA

Rendimento: uma base para torta de 23 cm

Ingredientes	Quantidade	Modo de fazer
Biscoito *graham cracker* (ver p. 288)	125 g	1. Em um processador de alimentos ou batedeira com o misturador raquete, bata o biscoito moído com a geleia até obter uma farofa úmida e homogênea.
Geleia de framboesa	55 g	

2. Unte uma forma redonda de torta de 23 cm.

3. Despeje a massa de biscoito e geleia. Espalhe em uma camada uniforme, apertando contra o fundo e as laterais da forma. A mistura é pegajosa; o melhor é usar uma luva descartável para essa tarefa. Outra opção é usar as costas de uma colher mergulhada em açúcar.

4. Asse a 175°C por 10 minutos.

5. Espere esfriar completamente antes de rechear.

BISCOITO DE LIMÃO SEM ADIÇÃO DE AÇÚCAR

Ingredientes	Quantidade	%	Modo de fazer
Manteiga, amolecida	225 g	50	
Adoçante culinário (de sucralose)	36 g	8	
Sal	3,5 g (¾ de colher de chá)	0,8	
Raspas de limão	14 g	3	
Ovos	85 g	19	
Baunilha	10 g (2 colheres de chá)	2,4	
Farinha com baixo teor de glúten (especial para biscoito)	450 g	100	
Fermento em pó químico	11 g (2½ colheres de chá)	2,5	
Peso total:	**834 g**	**185%**	

MISTURA

Método cremoso:

1. Bata a manteiga, o adoçante, o sal e as raspas de limão na batedeira com o misturador raquete, até obter um creme leve e claro. Raspe as laterais da tigela sempre que necessário para que a mistura fique homogênea (atenção: ela não ficará tão cremosa quanto a produzida com manteiga e açúcar).

2. Junte os ovos, um a um, batendo bem após cada adição.

3. Acrescente a baunilha.

4. Em uma tigela separada, peneire a farinha e o fermento em pó. Junte à mistura da batedeira e bata, em velocidade baixa, até obter uma massa lisa e homogênea.

MODELAGEM

Método de cortar pouco antes de assar: divida a massa em porções de cerca de 230 g. Faça um rolo de 2,5 cm de espessura com cada uma. Embrulhe cada rolo em filme plástico, vedando bem, e leve à geladeira por várias horas, ou de um dia para o outro. Corte em rodelas de 6 mm de espessura. Asse em uma forma forrada com papel manteiga.

ASSAMENTO

160°C por cerca de 10 minutos.

VARIAÇÃO

BISCOITO DE CANELA SEM ADIÇÃO DE AÇÚCAR

Omita as raspas de limão. Adicione 1% (4,5 g; cerca de 1 colher de chá ou 5 mL) de canela.

BOLO DE MAÇÃ E ESPECIARIAS COM BAIXO TEOR DE AÇÚCAR

Ingredientes	Quantidade	%	Modo de fazer
Farinha com baixo teor de glúten (especial para biscoito)	500 g	100	**MISTURA**
Adoçante culinário (de sucralose)	40g	8	Método *muffin*:
Bicarbonato de sódio	15 g	3	1. Peneire junto os ingredientes secos.
Fermento em pó químico	5 g (1 colher de chá)	1	2. Misture bem o purê de maçã, o melado, o óleo e os ovos.
Sal	5 g (¾ de colher de chá)	1	3. Junte os ingredientes secos aos líquidos e mexa apenas até obter uma mistura uniforme.
Canela em pó	2,5 g (1½ colher de chá)	0,5	**PESAGEM E ASSAMENTO**
Gengibre em pó	1,5 g (¾ de colher de chá)	0,3	Use as quantidades de massa indicadas para os bolos ricos da tabela da página 394. Quando for dada uma faixa de peso, use sempre o valor mais baixo. Use as temperaturas indicadas na mesma tabela.
Cravo em pó	1,5 g (¾ de colher de chá)	0,3	
Noz-moscada	1 g (⅜ de colher de chá)	0,2	
Purê de maçã (p. 603), sem açúcar	625 g	125	
Melado	360 g	72	
Óleo vegetal	95 g	19	
Ovos, batidos (ou substituto líquido de ovos)	190 g	38	
Peso total:	**1.841 g**	**368%**	

Nota: essa fórmula tem uma quantidade reduzida de açúcar, mas não é isenta de açúcar, pois contém melado. Nenhum outro tipo de açúcar é usado.

BOLO CHIFFON DE BAUNILHA SEM GLÚTEN

Ingredientes	Quantidade	%	Modo de fazer
Farinha de arroz	125 g	50	**MISTURA**
Fécula de batata	75 g	30	Método *chiffon*:
Polvilho	50 g	20	1. Peneire a farinha, a fécula, o polvilho, o açúcar, o sal, a goma xantana e o fermento na tigela da batedeira com o misturador raquete.
Açúcar	200 g	80	
Sal	6 g	2,5	
Goma xantana	1,25 g (½ colher de chá)	0,5	2. Com a batedeira ligada na velocidade 2, junte aos poucos o óleo e, então, as gemas, a água e a essência de baunilha. Durante esse processo, pare a batedeira várias vezes para raspar as laterais da tigela e o misturador.
Fermento em pó químico	12 g	5	
Óleo vegetal	125 g	50	
Gemas	125 g	50	
Água	188 g	75	
Essência de baunilha	6 g	2,5	3. Bata as claras em neve até obter picos moles. Junte o cremor tártaro e o açúcar lentamente e bata até obter picos firmes e brilhantes.
Claras	250 g	100	
Açúcar	125 g	50	4. Incorpore à massa.
Cremor tártaro	1 g (⅝ de colher de chá)	0,5	**PESAGEM E ASSAMENTO**
Peso total:	**1.288 g**	**515%**	Ver tabela da página 394.

Nota: essa fórmula é uma adaptação da receita da p. 406.

PÃO DE FORMA SEM GLÚTEN

Ingredientes	Quantidade	%
Farinha de arroz	500 g	67
Fécula de batata	95 g	12,5
Amido de milho	60 g	8
Polvilho	95 g	12,5
Açúcar	30 g	4
Leite desnatado em pó (ou outro substituto do leite em pó)	75 g	10
Goma xantana	15 g (5 colheres de chá)	2
Sal	15 g	2
Fermento biológico seco instantâneo	15 g	2
Manteiga ou margarina, derretida	60 g	8
Água morna	875 g	117
Vinagre branco destilado	10 g (2 colheres de chá)	1,4
Claras, ligeiramente batidas	190 g	25
Peso total:	**2.035 g**	**271%**

Modo de fazer

MISTURA

1. Misture todos os ingredientes secos (A) na tigela da batedeira com o misturador raquete. Bata em velocidade baixa até obter uma mistura homogênea.

2. Com a batedeira ligada em velocidade baixa, junte aos poucos a manteiga derretida (B), a água (C) e o vinagre. Bata até que estejam misturados.

3. Junte as claras. Bata em velocidade alta por 3 minutos. A mistura ficará mole, como uma massa de bolo (D).

PREPARO DAS FORMAS E ASSAMENTO

Observe que a massa não requer o estágio de fermentação das outras massas com fermento biológico.

1. Unte formas de bolo inglês e polvilhe com farinha de arroz.

2. Encha até a metade com a massa.

3. Deixe crescer até dobrar de volume.

4. Asse a 200°C por cerca de 50 minutos, dependendo do tamanho dos pães.

A

B

C

D

COOKIES DE GOTAS DE CHOCOLATE SEM GLÚTEN

Ingredientes	Quantidade	%	Modo de fazer
Manteiga ou margarina	150 g	50	**MISTURA**
Açúcar cristal	120 g	40	Método cremoso:
Açúcar mascavo	120 g	40	1. Bata a manteiga, o açúcar cristal, o açúcar
Sal	4 g	1,25	mascavo e o sal até obter um creme leve.
Ovos	90 g	30	2. Junte os ovos, um a um, misturando muito bem
Essência de baunilha	5 g (1 colher de chá)	1,6	após cada adição.
			3. Acrescente a essência de baunilha.
Amido de milho	105 g	35	4. Peneire junto ou misture os ingredientes secos
Polvilho	105 g	35	e adicione-os à mistura.
Farinha de grão-de-bico (besan)	60 g	20	5. Incorpore as gotas de chocolate.
Farinha de arroz	30 g	10	**MODELAGEM**
Bicarbonato de sódio	4 g (¾ de colher de chá)	1,25	Método: pingar com a colher. Deposite colheradas da mistura (22 g) em assadeiras forradas com
Goma xantana	1,5 g (½ colher de chá)	0,5	papel-manteiga.
Gotas de chocolate	210 g	70	**ASSAMENTO**
Peso total:	*1.004 g*	*334%*	Asse a 175°C por cerca de 12 minutos.

Nota: essa fórmula é uma adaptação da receita da p. 493.

BROWNIES SEM GLÚTEN

Ingredientes	Quantidade	%	Modo de fazer
Chocolate amargo	338 g	75	
Manteiga	675 g	150	
Ovos	525 g	117	
Açúcar	1.050 g	233	
Sal	7 g	1,5	
Essência de baunilha	30 g	6	
Farinha de arroz	284 g	63	
Fécula de batata	112 g	25	
Polvilho	54 g	12	
Goma xantana	7 g	1,5	
Noz comum ou noz-pecã, picada (opcional)	338 g	75	
Peso total:	**3.420 g**	**759%**	

MISTURA

1. Derreta o chocolate e a manteiga juntos em banho-maria. Espere a mistura esfriar até atingir a temperatura ambiente.

2. Misture os ovos, o açúcar, o sal e a essência de baunilha até obter uma pasta homogênea, mas sem bater.

3. Acrescente o chocolate derretido.

4. Peneire juntos os ingredientes secos. Incorpore à mistura.

5. Acrescente as nozes picadas, se for usar. Omita, obviamente, se o produto se destinar a pessoas alérgicas.

PESAGEM E PREPARO DAS FORMAS

Unte assadeiras e polvilhe-as com farinha de arroz. Despeje a massa. Uma receita rende uma assadeira de 46 x 66 cm, duas de 33 x 43 cm, quatro de 23 x 33 cm, seis quadradas de 23 cm ou oito de 20 cm.

ASSAMENTO

165°C por 45 a 50 minutos.

PUDIM DE LEITE COM CALDA DE CARAMELO SEM LACTOSE

Rendimento: 12 porções de 150 g cada

Ingredientes	Quantidade	Modo de fazer
Açúcar	375 g	
Água	60 mL	
Ovos	500 g	
Açúcar	250 g	
Sal	2,5 g (½ colher de chá)	
Essência de baunilha	15 mL (1 colher de sopa)	
Leite de soja (ver *Nota*)	1.250 mL	

Nota: para pessoas com alergia à soja, use um dos outros substitutos do leite listados na p. 707.

Modo de fazer

1. Cozinhe a primeira quantidade de açúcar com a água até atingir o ponto de caramelo (ver informações sobre o cozimento de caldas na p. 260).
2. Forre o fundo de doze forminhas de pudim com 180 mL de capacidade com o caramelo quente (certifique-se de que as formas estejam limpas e secas antes de despejá-lo). Espere esfriar.
3. Coloque os ovos, o açúcar, o sal e a essência de baunilha em uma tigela. Mexa até obter uma mistura homogênea, mas sem bater.
4. Aqueça o leite de soja em banho-maria ou em fogo baixo até quase ferver.
5. Despeje-o lentamente sobre a mistura de ovos, mexendo sem parar.
6. Retire toda a espuma que se formar na superfície.
7. Coloque as forminhas de pudim dentro de uma assadeira.
8. Distribua a mistura de leite e ovos cuidadosamente entre elas.
9. Coloque a assadeira sobre a grade do forno. Despeje água quente para o banho-maria na assadeira até que ela atinja, mais ou menos, a altura do pudim dentro das forminhas.
10. Asse a 165°C até firmar (cerca de 45 minutos).
11. Retire os pudins do forno com cuidado e deixe esfriar. Cubra e leve à geladeira por pelo menos 12 horas, para que o caramelo tenha tempo de se dissolver e formar a calda.
12. Ao servir, desenforme com cuidado diretamente sobre o prato.

SORVETE DE MANGA E COCO SEM LACTOSE

Rendimento: cerca de 3 L, dependendo do overrun

Ingredientes	Quantidade	Modo de fazer
Gemas	125 g (6 gemas)	
Açúcar	375 g	
Leite de coco	250 mL	
Leite de coco	1.250 mL	
Polpa de manga, peneirada	750 g	
Suco de limão	90 mL	
Açúcar	90 g	

Modo de fazer

1. Misture as gemas, o açúcar e a primeira quantidade de leite de coco em uma tigela. Bata até obter uma mistura homogênea.
2. Aqueça o leite de coco restante e junte, aos poucos, à mistura de gemas, batendo sem parar.
3. Cozinhe em banho-maria, sem parar de mexer, até que engrosse o bastante para cobrir as costas de uma colher. Mergulhe o fundo do recipiente imediatamente em água gelada para interromper o cozimento (ver instruções de preparo do *crème anglaise* na p. 268).
4. Espere esfriar completamente. Deixe na geladeira de um dia para o outro.
5. Misture bem a polpa de manga, o suco de limão e o açúcar. Leve à geladeira por várias horas ou de um dia para o outro.
6. Junte a mistura de manga à base de leite de coco. Bata na sorveteira.

TERMOS PARA REVISÃO

caloria vazia	minerais	gordura trans	alérgeno
valor nutricional	água	lipídios	anafilaxia
nutrientes	fibra	colesterol	intolerância alimentar
carboidratos	caloria	*vegan*	doença celíaca
gorduras	gorduras saturadas	lactovegetarianos	lactose
proteínas	gorduras poli-insaturadas	ovovegetarianos	lecitina
vitaminas	gorduras monoinsaturadas	ovolactovegetarianos	sucralose

QUESTÕES PARA DISCUSSÃO

1. Descreva cinco maneiras de aumentar a quantidade de vitaminas, minerais e fibras de um pão.

2. Verdadeiro ou falso: substituir o açúcar por mel em uma receita de bolo torna o produto mais nutritivo. Explique sua resposta.

3. Um dos convidados de um banquete diz ao garçom que é alérgico a oleaginosas e, portanto, não pode comer a sobremesa – um bolo branco coberto com chocolate e decorado com nozes. O garçom retira as nozes de cima de uma fatia de bolo e serve ao convidado. É esta a solução correta? Explique sua resposta.

4. Quais dos seguintes ingredientes podem ser usados no preparo de biscoitos destinados a pessoas com a doença celíaca: farinha de cevada, de centeio, de trigo integral, de trigo espelta e de aveia?

5. Enumere e descreva três maneiras simples de modificar um ingrediente ou alterar sua quantidade em uma fórmula para que o produto se torne adequado a necessidades dietéticas específicas.

6. Explique por que é importante compreender a função de um ingrediente em uma fórmula antes que se possa eliminá-lo no preparo de produtos para pessoas alérgicas a esse ingrediente.

7. Por que é tão importante não misturar a massa de bolo ou *muffin* em excesso quando se reduz a quantidade de manteiga da fórmula?

Medidas para grandes quantidades

PÃO BRANCO SIMPLES (P. 143)

Ingredientes	Quantidade
Água	1.480 g
Fermento biológico fresco	90 g
Farinha de trigo para pão	2.500 g
Sal	55 g
Açúcar	55 g
Gordura hidrogenada	55 g
Claras	55 g
Peso total:	**4.290 g**

PÃO ITALIANO (P. 144)

Ingredientes	Quantidade
Água	1.840 g
Fermento biológico fresco	80 g
Farinha de trigo para pão	3.000 g
Sal	60 g
Xarope de malte	15 g
Peso total:	**4.995 g**

VARIAÇÃO

PÃO ITALIANO INTEGRAL
Use as seguintes proporções de farinha na fórmula acima.

Ingredientes	Quantidade
Farinha de trigo integral	1.300 g
Farinha de trigo para pão	1.700 g

Aumente a água para 63 a 65% para compensar a absorção extra de umidade pelo farelo. Misture por 8 minutos.

PÃO VIENENSE (P. 143)

Ingredientes	Quantidade
Água	1.480 g
Fermento biológico fresco	90 g
Farinha de trigo para pão	2.500 g
Sal	55 g
Açúcar	75 g
Xarope de malte	25 g
Óleo	75 g
Ovos	100 g
Peso total:	**4.400 g**

BAGUETE (P. 146)

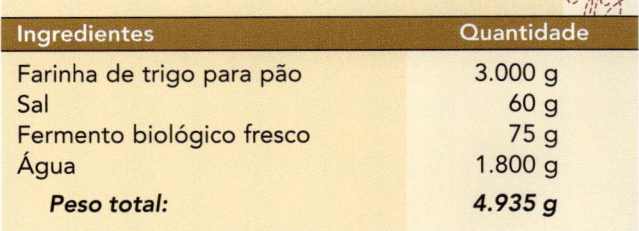

Ingredientes	Quantidade
Farinha de trigo para pão	3.000 g
Sal	60 g
Fermento biológico fresco	75 g
Água	1.800 g
Peso total:	**4.935 g**

PÃO FRANCÊS (MÉTODO DIRETO) (P. 145)

Ingredientes	Quantidade
Água	1.840 g
Fermento biológico fresco	80 g
Farinha de trigo para pão	3.000 g
Sal	60 g
Xarope de malte	15 g
Açúcar	50 g
Gordura hidrogenada	50 g
Peso total:	**5.095 g**

VARIAÇÃO

PÃO FRANCÊS INTEGRAL

Use as seguintes proporções de farinha na fórmula acima.

Ingredientes	Quantidade
Farinha de trigo integral	1.300 g
Farinha de trigo para pão	1.700 g

Aumente a água para 63 a 64% para compensar a absorção extra de umidade pelo farelo. Misture por 8 minutos.

PÃO FRANCÊS (MÉTODO INDIRETO) (P. 145)

Ingredientes	Quantidade
Pré-fermento	
Farinha de trigo para pão	1.000 g
Água	1.000 g
Fermento biológico fresco	60 g
Xarope de malte	30 g
Massa	
Farinha de trigo para pão	2.000 g
Água	810 g
Sal	52 g
Peso total:	**4.952 g**

VARIAÇÃO

PÃO FRANCÊS RÚSTICO

Use as seguintes proporções de farinha e água na massa principal da fórmula acima.

Ingredientes	Quantidade
Farinha de trigo para pão ou comum	740 g
Farinha de trigo integral	1.260 g
Água	900 g

Modele pães redondos.

PÃO CUBANO (P. 146)

Ingredientes	Quantidade
Água	1.860 g
Fermento biológico fresco	120 g
Farinha de trigo para pão	3.000 g
Sal	60 g
Açúcar	120 g
Peso total:	**5.160 g**

CIABATTA (P. 147)

Ingredientes	Quantidade
Pré-fermento	
Água	1.920 g
Fermento biológico fresco	120 g
Farinha de trigo para pão	1.800 g
Azeite virgem	720 g
Massa	
Sal	60 g
Farinha de trigo para pão	880 g
Peso total:	**5.550 g**

PÃO DE FORMA BRANCO (P. 148)

Ingredientes	Quantidade
Água	1.200 g
Fermento biológico fresco	75 g
Farinha de trigo para pão	2.000 g
Sal	50 g
Açúcar	75 g
Leite em pó desnatado	100 g
Gordura hidrogenada	75 g
Peso total:	**3.575 g**

VARIAÇÃO

PÃO DE FORMA INTEGRAL

Use as seguintes proporções de farinha na fórmula acima.

Ingredientes	Quantidade
Farinha de trigo para pão	800 g
Farinha de trigo integral	1.200 g

PÃO DE FORMA BRANCO (COM PRÉ-FERMENTO) (P. 148)

Ingredientes	Quantidade
Pré-fermento	
Farinha	2.000 g
Água	1.350 g
Fermento biológico fresco	75 g
Xarope de malte	15 g
Massa	
Farinha	1.000 g
Água	450 g
Sal	60 g
Leite em pó desnatado	90 g
Açúcar	150 g
Gordura hidrogenada	90 g
Peso total:	*5.280 g*

PÃO 100% INTEGRAL (P. 149)

Ingredientes	Quantidade
Água	2.070 g
Fermento biológico fresco	90 g
Farinha de trigo integral	3.000 g
Açúcar	60 g
Xarope de malte	60 g
Leite em pó desnatado	90 g
Gordura hidrogenada	120 g
Sal	60 g
Peso total:	*5.550 g*

PÃEZINHOS MACIOS (P. 149)

Ingredientes	Quantidade
Água	1.500 g
Fermento biológico fresco	90 g
Farinha de trigo para pão	2.500 g
Sal	50 g
Açúcar	240 g
Leite em pó desnatado	120 g
Gordura hidrogenada	120 g
Manteiga	120 g
Peso total:	*4.740 g*

CHALLAH (P. 150)

Ingredientes	Quantidade
Água	800 g
Fermento biológico fresco	80 g
Farinha de trigo para pão	2.000 g
Gemas	400 g
Açúcar	150 g
Xarope de malte	10 g
Sal	38 g
Óleo	250 g
Peso total:	*3.728 g*

PÃO COM OVOS (P. 149)

Ingredientes	Quantidade
Água	1.250 g
Fermento biológico fresco	90 g
Farinha de trigo para pão	2.500 g
Sal	50 g
Açúcar	240 g
Leite em pó desnatado	120 g
Gordura hidrogenada	120 g
Manteiga	120 g
Ovos	240 g
Peso total:	*4.730 g*

PÃO DE LEITE (PAIN AU LAIT) (P. 150)

Ingredientes	Quantidade
Farinha de trigo para pão	3.000 g
Açúcar	300 g
Sal	60 g
Fermento biológico fresco	90 g
Ovos	300 g
Leite	1.500 g
Manteiga ou margarina	450 g
Xarope de malte	30 g
Peso total:	*5.730 g*

PÃO LEVE DE CENTEIO (P. 151)

Ingredientes	Quantidade
Água	1.400 g
Fermento biológico fresco	90 g
Farinha de centeio clara (*light rye*)	1.000 g
Farinha de trigo para pão ou comum	1.400 g
Sal	45 g
Gordura hidrogenada	60 g
Melado ou xarope de malte	60 g
Sementes de alcaravia (*opcional*)	30 g
Extrato de malte seco	30 g
Peso total:	*4.115 g*

PÃO DE CENTEIO E CEBOLA (P. 151)

Ingredientes	Quantidade
Água	1.200 g
Fermento biológico fresco	75 g
Farinha de centeio clara (*light rye*)	700 g
Farinha de trigo comum	1.300 g
Cebola desidratada – pesada, demolhada em água e bem escorrida	100 g
Sal	40 g
Sementes de alcaravia	25 g
Extrato de malte seco	25 g
Xarope de malte	50 g
Peso total:	*3.515 g*

VARIAÇÃO

PUMPERNICKEL DE CEBOLA

Use as seguintes proporções de farinha na fórmula acima.

Ingredientes	Quantidade
Farinha de centeio integral grossa (*pumpernickel flour*)	400 g
Farinha de centeio média (*medium rye*)	300 g
Farinha de trigo comum	1.300 g

Pode-se usar corante caramelo ou chocolate em pó para dar cor à massa.

PRÉ-FERMENTO COMERCIAL BÁSICO (BIGA) (P. 153)

Ingredientes	Quantidade
Farinha de trigo para pão	1.800 g
Água	1.080 g
Fermento biológico fresco	4 g
Sal	36 g
Peso total:	*2.920 g*

BIGA DE CENTEIO I (P. 154)

Ingredientes	Quantidade
Farinha de centeio	2.000 g
Água	1.500 g
Fermento biológico fresco	20 g
Cebola, cortada ao meio (*opcional*)	1
Peso total:	*3.520 g*

BIGA DE CENTEIO III (P. 154)

Ingredientes	Quantidade
Farinha de centeio	2.000 g
Água morna (30–35°C)	2.000 g
Fermento biológico fresco	30 g
Peso total:	*4.030 g*

PÃO DE CENTEIO À MODA ANTIGA (P. 157)

Ingredientes	Quantidade
Água	1.200 g
Fermento biológico fresco	25 g
Biga de centeio I ou II	1.440 g
Farinha de trigo comum	2.400 g
Sal	50 g
Peso total:	*5.115 g*

Ingredientes opcionais	
Sementes de alcaravia	até 35 g
Melado ou xarope de malte	até 70 g
Corante caramelo	até 35 g

PUMPERNICKEL (PÃO PRETO ALEMÃO) (P. 157)

Ingredientes	Quantidade
Água	1.500 g
Fermento biológico fresco	30 g
Biga de centeio I ou II	1.260 g
Farinha grossa de centeio (*pumpernickel flour*)	600 g
Farinha de trigo comum	2.400 g
Sal	60 g
Xarope de malte	30 g
Melado	60 g
Corante caramelo (*opcional*)	45 g
Peso total:	**5.985 g**

MUFFINS INGLESES (P. 164)

Ingredientes	Quantidade
Água (ver instruções sobre como misturar)	1.500 g
Fermento biológico fresco	30 g
Farinha de trigo para pão	2.000 g
Sal	30 g
Açúcar	30 g
Leite em pó desnatado	45 g
Gordura hidrogenada	30 g
Peso total:	**3.665 g**

PÃO DE CENTEIO FRANCÊS (P. 160)

Ingredientes	Quantidade
Biga de centeio III (p. 154)	3.000 g
Farinha de trigo para pão	500 g
Sal	40 g
Peso total:	**3.540 g**

BAGELS (P. 165)

Ingredientes	Quantidade
Água	1.120 g
Fermento biológico fresco	60 g
Farinha com alto teor de glúten (especial para pizza)	2.000 g
Extrato de malte diastático	12 g
Sal	30 g
Óleo	16 g
Peso total:	**3.238 g**

PÃO RÚSTICO FRANCÊS (PAIN DE CAMPAGNE) (P. 160)

Ingredientes	Quantidade
Biga de centeio III (p. 154)	600 g
Farinha de trigo para pão	2.400 g
Farinha de centeio	600 g
Sal	60 g
Fermento biológico fresco	45 g
Água	1.950 g
Banha de porco ou ganso (*opcional*)	60 g
Peso total:	**5.675 g**

FOCACCIA DE AZEITONA PRETA (P. 166)

Ingredientes	Quantidade
Água	1.875 g
Fermento biológico fresco	45 g
Farinha de trigo para pão	3.000 g
Sal	60 g
Azeite	100 g
Azeitonas pretas sem caroço, picadas	1.105 g
Peso total:	**6.185 g**

FOCACCIA DE ERVAS (COM PRÉ-FERMENTO) (P. 167)

Ingredientes	Quantidade
Pré-fermento	
Farinha	925 g
Água	675 g
Fermento biológico fresco	15 g
Farinha	2.275 g
Água	1.600 g
Fermento biológico fresco	15 g
Sal	60 g
Azeite	125 g
Alecrim e sal (ver modelagem)	
Peso total:	**5.690 g**

PÃO DE AZEITONA PRETA (P. 169)

Ingredientes	Quantidade
Água	1.480 g
Fermento biológico fresco	36 g
Farinha de trigo para pão	1.800 g
Farinha de trigo integral	240 g
Farinha de centeio	360 g
Sal	50 g
Azeite	120 g
Pré-fermento comercial básico (p. 153) ou massa velha	240 g
Azeitonas pretas sem caroço, inteiras ou cortadas ao meio	720 g
Peso total:	**5.046 g**

PÃO DE CASTANHA-PORTUGUESA (P. 168)

Ingredientes	Quantidade
Água	1.080 g
Fermento biológico fresco	100 g
Farinha com alto teor de glúten (especial para pizza)	1.350 g
Farinha de castanha-portuguesa	450 g
Sal	45 g
Manteiga	54 g
Peso total:	**3.079 g**

PÃO INGLÊS DE FRIGIDEIRA (CRUMPET) (P. 169)

Ingredientes	Quantidade
Água morna	1.650 g
Fermento biológico fresco	90 g
Farinha de trigo para pão	1.500 g
Sal	30 g
Açúcar	10 g
Bicarbonato de sódio	4,5 g
Água gelada	420 g
Peso total:	**3.704 g**

PÃO DE PRESUNTO CRU (P. 168)

Ingredientes	Quantidade
Água	855 g
Fermento biológico fresco	30 g
Farinha de trigo para pão	1.500 g
Sal	30 g
Gordura derretida de toicinho ou presunto cru	90 g
Pré-fermento comercial básico (p. 153) ou massa velha	300 g
Presunto cru, rasgado ou em cubinhos	300 g
Peso total:	**3.105 g**

MASSA DE PÃO DOCE (P. 188)

Ingredientes	Quantidade
Água	800 g
Fermento biológico fresco	150 g
Manteiga, margarina ou gordura hidrogenada	400 g
Açúcar	400 g
Sal	40 g
Leite em pó desnatado	100 g
Ovos	300 g
Farinha de trigo para pão	1.600 g
Farinha de trigo especial para bolo	400 g
Peso total:	**4.190 g**

MASSA DE PÃO DOCE AMANTEIGADA (P. 189)

Ingredientes	Quantidade
Leite fervido, frio	800 g
Fermento biológico fresco	100 g
Farinha de trigo para pão	1.000 g
Manteiga	800 g
Açúcar	400 g
Sal	40 g
Ovos	500 g
Farinha de trigo para pão	1.000 g
Peso total:	**4.640 g**

VARIAÇÕES

STOLLEN

Ingredientes	Quantidade
Essência de amêndoa	10 g
Raspas de limão	10 g
Essência de baunilha	10 g
Uva-passa (clara e/ou escura)	600 g
Frutas cristalizadas	700 g

Junte a essência de amêndoa, as raspas de limão e a essência de baunilha à mistura de manteiga e açúcar durante o estágio de mistura. Incorpore as passas e as frutas cristalizadas à massa.

BABKA

Ingredientes	Quantidade
Essência de baunilha	10 g
Cardamomo	5 g
Uva-passa	400 g

Junte a baunilha e o cardamomo à manteiga durante o estágio de mistura. Incorpore as passas à massa já formada.

MASSA DE BABA/SAVARIN (P. 191)

Ingredientes	Quantidade
Leite	480 g
Fermento biológico fresco	60 g
Farinha de trigo para pão	300 g
Ovos	600 g
Farinha de trigo para pão	900 g
Açúcar	30 g
Sal	24 g
Manteiga, derretida	500 g
Peso total:	**2.894 g**

PÃOZINHO DE FRUTAS SECAS (HOT CROSS BUN) (P. 190)

Ingredientes	Quantidade
Massa de pão doce (p. 188)	5.000 g
Passa de Corinto	1.250 g
Uva-passa clara	625 g
Casca de frutas cítricas cristalizada, picadinha	300 g
Pimenta-da-jamaica moída	10 g
Peso total:	**7.185 g**

BRIOCHE (P. 193)

Ingredientes	Quantidade
Leite	250 g
Fermento biológico fresco	60 g
Farinha de trigo para pão	250 g
Ovos	600 g
Farinha de trigo para pão	950 g
Açúcar	60 g
Sal	24 g
Manteiga, amolecida	850 g
Peso total:	**3.044 g**

MASSA DE DANISH (ESTILO BRIOCHE) (P. 197)

Ingredientes	Quantidade
Leite	675 g
Fermento biológico fresco	120 g
Farinha de trigo para pão	2.400 g
Ovos	300 g
Manteiga, derretida	150 g
Sal	30 g
Açúcar	150 g
Leite	225 g
Manteiga, amolecida	1.500 g
Peso total:	**5.550 g**

CROISSANT (P. 198)

Ingredientes	Quantidade
Leite	900 g
Fermento biológico fresco	60 g
Açúcar	60 g
Sal	30 g
Manteiga, amolecida	160 g
Farinha de trigo para pão	1.600 g
Manteiga	900 g
Peso total:	**3.710 g**

AÇÚCAR E CANELA (P. 199)

Ingredientes	Quantidade
Açúcar	1.000 g
Canela em pó	30 g
Peso total:	**1.030 g**

MASSA DE DANISH (P. 198)

Ingredientes	Quantidade
Água	800 g
Fermento biológico fresco	125 g
Manteiga	250 g
Açúcar	300 g
Leite em pó desnatado	100 g
Sal	40 g
Cardamomo ou macis (*opcional*)	4 g (2 colheres de chá)
Ovos inteiros	400 g
Gemas	100 g
Farinha de trigo para pão	1.600 g
Farinha de trigo especial para bolo	400 g
Manteiga (para laminar)	1.000 g
Peso total:	**5.119 g**

GELEIA DE BRILHO DE DAMASCO I (P. 200)

Rendimento: 3.760 g

Ingredientes	Quantidade
Damasco, em calda	1.000 g
Maçã	1.000 g
Açúcar	1.900 g
Água	50 g
Açúcar	100 g
Pectina	40 g

COBERTURA SECA PARA TORTAS E BOLOS (STREUSEL) (P. 199)

Ingredientes	Quantidade
Manteiga e/ou gordura hidrogenada	500 g
Açúcar cristal	300 g
Açúcar mascavo	250 g
Sal	5 g (1 colher de chá)
Canela ou macis	2,5 a 5 g (1 a 2 colheres de chá)
Farinha com baixo teor de glúten (especial para biscoito)	1.000 g
Peso total:	**2.060 g**

GELEIA DE BRILHO DE DAMASCO II (P. 200)

Rendimento: 880 g

Ingredientes	Quantidade
Geleia de damasco	1.000 g
Água	250 g

RECHEIO DE CREAM CHEESE E LIMÃO (P. 200)

Ingredientes	Quantidade
Cream cheese	600 g
Açúcar	120 g
Raspas de limão	12 g
Peso total:	**732 g**

RECHEIO DE TÂMARA, AMEIXA OU DAMASCO (P. 201)

Rendimento: 3.000 g

Ingredientes	Quantidade
Tâmara, ameixa sem caroço ou damasco seco	2.000 g
Açúcar	400 g
Água	1.000 g

FRANGIPANE I (P. 201)

Ingredientes	Quantidade
Pasta de amêndoa	1.000 g
Açúcar	1.000 g
Manteiga e/ou gordura hidrogenada	500 g
Farinha com baixo teor de glúten (especial para biscoito ou bolo)	250 g
Ovos	250 g
Peso total:	**3.000 g**

RECHEIO DE MAÇÃ EM CALDA (P. 202)

Rendimento: cerca de 2 kg (1.100 g sem a calda)

Ingredientes	Quantidade
Maçã, sem casca e sem sementes	1.100 g
Manteiga	300 g
Açúcar	480 g
Água	240 g

RECHEIO DE AMÊNDOAS, PASSAS E CANELA (P. 202)

Ingredientes	Quantidade
Farinha de amêndoa	400 g
Açúcar	240 g
Maple syrup (xarope de bordo)	120 g
Claras	240 g
Canela	40 g
Uva-passa clara	200 g
Peso total:	**1.240 g**

RECHEIO DE AVELÃ, NOZ-PECÃ E MAPLE SYRUP (P. 203)

Ingredientes	Quantidade
Avelã em pó	400 g
Açúcar	240 g
Claras	240 g
Maple syrup (xarope de bordo)	120 g
Noz-pecã, laminada ou picadinha	240 g
Peso total:	**1.240 g**

CRÈME D'AMANDE (P. 202)

Ingredientes	Quantidade
Manteiga	360 g
Açúcar refinado	360 g
Raspas de limão	4 g (1½ colher de chá)
Ovos inteiros	200 g (4 ovos)
Gemas	80 g (4 gemas)
Essência de baunilha	8 gotas
Farinha de amêndoa	360 g
Farinha de trigo especial para bolo	120 g
Peso total:	**1.480 g**

RECHEIO DE AVELÃ (P. 203)

Ingredientes	Quantidade
Avelã, tostada e moída	500 g
Açúcar	1.000 g
Canela	15 g
Ovos	190 g
Bolo esmigalhado	1.000 g
Leite	500 a 1.000 g
Peso total:	**3.205 a 3.705 g**

RECHEIO DE CHOCOLATE (P. 204)

Ingredientes	Quantidade
Açúcar	400 g
Chocolate em pó	150 g
Bolo esmigalhado	1.200 g
Ovos	100 g
Manteiga, derretida	150 g
Baunilha	25 g
Água (conforme necessário)	300 g
Peso total:	**2.425 g**

CALDA DE MEL PARA ROLINHOS DE CARAMELO (P. 204)

Ingredientes	Quantidade
Açúcar mascavo	100 g
Manteiga, margarina ou gordura hidrogenada	400 g
Mel	250 g
Glucose ou xarope de malte	250 g
Água (conforme necessário)	100 g
Peso total:	**2.000 g**

BOLINHOS PINGADOS COM CRANBERRIES (P. 226)

Ingredientes	Quantidade
Manteiga	550 g
Açúcar	450 g
Sal	25 g
Gemas	120 g (6 gemas)
Farinha com baixo teor de glúten (especial para biscoito)	2.250 g
Fermento em pó químico	135 g
Leite	1.300 g
Cranberries (oxicocos) secos	375 g
Peso total:	**3.905 g**

DOUGHNUTS DE FERMENTO QUÍMICO SABOR CHOCOLATE (P. 240)

Ingredientes	Quantidade
Gordura hidrogenada	180 g
Açúcar	500 g
Sal	15 g
Leite em pó desnatado	90 g
Essência de baunilha	30 g
Ovos inteiros	180 g
Gemas	60 g
Farinha de trigo especial para bolo	1.500 g
Farinha de trigo para pão	500 g
Cacau em pó	155 g
Fermento em pó químico	60 g
Bicarbonato de sódio	13 g (2²/₃ colheres de chá)
Água	1.060 g
Peso total:	**4.343 g**

DOUGHNUTS AMANTEIGADOS DE BAUNILHA E ESPECIARIAS (P. 240)

Ingredientes	Quantidade
Farinha de trigo para pão	750 g
Farinha de trigo especial para bolo	750 g
Fermento em pó químico	45 g
Noz-moscada	12 g (2 colheres de sopa)
Canela em pó	4 g (2 colheres de chá)
Sal	18 g (1 colher de sopa)
Ovos inteiros	310 g
Gemas	60 g
Açúcar	630 g
Leite	600 g
Essência de baunilha	45 g
Manteiga, derretida	190 g
Peso total:	**3.414 g**

MASSA PARA FRITAR I (P. 242)

Ingredientes	Quantidade
Farinha com baixo teor de glúten (especial para biscoito)	1.000 g
Açúcar	60 g
Sal	15 g
Fermento em pó químico	15 g
Ovos, batidos	500 g
Leite	900 g
Óleo	60 g
Essência de baunilha	10 g (2 colheres de chá)
Peso total:	**2.560 g**

MASSA PARA FRITAR II (P. 243)

Ingredientes	Quantidade
Farinha de trigo para pão	750 g
Farinha de trigo especial para bolo	250 g
Sal	15 g
Açúcar	30 g
Leite	1.125 g
Gemas, batidas	125 g
Óleo	125 g
Claras	250 g
Peso total:	**2.670 g**

DOUGHNUTS FRANCESES (BEIGNETS SOUFFLÉS) (P. 243)

Ingredientes	Quantidade
Leite	750 g
Manteiga	300 g
Sal	15 g
Açúcar	15 g
Farinha de trigo para pão	450 g
Ovos	600 g
Peso total:	*2.130 g*

BEIGNETS DE CARNIVAL (P. 244)

Ingredientes	Quantidade
Farinha de trigo para pão	600 g
Açúcar	45 g
Sal	15 g
Gemas	180 g
Creme de leite *light*	180 g
Kirsch	45 g
Água de rosas	30 g
Peso total:	*1.095 g*

VIENNOISE (SONHOS RECHEADOS COM GELEIA) (P. 245)

Ingredientes	Quantidade
Massa de brioche (p. 193)	2.400 g
Ovo para pincelar	conforme necessário
Geleia de groselha-vermelha	400 g

CANNOLI (CANUDOS ITALIANOS) (P. 246)

Ingredientes	Quantidade
Farinha de trigo para pão	700 g
Farinha com baixo teor de glúten (especial para biscoito)	700 g
Açúcar	120 g
Sal	4 g (⅔ de colher de chá)
Manteiga	240 g
Ovos, batidos	200 g
Vinho branco seco ou Marsala	500 g
Peso total:	*2.464 g*

RECHEIO DE RICOTA PARA CANNOLI (P. 246)

Ingredientes	Quantidade
Ricota fresca (ver p. 77)	2.000 g
Açúcar de confeiteiro	1.000 g
Essência de canela	30 g
Frutas cristalizadas ou cascas de fruta cristalizadas, picadinhas	180 g
Chocolate ao leite picadinho ou gotas de chocolate pequenas	120 g
Peso total:	*3.530 g*

CALDA DE BAUNILHA (P. 262)

Ingredientes	Quantidade
Água	800 g
Açúcar	720 g
Fava de baunilha, aberta ao meio	2
Peso total:	*1.520 g* *(cerca de 1.300 mL)*

CALDA DE CHOCOLATE E BAUNILHA (P. 263)

Ingredientes	Quantidade
Água	500 g
Açúcar	500 g
Fava de baunilha	2 g
Chocolate em pó	125 g
Peso total:	*1.125 g* *(cerca de 1 L)*

CALDA DE CAFÉ E RUM (P. 263)

Ingredientes	Quantidade
Açúcar	260 g
Água	260 g
Pó de café	20 g
Rum	360 g
Peso total:	**900 g**
	(770 a 800 mL)

VARIAÇÕES

CALDA DE CAFÉ

Ingredientes	Quantidade
Licor de café	160 g

Omita o rum da receita básica e junte o licor de café.

CALDA DE RUM

Ingredientes	Quantidade
Água	300 g
Açúcar	260 g
Rum escuro	60 g

Omita o pó de café da receita básica e ajuste a quantidade de ingredientes conforme indicado acima.

CREME DIPLOMATA DE BAUNILHA (P. 274)

Ingredientes	Quantidade
Leite	750 g
Fava de baunilha, aberta ao meio	1
Gemas	120 g
Açúcar refinado	90 g
Farinha de trigo especial para bolo	60 g
Amido de milho	45 g
Licor de laranja (p. ex., Grand Marnier)	90 g
Creme chantilly (p. 265)	600 g
Peso total:	**1.755 g**

VARIAÇÃO

CREME DIPLOMATA DE CHOCOLATE

Ingredientes	Quantidade
Chocolate amargo ou meio amargo, bem picado	210 g

Omita o licor de laranja da receita básica. Incorpore o chocolate amargo ao creme de confeiteiro quente no passo 4. Mexa até o chocolate derreter e incorporar-se totalmente à mistura.

CREME CHANTILLY (P. 265)

Ingredientes	Quantidade
Creme de leite fresco ou *crème fraîche*	1.000 g
Açúcar de confeiteiro	155 g
Essência de baunilha	10 mL
	(2 colheres de chá)
Peso total:	**1.165 g**

MUSSE DE CHOCOLATE II (P. 277)

Ingredientes	Quantidade
Gemas	120 g
Açúcar refinado	105 g
Água	90 g
Chocolate amargo ou meio amargo, derretido	480 g
Creme de leite fresco	900 g
Peso total:	**1.695 g**

GANACHE DE MARACUJÁ (P. 276)

Ingredientes	Quantidade
Creme de leite fresco	360 g
Suco de maracujá	360 g
Manteiga	180 g
Gemas	150 g
Açúcar	180 g
Chocolate amargo ou meio amargo, picado	645 g
Peso total:	**1.875 g**

CALDA DE CARAMELO (P. 280)

Rendimento: 1.500 mL

Ingredientes	Quantidade
Açúcar	1 kg
Água	250 mL
Suco de limão	15 mL
	(1 colher de sopa)
Creme de leite fresco	750 mL
Leite	500 mL

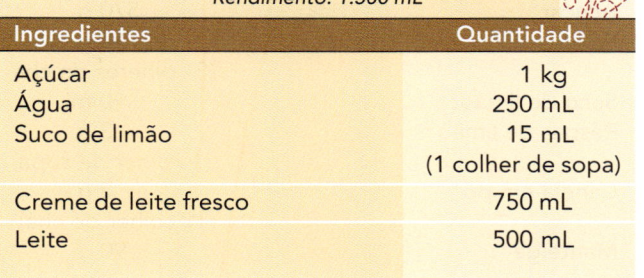

MASSA DE TORTA (P. 289)

Ingredientes	Massa crocante Quantidade	Massa arenosa Quantidade
Farinha com baixo teor de glúten (especial para biscoito)	2.000 g	2.000 g
Gordura hidrogenada	1.400 g	1.300 g
Água fria	600 g	500 g
Sal	40 g	40 g
Açúcar (*opcional*)	100 g	100 g
Peso total:	*4.140 g*	*3.940 g*

MASSA DE TORTA ENRIQUECIDA COM OVOS (P. 289)

Ingredientes	Quantidade
Farinha com baixo teor de glúten (especial para biscoito)	1.500 g
Açúcar	250 g
Manteiga	750 g
Gemas	120 g
Água fria	375 g
Sal	15 g
Peso total:	*3.010 g*

RECHEIO CREMOSO DE PÊSSEGO (P. 301)

Rendimento: 4.500 g

Cinco tortas de 20 cm

Quatro tortas de 23 cm   Três tortas de 25 cm

Ingredientes	Quantidade
Creme de leite azedo (ver p. 76)	1.000 g
Açúcar	500 g
Amido de milho	60 g
Ovos, batidos	8
Essência de baunilha	8 mL (2 colheres de chá)
Noz-moscada	2 mL (½ colher de chá)
Pêssegos frescos, fatiados	2.000 g
Streusel (p. 199)	720 g

RECHEIO DE PASSAS (P. 299)

Rendimento: cerca de 4.800 g

Seis tortas de 20 cm   Cinco tortas de 23 cm

Quatro tortas de 25 cm

Ingredientes	Quantidade
Uva-passa escura	1.800 g
Água	2.000 mL
Água fria	250 mL
Amido de milho	75 g
ou	
Amido de milho modificado	60 g
Açúcar	570 g
Sal	10 g (2 colheres de chá)
Suco de limão	90 mL
Raspas de limão	3 g (1 colher de sopa)
Canela em pó	2 g (1 colher de chá)
Manteiga	90 g

RECHEIO À BASE DE OVOS (CUSTARD) (P. 303)

Rendimento: 3.700 g

Cinco tortas de 20 cm

Quatro tortas de 23 cm   Três tortas de 25 cm

Ingredientes	Quantidade
Ovos	900 g
Açúcar	450 g
Sal	5 g (1 colher de chá)
Essência de baunilha	30 mL
Leite	2.400 mL
Noz-moscada	2 a 3 g

RECHEIO DE MAÇÃ I (P. 300)

Rendimento: cerca de 5.300 g
Seis tortas de 20 cm
Cinco tortas de 23 cm   Quatro tortas de 25 cm

Ingredientes	Quantidade
Maçã, sem casca e sem sementes, fatiada	4.500 g
Manteiga	150 g
Açúcar	450 g
Água fria	300 g
Amido de milho	120 g
ou	
Amido de milho modificado	75 g
Açúcar	500 g
Sal	5 g (1 colher de chá)
Canela em pó	5 g (5 colheres de chá)
Noz-moscada	2,5 g (1¼ colher de chá)
Suco de limão	50 g
Manteiga	35 g

VARIAÇÕES

RECHEIO DE MAÇÃ II

Ingredientes	Quantidade
Água	500 g

Omita a primeira quantidade de manteiga. Cozinhe as maçãs em água e a primeira quantidade de açúcar, como no método com fruta pré-cozida básico, usando a quantidade de água listada acima.

RECHEIO DE MAÇÃ E GENGIBRE

Ingredientes	Quantidade
Gengibre em pó	2,5 g (1¼ colher de chá)
Gengibre cristalizado, picadinho	100 g

Prepare como o Recheio de maçã I ou II, mas omita a canela e acrescente o gengibre em pó e o cristalizado.

RECHEIO DE MAÇÃ E NOZES

Ingredientes	Quantidade
Nozes picadas	375 g

Misture as nozes ao Recheio de maçã I ou II.

RECHEIO DE RUIBARBO

Ingredientes	Quantidade
Ruibarbo fresco	3.200 g

Substitua as maçãs pelo ruibarbo cortado em pedaços de 2,5 cm. Omita a canela, a noz-moscada e o suco de limão.

RECHEIO DE NOZ-PECÃ (P. 303)

Rendimento: 3.300 g de recheio mais 570 g de nozes-pecã
Cinco tortas de 20 cm
Quatro tortas de 23 cm   Três tortas de 25 cm

Ingredientes	Quantidade
Açúcar cristal	800 g
Manteiga	230 g
Sal	7 g
Ovos	800 g
Xarope escuro de glucose de milho	1.400 g
Essência de baunilha	30 g
Nozes-pecã	570 g

RECHEIO PARA PUMPKIN PIE (TORTA DE ABÓBORA I) (P. 304)

Rendimento: cerca de 8 kg
Dez tortas de 20 cm
Oito tortas de 23 cm   Seis tortas de 25 cm

Ingredientes	Quantidade
Abóbora cozida, escorrida e bem amassada	3.000 g
Farinha com baixo teor de glúten (especial para biscoito)	120 g
Canela em pó	15 g
Noz-moscada	2 g (1 colher de chá)
Gengibre em pó	2 g (1 colher de chá)
Cravo em pó	1 g (½ colher de chá)
Sal	15 g
Açúcar mascavo	1.150 g
Ovos	1.200 g
Glucose, ou metade glucose, metade melado	240 g
Leite	2.400 mL

RECHEIO PARA TORTA DE LIMÃO (P. 305)

Rendimento: 3.000 g
Cinco tortas de 20 cm
Quatro tortas de 23 cm   Três tortas de 25 cm

Ingredientes	Quantidade
Gemas	16
Leite condensado	1.600 g
Suco de limão-galego espremido na hora	600 g

RECHEIO CREMOSO DE BAUNILHA (P. 306)

Rendimento: cerca de 2.250 mL (3.100 g)
Cinco tortas de 20 cm
Quatro tortas de 23 cm   Três tortas de 25 cm

Ingredientes	Quantidade
Leite	2.000 mL
Açúcar	250 g
Gemas	180 g
Ovos inteiros	240 g
Amido de milho	150 g
Açúcar	250 g
Manteiga	125 g
Essência de baunilha	30 mL

VARIAÇÕES

RECHEIO CREMOSO DE CHOCOLATE I

Ingredientes	Quantidade
Chocolate amargo	125 g
Chocolate ao leite	125 g

Derreta os chocolates e misture-os ao recheio cremoso de baunilha ainda quente.

RECHEIO CREMOSO DE CHOCOLATE II

Ingredientes	Quantidade
Leite	1.750 mL
Açúcar	250 g
Gemas	180 g
Ovos inteiros	240 g
Leite frio	250 g
Amido de milho	150 g
Chocolate em pó	90 g
Açúcar	250 g
Manteiga	125 g
Essência de baunilha	30 mL

Esta variação usa chocolate em pó em vez de chocolate em barra. Ele é peneirado junto com o amido. Um pouco do leite deve ser incorporado aos ovos para que haja líquido suficiente para formar uma pasta com o amido e o chocolate. Siga o modo de fazer da receita básica, mas use os ingredientes acima.

VARIAÇÕES (CONT.)

RECHEIO CREMOSO COM AÇÚCAR MASCAVO

Ingredientes	Quantidade
Açúcar mascavo	1.000 g
Manteiga	300 g

Misture o açúcar mascavo com a manteiga em uma panela. Aqueça em fogo baixo, mexendo, até que a manteiga tenha derretido e esteja bem misturada ao açúcar. Prepare a receita básica de recheio cremoso de baunilha, mas omita o açúcar e aumente o amido para 180 g. Quando a mistura começar a ferver no passo 5, junte o açúcar com manteiga aos poucos e mexa bem. Finalize o preparo como na receita básica.

RECHEIO DE LIMÃO-SICILIANO

Ingredientes	Quantidade
Água	2.000 mL
Açúcar	500 g
Gemas	300 g
Amido de milho	180 g
Açúcar	250 g
Raspas de limão	15 g
Manteiga	125 g
Suco de limão	250 mL

Siga o modo de fazer da receita do recheio cremoso de baunilha, mas use os ingredientes acima. Observe que o suco de limão deve ser acrescentado após o creme ter engrossado.

RECHEIO DE MORANGO E RUIBARBO (P. 307)

Rendimento: 5.000 g
Cinco tortas de 20 cm   Quatro tortas de 23 cm
Três tortas de 25 cm

Ingredientes	Quantidade
Ruibarbo, fresco ou congelado, em pedaços de 2,5 cm	1.200 g
Açúcar	720 g
Água	240 g
Gemas	8
Creme de leite fresco	240 g
Amido de milho	90 g
Morangos frescos e limpos, cortados em quatro	1.000 g

PÂTE BRISÉE (P. 318)

Ingredientes	Quantidade
Farinha com baixo teor de glúten (especial para biscoito)	800 g
Sal	20 g
Açúcar	20 g
Manteiga, gelada	400 g
Ovos	260 g
Água	40 g
Essência de baunilha	8 gotas
Raspas de limão	8 g
Peso total:	**1.548 g**

PÂTE SUCRÉE (P. 319)

Ingredientes	Quantidade
Manteiga, amolecida	500 g
Açúcar de confeiteiro	200 g
Sal	4 g (¾ de colher de chá)
Raspas de limão	4 g (1½ colher de chá)
Essência de baunilha	8 gotas
Ovos, batidos	200 g
Farinha com baixo teor de glúten (especial para biscoito)	800 g
Peso total:	**1.708 g**

MASSA SECA DE CORTE I (P. 320)

Ingredientes	Quantidade
Manteiga, ou manteiga e gordura hidrogenada	1.000 g
Açúcar	375 g
Sal	8 g
Ovos	280 g
Farinha com baixo teor de glúten (especial para biscoito)	1.500 g
Peso total:	**3.163 g**

PÂTE SABLÉE (P. 319)

Ingredientes	Quantidade
Manteiga, amolecida	600 g
Açúcar de confeiteiro	300 g
Raspas de limão	4 g
Essência de baunilha	8 gotas
Ovos, batidos	100 g
Farinha com baixo teor de glúten (especial para biscoito)	900 g
Peso total:	**1.904 g**

VARIAÇÃO

MASSA SABLÉE DE CHOCOLATE

Ingredientes	Quantidade
Manteiga	600 g
Açúcar de confeiteiro	300 g
Raspas de laranja	8 g
Ovos, batidos	200 g
Farinha com baixo teor de glúten (especial para biscoito)	700 g
Chocolate em pó	120 g

Altere os ingredientes da receita original conforme indicado acima. Peneire o chocolate com a farinha.

MASSA SECA DE AMÊNDOAS (P. 320)

Ingredientes	Quantidade
Manteiga	800 g
Açúcar	600 g
Sal	10 g (2½ colheres de chá)
Farinha de amêndoa	500 g
Ovos	165 g
Essência de baunilha	5 g (1¼ colher de chá)
Farinha com baixo teor de glúten (especial para biscoito)	1.000 g
Peso total:	**3.080 g**

VARIAÇÃO

MASSA DE LINZERTORTE I

Ingredientes	Quantidade
Canela em pó	6 g (4½ colheres de chá)
Noz-moscada	1 g (½ colher de chá)

Use avelã ou amêndoa moída, ou uma mistura das duas. Misture a canela e a noz-moscada com o sal no passo 1.

MASSA SECA DE CORTE II (P. 320)

Ingredientes	Quantidade
Manteiga	600 g
Açúcar	400 g
Sal	8 g
Baunilha em pó	8 g
Farinha de amêndoa	120 g
Ovos	200 g
Farinha com baixo teor de glúten (especial para biscoito)	1.000 g
Peso total:	**2.336 g**

FOLHADO CLÁSSICO (PÂTE FEUILLETÉE CLASSIQUE) (P. 324)

Ingredientes	Quantidade
Farinha de trigo para pão	1.500 g
Sal	30 g
Manteiga, derretida	225 g
Água	750 g
Manteiga, para laminar	900 g
Peso total:	**3.405 g**

FOLHADO BÁSICO (P. 325)

Ingredientes	Quantidade
Farinha de trigo para pão	1.500 g
Farinha de trigo especial para bolo	500 g
Manteiga, amolecida	250 g
Sal	30 g
Água fria	1.125 g
Manteiga	2.000 g
Farinha de trigo para pão	250 g
Peso total:	**5.655 g**

MERENGUES DE AMÊNDOAS (P. 348)

Ingredientes	Quantidade
Claras	500 g
Açúcar refinado	500 g
Farinha de amêndoa	500 g
Peso total:	**1.500 g**

SUCCÈS (P. 350)

Ingredientes	Quantidade
Claras	540 g
Açúcar cristal	360 g
Farinha de amêndoa	360 g
Açúcar de confeiteiro	360 g
Farinha de trigo especial para bolo	90 g
Peso total:	**1.710 g**

BOLO AMARELO AMANTEIGADO (P. 398)

Ingredientes	Quantidade
Manteiga	1.100 g
Açúcar	1.450 g
Sal	15 g
Ovos	810 g
Farinha de trigo especial para bolo	1.800 g
Fermento em pó químico	72 g
Leite	1.200 g
Essência de baunilha	30 g
Peso total:	**6.477 g**

VARIAÇÃO

CALDA PARA FORRAR A FORMA DO BOLO INVERTIDO

Para uma assadeira de 46 x 66 cm:

Ingredientes	Quantidade
Açúcar mascavo	450 g
Açúcar cristal	170 g
Glucose ou mel	120 g
Água	(conforme necessário)

Bata os três primeiros ingredientes até obter uma mistura homogênea. Junte água suficiente para que fique com uma consistência própria para espalhar.

BOLO DE CHOCOLATE AMANTEIGADO (P. 399)

Ingredientes	Quantidade
Manteiga	1.000 g
Açúcar	1.725 g
Sal	22 g
Chocolate amargo, derretido	500 g
Ovos	750 g
Farinha de trigo especial para bolo	1.500 g
Fermento em pó químico	60 g
Leite	750 g
Essência de baunilha	30 g
Peso total:	**6.337 g**

MASSA PARA SACHERTORTE II (P. 402)

Ingredientes	Quantidade
Manteiga, amolecida	400 g
Açúcar refinado	330 g
Gemas	360 g
Claras	540 g
Açúcar refinado	180 g
Farinha de trigo especial para bolo	120 g
Chocolate em pó	120 g
Farinha de amêndoa, tostada	165 g
Peso total:	**2.215 g**

BOLO BRANCO (P. 403)

Ingredientes	Quantidade
Farinha de trigo especial para bolo	1.500 g
Fermento em pó químico	90 g
Sal	30 g
Gordura emulsificada	750 g
Açúcar	1.875 g
Leite desnatado	750 g
Essência de baunilha	20 g
	(4½ colheres de chá)
Essência de amêndoa	10 g
	(2¼ colheres de chá)
Leite desnatado	750 g
Claras	1.000 g
Peso total:	**6.775 g**

JOCONDE (P. 410)

Ingredientes	Quantidade
Farinha de amêndoa	340 g
Açúcar de confeiteiro	300 g
Farinha de trigo especial para bolo	100 g
Ovos inteiros	480 g
Claras	320 g
Açúcar	40 g
Manteiga, derretida	120 g
Peso total:	**1.700 g**

DEVIL'S FOOD CAKE (P. 404)

Ingredientes	Quantidade
Farinha de trigo especial para bolo	1.500 g
Cacau em pó	250 g
Sal	30 g
Fermento em pó químico	45 g
Bicarbonato de sódio	30 g
Gordura emulsificada	870 g
Açúcar	2.000 g
Leite desnatado	1.000 g
Essência de baunilha	20 g
	(4½ colheres de chá)
Leite desnatado	750 g
Ovos	1.000 g
Peso total:	**7.495 g**

GÉNOISE MOUSSELINE (P. 407)

Ingredientes	Quantidade
Ovos inteiros	900 g
Gemas	120 g (6 gemas)
Açúcar	540 g
Farinha de trigo especial para bolo, peneirada	540 g
Peso total:	**2.100 g**

MASSA DE PÃO DE LÓ COM LEITE E MANTEIGA (P. 409)

Ingredientes	Quantidade
Açúcar	1.250 g
Ovos inteiros	750 g
Gemas	250 g
Sal	15 g
Farinha de trigo especial para bolo	1.000 g
Fermento em pó químico	30 g
Leite desnatado	500 g
Manteiga	250 g
Essência de baunilha	30 g
Peso total:	**4.075 g**

PÃO DE LÓ
MARJOLAINE (P. 412)

Ingredientes	Quantidade
Açúcar de confeiteiro	360 g
Farinha de amêndoa	360 g
Gemas	300 g
Claras	180 g
Claras	450 g
Açúcar	270 g
Farinha com baixo teor de glúten (especial para biscoito), peneirada	270 g
Peso total:	*2.190 g*

PÃO DE LÓ
DE AVELÃ (P. 413)

Ingredientes	Quantidade
Manteiga, amolecida	400 g
Açúcar	330 g
Gemas	360 g
Claras	540 g
Açúcar	180 g
Farinha de trigo especial para bolo	120 g
Chocolate em pó	120 g
Avelãs moídas, tostadas	165 g
Peso total:	*2.215 g*

PÃO DE LÓ DE
CHOCOLATE E
AMÊNDOAS (P. 415)

Ingredientes	Quantidade
Marzipã	390 g
Gemas	240 g
Claras	360 g
Açúcar	150 g
Farinha de trigo especial para bolo	120 g
Chocolate em pó	120 g
Manteiga, derretida	120 g
Peso total:	*1.500 g*

DISCOS DE PÃO DE LÓ
DE CHOCOLATE (P. 415)

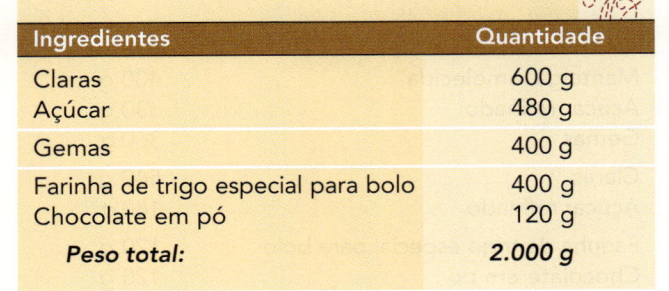

Ingredientes	Quantidade
Claras	600 g
Açúcar	480 g
Gemas	400 g
Farinha de trigo especial para bolo	400 g
Chocolate em pó	120 g
Peso total:	*2.000 g*

MADELEINES
DE LIMÃO (P. 417)

Ingredientes	Quantidade
Gemas	180 g
Açúcar demerara	30 g
Raspas de limão	12 g (4½ colheres de chá)
Mel	45 g
Claras	180 g
Açúcar refinado	225 g
Sal	3 g (½ colher de chá)
Fermento em pó químico	9 g (1½ colher de chá)
Farinha de trigo especial para bolo	270 g
Manteiga, derretida	270 g
Peso total:	*1.224 g*

VARIAÇÃO

MADELEINES DE CHOCOLATE
E LARANJA

Ingredientes	Quantidade
Gemas	180 g
Açúcar demerara	30 g
Raspas de laranja	24 g
Mel	45 g
Claras	180 g
Açúcar refinado	225 g
Sal	3 g (½ colher de chá)
Fermento em pó químico	12 g (2¼ colheres de chá)
Chocolate em pó	75 g
Farinha de trigo especial para bolo	180 g
Manteiga, derretida	270 g

Siga o procedimento básico, mas altere os ingredientes conforme indicado acima.

BOLO AVELUDADO DE CHOCOLATE (MOELLEUX) (P. 416)

Ingredientes	Quantidade
Pasta de amêndoa	225 g
Açúcar de confeiteiro	150 g
Gemas	180 g
Claras	180 g
Açúcar	75 g
Farinha de trigo especial para bolo	120 g
Chocolate em pó	30 g
Manteiga, derretida	60 g
Para polvilhar a forma	
Amêndoas picadas	90 g
Peso total da massa:	**1.020 g**

CREME DE MANTEIGA FRANCÊS (P. 425)

Rendimento: 2.750 g

Ingredientes	Quantidade
Açúcar	1.000 g
Água	250 mL
Gemas	375 g
Manteiga, amolecida	1.250 g
Essência de baunilha	15 mL

CREME DE MANTEIGA SIMPLES (P. 426)

Ingredientes	Quantidade
Manteiga	1.000 g
Gordura hidrogenada	500 g
Açúcar de confeiteiro	2.500 g
Claras, pasteurizadas	160 g
Suco de limão	10 g
	(2 colheres de chá)
Essência de baunilha	15 g
Água (opcional)	125 g
Peso total:	**4.310 g**

CREME DE MANTEIGA ITALIANO (P. 426)

Rendimento: 3.400 g

Ingredientes	Quantidade
Merengue italiano	
Açúcar	1.000 g
Água	250 mL
Claras	500 g
Manteiga	1.500 g
Gordura emulsificada	250 g
Suco de limão	10 mL
	(2 colheres de chá)
Essência de baunilha	15 mL

CREME DE MANTEIGA COM PRALINA (P. 427)

Rendimento: 1.650 g

Ingredientes	Quantidade
Água	120 g
Açúcar	360 g
Gemas	300 g
Manteiga, amolecida	540 g
Pasta de pralina	450 g

CREME DE BAUNILHA (P. 427)

Ingredientes	Quantidade
Creme de confeiteiro (p. 271)	1.125 g
Gelatina incolor sem sabor	16 g
Rum	50 g
Manteiga, amolecida	500 g
Peso total:	**1.690 g**

CREME DE MANTEIGA SABOR CARAMELO (P. 427)

Rendimento: 2.000 g

Ingredientes	Quantidade
Água	100 g
Açúcar	740 g
Água	200 g
Creme de leite fresco	140 g
Extrato de café líquido	20 g
Gemas	240 g
Manteiga, amolecida	760 g

CREME LEVE DE PRALINA (P. 428)

Ingredientes	Quantidade
Manteiga, amolecida	1.000 g
Pasta de pralina	500 g
Conhaque	200 g
Merengue italiano (p. 267)	1.700 g
Peso total:	**3.400 g**

GLACÊ SIMPLES DE AÇÚCAR E ÁGUA (P. 431)

Ingredientes	Quantidade
Açúcar de confeiteiro	2.000 g
Água, quente	375 mL
Glucose	125 g
Essência de baunilha	15 g
Peso total:	**2.500 g**

COBERTURA DO BOLO ÓPERA (P. 434)

Ingredientes	Quantidade
Cobertura hidrogenada (ver p. 92)	750 g
Chocolate cobertura amargo ou meio amargo	300 g
Óleo de amendoim	120 g
Peso total:	**1.170 g**

VARIAÇÃO

Se for usar apenas chocolate cobertura, a quantidade de óleo deve ser aumentada para que a cobertura possa ser cortada com facilidade depois de pronta.

Ingredientes	Quantidade
Chocolate cobertura amargo ou meio amargo	1.050 g
Óleo de amendoim	180 g

GELATINA DE CHOCOLATE (P. 434)

Ingredientes	Quantidade
Água	450 g
Fondant	675 g
Glucose	225 g
Gelatina incolor sem sabor	30 g
Chocolate em pó	135 g
Peso total:	**1.515 g**

COBERTURA MARMORIZADA DE CAFÉ (P. 435)

Rendimento: 1.000 g

Ingredientes	Quantidade
Gelatina incolor sem sabor	24 g
Água	750 g
Açúcar	120 g
Glucose	120 g
Fava de baunilha, aberta ao meio	2
Licor de café	60 g
Extrato de café líquido	30 g

MACARONS DE AMÊNDOAS II (P. 506)

Ingredientes	Quantidade
Farinha de amêndoa	240 g
Açúcar de confeiteiro	500 g
Claras	240 g
Açúcar refinado	100 g
Essência de baunilha	8 gotas
Peso total:	**1.080 g**

VARIAÇÃO

MACARONS DE CHOCOLATE E AMÊNDOAS

Prepare de acordo com a receita básica, mas use os ingredientes e as quantidades a seguir. Misture o cacau e a farinha especial para bolo com as amêndoas e o açúcar no passo 1.

Ingredientes	Quantidade
Farinha de amêndoa	300 g
Açúcar de confeiteiro	400 g
Chocolate em pó	100 g
Farinha de trigo especial para bolo	80 g
Claras	480 g
Açúcar refinado	200 g

DIAMANTES (P. 500)

Ingredientes	Quantidade
Manteiga cortada em cubinhos	560 g
Farinha de trigo especial para bolo	800 g
Açúcar de confeiteiro	240 g
Sal	4 g
	(¾ de colher de chá)
Raspas de laranja	8 g
	(4 colheres de chá)
Essência de baunilha	8 g
	(2 colheres de chá)
Para decorar	
Açúcar granulado	200 g
Peso total da massa:	**1.620 g**

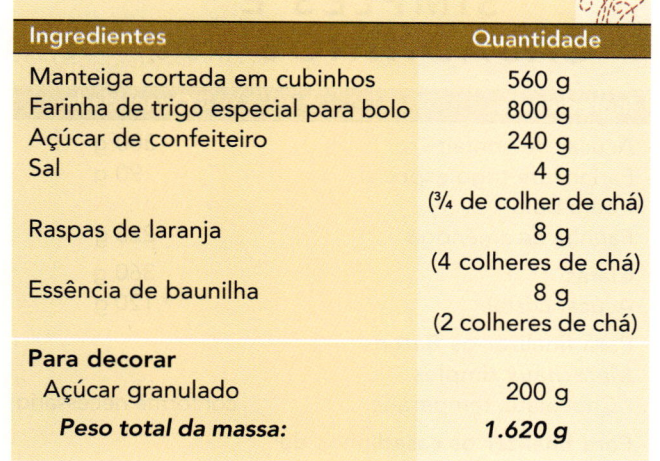

TUILES DE AMÊNDOAS I (P. 508)

Ingredientes	Quantidade
Manteiga	360 g
Açúcar de confeiteiro	480 g
Claras	360 g
Farinha de trigo especial para bolo	420 g
Para guarnecer	
Amêndoas laminadas	300 g
Peso total da massa:	**1.620 g**

TUILES DE COCO (P. 510)

Ingredientes	Quantidade
Açúcar de confeiteiro	520 g
Ovos, ligeiramente batidos	400 g
Coco ralado desidratado	520 g
Manteiga, derretida	100 g
Peso total:	**1.540 g**

BROWNIES AMANTEIGADOS (P. 511)

Rendimento: cerca de 4.652 g, suficiente para uma assadeira de 46 x 66 cm, duas de 33 x 46 cm, quatro de 23 x 33 cm ou seis quadradas de 23 cm

Ingredientes	Quantidade
Chocolate amargo	225 g
Chocolate meio amargo	560 g
Manteiga	1.125 g
Ovos	790 g
Açúcar	1.015 g
Sal	7 g
Essência de baunilha	30 mL
Farinha de trigo para pão	450 g
Noz comum ou noz-pecã, picada	450 g
Peso total:	**4.652 g**

VARIAÇÃO

Ingredientes	Quantidade
Fermento em pó químico	11 g

Para um *brownie* de textura menos densa, peneire a quantidade de fermento indicada com a farinha no passo 4.

BROWNIES DE CREAM CHEESE (P. 512)

Rendimento: cerca de 5.600 g, suficiente para uma assadeira de 46 x 66 cm, duas de 33 x 46 cm, quatro de 23 x 33 cm ou seis quadradas de 23 cm

Ingredientes	Quantidade
Cream cheese	900 g
Açúcar	225 g
Essência de baunilha	7 mL
Gemas	80 g
	(4 gemas)
Massa de *brownies* amanteigados (p. 511), sem as nozes (1 receita)	4.650 g
Peso total:	**5.862 g**

BISCOTTI DE CAFÉ (P. 515)

Ingredientes	Quantidade
Manteiga	360 g
Açúcar	540 g
Sal	18 g
Ovos	300 g
Água, quente	45 g
Café solúvel extra-forte	18 g
Farinha com baixo teor de glúten (especial para biscoito)	900 g
Fermento em pó químico	24 g
Amêndoas sem pele	315 g
Peso total:	*2.520 g*

BISCOTTI DE CHOCOLATE E NOZES-PECÃ (P. 515)

Ingredientes	Quantidade
Manteiga	360 g
Açúcar	540 g
Sal	9 g
Raspas de laranja	9 g
Ovos	300 g
Água	180 g
Essência de baunilha	15 g
Farinha com baixo teor de glúten (especial para biscoito)	900 g
Cacau em pó	135 g
Fermento em pó químico	24 g
Bicarbonato de sódio	8 g
Nozes-pecã, picadas	180 g
Gotas pequenas de chocolate	180 g
Peso total:	*2.840 g*

BATONS MARECHAUX SIMPLES E CASADINHOS (P. 516)

Ingredientes	Quantidade
Açúcar de confeiteiro	300 g
Farinha de trigo especial para bolo	90 g
Farinha de amêndoa	225 g
Claras	360 g
Açúcar cristal	120 g
Para finalizar os Batons Marechaux simples	
Chocolate, temperado	conforme necessário
Para finalizar os casadinhos de Batons Marechaux	
Amêndoas laminadas	conforme necessário
Geleia de framboesa	conforme necessário
Peso total:	*1.095 g*

CHRISTMAS PUDDING (PUDIM DE PÃO DE NATAL) (P. 530)

Ingredientes	Quantidade
Uva-passa escura	1.000 g
Uva-passa clara	1.000 g
Passa de Corinto	1.000 g
Tâmaras, picadas	500 g
Amêndoas, picadas	375 g
Casca de laranja cristalizada, picadinha	250 g
Casca de limão cristalizada, picadinha	250 g
Conhaque	750 mL
Farinha de trigo para pão	500 g
Canela em pó	4 g (2 colheres de chá)
Noz-moscada	1 g (½ colher de chá)
Macis	1 g (½ colher de chá)
Gengibre em pó	1 g (½ colher de chá)
Cravo em pó	1 g (½ colher de chá)
Sal	15 g
Banha de boi, picadinha	750 g
Açúcar mascavo	500 g
Ovos	500 g
Miolo de pão branco fresco esmigalhado	250 g
Melado	60 g
Peso total:	*7.700 g*

PUDDING DE MIRTILO (P. 531)

Ingredientes	Quantidade
Açúcar mascavo	625 g
Manteiga	250 g
Sal	3 g
	(½ colher de chá)
Canela em pó	5 g
	(1 colher de sopa)
Ovos	250 g
Farinha de trigo para pão	125 g
Fermento em pó químico	22 g
Farinha de rosca	625 g
Leite	500 g
Mirtilos, frescos ou congelados, sem açúcar	500 g
Peso total:	**2.905 g**

BAVAROISE DE CREAM CHEESE (P. 536)

Rendimento: cerca de 6.500 mL

Ingredientes	Quantidade
Cream cheese	1.500 g
Açúcar	500 g
Sal	15 g
Raspas de limão	4 g
	(1½ colher de chá)
Raspas de laranja	2,5 g
	(1 colher de chá)
Essência de baunilha	8 g
	(1½ colher de chá)
Suco de limão-siciliano	125 g
Gelatina incolor sem sabor	30 g
Água fria	250 g
Creme de leite fresco	2.000 mL
Peso total:	**4.434 g**

GELEIA DE FRAMBOESA (P. 599)

Rendimento: 950 g

Ingredientes	Quantidade
Açúcar	375 g
Água	125 g
Framboesas frescas	500 g
Glucose	50 g
Açúcar	75 g
Pectina	40 g

GELEIA DE MAÇÃ (P. 599)

Rendimento: 4.240 g

Ingredientes	Quantidade
Maçã, sem casca e sem semente	4.000 g
Água	500 g
Açúcar	1.200 g

GELEIA DE MORANGO (P. 600)

Rendimento: 1.600 g

Ingredientes	Quantidade
Morango	1.000 g
Açúcar	1.000 g
Pectina	20 g
Suco de limão	30 g

DAMASCOS CARAMELIZADOS (P. 600)

Rendimento: 1.200 g

Ingredientes	Quantidade
Açúcar	400 g
Água	100 g
Mel	200 g
Manteiga	100 g
Damasco em calda, escorrido	1.200 g

COMPOTA DE DAMASCO (P. 601)

Rendimento: 960 g

Ingredientes	Quantidade
Açúcar	450 g
Água	60 g
Damasco seco, fresco ou em lata, cortado ao meio e sem caroço	500 g
Pectina	40 g
Glucose	50 g

VARIAÇÃO

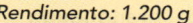

COMPOTA DE DAMASCO E AMÊNDOAS

Ingredientes	Quantidade
Amêndoas sem pele, inteiras	200 g

Junte as amêndoas, a pectina e a glucose à compota.

COMPOTA DE ABACAXI E LARANJINHA KINKAN (P. 601)

Rendimento: 1.080 g

Ingredientes	Quantidade
Açúcar	450 g
Água	60 g
Fava de baunilha	1
Glucose	48 g
Abacaxi em calda, escorrido e picado em cubinhos	500 g
Laranjinha *kinkan*, cortada em rodelas e branqueada	200 g
Pistache sem casca e sem sal	40 g

VARIAÇÃO

COMPOTA DE LARANJINHA KINKAN

Ingredientes	Quantidade
Açúcar	450 g
Água	60 g
Glucose	48 g
Laranjinha *kinkan*, cortada ao meio ou fatiada, branqueada	500 g
Pistache sem casca e sem sal	80 g

Siga o procedimento da receita básica, mas omita o abacaxi e a baunilha, e ajuste as quantidades conforme indicado.

ROCHER COM AMÊNDOAS (P. 652)

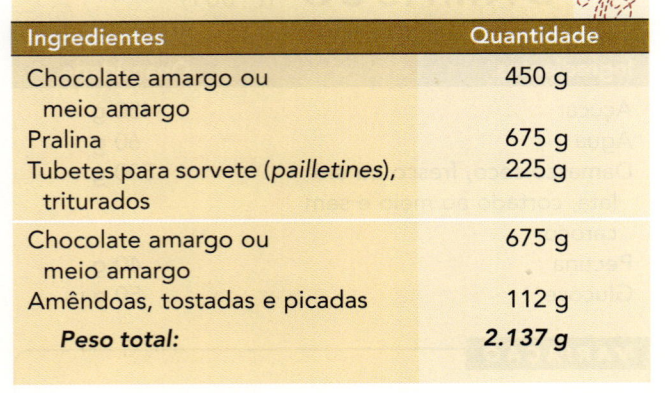

Ingredientes	Quantidade
Chocolate amargo ou meio amargo	450 g
Pralina	675 g
Tubetes para sorvete (*pailletines*), triturados	225 g
Chocolate amargo ou meio amargo	675 g
Amêndoas, tostadas e picadas	112 g
Peso total:	**2.137 g**

PASTA DE GOMA (P. 663)

Ingrediente	Quantidade
Açúcar de confeiteiro	1.250 g
Goma adragante	30 g
Água	190 mL
Glucose	60 g
Açúcar de confeiteiro	250 g
Peso total:	**1.780 g**

Modo de fazer

1. Peneire o açúcar de confeiteiro dentro de uma tigela.

2. Junte a goma adragante e misture bem.

3. Junte a água e a glucose. Mexa até obter uma massa lisa.

4. Transfira para uma superfície de trabalho. Incorpore o açúcar restante aos poucos, apenas o suficiente para obter uma massa firme e macia.

5. Forme um bastão com a pasta de goma. Cubra com uma camada fina de gordura hidrogenada (para prevenir o ressecamento) e enrole em filme plástico, vedando bem. Deixe repousar de um dia para o outro.

Fatores de conversão métrica

Peso

1 onça (*ounce - oz*) equivale a 28,35 gramas

1 grama equivale a 0,035 onça (*ounce - oz*)

1 libra (*pound - lb*) equivale a 454 gramas

1 quilo equivale a 2,2 libras (*pounds - lb*)

Volume

1 onça líquida (*fluid ounce - fl oz*) equivale a 29,57 mililitros

1 mililitro equivale a 0,034 onça líquida (*fluid ounce - fl oz*)

1 xícara de chá equivale a 237 mililitros

1 quarto de galão (*quart - qt*) equivale a 946 mililitros

1 litro equivale a 33,8 onças líquidas (*fluid ounces - fl oz*)

Extensão

1 polegada (*inch - in*) equivale a 25,4 milímetros

1 centímetro equivale a 0,39 polegada (*inch - in*)

1 metro equivale a 39,4 polegadas (*inches - in*)

Temperatura

Para converter Fahrenheit em Celsius: subtraia 32 e multiplique o resultado por $\frac{5}{9}$.

Exemplo: para converter 140°F em Celsius.

$$140 - 32 = 108$$

$$108 \times \tfrac{5}{9} = 60°C$$

Para converter Celsius em Fahrenheit: multiplique por $\frac{9}{5}$ e some 32 ao resultado.

Exemplo: para converter 150°C em Fahrenheit.

$$150 \times \tfrac{9}{5} = 270$$

$$270 + 32 = 302°F$$

Nota: siga apenas um sistema de medidas ao usar livros em que as fórmulas são dadas em dois ou mais sistemas simultaneamente. Ver página 22 para uma explicação completa.

Equivalentes decimais para algumas frações usuais

Fração	Valor arredondado para 3 casas	Valor arredondado para 2 casas
⁵⁄₆	0,833	0,83
⁴⁄₅	0,8	0,8
³⁄₄	**0,75**	**0,75**
²⁄₃	**0,667**	**0,67**
⁵⁄₈	0,625	0,63
³⁄₅	0,6	0,6
½	**0,5**	**0,5**
⅓	**0,333**	**0,33**
¼	**0,25**	**0,25**
⅕	0,2	0,2
⅙	0,167	0,17
⅛	**0,125**	**0,13**
¹⁄₁₀	0,1	0,1
¹⁄₁₂	0,083	0,08
¹⁄₁₆	0,063	0,06
¹⁄₂₅	0,04	0,04

Valor aproximado em volume para ingredientes secos

As seguintes equivalências são apenas aproximadas. O peso exato varia consideravelmente. Para uma medição exata, todos os ingredientes devem ser pesados.

Conforme a prática corrente, as medidas em volume são apresentadas em frações, e não em decimais.

Farinha de trigo para pão, peneirada

> 1 kg = 9 xícaras
> 1 xícara = 115 g

Farinha de trigo para pão, sem peneirar

> 1 kg = 7½ xícaras
> 1 xícara = 135 g

Farinha de trigo especial para bolo, peneirada

> 1 kg = 9½ xícaras
> 1 xícara = 105 g

Farinha de trigo especial para bolo, sem peneirar

> 1 kg = 7¾ xícaras
> 1 xícara = 130 g

Açúcar comum

> 1 kg = 5 xícaras
> 1 xícara = 200 g

Açúcar de confeiteiro, peneirado

> 1 kg = 9 xícaras
> 1 xícara = 115 g

Açúcar de confeiteiro, sem peneirar

> 1 kg = 7¾ xícaras
> 1 xícara = 130 g

Amido de milho, peneirado

> 1 kg = 9 xícaras
> 1 xícara = 115 g
> 4 colheres de sopa = ¼ de xícara = 28,5 g
> 1 colher de sopa = 7,1 g

Amido de milho, sem peneirar

> 1 kg = 7¾ xícaras
> 1 xícara = 130 g
> 1 colher de sopa = 8,2 g

Chocolate em pó, sem peneirar

> 1 kg = 11 xícaras
> 1 xícara = 90 g
> 1 colher de sopa = 5,7 g

Gelatina incolor sem sabor

> 1 colher de sopa = 9,3 g
> 1 colher de chá = 3,1 g

Fermento em pó químico (à base de fosfato ou sulfato de alumínio e sódio)

> 1 colher de sopa = 14,2 g
> 1 colher de chá = 4,8 g

Bicarbonato de sódio

> (ver fermento em pó)

Cremor tártaro

> 1 colher de sopa = 7,1 g
> 1 colher de chá = 2,3 g

Sal

> 1 colher de sopa = 15 g
> 1 colher de chá = 5 g

Canela em pó

> 1 colher de sopa = 8 g
> 1 colher de chá = 2 g

Outras especiarias moídas

> 1 colher de sopa = 8 a 10 g
> 1 colher de chá = 2 a 2,5 g

Raspas de cítricos

> 1 colher de sopa = 7,1 g
> 1 colher de chá = 2,3 g

Cálculo de temperatura para massas de fermentação biológica

No Capítulo 6 (p. 123), foi apresentada uma fórmula simples para o cálculo da temperatura adequada da água para que a massa atinja uma temperatura específica. Essa fórmula é suficiente para a maioria das massas elaboradas pelo método direto de mistura em pequenas quantidades. No entanto, outros cálculos podem ser necessários. Aqui estão os detalhes da operação.

Coeficiente de atrito

O coeficiente de atrito depende de muitos fatores, inclusive o tipo de equipamento usado, a quantidade de massa preparada, sua consistência e o tempo de mistura. Esse coeficiente pode ser determinado para cada massa preparada, assumindo um rendimento-padrão para a receita.

Cálculo da quantidade de gelo

Se a água disponível estiver em uma temperatura acima da necessária para uma receita, ela pode ser resfriada com a adição de gelo moído. Uma fórmula simples pode ser usada para calcular a quantidade de gelo moído a ser usada.

Esta fórmula baseia-se no fato de que são necessárias 144 BTUs para derreter 1 libra de gelo. A BTU (British Thermal Unit) é uma medida que não pertence ao Sistema Internacional de Unidades. A exemplo da quilocaloria (kcal), a BTU pode ser definida como a quantidade de calor necessária para aumentar a temperatura de 1 libra de água (454 g) em 1 grau Fahrenheit. Ou seja, são necessárias 144 BTUs para derreter 1 libra de gelo, mas apenas 1 BTU para elevar a temperatura da água de 32 para 33°F.

Para usar a fórmula a seguir, será preciso primeiramente converter todas as temperaturas para Fahrenheit (para isso, use a fórmula do Apêndice 2, p. 743). Para entender como a fórmula funciona, ver a explicação logo após o exemplo de cálculo. Observe que esta fórmula é muito mais precisa que a maioria apresentada em materiais de referência. Essas fórmulas muitas vezes levam em conta a energia necessária para derreter o gelo, mas desconsideram o fato de que o gelo derretido também fica na temperatura final da água.

Não se esqueça de que o gelo conta como parte da água utilizada na receita.

Como determinar o coeficiente de atrito

1. Prepare uma receita de massa, medindo com antecedência as temperaturas do ambiente, da farinha e da água. Transforme esses três valores em graus Fahrenheit e some-os.

2. Meça a temperatura da massa assim que ela for retirada da amassadeira. Transforme em graus Fahrenheit e multiplique por 3.

3. Subtraia o resultado do passo 1 do resultado do passo 2. Este é o coeficiente de atrito.

4. Use esse coeficiente ao calcular a temperatura da água a ser usada nas próximas vezes que for preparar esta receita específica, conforme explicado na página 123.

Exemplo:
Temperatura ambiente = 72°F (22°C)
Temperatura da farinha = 65°F (18,5°C)
Temperatura da água = 75°F (24°C)
Temperatura final da massa = 77°F (25°C)

1. $72 + 65 + 75 = 212$

2. $77 \times 3 = 231$

3. $231 - 212 = 19$

Coeficiente de atrito = 19°F (-7°C)

Como determinar a quantidade de gelo necessária

1. Meça a temperatura da água a ser usada na massa e converta para Fahrenheit. Subtraia a temperatura necessária para a massa, em Fahrenheit, desse valor. O resultado indica o quanto a temperatura da água precisa ser diminuída.

Temperatura da água a ser usada
− temperatura ideal da água
= temperatura a ser diminuída

2. Calcule a quantidade de gelo necessária usando a seguinte fórmula:

$$\text{Quantidade de gelo} = \frac{\text{Total de água (em libras)} \times \text{temperatura a ser diminuída (em Fahrenheit)}}{\text{Temperatura da água a ser usada (em Fahrenheit)} + 112}$$

O total de água é o peso de água necessário para a receita da massa.

3. Subtraia o peso do gelo do total de água da fórmula para determinar a quantidade de água necessária.

$$\text{Água total da fórmula} - \text{quantidade de gelo} = \text{quantidade de água a ser usada}$$

Exemplo: para preparar uma massa, serão necessárias 16 libras de água (7.265 g) a 58°F (14,5°C). A temperatura da água disponível é 65°F (18,3°C). Quanto de água e de gelo serão necessários para obter essa temperatura?

$$\text{Gelo} = \frac{16\,\text{lb} \times (65-58)}{65+112} = \frac{(16\,\text{lb} \times 7)}{177}$$

$$= \frac{112\,\text{lb}}{177} = 0,63\,\text{lb} = 10\,\text{oz}\ (284\,\text{g})$$

Água a ser usada = 16 lb − 10 oz = 15 lb 6 oz (6.980 g)

Serão necessários 10 oz (283,5 g) de gelo e 15 lb 6 oz (6.981 g) de água

A fórmula acima baseia-se no fato de que o número de BTUs necessário para derreter o gelo até que atinja a temperatura da água é o mesmo número de BTUs gasto pela água para baixar sua temperatura.

Isso pode ser explicado da seguinte forma:

BTUs necessárias para derreter o gelo *mais* BTUs necessárias para elevar a temperatura do gelo derretido } = BTUs perdidas pela água

Lembre-se: explicamos anteriormente que são necessárias 144 BTUs para derreter uma libra de gelo e 1 BTU para elevar a temperatura da mesma quantidade de água em 1°F.

Portanto, os três valores em BTUs usados na fórmula acima podem ser expressos matematicamente desta forma:

BTUs necessárias para derreter o gelo = peso do gelo (em libras) *vezes* 144

BTUs necessárias para elevar a temperatura do gelo derretido = quantidade de gelo *vezes* número de graus a serem elevados

ou

quantidade de gelo *vezes* (temperatura desejada *menos* 32°F)

BTUs perdidas pela água = peso da água usada *vezes* graus a serem baixados

ou

(peso total da água *menos* peso do gelo) *vezes* (temperatura da água a ser usada *menos* temperatura desejada)

Para facilitar a leitura da fórmula, usamos as abreviações a seguir. Em seguida, substituímos essas abreviações nas equações básicas para, então, simplificá-las matematicamente.

G = quantidade de gelo
A = quantidade de água
A + G = quantidade total de água usada na receita
T = temperatura da água
D = temperatura desejada

BTUs necessárias para derreter o gelo *mais* BTUs necessárias para elevar a temperatura do gelo derretido } = BTUs perdidas pela água a ser usada

$(G \times 144) + [G \times (D-32)] = [(A+G) - G] \times (T-D)$
$G \times (144 + D - 32) = [(A+G) \times (T-D)] - [G \times (T-D)]$
$[G \times (144 + D - 32)] + [G \times (T-D)] = (A+G) \times (T-D)$
$G + (144 + D - 32 + T - D) = (A+G) \times (T-D)$
$G \times (112 + T) = (A+G) \times (T-D)$

$$G = \frac{(A+G) \times (T-D)}{112 + T}$$

$$\text{Gelo} = \frac{\text{Quantidade de água da fórmula} \times \text{temperatura a ser diminuída}}{\text{Temperatura da água usada} + 112}$$

Ovos e segurança alimentar

As seguintes informações são traduzidas de um trecho da obra *The HACCP Food Safety Manual* [Manual de boas práticas em APPCC], de Joan K. Loken (New York: John Wiley & Sons, 1995, pp. 122-123).

Ovos e produtos à base de ovos

Casos de salmonelose têm sido associados ao uso de ovos limpos e intactos contaminados com a bactéria *Salmonella enteritidis*. Por essa razão, os ovos são agora classificados como alimentos potencialmente perigosos pelo Departamento de Vigilância Sanitária dos EUA.

As seguintes instruções devem ser seguidas durante a estocagem, o manuseio, o preparo e a apresentação de ovos e produtos à base de ovos para prevenir a propagação de doenças alimentares:

- Armazene os ovos em temperaturas iguais ou inferiores a 4°C.

- Ao utilizar ovos no preparo de refeições, o melhor é mantê-los sob refrigeração até o momento exato do uso. Se isso não for possível, retire uma bandeja ou a quantidade mínima possível de cada vez da geladeira.

- Ovos cozidos devem ser conservados à temperatura de 60°C ou mais.

- Cozinhe os ovos completamente, até que a clara e a gema estejam firmes.

    Ovo mexido – 1 minuto sobre uma superfície aquecida a 121°C

    Ovo pochê – 5 minutos em água fervente

Ovo cozido – 7 minutos em água fervente

Ovo estrelado – 7 minutos sobre uma superfície aquecida a 121°C , ou 4 minutos se estiver tampado.

Ovo frito – 3 minutos a 121°C de um lado, depois vire e frite por mais 2 minutos do outro lado.

- Evite colocar vários ovos em um recipiente para serem usados aos poucos. Eles devem ser quebrados à medida que forem sendo cozidos e servidos.

- Para produtos de cozimento rápido à base de ovos, como cremes de gemas, rabanadas, musses e merengues, use ovos pasteurizados.

- Evite oferecer itens que contenham ovos crus no menu. Reformule pratos, receitas e procedimentos de preparo que usem ovos crus. Devem-se usar ovos pasteurizados para o preparo dos molhos *Caesar*, holandês e *béarnaise*, de sorvetes e de bebidas como o *eggnog* (bebida alcoólica de inverno à base de gemas).

- Os ovos pasteurizados requerem os mesmos cuidados de outros alimentos potencialmente perigosos.

- Lave as mãos com água quente e sabão antes e depois de manipular ovos e seus subprodutos.

- Lave e esterilize os utensílios, os equipamentos e a área de trabalho após preparar alimentos com ovos e seus subprodutos.

- Não reutilize um recipiente em que tenha colocado ovos crus sem lavá-los. Use recipientes limpos e esterilizados para o preparo de cada nova receita.

Glossário

Abaixar a massa: afundar o punho fechado no centro da massa crescida para liberar os gases formados durante a fermentação.

Absorção: quantidade de água que uma farinha pode absorver e reter durante sua transformação em massa simples, com base em um padrão de consistência ou rigidez da massa predeterminado; é expressa na forma de uma porcentagem do peso da farinha.

Açúcar cristal: sacarose em forma de grãos cristalinos médios.

Açúcar de confeiteiro: sacarose moída de forma bem fina e misturada a uma pequena quantidade de amido de milho para evitar o empedramento.

Açúcar demerara: tipo de sacarose de grãos marrom-claros cristalinos.

Açúcar fundido: açúcar cozido até o ponto de bala dura e então despejado em moldes para secar.

Açúcar invertido: mistura de dois açúcares simples, dextrose e levulose, resultante da quebra da sacarose.

Açúcar mascavo: sacarose comum granulada que contém impurezas que lhe dão um sabor característico.

Açúcar puxado: açúcar cozido até o ponto de bala dura que, depois de ter esfriado um pouco, é puxado ou esticado até obter um brilho perolado.

Açúcar soprado: açúcar puxado que é transformado em formas ocas, de paredes finas, ao ser inflado como uma bexiga.

Aeróbico: que requer oxigênio para viver e crescer; diz-se das bactérias.

Alasca: sobremesa que consiste em uma combinação de sorvete e pão de ló coberta com merengue dourado ao forno.

Alérgeno: substância que dispara uma reação alérgica.

Allumette: qualquer item feito de massa folhada com formato de palito ou tira (palavra francesa que significa "palito de fósforo").

Amido pré-gelatinizado: amido que, por ser pré-cozido, é capaz de engrossar um líquido sem ir ao fogo.

Amilase: uma enzima da farinha que quebra os amidos em açúcares simples.

Anaeróbico: que não requer oxigênio para viver e crescer; diz-se das bactérias.

Anafilaxia: uma súbita e severa reação alérgica do sistema imunológico.

Angel food cake: tipo de bolo típico americano feito a partir de um merengue (claras em neve e açúcar) e farinha.

APPCC: Análise de Perigos e Pontos Críticos de Controle, é um sistema de gestão de segurança alimentar desenvolvido para garantir a produção de alimentos seguros à saúde do consumidor.

Apresentação complexa: estilo de empratamento de sobremesas em que são dispostos dois ou mais tipos de sobremesa em um único prato, além de caldas e elementos decorativos.

Apresentação simples: estilo de empratamento de sobremesas em que apenas um tipo de sobremesa é servido, acompanhado com caldas e/ou elementos decorativos.

Aro modelador: vazado, é usado como molde na montagem de *charlottes* e outras sobremesas.

Autólise: período de descanso durante o estágio inicial de mistura da massa fermentada em que a farinha absorve totalmente a água.

Baba: tipo de pão ou bolo fermentado embebido em calda.

Babka: tipo de pão doce fermentado ou bolo.

Bagel: massa magra fermentada de consistência rígida, moldada em forma de anel.

Bailarina: pedestal com base giratória usado como suporte para a decoração de bolos.

Baklava: sobremesa da Grécia e do Oriente Médio feita de nozes e/ou castanhas e massa filo embebida em calda.

Banho-maria: método de cozimento em que o recipiente que contém o alimento é colocado dentro de outro maior, com um pouco de água fervente, antes de ser levado ao fogo ou ao forno, evitando o contato direto com a fonte de calor.

Base de biscoito moído: base de torta feita de biscoito moído, açúcar e manteiga.

Baumkuchen: bolo em que finas camadas de massa crua são dispostas, uma de cada vez, em uma forma para dourar ligeiramente sobre uma grelha; o processo é repetido sucessivamente até o bolo atingir a espessura desejada.

Bavaroise: sobremesa gelada leve feita de gelatina, creme de leite batido e creme de gemas ou frutas.

Beignet soufflé: tipo de fritura feita com massa de bomba, que infla bastante quando frita.

Betty: sobremesa assada que consiste em camadas de frutas intercaladas com bolo ou pão esmigalhados.

Biga: pré-fermento levedado em forma de massa rígida.

Biscoito amanteigado: biscoito crocante feito de manteiga, açúcar e farinha.

Biscoito champagne: biscoito aerado e seco de formato alongado, feito de massa de pão de ló.

Biscoito de corte: tipo de biscoito cuja massa é enrolada em cilindros achatados, assada e, em seguida, cortada em fatias para formar os biscoitos individuais.

Biscoitos de saco de confeitar: biscoitos de massa mole que são moldados diretamente na forma com o auxílio de um saco de confeitar.

Blancmange: (1) tipo de pudim inglês feito de leite, açúcar e amido de milho; (2) sobremesa francesa feita de leite, creme de leite, amêndoas e gelatina.

Bloom: cobertura esbranquiçada que se forma sobre o chocolate, por causa da manteiga de cacau separada.

Boleamento: etapa em que a massa é dividida e enrolada em pequenas bolas para que possa passar pelo descanso intermediário e, em seguida, pela modelagem.

Bolo *chiffon*: bolo leve feito pelo método *chiffon*.

Bolo de leite quente: bolo de massa aerada em que uma mistura de leite quente e manteiga é incorporada à massa.

Bolo de massa aerada: bolo cujo crescimento é promovido, basicamente, pelos ovos batidos; em geral, tem uma porcentagem baixa de gordura.

Bolo de massa úmida: bolo misturado por um método especial em que a gordura é incorporada à farinha antes da adição dos ingredientes líquidos e que contém mais açúcar do que farinha.

Bolo Floresta Negra: pão de ló de chocolate recheado com creme de leite batido e cerejas.

Bolo ópera: bolo com camadas bem finas de pão de ló, creme de manteiga sabor café e *ganache* de chocolate.

Bolo quatro quartos: bolo feito com partes iguais de farinha, manteiga, açúcar e ovos.

Bombe: sobremesa gelada em geral feita em forma de fundo arredondado.

Boston cream pie: pão de ló ou outro bolo branco recheado com creme de confeiteiro e coberto com *fondant* de chocolate ou açúcar de confeiteiro.

Boulanger: (1) parisiense do século XVIII a quem se credita a inauguração do primeiro restaurante; (2) padeiro ou masseiro.

Brioche: (1) massa fermentada que contém grande quantidade de ovos e manteiga; (2) o produto feito com essa massa.

Cabinet pudding (pudim inglês de passas): um tipo de pudim feito de pão de ló e frutas.

Cacau em pó: substância obtida após a manteiga de cacau ser retirada do liquor de chocolate.

Calda: mistura cozida de água e açúcar em diversas proporções, com ou sem a adição de aromatizantes e outros aditivos que lhe deem sabor, aroma e/ou cor.

Calda básica de açúcar: calda à base de sacarose e água em proporções variadas.

Calda para embeber: calda rala de açúcar aromatizada que é usada para umedecer bolos e outras sobremesas.

Caloria: a quantidade de calor necessária para aumentar a temperatura de 1 kg de água em 1°C.

Caloria vazia: alimento que fornece poucos nutrientes por caloria.

Câmara climática: câmara de controle de fermentação com *timer*, é uma combinação de câmara frigorífica e estufa, usada para armazenar produtos crus de massa fermentada.

Cannolo: massa doce italiana em formato de tubo, que é frita e recheada com cremes doces ou queijo; a forma plural é *cannoli*.

Caramelização: a queima de açúcares pela ação do calor.

Carboidrato: nome dado a uma série de compostos, incluindo amidos e açúcares, que suprem o corpo de energia.

Carême, Marie-Antoine: importante *chef* confeiteiro do século XIX.

Cassata: sobremesa gelada italiana que consiste, geralmente, em três camadas distintas de sorvete recheadas com merengue italiano.

Célula de ar: uma pequena bolha de ar, criada por agitação mecânica ou fermentação, que auxilia no crescimento da massa de pão ou bolo.

Challah: pão de massa rica que leva ovos e, em geral, é enrolado em forma de trança.

Charlotte: (1) sobremesa fria feita do mesmo creme da *Bavaroise*, ou outro creme, em forma especial forrada, em geral, com biscoito *champagne* ou outra massa aerada; (2) sobremesa quente, feita de compota de frutas, assada em forma especial forrada com fatias de pão.

Charlotte de maçã: sobremesa feita de maçãs picadas assadas em forma forrada com fatias de pão.

Chocolate amargo ou meio amargo: chocolate puro com baixo teor de açúcar.

Chocolate ao leite: chocolate adoçado que contém leite em pó ou condensado em sua composição.

Chocolate branco: apesar do nome, o chocolate branco é, na verdade, uma mistura de manteiga de cacau, leite em pó e açúcar.

Chocolate em pó solúvel: chocolate em pó processado com base para diminuir sua acidez.

Christmas pudding (pudim de pão de Natal): cozido a vapor, é um pudim escuro e pesado feito de frutas secas e cristalizadas, especiarias, banha de boi e miolo de pão esmigalhado.

Ciabatta: tipo de pão italiano feito de massa bem pegajosa, modelada em um formato retangular com cantos arredondados.

Cinza: componente mineral da farinha; é expressa por meio de uma porcentagem do peso total.

Claras em neve: claras de ovos batidas com ou sem a adição de açúcar, para que incorporem ar.

Coagulação: processo pelo qual as proteínas tornam-se firmes, em geral pela ação do calor.

Cobbler: sobremesa com fruta semelhante a uma torta, mas sem a massa da base.

Cobertura aerada: tipo de merengue italiano usado para cobrir bolos.

Cobertura de açúcar simples: cobertura feita de açúcar de confeiteiro e água, em geral usada para decorar roscas e pães doces.

Cobertura de *marshmallow*: cobertura cozida que leva gelatina em sua composição.

Colesterol: substância gordurosa encontrada em alimentos de origem animal e no corpo humano; tem sido associado aos problemas de coração.

Compota: fruta cozida e servida no líquido de cozimento, geralmente calda de açúcar.

Conchagem: etapa do preparo do chocolate que visa a deixá-lo com uma textura fina e aveludada.

Confisseur: confeiteiro, em francês.

Contaminação cruzada: transferência de agentes patogênicos presentes em um alimento, superfície de trabalho ou equipamento a outros alimentos.

Contaminado: que contém substâncias nocivas que não estariam presentes em condições normais.

Coulis: purê adoçado de frutas usado como calda.

Couverture (chocolate cobertura): chocolate natural adoçado que não contém outra gordura além de sua manteiga de cacau; usado para moldar e dar acabamento em bolos e bombons.

Crémage: processo que consiste em bater a gordura e o açúcar para que fiquem bem misturados e incorporem ar.

Crème anglaise: creme leve de consistência semilíquida à base de leite, açúcar, gemas e baunilha.

Creme assado (pudim): mistura líquida à base de leite e ovos que é cozida em banho-maria até atingir uma consistência firme.

Crème brûlée: "creme queimado" em francês, é um pudim substancioso com uma crosta de açúcar caramelizado no topo.

Crème caramel: termo em francês para designar o pudim de leite cozido em forma caramelizada.

Creme chantilly: creme de leite batido com açúcar e saborizado com baunilha.

Crème Chiboust: feito à base de creme de confeiteiro, gelatina, merengue e saborizantes.

Creme com gemas: pudim à base de leite, açúcar, ovos e amido, assado em banho-maria.

Creme de confeiteiro: creme de consistência firme que contém ovos e amido de milho.

Creme de gemas: líquido engrossado ou estabilizado por meio da coagulação das proteínas do ovo.

Creme de manteiga: tipo de cobertura feita de manteiga e/ou gordura hidrogenada com açúcar de confeiteiro ou calda de açúcar e, às vezes, outros ingredientes.

Crème fraîche: creme de leite gordo fermentado e ligeiramente maturado, com um leve sabor ácido.

Crêpe: termo francês para designar o crepe, panqueca fina geralmente servida recheada e enrolada.

Crêpe Suzette: crepe francês servido com uma calda doce de laranja.

Crisp: sobremesa que consiste em frutas assadas com uma cobertura de farofa doce.

Cristalização: formação de cristais, como no caso da calda de açúcar.

Croissant: pãozinho amanteigado feito de triângulos de massa levedada laminada enrolados em formato de meia-lua.

Cuisinier: cozinheiro; *chef* de cozinha.

Décorateur: *chef* confeiteiro especializado ou habilidoso no trabalho artístico, como a montagem de peças de decoração, esculturas de açúcar e bolos confeitados.

Descanso de mesa: também chamado de descanso intermediário, é o período de descanso da massa fermentada em que as redes de glúten adaptam-se a seu novo tamanho e ficam mais relaxadas.

Devil's food cake: bolo de chocolate feito com uma porcentagem alta de bicarbonato de sódio, o que lhe confere uma coloração avermelhada.

Diástase: diz-se de várias enzimas que são encontradas na farinha e no malte diastático e que convertem o amido em açúcar.

Dissacarídeo: açúcar complexo, ou duplo, como a sacarose.

Dobra dupla: também conhecida como quatro dobras e dobra de livro, é o nome dado à técnica de dobrar a massa folhada em quatro para aumentar o número de camadas do produto final.

Dobra simples: também conhecida como três dobras, carteira ou envelope, consiste em dobrar a massa folhada em três para aumentar o número de camadas.

Doença celíaca: reação ao glúten em que as vilosidades do intestino delgado são danificadas.

Doughnut francês: massa de bomba frita polvilhada com açúcar.

Dureza da água: quantidade de minerais contidos na água.

Em calda: diz-se dos alimentos, em geral frutas, conservados em calda de açúcar.

Emulsão: combinação uniforme de duas ou mais substâncias imiscíveis.

Endosperma: parte interna dos grãos de cereais que contém amido.

Envelhecimento: processo sofrido pelos produtos de panificação em que ocorrem alterações em sua textura e aroma por causa da perda de umidade dos grânulos de amido.

Escala Celsius: sistema métrico de medição de temperatura, em que 0°C representa o ponto de congelamento da água e 100°C o ponto em que ela entra em ebulição.

Escala de Baumé: escala que mede a densidade de uma solução, em geral usada para indicar a concentração de açúcar.

Escala de Brix: escala que mede a concentração de açúcar de uma solução.

Escoffier, Georges-August: *chef* mais importante do final do século XIX e começo do XX; organizou os fundamentos da culinária e a hierarquia da cozinha profissional.

Escultura de açúcar: peça decorativa feita de açúcar fundido, puxado, acetinado, soprado etc.

Espalhamento: tendência que alguns tipos de biscoito têm de abaixar e crescer para os lados durante o assamento.

Esponja: massa à base de fermento biológico, farinha e água que, após um período de fermentação, é misturada aos outros ingredientes da massa de pão.

Essência: ingrediente saborizante à base de óleos ou outras substâncias dissolvidos em álcool.

Expansão dos gases: transformação das massas levedadas durante o assamento em que os gases presos na massa se expandem com a ação do calor do forno e promovem seu crescimento.

Facultativa: capaz de sobreviver com ou sem a presença de oxigênio; diz-se das bactérias.

Farelo: película dura que recobre os grãos de trigo e de outros cereais.

Farinha de trigo comum ou tradicional: farinha de trigo de coloração mais escura feita da parte mais externa do endosperma.

Farinha de trigo especial ou de primeira: farinha branca e fina obtida do miolo do endosperma.

Farinha de trigo especial para biscoito: farinha de trigo com baixo teor de glúten ou com glúten de baixa qualidade, porém é um pouco mais forte que a farinha de trigo especial para bolo e possui uma coloração creme.

Farinha de trigo especial para bolo: farinha feita de trigos moles, é totalmente branca e possui baixo teor de glúten ou glúten de baixa qualidade; é usada para fazer bolos e outros itens delicados de confeitaria.

Farinha de trigo especial para pães: farinha feita de variedades mais duras de trigo com uma quantidade alta de glúten de boa qualidade, o que a torna adequada para ser usada em massas levedadas.

Farinha de trigo especial para pizza: farinha de trigo com alto teor de proteínas, usada para fazer pizzas e pães rústicos de casca mais grossa.

Farinha de trigo integral: farinha feita do grão inteiro do trigo, inclusive o farelo e o germe.

Farinha forte: farinha de trigo duro, com baixo teor de proteínas.

Farinha fraca: farinha de trigo mole, com baixo teor de proteínas.

Fermentação: (1) processo pelo qual uma levedura transforma carboidratos em dióxido de carbono e álcool; (2) produção ou incorporação de gases em produtos de panificação para aumentar o volume da massa e lhe conferir forma e textura.

Fermento de ação dupla: fermento em pó químico que libera parte dos gases ao ser misturado com água e o restante dos gases ao ser aquecido (*double-acting baking powder*, em inglês).

Fermento em pó químico: fermento à base de ácido tartárico e bicarbonato de sódio que libera gases ao ser misturado com água.

Fermento químico: diz-se de fermentos que liberam gases produzidos a partir de reações químicas, como o bicarbonato de sódio e o sal amoníaco.

Fibra: tipo de carboidrato complexo que não pode ser absorvido pelo organismo, mas que é essencial para o perfeito funcionamento do sistema digestório.

Fios de açúcar: filamentos finos de açúcar puxado que são preparados mergulhando um garfo ou equipamento especial na calda quente de açúcar e suspendendo-o no ar.

Fluxo de alimentos: circulação dos alimentos em um estabelecimento, desde o recebimento até serem servidos.

Focaccia: pão chato italiano semelhante a uma massa grossa de pizza.

Folhado invertido: tipo de massa folhada em que a massa é encapsulada entre duas placas de manteiga.

Folhado rápido: massa de torta comum aberta e dobrada como uma massa folhada.

Fondant: tipo de cobertura feita a partir de uma calda de açúcar que é batida até transformar-se em uma massa composta de minúsculos cristais brancos.

Fórmula: conjunto de instruções para o preparo de um produto de panificação ou confeitaria.

Fórmulas-padrão: conjunto de fórmulas que descreve os procedimentos usados por um estabelecimento para o preparo de produtos de panificação.

Fougasse: pão chato típico das regiões francesas de Languedoc e Provence, tem formato de uma grande folha vazada.

Frangipane: tipo de creme de amêndoas.

Fruta entremadura: diz-se da fruta que completou seu desenvolvimento e é capaz de continuar o processo de amadurecimento mesmo após ter sido removida da árvore.

Fruta madura: que está em seu pico de textura, sabor e concentração de açúcar, isto é, no ponto ideal para ser consumida.

Frutas em compota: frutas pré-cozidas em calda de açúcar que podem ser acrescidas ou não de líquido de cobertura.

Fubá mimoso: fubá com grânulos bem finos.

Fusion cuisine: uso de ingredientes e técnicas de mais de uma cozinha regional em um único prato.

Ganache: creme substancioso feito com chocolate em barra e creme de leite fresco.

Gâteau: termo em francês para "bolo".

Gâteau Saint-Honoré: o mesmo que torta Saint-Honoré, é uma sobremesa de massa podre e/ou massa de bomba com recheio cremoso, em geral creme *Chiboust* ou creme diplomata.

Gaufre: termo em francês para "waffle".

Gelatina: proteína solúvel em água, extraída de tecidos conjuntivos de animais e usada como agente gelificante.

Gelatinização: processo pelo qual os grânulos de amido absorvem água e incham-se.

Gelato: sorvete tipo italiano.

Geleia de brilho: geleia doce e transparente usada na decoração de bolos e tortas.

Génoise: termo em francês para pão de ló.

Germe: parte do grão que contém o embrião de uma nova planta.

Glaçar: (1) envolver um alimento em glacê ou calda de açúcar; (2) dar brilho a um alimento por meio da aplicação de uma calda e, em seguida, levá-lo ao forno quente para caramelizar.

Glacé: (1) glaçado, isto é, coberto de açúcar; e (2) congelado.

Glacê real: tipo de glacê feito de açúcar de confeiteiro e claras em neve; usado para decoração.

Glacier: *chef* especializado na confecção de sorvetes.

Gliadina: proteína presente na farinha de trigo que se combina com outra proteína, a glutenina, para formar o glúten.

Glucose: açúcar simples disponível na forma de xarope translúcido, incolor e insípido.

Glúten: substância elástica formada a partir das proteínas presentes nas farinhas de trigo, que fornece estrutura e força aos produtos de panificação.

Gordura: designação genérica de compostos constituídos de uma cadeia de ácidos graxos que fornecem energia ao corpo de forma concentrada.

Gordura emulsificada: tipo de gordura que contém emulsificadores, podendo ser usada em bolos de massa rica.

Gordura hidrogenada comum: qualquer gordura sólida usada para a confecção de massas e coberturas que não contenha emulsificantes.

Gordura monoinsaturada: tipo de gordura, geralmente líquida em temperatura ambiente, que contém uma ligação dupla em sua cadeia de carbono.

Gordura poli-insaturada: tipo de gordura, geralmente líquida em temperatura ambiente, que contém mais de uma ligação dupla em sua cadeia de carbono.

Gordura saturada: gordura que em geral se solidifica à temperatura ambiente.

Gordura trans: gordura sólida, geralmente produzida por hidrogenação, que limita a capacidade do corpo humano de se livrar do colesterol.

Gorduras hidrogenadas: (1) feitas com óleos vegetais e/ou gorduras animais, são gorduras sólidas usadas na confecção de massas para encurtar as redes de glúten; (2) brancas e insípidas, essas gorduras também são usadas para frituras.

Granita: sobremesa à base de água, açúcar, suco de frutas ou outro saborizante, que é congelada e depois raspada, formando pequenos cristais de gelo.

Grau de extração: quantidade de farinha que resulta da moagem de uma dada quantidade de grãos; geralmente é expresso em porcentagens.

Guarnição: item comestível usado para decorar e/ou acompanhar um alimento.

Hard sauce (cobertura dura de açúcar e manteiga ao rum): também chamada de *brandy butter* na Inglaterra, é uma mistura de açúcar, manteiga e saborizantes (em geral, bebidas alcoólicas), resfriada em moldes decorativos e servida como acompanhamento para *puddings*.

Hidratação: processo de absorção de água.

Hidrogenação: processo que converte gorduras líquidas em sólidas pela ligação química do hidrogênio às moléculas de gordura.

Ice: sorvete à base de água, açúcar, suco de frutas e, às vezes, claras em neve, mas nunca leite e seus derivados.

Ice milk: sobremesa gelada similar ao sorvete, mas que apresenta uma quantidade menor de gordura.

Intolerância alimentar: reação não alérgica a um alimento que pode caracterizar-se por um ou vários sintomas indesejáveis.

Inversão: processo químico em que um açúcar duplo se quebra em dois açúcares simples.

Jalebi: sobremesa indiana feita de massa frita em bastante óleo e mergulhada em calda.

Japonaise: suspiro com adição de nozes ou castanhas.

Kernel paste: pasta de nozes, semelhante à pasta de amêndoa, feita de semente de damasco e açúcar.

Kirsch: bebida alcoólica incolor destilada de cerejas.

Kirschtorte: torta-musse feita com pão de ló, discos de merengue e creme de manteiga aromatizado com *kirsch*.

Kugelhopf: bolo ou rosca nórdica de massa rica, em geral assada em forma canelada de buraco no meio.

Lactobacilos: bactérias que são as principais responsáveis pela acidez nos fermentos naturais.

Lactovegetariana: dieta vegetariana que inclui o consumo de leite e seus derivados.

Lâmina de *joconde*: pão de ló à base de amêndoas assado em espessura bem fina sobre papel-manteiga no qual foram traçados padrões decorativos com *pâte à cigarette*.

Langue de chat: termo em francês para designar o biscoito língua de gato. O nome se deve ao formato achatado e alongado do biscoito.

Leite homogeneizado: leite processado no qual a nata não se separa do líquido.

Levain: termo francês para massa-madre.

Levain-levure: termo francês usado para se referir aos pré-fermentos feitos com leveduras comerciais.

Levure: termo francês para fermento biológico comercial.

Linzertorte: torta doce recheada com geleia de framboesa cuja massa quebradiça é feita com amêndoas e especiarias.

Lipídio: qualquer composto do grupo daqueles que contêm gorduras e colesterol.

Liquor: massa de cacau resultante do processo de fermentação e moagem das sementes de cacau e que contém manteiga de cacau.

Macaron: confeito à base de ovos (em geral, claras) e pasta de amêndoa ou coco ralado.

Manjar: creme adoçado, em geral à base de leite e saborizante, engrossado com amido de milho.

Manteiga de cacau: gordura branca ou amarelada encontrada naturalmente no chocolate.

Margarina: substituto da manteiga feito de gordura hidrogenada e aromatizantes.

Marmorizado: método em que duas cores, de massa de bolo ou cobertura, são parcialmente misturadas de forma decorativa.

Marron: castanha-portuguesa em francês.

Marshmallow: confeito, cobertura ou recheio aerado feito de uma mistura de merengue e gelatina (ou outros estabilizadores).

Marzipã: pasta ou confeito à base de amêndoas moídas e açúcar, em geral usado decorativamente.

Massa arenosa: massa de torta quebradiça e macia em que a gordura é bem incorporada à farinha, produzindo uma mistura com textura de farofa grossa.

Massa azeda: tipo de pré-fermento que contém levedos e bactérias que se desenvolvem naturalmente; tem acidez pronunciada, resultante da fermentação desses organismos.

Massa crocante: massa de torta de textura quebradiça em razão das várias camadas de gordura intercaladas com as camadas de massa.

Massa de bomba: massa à base de água ou leite fervente, manteiga, farinha e ovos, usada no preparo de bombas, carolinas e outros produtos similares.

Massa de chocolate para modelar: massa densa à base de chocolate e glucose que pode ser moldada com as mãos em formatos decorativos.

Massa de crescimento rápido: massa com uma grande quantidade de fermento cujo período de descanso se reduz a alguns minutos após a mistura.

Massa de espalhar na assadeira: método de fazer biscoito em que a massa é assada em finas camadas e cortada em porções.

Massa de pão de ló (*génoise*): tipo de massa de bolo em que os ovos ou claras são batidos inicialmente com açúcar até incorporarem bastante ar, antes que sejam acrescentados os outros ingredientes.

Massa de pingar: massa espessa o bastante para ser pingada, em pelotas, com o auxílio de uma colher.

Massa filo: também conhecida por *fillo*, é uma massa crua fina como papel, usada na confecção de *strudels* e várias sobremesas gregas e do Oriente Médio.

Massa folhada: massa muito leve e quebradiça cujo crescimento ocorre pela formação de vapor entre suas diversas camadas.

Massa jovem: massa que não atingiu o estágio ideal de fermentação.

Massa levedada laminada: massa em que a gordura é incorporada em várias camadas usando-se o procedimento de abrir com o rolo.

Massa magra: massa com baixo teor de gordura e açúcar.

Massa podre: massa de torta doce ou salgada de textura esfarelenta em razão do seu alto teor de gordura.

Massa rica: massa com alto teor de gordura, açúcar e/ou ovos.

Massa seca de corte: massa de torta doce semelhante à massa básica de *cookie*, feita de farinha, açúcar e gordura.

Massa seca para enrolar: método no qual a massa é modelada em cilindros, cortada em porções iguais e modelada nos formatos desejados.

Massa velha: massa que fermentou demais.

Maza: primórdio do pão, era uma espécie de bolo típico da Grécia à base de pasta de grãos.

Melado: xarope escuro e denso feito de cana-de-açúcar.

Merengue: espuma densa feita de claras batidas em neve e açúcar.

Merengue francês: claras de ovos e açúcar batidos até obter-se uma espuma; também chamado de merengue comum.

Merengue italiano: tipo de merengue em que uma calda de açúcar fervente é incorporada às claras em neve.

Merengue suíço: mistura de claras e açúcar que é amornada, geralmente em tigela colocada sobre uma panela com água fervente, e então batida em ponto de neve.

Método *chiffon*: método de mistura para bolos aerados em que as claras batidas em neve são incorporadas delicadamente a uma massa à base de farinha, gemas e óleo.

Método com calda pré-cozida: método utilizado na elaboração de tortas doces, em que o suco da fruta é cozido e engrossado e, em seguida, misturado à fruta crua.

Método com fruta pré-cozida: método utilizado na elaboração de tortas doces, em que a fruta é cozida e engrossada antes de ser empregada no recheio da torta.

Método cremoso: método de preparo de massas que começa com a combinação de gordura e açúcar; é usado para a elaboração de bolos, biscoitos e itens similares.

Método cremoso para massa úmida: método usado para a mistura de massas doces em que a gordura é incorporada à farinha antes da adição de ingredientes líquidos.

Método de porcentagens: método usado para expressar a proporção de ingredientes em uma fórmula de panificação e confeitaria, na qual o peso de cada ingrediente é expresso como uma porcentagem do peso da farinha.

Método direto: (1) método de mistura de massa no qual todos os ingredientes são adicionados numa tigela de uma só vez; (2) método de mistura de bolos no qual todos os ingredientes, incluindo a gordura líquida parcialmente hidrogenada, são misturados de uma só vez.

Método direto modificado: método de mistura de massas semelhante ao método direto, mas no qual a farinha e o açúcar são misturados primeiro para garantir sua distribuição uniforme; é usado para massas ricas.

Método massa merengada: método de mistura que parte de um merengue ao qual são acrescentados os demais ingredientes da massa.

Método *muffin*: método de mistura em que os ingredientes secos e líquidos são misturados separadamente e depois combinados entre si.

Método *sablage*: ver *Sablage*.

Micro-organismo: forma de vida, como a bactéria, que não pode ser observada a olho nu.

Mil-folhas: sobremesa feita de camadas de massa folhada recheadas com creme de confeiteiro.

Millefeuille: termo francês para designar a massa folhada doce; literalmente "mil-folhas", é usada em várias sobremesas em camadas.

Miolo: a parte interna de pães e produtos similares, que pode ser diferenciada de sua casca.

Modelagem: etapa de preparo do pão em que ele é moldado no formato em que será assado (*façonnage*, em francês).

Monossacarídeo: açúcar simples como a glucose e a frutose.

Muffin inglês: produto feito de massa levedada moldada em formato circular e assada na chapa.

Musse: sobremesa cuja consistência cremosa ou aerada é obtida pelo acréscimo de creme de leite batido e/ou claras em neve.

Musse congelado: sobremesa gelada à base de creme de leite batido. Sua base pode ser feita de várias maneiras, por exemplo, com merengue italiano, calda e frutas e creme de gemas.

Nougatine: mistura de açúcar queimado e amêndoas, ou outras oleaginosas, usada em trabalhos decorativos e como confeito e saborizante.

Nouvelle cuisine: importante estilo culinário das décadas de 1960 e 1970, conhecido por valorizar sabores mais delicados e empratamentos elaborados.

Nutriente: substância essencial para o funcionamento ou desenvolvimento de um organismo.

Opson: em grego antigo, qualquer alimento consumido com pão.

Otelo: minibolo arredondado feito de pão de ló recheado com creme de leite e coberto com *fondant*.

Overrun: aumento de volume que ocorre no sorvete e em sobremesas congeladas em decorrência da incorporação de ar durante o congelamento.

Ovolactovegetariana: dieta vegetariana que inclui o consumo de derivados do leite e ovos.

Ovovegetariana: dieta vegetariana que inclui o consumo de ovos.

Pá para pizza: utensílio de madeira com cabo longo usado para colocar e retirar pães rústicos do forno.

Pães artesanais: pães em geral feitos à mão, usando métodos tradicionais e apenas ingredientes naturais.

Pain de campagne: pão francês de estilo rústico.

Palmier: tipo de *petit four* doce ou salgado feito de massa folhada enrolada como dois rocamboles paralelos e cortada em fatias bem finas.

Panetone: pão doce de origem italiana, em geral feito com frutas cristalizadas.

Panna cotta: sobremesa típica italiana, é uma espécie de pudim feito de creme de leite, gelatina e saborizantes. Literalmente significa "creme cozido".

Pão de ló: tipo de bolo feito de claras batidas em neve e açúcar em que se incorpora farinha e, em alguns casos, manteiga derretida.

Pão rústico: pão assado diretamente no lastro do forno, e não na assadeira.

Parfait: sobremesa gelada à base de creme de leite ou sorvete, calda e frutas, servida em taça alta.

Paris-Brest: sobremesa que consiste em uma massa de bomba em formato de argola recheada com creme.

Pasta de goma: tipo de pasta à base de açúcar e goma vegetal ou gelatina que pode ser usada para fazer confeitos ou peças artísticas – neste caso, é chamada também de pastilhagem.

Pasteurizado: submetido a temperaturas altas para matar as bactérias que poderiam causar doenças ou estragar o alimento.

Pastilhagem: massa de açúcar usada na decoração de bolos que endurece depois de seca.

Pâte à choux: termo francês para massa de bomba.

Pâte à cigarette: massa de consistência pastosa usada para a confecção de formatos decorativos (p. ex., *cigarette*, tulipa, saca-rolhas, língua de gato etc.), podendo também ser usada, acrescida de chocolate ou corantes, na texturização de *jocondes*.

Pâte brisée: massa seca crocante à base de manteiga usada para a confecção de tortas doces.

Pâte fermentée: massa fermentada usada como pré-fermento; o mesmo que massa velha.

Pâte feuilleté: termo francês para massa folhada.

Patógeno: micro-organismo causador de doenças.

Pectina: fibra vegetal solúvel usada como agente gelatinizante em geleias e compotas.

Peneiragem: processo de refino da farinha de trigo para separar principalmente o farelo do trigo.

Pente para decoração: utensílio plástico com bordas serrilhadas usado para espalhar glacês e coberturas e decorar as laterais de bolos e produtos de confeitaria.

Pentosana: polissacarídeo complexo não amiláceo e não celulósico presente na farinha de trigo e que tem alto poder de absorção.

Perigo alimentar: condição de risco de um alimento no que diz respeito à contaminação, ao crescimento e proliferação de patógenos ou à presença de toxinas.

Período de latência: período entre a introdução de bactérias a um novo meio e o início de seu crescimento e reprodução.

Peso bruto: o peso de um ingrediente antes de seu pré-preparo.

Peso drenado: peso de conservas e frutas em calda depois de escorrido o líquido.

Peso líquido: (1) peso total do conteúdo de uma embalagem; (2) a parte de fato aproveitável ou consumível de um alimento.

Petit four: biscoitos doces ou salgados pequenos o bastante para serem comidos em uma ou duas mordidas.

Petit four glacé: petit four coberto e/ou recheado.

Petit four sec: petit four sem recheio ou cobertura (sec significa "seco"), como um pequeno biscoito amanteigado ou um palmier.

pH: medida de acidez ou alcalinidade de uma substância.

Pincelar: passar uma fina camada de ovo batido, pasta de amido ou água sobre os produtos de panificação, em geral antes de levá-los ao forno.

Pithiviers: bolo feito de massa folhada recheada com creme de amêndoas.

Polvilhar: espalhar uma camada fina de açúcar ou outro ingrediente em pó sobre um alimento.

Poolish: tipo de pré-fermento com partes iguais de água e farinha e uma pequena quantidade de fermento biológico (cerca de 1%).

Pot de crème: pudim denso e substancioso.

Pralina: pasta à base de amêndoas ou avelãs moídas e açúcar caramelizado.

Pré-fermento: massa fermentada de consistência firme ou pastosa usada para levedar uma quantidade maior de massa.

Profiterole: carolinas recheadas com sorvete de baunilha e cobertas com calda de chocolate.

Proteína: qualquer um dos nutrientes essenciais ao crescimento e desenvolvimento da massa corporal e às funções vitais, que também podem ser usados como energia caso a dieta do indivíduo não contenha carboidratos e gorduras suficientes.

Pudim: ver Creme assado.

Pullman loaf: uma das denominações em inglês para o pão de forma quadrado.

Pumpernickel: pão preto alemão feito com farinha de centeio integral; possui textura firme, sabor forte e coloração bem escura.

Purê: alimento reduzido a uma massa homogênea com a ajuda de um garfo, peneira ou espremedor.

Quenelle: pequena porção ovalada de alimento moldada com o auxílio de duas colheres.

Reação de Maillard: reação química de caramelização de proteínas e açúcares que ocorre sob a ação do calor.

Receita: série de instruções para preparar um determinado alimento.

Retardamento: diminuição do ritmo de fermentação da massa por meio da refrigeração.

Retrogradação do amido: mudança química das moléculas de amido responsáveis pelo ressecamento dos produtos de panificação depois de prontos.

Riz condé: arroz-doce de consistência firme, em geral servido desenformado sobre um prato, acompanhado de frutas.

Riz impératrice: espécie de riz condé com creme de leite batido, frutas cristalizadas e gelatina.

Rocambole: massa de pão de ló fina coberta com um recheio cremoso e enrolada.

Rolo furador de massa: Utensílio usado para fazer furos na massa crua de tortas para evitar que forme bolhas ao assar.

Rôtisseur: cozinheiro de assados e grelhados.

Sabayon: sobremesa ou molho espumoso à base de gemas batidas com vinho ou licor.

Sablage: método de mistura de massa seca em que a gordura é incorporada aos ingredientes secos antes da adição dos ingredientes líquidos.

Sacarose: nome químico dos tipos de açúcar mais comuns – cristal, de confeiteiro etc.

Sachertorte: especialidade austríaca, é uma torta de chocolate recheada com geleia de damasco.

Sacristain: tipo de rosca alongada feita de uma tira de massa folhada torcida e coberta com nozes e açúcar.

Saint-Honoré: (1) sobremesa que consiste em uma base de massa podre ou folhada recheada com um tipo de creme de confeiteiro ou chantilly e decorada com um anel de carolinas cobertas com caramelo; (2) o creme usado para rechear essa sobremesa, feito de creme de confeiteiro e claras em neve.

Sal amoníaco: agente de crescimento que libera amônia e dióxido de carbono.

Savarin: bolo feito com fermento biológico, embebido em calda de rum.

Sfogliatella: especialidade italiana, é um tipo de pastel de massa folhada doce em forma de concha.

Sherbet: o mesmo que sorbet.

Sistema de trituração: combinação de vários mecanismos de trituração e peneiramento dos grãos, que são pressionados entre cilindros até que se atinja a granulometria desejada.

Sorbet: termo francês para designar uma sobremesa gelada à base de água, açúcar, suco de frutas e, em alguns casos, leite ou creme de leite (sherbet, em inglês; sorbetto, em italiano).

Sorbetto: o mesmo que sorbet.

Sorvete: mistura batida gelada à base de leite, creme de leite, açúcar, saborizantes e, às vezes, ovos.

Sorvete Philadelphia-style: sorvete que não contém ovos.

Sorvete tipo francês: sorvete que contém gemas.

Stollen: tipo de pão doce com frutas cristalizadas.

Straight flour: farinha resultante da combinação dos subprodutos de todas as etapas de moagem do trigo.

Streusel: cobertura seca à base de gordura, açúcar e farinha acrescentada a produtos de panificação e confeitaria, especialmente tortas e bolos, antes do assamento.

Strudel: (1) preparação doce típica da Europa Central feita de massa finíssima enrolada várias vezes sobre um recheio de maçãs; (2) qualquer preparação doce ou salgada que usa essa massa e formato.

Sucralose: tipo de adoçante sintético derivado da sacarose.

Suflê: preparação doce ou salgada à base de claras em neve, que promovem seu crescimento com a ação do calor do forno (*soufflé*, em francês).

Sundae: sobremesa que consiste em uma ou duas bolas de sorvete dispostas em um prato ou taça e decoradas com diversas coberturas, frutas, caldas etc. (*coupe*, em francês).

Suspiro: mistura à base de claras e açúcar que é assada até secar.

Tarte Tatin: torta de maçãs caramelizadas que é assada invertida, isto é, com a massa por cima, e virada depois de pronta.

Tartelette: pequena torta doce aberta.

Temperagem: processo de derretimento e resfriamento do chocolate a temperaturas específicas, com o intuito de prepará-lo para ser utilizado na confecção e finalização de outros produtos.

Temperagem por difusão: método de temperagem do chocolate em que ⅓ do chocolate picado é usado para resfriar os ⅔ restantes já derretidos.

Temperagem por marmorização: técnica para temperagem do chocolate por meio de resfriamento sobre uma pedra de mármore.

Tiramisù: sobremesa italiana que consiste em um tipo de pavê feito de biscoito *champagne* embebido em café *espresso* e coberto com um creme de queijo *mascarpone*.

Torta: preparação doce ou salgada à base de massa seca recheada, podendo ser coberta ou não de massa.

Torta cremosa: torta com recheio cremoso à base de ovos, previamente preparado.

Torta dobos: torta húngara feita com sete camadas finas recheadas com creme de manteiga com chocolate e coberta com calda de caramelo.

Torta-musse: torta com recheio aerado à base de claras em neve ou creme de leite batido.

Torte: termo em alemão para designar várias preparações doces, em especial bolos recheados.

Treliça: cobertura de torta na qual tiras de massa são trançadas sobre o recheio, formando uma grade.

Trigo duro: trigo rico em proteínas.

Trigo mole: trigo que possui baixo teor de proteínas.

Trufa de chocolate: bolinha de *ganache* de chocolate servida como um prato doce.

Tulipa: cestinha comestível feita de *patê à cigarette*.

Tunneling: formação indesejável de bolhas grandes e alongadas ("túneis") na massa de bolos de consistência mais firme, como a de *muffin*, quando são batidas em excesso.

Vacherin: torta de merengue recheada com creme de leite batido, frutas ou outros ingredientes.

Valor nutricional: quantidade de nutrientes por caloria.

Vegan: dieta vegetariana que exclui o consumo de quaisquer produtos de origem animal, inclusive leite e ovos.

Vitaminas: compostos presentes nos alimentos em quantidade muito pequena e que são necessários para a regulação das funções corporais.

Xarope de malte: tipo de xarope que contém maltose, extraído da cevada germinada.

Zabaglione: sobremesa ou molho de origem italiana à base de gemas batidas e vinho Marsala.

Zona de perigo: faixa de temperatura entre 5 e 57°C, em que as bactérias se multiplicam rapidamente.

Bibliografia

Amendola, Joseph, and Nicole Rees. *The Baker's Manual*, 5th ed. Hoboken, N.J.: John Wiley & Sons, 2003.

———. *Understanding Baking*, 3rd ed. Hoboken, N.J.: John Wiley & Sons, 2003.

Bilheux, Roland, et al. *Special and Decorative Breads*. 2 vols. New York: John Wiley & Sons, 1989.

Bilheux, Roland, and Alain Escoffier. *Professional French Pastry Series*. 4 vols. New York: John Wiley & Sons, 1988.

Boyle, Peter T. *Sugar Work*. New York: John Wiley & Sons, 1988.

Boyle, Tish, and Timothy Moriarty. *Grand Finales: The Art of the Plated Dessert*. New York: John Wiley & Sons, 1997.

———. *Grand Finales: A Neoclassic View of Plated Desserts*. New York: John Wiley & Sons, 2000.

Bundy, Ariana. *Sweet Alternative*. North Vancouver, B.C.: Whitecap Books, 2005.

Clayton, Bernard. *The Breads of France*. Indianapolis: Bobbs-Merrill, 1978.

———. *Bernard Clayton's New Complete Book of Breads*. New York: Fireside, 1995.

Culinary Institute of America. *Baking and Pastry*. Hoboken, N.J.: John Wiley & Sons, 2004.

Daley, Regan. *In the Sweet Kitchen*. New York: Artisan, 2001.

D'Ermo, Dominique. *The Modern Pastry Chef's Guide to Professional Baking*. New York: Harper & Row, 1962.

Drummond, Karen Eich, Joseph F. Vastano, and Josephine C. Vastano. *Cook's Healthy Handbook*. New York: John Wiley & Sons, 1993

Duchene, Laurent, and Bridget Jones. *Le Cordon Bleu Dessert Techniques*. New York: William Morrow, 1999.

Eagan, Maureen, and Susan Davis Allen. *Healthful Quantity Baking*. New York: John Wiley & Sons, 1992.

Escoffier, A. *The Escoffier Cook Book*. New York: Crown, 1969.

Fance, Wilfred. J., ed. *The New International Confectioner*, 5th ed. London: Virtue & Co., 1981.

Figoni, Paula. *How Baking Works*. Hoboken, N.J.: John Wiley & Sons, 2004.

Fleming, Claudia. *The Last Course*. New York: Random House, 2001.

Friberg, Bo. *The Professional Pastry Chef*, 4th ed. New York: John Wiley & Sons, 2002.

———. *The Advanced Professional Pastry Chef*. Hoboken, N.J.: John Wiley & Sons, 2003.

Garrett, Toba M. *Professional Cake Decorating*. Hoboken, N.J.: John Wiley & Sons, 2006.

Gioannini, Marilyn. *The Complete Food Allergy Cookbook*. Roseville, CA: Prima, 1997.

Glezer, Maggie. *Artisan Baking Across America*. New York: Artisan, 2000.

Hagman, Bette. *The Gluten-Free Gourmet*. New York: Henry Holt, 2000.

Hamelman, Jeffrey. *Bread: A Baker's Book of Techniques and Recipes*. Hoboken, N.J.: John Wiley & Sons, 2004.

Hanneman, L. J. *Patisserie*. London: Heinemann, 1977.

———. *Baker: Bread and Fermented Goods*. London: Heinemann, 1980.

Hermé, Pierre, and Dorie Greenspan. *Desserts by Pierre Hermé*. Boston: Little, Brown, 1998.

Labensky, Sarah R., Eddy van Damme, Priscilla Martel, and Klaus Tenbergen. *On Baking*. Upper Saddle River, N.J.: Prentice Hall.

Leach, Richard. *Sweet Seasons*. New York: John Wiley & Sons, 2001.

Lenôtre, Gaston. *Lenôtre's Desserts and Pastries*. Woodbury, N.Y.: Barron's, 1977.

———. *Lenôtre's Ice Creams and Candies*. Woodbury, N.Y.: Barron's, 1979.

Matz, S. A. *Bakery Technology and Engineering*, 3rd ed. Pan-Tech International, 1999.

MacLauchlan, Andrew. *New Classic Desserts*. New York: John Wiley & Sons, 1995.

———. *The Making of a Pastry Chef*. New York: John Wiley & Sons, 1999.

National Restaurant Association Educational Foundation. *ServSafe Coursebook, 3rd ed.* Chicago, 2004.

Payard, François. *Simply Sensational Desserts*. New York: Broadway Books, 1999.

Pyler, E. J. *Baking Science and Technology*, 2nd ed. 2 vols. Chicago: Siebel, 1973.

Reinhart, Peter. *The Bread Baker's Apprentice*. Berkeley, CA: Ten Speed Press, 2001.

Roux, Michel. *Michel Roux's Finest Desserts*. New York: Rizzoli, 1995.

Schünemann, Claus, and Günter Treu. *Baking: The Art and Science*. Calgary, Alberta: Baker Tech, 1986.

Sultan, William J. *The Pastry Chef*. New York: Van Nostrand Reinhold, 1983.

———. *Practical Baking*, 5th ed. New York: John Wiley & Sons, 1989.

Teubner, Christian. *The Chocolate Bible*. New York: Penguin, 1997.

Trotter, Charlie. *Charlie Trotter's Desserts*. Berkeley, CA: Ten Speed Press, 1998.

Woodruff, Sandra. *Secrets of Fat-Free Baking*. Garden City Park, N.Y.: Avery, 1995.

Índice de receitas

Índice remissivo

Massa de cortar pouco antes de assar

Este tipo de massa pode ser armazenado na geladeira até o momento de usar e é uma ótima opção para os estabelecimentos que desejam oferecer um produto fresco a qualquer momento. Os rolos de massa podem ser feitos com antecedência e refrigerados. Os biscoitos são cortados e assados sempre que necessário.

Este método também é usado para fazer biscoitos com mais de uma cor de massa, formando vários desenhos, como xadrez e caracol. Os procedimentos para produzir este tipo de biscoito estão incluídos nas receitas deste capítulo (p. 494).

1. Pese a massa em porções de tamanho semelhante, a partir de 700 g, para fazer biscoitos pequenos, até 1.400 g, para fazer biscoitos maiores.

2. Faça rolos de massa de 2,5 a 5 cm de diâmetro, dependendo do tamanho do produto final desejado. Para uma medição precisa, é importante que todos os cilindros de massa tenham a mesma espessura e comprimento.

3. Enrole os rolos de massa em papel-manteiga, coloque em assadeiras e leve à geladeira de um dia para o outro.

4. Desenrole a massa e corte em rodelas da mesma espessura. A espessura exata das rodelas depende do tamanho do biscoito e do quanto a massa se espalha na forma durante o assamento. Em geral, varia entre 3 e 6 mm.

   Uma fatiadeira pode ser usada para garantir a espessura uniforme das rodelas. Massas com oleaginosas e frutas, no entanto, devem ser cortadas manualmente com uma faca.

5. Coloque nas assadeiras preparadas, deixando um espaço de 5 cm entre os biscoitos.

Massas de cortar durante o assamento

No procedimento de cortar durante o assamento, a massa é assada em forma de longas tiras e então cortada, ainda quente, em porções menores, geralmente barrinhas. Este método não deve ser confundido com o método de espalhar na assadeira (ver a seguir), que também produz barrinhas, que são cortadas depois do assamento.

1. Pese a massa em porções de 800 g. Para fazer barrinhas menores, use porções de 450 g.

2. Forme rolos do comprimento da assadeira com as porções de massa. Coloque três em cada forma untada, mantendo uma boa distância entre eles.

3. Achate a massa com os dedos até obter tiras de 8 a 10 cm de largura e cerca de 6 mm de espessura.

4. Se a fórmula indicar, pincele com ovo.

5. Asse como indicado na receita.

6. Depois de assar, enquanto a massa ainda estiver quente, corte cada tira em barrinhas de 4,5 cm de largura.

7. Em alguns casos, como no preparo dos *biscotti* (palavra italiana que significa "cozidos duas vezes"), as tiras são cortadas em barrinhas estreitas, que são levadas novamente ao forno para ficarem mais secas e crocantes. Veja um exemplo na página 514.

Massa de espalhar na assadeira

Os produtos preparados com este tipo de massa são tão variados que seria praticamente impossível descrever um procedimento comum a todos eles. Algumas massas são como as de bolo, porém mais densas e gordurosas, e podem até ser cobertas como um bolo. Outras consistem em duas ou três camadas acrescentadas em estágios diferentes do assamento. O procedimento a seguir é apenas uma generalização.

1. Espalhe a mistura na assadeira preparada. Certifique-se de que a espessura da massa está uniforme.

2. Se indicado na fórmula, cubra com elementos decorativos ou pincele com ovo.

3. Asse conforme as instruções da receita. Deixe esfriar.

4. Aplique uma cobertura ou elementos decorativos, se desejar.

5. Corte em quadrados ou retângulos individuais. A melhor maneira de fazer isso é virar o produto sobre um tabuleiro (ver p. 395 para instruções sobre como desenformar) antes de cortá-lo, para evitar que a forma seja danificada.

Massa de modelar depois de assar

A massa de modelar depois de assar tem uma consistência pastosa ou semilíquida. Uma das mais conhecidas é a *pâte à cigarette*. Ela é usada não apenas para fazer biscoitos delgados e delicados, mas também para texturizar tiras de *Joconde* (p. 411), usadas no trabalho decorativo. A receita de *Tuiles* de amêndoa da página 508 ilustra a técnica que usa um molde de silicone redondo para produzir as telhas, mas é possível usar praticamente qualquer formato para produzir essas peças decorativas para sobremesas finas. Por exemplo, a receita de *Tuiles* de gergelim (p. 509) emprega um molde triangular, pois o produto final é usado no empratamento de uma sobremesa específica (p. 633).

1. Forre o fundo de uma assadeira com um tapete de silicone. Se não dispuser de um tapete, use papel-manteiga.

2. Use um molde de silicone do formato desejado. Eles podem ser encontrados em algumas lojas especializadas em artigos de confeitaria. Se preferir, prepare seu próprio molde a partir de uma lâmina de plástico grosso ou papelão fino.

3. Apoie o molde sobre o tapete de silicone ou papel-manteiga. Com uma espátula de confeiteiro, espalhe a massa sobre o molde, formando uma camada fina e uniforme no interior da cavidade.

4. Levante o molde e repita o procedimento para cada biscoito.

COMO COLOCAR NA FORMA, ASSAR E RESFRIAR

Preparo das assadeiras

1. Use assadeiras limpas e planas.

2. Forrar as assadeiras com papel-manteiga é mais rápido e elimina a necessidade de untá-las.

3. Uma assadeira untada generosamente aumenta o espalhamento da massa. Uma assadeira untada e polvilhada com farinha diminui o espalhamento.

4. Algumas massas com alto teor de gordura podem ser assadas em forma não untada.

Assamento

1. A maioria dos *cookies* e biscoitos é assada em temperaturas altas e por pouco tempo.

2. Uma temperatura muito baixa aumenta o espalhamento e pode resultar em um produto duro, seco e pálido.

3. Uma temperatura alta demais diminui o espalhamento e pode queimar as beiradas e o fundo dos biscoitos.